Großkommentare der Praxis

Löwe-Rosenberg

Die Strafprozeßordnung und das Gerichtsverfassungsgesetz

Großkommentar

27., neu bearbeitete Auflage

herausgegeben von
Jörg-Peter Becker, Volker Erb, Robert Esser,
Kirsten Graalmann-Scheerer, Hans Hilger, Alexander Ignor

Neunter Band
Teilband 2
§§ 373b–406l

Bearbeiter:
Marc Wenske
Sachregister: Christian Klie

DE GRUYTER

ISBN 978-3-11-027480-6
e-ISBN (PDF) 978-3-11-027500-1
e-ISBN (EPUB) 978-3-11-038120-7

Library of Congress Control Number: 2022933887

Bibliografische Information der Deutschen Nationalbibliothek
Die Deutsche Nationalbibliothek verzeichnet diese Publikation in der Deutschen Nationalbibliografie; detaillierte bibliografische Daten sind im Internet über http://dnb.dnb.de abrufbar.

Satz: Meta Systems Publishing & Printservices GmbH, Wustermark
Druck und Bindung: CPI books GmbH, Leck

www.degruyter.com

FSC www.fsc.org MIX Papier | Fördert gute Waldnutzung FSC® C083411

Die Bearbeiter der 27. Auflage

Jörg-Peter Becker, Vorsitzender Richter am Bundesgerichtshof a.D., Obernburg
Dr. *Johannes Berg*, Richter am Bundesgerichtshof, Karlsruhe
Dr. *Camilla Bertheau*, Rechtsanwältin in Berlin
Dr. *Tillmann Böß*, Richter am Landgericht Darmstadt
Gabriele Cirener, Vorsitzende Richterin am Bundesgerichtshof, Leipzig
Dr. *Volker Erb*, Professor an der Johannes Gutenberg-Universität Mainz
Dr. *Robert Esser*, Professor an der Universität Passau
Dr. *Karsten Gaede*, Professor an der Bucerius Law School, Hamburg
Kerstin Gärtner, Richterin am Kammergericht, Berlin
Dr. *Oliver Harry Gerson*, Wissenschaftlicher Mitarbeiter an der Universität Passau
Dr. *Dirk Gittermann*, Richter am Oberlandesgericht Celle
Dr. *Sabine Gleß*, Professorin an der Universität Basel
Dr. Dr. h.c. *Karl Heinz Gössel* (†), em. Professor an der Friedrich-Alexander-Universität Erlangen-Nürnberg, Richter am Bayerischen Obersten Landesgericht a.D., München
Dr. *Kirsten Graalmann-Scheerer*, Generalstaatsanwältin a.D. in Bremen, Honorarprofessorin an der Hochschule für öffentliche Verwaltung in Bremen
Klaus-Peter Hanschke, Richter am Kammergericht Berlin a.D.
Dr. *Pierre Hauck*, Professor an der Justus-Liebig-Universität Gießen
Dr. *Hans Hilger*, Ministerialdirektor im Bundesministerium der Justiz a.D., Bad Honnef
Dr. Dr. *Alexander Ignor*, Rechtsanwalt in Berlin, Apl. Professor an der Humboldt-Universität zu Berlin
Dr. *Christian Jäger*, Professor an der Friedrich-Alexander-Universität Erlangen-Nürnberg
Dr. *Matthias Jahn*, Professor an der Goethe-Universität Frankfurt am Main, Richter am Oberlandesgericht Frankfurt a.M.
Dr. *Björn Jesse*, Richter am Landgericht Berlin
Dr. *Pascal Johann*, Rechtsanwalt in Wiesbaden
Dr. *Daniel M. Krause*, Rechtsanwalt in Berlin
Dr. *Matthias Krauß*, Bundesanwalt beim Bundesgerichtshof, Karlsruhe
Dr. Dr. h.c. mult. *Hans-Heiner Kühne*, em. Professor an der Universität Trier
Detlef Lind, Richter am Kammergericht, Berlin
Dr. *Holger Matt*, Rechtsanwalt in Frankfurt am Main, Honorarprofessor an der Goethe-Universität Frankfurt am Main
Dr. *Markus Mavany*, Richter im Bezirk des Landgerichts Trier
Dr. *Eva Menges*, Richterin am Bundesgerichtshof, Karlsruhe
Dr. *Andreas Mosbacher*, Richter am Bundesgerichtshof, Leipzig, Honorarprofessor an der Universität Leipzig
Dr. *Ali B. Norouzi*, Rechtsanwalt in Berlin, Honorarprofessor an der Humboldt-Universität zu Berlin
Dr. *Günther M. Sander*, Vorsitzender Richter am Bundesgerichtshof, Leipzig, Honorarprofessor an der Humboldt-Universität zu Berlin
Dr. *Frank Peter Schuster*, Professor an der Julius-Maximilians-Universität Würzburg
Dr. *Eric Simon*, Staatsanwalt beim Bundesgerichtshof, Karlsruhe
Dr. *Wolfgang Siolek*, Vorsitzender Richter am Oberlandesgericht Celle a.D.
Dr. *Carl-Friedrich Stuckenberg*, Professor an der Rheinischen Friedrich-Wilhelms-Universität Bonn
Dana Tillich, Regierungsdirektorin im Bundesministerium der Justiz, Berlin
Dr. *Michael Tsambikakis*, Rechtsanwalt in Köln, Honorarprofessor an der Universität Passau
Dr. *Brian Valerius*, Professor an der Universität Bayreuth
Marc Wenske, Richter am Bundesgerichtshof, Leipzig
Dr. *Raik Werner*, Richter am Bundesgerichtshof, Leipzig

https://doi.org/10.1515/9783110275001-201

Vorwort

Der LÖWE-ROSENBERG feierte im Jahr 2019 seinen 140. Geburtstag und ist damit das älteste weiterhin aktuelle Erläuterungswerk zur Strafprozessordnung und der mit ihr verbundenen Gesetze. Ein Großkommentar hat die Aufgabe, den Erkenntnisstand und die rechtlichen Probleme des Strafverfahrensrechts möglichst vollständig darzustellen und Wege zur Lösung auch entlegener Fragen aufzuzeigen. In einem an Praxis und Wissenschaft gleichermaßen gerichteten Werk müssen dabei der Praxisbezug theoretischer Streitfragen und die historische Entwicklung heute gültiger Normen deutlich werden. Die Entwicklungsgeschichte der Strafprozessordnung und der Strafgerichtsverfassung seit dem Inkrafttreten der Reichsjustizgesetze, nebst dem Strafverfahrensrecht der DDR und dem Recht der Vereinigung Deutschlands, sowie die Entstehungsgeschichte der einzelnen Vorschriften sind sorgfältig darzustellen, gerade vor dem Hintergrund der in jüngerer Zeit erfolgten zahlreichen Änderungen.

Die über 140-jährige Entwicklung des Strafprozessrechts in Deutschland, die fortlaufenden Änderungen sowie eine sich zunehmend verfeinernde und immer stärker ausdifferenzierende wissenschaftliche Entwicklung und Rechtsprechung stellen eine stetige Herausforderung dar. Ein Großkommentar muss sowohl den Rückgriff auf die Grundprinzipien ermöglichen als auch die Ausdifferenzierung dokumentieren und soweit erforderlich bewerten und systematisieren.

Inhaltlich wird die Konzeption des LÖWE-ROSENBERG auch in der 27. Auflage im Wesentlichen beibehalten. Zudem werden der Einfluss der Menschenrechte, des Rechts der Europäischen Union und der Rechtsprechung internationaler und europäischer Gerichte auf das Strafverfahrensrecht und das Recht der Strafgerichtsverfassung sowie die Rechtsprechung nationaler Gerichte hierzu eingehend berücksichtigt. Die gesonderte Kommentierung der für das Strafverfahren bedeutsamen Vorschriften der EMRK und des IPBPR wird weitergeführt.

Auf der Grundlage dieser Konzeption ist jeder Autor für den Inhalt seiner Kommentierung verantwortlich.

Die zunehmende Flut der Veröffentlichungen hat inzwischen einen Umfang erreicht, der es nicht mehr in allen Bereichen möglich macht, den Grundsatz der vollständigen Dokumentation des Materials uneingeschränkt zu erfüllen. Es bleibt daher der Verantwortung eines jeden Autors überlassen, ob und in welchem Umfang er eine Auswahl trifft.

Für die 27. Auflage sind derzeit zwölf Bände (in einigen Fällen wie vorliegend in Teilbänden) mit insgesamt voraussichtlich 14.000 Seiten geplant. Das Werk erscheint bandweise und soll im Jahre 2022 abgeschlossen werden. Sechs Herausgeber betreuen den Kommentar, wobei jeweils zwei Herausgeber als Bandredakteure verantwortlich sind. Die Autoren werden im Autorenverzeichnis eines Bandes genannt; ergänzend wird auf die Verzeichnisse im Nachtrag der 26. Auflage verwiesen.

Verlag, Herausgeber und Autoren werden bemüht sein, die hohen Erwartungen zu erfüllen, die sich mit dem LÖWE-ROSENBERG seit jeher verbinden.

Der hiermit vorgelegte Band 9 Teil 2 enthält die Kommentierung der Vorschriften des Fünften Buchs der StPO, in dem seit Erscheinen der letzten Auflage z.T. weitreichende Neuregelungen erfolgt sind. Um die Aktualität insbesondere im Hinblick auf den am 1. Juli 2021 neu eingefügten § 373b mit der Legaldefinition des Verletztenbegriffs zu gewährleisten, erscheint er getrennt von der bereits erschienenen Kommentierung der Besonderen Verfahrensarten als Teilband. Der Bearbeitungsstand ist Februar 2022, teilweise wurden auch noch später erschienene Literatur und Rechtsprechung berücksichtigt.

Berlin, im April 2022 — Die Herausgeber

https://doi.org/10.1515/9783110275001-202

Hinweise für die Benutzung des Löwe-Rosenberg

1. Inhalt der Kommentierung

Der LÖWE-ROSENBERG kommentiert die StPO, das EGStPO, das GVG und das EGGVG mit Ausnahme der nur den Zivilprozess betreffenden Teile, sowie – mit dem Schwerpunkt auf den strafverfahrensrechtlich besonders bedeutsamen Regelungen – die EMRK und den IPBPR. Wenig bekannte oder schwer auffindbare strafverfahrensrechtliche Nebengesetze, deren Wortlaut für die Kommentierung erforderlich ist, werden bei den einschlägigen Erläuterungen im Kleindruck wiedergegeben.

2. Erscheinungsweise und Stand der Bearbeitung

Die 27. Auflage des LÖWE-ROSENBERG erscheint in **Bänden**, deren Erscheinungs-Reihenfolge von der des Gesetzes abweichen kann. Die Bände werden in der vom Gesetz vorgegebenen Reihenfolge durchnummeriert.

Der **Stand der Bearbeitung** ist dem Vorwort jedes Bandes zu entnehmen. Die Autoren sind bemüht, besonders wichtige Änderungen und Entwicklungen auch noch nach diesem Stichtag bis zur Drucklegung des Bandes zu berücksichtigen.

3. Bearbeiter

Jeder Bearbeiter (in der Fußzeile angegeben) trägt für seinen Teil die alleinige inhaltliche Verantwortung. Die Stellungnahmen zu Rechtsfragen, die an mehreren Stellen des Kommentars behandelt werden, können daher voneinander abweichen. Auf solche Abweichungen wird nach Möglichkeit hingewiesen.

4. Aufbau der Kommentierung

Neben der umfassenden Einleitung zum Gesamtwerk sind den Untereinheiten der kommentierten Gesetze (Bücher, Abschnitte, Titel), soweit erforderlich, **Vorbemerkungen** vorangestellt, die das für die jeweilige Untereinheit Gemeinsame erläutern.

Der den Vorbemerkungen und den Kommentierungen der einzelnen Vorschriften erforderlichenfalls vorangestellte Abschnitt **Geltungsbereich** enthält Hinweise auf zeitliche und örtliche Besonderheiten. Der Abschnitt **Entstehungsgeschichte** gibt, abgesehen von ganz unwesentlichen Änderungen, die Entwicklung der geltenden Fassung der Vorschrift vom Erlass des jeweiligen Gesetzes an wieder. Fehlt er, so kann davon ausgegangen werden, dass die Vorschrift unverändert ist. Der Hinweis auf **geplante Änderungen** verzeichnet Änderungsvorschläge, die sich beim Abschlusszeitpunkt der Lieferung im parlamentarischen Gesetzgebungsverfahren befinden.

Die Erläuterungen sind nach systematischen Gesichtspunkten gegliedert, die durch Überschriften oder Stichworte hervorgehoben sind. In der Regel ist den Erläuterungen eine **systematische Übersicht** vorangestellt. Soweit angebracht wird sie bei besonders umfangreichen Erläuterungen durch eine **alphabetische Übersicht** ergänzt. Bei den Erläuterungen selbst werden für jede Vorschrift (zur Erleichterung des Zitierens) durchlaufende Randnummern verwendet.

https://doi.org/10.1515/9783110275001-203

5. Schrifttum

Der Kommentar enthält am Anfang jedes Bandes ein allgemeines Literaturverzeichnis, das nur die häufiger verwendete oder allgemeine Literatur enthält. Den Vorbemerkungen und den Kommentierungen der einzelnen Vorschriften sind Schrifttumsverzeichnisse vorangestellt, die einen Überblick über das wesentliche Schrifttum zu dem jeweils behandelten Thema geben.

6. Zitierweise

Literatur, die in diesen Schrifttumsverzeichnissen enthalten ist, wird im laufenden Text im allgemeinen nur mit dem Namen des Verfassers (ggfs. mit einer unterscheidenden Kurzbezeichnung) oder der sonstigen im Schrifttumsverzeichnis angegebenen Kurzbezeichnung zitiert, doch wird bei Veröffentlichungen in Zeitschriften vielfach auch die genaue Fundstelle nachgewiesen. Sonst sind selbständige Werke mit (gelegentlich verkürztem) Titel und Jahreszahl, unselbständige Veröffentlichungen (auch Beiträge in Festschriften u. ä.) mit der Fundstelle angegeben. **Auflagen** sind durch hochgestellte Zahlen gekennzeichnet; fehlt eine solche Angabe, so wird aus der Auflage zitiert, die im allgemeinen Schrifttumsverzeichnis angegeben ist. Hat ein Werk Randnummern, so wird nach diesen, sonst nach Seitenzahl oder Gliederungspunkten zitiert.

Befindet sich beim Zitat anderer **Kommentare** die in Bezug genommene Stelle im gleichen Paragraphen, so wird nur die Randnummer oder (bei deren Fehlen) der Gliederungspunkt angegeben; wird auf die Erläuterungen bei einem anderen Paragraphen Bezug genommen, so wird dieser genannt. Entsprechend wird auch im LÖWE-ROSENBERG selbst verwiesen. Bei diesem wird, wenn nichts anderes angegeben ist, auf die gegenwärtige 27. Auflage verwiesen. Ist der Band mit den Erläuterungen, auf die verwiesen werden soll, noch nicht erschienen, so ist, soweit dies sachdienlich erschien, in Klammern ergänzend die genaue Fundstelle in der 26. Auflage angegeben.

Zeitschriften werden regelmäßig mit dem Jahrgang zitiert. Ausnahmen (Bandangabe) bilden namentlich ZStW, GA (bis 1933) und VRS; hier ist regelmäßig die Jahreszahl zusätzlich angegeben. Bei der Angabe der Fundstelle eines amtlichen Verkündungsblattes wird die Jahreszahl nur angegeben, wenn sie von der Jahreszahl der Rechtsvorschrift abweicht.

Entscheidungen werden im allgemeinen nur mit einer Fundstelle angegeben. Dabei hat die amtliche Sammlung eines obersten Bundesgerichtes den Vorrang, sonst die Fundstelle, die die Entscheidung mit Anmerkung oder am ausführlichsten wiedergibt.

7. Abkürzungen

Die verwendeten Abkürzungen, namentlich von Gesetzen, Verwaltungsvorschriften, Entscheidungssammlungen, Zeitschriften usw. sind im Abkürzungsverzeichnis nachgewiesen.

Inhaltsverzeichnis

Abkürzungsverzeichnis

AA	Auswärtiges Amt
a.A.	anderer Ansicht
a.a.O.	am angegebenen Ort
Abg.	Abgeordneter
AbgG	Gesetz über die Rechtsverhältnisse der Mitglieder des Deutschen Bundestages (Abgeordnetengesetz – AbgG) vom 18.2.1977 i.d.F. der Bek. vom 21.2.1996 (BGBl. I S. 326) zuletzt geändert durch Art. 1 des Gesetzes vom 8.10.2021 (BGBl. I S. 4650)
abl.	ablehnend
ABl.	Amtsblatt
ABlEG	Amtsblatt der Europäischen Gemeinschaften; Ausgabe C: Mitteilungen und Bekanntmachungen; Ausgabe L: Rechtsvorschriften (zit.: ABlEG Nr. L ... /(Seite) vom ...)
ABlEU	Amtsblatt der Europäischen Union (ab 2003); Ausgabe C: Mitteilungen und Bekanntmachungen; Ausgabe L: Rechtsvorschriften (zit.: ABlEU Nr. L .../(Seite) vom ...)
ABMG	Autobahnmautgesetz für schwere Nutzfahrzeuge vom 5.4.2002 (BGBl. I S. 1234) aufgehoben durch Art. 6 Nr. 1 des Gesetzes vom 12.7.2011 (BGBl. I S. 1378)
Abs.	Absatz
Abschn.	Abschnitt
abw.	abweichend
AChRMV	Afrikanische Charta der Rechte der Menschen und Völker vom 26.6.1981, deutsche Übersetzung EuGRZ 1990, 348
AcP	Archiv für die civilistische Praxis
AdG	Adoptionsgesetz vom 2.7.1976 (BGBl. I S. 1749)
AdVermiG	Adoptionsvermittlungsgesetz vom 27.11.1989 (BGBl. I S. 2014) neugefasst durch Bek. vom 21.6.2021 (BGBl. I S. 2010)
a.E.	am Ende
AEPC	Association of European Police Colleges
ÄndG	Änderungsgesetz
ÄndVO	Änderungsverordnung
a.F.	alte Fassung
AfkKR	Archiv für katholisches Kirchenrecht
AfP	Archiv für Presserecht, Zeitschrift für Medien- und Kommunikationsrecht
AG	Amtsgericht; in Verbindung mit einem Gesetz: Ausführungsgesetz
AGIS	Beschluss des Rates der Europäischen Union vom 22.7.2002 über ein Rahmenprogramm für die polizeiliche und justitielle Zusammenarbeit in Strafsachen – AGIS (ABlEG Nr. C 203 vom 1.8.2002, S. 5)
AGGewVerbrG	Ausführungsgesetz zum Gesetz gegen gefährliche Gewohnheitsverbrecher und über Maßregeln der Sicherung und Besserung vom 24.11.1933 (RGBl. I S. 1000)
AGGVG	Gesetz zur Ausführung des Gerichtsverfassungsgesetzes (Landesrecht)
AGS	Zeitschrift für das gesamte Gebührenrecht und Anwaltsmanagement
AGStPO	Ausführungsgesetz zur Strafprozessordnung (Landesrecht)
AHK	Alliierte Hohe Kommission
AIDP	Association Internationale de Droit Pénal
AJIL	American Journal of International Law
AKLS	Automatisches Kennzeichenlesesystem
AktG	Gesetz über Aktiengesellschaften und Kommanditgesellschaften auf Aktien (Aktiengesetz) vom 6.9.1965 (BGBl. I S. 1089) zuletzt geändert durch Art. 61 des Gesetzes vom 10.8.2021 (BGBl. I S. 3436)
AktO	Anweisung für die Verwaltung des Schriftguts bei den Geschäftsstellen der Gerichte und der Staatsanwaltschaften (Aktenordnung)
allg. M.	allgemeine Meinung
Alsb.E	Die strafprozessualen Entscheidungen der Oberlandesgerichte, herausgegeben von Alsberg und Friedrich (1927), 3 Bände
Alt.	Alternative

https://doi.org/10.1515/9783110275001-204

a.M.	anderer Meinung
AMRK	Amerikanische Menschenrechtskonvention vom 22.11.1969 (Pact of San José), deutsche Übersetzung EuGRZ 1980, 435
amtl.	amtlich
amtl. Begr.	amtliche Begründung
Anh.	Anhang
AnhRügG	Gesetz über die Rechtsbehelfe bei Verletzung des Anspruchs auf rechtliches Gehör (Anhörungsrügengesetz) vom 9.12.2004 (BGBl. I S. 3220)
Anl.	Anlage
Anm.	Anmerkung
AnwBl.	Anwaltsblatt
AöR	Archiv des öffentlichen Rechts
AO	Abgabenordnung vom 16.3.1976 (BGBl. I S. 613) i.d.F. der Bek. vom 1.10.2002 (BGBl. I S. 3866) zuletzt geändert durch Art. 33 des Gesetzes vom 5.10.2021 (BGBl. I S. 4607)
AOStrÄndG	Gesetz zur Änderung strafrechtlicher Vorschriften der Reichsabgabenordnung und anderer Gesetze vom 10.8.1967 (BGBl. I S. 877)
apf	Ausbildung Prüfung Praxis – Zeitschrift für die staatliche und kommunale Verwaltung
APR	Allgemeines Persönlichkeitsrecht
APuZ	Aus Politik und Zeitgeschichte (Zeitschrift)
ArbGG	Arbeitsgerichtsgesetz vom 3.9.1953 i.d.F. der Bek. vom 2.7.1979 (BGBl. I S. 853) zuletzt geändert durch Art. 10 des Gesetzes vom 5.10.2021 (BGBl. I S. 4607)
ArchKrim.	Archiv für Kriminologie
ArchPF	Archiv für das Post- und Fernmeldewesen
ArchVR	Archiv des Völkerrechts
arg.	argumentum
Art.	Artikel
ASIL	The American Society of International Law
AsylG	Asylgesetz i.d.F. der Bek. vom 2.9.2008 (BGBl. I S. 1798), zuletzt geändert durch Art. 9 des Gesetzes vom 9.7.2021 (BGBl. I S. 2467)
ATDG	Gesetz zur Errichtung einer standardisierten zentralen Antiterrordatei von Polizeibehörden und Nachrichtendiensten von Bund und Ländern (Antiterrordateigesetz – ATDG) vom. 22.12.2006 (BGBl. I S. 3409) zuletzt geändert durch Art. 2 Abs. 1 des Gesetzes vom 30.3.2021 (BGBl. I S. 402)
AtG	Gesetz über die friedliche Verwendung der Kernenergie und den Schutz gegen ihre Gefahren (Atomgesetz) vom 31.10.1976 (BGBl. I S. 3053) i.d.F. der Bek. vom 15.7.1985 (BGBl. I S. 1565) zuletzt geändert durch Art. 1 des Gesetzes vom 10.8.2021 (BGBl. I S. 3530)
AufenthG	Gesetz über den Aufenthalt, die Erwerbstätigkeit und die Integration von Ausländern im Bundesgebiet (Aufenthaltsgesetz – AufenthG), neugefasst durch Bek. vom 25.2.2008 (BGBl. I S. 162); zuletzt geändert durch Artikel 3 des Gesetzes vom 9.7.2021 (BGBl. I S. 2467)
aufg.	aufgehoben
Aufl.	Auflage
AUILR	American University International Law Review
AUR	Agrar- und Umweltrecht
AuR	Arbeit und Recht (Zeitschrift)
ausf.	ausführlich
AuslG	Gesetz über die Einreise und den Aufenthalt von Ausländern im Bundesgebiet (Ausländergesetz) vom 9.7.1990 (BGBl. I S. 1354), außer Kraft getreten am 31.12.2004
AusnVO	Ausnahme-(Not-)Verordnung (1) VO zur Sicherung von Wirtschaft und Finanzen vom 1.12.1930 (RGBl. I S. 517) (2) VO zur Sicherung von Wirtschaft und Finanzen vom 6.10.1931 (RGBl. I S. 537, 563)

	(3) VO zur Sicherung von Wirtschaft und Finanzen und zum Schutz des inneren Friedens vom 8.12.1931 (RGBl. I S. 743) (4) VO über Maßnahmen auf dem Gebiet der Rechtspflege und Verwaltung vom 14.6.1932 (RGBl. I S. 285)
AV	Allgemeine Verfügung
AVG	Allgemeines Verwaltungsverfahrensgesetz (Österreich)
AVR	Archiv des Völkerrechts
AWG	Außenwirtschaftsgesetz vom 28.4.1961 (BGBl. I S. 481)
Az	Aktenzeichen
AZR-Gesetz	Gesetz über das Ausländerzentralregister (AZR-Gesetz) vom 2.9.1994 (BGBl. I S. 2265) i.d.F. der Bek. vom 23.12.2003 (BGBl. I S. 2848) zuletzt geändert durch Art. 8 Gesetzes vom 9.7.2021 (BGBl. I S. 2467)
BACDJ	Bundesarbeitskreis Christlich Demokratischer Juristen
BAFin	Bundesanstalt für Finanzdienstleistungsaufsicht
BAG	Bundesarbeitsgericht
BAGE	Sammlung der Entscheidungen des Bundesarbeitsgerichts
BÄO	Bundesärzteordnung, neugefasst durch Bek. vom 16.4.1987 (BGBl. I S. 1218); zuletzt geändert durch Art. 4 des Gesetzes vom 15.8.2019 (BGBl. I S. 1307)
BAK	Blutalkoholkonzentration
BAMF	Bundesamt für Migration und Flüchtlinge
BAnz.	Bundesanzeiger
BaWü.	Baden-Württemberg
Bay.	Bayern, bayerisch
BayAGGVG	Bayerisches Gesetz zur Ausführung des Gerichtsverfassungsgesetzes und von Verfahrensgesetzen des Bundes vom 23.6.1981 (BayGVBl. S. 188)
BayBS	Bereinigte Sammlung des Bayerischen Landesrechts (1802 bis 1956)
BayObLG	Bayerisches Oberstes Landesgericht
BayObLGSt	Sammlung von Entscheidungen des Bayerischen Obersten Landesgerichts in Strafsachen
BayPAG	Gesetz über die Aufgaben und Befugnisse der Bayerischen Staatlichen Polizei (Polizeiaufgabengesetz – PAG) i.d.F. d. Bek. vom 14.9.1990 (GVBl. S. 397)
BayRS	Bayerische Rechtssammlung (ab 1.1.1983)
BayStVollzG	Bayerisches Strafvollzugsgesetz vom. 10.9.2007 (BayGVBl. S. 866)
BayVerf.	Verfassung des Freistaates Bayern vom 2.12.1946 (BayBS. I 3)
BayVerfGH	Bayerischer Verfassungsgerichtshof
BayVerfGHE	s. BayVGHE
BayVerwBl.	Bayerische Verwaltungsblätter
BayVGH	Bayerischer Verwaltungsgerichtshof
BayVGHE	Sammlung von Entscheidungen des Bayerischen Verwaltungsgerichtshofs mit Entscheidungen des Bayerischen Verfassungsgerichtshofes, des Bayerischen Dienststrafhofs und des Bayerischen Gerichtshofs für Kompetenzkonflikte
BayZ	Zeitschrift für Rechtspflege in Bayern (1905–34)
BB	Betriebs-Berater (Zeitschrift)
BBG	Bundesbeamtengesetz vom 14.7.1953 (BGBl. I S. 551) i.d.F. der Bek. vom 31.3.1999 (BGBl. I S. 675) zuletzt geändert durch Art. 1 des Gesetzes vom 28.6.2021 (BGBl. I S. 2250)
Bbg.	Brandenburg
BbgVerfG	Brandenburgisches Verfassungsgericht
BC	Business Compliance (Zeitschrift)
Bd.	Band
BDG	Bundesdisziplinargesetz vom 9.7.2001 (BGBl. I S. 1510) zuletzt geändert durch Art. 62 der Verordnung vom 19.6.2020 (BGBl. I s. 1328)
BDH	Bundesdisziplinarhof (jetzt Bundesverwaltungsgericht)

BDSG	Bundesdatenschutzgesetz i.d.F. der Bek. vom 14.1.2003 (BGBl. I S. 66) zuletzt geändert durch Art. 10 des Gesetzes vom 23.6.2021 (BGBl. S. 1858)
beA	besonderes elektronisches Anwaltspostfach
BeamtStG	Gesetz zur Regelung des Statusrechts der Beamtinnen und Beamten in den Ländern (Beamtenstatusgesetz – BeamtStG) vom 17.6.2008 (BGBl. I S. 1010) zuletzt geändert durch Art. 2 des Gesetzes vom 28.6.2021 (BGBl. S. 2250)
Begr.	Begründung
BegrenzungsVO	Verordnung über die Begrenzung der Geschäfte des Rechtspflegers bei der Vollstreckung in Straf- und Bußgeldsachen vom 26.6.1970 (BGBl. I S. 992) i.d.F. der Bek. vom 16.2.1982 (BGBl. I S. 188)
BEG-SchlußG	Zweites Gesetz zur Änderung des Bundesentschädigungsgesetzes vom 14.9.1965 (BGBl. I S. 1315)
Bek.	Bekanntmachung
Bek. 1924	Strafprozeßordnung i.d.F. der Bek. vom 22.3.1924 (RGBl. I S. 299, 322)
Bek. 1950	Strafprozeßordnung i.d.F. der Bek. vom 12.9.1950 (BGBl. I S. 629)
Bek. 1965	Strafprozeßordnung i.d.F. der Bek. vom 17.9.1965 (BGBl. I S. 1373)
Bek. 1975	Strafprozeßordnung i.d.F. der Bek. vom 7.1.1975 (BGBl. I S. 129)
Bek. 1987	Strafprozeßordnung i.d.F. der Bek. vom 7.4.1987 (BGBl. I S. 1074)
ber.	berichtigt
BerHG	Gesetz über Rechtsberatung und Vertretung für Bürger mit geringem Einkommen (Beratungshilfegesetz) vom 18.6.1980 (BGBl. I S. 689) zuletzt geändert durch Art. 12 des Gesetzes vom 25.6.2021 (BGBl. I S. 2154)
BerlVerfGH	Berliner Verfassungsgerichtshof
BerRehaG	Gesetz über den Ausgleich beruflicher Benachteiligungen für Opfer politischer Verfolgung im Beitrittsgebiet (Berufliches Rehabilitierungsgesetz – BerRehaG) vom 23.6.1994 (BGBl. I S. 1314) zuletzt geändert durch Art. 12a des Gesetzes vom 2.6.2021 (BGBl. I S. 1387)
Beschl.	Beschluss
Bespr.	Besprechung
betr.	betreffend
BeurkG	Beurkundungsgesetz vom 28.8.1969 (BGBl. I S. 1513) zuletzt geändert durch Art. 2 des Gesetzes vom 21.12.2021 (BGBl. S. 1282)
BewHi.	Bewährungshilfe (Zeitschrift)
BezG	Bezirksgericht
Bf.	Beschwerdeführer
BFH	Bundesfinanzhof
BFHE	Sammlung der Entscheidungen des Bundesfinanzhofs (BFH)
BfJG	Gesetz über die Errichtung des Bundesamtes für Justiz = Art. 1 des Gesetzes zur Errichtung und zur Regelung der Aufgaben des Bundesamtes für Justiz vom 17.12.2006 (BGBl. I S. 3171) zuletzt geändert durch Art. 6 des Gesetzes vom 7.7.2021 (BGBl. I S. 2363)
BGB	Bürgerliches Gesetzbuch vom 18.8.1896 (RGBl. S. 195) i.d.F. der Bek. vom 2.1.2002 (BGBl. I S. 42, ber. S. 2909 und BGBl. 2003 I S. 738) zuletzt geändert durch Art. 2 des Gesetzes vom 21.12.2021 (BGBl. S. 5252).
BGBl. I, II, III	Bundesgesetzblatt Teil I, II und III
BGer	Schweizerisches Bundesgericht
BGH	Bundesgerichtshof
BGH-DAT	Datenbank der Rechtsprechung des Bundesgerichtshofs auf CD-ROM, herausgegeben von Werner Theune
BGH (ER)	Ermittlungsrichter beim Bundesgerichtshof
BGHE Strafs.	Rechtsprechung des Bundesgerichtshofes in Strafsachen auf CD-ROM, herausgegeben von Mitgliedern des Gerichts
BGHGrS	Bundesgerichtshof, Großer Senat (hier in Strafsachen)
BGHR	BGH-Rechtsprechung in Strafsachen (Loseblattsammlung)
BGHRZ	BGH-Rechtsprechung in Zivilsachen (Loseblattsammlung)

BGHSt	Entscheidungen des Bundesgerichtshofs in Strafsachen
BGHZ	Entscheidungen des Bundesgerichtshofs in Zivilsachen
BGSG	Gesetz über den Bundesgrenzschutz (Bundesgrenzschutzgesetz – BGSG) vom 19.10.1994 (BGBl. I S. 2978) zuletzt geändert durch Art. 24 der Verordnung vom 19.6.2020 (BGBl. S. 1328)
BGSNeuRegG	Gesetz zur Neuregelung der Vorschriften über den Bundesgrenzschutz (Bundesgrenzschutzneuregelungsgesetz – BGSNeuRegG) vom 19.10.1994 (BGBl. I S. 2978)
BHRJ	Business and Human Rights Journal
BinSchG	Gesetz betr. die privatrechtlichen Verhältnisse der Binnenschiffahrt (Binnenschifffahrtsgesetz) vom 15.6.1895 i.d.F. der Bek. vom 15.6.1898 (RGBl. S. 868) zuletzt geändert durch Art. 1 des Gesetzes vom 5.7.2016 (BGBl. I S. 1578, 2019 I S. 196)
BinSchGG	Gesetz über das gerichtliche Verfahren in Binnenschiffahrtssachen vom 27.9.1952 (BGBl. I S. 641) zuletzt geändert durch Art. 8 des Gesetzes vom 20.4.2013 (BGBl. I S. 831)
BJM	Basler Juristische Mitteilungen
BJOG	An International Journal of Obstetrics and Gynaecology
BKA	Bundeskriminalamt
BKAG	Gesetz über das Bundeskriminalamt und die Zusammenarbeit des Bundes und der Länder in kriminalpolizeilichen Angelegenheiten (Bundeskriminalamtgesetz – BKAG) vom 7.7.1997 (BGBl. I S. 1650) zuletzt geändert durch Art. 2 des Gesetzes vom 25.6.2021 (BGBl. I S. 2099)
Bln.	Berlin
Bln.GVBl.Sb.	Sammlung des bereinigten Berliner Landesrechts, Sonderband I (1806 bis 1945) und II (1945 bis 1967)
Blutalkohol	Blutalkohol, Wissenschaftliche Zeitschrift für die medizinische und juristische Praxis
BMI	Bundesminister(-ium) des Innern und für Heimat
BMinG	Gesetz über die Rechtsverhältnisse der Mitglieder der Bundesregierung (Bundesministergesetz) vom 17.6.1953 (BGBl. I S. 407) i.d.F. der Bek. vom 27.7.1971 (BGBl. I S. 1166) zuletzt geändert durch Art. 7 der Verordnung vom 19.6.2020 (BGBl. I S. 1328)
BMJV	Bundesminister(-ium) der Justiz und für Verbraucherschutz
BNDG	Gesetz über den Bundesnachrichtendienst vom 20.12.1990 (BGBl. I S. 2979) i.d.F. der Bek. vom 9.1.2002 (BGBl. I S. 361 ff.) zuletzt geändert durch Art. 3 des Gesetzes vom 5.7.2021 (BGBl. I S. 2274)
Bonn.Komm.	Kommentar zum Bonner Grundgesetz (Loseblattausgabe)
BORA	Berufsordnung für Rechtsanwälte i.d.F. der Bek. vom 1.11.2001
BPolBG	Bundespolizeibeamtengesetz i.d.F. der Bek. vom 3.6.1976 (BGBl. I S. 1357) zuletzt geändert durch Art. 8 des Gesetzes vom 23.6.2021 (BGBl. I S. 1982)
BR	s. BRat
BRAGO	Bundesgebührenordnung für Rechtsanwälte vom 26.7.1957 (BGBl. I S. 907); ersetzt durch das Rechtsanwaltsvergütungsgesetz (RVG) aufgehoben durch Art. 6 Nr. 4 des Gesetzes vom 5.5.2004 (BGBl. I. S. 718, 850)
BRAK	Bundesrechtsanwaltskammer
BRAK-Mitt.	Mitteilungen der Bundesrechtsanwaltskammer
BranntWMonG	Branntweinmonopolgesetz vom 8.4.1922 (RGBl. I S. 405; BGBl. III 612-7) zuletzt geändert durch Art. 5 des Gesetzes vom 10.3.2017 (BGBl. I S. 420)
BRAO	Bundesrechtsanwaltsordnung vom 1.8.1959 (BGBl. I S. 565); zuletzt geändert durch Art. 22 des Gesetzes vom 5.10.2021 (BGBl. I S. 4607)
BRat	Bundesrat
BRDrucks.	Drucksachen des Bundesrats
BReg.	Bundesregierung
Brem.	Bremen
BRJ	Bonner Rechtsjournal
BRProt.	Protokolle des Bundesrates
BS	Sammlung des bereinigten Landesrechts
BSG	Bundessozialgericht

Bsp.	Beispiel
BT	Bundestag
BTDrucks.	Drucksachen des Bundestags
BtG	Gesetz zur Reform des Rechts der Vormundschaft und Pflegschaft für Volljährige (Betreuungsgesetz – BtG) vom 12.9.1990 (BGBl. I S. 2002) aufgehoben durch Art. 9 und 10 des Gesetzes vom 19.4.2006 (BGBl. I S. 866)
BtMG	Gesetz über den Verkehr mit Betäubungsmitteln (Betäubungsmittelgesetz) vom 28.7.1981 (BGBl. I S. 681) i.d.F. der Bek. vom 1.3.1994 (BGBl. I S. 358) zuletzt geändert durch Art. 1 des Gesetzes vom 8.11.2021 (BGBl. I S. 4791)
BTProt.	s. BTVerh.
BTRAussch.	Rechtsausschuss des Deutschen Bundestags
BTVerh.	Verhandlungen des Deutschen Bundestags
BVerfG	Bundesverfassungsgericht
BVerfGE	Entscheidungen des Bundesverfassungsgerichts
BVerfGG	Gesetz über das Bundesverfassungsgericht vom 12.3.1951 i.d.F. der Bek. vom 11.8.1993 (BGBl. I S. 1473) zuletzt geändert durch Art. 4 des Gesetzes vom 20.11.2019 (BGBl. I S. 1724)
BVerfGK	Kammerentscheidungen des Bundesverfassungsgerichts
BVerfSchG	Gesetz über die Zusammenarbeit des Bundes und der Länder in Angelegenheiten des Verfassungsschutzes und über das Bundesamt für Verfassungsschutz (Bundesverfassungsschutzgesetz) vom 20.12.1990 (BGBl. I S. 2954) zuletzt geändert durch Art. 1 des Gesetzes vom 5.7.2021 (BGBl. I S. 2274)
BVerwG	Bundesverwaltungsgericht
BVerwGE	Entscheidungen des Bundesverwaltungsgerichts
BV-G	Bundesverfassungsgesetz (österreichische Verfassung)
BW	Baden-Württemberg
BWahlG	Bundeswahlgesetz neugefasst durch Bek. vom 23.7.1993 BGBl. I S. 1288, 1594 zuletzt geändert durch Art. 2 des Gesetzes vom 3.6.2021 (BGBl. I S. 1482)
bzgl.	bezüglich
BZRG	Gesetz über das Zentralregister und das Erziehungsregister (Bundeszentralregistergesetz), neugefasst durch Bek. vom 21.9.1984 (BGBl. I S. 1229, 1985 I S. 195); zuletzt geändert durch Art. 2 des Gesetzes vom 10.8.2021 (BGBl. I S. 3420)
2. BZRÄndG	Zweites Gesetz zur Änderung des Bundeszentralregistergesetzes (2. BZRÄndG) vom 17.7.1984 (BGBl. I S. 990)
bzw.	beziehungsweise
CAT	s. UN-CAT
Causa Sport	Die Sport-Zeitschrift für nationales und internationales Recht sowie für Wirtschaft
CB	Compliance Berater (Zeitschrift)
CCBE	Council of the Bars and Law Societies of the European Union
CCC	Constitutio Criminalis Carolina
CCJE	Consultative Council of European Judges
CCPR	s. HRC
CCZ	Corporate Compliance Zeitschrift
CD	Collection of Decisions Bd. 1 bis 46 (1960 bis 1974), Entscheidungen der Europäischen Kommission für Menschenrechte über die Zulässigkeit von Beschwerden
CDDH	Steering Committee for Human Rights (Europarat)
CDE	Cahiers de droit européen (Zeitschrift)
CDPC	European Committee on Crime Problems
CEAS	Common European Asylum System
CELJ	China-EU Law Journal
CEPEJ	European Commission on the Efficiency of Justice
CEPOL	European Police College (Budapest)
CERD	Internationales Übereinkommen zur Beseitigung von jeder Form von Rassendiskriminierung (CERD) vom 7.3.1966

CERT	Computer Emergency Response Team
CETS	(vgl. CTS)
ChE	Chiemsee-Entwurf (Verfassungsausschuß der Ministerpräsidentenkonferenz der Westlichen Besatzungszonen. Bericht über den Verfassungskonvent auf Herrenchiemsee vom 10. bis 23.8.1948) (1948)
ChemG	Chemikaliengesetz i.d.F. der Bek. vom 20.6.2002 (BGBl. I S. 2090) zuletzt geändert durch Art. 1 des Gesetzes vom 10.8.2021 (BGBl. I S. 3436)
CJ	Corpus Juris
CJEL	Columbia Journal of European Law
CMLRev	Common Market Law Review
COSI	Ständiger Ausschuss für die operative Zusammenarbeit im Bereich der inneren Sicherheit (EU)
COVuR	COVID-19 und Recht (Zeitschrift)
CPP	Code de procédure pénale
CPS	Crown Prosecution Service
CPT	Committee for the Prevention of Torture – Europäischer Ausschuss zur Verhütung von Folter und unmenschlicher oder erniedrigender Behandlung oder Strafe (Europarat)
CR	Computer und Recht (Zeitschrift)
CRC	Übereinkommen über die Rechte des Kindes vom 20.11.1989 (BGBl. 1992 II S. 122)
Crim.L.R.	Criminal Law Review
CrimeLawSoc-Change	Crime, Law and Social Change (Zeitschrift)
CSW	Cross-Border Surveillance Working Group
CWÜAG	Ausführungsgesetz zum Chemiewaffenübereinkommen vom 2.8.1994 (BGBl. I S. 1954)
DA	Dienstanweisung
DAG	Deutsches Auslieferungsgesetz vom 23.12.1929 (BGBl. I S. 239), aufgehoben durch IRG vom 23.12.1982 (BGBl. I S. 2071)
DAJV-Newsletter	Zeitschrift der Deutsch-Amerikanischen Juristen-Vereinigung e.V.
DAR	Deutsches Autorecht (Zeitschrift)
DAV	DeutscherAnwaltVerein
DB	Der Betrieb (Zeitschrift)
DDevR	Deutsche Devisen-Rundschau (1951–59)
DDR	Deutsche Demokratische Republik
ders.	derselbe
DERechtsmittelG	Diskussionsentwurf für ein Gesetz über die Rechtsmittel in Strafsachen, im Auftrag der JMK vorgelegt von der Bund-Länder-Arbeitsgruppe Strafverfahrensreform (1975)
DG	Disziplinargesetz (der Länder)
Die Justiz	Die Justiz, Amtsblatt des Justizministeriums Baden-Württemberg
Die Polizei	Die Polizei (seit 1955: Die Polizei – Polizeipraxis)
dies.	dieselbe
Diss.	Dissertation
DiszO	Disziplinarordnung (der Länder)
DJ	Deutsche Justiz, Rechtspflege und Rechtspolitik (1933–45)
DJT	Deutscher Juristentag (s. auch VerhDJT)
DJZ	Deutsche Juristenzeitung (1896–1936)
DNA-AnalyseG	Gesetz zur Novellierung der forensischen DNA-Analyse vom 12.8.2005 (BGBl. I S. 2360)
DNA-IFG	DNA-Identitätsfeststellungsgesetz vom 7.9.1998 (BGBl. I S. 2646; 1999 I S. 1242) aufgehoben durch Art. 4 des Gesetzes vom 12.8.2005 (BGBl. I S. 2360, 2362)
DNP	Die Neue Polizei
DNutzG	Gesetz zur effektiveren Nutzung von Dateien im Bereich der Staatsanwaltschaften vom 10.9.2004 (BGBl. I S. 2318)

DÖD	Der Öffentliche Dienst
DÖV	Die Öffentliche Verwaltung
DOGE	Entscheidungen des Deutschen Obergerichts für das Vereinigte Wirtschaftsgebiet
DPA	Deutsches Patentamt
DR	Deutsches Recht (1931 bis 1945) Decisions and Reports (ab 1975): Entscheidungen über die Zulässigkeit von Beschwerden; Berichte der Europäischen Kommission für Menschenrechte; Resolutionen des Ministerkomitees des Europarates
DRechtsw.	Deutsche Rechtswissenschaft (1936–43)
DRiG	Deutsches Richtergesetz, neugefasst durch Bek. vom 19.4.1972 (BGBl. I S. 713); zuletzt geändert durch Art. 4 des Gesetzes vom 25.6.2021 (BGBl. I S. 2154)
DRiZ	Deutsche Richterzeitung
DRpfl.	Deutsche Rechtspflege (1936–1939)
DRsp.	Deutsche Rechtsprechung, herausgegeben von Feuerhake (Loseblattsammlung)
Drucks.	Drucksache
DRZ	Deutsche Rechts-Zeitschrift (1946 bis 1950)
DSB	Datenschutz-Berater
DSteuerR	Deutsches Steuerrecht (Zeitschrift)
DStR	Deutsches Strafrecht (1934 bis 1944)
DStRE	Deutsches Steuerrecht Entscheidungsdienst (Zeitschrift)
DStrZ	Deutsche Strafrechts-Zeitung (1914 bis 1922)
DStZ	Deutsche Steuer-Zeitung
dt.	deutsch
DtBR	Das Deutsche Bundesrecht, Gesetzessammlung mit Erläuterungen (Loseblattausgabe)
DtZ	Deutsch-Deutsche Rechts-Zeitschrift
DuD	Datenschutz und Datensicherheit (Zeitschrift)
DuR	Demokratie und Recht (Zeitschrift)
DVBl.	Deutsches Verwaltungsblatt (Zeitschrift)
DVO	Durchführungsverordnung
DVollzO	Dienst- und Vollzugsordnung
DVOVereinf.VO	Verordnung zur Durchführung der Verordnung über Maßnahmen auf dem Gebiete der Gerichtsverfassung und der Rechtspflege vom 8.9.1939 (RGBl. I S. 1703)
DVOZust.VO	Verordnung zur Durchführung der Verordnung über die Zuständigkeit der Strafgerichte, die Sonderstrafgerichte sowie sonstige strafverfahrensrechtliche Vorschriften vom 13.3.1940 (RGBl. I S. 489)
DVP	Deutsche Verwaltungspraxis – Fachzeitschrift für die öffentliche Verwaltung
DVR	Datenverarbeitung im Recht (Zeitschrift)
DWiR	Deutsche Zeitschrift für Wirtschaftsrecht
E	Entwurf
E. & P.	International Journal of Evidence & Proof
EA	Vertrag über Gründung der Europäischen Atomgemeinschaft i.d.F. nach dem 1.5.1999
EAG	Europäische Atomgemeinschaft
EAGV	Vertrag zur Gründung der Europäischen Atomgemeinschaft vom 25.3.1957, Ges. vom 27.7.1957 (BGBl. II S. 753), Bek. vom 27.12. 1957 (BGBl. 1958 II S. 1)
EAJLG	European-Asian Journal of Law and Governance
EAkte	Elektronische Akte
EAkteJEG	Gesetz zur Einführung der elektronischen Akte in der Justiz und zur weiteren Förderung des elektronischen Rechtsverkehrs vom 5.7.2017 (BGBl. I S. 2208)
EAW	European Arrest Warrant, s. EuHb
EB	Ergänzungsband
EBA	Europäische Beweisanordnung
EBAO	Einforderungs- und Beitreibungsanordnung i.d.F. der Bek. vom 1.4.2001
ebda.	Ebenda

ECBA	European Criminal Bar Association
ECG	European Cooperation Group on Undercover Activities (ECG)
ECJ	s. EuGH (European Court of Justice)
ECLAN	European Criminal Law Academic Network
ECOSOC	Wirtschafts- und Sozialrat (UN)
ECPI	European Criminal Policy Initiative
ECPT	Europäisches Übereinkommen zur Verhütung von Folter und unmenschlicher oder erniedrigender Behandlung oder Strafe vom 26.11.1987 (ETS 126; BGBl. 1989 II S. 946)
ECRI	European Commission against Racism and Intolerance/Europäische Kommission gegen Rassismus und Intoleranz
ECRIS	European Criminal Records Information System
EDS/EDU	Europäische Drogeneinheit (Vorläufer von Europol)/European Drug Unit
EDV	Elektronische Datenverarbeitung
EEA	Europäische Ermittlungsanordnung/European Investigation Order (EIO)
EFG	Entscheidungen der Finanzgerichte (Zeitschrift)
EG	Vertrag zur Gründung einer Europäischen Gemeinschaft i.d.F. nach dem 1.5.1999 (vor dem 1.5.1999: EGV); Europäische Gemeinschaft
EGBGB	Einführungsgesetz zum Bürgerlichen Gesetzbuch vom 18.8.1896 (RGBl. S. 604) i.d.F. der Bek. vom 21.9.1994 (BGBl. I S. 2494) zuletzt geändert durch Art. 3 des Gesetzes vom 21.12.2021 (BGBl. I S. 5252)
EGFaxÜbk	Abkommen vom 26.5.1989 zwischen den Mitgliedstaaten der Europäischen Gemeinschaften über die Vereinfachung und Modernisierung der Verfahren zur Übermittlung von Auslieferungsersuchen (BGBl. 1995 II S. 969)
EGFinSchÜbk	Übereinkommen vom 26.7.1995 über den Schutz der finanziellen Interessen der Europäischen Gemeinschaften (PIF-Übereinkommen; ABlEG Nr. C 316 vom 27.11.1995, S. 49)
EGFinSchG	Gesetz zu dem Übereinkommen vom 26. Juli 1995 über den Schutz der finanziellen Interessen der Europäischen Gemeinschaften (EG-Finanzschutzgesetz – EGFinSchG) vom 10.9.1998 (BGBl. II S. 2322)
EGG	Gesetz über rechtliche Rahmenbedingungen für den elektronischen Geschäftsverkehr (Elektronischer Geschäftsverkehr-Gesetz – EGG) vom 14.12.2001 (BGBl. I S. 3721)
EGGVG	Einführungsgesetz zum Gerichtsverfassungsgesetz vom 27.1.1877 (RGBl. S. 77) zuletzt geändert durch Art. 3 des Gesetzes vom 25.6.2021 (BGBl. I S. 2099)
EGH	Ehrengerichtshof in Anwaltssachen
EGInsO	Einführungsgesetz zur Insolvenzordnung vom 5.10.1994 (BGBl. I S. 2911) zuletzt geändert durch Art. 7 des Gesetzes vom 22.12.2020 (BGBl. I S. 3328)
EGKS	Europäische Gemeinschaft für Kohle und Stahl
EGKSV	Vertrag über die Gründung der EGKS vom 18.4.1951 (BGBl. II S. 447)
EGMR	Europäischer Gerichtshof für Menschenrechte
EGMR (GK)	Europäischer Gerichtshof für Menschenrechte (Große Kammer)
EGMR (K)	Europäischer Gerichtshof für Menschenrechte (Kammer)
EGMRVerfO	Verfahrensordnung des Europäischen Gerichtshofs für Menschenrechte (Rules of Court) i.d.F. der Bek. vom 1.1.2020 (www.echr.coe.int)
EG-ne bis in idem-Übk	Übereinkommen vom 25.5.1987 zwischen den Mitgliedstaaten der Europäischen Gemeinschaften über das Verbot der doppelten Strafverfolgung – EG-ne bis in idem-Übk (BGBl. 1998 II S. 2227)
EGOWiG	Einführungsgesetz zum Gesetz über Ordnungswidrigkeiten vom 24.5.1968 (BGBl. I S. 503)
EGStGB 1870	Einführungsgesetz zum Strafgesetzbuch vom 31.5.1870 (RGBl. S. 195)
EGStGB 1974	Einführungsgesetz zum Strafgesetzbuch vom 2.3.1974 (BGBl. I S. 469)
EGStPO	Einführungsgesetz zur Strafprozeßordnung vom 1.2.1877 zuletzt geändert durch Art. 9 des Gesetzes vom 30.3.2021 (BGBl. I S. 448, 1380)
EGV	Vertrag zur Gründung einer Europäischen Gemeinschaft i.d.F. vor dem 1.5.1999 (nach dem 1.5.1999: EG)

EGVollstrÜbk	Übereinkommen vom 13.11.1991 zwischen den Mitgliedstaaten der Europäischen Gemeinschaft über die Vollstreckung ausländischer strafrechtlicher Verurteilungen
EGWStrG	Einführungsgesetz zum Wehrstrafgesetz vom 30.4.1957 (BGBl. I S. 393) zuletzt geändert durch Art. 6 des Gesetzes vom 13.4.1986 (BGBl. I S. 393)
EGZPO	Einführungsgesetz zur Zivilprozeßordnung vom 30.1.1877 (RGBl. S. 244) zuletzt geändert durch Art. 1 des Gesetzes vom 10.9.2021 (BGBl. I S. 4147)
EhrenGHE	Ehrengerichtliche Entscheidungen (der Ehrengerichtshöfe der Rechtsanwaltschaft des Bundesgebietes und des Landes Berlin)
EHRLR	European Human Rights Law Review
EhrRiVG	Gesetz zur Vereinfachung und Vereinheitlichung der Verfahrensvorschriften zur Wahl und Berufung ehrenamtlicher Richter vom 21.12.2004 (BGBl. I S. 3599)
Einf.	Einführung
EinigungsV	Vertrag zwischen der Bundesrepublik Deutschland und der Deutschen Demokratischen Republik über die Herstellung der Einheit Deutschlands vom 31.8.1990 (BGBl. II S. 889)
EinigungsVG	Gesetz zu dem Vertrag vom 31.8.1990 zwischen der Bundesrepublik Deutschland und der Deutschen Demokratischen Republik über die Herstellung der Einheit Deutschlands – Einigungsvertragsgesetz – und der Vereinbarung vom 18.9.1990 vom 23.9.1990 (BGBl. II S. 885)
Einl.	Einleitung
EIO	s. EEA
EIS	Europol-Informationssystem
EJB	Beschluss des Rates (2002/187/JI) vom 28.2.2002 über die Errichtung von Eurojust zur Verstärkung der Bekämpfung der schweren Kriminalität (ABlEG Nr. L 63 vom 6.3.2002, S. 1), geändert durch Beschluss 2003/659/JI des Rates vom 18.6.2003 (ABlEU Nr. L 245 vom 23.9.2003, S. 44) und den Beschluss 2009/426/JI des Rates vom 16.12.2008 zur Stärkung von Eurojust (ABlEU Nr. L 138 vom 4.6.2009, S. 14)
EJF	Entscheidungen aus dem Jugend- und Familienrecht (1951–1969)
EJG	Gesetz zur Umsetzung des Beschlusses (2002/187/JI) des Rates vom 28. Februar 2002 über die Errichtung von Eurojust zur Verstärkung der Bekämpfung der schweren Kriminalität (Eurojust-Gesetz – EJG) vom 12.5.2004 (BGBl. I S. 902)
EJKoV	Verordnung über die Koordinierung der Zusammenarbeit mit Eurojust (Eurojust-Koordinierungs-Verordnung –) vom 26.9.2012 (BGBl. I S. 2093)
EJN	Europäisches Justitielles Netz/European Judicial Network
EJTAnV	Verordnung über die Benennung und Einrichtung der nationalen Eurojust-Anlaufstelle für Terrorismusfragen (Eurojust-Anlaufstellen-Verordnung) vom 17.12.2004 (BGBl. I S. 3520)
EJTN	European Judicial Training Network
EKMR	Europäische Kommission für Menschenrechte
EKMRVerfO	Verfahrensordnung der Europäischen Kommission für Menschenrechte i.d.F. der Bek. vom 29.5.1991 (BGBl. II S. 838)
EL	Ergänzungslieferung
eIDAS	elektronische Identifizierung und Vertrauensdienste für elektronische Transaktionen im Binnenmarkt
eIDASDG	Gesetz zur Durchführung der Verordnung (EU) Nr. 910/2014 des Europäischen Parlaments und des Rates vom 23. Juli 2014 über und zur Aufhebung der Richtlinie 1999/93/EG (eIDAS-Durchführungsgesetz) vom 18.7.2017 (BGBl. I S. 2745)
ELJ	European Law Journal
ELRev	European Law Review
EMCDDA	European Monitoring Centre for Drugs and Drug Addiction
EmmingerVO	Verordnung über Gerichtsverfassung und Strafrechtspflege vom 4.1.1924 (RGBl. I S. 23)
EMöGG	Gesetz zur Erweiterung der Medienöffentlichkeit in Gerichtsverfahren und zur Verbesserung der Kommunikationshilfen für Menschen mit Sprach- und Hörbehinderungen (Gesetz über die Erweiterung der Medienöffentlichkeit in Gerichtsverfahren – EMöGG) vom 8.10.2017 (BGBl. I S. 3546)

EMRK	Konvention zum Schutze der Menschenrechte und Grundfreiheiten vom 4.11.1950 (BGBl. II S. 685, 953) i.d.F. der Bek. vom 22.10.2010 (BGBl. II S. 1198) 1. ZP-EMRK vom 20.3.1952 (BGBl. 1956 II S. 1880) 2. P-EMRK vom 6.5.1963 (BGBl. 1968 II S. 1112) 3. P-EMRK vom 6.5.1963 (BGBl. 1968 II S. 1116) 4. ZP-EMRK vom 16.9.1963 (BGBl. 1968 II S. 423) 5. P-EMRK vom 20.1.1966 (BGBl. 1968 II S. 1120) 6. ZP-EMRK vom 28.4.1983 (BGBl. 1988 II S. 662) 7. ZP-EMRK vom 22.11.1984 8. P-EMRK vom 19.3.1985 (BGBl. 1989 II S. 547) 9. P-EMRK vom 6.11.1990 (BGBl. 1994 II S. 490) 10. P-EMRK vom 25.3.1992 (BGBl. 1994 II S. 490) 11. P-EMRK vom 11.5.1994 (BGBl. 1995 II S. 578) 12. ZP-EMRK vom 4.11.2000 13. ZP-EMRK vom 3.5.2002 (BGBl. 2004 II S. 982) 14. P-EMRK vom 13.5.2004 (BGBl. 2006 II S. 138) 14bis P-EMRK vom 27.5.2009 15. P-EMRK vom 24.6.2013 (BGBl. 2014 II S. 1034) 16. P-EMRK vom 2.10.2013
ENeuOG	Gesetz zur Neuordnung des Eisenbahnwesens (Eisenbahnneuordnungsgesetz – ENeuOG) vom 27.12.1993 (BGBl. I S. 2378) zuletzt geändert durch Art. 107 des Gesetzes vom 8.7.2016 (BGBl. I S. 1594)
ENFSI	European Network of Forensic Institute
EntlG	Gesetz zur Entlastung der Gerichte vom 11.3.1921 (RGBl. S. 229)
Entsch.	Entscheidung
entspr.	entsprechend
Entw.	Entwurf
Entw. 1908	Entwurf einer Strafprozeßordnung und Novelle zum Gerichtsverfassungsgesetz nebst Begründung (1908), E 1908, MatStrR-Ref. Bd. 11
Entw. 1909	Entwürfe 1. eines Gesetzes, betreffend Änderungen des Gerichtsverfassungsgesetzes, 2. der Strafprozeßordnung (1909), E 1909 RT-Verhandl. Bd. 254 Drucks. Nr. 1310 = MatStrRRef Bd. 12; Bericht der 7. Kommission des Reichstags 1909 bis 1911 zur Vorbereitung der Entwürfe 1. eines Gesetzes betreffend die Änderung des Gerichtsverfassungsgesetzes, 2. einer Strafprozeßordnung, 3. eines zu beiden Gesetzen gehörenden Einführungsgesetzes = MatStrRRef. Bd. 13
Entw. 1919/1920	Entwürfe 1. eines Gesetzes zur Änderung des Gerichtsverfassungsgesetzes (1919), 2. eines Gesetzes über den Rechtsgang in Strafsachen (1920), E 1919/1920, MatStrRRef. Bd. 14
Entw. 1930	Entwurf eines Einführungsgesetzes zum Allgemeinen Deutschen Strafgesetzbuch und zum Strafvollzugsgesetz 1930, EGStGB-Entw. 1930, RT-Drucks. Nr. 2070 = MatStrRRef. Bd. 7
Entw. 1939	Entwurf einer Strafverfahrensordnung und einer Friedens- und Schiedsmannsordnung (1939), StPO-Entw. 1939, Nachdruck 1954
EP	Europäisches Parlament
EPA	Europäisches Patentamt
EPO	s. ESA
EPPO	European Public Prosecutor's Office/Europäische Staatsanwaltschaft
EPZ	Europäische Politische Zusammenarbeit
ERA	Europäische Rechtsakademie (Trier)
ERA-Forum	ERA-Forum (Zeitschrift)
ErbR	Zeitschrift für die gesamte erbrechtliche Praxis
erg.	ergänzend
Erg.	Ergänzung; Ergebnis
ErgBd.	Ergänzungsband
Erl.	Erlass; Erläuterung(en)

ErwG	Erwägungsgrund
ESA	Europäische Schutzanordnung/European Protection Order (EPO)
EStG	Einkommensteuergesetz
ETS	European Treaty Series; Übereinkommen des Europarates (fortlaufend nummeriert; www.coe.int; ab 1949)
EU	Vertrag über die Europäische Union
EuAbgG	Europaabgeordnetengesetz vom 6.4.1979 (BGBl. I S. 413) zuletzt geändert durch Art. 2 des Gesetzes vom 11.7.2014 (BGBl. I S. 906)
EuAlÜbk	Europäisches Auslieferungsübereinkommen vom 13.12.1957 (ETS 024; BGBl. 1964 II S. 1369); 2. ZP EuAlÜbk vom 17.3.1978 (ETS 098; BGBl. 1990 II S. 118; 1991 II S. 874)
EUAlÜbk	Übereinkommen vom 27.9.1996 aufgrund von Artikel K.3 des Vertrags über die Europäische Union über die Auslieferung zwischen den Mitgliedstaaten der Europäischen Union (ABlEG Nr. C 313/11 vom 23.10.1996; BGBl. 1998 II S. 2253)
EuArch	Europa-Archiv
EUBestG	Gesetz zu dem Protokoll vom 27. September 1996 zum Übereinkommen über den Schutz der finanziellen Interessen der Europäischen Gemeinschaften (EU-Bestechungsgesetz – EUBestG) vom 10.9.1998 (BGBl. II S. 2340) zuletzt geändert durch Art. 2 des Gesetzes vom 20.11.2015 (BGBl. I S. 2025)
EUC	Charta der Grundrechte der Europäischen Union
EUCARIS	Vertrag über ein Europäisches Fahrzeug- und Führerscheininformationssystem
EuCLR	European Criminal Law Review (Zeitschrift)
eucrim	Journal for the Protection of the Financial Interests of the European Communities
EuDrogenÜbk	Übereinkommen vom 31.1.1995 über den unerlaubten Verkehr mit Drogen auf hoher See zur Durchführung des Art. 17 des Übereinkommens der Vereinten Nationen vom 20.12.1988 gegen den unerlaubten Verkehr mit Suchtstoffen und psychotropen Stoffen (ETS 156; BGBl. 2000 II S. 1313)
EuG	Europäisches Gericht erster Instanz (Luxemburg)
EuGeldwÜbk	Übereinkommen vom 8.11.1990 über Geldwäsche sowie Ermittlung, Beschlagnahme und Einziehung von Erträgen aus Straftaten (ETS 141; BGBl. 1998 II S. 519)
EuGH	Gerichtshof der Europäischen Union
EuGH Slg.	Entscheidungen des Gerichtshofs der Europäischen Union (EuGH) – Amtliche Sammlung
EuGHG	Gesetz vom 6.8.1998 betreffend die Anrufung des Gerichtshofs der Europäischen Gemeinschaften im Wege des Vorabentscheidungsverfahrens auf dem Gebiet der polizeilichen Zusammenarbeit und der justitiellen Zusammenarbeit in Strafsachen nach Art. 35 des EU-Vertrages – EuGHG (BGBl. 1998 I S. 2035; 1999 II S. 728)
EuGRAG	Gesetz zur Durchführung der Richtlinie des Rates der EG vom 22.3.1977 zur Erleichterung der tatsächlichen Ausübung des freien Dienstleistungsverkehrs der Rechtsanwälte vom 16.8.1980 (BGBl. I S. 1453)
EuGRZ	Europäische Grundrechte-Zeitschrift
EuHb	Europäischer Haftbefehl/European Arrest Warrant (EAW)
EuHbG	Gesetz zur Umsetzung des Rahmenbeschlusses über den Europäischen Haftbefehl und die Übergabeverfahren zwischen den Mitgliedstaaten der Europäischen Union (Europäisches Haftbefehlsgesetz – EuHbG) vom 21.7.2004 (BGBl. I S. 1748) und vom 20.7.2006 (BGBl. I S. 1721)
EuJCCCJ	European Journal of Crime, Criminal Law and Criminal Justice (Zeitschrift)
EuKonv	Europäischer Konvent
EUMC	s. ECRI
EuOEÜbk	Europäisches Übereinkommen vom 24.11.1983 über die Entschädigung für Opfer von Gewalttaten (ETS 116; BGBl. 2000 II S. 1209)
EuR	Europarecht (Zeitschrift)
EuRAG	Gesetz über die Tätigkeit europäischer Rechtsanwälte in Deutschland vom 9.3.2000 (BGBl. I S. 182) zuletzt geändert durch Art. 24 des Gesetzes vom 5.10.2021 (BGBl. I S. 4607)

EuRhÜbk	Europäisches Übereinkommen über die Rechtshilfe in Strafsachen vom 20.4.1959 (ETS 30; BGBl. 1964 II S. 1369; 1976 II S. 1799); ZP EuRhÜbk vom 17.3.1978 (ETS 99; BGBl. 1990 II S. 124; 1991 II S. 909); 2. ZP EuRHÜbk vom 8.11.2001 (ETS 182)
EURhÜbk	Rechtshilfeübereinkommen der Mitgliedstaaten der Europäischen Union vom 29.5.2000, ABlEG Nr. C 197 vom 12.7.2000, S. 1; ZP EURHÜbk vom 16.10.2001 (ABlEG Nr. C 326 vom 21.11.2001, S. 1)
EurJCrimeCrLJ	European Journal of Crime, Criminal Law and Criminal Justice
EURODAC	Daktyloskopische Datenbank im Rahmen von Asylantragsverfahren
Eurojust	Europäische Justitielle Clearing- und Dokumentationsstelle (Den Haag)
Europol	Europäisches Polizeiamt (Den Haag)
EuropolG	Europolgesetz vom 16.12.1997 (BGBl. II S. 2150) zuletzt geändert durch Art. 8 des Gesetzes vom 25.6.2021 (BGBl. I S. 2083)
EuropolÜbk	Übereinkommen vom 26.7.1995 auf Grund von Artikel K.3 des EUV über die Errichtung eines Europäischen Polizeiamtes, ABlEG Nr. C 316 vom 27.11.1995, S. 1
EuropolVO	Verordnung (EU) 2016/794 des Europäischen Parlaments und des Rates vom 11. Mai 2016 über die Agentur der Europäischen Union für die Zusammenarbeit auf dem Gebiet der Strafverfolgung (Europol) und zur Ersetzung und Aufhebung der Beschlüsse 2009/371/JI, 2009/934/JI, 2009/935/JI, 2009/936/JI und 2009/968/JI des Rates, ABlEU Nr. L 135 vom 23.5.2016, S. 53
EuroPris	European Organisation of Prison and Correctional Services
EUStA	Europäische Staatsanwaltschaft
EUStA-VO	Verordnung (EU) 2017/1939 des Rates vom 12.10.2017 zur Durchführung einer Verstärkten Zusammenarbeit zur Errichtung der Europäischen Staatsanwaltschaft (EUStA)
EuTerrÜbk	Übereinkommen zur Bekämpfung des Terrorismus vom 27.1.1977 (ETS 90; BGBl. 1978 II S. 321, 907)
EUV	Vertrag über die Europäische Union
EUVEntw	Entwurf einer Europäischen Verfassung i.d.F des am 18.6.2004 zwischen den Staats- und Regierungschefs erzielten Konsenses (Dokument der Regierungskonferenz CIG 86/04 vom 25.6.2004)
EUVereinfAlÜbk	Übereinkommen vom 10.3.1995 aufgrund von Artikel K.3 des Vertrags über die Europäische Union über das vereinfachte Auslieferungsverfahren zwischen den Mitgliedstaaten der Europäischen Union (ABlEG Nr. C 78 vom 30.3.1995, S. 1; BGBl. 1998 II S. 2229)
EuVKonv	Entwurf eines Vertrags über eine Verfassung für Europa – vom Europäischen Konvent im Konsensverfahren angenommen am 13.6. und 10.7.2003 – dem Präsidenten des Europäischen Rates in Rom überreicht am 18.7.2003
EuZ	Zeitschrift für Europarecht (Schweiz)
EuZA	Europäische Zeitschrift für Arbeitsrecht
EuZW	Europäische Zeitschrift für Wirtschaftsrecht
evt.	eventuell
EWG	Europäische Wirtschaftsgemeinschaft
EWGV	Vertrag zur Gründung der Europäischen Wirtschaftsgemeinschaft vom 25.3.1957 (BGBl. II S. 766)
EWiR	Entscheidungen zum Wirtschaftsrecht
EWR-Abk.	Gesetz zu dem Abkommen vom 2.5.1992 über den Europäischen Wirtschaftsraum
EYHR	European Yearbook on Human Rights
EZAR	Entscheidungssammlung zum Zuwanderungs-, Asyl- und Freizügigkeitsrecht
EzSt	Entscheidungssammlung zum Straf- und Ordnungswidrigkeitenrecht, 1983 bis 1990 (Loseblattausgabe)
f., ff.	folgende
FAG	Gesetz über Fernmeldeanlagen vom 6.4.1892 i.d.F. der Bek. vom 3.7.1989 (BGBl. I S. 1455); ersetzt durch das TKG
FamFG	Gesetz über das Verfahren in Familiensachen und in den Angelegenheiten der freiwilligen Gerichtsbarkeit (FamFG), Art. 1 des Gesetzes vom 17.12.2008 (BGBl. I

	S. 2586, 2009 I S. 1102); zuletzt geändert durch Art. 5 des Gesetzes vom 5.10.2021 (BGBl. I S. 4607)
FamPLG	Gesetz über Aufklärung, Verhütung, Familienplanung und Beratung vom 27.7.1992 (BGBl. I S. 1398) nun Schwangerschaftskonfliktgesetz (SchKG) zuletzt geändert durch Art. 13a des Gesetzes vom 14.12.2019 (BGBl. 2789, 2816)
FamRZ	Zeitschrift für das gesamte Familienrecht
FAO	Fachanwaltsordnung i.d.F. vom 1.1.2020, zuletzt geändert durch Beschluss der Satzungsversammlung vom 6.5.2019 (BRAK-Mitt. 2019, 245)
FG	Finanzgericht/Festgabe
FGG	Gesetz über die Angelegenheiten der freiwilligen Gerichtsbarkeit vom 17.5.1898 i.d.F. der Bek. vom 20.5.1898 (RGBl. S. 771) aufgehoben durch Art. 112 Abs. 1 des Gesetzes vom 17.12.2008 (BGBl. I S. 2586)
FGO	Finanzgerichtsordnung, neugefasst durch Bek. vom 28.3.2001 (BGBl. I S. 442, 2262, 2002 I S. 679); zuletzt geändert durch Art. 19 des Gesetzes vom 5.10.2021 (BGBl. I S. 4607)
FGPrax	Praxis der freiwilligen Gerichtsbarkeit
1. FiMaNoG	Erstes Gesetz zur Novellierung von Finanzmarktvorschriften auf Grund europäischer Rechtsakte (Erstes Finanzmarktnovellierungsgesetz) vom 30.6.2016 (BGBl. I S. 1514)
2. FiMaNoG	Zweites Gesetz zur Novellierung von Finanzmarktvorschriften auf Grund europäischer Rechtsakte (Zweites Finanzmarktnovellierungsgesetz) vom 23.6.2017 (BGBl. I S. 1693)
FinB	Finanzbehörde
FinVerwG	Gesetz über die Finanzverwaltung vom 6.9.1950 (BGBl. I S. 448) i.d.F. der Bek. vom 30.8.1971 (BGBl. I S. 1426)
FLF	Finanzierung Leasing Factoring (Zeitschrift)
FlRG	Gesetz über das Flaggenrecht der Seeschiffe und die Flaggenführung der Binnenschiffe (Flaggenrechtsgesetz) vom 8.2.1951 i.d.F. der Bek. vom 29.10.1994 (BGBl. I S. 3140) zuletzt geändert durch Art. 134 des Gesetzes vom 10.8.2021 (BGBl. I S. 3436)
FIU	Financial Intelligence Unit
Fn.	Fußnote
FN A	Fundstellennachweis des Deutschen Bundesrechts, Bundesrecht ohne völkerrechtliche Vereinbarungen und Verträge mit der DDR
FN B	Fundstellennachweis des Deutschen Bundesrechts, Völkerrechtliche Vereinbarungen und Verträge mit der DDR
FO	Fernmeldeordnung i.d.F. der Bek. vom 5.5.1971 (BGBl. I S. 541)
FoR	Forum Recht (Zeitschrift)
FP-IPBPR	1. Fakultativprotokoll zum Internationalen Pakt über bürgerliche und politische Rechte vom 19.12.1966 (BGBl. 1992 II S. 1247)
2. FP-IPBPR	2. Fakultativprotokoll zu dem Internationalen Pakt über bürgerliche und politische Rechte zur Abschaffung der Todesstrafe vom 15.12.1989 (BGBl. 1992 II S. 390)
FPR	Familie Partnerschaft Recht
FRA	Agentur der Europäischen Union für Grundrechte/Agency for Fundamental Rights
FRONTEX	Europäische Grenzschutzagentur
FS	Forum Strafvollzug – Zeitschrift für Strafvollzug und Straffälligenhilfe (früher ZfStrV)
FS (Name)	Festschrift, auch Festgabe usw. (angefügt Name des Geehrten)
FuR	Familie und Recht
G 10	Gesetz zur Beschränkung des Brief-, Post- und Fernmeldegeheimnisses vom 26.6.2001 (BGBl. I S. 1254), zuletzt geändert durch Art. 6 des Gesetzes vom 5.7.2021 (BGBl. I S. 2274), (Gesetz zu Artikel 10 Grundgesetz)
GA	Goltdammer's Archiv für Strafrecht, zitiert nach Jahr und Seite (bis 1933: Archiv für Strafrecht und Strafpolitik, zitiert nach Band und Seite)

GASP	Gemeinsame Außen- und Sicherheitspolitik
GBA	Generalbundesanwalt
GBl.	Gesetzblatt
GBl./DDR I, II	Gesetzblatt der Deutschen Demokratischen Republik, Teil I und II (1949 bis 1990)
GDolmG	Gesetz über die allgemeine Beeidigung von gerichtlichen Dolmetschern (Gerichtsdolmetschergesetz) vom 10.12.2019 (BGBl. I S. 2121, 2124) zuletzt geändert durch Art. 7 des Gesetzes vom 25.6.2021 (BGBl. I S. 2099)
GedS	Gedächtnisschrift (angefügt Name des Geehrten)
gem.	gemäß
GemDatG	Gesetz zur Errichtung gemeinsamer Dateien von Polizeibehörden und Nachrichtendiensten des Bundes und der Länder vom 22.12.2006 (Gemeinsame-Dateien-Gesetz) (BGBl. I S. 3409)
GemProt.	Gemeinsames Protokoll
GenG	Gesetz betreffend die Erwerbs- und Wirtschaftsgenossenschaften vom 1.5.1889, neugefasst durch Bek. vom 16.10.2006 (BGBl. I S. 2230); zuletzt geändert durch Art. 67 des Gesetzes vom 10.8.2021 (BGBl. I S. 3436)
GenStA	Generalstaatsanwaltschaft
GerS	Der Gerichtssaal (1849–1942)
Ges.	Gesetz
GeschlkrG	Gesetz zur Bekämpfung der Geschlechtskrankheiten vom 23.7.1953 (BGBl. I S. 700)
GeschO	Geschäftsordnung
GETZ	Gemeinsames Extremismus- und Terrorismusabwehrzentrum
GewO	Gewerbeordnung vom 21.6.1869, neugefasst durch Bek. vom 22.2.1999 (BGBl. I S. 202); zuletzt geändert durch Art. 2 des Gesetzes vom 10.8.2021 (BGBl. I S. 3504)
GewSchG	Gesetz vom 11.12.2001 zur Verbesserung des zivilgerichtlichen Schutzes bei Gewalttaten und Nachstellungen sowie zur Erleichterung der Überlassung der Ehewohnung bei Trennung (Gewaltschutzgesetz – GewSchG; BGBl. I S. 3513) zuletzt geändert durch Art. 2 des Gesetzes vom 10.8.2021 (BGBl. I S. 3513)
GewVerbrG	Gesetz gegen gefährliche Gewohnheitsverbrecher und über Maßregeln der Sicherung und Besserung vom 24.11.1933 (RGBl. I S. 995)
GG	Grundgesetz für die Bundesrepublik Deutschland vom 23.5.1949 (BGBl. S. 1)
ggf.	gegebenenfalls
GKG	Gerichtskostengesetz vom 5.5.2004 (BGBl. I S. 718); zuletzt geändert durch Art. 16 des Gesetzes vom 25.6.2021 (BGBl. I S. 2099)
GKI	Gemeinsame Kontrollinstanz (jeweils eingerichtet bei Europol und Eurojust)
GKÖD	Gesamtkommentar Öffentliches Dienstrecht
GLY	German Law Journal (Internet-Zeitschrift; www.germanlawjournal.de)
GmbH	Gesellschaft mit beschränkter Haftung
GmbHG	Gesetz betreffend die Gesellschaften mit beschränkter Haftung vom 20.4.1892 (RGBl. S. 477); zuletzt geändert durch Art. 64 des Gesetzes vom 10.8.2021 (BGBl. I S. 3436)
GMBl.	Gemeinsames Ministerialblatt
GmS-OGB	Gemeinsamer Senat der obersten Gerichtshöfe des Bundes
GnO	Gnadenordnung
GNotKG	Gesetz über Kosten der freiwilligen Gerichtsbarkeit für Gerichte und Notare (Gerichts- und Notarkostengesetz) vom 23.7.2013 zuletzt geändert durch Art. 47 des Gesetzes vom 10.8.2021 (BGBl. I S. 3436)
GoJIL	Göttingen Journal of International Law (Online-Zeitschrift)
GoltdA	s. GA
G&R	Geldwäsche & Recht (Zeitschrift)
GRC	Europäische Grundrechtecharta
grds.	grundsätzlich
GRECO	Group of States against Corruption
GreifRecht	Greifswalder Halbjahresschrift für Rechtswissenschaft
GRETA	Group of Experts on Action against Trafficking in Human Beings

GREVIO	Expertengruppe zur Überwachung des Übereinkommens zum Schutz von Frauen vor Gewalt und häuslicher Gewalt (CETS 210)
GrSSt	Großer Senat in Strafsachen
Gruchot	Beiträge zur Erläuterung des deutschen Rechts, begründet von Gruchot
GRUR	Gewerblicher Rechtsschutz und Urheberrecht (Zeitschrift)
GRURInt	Gewerblicher Rechtsschutz und Urheberrecht International (Zeitschrift)
GS	Gesetzessammlung
GSNW	Sammlung des bereinigten Landesrechts Nordrhein-Westfalen (1945–56)
GSSchlH	Sammlung des schleswig-holsteinischen Landesrechts, 2 Bände (1963)
GStA	Generalstaatsanwalt
GSZ	Zeitschrift für das Gesamte Sicherheitsrecht
GÜG	Gesetz zur Überwachung des Verkehrs mit Grundstoffen, die für die unerlaubte Herstellung von Betäubungsmitteln mißbraucht werden können (Grundstoffüberwachungsgesetz – GÜG) vom 7.10.1994 (BGBl. I S. 2835) zuletzt geändert durch Art. 2 des Gesetzes vom 30.3.2021 (BGBl. I S. 402)
GuP	Gesundheit und Pflege (Zeitschrift)
GÜV	Gesetz zur Überwachung strafrechtlicher und anderer Verbringungsverbote vom 24.5.1961 (BGBl. I S. 607)
GV	Gemeinsame Verfügung (mehrerer Ministerien)
GVBl.	Gesetz- und Verordnungsblatt
GVBl. II	Sammlung des bereinigten Hessischen Landesrechts
GVG	Gerichtsverfassungsgesetz vom 27.1.1877 i.d.F. der Bek. vom 9.5.1975 (BGBl. I S. 1077) zuletzt geändert durch Art. 8 des Gesetzes vom 7.7.2021 (BGBl. I S. 2363)
GVGA	Geschäftsanweisung für Gerichtsvollzieher
GVGÄG 1971	Gesetz zur Änderung des Gerichtsverfassungsgesetzes vom 8.9.1971 (BGBl. I S. 1513)
GVGÄG 1974	Gesetz zur Änderung des Gerichtsverfassungsgesetzes vom 25.3.1974 (BGBl. I S. 761)
GVG/DDR	Gesetz über die Verfassung der Gerichte der Deutschen Demokratischen Republik – Gerichtsverfassungsgesetz – vom 27.9.1974 (GBl. I S. 457), zuletzt geändert durch Gesetz vom 5.7.1990 (GBl. I S. 595)
GVO	Gerichtsvollzieherordnung
GVVG-ÄndG	Gesetz zur Änderung der Verfolgung der Vorbereitung von schweren staatsgefährdenden Gewalttaten vom 12.6.2015 (BGBl. I S. 926)
GVVO	Verordnung zur einheitlichen Regelung der Gerichtsverfassung vom 20.3.1935 (RGBl. I S. 403) in der im BGBl. III Gliederungsnummer 300-5 veröffentlichten bereinigten Fassung
GWB	Gesetz gegen Wettbewerbsbeschränkungen vom 27.7.1957 i.d.F. der Bek. vom 26.8.1998 (BGBl. I S. 2546)
GwG	Gesetz über das Aufspüren von Gewinnen aus schweren Straftaten (Geldwäschegesetz – GwG) vom 25.10.1993 (BGBl. I S. 1770) zuletzt geändert durch Art. 92 des Gesetzes vom 10.8.2021 (BGBl. I S. 3436)
GWR	Gesellschafts- und Wirtschaftsrecht (Zeitschrift)
GWuR	Geldwäsche & Recht (Zeitschrift)
GYIL	German Yearbook of International Law (Zeitschrift)
Haager Abk.	Haager Abkommen über den Zivilprozeß vom 17.7.1905 (RGBl. 1909 S. 409)
HalbleiterschutzG	Gesetz über den Schutz der Topographien von mikroelektronischen Halbleitererzeugnissen (Halbleiterschutzgesetz) vom 22.10.1987 (BGBl. I S. 2294) zuletzt geändert durch Art. 9 des Gesetzes vom 10.8.2021 (BGBl. I S. 3490)
Hamb.	Hamburg
HambJVBl.	Hamburgisches Justizverwaltungsblatt
Hans.	Hanseatisch
HansGZ	Hanseatische Gerichtszeitung (1880 bis 1927)
HansJVBl.	Hanseatisches Justizverwaltungsblatt (bis 1946/47)
HansOLGSt	Entscheidungen des Hanseatischen Oberlandesgerichts in Strafsachen (1879 bis 1932/33)

HansRGZ	Hanseatische Rechts- und Gerichtszeitschrift (1928–43), vorher: HansGZ (1880–1927)
HansRZ	Hanseatische Rechtszeitschrift für Handel, Schiff-Fahrt und Versicherung, Kolonial- und Auslandsbeziehungen sowie für Hansestädtisches Recht (1918 bis 1927)
HbStrVf/*Verfasser*	Handbuch zum Strafverfahren, hrsg. von Heghmanns/Scheffler
HdR	Handwörterbuch der Rechtswissenschaft, hrsg. von Stier-Somlo und Elster (1926 bis 1937)
Hess.	Hessen
HESt	Höchstrichterliche Entscheidungen, Sammlung von Entscheidungen der Oberlandesgerichte und der Obersten Gerichte in Strafsachen (1948–49)
HGB	Handelsgesetzbuch vom 10.5.1897 (RGBl. S. 219)
HKÜ	Haager Übereinkommen über die zivilrechtlichen Aspekte internationaler Kindesentführung vom 25.10.1980
h.M.	herrschende Meinung
HmbStVollzG	Hamburgisches Strafvollzugsgesetz
HRC	Human Rights Committee – UN-Menschenrechtsausschuss
HRLJ	Human Rights Law Journal
HRLR	Human Rights Law Review
HRN	Hamburger Rechtsnotizen (Zeitschrift)
HRR	Höchstrichterliche Rechtsprechung (1928 bis 1942)
HRRS	Online-Zeitschrift für Höchstrichterliche Rechtsprechung im Strafrecht (www.hrr-strafrecht.de)
HRSt	Entscheidungen zum Strafrecht, Strafverfahrensrecht und zu den Nebengebieten (Höchstrichterliche Rechtsprechung) (ab 1996)
Hs.	Halbsatz
HSOG	Hessisches Gesetz über die öffentliche Sicherheit und Ordnung
HStVollzG	Hessisches Strafvollzugsgesetz
HUDOC	Human Rights Documentation des Europarates
HuV-I	Humanitäres Völkerrecht – Informationsschriften
HV	Hauptverhandlung
IAGMR	Interamerikanischer Gerichtshof für Menschenrechte
ICC	s. IStGH
ICC-Statut	s. IStGH-Statut
ICJ	s. IGH
ICLQ	The International and Cooperative Law Quarterly
ICLR	International Criminal Law Review
ICPA	International Corrections and Prisons Association
ICTR	Internationaler Strafgerichtshof für Ruanda
ICTY	Internationaler Strafgerichtshof für das ehemalige Jugoslawien
i.d.F.	in der Fassung
i.d.R.	in der Regel
i.E.	im Ergebnis
i.e.S.	im engeren Sinne
IFCCLGE	International Forum on Crime and Criminal Law in the Global Era (Peking)
IGH	Internationaler Gerichtshof ICJ (Den Haag)
i.H.v.	in Höhe von
IKV	Internationale Kriminalistische Vereinigung
ILEA	International Law Enforcement Academy
ILO	International Labour Organization (Internationale Arbeitsorganisation)
InfAuslR	Informationsbrief Ausländerrecht
INPOL	Informationssystem der Polizei
InsO	Insolvenzordnung vom 5.10.1994 (BGBl. I S. 2866); zuletzt geändert durch Art. 35 des Gesetzes vom 10.8.2021 (BGBl. I S. 3436)
INTERPA	International Association of Police Academies

IPBPR	Internationaler Pakt über bürgerliche und politische Rechte vom 19.12.1966 (BGBl. 1973 II S. 1534)
IPBPRG	Zustimmungsgesetz zu dem Internationalen Pakt über bürgerliche und politische Rechte vom 15.11.1973 (BGBl. II S. 1533)
IPWSKR	Internationaler Pakt über die wirtschaftlichen, sozialen und kulturellen Rechte vom 19.12.1966 (BGBl. 1973 II S. 1570)
IRG	Gesetz über die internationale Rechtshilfe in Strafsachen i.d.F. der Bek. vom 27.6.1994 (BGBl. I S. 1537); zuletzt geändert durch Art. 29 des Gesetzes vom 5.10.2021 (BGBl. I S. 4607)
i.S.	im Sinne
i.S.d.	im Sinne des/der
IStR	Internationales Steuerrecht – Zeitschrift für europäische und internationale Wirtschaftsberatung
i.S.v.	im Sinne von
IStGH	Internationaler Strafgerichtshof ICC (Den Haag)
IStGHG	Gesetz über die Zusammenarbeit mit dem Internationalen Strafgerichtshof vom 21.6.2002 (BGBl. I S. 2144) zuletzt geändert durch Art. 6 des Gesetzes vom 10.12.2019 (BGBl. I S. 2128)
IStGHSt	Gesetz vom 4.12.2000 zum Römischen Statut des Internationalen Strafgerichtshofs vom 17. Juli 1998 – IStGH-Statutgesetz (BGBl. II S. 1393)
ITRB	IT-Rechts-Berater
Iurratio	Zeitschrift für Stud. iur und junge Juristen
i.V.m.	in Verbindung mit
IWG	International Working Group on Police Undercover Activities
i.w.S.	im weiteren Sinne
JA	Juristische Arbeitsblätter für Ausbildung und Examen
JahrbÖR	Jahrbuch des öffentlichen Rechts der Gegenwart
JahrbPostw.	Jahrbuch des Postwesens (1937 bis 1941/42)
JAVollzO	Jugendarrestvollzugsordnung vom 12.8.1966 i.d.F. der Bek. vom 30.11.1976 (BGBl. I S. 3270) zuletzt geändert durch Art. 53 des Gesetzes vom 8.12.2010 (BGBl. I S. 1864)
JBeitrO	Justizbeitreibungsordnung vom 11.3.1937 (RGBl. I S. 298)
JBl.	Justizblatt/Juristische Blätter (Österreich)
JBlRhPf.	Justizblatt Rheinland-Pfalz
JBlSaar	Justizblatt des Saarlandes
JGG	Jugendgerichtsgesetz vom 4.8.1953 i.d.F. der Bek. vom 11.12.1974 (BGBl. I S. 3427) zuletzt geändert durch Art. 21 des Gesetzes vom 25.6.2021 (BGBl. I S. 2099)
JICJ	Journal of International Criminal Justice
JIR	Jahrbuch für internationales Recht
JK	Jura-Kartei
JKassO	Justizkassenordnung
JKomG	Gesetz über die Verwendung elektronischer Kommunikationsformen in der Justiz (Justizkommunikationsgesetz – JKomG) vom 22.3.2005 (BGBl. I S. 832)
JKostG	Justizkostengesetz (Landesrecht)
JLCJ	Journal of Law and Criminal Justice
jM	juris – Die Monatsschrift
JMBl.	Justizministerialblatt
JMBlNRW, JMBlNW	Justizministerialblatt für das Land Nordrhein-Westfalen
JMK	Justizministerkonferenz (Konferenz der Landesjustizministerinnen und -minister)
JoJZG	Journal der Juristischen Zeitgeschichte
JOR	Jahrbuch für Ostrecht
JöR	Jahrbuch des öffentlichen Rechts
JP	Juristische Person
JR	Juristische Rundschau

JRP	Journal für Rechtspolitik
JSt	Journal für Strafrecht
JStVollzG (NRW)	Gesetz zur Regelung des Vollzuges der Freiheitsstrafe in Nordrhein-Westfalen (Strafvollzugsgesetz Nordrhein-Westfalen – StVollzG NRW) vom 27.1.2015 (GVNRW S. 76)
JStVollzG (Saarland)	Gesetz über den Vollzug der Freiheitsstrafe im Saarland (Saarländisches Strafvollzugsgesetz – SLStVollzG) vom 24.4.2013 (ABl. I S. 116)
JugG	Jugendgericht
JugK	Jugendkammer
JugSchG	Jugendschöffengericht
JugStrafgG	Gesetz über die Zusammenarbeit mit dem Internationalen Strafgerichtshof für das ehemalige Jugoslawien (Jugoslawien-Strafgerichtshof-Gesetz) vom 10.4.1995 (BGBl. I S. 485) zuletzt geändert durch Art. 5 des Gesetzes vom 10.12.2019 (BGBl. I S. 2128)
Jura	Juristische Ausbildung (Zeitschrift)
JUFIL	Journal on the Use of Force and International Law
JurBüro	Das juristische Büro (Zeitschrift)
JurJahrb.	Juristen-Jahrbuch
JuS	Juristische Schulung (Zeitschrift)
JustG NRW	Gesetz über die Justiz im Land Nordrhein-Westfalen (Justizgesetz Nordrhein-Westfalen – JustG NRW) vom 1.1.2011 (GVNRW S. 30)
Justiz	Die Justiz, Amtsblatt des Justizministeriums Baden-Württemberg
JV	Justizverwaltung
JVA	Justizvollzugsanstalt
JVBl.	Justizverwaltungsblatt
JVEG	Gesetz über die Vergütung von Sachverständigen, Dolmetscherinnen, Dolmetschern, Übersetzerinnen und Übersetzern sowie die Entschädigung von ehrenamtlichen Richterinnen, ehrenamtlichen Richtern, Zeuginnen, Zeugen und Dritten (Justizvergütungs- und -entschädigungsgesetz) vom 5.5.2004 (BGBl. I S. 718) zuletzt geändert durch Art. 17 des Gesetzes vom 25.6.2021 (BGBl. I S. 2154)
JVerwA	Justizverwaltungsakt
JVerwB	Justizverwaltungsbehörde
JVKostG	Gesetz über Kosten in Angelegenheiten der Justizverwaltung vom 23.7.2013 (BGBl. I S. 2586) zuletzt geändert durch Art. 48 des Gesetzes vom 10.8.2021 (BGBl. I S. 3436)
JVKostO	Verordnung über Kosten im Bereich der Justizverwaltung vom 14.2.1940 (RGBl. I S. 357) – ersetzt durch das JVKostG mit Wirkung zum 1.8.2013 (BGBl. I S. 2586)
JVollz.	Jugendstrafvollzugsordnung: s. auch JAVollzO
JVollzGB	Gesetzbuch über den Justizvollzug in Baden-Württemberg
JW	Juristische Wochenschrift
JZ	Juristen-Zeitung
1. JuMoG	Erstes Gesetz zur Modernisierung der Justiz (1. Justizmodernisierungsgesetz) vom 24.8.2004 (BGBl. I S. 2198)
2. JuMoG	Zweites Gesetz zur Modernisierung der Justiz (2. Justizmodernisierungsgesetz) vom 22.10.2006 (BGBl. I S. 3416)

Kap.	Kapitel
KAS	Konrad-Adenauer-Stiftung
kes	Zeitschrift für Informations-Sicherheit
KFZ	Kraftfahrzeug
KG	Kammergericht/Kommanditgesellschaft
KGJ	Jahrbuch der Entscheidungen des Kammergerichts in Sachen der freiwilligen Gerichtsbarkeit, in Kosten-, Stempel- und Strafsachen (1881–1922)
KJ	Kritische Justiz (Zeitschrift)
KO	Konkursordnung vom 10.2.1877 i.d.F. der Bek. vom 20.5.1898 (RGBl. S. 612)
KoDD	Koordinierungsdauerdienst (Eurojust)
KOM	Dokument(e) der Europäischen Kommission

KonsG	Gesetz über die Konsularbeamten, ihre Aufgaben und Befugnisse (Konsulargesetz) vom 1.9.1974 (BGBl. I S. 2317) zuletzt geändert durch Art. 20b des Gesetzes vom 28.3.2021 (BGBl. I S. 591)
KostÄndG	Gesetz zur Änderung und Ergänzung kostenrechtlicher Vorschriften vom 26.7.1957 (BGBl. I S. 861)
KostRMoG	Gesetz zur Modernisierung des Kostenrechts vom 5.5.2004 – Kostenrechtsmodernisierungsgesetz (BGBl. I S. 718)
2. KostRMoG	Zweites Gesetz zur Modernisierung des Kostenrechts vom 23.7.2013 – 2. Kostenrechtsmodernisierungsgesetz (BGBl. I S. 2586)
KostMaßnG	Gesetz über Maßnahmen auf dem Gebiet des Kostenrechts vom 7.8.1952 (BGBl. I S. 401)
KostO	Gesetz über die Kosten in Angelegenheiten der freiwilligen Gerichtsbarkeit i.d.F. der Bek. vom 26.7.1957 (BGBl. I S. 861) – ersetzt durch das GNotKG mit Wirkung zum 1.8.2013
KostRÄndG 1994	Gesetz zur Änderung von Kostengesetzen und anderen Gesetzen (Kostenrechtsänderungsgesetz 1994 – KostRÄndG 1994) vom 24.6.1994 (BGBl. I S. 1325)
KostRspr.	Kostenrechtsprechung (Loseblattsammlung)
KostVfg.	Kostenverfügung, Durchführungsbestimmungen zu den Kostengesetzen
K&R	Kommunikation und Recht (Zeitschrift)
KrG	Kreisgericht
Kriminalist	Der Kriminalist (Zeitschrift)
Kriminalistik	Kriminalistik, Zeitschrift für die gesamte kriminalistische Wissenschaft und Praxis
KrimJ	Kriminologisches Journal
KrimOJ	Kriminologie – Das Online-Journal
KrimPäd.	Kriminalpädagogische Praxis (Zeitschrift)
KriPoZ	Kriminalpolitische Zeitschrift
Krit.	Kritisch
KritV/CritQ/RCrit	Kritische Vierteljahresschrift für Gesetzgebung und Rechtswissenschaft/Critical Quarterly for Legislation and Law/Revue critique trimestrielle de jurisprudence et de législation
KronzG	Gesetz zur Einführung einer Kronzeugenregelung bei terroristischen Straftaten (Art. 4 des StGBÄndG 1989) vom 9.6.1989 (BGBl. I S. 1059)
KronzVerlG	Gesetz zur Änderung des Gesetzes zur Änderung des Strafgesetzbuches, der Strafprozeßordnung und des Versammlungsgesetzes und zur Einführung einer Kronzeugenregelung bei terroristischen Straftaten (Kronzeugen-Verlängerungs-Gesetz) vom 16.2.1993 (BGBl. I S. 238)
2. KronzVerlG	Zweites Gesetz zur Änderung des Gesetzes zur Änderung des Strafgesetzbuches, der Strafprozeßordnung und des Versammlungsgesetzes und zur Einführung einer Kronzeugenregelung bei terroristischen Straftaten (2. Kronzeugen-Verlängerungs-Gesetz) vom 19.1.1996 (BGBl. I S. 58)
KSI	Krisen-, Sanierungs- und Insolvenzberatung (Zeitschrift)
KSZE	Konferenz für Sicherheit und Zusammenarbeit in Europa
KSzW	Kölner Schrift zum Wirtschaftsrecht
KUG	Gesetz über das Urheberrecht an Werken der bildenden Künste und der Fotografie vom 9.1.1907 (RGBl. S. 7)
KUP	Kriminologie und Praxis (Schriftenreihe der Kriminologischen Zentralstelle)
KuR	Kirche und Recht (Zeitschrift)
KUR	Kunst und Recht (Zeitschrift)
k + v	Kraftfahrt und Verkehrsrecht, Zeitschrift der Akademie für Verkehrswissenschaft
KVGKG	Kostenverzeichnis (Anlage 1 zum GKG)
KWKG	Gesetz über die Kontrolle von Kriegswaffen i.d.F. der Bek. vom 22.11.1990 (BGBl. I S. 2506)

LDÜJG RP	Landesgesetz über Dolmetscherinnen und Dolmetscher und Übersetzerinnen und Übersetzer in der Justiz (LDÜJG) vom 10.9.2008 (GVBl. 358)

LegPer.	Legislaturperiode
Lfg.	Lieferung
LFGB	Lebensmittel-, Bedarfsgegenstände- und Futtermittelgesetzbuch
LG	Landgericht
LJV	Landesjustizverwaltung
LKA	Landeskriminalamt
LKV	Landes- und Kommunalverwaltung (Zeitschrift)
LM	Nachschlagewerk des Bundesgerichtshofs (Loseblattsammlung), hrsg. von Lindenmaier/Möhring u.a.
LMBG	Gesetz über den Verkehr mit Lebensmitteln, Tabakerzeugnissen, kosmetischen Mitteln und sonstigen Bedarfsgegenständen (Lebensmittel- und Bedarfsgegenständegesetz) i.d.F. der Bek. vom 9.9.1997 (BGBl. I S. 2297) aufgehoben durch Art. 8 des Gesetzes vom 4.4.2016 (BGBl. I S. 569)
LMG (1936)	Gesetz über den Verkehr mit Lebensmitteln und Bedarfsgegenständen (Lebensmittelgesetz) vom 5.7.1927 i.d.F. der Bek. vom 17.1.1936 (RGBl. I S. 17)
LPartG	Gesetz über die Eingetragene Lebenspartnerschaft (Lebenspartnerschaftsgesetz) vom 16.2.2001 (BGBl. I S. 266) zuletzt geändert durch Art. 3 des Gesetzes vom 18.12.2018 (BGBl. I S. 2639)
LPG	Landespressegesetz
LRE	Sammlung lebensmittelrechtlicher Entscheidungen
Ls.	Leitsatz
LuftFzgG	Gesetz über Rechte an Luftfahrzeugen vom 26.2.1959 (BGBl. I 57) zuletzt geändert durch Art. 15 des Gesetzes vom 4.5.2021 (BGBl. I S. 882)
LuftVG	Luftverkehrsgesetz i.d.F. der Bek. vom 27.3.1999 (BGBl. I S. 550) zuletzt geändert durch Art. 131 des Gesetzes vom 10.8.2021 (BGBl. I S. 3436)
LuftVO	Luftverkehrs-Ordnung i.d.F. der Bek. vom 27.3.1999 (BGBl. I S. 580) zuletzt geändert durch Art. 2 des Gesetzes vom 14.6.2021 (BGBl. I S. 1766)
LV	Literaturverzeichnis, Schrifttumsverzeichnis
LVerf.	Landesverfassung
LVG	Landesverwaltungsgericht
LZ	Leipziger Zeitschrift für Deutsches Recht (1907 bis 1933)
MABl.	Ministerialamtsblatt
MarkenG	Gesetz über den Schutz von Marken und sonstigen Kennzeichen (Markengesetz – MarkenG) vom 25.10.1994 (BGBl. I S. 3082, 1995 I S. 156, 1996 I S. 682); zuletzt geändert durch Art. 5 des Gesetzes vom 10.8.2021 (BGBl. I S. 3490)
Mat.	s. Hahn
MatStrRRef.	Materialien zur Strafrechtsreform, herausgegeben vom BMJ, Bd. 1–15 (1954–1960) (s. auch Entw.)
MBl.	Ministerialblatt
MDR	Monatsschrift für Deutsches Recht
MedR	Medizinrecht (Zeitschrift)
medstra	Zeitschrift für Medizinstrafrecht
MEPA	Mitteleuropäische Polizeiakademie
MiStra.	Anordnung über Mitteilungen in Strafsachen vom 15.3.1985 i.d.F. der Bek. vom 29.4.1998, bundeseinheitlich
MittKV	Mitteilungen der Internationalen Kriminalistischen Vereinigung (1889 bis 1914; 1926 bis 1933)
MMR	MultiMedia und Recht (Zeitschrift)
MOG	Gesetz zur Durchführung der Gemeinsamen Marktorganisation vom 31.8.1972 (BGBl. I S. 1617) zuletzt geändert durch Art. 281 des Gesetzes vom 19.6.2020 (BGBl. I S. 1328)
MONEYVAL	Committee of Experts on the Evaluation of Anti-Money Laundering Measures and the Financing of Terrorism
Mot.	Begründung zur Strafprozeßordnung bei Hahn (s. dort)

MR	Medien und Recht (Österreich)
MRG	Militärregierungsgesetz
MSchrKrim.	Monatsschrift für Kriminologie und Strafrechtsreform
MSchrKrimPsych.	Monatsschrift für Kriminalpsychologie und Strafrechtsreform (1904/05 bis 1936)
MStGO	Militärstrafgerichtsordnung i.d.F. der Bek. vom 29.9.1936 (RGBl. I S. 755)
Muster-Entw.	Muster-Entwurf eines einheitlichen Polizeigesetzes, verabschiedet von der JMK am 10./11.6.1976, geändert durch Beschluss der JMK vom 25.11.1977
MV	Mecklenburg-Vorpommern
m.w.B.	mit weiteren Beispielen
m.w.N.	mit weiteren Nachweisen
NachtrSichVG	Gesetz zur Einführung einer nachträglichen Sicherungsverwahrung vom 23.7.2004 (BGBl. I S. 1838)
NATO-Truppen-statut	Abkommen zwischen den Parteien des Nordatlantikvertrags vom 19.6.1951 über die Rechtsstellung ihrer Truppen (BGBl. 1961 II S. 1183, 1190), Bek. vom 16.6.1963 (BGBl. II S. 745)
Nds.	Niedersachsen
NdsAGGVG	Niedersächsisches Ausführungsgesetz zum Gerichtsverfassungsgesetz vom 5.4.1963 (GVBl. S. 225)
NdsRpfl.	Niedersächsische Rechtspflege
n.F.	neue Fassung
N.F.	Neue Folge
Nieders. GVBl. Sb. I, II	Niedersächsisches Gesetz- und Verordnungsblatt, Sonderband I und II, Sammlung des bereinigten niedersächsischen Rechts
NJ	Neue Justiz (bis 1990 DDR)
NJECL	New Journal of European Criminal Law
NJOZ	Neue Juristische Online-Zeitschrift (nur über beck-online abrufbar)
NJVollzG	Niedersächsisches Justizvollzugsgesetz
NJW	Neue Juristische Wochenschrift
NKrimpol.	Neue Kriminalpolitik (Zeitschrift)
NLMR	Newsletter Menschenrechte
noeP	Nicht offen ermittelnder Polizeibeamter
NordÖR	Zeitschrift für Öffentliches Recht in Norddeutschland
NotVO	s. Ausn. VO
NPA	Neues Polizei-Archiv
NRO	Nichtregierungsorganisation
NRW	Nordrhein-Westfalen
NRWO	(österreichisches) Bundesgesetz über die Wahl des Nationalrates (Nationalrats-Wahlordnung 1992)
NStE	Neue Entscheidungssammlung für Strafrecht
NStZ	Neue Zeitschrift für Strafrecht
NStZ-RR	NStZ – Rechtsprechungs-Report (Zeitschrift, ab 1996)
NuR	Natur und Recht (Zeitschrift)
NVwZ	Neue Zeitschrift für Verwaltungsrecht
NWB	NWB Steuer- und Wirtschaftsrecht (Zeitschrift)
NWVBl.	Nordrheinwestfälische Verwaltungsblätter
NZA	Neue Zeitschrift für Arbeitsrecht
NZA-RR	NZA-Rechtsprechungs-Report Arbeitsrecht
NZI	Neue Zeitschrift für Insolvenzrecht
NZM	Neue Zeitschrift für Miet- und Wohnungsrecht
NZS	Neue Zeitschrift für Sozialrecht
NZV	Neue Zeitschrift für Verkehrsrecht
NZWehrr	Neue Zeitschrift für Wehrrecht
NZWiSt	Neue Zeitschrift für Wirtschafts-, Steuer- und Unternehmensstrafrecht

OASG	Gesetz zur Sicherung der zivilrechtlichen Ansprüche der Opfer von Straftaten (Opferanspruchsicherungsgesetz) vom 8.5.1998 (BGBl. I S. 905)
OBLG	Oberstes Landesgericht
OECD	Organisation für Wirtschaftliche Zusammenarbeit und Entwicklung
OEG	Gesetz über die Entschädigung für Opfer von Gewalttaten vom 11.5.1976 (BGBl. I S. 1181) i.d.F. der Bek. vom 7.1.1985 (BGBl. I S. 1) zuletzt geändert durch Art. 11a des Gesetzes vom 2.6.2021 (BGBl. I S. 1387)
OER	Osteuropa-Recht
OG	Oberstes Gericht der DDR
OGH	Oberster Gerichtshof (Österreich)
OGHSt	Entscheidungen des Obersten Gerichtshofes für die Britische Zone in Strafsachen (1949/50)
ÖJZ	Österreichische Juristen-Zeitung
OLAF	Europäisches Amt für Betrugsbekämpfung (Office Europées de Lutte Anti-Fraude)
OLG	Oberlandesgericht
OLG-NL	OLG-Report Neue Länder
OLGR	OLG-Report
OLGSt	Entscheidungen der Oberlandesgerichte zum Straf- und Strafverfahrensrecht (Loseblattausgabe, bis 1983)
OLGSt N.F.	Entscheidungen der Oberlandesgerichte zum Straf- und Strafverfahrensrecht, Neue Folge (Loseblattausgabe, ab 1983)
OLGVertrÄndG	Gesetz zur Änderung des Rechts der Vertretung durch Rechtsanwälte vor den Oberlandesgerichten vom 23.7.2002 (BGBl. I S. 2850)
OPCAT	s. UNCAT
OpferRRG	Gesetz zur Verbesserung der Rechte von Verletzten im Strafverfahren (Opferrechtsreformgesetz – OpferRRG) vom 24.6.2004 (BGBl. I S. 1354)
2. OpferRRG	Gesetz zur Stärkung der Rechte von Verletzten und Zeugen im Strafverfahren (2. Opferrechtsreformgesetz) vom 29.7.2009 (BGBl. I S. 2280)
3. OpferRRG	Gesetz zur Stärkung der Opferrechte im Strafverfahren (3. Opferrechtsreformgesetz) vom 21.12.2015 (BGBl. I S. 2525)
OpferschutzG	Erstes Gesetz zur Verbesserung der Stellung des Verletzten im Strafverfahren (Opferschutzgesetz) vom 18.12.1986 (BGBl. I S. 2496) aufgehoben durch Art. 68 des Gesetzes vom 19.4.2006 (BGBl. I S. 866)
OrgKG	Gesetz zur Bekämpfung des illegalen Rauschgifthandels und anderer Erscheinungsformen der Organisierten Kriminalität (OrgKG) vom 15.7.1992 (BGBl. I S. 1302)
OrgStA	Anordnung über Organisation und Dienstbetrieb der Staatsanwaltschaften
ÖRiZ	Österreichische Richterzeitung
ÖRZ	Österreichische Raiffeisen-Zeitung
OStA	Oberstaatsanwalt
ÖstAnwBl.	Österreichisches Anwaltsblatt
öStVG	Österreichisches Strafvollzugsgesetz
ÖStZ	Österreichische Steuerzeitung
OSZE	Organisation für Sicherheit und Zusammenarbeit in Europa
ÖVerfG	Österreichischer Verfassungsgerichtshof
OVG	Oberverwaltungsgericht
OWG/DDR	Gesetz zur Bekämpfung von Ordnungswidrigkeiten (der Deutschen Demokratischen Republik) vom 12.1.1968 (GBl. I S. 101), zuletzt geändert durch Gesetz vom 29.6.1990 (GBl. I S. 526)
OWiG	Gesetz über Ordnungswidrigkeiten, neugefasst durch Bek. vom 19.2.1987 (BGBl. I S. 602); zuletzt geändert durch Art. 31 des Gesetzes vom 5.10.2021 (BGBl. I S. 4607)
OWiGÄndG	Gesetz zur Änderung des Gesetzes über Ordnungswidrigkeiten, des Straßenverkehrsgesetzes und anderer Gesetze vom 7.7.1986 (BGBl. I S. 977)
PaO	Patentanwaltsordnung vom 7.9.1966 (BGBl. I S. 557); zuletzt geändert durch Art. 30 des Gesetzes vom 5.10.2021 (BGBl. I S. 4607)

ParlStG	Gesetz über die Rechtsverhältnisse der parlamentarischen Staatssekretäre vom 24.7.1974 (BGBl. I S. 1538) zuletzt geändert durch Art. 2 des Gesetzes vom 17.7.2015 (BGBl. I S. 1322)
PartG	Gesetz über die politischen Parteien (Parteiengesetz) neugefasst durch Bek. vom 31.1.1994, (BGBl. I S. 149) zuletzt geändert durch Art. 4 des Gesetzes vom 10.8.2021 (BGBl. I S. 3436)
PaßG	Paßgesetz vom 19.4.1986 (BGBl. I S. 537) zuletzt geändert durch Art. 1 des Gesetzes vom 5.7.2021 (BGBl. I S. 2281)
PatG	Patentgesetz, neugefasst durch Bek. vom 16.12.1980 (BGBl. 1981 I S. 1); zuletzt geändert durch Art. 1 des Gesetzes vom 30.8.2021 (BGBl. I S. 4074)
PAuswG	Gesetz über Personalausweise vom 19.12.1950 (BGBl. I S. 807) i.d.F. der Bek. vom 21.4.1986 (BGBl. I S. 548) zuletzt geändert durch Art. 2 des Gesetzes vom 5.7.2021 (BGBl. I S. 2281)
PD-I	Practice Direction – Institution of Proceedings (EGMR)
PD-IM	Practice Direction – Interim Measures (EGMR)
PD-JS	Practice Direction – Just Satisfaction Claims (EGMR)
PdR	Praxis der Rechtspsychologie (Zeitschrift)
PD-RfA	Practice Direction – Request for Anonymity (EGMR)
PD-SEF	Practice Direction – Secured Electronic Filing (EGMR)
PD-WP	Practice Direction – Written Pleadings (EGMR)
PflVG	Gesetz über die Pflichtversicherung für Kraftfahrzeughalter i.d.F. der Bek. vom 5.4.1965 (BGBl. I S. 213) zuletzt geändert durch Art. 2 des Gesetzes vom 12.7.2021 (BGBl. I S. 3108)
PJZS	Polizeiliche und Justizielle Zusammenarbeit in Strafsachen
PKH	Prozesskostenhilfe
PKHÄndG	Gesetz zur Änderung von Vorschriften über die Prozeßkostenhilfe (Prozeßkostenhilfeänderungsgesetz – PKHÄndG) vom 10.10.1994 (BGBl. I S. 2954) aufgehoben durch Art. 64 des Gesetzes vom 19.4.2006 (BGBl. I S. 866)
PlenProt.	Plenarprotokoll, Stenographische Berichte der Sitzungen des Deutschen Bundestages
PNR	Passenger Name Record
POGNRW	Polizeiorganisationsgesetz (des Landes NRW) i.d.F. der Bek. vom 22.10.1994 (GVNRW S. 852)
PolGBW	Polizeigesetz (des Landes BW) i.d.F. der Bek. vom 13.1.1992 (GBl. S. 1)
Polizei	s. Die Polizei
PostG	Gesetz über das Postwesen i.d.F. der Bek. vom 22.12.1997 (BGBl. I S. 3294) zuletzt geändert durch Art. 1 des Gesetzes vom 9.3.2021 (BGBl. I S. 324)
PostO	Postordnung vom 16.5.1963 (BGBl. I S. 341)
PostStruktG	Gesetz zur Neustrukturierung des Post- und Fernmeldewesens und der Deutschen Bundespost (Poststrukturgesetz – PoststruktG) vom 8.6.1989 (BGBl. I S. 1026)
Pr.	Preußen
prALR	Allgemeines Landrecht für die Preußischen Staaten
PräsLG	Präsident des Landgerichts
PräsOLG	Präsident des Oberlandesgerichts
PräsVerfG	Gesetz über die Änderung der Bezeichnungen der Richter und ehrenamtlichen Richter und der Präsidialverfassungen der Gerichte vom 26.5.1972 (BGBl. I S. 841)
PrG	Pressegesetz (Landesrecht)
PrGS	Preußische Gesetzessammlung (1810–1945)
Prot.	Protokoll
ProzeßkostenhG	Gesetz über die Prozeßkostenhilfe vom 13.6.1980 (BGBl. I S. 677) aufgelöst durch Art. 62 des Gesetzes vom 19.4.2006 (BGBl. I S. 866)
Pro-Eurojust	Vorgänger- und Gründungseinheit von Eurojust
PrPG	Gesetz zur Stärkung des Schutzes des geistigen Eigentums und zur Bekämpfung der Produktpiraterie (PrPG) vom 7.3.1990 (BGBl. I S. 422)
PrZeugnVerwG	Gesetz über das Zeugnisverweigerungsrecht der Mitarbeiter von Presse und Rundfunk vom 25.7.1975 (BGBl. I S. 1973)

PStR	Praxis Steuerstrafrecht
PsychPbG	Gesetz über die psychosoziale Prozessbegleitung im Strafverfahren, Art. 4 des Gesetzes vom 21.12.2015, BGBl. I S. 2525, 2529 (Nr. 55).
PTNeuOG	Gesetz zur Neuordnung des Postwesens und der Telekommunikation (Postneuordnungsgesetz – PTNeuOG) vom 14.9.1994 (BGBl. I S. 2325)
PUAG	Gesetz zur Regelung des Rechts der Untersuchungsausschüsse des Deutschen Bundestages (Untersuchungsausschussgesetz – PUAG) vom 19.6.2001 (BGBl. I S. 1142)
PV	Personenvereinigung
PVG	Polizeiverwaltungsgesetz
PVR	Praxis Verkehrsrecht
RA	Rechtsanwalt
RabelsZ	Rabels-Zeitschrift für ausländisches und internationales Privatrecht
RAG/DDR	Rechtsanwaltsgesetz der Deutschen Demokratischen Republik vom 13.9.1990 (GBl. I S. 1504)
RAHG	s. RHG
RANotz.PrG	Gesetz zur Prüfung von Rechtsanwaltszulassungen, Notarbestellungen und Berufungen ehrenamtlicher Richter vom 24.6.1992 (BGBl. I S. 1386)
RAO	Reichsabgabenordnung vom 13.12.1919, aufgehoben durch AO vom 16.3.1976
RAussch.	Rechtsausschuss
RB	Rahmenbeschluss (Art. 34 EU)
RBerG	Gesetz zur Verhütung von Mißbrauch auf dem Gebiet der Rechtsberatung vom 13.12.1935 (RGBl. I S. 1478); aufgehoben durch Art. 20 des Gesetzes vom 12.12.2007 (BGBl. I S. 2840)
RBEuHb	Rahmenbeschluss des Rates (2002/584/JI) vom 13.6.2002 über den Europäischen Haftbefehl und die Übergabeverfahren zwischen den Mitgliedstaaten (ABlEU Nr. L 190 vom 18.7.2002, S. 1)
RdA	Recht der Arbeit
RdErl.	Runderlass
RDG	Gesetz über außergerichtliche Rechtsdienstleistungen (Rechtsdienstleistungsgesetz – RDG) vom 12.12.2007 (BGBl. I. S. 2840) zuletzt geändert durch Art. 32 des Gesetzes vom 10.8.2021 (BGBl. I S. 3436)
RDH	Revue des Droits de l'Homme
RDIDC	Revue de droit international et de droit comparé
RdJB	Recht der Jugend und des Bildungswesens (Zeitschrift)
RdK	Das Recht des Kraftfahrers (1926–43, 1949–55)
RdM	Recht der Medizin
RDStH	Entscheidungen des Reichsdienststrafhofs (1939–41)
RDStO	Reichsdienststrafordnung vom 26.1.1937 (RGBl. I S. 71)
RDV	Recht der Datenverarbeitung
Recht	Das Recht, begründet von Soergel (1897 bis 1944)
recht	Information des Bundesministers der Justiz
RefE	Referentenentwurf
Reg.	Regierung
RegBl.	Regierungsblatt
RegE	Regierungsentwurf
RegE TKÜ	Entwurf der Bundesregierung eines Gesetzes zur Neuregelung der Telekommunikationsüberwachung und anderer verdeckter Ermittlungsmaßnahmen sowie zur Umsetzung der Richtlinie 2006/EG vom 18.4.2007
RehabG	Rehabilitierungsgesetz (der Deutschen Demokratischen Republik) vom 6.9.1990 (GBl. I S. 1459), aufgehoben durch StrRehaG
Res.	Resolution
RevMC	Revue du Marché commun et de l'Union européenne
Rev.trim.dr.h.	Revue trimestrielle des droits de l'homme
RG	Reichsgericht

RGBl., RGBl. I, II	Reichsgesetzblatt, von 1922 bis 1945 Teil I und II
RGRspr.	Rechtsprechung des Reichsgerichts in Strafsachen (1879 bis 1888)
RGSt	Entscheidungen des Reichsgerichts in Strafsachen
RGZ	Entscheidungen des Reichsgerichts in Zivilsachen
RheinSchA	Revidierte Rheinschiffahrtsakte (Mannheimer Akte) i.d.F. der Bek. vom 11.3.1969 (BGBl. II S. 597)
RHG	Gesetz über die innerdeutsche Rechts- und Amtshilfe in Strafsachen vom 2.5.1953 (BGBl. I S. 161)
RHGDVO	Verordnung zur Durchführung des Gesetzes über die innerdeutsche Rechts- und Amtshilfe in Strafsachen vom 23.12.1953 (BGBl. I S. 1569)
RhPf.	Rheinland-Pfalz
RiA	Recht im Amt
RichtlRA	Grundsätze des anwaltlichen Standesrechts – Richtlinien gem. § 177 Abs. 2 Satz 2 BRAO vom 21.6.1973
RiG/DDR	Richtergesetz der Deutschen Demokratischen Republik vom 5.7.1990 (GBl. I S. 637)
RiJGG	Richtlinien zum Jugendgerichtsgesetz
RiStBV	Richtlinien für das Strafverfahren und das Bußgeldverfahren vom 1.12.1970 (BAnz. Nr. 17/1971), i.d.F. der Bek. vom 1.2.1997 mit spät. Änderungen, bundeseinheitlich
RiVASt	Richtlinien für den Rechtshilfeverkehr mit dem Ausland in strafrechtlichen Angelegenheiten
RIW	Recht der Internationalen Wirtschaft (Zeitschrift)
RKG(E)	Reichskriegsgericht (Entscheidungen des RKG)
RL	Richtlinie
RMBl.	Reichsministerialblatt, Zentralblatt für das Deutsche Reich (1923–45)
RMilGE	Entscheidungen des Reichsmilitärgerichts
Rn.	Randnummer
ROW	Recht in Ost und West (Zeitschrift)
RpflAnpG	Gesetz zur Anpassung der Rechtspflege im Beitrittsgebiet (Rechtspflege-Anpassungsgesetz – RpflAnpG) vom 26.6.1992 (BGBl. I S. 1147)
RpflAnpÄndG	Gesetz zur Änderung des Rechtspflege-Anpassungsgesetzes – RpflAnpG vom 7.12.1995 (BGBl. I S. 1590)
Rpfleger	Der Deutsche Rechtspfleger
RpflEntlG	Gesetz zur Entlastung der Rechtspflege vom 11.1.1993 (BGBl. I S. 50) aufgehoben durch Art. 5 des Gesetzes vom 6.12.2011 (BGBl. S. 2554)
RPflG	Rechtspflegergesetz vom 5.11.1969 (BGBl. I S. 2065) zuletzt geändert durch Art. 11 des Gesetzes vom 10.8.2021 (BGBl. I S. 3490)
RpflVereinfG	Rechtspflege-Vereinfachungsgesetz vom 17.12.1990 (BGBl. I S. 2847)
RPsych	Rechtspsychologie (Zeitschrift)
Rs.	Rechtssache
Rspr.	Rechtsprechung
RT	Reichstag
RTDE	Revue trimestrielle de droit européen
RTDrucks.	Drucksachen des Reichstags
RTh	Zeitschrift für Logik und Juristische Methodenlehre, Rechtsinformatik, Kommunikationsforschung, Normen- und Handlungstheorie, Soziologie und Philosophie des Rechts – eJournal
RTVerh.	Verhandlungen des Reichstags
RuP	Recht und Politik (Zeitschrift)
RVerf.	s. WeimVerf.
RVG	Gesetz über die Vergütung der Rechtsanwältinnen und Rechtsanwälte – Rechtsanwaltsvergütungsgesetz vom 5.5.2004 (BGBl. I S. 718) zuletzt geändert durch Art. 7 des Gesetzes vom 10.8.2021 (BGBl. I S. 3424)
RVO	Reichsversicherungsordnung vom 19.7.1911 i.d.F. der Bek. vom 15.12.1924 (RGBl. I S. 779)

RW	Rechtswissenschaft – Zeitschrift für rechtswissenschaftliche Forschung
RZ	s. ÖRiZ
R&P	Recht und Psychiatrie (Zeitschrift)
r+s	Recht und Schaden (Zeitschrift)
S.	Satz, Seite
Sa.	Sachsen
SaAnh.	Sachsen-Anhalt
SaBremR	Sammlung des bremischen Rechts (1964)
SächsArch.	Sächsisches Archiv für Rechtspflege, seit 1924 (bis 1941/42) Archiv für Rechtspflege in Sachsen, Thüringen und Anhalt
SächsOLG	Annalen des Sächsischen Oberlandesgerichts zu Dresden (1880 bis 1920)
SAM	Steueranwaltsmagazin
SchAZtg	Schiedsamtszeitung
SchiedsmZ	Schiedsmannszeitung (1926 bis 1945), seit 1950 Der Schiedsmann
SchiedsstG	Gesetz (der Deutschen Demokratischen Republik) über die Schiedsstellen in den Gemeinden vom 13.9.1990 (GBl. I S. 1527)
SchlH	Schleswig-Holstein
SchlHA	Schleswig-Holsteinische Anzeigen
SchrR	Schriftenreihe
SchrRAGStrafR	Schriftenreihe der Arbeitsgemeinschaft Strafrecht im Deutschen Anwaltverein
SchRG	Gesetz über Rechte an eingetragenen Schiffen und Schiffsbauwerken vom 15.11.1940 (RGBl. I S. 1499) zuletzt geändert durch Art. 2 des Gesetzes vom 21.1.2013 (BGBl. I S. 91)
SchrRBRAK	Schriftenreihe der Bundesrechtsanwaltskammer
SchwarzArbG	Gesetz zur Bekämpfung der Schwarzarbeit und illegalen Beschäftigung vom 23.7.2004 (Schwarzarbeitsbekämpfungsgesetz – SchwarzArbG) (BGBl. I S. 1842) zuletzt geändert durch Art. 22 des Gesetzes vom 25.6.2021 (BGBl. I S. 2099)
SchwGBG	Gesetz zur Verbesserung der Bekämpfung der Geldwäsche und Steuerhinterziehung vom 28.4.2011 (Schwarzgeldbekämpfungsgesetz) (BGBl. I S. 676)
SchwJZ	Schweizerische Juristenzeitung
SchwZStr	Schweizer Zeitschrift für Strafrecht
SDÜ	Übereinkommen vom 19.6.1990 zwischen dem Königreich Belgien, der Bundesrepublik Deutschland, der Französischen Republik, dem Großherzogtum Luxemburg und dem Königreich der Niederlande zur Durchführung des am 14.6.1985 in Schengen unterzeichneten Übereinkommens betreffend den schrittweisen Abbau der Kontrollen an den gemeinsamen Grenzen (Schengener Durchführungsübereinkommen; ABlEG Nr. L 239 vom 22.9.2000, S. 19)
1. SED-UnberG	Erstes Gesetz zur Bereinigung von SED-Unrecht (Erstes SED-Unrechtsbereinigungsgesetz – 1. SED-UnberG) vom 29.10.1992 (BGBl. I S. 1814)
2. SED-UnberG	Zweites Gesetz zur Bereinigung von SED-Unrecht (Zweites SED-Unrechtsbereinigungsgesetz – 2. SED–UnBerG) vom 23.6.1994 (BGBl. I S. 1311)
SeeAufgG	Gesetz über die Aufgaben des Bundes auf dem Gebiet der Seeschiffahrt (Seeaufgabengesetz – SeeAufgG) vom 24.5.1965 i.d.F. der Bek. vom 27.9.1994 (BGBl. I S. 2802) zuletzt geändert durch Art. 2 des Gesetzes vom 19.10.2021 (BGBl. I S. 4717)
SeemG	Seemannsgesetz vom 26.7.1957 (BGBl. II S. 713) aufgehoben durch Art. 7 des Gesetzes vom 20.4.2013 (BGBl. I S. 868)
SeuffBl.	Seufferts Blätter für Rechtsanwendung (1836–1913)
SFHÄndG	Schwangeren- und Familienhilfeänderungsgesetz (SFHÄndG) vom 21.8.1995 (BGBl. I S. 1050)
SFHG	Gesetz zum Schutz des vorgeburtlichen/werdenden Lebens, zur Förderung einer kinderfreundlicheren Gesellschaft, für Hilfe im Schwangerschaftskonflikt und zur Regelung des Schwangerschaftsabbruchs (Schwangeren- und Familienhilfegesetz) vom 27.7.1992 (BGBl. I S. 1398)
SGb	Die Sozialgerichtsbarkeit (Zeitschrift)

SGB	Sozialgesetzbuch SGB I – Sozialgesetzbuch, Allgemeiner Teil (1. Buch), vom 27.12. 2003 (BGBl. I S. 3022) zuletzt geändert durch Art. 32 des Gesetzes vom 20.8.2021 (BGBl. I S. 3932), SGB II – Sozialgesetzbuch, Grundsicherung für Arbeitsuchende (2. Buch), vom 24.12.2003 (BGBl. I S. 2954) zuletzt geändert durch Art. 3 des Gesetzes vom 22.11.2021 (BGBl. I S. 4906), SGB III – Sozialgesetzbuch, Arbeitsförderung (3. Buch), vom 27.12. 2003 (BGBl. I S. 3022) zuletzt geändert durch Art. 12a des Gesetzes vom 10.12.2021 (BGBl. I S. 5162), SGB IV – Sozialgesetzbuch, Gemeinsame Vorschriften für die Sozialversicherung (4. Buch) vom 24.7.2003 (BGBl. I S. 1526) zuletzt geändert durch Art. 13 des Gesetzes vom 10.12.2021 (BGBl. I S. 5162), SGB V – Sozialgesetzbuch, Gesetzliche Krankenversicherung (5. Buch) vom 27.12.2003 (BGBl. I S. 3022) zuletzt geändert durch Art. 14 des Gesetzes vom 10.12.2021 (BGBl. I S. 5162), SGB VI – Sozialgesetzbuch, Gesetzliche Rentenversicherung (6. Buch) vom 29.4.2004 (BGBl. I S. 678) zuletzt geändert durch Art. 3 der Verordnung vom 30.11.2021 (BGBl. I S. 5044), SGB VII – Sozialgesetzbuch, Gesetzliche Unfallversicherung (7. Buch) vom 27.12.2003 (BGBl. I S. 3019) zuletzt geändert durch Art. 14a des Gesetzes vom 10.12.2021 (BGBl. I S. 5162), SGB VIII – Sozialgesetzbuch, Kinder- und Jugendhilfe (8. Buch) vom 27.12.2003 (BGBl. I S. 3022) zuletzt geändert durch Art. 32 des Gesetzes vom 5.10.2021 (BGBl. I S. 4607) SGB IX – Sozialgesetzbuch, Rehabilitation und Teilhabe behinderter Menschen (9. Buch) vom 23.4.2004 (BGBl. I S. 606) zuletzt geändert durch Art. 7c des Gesetzes vom 27.9.2021 (BGBl. I S. 4530), SGB X – Sozialgesetzbuch, Verwaltungsverfahren (10. Buch) vom 5.4.2004 (BGBl. I S. 718) zuletzt geändert durch Art. 45 des Gesetzes vom 20.8.2021 (BGBl. I S. 3932), SGB XI – Sozialgesetzbuch, Soziale Pflegeversicherung (11. Buch) vom 27.12.2003 (BGBl. I S. 3022) zuletzt geändert durch Art. 15 des Gesetzes vom 10.12.2021 (BGBl. I S. 5162), SGB XII – Sozialgesetzbuch, Sozialhilfe (12. Buch) vom 27.12.2003 (BGBl. I S. 3022) zuletzt geändert durch Art. 16 des Gesetzes vom 10.12.2021 (BGBl. I S. 5162)
SGG	Sozialgerichtsgesetz, neugefasst durch Bek. vom 23.9.1975 (BGBl. I S. 2535); zuletzt geändert durch Art. 2f des Gesetzes vom 16.7.2021 (BGBl. I S. 2970)
SGV.NW	Sammlung des bereinigten Gesetz- und Verordnungsblatts für das Land Nordrhein-Westfalen (Loseblattsammlung)
SIAK	Zeitschrift für Polizeiwissenschaft und polizeiliche Praxis (Österreich)
SichVG	Gesetz zur Rechtsvereinheitlichung der Sicherungsverwahrung (SichVG) vom 16.6.1995 (BGBl. I S. 818)
SIRENE	Supplementary Information Request at the National Entry (nationale Kontaktstelle des SIS)
SIS	Schengener Informationssystem
SJIR	Schweizerisches Jahrbuch für internationales Recht
SJZ	Schweizerische Juristen-Zeitung/Süddeutsche Juristenzeitung (1946–50), dann Juristenzeitung
SkAufG	Gesetz über die Rechtsstellung ausländischer Streitkräfte bei vorübergehenden Aufenthalten in der Bundesrepublik Deutschland (Streitkräfteaufenthaltsgesetz – SkAufG) vom 20.7.1995 (BGBl. II S. 554)
s.o.	siehe oben
SortSchG	Gesetz über den Schutz von Pflanzensorten (Sortenschutzgesetz) vom 20.5.1968 i.d.F. der Bek. vom 4.1.1977 (BGBl. I S. 105) zuletzt geändert durch Art. 100 des Gesetzes vom 10.8.2021 (BGBl. I S. 3436)
SozVw	Die Sozialverwaltung (Zeitschrift)

SprengG	Gesetz über explosionsgefährliche Stoffe (Sprengstoffgesetz – SprengG) vom 13.9.1976 (BGBl. I S. 2737) i.d.F. der Bek. vom 17.4. 1986 (BGBl. I S. 577) zuletzt geändert durch Art. 18 der Verordnung vom 27.7.2021 (BGBl. I S. 3146)
SprengstG	Gesetz über explosionsgefährliche Stoffe (Sprengstoffgesetz) vom 25.8.1969 (BGBl. I S. 1358, ber. BGBl. 1970 I S. 224), aufgehoben durch SprengG vom 13.9.1976
SpuRt	Sport und Recht (Zeitschrift)
SR	Soziales Recht (Zeitschrift)
SRÜ	Seerechtsübereinkommen der Vereinten Nationen vom 10.12.1982 (BGBl. 1994 II S. 1799)
StA	Staatsanwalt, Staatsanwaltschaft
StaatsGH	Staatsgerichtshof
StaatsschStrafsG	Gesetz zur allgemeinen Einführung eines zweiten Rechtszuges in Staatsschutz-Strafsachen vom 8.9.1969 (BGBl. I S. 1582)
StAG/DDR	Gesetz über die Staatsanwaltschaft der Deutschen Demokratischen Republik vom 7.4.1977 (GBl. I S. 93), zuletzt geändert durch Gesetz vom 5.7.1990 (GBl. I S. 635)
StÄG	s. StRÄndG
StAZ	Das Standesamt (Zeitschrift)
StBerG	Steuerberatungsgesetz, neugefasst durch Bek. vom 4.11.1975 (BGBl. I S. 2735); zuletzt geändert durch Art. 50 des Gesetzes vom 10.8.2021 (BGBl. I S. 3436)
StGB	Strafgesetzbuch, neugefasst durch Bek. vom 13.11.1998 (BGBl. I S. 3322); zuletzt geändert durch Art. 2 des Gesetzes vom 22.11.2021 (BGBl. I S. 4906)
StGB/DDR	Strafgesetzbuch der Deutschen Demokratischen Republik vom 12.1.1968 in der Neufassung vom 14.12.1988 (GBl. I S. 93), zuletzt geändert durch Gesetz vom 29.6.1990 (GBl. I S. 526)
StGBÄndG 1976	Gesetz zur Änderung des Strafgesetzbuches, der Strafprozeßordnung, des Gerichtsverfassungsgesetzes, der Bundesrechtsanwaltsordnung und des Strafvollzugsgesetzes vom 18.8.1976 (BGBl. I S. 2181)
StGBÄndG 1989	Gesetz zur Änderung des Strafgesetzbuches, der Strafprozeßordnung und des Versammlungsgesetzes und zur Einführung einer Kronzeugenregelung bei terroristischen Straftaten vom 9.6.1989 (BGBl. I S. 1059)
StORMG	Gesetz zur Stärkung der Rechte von Opfern sexuellen Missbrauchs vom 26.6.2013 (BGBl. I S. 1805)
StPÄG 1964	Gesetz zur Änderung der Strafprozeßordnung und des Gerichtsverfassungsgesetzes vom 19.12.1964 (BGBl. I S. 1067)
StPÄG 1972	Gesetz zur Änderung der Strafprozeßordnung vom 7.8.1972 (BGBl. I S. 1361)
StPÄG 1978	Gesetz zur Änderung der Strafprozeßordnung vom 14.4.1978 (BGBl. I S. 497)
StPÄG 1986	Paßgesetz und Gesetz zur Änderung der Strafprozeßordnung vom 19.4.1986 (BGBl. I S. 537)
StPÄG 1988	Gesetz zur Änderung der Strafprozeßordnung vom 17.5.1988 (BGBl. I S. 606)
StPO	Strafprozeßordnung vom 1.2.1877 i.d.F. der Bek. vom 7.4.1987 (BGBl. I S. 1074) zuletzt geändert durch Art. 15 des Gesetzes vom 7.7.2021 (BGBl. I S. 2363)
StPO/DDR	Strafprozeßordnung der Deutschen Demokratischen Republik vom 12.1.1968 in der Neufassung vom 19.12.1974 (GBl. 1975 I S. 61)
StraFo	Strafverteidiger Forum (Zeitschrift)
StrafrAbh.	Strafrechtliche Abhandlungen, herausgegeben von Bennecke, dann von Beling, v. Lilienthal und Schoetensack
StraftVVG	Gesetz zur Verfolgung der Vorbereitung von schweren staatsgefährdenden Gewalttaten vom 30.7.2009 (BGBl. I S. 2437)
StRÄndG	Strafrechtsänderungsgesetz 1. ~ vom 30.8.1951 (BGBl. I S. 739) 2. ~ vom 6.3.1953 (BGBl. I S. 42) 3. ~ vom 4.8.1953 (BGBl. I S. 735) 4. ~ vom 11.6.1957 (BGBl. I S. 597) 5. ~ vom 24.6.1960 (BGBl. I S. 477) 6. ~ vom 30.6.1960 (BGBl. I S. 478)

7. ~ vom 1.6.1964 (BGBl. I S. 337)
8. ~ vom 25.6.1968 (BGBl. I S. 741)
9. ~ vom 4.8.1969 (BGBl. I S. 1065)
10. ~ vom 7.4.1970 (BGBl. I S. 313)
11. ~ vom 16.12.1971 (BGBl. I S. 1977)
12. ~ vom 16.12.1971 (BGBl. I S. 1779)
13. ~ vom 13.6.1975 (BGBl. I S. 1349)
14. ~ vom 22.4.1976 (BGBl. I S. 1056)
15. ~ vom 18.5.1976 (BGBl. I S. 1213)
16. ~ vom 16.7.1979 (BGBl. I S. 1078)
17. ~ vom 21.12.1979 (BGBl. I S. 2324)
18. ~ vom 28.3.1980 (BGBl. I S. 379) – Gesetz zur Bekämpfung der Umweltkriminalität
19. ~ vom 7.8.1981 (BGBl. I S. 808)
20. ~ vom 8.12.1981 (BGBl. I S. 1329)
21. ~ vom 13.6.1985 (BGBl. I S. 963)
22. ~ vom 18.7.1985 (BGBl. I S. 1510)
23. ~ vom 13.4.1986 (BGBl. I S. 1986)
24. ~ vom 13.1.1987 (BGBl. I S. 141)
25. ~ vom 20.8.1990 – § 201 StG – (BGBl. I S. 1764)
26. ~ vom 24.7.1992 – Menschenhandel – (BGBl. I S. 1255)
27. ~ vom 23.7.1993 – Kinderpornographie – (BGBl. I S. 1346)
28. ~ vom 13.1.1994 – Abgeordnetenbestechung – (BGBl. I S. 84)
29. ~ vom 31.5.1994 – §§ 175, 182 StGB – (BGBl. I S. 1168)
30. ~ vom 23.6.1994 – Verjährung von Sexualstraftaten an Kindern und Jugendlichen – BGBl. I S. 1310)
31. ~ vom 27.6.1994 – 2. Gesetz zur Bekämpfung der Umweltkriminalität – (BGBl. I S. 1440)
32. ~ vom 1.6.1995 – §§ 44, 69b StGB – (BGBl. I S. 747)
33. ~ vom 1.7.1997 – §§ 177, 178 StGB (BGBl. I S. 1607)
34. ~ vom 22.8.2002 – § 129b StGB (BGBl. I S. 3390)
35. ~ vom 22.12.2003 – Betrug und Fälschung im Zusammenhang mit unbaren Zahlungsmitteln (BGBl. I S. 2838)
36. ~ vom 30.7.2004 – § 201a StGB (BGBl. I S. 2012)
37. ~ vom 18.2.2005 – §§ 180b, 181 StGB (BGBl. I S. 239)
40. ~ vom 22.3.2007 – Strafbarkeit beharrlicher Nachstellungen (Anti-Stalking-Gesetz) (BGBl. I S. 354)
41. ~ vom 7.8.2007 – Bekämpfung der Computerkriminalität (BGBl. I S. 1786)
42. ~ vom 29.6.2009 – Anhebung der Höchstgrenze des Tagessatzes bei Geldstrafen (BGBl. I S. 1658)
43. ~ vom 29.7.2009 – Strafzumessung bei Aufklärungs- und Präventionshilfe (BGBl. I S. 2288)
44. ~ vom 1.11.2011 – Widerstand gegen Vollstreckungsbeamte (BGBl. I S. 2130)
45. ~ vom 6.12.2011 – Umsetzung der Richtlinie des Europäischen Parlaments und des Rates zum strafrechtlichen Schutz der Umwelt (BGBl. I S. 2557)
46. ~ vom 10.6.2013 – Beschränkung der Möglichkeit zur Strafmilderung bei Aufklärungs- und Präventionshilfe (BGBl. I S. 1497)
47. ~vom 24.9.2013 – Strafbarkeit der Verstümmelung weiblicher Genitalien (BGBl. I S. 3671)
48. ~ vom 23.4.2014 – Erweiterung des Straftatbestandes der Abgeordnetenbestechung (BGBl. I S. 410)
49. ~ vom 21.1.2015 – Umsetzung europäischer Vorgaben zum Sexualstrafrecht (BGBl. I S. 10)
50. ~ vom 4.11.2016 – Verbesserung des Schutzes der sexuellen Selbstbestimmung (BGBl. I S. 2460)

	51. ~ vom 11.4.2017 – Strafbarkeit von Sportwettbetrug und der Manipulation von berufssportlichen Wettbewerben (BGBl. I S. 815) 52. ~ vom 23.5.2017 – Stärkung des Schutzes von Vollstreckungsbeamten und Rettungskräften (BGBl. I S. 1226) 53. ~ vom 11.6.2017 – Ausweitung des Maßregelrechts bei extremistischen Straftätern (BGBl. I S. 1612) 54. ~ vom 17.7.2017 – Umsetzung des Rahmenbeschlusses 2008/841/JI des Rates vom 24. Oktober 2008 zur Bekämpfung der organisierten Kriminalität (BGBl. I S. 2440) 55. ~ vom 17.7.2017 – Wohnungseinbruchdiebstahl (BGBl. I S. 2442) 56. ~ vom 30.9.2017 – Strafbarkeit nicht genehmigter Kraftfahrzeugrennen im Straßenverkehr (BGBl. I S. 3532) 57. ~ vom 3.3.2020 – Versuchsstrafbarkeit des Cybergroomings (BGBl. I S. 431) 58. ~ vom 12.6.2020 – Strafrechtlicher Schutz bei Verunglimpfung der Europäischen Union und ihrer Symbole (BGBl. I S. 1247) 59. ~ vom 9.10.2020 – Verbesserung des Persönlichkeitsschutzes bei Bildaufnahmen (BGBl. I S. 2075) 60. ~ vom 30.11.2020 – Modernisierung des Schriftenbegriffs und anderer Begriffe sowie Erweiterung der Strafbarkeit nach den §§ 86, 86a, 111 und 130 des Strafgesetzbuches bei Handlungen im Ausland (BGBl. I S. 2600) 61. ~ vom 10.3.2021 – Umsetzung der Richtlinie (EU) 2019/713 des Europäischen Parlaments und des Rates vom 17. April 2019 zur Bekämpfung von Betrug und Fälschung im Zusammenhang mit unbaren Zahlungsmitteln und zur Ersetzung des Rahmenbeschlusses 2001/413/JI des Rates (BGBl. I S. 333)
StraßenVSichG	1. Gesetz zur Sicherung des Straßenverkehrs (Straßenverkehrssicherungsgesetz) vom 19.12.1952 (BGBl. I S. 832) 2. Zweites ~ vom 26.11.1964 (BGBl. I S. 921)
StREG	Gesetz über ergänzende Maßnahmen zum 5. StrRG (Strafrechtsreformergänzungsgesetz) vom 28.8.1975 (BGBl. I S. 2289)
StrEG	Gesetz über die Entschädigung für Strafverfolgungsmaßnahmen vom 8.3.1971 (BGBl. I S. 157)
STREIT	Feministische Rechtszeitschrift
StrFG	Straffreiheitsgesetz – 1949 vom 31.12.1949 (BGBl. I S. 37) – 1954 vom 17.7.1954 (BGBl. I S. 203) – 1968 vom 9.7.1968 (BGBl. I S. 773) – 1970 vom 20.5.1970 (BGBl. I S. 509)
StRG	Gesetz zur Reform des Strafrechts 1. ~ vom 25.6.1969 (BGBl. I S. 645) 2. ~ vom 4.7.1969 (BGBl. I S. 717) 3. ~ vom 20.5.1970 (BGBl. I S. 505) 4. ~ vom 23.11.1973 (BGBl. I S. 1725) 5. ~ vom 18.6.1974 (BGBl. I S. 1297) 6. ~ vom 26.1.1998 (BGBl. I S. 164)
StRR	StrafRechtsReport – Arbeitszeitschrift für das gesamte Strafrecht
StrRehaG	Gesetz über die Rehabilitierung und Entschädigung von Opfern rechtsstaatswidriger Strafverfolgungsmaßnahmen im Beitrittsgebiet (Strafrechtliches Rehabilitierungsgesetz – StrRehaG) vom 29.10.1992 (BGBl. I S. 1814) i.d.F. der Bek. vom 17.12.1999 (BGBl. I S. 2664) zuletzt geändert durch Art. 12 des Gesetzes vom 2.6.2021 (BGBl. I S. 1387)
st.Rspr.	ständige Rechtsprechung
StudZR	Studentische Zeitschrift für Rechtswissenschaft Heidelberg
StUG	Gesetz über die Unterlagen des Staatssicherheitsdienstes der ehemaligen Deutschen Demokratischen Republik (Stasi-Unterlagen-Gesetz – StUG) vom 20.12.1991 (BGBl. I S. 2272); neugefasst durch Bekanntmachung vom 6.9.2021 (BGBl. I S. 4129)
StuR	Staat und Recht (Zeitschrift DDR, 1950 bis 1990)
StuW	Steuern und Wirtschaft (Zeitschrift)

StV	Strafverteidiger (Zeitschrift)
StVÄG 1979	Strafverfahrensänderungsgesetz 1979 vom 5.10.1978 (BGBl. I S. 1645)
StVÄG 1987	Strafverfahrensänderungsgesetz 1987 vom 27.1.1987 (BGBl. I S. 475)
StVÄG 1999	Strafverfahrensänderungsgesetz 1999 vom 2.8.2000 (BGBl. I S. 1253)
StVG	Straßenverkehrsgesetz vom 3.5.1909 i.d.F. der Bek. vom 19.12.1952 (BGBl. I S. 837) zuletzt geändert durch Art. 1 des Gesetzes vom 12.7.2021 (BGBl. I S. 3108)
StVO	Straßenverkehrsordnung vom 16.11.1970 (BGBl. I S. 1565, ber. 1971, S. 38) zuletzt geändert durch Art. 13 der Verordnung vom 12.7.2021 (BGBl. I S. 3108)
StVollstrO	Strafvollstreckungsordnung vom 1.4.2001 (BAnz. Nr. 87) bundeseinheitlich
StVollzG	Gesetz über den Vollzug der Freiheitsstrafe und der freiheitsentziehenden Maßregeln der Besserung und Sicherung – Strafvollzugsgesetz – vom 16.3.1976 (BGBl. I S. 581) zuletzt geändert durch Art. 27 des Gesetzes vom 5.10.2021 (BGBl. I S. 4607)
StVollzGK	Strafvollzugsgesetz-Kommissionsentwurf, herausgegeben vom Bundesministerium der Justiz
StVollzK	Blätter für Strafvollzugskunde (Beilage zur Zeitschrift „Der Vollzugsdienst")
1. StVRErgG	Gesetz zur Ergänzung des 1. StVRG vom 20.12.1974 (BGBl. I S. 3686)
1. StVRG	Erstes Gesetz zur Reform des Strafverfahrensrechts vom 9.12.1974 (BGBl. I S. 3393)
StVZO	Straßenverkehrs-Zulassungs-Ordnung vom 13.11.1937 i.d.F. der Bek. vom 28.9.1988 (BGBl. I S. 1793)
s.u.	siehe unten
SubvG	Subventionsgesetz vom 29.7.1976 (BGBl. I S. 2034)
SVR	Straßenverkehrsrecht (Zeitschrift)
SZ	Süddeutsche Zeitung
SZIER	Schweizerische Zeitschrift für internationales und europäisches Recht
TerrorismusG	Gesetz zur Bekämpfung des Terrorismus vom 19.12.1986 (BGBl. I S. 2566)
TerrorBekämpfG	Gesetz vom 9.1.2002 zur Bekämpfung des internationalen Terrorismus (Terrorismusbekämpfungsgesetz) (BGBl. I S. 361) zuletzt geändert durch Art. 2 des Gesetzes vom 5.1.2007 (BGBl. I S. 2)
TerrorBekErgG	Gesetz zur Ergänzung des Terrorismusbekämpfungsgesetzes (Terrorismusbekämpfungsergänzungsgesetz) vom 5.1.2007 (BGBl. I S. 2) zuletzt geändert durch Art. 1 des Gesetzes vom 3.12.2020 (BGBl. I S. 2667)
TFTP	Terrorist Finance Tracking Program
ThUG	Gesetz zur Therapierung und Unterbringung psychisch gestörter Gewalttäter (Therapieunterbringungsgesetz) vom 22.12.2010 (BGBl. I S. 2300, 2305) zuletzt geändert durch Art. 8 des Gesetzes vom 5.12.2012 (BGBl. I S. 2425)
Thür.	Thüringen
TiefseebergbauG	Gesetz zur vorläufigen Regelung des Tiefseebergbaus vom 16.8.1980 (BGBl. I S. 1457)
TierSchG	Tierschutzgesetz vom 24.7.1972 (BGBl. I S. 1277) zuletzt geändert durch Art. 105 des Gesetzes vom 10.8.2021 (BGBl. I S. 3436)
TKG	Telekommunikationsgesetz (TKG) vom 25.7.1996 (BGBl. I S. 1120) i.d.F. vom 22.6.2004 (BGBl. I S. 1190) zuletzt geändert durch Art. 8 des Gesetzes vom 10.9.2021 (BGBl. I S. 4147)
TKÜG	Gesetz zur Neuregelung der Telekommunikationsüberwachung und anderer Ermittlungsmaßnahmen sowie zur Umsetzung der Richtlinie 2006/24/EG vom 21.12.2007 (BGBl. I S. 3198)
TKO	Telekommunikationsordnung vom 16.7.1987 (BGBl. I S. 1761)
TMG	Telemediengesetz vom 26.2.2007 (BGBl. I S. 179) zuletzt geändert durch Art. 3 des Gesetzes vom 12.8.2021 (BGBl. I S. 3544)
TREVI	Terrorisme, Radicalisme, Extremisme et Violence Internationale (1975) – Koordinierungsgruppe
TVöD	Tarifvertrag für den öffentlichen Dienst
TV/L	Tarifvertrag für den öffentlichen Dienst der Länder
Tz.	Teilziffer

UCLAF	Unité de Coordination de la Lutte Anti-Fraude
UdG	Urkundsbeamter der Geschäftsstelle
ÜAG	Gesetz vom 26.9.1991 zur Ausführung des Übereinkommens über die Überstellung verurteilter Personen vom 21.3.1983 – Überstellungsausführungsgesetz (BGBl. 1991 I S. 1954)
ÜberlG	Gesetz zur Überleitung von Bundesrecht nach Berlin (West) (Sechstes Überleitungsgesetz) vom 25.9.1990 (BGBl. I S. 2106)
ÜberstÜbk	Übereinkommen über die Überstellung verurteilter Personen vom 21.3.1983 (ETS 112; BGBl. 1991 II S. 1006; 1992 II S. 98); ZP ÜberstÜbk vom 18.12.1997 (ETS 167)
Übk	Übereinkommen
ÜF	Übergangsfassung
UFITA	Archiv für Medienrecht und Medienwissenschaft
UHaftÄndG	Gesetz zur Abänderung der Untersuchungshaft vom 27.12.1926 (RGBl. I S. 529)
UN	Vereinte Nationen
UNCAT	Übereinkommen (der Vereinten Nationen) gegen Folter und andere grausame, unmenschliche oder erniedrigende Behandlung oder Strafe vom 10.12.1984 (BGBl. 1990 II S. 246) OPCAT – Fakultativprotokoll vom 18.12.2002 zum Übereinkommen gegen Folter und andere grausame, unmenschliche oder erniedrigende Behandlung oder Strafe; Gesetz vom 26.8.2008 (BGBl. 2008 II S. 854)
UN-CAT	United Nations Committee against Torture – UN-Anti-Folter-Ausschuss
UN-FoltKonv.	s. UNCAT
UNHCR	United Nations High Commissioner for Refugees – Hoher Flüchtlingskommissar der Vereinten Nationen
UNO-Pakt	s. IPBPR
UnterbrSichG	Gesetz zur Reform des Rechts der Unterbringung in einem psychiatrischen Krankenhaus und in einer Entziehungsanstalt vom 16.7.2007 (BGBl. I S. 1327)
UrhG	Gesetz über Urheberrecht und verwandte Schutzrechte (Urheberrechtsgesetz) vom 9.9.1965 (BGBl. I S. 1273), zuletzt geändert durch Art. 25 des Gesetzes vom 23.6.2021 (BGBl. I S. 1858).
UVollzO	Untersuchungshaftvollzugsordnung vom 12.2.1953 i.d.F. der Bek. vom 15.12.1976, bundeseinheitlich
UZwG	Gesetz über den unmittelbaren Zwang bei Ausübung öffentlicher Gewalt durch Vollzugsbeamte des Bundes vom 10.3.1961 (BGBl. I S. 165) zuletzt geändert durch Art. 43 des Gesetzes vom 19.6.2020 (BGBl. I S. 1328)
UZwGBw	Gesetz über die Anwendung unmittelbaren Zwanges und die Ausübung besonderer Befugnisse durch Soldaten der Bundeswehr und verbündeter Streitkräfte sowie zivile Wachpersonen vom 12.8.1965 (BGBl. I S. 796)
VA	Vorzeitige Anwendung (internationaler Übereinkommen)
VBlBW	Verwaltungsblätter für Baden-Württemberg (Zeitschrift)
VDA	Vergleichende Darstellung des deutschen und ausländischen Strafrechts, Allgemeiner Teil, Bd. 1 bis 6 (1908)
VDB	Vergleichende Darstellung des deutschen und ausländischen Strafrechts, Besonderer Teil, Bd. 1 bis 9 (1906)
VerbrbekG	Gesetz zur Änderung des Strafgesetzbuches, der Strafprozeßordnung und anderer Gesetze (Verbrechensbekämpfungsgesetz) vom 28.10.1994 (BGBl. I S. 3186)
Verbringungs-verbG	Gesetz zur Überwachung strafrechtlicher und anderer Verbringungsverbote vom 24.5.1961 (BGBl. I S. 607)
VereinfVO	Vereinfachungsverordnung 1. ~, VO über Maßnahmen auf dem Gebiet der Gerichtsverfassung und Rechtspflege vom 1.9.1939 (RGBl. I S. 1658) 2. ~, VO zur weiteren Vereinfachung der Strafrechtspflege vom 13.8.1942 (RGBl. I S. 508) 3. ~, Dritte VO zur Vereinfachung der Strafrechtspflege vom 29.5.1943 (RGBl. I S. 342) 4. ~, Vierte VO zur Vereinfachung der Strafrechtspflege vom 13.12.1944 (RGBl. I S. 339)

VereinhG	Gesetz zur Wiederherstellung der Rechtseinheit auf dem Gebiete der Gerichtsverfassung, der bürgerlichen Rechtspflege, des Strafverfahrens und des Kostenrechts vom 12.9.1950 (BGBl. I S. 455)
VereinsG	Gesetz zur Regelung des öffentlichen Vereinsrechts (Vereinsgesetz) vom 5.8.1964 (BGBl. I S. 593) zuletzt geändert durch Art. 5 des Gesetzes vom 30.11.2020 (BGBl. I S. 2600)
VerfGH	Verfassungsgerichtshof
VerfO	Verfahrensordnung (s. EGMRVerfO)
Verh.	Verhandlungen des Deutschen Bundestages (BT), des Deutschen Juristentages (DJT) usw.
1. VerjährungsG	Gesetz über das Ruhen der Verjährung bei SED-Unrechtstaten vom 26.3.1993 (BGBl. I S. 392)
2. VerjährungsG	Gesetz zur Verlängerung strafrechtlicher Verjährungsfristen vom 27.9.1993 (BGBl. I S. 1657)
VerkMitt.	Verkehrsrechtliche Mitteilungen
VerpflichtG	Gesetz über die förmliche Verpflichtung nichtbeamteter Personen (Verpflichtungsgesetz) vom 2.3.1974 (BGBl. I S. 469) zuletzt geändert durch § 1 Nr. 4 des Gesetzes vom 15.8.1974 (BGBl. I S. 1942)
VerschG	Verschollenheitsgesetz vom 15.1.1951 (BGBl. I S. 59) zuletzt geändert durch Art. 182 der Verordnung vom 31.8.2015 (BGBl. I S. 1474)
VersR	Versicherungsrecht, Juristische Rundschau für die Individualversicherung
VerständigungsG	Gesetz zur Regelung der Verständigung im Strafverfahren vom 29.7.2009 (BGBl. I S. 2353)
VerwArch	Verwaltungsarchiv
VG	Verwaltungsgericht
VGH	Verfassungsgerichtshof; Verwaltungsgerichtshof
vgl.	vergleiche
Vhdlgen	s. Verh.
VideokonfIntensG	Gesetz zur Intensivierung des Einsatzes von Videokonferenztechtnik in gerichtlichen und staatsanwaltschaftlichen Verfahren v. 25.4.2013 (BGBl. I S. 935).
VIS	Visa-Informations-System
VIZ	Vermögens- und Immobilienrecht (Zeitschrift)
VO	Verordnung; s. auch AusnVO
VOBl.	Verordnungsblatt
VOR	Zeitschrift für Verkehrs- und Ordnungswidrigkeitenrecht
VR	Verwaltungsrundschau
VRR	VerkehrsRechtsReport
VRS	Verkehrsrechts-Sammlung
VRÜ	Verfassung und Recht in Übersee
VStGB	Völkerstrafgesetzbuch vom 26.6.2002 (BGBl. I 2254), zuletzt geändert durch Art. 1 des Gesetzes vom 22.12.2016 (BGBl. I 3150).
VStGBG	Gesetz vom 26.6.2002 zur Einführung des Völkerstrafgesetzbuches (BGBl. I S. 2254)
VVDStRL	Veröffentlichungen der Vereinigung der Deutschen Staatsrechtslehrer
VVStVollzG	Verwaltungsvorschriften zum Strafvollzugsgesetz (bundeseinheitlich) vom 1.7.1976
VwGO	Verwaltungsgerichtsordnung, neugefasst durch Bek. vom 19.3.1991 (BGBl. I S. 686); zuletzt geändert durch Art. 2 des Gesetzes vom 8.10.2021 (BGBl. I S. 4650)
VwRehaG	Gesetz über die Aufhebung rechtsstaatswidriger Verwaltungsentscheidungen im Beitrittsgebiet und die daran anknüpfenden Folgeansprüche (Verwaltungsrechtliches Rehabilitierungsgesetz – VwRehaG) vom 23.6.1994 (BGBl. I S. 1311) zuletzt geändert durch Art. 13 des Gesetzes vom 12.12.2019 (BGBl. I S. 2652)
VwVfG	Verwaltungsverfahrensgesetz vom 25.5.1976 (BGBl. I S. 1253) zuletzt geändert durch Art. 24 des Gesetzes vom 25.6.2021 (BGBl. I S. 2154)
VwZG	Verwaltungszustellungsgesetz vom 3.7.1952 (BGBl. I S. 379) zuletzt geändert durch Art. 6 des Gesetzes vom 10.8.2021 (BGBl. I S. 3436)

WDO	Wehrdisziplinarordnung vom 15.3.1957 i.d.F. der Bek. vom 9.6.1961 (BGBl. I S. 697)
WehrbeauftrG	Gesetz über den Wehrbeauftragten des Deutschen Bundestages i.d.F. der Bek. vom 16.6.1982 (BGBl. I S. 673) zuletzt geändert durch Art. 15 Abs. 68 des Gesetzes vom 5.2.2009 (BGBl. I S. 160)
WeinG	Gesetz über Wein, Likörwein, Schaumwein, weinhaltige Getränke und Branntwein aus Wein (Weingesetz) vom 14.1.1971 (BGBl. I S. 893) zuletzt geändert durch Art. 12 des Gesetzes vom 10.8.2021 (BGBl. I S. 3436)
Wiener Übereinkommen	1. Wiener Übereinkommen über diplomatische Beziehungen vom 18.4.1961 (Zustimmungsgesetz vom 6.8.1964, BGBl. II S. 957) 2. Wiener Übereinkommen über konsularische Beziehungen vom 24.4.1963 (Zustimmungsgesetz vom 26.8.1969, BGBl. II S. 1585)
WiJ	Journal der Wirtschaftsstrafrechtlichen Vereinigung e.V.
1. WiKG	Erstes Gesetz zur Bekämpfung der Wirtschaftskriminalität vom 29.7.1976 (BGBl. I S. 2034)
2. WiKG	Zweites Gesetz zur Bekämpfung der Wirtschaftskriminalität vom 15.5.1986 (BGBl. I S. 721)
WisteV	Wirtschaftsstrafrechtliche Vereinigung e.V.
WiStG	Gesetz zur weiteren Vereinfachung des Wirtschaftsstrafrechts (Wirtschaftsstrafgesetz 1954) vom 9.7.1954 i.d.F. der Bek. vom 3.6.1975 (BGBl. I S. 1313)
wistra	Zeitschrift für Wirtschafts- und Steuerstrafrecht
WLR	Weekly Law Reports (Zeitschrift)
WoÜbG	Gesetz zur Umsetzung des Urteils des Bundesverfassungsgerichts vom 3. März 2004 (akustische Wohnraumüberwachung) vom 24.6.2005 (BGBl. I S. 1841)
WRV	Weimarer Verfassung, Verfassung des Deutschen Reichs vom 11.8.1919 (RGBl. S. 1383)
WStG	Wehrstrafgesetz vom 30.3.1957 i.d.F. der Bek. vom 24.5.1974 (BGBl. I S. 1213) zuletzt geändert durch Art. 10 Abs. 8 des Gesetzes vom 30.10.2017 (BGBl. I S. 3618)
WM	Wertpapiermitteilungen (Zeitschrift)
WuV	Wirtschaft und Verwaltung (Zeitschrift)
WuW	Entscheidungssammlung der Zeitschrift Wirtschaft und Wettbewerb
WÜD	s. 1. Wiener Übereinkommen
WÜK	s. 2. Wiener Übereinkommen
WVK	Wiener Vertragsrechtskonvention vom 23.5.1969 (BGBl. 1985 II S. 926)
WWSUV	Vertrag über die Schaffung einer Währungs-, Wirtschafts- und Sozialunion zwischen der Bundesrepublik Deutschland und der Deutschen Demokratischen Republik vom 18.5.1990 (BGBl. II S. 537)
WWSUVG	Gesetz zu dem Vertrag vom 18.5.1990 über die Schaffung einer Währungs-, Wirtschafts- und Sozialunion ... vom 25.6.1990 (BGBl. II S. 518)
WZG	Warenzeichengesetz vom 5.5.1936 i.d.F. der Bek. vom 2.1.1968 (BGBl. I S. 29)
WzS	Wege zur Sozialversicherung (Zeitschrift)
YB	Yearbook of the European Convention of the Human Rights, the European Commission and the European Court of Human Rights/Annuaire de la Convention Européenne des Droits de l'Homme; Commission et Cour Européenne des Droits de l'Homme, hrsg. vom Europarat
YEL	Yearbook of European Law
ZAG	Zahlungsdiensteaufsichtsgesetz
ZahlVGJG	Gesetz über den Zahlungsverkehr mit Gerichten und Justizbehörden vom 22.12.2006 = Art. 2 des 2. Justizmodernisierungsgesetzes (BGBl. 2006 I S. 3416) zuletzt geändert durch Art. 175 des Gesetzes vom 31.8.2015 (BGBl. I S. 1474)
ZAkDR	Zeitschrift der Akademie für Deutsches Recht (1934–44)
ZaöRV	Zeitschrift für ausländisches öffentliches Recht und Völkerrecht
ZAP	Zeitschrift für die Anwaltspraxis
ZAR	Zeitschrift für Ausländerrecht und Ausländerpolitik
ZBJV	Zeitschrift des Bernischen Juristenvereins

ZBlJugR	Zentralblatt für Jugendrecht und Jugendwohlfahrt
ZBR	Zeitschrift für Beamtenrecht
ZCG	Zeitschrift für Corporate Governance
ZD	Zeitschrift für Datenschutz
ZDRW	Zeitschrift für Didaktik der Rechtswissenschaft
ZER	Zeitschrift für Europarecht (Österreich)
ZERP	Zentrum für europäische Rechtspolitik (Universität Bremen)
ZESAR	Zeitschrift für europäisches Sozial- und Arbeitsrecht
ZEUP	Zeitschrift für europäisches Privatrecht
ZEuS	Zeitschrift für Europarechtliche Studien
ZEV	Zeitschrift für Erbrecht und Vermögensnachfolge
ZfBR	Zeitschrift für deutsches und internationales Bau- und Vergaberecht
ZfC	Zeitschrift für Compliance
ZfDG	Gesetz über das Zollkriminalamt und die Zollfahndungsämter (Zollfahndungsdienstgesetz) vom 16.8.2002 (BGBl. I S. 3202) aufgehoben durch Art. 3 des Gesetzes vom 30.3.2021 (BGBl. I S. 402)
ZfDR	Zeitschrift für Digitalisierung und Recht (ZfDR)
ZfJ	Zentralblatt für Jugendrecht
ZfL	Zeitschrift für Lebensrecht
ZfRV	Zeitschrift für Europarecht, Internationales Privatrecht und Rechtsvergleichung
ZfS	Zeitschrift für Schadensrecht
ZFSH SGB	Zeitschrift für die sozialrechtliche Praxis
ZfStrVo	Zeitschrift für Strafvollzug und Straffälligenhilfe (jetzt: FS – Forum Strafvollzug)
ZfWG	Zeitschrift für Wett- und Glücksspielrecht
ZfZ	Zeitschrift für Zölle und Verbrauchssteuern
ZG	Zeitschrift für Gesetzgebung
ZInsO	Zeitschrift für das gesamte Insolvenzrecht
ZIP	Zeitschrift für Wirtschaftsrecht
ZIR	Zeitschrift für Interne Revision
ZIS	Zeitschrift für Internationale Strafrechtsdogmatik (Online-Zeitschrift)
ZJJ	Zeitschrift für Jugendkriminalrecht und Jugendhilfe
ZJS	Zeitschrift für das Juristische Studium (Online-Zeitschrift)
ZKA	Zollkriminalinstitut
ZKJ	Zeitschrift für Kindschaftsrecht und Jugendhilfe
ZLR	Zeitschrift für Lebensmittelrecht
ZOV	Zeitschrift für offene Vermögensfragen
ZÖR	Zeitschrift für öffentliches Recht
ZollG.	Zollgesetz vom 14.6.1961 i.d.F. der Bek. vom 18.5.1970 (BGBl. I S. 529) mit der Vollendung des EU-Binnemarktes aufgehoben
ZP	Zusatzprotokoll
ZPO	Zivilprozeßordnung vom 30.1.1877 i.d.F. der Bek. vom 12.9.1950 (BGBl. I S. 533) zuletzt geändert durch Art. 3 des Gesetzes vom 5.10.2021 (BGBl. I S. 4607)
ZRFC	Zeitschrift für Risk, Fraud & Compliance
ZRP	Zeitschrift für Rechtspolitik
ZSchG	Gesetz vom 30.4.1998 zum Schutz von Zeugen bei Vernehmungen im Strafverfahren und zur Verbesserung des Opferschutzes (Zeugenschutzgesetz – ZSchG) (BGBl. I S. 820)
ZSE	Zeitschrift für Staats- und Europawissenschaften
ZSEG	Gesetz über die Entschädigung von Zeugen und Sachverständigen vom 26.7.1957 i.d.F. der Bek. vom 1.10.1969 (BGBl. I S. 1756); abgelöst durch das JVEG vom 5.5.2004
ZSHG	Gesetz zur Harmonisierung des Schutzes gefährdeter Zeugen (Zeugenschutz-Harmonisierungsgesetz) vom 11.12.2001 (BGBl. I S. 3510) zuletzt geändert durch Art. 7 des Gesetzes vom 10.12.2019 (BGBl. I S. 2121)
ZSR	Zeitschrift für Schweizerisches Recht
ZST	Zeitschrift für Schweizer Recht

ZSteu	Zeitschrift für Steuern und Recht
ZStW	Zeitschrift für die gesamte Strafrechtswissenschaft
ZTR	Zeitschrift für Tarif-, Arbeits- und Sozialrecht des öffentlichen Dienstes
ZUM	Zeitschrift für Urheber- und Medienrecht
ZUM-RD	Zeitschrift für Urheber- und Medienrecht – Rechtssprechungsdienst
ZUR	Zeitschrift für Umweltrecht
ZusatzAbk.	Zusatzabkommen zum NATO-Truppenstatut vom 3.8.1959 (BGBl. 1961 II S. 1183, 1218)
Zusatzvereinb.	Vereinbarung zwischen der Bundesrepublik Deutschland und der Deutschen Demokratischen Republik zur Durchführung und Auslegung des am 31.8.1990 in Berlin unterzeichneten Vertrages zwischen der Bundesrepublik Deutschland und der Deutschen Demokratischen Republik über die Herstellung der Einheit Deutschlands vom 18.9.1990 (BGBl. II S. 1239)
zust.	zustimmend
ZustErgG	Gesetz zur Ergänzung von Zuständigkeiten auf den Gebieten des Bürgerlichen Rechts, des Handelsrechts und des Strafrechts (Zuständigkeitsergänzungsgesetz) vom 7.8.1952 (BGBl. I S. 407)
ZustG	Gesetz über die Zuständigkeit der Gerichte bei Änderung der Gerichtseinteilung vom 6.12.1933 (RGBl. I S. 1037)
ZustRG	Gesetz zur Reform des Verfahrens bei Zustellung im gerichtlichen Verfahren (Zustellungsreformgesetz – ZustRG) vom 25.6.2001 (BGBl. I S. 1206)
ZustVO	Verordnung über die Zuständigkeit der Strafgerichte, die Sondergerichte und sonstige strafverfahrensrechtliche Vorschriften vom 21.2.1940 (RGBl. I S. 405)
Zuwanderungsgesetz	Gesetz zur Steuerung und Begrenzung der Zuwanderung und zur Regelung des Aufenthalts und der Integration von Unionsbürgern und Ausländern vom 30.7.2004 (BGBl. I S. 1950) zuletzt geändert durch Art. 2 des Gesetzes vom 20.12.2008 (BGBl. I S. 2846)
ZVG	Gesetz über die Zwangsversteigerung und die Zwangsverwaltung (Zwangsversteigerungsgesetz) vom 24.3.1897 i.d.F. der Bek. vom 20.5.1898 (RGBl. S. 369, 713) zuletzt geändert durch Art. 4 des Gesetzes vom 22.12.2020 (BGBl. I S. 3256)
ZWehrR	Zeitschrift für Wehrrecht (1936/37–44)
ZWF	Zeitschrift für Wirtschafts- und Finanzstrafrecht (Österreich)
ZWH	Zeitschrift für Wirtschaftsstrafrecht und Haftung im Unternehmen
ZwHeiratBekG	Gesetz zur Bekämpfung der Zwangsheirat und zum besseren Schutz der Opfer von Zwangsheirat sowie zur Änderung weiterer aufenthalts- und asylrechtlicher Vorschriften vom 23.6.2011 (BGBl. I S. 1266)
ZZP	Zeitschrift für Zivilprozeß

Literaturverzeichnis

Achenbach/Ransiek/Rönnau	Achenbach/Ransiek/Rönnau, Handbuch Wirtschaftsstrafrecht, 5. Aufl. (2019)
AE-EV	Alternativ-Entwurf Reform des Ermittlungsverfahrens (AE-EV); Entwurf eines Arbeitskreises deutscher, österreichischer und schweizerischer Strafrechtslehrer (2001)
AE-EuStV	Alternativentwurf Europäische Strafverfolgung; hrsg. von Schünemann (2004)
AE-StuM	Alternativ-Entwurf Strafjustiz und Medien (AE-StuM: Entwurf eines Arbeitskreises deutscher, österreichischer und schweizerischer Strafrechtslehrer (2004)
Ahlbrecht/Böhm/Esser/ Eckelmans	Ahlbrecht/Böhm/Esser/Eckelmans, Internationales Strafrecht, 2. Aufl. (2017)
AK	Alternativkommentar zur Strafprozessordnung, Bd. I (§§ 1 bis 93; 1988), Bd. II 1 (§§ 94 bis 212b; 1992), Bd. II 2 (§§ 213 bis 275; 1993), Bd. III (§§ 276 bis 477; 1996)
AK-GG	Alternativkommentar zum Grundgesetz, 2. Aufl., Bd. I (Art. 1 bis 37; 1989), Bd. II (Art. 38 bis 146; 1989)
AK-StGB	Alternativkommentar zum Strafgesetzbuch, Bd. I (§§ 1 bis 21; 1990), Bd. III (§§ 80 bis 145d; 1986)
AnwK	Krekeler/Löffelmann/Sommer, AnwaltKommentar zur Strafprozessordnung, 2. Aufl. (2009)
AnwK-StGB	Leipold/Tsambikakis/Zöller (Hrsg.), AnwaltKommentar StGB, 3. Aufl. (2020)
AnwK-UHaft	König (Hrsg.), AnwaltKommentar Untersuchungshaft (2011)
Albrecht	Albrecht, Jugendstrafrecht, 3. Aufl. (2000)
Albrecht (Krim.)	Albrecht, Kriminologie, 4. Aufl. (2010)
Alsberg	Alsberg, Der Beweisantrag im Strafprozess, 8. Aufl. (2021)
Ambos	Ambos, Internationales Strafrecht, 5. Aufl. (2018)
Ambos/König/Rackow	Ambos/König/Rackow (Hrsg.), Rechtshilferecht in Strafsachen, 2. Aufl. (2020)
Anders/Gehle	Anders/Gehle (vormals Baumbach/Lauterbach/Hartmann/Anders/Gehle, Zivilprozessordnung, Kurz-Kommentar, 80. Aufl. (2022)
Arloth	Arloth, Strafprozeßrecht (1995)
Arloth/Krä	Arloth/Krä, Strafvollzugsgesetz, 5. Aufl. (2021)
Aschrott	Reform des Strafprozesses, kritische Besprechung der von der Kommission für die Reform des Strafprozesses gemachten Vorschläge, hrsg. von Aschrott (1906)
Artkämper	Artkämper, Die „gestörte“ Hauptverhandlung, 5. Aufl. (2017)
Artkämper/Esders/Jakobs/ Sotelsek	Artkämper/Esders/Jakobs/Sotelsek, Praxiswissen Strafverfahren bei Tötungsdelikten (2012)
Aubert	Aubert, Fernmelderecht I, 3. Aufl. (1976)
Barton	Barton, Mindeststandards der Strafverteidigung (1994)
Barton (Verfahrensg.)	Barton, Verfahrensgerechtigkeit und Zeugenbeweis (2002)
Barton (Strafverteidigung)	Barton, Einführung in die Strafverteidigung, 2. Aufl. (2013)
Baumann	Baumann, Grundbegriffe und Verfahrensprinzipien des Strafprozeßrechts, 3. Aufl. (1979)
Baumann/Weber/Mitsch/ Eisele	Baumann/Weber/Mitsch/Eisele, Strafrecht, Allgemeiner Teil, Lehrbuch, 13. Aufl. (2021)
Beck/Berr/Schäpe	Beck/Berr/Schäpe, OWi-Sachen im Straßenverkehrsrecht, 7. Aufl. (2017)
Beck/Müller	Beck/Müller, Fälle und Lösungen zur StPO, 6. Aufl. (2020)
Beck'sches Formularbuch	Hamm/Leipold (Hrsg.), Beck'sches Formularbuch für den Strafverteidiger, 6. Aufl. (2018)
Beling	Beling, Deutsches Reichsstrafprozeßrecht (1928)
Bender/Nack/Treuer	Bender/Nack/Treuer, Tatsachenfeststellung vor Gericht, 5. Aufl. (2021)

https://doi.org/10.1515/9783110275001-205

Benfer/Bialon	Benfer/Bialon, Rechtseingriffe von Polizei und Staatsanwaltschaft, 4. Aufl. (2010)
Bernsmann/Gatzweiler	Bernsmann/Gatzweiler, Verteidigung bei Korruptionsfällen, 2. Aufl. (2014)
Berz/Burmann	Berz/Burmann, Handbuch des Straßenverkehrsrechts, Loseblattausgabe, 2 Bände, 44. Aufl. (2021)
Beulke/Swoboda	Beulke, Strafprozessrecht, 15. Aufl. (2020)
Beulke/Swoboda (JugStr)	Beulke/Swoboda, Jugendstrafrecht, 16. Aufl. (2020)
Beulke/Ruhmannseder	Beulke/Ruhmannseder, Die Strafbarkeit des Verteidigers, 2. Aufl. (2010)
Binding	Binding, Grundriss des Deutschen Strafprozessrechts, 5. Aufl. 1904
Birkenstock	Birkenstock, Verfahrensrügen im Strafprozess – Rechtsprechungssammlung, 2 Bände (2004)
Birkmeyer	Birkmeyer, Deutsches Strafprozeßrecht (1898)
Bittmann/Köhler/Seeger/ Tschakert	Handbuch der strafrechtlichen Vermögensabschöpfung: Sicherstellung – Einziehung – Opferentschädigung (2020)
Bock	Bock, Criminal Compliance, 2. Aufl. (2013)
Bockemühl	Bockemühl (Hrsg.), Handbuch des Fachanwalts Strafrecht, 8. Aufl. (2020)
Bohnert	Bohnert, Beschränkungen der strafprozessualen Revision durch Zwischenverfahren (1983)
Bohnert/Bülte	Bohnert/Bülte, Ordnungswidrigkeitenrecht, 6 Aufl. (2020)
Bonn.Komm.	Kommentar zum Bonner Grundgesetz, Loseblattausgabe (ab 1950)
Booß	Booß, Straßenverkehrsordnung, Kommentar, 3. Aufl. (1980)
Bosbach	Bosbach, Verteidigung im Ermittlungsverfahren, 8. Aufl. (2015)
Bouska/Laeverenz	Bouska/Laeverenz, Fahrerlaubnisrecht, 3. Aufl. (2004)
Böhm/Feuerhelm	Böhm/Feuerhelm, Einführung in das Jugendstrafrecht, 4. Aufl. (2004)
Böhm (Strafvollzug)	Böhm, Strafvollzug, 3. Aufl. (2002)
Böse	Böse (Hrsg.), Europäisches Strafrecht, Enzyklopädie Europarecht, 2. Aufl. Band 9 (2021)
Böttger	Böttger (Hrsg.), Wirtschaftsstrafrecht in der Praxis, 2. Aufl. (2015)
Brandstetter	Brandstetter, Straffreiheitsgesetz, Kommentar (1956)
Brenner	Brenner, Ordnungswidrigkeitenrecht (1996)
Brettel/Schneider	Brettel/Schneider, Wirtschaftsstrafrecht, 3. Aufl. 2020
Breyer/Mehle/Osnabrügge/ Schaefer	Breyer/Mehle/Osnabrügge/Schaefer, Strafprozessrecht (2005)
von Briel/Ehlscheid	von Briel/Ehlscheid, Steuerstrafrecht, 2. Aufl. (2000)
Bringewat	Bringewat, Strafvollstreckung, Kommentar zu den §§ 449 bis 463d StPO (1993)
Brodag	Brodag, Strafverfahrensrecht, 13. Aufl. (2014)
Brunner	Brunner, Abschlussverfügung der Staatsanwaltschaft, 15. Aufl. (2021)
Brunner/Dölling	Brunner/Dölling, Jugendgerichtsgesetz, Kommentar, 13. Aufl. (2017)
Bruns/Schröder/Tappert	Bruns/Schröder/Tappert, Kommentar zum strafrechtlichen Rehabilitierungsgesetz (1993)
Brüssow/Gatzweiler/ Krekeler/Mehle	Brüssow/Gatzweiler/Krekeler/Mehle, Strafverteidigung in der Praxis, 4. Aufl. (2007)
Buddendiek/Rutkowski	Buddendiek/Rutkowski, Lexikon des Nebenstrafrechts, zugleich Registerband zum Erbs/Kohlhaas, Strafrechtliche Nebengesetze, 43. Aufl. (2020)
Burchardi/Klempahn/ Wetterich	Burchardi/Klempahn/Wetterich, Der Staatsanwalt und sein Arbeitsgebiet, 5. Aufl. (1982)
Burhoff (Ermittlungsv.)	Burhoff, Handbuch für das strafrechtliche Ermittlungsverfahren, 9. Aufl. (2021)
Burhoff (Hauptv.)	Burhoff, Handbuch für die strafrechtliche Hauptverhandlung, 10. Aufl. (2021)
Burhoff (StrV-OWi)	Burhoff, Handbuch für das straßenverkehrsrechtliche OW-Verfahren, 6. Aufl. 2021
Burhoff/Stephan	Burhoff/Stephan, Strafvereitelung durch Strafverteidiger (2008)

Burhoff/Kotz	Burhoff/Kotz, Handbuch für strafrechtliche Rechtsmittel und Rechtsbehelfe, 2. Aufl. (2016)
Burhoff/Volpert	Burhoff/Volpert, RVG Straf- und Bußgeldsachen, 6. Aufl. 2021
Burmann/Heß/Hühnermann/Jahnke	Burmann/Heß/Hühnermann/Jahnke, Straßenverkehrsrecht, 27. Aufl. (2022)
Ciolek-Krepold	Ciolek-Krepold, Durchsuchung und Beschlagnahme in Wirtschaftsstrafsachen (2000)
Cirener/Jahn/Radtke	Cirener/Jahn/Radtke (Hrsg.), Bild-Ton-Dokumentation und »Konkurrenzlehre 2.0« (2020)
Corstens/Pradel	Corstens/Pradel, European Criminal Law (2002)
Cramer	Cramer, Straßenverkehrsrecht StVO – StGB, Kommentar, 2. Aufl. (1977)
Cramer/Bürgle	Cramer/Bürgle, Die strafprozessualen Beweisverwertungsverbote, 2. Aufl. (2004)
Cramer/Cramer	Cramer/Cramer, Anwalts-Handbuch Strafrecht (2002)
Cryer/Friman/Robinson/Wilmshurst	Cryer/Friman/Robinson/Wilmshurst, An Introduction to International Criminal Law and Procedure, 4th ed. (2019)
Cullen/Jund	Cullen/Jund, Strafrechtliche Zusammenarbeit in der Europäischen Union nach Tampere (2002)
Dahs (Hdb.)	Dahs, Handbuch des Strafverteidigers, 8. Aufl. (2015)
Dahs (Rechtl. Gehör)	Dahs, Rechtliches Gehör im Strafverfahren (1963)
Dahs	Dahs, Die Revision im Strafprozess, 9. Aufl. (2017)
Daimagüler	Daimagüler, Der Verletzte im Strafverfahren – Handbuch für die Praxis (2016)
Dalcke/Fuhrmann/Schäfer	Dalcke/Fuhrmann/Schäfer, Strafrecht und Strafverfahren, Kommentar, 37. Aufl. (1961) (Reprint 2020)
Dallinger/Lackner	Dallinger/Lackner, Jugendgerichtsgesetz und ergänzende Vorschriften, Kommentar, 2. Aufl. (1965)
Dannecker/Knierim	Dannecker/Knierim, Insolvenzstrafrecht, 3. Aufl. (2018)
Deckers	Deckers, Der strafprozessuale Beweisantrag, 3. Aufl. (2013)
Delmas-Marty	Delmas-Marty, Corpus Juris der strafrechtlichen Regelungen zum Schutz der finanziellen Interessen der Europäischen Union (1998)
Delmas-Marty/Vervaele	Delmas-Marty/Verwaele, The Implementation of the Corpus Juris in the Member States, 4 Bände (2001)
Detter	Detter, Revision im Strafverfahren (2011)
Diemer/Schatz/Sonnen	Diemer/Schatz/Sonnen, Jugendgerichtsgesetz, Kommentar, 8. Aufl. (2020)
Dölling/Duttge/König/Rössner	Dölling/Duttge/König/Rössner, Gesamtes Strafrecht – Handkommentar 5. Aufl. (2022) (zit.: HK-GS/*Verfasser*)
Dörndorfer	Dörndorfer, Rechtspflegergesetz, Kommentar, 3. Aufl. (2020)
Dörr/Grote/Marauhn	Dörr/Grote/Marauhn, EMRK/GG, Konkordanzkommentar zum europäischen und deutschen Grundrechtsschutz, 3. Aufl. (2022)
Doswald-Beck/Kolb	Doswald-Beck/Kolb, Judicial Process and Human Rights – United Nations, European, American and African Systems – Texts and summaries of international case law, 2004
Dürig/Herzog/Scholz	Dürig/Herzog/Scholz, Grundgesetz, Kommentar, Loseblattausgabe, 96. Aufl. (2022)
Eb. Schmidt	Eberhard Schmidt, Lehrkommentar zur Strafprozeßordnung und zum Gerichtsverfassungsgesetz, Teil I: Die rechtstheoretischen und die rechtspolitischen Grundlagen des Strafverfahrensrechts, 2. Aufl. (1964); Teil II: Erläuterungen zur Strafprozeßordnung und zum Einführungsgesetz (1957); Teil III: Erläuterungen zum Gerichtsverfassungsgesetz und zum Einführungsgesetz (1960), Nachtrag I: Nachträge und Ergänzungen zu Teil II (1967), Nachtrag II: Nachtragsband II (1970)
Eb. Schmidt (Geschichte)	Schmidt, Einführung in die Geschichte der deutschen Strafrechtspflege, 3. Aufl. (1965)

Eb. Schmidt (Kolleg)	Schmidt, Deutsches Strafprozeßrecht, ein Kolleg (1967)
Eberth/Müller/Schütrumpf	Eberth/Müller/Schütrumpf, Verteidigung in Betäubungsmittelsachen, 7. Aufl. (2018)
Eidam	Eidam, Unternehmen und Strafe, 5. Aufl. (2018)
Eisenberg/Kölbel	Eisenberg/Kölbel, Jugendgerichtsgesetz, Kommentar, 21. Aufl. (2020)
Eisenberg (Beweismittel)	Eisenberg, Persönliche Beweismittel in der StPO, 2. Aufl. (1996)
Eisenberg (Beweisrecht)	Eisenberg, Beweisrecht der StPO, Spezialkommentar, 10. Aufl. (2017)
Eisenberg/Kölbel	Eisenberg/Kölbel, Kriminologie, 7. Aufl. (2017)
Endriß (BtM-Verfahren)	Endriß, Verteidigung in Betäubungsmittelverfahren (1998)
Engländer	Engländer, Examensrepetitorium Strafprozessrecht, 10. Aufl. (2020)
Erbs/Kohlhaas	Erbs/Kohlhaas, Strafrechtliche Nebengesetze, Kurzkommentar, Loseblattausgabe, 228. Aufl. (2020)
Erhardt	Erhardt, Strafrecht für Polizeibeamte, 6. Aufl. (2020)
ERST	Esser/Rübenstahl/Saliger/Tsambikakis (Hrsg.), Wirtschaftsstrafrecht, 2017
Eser	Eser, Einführung in das Strafprozeßrecht (1983)
Eser/Hassemer/Burkhardt	Eser/Hassemer/Burkhardt, Die deutsche Strafrechtswissenschaft vor der Jahrtausendwende (2000)
Esser	Esser, Auf dem Weg zu einem europäischen Strafverfahrensrecht (2002)
Esser, EuStR	Esser, Europäisches und Internationales Strafrecht, 2. Aufl. (2018)
Esser/Ida	Esser/Ida (Hrsg.), Menschenrechtsschutz und Zusammenarbeit im Strafrecht als globale Herausforderung (2018)
Esser/Tsambikakis	Esser/Tsambikakis (Hrsg.), Pandemiestrafrecht (2020)
Fahl	Fahl, Rechtsmißbrauch im Strafprozeß (2004)
Fahrner	Fahrner, Handbuch Internationale Ermittlungen (2020)
Feest/Lesting/Lindemann	Feest/Lesting/Lindemann (Hrsg.), Strafvollzugsgesetze, 8. Aufl. (2021)
Fehn/Wamers	Fehn/Wamers, ZfdG – Zollfahndungsdienstgesetz – Handkommentar (2003)
Feisenberger	Feisenberger, Strafprozeßordnung und Gerichtsverfassungsgesetz (1926)
Ferner	Ferner, Strafzumessung (2005)
Fezer	Fezer, Strafprozeßrecht, 2. Aufl. (1995)
FG Beulke	Strafverteidigung – Grundlagen und Stolpersteine: Symposion für Werner Beulke (2012)
Fischer	Fischer, Strafgesetzbuch und Nebengesetze, Kommentar, 69. Aufl. (2022)
Flore/Tsambikakis	Flore/Tsambikakis (Hrsg.), Steuerstrafrecht, 2. Aufl. (2016)
Franke/Wienroeder	Franke/Wienroeder, BtMG, 3. Aufl. (2007)
Freyschmidt/Krumm	Freyschmidt/Krumm, Verteidigung in Straßenverkehrssachen, 11. Aufl. (2019)
Fromm	Fromm, Verteidigung in Straßenverkehrs- und Ordnungswidrigkeitenverfahren, 2. Aufl. (2015)
Frowein/Peukert	Frowein/Peukert, Europäische Menschenrechtskonvention, EMRK-Kommentar, 3. Aufl. (2009)
FS 45. DJT	Festschrift für den 45. Deutschen Juristentag (1964)
FS Achenbach	Festschrift für Hans Achenbach zum 70. Geburtstag (2011)
FS Adamovich	Staatsrecht und Staatswissenschaften in Zeiten des Wandels – Festschrift für Ludwig Adamovich zum 60. Geburtstag (1992)
FS AG Strafrecht DAV	Strafverteidigung im Rechtsstaat – 25 Jahre Arbeitsgemeinschaft Strafrecht des Deutschen Anwaltvereins (2009)
FS Albrecht	Unterwegs in Kriminologie und Strafrecht – Exploring the World of Crime and Criminology, Festschrift für Hans-Jörg Albrecht zum 70. Geburtstag (2021)
FS Amelung	Grundlagen des Straf- und Strafverfahrensrechts – Festschrift für Knut Amelung zum 70. Geburtstag (2009)
FS Androulakis	Festschrift für Nikolaos Androulakis zum 70. Geburtstag (2003)
FS Augsburg	Recht in Europa – Festgabe zum 30-jährigen Bestehen der Juristischen Fakultät Augsburg (2002)

FS Baudenbacher	Economic law and justice in times of globalisation – Festschrift für Carl Baudenbacher (2007)
FS Baumann	Festschrift für Jürgen Baumann zum 70. Geburtstag (1992)
FS Baumgärtel	Festschrift für Gottfried Baumgärtel zum 70. Geburtstag (1990)
FS BayVerfGH	Festschrift zum 50-jährigen Bestehen des Bayerischen Verfassungsgerichtshofs (1997)
FS Bemmann	Festschrift für Günther Bemmann zum 70. Geburtstag (1997)
FS Bernhardt	Recht zwischen Umbruch und Bewahrung – Festschrift für Rudolf Bernhardt (1995)
FS Beulke	Ein menschengerechtes Strafrecht als Lebensaufgabe –Festschrift für Werner Beulke zum 70. Geburtstag (2015)
FS Binding	Festschrift für Karl Binding zum 4. Juni 1911
FS BGH	Festschrift aus Anlass des 50-jährigen Bestehens von Bundesgerichtshof, Bundesanwaltschaft und Rechtsanwaltschaft beim Bundesgerichtshof (2000)
FS II BGH	50 Jahre Bundesgerichtshof, Festgabe aus der Wissenschaft, hrsg. von Roxin/Widmaier, Bd. IV: Strafrecht (2000)
FS Blau	Festschrift für Günter Blau zum 70. Geburtstag (1985)
FS Bockelmann	Festschrift für Paul Bockelmann zum 70. Geburtstag (1979)
FS Böhm	Festschrift für Alexander Böhm zum 70. Geburtstag (1999)
FS Böttcher	Recht gestalten – dem Recht dienen, Festschrift für Reinhard Böttcher zum 70. Geburtstag (2007)
FS Boujong	Verantwortung und Gestaltung, Festschrift für Karlheinz Boujong zum 65. Geburtstag (1996)
FS BRAK	Festschrift zu Ehren des Strafrechtsausschusses der Bundesrechtsanwaltskammer (2006)
FS Brauneck	Ehrengabe für Anne-Eva Brauneck (1999)
FS Breidling	Festschrift für Ottmar Breidling zum 70. Geburtstag (2017)
FS Bruns	Festschrift für Hans-Jürgen Bruns zum 70. Geburtstag (1978)
FS Burgstaller	Festschrift für Manfred Burgstaller zum 65. Geburtstag (2004)
FS Burhoff	Festschrift für Detlef Burhoff zum 70. Geburtstag (2020)
FS Carstens	Einigkeit und Recht und Freiheit, Festschrift für Karl Carstens zum 70. Geburtstag (1984)
FS Dahs	Festschrift für Hans Dahs zum 70. Geburtstag (2005)
FS Damaska	Festschrift for Mirjan Damaska (2008)
FS Delbrück	Liber Amicorum Jost Delbrück (2005)
FS Dencker	Festschrift für Friedrich Dencker zum 70. Geburtstag (2012)
FS Doehring	Staat und Völkerrechtsordnung – Festschrift für Karl Doehring; Beiträge zum ausländischen Recht und Völkerrecht Bd. 98 (1989)
FS Dreher	Festschrift für Eduard Dreher zum 70. Geburtstag (1977)
FS Dünnebier	Festschrift für Hanns Dünnebier zum 75. Geburtstag (1982)
FS Eide	Human rights and criminal justice for the downtrodden; Essays in honour of Asbjørn Eide (2003)
FS Eisenberg	Festschrift für Ulrich Eisenberg zum 70. Geburtstag (2009)
FS Eisenberg II	Für die Sache – Kriminalwissenschaften aus unabhängiger Perspektive – Festschrift für Ulrich Eisenberg zum 80. Geburtstag (2019)
FS Engisch	Festschrift für Karl Engisch zum 70. Geburtstag (1969)
FS Ermacora	Fortschritt im Bewußtsein der Grund- und Menschenrechte, Festschrift für Felix Ermacora zum 65. Geburtstag (1988)
FS Eser	Menschengerechtes Strafrecht, Festschrift für Albin Eser zum 70. Geburtstag (2005)
FS Eser II	Scripta amicitiae – Freundschaftsgabe für Albin Eser zum 80. Geburtstag (2015)
FS Europa-Institut	Europäische Integration und Globalisierung, Festschrift zum 60-jährigen Bestehen des Europa-Instituts (2011)

FS Everling	Festschrift für Ulrich Everling (1993)
FS Faller	Festschrift für Hans Joachim Faller (1984)
FS Feltes	Auf neuen Wegen. Kriminologie, Kriminalpolitik und Polizeiwissenschaft aus interdisziplinärer Perspektive, Festschrift für Thomas Feltes zum 70. Geburtstag (2021)
FS Fezer	Festschrift für Gerhard Fezer zum 70. Geburtstag (2008)
FS Fiedler	Verfassung – Völkerrecht – Kulturgüterschutz, Festschrift für Wilfried Fiedler zum 70. Geburtstag (2011)
FS Fischer	Festschrift für Thomas Fischer (2018)
FS Flume	Festgabe für Werner Flume zum 90. Geburtstag (1998)
FS Friauf	Festschrift für Karl Heinrich Friauf (1996)
FS Friebertshäuser	Festgabe für den Strafverteidiger Dr. Heino Friebertshäuser (1997)
FS Frisch	Grundlagen und Dogmatik des gesamten Strafrechtssystems – Festschrift für Wolfgang Frisch zum 70. Geburtstag (2013)
FS Fuchs	Festschrift für Helmut Fuchs zum 65. Geburtstag (2014)
FS Gallas	Festschrift für Wilhelm Gallas zum 70. Geburtstag (1973)
FS Geerds	Kriminalistik und Strafrecht, Festschrift für Friedrich Geerds zum 70. Geburtstag (1995)
FS Geiger	Verantwortlichkeit und Freiheit. Die Verfassung als wertbestimmende Ordnung; Festschrift für Willi Geiger zum 80. Geburtstag (1989)
FS Geiß	Festschrift für Karlmann Geiß zum 65. Geburtstag (2000)
FS Geppert	Festschrift für Klaus Geppert zum 70. Geburtstag (2011)
FS Gollwitzer	Verfassungsrecht – Menschenrechte – Strafrecht, Kolloquium für Dr. Walter Gollwitzer zum 80. Geburtstag (2004)
FS Gössel	Festschrift für Karl Heinz Gössel zum 70. Geburtstag (2002)
FS Graf-Schlicker	Festschrift zu Ehren von Marie Luise Graf-Schlicker (2018)
FS Graßhoff	Der verfasste Rechtsstaat, Festgabe für Karin Graßhoff (1998)
FS Grünwald	Festschrift für Gerald Grünwald zum 70. Geburtstag (1999)
FS Grützner	Aktuelle Probleme des Internationalen Strafrechts, Festschrift für Heinrich Grützner zum 65. Geburtstag (1970)
FS Hacker	Wandel durch Beständigkeit, Festschrift für Jens Hacker (1998)
FS Haffke	Das Dilemma des rechtsstaatlichen Strafrechts: Symposium für Bernhard Haffke zum 65. Geburtstag (2009)
FS Hamm	Festschrift für Rainer Hamm zum 65. Geburtstag (2008)
FS Hanack	Festschrift für Ernst-Walter Hanack zum 70. Geburtstag (1999)
FS Hassemer	Festschrift für Winfried Hassemer zum 70. Geburtstag (2010)
FS Heinitz	Festschrift für Ernst Heinitz zum 70. Geburtstag (1972)
FS Heintschel-Heinegg	Festschrift für Bernd von Heintschel-Heinegg zum 70. Geburtstag (2015)
FS Heinz	Festschrift für Wolfgang Heinz zum 70. Geburtstag (2012)
FS Heldrich	Festschrift für Andreas Heldrich zum 70. Geburtstag (2005)
FS Helmrich	Für Staat und Recht, Festschrift für Herbert Helmrich zum 60. Geburtstag (1994)
FS Henkel	Grundfragen der gesamten Strafrechtswissenschaft, Festschrift für Heinrich Henkel zum 70. Geburtstag (1974)
FS Herzberg	Strafrecht zwischen System und Telos, Festschrift für Rolf Dietrich Herzberg zum 70. Geburtstag (2008)
FS Heusinger	Ehrengabe für Bruno Heusinger (1968)
FS Hilger	Datenübermittlungen und Vorermittlungen, Festgabe für Hans Hilger (2003)
FS Hirsch	Berliner Festschrift für Ernst E. Hirsch (1968)
FS B. Hirsch	Mit Recht für Menschenwürde und Verfassungsstaat, Festgabe für Burkhard Hirsch (2007)
FS H. J. Hirsch	Festschrift Hans Joachim Hirsch zum 70. Geburtstag (1999)
FS Höpfel	Vielfalt des Strafrechts im internationalen Kontext – Festschrift für Frank Höpfel zum 65. Geburtstag (2018)

FS HU Berlin	Festschrift 200 Jahre Juristische Fakultät der Humboldt-Universität zu Berlin (2010)
FS Hubmann	Beiträge zum Schutz der Persönlichkeit und ihrer schöpferischen Leistung, Festschrift für Heinrich Hubmann zum 70. Geburtstag (1985)
FS Huber	Recht als Prozess und Gefüge, Festschrift für Hans Huber zum 80. Geburtstag (1981)
FS Imme Roxin	Festschrift für Imme Roxin zum 75. Geburtstag (2012)
FS Ismayr	Analyse demokratischer Regierungssysteme, Festschrift für Wolfgang Ismayr zum 65. Geburtstag (2010)
FS Jahrreiß	Festschrift für Hermann Jahrreiß zum 70. Geburtstag (1964)
FS II Jahrreiß	Festschrift für Hermann Jahrreiß zum 80. Geburtstag (1974)
FS Jakobs	Festschrift für Günther Jakobs zum 70. Geburtstag (2007)
FS Jescheck	Festschrift für Hans-Heinrich Jescheck zum 70. Geburtstag (1985)
FS Jung	Festschrift für Heike Jung zum 65. Geburtstag (2007)
FS JurGes. Berlin	Festschrift zum 125jährigen Bestehen der Juristischen Gesellschaft zu Berlin (1984)
FS Kaiser	Internationale Perspektiven in Kriminologie und Strafrecht, Festschrift für Günther Kaiser zum 70. Geburtstag (1998)
FS Kargl	Festschrift für Walter Kargl zum 70. Geburtstag (2015)
FS Katoh	Blick über den Tellerrand, Festschrift für Hisao Katoh (2008)
FS Arthur Kaufmann	Strafgerechtigkeit, Festschrift für Arthur Kaufmann zum 70. Geburtstag (1993)
FS Kern	Tübinger Festschrift für Eduard Kern (1968)
FS Kerner	Kriminologie – Kriminalpolitik – Strafrecht, Festschrift für Hans-Jürgen Kerner zum 70. Geburtstag (2013)
FS Kielwein	Dogmatik und Praxis des Strafverfahrens, Beiträge anläßlich des Colloquiums zum 65. Geburtstag von Gerhard Kielwein (1989)
FS Kindhäuser	Festschrift für Urs Kindhäuser zum 70. Geburtstag (2019)
FS Kirchberg	Festschrift für Christian Kirchberg zum 70. Geburtstag (2017)
FS Klecatsky	Auf dem Weg zur Menschenwürde und Gerechtigkeit, Festschrift für Hans Klecatsky zum 60. Geburtstag (1980)
FS Klein	Festschrift für Franz Klein zum 60. Geburtstag (1914)
FS Kleinheyer	Festschrift für Gerd Kleinheyer zum 70. Geburtstag (2001)
FS Kleinknecht	Strafverfahren im Rechtsstaat, Festschrift für Theodor Kleinknecht zum 75. Geburtstag (1985)
FS Klug	Festschrift für Ulrich Klug zum 70. Geburtstag (1983)
FS Koch	Strafverteidigung und Strafprozeß, Festgabe für Ludwig Koch (1989)
FS Kohlmann	Festschrift für Günter Kohlmann zum 70. Geburtstag (2003)
FS Kralik	Festschrift für Winfried Kralik zum 65. Geburtstag (1986)
FS Krause	Festschrift für Friedrich-Wihelm Krause zum 70. Geburtstag (1990)
FS Krauss	Prozessuales Denken als Innovationsanreiz für das materielle Strafrecht, Kolloquium zum 70. Geburtstag von Detlef Krauss (2006)
FS Kreuzer	Mittler zwischen Recht und Wirklichkeit – Festschrift für Arthur Kreuzer zum 80. Geburtstag (2018)
FS Kriele	Staatsphilosophie und Rechtspolitik, Festschrift für Martin Kriele zum 65. Geburtstag (1997)
FS Krey	Festschrift für Volker Krey zum 70. Geburtstag (2010)
FS Kroeschell	Wirkungen europäischer Rechtskultur – Festschrift für Karl Kroeschll zum 70. Geburtstag (1997)
FS Kunert	Freiheit, Gesetz und Toleranz, Symposium zum 75. Geburtstag von Karl Heinz Kunert (2006)
FS Kühl	Festschrift für Kristian Kühl zum 70. Geburtstag (2014)
FS Kühne	Festschrift für Hans-Heiner Kühne zum 70. Geburtstag (2013)
FS Küper	Festschrift für Wilfried Küper zum 70. Geburtstag (2007)
FS Lackner	Festschrift für Karl Lackner zum 70. Geburtstag (1987)

FS Lampe	Jus humanum: Grundlagen des Rechts und Strafrechts, Festschrift für Ernst-Joachim Lampe zum 70. Geburtstag (2003)
FS Landau	Grundgesetz und Europa – Liber Amicorum für Herbert Landau zum Ausscheiden aus dem Bundesverfassungsgericht (2016)
FS Lange	Festschrift für Richard Lange zum 70. Geburtstag (1976)
FS Leferenz	Kriminologie – Psychiatrie – Strafrecht, Festschrift für Heinz Leferenz zum 70. Geburtstag (1983)
FS Lenckner	Festschrift für Theodor Lenckner zum 70. Geburtstag (1998)
FS Lerche	Wege und Verfahren des Verfassungslebens, Festschrift für Peter Lerche zum 65. Geburtstag (1993)
FS Loebenstein	Der Rechtsstaat in der Krise – Festschrift für Edwin Loebenstein zum 80. Geburtstag (1991)
FS Loewenstein	Festschrift für Karl Loewenstein zum 80. Geburtstag (1971)
FS von Lübtow	De iustitia et iure – Festschrift für Ulrich von Lübtow zum 80. Geburtstag (1980)
FS Lüderssen	Festschrift für Klaus Lüderssen zum 70. Geburtstag (2002)
FS Machacek und Matscher	Rechtsschutz gestern – heute – morgen, Festgabe zum 80. Geburtstag für Rudolf Machacek und Franz Matscher (2008)
FS Maelicke	Wertschöpfung durch Wertschätzung, Festschrift für Bernd Maelicke zum 70. Geburtstag (2011)
FS Maihofer	Festschrift für Werner Maihofer zum 70. Geburtstag (1988)
FS Maiwald	Fragmentarisches Strafrecht, Für Manfred Maiwald aus Anlass seiner Emeritierung (2003)
FS Maiwald II	Gerechte Strafe und legitimes Strafen, Festschrift für Manfred Maiwald zum 75. Geburtstag (2010)
FS Mangakis	Festschrift für Georgios Mangakis (1999)
FS Manoledakis	Festschrift für Ioannis Manoledakis (2005)
FS Maurach	Festschrift für Reinhard Maurach zum 70. Geburtstag (1972)
FS Mayer	Beiträge zur gesamten Strafrechtswissenschaft, Festschrift für Hellmuth Mayer zum 70. Geburtstag (1966)
FS Mehle	Festschrift für Volkmar Mehle zum 65. Geburtstag (2009)
FS Merkel	Recht – Philosophie – Literatur, Festschrift für Reinhard Merkel zum 70. Geburtstag (2020)
FS Meyer-Goßner	Festschrift für Lutz Meyer-Goßner zum 65. Geburtstag (2001)
FS Mezger	Festschrift für Edmund Mezger zum 70. Geburtstag (1954)
FS Middendorf	Festschrift für Wolf Middendorf zum 70. Geburtstag (1986)
FS Miebach	NStZ-Sonderheft – Zum Eintritt in den Ruhestand für Klaus Miebach (2009)
FS Miklau	Strafprozessrecht im Wandel, Festschrift für Roland Miklau zum 65. Geburtstag (2006)
FS Miyazawa	Festschrift für Koichi Miyazawa (1995)
FS Möhring	Festschrift für Philipp Möhring zum 65. Geburtstag (1965)
FS Mosler	Völkerrecht als Rechtsordnung, Internationale Gerichtsbarkeit, Menschenrechte; Festschrift für Hermann Mosler zum 70. Geburtstag (1983)
FS E. Müller	Opuscula Honoraria, Egon Müller zum 65. Geburtstag (2003)
FS E. Müller II	Festschrift für Egon Müller zum 70. Geburtstag (2008)
FS Müller-Dietz	Grundlagen staatlichen Strafens, Festschrift für Heinz Müller-Dietz zum 70. Geburtstag (2001)
FS Nehm	Strafrecht und Justizgewährung, Festschrift für Kay Nehm zum 65. Geburtstag (2006)
FS Neumann	Rechtsstaatliches Strafrecht, Festschrift für Ulfrid Neumann zum 70. Geburtstag (2017)
FS Nishihara	Festschrift für Harua Nishihara zum 70. Geburtstag (1998)
FS Odersky	Festschrift für Walter Odersky zum 65. Geburtstag (1996)

FS Oehler	Festschrift für Dietrich Oehler zum 70. Geburtstag (1985)
FS Ostendorf	Strafrecht – Jugendstrafrecht – Kriminalprävention in Wissenschaft und Praxis – Festschrift für Heribert Ostendorf zum 70. Geburtstag (2015)
FS Otto	Festschrift für Harro Otto zum 70. Geburtstag (2007)
FS Paarhammer	In mandatis meditari, Festschrift für Hans Paarhammer zum 65. Geburtstag (2012)
FS Paeffgen	Strafe und Prozess im freiheitlichen Rechtsstaat – Festschrift für Hans-Ullrich Paeffgen zum 70. Geburtstag (2015)
FS Partsch	Des Menschen Recht zwischen Freiheit und Verantwortung, Festschrift für Karl Josef Partsch zum 75. Geburtstag (1989)
FS Paulus	Festgabe des Instituts für Strafrecht und Kriminologie der Juristischen Fakultät der Julius-Maximilians-Universität Würzburg für Rainer Paulus zum 70. Geburtstag (2009)
FS Pavisic	Kazneno Pravo, Kazneno Postupovno I Kriminalistika, Festschrift für Berislav Pavisic zum 70. Geburtstag (2014)
FS Peters	Einheit und Vielfalt des Strafrechts, Festschrift für Karl Peters zum 70. Geburtstag (1974)
FS Peters II	Wahrheit und Gerechtigkeit im Strafverfahren, Festgabe für Karl Peters zum 80. Geburtstag (1984)
FS Chr. Pfeiffer	Kriminologie ist Gesellschaftswissenschaft, Festschrift für Christian Pfeiffer zum 70. Geburtstag (2014)
FS Pfeiffer	Strafrecht, Unternehmensrecht, Anwaltsrecht, Festschrift für Gerd Pfeiffer zum Abschied aus dem Amt als Präsident des Bundesgerichtshofes (1988)
FS Pfenniger	Strafprozeß und Rechtsstaat, Festschrift zum 70. Geburtstag von H. F. Pfenniger (1976)
FS Platzgummer	Festschrift für Winfried Platzgummer zum 65. Geburtstag (1995)
FS Posser	Anwalt des Rechtsstaats – Festschrift für Diether Posser zum 75. Geburtstag (1997)
FS Pöttering	Processus Criminalis Europeus, Festschrift für Hans-Gert Pöttering (2008)
FS Puppe	Strafrechtswissenschaft als Analyse und Konstruktion, Festschrift für Ingeborg Puppe zum 70. Geburtstag (2011)
FS Rebmann	Festschrift für Kurt Rebmann zum 65. Geburtstag (1989)
FS Reichsgericht	Die Reichsgerichtspraxis im deutschen Rechtsleben, Festgabe der juristischen Fakultäten zum 50jährigen Bestehen des Reichsgerichts, Bd. 5, Strafrecht und Strafprozeß (1929)
FS Reichsjustizamt	Vom Reichsjustizamt zum Bundesministerium der Justiz, Festschrift zum 100jährigen Gründungstag des Reichsjustizamtes am 1.1.1877 (1977)
FS Remmers	Vertrauen in den Rechtsstaat, Beiträge zur deutschen Einheit im Recht, Festschrift für Walter Remmers (1995)
FS Rengier	Festschrift für Rudolf Rengier zum 70. Geburtstag (2018)
FS Ress	Internationale Gemeinschaft und Menschenrechte, Festschrift für Georg Ress zum 70. Geburtstag (2005)
FS Richter	Verstehen und Widerstehen, Festschrift für Christian Richter II zum 65. Geburtstag (2006)
FS Rieß	Festschrift für Peter Rieß zum 70. Geburtstag (2002)
FS Rill	Grundfragen und aktuelle Probleme des öffentlichen Rechts – Festschrift für Heinz Peter Rill zum 60. Geburtstag (1995)
FS Rissing-van Saan	Festschrift für Ruth Rissing-van Saan zum 65. Geburtstag (2011)
FS Rittler	Festschrift für Theodor Rittler zu seinem achtzigsten Geburtstag (1957)
FS Rogall	Systematik in Strafrechtswissenschaft und Gesetzgebung – Festschrift für Klaus Rogall zum 70. Geburtstag (2018)
FS Rolinski	Festschrift für Klaus Rolinski zum 70. Geburtstag (2002)
FS Rosenfeld	Festschrift für Ernst Heinrich Rosenfeld zu seinem 80. Geburtstag (1949)
FS Rowedder	Festschrift für Heinz Rowedder zum 75. Geburtstag (1994)
FS Roxin	Festschrift für Claus Roxin zum 70. Geburtstag (2001)

FS Roxin II	Festschrift für Claus Roxin zum 80. Geburtstag (2011)
FS Rössner	Über allem: Menschlichkeit – Festschrift für Dieter Rössner zum 70. Geburtstag (2015)
Rudolphi-Symp.	Zur Theorie und Systematik des Strafprozeßrechts, Symposium zu Ehren von Hans-Joachim Rudolphi zum 60. Geburtstag (1995)
FS Rudolphi	Festschrift für Hans-Joachim Rudolphi zum 70. Geburtstag (2004)
FS Rüping	Recht und Macht: zur Theorie und Praxis von Strafe, Festschrift für Hinrich Rüping zum 65. Geburtstag (2008)
FS Rüter	Festschrift für C. F. Rüter zum 65. Geburtstag (2003)
FS Salger	Straf- und Strafverfahrensrecht, Recht und Verkehr, Recht und Medizin, Festschrift für Hannskarl Salger zum Abschied aus dem Amt als Vizepräsident des Bundesgerichtshofes (1995)
FS Samson	Festschrift für Erich Samson zum 70. Geburtstag (2010)
FS Sarstedt	Festschrift für Werner Sarstedt zum 70. Geburtstag (1981)
FS Sauer	Festschrift für Wilhelm Sauer zu seinem 70. Geburtstag (1949)
FS G. Schäfer	NJW-Sonderheft für Gerhard Schäfer zum 65. Geburtstag (2002)
FS Schäfer	Festschrift für Karl Schäfer zum 80. Geburtstag (1980)
FS Scharf	Festschrift für Ulrich Scharf zum 70. Geburtstag (2008)
FS W. Schiller	Festschrift für Wolf Schiller zum 65. Geburtstag (2014)
FS Schindler	Im Dienst an der Gemeinschaft, Festschrift für Dietrich Schindler zum 65. Geburtstag (1989)
FS Schlochauer	Staatsrecht – Völkerrecht – Europarecht, Festschrift für Hans Jürgen Schlochauer (1981)
FS Schlothauer	Festschrift für Reinhold Schlothauer zum 70. Geburtstag (2018)
FS Schlüchter	Freiheit und Verantwortung in schwieriger Zeit, Kritische Studien aus vorwiegend straf(prozess-)rechtlicher Sicht zum 60. Geburtstag von Ellen Schlüchter (1998)
FS Schmidt	Festschrift für Eberhard Schmidt zum 70. Geburtstag (1961)
FS H. Schmidt	Kostenerstattung und Streitwert, Festschrift für Herbert Schmidt (1981)
FS Schmidt-Leichner	Festschrift für Erich Schmidt-Leichner zum 65. Geburtstag (1975)
FS Schmitt-Glaeser	Recht im Pluralismus, Festschrift für Walter Schmitt-Glaeser zum 70. Geburtstag (2003)
FS Schneider	Kriminologie an der Schwelle zum 21. Jahrhundert, Festschrift für Hans Joachim Schneider zum 70. Geburtstag (1998)
FS Schomburg	Justice Without Borders – Essays in Honour of Wolfgang Schomburg (2018)
FS Schöch	Festschrift für Heinz Schöch zum 70. Geburtstag (2010)
FS Schreiber	Strafrecht, Biorecht, Rechtsphilosophie, Festschrift für Hans-Ludwig Schreiber zum 70. Geburtstag (2003)
FS Schroeder	Festschrift für Friedrich-Christian Schroeder zum 70. Geburtstag (2006)
FS Schüler-Springorum	Festschrift für Horst Schüler-Springorum zum 65. Geburtstag (1993)
FS Schünemann	Festschrift für Bernd Schünemann zum 70. Geburtstag (2014)
FS Schultz	Lebendiges Strafrecht. Festgabe zum 65. Geburtstag von Hans Schultz (1977)
FS Schwind	Kriminalpolitik und ihre wissenschaftlichen Grundlagen, Festschrift für Hans-Dieter Schwind zum 70. Geburtstag (2006)
FS Seebode	Festschrift für Manfred Seebode zum 70. Geburtstag (2008)
FS Seidl-Hohenveldern	Völkerrecht, Recht der Internationalen Organisationen, Weltwirtschaftsrecht; Festschrift für Ignaz Seidl-Hohenveldern zum 70. Geburtstag (1988)
FS Sellert	Zur Erhaltung guter Ordnung – Beiträge zur Geschichte von Recht und Justiz, Festschrift für Wolfgang Sellert zum 65. Geburtstag (2000)
FS Sendler	Bürger-Richter-Staat, Festschrift für Horst Sendler zum Abschied aus seinem Amt (1991)
FS Sieber	Digitalisierung, Globalisierung und Risikoprävention, Festschrift für Ulrich Sieber zum 70. Geburtstag (2021)
FS Spendel	Festschrift für Günter Spendel zum 70. Geburtstag (1992)

FS Spinellis	Festschrift für Dionysios Spinellis zum 70. Geburtstag (1999–2003)
FS StA Schleswig-Holstein	Strafverfolgung und Strafverzicht, Festschrift zum 125jährigen Bestehen der Staatsanwaltschaft Schleswig-Holstein (1992)
FS Steinberger	Tradition und Weltoffenheit des Rechts, Festschrift für Helmut Steinberger (2002)
FS Steinhilper	Kriminologie und Medizinrecht, Festschrift für Gernot Steinhilper zum 70. Geburtstag (2013)
FS Stober	Festschrift für Rolf Stober, Wirtschaft – Verwaltung – Recht (2008)
FS Stock	Studien zur Strafrechtswissenschaft, Festgabe für Ulrich Stock zum 70. Geburtstag (1966)
FS Stöckel	Strafrechtspraxis und Reform, Festschrift für Heinz Stöckel zum 70. Geburtstag (2010)
FS Strauda	Festschrift zu Ehren des Strafrechtsausschusses der Bundesrechtsanwaltskammer anlässlich seiner 196. Tagung vom 13.–15.10.2006 in Münster (2006)
FS Stree/Wessels	Beiträge zur Rechtswissenschaft, Festschrift für Walter Stree und Johannes Wessels zum 70. Geburtstag (1993)
FS Streng	Festschrift für Franz Streng zum 70. Geburtstag (2017)
FS Szwarc	Vergleichende Strafrechtswissenschaft, Frankfurter Festschrift für Andrzej J. Szwarc zum 70. Geburtstag (2009)
FS Tepperwien	NJW-Festheft zum 65. Geburtstag von Ingeborg Tepperwien (2010)
FS Tiedemann	Strafrecht und Wirtschaftsstrafrecht, Festschrift für Klaus Tiedemann zum 70. Geburtstag (2008)
FS Tondorf	Festschrift für Günter Tondorf zum 70. Geburtstag (2004)
FS Trechsel	Strafrecht, Strafprozessrecht und Menschenrechte, Festschrift für Stefan Trechsel zum 65. Geburtstag (2002)
FS Triffterer	Festschrift für Otto Triffterer zum 65. Geburtstag (1996)
FS Tröndle	Festschrift für Herbert Tröndle zum 70. Geburtstag (1989)
FS Trusen	Festschrift für Winfried Trusen zum 70. Geburtstag (1994)
FS Verdross	Völkerrecht und zeitliches Weltbild, Festschrift für Alfred Verdross zum 70. Geburtstag (1960)
FS Verdross II	Ius humanitas, Festschrift für Alfred Verdross zum 90. Geburtstag (1980)
FS Verosta	Völkerrecht und Rechtsphilosophie, Internationale Festschrift für Stephan Verosta zum 70. Geburtstag (1980)
FS Volk	In dubio pro libertate, Festschrift für Klaus Volk zum 65. Geburtstag (2009)
FS von Simson	Grundrechtsschutz im nationalen und internationalen Recht – Festschrift für Werner von Simson zum 75. Geburtstag (1983)
FS Vormbaum	Strafrecht und Juristische Zeitgeschichte – Symposium anlässlich des 70. Geburtstages von Thomas Vormbaum
FS Wassermann	Festschrift für Rudolf Wassermann zum 60. Geburtstag (1985)
FS v. Weber	Festschrift für Hellmuth von Weber zum 70. Geburtstag (1963)
FS Weber	Festschrift für Ulrich Weber zum 70. Geburtstag (2004)
FS Weißauer	Ärztliches Handeln – Verrechtlichung eines Berufsstandes; Festschrift für Walther Weißauer zum 65. Geburtstag (1986)
FS Welp	Strafverteidigung in Forschung und Praxis, Kriminalwissenschaftliches Kolloquium aus Anlaß des 70. Geburtstages von Jügen Welp (2006)
FS Welzel	Festschrift für Hans Welzel zum 70. Geburtstag (1974)
FS Wessing	Unternehmensstrafrecht – Festschrift für Jürgen Wessing zum 65. Geburtstag (2015)
FS Widmaier	Strafverteidigung, Revision und die gesamten Strafrechtswissenschaften – Festschrift für Gunter Widmaier zum 70. Geburtstag (2008)
FS Winkler	Beiträge zum Verfassungs- und Wirtschaftsrecht, Festschrift für Günther Winkler (1989)

FS Wolff	Festschrift für Ernst Amadeus Wolff zum 70. Geburtstag (1998)
FS Wolter	Festschrift für Jürgen Wolter zum 70. Geburtstag (2013)
FS Würtenberger	Kultur, Kriminalität, Strafrecht, Festschrift für Thomas Würtenberger zum 70. Geburtstag (1977)
FS Würtenberger II	Verfassungsstaatlichkeit im Wandel, Festschrift für Thomas Würtenberger zum 70. Geburtstag (2013)
FS Würzburger Juristenfakultät	Raum und Recht, Festschrift 600 Jahre Würzburger Juristenfakultät (2002)
FS Yamanaka	Rechtsstaatliches Strafen, Festschrift für Keiichi Yamanaka zum 70. Geburtstag (2017)
FS Zeidler	Festschrift für Wolfgang Zeidler (1987)
FS Zoll	Rechtsstaat und Strafrecht, Festschrift für Andrzej Zoll zum 70. Geburtstag (2012)
Full/Möhl/Rüth	s. Rüth/Berr/Berz
Gaede	Gaede, Fairness als Teilhabe – das Recht auf konkrete und wirksame Teilhabe durch Verteidigung gemäß Art. 6 EMRK (2007)
Gaier/Wolf/Göcken	Gaier/Wolf/Göcken, Anwaltliches Berufsrecht, 3. Aufl. (2019)
GedS Bleckmann	Rechtsstaatliche Ordnung Europas – Gedächtnisschrift für Albert Bleckmann (2007)
GedS Blomeyer	Recht der Wirtschaft und Arbeit in Europa. Gedächtnisschrift für Wolfgang Blomeyer (2004)
GedS Blumenwitz	Iustitia et Pax, Gedächtnisschrift für Dieter Blumenwitz (2008)
GedS Bruns	Gedächtnisschrift für Rudolf Bruns (1980)
GedS Eckert	Gedächtnisschrift für Jörn Eckert (2008)
GedS Geck	Verfassungsrecht und Völkerrecht, Gedächtnisschrift für Wilhelm Karl Geck (1989)
GedS Heine	Strafrecht als ultima ratio – Gießener Gedächtnisschrift für Günter Heine (2015)
GedS Joecks	Strafrecht – Wirtschaftsstrafrecht – Steuerrecht – Gedächtnisschrift für Wolfgang Joecks (2018)
GedS A. Kaufmann	Gedächtnisschrift für Armin Kaufmann (1986)
GedS H. Kaufmann	Gedächtnisschrift für Hilde Kaufmann (1986)
GedS Keller	Gedächtnisschrift für Rolf Keller (2003)
GedS Küchenhoff	Recht und Rechtsbesinnung, Gedächtnisschrift für Günter Küchenhoff (1987)
GedS Lisken	Lauschen im Rechtsstaat – Zu den Konsequenzen des Urteils des Bundesverfassungsgerichts zum großen Lauschangriff, Gedächtnisschrift für Hans Lisken (2004)
GedS Meurer	Gedächtnisschrift für Dieter Meurer (2002)
GedS Meyer	Gedächtnisschrift für Karlheinz Meyer (1990)
GedS Noll	Gedächtnisschrift für Peter Noll (1984)
GedS H. Peters	Gedächtnisschrift für Hans Peters (1967)
GedS Ryssdal	Protection des droits de l'homme: la perspective européenne/Protecting Human Rights: The European Perspective, Gedächtnisschrift für Rolv Ryssdal (2000)
GedS Schlüchter	Gedächtnisschrift für Ellen Schlüchter (2002)
GedS Schröder	Gedächtnisschrift für Horst Schröder (1978)
GedS Seebode	Im Zweifel für die Freiheit – Gedächtnisschrift für Manfred Seebode (2015)
GedS Tröndle	Gedächtnisschrift für Herbert Tröndle (2020)
GedS Trzaskalik	Gedächtnisschrift für Christoph Trzaskalik (2005)
GedS Walter	Kriminologie – Jugendkriminalrecht – Strafvollzug, Gedächtnisschrift für Michael Walter (2014)
GedS Weßlau	Rechtsstaatlicher Strafprozess und Bürgerrechte – Gedächtnisschrift für Edda Weßlau (2016)

GedS Vogler	Gedächtnisschrift für Theo Vogler (2004)
GedS Zipf	Gedächtnisschrift für Heinz Zipf (1999)
Geerds	Handbuch der Kriminalistik, begr. von H. Groß, neubearbeitet von Geerds, 10. Aufl. (Bd. I 1977, Bd. II 1978)
Geiger/Khan/Kotzur	Geiger/Khan/Kotzur, EUV/AEUV, Kommentar, 6. Aufl. (2017)
Geipel	Geipel, Handbuch der Beweiswürdigung, 3. Aufl. (2017)
Gercke/Leimenstoll/Stirner	Gercke/Leimenstoll/Stirner, Handbuch Medizinstrafrecht (2020)
Gerland	Gerland, Der Deutsche Strafprozeß (1927)
Gerold/Schmidt	Gerold/Schmidt, Rechtsanwaltsvergütungsgesetz, Kommentar, 25. Aufl. (2021)
Gerson	Gerson, Das Recht auf Beschuldigung (2016)
Gerst	Gerst (Hrsg.), Zeugen in der Hauptverhandlung, 2. Aufl. (2020)
Glaser	Glaser, Handbuch des Strafprozesses, in Binding, Systematisches Handbuch der Deutschen Rechtswissenschaft (Bd. I 1883, Bd. II 1885)
Göbel	Göbel, Strafprozess, 8. Aufl. (2013)
Göhler	Göhler, Ordnungswidrigkeitengesetz, Kurzkommentar erläutert von Erich Göhler, fortgef. von Peter König und Helmut Seitz, 18. Aufl. (2021)
Gössel	Gössel, Strafverfahrensrecht, Studienbuch (1977)
Gössel/Dölling	Gössel/Dölling, Strafrecht, Besonderer Teil 1, 2. Aufl. (2004)
Goldschmidt	Goldschmidt, Der Prozeß als Rechtslage (1925)
Grabenwarter/Pabel	Grabenwarter/Pabel, Europäische Menschenrechtskonvention, 7. Aufl. (2021)
Grabitz/Hilf/Nettesheim	Grabitz/Hilf/Nettesheim, Das Recht der Europäischen Union, begr. von Grabitz, Loseblattausgabe, 74. Aufl. (2022)
Graf	Graf, Strafprozessordnung, 3. Aufl. (2018)
Graf/Goers (BGH Jahr)	Graf, BGH-Rechtsprechung Strafrecht 2010 (2011); 2011 (2012); 2012/2013 (2013); 2014 (2014); 2015 (2015); 2016 (2016); 2017 (2017); 2018 (2018); 2020 (2020)
Graf/Jäger/Wittig	Graf/Jäger/Wittig, Wirtschafts- und Steuerstrafrecht, 2. Aufl. (2017)
Graf zu Dohna	Graf zu Dohna, Das Strafprozeßrecht, 3. Aufl. (1929)
Greeve/Leipold	Greeve/Leipold, Handbuch des Baustrafrechts (2004)
Grunau/Tiesler	Grunau/Tiesler, Strafvollzugsgesetz, Kommentar, 2. Aufl. (1982)
von der Grün	von der Grün, Verdeckte Ermittlungen (2018)
Grüneberg	Grüneberg (vormals Palandt), Bürgerliches Gesetzbuch, 81. Aufl. (2022)
Grützner/Pötz/Kreß/Gazeas	Grützner/Pötz/Kreß/Gazeas, Internationaler Rechtshilfeverkehr in Strafsachen, Loseblattausgabe, Stand 2021
Guradze	Guradze, Die Europäische Menschenrechtskonvention, 1968
Gürtner	Das kommende deutsche Strafverfahren, Bericht der amtlichen Strafprozeßkommission, hrsg. von Gürtner (1938)
Habschick	Habschick, Erfolgreich Vernehmen, 4. Aufl. (2016)
Hackner/Schierholt	Hackner/Schierholt, Internationale Rechtshilfe in Strafsachen, 3. Aufl. (2017)
Hahn	Hahn, Die gesamten Materialien zur Strafprozeßordnung und dem Einführungsgesetz, Bd. I (1880), Bd. II (1881)
Haller/Conzen	Haller/Conzen, Das Strafverfahren, 9. Aufl. (2021)
Hamm/Hassemer/Pauly	Hamm/Hassemer/Pauly, Beweisantragsrecht, 3. Aufl. (2019)
Hamm/Pauly	Hamm, Die Revision in Strafsachen, 8. Aufl. (2020)
Hanack-Symp.	Aktuelle Probleme der Strafrechtspflege, Beiträge eines Symposions anläßlich des 60. Geburtstags von Ernst Walter Hanack (1991)
Hansens	Hansens, RVG, Rechtsanwaltsvergütungsgesetz, 9. Aufl. (2018)
Hartmann/Toussaint	Hartmann/Toussaint, Kostengesetze, 51. Aufl. (2021)
Hartung/Schons/Enders	Hartung/Schons/Enders, Rechtsanwaltsvergütungsgesetz (RVG), Kommentar, 3. Aufl. (2017)
Haupt/Weber/Bürner/Frankfurth/Luxemburger/Marth	Haupt/Weber/Bürner/Frankfurth/Luxemburger/Marth, Handbuch Opferschutz und Opferhilfe, 2. Aufl. (2003)

HdbStR	Handbuch des Strafrechts, hrsg. von Hilgendorf/Kudlich/Valerius, ab 2018
HdbVerfR	Handbuch des Verfassungsrechts, hrsg. von Benda/Maihofer/Vogel, 2. Aufl. (1994)
Hecker	Hecker, Europäisches Strafrecht, 6. Aufl. (2021)
Heghmanns/Herrmann	Heghmanns/Herrmann, Das Arbeitsgebiet des Staatsanwalts, 6. Aufl. (2021)
Heghmanns, Verteidigung	Heghmanns, Verteidigung in Strafvollstreckung und Strafvollzug, 2. Aufl. (2012)
Heghmanns/Scheffler	Heghmanns/Scheffler, Handbuch zum Strafverfahren (2008) (zit.: HbStrVf/*Verfasser*)
Hellebrand	Hellebrand, Die Staatsanwaltschaft (1999)
Hellmann	Hellmann, Strafprozessrecht, 2. Aufl. (2005)
Henkel	Henkel, Strafverfahrensrecht, Lehrbuch, 2. Aufl. (1968)
Henssler/Prütting	Bundesrechtsanwaltsordnung, Kommentar, hrsg. von Henssler/Prütting, 5. Aufl. (2019)
Hentschel	Hentschel, Trunkenheit, Fahrerlaubnisentziehung, Fahrverbot im Straf- und Ordnungswidrigkeitenrecht, 10. Aufl. (2006)
Hentschel/König/Dauer	Hentschel/König/Dauer, Straßenverkehrsrecht, 46. Aufl. (2021)
Herrmann	Herrmann, Untersuchungshaft (2007)
Herrnfeld/Brodowski/Burchard	Herrnfeld/Brodowski/Burchard, European Public Prosecutor's Office, 2020
Herrnfeld/Esser	Herrnfeld/Esser (Hrsg.), Europäische Staatsanwaltschaft (2021)
Heselhaus/Nowak	Heselhaus/Nowak, Handbuch der Europäischen Grundrechte, 2. Aufl. (2020)
Herzog/Mülhausen	Herzog/Mülhausen, Geldwäschebekämpfung und Gewinnabschöpfung (2006)
von Hippel	von Hippel, Der deutsche Strafprozeß, Lehrbuch (1941)
HK	Heidelberger Kommentar zur Strafprozessordnung, 6. Aufl. (2019)
HK-GS	s. Dölling/Duttge/Rössner
Höflich/Schriever/Bartmeier	Höflich/Schriever/Bartmeier, Grundriss Vollzugsrecht, 4. Aufl. (2014)
Hömig/Wolff	Hömig/Wolff, Grundgesetz für die Bundesrepublik Deutschland, 13. Aufl. (2022)
Hofmann	Hofmann, IPBPR Erläuterung, in: Das Deutsche Bundesrecht I A 10c (1986)
von Holtzendorff	von Holtzendorff, Handbuch des deutschen Strafprozesses (1879)
HRRS-FG Fezer	HRRS-Festgabe für Gerald Fezer zum 70. Geburtstag (2008)
Ignor/Mosbacher	Ignor/Mosbacher, Handbuch Arbeitsstrafrecht, 3. Aufl. (2016)
IK-EMRK	Pabel/Schmahl (Hrsg.), Internationaler Kommentar zur Europäischen Menschenrechtskonvention, Loseblattausgabe, 21. Lfg., Kommentar, 8. Aufl. (2015)
Ipsen	Ipsen, Völkerrecht, 7. Aufl. (2018)
Isele	Isele, Bundesrechtsanwaltsordnung, Kommentar (1976)
Jacobs/White/Ovey	Jacobs/White/Ovey, The European Convention on Human Rights, 8 ed. (2021)
Jahn/Krehl/Löffelmann/Güntge	Jahn/Krehl/Löffelmann/Güntge, Die Verfassungsbeschwerde in Strafsachen, 2. Aufl. (2017)
Jahn/Nack (I)	Jahn/Nack (Hrsg.), Strafprozessrechtspraxis und Rechtswissenschaft, 1. Karlsruher Strafrechtsdialog (2007)
Jahn/Nack (II)	Jahn/Nack (Hrsg.), Rechtsprechung, Gesetzgebung, Lehre: Wer regelt das Strafrecht? 2. Karlsruher Strafrechtsdialog (2009)
Jahn/Nack (III)	Jahn/Nack (Hrsg.), Gegenwartsfragen des europäischen und deutschen Strafrechts, 3. Karlsruher Strafrechtsdialog (2011)
Jahn/Nack (IV)	Jahn/Nack (Hrsg.), Rechtsprechung in Strafsachen zwischen Theorie und Praxis – zwei Seiten einer Medaille? 4. Karlsruher Strafrechtsdialog (2013)

Jahn/Radtke (V)	Deutsche Strafprozessreform und Europäische Grundrechte – Herausforderungen auch für die Rechtsprechung des BGH in Strafsachen? – Referate und Diskussionen auf dem 5.Karlsruher Strafrechtsdialog (2015)
Jahn/Radtke (VI)	Der Bundesgerichtshof im Spiegel der Öffentlichkeit – Referate und Diskussionen auf dem 6. Karlsruher Strafrechtsdialog (2017)
Jakobs	Jakobs, Strafrecht Allg. Teil, Lehrbuch, 2. Aufl. (1991)
Janiszewski	Janiszewski, Verkehrsstrafrecht, 5. Aufl. (2004)
Jansen	Jansen, Zeuge und Aussagepsychologie, 3. Aufl. (2021)
Janssen	Janssen, Gewinnabschöpfung im Strafverfahren (2007)
Jarass	Jarass, Charta der Grundrechte der Europäischen Union, 4. Aufl. (2021)
Jarass/Pieroth	Jarass/Pieroth, Grundgesetz für die Bundesrepublik Deutschland, 16. Aufl. (2020)
Jescheck/Weigend	Jescheck/Weigend, Lehrbuch des Strafrechts, Allgemeiner Teil, 5. Aufl. (1996)
Joachimski/Haumer	Joachimski/Haumer, Strafverfahrensrecht, 7. Aufl. (2015)
Joecks	Joecks, Studienkommentar StPO, 4. Auflage (2015)
Joecks/Jäger/Randt	Joecks/Jäger/Randt, Steuerstrafrecht mit Zoll- und Verbrauchsteuerstrafrecht, 8. Aufl. (2015)
Johann	Johann, Möglichkeiten und Grenzen des neuen Vermögensabschöpfungsrechts (2019)
John	John, Strafprozeßordnung, Kommentar, Bd. I (1884), Bd. II (1888), Bd. III Lfg. 1 (1889)
Jung	Jung, Praxiswissen Strafverteidigung von Ausländern (2009)
Junker	Junker, Beweisantragsrecht im Strafprozess, 3. Aufl. (2019)
Junker/Armatage	Junker/Armatage, Praxiswissen Strafverteidigung (2009)
Kaiser	Kaiser, Kriminologie, Lehrbuch, 3. Aufl. (1996)
Kaiser/Schöch/Kinzig	Kaiser/Schöch/Kinzig, Kriminologie, Jugendstrafrecht, Strafvollzug, Lehrbuch, 8. Aufl. (2015)
Kamann	Kamann, Handbuch für die Strafvollstreckung und den Strafvollzug, 2. Aufl. (2008)
Kammeier/Pollähne	Kommentar zum Maßregelvollzugsrecht, hrsg. von Kammeier/Pollähne, 4. Aufl. (2018)
Karpenstein/Mayer	Karpenstein/Mayer (Hrsg.) EMRK – Konvention zum Schutz der Menschenrechte und Grundfreiheiten, 3. Aufl. (2022)
Katholnigg	Katholnigg, Strafgerichtsverfassungsrecht, 3. Aufl. (1999)
Kämmerer/Eidenmüller	Kämmerer/Eidenmüller, Post- und Fernmeldewesen (1971)
Kindhäuser/Hilgendorf	Kindhäuser/Hilgendorf, Strafgesetzbuch, Lehr- und Praxiskommentar, 9. Aufl. (2022)
Kindhäuser/Schumann	Kindhäuser/Schumann, Strafprozessrecht, 6. Aufl. (2021)
Kinzig	Kinzig, Die rechtliche Bewältigung von Erscheinungsformen organisierter Kriminalität (2004)
Kirsch	Kirsch (Hrsg.), Internationale Strafgerichtshöfe (2005)
Kissel/Mayer	Kissel/Mayer, Gerichtsverfassungsgesetz (GVG), 10. Aufl. 2021
KK	Karlsruher Kommentar zur Strafprozeßordnung, hrsg. von Hannich, 8. Aufl. (2019)
KK-OWiG	Karlsruher Kommentar zum Ordnungswidrigkeitengesetz, hrsg. von Senge, 5. Aufl. (2018)
Klein/(Orlopp)	Klein, Abgabenordnung, Kommentar, 15. Aufl. (2020)
Kleine-Cosack	Bundesrechtsanwaltsordnung, 8. Aufl. (2020)
Klemke/Elbs	Klemke/Elbs, Einführung in die Praxis der Strafverteidigung, 4. Aufl. (2019)
Klesczewski	Klesczewski, Strafprozessrecht, 2. Aufl. (2013)
KMR	Kommentar zur Strafprozeßordnung und zum Gerichtsverfassungsgesetz, hrsg. von Heintschel-Heinegg/Stöckel, Loseblattausgabe (ab 1998)

Knierim/Rübenstahl/Tsambikakis	Knierim/Rübenstahl/Tsambikakis (Hrsg.), Internal Investigations, 2. Aufl. (2016)
Koch/Scholtz	Koch/Scholtz, Abgabenordnung, Kommentar, 5. Aufl. (1996)
Koeniger	Koeniger, Die Hauptverhandlung in Strafsachen (1966)
Kohlmann	Kohlmann, Steuerstrafrecht mit Ordnungswidrigkeitenrecht und Verfahrensrecht, Loseblattausgabe, Stand November 2019
Kohlrausch	Kohlrausch, Strafprozeßordnung und Gerichtsverfassungsgesetz, Kommentar, 24. Aufl. (1936)
Kraatz	Kraatz, Ordnungswidrigkeitenrecht (2020)
Krack	Krack, Die Rehabilitierung des Beschuldigten im Strafverfahren (2002)
Kramer	Kramer, Grundlagen des Strafverfahrensrechts, 9. Aufl. (2021)
Krause/Nehring	Krause/Nehring, Strafverfahrensrecht in der Polizeipraxis (1978)
Krekeler/Werner	Krekeler/Werner, Verteidigung in Wirtschaftsstrafsachen, 2. Aufl. (2013)
Krenberger/Krumm	Krenberger/Krumm, Ordnungswidrigkeitengesetz, 6. Aufl. (2020)
Krey/Esser	Krey/Esser, Strafrecht, Allgemeiner Teil, 7. Aufl. (2022)
Krey/Heinrich von Kries	Krey/Heinrich, Deutsches Strafverfahrensrecht, 2. Aufl. (2018) von Kries, Lehrbuch des Deutschen Strafprozeßrechts (1892)
Kühne	Kühne, Strafprozessrecht, 9. Aufl. (2015)
Kunz	Kunz, StrEG – Gesetz über die Entschädigung für Strafverfolgungsmaßnahmen, 4. Aufl. (2010)
Kunz/Zellner/Gelhausen/Weiner	Kunz/Zellner/Gelhausen/Weiner, Opferentschädigungsgesetz, 6. Aufl. (2015)
Lackner/Kühl	Lackner/Kühl, Strafgesetzbuch, Kommentar, 29. Aufl. (2018)
Laubenthal	Laubenthal, Strafvollzug, 8. Aufl. (2019)
Laubenthal/Baier/Nestler	Laubenthal/Baier/Nestler, Jugendstrafrecht, 3. Aufl. (2015)
Laubenthal/Nestler	Laubenthal/Nestler, Strafvollstreckung, 2. Aufl. (2018)
Laubenthal/Nestler/Neubacher/Verrel	Laubenthal/Nestler/Neubacher/Verrel, Strafvollzugsgesetze, Kommentar, 12. Aufl. (2015)
Leitner/Michalke	Leitner/Michalke, Strafprozessuale Zwangsmaßnahmen (2007)
Lemke/Mosbacher	Lemke/Mosbacher, Ordnungswidrigkeitengesetz, 2. Aufl. (2005)
Lesch von Lilienthal	Lesch, Strafprozeßrecht, 2. Aufl. (2002) von Lilienthal, Strafprozeßrecht, Lehrbuch (1923)
Lindemann	Lindemann, Voraussetzungen und Grenzen legitimen Wirtschaftsstrafrechts (2012)
Lingens/Korte	Lingens/Korte, Wehrstrafgesetz, 5. Aufl. (2012)
Lisken/Denninger	Handbuch des Polizeirechts, hrsg. von Lisken/Denninger, 7. Aufl. (2021)
LK	Leipziger Kommentar zum Strafgesetzbuch, 12. Aufl., hrsg. von Laufhütte/Rissing-van Saan/Tiedemann (ab 2006)
Löffler	Löffler, Presserecht, 6. Aufl. (2015)
LR^{25}	Löwe-Rosenberg, Die Strafprozeßordnung und das Gerichtsverfassungsgesetz, hrsg. von Rieß, 26. Aufl. (2012)
LR	Löwe-Rosenberg, Die Strafprozeßordnung und das Gerichtsverfassungsgesetz, 26. Aufl. (2006 bis 2014), hrsg. von Erb, Esser, Franke, Graalmann-Scheerer, Hilger, Ignor; 27. Aufl. (ab 2016), hrsg. von Becker, Erb, Esser, Graalmann-Scheerer, Hilger, Ignor
MAH	Münchener Anwaltshandbuch Strafverteidigung, hrsg. von Müller/Schlothauer/Knauer, 3. Aufl. (2022)
MAH (WSSt)	Münchener Anwaltshandbuch Verteidigung in Wirtschafts- und Steuerstrafsachen, hrsg. von Volk, 3. Aufl. (2020)
Malek	Malek, Verteidigung in der Hauptverhandlung, 5. Aufl. (2017)
Malek (BtMG)	Malek, Betäubungsmittelstrafrecht, 4. Aufl. (2014)
Malek/Popp (Internet)	Malek/Popp, Strafsachen im Internet, 2. Aufl. (2015)
von Mangoldt/Klein/Starck	von Mangoldt/Klein/Starck, Das Bonner Grundgesetz, 7. Aufl. (2018), 3. Bd.

Marberth-Kubicki	Marberth-Kubicki, Computer- und Internetstrafrecht, 2. Aufl. (2010)
Marschner/Lesting/Stahmann	Marschner/Lesting/Stahmann, Freiheitsentziehung und Unterbringung, 6. Aufl. (2019)
Marx/Roderfeld	Marz/Roderfeld, Rechtsschutz bei überlangen Gerichts- und Ermittlungsverfahren (2013)
Marxen/Tiemann	Marxen/Tiemann, Die Wiederaufnahme in Strafsachen, 3. Aufl. (2014)
Matt/Renzikowski	Matt/Renzikowski, StGB, Kommentar, 2. Aufl. (2020)
Maurach/Zipf	Maurach/Zipf, Strafrecht, Allgemeiner Teil, Teilbd. 1, 8. Aufl. (1992)
Maurach/Gössel/Zipf	Maurach/Gössel/Zipf, Strafrecht, Allgemeiner Teil, Teilbd. 2, 8. Aufl. (2014)
Maurach/Schroeder/Maiwald	Maurach/Schroeder/Maiwald, Strafrecht, Besonderer Teil, Teilbd. 1, 11. Aufl. (2019), Teilbd. 2, 10. Aufl. (2013)
Mayer/Kroiß	Mayer/Kroiß, Rechtsanwaltsvergütungsgesetz, 8. Aufl. (2021)
Meier (Kriminologie)	Meier, Kriminologie, 6. Aufl. (2021)
Meier (Sanktionen)	Meier, Strafrechtliche Sanktionen, 5. Aufl. (2019)
Meier/Rössner/Trüg/Wulf	Meier/Rössner/Trüg/Wulf, Jugendgerichtsgesetz, 2. Aufl. (2014)
Meißner/Schütrumpf	Meißner/Schütrumpf, Vermögensabschöpfung, 2. Aufl. (2022)
Mellinghoff	Mellinghoff, Fragestellung, Abstimmungsverfahren und Abstimmungsgeheimnis im Strafverfahren (1988)
Mende	Mende, Grenzen privater Ermittlungen durch den Verletzten einer Straftat (2001)
Merten/Papier	Merten/Papier, Handbuch der Grundrechte in Deutschland und Europa (ab 2004)
Mertens/Stuff/Mück	Mertens/Stuff/Mück, Verteidigervergütung, 2. Aufl. (2016)
Meyer D.	Meyer D., Strafrechtsentschädigung, 10. Aufl. (2016)
Meyer D. (GKG)	Meyer D., GKG/FamGKG, Kommentar, 17. Aufl. (2020)
Meyer/Höver/Bach/Oberlack	Meyer/Höver/Bach/Oberlack, Die Vergütung und Entschädigung von Sachverständigen, Zeugen, Dritten und von ehrenamtlichen Richtern nach dem JVEG, 28. Aufl. (2021)
Meyer-Goßner (Prozess)	Meyer-Goßner, Prozessvoraussetzungen und Prozesshindernisse (2011)
Meyer-Goßner/Schmitt	Meyer-Goßner/Schmitt, Strafprozessordnung mit GVG, Nebengesetzen und ergänzenden Bestimmungen, Kommentar, 64. Aufl. (2021)
Meyer-Goßner/Appl	Meyer-Goßner/Appl, Die Urteile in Strafsachen sowie Beschlüsse und Protokoll der Hauptverhandlung, 30. Aufl. (2021)
Meyer-Ladewig/Nettesheim/Raumer	Meyer-Ladewig/Nettesheim/Raumer, Handkommentar zur EMRK, 4. Aufl. (2017)
Minkoff/Sahan/Wittig	Minkoff/Sahan/Wittig, Konzernstrafrecht (2020)
Minoggio	Minoggio, Unternehmensverteidigung, 3. Aufl. (2016)
Mitsch	Mitsch, Recht der Ordnungswidrigkeiten, Lehrbuch, 2. Aufl. (2005)
Momsen/Grützner	Momsen/Grützner, Wirtschafts- und Steuerstrafrecht, 2. Aufl. (2020)
Möller/Warg	Möller/Warg, Allgemeines Polizei- und Ordnungsrecht, 6. Aufl. (2011)
Möthrath/Rüther/Bahr	Möthrath/Rüther/Bahr, Verteidigung ausländischer Beschuldigter (2012)
Müller	Müller, Der Sachverständige im gerichtlichen Verfahren, Handbuch des Sachverständigenbeweises, 3. Aufl. (1988)
Müller (Beiträge)	Müller, Beiträge zum Strafprozessrecht 1969–2001 (2003)
Müller/Sax	s. KMR
Müller-Gugenberger	Müller-Gugenberger, Wirtschaftsstrafrecht, 7. Aufl. (2020)
von Münch/Kunig	von Münch/Kunig, Grundgesetz, Kommentar, 2 Bände, 7. Aufl. (2021)
Münchhalffen/Gatzweiler	Münchhalffen/Gatzweiler, Das Recht der Untersuchungshaft, 3. Aufl. (2009)
Murmann	Murmann, Prüfungswissen Strafprozessrecht, 4. Aufl. (2019)
MüKo	Münchener Kommentar zur Strafprozessordnung, hrsg. von Knauer/Kudlich/Schneider (ab 2014)
MüKo-ZPO	Münchener Kommentar zur Zivilprozessordnung, hrsg. von Krüger/Rauscher, 6. Aufl. (ab 2020)

MüKo-BGB	Münchener Kommentar zum Bürgerlichen Gesetzbuch, hrsg. von Rixecker/Säcker/Limperg/Oetker, 8. Aufl. (2018)/9. Aufl. (ab 2021)
MüKo-StGB	Münchener Kommentar zum Strafgesetzbuch; 4. Aufl. (ab 2020), hrsg. von Erb/Schäfer
Niese	Niese, Doppelfunktionelle Prozeßhandlungen (1950)
Nipperdey/Scheuner	Nipperdey/Scheuner, Die Grundrechte, 4 Bände (ab 1954)
NK-StGB	Nomos-Kommentar zum Strafgesetzbuch, hrsg. von Kindhäuser/Neumann/Paeffgen, 5. Aufl. (2017)
Nobis	Nobis, Strafverteidigung vor dem Amtsgericht, 2. Aufl. (2018)
Nobis/Schlothauer/Weider	Nobis/Schlothauer/Weider, Untersuchungshaft, 5. Aufl. (2016)
Nowak	Nowak, CCPR – Commentary – Commentary on the U.N. Covenant on Civil and Political Rights, 2nd Edition (2005)
Oetjen/Endriß	Oetjen/Endriß, Leitfaden Untersuchungshaft (1999)
OK-GG	Beck-Online-Kommentar zum GG
OK-StGB	Beck-Online-Kommentar zum StGB
OK-StPO	Beck-Online-Kommentar zur StPO
Ostendorf/Brüning	Ostendorf/Brüning, Strafprozessrecht, 4. Aufl. (2021)
Ostendorf (U-Haft)	Ostendorf, Untersuchungshaft und Abschiebehaft (2012)
Ostendorf (JStVollzR)	Ostendorf (Hrsg.), Jugendstrafvollzugsrecht, 4. Aufl. (2022)
Ostendorf (JGG)	Ostendorf, Jugendgerichtsgesetz, 11. Aufl. (2021)
Ostendorf/Drenkhahn	Ostendorf/Drenkhahn, Jugendstrafrecht, 10. Aufl. (2020)
Park	Park, Handbuch Durchsuchung und Beschlagnahme, 4. Aufl. (2018)
Park (Kapitalmarkt)	Park, Kapitalmarktstrafrecht, Handkommentar, 5. Aufl. (2019)
Partsch	Partsch, Die Rechte und Freiheiten der Europäischen Menschenrechtskonvention, 1966 (Sonderdruck aus Bettermann/Neumann/Nipperdey (Hrsg.), Die Grundrechte der Welt Bd. I 1)
Patzak/Volkmer/Fabricius	Patzak/Volkmer/Fabricius, Betäubungsmittelgesetz, Kommentar, 10. Aufl. (2022)
Peter (Opferanwalt)	Peter, Das 1x1 des Opferanwalts, 3. Aufl. (2017)
Peter	Peter, Das 1x1 der Hauptverhandlung, 2. Aufl. (2011)
Peters/Altwicker (EMRK)	Peters/Altwicker, Europäische Menschenrechtskonvention, 2. Aufl. (2012)
Peters	Peters, Strafprozeß, Lehrbuch, 4. Aufl. (1985)
Peters (Fehlerquellen)	Peters, Fehlerquellen im Strafprozeß, Band I (1970), Band II (1972), Band III (1974)
Pfeiffer	Pfeiffer, Strafprozessordnung, Kommentar, 5. Aufl. (2005)
Pfordte/Degenhard	Pfordte/Degenhard, Der Anwalt im Strafrecht (2005)
Piller/Hermann	Piller/Hermann, Justizverwaltungsvorschriften, Loseblattsammlung
Plötz (Fürsorgepflicht)	Plötz, Die gerichtliche Fürsorgepflicht im Strafverfahren (1980)
Pohlmann/Jabel/Wolf	Pohlmann/Jabel/Wolf, Strafvollstreckungsordnung, Kommentar, 9. Aufl. (2015)
Poller/Teubel	Poller/Teubel, Gesamtes Kostenhilferecht, 3. Aufl. (2018)
Popp	Popp, Grundzüge der internationalen Rechtshilfe in Strafsachen (2001)
Potrykus	Potrykus, Kommentar zum Jugendgerichtsgesetz, 4. Aufl. (1955)
Protokolle	Protokolle der Kommission für die Reform des Strafprozesses (1905)
Püschel/Bartmeier/Mertens	Püschel/Bartmeier/Mertens, Untersuchungshaft in der anwaltlichen Praxis (2011)
Putzke/Scheinfeld	Putzke/Scheinfeld, Strafprozessrecht, 8. Aufl. (2019)
Quedenfeld/Füllsack	Quedenfeld/Füllsack, Verteidigung in Steuerstrafsachen, 5. Aufl. (2016)
Quellen	Quellen zur Reform des Straf- und Strafprozeßrechts, hrsg. von Schubert/Regge/Rieß/Schmid, I. Abt. – Weimarer Republik, II. Abt. NS-Zeit – Strafgesetzbuch, III. Abt. NS-Zeit – Strafverfahrensrecht (ab 1988)
Radtke/Hohmann	Radtke/Hohmann, Strafprozessordnung, Kommentar (2011)
Randt	Randt, Der Steuerfahndungsfall (2004)
Ranft	Ranft, Strafprozeßrecht, (2005)

Rebmann/Roth/Hermann	Rebmann/Roth/Hermann, Gesetz über Ordnungswidrigkeiten, Kommentar, Loseblattausgabe, Stand 2020
Rebmann/Uhlig/Pieper	Rebmann/Uhlig/Pieper, Bundeszentralregistergesetz, Kommentar (1985)
Reisert	Reisert, Anwaltsgebühren im Straf- und Bußgeldrecht, 2. Aufl. (2014)
Ricker/Weberling	Ricker/Weberling, Handbuch des Presserechts, 7. Aufl. (2021)
Riedel/Sußbauer	Riedel/Sußbauer, Rechtsanwaltsvergütungsgesetz, 10. Aufl. (2015)
Rieß	Rieß, Beiträge zur Entwicklung der deutschen Strafprozessordnung (2012)
Rode/Legnaro	Rode/Legnaro, Psychiatrische Sachverständige im Strafverfahren (1994)
Röttle/Wagner	Röttle/Wagner, Strafvollstreckung, 8. Aufl. (2009)
Rolletschke	Rolletschke, Steuerstrafrecht, 5. Aufl. (2021)
Rolletschke/Kemper	Rolletschke/Kemper, Steuerstrafrecht – Kommentar zum Steuerstrafrecht, Loseblattausgabe (2018)
Rosenberg/Schwab/Gottwald	Rosenberg/Schwab/Gottwald, Zivilprozessrecht, 18. Aufl. (2018)
Rosenfeld	Rosenfeld, Deutsches Strafprozeßrecht, 2 Bände (1926)
Rostek	Rostek, Verteidigung in Kapitalstrafsachen, 2. Aufl. (2012)
Rotberg	Rotberg, Gesetz über Ordnungswidrigkeiten, Kommentar, 5. Aufl., bearbeitet von Kleinwefers, Boujong und Wilts (1975)
Rotsch	Rotsch (Hrsg.), Criminal Compliance (2015)
Roxin/Greco	Roxin/Greco, Strafrecht, Allgemeiner Teil, Bd. I, 5. Aufl. (2020), Bd. II (2003)
Roxin/Schünemann	Roxin/Schünemann, Strafverfahrensrecht, 29. Aufl. (2017)
Roxin-Symp.	Bausteine des Europäischen Strafrechts, Coimbra-Symposium für Claus Roxin, hrsg. von Schünemann/de Figueiredo Dias (1995)
Roxin (I.)	Roxin, I., Die Rechtsfolgen schwerwiegender Rechtsstaatsverstöße in der Strafrechtspflege, 4. Aufl. (2005)
Rönnau	Rönnau, Vermögensabschöpfung in der Praxis, 2. Aufl. (2015)
Rösch (Jugendrichter)	Rösch, Handbuch für den Jugendrichter (2001)
Rösch	Rösch, Das Urteil in Straf- und Bußgeldsachen, 4. Aufl. (2019)
Rüping	Rüping, Das Strafverfahren, 3. Aufl. (1997)
Rüth/Berr/Berz	Rüth/Berr/Berz, Straßenverkehrsrecht, 2. Aufl. (1988)
Sachs	Sachs, Grundgesetz, Kommentar, 9. Aufl. (2021)
Sack	Sack, Umweltschutz-Strafrecht, Erläuterungen der Straf- und Bußgeldvorschriften, Loseblattausgabe (ab 2003)
Satzger	Satzger, Die Europäisierung des Strafrechts (2001)
Satzger (Intern. Strafrecht)	Satzger, Internationales und Europäisches Strafrecht, 9. Aufl. (2020)
Sauer	Sauer, Allgemeine Prozeßrechtslehre (1951)
Sauer/Münkel (Absprachen)	Sauer/Münkel, Absprachen im Strafprozess, 2. Aufl. (2014)
Schäfer	Schäfer, Die Praxis des Strafverfahrens, 7. Aufl. (2018)
Schäfer/Sander/van Gemmeren	Schäfer/Sander/van Gemmeren, Praxis der Strafzumessung, 6. Aufl. (2017)
Schellenberg	Schellenberg, Die Hauptverhandlung im Strafverfahren, 2. Aufl. (2000)
Schenke	Schenke, Polizei- und Ordnungsrecht, 11. Aufl. (2021)
Schenke/Graulich/Ruthig	Schenke/Graulich/Ruthig, Sicherheitsrecht des Bundes, 2. Aufl. (2019)
Schilken	Schilken, Gerichtsverfassungsrecht, Lehrbuch, 4. Aufl. (2007)
Schlüchter	Schlüchter, Das Strafverfahren, Lehrbuch, 2. Aufl. (1983)
Schlothauer/Weider/Wollschläger	Schlothauer/Weider/Wollschläger, Verteidigung im Revisionsverfahren, 3. Aufl. (2017)
Schmid	Schmid, Die Verwirkung von Verfahrensrügen im Strafprozess (1967)
Schmidt	s. Eb. Schmidt
Schmidt (Ausländer)	Schmidt, Verteidigung von Ausländern, 4. Aufl. (2016)
Schmidt (Vermögensabschöpfung)	Schmidt, Vermögensabschöpfung, Handbuch für das Straf- und Ordnungswidrigkeitenverfahren, 2. Aufl. (2019)
Schmidt-Bleibtreu/Hofmann/Henneke	Schmidt-Bleibtreu/Hofmann/Henneke, Kommentar zum Grundgesetz, 15. Aufl. (2021)
Schmidt-Räntsch	Schmidt-Räntsch, Deutsches Richtergesetz, Kommentar, 6. Aufl. (2009)

Schneider	Schneider, Kriminologie, Lehrbuch, 3. Aufl. (1992)
Schneider (JVEG)	Schneider, JVEG, Justizvergütungs- und -entschädigungsgesetz, 4. Aufl. (2021)
Schneider/Volpert/Fölsch	Schneider/Volpert/Fölsch (Hrsg.), Gesamtes Kostenrecht, 3. Aufl. (2021)
Schomburg/Lagodny/Gleß/Hackner	Schomburg/Lagodny/Gleß/Hackner, Internationale Rechtshilfe in Strafsachen, 6. Aufl. (2020)
Schönke/Schröder	Schönke/Schröder, Strafgesetzbuch, Kommentar, 30. Aufl. (2019)
Schorn	Schorn, Die Europäische Konvention zum Schutze der Menschenrechte und Grundfreiheiten und ihr Zusatzprotokoll in Einwirkung auf das deutsche Recht (1965)
Schorn/Stanicki	Schorn/Stanicki, Die Präsidialverfassung der Gerichte aller Rechtswege, 2. Aufl. (1975)
Schroeder/Verrel	Schroeder/Verrel, Strafprozessrecht, 7. Aufl. (2017)
Schröder	Schröder, Europäische Richtlinien und deutsches Strafrecht (2002)
Schröder (KapitalStR)	Schröder, Handbuch Kapitalmarktstrafrecht, 3. Aufl. (2015)
Schroth	Schroth, Die Rechte des Opfers im Strafprozess, 4. Aufl. (2020)
Schulz/Berke-Müller/Händel	Schulz/Berke-Müller/Händel, Strafprozeßordnung, 7. Aufl. (1983)
Schünemann-Symp.	Empirische und dogmatische Fundamente, kriminalpolitischer Impetus, Symposium für Bernd Schünemann zum 60. Geburtstag, hrsg. von Hefendehl (2005)
Schwind	Schwind, Kriminologie und Kriminalpolitik, 24. Aufl. (2021)
Schwind/Böhm/Jehle/Laubenthal	Strafvollzugsgesetz, Kommentar, hrsg. von Schwind/Böhm/Jehle/Laubenthal, 7. Aufl. (2020)
Schwinge	Schwinge, Grundlagen des Revisionsrechts, 2. Aufl. (1960)
Seier	Seier, Verteidigung in Straßenverkehrssachen (2012)
Sieber/Satzger/v. Heintschel-Heinegg	Sieber/Satzger/v. Heintschel-Heinegg, Europäisches Strafrecht, 2. Aufl. (2014)
Simma/Fastenrath	Simma/Fastenrath, Menschenrechte. Ihr Internationaler Schutz, Textsammlung, 7. Aufl. (2018)
Sinn/Zöller/Esser	Sinn/Zöller/Esser (Hrsg.), Reform der Vermögensabschöpfung (2019)
SK	Systematischer Kommentar zur Strafprozeßordnung. Mit GVG und EMRK, 5. Aufl. (ab 2016)
SK-StGB	Systematischer Kommentar zum Strafgesetzbuch, 9. Aufl. (ab 2017), hrsg. von Wolter
Sommer	Sommer, Effektive Strafverteidigung, 4. Aufl. (2020)
Sowada	Sowada, Der gesetzliche Richter im Strafverfahren (2002)
SSW-StGB	Satzger/Schluckebier/Widmaier (Hrsg.), Strafgesetzbuch, Kommentar, 5. Aufl. (2020)
SSW	Satzger/Schluckebier/Widmaier (Hrsg.), Strafprozessordnung, Kommentar, 4. Aufl. (2020)
Stegbauer	Stegbauer, Das Urteil in Straf- und Bußgeldsachen, 4. Aufl. (2019)
Stein/Jonas	Stein/Jonas, Zivilprozessordnung, 23. Aufl. (ab 2017–2021)
Stern	Stern, Verteidigung in Mord- und Totschlagsverfahren, 3. Aufl. (2013)
Strauda-Denkschrift	Reform der Verteidigung im Ermittlungsverfahren – Thesen mit Begründung, vorgelegt vom Strafrechtsausschuss der Bundesrechtsanwaltskammer (2004)
Streinz/Ohler/Herrmann	Streinz/Ohler/Herrmann, Der Vertrag von Lissabon zur Reform der EU, 3. Aufl. 2010
Streng	Streng, Strafrechtliche Sanktionen, 3. Aufl. (2012)
Tettinger/Stern	Tettinger/Stern, Kölner Gemeinschaftskommentar zur Europäischen Grundrechte-Charta (2006)
Thomas/Putzo	Thomas/Putzo, Zivilprozessordnung, Kommentar, 42. Aufl. (2021)
Tolzmann	Bundeszentralregistergesetz, Kommentar, 5. Aufl. (2015)
Tondorf/Tondorf	Tondorf, Psychologische und psychiatrische Sachverständige im Strafverfahren, 3. Aufl. (2011)

Trechsel	Trechsel, Human Rights in Criminal Prodeedings (2005)
Ulrich	Ulrich, Der gerichtliche Sachverständige, Handbuch für die Praxis, 13. Aufl. (2019)
Ulsenheimer/Gaede	Ulsenheimer/Gaede, Arztstrafrecht in der Praxis, 6. Aufl. (2020)
Umbach/Clemens/Dollinger	Umbach/Clemens/Dollinger, Bundesverfassungsgerichtsgesetz: Mitarbeiterkommentar und Handbuch, 2. Aufl. (2005)
Verdross/Simma	Verdross/Simma, Universelles Völkerrecht, 3. Aufl. (1984)
Villiger	Villiger, Handbuch der Europäischen Menschenrechtskonvention (EMRK), 3. Aufl. 2020
Vogler/Walter/Wilkitzki	Vogler/Walter/Wilkitzki, Gesetz über die internationale Rechtshilfe in Strafsachen, Kommentar (1983)
Volckart/Pollähne/Woynar	Volckart/Pollähne/Woynar, Verteidigung in der Strafvollstreckung und im Vollzug, 5. Aufl. (2014)
Volk (Prozessvoraussetzungen)	Volk, Prozeßvoraussetzungen im Strafrecht (1978)
Volk/Engländer	Volk/Engländer, Grundkurs StPO, 10. Aufl. (2021)
Vordermayer/v. Heintschel-Heinegg	Handbuch für den Staatsanwalt, hrsg. von Vordermayer/v. Heintschel-Heinegg, 6. Aufl. (2018)
Wabnitz/Janovsky/Schmitt	Wabnitz/Janovsky/Schmitt, Handbuch des Wirtschafts- und Steuerstrafrechts, 5. Aufl. (2020)
Wagner/Kallin/Kruse	Wagner/Kallin/Kruse, Betäubungsmittelstrafrecht, 2. Aufl. (2004)
Wankel	Wankel, Zuständigkeitsfragen im Haftrecht (2002)
Wasmeier/Möhlig	Wasmeier/Möhlig, Strafrecht der Europäischen Union, 2. Aufl. (2008)
Weber/Kornprobst/Maier	Weber/Kornprobst/Maier, Betäubungsmittelgesetz: BtMG, 6. Aufl. (2021)
Weidemann/Scherf	Weidemann/Scherf, Die Revision im Strafrecht, 4. Aufl. (2021)
Weiner/Ferber	Weiner/Ferber, Handbuch des Adhäsionsverfahrens, 2. Aufl. (2016)
Welzel	Welzel, Das Deutsche Strafrecht, 11. Aufl. (1969)
Wendler/Hoffmann	Wendler/Hoffmann, Technik und Befragung im Gerichtsverfahren, 2. Aufl. (2015)
Werle/Jeßberger	Werle/Jeßberger, Völkerstrafrecht, 5. Aufl. (2020)
Weyland	Weyland, Bundesrechtsanwaltsordnung, Kommentar, 10. Aufl. (2020)
Wieczorek/Schütze	Wieczorek/Schütze, Zivilprozeßordnung und Nebengesetze, 4. Aufl. (ab 2012)
Wiesneth	Wiesneth, Handbuch für das ermittlungsrichterliche Verfahren (2006)
Wiesneth (U-Haft)	Wiesneth, Untersuchungshaft (2010)
Wiesneth (Bereitschaftsdienst)	Wiesneth, Der amtsgerichtliche Bereitschaftsdienst, 2. Aufl. (2012)
Wolf	Wolf, Gerichtsverfassungsrecht aller Verfahrenszweige, 6. Aufl. (1987)
Zieschang/Hilgendorf/Laubenthal	Strafrecht und Kriminalität in Europa, hrsg. von Zieschang/Hilgendorf/Laubenthal (2003)
Zieger/Nöding	Zieger/Nöding, Verteidigung in Jugendstrafsachen, 7. Aufl. (2018)
Ziegert	Ziegert, Grundlagen der Strafverteidigung (2000)
Zipf	Zipf, Kriminalpolitik, 2. Aufl. (1980)
Zöller (ZPO)	Zöller, Zivilprozessordnung, Kommentar, 34. Aufl. (2022)
Zöller	Terrorismusstrafrecht, 2009
Zöller/Esser	Zöller/Esser (Hrsg.), Justizielle Medienarbeit im Strafverfahren (2019)
Zwiehoff	Zwiehoff, Der Befangenheitsantrag im Strafverfahren, 2. Aufl. (2013)

Strafprozeßordnung

Vom 1. Februar 1877 in der Fassung der Bekanntmachung
vom 7. April 1987 (BGBl. I S. 1074, 1319)

FÜNFTES BUCH
Beteiligung des Verletzten am Verfahren

ERSTER ABSCHNITT
Definition

Vorbemerkungen

Schrifttum

Altenhain Angreifende und verteidigende Nebenklage, JZ **2001** 791; Alternativ-Entwurf Wiedergutmachung, Entwurf eines Arbeitskreises deutscher, österreichischer und schweizerischer Strafrechtslehrer (AE-WGM) (1992); Alternativ-Entwurf Zeugnisverweigerungsrechte und Beschlagnahmefreiheit, Entwurf eines Arbeitskreises deutscher, österreichischer und schweizerischer Strafrechtslehrer (AE-ZVR) (1996); *Anders* Straftheoretische Anmerkungen zur Verletztenorientierung im Strafverfahren ZStW (**124**) 2012 374; *Arnold* Kriminelle Viktimisierung und ihre Korrelate, ZStW **98** (1986) 1014; *Bader* Legitime Verletzteninteressen im Strafverfahren (2019); *Baier* Die Stärkung der Interessen des Verbrechensopfers am Beispiel der Zurückdrängung der Figur der Gesetzeskonkurrenz, GA **2005** 81; *Bannenberg* Wiedergutmachung in der Strafrechtspraxis (1993); *Bauer* Zum Begriff des Verletzten in der StPO, JZ **1953** 298; *C. Baumann* Die Stellung des Geschädigten im schweizerischen Strafprozess (1958); *Baurmann/Schädler* Das Opfer nach der Straftat – seine Erwartungen und Perspektiven (1991); *Bernsmann* Affekt und Opferverhalten, NStZ **1989** 160; *Beste* Schadenswiedergutmachung – ein Fall für zwei? KrimJ **1986** 161; *ders.* Probleme der Schadenswiedergutmachung im Zuge viktimisierter Kriminalpolitik, MSchrKrim. **1987** 336; *Bieri/Ferel* Täter-Opfer-Ausgleich (1994); *Böttcher* Der Schutz der Persönlichkeit des Zeugen im Strafverfahren, FS Kleinknecht 25; *ders.* Das neue Opferschutzgesetz, JR **1987** 133; *ders.* Unterlassener Hinweis auf die Nebenklagebefugnis – folgenlos? FS Widmaier 81; *Bohl* Einige Anmerkungen zu den Entwürfen der SPD-Bundestagsfraktion zur Stärkung der Rolle des Verletzten im Strafprozess (Opferschutz) – Bundestags-Drucksache 10/3636 – und der Bundesregierung eines Ersten Gesetzes zur Verbesserung der Stellung eines Verletzten im Strafverfahren – Bundestags-Drucksache 10/5305, FS Brieske 43; *Bommer* Offensive Verletztenrechte im Strafprozess (2006); *Brandt* Die verletzte Partei im Strafprozess, JW **1930** 891; *Brauns* Die Wiedergutmachung der Folgen der Straftat durch den Täter (1996); *BMJ* (Hrsg.) Täter-Opfer-Ausgleich in der Entwicklung (2005); *Bung* Zweites Opferrechtsreformgesetz: Vom Opferschutz zur Opferermächtigung, StV **2009** 430; *Burmann* Reform des Strafverfahrens – Opferschutz (1987); *Busse/Volbert/Steller* Belastungserleben von Kindern in Hauptverhandlungen (1996), BMJ (Hrsg.); *Coninx/Mona* Strafprozessualer Zwang und positive Schutzpflichten – Verbrechensverhütung als Legitimation von Zwangsmaßnahmen, ZStR **135** (2017) 1; *Dätwyler* Befragung und Betreuung der Opfer von Sexualdelikten, Kriminalistik **1993** 735; *Däubler-Gmelin* Verbrechensbekämpfung, Strafrecht und Strafverfolgung – Wo bleibt das Opfer? ZRP **1994** 338; *v. Deimling* Die Stellung des Verletzten im künftigen Strafprozess, Diss. Freiburg 1938; *Dippel* Zur Behandlung von Aussagen kindlicher und jugendlicher Zeugen, FS Tröndle 599; *Dölling* Zur Stellung des Verletzten im Strafverfahren, FS Jung 77; *ders.* Die Weiterentwicklung der Sanktionen ohne Freiheitsentzug im deutschen Strafrecht, ZStW **104** (1992) 259; *ders.* u.a. Täter-Opfer-Ausgleich in Deutschland (1998), Bundesjustizministerium (Hrsg.); *Dünkel* Möglichkeiten und Praxis des Täter-Opfer-Ausgleichs und Aspekte der Stellung des Opfers im Strafverfahren im europäischen Vergleich, BewHi. **1985** 358; *Dünkel/Rössner* Täter-Opfer-Ausgleich in der Bundesrepublik Deutschland, Österreich und der Schweiz, ZStW **99** (1987) 845; *Ebert* Verbrechensbekämpfung durch Opferbestrafung, JZ **1983** 633; *Eckstein* Europa und der Opferschutz, FS Schroeder 777; *Eder-Rieder* Der Schutz des Verbrechensopfers in Österreich, ZStW **109** (1997) 701; *Eisenberg* Anwendungsmodifizierung bzw. Sperrung von Normen der StPO durch Grundsätze des JGG, NStZ **1999** 281; *Engel* „Neues" Verletztenschutzgesetz? STREIT **1987** 27; *Eser* Funktionswandel strafrechtlicher Pro-

https://doi.org/10.1515/9783110275001-001

zessmaximen: Auf dem Weg zur „Reprivatisierung" des Strafverfahrens? ZStW **104** (1992) 361; *ders.* Zur Renaissance des Opfers im Strafverfahren, GedS A. Kaufmann 723; Antrag der Fraktion der FDP, BTDrucks. **16** 7004; *Endler* Die Doppelstellung des Opferzeugen (2019); *Ferber* Das Opferrechtsreformgesetz, NJW **2004** 2562; *Frehsee* Schadenswiedergutmachung als Instrument strafrechtlicher Sozialkontrolle (1987); *Freund* Materiellrechtliche und processuale Facetten des Strafrechtssystems, GA **2005** 321; *ders.* Stellungnahme eines Arbeitskreises der Strafrechtslehrer zum „Eckpunktepapier" zur Reform des Strafverfahrens, GA **2002** 82; *Frommel* Opferschutzgesetz – Probleme in der Praxis, NKrimpol. **1989** 14; *Frühauf* Wiedergutmachung zwischen Täter und Opfer (1988); *Fuchs* Die strafprozessuale Stellung des Verbrechensopfers und die Durchsetzung seiner Ersatzansprüche im Strafverfahren, Verhandlungen des 13. Österreichischen Juristentages **1987** (Gutachten) IV 1; *Gaede* Die Vergewaltigung von Prostituierten – Halb gewollt ist nicht gewollt, NStZ **2002** 238; *Gräfin v. Gahlen* Stärkung der Verletztenrechte, BRAK-Mitt. **2002** 110; *Geerds* Zur Rechtsstellung des Verletzten im Strafprozess, JZ **1984** 786; *Geppert* Die Vernehmung kindlicher Zeugen mittels Videotechnologie, Jura **1996** 550; *Göppinger/Kaiser* (Hrsg.) Kriminologie und Strafverfahren (1976); *Götting* Schadenswiedergutmachung im Strafverfahren (2004); *Grandel* Die Strafakteneinsicht durch Verletzte und nicht-verfahrensbeteiligte Dritte im Lichte des Rechts auf informationelle Selbstbestimmung, Diss. Augsburg 1989; *Granderath* Schutz des Tatopfers im Strafverfahren, MDR **1983** 797; *Groth* Die Rechtsstellung des Verletzten im Strafprozess, ZRP **1984** 336; *Haas* Der Verletzte im Klageerzwingungsverfahren bei Eigentums- und Vermögensdelikten – eine Neubestimmung, GA **1988** 493; *R. Hassemer* Schutzbedürftigkeit des Opfers und Strafrechtsdogmatik (1981); *W. Hassemer* Rücksichten auf das Verbrechensopfer, FS Klug 217; *Hassemer/Matussek* Das Opfer als Verfolger: Ermittlungen des Verletzten im Strafverfahren (1996); *Haupt/Weber/Bürner/Frankfurth/Luxenburg/Marth* Opferschutz und Opferhilfe (2003); *Haurand* Zwei Jahre Opferschutzgesetz, DNP **1989** 329; *Heinz* Diversion im Jugendstrafverfahren, ZStW **104** (1992) 591; *Heinze* Medienverwertung zu Lasten des Opfers, FS Stree/Wessels 951; *Henkel* Die Beteiligung des Verletzten am künftigen Strafverfahren, ZStW **56** (1937) 227; *Henneberger* Der Gewaltbegriff der Istanbul-Konvention, djbZ **2018** 206; *Hertle* Schadenswiedergutmachung als opfernahe Sanktionsstrategie: eine dogmatisch-empirische Untersuchung (1994); *Hilf* Opferinteressen im Strafverfahren – Neuere kriminalpolitische und gesetzgeberische Entwicklungen in Österreich, FS Schwind 57; *Hilger* Neuere Fragen zur Privatklage und zum Adhäsionsverfahren, FS Fezer 507; *ders.* Über den Begriff des Verletzten im 5. Buch der StPO, GA **2007** 287; *ders.* Über das Opferrechtsreformgesetz, GA **2004** 478; *ders.* Über Fragen der Selbstvertretung eines Rechtsanwalts, der Verletzter einer Straftat ist, NStZ **1988** 441; *Hillenkamp* Zur Einführung: Viktimologie, JuS **1987** 940; *Hinz* Nebenklage und Adhäsionsantrag im Jugendstrafverfahren? ZRP **2002** 475; *ders.* Nebenklage im Verfahren gegen Jugendliche, JR **2007** 140; *Hirsch* Zur Stellung des Verletzten im Straf- und Strafverfahrensrecht, GedS A. Kaufmann 699; *ders.* Wiedergutmachung des Schadens im Rahmen des materiellen Strafrechts, ZStW **102** (1990) 534; *Hochheuser* Der Verletzte im Strafrecht, Diss. Bochum 1965; *Holz* Justizgewähranspruch des Verbrechensopfers (2007); *Hörnle* Die Rolle des Opfers in der Straftheorie und im materiellen Strafrecht JZ **2006** 950; *Iffert-Schmücker* Mängel und Opfer des Opferschutzgesetzes, Diss. Tübingen 1988; *Jaklin* Die zeitnahe richterliche Vernehmung der Geschädigten bei Verdacht auf häusliche Gewalt, NStZ **2021** 70; *Jung* Zur Renaissance des Opfers, ZRP **2000** 159; *ders.* Die Stellung des Verletzten im Strafprozess, ZStW **93** (1981) 1147; *ders.* Zur Rechtsstellung des Verletzten im Strafverfahren, JR **1984** 309; *ders.* Das Opferschutzgesetz, JuS **1987** 157; *ders.* Compensation Order – Ein Modell der Schadenswiedergutmachung? ZStW **99** (1987) 497; *ders.* Täter-Opfer-Ausgleich, MSchrKrim. **1993** 50; *ders.* Die Stellung des Verletzten im Strafprozess – ein deutsch-französischer Vergleich, in: Recht und Gesetz im deutsch-französischen Dialog (1997), ELSA-Saarbrücken e.V./CJFA (Hrsg.); *ders.* Zeugenschutz, GA **1998** 313; *Kaiser* Täter-Opfer-Ausgleich nach dem SPD-Entwurf eines Gesetzes zur Reform des strafrechtlichen Sanktionssystems, ZRP **1994** 314; *Kaiser/Jehle* (Hrsg.) Kriminologische Opferforschung (1994); *M. Kaiser* Die Stellung des Verletzten im Strafverfahren (1992); *Kaspar* Wiedergutmachung und Mediation im Strafrecht (2004); *Kaster* Prozesskostenhilfe für Verletzte und andere Berechtigte im Strafverfahren, MDR **1994** 1073; *Kempf* Opferschutzgesetz und Strafverfahrensänderungsgesetz 1987 – Gegenreform durch Teilgesetze, StV **1987** 215; *Kilchling* Opferinteressen und Strafverfolgung, Kriminologische Forschungsberichte Bd. 58 (1995); *ders.* Opferschutz und der Strafanspruch des Staates – Ein Widerspruch? NStZ **2002** 57; *Kintzi* Verbesserung des Opferschutzes im Strafverfahren, DRiZ **1998** 65; *Kondziela* Opferrechte im Jugendstrafverfahren (1991); *Kremer* Strafprozessuale Angehörigenprivilegien im Rechtsvergleich (2018); *Kremer* Strafprozessuale Angehörigenprivilegien im Rechtsvergleich 2018; *Krey* Zur Problematik privater Ermittlungen des durch eine Straftat Verletzten (1994); *Kube* Täter-Opfer-Ausgleich, DRiZ **1986** 121; *Kühne* Die tatsächliche Bedeutung von Opferrechten in der Deutschen Strafprozessordnung, MSchrKrim. **1986** 98; *ders.* (Hrsg.) Opferrechte im Strafprozess.

Ein europäischer Vergleich (1988); *Kuhn* Opferrechte und Europäisierung des Strafprozessrechts, ZRP **2005** 125; *Kurth* Rechtsprechung zur Beteiligung des Verletzten am Verfahren, NStZ **1997** 1; *Kury/Dörmann/Richter/Würger* Opfererfahrungen und Meinungen zur Inneren Sicherheit in Deutschland (1992); *Lang* Verbesserung der Rechtsstellung des Verletzten im Strafverfahren, ZRP **1985** 32; *Leibinger* Zur Anschluss- und Rechtsmittelbefugnis des Nebenklägers, FS Triffterer 480; *Leitner* Verteidigung gegen oder mit Rücksicht auf die Interessen des Verletzten, StraFo **1996** 12; *Lüderssen* Opfer im Zwielicht, FS Hirsch 879; *ders.* Die Krise des öffentlichen Strafanspruchs (1989); *ders.* Der öffentliche Strafanspruch im demokratischen Zeitalter, in: *Prittwitz/Manoledakis* (Hrsg.) Strafrechtsprobleme an der Jahrtausendwende (2000) 70; *Luther* Die Rechtsstellung des Geschädigten (Verletzten) im Strafverfahren der DDR, JR **1984** 312; *Maiwald* Die Beteiligung des Verletzten am Strafverfahren, GA **1970** 33; *Marek* Die Rechtsstellung des Verbrechensopfers im polnischen und deutschen Strafrechtssystem aus rechtsvergleichender Sicht, FS Stree/Wessels 855; *Marks/Rössner* (Hrsg.) Täter-Opfer-Ausgleich. Vom zwischenmenschlichen Weg zur Wiederherstellung des Rechtsfriedens (1989); *Maurer* Das Opferhilfegesetz und die kantonalen Strafprozessordnungen, SchwZStrR **1993** 375; *Meier* Zwischen Opferschutz und Wahrheitssuche, JZ **1991** 638; *ders.* Kinder als Opfer von Straftaten, GA **1995** 151; *Meier/Dürre* Das Adhäsionsverfahren, JZ **2006** 18; *Mende* Grenzen privater Ermittlungen durch den Verletzten einer Straftat (2001); *Meyer-Goßner* Die Rechtsstellung des Verletzten im Strafverfahren, ZRP **1984** 228; *Mosbacher* Nachstellung – § 238 StGB, NStZ **2007** 665; *Müller* Schutz des Beschuldigten/Schutz des Opfers, DRiZ **1987** 469; *Müller-Dietz* Zur Befreiung des Strafrechts vom zivilistischen Denken – am Beispiel der Schadenswiedergutmachung (§ 56b II Nr. 1 StGB), GedS D. Schultz (1987) 253; *Murmann* Die Selbstverantwortung des Opfers im Strafrecht (2005); *Naß* Der Begriff des Verletzten im Strafprozess, Diss. Hamburg 1970; *Nelles/Oberlies* (Hrsg.) Reform der Nebenklage und anderer Verletztenrechte (1998); *Neuhaus* Das Opferrechtsreformgesetz 2004, StV **2004** 620; *Niederreuther* Die Beteiligung des Verletzten am künftigen Strafverfahren, DStR **1935** 311; *Niewerth* Umgang mit Kindern und Jugendlichen als Opfer sexueller Gewalt – Möglichkeiten und Grenzen des geltenden Rechts, ZfJ **1994** 372; *Ostendorf* Alternativen zur strafverurteilenden Konfliktserledigung, ZRP **1983** 302; *ders.* Sexueller Mißbrauch von Kindern, SchlHA **1995** 29; *Patsourakou* Die Stellung des Verletzten im Strafrechtssystem (1994); *Peglau* Der Opferschutz im Vollstreckungsverfahren, ZRP **2004** 39; *Pfeiffer* Täter-Opfer-Ausgleich – Das Trojanische Pferd im Strafrecht? ZRP **1992** 257; *Raabe* Die Istanbul-Konvention – Innerstaatliche Anwendung, STREIT **2018** 147; *Rehwagen* Der Verletzte im Strafverfahren (Sowjetunion), Diss. München 1974; *Riedel/Wallau* Das Akteneinsichtsrecht des „Verletzten" in Strafsachen – und seine Probleme, NStZ **2003** 393; *Rieß* Die Rechtsstellung des Verletzten im Strafverfahren, Gutachten zum 55. DJT (1984); Verh. des 55. DJT, Bd. I Teil C; Referate *Hammerstein, Odersky* und Sitzungsbericht Bd. II Teil L; *ders.* Der Strafprozess und der Verletzte – eine Zwischenbilanz, Jura **1987** 281; *ders.* Zeugenschutz bei Vernehmungen im Strafverfahren, NJW **1998** 3240; *ders.* Zur Beteiligung des Verletzten im Strafverfahren, FS Jung 751; *Rieß/Hilger* Das neue Strafverfahrensrecht – Opferschutzgesetz und Strafverfahrensänderungsgesetz, NStZ **1987** 145, 204; *Rössner/Wulf* Opferbezogene Strafrechtspflege (1987); *Roxin* Die Stellung des Opfers im Strafsystem, RuP **1988** 69; *Salditt* Opferschutz durch Beweisverbot? FS Kohlmann 667; *Sautner* Opferinteressen und Strafrechtstheorien (2010); *Schaal/Eisenberg* Rechte und Befugnisse von Verletzten im Strafverfahren gegen Jugendliche, NStZ **1988** 49; *Schädler* Die Hanauer-Hilfe – Modell einer effektiven Opfer- und Zeugenhilfe? BewHi. **1985** 73; *ders.* Den Geschädigten nicht nochmals schädigen, ZRP **1990** 150; *H. Schäfer* Das Opfer steht in dritter Reihe, FS Dünnebier 465; *Schiemann* Macht des Opfers – Ohnmacht des Beschuldigten, KritV **2012** 161; *Schild* Täter-Opfer-Ausgleich als Strafe, FS Geerds 157; *G. Schmidt* Die Stellung des Verletzten im schwedischen Strafprozess, FS Bockelmann 847; *H.J. Schneider* (Hrsg.) Das Verbrechensopfer in der Strafrechtspflege (1982); *ders.* Ausländer als Täter und Opfer, FS Geerds 199; *ders.* Die Rechtsstellung des Verbrechensopfers im Strafrecht und im Strafverfahren, Jura **1989** 72; *Schneider* Die verteidigende Nebenklage, StV **1998** 456; *Schöch* Opferanwalt auf Staatskosten, FS Böhm 663; *ders.* Die Rechtsstellung des Verletzten im Strafverfahren, NStZ **1984** 385; *ders.* (Hrsg.) Wiedergutmachung und Strafrecht (1987); *ders.* Empfehlen sich Änderungen und Ergänzungen bei den strafrechtlichen Sanktionen ohne Freiheitsentzug? Gutachten zum 59. DJT (1992); Verh. des 59. DJT, Bd. I Teil C; Referate *Robra, Stöckel, Danckert* und Sitzungsbericht Bd. II Teil O; *Schroth/Schroth* Die Rechte des Verletzten im Strafprozeß (2018); *Schünemann* Zur Stellung des Opfers im System der Strafrechtspflege, NStZ **1986** 193, 439; *ders.* Der Ausbau der Opferstellung im Strafprozess – Fluch oder Segen? FS Hamm 687; *Schuster* Opferschutz und Opferberatung – eine Bestandsaufnahme (1985); *Seebode* Verbrechensverhütung durch staatliche Hilfe bei der Schuldenregulierung Straffälliger, ZRP **1983** 174; *Seitz* Das Zeugenschutzgesetz – ZSchG, JR **1998** 309; *Seibert-Fohr* Die völkerrechtliche Verantwortung des Staats für das Handeln von Privaten: Bedarf nach Neuorientierung? ZaöRV **73** (2013) 37; *Sessar* Rolle und Behandlung des Opfers im Strafverfahren – gegenwärtiger Stand und Überlegungen zur Reform, BewHi. **1980** 328; *Sessar* Schadenswiedergutmachung in einer künftigen Kriminalpolitik, FS Leferenz 145; *Siegrist* Istanbul-Konvention: Verhütung und Bekämpfung von Gewalt gegen Frauen und häuslicher Gewalt in der Schweiz, in: *Schwarzenegger/Brunner* (Hrsg.) Gewalt gegen Frauen (2019) 9; *Staiger-Allroggen* Auswirkungen des Opferschutzgesetzes auf die Stellung des Verletzten im Strafverfahren, Diss. Göttingen 1992; *Stanienda* Ein Wort für die durch eine Straftat Geschädigten, NJW **1960** 2230; *Steinl* Der Einfluss der Istanbul-Konvention auf das deutsche Strafrecht – Völkerrechtliche Vorgaben für den Umgang mit Gewalt gegen Frauen und häuslicher Gewalt ZStW (**133**) 2021 819; *Stock* Opferschutz im Strafverfahren gegen Jugendliche, MSchrKrim. **1987** 352; *Strüwer* Ein Beitrag zur Bestimmung des strafprozessualen Begriffs „Verletzter", Diss. Hamburg 1976; *Tampe* Verbrechensopfer. Schutz – Beratung – Unterstützung (1992); *Tenter/Schleifenbaum* Opferschutz – Fortschritt in kleinen Schritten? NJW **1988** 1766; *Theurer* Schutz für die Opfer jugendlicher Straftäter, ZRP **2003** 59; *Thielmann* Die Grenze des Opferschutzes, StV **2006** 41; *Thomann* Beratung, Betreuung und Entschädigung, Kriminalistik **1988** 625; *Thomas* Der Diskussionsentwurf zur Verbesserung des Rechts des Verletzten im Strafverfahren – ein Stück Teilreform? StV **1985** 431; *Trenczek* Täter-Opfer-Ausgleich, ZRP **1992** 130; *Viehmann* Täter-Opfer-Ausgleich und Strafrecht, NJ **1992** 387; *Vogel* Chancen und Risiken einer Reform des strafrechtlichen Ermittlungsverfahrens, JZ **2004** 827; *ders.* Amtspflichten der Staatsanwaltschaft gegenüber Verletzten, NJW **1996** 3401 = wistra **1996** 219; *Volckart* Opfer in der Strafrechtspflege, JR **2005** 181; *Walther* Zum Anspruch des Deliktsopfers auf rechtliches Gehör und auf ein faires Verfahren, GA **2007** 615; *ders.* Interessen und Rechtsstellung des Verletzten im Strafverfahren, JR **2008** 405; *ders.* Strafverteidigung zwischen Beschuldigten- und Opferinteressen, StraFo **2005** 452; *ders.* Menschlichkeitsverbrechen vor amerikanischen Gerichten, GA **2004** 390; *Weber* Zum Genugtuungsinteresse des Verletzten als Strafzweck (1997); *Weder* Das Opfer, sein Schutz und seine Rechte im Strafverfahren, unter besonderer Berücksichtigung des Kantons Zürich, ZStrR **1995** 39; *Wegner* Wie Opferschutz der Wahrheit dient, ZRP **1997** 404; *Weider* Pflichtverteidigerbestellung im Ermittlungsverfahren und Opferschutzgesetz, StV **1987** 317; *Weigend* Viktimologische und kriminalpolitische Überlegungen zur Stellung des Verletzten im Strafverfahren, SchwZStW **96** (1984) 761; *ders.* Das Opferschutzgesetz – kleine Schritte zu welchem Ziel? NJW **1987** 1170; *ders.* Deliktsopfer und Strafverfahren (1989); *ders.* Die Reform des Strafverfahrens, ZStW **104** (1992) 486; *ders.* Empfehlen sich gesetzliche Änderungen, um Zeugen und andere nicht beschuldigte Personen im Strafprozess besser vor Nachteilen zu bewahren? Gutachten zum 62. DJT (1998); Verh. des 62. DJT, Bd. I Teil C; *ders.* "Die Strafe für das Opfer"? – Renaissance des Genugtuungsgedankens im Straf- und Strafverfahrensrecht, RW **2010** 39; *ders.* Alle sind sich einig – und das Opfer, FS Streng (2017) 781; *Weinberger* Das neue Opferschutzgesetz, DNP **1987** 67; *Weintraud* Staatliche Entschädigung für Opfer von Gewalttaten in Großbritannien und der Bundesrepublik Deutschland (1980); *Wenske* Weiterer Ausbau der Verletztenrechte? NStZ **2008** 434; *ders.* Schutz des Verletzten im Strafverfahren, PdR **28** (2018) 5; *Wessalowski* Persönlichkeitsschutz im Strafverfahren, DRiZ **1986** 69; *Wetekamp* Das „Erste Gesetz zur Verbesserung der Stellung des Verletzten im Strafverfahren" (Opferschutzgesetz), DAR **1987** 210; *Wetzels* Kriminalität und Opfererleben: Immer öfter immer das Gleiche? MSchrKrim. **1996** 1; *Wilfert* Strafe und Strafgesetzgebung im demokratischen Verfassungsstaat (2017); *Wölfl* Die Einschränkung der strafprozessualen Verletztenrechte durch das Jugendstrafverfahren, Jura **2000** 10; *A.-K. Wolf* Opferschutz im Strafverfahren – Die Regelungen der Psychosozialen Prozessbegleitung im Lichte der Istanbul-Konvention, djbZ **2018** 216; *E. Wolf* Die Beteiligung des Verletzten am Strafverfahren, DJZ **1936** 1257; *Wulf* Opferschutz im Strafprozess, DRiZ **1981** 374; *ders.* Opferanwalt – Opferschutz im Spannungsverhältnis von Strafverteidigung und Strafverfolgung, AnwBl. **1985** 489; *Zätzsch* Die Beteiligungsrechte des Verletzten im Strafverfahren (Status activus) – Eine kritische Betrachtung, ZRP **1992** 167; *Zimmermann* Der 55. Deutsche Juristentag in Hamburg 1984, Bericht III. Abteilung: Strafrecht, JZ **1985** 231.

Entstehungsgeschichte

Das Fünfte Buch wurde nach Inkrafttreten des Gesetzes mehrfach erheblich geändert.

Die Privatklage war ursprünglich als §§ 414 bis 434 geregelt und im Wesentlichen auf Beleidigungen und Körperverletzungen, soweit Antragsdelikte, beschränkt. Den jetzigen Standort erhielten die Vorschriften durch die Bek. 1924. Der Katalog der Privatklagedelikte wurde ab 1921 wesentlich erweitert.

Die Nebenklage, ursprünglich in den §§ 435 ff. geregelt, erhielt ihren jetzigen Standort ebenfalls durch die Bek. 1924. Die Nebenklagebefugnis war früher eng mit der Privatklagebefugnis verbunden.

Ein Adhäsionsverfahren kannte die StPO bis 1943 nicht. Es wurde durch Art. 5 der 3. VereinfVO als neuer Dritter Abschnitt eingefügt.

Einschneidende Änderungen brachte das OpferschutzG. Die Stellung des Verletzten im Strafrecht, z.B. seine Rolle in der Rechtswirklichkeit, sein tatsächliches und rechtliches Verhältnis zum Täter, seine systematische Position im materiellen und im Prozessrecht, sowie Fragen der Opferbetreuung und -entschädigung waren lange Zeit nur Gegenstand einzelner Untersuchungen zu Detailfragen[1] und vereinzelter rechtspolitischer Aktivitäten[2] gewesen. Die Erkenntnis, dass die Stellung des Verletzten im Strafprozess einer umfassenden Überprüfung und – auf der Grundlage eines Gesamtkonzeptes – einer erheblich verbessernden gesetzlichen Neuordnung bedarf, ist das Ergebnis einer neueren Entwicklung. Sie fand ihren Höhepunkt in den Verhandlungen zum 55. DJT 1984, der begleitenden wissenschaftlichen Diskussion[3] sowie in der Verabschiedung des OpferschutzG. Reformschwerpunkte dieses Gesetzes, in Kraft seit dem 1.4.1987, sind:

- Lösung der Nebenklage aus der Verbindung zur Privatklage, Umgestaltung zu einem Institut der Verfahrensbeteiligung speziell der Opfer schwerwiegender Straftaten gegen höchstpersönliche Rechtsgüter,
- Regelung der Verfahrensbefugnisse aller durch eine Straftat Verletzten (5. Buch, neuer 4. Abschnitt),
- Verbesserung der Möglichkeiten zur Schadenswiedergutmachung,
- Verbesserung des Persönlichkeitsschutzes.

Das OpferschutzG ist damit der Beginn einer neuen Sichtweise und einer Neubestimmung der Aufgaben des Strafprozesses durch den Gesetzgeber, hin zu einer opferbezogenen Strafrechtspflege.[4]

Das ZeugenschutzG brachte ergänzende Verbesserungen für den Verletzten.

In der Folgezeit führten i.W. das 6. StRG, das StVÄG 1999, das LPartG, das Gesetz zur Bereinigung von Kostenregelungen auf dem Gebiet des geistigen Eigentums, das Gesetz zur Regelung des Urheberrechts in der Informationsgesellschaft, das Gesetz zur Änderung der Vorschriften über die Straftaten gegen die sexuelle Selbstbestimmung, das Geschmacksmusterreformgesetz, das KostRMoG, das OpferRRG, das Gesetz gegen den unlauteren Wettbewerb, das 1. und das 2. JuMoG, das 37. und das 40. StRÄndG sowie das Gesetz zur Reform der Führungsaufsicht zu Veränderungen bei den Vorschriften des 5. Buches.

Wegen weiterer Einzelheiten namentlich zur Entwicklungsgeschichte wird auf die Entstehungsgeschichte bei den jeweiligen Abschnitten und Vorschriften verwiesen.

Übersicht

1 Vgl. *Rieß* Gutachten 1 bis 9; *Schünemann* NStZ **1986** 193 ff., 439 ff.

2 Einzelnachweise in der 24. Auflage Vor § 406d, Entstehungsgeschichte.

3 Eingehend dazu *Rieß* Gutachten 1 bis 3; Einzelnachweise bei *Rieß/Hilger* NStZ **1987** 153. Zur neueren Diskussion s. Rn. 26 und bei den einzelnen Vorschriften.

4 Eingehend dazu z.B. *Rössner/Wulf* Opferbezogene Strafrechtspflege (1987); *Rössner/Klaus* NJ **1996** 289; *Meier/Dürre* JZ **2006** 19.

Alphabetische Übersicht

1 **1. Allgemeines.** Das Fünfte Buch regelt die **Beteiligung des Verletzten am Verfahren** in unterschiedlichen Funktionen (Rn. 5 ff.) sowie dementsprechend mit unterschiedlichen Befugnissen und Pflichten. **Ergänzt** werden diese Regelungen **durch die Vorschriften des Klageerzwingungsverfahrens** (§§ 172 ff.) und **andere Bestimmungen, die den Verletzten betreffen** (können) (z.B. §§ 22, 58a, 68b, 111b Abs. 5, 111e Abs. 4, 111g Abs. 1, 111h Abs. 1, 111i, 111k, 168e, 171, 247a, 255a, 272 Nr. 4, 471, 472, 472a StPO und § 171b GVG; s. auch Rn. 21, 24). Der Begriff des Verletzten wird jedoch nicht definiert; er ist auch weiterhin regelmäßig im jeweiligen Funktionszusammenhang nach Sinn und Zweck der Normen zu bestimmen (s. § 373b, 9). Die Unterstützung oder gar Durchsetzung der Interessen des Verletzten gehört nicht zu den eigentlichen **Zwecken** des Strafverfahrens; ein solcher Zweck wäre mit den anderen Zwecken und Funktionen des Verfahrens nicht immer bruchlos vereinbar. Erlaubt ist eine Berücksichtigung der Interessen, soweit dies gesetzlich vorgesehen ist.[5]

5 Vgl. dazu z.B. *Vogel* wistra **1996** 219; *Fuchs* Gutachten ÖJT **1997** 86; *Burgstaller* ZStW **1990** 637 ff.

2. Verfassungsrecht. Die Beteiligung des Verletzten im Strafverfahren ist grundsätzlich verfassungsrechtlich nicht zu beanstanden. Das Bundesverfassungsgericht hat dies für die **Nebenklage**[6] vor deren Umgestaltung durch das OpferschutzG entschieden. Diese Entscheidung trifft im Wesentlichen auch heute noch zu.[7] Die Nebenklage verstößt nicht gegen das Rechtsstaatsprinzip[8] und, soweit dem Nebenkläger besondere Beteiligungsbefugnisse eingeräumt werden, im Hinblick auf die besondere Interessenlage dieses Kreises von Verletzten (Rn. 6) auch nicht gegen den Gleichheitsgrundsatz (Art. 3 GG; s. zu ihren Grenzen allerdings auch Rn. 45 ff.).[9] 2

Auch die verfassungsrechtliche Unbedenklichkeit des Instituts der **Privatklage** kann – insbesondere unter Berücksichtigung des Rechtsstaatsprinzips und der daraus abzuleitenden Justizgewährungspflicht[10] (Art. 20 Abs. 3 GG) – nicht ernstlich bezweifelt werden. Nichts anderes kann für die schwächere **Verfahrensbeteiligung des Verletzten** gemäß §§ 406d ff. und das **Adhäsionsverfahren** (§§ 403 ff.) gelten. 3

Im Hinblick auf die durch die Straftat möglicherweise erlittenen und auch im Verfahren möglichen Grundrechtsbeeinträchtigungen[11] zum Nachteil des Verletzten ist dessen **angemessene Verfahrensbeteiligung** verfassungspolitisch sogar erwünscht. Der Gesetzgeber hat allerdings bei der Ausgestaltung der Rechte des Verletzten zu beachten, dass diese dem Verletzten zwar ermöglichen müssen, aus einer verfahrensrechtlich gesicherten Rechtsposition heraus seine Interessen ausreichend informiert und effektiv, ggf. mit Hilfe eines Beistands,[12] zu vertreten,[13] andererseits aber muss im Hinblick auf Art. 20 Abs. 3 GG die Rechtsposition des Verletzten vereinbar bleiben mit den Zwecken des Strafprozesses, darf insbesondere die Wahrheitsfindung und die Verteidigungsmöglichkeiten des Beschuldigten nicht beeinträchtigen (vgl. Vor § 406d, 10; § 406e, 3).[14] Entsprechendes gilt für die Anwendung der Vorschriften durch die Praxis. 4

3. EU-Recht. Der Rat der EU hat am 15.3.2001 einen Rahmenbeschluss[15] über die Stellung des Opfers (Verletzten) im Strafverfahren gefasst (s. auch § 377b Entstehungsgeschichte).[16] Er soll eine angemessene, der Menschenwürde und den Interessen des Verletzten entsprechende Stellung (namentlich Informationsrechte) und zugleich den erforderlichen Schutz gewährleisten.[17] Das deutsche Strafverfahrensrecht hat die Anforderungen dieses Rahmenbeschlusses umgesetzt.[18] Dies gilt in gleicher Weise für 5

---

6 BVerfGE **26** 66; s. dagegen *Sauer* DRiZ **1970** 51.

7 **A.A.** *Ranft* 2458 ff.; *Eisenberg/Schimmel* JR **1996** 217; s. aber AK/*Rössner* Vor § 395, 11.

8 BVerfGE **26** 71.

9 Zweifelnd wohl *Ranft* 2458 ff.; *Eisenberg/Schimmel* JR **1996** 217.

10 S. auch *Peters* 21.

11 Z.B. Ehrverletzungen (Art. 1 Abs. 1 GG); Beeinträchtigungen des Persönlichkeitsrechts (Art. 2 Abs. 1 GG), der körperlichen Unversehrtheit (Art. 2 Abs. 2 Satz 1 GG) oder des Eigentums (Art. 14 Abs. 1 GG).

12 Zur Praxis der anwaltlichen Vertretung des Verletzen vgl. z.B. *Schroth* 33 ff., 473 ff.; *Barton* FS Schwind (Nebenklage) 211 ff.

13 Eingehend dazu *Walther* GA **2007** 615.

14 Eingehend zu diesen Fragen, auch zur Bedeutung des Sozialstaatsprinzips *Rieß* Gutachten 62 ff., 69 ff.; vgl. auch BVerfG NJW **1988** 405; *Patsourakou* 52 ff., 71 ff., 89 ff.; *Iffert-Schmücker* 29; *Jahn* NJ **2005** 106; *Walther* StraFo **2005** 452; *ders.* JR **2008** 405; *Dölling* FS Jung 77; *Rieß* FS Jung 751; *Altenhain* JZ **2001** 791; krit. zur Entwicklung *Gräfin v. Gahlen* BRAK-Mitt. **2002** 110; *Schünemann* FS Hamm 687; s. auch die Nachweise zu Rn. 26 sowie bei den nachfolgenden Erl. zu den jeweiligen Vorschriften.

15 ABl. EG vom 22.3.2001 – L82/1.

16 Vgl. zur Verbindlichkeit EuGH NJW **2005** 2839.

17 S. auch *Kuhn* ZRP **2005** 125.

18 S. auch *Kuhn* ZRP **2005** 125.

die Richtlinie 2012/29/EU des Europäischen Parlaments und des Rates vom 25.10. 2012 über Mindeststandards für die Rechte, die Unterstützung und den Schutz von Opfern von Straftaten sowie zur Ersetzung des Rahmenbeschlusses 2001/220/JI.[19] Die darin enthaltenen Vorgaben sind allesamt in deutsches Recht – weitgehend sogar überschießend – umgesetzt (s. auch Entstehungsgeschichte zu § 373b). Besonders hinzuweisen ist hier auf den Erwägungsgrund 6. Hiernach sind die Bestimmungen dieses Rahmenbeschlusses nicht darauf beschränkt, die Interessen der Opfer im Rahmen des eigentlichen Strafverfahrens zu schützen. Möchte man Opfern tatsächlich Genugtuung gesellschaftlich zuteil werden lassen, so könnte dies ohne weiteres auch in einem anderen – den Abwehrrechten des Angeklagten ferneren – Regelungsbereich, etwa dem Sozialrecht, gesetzlich eingerichtet werden (vgl. Rn. 58)

6 **4. Beteiligungsformen.**[20] Die stärkste Form der Beteiligung des Verletzten am Verfahren ist die **Privatklage**. Hier treffen ihn für einen begrenzten Kreis von Delikten (§ 374) – mangels staatlicher Strafverfolgung – Strafverfolgungsprivileg, aber auch -last. Der Staat überlässt es dem Verletzten, ohne Einschaltung der Staatsanwaltschaft die Durchsetzung des Sanktionsanspruchs der Rechtsgemeinschaft zu betreiben[21] (§§ 376, 377). Die Rechte des Verletzten (vgl. §§ 378, 381, 384, 385, 386, 390) sind entsprechend, weitgehend in Anlehnung an Befugnisse der Staatsanwaltschaft, spezifisch und zum Teil stärker als bei anderen Beteiligungsformen gestaltet. Entsprechendes gilt für die ihn betreffenden Pflichten (vgl. §§ 379, 379a, 380, 381, 387). Zur kriminalpolitischen Bewertung s. Vor § 374, 4 ff., 13.

7 Die **Nebenklage**, eine Beteiligung bestimmter Verletzter, namentlich der Opfer schwerwiegender Straftaten gegen höchstpersönliche Rechtsgüter (Vor § 395, 8 ff.; § 395, 6 f., 26 ff., 45 ff.), neben der Staatsanwaltschaft am Verfahren, dient der Wahrnehmung der Interessen dieser Verletzten, die sich nicht mit denen der Staatsanwaltschaft decken müssen. Weder der Kreis der Nebenklagebefugten noch deren Befugnisse sind identisch mit denen der Privatklage. Die **Beteiligung** ist vielmehr **abgestimmt auf die spezifischen Interessen** (Rn. 15; Vor § 395, 9) und die **demgemäß notwendigen Befugnisse** der – jedenfalls im Grundsatz – unter kriminalpolitischen und viktimologischen Gesichtspunkten ausgewählten, namentlich nach Art der Straftat und des verletzten (geschützten) Rechtsgutes in der Regel **besonders schutzbedürftigen Gruppe von Verletzten.**[22] Diese erhalten im Verfahren die Stellung von besonderen Prozesssubjekten mit in einem Enumerativkatalog aufgezählten, an den speziellen Bedürfnissen dieser Verletzten orientierten Rechten (vgl. §§ 397, 397a, 400, 401), die zum Teil wesentlich weiter gehen (z.B. Beweisantragsrecht), zum Teil enger sind (z.B. Rechtsmittelbefugnis) als die des Privatklägers. Der Nebenkläger ist nicht Gehilfe und grundsätzlich auch nicht Kontrolleur der Staatsanwaltschaft[23] (Rn. 16; Vor § 395, 2; vgl. auch § 397, 1).

---

19 S. BT-Drucks. **18** 4621 S. 16; hierzu etwa *Brodowski* ZIS **2012** 558, 565; zweifelnd allerdings *Weigend* FS Streng 785 f.; s. ferner die partielle Kritik an der deutschen Umsetzung unionsrechtlicher Maßgaben im Bericht der Europäischen Kommission über die Umsetzung der Opferschutzrichtlinie vom 11.5.2020 und der Studie des Europäischen Parlaments PE611.022 vom Dezember 2017.

Bezug: BRAK-Nr. 81/2020 v. 9.3.2020; 643/2019 v. 17.12.2020; 350/2019 v. 6.8.2019.

20 Eingehend dazu *Rieß* FS Jung 751; *Dölling* FS Jung 77.

21 Eingehend hierzu z.B. *Rieß* Gutachten 21 ff.

22 Vgl. BTDrucks. **10** 5305 S. 10 ff.; KK/*Walther* § 395, 2; SK/*Velten* (eingehend, krit. zu Wesen, Funktion, Zielen) Vor § 395, 1 ff., 3 ff.; § 395, 9 ff., 17 ff., 20 ff.; krit. auch *Schünemann* NStZ **1986** 193, 197; s. auch *ders.* FS Hamm 687.

23 Ähnlich KK/*Walther* § 395, 1; **a.A.** wohl *Bringewat* GA **1972** 289, 292; vgl. auch *Vogel* wistra **1996** 219; *ders.* NJW **1996** 3401; *Patsourakou* 50, 96; *Fabricius* NStZ **1994** 260; *Altenhain* JZ **2001** 791; *Schneider* StV **1998** 456.

Die durch das OpferschutzG eingefügten[24] **§§ 406d bis 406l** regeln zusammenfassend **allgemeine Befugnisse des Verletzten** zur Verfahrensbeteiligung.[25] Nach der Konzeption der Regelungen, die in die systematischen und dogmatischen Strukturen der StPO unter Aufrechterhaltung der gewachsenen Beteiligungsbefugnisse des Verletzten (insbes. §§ 172 ff., 395 ff.) eingefügt sind, ist in einem abgestuften Beteiligungssystem grundsätzlich zwischen **zwei Gruppen von Verletzten und Verletztenbefugnissen** zu unterscheiden: a) Verletzte allgemein, denen ein Grundbestand an Befugnissen zusteht (5. Buch, 4. Abschnitt: §§ 406d bis 406l – ausgenommen § 406e Abs. 1 Satz 2, § 406g Abs. 3 –, § 406h); b) privilegierte Verletzte, denen die Nebenklagebefugnis (§§ 395 ff.) sowie besondere Rechte schon im Ermittlungsverfahren (§ 406e Abs. 1 Satz 2, § 406h) gewährt werden (§ 395, 1 ff.). 8

Die wesentlichen **Regelungsbereiche** sind heute: 9

- Information über den Verfahrensausgang (§ 406d),
- Akteneinsicht (§ 406e),
- Verletztenbeistand, Vertrauensperson, Mitwirkungsbefugnisse im Verfahren,[26] Prozesskostenhilfe (§§ 406f, 406g),
- Information über die genannten Befugnisse, über solche zur Nebenklage, zur Adhäsionsberechtigung und zu Opferhilfeinrichtungen (§ 406h).

Summe und Standort der Befugnisse machen deutlich, dass jedenfalls der privilegierte **der Verletzte (§§ 395, 406h)** nach dem Willen des Gesetzgebers **ein selbständiges Prozesssubjekt** im weiteren Sinne sein soll, das seine berechtigten Interessen im Verfahren wahrnehmen und – soweit angebracht – dazu gestaltend auf das Verfahren einwirken kann,[27] und zwar auch dann, wenn der Verletzte zur Nebenklage befugt ist, aber nicht beabsichtigt, diese Befugnis im Hauptverfahren wahrzunehmen. 10

Ziel der Bestimmungen ist, dem durch eine rechtswidrige Tat Verletzten (Rn. 16 ff., 19) eine mit den Zwecken des Strafprozesses vereinbare, die Wahrheitsfindung und die Verteidigungsmöglichkeiten des Beschuldigten nicht beeinträchtigende,[28] verfahrensrechtlich gesicherte Rechtsposition, insbesondere Beteiligungsbefugnis zu verschaffen, die seinem Schutz und der Wahrnehmung seiner Interessen dient und es ihm – nach seiner eigenen, freien Entscheidung – erlaubt und ermöglicht, seine Interessen im Verfahren darzustellen, zu vertreten und zu verteidigen, und ihm Möglichkeiten zur Abwehr von Verantwortungszuweisungen einräumt. Dazu gehört auch die Verbesserung der zur Interessen- und Rechtswahrnehmung erforderlichen Informationsmöglichkeiten und das Recht zur Hinzuziehung eines fachkundigen Beistandes.[29] 11

Die allgemeinen Befugnisse stehen dem Verletzten grundsätzlich neben seinen **speziellen Beteiligungsrechten** (z.B. Privatklage, Adhäsionsverfahren) zu, werden aber, 12

---

24 Zum Rechtszustand vor 1987 s. LR/*Hilger*[24] Vor § 406d, 1.

25 Vgl. BTDrucks. **10** 5305 S. 8, 16; *Rieß/Hilger* NStZ **1987** 155; *Jung* JuS **1987** 158.

26 Vgl. auch *Kiehl* StV **1988** 48.

27 Vgl. BTDrucks. **10** 5305 S. 8, 16; SK/*Velten* Vor § 395, 1; *Rieß/Hilger* NStZ **1987** 155; *Jung* JuS **1987** 158; *Vogel* wistra **1996** 219; *ders.* NJW **1996** 3401; Entschließungen des XV. Int. Strafrechtskongresses ZStW **108** (1996) 709.

28 S. dazu auch *Altenhain* JZ **2001** 791, 801; *Dölling* FS Jung 77; SK/*Velten* Vor § 395, 12; *Schünemann* FS Hamm 687.

29 Vgl. BTDrucks. **10** 5305 S. 16; s. auch *Rieß* FS Jung 751; *ders.* Jura **1987** 281 ff.; *Böttcher* JR **1987** 133 ff.; *Rieß/Hilger* NStZ **1987** 153 ff.; *Dölling* FS Jung 77; krit. insbes. *Weigend* NJW **1987** 1173; *Kempf* StV **1987** 215 ff.; *Müller* DRiZ **1987** 469 ff.; *Schaal/Eisenberg* NStZ **1988** 51; *Schünemann* NStZ **1986** 193 ff., 443; *ders.* FS Hamm 687; *Burmann* 16; *Iffert-Schmücker* 117 ff.; s. auch die Nachweise bei den Erl. zu den jeweiligen Vorschriften, namentlich zu § 406e.

soweit diese wahrgenommen werden und besondere Regelungen enthalten,[30] durch diese verdrängt. Zu Einzelheiten, namentlich des Verhältnisses der Vorschriften zum Recht der **Nebenklage**, s. Vor § 406d, 6 sowie bei den einzelnen Vorschriften.

13 Das **Adhäsionsverfahren** (§§ 403 ff.) ist eine besondere Form der zivilrechtlichen Beteiligung des Verletzten im Strafverfahren. Dem Verletzten soll ermöglicht werden, aus der Straftat erwachsene bürgerlich-rechtliche Ersatzansprüche gegen den Beschuldigten (Straftäter), die er eigentlich vor einem Zivilgericht geltend machen müsste, im Strafprozess zu verfolgen. Diese Beteiligungsform erscheint schon deshalb sinnvoll, weil sie eine gleichzeitige, einheitliche Beurteilung des Lebenssachverhaltes durch den Richter ermöglicht, widersprechende Entscheidungen also verhindern kann; sie ist außerdem bei sachgerechter Nutzung geeignet, zur Entlastung der Gerichte beizutragen (s. Vor § 403, 8 ff.).

14 Der Verletzte ist schließlich über das **Klageerzwingungsverfahren** (§§ 172 ff.) beteiligt. Dies hat auch Bedeutung für die Nebenklagebefugnis (§ 395, 49). Wegen des Bezuges zur Definition des **Begriffs des Verletzten** s. Rn. 18 ff.

15 Über die verschiedenen **Felder der Verfahrensbeteiligung**[31] können Stellung und Funktion des Verletzten sowie Interesse an und mögliche Wirkungen der Beteiligung verdeutlicht werden. Als **Angreifer** tritt der Verletzte im Privatklage- und Adhäsionsverfahren zur Durchsetzung seines Interesses an Genugtuung bzw. Schadensausgleich auf; als Nebenkläger[32] kann er Angreifer sein zur Durchsetzung seiner möglicherweise vielschichtigen general- und (oder) spezialpräventiv geprägten Interessen (Vor § 395, 8 ff., vgl. zur Kritik hieran Rn. 45 ff.),[33] etwa seines Genugtuungsinteresses (s. Rn. 56). Die Notwendigkeit von **Schutz und Fürsorge**, insbesondere die **Verteidigung gegen (drohende) Schuldzuweisungen** (s. § 395, 25, 59),[34] können sich namentlich bei der Nebenklage (vgl. §§ 397 Abs. 1, 397a Abs. 1) und der allgemeinen Verletztenbeteiligung (§§ 406e bis 406h) ergeben. Hinzu kommt das **Informationsinteresse** des Verletzten, dem durch Unterrichtungsregeln (§§ 399, 406d, 406i ff.), Akteneinsicht (§§ 397 Abs. 1, 406e) und Anwesenheitsrechte (§§ 397 Abs. 1, 406h Abs. 2) genügt werden kann.

16 Der **Ausgleich** zwischen Täter und Verletztem (s. auch Rn. 19 f.) kann namentlich über das Sühneverfahren (§ 380) der Privatklage, aber auch im Adhäsionsverfahren und über die Beteiligung des Verletzten im Verfahren (§§ 397, 406f, 406h) erfolgen. Schließlich kann die Beteiligung des Verletzten **anderen**, ihn oft weniger betreffenden **Interessen** dienen. So ist der Nebenkläger grundsätzlich nicht Kontrolleur der Staatsanwaltschaft (Rn. 7; Vor § 395, 2; vgl. auch § 397, 1 und im Einzelnen Vor § 395, 10 ff.) bzw. der rechtsfehlerfreien Durchsetzung des Legalitätsprinzips und wird auch selten Anlass zur Kontrolle haben, kann aber ausnahmsweise, namentlich in den Fällen des § 395 Abs. 1 Nr. 3, ein verständliches Interesse an der **Beobachtung und Prüfung des staatsanwaltschaftlichen Verhaltens** im Verfahren empfinden. Die Annahme, dass die Beteiligung des Verletzten in der Form der Privatklage zur **Entlastung** der Staatsanwaltschaften beitragen könnte, wurde bislang nicht belegt, sondern durch die geringe rechtspraktische Bedeutung dieser spezifischen Verletztenbeteiligung eher widerlegt (vgl. Vor § 374, 4 ff.).

---

30 Vgl. z.B. §§ 385 Abs. 3, 397 Abs. 1 sowie § 406e, § 397a und § 406h.

31 S. auch *Rieß* Gutachten 21 ff., 53; *ders.* FS Jung 751; *Dölling* FS Jung 77; *Iffert-Schmücker* 8; *Schünemann* NStZ **1986** 196; *ders.* FS Hamm 687; *M. Kaiser* 52; *Patsourakou* 96.

32 Eingehend dazu *Altenhain* JZ **2001** 791; s. auch AnwK-*Böttger* Vor § 395, 1 ff., 9 ff. (unter Hinweis auf Mißbrauchsgefahren).

33 S. auch – zur verteidigenden und angreifenden Nebenklage – SK/*Velten* § 395, 17 bis 19; *Altenhain* JZ **2001** 796; *Schneider* StV **1998** 456; *Maeffert* StV **1998** 461; HbStrVf/*Scheffler* VII 115.

34 Vgl. SK/*Velten* § 395, 18, 19 (auch zur Abwehr eines Tatverdachts).

5. JGG. In Verfahren nach dem JGG sind die Vorschriften des 5. Buches nur begrenzt anwendbar. Der gesamte Problembereich ist namentlich im Hinblick auf die **unterschiedlichen Zielsetzungen** der Verletztenbeteiligung und des Verfahrens nach dem JGG umstritten und in der Entwicklung begriffen. Zu den gesetzlichen Regelungen insoweit im JGG und der Problematik im Einzelnen wird im Wesentlichen auf die Erläuterungswerke und sonstige Literatur zum JGG verwiesen. 17

6. Begriff des Verletzten. Der **Begriff des Verletzten** wird näher bestimmt in § 373b. Auf die dortigen Erläuterungen auch zur Entwicklungsgeschichte wird hier Bezug genommen. 18

7. Täter-Opfer-Ausgleich. Der **Täter-Opfer-Ausgleich** (TOA), seit Jahren zunehmend auch außerhalb des Jugendstrafrechts praktiziert, kann von erheblicher Bedeutung sein für das Verhältnis zwischen dem Beschuldigten (Täter) und dem durch die Straftat Verletzten, eine alsbaldige Herstellung eines wirksamen, gerechten Rechtsfriedens, die Resozialisierung des Beschuldigten und letztlich auch für die Entlastung der Justiz. TOA ist keine bestimmte Institution und **kein institutionalisiertes Verfahren.** Es ist vielmehr, abgesehen vom Sühneverfahren gemäß § 380 ein weitgehend ungeregelter, alternativer Weg zur Bewältigung mittelschwerer strafrechtlicher Konfliktfälle, in denen es nicht nur um Schadensersatz, sondern insbesondere um psychische Verletzungen des Opfers der Tat geht. Dem Beschuldigten und dem durch die Tat Verletzten wird angeboten, mit Hilfe eines Vermittlers eine von allen Beteiligten mitgetragene Regelung zu finden, die geeignet ist, die zwischen ihnen bestehenden Konflikte, die Ursache oder Folge der Straftat sind, zu lösen. Ziel ist namentlich die Aussöhnung zwischen Täter und Opfer. Ergebnis des TOA können z.B. Strafmilderung oder eine sanktionslose Beendigung des Verfahrens, ggf. verbunden mit Auflagen, sein.[35] 19

Materiell-rechtliche Grundlage für den TOA im Verfahren sind die §§ 46, 46a, 56b StGB, **verfahrensrechtliche** Grundlage die §§ 136, 153 ff., insbesondere §§ 153a, 155a, 155b, 257c, § 380 sowie landesrechtliche Vorschriften, z.B. Nachfolgeregelungen zu den §§ 40 ff. SchiedsstG;[36] für das jugendgerichtliche Verfahren vgl. §§ 10, 15, 45 JGG. Die **TOA-Programme** werden von freien selbständigen oder kommunalen **Trägern**, auch in Zusammenarbeit mit Vereinen, oder der Justiz[37] betrieben. 20

Neben der im TOA häufig integrierten **Schadenswiedergutmachung** gibt es zahlreiche andere Möglichkeiten und Formen des **„Ausgleichs"** des durch die **Straftat entstandenen (materiellen) Schadens:**[38] z.B. zivilrechtliche Ansprüche und deren Verfolgung im Adhäsionsverfahren (Vor § 403, 6), Förderung der Wiedergutmachung über § 459a,[39] Ansprüche nach dem OEG und sonstige Leistungen der Sozialleistungsträger. 21

8. Zeugenschutz. Neben den Vorschriften des 5. Buches der StPO, insbesondere des 3. und des 5. Abschnitts, sollen zahlreiche andere Vorschriften zumindest mittelbar eine **Verbesserung der Rechtsstellung des Verletzten im Verfahren**, insbesondere seinen Schutz, namentlich soweit er als Zeuge am Verfahren beteiligt ist, ermöglichen. Im We- 22

---

35 Zu Literatur und Einzelfragen s. die Erl. zu den §§ 153, 153a, 153b, 155a, 155b sowie die Erl. in der Literatur zum materiellen Recht.

36 Vgl. § 153, 4; § 155a, 2.

37 Vgl. § 155b, 3; s. auch die Erlasse der Länder zur Förderung des TOA – Erl. §§ 155a, 155b.

38 Zur anwaltlichen Schlichtung s. z.B. *Götting* 131 ff.; *Kaspar* 72 ff.; *Püschel* StraFo **2006** 261.

39 Vgl. die Erl. zu § 459a. Zur Amtspflicht (konkreten Schutzpflicht) der StA gegenüber dem Geschädigten im Ermittlungsverfahren vgl. BGH NJW **1996** 2373; *Vogel* wistra **1996** 219; *ders.* NJW **1996** 3401.

sentlichen sind es die §§ 58a, 68, 68a, 68b, 168e, 241a, 247, 247a, 255a StPO, §§ 171b, 172, 174, 177, 178 GVG[40] sowie die Vorschriften des Zeugenschutz-Harmonisierungsgesetzes.[41] Auf die Erl. zu diesen Vorschriften wird verwiesen. Wichtig sind insoweit aber auch praktische Maßnahmen der Justiz, die keiner gesetzlichen Grundlage bedürfen, wie etwa Vermeidung mehrfacher Vernehmungen, Vorbereitung des Verletzten, der als Zeuge vernommen werden soll (z.B. Kinder), auf die Vernehmung, Einrichtung von Zeugen-, namentlich Kinderzimmern, selbstverständlich schonende Vernehmung und psychologische Schulung der Vernehmenden.[42]

23 **9. Viktimologie.** Der **Viktimologie** kommt in dem hier zu erörternden Kontext weiterhin wohl nur nachgeordnete Bedeutung zu, die aber nicht unterschätzt werden sollte. Denn grundsätzlich können Erkenntnisse der wissenschaftlichen Opferforschung von erheblicher Bedeutung sein etwa für die Vorbereitung weiterer gesetzlicher und praktischer Maßnahmen zur Verbesserung der Rechtsstellung des Verletzten (s. aber Rn. 25 f.), insbesondere seines Schutzes im Verfahren und danach; sie mögen im Einzelfall nützlich sein bei der Bestimmung des Verletztenbegriffs und sie können hilfreich sein bei der Anwendung der jeweiligen Vorschriften des 5. Buches in der Praxis des Ermittlungsverfahrens und der Hauptverhandlung.

24 **a) Genugtuungsinteresse.** Derzeit fehlt es indes – entgegen stetig wiederholter anderslautender Behauptungen[43] – an aktuellen[44] empirisch gesicherten Erkenntnissen darüber, ob etwa ein **Genugtuungsinteresse**[45], also ein Interesse an einer Verurteilung und einer angemessenen Bestrafung, überhaupt in einer Mehrzahl der Fälle besteht.[46]

25 **b) Gestaltungs- und Angriffsrechte.** Auch ist mangels gesicherter empirischer Erkenntnisse nicht belegt, dass **Gestaltungs- und Angriffsrechte** von Verletzten gewünscht werden und gar zu einer größeren Zufriedenheit, zu einer inneren Genugtuung des Verletzten und damit zu einer Begrenzung des durch die Straftat verursachten Normgeltungsschadens effektiv beigetragen haben.[47] Ähnliches muss für das vorgebrachte Bedürfnis der Verletzten gelten, auch im Strafverfahren die möglicherweise erlittene Tat aufzuarbeiten und etwa im Wege eines sog. **Victim Impact Statement** zu verarbeiten (s. § 395, 64).[48] Die damit dem Verletzten losgelöst vom Strengbeweisverfahren eingeräumte Möglichkeit, „seine Beurteilung der eigenen Viktimisierung" neben der Zeugenrolle „zur Geltung" zubringen[49] (vgl. § 69 Abs. 2 Satz 2), wird als geeignet angesehen, zur **Zufriedenheit der Opfer** beitragen und **Sekundärviktimisierungen**

---

40 Zum Verletztenbeistand vgl. die Erl. zu den §§ 397a, 406f, 406h; zum Zeugenbeistand die Erl. Vor § 48, 51 und zu § 68b; *Schroth* 58 ff.; *Kaczynski* NStZ **2002** 451.

41 Krit. hierzu z.B. *Hilger* FS Gössel 605; s. auch das Gewaltschutzgesetz (BGBl. 2001 I S. 3513).

42 Vgl. auch Nr. 4c, 4d, 19, 19a, 64 ff., 87, 102, 130a, 131 ff., 135, 172, 173 ff., 221 ff., 234, 235 RiStBV sowie die Erlasse der Länder zu diesem Themenbereich.

43 *Sautner* 235 ff.; auch *Hörnle* JZ **2006** 953; *Günther* FS Lüderssen 518 f.

44 Vgl. aber grundlegend *H.J. Schneider* Viktimologie 1975; *Weigend* Deliktsopfer 405.

45 Vgl. etwa *Weber* 48 ff.; *Bommer* 238 ff.; *Weigend* RW **2010** 42, 54; *Hörnle* JZ **2006** 950; krit. hierzu *Schünemann* NStZ **1986** 197; *Prittwitz* KritV **2000** 172.

46 Vgl. Fastie/*Volbert* Handbuch Opferrechte, 3. Aufl., 240, 253; etwa auch *Anders* ZStW (**124**) 2012 374, 396.

47 Vgl. *Hertle* 48 zu den Motiven bei Anzeigeerstattung; *Kilchling* 284, 312.

48 vgl. nur *H.-J. Schneider* JR **2010** 395 und *ders.* MSchrKrim. **2010** 313, 326.

49 *H.-J. Schneider* MSchrKrim. **2010** 313, 326.

vermeiden.[50] Auch hier hat die psychologische wie kriminologische Forschung noch nicht zureichend zu erhellen vermocht, in welchem Umfang gerade durch das Strafverfahren eine Retraumatisierung überhaupt eintritt oder auch nur von Opferzeugen konkret besorgt wird. Überdies erscheint es nicht zwingend, den darin begründeten Bedürfnissen gerade und maßgeblich mit Gestaltungsrechten im Strafverfahren zu begegnen, das im Kern andere Funktionen zu erfüllen hat und sicherlich hierfür weniger geeignet ist, als etwa das **sozialgerichtliche Verfahren.**[51] Schließlich erscheint es nicht unbedenklich, der Zufriedenheit des Verletzten – Jahrhunderte nach der Abkehr von dem durch die verletzte Person oder deren Sippe betriebenen Strafverfahren und der Zuwendung hin zum Offizialverfahren – abermals wieder eine auch rechtliche Relevanz zu verleihen.

10. Reformfragen. Die Reformgesetzgebung der letzten 40 Jahre hat aus dem Verletzten als „forgotten man“ des Strafprozesses ein Verfahrenssubjekt gemacht. Ein noch weiterer struktureller Ausbau der Verletztenrechte im Strafprozess ist gegenwärtig von Rechts wegen nicht veranlasst. Die Erläuterungen der Einzelvorschriften machen allerdings deutlich, dass an verschiedenen Stellen **Korrekturbedarf** besteht, einerseits in Form eines sorgsamen Austariererns mit im Einzelfall konfligierenden bedeutsamen Beschuldigtenrechten und andererseits zum Erreichen eines kohärenten, normativ stimmigen Systems. Insbesondere fehlt es weiterhin an einer fundierten (auch rechtswissenschaftlichen) Begründung für die bestehenden prozessualen „Angriffsmittel des Verletzten (s. Rn. 45). Von besonderer Bedeutung ist gegenwärtig auch eine sorgsame Überprüfung der bestehenden verfahrensrechtlichen Maßgaben an den Vorgaben der „Istanbul-Konvention“ (s. Rn. 30; zur Umsetzung des Unionsrechts s. Rn. 27 ff.). 26

a) Istanbul-Konvention. Absehbar von erheblicher auch strafverfahrensrechtlicher Bedeutung sind die Maßgaben des Übereinkommens des Europarats zur Verhütung und Bekämpfung von Gewalt gegen Frau und er Gewalt vom 11.5. 2011 („Istanbul-Konvention“; „IK“), umgesetzt in deutsches Recht durch Gesetz zu dem Übereinkommen des Europarates zur Verhütung und Bekämpfung von Gewalt gegen Frauen und häuslicher Gewalt vom 17.7.2017.[52] Die konventionsrechtlichen Maßgaben stehen durch die Ratifizierung dieses Zustimmungsgesetzes (Art. 59 Abs. 2 GG) **im Range eines einfachen Bundesgesetzes.**[53] Die Istanbul-Konvention findet auf alle Formen von Gewalt gegen Frauen Anwendung, einschließlich der häuslichen Gewalt, welche Frauen besonders stark betrifft (Art. 2 Abs. 1 IK), und will einen Beitrag leisten zur **Beseitigung der Diskriminierung der Frau** und die Gleichstellung von Frau und Mann fördern.[54] Namentlich bringt die Präambel zum Ausdruck, „dass die Verwirklichung der rechtlichen und der tatsächlichen Gleichstellung von Frauen und Männern ein wesentliches Element der Verhütung von Gewalt gegen Frauen“ und überdies anerkannt ist, „dass Gewalt gegen Frauen der **Ausdruck historisch gewachsener ungleicher Machtverhältnisse** zwischen Frauen und Männern ist, die zur Beherrschung und Diskriminie- 27

---

50 Es erstaunt, dass damit die Möglichkeit zur Äußerung im Interesse des Zeugen liegen soll, obgleich der Beginn der Opferrechtsbewegung vor allem an den Schutz der Opfer vor Belastungen durch Vernehmungen anknüpfte; eine empirisch tragfähige Begründung auch für diesen Begründungstopos steht noch aus.

51 Vgl. bereits Prittwitz/Manoledakis/*Lüderssen* 70; *Dölling* FS Jung 81.

52 BGBl. II S. 1026 ff.; hierzu *Gerhold* JR **2016** 122, 124; *Raabe* STREIT **2018** 147.

53 Im Einzelnen *Raabe* STREIT **2018** 147.

54 *Siegrist* 12 f.

rung der Frau durch den Mann geführt haben".[55] Dem begegnet die Konvention auf verschiedenen Ebenen, die hier zusammenfassend mit Vorbeugung, Schutz und Verfolgung überschrieben werden können.[56]

28 Von besonderer Bedeutung für das Strafverfahrensrecht und die Rechtsanwendungspraxis dürfte sich die durch die Umsetzung in das nationale Recht eingeführte **Legaldefintion der häuslichen Gewalt** erweisen.[57] Nach Art. 3 lit. b) IK bezeichnet der Begriff „häusliche Gewalt" alle Handlungen körperlicher, sexueller, psychischer oder wirtschaftlicher Gewalt, die innerhalb der Familie oder des Haushalts oder zwischen früheren oder derzeitigen Eheleuten oder Partnerinnen beziehungsweise Partnern vorkommen, unabhängig davon, ob der Täter beziehungsweise die Täterin denselben Wohnsitz wie das Opfer hat oder hatte. Eine (gewachsene) **strukturelle Unterlegenheit** sieht die Konvention daher nicht nur regelhaft als gegeben an bei Frauen im Verhältnis zu männlichen Tätern, sondern in allen Fällen „häuslicher Gewalt". Hier wird bewusst – abgeschottet von den Augen der Nachbarn, Bekannten, Freunden – eine Sphäre der Vertrautheit und der gefühlten Unverletzlichkeit ausgenutzt, in der sich das Opfer keines Angriffs versehen muss oder/und auf Grund besonderer emotionaler Bindungen zum Täter von der Verständigung hilfsbereiter Dritter auch mit Blick auf die drohende Strafverfolgung des Partners regelmäßig absieht. Auf diese Definition kann ohne weiteres bei der Auslegung des bestehenden Strafverfahrensrechts, insbesondere bei der Anwendung der Verletztenbefugnisse im Fünften Buch, zurückgegriffen werden. Hierdurch kann schon de lege lata der nach dem Willen des Gesetzgebers notwendige und konventionsrechtlich gebotene Schutz für die besonders vulnerablen Verletzten häuslicher Aggressionsdelilkte umgesetzt werden (s. Rn. 34 ff.).

29 Hinzuweisen ist hier ferner darauf, dass der Konvention ein weiter – vom geltenden materiell-rechtlichen Verständnis teilweise abweichender[58] – Gewaltbegriff zugrunde liegt. Er umfasst nach Art. 3 lit. a) IK alle Handlungen **geschlechtsspezifischer Gewalt**, die zu körperlichen, sexuellen, psychischen oder wirtschaftlichen Schäden oder Leiden bei Frauen führen (Art. 3 IK); der Begriff schließt betroffene Männer und Kinder mit ein (Präambel und Art. 2 IK).[59]

30 **aa) Legislatorischer Umsetzungsbedarf.** Ausweislich der Denkschrift zum Zustimmungsgesetz besteht strafverfahrensrechtlich kein konventionsrechtich begründeter Handlungsbedarf.[60] Dies scheint – zumindest strafverfahrensrechtlich – nicht unzweifelhaft. Denn schon mit Blick auf Art. 18 Abs. 1 iVm. Art 3 lit. b) und Art. 33 ff. IK liegt es nicht fern, die konventionsrechtliche Begriffsbestimmung der häuslichen Gewalt (Art. 3 lit. b IK) in die Strafprozessordnung aufzunehmen und einzelne Verletztenrechte – nicht zuletzt aus Gründen der Rechtssicherheit – ausdrücklich an diese zu koppeln. Hierzu im Einzelnen:

31 **(1) Anpassungesbedarf im Recht der Nebenklage.** Die **Nebenklageberechtigung aus § 395 Abs. 1 und 3** sollte an die konventionsrechtliche Begriffsbestimmung der häuslichen Gewalt angeknüpft werden. Denn derzeit werden nicht alle Fälle häuslicher Gewalt durch den Katalog in § 395 Abs. 1 erfasst.[61] Zu einer deutlich häufigeren Neben-

---

55 BTDrucks. **18** 12037 S. 8.
56 Vgl. auch *Siegrist* 12.
57 Vgl. auch *Steinl* ZStW (**133**) 2021 819.
58 Vgl. auch *Henneberger* djbZ **2018** 206 f.
59 *Raabe* STREIT **2018** 147.
60 Vgl. etwa BTDrucks. **18** 12037 S. 88, 94.
61 Vgl. BTDrucks. **18** 12037 S. 91.

klagezulassung dürfte diese Rechtssicherheit und den gerade hier notwendigen Schutz vermittelnde Neufassung nicht führen, denn die notwendige prozessuale Schutzbedürftigkeit nach § 395 Abs. 3 dürfte – jedenfalls im Lichte der Konvention (s. Rn. 28) – bei Opfern häuslicher Gewalt bereits de lege lata regelmäßig anzunehmen sein (s. Erl. zu § 397a, 2, 8, 12; § 395, 55). Überdies drängt sich auf, eine solche Bezugnahme auf die Legaldefinition auch in § 397a aufzunehmen (vgl. Art. 57 IK), da Opfer häuslicher Gewalt gegenwärtig – so nicht ein Katalogdelikt aus Absatz 1 inmitten steht – auf die Inanspruchnahme von Prozesskostenhilfe verwiesen werden; **anwaltlicher Beistand** kann den Verletzten insbesondere bei der behördlichen Bewältigung der an häusliche Gewalt anknüpfenden spezifischen Fragestellungen (Wohnung, Gewaltschutzanordnung, Sorgerecht) unterstützen und dieserart der von der Konvention erkannten strukturellen Unterlegenheit (im Strafverfahren) begegnen.

(2) Anpassungsbedarf bei den allgemeinen Verletztenbefugnissen. Vor diesem Hintergrund drängt sich ebenfalls auf, den § 406g entsprechend anzupassen (vgl. auch Art. 20, 26 IK) und ebenfalls die Begriffsbestimmung der häuslichen Gewalt aus Art. 3 lit. b IK hier durchgreifen zu lassen. Denn gegenwärtig werden gerade die oftmals besonders vulnerablen Verletzten von Taten häuslicher Gewalt von der gerade hier – auch mit Blick auf die Wahrheitfindung und effektive Durchsetzung des Strafanspruchs – effektiven und für sie kostenneutralen Unterstützungsmöglichkeit der **psychosozialen Prozessbegleitung** ausgeschlossen (s. im Einzelnen Erl. zu § 406g, 14).[62] 32

(3) Beschränkung des Zeugnisverweigerungsrechts. Schließlich liegt es nahe, in den durch die konventionsrechtliche Begriffsbestimmung eng umgrenzten Fällen das **Angehörigenprivileg aus § 52 zu überdenken** und wegfallen zu lassen (s. auch Rn. 36).[63] Die gerade in diesen Fällen, nicht zuletzt aus Gründen der Stärkung des Vertrauens in die Unverbrüchlichkeit des Rechts, gebotene effektive Strafverfolgung scheitert rechtspraktisch oftmals an den Wirkungen eines vom Verletzten weiterhin gefühlten emotionalen Zwangs. Seine hieraus folgende Entscheidung, nicht gegen den Beschuldigten auszusagen, lässt in diesen Fällen regelmäßig das einzige für die Verurteilung tragfähige Beweismittel wegfallen und stuft die hier inmitten stehenden gravierenden Aggressionsdelikte faktisch dadurch ab zu Antragsdelikten, was dem konventionsrechtlichen Gebot einer effektiven Strafverfolgung und Saktionierung in diesen Fällen zuwider läuft.[64] 33

bb) Rechtsanwendung. Die strafverfahrensrechtliche Judikatur hat die Maßgaben der Istanbul-Konvention bislang kaum erkennbar berücksichtigt.[65] Dies ist auch deshalb überraschend, weil Staatsanwaltschaften wie Gerichte bei der Auslegung und Anwendung des Verfahrensrechts zur Berücksichtigung der verpflichtet sind, um bei der Umsetzung der Konvention und dem Erreichen ihrer Ziele mitzuwirken. Dabei dürfte weniger eine unmittelbare Anwendung der konventionsrechtlichen Vorschriften inmitten stehen, als vielmehr deren **mittelbare Anwendung** etwa bei der **Auslegung** von Rechtsbegriffen, bei der Ermessensbetätigung oder aber bei der Verhältnismäßigkeitsprüfung im Lichte der Konvention.[66] 34

62 Krit. mit Recht auch *Wolf* djbZ **2018** 216.
63 Vgl. hierzu instruktiv aus rechtsvergleichender Perspektive *Kremer* 86, 230 ff.
64 Beispielsweise nur OLG Hamburg BeckRS **2018** 3916.
65 Soweit ersichtlich bislang allein BGH BeckRS **2022** 15168; OLG Hamburg BeckRS **2018** 3916.
66 Vgl. *Raabe* STREIT **2018** 149.

35 **(1) Ermittlungsmaßnahmen (§ 162).** Die konventionsrechtlichen Maßgaben sind auch bei der Frage bedeutsam, auf welche **Zwangsmaßnahmen** (§ 162) die Ermittlungsbehörden im Vorverfahren in Fällen häuslicher Gewalt zur Strafverfolgung zurückgreifen können. Sofern bestimmte Ermittlungsmaßnahmen nicht ohnehin bestimmten Katalogtatbeständen vorbehalten sind (vgl. § 100a), wird nämlich im Einzelfall, gerade bei den für häusliche Gewalt typischen Delikten wie §§ 123, 303, 240, 241 StGB, § 4 GewSchG besonders sorgfältig die **Verhältnismäßigkeit** der Maßnahme zu prüfen sein. Dies gilt in besonderer Weise, wenn als tatbestandliche Voraussetzung zusätzlich eine Straftat von erheblicher Bedeutung gesetzlich gefordert wird (vgl. etwa § 160a Abs. 2, § 100g Abs. 1 Satz 1 Nr. 1). Eine **Straftat hat erhebliche Bedeutung**, wenn sie mindestens dem Bereich der mittleren Kriminalität zuzurechnen ist, den Rechtsfrieden empfindlich stört und geeignet ist, das Gefühl der Rechtssicherheit der Bevölkerung erheblich zu beeinträchtigen.[67] Dies setzt voraus, dass der Gesetzgeber der Straftat allgemein ein besonderes Gewicht beimisst und sie im konkreten Fall erhebliche Bedeutung hat.[68] Gerade bei Straftaten, die keine von der gesetzlichen Mindesthöchststrafe abweichende erhöhte Strafandrohung ausweisen, kann aber zur Bewertung des Tatgewichts auf das durch die Umsetzung der Konvention zum Ausdruck gebrachte besondere öffentliche Interesse[69] an der Strafverfolgung häuslicher Gewalt abgestellt werden[70] und, auch bei Vergehen aus dem Deliksfeld häuslicher Gewalt von scheinbar geringerem Gewicht, durch „wirksame Ermittlungen" (vgl. Art. 49 Abs. 2 IK) das Tatopfer (auch vor zukünftigen vergleichbaren Rechtsbrüchen) geschützt werden.

36 Ungeachtet der bereits mit Blick auf das Gebot effektiver Strafverfolgung stets bestehenden Verpflichtung der Ermittlungsbehörden,[71] unverzüglich die **ermittlungsrichterliche Vernehmung** (§ 162)[72] eines **zeugnisverweigerungsberechtigten Zeugen** zu veranlassen, besteht diese Verpflichtung nunmehr gerade auch im Lichte der von Art. 49 Abs. 2 IK gebotenen wirksamen Ermittlungen.[73] Die Rechtspraxis ist geprägt, von der wechselnden Aussagebereitschaft gerade der Tatopfer von häuslicher Gewalt.[74] Da diese häufig das zentrale Beweismittel darstellen, führt ein Unterlassen ermittlungsrichterlicher **Beweissicherung** oftmals dazu, dass der Tatnachweis nicht mehr erbracht werden kann, mithin die Strafverfolgung mittelbar doch im Belieben des Verletzten steht (vgl. Artt. 18 Abs. 4, 55 IK) und das – vom Gesetzgeber im Zuge der Umsetzung der Istanbul-Kovention hervorgehobene[75] – Legalitäts- und Offizialprinzip faktisch leer läuft.[76]

37 **(2) Opportunitätsregelungen.** Die Maßgaben der Istanbul-Konvention sind ferner zu beachten bei der verfahrensleitenden Entschließung der Anklagebehörde darüber, ob das Verfahren nach Opportunitätsregelungen eingestellt (§§ 153, 153a ff., § 155a), der Verletzte auf den Privatklageweg verwiesen (§ 374) oder aber öffentliche Klage erhoben wird (§ 170 Abs. 1, § 199). Erweist sich der Verfahrensgegenstand (§ 264) nach der konventions-

---

67 Vgl. BGH NStZ **2014** 281.
68 BVerfG NJW **2003** 1791.
69 Vgl. BTDrucks. **16** 5846 S. 40.
70 Zur konventionsrechtlichen Bedeutung einer effektiven Strafverfolgung vgl. Erläuternden Bericht zur Istanbul-Konvention Rn. 246.
71 Vgl. *Moldenhauer/Wenske* JA **2017** 854; OLG Hamburg BeckRS **2018** 3916.
72 Hierzu allgemein *Jaklin* NStZ **2021** 70.
73 OLG Hamburg BeckRS **2018** 3916; ebenso *Steinl* ZStW (**133**) 2021 819 ff.
74 Ebenso BeckOK-RiStBV/*Gertl* Nr. 10, 14.
75 S. BTDrucks. **18** 12037 S. 86.
76 Vgl. ferner Erläuternden Bericht zur Istanbul-Konvention Rn. 280.

rechtlichen Begriffsbestimmung als häusliche Gewalt darf durch die Art und Weise der Verfahrensführung nicht der Eindruck von „Straffreiheit" oder einer niedrigen Priorisierung dieses Verfahrens in den Abläufen der Strafverfolgungsbehörden erweckt werden.[77]

Schon vor diesem Hintergrund dürfte ein **Verweis auf den Privatklageweg** (§ 376) **38** in Fällen häuslicher Gewalt **ausgeschlossen** sein.[78] Ein öffentliches Interesse liegt nach Nummer 86 Abs. 2 RiStBV in der Regel vor, wenn der Rechtsfrieden über den Lebenskreis des Verletzten hinaus gestört und die Strafverfolgung ein gegenwärtiges Anliegen der Allgemeinheit ist, z.B. wegen menschenverachtender Beweggründe des Täters. Diese Voraussetzungen sind hier erfüllt; die Verfolgung und Sanktionierung von Taten häuslicher Gewalt ist jedenfalls im Lichte der Konvention keine Privatsache, sondern obliegt der Allgemeinheit.[79] Überdies kann dem Verletzten wegen seiner persönlichen Beziehung zum Täter in diesen Fällen regelmäßig nicht zugemutet werden, die Privatklage zu erheben.[80]

Aus den nämlichen Gründen kommt fortan auch eine **Einstellung nach § 153** mangels öffentlichen Interesses nicht mehr in Betracht. **39** Auch wenn eine **Verfahrenseinstellung nach § 153a** nicht ohne Mitwirkung des Beschuldigten möglich und diese Verfahrensweise auch mit Blick auf etwaige Auflagen und Weisungen nicht stets geeignet ist, den Anschein einer sanktionslosen Erledigung zu erwecken, dürfte für ein Absehen von Verfolgung hiernach in Fällen häuslicher Gewalt regelmäßig kein Raum mehr sein, da das öffentliche Interesse nicht durch freiwillige Leistungen des Beschuldigten zu kompensieren sein wird. Denn Taten häuslicher Gewalt weisen durch die konventionsrechtliche Zuschreibung normativ ein Gewicht auf, welches eine schuldausgleichende Sanktion erforderlich macht (s. auch Art. 49 Abs. 1 IK). Das Einverständnis des Verletzten ist hier bedeutungslos,[81] da die Strafverfolgung in diesen Fällen – nach konventionsrechtlichen Maßgaben (Art. 55 IK) – seiner Disposition gerade entzogen ist. Für dieses Rechtsverständnis streitet auch der gesetzgeberische Hinweis, dass dem „Opfer Zugang zu einem kontradiktorischen Verfahren unter Leitung eines unparteiischen Richters" erhalten bleiben muss.[82]

Vor diesem Hintergrund und mit Blick auf das konventionsrechtlich zugeschriebene **40** strukturelle Ungleichgewicht dürfte auch eine **Anwendung von § 155a** in diesen Fällen fernliegen. Es handelt sich wegen der normativ fehlenden gleichberechtigten Basis von Täter und Opfer hier nicht um geeignete Fälle.[83] Dass die Mitwirkung des Verletzten nicht verpflichtend ist (vgl. ferner Art. 48 IK), ändert hieran nichts. Wenn der Gesetzgeber allerdings darauf verweist,[84] dass gegen den Willen des Verletzten keine Eignung angenommen werden darf, verliert er die zuvor aus Konvention referierte fehlende Gleichberechtigung aus dem Blick.

(3) Nebenklagebefugnis. Die notwendige prozessuale Schutzbedürftigkeit des Ver- **41** letzten nach § 395 Abs. 3 dürfte kraft konventionsrechtlicher Zuschreibung in Fällen

---

77 Vgl. Erläuternden Bericht zur Istanbul-Konvention Rn. 255.

78 vgl. zu § 230 StGB vgl. *Steinl* ZStW (**133**) 2021 819 ff.

79 Eindringlich mit Recht *Raabe* STREIT **2018** 151.

80 Hierauf scheint auch BTDrucks. **18** 12037 S. 88 hinzuweisen; vgl. auch *Steinl* ZStW (**133**) 2021 819 ff.

81 Zu den allgemeinen Maßgaben vgl. nur MüKo/*Peters* § 153a, 11.

82 BTDrucks. **18** 12037 S. 85.

83 Vgl. Erläuternden Bericht zur Istanbul-Konvention Rn. 252, wonach die Opfer der von der Konvention erfassten Gewalttaten solche Erledigungsarten „niemals auf einer gleichberechtigten Basis" nutzen können, der „Straftäter" hierdurch hingegen ein „Gefühl von Macht und Dominanz verspüren" wird.

84 BTDrucks. **18** 12037 S. 85.

häuslicher Gewalt stets anzunehmen sein. Ist hiernach die Tat doch Ausdruck struktureller Unterlegenheit im Sinne der konventionsrechtlichen Begriffsbestimmung (s. Rn. 36 ff.), die sich in das gerichtliche Strafverfahren fortsetzt.

42 **(4) Strafbemessung.** Die Tatgerichte haben bereits nach geltendem Recht die Möglichkeit, sämtliche in Art 46 IK im Einzelnen aufgeführte Straferschwerungsgründe im Rahmen von § 46 Abs. 1 Satz 1 und Absatz 2 StGB zu berücksichtigen. Eine Verpflichtung zu einer strafschärfenden Anwendung in jedem Einzelfall wird durch Art. 46 IK nicht implemtiert, um den Vertragparteien entsprechend ihrer Sanktionssysteme die notwendigen Spielräume bei der gesetzlichen Umsetzung zu geben.[85] Allerdings dürfte der Umstand, dass sich eine Tat nach den Urteilsfeststellungen als häusliche Gewalt erweist (zur Begriffsbestimmung s. Rn. 36 ff.) und sie damit Gepräge struktureller Unterlegenheit aufweist, als bestimmender Strafzumessungsgrund anzusehen sein.[86]

43 Vor diesem Hintergrund begegnen einzelne strafzumessungsrechtliche Bewertungen der höchstrichterlichen Rechtsprechung durchgreifenden rechtlichen Bedenken. Dass etwa eine **Sexualstraftat zu Lasten des weiblichen (Ehe- oder früheren Intim-) Partners** begangen worden ist, kann fortan keine strafmildernde Bedeutung haben. Dies gilt gleichermaßen für die strafzumessungsrechtliche Bewertung der **Vergewaltigung einer Prostituierten.**[87] Die Gegenauffassung erweist sich jedenfalls als unvereinbar mit der nunmehr geltenden Rechtslage, die der Handlung mit Recht einen erhöhten Schuldgehalt zuschreibt und eine effektive schuldangemessene Sanktionierung geschlechtsspezifischer Gewalt gebietet (s. auch Art. 36 Abs. 2 IK). Dies gilt gleichermaßen für – begrifflich ohnehin nicht scharf gefasste – **„ambivalente Beziehungen"** (s. auch Art. 36 Abs. 3 IK).[88]

44 Dies gilt für die Bewertung **unvertypter Strafzumessungsgründe** gleichermaßen.[89] So ist ein (unbenannter) besonders schwerer Fall der Nötigung regelmäßig dann gegeben (§ 240 Abs. 4 StGB), wenn der Täter die durch körperliche oder räumliche Verhältnisse bedingte Unterlegenheit des Tatopfers über einen nicht unerheblichen Zeitraum zur Begehung seiner Tat ausnutzt oder mit dieser Tat die Demütigung oder die Erniedrigung seines ihm partnerschaftlich noch oder aber zuvor verbundenen Tatopfers erstrebt bzw. dieses in seinem Sinne gefügig machen will.[90]

45 **b) Begrenzung der Aktivbefugnisse des Verletzten.** Der Gesetzgeber der Opferschutzrechte hat sämtliche seriösen und gleichzeitig realisierbaren Reformvorschläge (zur Änderung des 5. Buches der StPO) weitgehend aufgegriffen und verwirklicht sowie seinen unionsrechtlichen Verpflichtungen durchgehend entsprochen. Es steht allerdings auch weiterhin zu erwarten, dass der Reformgesetzgeber die Stellung des Verletzten zwar nicht grundlegend verändern, aber doch weiter modifizieren und – im Vergleich zum Beschuldigten/Angeklagten – stärken wird. Der bereits zu früheren Reformgesetzen

---

85 BTDrucks. **18** 12037 S. 83; Erläuternder Bericht zur Istanbul-Konvention Rn. 235.

86 Vgl. auch *Steinl* ZStW (**133**) 2021 819 ff.

87 Vgl. hierzu allerdings noch BGH NJW **2000** 672, 673; NStZ **2001** 29; NStZ **2001** 369; andererseits BGH NStZ **2009** 207; NStZ-RR **2008** 74; NStZ-RR **2001** 646; NStZ-RR **2003** 110; hierzu bereits *Gaede* NStZ **2002** 238.

88 Anders allerdings BGH BeckRS **2003** 09607; StV **2001** 453; BayObLG BeckRS **2003** 32386; BeckRS **2022** 4327.

89 Anders allerdings BGH NStZ-RR **2010** 9.

90 OLG Hamburg BeckRS **2018** 3916; zustimmend *Raabe* STREIT **2018** 147 ff.; vgl. ferner den Erläuternden Bericht zur Istanbul-Konvention Rn. 236.

ausgetragene Streit über Grund und Grenzen des Opferschutzes im Strafverfahren wird absehbar in gleicher Weise weiterhin ausgetragen werden und die Rechtsentwicklung begleiten.[91] Eine Ursache für diesen seit etwa vierzig Jahren bestehenden Streit ist naheliegend: Es ist bislang nicht gelungen, eine einhellig konsentierte dogmatische Begründung der Opferrechte vorzunehmen.[92] Schon *Rieß* mahnte in seinem grundlegenden Beitrag zum 55. Deutschen Juristentag 1984 an, dass die prozessrechtliche Sonderstellung des Verletzten „keine nicht weiter begründungsbedürftige Selbstverständlichkeit [ist], bei der es nur noch um Details geht. Sie muss vielmehr aus den anerkannten Zwecken des Strafrechts und des Strafverfahrensrechts besonders legitimiert werden; dabei sollte versucht werden, hieraus zugleich erste Maßstäbe für eine Funktions- und Grenzbestimmung der Verletztenposition abzuleiten."[93] Diese Notwendigkeit einer abgesicherten Dogmatik erkannte zu jener Zeit auch *Schöch*: „Für eine kriminalpolitische Entscheidung dürfte" die von *Rieß* kursorisch angedachte Herleitung aus dem Verfahrensziel des Rechtsfriedens, des Sozialstaatsprinzips und des Autonomieprinzips als „Ebene normativer Plausibilität" ausreichen. Die Wissenschaft werde an dieser Frage (aber) weiter arbeiten müssen."[94] Ein entsprechender durchgreifender Erfolg steht indes noch immer aus. Muss aber nicht im Strafverfahren dieser Frage mit Nachdruck nachgegangen werden, wo konfligierende Interessen und Rechte des Angeklagten durch den Ausbau von Verletztenrechten naheliegender Weise betroffen sein könnten?[95] Befindet sich anderenfalls nicht gerade das reformierte Strafverfahren in der Gefahr, durch die Thematik des Opferschutzes rechtspolitisch oder gar rechtspopulistisch medial inszeniert und selbst „Opfer" eines ungeregelten, konzeptlosen[96] legislativen Aktionismus zu werden? Eine exakte dogmatische Verortung kann auch hier freilich nicht formuliert werden.[97] Es sollen allerdings die groben Linien des Streitstands um die Ursprünge und Grenzen der Verletztenbefugnisse aufgezeigt und jedenfalls der Versuch unternommen werden, durch eine Rückbesinnung auf die verfassungsrechtlichen Grundlagen – auch des staatlichen Strafens – einen Rahmen dafür zu skizzieren, welche rechtlichen Interessen des Verletzten[98] unbedingt – etwa von Verassungs wegen – durch den Staat zu schützen sind.

---

91 Vgl. die Reformdiskussion der letzten Jahre, z.B. die Vorschläge des Weißen Rings vom 18. Januar 1994; *Däubler-Gmelin* ZRP **1994** 338; *Nelles/Oberlies* 13, 29 ff., 39, 43 ff.; *Peglau* ZRP **2004** 39; *Böttcher* FS Widmaier 81; *Ferber* NJW **2004** 2562; *Walther* GA **2007** 615; *Rieß* Gutachten 104 ff., 206; *Weigend* 479 ff., 544 ff.; *Kintzi* DRiZ **1998** 65; s. auch *Schünemann* FS Hamm 687; *Dölling* FS Jung 77; *Rieß* FS Jung 751; *ders.* Jura **1987** 289; *Rieß/Hilger* NStZ **1987** 153; *Rössner/Klaus* NJ **1996** 288; *Zätzsch* ZRP **1992** 167; *Köckerbauer* NStZ **1996** 305; *Goll* ZRP **1998** 14; *Jung* ZRP **2000** 159; *Hinz* ZRP **2002** 475; *ders.* JR **2007** 140; *Ferber* NJW **2004** 2562; *Kilchling* NStZ **2002** 57; *Kuhn* ZRP **2005** 125; *Schöch* FS Böhm 663; *Vogel* JZ **2004** 827; *Ferber* NJW **2004** 2562; *Freund* GA **2002** 83; *ders.* GA **2005** 321; *Wenske* NStZ **2008** 434; Stellungnahme BRAK v. März 2009 Nr. 9/2009 zu BRDrucks. 178/09; *Iffert-Schmücker* 117 ff., 126; *M. Kaiser* 289 ff.; *Patsourakou* 162, 302; *Staiger-Allroggen* 133 ff.; KMR/*Fezer* Vor § 374, 17; AK/*Rössner* Vor § 374 bis § 406h, 9 ff.; BTDrucks. **13** 6899; **13** 3128; **14** 4661; **15** 814; **16** 7004; **16** 7617; **16** 9448; BRDrucks. 618/01; 829/03; 178/09 sowie die Nachweise bei den jeweiligen Vorschriften.

92 Ebenso *Bung* StV **2009** 436; vgl. auch *Wenske* PdR **28** (2018) 7 ff.

93 *Rieß* Gutachten 46 f.; *ders.* ZIS **2009** 466, 476.

94 *Schöch* NStZ **1984** 385, 387; ähnlich der Befund von *Anders* ZStW **(124)** 2012 374, 392.

95 Vgl. hierzu schon *Schlothauer* StV **1987** 356, 360 und StV **1999** 47 ff.

96 Hierzu instruktiv Fastie/*Volbert* Opferschutz im Strafverfahren (2017) 240, 254.

97 Vgl. bereits *Wenske* PdR **28** (2018) 8 ff.

98 Vgl. hierzu nur die Beschreibung von *Hörnle* JZ **2006** 950, 954 ff.

46 **aa) Strafzwecke.** Die schon von *Rieß* in den Blick genommene Begründung durch die Strafzwecke[99] muss bei der Lösung der aufgeworfenen Fragen versagen. Zunächst kann angesichts des fortdauernden grundsätzlichen Streitstandes über Vorzüge und Nachteile von spezial- und generalpräventiven Ansätzen, der vergeltenden und der präventiven Vereinigungstheorien sowie der reinen Vergeltungstheorie und ihrer jeweiligen Spielarten[100] bei der Bestimmung von Rechts wegen unabweisbarer prozessuler Befugnisse des Verketzten auf keinen – hier hinreichend belastbaren – gesicherten Erkenntnisstand zurückgegriffen werden.[101] Mangels klarer, allseits akzeptierter Konturen der Strafzwecklehren können diese zwar ein **Genugtuungsinteresse integrieren**, ohne dass es eines eigenständigen Strafzwecks dieser Art bedürfte,[102] sie vermögen allerdings nicht das dogmatische Profil der Opferrechte hinreichend zuschärfen oder solches gar substanziell begründen und damit keine Orientierungshilfe sein.[103] Überdies griffe dieser Ansatz auch zu kurz. Denn inmitten steht die – über die Straftheorien hinausweisende – Frage nach der Aufgabe, die dem Strafrecht im **Gesamtzusammenhang der rechtlichen Reaktionen** auf den Verdacht einer Straftaten bzw. den Normbruch zukommt. Dies könnte wiederum nur eine – naheliegend noch unschärfere – Strafrechtstheorie leisten, die zugleich Aussagen darüber enthält, in welchem Umfang gerade das Strafrecht **staatliche Schutzpflichten auf der Sekundärebene** wahrnehmen sollte (s. Rn. 53), enthalten und damit zugleich in Friktionen mit dem System eines allein öffentlichen Strafanspruchs[104] geraten müsste.[105]

47 **bb) Rechtliches Gehör (Art. 103 Abs. 1 GG).** Auch Art. 103 Abs. 1 GG vermag eine umfassende dogmatische Begründung der Opferrechte nicht zu liefern.[106] Allein der – etwa von *Walther* – benannte Umstand, dass für alle Verletzten „etwas auf dem Spiel stehe“,[107] namentlich die Wahrung der Sicherheitsinteressen etwa bei der Rechtsfolgenentscheidung über die Aussetzung der Strafvollstreckung zur Bewährung, vermag jedenfalls die hieran angeknüpfte Forderung der Prozessrolle einer „eigenständigen, unabhängigen Verfahrenspartei“ verfassungsrechtlich nicht zu begründen.[108] Mag dem grundrechtsgleichen Recht auf rechtliches Gehör auch eine (beschränkte) Aussagekraft für **Informations- und Äußerungsrechte** zukommen, eine Legitimation etwa auch von **Gestaltungsrechten** kann daraus nicht hergeleitet werden. Mit Recht weist *Anders* in diesem Zusammenhang daher kritisch auf die absehbaren Friktionen mit der Instruktionsmaxime des deutschen Strafverfahrens hin. Soll aus Art. 103 Abs. 1 GG tat-

---

99 *Rieß* Gutachten 50 f.; *Prittwitz* KritV **2000** 172 f.; *Hörnle* JZ **2006** 951 ff.

100 Vgl. im Einzelnen nur LK/*Theune*, 12. Aufl., Vor §§ 46-50, 22 ff. sowie *Wilfert* 84 ff.

101 Vgl. nur *Roxin* AT I § 3, Rn. 1 bis 55.

102 Vgl. *Weigend* RW **2010** 44; h.M.

103 Vgl. bereits *Wenske* PdR **28** (2018) 9; sowohl mit Blick auf die insoweit konkretisierende, nicht aber konstituierende Wirkung der Strafzwecke auch *Burgi* FS Isensee (2007) 655, 665; zur entsprechenden Weiterentwicklung der Strafzwecke um den Aspekt einer Opferorientierung *Hörnle* JZ **2006** 953, wobei klare Konturen für die Frage, was gesetzlich an Rechten zu gewährleisten ist und was nicht, hierdurch nicht gezeichnet werden; ähnlich *Bung* StV **2009** 436.

104 Vgl. nur BVerfGE **51** 176, 187; wistra **2003** 419; NJW **2002** 816 (Anfechtung einer Einstellung nach Opportunitätsregeln); OLG Hamburg NStZ **2017** 884; in diesem Sinne auch *Weigend* RW **2010** 45; vgl. aber auch BGH BeckRS **2017** 121836, der in nicht unbedenklicher Weise dem fehlenden Sühnebedürfnis des Tatopfers bestimmende strafmildernde Bedeutung beimessen will.

105 Ebenso *Bung* StV **2009** 437.

106 Vgl. bereits *Wenske* PdR **28** (2018) 9 f.

107 *Walther* GA **2007** 615, 617 ff.

108 Krit. auch *Weigend* RW **2010** 51.

sächlich hergeleitet werden, dass die schuldstrafrechtlich gebotene Orientierung an der Wahrheitsermittlung zu Gunsten eines dann „im Diskurs gewonnen Konsenses“[109] aufzugeben ist?[110] Zudem ist zweifelhaft, ob für sämtliche in Betracht kommende Opferbelange der Schutzbereich von Art. 103 Abs. 1 GG eröffnet ist. Rechtliches Gehör ist der Person zu gewähren, die an einem gerichtlichen Verfahren als Partei oder in ähnlicher Stellung förmlich beteiligt ist oder unmittelbar materiell-rechtlich von dem Verfahren betroffen wird.[111] Dies mag zwar de lege lata für den Nebenkläger gelten.[112] Für den lediglich nebenklageberechtigten Verletzten, der von seinen weitergehenden Verletztenrechten insoweit keinen Gebrauch macht und den nicht nebenklageberechtigten Verletzten ist dies mangels Parteistellung nach geltendem Recht aber schon zweifelhaft.[113] Damit ist allerdings kein überzeugender Grund dafür dargetan, dem Verletzten Angriffs- oder Gestaltungsmittel prozessual überhaupt einzuräumen und damit die gegenwärtig bestehende Rechtslage und Parteistellung überhaupt erst zu schaffen. Die grundsätzlich anerkennenswerten Wiedergutmachungs, Rehabilitations- und Sicherheitsinteressen des Verletzten einer Tat erreichen nicht das von Art. 103 Abs. 1 GG geforderte Gewicht. Insoweit handelt es sich lediglich um bloße Beeinträchtigungen ideeller, wirtschaftlicher oder sonstiger Interessen.[114] Eine allgemeine unmittelbare eigene Betroffenheit des Verletzten durch das Strafurteil wird hingegen zwar vereinzelt behauptet; eine dogmatisch gesicherte Erkenntnis liegt dem allerdings ausdrücklich nicht zugrunde.[115]

cc) Justizgewährungsanspruch. Gleiches muss für eine Herleitung aus dem Justizgewährungsanspruch gelten.[116] So zeigt etwa *Holz* zwar auf, dass dem Verletzten einer Straftat ein solcher Justizgewährungsanspruch zustehe. Er leite sich aber nicht aus Art. 20 Abs. 3 GG ab, da dieser lediglich auf das Verhältnis zwischen Staat und Bürger und nicht auf die dreipolige Konstellation unter Beteiligung eines weiteren Privaten zugeschnitten sei.[117] Er gründe sich vielmehr auf die Rechtsweggarantie des Art. 19 Abs. 4 GG,[118] da das einfache Recht dem Verletzten wegen der durch die Straftat **erlittenen Vertrauenseinbuße** und damit (stets) beeinträchtigten Sicherheitsgefühls ein subjektiv-öffentliches Recht auf Restitution der individualrechtsgutsschützenden Strafrechtsnorm einräume.[119] Ist die- 48

109 *Anders* ZStW **2012** 374, 388.

110 Zu den mit in einer diskursiv vorgenommenen Strafbemessung begründeten Gefahren vgl. *Frisch* FS Streng 685, 699.

111 BVerfGE **65** 227, 233; Maunz/Dürig/*Remmert* Art. 103, 40 f.; Sachs/*Degenhart* Art. 103, 9 f.

112 Maunz/Dürig/*Remmert* Art. 103, 45.

113 Ebenso *Bader* 197.

114 Anders *Walther* GA **2007** 615, 618, die eine Betroffenheit in „Interessen“ anscheinend ausreichen lassen will; dagegen *Wenske* NStZ **2008** 434, 436.

115 Wie hier etwa *Bader* 195 f.; **a.A.** *Walther* GA **2007** 615, 618; *dies.* JR **2008** 405, 408.

116 Vgl. bereits *Wenske* PdR **28** (2018) 10.

117 *Holz* 60 f.

118 So wohl auch *Walther* JR **2008** 404, 405, wobei sie die Entscheidung des BVerfG zum grundrechtlich verbürgten Anspruch auf Erstattung einer Strafanzeige (BVerfGE **74** 257) zu einem zentralen Anknüpfungspunkt werden lässt und dabei ausblendet, dass diese Entscheidung kontextgebunden mit Blick auf das Gewaltmonopol des Staates und der damit korrespondierenden Friedenspflicht des Bürgers gelesen werden muss; einen Anspruch, wie ein Verfahrensbeteiligter behandelt zu werden, folgt daraus entgegen *Walther* GA **2007** 615, 620 gerade nicht.

119 *Holz* 217.

se Prämisse schon für sich nicht unangreifbar,[120] so führt dieser Weg aber nicht zu einer näheren Konturierung unabweisbarer strafverfahrensrechtlicher Befugnisse. Denn Art. 19 Abs. 4 GG setzt nach *Holz* gerade voraus, dass dem Verletzten ein durch einfaches Gesetzesrecht vorgegebenes subjektiv-öffentliches Recht zusteht;[121] über die Notwendigkeit, die einfache Gesetzeslage – wie geschehen – zugunsten des Verletzten und nicht anders auszugestalten, gibt auch dieser Ansatz indes keine Auskunft, sondern erweist sich lediglich als eine petitio principii.[122]

49 **dd) Anhaltspunkte im geltenden Recht.** Dies gilt gleichermaßen für den von *Giehring* beschrittenen Weg.[123] Er leitet das von ihm anerkannte „subjektive Recht des Verletzten auf eine Strafverfolgung", das seine Interessen berücksichtigt, aus den Regelungen des geltenden Rechts ab, die hierfür Anhaltspunkte böten.[124] Eine Antwort darauf, ob es für diese Rechtsausgestaltung eine Verpflichtung gab oder ob der Gesetzgeber hinter einer solchen de lege lata gar zurückgeblieben ist, kann mit diesem Ansatz nicht gegeben werden.

50 **(1) Fairnessgrundsatz.** Auch der im Rechtsstaatsprinzip und in der allgemeinen Handlungsfreiheit (Art. 2 Abs. 1 i.V.m. Art. 20 Abs. 3 GG) wurzelnde oder aus Art. 6 EMRK abgeleitete Grundsatz des fairen Verfahrens ist im vorliegenden Zusammenhang unergiebig. Im Einzelfall wurde er zwar über die Beschreibung der Rechte des Beschuldigten hinaus auch als Grundlage für die Konstituierung einzelner Zeugenrechte durch das BVerfG bemüht;[125] dabei standen freilich eigene Rechte der schutzbedürftigen Person in ihrer Verfahrensrolle als Zeuge im Vordergrund, namentlich das Schweigerecht und seine Durchsetzung im Wege des § 55, und nicht eine generelle Befugnis eines jeden Zeugen, sich eines Rechtsbeistandes zu bedienen. Eine Anerkennung als Verfahrensbeteiligter, gar im Wege einer umfassenden Beschreibung seiner Befugnisse, wurde hiermit zu keiner Zeit erstrebt und scheint eher fernliegend.[126]

51 **(2) Staatliche Schutzpflichten.** Vielversprechender erscheint es, bei der allgemein anerkannten Schutzpflichtenfunktion der Grundrechte anzusetzen.[127] Aus Art. 1 Abs. 1 Satz 2 GG und der Funktion der objektiv-rechtlichen Dimension der Grundrechte als Wertentscheidung für die gesamte Rechtsordnung ergibt sich, dass sie über die Abwehr staatlicher Eingriffe hinaus auch den Anspruch auf Schutz gegen Eingriffe Dritter begründen können;[128] dies ist insbesondere für das Grundrecht auf körperliche Unversehrt-

---

120 Vgl. nur *Weigend* RW **2010** 48; *Gusy* GA **2008** 641, 642, der zutreffend darauf hinweist, dass das von *Holz* zur Begründung herangezogene Rechtsgut der „gefühlten Sicherheit" (*Holz* 64 ff.) im Verfassungsrecht als Objekt staatlicher Schutzpflichten nicht unumstritten ist; vgl. auch BVerfG NJW **2002** 815, wonach Regelungszweck des § 153a die Kompensation des öffentlichen Interesses an der Strafverfolgung sei und eine Rechtsverletzung zum Nachteil des Verletzten der Tat daher grundsätzlich ausscheide; ähnlich zum Klageerzwingungsverfahren BVerfG NJW **2002** 2859 und BVerfG NJW **2004** 1585; kritisch dazu *Walther* FS Jung 1050.

121 Ähnlich *Weigend* RW **2010** 50; *ders.* FS Streng 791.

122 Vgl. *Wenske* PdR **28** (2018) 11.

123 Vgl. bereits *Wenske* PdR **28** (2018) 11.

124 *Giehring* FS Ostendorf 359 f., 367.

125 Vgl. BVerfGE **38** 105; **57** 250; **74** 257; StraFo **2010** 243.

126 Ablehnend auch *Bader* 183.

127 Vgl. bereits *Burgi* FS Isensee 661 ff.; *Wenske* PdR **28** (2018) 12 ff.

128 Vgl. nur *Stern* DÖV **2010** 241, 245 ff.

heit und das Recht auf Leben anerkannt.[129] Die aus der jeweils in Rede stehenden Grundrechtsbestimmung abzuleitenden Schutzpflichten bedürfen der **Konkretisierung durch die Gesetzgebung**. Dieser kommt dabei anerkanntermaßen ein erheblicher Gestaltungs- und Bewertungsspielraum zu,[130] der es grundsätzlich ausschließt, ein subjektives Recht auf eine bestimmte legislative Maßnahme anzunehmen; gefordert werden kann hingegen ein Tätigwerden des Gesetzgebers überhaupt.[131] Wohl ausgelöst durch einen Vortrag von *Isensee* aus dem Jahre 1982 zum Thema „Das Grundrecht auf Sicherheit"[132] begann unter diesem Rubrum eine umfassende verfassungswissenschaftliche Auseinandersetzung und Weiterentwicklung der Schutzpflichtendogmatik. Bemerkenswerterweise lässt sich zwischen diesem Initial im öffentlichen Recht und dem Einzug der Interessen der verletzten Person in das Strafverfahren eine **zeitliche Koinzidenz** nachweisen. Als maßgeblicher Anstoß gilt der Strafrechtswissenschaft nach wie vor das von *Rieß* auf dem 55. Deutschen Juristentag 1984 gehaltene Referat.[133] Neben diesem zeitlichen Moment legen es aber insbesondere die das „Grundrecht auf Sicherheit" tragenden verfassungsrechtlichen – aber auch im internationelen Menschenrechtsschutz[134] anerkannten – Erwägungen nahe, die staatlichen Schutzpflichten als gedanklichen Ausgangspunkt bei der Suche nach einer Rechtsgrundlage im Folgenden zugrunde zu legen und zu versuchen, die begrenzten Erklärungsmöglichkeiten der vorgenannten weiteren dogmatischen Ansätze mit dessen Hilfe zu überwinden.[135]

(a) Primärebene. Aus der Schutzpflichtenfunktion der Grundrechte folgt zu- 52
nächst – im Sinne einer Primärebene – für die Legislative der Gesetzgebungsauftrag stets für einen Mindeststandard ausreichender Schutznormen zu sorgen,[136] bei Änderung der Verhältnisse die vorhandenen Regelungen nachzubessern und bei neuartigen Gefährdungen anzupassen. Im strafrechtlichen Zusammenhang hat der Gesetzgeber zum Schutz von Leib und Leben zunächst für Strafnormen zum Schutz dieser Rechtsgüter zu sorgen. Damit korrespondiert ein – nachstehend auf sekundärer Ebene zu beschreibender – Vollzugsauftrag an die Exekutive und Judikative, um eine Effektivität des Schutzes zu gewährleisten.[137] Der Staat hat hierfür ausreichende gesetzliche Grundlagen zur Gefahrenabwehr einzurichten und die hiermit befassten Verwaltungseinheiten mit Haushaltsmitteln zureichend auszustatten. Er entspricht mit alledem auf dieser Primärebene unter Einsatzes eines Gewaltmonopols seiner obersten Pflicht, den inneren Frieden zu erhalten und rechtfertigt die damit korrespondierende Friedenspflicht seiner Bürger.[138] Auf dieser Primärebene bewegt sich die Diskussion um die Legitimation von Opferrechten ersichtlich nicht. Mit der durch die Straftat eingetretenen Rechtsgutsverletzung hat

129 Vgl. nur Sachs/*Murswiek*/*Rixen* GG Art. 2, 24; Maunz/Dürig/*Di Fabio* Art. 2 Abs. 2 Satz 1 Rn. 86 f. sowie exemplarisch aus der Rspr. des Bundesverfassungsgerichts BVerfGE **39** 1 (Fristenlösung); BVerfGE **46** 160 (Schleyer); BVerfGE **53** 30 (Kalkar); BVerfGE **88** 203.

130 Vgl. *Stern* DÖV **2010** 241, 247.

131 *Stern* DÖV **2010** 241, 248.

132 *Isensee* Das Grundrecht auf Sicherheit. Zu den Schutzpflichten des freiheitlichen Verfassungsstaates, Berlin 1983.

133 *Rieß* Gutachten C zum 55. DJT.

134 Vgl. etwa *Seibert-Fohr* ZaöRV **73** (2013) 47 m.w.N.; zum Schweizer Strafprozessrecht nur *Coninx*/*Mona* ZStR **135** (2017) 3.

135 Vgl. bereits *Wenske* PdR **28** (2018) 13 ff.

136 Im Ausgangspunkt ähnlich *Hörnle* JZ **2006** 950, 954; ferner *Coninx*/*Mona* ZStR **135** (2017) 4; vgl. bereits *Wenske* PdR **28** (2018) 13 f.

137 Isensee/Kirchhof/*Isensee* Handbuch des Staatsrechts § 111 Rn. 90.

138 *Bethge* DVBl. **1989** 841, 844 ff.

die Primärebene bereits versagt und sich das im Rahmen sozialen Lebens niemals auszuschließende Restrisiko für die verletzte Person realisiert.[139]

53 **(b) Sekundärebene.** Die begangene Straftat und der damit vorliegende Eingriff eines Dritten in den Schutzbereich eines Grundrechts[140] hebt allerdings die staatliche Verantwortlichkeit nicht auf.[141] Die Schutzpflichtenfunktion umfasst auf einer Sekundärebene daher auch die **Kompensation dieses staatlichen Versagens.**[142] Zwar steht der verletzten Person – nach einhelliger Auffassung – kein Recht auf eine bestimmte Bestrafung des Angeklagten zu.[143] Sie wird gleichwohl de lege lata mit den Folgen der Tat von der Sozialgemeinschaft nicht allein gelassen. Nach dem Opferentschädigungsgesetz aus dem Jahre 1979 hat derjenige, gegen den ein tätlicher Angriff verübt worden ist, aus Gründen staatlicher Fürsorge (vgl. Art 74 Abs. 1 Nr. 7 GG[144]) für vorangegangenes staatliches Versagen[145] (auf der Primärebene) Anspruch auf Versorgung nach dem Bundesversorgungsgesetz (§ 1 Abs. 1 und 2 OEG);[146] nach § 1 des Gewaltschutzgesetzes kann die verletzte Person gerichtlich Schutzmaßnahmen, etwa Näherungsverbote, gegen den Schädiger durchsetzen. Der Gesetzgeber hat zudem die Durchsetzung materieller Entschädigung für die verletzte Person durch verschiedene Institute erleichtert. Hier seien nur das Adhäsionsverfahren (§§ 403 ff.), die Zurückgewinnungshilfe (§§ 111b ff.) sowie (zumindest in Teilen) der Täter-Opfer-Ausgleich (§ 46a StGB, § 155a) hervorgehoben. Überdies ist auf sozialbehördliche Einrichtungen wie Frauenhäuser und durch Krankenkassen finanzierte psychotherapeutische Traumabewältigungen als solidargemeinschaftliche Hilfen zur Kompensation der wegen staatlichen Versagens auf der Primärebene eingetretenen Grundrechtsverletzung hinzuweisen.[147]

54 Damit ziehen die **Kompensationsrechte** der verletzten Person aus dem vom Staat nicht verhinderten Normbruch in ein gegen den Angeklagten geführtes Strafverfahren ein. Es entsteht damit aus dem eigentlich seit dem reformierten Strafprozess überkommenen Staat-Bürger-Verhältnis eine dreipolige Verfahrenskonstellation von „Staat – verletztem Bürger angeklagtem Bürger".[148]

55 Mit diesem Befund ist allerdings noch nichts gesagt zu den **Gestaltungs- und Beteiligungsrechten** des Verletzten.[149] Soweit diese ihre Grundlage in der Durchsetzung eines Schadensersatzanspruchs haben und sich etwa auf das Adhäsionsverfahren beziehen,

---

139 Vgl. *Wenske* PdR **28** (2018) 13.

140 Vgl. hierz *Burgi* FS Isensee 661 ff.; kritisch zur Straftat als Schutzpflichtverletzung *Bader* 174 ff.

141 Vgl. *Wenske* PdR **28** (2018) 14.

142 Vgl. BVerfG JZ **2020** 359; bereits BTDrucks. **6** 2506 S. 10 zum OEG, das greift, weil der Staat es im Einzelfall nicht vermocht habe, „durch den Schutz der Rechtsordnung den Bürger vor einem gewaltsamen Angriff zu bewahren"; vgl. etwa auch BSG NJW **1999** 23 sowie Isensee/Kirchhof/*Isensee* Handbuch des Staatsrechts Rn. 108; vgl. bereits *Wenske* PdR **28** (2018) 14 f.

143 Vgl. nur *Hörnle* JZ **2006** 950, 956; *Renzikowski* FS Höland 210, 215.

144 Hieraus leitete der Bundesgesetzgeber seine Gesetzgebungskompetenz ab, vgl. BTDrucks. **16** 12273 S. 6 sowie ferner BSG NJW **2010** 1478, 1480.

145 Vgl. die Gesetzesbegründung zum Opferentschädigungsgesetz BTDrucks. **7** 2506 S. 7.

146 Wie der ausgesprochen restriktive Umgang mit den – ohnehin engen – Anspruchsvoraussetzungen des OEG bei gleichzeitig überschießender gesetzgeberischer Tätigkeit im Strafverfahren bezogen auf den Opferschutz zu bewerten ist, mag hier dahinstehen, vgl. nachstehend 5. und bereits hier etwa BSGE **108** 97 sowie zum Anspruch auf diskriminierungsfreie Opferentschädigung EuGH StV **2017** 21.

147 Vgl. *Wenske* PdR **28** (2018) 14.

148 Vgl. bereits *Wenske* PdR **28** (2018) 15.

149 Ähnlich differenzierend auch *Anders* ZStW **2012** 374, 387; *Weigend* FS Streng 792; *Barton* JA **2009** 753; vgl. auch *Wenske* PdR **28** (2018) 15 f.

mögen auch sie von der Kompensation auf der Sekundärebene staatlicher Schutzpflichten als erfasst angesehen werden.[150] Die gilt gleichermaßen für **Äußerungsrechte,** um auf eine angmessene Berücksichtigung seiner (Schutz-)Interessen im Strafverfahren zu dringen.[151] Dies muss erst recht gelten, wenn der Angeklagte sich im Wege seiner Einlassung versucht, sich „auf Kosten" des Tatopfers zu entlasten.[152] An diese **Verantwortungszuschreibungen** hat – um weitere Rechtsverletzungen und Beeinträchtigungen durch das Verfahren zu vermeiden – ein Beteiligungsrecht anzuknüpfen (vgl. § 395, 25, 59). Problematisch in ihrer rechtlichen Fundierung sind indes die hiervon ersichtlich gelösten **Informations-**, **Akteneinsichts-**, **Anwesenheitsrechte** des Verletzten **sowie** Frage-, **Antrags-** und sonstigen **Gestaltungsrechte**, etwa das Beweisantragsrecht oder eine weitgehende Rechtsmittelbefugnis (§ 400) des Nebenklägers. In dieser Abstraktheit verfolgen diese Rechte über die Kompensation versagender staatlicher Schutzpflichten auf der Primärebene und die Vermeidung erheblicher Belastungen durch die strafjustizförmige Aufarbeitung des Normbruchs hinaus weitere, vom Grundrecht auf Sicherheit gelöste Interessen und ermöglichen ein von diesem Ansatz nicht gedecktes und in seiner Notwendigkeit empirisch nicht sicher belegtes **„vergeltungsorientiertes Prozessverhalten"**.[153] Dies ist deshalb bemerkenswert, weil die Nebenklage weder die Funktion einer weiteren „Anklagebehörde" wahrnimmt, noch sich auf einen eigenen Strafanspruch berufen kann; das Interesse des Verletzten etwa an einer bestimmten Sanktion wird rechtlich gerade nicht geschützt (vgl. etwa § 400). Selbst bei schwersten Gewaltaten besteht stets nur ein – freilich justitiabler – Anspruch auf effektive Strafverfolgung.[154]

Verletzte – gerade schwerster Straftaten – können zweifellos und verständlicherweise ein ureigenes Interesse an Genugtuung haben.[155] Von Verfassungs wegen geschützt und damit durchsetzbar ist ihr Genugtuungswunsch gegenwärtig indes nicht. Denn ein Recht auf Bestrafung – in dessen Folge sich Genugtuung einstellen könnte[156] – steht dem Einzelnen gerade nicht zu; Strafverfolgung geschieht allein im öffentlichen Interesse. Der Staat führt das Verfahren als Stellvertreter für das gesamte Volk, nicht für die im Einzelfall verletzte Person. Der am Ende des Verfahrens stehende Schuld- und Rechtsfolgenausspruch stellt spezialpräventiv – in jeder Hinsicht – klar, dass der Rechtsverletzung Unrecht und kein Unfall zugrunde lag. 56

ee) Ergebnis. Die verfassungsrechtliche Schutzpflichtenkonzeption gebietet die Einrichtung der über die bloße materielle und immaterielle Kompensation des Normbruchs für den Verletzten hinausgehenden Gestaltungs- und Beteiligungsrechte im Strafverfahren nicht. Aus den weiteren derzeit diskutierten rechtlichen Herleitungs- und Begrenzungsversuchen für Beteiligungsrechte des Verletzten am Strafverfahren ergibt sich keine hinreichend sichere anderslautende Antwort auf diese Fragen.[157] Es liegt derzeit nahe, dass die Gestaltungs- und Beteiligungsrechte des Verletzten zumindest in erster 57

150 Im Ergebnis ebenso *Giehring*, in: FS Ostendorf (2015) 353, 367.
151 Vgl. hierzu auch *Weigend* RW **2010** 56 f.; *ders.* FS Streng 790 f., der diese Mitwirkungsbefugnis aus dem allgemeinen Persönlichkeitsrecht des Verletzten herleitet.
152 *Weigend* RW **2010** 56.
153 So krit. bereits *Rieß* FS Jung 755; vgl. ferner *Dölling* FS Jung 84; *Weber* 121 ff.; *Weigend* RW **2010** 56.
154 Vgl. BVerfG JZ **2020** 358, 360 m. Anm. *Gärditz*; vgl. *Wenske* PdR **28** (2018) 16.
155 Vgl. etwa BGH NJW **1979** 27; vgl. bereits *Wenske* PdR **28** (2018) 16.
156 Vgl. hierzu *Sautner* 288; SK/*Velten* Vor § 406d, 6.
157 Vgl. bereits *Wenske* PdR **28** (2018) 17.

Linie auf eine rechtspolitische Wertentscheidung zurückgehen.[158] Vor dem Hintergrund zahlreicher Gesetzesänderungen und der erreichten Etablierung des Verletzten als Prozesspartei sollte der Strafverfahrenspraxis nun Zeit gegeben werden, um die Vielzahl eingeführter ausdifferenzierter Regelungen zum Schutze von Zeugen und von Verletzten zu erproben. Hängt doch die Effektivität der Schutzregeln maßgeblich von ihrer Umsetzung im Einzelfall ab[159] (zu einzelnen punktuellen Reformanliegen vgl. etwa § 395, 4). Recht reguliert unser Zusammenleben. Es wird allerdings niemals sämtliche Empfindungen, Genugtuungsbedürfnisse, Erklärungsverlangen und Sensibilitäten aller Menschen erfassen können. Sie im Einzelfall erfassen, mit ihnen konkret umgehen und sie als Vertreter des Staates in der Verfahrensgestaltung tatsächlich berücksichtigen können nur ein Richter oder eine Richterin. Auf diesen für den Rechtsfrieden fundamentalen kommunikativen Akt, der gerade auch die verletzte Person einbezieht, sollte mehr Bedacht gelegt werden. Eine zureichend ausgestattete und mit den Sensibilitäten der Verfahrensbeteiligten etwa durch entsprechende Fortbildungen vertraut gemachte Strafjustiz ist dazu in der Lage. Mit ihr kann den vielen emotionalen Interdependenzen im Strafverfahren wirklich effektiv begegnet werden; das Gesetz allein indessen muss bei diesem umfassenden Versuch scheitern.[160]

58 **c) Reformansätze außerhalb des Strafverfahrens.** Derzeit liegt es nahe, die solidargemeinschaftliche Unterstützung des Verletzten einer Straftat jenseits des Strafverfahrens gesetzlich weiter auszubauen. Eine bereits seit Jahren bestehende, rechtspraktisch indes weitgehend leerlaufende[161] Unterrichtungspflicht betreffend den Verletzten (vgl. § 406j Nr. 3) könnte einen Weg aufzeigen, wie Verletzte gerade schwerer Straftaten gegen höchstpersönliche Rechtsgüter zukünftig noch effektiver unterstützt werden können. Hiernach sind Verletzte über mögliche Versorgungsansprüche nach dem Opferentschädigungsgesetz (OEG) zu unterrichten, wenn sie durch einen vorsätzlichen, rechtswidrigen, tätlichen Angriff an der Gesundheit geschädigt worden sind. In Rede steht damit eine Unterstützung der verletzten Person durch die Solidargemeinschaft, die sicherlich nicht minder den vielfach diskutierten Genugtuungs-, Rehabilitations- und Schadenwiedergutmachungsinteressen gerecht werden könnte.[162] Hier mag rechtspolitisch eine Erweiterung des Kreises der Berechtigten zur staatlichen Versorgung nach den Maßgaben des OEG auch auf Opfer, die nicht durch ein Gewaltdelikt, sondern etwa durch eine Nachstellung ohne direkte gewaltsame Einwirkung (§ 238 Abs. 1 StGB)[163] oder einen Wohnungseinbruchsdiebstahl (§ 244 Abs. 1 Nr. 3 StGB)[164] schwer traumatisiert worden sind, erwogen werden.[165]

59 Wären die **Urteilsfeststellungen** des Strafgerichts, was wünschenswert ist (s. Vor § 403, 17), für das sozialgerichtliche (wie auch das zivilrechtliche) Verfahren vollständig **bindend,**[166] wäre im opferentschädigungsrechtlichen Verfahren regelmäßig nur noch zu

---

158 Zur kontroversen Diskussion betreffend das Beweisantragsrecht des Nebenklägers vgl. etwa BTDrucks. **10** 5305 S. 14, 29, 33.

159 Hierauf weist mit Recht hin Fastie/*Volbert* 255.

160 Vgl. bereits *Wenske* PdR **28** (2018) 22.

161 Vgl. nur *Bartsch/Brettel/Blauert/Hellmann* ZIS **2014** 359 ff.; *Anders* ZStW (**124**) 2012 382.

162 Vgl. bereits *Wenske* PdR **28** (2018) 21.

163 Vgl. hierzu die restriktive Entscheidung BSGE **108** 97.

164 Vgl. hierzu *Bartsch/Brettel/Blauert/Hellmann* ZIS **2014** 356; *Brettel* in FS Rösner 483.

165 Vgl. bereits *Wenske* PdR **28** (2018) 21.

166 Vgl. hierzu aber BSGE **84** 54.

klären, ob eine Gesundheitsverletzung nach dem OEG durch die Tat verursacht worden ist. Der auch derzeit mit dem Beweis belastete Antragssteller müsste hingegen nicht auch noch den Beweis für die strafbewehrte Handlung erbringen.[167] Zugleich könnte die derzeit rechtspraktisch bedeutungslose Vorschrift § 69 Abs. 2 Satz 2 (s. Rn. 25) aus den Zeugenrechten dadurch an Gewicht gewinnen. Hier besteht viel Gestaltungsraum für eine wirkliche staatliche Solidarität mit dem Gewaltopfer, ohne zugleich im Rahmen des Erkenntnisverfahrens in Konflikte mit den Verteidigungsrechten eines Angeklagten zu geraten.[168]

§ 373b
Begriff des Verletzten

(1) Im Sinne dieses Gesetzes sind Verletzte diejenigen, die durch die Tat, ihre Begehung unterstellt oder rechtskräftig festgestellt, in ihren Rechtsgütern unmittelbar beeinträchtigt worden sind oder unmittelbar einen Schaden erlitten haben.

(2) Verletzten im Sinne des Absatzes 1 gleichgestellt sind

1. der Ehegatte oder der Lebenspartner,
2. der in einem gemeinsamen Haushalt lebende Lebensgefährte,
3. die Verwandten in gerader Linie,
4. die Geschwister und
5. die Unterhaltsberechtigten

einer Person, deren Tod eine direkte Folge der Tat, ihre Begehung unterstellt oder rechtskräftig festgestellt, gewesen ist.

Schrifttum

Burhoff „Fortentwicklung der StPO" – Änderungen in der StPO, StraFo **2021** 398; *Cirullies/Cirullies* Verbesserter Schutz für Opfer von Gewalt und Nachstellungen, FamRZ **2021** 1785; *Claus* Neuigkeiten im gerichtlichen Verfahren jurisPR-StrafR **4** (2022) Anm. 1; *Lubini* Anmerkung zu OLG Braunschweig vom 22.6.2021 – 1 Ws 88/21, jurisPR-StrafR **16** (2021) Anm. 1; *Makowka* Der vorläufige Verletztenbegriff – Wann ist das potentielle Opfer einer Straftat potentiell verletzt genug, um im Sinne der Strafprozessordnung verletzt zu sein? GVRZ **2021** 23.

Entstehungsgeschichte

Die Vorschrift wurde durch Art. 1 Nr. 43 des Gesetzes zur Fortentwicklung der Strafprozessordnung und zur Änderung anderer Vorschriften vom 25.6.2021 eingefügt[1] und trat am 1.7.2021 in Kraft. Vorausgegangen war dem ein Beschluss der Europäischen Kommission, der Bundesrepublik Deutschland neben acht weiteren EU-Mitgliedstaaten im Rahmen eines jeweils eingeleiteten Vertragsverletzungsverfahrens ein Aufforderungsschreiben wegen mangelnder Umsetzung der Richtlinie 2012/29/EU des Europäischen Parlaments und des Rates vom 25.10.2012 über Mindeststandards für die Rechte, die

167 Vgl. zum Stand der Reformüberlegungen etwa *Schweigler* STREIT **2017** 147 ff.
168 Vgl. bereits *Wenske* PdR **28** (2018) 21 f.
1 BGBl. I S. 2099, 2105.

https://doi.org/10.1515/9783110275001-002

Unterstützung und den Schutz von Opfern von Straftaten sowie zur Ersetzung des Rahmenbeschlusses 2001/220/JL (**Opferschutzrichtlinie**;[2] s. Vor § 373b, 5) zu übermitteln.[3] Der deutsche Reformgesetzgeber folgte mit der Einführung des § 373b der Rechtsansicht der Europäischen Kommission.[4] Zuvor war allerdings ein solcher Änderungsbedarf der Strafprozessordnung mit Blick auf diese Richtlinie vom deutschen Gesetzgeber nicht gesehen worden.[5] Das **Vertragsverletzungsverfahren** wurde nach Inkrafttreten des § 373b von der Europäischen Kommission nicht weiter betrieben.[6] Aus dem Umstand, dass es im Bereich des Fünften Buches neben der Einführung der Legaldefinition des Verletztenbegriffs zwischenzeitlich keine signifikanten weiteren Änderungen gab, sowie aus einem entsprechenden Hinweis in den Gesetzesmaterialien[7] kann der Schluss gezogen werden, dass Gegenstand des Vertragsverletzungsverfahrens gegen die Bundesrepublik Deutschland allein das Fehlen einer Art. 2 der Opferschutzrichtlinie entsprechenden Legaldefinition war. Vor diesem Hintergrund erklärt sich auch die – überraschende – Aufnahme von § 373b zum Ende des Gesetzgebungsverfahrens.

Die zuvor im **EU-Rahmenbeschluss** über die Stellung des Opfers im Strafverfahren vom 15.3.2001 (2001/220/JL)[8] (Vor § 373b, 5) formulierte Definition des Verletzten[9] („eine natürliche Person, die einen Schaden, insbesondere eine Beeinträchtigung ihrer körperlichen oder geistigen Unversehrtheit, seelisches Leid oder einen wirtschaftlichen Verlust als direkte Folge von Handlungen oder Unterlassungen erlitten hat, die einen Verstoß gegen das Strafrecht eines Mitgliedsstaates darstellen") war durch die – geringfügig präziseren – Maßgaben der **Opferschutzrichtlinie** im Jahre 2012 ersetzt worden.[10] Nach deren Art. 2 Nr. 1 umfasst der unionsrechtliche Opferbegriff zum einen „eine natürliche Person, die eine körperliche, geistige oder seelische Schädigung oder einen wirtschaftlichen Verlust,der direkte Folge einer Straftat war, erlitten hat", und zum anderen „Familienangehörige einer Person, deren Tod eine direkte Folge einer Straftat ist, und die durch den Tod dieser Person eine Schädigung erlitten haben".

Bis zum Inkrafttreten des § 373b gab es im deutschen Strafprozessrecht keine Legaldefinition des Verletztenbegriffs. Dies wurde mit Recht damit erklärt, dass sich die strafprozessualen Verletztenbefugnisse sukzessiv entwickelt haben und die Änderungen der Opferschutzgesetzgebung stets Stück für Stück in die bestehende Rechtslage eingefügt wurden.[11] Die Frage, wie der Begriff des Verletzten genauer zu definieren, namentlich in Randbereichen abzugrenzen war, war auch von **Rechtsprechung** und **Literatur nicht einheitlich** beantwortet worden.[12] Gerade die Definition des Rahmenbeschlusses war we-

---

2 ABl. 2012 L315/57.

3 Vgl. Pressemitteilung der EU-Kommission zu Entscheidungen in Vertragsverletzungsverfahren vom 29. Juli 2019, S. 19 f.

4 BTDrucks. **19** 27654 S. 41.

5 Vgl. BTDrucks. **18** 4621 S. 13: Hier wurde ein solcher Umsetzungsbedarf noch ausdrücklich verneint.

6 Vgl. Pressemitteilung der EU-Kommission zu Entscheidungen in Vertragsverletzungsverfahren vom 18.2.2021, S. 11, aus der sich ergibt, dass allein noch gegen Malta das in der in der früheren Presseerklärung (Fn. 3) mitgeteilte Vertragsverletzungsverfahren weiter betrieben wird.

7 BTDrucks. **19** 27654 S. 41.

8 ABl. EG vom 22.3.2001 – L82/1.

9 Art. 1 lit. a des Rahmenbeschlusses. S. dazu auch EuGH NJW **2007** 2835.

10 Hierzu näher *Endler* 43.

11 *Kilchling* 4; *Herrmann* ZIS **2010** 236.

12 Vgl. BTDrucks. **10** 5305 S. 16; s. auch OLG Koblenz wistra **1988** 203.

gen ihrer Allgemeinheit vielfach nicht als hilfreich für eine Lösung der an den Verletztenbegriff anknüpfenden Fragestellungen angesehen worden.[13]

Die Diskussion[14] bezog sich auch, aber weniger auf den Verletztenbegriff des **Privatklageverfahrens** (§ 374 Abs. 1). Denn dieser war bereits zuvor im Wesentlichen eingegrenzt und damit näher bestimmt durch einen Straftatenkatalog (§ 374, 4 ff.).[15] Entsprechendes galt nach h.M. für die **Nebenklage**[16] (§ 395, 1 ff.) und für § 406h, soweit die Anschlussbefugnis des **Nebenklagebefugten** an einen Straftatenkatalog knüpft. Soweit sie mit § 172 verknüpft ist (§ 395 Abs. 2 Nr. 2), wirkte sich schon nach früherer Rechtslage der dortige Verletztenbegriff (vgl. die Erl. zu § 172) aus. Im **Adhäsionsverfahren** (§ 403) war nach h.M. Verletzter derjenige, der vorträgt, aus der Straftat einen vermögensrechtlichen Anspruch erworben zu haben.[17] Dies kann nach h.M. auch z.B. der Nutzer/Besitzer einer Sache neben dem Eigentümer und auch der Anspruchsberechtigte nach den § 844 Abs. 2, § 845 BGB sein (§ 403, 1 ff.); insoweit sollte schon nach früherer Rechtslage der Verletztenbegriff zu § 403 weiter sein als der zu den §§ 172, 374.[18]

Die Diskussion betraf vielmehr in **erster Linie den Begriff des Verletzten** gemäß **§§ 406d bis 406l**. Diesen Begriff hatte der Gesetzgeber im OpferschutzG bewusst nicht definiert,[19] sondern darauf verwiesen, dass es einen einheitlichen Verletztenbegriff im Strafverfahrensrecht nicht gibt,[20] der Begriff vielmehr aus dem jeweiligen Funktionszusammenhang heraus zu bestimmen ist.[21] Ausgehend von der Zielbestimmung der §§ 406d ff. (Vor § 406d, 3 ff.), wurde deshalb mit Recht der Begriff des Verletzten weit gefasst[22] und und als weitgehend übereinstimmend mit dem Verletztenbegriff aus § 172 angesehen.[23] Verletzter war danach, wer (und soweit er) durch eine Straftat unmittelbar[24] in einem rechtlich geschützten Interesse beeinträchtigt wird und vom Schutzbereich der (oder einer zumindest mitverletzten) Norm des Strafrechts derart erfasst wird, dass diese Norm (und soweit sie) wenigstens auch seine rechtlich anerkannten Interessen schützen soll (vgl. auch die Erl. zu § 172).[25] Es genügte, wenn dies nur nachrangig oder als Nebenzweck der Fall ist oder wenn es sich aus ideal-

---

13 S. auch *Endler* 43; *Kuhn* ZRP **2005** 125; *Eckstein* FS Schroeder 781 ff.; *Hilger* GA **2007** 287.

14 Zu Einzelheiten s. *Hilger* GA **2007** 287.

15 Vgl. BGHSt **31** 210; Meyer-Goßner/*Schmitt* § 374, 5; KK/*Walther* § 374, 2; s. auch SK/*Velten* § 374, 4 ff.; *Schroth* 30 und 116; BGH NStZ **1999** 560; OLG Karlsruhe NJW **2005** 1815.

16 Vgl. KK/*Walther* § 395, 3.

17 Meyer-Goßner/*Schmitt* § 404, 2; KK/*Zabeck* § 403, 5; s. auch *Kurth* NStZ **1997** 6; enger SK/*Velten* § 403, 2, 3.

18 Meyer-Goßner/*Schmitt* § 404, 2.

19 BTDrucks. **10** 5305 S. 16.

20 S. z.B. *Weigend* NJW **1987** 1173 m.w.N.; *Jung* JR **1984** 309; Meyer-Goßner/*Schmitt* ZRP **1984** 228; *Thomas* StV **1985** 433; s. auch *Hillenkamp* JuS **1987** 940 ff.

21 BTDrucks. **10** 5305 S. 16; im Einzelnen LR/*Hilger*[26] Vor §§ 374 ff., 20 ff.; OLG Koblenz StV **1988** 332 mit Anm. *Schlothauer*; KMR/*Nepomuck* Vor § 406d, 5 ff.; s. auch *Böttcher* JR **1987** 133.

22 Ebenso KMR/*Nepomuck* Vor § 406d, 5 ff.; s. auch *Kempf* StV **1987** 217; einschränkend wohl *Meyer-Goßner* Vor § 406d, 2.

23 OLG Koblenz StV **1988** 332 mit Anm. *Schlothauer*; *Grandel* 50 ff., 56; enger wohl Meyer-Goßner/*Schmitt* Vor § 406d, 2 (Gleichsetzung mit dem Begriff in § 172); s. auch (noch enger) *Riedel/Wallau* NStZ **2003** 393; krit. allerdings LR/*Hilger*[26] Vor §§ 374 ff., 20a.

24 Krit. zum Unmittelbarkeitserfordernis allerdings mit gewichtigen Gründen im Einzelnen LR/*Hilger*[26] Vor §§ 374 ff., 20a; ebenso SK/*Velten* § 374, 8; LR/*Graalmann-Scheerer* § 172, 53; LR/*Siolek* § 22, 7 ff.

25 Meyer-Goßner/*Schmitt* Vor § 406d, 2; KMR/*Nepomuck* Vor § 406d, 6ff.; s. auch HK/*Pollähne* § 406d, 2; *Kempf* StV **1987** 217; *Baier* GA **2005** 82; *Patsourakou* 29 ff., 41.

oder gesetzeskonkurrierenden Vorschriften ergibt.[26] Als Verletzte kamen danach beispielsweise in Betracht:[27] die Vergewaltigte, der körperlich Geschädigte bei Körperverletzungen, der Beleidigte, der seiner Freiheit Beraubte, der Eigentümer einer z.B. gestohlenen Sache, der durch einen Betrug Geschädigte (s. auch § 406e, 2). Nicht als verletzt angesehen wurde, wer durch die Straftat nur als Mitglied der Rechtsgemeinschaft betroffen ist, etwa bei Strafvorschriften, die ausschließlich gemeinschaftsbezogene Rechtsgüter[28] oder fremde Individualrechtsgüter schützen.[29]

Dies bedeutete, dass die **Probleme** bei der Definition des **Verletztenbegriffes zu § 172** (vgl. die Erl. zu § 172) sich ebenso hier zeigen konnten und der Verletztenbegriff zudem auch geprägt wurde durch andere Vorschriften, soweit mit diesen ein funktionaler Zusammenhang bestand. So entsprach der Verletztenbegriff des **§ 406e** auch dem Begriff bei § 403[30] (§ 403, 1 ff.), weil die Vorschrift die Akteneinsicht auch des Adhäsionsklägers regelt; dies wirkte sich wegen des Zusammenhangs zwischen § 406e und **§ 406d** (§ 406d, 1) gerade auch auf den Verletztenbegriff des § 406d aus. Dies galt gleichermaßen für die Wechselwirkungen mit dem Verletztenbegriff aus dem Recht der Nebenklage.

Übersicht

---

26 S. auch *Baier* GA **2005** 82 (im Wesentlichen darauf abstellend, ob sich die Tat gegen ein Gut richtet, an welchem die Rechtsordnung dem von der Tat Betroffenen eigene Gestaltungsbefugnisse zugewiesen hat).

27 Eingehend hierzu *Rieß* Jura **1987** 282, 288; s. auch OLG Bremen NStZ **1988** 39; OLG Düsseldorf JZ **1987** 836; OLG Koblenz NStZ **1990** 604; OLG Karlsruhe JR **1995** 79 mit Anm. *Otto*; LG Bielefeld wistra **1995** 118; LG Kleve ZfZ **1989** 373.

28 Vgl. LR/*Hilger*[26] Vor §§ 374 ff., 20.

29 KMR/*Nepomuck* Vor § 406d, 6; *Rieß* Jura **1987** 282; s. auch OLG Düsseldorf JZ **1987** 836; OLG Karlsruhe JR **1995** 79 mit Anm. *Otto*; *Kurth* NStZ **1997** 6.

30 Vgl. HK/*Pollähne* § 406d, 2; *Böttcher* JR **1987** 134; im Ergebnis wohl auch *Patsourakou* 29 ff., 41; Meyer-Goßner/*Schmitt* Vor § 406d, 2 und § 403, 2; *Kempf* StV **1987** 215 ff.; *Grandel* 50 ff.; s. auch OLG Koblenz NStZ **1990** 604; OLG Karlsruhe JR **1995** 79 mit Anm. *Otto*.

Alphabetische Übersicht

I. Allgemeines

1. Normstruktur. Die Vorschrift enthält in **Absatz 1** eine – maßgeblich an der zu §§ 171 f. ergangenen Rechtsprechung orientierte[31] – Legaldefinition des Verletztenbegriffs (s. Rn. 13 ff.). Durch **Absatz 2** werden dem die dort abschließend benannten Angehörigen eines getöteten Tatopfers und einzelne diesem besonders nahestehende (natürliche) Personen rechtlich als **mittelbare Verletzte** gleichgestellt (s. Rn 33 ff.). 1

2. Zweck. Der Gesetzgeber hat die Begriffsbestimmung einerseits eingeführt, um „eindeutig klarzustellen", welcher Personenkreis von dem in der Strafprozessordnung an verschiedenen Stellen verwendeten Verletztenbegriff erfasst ist.[32] Erstrebt wird hierdurch ersichtlich eine **erleichterte Informationsmöglichkeit** der Rechtsunterworfenen. Zum anderen verfolgte er ersichtlich auch den Zweck, ein bereits eingeleitetes **Vertragsverletzungsverfahren** der Europäischen Kommission hierdurch zu **beenden** (s. Entstehungsgeschichte). 2

31 BTDrucks. **19** 27654 S. 100; krit. zur vergleichenden Heranziehung des § 172 indes LR/*Hilger*[26] Vor §§ 374 ff., 20b.
32 BTDrucks. **19** 27654 S. 41.

3 **3. Systematisches.** Die Norm findet – schon ihrem ausdrücklichen Wortlaut nach – nur Anwendung auf die **Strafprozessordnung.** Damit entfaltet sie keine „unmittelbare Wirkung" für das materielle Strafrecht, insbesondere nicht für die Maßgaben des Täter-Opfer-Ausgleichs (§ 46a StGB).[33] Dies gilt gleichermaßen für die Bestimmungen nach dem Opferentschädigungsgesetz (vgl. § 1 OEG), nach dem Gewaltschutzgesetz[34] und nach dem SGB XIV (vgl. § 2 SGB XIV).

4 Die Vorschrift steht am Anfang des **Fünften Buches** der Strafprozessordnung und findet deshalb systematisch grundsätzlich Anwendung auf dort enthaltenen Vorschriften. Erfasst wird von ihrem Anwendungsbereich daher insbesondere das Privatklage- und das Adhäsionsverfahren sowie der Abschnitt über die **allgemeinen Verletztenbefugnisse** (§§ 406d ff.). Ausdrücklich **nicht erfasst** von der Begriffsbestimmung wird nach dem Willen des Gesetzgebers allerdings der Kreis der zur **Nebenklage** Berechtigten (§§ 395 ff.), da die Möglichkeit der Nebenklage als Art der Beteiligung des Verletzten am Verfahren durch die Opferschutzrichtlinie nicht gefordert werde (s. § 395, 6 f.).[35] Im **Privatklageverfahren** erweist sich § 374 Absatz 2 hinsichtlich der Beteiligung eines – im Vergleich zu § 373b Absatz 2 – begrenzten Kreises mittelbarer Verletzter ebenso wie § 374 Abs. 1 als **lex specialis.** Dies gilt gleichermaßen für die Befugnis zur Geltendmachung eines Anspruchs im Adhäsionsverfahren aus § 403 Satz 2 für andere Personen, die einen vermögensrechtlichen Anspruch geltend machen und damit über den durch § 373b bestimmten Kreis von Verletzten hinausgeht (vgl. § 403, 2 f.).

5 Im Übrigen erstreckt sich nach dem ausdrücklichen Willen des Gesetzgebers der Anwendungsbereich der Begriffsbestimmung auf **das ganze Gesetz.**[36] Gleichwohl hielt der Gesetzgeber die dann systematisch eigentlich naheliegende Einfügung im Ersten Buch der Strafprozessordnung nicht für geeignet zur Verortung des Verletzten.[37] Die gesetzgeberische Klarstellung war gerade auch deshalb zwingend erforderlich, weil sich sowohl die gesetzlichen Bestimmungen über die prozessualen Befugnisse des Verletzten als auch solche zu dessen Schutze mittlerweile – systemwidrig (vgl. Rn. 7) – in verschiedenen Büchern der Strafprozessordnung finden. Erfasst werden namentlich § 48 Absatz 3, § 68a Absatz 2, § 69 Absatz 2 Satz 2, §§ 111l, 111n, 155a, 158, 171, 172, § 255a Absatz 2, § 268 Absatz 2 Satz 3 (s. auch zur Kritik Rn. 7).[38]

6 Anwendbar soll die Begriffsbestimmung ferner sein im Regelungsbereich des **JGG** und bei der **gerichtsverfassungsrechtlichen Zuständigkeitsbestimmung** nach § 24 Abs. 1 Nr. 3 GVG.[39]

7 **4. Besondere Verfahrensarten.** Die Begriffsbestimmung findet eingedenk des klaren gesetzgeberischen Willens (s. Rn. 5) Anwendung etwa auch im beschleunigten Verfahren, im Strafbefehlsverfahren und im Sicherungsverfahren.

8 **5. Kritik.** Im Ausgangspunkt ist es aus Gründen der Rechtsklarheit zu begrüßen, dass der Gesetzgeber dem vor Jahrzehnten in die Strafprozessordnung eingeführten Ver-

---

33 BTDrucks. **19** 27654 S. 100, 103; HK-GS/*Weiler* 1; OLG Oldenburg BeckRS **2022** 5623; Claus jurisPR-StrafR **4** (2022) Anm. 1.

34 Ebenso *Cirullies/Cirullies* FamRZ **2021** 1785, 1790.

35 BTDrucks. **19** 27654 S. 101; **a.A.** – entgegen der ausdrücklichen gesetzgeberischen Intention – OK/*Weiner* 52.

36 BTDrucks. **19** 27654 S. 99; Meyer-Goßner/*Schmitt* 1.

37 BTDrucks. **19** 27654 S. 99.

38 BTDrucks. **19** 27654 S. 99; vgl. auch *Claus* jurisPR-StrafR **4** (2022) Anm. 1.

39 BTDrucks. **19** 27654 S. 105.

letztenbegriff mit einer Legaldefinition ausdrücklich Konturen verliehen hat. Zu Recht hat er auch davon abgesehen, den Verletztenbegriff durch den „schillernden“[40] Begriff des „Opfers“ zu ersetzen. Dies hätte neben viel gesetzgeberischer Arbeit keinen praktischen Mehrwert erbracht. Es war ferner zwingend, der Begriffsbestimmung durch die nachgestellte genauere Bestimmung zu präzisieren[41] und hierdurch deutlich zu machen, dass es sich bei der Zuschreibung des Verletztenstatus bis zur Rechtskraft um eine **Arbeitshypothese**[42] der Ermittlungsbehörden handelt und das Gesetz – naheliegend anknpüfend an die **Verdachtsgrade** der unterschiedlichen Abschnitte des Strafverfahrens – die Begehung der Tat und die Täterschaft nur fingiert (s. Rn. 14).[43] Ob allerdings durch diesen Hinweis an versteckter Stelle des Gesetzes schon dem beim Gebrauch des Begriffs – etwa im Gerichtssaal – in jedem Einzelfall der sich aufdrängende Anschein, die Tat habe sich, wie vorgeworfen, auch zugetragen, ausgeräumt wird, erscheint auch weiterhin durchgreifend zweifelhaft, sodass es vorzugswürdig gewesen wäre, in sämtlichen strafprozessualen Bestimmungen – und erst recht in der Überschrift zu § 373b – den „möglichen Verletzten“ zu benennen.

Die erstrebte **Anwenderfreundlichkeit** (s. Rn. 2) wird durch die – überraschend **9**
und in erster Linie wohl als Folge des Vertragsverletzungsverfahrens der EU eingefügte (s. Entstehungsgeschichte) – Legaldefinition nicht gewährleistet. Auch weiterhin bestimmt sich der Begriff des Verletzten nach der **Funktion der jeweils in Betracht** kommenden Vorschriften (vgl. Rn. 2f., 46).[44] Einen einheitlichen, allein anhand von § 373b zu ermittelnden Verletztenbegriff enthält die Strafprozessordnung auch nach Einführung der Begriffsbestimmung nicht.[45] Hinzu kommt, dass es nunmehr neben dem unmittelbaren Verletzten gesetzlich geregelt auch unterschiedliche Befugnisse für mittelbar Geschädigte gibt (vgl. § 373b Abs. 2 und § 403 Satz 2). Auch dies erhöht die Übersichtlichkeit des Regelungsregimes nicht. Dass die Schutz- und Befugnisnormen leider über zahlreiche Bücher und Abschnitte des Gesetzes verteilt sind, erschwert auch weiterhin nicht nur die Rechtsanwendung, sondern erweist sich gerade auch im gerichtlichen Alltag als derart unübersichtlich, dass es zweifelhaft erscheint, ob die durch eine Vielzahl an Reformgesetzen etablierten Regelungen die jeweils erstrebten Schutzwirkungen in jedem Einzelfall entfalten können. Hieran ändert auch die Begriffsbestimmung nichts. Allerdings ist aus rechtspraktischer Sicht zu begrüßen, dass der Kreis der Nebenklageklagebefugten durch die Begriffsbestimmung nicht erweitert wird.[46]

Der Gesetzgeber hat es leider versäumt, mit der Begriffsbestimmung den Fokus auf **10**
natürliche Personen zu legen (s. Rn. 15). Inbesondere die Befugnisse aus §§ 406d ff. hätten hierdurch eine noch klarere Ziel- und Zweckbestimmung erhalten. Denn es bleibt weiterhin erklärungsbedürftig, warum Unternehmen, die weder primär noch sekundär traumatisiert werden können und regelmäßig über andere Möglichkeiten der Genugtuung verfügen, in diesem vom staatlichen Gewaltmonopol und Amtsaufklärungsgrund-

40 *Kilchling* 3 ff.; *Endler* 34.

41 Ebenso OK/*Weiner* 17.

42 So zutr. Weber/*Werner* Rechtswörterbuch 27. Aufl., Verletzter.

43 Vgl. BTDrucks. **19** 27854 S. 100.

44 Krit. auch *Cirullies/Cirullies* FamRZ **2021** 1785, 1790 („unscharf“); vgl. hierzu nach früherer Rechtslage bereits im Einzelnen LR/*Hilger*[26] Vor §§ 374 ff., 20 ff.

45 Krit. auch Meyer-Goßner/*Schmitt* 4; *Lubini* jurisPR-StrafR **16** (2021) Anm. 1; *Claus* jurisPR-StrafR **4** (2022) Anm. 1.

46 **A.A.** Meyer-Goßner/*Schmitt* 16; OK/*Weiner* 52.

satz geprägten Verfahren in gleicher Weise wie schutzbedürftigere natürliche Personen profitieren sollen (vgl. auch § 395, 60 ff.).

11 Der Gesetzgeber sah sich anscheinend in der Pflicht, ensprechend Art. 2 Abs. 1 Opferschutzrichtlinie auch das **Unmittelbarkeitserfordernis** zu übernehmen. Eine nähere Begründung dazu, welche begrenzende oder klarstellende Wirkung er sich hiervon verspricht, gibt es nicht. Dies ist bedauerlich, da an der regulativen Wirkung der Unmittelbarkeitserfordernisses auch weiterhin[47] durchgreifende Zweifel bestehen. Denn derjenige, dessen verletztes Rechtsgut unter den Schutzzweck der verletzten Strafnorm fällt, dürfte in der Regel unmittelbar betroffen sein. Ist Schutzgut der verletzten Strafnorm jedoch nur ein öffentliches Interesse, dann fehlt es bei einer entsprechenden Straftat an der Verletzung eines strafrechtlich geschützten Individualinteresses. Ein Einzelner kann dann nur als Mitglied der Rechtsgemeinschaft, nicht aber als Träger eines entsprechenden individuellen Rechtsgutes betroffen sein. Auf das Kriterium der „Unmittelbarkeit" kommt es also gar nicht an, es ist überflüssig.[48]

12 Mit der Einführung des Begriffs des **„Lebensgefährten"** (Absatz 2 Nr. 2) in die Strafprozessordnung wirft der Gesetzgeber mehr Fragen auf, als er Rechtssicherheit für die Betroffenen und die Ermittlungsbehörden schaffen dürfte (s. Rn. 7). Nicht überzeugend erscheint es ferner, dass daneben stets ein gemeinsamer Haushalt erforderlich sein soll und damit schicksalhaft dauerhaft getrennte Lebensgemeinschaften, bei denen ein Teil in einem Alten- oder Pflegeheim untergebracht ist, nicht erfasst werden.

II. Begriffsbestimmung (Absatz 1)

13 **1. Verletzten- und Opferbegriff.** Der Verletzte ist derjenige, der durch die Tat, ihre Begehung unterstellt oder rechtskräftig festgestellt (s. Rn. 8, 14), in **seinen Rechtsgütern unmittelbar beeinträchtigt** worden ist oder **unmittelbar einen Schaden** erlitten hat. Die Verletzteneigenschaft ist wegen ihrer grundsätzlichen **Bindung** an die (natürliche oder juristische) **Person des Verletzten** nicht übertragbar, auch nicht vererbbar.[49] Der Eintritt der Strafverfolgungsverjährung bleibt ohne Einfluss auf die Verletzteneigenschaft.[50]

14 **a) Fiktion.** Mit dem eingeschobenen Hinweis auf eine **unterstellte Tatbegehung** wird ein ansonsten sich aufdrängender Verstoß gegen die **Unschuldsvermutung** vermieden (s. Rn. 8).[51] Denn genauso wie sich das Verfahren nicht gegen einen Täter richtet, kann auch das Verfahrensergebnis nicht durch die Zuschreibung einer Verletzteneigenschaft vorweggenommen werden. Es handelt sich bis zur Rechtskraft eines Urteils nur um eine mögliche oder behauptete, aber noch nicht rechtskräftig festgestellte Tat.[52] Das Gesetz stellt insoweit klar, dass es sich bei der Zuschreibung des Verletztenstatus bis zur Rechtskraft um eine **Arbeitshypothese**[53] der Ermittlungsbehörden handelt. Da aber zahlreiche Schutzrechte und prozessuale Befugnisse bereits während des **Strafver-**

47 Im Einzelnen LR/*Hilger*[26] Vor §§ 374 ff., 20a.
48 So mit Recht bereits LR/*Hilger*[26] Vor §§ 374 ff., 20a; s. auch (krit.) SK/*Velten* § 374, 8; LR/*Graalmann-Scheerer* § 172, 53; LR/*Siolek* § 22, 7 ff.
49 Vgl. auch OLG Koblenz wistra **1988** 203.
50 OLG Koblenz NStZ **1990** 604.
51 HK-GS/*Weiler* 3; Meyer-Goßner/*Schmitt* 3.
52 BTDrucks. **19** 27654 S. 100.
53 So zutr. Weber/*Werner* Rechtswörterbuch 27. Aufl., Verletzter.

fahrens zu einem Zeitpunkt greifen, zu dem noch nicht (rechtskräftig) über Schuld oder Unschuld des Beschuldigten, Angeschuldigten oder Angeklagten entschieden worden ist, muss zur Bestimmung der Verletzteneigenschaft die Begehung der Tat unterstellt werden (vgl. hierzu auch Rn. 8). Im **Vollstreckungsverfahren** bedarf es mit Blick auf die hier vorliegende rechtskräftige Entscheidung als Verfahrensgrundlage einer solchen Fiktion hingegen nicht.

b) Weitergehender Verletztenbegriff. Nach dem gesetzgeberischen Willen soll durch die Begriffsbestimmung dem in Art. 2 Nr. 1a der Opferschutzrichtlinie gebrauchten Begiff „Opfer" entsprochen werden,[54] ohne zugleich den Anwendungsbereich der nach geltendem Recht bestehenden Verletztenrechte insgesamt einzuschränken. Anders als der Opferbegriff der Opferschutzrichtlinie soll der Verletztenbegriff – entsprechend der früheren Rechtslage – nämlich nicht auf **natürliche Personen** beschränkt bleiben, sondern gerade auch **juristische Personen** erfassen. Dieser „weitergehende Verletztenbegriff" wird mit Recht vom Gesetzgeber als vereinbar mit den übrigen Maßgaben der Opferschutzrichtlinie angesehen, deren Zielsetzung ein solch weitgehends Verständnis nicht widerspricht. Allerdings ist zweifelhaft, ob solche – auch enorme justizielle Ressourcen bindenden – strafprozessualen Befugnisse für juristische Personen zu deren Schutz wirklich notwendig sind (vgl. Rn. 10). 15

2. Tatbegriff. Das Tatbestandsmerkmal der Tat im Rahmen der Begriffsbestimmung ist zum einen in prozessualer Hinsicht zu verstehen und knüpft an den **prozessualen Tatbegriff** an (§§ 264, 155). Es ist zum anderen der Ansatz zur Beantwortung **materiell-rechtlicher Fragen** und setzt hier nach Maßgabe der jeweils anwendbaren **Verdachtsgrade** der unterschiedlichen Abschnitte des Strafverfahrens zunächst eine (zu unterstellende) **tatbestandsmäßige** und **rechtswidrige Verletzung** einer Strafnorm voraus. 16

a) Versuchte Tat. Beim strafbaren Versuch einer Deliktsverwirklichung ist grundsätzlich schon eine „Verletzung" des strafrechtlich geschützten Individualinteresses zu bejahen, auch wenn es noch nicht zu einem „Schaden" gekommen ist,[55] sodass der Anwendungsbereich der **allgemeinen Verletztenbefugnisse** (§ 406d ff.) und des **Adhäsionsverfahrens** (§§ 403 ff.) jeweils eröffnet ist. Soweit der Versuch strafbar ist, gilt dies auch für den abschließenden Katalog der **Privatklagedelikte** (§ 374 Abs. 1). Dafür spricht nicht nur die Entscheidung des Gesetzgebers zur Strafbarkeit des Versuchs,[56] sondern insbesondere auch die tatsächliche Nähe des strafbaren Versuchs zur Tatverwirklichung (§ 22 StGB: „unmittelbar ansetzt"); die Beeinträchtigung des strafrechtlich geschützten Individualinteresses hat mit dem ersten Akt des unmittelbaren Ansetzens zur Tat begonnen[57] – es liegt häufig nicht (mehr) am Einfluss des Täters, wenn die vom Täter ursprünglich gewollte Tatbestandsvollendung nicht eintritt. Zur **Nebenklage** vgl. Erl. zu § 395, 28. 17

---

54 BTDrucks. **19** 27654 S. 99.

55 Vgl. bereits LR/*Hilger*[26] Vor §§ 374 ff., 20c; im Ergebnis ebenso *Baier* GA **2005** 83, der bei der Definition aber vermeidet, von Verletzung oder Schädigung zu sprechen.

56 SK/*Velten* § 374, 18 ff.

57 Für den untauglichen Versuch und die aberratio ictus gilt nichts anderes – im Ergebnis wohl ebenso SK/*Velten* § 374, 18, 21.

18 **b) Gefährdungsdelikte.** Hinsichtlich der Gefährdungsdelikte ist zu unterscheiden:

19 Ist ein Gefährdungsdelikt ausdrücklich Teil eines **gesetzlichen Kataloges**, der den Kreis der möglicherweise Verletzten grundsätzlich festlegt (etwa für das **Privatklageverfahren** und für das Recht der **Nebenklage**: § 16 UWG), so ist die Verletzteneigenschaft schon bei all denen zu bejahen, für die die gesetzlich vorausgesetzte Gefahr für ein Individualrechtsgut tatsächlich (konkret) bestand.[58]

20 Ist es zu einer konkreten Gefährdung des durch das Gefährdungsdelikt (auch; s. Rn. 25, 32) geschützten Individualrechtsgutes etwa in Fällen der §§ 315b, 315c StGB gekommen,[59] so ist die Verletzteneigenschaft eines individuell Betroffenen im Sinne der **§§ 406d ff., 403 ff.** grundsätzlich zu bejahen. Im Übrigen gilt: Weil begrenzendes Kriterium die Verletzung eines Individualrechtsgutes durch eine Straftat ist, wäre die Verletzteneigenschaft jedenfalls für die §§ 403 ff., 406d ff.[60] grundsätzlich auch dann zu verneinen, wenn das Gefährdungsdelikt zwar ein Individualrechtsgut im Vorfeld schützen soll, es in einem solchen Fall aber nur zu einer abstrakten Gefährdung und damit noch gar nicht zu einer eigentlichen Beeinträchtigung des Individualrechtsgutes gekommen ist. Bleibt es bei einer abstrakten Gefährdung, kann die Verletztenstellung auch nicht aus dem Tatbestandsmerkmal eines unmittelbaren (sonstigen) Schadens hergeleitet werden (s. Rn. 24).

21 **c) Verabredung zum Verbrechen (§ 30 StGB).** Schwieriger ist dagegen eine der Funktion der Vorschrift angemessene Beantwortung der Frage, ob (wann) bei Tathandlungen gemäß **§ 30 StGB** ein hiervon Betroffener als „Verletzter" anzusehen ist. Zunächst ist zu beachten, dass § 30 StGB bei **Privatklagedelikten** (§ 374) nicht anwendbar ist. Einer Anwendung auf das **Adhäsionsverfahren** steht entgegen, dass es bei Tathandlungen gemäß § 30 StGB in aller Regel an der Entstehung eines vermögensrechtlichen Anspruches fehlen wird; erst recht scheidet das Anhangsverfahren aus, wenn die Tathandlung gemäß § 30 StGB noch nicht eine identifizierbare Person betrifft.

22 Die Problematik konzentriert sich also auf identifizierbare Betroffene, die im Falle von Versuch oder Tatbestandsvollendung **Verletzte i.S.v. §§ 406d ff.** wären (zur **Nebenklage**[61] vgl. Erl. zu § 395, 28). Für diese (wohl seltenen) Fälle könnte man die Auffassung vertreten, es werde in der Regel an einer konkreten Beeinträchtigung des in Frage kommenden Individualrechtsgutes fehlen, die Tathandlungen des § 30 StGB dürften vielmehr allenfalls im Bereich einer rein abstrakten Gefährdung liegen und damit noch nicht zu einer „Verletzung" führen.[62] Dagegen dürfte jedoch sprechen, dass auch § 30 StGB letztlich dem Schutz individueller Rechtsgüter dienen soll.[63] Die Lösung erleichtern dürfte wohl ein Vergleich mit § 23 GeschGehG. Der Gesetzgeber hat den Verletzten einer solchen Straftat, die § 30 StGB in wesentlichen Punkten gleicht, ausdrücklich die Privat- und Nebenklagebefugnis eingeräumt.[64] Sie wären also Verletzte auch i.S. der §§ 406d ff.,

---

58 SK/*Velten* § 374, 22.

59 S. dazu *Gössel/Dölling* 463, 470.

60 Für die §§ 374, 395 stellt sich die Frage infolge des Deliktskatalogs nicht.

61 Nebenklagebefugte; nicht nebenklagebefugte Verletzte außerhalb von § 374 und § 403; z.B. Verabredung zum Mord an einer bestimmten Person.

62 S. auch AK/*Rössner* § 395, 9; HK-GS/*Rössner* § 395, 13.

63 SK/*Velten* § 395, 10.

64 § 374 Abs. 1 Nr. 7, § 395 Abs. 2 Nr. 2.

wenn eine Straftat nach § 23 GeschGehG im Offizialverfahren verfolgt würde. Der Gesetzgeber hat damit zum Ausdruck gebracht, dass auch strafbare Beteiligungsvorstufen dieser Art schon ein Individualrechtsgut tangieren und eine Beteiligungsbefugnis auslösen können. Betroffene einer Tat nach § 30 StGB können deshalb naheliegend nicht anders behandelt werden als Betroffene gemäß § 23 GeschGehG.[65]

d) Vollrausch (§ 323a StGB). Zur **Nebenklage** vgl. Erl. zu § 395, 29. 23

3. Unmittelbarkeit der Verletzung. Der Gesetzgeber hat mit dem Unmittelbarkeitskriterium Art. 2 Nr. 1 der Opferschutzrichtlinie umgesetzt (zur Kritik s. Rn. 11). 24

a) Unmittelbare Rechtsgutsverletzung. Die (unterstellte) schädigende Handlung oder ein entsprechendes Unterlassen[66] (s. im Einzelnen Rn. 14) müssen **Rechte, Rechtsgüter** oder **rechtlich anerkannte Interessen** des Verletzten unmittelbar beeinträchtigen.[67] Das Kriterium entspricht der Definition in Art. 2 Abs. 1 Nr. 1 Buchstabe a Ziffer i) der Opferschutzrichtlinie, die auf eine Schädigung als **direkte Folge** einer Straftat abstellt. Nach dem Willen des Gesetzgebers ist bei der Auslegung zu beachten, dass die übertretene Norm – jedenfalls auch – die Rechte dieser Person schützen will.[68] 25

Die geforderte Unmittelbarkeit der Beeinträchtigung dürfte stets bei der Verletzung eines **strafrechtlich geschützten Individualrechtsguts** wie Leib, Leben, Freiheit (z.B. auch § 232 StGB), sexuelle Selbstbestimmung (z.B. § 232a StGB), ungestörte körperliche und geistige Entwicklung (§ 171 StGB), Eigentum oder Vermögen sowie wirtschaftliche Freiheit (etwa § 181a StGB) vorliegen.[69] Fälle, in denen eine solche Individualrechtsgutsverletzung vorliegen und zugleich die Unmittelbarkeit zweifelhaft sein könnte, sind weder der Gesetzesbegründung zu entnehmen, noch sonst naheliegend. Denn derjenige, dessen verletztes Rechtsgut unter den Schutzzweck der verletzten Strafnorm fällt, dürfte in der Regel unmittelbar betroffen sein. Ist Schutzgut der verletzten Strafnorm jedoch **nur ein öffentliches Interesse**, dann fehlt es bei einer entsprechenden Straftat an der Verletzung eines strafrechtlich geschützten Individualinteresses (krit. hierzu Rn. 11). Demgemäß kann Verletzter auch der **Besitzer** (z.B. Mieter)[70] einer beschädigten Sache sein, der betrugsgeschädigte **Kommanditist**[71] oder ein **Arbeitgeber**,[72] wenn die Beeinträchtigung eines Individualrechtes des Betroffenen, das in den Schutzbereich der verletzten Strafrechtsnorm fällt, vorliegt.[73] 26

Ob hingegen Kapitalanleger bei **Kapitalmarktdelikten** Verletzte sind, ist zweifelhaft; die Beantwortung der Frage dürfte wesentlich davon abhängen, ob im Einzelfall ein individuelles Rechtsgut durch das Kapitalmarktdelikt geschützt wird und durch die Tat verletzt wurde.[74] Nicht Verletzte im Sinne von § 373b sind jedenfalls **Versicherungs-** 27

---

65 S. auch *Leibinger* FS Trifterer 482.
66 Vgl. BTDrucks. **19** 27654 S. 100.
67 BTDrucks. **19** 27654 S. 42.
68 BTDrucks. **19** 27654 S. 42; vgl. bereits LR/*Hilger*[26] Vor §§ 374 ff., 20.
69 BTDrucks. **19** 27654 S. 100.
70 Meyer-Goßner/*Schmitt* 5; *Grandel* 50, 52; § 403, 1 ff.; s. auch LG Kleve ZfZ **1989** 373 (WarenzeichenG).
71 OLG Koblenz StV **1988** 332; NStZ **1990** 604.
72 OLG Braunschweig NdsRpfl. **1992** 269.
73 Beeinträchtigung eines Individualrechtes des Betroffenen, das in den Schutzbereich der verletzten Strafrechtsnorm fällt.
74 Eingehend dazu *Krause* FS Widmaier 639.

gesellschaften,[75] auf die der Anspruch des Verletzten übergegangen ist; sie fallen nicht unter den Schutzbereich der Normen. Vgl. allerdings die abweichende Bewertung im Adhäsionsverfahren § 403 Satz 2 (§ 403, 5; Vor § 403, 16).

28 Ungeklärt ist, ob die **EU-Kommission** bei Subventionsbetrug im Zusammenhang mit von der EU gewährten Subventionen oder Ausfuhrvergütungen Verletzter ist; dies dürfte jedenfalls dann abzulehnen sein, wenn eine deutsche Stelle die EU-Subvention im eigenen Namen bewilligt und letztlich den finanziellen Schaden aus der unberechtigten Subventionsvergabe zu tragen hat.

29 Der **Insolvenzverwalter** (§§ 27 Abs. 1, 22 Abs. 1 InsO) wird von der h.M.[76] mit Recht nicht als Verletzter im Sinne von § 373b und §§ 406d ff. angesehen. Es fehlt hier an der notwendigen Unmittelbarkeit. Denn die strafprozessuale Verletzteneigenschaft gehört nicht zum Vermögen des Insolvenzschuldners, sondern ist an die Person des Verletzten gebunden. Sie geht weder auf die Insolvenzmasse noch auf den Verwalter über, denn solches ist weder in der Insolvenzordnung noch in der Strafprozessordnung vorgesehen. Dies gilt nach dem eindeutigen Gesetzeswortlaut auch dann, wenn wenn der Insolvenzschuldner vor oder nach Insolvenzeröffnung durch eine Straftat einen Vermögensschaden erlitten hat, der Schadensersatzanspruch zur Masse gehört und demgemäß vom Verwalter (vgl. §§ 22 Abs. 1, 80 ff. InsO) – notfalls auch gerichtlich – geltend zu machen ist. Dies kann z.B. der Fall sein, wenn der Schadensersatzanspruch im Zivilprozess geltend gemacht werden soll oder wenn er schon anhängig ist und das Verfahren vom Verwalter (§ 24 Abs. 2, § 85 Abs. 1 Satz 1 InsO) aufgenommen wird.[77] Vor dem Hintergrund der Neufassung von § 403 Satz 2 besteht de lege lata kein Grund, dem Insolvenzverwalter die **Ausübung der** dem Verletzten zustehenden **Rechte** etwa aus Zweckmäßigkeitserwägungen zuzubilligen.[78] Denn nach der Neufassung des § 403 Satz 2 ist der Insolvenzverwalter– ebenso wie der Zwangsverwalter (§§ 146 ff. ZVG) und der Testamentsvollstrecker (§§ 2197 ff. BGB)[79] – naheliegend antragsbefugt im **Adhäsionsverfahren** (s. § 403, 4). Stellt er einen Adhäsionsantrag und bewirkt damit seine Stellung als Verfahrensbeteiligter, steht ihm **Akteneinsicht** nach § 406e Abs. 4 zur Durchsetzung seines geltend gemachten Anspruchs zu.[80] Aus § 406e Abs. 4 lässt sich zugleich der Schluss ziehen, dass der Gesetzgeber die in § 403 Satz 2 „Genannten" den Verletzten im Sinne der §§ 406 d ff. nicht gleichstellen wollte; anderenfalls wäre die Einfügung des neuen § 406e Abs. 4 mit dem Gesetz zur Fortentwicklung der Strafprozessordnung und zur Änderung anderer Vorschriften vom 25.6.2021[81] (s. Entstehungsgeschichte sowie § 403, 2, § 406e, 47) nicht erforderlich gewesen.

30 **b) Unmittelbarer sonstiger Schaden.** Um die weiteren Anwendungsfälle zu erfassen, die aus seiner Sicht nach der Opferschutzrichtlinie noch verbleiben könnten, hat der Reformgesetzgeber die Definition um solche Personen ergänzt, die durch die Straftat unmittelbar einen (sonstigen) Schaden erlitten haben, auch ohne dass durch die Tat ein

---

75 Vgl. *Grandel* 51, 75; § 403, 3.

76 OLG Hamm NStZ-RR **1996** 12; OLG Frankfurt NStZ **1996** 565; OLG Koblenz wistra **1988** 203; KK/*Zabeck* § 403, 9; krit. *Schäfer* wistra **1988** 216; *Marxen* EWiR § 172 StPO **1988** 1027. Vgl. auch die Nachw. bei § 403, 4; LG Stuttgart JR **1998** 84 mit krit. Anm. *Hilger* sowie *Barthelmeß* wistra **1998** 240.

77 Vgl. krit. hierzu LR/*Hilger*[26] Vor § 406d, 8; *Hilger* JR **1998** 84; *Barthelmeß* wistra **1998** 240.

78 In diesem Sinne noch LR/*Hilger*[26] § 403, 4 und Vor § 406d, 8.

79 Vgl. hierzu bereits *Schäfer* wistra **1988** 216; *Marxen* EWiR § 172 StPO **1988** 1027; *Hilger* JR **1998** 84.

80 BTDrucks. **19** 27654 S. 107 f.

81 BGBl. I S. 2099, 2105.

mit dem Straftatbestand geschütztes Individualrechtsgut verletzt wurde.[82] Das Tatbestandsmerkmal entspricht der Terminologie in Art. 2 Abs. 1 Nr. 1 Buchstabe a Ziffer i) der Opferschutzrichtlinie. Dieser Konstellation wurde in der Rechtsprechung bis zum Inkrafttreten des § 373b dadurch Rechnung getragen, dass als Voraussetzung bei der Begriffsbestimmung des Verletzten nicht nur die unmittelbare Beeinträchtigung in einem durch einen Straftatbestand geschützten Rechtsgut, sondern alternativ auch eine unmittelbare Beeinträchtigung in Rechten oder (rechtlich) anerkannten Interessen anerkannt wurde.[83]

Als **möglichen Anwendungsfall** für einen (sonstigen) Schaden weisen die **Gesetzesmaterialien** auf die Aussagedelikte hin. Bei diesen sei zwar das geschützte Rechtsgut die Rechtspflege; die durch die Folgen solcher Straftaten betroffenen Verfahrensbeteiligten könnten aber gleichwohl Verletzte nach § 172 Abs. 1 sein, wenn deren Stellung im Verfahren durch die in Betracht kommende Aussage **erschwert worden** ist oder sich diese, sofern das Verfahren bereits abgeschlossen ist, zu deren **Nachteil ausgewirkt** hat.[84] Der Gesetzgeber hat durch diesen ausdrücklich formulierten Anwendungsfall ersichtlich die nach früherer Rechtslage mit Recht vorgebrachten Bedenken gegen eine „mittelbare Betroffenheit“[85] aufgegriffen und durch das Tatbestandsmerkmal eines sonstigen Schadens den nach früherer Rechtslage bestehenden Rechtsstreit zugunsten einer weiten Begriffsbestimmung geklärt. 31

Hingegen wird der **Gefährdungsschaden** eines nicht – zumindest auch – Individualrechtsgüter schützenden **konkreten oder gar nur abstrakten Gefährdungsdeliktes** (s. Rn. 20, 25) von dem Tatbestandsmerkmal des sonstigen Schadens nicht erfasst. Hier fehlt es an einem **vergleichbaren unmittelbaren Nachteil** durch die Tat. Wäre vom Reformgesetzgeber anderes beabsichtigt gewesen, hätte es etwa der Neufassung von § 403 durch den eingefügten Satz 2 nicht bedurft. Hierdurch sollen gerade Fälle der „mittelbaren“ Schädigung als Folge der Verletzung eines individualschützenden Gefährdungstatbestandes erfasst werden.[86] 32

III. Mittelbare Verletzte (Absatz 2)

1. Allgemeines. Durch Absatz 2 wird der **Kreis der Berechtigten** im Vergleich zur früheren Rechtslage mit Blick auf §§ 406d ff. erheblich **erweitert**. Erfasst werden nunmehr – als **mittelbare Verletzte** – auch Lebensgefährten (§ 373b Abs. 2 Nr. 1), alle Angehörigen gerader Linie (§ 373b Abs. 2 Nr. 3) und sämtliche Unterhaltsberechtigten (§ 373b Abs. 2 Nr. 5). Im **Privatklageverfahren** bestimmt § 374 Abs. 2 Satz 2 unabhängig von § 373b Abs. 2 abschließend und als lex specialis den Kreis klagebefugter Angehöriger (s. Rn. 4 und auch § 374, 33 f.). Dies gilt gleichermaßen für das **Recht der Nebenklage** (§ 395 Abs. 2; s. Rn. 4). Der Gesetzgeber hat hiermit Art. 2 Abs. 1 Nr. 1 Buchstabe a Ziffer ii) der Opferschutzrichtlinie umgesetzt. Es wird hierdurch bestimmt, dass auch den abschließend benannten **Angehörigen** und **nahestehenden Personen** eines Tatopfers, dessen Tod direkte Folge einer Straftat ist, die **gleichen Befugnisse** im Hinblick auf die Ausübung der in der Opferschutzrichtlinie genannten und in der Strafprozessordnung 33

82 BTDrucks. **19** 27654 S. 100.
83 BTDrucks. **19** 27654 S. 101.
84 BTDrucks. **19** 27654 S. 101.
85 Vgl. im Einzelnen LR/*Hilger*[26] Vor §§ 374 ff., 20a.
86 BTDrucks. **19** 27654 S. 106 f.

verankerten Rechte auf Schutz, Information und Beistand zustehen, wie den unmittelbar durch die tatbestandliche Handlung Verletzten.[87]

34 **2. Katalog gleichgestellter Personen.** Der **abschließende** Katalog in Absatz 2 eröffnet die Rechte und Befugnisse im Falle der Tötung des Tatopfers einerseits einem Personenkreis, der gesetzlich überwiegend an ein **Angehörigenverhältnis** oder eine **familienrechtlich-formale Beziehung** angeknüpft; andererseits wird den zuständigen Stellen teilweise eine Bewertung tatsächlicher Umstände überantwortet, aus denen sich ein **gesetzlich nur wenig spezifiziertes Näheverhältnis** zum Tatopfer ergeben soll (vgl. Absatz 2 Nr. 2). Im Einzelnen:

35 **a) Ehegatte oder Lebenspartner (Nr. 1).** Die Regelung knüpft an eine **formal bestehende familienrechtliche Beziehung** zum Tatopfer an. Im **maßgeblichen Zeitpunkt des Todes des Verletzten**[88] müssen – was insbesondere der Gesetzeswortlaut und der Vergleich mit § 52 Abs. 1 Nr. 2 und 2a erhellen – Ehe (vgl. § 1353 BGB) oder Lebenspartnerschaft zur Begründung der Verletzteneigenschaft noch formal bestanden haben;[89] fehlt es hieran, kann die Verletztenstellung aber gegebenenfalls hergeleitet werden aus Absatz 2 Nr. 2 (s. Rn. 36) oder Nr. 5 (s. Rn. 45). Eine **Trennung** ist für die Einordnung unter Nr. 1 ohne Bedeutung. Beide Tatbestandsmerkmale entsprechen begrifflich den Voraussetzungen von § 52 Abs. 1 Nr. 2 und 2a; zur näheren Begriffsbestimmung s. im Einzelnen Erl. zu § 52, 8.

36 **b) Im gemeinsamen Haushalt lebende Lebensgefährten (Nr. 2).** Die Regelung knüpft an eine **tatsächliche soziale Beziehung** zum Tatopfer an. Hiernach werden Lebensgefährten, die im maßgeblichen Zeitpunkt des Todes des Verletzten mit diesem in einem Haushalt zusammenleben – ohne zugleich mit diesem verheiratet oder verpartnert gewesen zu sein – dem Verletzten prozessual gleichgestellt.[90] Im **maßgeblichen Zeitpunkt des Todes des Verletzten**[91] muss die **häusliche Lebensgemeinschaft** zur Begründung der Verletzteneigenschaft noch formal bestanden haben.

37 Ob es sich hierbei auch um eine **„intime Lebensgemeinschaft"** im Sinne von Art. 2 Nr. 1 b) der Opferschutzrichtlinie handelt, ist nach dem Willen des Reformgesetzgebers **bedeutungslos**, weil eine Prüfung der hierfür relevanten Tatsachen durch die jeweils zuständige Stelle einerseits als „unangemessen und taktlos" und andererseits der hiermit verbundene Aufwand „unnötig" sei.[92] Nicht erforderlich ist ferner, dass der „Lebensgefährte" durch den Tod der ihm „nahestehenden Person" eine Schädigung erlitten hat.[93]

38 **aa) Gemeinsamer Haushalt.** Für die Bestimmung der näheren Anforderungen an den „gemeinsamen Haushalt", eines bislang der Strafprozessordnung fremden Begriffs, kann zurückgegriffen werden auf den – miet- und familienrechtlich geprägten – Er-

87 BTDrucks. **19** 27654 S. 101.
88 Vgl. BTDrucks. **19** 27654 S. 101.
89 Vgl. die Gesetzesbegründung zu Absatz 2 Nummer 4, die geschiedene Ehegatten im Falle einer Unterhaltsberechtigung einem getöteten Verletzten gleichstellen will, BTDrucks. **19** 27654 S. 101.
90 BTDrucks. **19** 27654 S. 101.
91 Vgl. BTDrucks. **19** 27654 S. 101.
92 BTDrucks. **19** 27654 S. 101.
93 BTDrucks. **19** 27654 S. 102.

kenntnisstand zu § 2 GewSchG.[94] Danach ist ein **auf Dauer angelegter** gemeinsamer Haushalt erforderlich, also jedenfalls etwa eine gemeinsame Meldeanschrift und ein gemeinsamer Hausstand. Vom offenen Gesetzeswortlaut erfasst werden auch gemeinsame Haushalte von **mehr als zwei Personen** (etwa **„Patch-Work-Familien“**,[95] s. aber Rn. 42) oder **„polyamore Beziehungen“**), wenn die weiteren Voraussetzungen gegeben sind, also sämtliche Personen als Lebensgefährten einzuordnen sind (s. Rn. 39). Ein gemeinsamer Haushalt liegt hingegen nicht vor, wenn die Partner je eine eigene Wohnung benutzen, auch wenn sie sich überwiegend in einer von ihnen aufhalten.[96] Angesichts des ausdrücklichen Gesetzeswortlauts besteht bei der Auslegung von Absatz 2 Nr. 2 kein Raum, hiervon abzuweichen und damit auch andere Lebensmodelle, etwa ein „Living-Apart-Together“, zu erfassen. Hingegen steht das Unterhalten einer berufsbedingten **Zweitwohnung** der Annahme eines im Übrigen bestehenden gemeinsamen Haushalts nicht entgegen.

bb) Lebensgefährte. Der gemeinsame Haushalt (s. Rn. 38) muss von Lebensgefährten geführt worden sein. Auch dieser Begriff war der Strafprozessordnung bislang fremd. Der Gesetzesbegründung lässt sich lediglich entnehmen, dass es sich um Personen handeln muss, die sich nahestehen und bei denen durch die Tötung des Lebensgefährten eine „zumindest seelische Beeinträchtigung naheliegt.“[97] 39

Zwar soll zur Bestimmung dessen eine „intime Lebensgemeinschaft“ nicht erforderlich sein (s. Rn. 37). Es liegt allerdings schon mit Blick auf den Begriff des Lebensgefährten, der kumulativ zum tatbestandlich geforderten Haushalt vorausgesetzt wird, nahe, ein **herausgehobenes besonderes Näheverhältnis** in Form einer **auf Dauer angelegten partnerschaftlichen Verantwortungsgemeinschaft** zu verstehen, die über eine bloße Wohn- und Wirtschaftsgemeinschaft hinausgeht. Die Beschreibung einer „tatsächlich gelebten sozialen Beziehung“[98] ermöglicht noch keine sichere Abgrenzung etwa zur Wohngemeinschaft und entspricht auch nicht den hohen Anforderungen an den sozialen Stellenwert der in den übrigen Katalogtatbeständen des Absatzes 2 abgebildeten Beziehungs- und Näheverhältnissen. Das deshalb gebotene restriktivere Begriffsverständnis deckt sich mit der Begriffsbedeutung, welche andere Teile der Rechtsordnung dem Lebensgefährten zuschreiben. Hingewiesen sei hier etwa auf § 1 Abs. 2 Nr. 4 c) FreizügG/EU. Erfasst werden auch dort faktisch gelebte Partnerschaften zwischen Personen gleich welchen Geschlechts,[99] die auf Dauer angelegt sind. 40

Anhaltspunkte für das Bestehen einer solchen auf Dauer angelegten Verantwortungsgemeinschaft können etwa sein das **gemeinsame Eigentum** an der Wohnung oder dem Haus, in dem sich der tatsächliche **Lebensmittelpunkt** befindet, **gemeinsame Kinder** mit gemeinsamer elterlicher Sorge sowie eine wirtschaftliche Verflechtung und das **Einstehen füreinander** auch in finanzieller Hinsicht, um der Verwirklichung der Lebensgemeinschaft zu dienen; etwa dass der Partner, der hauptsächlich einer Erwerbstätigkeit nachgeht, den Partner unterhält, der die Kinder betreut (zur **Vortragspflicht** s. Rn. 60 ff.).[100] 41

94 Vgl. hierzu Dutta/Jacoby/Schwab/*Cirullies* FamFG, 4. Aufl., § 210 Rn. 24.
95 Bejahend auch Meyer-Goßner/*Schmitt* 12.
96 Dutta/Jacoby/Schwab/*Cirullies* FamFG, 4. Aufl., § 210 Rn. 24.
97 BTDrucks. **19** 27654 S. 101 f.
98 Meyer-Goßner/*Schmitt* 12.
99 Vgl. nur OKAuslR/*Tewocht* § 1 Rn. 62 FreizügG/EU.
100 Vgl. auch OKAuslR/*Tewocht* § 1 Rn. 62 FreizügG/EU.

42 Auch vor diesem Hintergrund einer notwendigen partnerschaftlichen Verantwortungsgemeinschaft scheidet das Zusammenleben mit einem **Stiefkind** aus dem Anwendungsbereich der Vorschrift aus.[101]

43 **c) Verwandte in gerader Linie (Nr. 3).** Die Regelung knüpft an eine **formal bestehende familienrechtliche Beziehung** an. Hiernach werden sämtliche Angehörige in gerader Linie (§ 1589 Satz 1 BGB), also etwa Enkel, Urenkel, Großeltern, Urgroßeltern, dem getöteten Verletzten gleichgestellt. Auf die hier entsprechend anwendbaren rechtlichen Maßgaben des § 52 Abs. 1 Nr. 3 wird an dieser Stelle Bezug genommen (s. § 52, 9). Zur abweichenden Bestimmung des Kreises nebenklagebefugter Personen[102] s. Rn. 4.

44 **d) Geschwister (Nr. 4).** Die Regelung knüpft an eine **formal bestehende familienrechtliche Beziehung** an. Dem getöteten Verletzten gleichgestellt werden in der Seitenlinie Geschwister, also Personen, die nicht voneinander abstammen, jedoch einen gemeinsamen Vorfahren haben (vgl. § 1589 Satz 2 BGB).

45 **e) Unterhaltsberechtigte (Nr. 5).** Wer familienrechtlich zum Unterhalt berechtigt ist (vgl. § 1615 Abs. 1, § 1360a Abs. 3, § 1361 Abs. 4 Satz 4 BGB)[103] und nicht bereits eine Verletztenstellung aus Absatz 2 Nr. 1, 3 und 4 als Angehöriger herleiten kann, soll ebenfalls normativ dem Verletzten gleichgestellt werden.[104] Hier sind aus gesetzgeberischer Sicht nur „wenige Fälle denkbar", etwa der eines unterhaltsberechtigten geschiedenen Ehegatten (§§ 1569, 1570 ff. BGB), der eines unterhaltsberechtigten Lebenspartners nach Aufhebung der Lebenspartnerschaft (§ 16 LPartG) oder derjenige einer nichtehelichen Mutter oder eines nichtehelichen Vaters eines mit dem getöteten Verletzten gemeinsamen Kindes (§ 1651l BGB).[105]

IV. Prozessuales

46 **1. Allgemeines.** Auch nach Inkrafttreten von § 373b bestimmt sich der Verletztenbegriff maßgeblich nach dem Funktionszusammenhang der jeweils betroffenen Vorschriften (s. zur vergleichbaren früheren Rechtslage Entstehungsgeschichte sowie krit. Rn. 9). Dies führt zu folgenden – wenig übersichtlichen – prozessualen Konsequenzen der Verletztenbeteiligung:

47 **a) Entstehungszeitpunkt der Verletztenstellung.** Die Frage, ab wann eine Person strafprozessual als Verletzter im Sinne von § 373b anzusehen ist, lässt sich **nicht einheitlich** für sämtliche Verletztenbefugnisse beantworten.

48 Es ist wie folgt zu **differenzieren:**

49 **aa) Allgemeine Verletztenbefugnisse.** Denkbar sind im **eingeleiteten Strafverfahren** zwei Zeitpunkte für das Entstehen der Verletztenstellung nach §§ 406d ff.:

---

101 **A.A.** wohl OK/*Weiner* 35.

102 BTDrucks. **19** 27654 S. 101.

103 Bei der Tötung von Angehörigen gemischt-nationaler Familien ist das anwendbare Unterhaltsstatut als Vorfrage zunächst mit Hilfe des Kollisionsrechts zu bestimmen (Art. 15 EuUnthVO; Art. 3 ff. HUP).

104 BTDrucks. **19** 27654 S. 101.

105 BTDrucks. **19** 27654 S. 101.

(1) Unmittelbarer Verletzter. Zunächst kommt es in Betracht, die allgemeine **Verletztenstellung** (Absatz 1) an eine entsprechende prozessuale Erwirkungshandlung zu knüpfen, etwa an einen Antrag der die Verletztenstellung für sich einfordernden Person. Denn auch sonst hat der Verletzte seine Befugnisse grundsätzlich selbst einzufordern und erwirkt dadurch seine Stellung als Privatkläger (vgl. § 381), Nebenkläger (§ 396) oder Adhäsionskläger (§ 404). Hiermit wäre allerdings unvereinbar, dass das Gesetz im Einzelfall auch behördliche Handlungspflichten zur Information und zum Schutz des Verletzten kennt, ohne dass dem ein entsprechender Wunsch oder gar Antrag vorausgegangen wäre (vgl. § 406i ff.; aber auch etwa § 158). Deshalb liegt es näher, die Verletztenstellung abzukoppeln von der prozessualen Betätigung entsprechender Befugnisse. 50

Die Verletztenstellung könnte im **Ermittlungsverfahren** im Wege der Zuschreibung durch die jeweils zuständige, mit der Sache befassten Stelle – Ermittlungsbehörden oder Gericht – frühestens dann erfolgen, wenn zureichend **tragfähige Tatsachen** für eine Straftat vorliegen (§ 152), die ein namentlich identifizierter Beschuldigter oder aber ein unbekannter Täter zum Nachteil der die Verletztenstellung für sich beanspruchenden Person begangen hat. Dies gilt im **Ermittlungsverfahren** nicht nur für die Befugnisse aus §§ 406d ff., sondern auch für § 48 Abs. 3 Satz 1, § 58a, § 68a Abs. 2 Satz 1, § 69 Abs. 2 Satz 2, § 138 Abs. 3. Dieser **Bewertungsspielraum** der zuständigen Stelle korrespondiert mit dem gesetzlichen Gebot, von Amts wegen den Verletzten über seine Befugnisse zu informieren (§§ 406i ff.). 51

Im **Hauptverfahren** hingegen wird maßgeblich für die Verletztenbefugnisse der **hinreichende Tatverdacht** sein. Es muss also wahrscheinlich sein, dass die etwa als Zeuge zu hörende Person (vgl. beispielsweise § 255a Abs. 2 Satz 2) Verletzter der angeklagten und auch eröffneten Tat ist. 52

(2) Mittelbarer Verletzter. Dieselbe Frage stellt sich beim **mittelbaren Verletzten** (Absatz 2). Maßgeblich könnte auch hier zunächst die Entscheidung der zuständigen Stelle über einen die Verletztenbefugnisse einfordernden Antrag des Verletzten sein. Dies könnte insbesondere bei Absatz 2 Nr. 2 naheliegen, da hier – anders als bei den übrigen durch formal familienrechtliche Kriterien belegbaren Angehörigenverhältnissen bzw. Unterhaltspflichten – durch die zuständige Stelle jeweils zu bewerten ist, ob ein gemeinsamer Haushalt mit einem Lebensgefährten vorliegt. Allerdings könnte eine Verletztenstellung auch schon als Folge der Tötung des Tatopfers und damit im Moment des Ablebens des Tatopfers entstehen. Auch hier dürften aber die – vorstehend dargelegten (s. Rn. 49 f.) besseren Gründe für eine Verletztenstellung sprechen, die unabhägig von einer entsprechenden Prozesserklärung entsteht. 53

(3) Stellungnahme. Der Frage kann dahin stehen, denn ihr dürfte **rechtspraktisch keine Bedeutung** zuzumessen sein. Denn selbst wenn die Verletztenstellung (Absatz 1) unabhängig von einer prozessualen Erwirkungshandlung entstehen sollte, folgte daraus grundsätzlich **nicht die Stellung eines Verfahrensbeteiligten.** Denn dem Verletzten im Sinne von §§ 406d ff. mangelt es solange an der hierfür maßgeblichen prozessualen Gestaltungsmacht, bis er sich dem Verfahren, etwa als Privat-, Neben- oder Adhäsionskläger anschließt. Aus diesem Grunde wäre ihm bis dahin nach § 33 auch kein rechtliches Gehör vor einzelnen Entscheidungen zu gewähren, unabhängig davon, welcher Ansicht der Vorzug zu geben wäre. 54

55 **bb) Besondere Verletztenbefugnisse.** Die besonderen Befugnisse als Verfahrensbeteiligter nach dem 5. Buch, etwa **Privat-, Adhäsions- oder Nebenkläger,**[106] kann der Verletzte hingegen nur in Anspruch nehmen, wenn er insbesondere über die – über die Begriffsbestimmung nach § 373b hinausgehende – **Anschlussbefugnis** verfügt und die jeweils notwendige spezifische **Prozesserklärung** abgibt. Im Einzelnen:

56 **(1) Privatkläger.** Die Befugnis zur Erhebung der Privatklage wird abschließend bestimmt durch § 374 (s. Erl. zu § 374, 3 ff.). Die Stellung als Privatkläger kann der Verletzte durch Erhebung der Privatklage erwirken, die den Erfordernissen einer Anklageschrift nach § 200 zu entsprechen hat (s. Erl. zu § 381). Insoweit obliegen dem Verletzten **spezifische Vortragspflichten.**

57 **(2) Nebenkläger.** Die für die Stellung als Nebenkläger notwendige **Anschlussbefugnis** setzt nach herrschender – allerdings nicht (mehr) überzeugender (s. Vor § 395, 16 ff.) – Ansicht voraus, dass der Gegenstand der Anklage die **rechtliche Möglichkeit** der Verurteilung auch wegen eines Nebenklagedelikts erlaubt. Als zureichend wird sogar eine geringe oder gar nur „gedachte" Aussicht auf eine solche Verurteilung angesehen (s. im Einzelnen Vor § 395, 17 f.). Die Stellung als Nebenkläger erwirkt bzw. bewirkt der Verletzte durch eine **Prozesserklärung** nach § 396 (s. Erl. zu § 396, 10 f., 24 ff.). Handelt es sich nicht um eine Katalogtat nach § 395 Abs. 1 oder 2, sind die weiteren Voraussetzungen von § 395 Abs. 3, also insbesondere die prozessuale Schutzbedürftigkeit des Antragsstellers (s. § 395, 56 ff.; § 396, 29), im Sinne einer **spezifischen Vortragspflicht** näher darzulegen.

58 **(3) Adhäsionskläger.** Die Befugnis zur Erhebung der Adhäsionsklage wird wiederum bestimmt durch § 403 (s. Erl. zu § 403, 1 ff.). Notwendig ist ferner ein Adhäsionsantrag (s. § 404). **Form** und **Inhalt** des Antrags müssen den zivilprozessualen Voraussetzungen einer Klage vor dem Amtsgericht entsprechen (vgl. §§ 253, 496 ff. ZPO), um dieselben rechtlichen Wirkungen wie diese auszulösen.[107] Es sind mithin die **Tatsachen vorzutragen**, die den Antrag schlüssig machen (s. im Einzelnen § 404, 1).[108]

59 **cc) Sonstige Schutzbefugnisse.** Auch an anderer Stelle knüpft das Gesetz bestimmte Schutzfunktionen an vorangegangene Handlungen oder Erklärungen des Verletzten, so etwa an einen bereits gestellten Strafantrag (§§ 171, 172)[109] oder an einen Antrag nach § 158 Abs. 2 Satz 2 sowie einen solchen nach § 171b Abs. 3 GVG.

60 **b) Tatsachenvortrag für die allgemeinen Verletztenbefugnisse.** Während die besonderen Verletztenbefugnisse der Privat-, Neben- und Adhäsionsklage spezifische Vortragspflichten zur Begründung der Verfahrensbeteiligtenstellung voraussetzen (s. Rn. 55 ff.), ist weiterer Tatsachenvortrag für die allgemeinen Verletztenbefugnisse, etwa solcher aus §§ 406d ff., nur in Ausnahmekonstellationen erforderlich. Dies folgt auch daraus, dass die zuständigen Stellen insbesondere bei § 406i ff. (vgl. auch § 158) von Amts wegen zu prüfen haben, ob zureichend tragfähige Anhaltspunkte für eine Straftat vorliegen (§ 152), die ein namentlich identifizierter Beschuldigter oder aber ein unbekannter Täter zum Nachteil der die Verletztenstellung für sich reklamierenden Person

106 Zu §§ 171 ff. s. etwa OLG Oldenburg BeckRS **2022** 5623.
107 BGH BeckRS **2004** 1449.
108 Vgl. BGH BeckRS **2011** 26267.
109 Hierzu krit. *Makowka* GRVZ **2021** 23.

begangen hat (s. Rn. 49 ff.). Nur im Einzelfall kann weiterer Tatsachenvortrag erforderlich sein:

aa) Unmittelbare Verletzte. Bei **(unmittelbaren) Verletzten (Absatz 1)** ist ein näherer Tatsachenvortrag **ausnahmsweise** nur dann erforderlich, wenn sich die Tatsachen für seine Verletztenstellung nicht bereits aus dem (aktenkundigen) Ergebnis der Ermittlungen ergeben oder **nicht sonst evident** sind. Als Ausnahmefälle kommen etwa komplexe Tatgeschehen in Betracht, wie etwa der terroristische Anschlag in Halle aus dem Jahre 2019, bei dem eine Vielzahl – namentlich auch auf der Flucht des Täters – begangener Taten auch gegen zunächst nicht ermittelte Personen verübt worden waren. Wird von bislang nicht ermittelten Personen eine Verletztenstellung vorgetragen, sind von diesen zumindest solche Tatsachen mitzuteilen, die eine Ermittlung des Geschehens durch die Behörden zulassen (§ 152). Dies gilt erst recht, wenn die prozessuale Tat den Ermittlungsbehörden hierdurch erstmals bekannt wird. 61

bb) Mittelbare Verletzte. Für den **mittelbaren Verletzten (Absatz 2)** gelten die vorgenannten Maßgaben zum unmittelbaren Verletzten zu den zureichend tragfähigen Tatsachen zur Tat zunächst entsprechend (s. Rn. 60). 62

Darüber hinaus hat er allerdings der für die Entscheidung der zuständigen Stelle die notwendigen Tatsachen vorzutragen, aus denen er seine **mittelbare Rechtsposition** aus § 373b Abs. 2 ableitet. Das Gesetz verlangt hier – anders als § 56 – **keine Glaubhaftmachung** der anspruchsbegründenden Tatsachen. Notwendig – aber auch ausreichend – ist regelmäßig vielmehr ein **nachvollziehbares Tatsachenvorbringen** in der Art, dass Staatsanwaltschaft und Gericht daraus die Überzeugung von der Berechtigung der geltend gemachten Rechtsposition gewinnen können. Hingegen ist die schlichte, nicht näher belegte Behauptung etwa einer Unterhaltsberechtigung sowie eines Angehörigen- oder spezifischen Näheverhältnisses im Sinne von Absatz 2 regelmäßig unzureichend. Anderes mag nur gelten. wenn die anspruchsbegründenden Tatsachen bereits **aktenkundig** oder sonst **evident** sind. Der Vortrag kann etwa durch Vorlage einer Eheurkunde (vgl. § 15 PStG) oder einer Urkunde über die Lebenspartnerschaft (vgl. § 17 PStG)[110] sowie durch Eintragungen im Geburtenregister (vgl. § 21 PStG) oder mittels familiengerichtlicher Entscheidungen geschehen. Schließlich sind auch die maßgebenden Tatsachen für die Bewertung der Eigenschaft als Lebensgefährte (Nr. 2; s. Rn. 36 ff.) vorzutragen; zum rechtlichen Gehör s. Rn. 53. 63

c) Rechtliches Gehör. Solange **Verletzte** oder **mittelbare Verletzte** ihre prozessualen Beteiligungsrechte nicht aktiv wahrnehmen, ist diesen vor Entscheidungen der jeweils zuständigen Stelle kein rechtliches Gehör zu gewähren; in diesem Fall sind sie noch keine Verfahrensbeteiligten (s. Rn. 52). Hingegen ist dem **Beschuldigten** regelmäßig rechtliches Gehör zu gewähren, wenn eine Beteiligungsbefugnis, etwa auch aus den allgemeinen Verletztenrechten (§§ 406d ff.), geltend gemacht. Denn die Entscheidung der zuständigen Stelle könnte in dessen grundrechtlich geschützten Positionen eingreifen (s. näher die Erl. zu den Einzelvorschriften § 406d, 19, § 406e, 49 f., § 406g, 64, § 406h, 24,; vgl. aber auch § 406d, 6 und § 406f).[111] 64

---

110 Ebenso OK/*Weiner* 25.

111 Vgl. etwa BVerfG NJW **2021** 3654 zu § 406e.

65 Dies gilt auch für Anträge, die sich auf Absatz 2 beziehen und eine **mittelbare Verletztenstellung** reklamieren (s. zur Vortragspflicht Rn. 62). Hier ist der Beschuldigte insbesondere auch zu den Tatsachen zu hören, aus denen sich die mittelbare Verletztenstellung ergibt, so etwa bei Absatz 2 Nr. 2 zum gemeinsamen Haushalt und zur Stellung als Lebensgefährte.

ZWEITER ABSCHNITT
Privatklage

Vorbemerkungen

Schrifttum

Andrae Ersparnisse ohne gewagte Experimente, JW **1930** 1467; *ders.* Abbau der Privatklagen, MSchrKrimPsych **1930** 70; *Bartsch* Bericht über einen Moribunden: Das Privatklageverfahren, ZJS **2017** 40; *ders.* Bericht über einen Moribunden: Das Privatklageverfahren, ZJS **2017** 167; *Buchberger* Ablauf, Kosten und Erfolg des Privatklageverfahrens, SchiedsmZ **1977** 183; *Coenders* Über den Strafantrag und die Privatklage des Nichtverletzten, GerS **83** (1915) 286; *Dempewolf* Handbuch des Privatklagerechts (1971); *Friedländer* Gestaltung des Privatklageverfahrens, Aschrott 548; *Fuld* Gestaltung des Privatklageverfahrens, Aschrott 601; *Gerland* Die systematische Stellung des Privatklageverfahrens im Strafprozess, GerS **60** (1920) 157; *ders.* Privatklagesachen, JW **1932** 370; *ders.* Privatklage und Nebenklage, HdR IV 584; *Gramse* Die Beweisnotlage des Privatklägers, SchiedsmZ **1979** 97; *ders.* Zulässigkeit und Grenzen der Verwendung von Ton- und Bildaufnahmen als Beweismittel im Strafverfahren (Privatklageverfahren), AnwBl. **1980** 433; *Grebing* Abschaffung oder Reform der Privatklage? GA **1984** 1; *Hartung* Änderung des Privatklageverfahrens? DStR **1942** 43; *von Hentig* Zur Psychologie und Statistik der Privatklage, ZStW **48** (1928) 206; *von Hippel* Privatklage gegen Unbekannt? JW **1928** 2193; *Hirsch* Gegenwart und Zukunft des Privatklageverfahrens, FS Lange (1976) 815; *Kade* Die Privatklage in den Strafprozessordnungen der Jetztzeit, insbesondere in der deutschen StPO (1900); *Kircher* Die Privatklage – Eine strafprozessuale und kriminalpolitische Studie zur Möglichkeit einer Begrenzung des Strafrechts auf prozessualem Wege, Diss. Frankfurt/München 1971; *Koewius* Die Rechtswirklichkeit der Privatklage (1974); *Kronecker* Erörterungen über das Privatklageverfahren, GA **33** (1885) 1; *von Liszt* Die Privatklage in Österreich, Strafrechtliche Aufsätze und Vorträge **1** 36; *Lorenz* Über die Vernehmung des Privatklägers als Zeugen, JR **1950** 106; *Martin* Das Sühneverfahren vor dem Schiedsmann in Strafsachen (1988); *Mittermaier* Legalitätsprinzip und Ausdehnung der Privatklage, Aschrott 148; *Oehler* Die Zukunft der Privatklage, SchiedsmZ **1977** 103; *Oetker* Fragen des Privatklageverfahrens gemäß der Notverordnung vom 14. Juni 1932, GerS **102** (1933) 262; *Oettinger* Anklagetätigkeit des Privaten im Strafprozess (1914); *Rieß* Über den schleichenden Tod der Privatklage, SchAZtg **2000** 306; *von Schacky* Das Privatklageverfahren und seine Berechtigung heute, Diss. München 1975; *Schauf* Entkriminalisierungsdiskussion und Aussöhnungsgedanke – Eine Würdigung des Privatklageverfahrens unter dem Aspekt der Entkriminalisierung der Bagatellkriminalität (1983); *W. Schmid* Zur Prozessfähigkeit des Privat- und Nebenklägers, SchlHA **1981** 153; *Rich. Schmidt* Staatsanwalt und Privatkläger (1891); *Schorn* Das Recht der Privatklage (1967); *Schröder* Änderung des Privatklageverfahrens? DStR **1942** 26; *Seibert* Der arme Privatkläger, MDR **1952** 278; *Steiner* Der Parteibegriff im Privatklageverfahren, Strafrechtl. Abhandlungen (1931) Heft 292; *Thiersch* Anwendungsgebiet und rationelle Gestaltung der Privatklage (1901); *Töwe* Die Privatklage, GerS **106** (1935) 145; *E. Weber* Die Privatklage hat im Strafrecht keinen Platz, SchiedsmZ **1982** 24; *Werthauer* Die Privatklage (1930); *Wilhelmi* Notverordnung und Privatklage, DJZ **1931** 330; *Woesner* Der Privatkläger in der Hauptverhandlung, NJW **1959** 704; *Zipf* Strafantrag, Privatklage und staatlicher Strafanspruch, GA **1969** 234.

Entstehungsgeschichte

Die Privatklage war als §§ 414 bis 434 Gesetz geworden; ihre jetzige Paragraphenfolge erhielt sie durch die Neubekanntmachung der Strafprozessordnung vom 22. März 1924 als §§ 374 bis 394. Änderungen hat der Abschnitt im Wesentlichen erfahren durch: das AGGewVerbrG; das Gesetz über Reichsverweisungen vom 23.3.1934 (RGBl. I 213); die Verordnung zur Änderung der Strafvorschriften über fahrlässige Tötung, Körperverletzung und Flucht bei Verkehrsunfällen vom 2.4.1940 (RGBl. I 606); die 2. VereinfVO; die Zweite Verordnung zur Durchführung des Strafrechts des Altreichs und der Alpen- und

https://doi.org/10.1515/9783110275001-003

Donau-Reichsgaue vom 20.1.1944 (RGBl. I 41); das VereinhG; das 1. und 3. StRÄndG; das StPÄG 1964; das UrhG; das Sortenschutzgesetz; das EGOWiG; das 1. StrRG; das EGStGB 1974; das 1. StVRG; das 1. StVRErgG; das OpferschutzG; das 6. StRG, das StVÄG 1999; Novellen zum gewerblichen Rechtsschutz, zum Kostenrecht sowie zur Justizmodernisierung und das 40. StrÄndG. Die Privatklage wurde durch Art. 44 des Gesetzes zur Fortentwicklung der Strafprozessordnung und zur Änderung weiterer Vorschriften vom 25.6.2021[1] als Folgeänderung durch die Neufassung des Ersten Abschnitts des Fünften Buches durch Einfügung eines Legaldefinition des Verletztenbegriffs von diesem in den Zweiten Abschnitt überführt. Zu weiteren Einzelheiten s. auch die Entstehungsgeschichte zu § 374. Auf die Änderungen wird bei den Paragraphen eingegangen, zu denen sie ergangen sind.

Übersicht

Alphabetische Übersicht

1. Entwurf und endgültige Fassung

1 **a) Entwurf.** Der **Entwurf** enthielt zwei die Privatklage betreffende Abschnitte. Der zweite Abschnitt (§§ 356 bis 365) behandelte die prinzipale Privatklage bei Beleidigungen und Körperverletzungen, der erste (§§ 335 bis 355) die subsidiäre Privatklage, welche bei allen übrigen Antragsdelikten statthaft sein sollte. Bei den Beratungen der Reichstagskommission fiel dieser Abschnitt fort; der bisherige zweite wurde – durch Übernahme zahlreicher Vorschriften des früheren ersten Abschnitts – umgearbeitet.

2 **b) Entgültige Fassung.** Die **endgültige Fassung**, die die Reichstagskommission der Privatklage gegeben hat, hat nicht nur zur Folge gehabt, dass eine Anzahl von – ungeeigneten – Vorschriften aus der Entwurfsfassung des ersten Abschnitts der Privatklage in den nunmehr einzigen (früheren zweiten) Abschnitt übernommen wurden, sondern auch dazu geführt, dass das Privatklageverfahren, wie schon in der ersten Auflage dieses Kommentars (1878) bemerkt (dort Vor § 414, Anm. 1), „auch sonst nicht durchweg sachgemäß gestaltet wurde". Seitdem ist das Verfahren, dem früher in der Praxis wesentlich größere Bedeutung

1 BGBl. I 2099.

zukam als heute (Rn. 4), zunehmend erheblicher **Kritik**[2] (Rn. 13) ausgesetzt, die heute überwiegend in der Forderung gipfelt, die **Privatklage abzuschaffen**.

2. Gesetzgeberischer Grund. Über den **gesetzgeberischen Grund**, das Verfahren 3
für gewisse Straftaten anders als sonst zu regeln, sagen die Motive:[3] „Beleidigungen und leichte Misshandlungen sind alltägliche Vorkommnisse; sie berühren das allgemeine Wohl der bürgerlichen Gesellschaft meistens wenig, und selbst für die Beteiligten haben sie in der Regel eine viel zu geringe Bedeutung, als dass ein rechtliches oder sittliches Bedürfnis vorläge, stets eine Bestrafung herbeizuführen. Darum bildet erfahrungsgemäß die Verfolgung und Bestrafung jener Gesetzesverletzungen nicht die Regel, sondern die Ausnahme." Maßgebendes Motiv für die Schaffung der Privatklage war mithin das Bedürfnis, Bagatellen aus dem Strafverfolgungszwang herauszunehmen und damit das Legalitätsprinzip und das Klageerzwingungsverfahren zu entlasten.[4] Auf dieser Auffassung beruht auch die Zulässigkeit einer Aufrechnung bei wechselseitigen Vergehen solcher Art (§ 199 und – früher – § 233 StGB) und das Erfordernis eines Sühneversuchs bei Hausfriedensbruch, Beleidigung, Verletzung des Briefgeheimnisses, Körperverletzung, Bedrohung und Sachbeschädigung (§ 380).

3. Rechtswirklichkeit. Das Privatklageverfahren hat in den letzten Jahrzehnten er- 4
heblich an praktischer Bedeutung verloren.[5] Bis etwa 1930 gab es jährlich zwischen 80.000 und 120.000 Privatklagen, 1971 nur noch rund 14.000, 1981 noch 9.782,[6] 1994 ausweislich der amtlichen Justizstatistiken nur noch 2.359, 2006 nur noch 564, 2007 nur 528 und im Jahre lediglich noch 383.[7] Die Staatsanwaltschaft hat 2006 rund 174.000, 2007 rund 213.000 Verfahren auf den Weg der Privatklage verwiesen.[8] Die Aussage,[9] die für die Strafjustiz entscheidende **Funktion** der Privatklage liege heute darin, dass es zu ihr nicht komme, also im **Einstellungseffekt**, trifft weiterhin zu. Des Weiteren sind die Erfolgsaussichten der Privatklage aus der Sicht des Klägers erfahrungsgemäß schlecht.

---

2 Z.B. *Friedmann* JW **1916** 345; *Woesner* NJW **1959** 704; *v. Lippa* Der Ehrenschutz im deutschen Strafrecht (1966) 106 ff.; *Dempewolf* 19; *Kissel* Der dreistufige Aufbau der ordentlichen Gerichtsbarkeit (1972) 111 ff.; *Koewius* 166; *v. Schacky* 267 ff.; *Arzt* Der Ruf nach Recht und Ordnung (1976) 158; *Hirsch* 817, 828 ff.; *Naucke* 51. DJT Gutachten D 112; *Schmitt* ZStW **89** (1977) 641; *Jung* ZStW **93** (1981) 1166; *Gössel* FS Dünnebier 146; *Grebing* GA **1984** 13 ff.; *Schöch* NStZ **1984** 385; *Rieß* Gutachten 104, 206; s. dazu auch die Verhandlungen und Beschlüsse des 55. DJT Bd. II L 189 ff., Beschl. III 12, 15; *Weigend* 479 ff.; *Weigert* 544 ff.; *Zätzsch* ZRP **1992** 167; *Patsourakou* 133 (rechtsvergleichend), 137 ff., 162; KMR/*Fezer* 16 ff.; AK/*Rössner* Vor § 374–§ 406h, 9; SK/*Velten* Vor § 374, 28 ff.; *Roxin* § 61, 3 ff. Vgl. auch *Böttcher* JR **1987** 133; *Kube* DRiZ **1986** 121; *Rieß* Jura **1987** 289; *Thomas* StV **1985** 411; *Weigend* ZStW **96** (1984) 761; *Martin* 311 ff., 342 ff. S. dagegen *Geerds* SchiedsmZ **1980** 84; JZ **1984** 786 ff.; *Kay* Die Polizei **1988** 228, 232; *Rehwagen* 210. Zu Einzelheiten der Kritik s. auch die Angaben in der 24. Aufl., Rn. 2.

3 *Hahn* **I** 277.

4 *Rieß* Gutachten 21.

5 *Rieß* SchAZtg **2000** 306 (unumkehrbares Sterben der Privatklage).

6 Eingehend dazu *Rieß* Gutachten 23 ff.

7 Statistik des Stat. Bundesamtes: Strafgerichte 2006, 2007 und 2019 Tabelle 2.1.

8 Statistik des Stat. Bundesamtes: Staatsanwaltschaften 2006, 2007 Tabelle 2.2.1. Zu Vergleichszahlen früherer Jahre s. *Rieß* Gutachten 23; zur Statistik bis zum Jahre **1998** *ders.* SchAZtg **2000** 306, auch zur rückläufigen Entwicklung der Sühneverfahren.

9 *Rieß* Gutachten 23.

Denn es ist davon auszugehen, dass die Gerichte von ihrer Einstellungsbefugnis gemäß § 383 Abs. 2 großzügig Gebrauch machen.[10]

5 **4. Grundfragen.** Das[11] Privatklageverfahren ist ein **staatliches Strafverfahren**, das anstelle der Staatsanwaltschaft von dem Verletzten als Kläger eingeleitet und betrieben wird. Ziel ist es, gegen den Beschuldigten eine Kriminalstrafe zu verhängen. Sie wird genauso vollstreckt und in das Strafregister eingetragen wie eine auf öffentliche Klage erkannte Strafe.[12] Das Verfahren unterliegt **nicht dem Legalitätsprinzip**. Der Privatklageberechtigte hat eine weitgehende Dispositionsbefugnis. Er entscheidet, ob und in welchem Umfang er Klage erhebt, und hat auch die Möglichkeit, aus mehreren Beteiligten und mehreren prozessual selbständigen Taten auszuwählen. Er kann auf die Klageerhebung verzichten[13] und die Klage zurücknehmen (§ 391 Abs. 1); wegen der Zulässigkeit eines Vergleichs vgl. die Erl. zu § 391, 14 ff. Das Privatklageverfahren ist **kein Parteiprozess**; das Gericht, nicht die Partei, ist nach dem Amtsaufklärungsgrundsatz für die Vollständigkeit der Sachverhaltsklärung verantwortlich. Für das Verfahren gelten im Übrigen grundsätzlich die allgemeinen Verfahrensvorschriften, und es müssen deshalb von Amts wegen die allgemeinen Prozessvoraussetzungen geprüft und Prozesshindernisse beachtet werden, auch solche, die nur dem Privatklageverfahren eigen sind.

6 Für den Verletzten bedeutet die Privatklage **Strafverfolgungsprivileg** und **-last zugleich**. Sie ist ein Privileg, weil sie dem Verletzten gestattet, ohne Einschaltung der Staatsanwaltschaft die Durchsetzung des Sanktionsanspruches der Rechtsgemeinschaft zu betreiben. Sie ist – dies dominiert heute in der Realität – Verfolgungslast, weil sie den staatlichen Strafverfolgungsorganen die Möglichkeit gibt, sich der Sachverhaltsaufklärung und Klageerhebung zu entziehen, wenn kein öffentliches Interesse an der Strafverfolgung besteht. Für das Gericht bedeutet diese Überantwortung der Vorbereitung der öffentlichen Klage auf den Verletzten häufig einen **erhöhten Aufklärungs- und Befriedungsaufwand**. Denn die Filterwirkung des Ermittlungsverfahrens und der staatsanwaltschaftlichen Abschlussverfügung und damit die kriminalpolitische Funktion der Handhabung des Einstellungsermessens entfällt. Das Gesetz stellt deshalb durch das Erfordernis des Sühneversuchs (§ 380) eine besondere Befriedungs- und Entlastungsinstanz bereit. Es gestattet außerdem dem Gericht eine etwas freiere Verhandlungsführung (§ 384 Abs. 3, 4) sowie die Einstellung des Verfahrens wegen Geringfügigkeit (§ 383 Abs. 2).[14] Des Weiteren überbürdet es dem Privatkläger Risiken und Erschwernisse, die ihn nicht treffen, wenn er bloß Anzeigeerstatter oder Antragsteller ist.[15]

7 Zulässig ist das Privatklageverfahren nur zur Verfolgung der in § 374 **abschließend genannten Privatklagedelikte**. Der Deliktskatalog ist seit 1924 weitgehend unverändert geblieben. Er umfasst Tatbestände des allgemeinen Strafrechts und des Nebenstrafrechts. Eine erhebliche Zahl der Privatklagedelikte erfordert einen Strafantrag, jedoch sind nicht alle Antragsdelikte zugleich Privatklagedelikte. Dies ist zum Teil, etwa wo der Strafantrag im Wesentlichen Täter/Opfer-Beziehungen schützt oder dem

---

10 *Rieß* Gutachten 23; *Grebing* GA **1984**, 6 ff. S. auch Statistik des Stat. Bundesamtes: Strafgerichte 2006, 2007 und 2019 Tabelle 2.2 Nr. 9, 20, 24, 26, 32.

11 Eingehend dazu SK/*Velten* Vor § 374, 11 ff. sowie 44 ff.

12 *Eb. Schmidt* 1.

13 KG JR **1960** 193.

14 *Rieß* Gutachten 21 ff.; s. auch *Maiwald* GA **1970** 33 ff.; *Grebing* GA **1984** 1 ff.

15 Vgl. z.B. §§ 379, 379a (Sicherheitsleistung, Vorschuss), § 391 Abs. 2, 3 (Rücknahmefiktion), § 471.

Verletztenschutz dient, rechtspolitisch einsichtig, teilweise aber auch nur historisch zu erklären.[16]

Die Privatklage steht – ungeachtet ihrer heute zahlenmäßig sehr geringen Bedeutung – in einem solchen **Beziehungsgeflecht zu anderen Regelungen**, dass sie nach wie vor als einer der dogmatischen Ecksteine der Verletztenstellung des geltenden Rechts anzusehen ist. Dogmatisch und rechtspolitisch besteht eine enge Verbindung zum Strafantragsrecht. Wäre sie als subsidiäre Privatklage ausgestaltet, könnte auf das Klageerzwingungsverfahren (§ 172 Abs. 2) verzichtet werden. Die mit einer Einstellungswirkung verbundene Verweisung zur Privatklage durch die Staatsanwaltschaft bringt sie in Verbindung zu den Begrenzungen des Legalitätsprinzips nach den §§ 153 ff. Schließlich bildet der Sühneversuch (§ 380) eine Sonderform der „diversion“.[17] 8

Die **besonderen Voraussetzungen**, unter denen ein Privatklageverfahren zulässig ist, sind im Wesentlichen in den §§ 374 bis 377, 380, 391 Abs. 1 und 2, §§ 392, 393 näher umschrieben. Aus § 374 Abs. 3 ergibt sich, dass von der Befugnis, Privatklage zu erheben (§ 374 Abs. 1 und 2), die Frage streng zu unterscheiden ist, wer diese **Befugnis** im Verfahren **wahrnehmen** darf. Eine zulässige Privatklage liegt vor, wenn derjenige sie erhoben hat, der im konkreten Fall die Befugnis zu ihrer Erhebung wahrnehmen darf.[18] Ob man von der Partei- und Prozessfähigkeit spricht[19] oder von gewissen Voraussetzungen in der Person des Privatklägers,[20] ist eine terminologische Frage ohne sachliche Bedeutung. 9

Zur Privatklage bei Jugendlichen und Heranwachsenden s. **die Vorschriften des JGG**. 10

5. Anhangsverfahren. Ein **Anhangsverfahren** nach §§ 403 ff. ist auch im Privatklageverfahren zulässig (vgl. § 403, 19). 11

6. Zuständig für die Verhandlung und Entscheidung über Privatklagen ist der Strafrichter (§ 25 Nr. 1 GVG). Eine besondere Vorschrift für den Gerichtsstand enthält § 7 Abs. 2 Satz 2.[21] Durch Verbindung nach § 4 können Privatklagesachen auch vor das Schöffengericht oder vor die Große Strafkammer kommen, nicht aber vor das Schwurgericht (§ 384 Abs. 5). Vgl. zu den Formerfordernissen § 381, 1. 12

7. Kritik. Die allgemeine rechtspolitische Kritik[22] an der Beibehaltung des Instituts Privatklage erscheint namentlich unter Berücksichtigung der Rechtswirklichkeit (Rn. 4) und der in Rn. 6 genannten Nachteile berechtigt. Nach den empirischen Befunden kann die Privatklage in vielen Fällen zum unzumutbaren „Leidensweg“[23] des Klägers werden. Des Weiteren kann das Recht zur Privatklage zu sozialen Härten führen. Ein finanziell gut gestellter Verletzter kann in Ausübung seines Rechtes an Verfolgungsintensität unter Umständen mehr leisten als eine (möglicherweise organisatorisch und personell schlecht 13

---

16 *Rieß* Gutachten 22.

17 *Rieß* Gutachten 25; *Martin* 216 ff.; Vorbem. zum 5. Buch Rn. 21 ff.

18 OLG Hamm NJW **1961** 2322; *Eb. Schmidt* I 138, 141.

19 So die 19. Auflage.

20 So *Eb. Schmidt* I 137.

21 Vgl. dazu BGHSt **11** 56; § 7, 23.

22 Vgl. Rn. 2; *Rieß* Gutachten 104 ff. m.w.N.; KMR/*Kulhanek* 9 ff.; AK/*Rössner* Vor § 374–§ 406h, 9, 12; HK-GS/*Rössner* § 374, 2; SK/*Velten* Vor § 374, 28 ff.; *Bartsch* ZIS **2017** 169 f.; *Martin* 344 ff. (für Beibehaltung der Privatklage unter Beseitigung ihrer Mängel); *Reichert* ZRP **1997** 492 (Erstreckung der Privatklage auf Diebstahl geringwertiger Sachen).

23 *Rieß* Gutachten 26; *ders.* SchAZtg **2000** 306.

ausgestattete) Staatsanwaltschaft, während die Möglichkeiten eines normalen Privatmannes in der Regel erheblich hinter den Möglichkeiten des finanziell Bessergestellten zurückbleiben werden. Der Entlastungswirkung zugunsten der Staatsanwaltschaft durch Verweisung auf den Privatklageweg stehen im Übrigen mögliche Mehrbelastungen des Gerichts gegenüber. Schließlich sind die Gründe, die für die Einführung der Privatklage maßgebend waren (Rn. 3), inzwischen durch den Ausbau der §§ 153 ff. entfallen; diese Vorschriften bieten der Staatsanwaltschaft heute hinreichende Möglichkeiten für eine sachgerechte Behandlung der Bagatellkriminalität.[24]

14 Unabhängig vom Bestand des Privatklageverfahrens grundsätzlich erhalten und soweit möglich ausgebaut (soweit notwendig auch umgestaltet) werden sollte dagegen das **Sühneverfahren** (§ 380).[25] Dafür spricht nicht nur die **Entlastung der Justiz** durch diesen Verfahrensabschnitt, sondern namentlich seine **Befriedungswirkung**, die insbesondere dann von hoher Bedeutung ist, wenn die Straftat auf Beziehungsstörungen beruht.

§ 374
Zulässigkeit; Privatklageberechtigte

(1) Im Wege der Privatklage können vom Verletzten verfolgt werden, ohne daß es einer vorgängigen Anrufung der Staatsanwaltschaft bedarf,
1. **ein Hausfriedensbruch (§ 123 des Strafgesetzbuches),**
2. **eine Beleidigung (§§ 185 bis 189 des Strafgesetzbuches), wenn sie nicht gegen eine der in § 194 Abs. 4 des Strafgesetzbuches genannten politischen Körperschaften gerichtet ist,**

2a. **eine Verletzung des höchstpersönlichen Lebensbereichs und von Persönlichkeitsrechten durch Bildaufnahmen (§ 201a Abs. 1 und 2 des Strafgesetzbuches),**

3. **eine Verletzung des Briefgeheimnisses (§ 202 des Strafgesetzbuches),**
4. **eine Körperverletzung (§§ 223 und 229 des Strafgesetzbuches),**
5. **eine Nötigung (§ 240 Abs. 1 bis 3 des Strafgesetzbuches) oder eine Bedrohung (§ 241 Absatz 1 bis 3 des Strafgesetzbuches),**

5a. **eine Bestechlichkeit oder Bestechung im geschäftlichen Verkehr (§ 299 des Strafgesetzbuches),**

6. **eine Sachbeschädigung (§ 303 des Strafgesetzbuches),**

6a. **eine Straftat nach § 323a des Strafgesetzbuches, wenn die im Rausch begangene Tat ein in den Nummern 1 bis 6 genanntes Vergehen ist,**

7. **eine Straftat nach § 16 des Gesetzes gegen den unlauteren Wettbewerb und § 23 des Gesetzes zum Schutz von Geschäftsgeheimnissen,**
8. **eine Straftat nach § 142 Abs. 1 des Patentgesetzes, § 25 Abs. 1 des Gebrauchsmustergesetzes, § 10 Abs. 1 des Halbleiterschutzgesetzes, § 39 Abs. 1 des Sortenschutzgesetzes, § 143 Abs. 1, § 143a Abs. 1 und § 144 Abs. 1 und 2 des Markengesetzes, § 51 Abs. 1 und § 65 Abs. 1 des Designgesetzes, den §§ 106 bis 108 sowie § 108b Abs. 1 und 2 des Urheberrechtsgesetzes und § 33 des Gesetzes betreffend das Urheberrecht an Werken der bildenden Künste und der Photographie.**

---

24 Vgl. dagegen *Reichert* ZRP **1997** 492.

25 Vgl. z.B. *Rieß* Gutachten 129, 209 m.w.N.; *ders.* SchAZtg **2000** 306; AK/*Rössner* Vor § 374 – § 406h, 12; *Martin* 351 ff.; krit. *Weigend* 273, 282 ff., 343 ff., 545. Vgl. auch die Erl. zu § 380.

https://doi.org/10.1515/9783110275001-004

(2) [1]Die Privatklage kann auch erheben, wer neben dem Verletzten oder an seiner Stelle berechtigt ist, Strafantrag zu stellen. [2]Die in § 77 Abs. 2 des Strafgesetzbuches genannten Personen können die Privatklage auch dann erheben, wenn der vor ihnen Berechtigte den Strafantrag gestellt hat.

(3) Hat der Verletzte einen gesetzlichen Vertreter, so wird die Befugnis zur Erhebung der Privatklage durch diesen und, wenn Körperschaften, Gesellschaften und andere Personenvereine, die als solche in bürgerlichen Rechtsstreitigkeiten klagen können, die Verletzten sind, durch dieselben Personen wahrgenommen, durch die sie in bürgerlichen Rechtsstreitigkeiten vertreten werden.

Schrifttum

Bartsch Bericht über einen Moribunden: Das Privatklageverfahren, ZJS **2017** 40 (Teil 1), 167 (Teil 2); *Doering* Beleidigung und Privatklage (1971); *Dohna* Neues Mittel des Ehrenschutzes, ZStW **57** (1938) 158; *Fahl* Böhmermanns Schmähkritik als Beleidigung, NStZ **2016** 313; *Hombrecher* „Grünes Strafrecht" – Die Verteidigung von Marken mit den Mitteln des Strafrechts, WRP **2017** 20; *Hartung* Recht zur Stellung des Strafantrages und Privatklage bei Tod des Antrags- und Klageberechtigten, NJW **1950** 670; *Kurth* Die Strafbarkeit der im Vollrausch begangenen Privatklagedelikte, NJW **1952** 731; *Raschik* Die Strafbarkeit der im Vollrausch begangenen Privatklagedelikte, NJW **1952** 1045; *W. Schmid* Zur Prozessfähigkeit des Privat- und Nebenklägers, SchlHA **1981** 153.

Entstehungsgeschichte

Die als § 414 Gesetz gewordene Vorschrift hat ihre jetzige Bezeichnung durch das Gesetz zur Stärkung des Rechts des Angeklagten auf Vertretung in der Berufungsverhandlung und über die Anerkennung von Abwesenheitsentscheidungen in der Rechtshilfe erhalten (Art. 1 Nr. 13, BGBl. 2015 I S. 1332 ff.). Nach der ursprünglichen Fassung des § 414 Abs. 1 war eine Privatklage nur wegen „Beleidigungen und Körperverletzungen ..., soweit die Verfolgung nur auf Antrag eintritt" zulässig. Art. III Nr. 6 des Gesetzes vom 11.3.1921 (RGBl. 231) erweiterte den Anwendungsbereich der Privatklage um weitere – nunmehr nach Nummern gegliederte – Straftatbestände, nämlich Nr. 1 Hausfriedensbruch, Nr. 4 Bedrohung, Nr. 5 Verletzung fremder Geheimnisse nach § 299 StGB, Nr. 6 Sachbeschädigungen, Nr. 7 Vergehen nach dem UWG und Nr. 8 Vergehen gegen das literarische, künstlerische und gewerbliche Urheberrecht. Beleidigung nach §§ 185 bis 187 und § 189 StGB wurde mit der Einschränkung, dass „nicht eine der in § 197 StGB bezeichneten politischen Körperschaften beleidigt ist", als Nr. 2, Körperverletzung nach §§ 223, 223a Abs. 1 und § 230 StGB mit der Einschränkung „sofern nicht die Körperverletzung mit Übertretung einer Amts-, Berufs- oder Gewerbspflicht ergangen worden ist" als Nr. 3 in diesen Katalog eingestellt.

Durch Art. II Nr. 1 der Verordnung vom 2.4.1940 (RGBl. I 606) wurde die Beschränkung in Nr. 3 aufgehoben, durch Art. 4 Nr. 5 des 1. StRÄndG die Nr. 2 um § 187a StGB ergänzt. Mit § 139 UrhG wurden in Nr. 8 „alle Verletzungen des Patent-, Gebrauchsmuster-, Warenzeichen- und Geschmacksmusterrechtes, soweit sie als Vergehen strafbar sind, sowie die Vergehen nach §§ 106 bis 108 des Urheberrechtsgesetzes" einbezogen, durch § 55 SortenSchG ihr Anwendungsbereich auf den Sortenschutz, durch Art. 9 Nr. 17 des 1. StrRG auf „§ 33 des Gesetzes betreffend das Urheberrecht an Werken der bildenden Künste und der Photographie" ausgedehnt.

Durch Art. 21 Nr. 92 EGStGB 1974 wurden in Absatz 1 Nr. 2 die Verweisung § 197 StGB durch § 194 Abs. 4 und in Nr. 5 die Verweisung § 299 StGB durch § 202 StGB ersetzt. Darüber hinaus wurde in Absatz 2 der Kreis der zur Privatklage Berechtigten dem nach sachlichem Strafrecht zum Strafantrag Berechtigten angepasst und die gesamte Vorschrift sprachlich neu gefasst.

Durch Art. 8 Nr. 1a des 2. WiKG vom 15.5.1986 (BGBl. I S. 721) wurde § 6c des Gesetzes gegen den unlauteren Wettbewerb in Absatz 1 Nr. 7 eingefügt.

Die Richtigstellung von „§ 49“ des Patentgesetzes in „§ 142“ in Absatz 1 Nr. 8 erfolgte in der Bekanntmachung der Neufassung der Strafprozessordnung vom 7.4.1987 (BGBl. I S. 1074) i.V.m. Art. 3 Abs. 2 des Gesetzes zur Änderung des Gebrauchsmustergesetzes vom 15.8.1986 (BGBl. I S. 1446). § 25 des Gebrauchsmustergesetzes ist nach der Bekanntmachung der Neufassung des Gebrauchsmustergesetzes vom 28.8.1986 (BGBl. I S. 1455) die neue Bezeichnung des früheren, zuletzt durch Gesetz vom 15.8.1986 (BGBl. I S. 1446) geänderten § 16. Außerdem wurde Absatz 1 Nr. 8 durch Art. 1 Nr. 4 OpferschutzG neu gefasst; die Nennung von „§ 39“ statt vorher „§ 49“ des Sortenschutzgesetzes ist eine reine Verweisungsumstellung auf die Bezeichnungsänderungen des neuen Sortenschutzgesetzes vom 11.12.1985 (BGBl. I S. 2170). Durch § 22 des Halbleiterschutzgesetzes vom 22.10.1987 (BGBl. I S. 2294) wurde der Katalog der Privatklagedelikte um die neugeschaffenen Straftatbestände nach § 10 des Gesetzes erweitert.

Des Weiteren wurde durch Art. 10 Nr. 1 des Produktpirateriegesetzes vom 7.3.1990 (BGBl. I S. 422) hinter § 142 (des Patentgesetzes), § 25 (des Gebrauchsmustergesetzes), § 10 (des Halbleiterschutzgesetzes), § 39 (des Sortenschutzgesetzes), § 14 (des Geschmacksmustergesetzes) jeweils „Abs. 1“ eingefügt und die Angabe „§ 24 Abs. 3, § 25 Abs. 3, § 26 des Warenzeichengesetzes“ ersetzt durch „§ 25d Abs. 1 und § 26 des Warenzeichengesetzes“, dann durch Art. 10 Nr. 1 des Markenrechtsreformgesetzes vom 25.10.1994 (BGBl. I S. 3082) diese Angabe durch „§ 143 Abs. 1 und § 144 Abs. 1 und 2 des Markengesetzes“; in diese wurde durch Art. 3 des Markenrechtsänderungsgesetzes 1996 vom 19.7.1996 (BGBl. I S. 1014) nach der Angabe „§ 143 Abs. 1“ die Angabe „und 1a“ eingefügt.

Außerdem wurde durch Art. 3 Nr. 1 des Gesetzes zur Bekämpfung der Korruption vom 13.8.1997 (BGBl. I S. 2038) die Nr. 5a eingefügt und durch Art. 3 Nr. 2 dieses Gesetzes in § 374 Nr. 7 die Angabe „12“ gestrichen.

Durch Art. 3 Nr. 5 des 6. StRG vom 26.1.1998 (BGBl. I S. 164) wurde in Absatz 1 Nr. 2 in Anpassung an die Änderung der Nummerierung im StGB (§ 187a StGB ist jetzt § 188) „§ 187a und“ gestrichen, zudem in Nr. 4 „§ 223a“, weil die gefährliche Körperverletzung (jetzt § 224 StGB) Offizialdelikt sein soll, und „§ 233“ in „§ 229“ (Anpassung an die Änderung der Nummerierung im StGB) geändert.

Durch Art. 5 des Gesetzes zur Bereinigung von Kostenregelungen auf dem Gebiet des geistigen Eigentums vom 13.12. 2001 (BGBl. I S. 3656) ist in Absatz 1 Nr. 8 die Angabe: „§ 143 Abs. 1 und 1a und § 144 Abs. 1 und 2 des Markengesetzes“ durch die jetzige Angabe zum Markengesetz ersetzt worden. Die Änderung ist eine Anpassung an die Änderung der Strafvorschriften im Markengesetz durch das genannte Bereinigungsgesetz.

Durch Art. 4 Nr. 1 des Gesetzes zur Regelung des Urheberrechts in der Informationsgesellschaft ist in Absatz 1 Nr. 8 „§ 108b Abs. 1 und 2“ eingefügt worden. Durch Art. 2 Abs. 4 Nr. 1 des Geschmacksmusterreformgesetzes ist außerdem in Nr. 8 die Angabe „§ 14 Abs. 1“ des Geschmacksmustergesetzes durch „§ 51 Abs. 1 und § 65 Abs. 1“ ersetzt worden. Des Weiteren ist durch § 20 Abs. 3 des UWG in Absatz 1 Nr. 7 die Angabe „§§ 4, 6c, 15, 17, 18 und 20“ durch „§§ 16 bis 19“ ersetzt worden.

Durch Art. 3 Nr. 16 des 1. JuMoG wurde in Absatz 1 die Nr. 6a eingefügt.

Absatz 1 Nr. 8 wurde durch Art. 5 Abs. 4 des Gesetzes zur Modernisierung des Geschmacksmustergesetzes vom 10.10. 2013 den dortigen Maßgaben angepasst und der Begriff Markengesetz durch Designgesetz ersetzt (BGBl. I S. 3799).

Durch Art. 2 Abs. 3 Nr. des 49. Strafrechtsänderungsgesetzes vom 21.1.2015 (BGBl. I S. 10) wurde Absatz 1 Nr. 2a eingefügt.

Die durch Art. 2 Nr. 2 des 40. StrÄndG in Absatz 1 Nr. 5 erfolgte Ausgestaltung der Nachstellung gemäß § 238 Abs. 1 StGB als Privatklagedelikt wurde durch Art. 2 des Gesetzes zur Verbesserung des Schutzes vor Nachstellungen vom 1.3.2017 aufgehoben (BGBl. I S. 386), damit das Opfer das Verfahren nicht mehr selbst betreiben muss.

Durch das Gesetz zur effektiveren und praxistauglicheren Ausgestaltung des Strafverfahrens vom 17.8.2017 (Art. 4 Nr. 35) sollte in Absatz 1 Nr. 5 die Nötigung (§ 240 Abs. 1 bis 3 StGB) aufgenommen werden (BGBl. I S. 3202). Allerdings sah die Gesetzesänderung versehentlich die Einfügung dieses Delikts nach der – bereits im Jahre 2017 aus dem Katalog der Privatklagedelikte gestrichenen – Nachstellung (§ 238 StGB) vor. Die notwendige Korrektur erfolgte durch Nr. 2b der Berichtigung des Gesetzes zur effektiveren und praxistauglicheren Ausgestaltung des Strafverfahrens vom 1.11.2017 (BGBl. I S. 3630).

Durch Art. 3 Nr. 1 des Gesetzes zur Umsetzung der Richtlinie (EU) 2016/943 zum Schutz von Geschäftsgeheimnissen vor rechtswidrigem Erwerb sowie rechtswidriger Nutzung und Offenlegung vom 18.4.2019 wurde in Absatz 1 Nr. 7 die Bezugnahme auf das neue Stammgesetz neugefasst (BGBl. I S. 471).[1]

Durch Art. 2 des 59. Gesetzes zur Änderung des Strafgesetzbuches – Verbesserung des Persönlichkeitsschutzes bei Bildaufnahmen vom 9.10.2020 wurden – als Folgeänderung aufgrund der geänderten Überschrift des § 201a StGB[2] – in Absatz 1 Nr. 2a nach dem Wort „Lebensbereichs" die Wörter „und von Persönlichkeitsrechten" eingefügt (BGBl. I 2075).

Durch Art. 2 Nr. 6 des Gesetzes zur Bekämpfung des Rechtsextremismus und der Hasskriminalität vom 30.3.2021 wurde in Absatz 1 Nr. 1 „§ 241" als Folgeänderung aus der Neufassung des Bedrohungstatbestandes ersetzt durch § 241 Absatz 1 bis 3 (BGBl. I S. 443).

Übersicht

1 BTDrucks. **19** 4724 S. 41.
2 BTDrucks. **19** 20668 S. 16.

Alphabetische Übersicht

I. Begriff

1 **1. Privatklage- und Antragsdelikte.** Der **Begriff** der Privatklagevergehen deckt sich nicht mit dem der Antragsdelikte. So ist z.B. die Bedrohung (§ 241 StGB) Privatklagedelikt, obwohl sie ohne Antrag verfolgt wird, und können Diebstahl und Unterschlagung geringwertiger Sachen (§ 248a StGB), sofern die Strafverfolgungsbehörde nicht wegen des besonderen öffentlichen Interesses ein Einschreiten von Amts wegen für erforderlich hält, nur auf Antrag, gleichwohl aber nicht im Privatklageverfahren verfolgt werden. Das gleiche gilt für eine Begünstigung, wenn der Begünstige als Täter oder Teilnehmer der Vortat nur auf Antrag verfolgt werden könnte (§ 257 Abs. 4 StGB), für Hehlerei im Fall des § 259 Abs. 2 StGB, Bagatellbetrug (§ 263 Abs. 4 StGB), Erschleichen von geringwertigen Leistungen (§ 265a Abs. 3 StGB) und Untreue, wenn der zugefügte Nachteil gering ist (§ 266 Abs. 2 StGB). Strafantragsdelikte sind nach § 205 StGB auch die Verletzung der Vertraulichkeit des Wortes gemäß § 201 Abs. 1 und 2, die Verletzung des Briefgeheimnisses (§ 202 StGB) und von Privatgeheimnissen (§ 203 StGB) sowie die Verwertung frem-

der Geheimnisse (§ 204 StGB); im Weg der Privatklage verfolgt werden kann von diesen jedoch nur das Vergehen nach § 202 StGB.

2. Verletzter. Wegen des Begriffs vgl. Erl. zur **Legaldefinition** in § 373b. § 374 Abs. 1 und 2 erweisen sich als **lex specialis** zu § 373b (s. § 373b, 27, 52). Wer im Einzelfall Verletzter ist, wird bei den einzelnen Privatklagedelikten (Rn. 4 ff.) ausgeführt. Zum Verhältnis zwischen Privatklage und **Strafantrag** vgl. Rn. 30 ff., 36 ff. und § 375, 3 ff. 2

3. Voraussetzung. für die Erhebung der Privatklage ist zunächst einmal, dass dem Beschuldigten ein **Privatklagedelikt** vorgeworfen wird; welche Vergehen darunter fallen, zählt Absatz 1 abschließend auf. Ferner ist die **Privatklageberechtigung** (vgl. Rn. 4 ff., 30 ff.) und die **Prozessfähigkeit** des Privatklägers (vgl. Rn. 39 ff.) erforderlich. 3

II. Privatklagevergehen (Absatz 1 Nr. 1 bis 8)

1. Hausfriedensbruch (§ 123 StGB). Erfasst wird nur der einfache Hausfriedensbruch nach § 123 StGB, nicht der schwere nach § 124 StGB.[3] **Verletzter** ist der Berechtigte, d.h. regelmäßig der Inhaber des Hausrechts, der über den Zugang zu den Räumen verfügen kann;[4] mithin der Eigentümer, in gemieteten oder gepachteten Wohnräumen der Mieter oder Pächter, auch der Untermieter; u.U. sogar auch der Untervermieter, nicht dagegen der Hauswart. Wegen weiterer Einzelfragen vgl. die Kommentare zu § 123 StGB.[5] 4

2. Beleidigung (§§ 185 bis 189 StGB). Absatz 1 Nr. 2 betrifft nur Beleidigungen des Vierzehnten Abschnitts des Strafgesetzbuchs. Dagegen sind die Fälle des § 194 Abs. 3 StGB Privatklagevergehen. Die Motive[6] sagen dazu: „Es ist keineswegs verkannt worden, dass bei der Mehrzahl der Amtsbeleidigungen die Verfolgung von Staats wegen durch das Interesse der öffentlichen Ordnung geboten sein wird. Dagegen konnte nicht anerkannt werden, dass dies bei allen **Amtsbeleidigungen** der Fall sei. Es kommen vielfach Beleidigungen eines Beamten in Beziehung auf seinen Beruf in solcher Gestalt vor, dass sie eine Verfolgung durch die Staatsanwaltschaft nicht notwendig erheischen, dass es vielmehr mit der öffentlichen Ordnung wohl vereinbar ist, wenn sie unverfolgt oder der Privatverfolgung überlassen bleiben. Oftmals nämlich steht eine Beleidigung zu dem Amt des Beleidigten in einer nur sehr losen Beziehung, und nicht minder häufig sind es die Fälle, in denen der Beleidigte selbst die Beleidigung hervorgerufen hat." Wenn die Motive hier nur von Beleidigungen eines Beamten „in Beziehung auf seinen Beruf" sprechen, kann daraus gleichwohl nicht gefolgert werden, Beleidigungen, die einem Beamten „während der Ausübung seines Berufes" (§ 194 Abs. 3 Satz 1 StGB) zugefügt werden, müssten ausnahmslos von der Staatsanwaltschaft verfolgt werden. 5

Verletzter ist in den Fällen der §§ 185 bis 188 StGB der Beleidigte. Für den Fall des § 189 StGB wird erörtert, wer – aber auch was – verletzt sei kann.[7] Die Frage spielt hier regelmäßig keine Rolle, weil im Fall des § 189 StGB das Privatklagerecht kraft ausdrücklicher Regelung in erster Linie dem Ehegatten und den Kindern des Verstorbenen zu- 6

3 *Dempewolf* 149.
4 RGSt **36** 332; KK/*Walther* 6a; SK/*Velten* 25.
5 S. auch *Dempewolf* 135 bis 151.
6 *Hahn* Mat. **I** 278.
7 Vgl. KMR/*Kulhanek* 10b; *Rüping* GA **1977** 304.

steht. Leben diese nicht mehr, steht es den Eltern zu; sind auch diese vor Ablauf der Antragsfrist gestorben, können es die Geschwister und Enkel ausüben (§ 194 Abs. 2 Satz 1 i.V.m. § 77 Abs. 2 StGB).[8] Auf die Frage, wer verletzt ist, kommt es allerdings dann an, wenn ein Privatklagevergehen des privatklageberechtigten Hinterbliebenen mit der Verunglimpfung des Verstorbenen durch den Angeklagten in Zusammenhang steht (§ 388 Abs. 1 a.E.). Denn alsdann wäre eine Widerklage nur zulässig, wenn der Hinterbliebene als Verletzter des Vergehens nach § 189 StGB anzusehen wäre. Das ist jedoch nicht der Fall (§ 388, 14). Wegen des Privatklagerechts des **Dienstvorgesetzten** vgl. Rn. 31, wegen Beleidigungen durch die **Presse** Rn. 18 f.

7 **3. Verletzung des höchstpersönlichen Lebensbereichs (§ 201a Abs. 1 und Abs. 2 StGB).** Der Gesetzgeber hat die – als relatives Antragsdelikt ausgestaltete (vgl. § 205 Abs. 1 Satz 2 StGB, s.u. Rn. 27 ff.) – Vorschrift aufgrund ihrer Nähe zu den Beleidigungsdelikten (§§ 185 bis 189 StGB) und zu anderen in § 374 Abs. 1 genannten Delikten, die dem Schutz höchstpersönlicher Rechtsgüter dienen, in den Kreis der Privatklagedelikte aufgenommen. Da eine Straftat nach § 201a Abs. 1 und Abs. 2 StGB die Allgemeinheit „mitunter so wenig berührt, dass allein kein öffentliches Interesse an der Strafverfolgung besteht", soll der Verletzte die Strafverfolgung – unter Durchbrechung des Offizialprinzips – selbst betreiben dürfen.[9] Verletzte sind die jeweils abegbildeten Personen. In Fällen **häuslicher Gewalt** dürfte die Ablehnung des öffentlichen Interesses freilich fernliegen (vgl. Vor § 373b, 38)

8 **4. Verletzung des Briefgeheimnisses (§ 202 StGB). Verletzter** ist bei Briefen bis zum Zugang – Einwurf in den Briefkasten – der Absender, danach der Empfänger.[10]

9 **5. Körperverletzung (§§ 223, 229 StGB).** Keine Privatklagevergehen sind die gefährliche Körperverletzung (§ 224 StGB) und die Körperverletzung im Amt (§ 340 StGB).[11] Bei fahrlässiger Tötung können die nächsten Hinterbliebenen sich dem Offizialverfahren der Staatsanwaltschaft als Nebenkläger anschließen; Privatkläger können sie nach dem Katalog des § 374 nicht sein.

10 Wegen der **Annahme des besonderen öffentlichen Interesses** (§ 230 StGB), die den Strafantrag entbehrlich macht und die Annahme des öffentlichen Interesses (§ 376) in sich schließt, vgl. § 376, 1 ff.

11 **6. Nötigung (§ 240 Abs. 1 bis 3 StGB) und Bedrohung (§ 241 StGB).** Durch die Ausgestaltung der **Nötigung** als Privatklagedelikt erstrebt der Gesetzgeber bei Nachbarschafts- oder sonstigen Streitigkeiten aus dem Privatbereich eine mit den oftmals zugleich verwirklichten Privatklagedelikten der Körperverletzung, Beleidigung oder Bedrohung gleichlaufende Verweisung auf den Privatklageweg.[12] Durch die fehlende Verweisung auf § 240 Abs. 4 StGB sind besonders schwere Fälle – etwa solche aus dem Phänomenbereich der **häuslichen Gewalt**[13] (vgl. Vor § 373b, 38) – von der Verfolgung

---

8 In diesem Sinne auch SK/*Velten* 26.

9 BTDrucks. **18** 2601 S. 40.

10 Vgl. *Dempewolf* 204; KK/*Walther* 6d; weitergehend SK/*Velten* 27 (Sender und Empfänger gleichermaßen).

11 Wohl aber Nebenklagedelikt: § 395 Abs. 1 Nr. 1 Buchst. c.

12 BTDrucks. **18** 11277 S. 38.

13 Vgl. OLG Hamburg STREIT **2018** 155.

im Privatklageverfahren ausgenommen.[14] Darüber hinaus sollen nach dem erkennbaren gesetzgeberischen Willen auch weiterhin zahlreiche andere Fälle der Nötigung und der versuchten Nötigung nach § 240 StGB, etwa solche aus dem Bereich des **Straßenverkehrs**, aufgrund des hier häufig bestehenden öffentlichen Interesses an der Strafverfolgung (§ 376) durch Anklageerhebung der Staatsanwaltschaft zu verfolgen sein.[15]

Verletzter der **Bedrohung** ist nur der Adressat der Drohung, nicht auch der etwaige 12 Dritte, an dem das angedrohte Verbrechen begangen werden soll.[16]

7. Bestechlichkeit und Bestechung im geschäftlichen Verkehr (§ 299 StGB). 13 Durch Art. 1 Nr. 3 des Gesetzes zur Bekämpfung der Korruption vom 13. August 1997 ist diese Vorschrift ins StGB eingefügt und durch Art. 3 Nr. 1 in den Katalog der Privatklagedelikte eingestellt worden (vgl. auch BTDrucks. **13** 5584, S. 15 bis 18). Vorher ergab sich die Strafbarkeit aus § 12 UWG. § 299 StGB ist **Antragsdelikt**; die Tat kann aber auch ohne Antrag verfolgt werden, wenn die Strafverfolgungsbehörde wegen des besonderen öffentlichen Interesses ein Einschreiten von Amts wegen für geboten hält (§ 301 Abs. 1 StGB). Das Strafantragsrecht steht dem Verletzten und den in § 8 Abs. 3 Nr. 2 und 4 UWG bezeichneten **Verbänden** zur Förderung wirtschaftlicher Interessen und Industrie-, Handels- und Handwerkskammern zu (§ 301 Abs. 2 StGB); die Privatklagebefugnis folgt damit aus § 374 Abs. 2 Satz 1. Verletzter kann auch der **Geschäftsherr** sein, wenn das Verhalten ihm gegenüber unlauter ist.[17] Die Privatklagebefugnis erstreckt sich auch auf § 300 StGB.[18]

8. Sachbeschädigung (§ 303 StGB). Verletzte sind Eigentümer und Besitzer, auch 14 sog. mittelbare Besitzer, z.B. der Hauptmieter trotz Untervermietung,[19] aber nicht der Versicherer. Unter Umständen kann auch ein Nichtbesitzer Verletzter sein, so der Käufer, während er die Versendungsgefahr trägt, oder der Unternehmer eines Werkvertrags.[20]

9. Rauschtat (§ 323a StGB). Durch Nr. 6a des Absatzes 1 wird klargestellt, dass auch 15 die Rauschtat dann ein Privatklagedelikt ist, wenn die im Rausch begangene Tat ein in den Nummern 1 bis 6 genanntes Vergehen ist. Demgemäß wurde als Folgeänderung in § 380 Abs. 1 die Notwendigkeit des Sühneversuchs auf diese Fälle erstreckt. Durch die Neuregelung entfällt das früher bestehende Problem, wie zu verfahren ist, wenn zunächst unklar ist, ob der Täter das Privatklagedelikt im Zustand der Volltrunkenheit oder (nur) der verminderten Schuldfähigkeit nach § 21 StGB begangen hat. Gerade diese Grenzziehung bereitete selbst nach erschöpfender Beweisaufnahme vielfach noch erhebliche Schwierigkeiten.

10. Verletzung von Vorschriften gegen den unlauteren Wettbewerb (§§ 16 und 16 **23 GeschGehG). Verletzte** sind im Falle des § 16 Abs. 1 UWG alle Gewerbetreibenden, die Waren oder Leistungen gleicher oder verwandter Art herstellen oder in den Geschäftsverkehr bringen, mithin die Mitbewerber, nicht aber der Geschädigte aus dem

14 BTDrucks. **18** 11277 S. 38.
15 BTDrucks. **18** 11277 S. 38 f.
16 KK/*Walther* 6f; **a.A.** AK/*Rössner* 7.
17 Vgl. BGHSt **31** 207.
18 BRDrucks. **553** 96 S. 9.
19 RG JW **1935** 204.
20 RG JW **1929** 1884 mit Anm. *Gerland*.

Publikum; bei § 16 Abs. 2 auch die dort genannten Verbraucher; bei § 23 GeschGehG die berechtigten Inhaber des Geheimnisses bzw. der Rechtsinhaber der Vorlage. S. auch Vor 5. Buch Rn. 20d ff.

17 **11. Verletzungen des Patent- und Urheberrechts.** Erfasst werden Straftaten nach: § 142 Abs. 1 i.V.m. §§ 9, 16a, 49a PatG; § 25 Abs. 1 i.V.m. §§ 11, 14 GebrMG; § 10 Abs. 1 i.V.m. §§ 2, 6 Abs. 1 Satz 2 Halbleiterschutzgesetz; § 39 Abs. 1 i.V.m. §§ 10, 13 Sortenschutzgesetz; § 143 Abs. 1, § 143a Abs. 1, § 144 Abs. 1 und 2 i.V.m. §§ 14, 15, 127 MarkenG, Art. 9 Abs. 1 Satz 2 der EG-Verordnung Nr. 40/94 des Rates vom 20.12.1993, Art. 13 Abs. 1 Buchst. a und b der EG-VO Nr. 510/2006 des Rates vom 20.3.2006; §§ 51 Abs. 1, 65 Abs. 1 DesignG i.V.m. § 38 Abs. 1 Satz 1 DesignG sowie Art. 19 Abs. 1 der Verordnung (EG) Nr. 6/2002; §§ 106 bis 108 sowie § 108b Abs. 1, 2 UrhG i.V.m. den dort aufgeführten besonderen Tatbeständen des Urheberrechtsgesetzes; sowie § 33 i.V.m. §§ 22, 23 KunstUrhG. **Verletzt** ist jeweils der Inhaber des entsprechenden Rechts. Keine Verweisung auf das Privatklageverfahren ist hingegen möglich bei Vorliegen einer **qualifizierten Markenverletzung.** Hat der Verletzer also gewerbs- oder bandenmäßig gehandelt, wird § 143 MarkenG zu einem Offizialdelikt, so dass die Staatsanwaltschaft die Tat immer selbst verfolgen muss.[21]

III. Verhältnis zu anderen Vergehen

18 **1. Pressevergehen.** Einige der Vergehen, die Absatz 1 aufzählt, können durch die **Presse** begangen werden. Das kommt in erster Linie bei Beleidigungen vor, ist aber auch bei Bedrohung (vgl. hierzu auch § 126 StGB), bei unlauterem Wettbewerb und bei Verletzungen des Urheberrechts möglich. Gleichwohl verlieren diese Vergehen dadurch nicht den Charakter von Privatklagedelikten.

19 **2. Sonstiges.** Dagegen sind die in den landesrechtlichen **Nachfolgebestimmungen des früheren § 21 RPrG** aufgeführten Vergehen Straftaten eigener Art, nicht Privatklagedelikte.

IV. Konkurrenz

20 **1. Tatmehrheit.** Der einfachste Konkurrenzfall ist gegeben, wenn ein Privatklagevergehen in Tatmehrheit zu einem Offizialdelikt steht. Abgesehen von einer Einschränkung (Rn. 21) ist hier ersteres im Privatklage-, letzteres im Amtsverfahren abzuurteilen. Beide Verfahren können nach § 4 miteinander verbunden werden, ohne dass das Privatklagevergehen dadurch diese Eigenschaft verlöre. Nur mit einer Schwurgerichtssache kann eine Privatklagesache nicht verbunden werden (§ 384 Abs. 5). Erscheint dies doch zweckmäßig, müsste der Staatsanwalt vorher die Verfolgung des Privatklagevergehens nach § 377 Abs. 2 Satz 1 übernehmen. Das kann sich empfehlen, wenn sonst im Privatklageverfahren – etwa weil es später zu Ende geht – eine Gesamtstrafe nach § 54 StGB gebildet werden müsste.

21 Von der Möglichkeit zweier nebeneinander herlaufender Offizial- und Privatklageverfahren gibt es eine wichtige **Ausnahme**, nämlich dann, wenn eines der beiden Ver-

21 *Hombrecher* WRP **2017** 20, 22.

fahren auch das Delikt des anderen Verfahrens zum Gegenstand der Urteilsfindung i.S.v. § 264 macht. Das ist auch bei Tatmehrheit denkbar. Denn der **verfahrensrechtliche Begriff der Tat** als eines geschichtlichen Vorgangs, der nach natürlicher Auffassung zusammengehört, kann auch vorliegen, wenn nach sachlichem Recht nicht Tateinheit (§ 52 StGB), sondern Tatmehrheit (§ 53 StGB) gegeben ist (vgl. Erl. zu § 264). Alsdann hätte ein Sachurteil Rechtskraftwirkung für beide Taten. Das Verfahren muss daher einheitlich geführt werden; das Offizialverfahren, in dem das Privatklagedelikt ohne Rücksicht auf das öffentliche Interesse mit zu verfolgen ist, hat Vorrang (Rn. 19 f.).[22]

2. Gesetzeskonkurrenz und Tateinheit. Steht ein Privatklagedelikt in **Gesetzeskonkurrenz** mit einem Offizialdelikt (Sittlichkeitsverbrechen mit Beleidigung, Einbruchdiebstahl mit Hausfriedensbruch und Sachbeschädigung, Erpressung mit Bedrohung), oder besteht **Tateinheit** zwischen beiden (Meineid mit übler Nachrede), so ist das Privatklageverfahren unzulässig,[23] auch wenn ein Offizialverfahren nicht eingeleitet wird. Ist die konkurrierende Tat **verjährt**, so hindert sie die Privatklage nicht, solange das Privatklagedelikt unverjährt ist. Entsprechendes gilt, wenn das Offizialdelikt, nicht aber das konkurrierende Privatklagedelikt, unter ein **Straffreiheitsgesetz** fällt. Dagegen wirkt die Rechtskraft des im Privatklageverfahren ergangenen Sachurteils auch gegenüber dem tateinheitlichen Offizialdelikt, hindert also dessen Aburteilung, und umgekehrt. 22

3. Privatklage- oder Offizialdelikt. Nicht selten ist es **zweifelhaft**, ob der vom Privatkläger vorgetragene Sachverhalt ein Privatklage- oder Offizialdelikt enthält oder ob jenes mit diesem in Tateinheit oder auch nur engem geschichtlichen Zusammenhang (§ 264) steht (vgl. Rn. 21 f.). Endgültig ist diese Frage erst im Urteil zu entscheiden (vgl. § 398 Abs. 1); vorläufig beantwortet werden muss sie oft schon früher: so bei der Entscheidung des Gerichts, ob es dem Staatsanwalt die Akten nach § 377 Abs. 1 vorlegen soll, weil es die Übernahme der Verfolgung durch ihn für geboten hält; ferner bei der Entscheidung des Staatsanwalts, ob er die Verfolgung nach § 377 Abs. 2 übernehmen soll; und schließlich wiederum vom Gericht bei der Entscheidung über die Eröffnung des Hauptverfahrens (§ 383 Abs. 1). In all diesen Fällen ist weder ohne weiteres von dem auszugehen, was der Privatkläger behauptet, noch von dem, was Staatsanwalt oder Richter jetzt schon als feststehend ansehen; abzustellen ist einstweilen noch auf den **hinreichenden Tatverdacht** (§ 383 Abs. 1 Satz 1; s. § 200, Rn. 6 f).[24] Tatsächliche oder rechtliche Meinungsverschiedenheiten zwischen Gericht und Staatsanwaltschaft über die Frage, ob der Verdacht eines Offizialdelikts gegeben ist, werden vor Erlass des Urteils nicht ausgetragen. Vielmehr handelt jede der beiden Stellen bei den nach dem Gesetz ihr obliegenden Entscheidungen entsprechend ihrer eigenen tatsächlichen und rechtlichen Beurteilung. 23

4. Abweichende Ansichten zwischen Richter und Staatsanwalt. Bejaht der **Richter** den hinreichenden Verdacht eines Offizialdelikts, legt er dem Staatsanwalt die Akten nach § 377 Abs. 1 Satz 2 vor; verneint dieser einen solchen Verdacht, gibt er die Akten zurück, ohne dass jener gehindert wäre, die Klage nach § 383 Abs. 1 zurückzuweisen.[25] Sollte der Beschluss rechtskräftig werden, muss der Richter die Akten ebenso wie 24

22 BGH BeckRS **2016** 7303, insoweit in NStZ **2016** 680 nicht abgedruckt.

23 RGSt **11** 129; h.M.; s. auch *Mosbacher* NStZ **2007** 665 (zu § 238 StGB); *Mitsch* NJW **2007** 1237; **a.A.** LG Coburg BayJMBl. **1956** 118.

24 Näher MüKo/*Wenske* § 203, 5, 88.

25 KK/*Walther* 11; HK/*Weißer* 14.

im Fall des § 389 Abs. 2 wieder dem Staatsanwalt zuleiten.[26] Selbst dann bleibt dieser wiederum in seiner Entschließung frei; er kann nur nach § 172 zur Anklage gezwungen werden (vgl. dazu Rn. 23). **Bejaht** umgekehrt der **Staatsanwalt** im Gegensatz zum Gericht den Verdacht eines Offizialdelikts, so erhebt er entweder von vornherein öffentliche Klage oder übernimmt später die Verfolgung nach § 377 Abs. 2. Dem Richter wiederum bleibt es unbenommen, im ersten Fall das Hauptverfahren nur wegen des Privatklagedelikts zu eröffnen, im zweiten Fall den Angeklagten auch im Offizialverfahren nur wegen eines Privatklagedelikts zu verurteilen.

25 All das folgt daraus, dass Gericht und Staatsanwaltschaft – mit Ausnahme des § 172 – voneinander **unabhängig** sind. Daran ändert sich auch dann nichts, wenn diese Entscheidungen mit den zulässigen „Rechtsmitteln" – sofortige Beschwerde gegen die Nichteröffnung des Hauptverfahrens nach § 210 Abs. 2 oder gegen die Zurückweisung der Privatklage nach § 383 i.V.m. § 210 Abs. 2; Dienstaufsichtsbeschwerde gegen alle Entscheidungen des Staatsanwalts – in die höhere Instanz gebracht werden.[27]

26 **5. Befugnisse des Privatklageberechtigten.** Der Privatklageberechtigte hat in jedem Fall die Möglichkeit, die Sache zu einer **gerichtlichen Entscheidung** zu bringen. Verneint die Staatsanwaltschaft Offizialdelikt und Privatklagedelikt und stellt sie das Ermittlungsverfahren aus sachlichen Gründen ein (§ 170 Abs. 2 Satz 1), steht dem Privatkläger als Verletztem das Klageerzwingungsverfahren wegen des Offizialdelikts nach § 172 offen, das im Fall des tateinheitlichen Zusammentreffens mit dem Privatklagedelikt, aber auch in dem unter Rn. 21 behandelten Fall auch dieses mit umfasst. Er kann aber ferner darauf verzichten und stattdessen Privatklage wegen des Privatklagedelikts erheben. Er braucht die Staatsanwaltschaft nicht anzurufen (Absatz 1); andererseits steht ihm das immer frei. Weist der Strafrichter alsdann die Privatklage zurück, weil er im Gegensatz zum Staatsanwalt ein tateinheitliches Offizialdelikt annimmt, so hat der Privatkläger – falls die Frist des § 172 Abs. 1 Satz 1 noch nicht verstrichen oder eine Rechtsmittelbelehrung nach § 172 Abs. 1 Satz 2 unterblieben ist – wiederum die Rechte eines Verletzten im Klageerzwingungsverfahren.[28] Erhebt die Staatsanwaltschaft hingegen öffentliche Klage, kann er zwar keine Privatklage mehr erheben, wohl aber sich als Nebenkläger anschließen, wenn die Voraussetzungen nach den §§ 395 ff. erfüllt sind.[29]

27 **6. Ausnahme vom Legalitätsprinzip.** Streitig ist, wie zu verfahren ist, wenn die Staatsanwaltschaft eine Ausnahme vom Legalitätsprinzip (§§ 153 ff.) annimmt und deshalb das Verfahren einstellt. Handelt es sich um ein reines **Offizialdelikt**, kann der Privatklageberechtigte nur Dienstaufsichtsbeschwerde nach § 172 Abs. 1 erheben. Liegt ein reines **Privatklagedelikt** vor, steht die staatsanwaltschaftliche Einstellung nach §§ 153 ff. der Privatklage selbst dann nicht entgegen, wenn die Generalstaatsanwaltschaft die Dienstaufsichtsbeschwerde zurückgewiesen hat; insoweit ist nämlich nur eine gerichtliche Einstellung (§ 383 Abs. 2) möglich.[30]

28 Für den Fall der **Tateinheit zwischen Offizial- und Privatklagedelikt** ist bei staatsanwaltschaftlicher Einstellung nach den §§ 153 ff. die Privatklage unzulässig.[31] Die

26 RGSt **9** 324; KK/*Walther* 11; s. § 383, 17.

27 RGSt **9** 324.

28 OLG Neustadt MDR **1962** 955; KK/*Walther* 12.

29 KK/*Walther* 12.

30 **A.A.** wohl SK/*Velten* 42; KMR/*Kulhanek* 20.

31 *Mayer* JZ **1955** 603; HK/*Weißer* 15; KK/*Walther* 9; Meyer-Goßner/*Schmitt* 9; **a.A.** LR/*Wendisch*[24] 25 unter Hinweis auf die Interessen des Verletzten. S. auch § 376, 26.

Einstellung erfasst nämlich nicht einen einzelnen Tatbestand, sondern die ganze prozessuale Tat.[32] Auch eine Beschränkung der Strafverfolgung nach § 154a Abs. 1 schließt die Zulässigkeit eines Privatklageverfahrens aus; denn das Offizialverfahren wegen der prozessualen Tat wird fortgesetzt.

Die **gerichtliche Einstellung** nach den §§ 153 ff. bewirkt einen (begrenzten) Strafklageverbrauch bzgl. der strafprozessualen Tat; deshalb ist ein Privatklageverfahren auch insoweit unzulässig. 29

V. Strafantragsrecht (Absatz 2 und 3)

1. Zusammensetzung des Gesetzeskatalogs. Der Katalog der Privatklagedelikte umfasst sowohl **absolute** als auch **relative Antragsdelikte**. Bleibt der Strafantrag bei einem relativen Antragsdelikt aus und wird keine Privatklage erhoben, ist eine öffentlich Strafverfolgung nur möglich, wenn die Anklagebehörde diese wegen besonderen öffentlichen Interesses für geboten erachtet. Eine Ausnahme als einziges Offizialdelikt stellt die **Bedrohung** (§ 241 StGB) dar. 30

2. Dienstvorgesetzter (Absatz 2 Satz 1). Das Recht, **selbständig** auf Bestrafung anzutragen, steht nach § 194 Abs. 3, § 230 Abs. 2 StGB den amtlichen Vorgesetzten (§ 77a StGB) – nicht nur den nächsten, sondern auch den höheren – des unmittelbar Beleidigten zu, wenn die Beleidigung (§§ 185 bis 189 StGB) oder Körperverletzung (§§ 223, 229 StGB) gegen einen Amtsträger, einen für den öffentlichen Dienst besonders Verpflichteten, einen Soldaten der Bundeswehr während der Ausübung seines Dienstes oder in Beziehung auf seinen Dienst oder gegen einen Träger von Ämtern der Kirchen und anderen Religions-Gesellschaften des öffentlichen Rechts begangen worden ist. Dieser Fall spielt für die Erhebung der Privatklage keine große Rolle. Denn meist wird der Dienstvorgesetzte bei der Entscheidung, ob er Strafantrag stellen oder davon absehen soll, sich danach richten, ob das im öffentlichen Interesse **geboten** erscheint. Ist das zu bejahen, wird in aller Regel der Staatsanwalt öffentliche Klage nach § 376 erheben. 31

3. Interessenverband. Im Fall des § 299 StGB haben – neben dem unmittelbar verletzten Gewerbetreibenden – bestimmte **Verbände** und **Kammern** ein **selbständiges Strafantragsrecht** (§ 301 Abs. 2 StGB; vgl. Rn. 13). 32

4. Angehörige (Absatz 2 Satz 2). Die Regelung erweitert den Kreis der zur Privatklage Berechtigten in gleicher Weise, wie dies im materiellen Strafrecht § 77 Abs. 2 StGB für die zum Strafantrag Berechtigten tut. Weil diesen das Strafantragsrecht erst dann zusteht, wenn der Verletzte gestorben ist, wäre die Erhebung der Privatklage durch die danach Berechtigten ausgeschlossen, wenn der Verletzte vor seinem Tod zwar noch Strafantrag gestellt, aber noch keine Privatklage erhoben hätte. Daher stellt Satz 2 klar, dass die nach § 77 Abs. 2 StGB zum Strafantrag Berechtigten, nämlich (in folgender Reihenfolge) Ehegatten und – auch nichteheliche – Kinder (§ 77 Abs. 2 Satz 1 StGB), danach Eltern (§ 77 Abs. 2 Satz 2 erster Halbsatz StGB), und zwar sowohl die leiblichen – auch bei nichtehelicher Geburt – als auch die Adoptiveltern (§§ 1741, 1754 BGB), nicht aber Stief- und Pflegeeltern, und schließlich Geschwister und Enkel (§ 77 Abs. 2 Satz 2 zweiter Halbsatz StGB), auch in diesem Fall Privatklage erheben können und damit selbst Privatkläger werden. Mit diesem Privatklagerecht nicht zu verwechseln ist das Strafantrags- 33

32 Vgl. die Erl. zu § 153.

und Privatklagerecht der Hinterbliebenen wegen Verleumdung des Andenkens eines Verstorbenen. Dieses betrifft einen besonderen Tatbestand, der besonders geregelt ist (Rn. 6) und deshalb nicht unter Absatz 2 fällt. Aus **§ 373b Abs. 2** kann keine weitergehende Privatklagebefugnis hergeleitet werden, da sich § 374 Abs. 2 Satz 2 insoweit als les spacialis erweist.[33]

34 Von dem Privatklagerecht nach Absatz 2 zu unterscheiden ist auch das frühere Strafantrags- und Privatklagerecht des **Ehemannes**; dieses ist zufolge Art. 117 GG seit dem 31. März 1953 fortgefallen. Gleichwohl kann die einem Ehepartner oder Verpartnerten widerfahrene Kränkung unter besonderen – wenn auch seltenen – Umständen auch den anderen Ehepartner oder Verpartnerten verletzen. Solche Umstände können z.B. angenommen werden, wenn durch die Ehrverletzung zugleich das Persönlichkeitsbild des anderen Partners „mit der Vorstellung eines Minderwertes belastet", also auch dieser durch die Beleidigung selbst als minderwertig hingestellt wird.[34] Nur für diesen Fall der eigenen Beleidigung steht ihm dann selbstverständlich ein eigenes Privatklagerecht zu.

35 **5. Gesetzlicher Vertreter.** Der **gesetzliche Vertreter** (Absatz 3) und der Personensorgeberechtigte eines geschäftsunfähigen oder beschränkt geschäftsfähigen Verletzten haben nach § 77 Abs. 3 StGB kein selbständiges Antragsrecht und daher auch kein eigenes Privatklagerecht. Sie können die Klage nicht im eigenen Namen, sondern nur im Namen des Verletzten erheben;[35] ggf. ist sie so umzudeuten. Der Vertretene kann nicht Zeuge sein,[36] hat aber durchaus eigene **Rechte und Befugnisse** (Rn. 39 ff.).

VI. Privatklagerecht des Strafantragsberechtigten

36 **1. Voraussetzung.** Soweit das Privatklagerecht nach Absatz 2 aus dem selbständigen Strafantragsrecht hergeleitet wird (Rn. 30 f.), besteht es nur dann, wenn der **Berechtigte** den Strafantrag selbst gestellt hat.[37] Hat nur der beleidigte Beamte Strafantrag gestellt, so kann nicht sein Vorgesetzter Privatklage erheben. Dagegen ist das Umgekehrte möglich. Denn Absatz 1 spricht nur vom Verletzten, nicht vom Antragsberechtigten (vgl. § 375, 3 ff.). Entsprechendes gilt im Fall des Absatzes 1 Nr. 5a (§§ 299, 301 StGB; Rn. 13).

37 Der von einem **geschäftsunfähigen** oder nur **beschränkt geschäftsfähigen** (Rn. 39 ff.) Verletzten gestellte Strafantrag ist nicht wirksam; der gesetzliche Vertreter (Personensorgeberechtigte) stellt den Antrag gemäß § 77 Abs. 3 StGB (Rn. 35) und erhebt die Privatklage im Namen des Verletzten gemäß Absatz 3.[38] Der volljährig gewordene Verletzte kann aber die Privatklage selbst erheben, wenn sein gesetzlicher Vertreter vor Eintritt der Volljährigkeit den Strafantrag rechtzeitig gestellt hat (vgl. im Übrigen Rn. 44 ff.).

38 **2. Antragsfrist.** Die **Antragsfrist** läuft für jeden der Berechtigten selbständig (§ 77b Abs. 3 StGB). Hatte der Verletzte zur Tatzeit das 18. Lebensjahr noch nicht vollendet, so beginnt für ihn die Frist erst mit Vollendung des 18. Lebensjahres zu laufen, wenn sie nicht schon abgelaufen war. Die Voraussetzungen eines fristgerecht gestellten Strafan-

---

33 Ebenso HK-GS/*Rössner* 8.
34 BGHZ NJW **1970** 1600.
35 RGSt **29** 140.
36 KK/*Walther* 13.
37 Meyer-Goßner/*Schmitt* 7; KMR/Kulhanek 24 f.; **a.A.** wohl AK/*Rössner* 10; HK-GS/*Rössner* 8.
38 Vgl. KK/*Walther* 14.

trags müssen – als Strafverfolgungsvoraussetzung – auch für das Privatklageverfahren feststehen (Vor § 374, 4).[39]

VII. Geschäftsunfähige und beschränkt geschäftsfähige Privatklageberechtigte (Absatz 3)

1. Allgemein

a) Prozessfähigkeit. Die **Prozessfähigkeit** des Privatklägers (§§ 51, 52 ZPO) ist Verfahrensvoraussetzung. 39

Geschäftsunfähige (§ 104 BGB), d.h. Kinder unter sieben Jahren oder dauernd Geisteskranke, oder beschränkt geschäftsfähige Privatklageberechtigte, d.h. Minderjährige (§ 106 BGB), können die Klage nicht selbst erheben und durchführen; vielmehr können das nur ihre **gesetzlichen Vertreter** für sie tun. Die Vertretung steht dem zu, der das Personensorgerecht hat. Absatz 3 stellt – teils zu eng, teils zu weit – darauf ab, ob der Verletzte einen gesetzlichen Vertreter hat. In Wahrheit kommt es nicht darauf an, sondern auf das Fehlen der vollen Geschäftsfähigkeit. Nicht alle Geschäftsunfähigen haben einen gesetzlichen Vertreter; nicht jeder, der einen gesetzlichen Vertreter hat, ist geschäftsunfähig. Danach kann nicht klagen, wer nicht voll geschäftsfähig ist, aber (noch) keinen gesetzlichen Vertreter hat. Andererseits kann ein voll Geschäftsfähiger auch dann selbst klagen, wenn er (fälschlich) einen gesetzlichen Vertreter hat. 40

Hat das Vormundschaftsgericht dem Verletzten einen **Betreuer** (§ 1896 BGB) bestellt, so vertritt dieser in seinem Aufgabenkreis den Betreuten auch gerichtlich; er hat die Stellung eines gesetzlichen Vertreters (§ 1902 BGB). Ist der **Betreute geschäftsunfähig** (§ 104 Nr. 2 BGB), so handelt der Betreuer für ihn (Rn. 35). Ist der **Verletzte geschäftsfähig**, büßt er seine Geschäftsfähigkeit nicht durch die Bestellung des Betreuers ein, auch nicht teilweise im Aufgabenbereich des Betreuers. Er kann also grundsätzlich selbst Strafantrag stellen und Privatklage erheben. Jedoch ist ein gemäß § 1903 BGB angeordneter **Einwilligungsvorbehalt** zu beachten. Erstreckt sich dieser auf Strafantrag und Privatklagebefugnis (z.B. bei „Prozesswut"), so ist eine entsprechende Prozesserklärung des Betreuten ohne Einwilligung des Betreuers nicht wirksam. S. auch Rn. 45. 41

b) Streitige Prozessfähigkeit. Solange die Prozessfähigkeit des Privatklägers streitig oder zweifelhaft ist, muss er für diese Frage als prozessfähig behandelt werden.[40] Gegen eine Entscheidung, die seine Prozessfähigkeit verneint, kann er Rechtsmittel einlegen. Hält auch das Rechtsmittelgericht ihn für prozessunfähig, verwirft es deshalb das Rechtsmittel als unbegründet, nicht als unzulässig. Bezieht das Rechtsmittel sich jedoch auf andere Umstände, richtet es sich etwa gegen einen Freispruch, oder erstrebt es strengere Bestrafung, so ist es insoweit, wenn der Beschwerdeführer nach Auffassung des Rechtsmittelgerichts prozessunfähig ist, als unzulässig zu verwerfen. 42

c) Prozessunfähigkeit des Privatklägers führt, wenn sie vor Eröffnung des Hauptverfahrens bemerkt wird oder eintritt, zur Zurückweisung der Privatklage nach § 383 Abs. 1 Satz 1.[41] Wird sie erst nach Eröffnung bemerkt, hat sie – in entsprechender An- 43

---

39 Vgl. hierzu grds. *Meyer-Goßner* Prozessvoraussetzungen und Prozesshindernisse 63 m.w.N.
40 OLG Hamm NJW **1961** 2322; *Schmidt* SchlHA **1981** 153 ff.
41 OLG Hamm NJW **1961** 2322.

wendung des § 206a oder aber durch Urteil (§ 260 Abs. 3) – die Einstellung des Verfahrens zur Folge, es sei denn, dass der gesetzliche Vertreter den Mangel heilt, indem er die Erhebung der Privatklage nachträglich genehmigt.[42] Das gilt auch in der Rechtsmittelinstanz, vorausgesetzt, dass sie durch ein zulässiges Rechtsmittel angerufen worden ist. Es kann ein Rechtsmittel des Angeklagten sein, aber auch ein Rechtsmittel des Prozessunfähigen, soweit dieser damit die Anerkennung seiner Prozessfähigkeit erstrebt. Legt jedoch ein Privatkläger, den die untere Instanz für prozessfähig, das Berufungs-, Beschwerde- oder Revisionsgericht dagegen für prozessunfähig hält, Rechtsmittel gegen ein Sachurteil ein, so ist nicht das Verfahren einzustellen, sondern das Rechtsmittel als unzulässig zu verwerfen. Eine Einstellung ist in einem solchen Fall nur auf ein Rechtsmittel des Angeklagten möglich und geboten.[43]

44 **2. Minderjährige.** Nicht prozessfähig und daher auf die Erhebung der Privatklage durch gesetzliche Vertreter (s. auch Rn. 48) angewiesen sind Minderjährige. Wird der Minderjährige im Lauf des von seinem gesetzlichen Vertreter eingeleiteten Verfahrens volljährig, erlischt die Vertretungsmacht des gesetzlichen Vertreters.[44] Prozesshandlungen, die dieser jetzt noch vornimmt, können nur durch **Genehmigung** des volljährig Gewordenen wirksam werden.[45] Wird ein Minderjähriger, der ohne Mitwirkung seines gesetzlichen Vertreters, also zunächst unzulässigerweise, eine Privatklage erhoben hatte, im Lauf des Verfahrens volljährig, so wird die Unzulässigkeit der Privatklage geheilt, wenn er das Verfahren fortsetzt.[46] Eine untere **Altersgrenze** für Minderjährige, in deren Namen eine Privatklage erhoben werden kann, gibt es nicht.

45 **3. Krankhafte Störung der Geistestätigkeit.** Volljährige, die sich in einem die freie Willensbestimmung ausschließenden Zustand krankhafter Störung der Geistestätigkeit befinden, sind ebenfalls auf die Erhebung der Privatklage durch gesetzliche Vertreter (Rn. 48) angewiesen (§ 104 Nr. 2 BGB). Ähnliches kann für Personen gelten, die infolge einer in § 1896 Abs. 1 BGB genannten Krankheit oder Behinderung in ihrer **Prozessfähigkeit** jedenfalls zur Führung eines Privatklageverfahrens so eingeschränkt sind, dass sie hierfür eines **Betreuers** bedürfen. Im Falle des § 104 Nr. 2 BGB sind sie prozessunfähig. Sind sie dagegen nicht geschäftsunfähig, so sind sie grundsätzlich voll prozessfähig;[47] sie benötigen jedoch, falls ein Einwilligungsvorbehalt besteht (§ 1903 BGB), die Einwilligung des Betreuers. Da die Bestellung eines Betreuers keine Entscheidung über die Geschäftsfähigkeit beinhaltet, ist die Wirksamkeit von Erklärungen des Betreuten im Einzelfall zu prüfen. Bei sich widersprechenden Erklärungen ist, wenn der Betreute nicht geschäftsunfähig ist, seine Erklärung grundsätzlich (s. aber § 1903 BGB) wirksam. Im Übrigen ist die zeitliche Reihenfolge der Erklärungen zu beachten. § 53 ZPO findet auch nicht analog Anwendung; der Gesetzgeber hätte das Problem zusammen mit der Einführung dieser Vorschrift auch für das Privatklageverfahren regeln können. Ein **Einwilligungsvorbehalt**, der Privatklagen betrifft, ist immer, also auch bei Geschäftsfähigkeit des Betreuten, zu beachten.

---

42 KK/*Walther* 3.
43 Vgl. auch OLG Hamm NJW **1961** 2322.
44 OLG Königsberg JW **1930** 1110.
45 Meyer-Goßner/*Schmitt* 9.
46 KK/*Walther* 3.
47 Vgl. *Bork* MDR **1991** 97.

4. Juristische Personen, Vereine (rechtsfähige und nichtsrechtsfähige) und prozessfähige **Gesellschaften** bedürfen zur Erhebung der Privatklage ebenfalls gesetzlicher Vertreter. Ob und unter welchen Voraussetzungen juristische Personen, prozessfähige Gesellschaften und politische Körperschaften **verletzt** sein können, beurteilt sich nach sachlichem Strafrecht.[48] Die **Familie** kann, auch wenn man sie als beleidigungsfähig ansehen will, keine Privatklage erheben, weil eine klare Abgrenzbarkeit des Personenkreises nicht gewährleistet ist.[49] 46

Der **Wortlaut** des Absatzes 3 ist insofern **zu eng**, als er nur vom Verletzten spricht. 47 Juristische Personen können, auch wenn sie nicht selbst die Verletzten sind, ein selbständiges Strafantragsrecht und damit nach Absatz 2 ein eigenes Privatklagerecht haben. Das gilt vor allem in den Fällen des Absatzes 1 Nr. 7 von den gewerblichen Interessenverbänden (Rn. 32). Auch sie können natürlich die Privatklage nach Absatz 3 nur durch ihre gesetzlichen Vertreter erheben und durchführen.

5. Als gesetzliche Vertreter kommen in Betracht:

a) Natürliche Personen. Bei Minderjährigen nehmen grundsätzlich die **Eltern** die 48 gesetzliche Vertretung wahr. Die Einzelheiten richten sich nach den §§ 1626 ff., 1671 ff. BGB. Stimmen gemeinsam vertretungsberechtigte Eltern im Willen überein, genügt es, dass einer von ihnen die Erklärung abgibt.[50]

In den jeweiligen **Sorgeverhältnissen** können der Betreuer (§ 1902 BGB) bzw. der 49 Pfleger (§ 1909 BGB) und der Vormund (§ 1793 BGB) gesetzliche Vertreter sein. Hat der prozessunfähige Verletzte keinen gesetzlichen Vertreter oder ist dieser verhindert (Rn. 51), muss das Vormundschaftsgericht einen Pfleger nach §§ 1909 ff. BGB bestellen. Entsprechendes gilt, wenn der Verletzte selbst, etwa durch Gebrechlichkeit oder durch Abwesenheit, verhindert ist. Zur Betreuung s. Rn. 41, 45. Eine Vormundschaft kommt unter den Voraussetzungen von § 1773 BGB in Betracht.

b) Juristische Personen. Wer juristische Personen und prozessfähige Gesellschaf- 50 ten zu vertreten hat, richtet sich nach der **Satzung** oder dem **Gesellschaftsvertrag**. Bei Vereinen und Aktiengesellschaften ist es der Vorstand (§ 26 Abs. 2, § 30 BGB, § 78 AktG), bei Gesellschaften mit beschränkter Haftung sind es die Geschäftsführer (§ 35 GmbHG), bei der offenen Handelsgesellschaft die Gesellschafter (§ 125 HGB), ebenso bei der Partnerschaftsgesellschaft (§ 7 PartGG, § 125 HGB), bei der Kommanditgesellschaft die persönlich haftenden Gesellschafter (§ 170 HGB). Der Prokurist kommt als Vertreter nur für Privatklagen in Betracht, die der Betrieb eines Handelsgewerbes mit sich bringt (§ 49 Abs. 1 HGB). Das wird bei Klagen wegen Kreditgefährdung (§ 187 StGB) sowie in den Fällen des Absatzes 1 Nr. 7 kaum verneint werden können.

6. Verhinderung des gesetzlichen Vertreters. Der gesetzliche Vertreter ist verhin- 51 dert, wenn er selbst der **Beschuldigte** ist. Das gilt schon für den Strafantrag. Es gilt aber auch für die Befugnis zur Erhebung der Privatklage. Bloße Interessengegensätze bewirken keine Verhinderung.

---

48 Vgl. zu einer wegen Vermögenslosigkeit gelöschten Gesellschaft im Kontext des Klageerzwingungsverfahrens OLG Hamburg wistra **2015** 80.

49 Vgl. auch BGHSt **6** 192; BGH NJW **1970** 1599, 1600.

50 BayObLGSt **1960** 267.

§ 375
Mehrere Privatklageberechtigte

(1) Sind wegen derselben Straftat mehrere Personen zur Privatklage berechtigt, so ist bei Ausübung dieses Rechts ein jeder von dem anderen unabhängig.

(2) Hat jedoch einer der Berechtigten die Privatklage erhoben, so steht den übrigen nur der Beitritt zu dem eingeleiteten Verfahren, und zwar in der Lage zu, in der es sich zur Zeit der Beitrittserklärung befindet.

(3) Jede in der Sache selbst ergangene Entscheidung äußert zugunsten des Beschuldigten ihre Wirkung auch gegenüber solchen Berechtigten, welche die Privatklage nicht erhoben haben.

Schrifttum

Bartsch Bericht über einen Moribunden: Das Privatklageverfahren, ZJS **2017**, 40; *Oetker* Konkurrenz von Privatklagerechten, FS von Burckhard (1910) 209 ff.

Entstehungsgeschichte

Die als § 415 Gesetz gewordene Vorschrift hat ihre jetzige Bezeichnung durch das Gesetz zur Starkung des Rechts des Angeklagten auf Vertretung in der Berufungsverhandlung und über die Anerkennung von Abwesenheitsentscheidungen in der Rechtshilfe erhalten (Art. 1 Nr. 13, BGBl. 2015 I S. 1332 ff.). Durch das VereinhG waren die Absätze 1 und 2 sprachlich geringfügig geändert, durch Art. 21 Nr. 93 EGStGB 1974 in Absatz 1 die Worte „strafbaren Handlung“ durch „Straftat“ ersetzt worden.

Übersicht

1. Mehrere Klageberechtigte (Absatz 1)

1 **a) Allgemein. Mehrere Berechtigte** wegen derselben Straftat können vorhanden sein, entweder weil die Tat mehrere Personen i.S.v. § 374 Abs. 1 verletzt hat oder weil außer dem Verletzten ein anderer (Vorgesetzter, Interessenverband; § 374, 30 ff.) ein selbständiges Strafantragsrecht und deshalb nach § 374 Abs. 2 ein eigenes Privatklagerecht hat.[1] Die Vorschrift erfasst beide Fälle.

---

1 *Oetker* 209.

https://doi.org/10.1515/9783110275001-005

Den nächstliegenden Fall, dass die mehreren Berechtigten die Privatklage **gemeinsam** erheben, erwähnt das Gesetz nicht. Dennoch besteht an der Zulässigkeit eines solchen Vorgehens kein Zweifel;[2] es kann im Interesse einer vollständigen Konfliktlösung sogar geboten sein. Besonderer Regelung bedurfte deshalb nur der Fall, dass die mehreren Beteiligten nicht gleichzeitig vorgehen. Absatz 1 besagt in erster Linie, dass alle dazu Berechtigten nicht verpflichtet sind, die Privatklage gemeinsam zu erheben. 2

b) Privatklage und Strafantrag. Der Strafantrag kann ausdrücklich gestellt werden; er kann aber auch in einer ansonsten zulässigen Klageschrift liegen, die innerhalb der Strafantragsfrist eingereicht wird. Mit dem **Erlöschen der Antragsberechtigung** (§ 77b StGB) oder der Rücknahme des Strafantrags (§ 77d Abs. 1 StGB) erlischt nach herrschender Meinung grundsätzlich auch das Recht, Privatklage zu erheben.[3] Dem ist zuzustimmen, soweit sich das Privatklagerecht aus § 374 Abs. 2 ergibt. Diese Vorschrift stellt in der Tat einen Zusammenhang zwischen Antrag und Privatklage her. Im Übrigen aber ist nicht ersichtlich, warum das Privatklagerecht grundsätzlich davon abhängen soll, dass gerade der Privatklageberechtigte den Strafantrag gestellt hat. Weder die Regelung des Antragsrechts im Strafgesetzbuch noch die des Privatklagerechts in der Strafprozessordnung deuten einen solchen Zusammenhang auch nur an. Beide Regelungen sind voneinander unabhängig, da sich nicht einmal die Antragsdelikte mit den Privatklagedelikten decken (§ 374, 1, 30). 3

Zwar wird man nicht sagen können, der Strafantrag „gehöre zum Strafrecht" und schaffe „die materiellen Bedingungen für die Strafbarkeit".[4] Er ist nach allgemein anerkannter und richtiger Meinung keine Strafbarkeitsbedingung, sondern eine **Prozessvoraussetzung**. Aber er ist eine der Prozessvoraussetzungen, d.h. eine der Voraussetzungen für ein Sachurteil; die Strafklage – öffentliche oder Privatklage – ist eine andere. Das Offizialverfahren setzt voraus, dass einer der dazu Berechtigten, gleichviel welcher, den Strafantrag gestellt hat.[5] Im Privatklageverfahren tritt nach § 374 Abs. 1 der Verletzte (in dieser Eigenschaft, nicht in der des Antragsberechtigten – zum Unterschied von dem Privatklageberechtigten des § 374 Abs. 2) als Privatkläger an die Stelle des Staatsanwalts. 4

Hat ein Antragsberechtigter den Strafantrag gestellt, so liegt diese erste Voraussetzung vor, und zwar für jede wegen dieser Tat mögliche Strafklage, sei es die öffentliche, sei es die Privatklage eines der dazu Berechtigten. Allerdings kann der Antragsteller durch die Rücknahme des Strafantrags (§ 77d Abs. 1 StGB) ein **Prozesshindernis** schaffen. Da er dies auch gegenüber der öffentlichen Klage kann, ist auch das kein Grund, die Privatklage eines anderen Verletzten von vornherein nicht zuzulassen, nur weil dieser andere den Antrag nicht auch seinerseits gestellt hat. Mehr als ein Strafantrag ist für die Strafklage nicht nötig.[6] Hat also im Fall des § 374 Abs. 1 Nr. 7 ein Konkurrent des Täters oder ein Interessenverband Strafantrag gestellt, kann ein anderer Konkurrent Privatklage erheben. Hat der Vorgesetzte des Beamten nach § 194 Abs. 3, § 230 Abs. 2 StGB Strafantrag gestellt, kann der Beamte selbst die Privatklage erheben. Zum umgekehrten Fall s. § 374, 31 ff. 5

---

2 *Eb. Schmidt* 4; *Oetker* 211 ff.

3 Vgl. BayObLGSt **1949/51** 579; JZ **1965** 372 mit Anm. *Sarstedt*; *Schlüchter* 814.1; *Dempewolf* 281; *Eb. Schmidt* 5; KK/*Walther* 2; s. auch *Rieß* NStZ **1989** 103.

4 Vgl. aber *Dempewolf* 172.

5 A.A. HK/*Weißer* 3; KK/*Walther* 2; Meyer-Goßner/*Schmitt* § 374 6; KMR/*Kulhanek* 3a ff.

6 *Sarstedt* JZ **1965** 372; **a.A.** BayOBLG JZ **1965** 371; KK/*Walther* 2; Meyer-Goßner/*Schmitt* 1; AnwK-*Schwätzler* 2 und § 374, 2; wohl auch *Rieß* NStZ **1989** 103; differenzierend SK/*Velten* § 374, 31 und § 375, 18.

6 **c) Verletzung höchstpersönlicher Rechtsgüter.** Der in der vorhergehenden Randnummer niedergelegte Grundsatz erleidet jedoch in den praktisch wichtigsten Fällen der Verletzung höchstpersönlicher Rechtsgüter – vor allem durch Beleidigung und Körperverletzung – folgende **Ausnahme:** Hat der Täter mehrere Personen durch eine und dieselbe Tat verletzt, so liegen mehrere Rechtsverletzungen vor, von denen jede einzelne – gleichviel von wem – nur verfolgt werden kann, wenn der durch sie Verletzte selbst oder – in den Fällen des § 194 Abs. 3 und des § 230 Abs. 2 StGB – der Vorgesetzte gerade für ihn Strafantrag gestellt hat. Hat der Täter durch eine Beleidigung die Ehre mehrerer verletzt, kann die Straftat auf den Strafantrag eines von ihnen nur unter dem Gesichtspunkt verfolgt werden, dass sie gerade seine Ehre verletze (vgl. auch § 395, 13 ff.). Das ist der Grund, der hier der Privatklage des anderen Verletzten entgegensteht, wenn dieser den Strafantrag nicht selbst – oder für ihn der nach § 374 Abs. 2 Berechtigte – gestellt hat.[7] Dieser Grundsatz ist allerdings auf **höchstpersönliche Rechtsgüter** beschränkt.

2. Beitritt (Absatz 2)

7 **a) Allgemein.** Der **Beitritt** (Absatz 2) kann schriftlich, zu Protokoll der Geschäftsstelle oder auch mündlich in der Hauptverhandlung erklärt werden. Er bedarf weder des Inhalts noch der Formen, die für eine Privatklage vorgeschrieben sind.[8] Ein besonderer Sühneversuch (§ 380) ist nicht erforderlich (vgl. auch § 381, 1). Der Beitritt ist bis zur Rechtskraft des Urteils möglich, also auch noch in der Berufungs- oder Revisionsinstanz; er wird auch durch die Einlegung eines Rechtsmittels erklärt.[9]

8 **b) Zusammentreffen von zwei Privatklagen.** Gehen zwei Privatklagen wegen derselben Tat **gleichzeitig** bei Gericht ein, so sind sie von Amts wegen zu verbinden, weil wegen einer Tat nur ein Verfahren rechtshängig sein darf.[10]

9 Erhebt einer der Berechtigten die Privatklage **nach dem anderen**, so will eine Mindermeinung[11] die spätere zurückgewiesen wissen, dann aber wieder den Beitritt gestatten. Dieser Umweg ist weder praktisch nötig noch rechtlich geboten;[12] vielmehr ist die **spätere Privatklage** ohne weiteres **als Beitritt** zu der früheren zu behandeln.[13] Privatklage und Beitritt sind zwar keine Rechtsmittel; jedoch bestehen keine Bedenken, den allgemeinen Rechtsgedanken des § 300 dahin entsprechend anzuwenden, dass die unzulässige Prozesshandlung in die zulässige umgedeutet wird.[14] Dadurch wird weder der Privatkläger noch der Beitretende noch der Beschuldigte beschwert; andererseits wird ein Zwischenverfahren erspart.

10 Hat der Strafrichter aus Rechtsirrtum oder weil er das Nebeneinander von mehreren Privatklagen übersehen hat, zwei Urteile erlassen, so kann das **Rechtsmittelgericht** die Verfahren, wenn sie beide dorthin gelangt sind, noch miteinander verbinden.[15] Das Verfahrenshindernis kann auch dadurch beseitigt werden, dass eine der beiden Privatkla-

---

7 KMR/*Kulhanek* 4 f., 5; **a.A.** BayObLGSt **34** (1935) 14.
8 Meyer-Goßner/*Schmitt* 4; KK/*Walther* 6; h.M.; **a.A.** *Oetker* 223, 230.
9 Meyer-Goßner/*Schmitt* 4; h.M.; **a.A.** *Oetker* 223 ff.
10 Allg.M.; s. auch RGSt **41** 1009; Meyer-Goßner/*Schmitt* 7; KK/*Walther* 4.
11 *Dempewolf* 281; s. auch OLG Düsseldorf JMBlNW **1961** 111.
12 Unnötig umständlich auch OLG Düsseldorf JMBlNW **1961** 111.
13 LG Krefeld AnwBl. **1981** 27; h.M., etwa auch Meyer-Goßner/*Schmitt* 7; *Bartsch* ZJS **2017**, 40, 44.
14 Ähnlich *Eb. Schmidt* 6.
15 OLG Naumburg JW **1932** 427 mit abl. Anm. *Klee*.

gen zurückgenommen wird; das ist auch in der Revisionsinstanz noch möglich.[16] Ist dagegen eines der beiden Urteile schon rechtskräftig, muss das andere Verfahren eingestellt werden.

c) Wiederaufnahme. Der Beitritt ist auch zum Zwecke der Wiederaufnahme zuläs- 11
sig, wenn das Verfahren rechtskräftig abgeschlossen ist. Weil die Rechtskraft ganz allgemein eine Voraussetzung und kein Hindernis der Wiederaufnahme ist, kann sie auch der im Weg des Beitritts erstrebten Wiederaufnahme nicht entgegengehalten werden.[17]

d) Entscheidungsform. Über die Zulässigkeit des Beitritts entscheidet das Gericht 12
durch **Beschluss.**[18] Hat der Privatklageberechtigte den Beitritt vor Eröffnung des Hauptverfahrens erklärt, geschieht das im Eröffnungsbeschluss, hat er ihn später erklärt, durch besonderen Beschluss. Der Angeklagte hat kein Rechtsmittel gegen die Zulassung, der abgewiesene Beigetretene die einfache Beschwerde (§ 304 Abs. 1). Ein zulässiger Beitritt macht den Berechtigten zum Privatkläger; er ist nicht etwa weiterhin als „Beigetretener" zu bezeichnen.[19]

3. Entscheidung in der Sache (Absatz 3)

a) Allgemein. Unter Entscheidung versteht Absatz 3 nur **rechtskräftige Entschei-** 13
dungen; solange sie nicht rechtskräftig sind, kann der Beigetretene sie noch mit Rechtsmitteln anfechten. Der Eintritt der Rechtskraft hat für die Sachentscheidung den Verbrauch der Strafklage wegen derselben Tat (§ 264) zur Folge, und zwar auch, wenn die Entscheidung in einem Offizialverfahren ergangen ist (z.B. Ablehnung der Eröffnung des Hauptverfahrens auf öffentliche Anklage, § 211).[20] Ebenso wirken Entscheidungen, die im Privatklageverfahren ergangen und rechtskräftig geworden sind, für ein späteres Offizialverfahren, sei es, dass der Staatsanwalt nach § 377 Abs. 2 die Verfolgung übernimmt, sei es, dass er selbst öffentliche Klage erhebt (§ 376). Es handelt sich dabei nicht um eine Besonderheit des Privatklageverfahrens, sondern um die allgemeine Wirkung der Rechtskraft überhaupt.[21] Diese beschränkt sich auf Entscheidungen **in der Sache** selbst, denn nur diese sind materieller Rechtskraft fähig. Es muss sich also um Entscheidungen über die Schuld- und Straffrage handeln. In Betracht kommen:

b) Zurückweisungsbeschluss. Die Zurückweisung der Klage nach § 383 Abs. 1 14
stellt eine solche Entscheidung dar, wenn sie mit dem Mangel hinreichenden Tatverdachts oder mit sachlich-rechtlichen Erwägungen (fehlende Strafbarkeit) begründet wird. Ist ein solcher Beschluss rechtskräftig, so ist eine neue Strafklage – Anklage oder Privatklage – nur unter den Voraussetzungen des § 211 zulässig; Beitritt ist nicht mehr möglich.

c) Sachurteil. Ein **Sachurteil**, das auf Freispruch, Verurteilung oder Straffreierklä- 15
rung (§ 199 StGB) lautet. Zur verurteilenden Erkenntnis ist noch zu bemerken: Absatz 3 spricht nur von der Wirkung zugunsten des Beschuldigten. Damit ist aber nicht gemeint,

16 OLG Hamm JMBlNW **1951** 184.
17 SK/*Velten* 11; KK/*Walther* 6; Meyer-Goßner/*Schmitt* 3; HK/*Weißer* 8; h.M.; vgl. auch § 377, 6.
18 *Werthauer* 55.
19 **A.A.** *Werthauer* 54.
20 OLG Köln NJW **1952** 1152.
21 Vgl. BayObLGSt **26** (1927) 199; KK/*Walther* 7.

dass nur Entscheidungen in Betracht kämen, die dem Beschuldigten schlechthin günstig sind. Vielmehr ist auch an die **günstige Wirkung** einer im Übrigen ungünstigen Entscheidung zu denken, die mit ihrer Rechtskraft verhindert, dass der Beschuldigte wegen desselben Geschehens noch einmal unter demselben oder einem anderen rechtlichen Gesichtspunkt zur Verantwortung gezogen wird.[22]

16 **d) Einstellungsbeschluss.** Die **Einstellung** des Verfahrens **durch Beschluss**, weil die Schuld des Täters gering und die Folgen der Tat unbedeutend seien (§ 383 Abs. 2).

17 **e) Vergleich.** Auf **Vergleiche** im Privatklageverfahren ist Absatz 3 nicht – auch nicht entsprechend – anzuwenden;[23] ebensowenig auf die **Zurücknahme** der Privatklage. Nach einem Vergleich und einer Zurücknahme kann ein anderer Verletzter dem Verfahren freilich nicht mehr beitreten; vielmehr muss er selbst Privatklage erheben.

18 **f) Wirkung bei Tateinheit mit anderen Delikten.** Die unter Rn. 14 bis 16 aufgeführten Entscheidungen stehen auch der Verfolgung tateinheitlich begangener Delikte entgegen; jedoch ergeben sich im Fall der Einstellung wegen geringer Schuld (Rn. 16) gewisse Ausnahmen; sie beruhen auf den Erwägungen, die im Fall des § 153 einen Verbrauch der Strafklage ausschließen und hier entsprechend gelten.

19 **4. Andere Entscheidungen.** Andere Entscheidungen stehen den anderen Berechtigten nicht entgegen, namentlich nicht die **Zurückweisung** der Klage nach § 383 Abs. 1 **aus verfahrensrechtlichen Gründen**, also etwa wegen Fehlens des Strafantrags, des Sühneversuchs oder des Privatklagerechts oder wegen Unzuständigkeit; aber auch nicht das **Urteil**, mit dem die Sache aus verfahrensrechtlichen Gründen, namentlich nach § 389 Abs. 1, eingestellt wird. Nach Rechtskraft dieser Entscheidungen kann der andere Berechtigte aber nicht mehr dem Verfahren beitreten, sondern nur noch selbst Privatklage erheben.[24]

20 **5. Unzulässige Privatklage. Unzulässigkeit** der Privatklage macht nicht schon als solche auch den Beitritt unzulässig. Sie schadet dem Beitretenden nicht, wenn seine Privatklage zulässig wäre;[25] alsdann bleibt sie als Klage bestehen, und es ist auf sie zur Sache zu entscheiden.[26]

21 **6. Widerklage.** Die Widerklage (§ 388) ist eine Art der Privatklage, auch i.S.v. § 375. Hat A durch eine und dieselbe Tat X und Y verletzt und X seinerseits im Zusammenhang damit A verletzt und hat A Privatklage gegen X, X Widerklage gegen A erhoben oder umgekehrt, so kann Y keine selbständige Privatklage gegen A erheben. Vielmehr kann er nur der Privatklage des A gegen X oder der Widerklage des X gegen A beitreten.

---

22 Differenzierend *Oetker* 236 ff.
23 RGSt **27** 216.
24 KMR/*Kulhanek* 9; **a.A.** SK/*Velten* 23.
25 Meyer-Goßner/*Schmitt* 6.
26 *Oetker* 224.

§ 376
Anklageerhebung bei Privatklagedelikten

Die öffentliche Klage wird wegen der in § 374 bezeichneten Straftaten von der Staatsanwaltschaft nur dann erhoben, wenn dies im öffentlichen Interesse liegt.

Schrifttum

Husmann Die Beleidigung und die Kontrolle des öffentlichen Interesses an der Strafverfolgung, MDR **1988** 727; *Kalsbach* Die gerichtliche Nachprüfung von Maßnahmen der Staatsanwaltschaft im Strafverfahren (1967); *Keller* Zur gerichtlichen Kontrolle prozessualer Ermessensentscheidungen der Staatsanwaltschaft, GA **1983** 497; *Kellner* Kann bei einer fahrlässigen Körperverletzung im Straßenverkehr das öffentliche Verfolgungsinteresse noch verneint werden? MDR **1977** 626; *Klussmann* Welche Bedeutung hat eine Einstellungsverfügung nach § 153 Abs. 2 StPO für das Privatklageverfahren bei Tateinheit zwischen Offizialdelikt und Privatklagedelikt, MDR **1974** 362; *Kohlhaas* Antragsdelikte bei Wegfall eines Offizialdelikts, NJW **1954** 1793; *Kröpil* Gerichtliche Überprüfung des von der Staatsanwaltschaft bejahten öffentlichen und besonderen öffentlichen Interesses, DRiZ **1986** 19; *Kuhlmann* Die Einstellungsverfügung nach § 153 Abs. 2 StPO bei tateinheitlichem Zusammentreffen von Offizial- und Privatklagedelikten, MDR **1974** 897; *Mühlhaus* Das „besondere öffentliche Interesse" an der Strafverfolgung bei Verkehrsunfällen, JZ **1952** 171; *Oehler* Die amtliche Verfolgung der leichten vorsätzlichen und fahrlässigen Körperverletzung, JZ **1956** 630; *Schramm* Privatklage und öffentliches Interesse, GRUR **1954** 384; *Vogel* Das öffentliche Interesse an der Strafverfolgung und seine prozessuale Bedeutung, Diss. München 1966; *Trentmann* § 153a StPO und das öffentliche Interesse an der Strafverfolgung – Zum Vorwurf der Irrationalität und Paradoxie von Verfahrenseinstellungen gegen Geldauflage anlässlich des Falls Edathy, ZStW **128** (2016) 446.

Entstehungsgeschichte

Die als § 416 Gesetz gewordene Vorschrift hat – bei unverändertem Inhalt – ihre ursprüngliche Bezeichnung durch die Bek. 1924 erhalten. Durch Art. 21 Nr. 94 EGStGB 1974 sind die Worte „strafbaren Handlungen" durch „Straftaten" ersetzt worden. Ihre aktuelle Bezeichnung hat die Vorschrift durch das Gesetz zur Stärkung des Rechts des Angeklagten auf Vertretung in der Berufungsverhandlung und über die Anerkennung von Abwesenheitsentscheidungen in der Rechtshilfe vom 25.7.2019 erhalten (Art. 1 Nr. 13, BGBl. I S. 1332 ff.).

Übersicht

https://doi.org/10.1515/9783110275001-006

I. Interesse

1 **1. Öffentliches Interesse.** Der Begriff des öffentlichen Interesses, ein wenig konturierter unbestimmter Rechtsbegriff,[1] entspricht weitgehend dem gleichlautenden Begriff in § 153 Abs. 1 Satz 1[2] und ist im Wesentlichen in Anlehnung an die Zwecke des materiellen Strafrechts zu definieren.[3] Danach liegt die Strafverfolgung im öffentlichen Interesse, wenn aus **spezial- oder (und) generalpräventiven Gründen** die Durchsetzung des materiellen Strafrechts geboten ist.[4] Nr. 86 Abs. 2 RiStBV enthält eine entsprechende Auslegungshilfe (vgl. § 377, 13).[5] Verfahrensökonomische Erwägungen dürfen bei der Prüfung des Vorliegens des öffentlichen Interesses keine wesentliche Rolle spielen;[6] wohl aber ist im Hinblick auf den funktionalen Zusammenhang, in dem der Begriff verwendet wird, die besondere Interessenlage des Verletzten (vgl. z.B. Nr. 86 Abs. 2 RiStBV) zu beachten.[7]

2 Ein öffentliches Interesse an der Strafverfolgung kann nicht nur in den in den RiStBV, insbesondere Nr. 86 Abs. 2 genannten Fällen bestehen. **Auch die Häufigkeit** der Begehung bestimmter Delikte kann die staatliche Strafverfolgung erfordern, ebenso die **Wiederholungsgefahr**, der Umstand, dass der Verletzte aus **persönlichen Gründen** die Klage nicht erheben kann oder ihm dies nicht zuzumuten ist, oder aus **sachlichen** nicht in der Lage ist, die Tat hinreichend aufzuklären bzw. die notwendigen Beweise zu ermitteln,[8] oder das Interesse der Staatsanwaltschaft, das Verfahren in der Hand zu behalten, um ggf. eine den Beschuldigten schonende **Einstellung** nach den §§ 153, 153a wählen zu können, wenn besondere Gründe dies erfordern.[9] Kein öffentliches Interesse wird dagegen durch solche Umstände begründet, die materiell-rechtlich keine präventiv begründbare Funktion aufweisen. Zu weiteren, teils umstrittenen Einzelfragen vgl. die Erl. zu § 153.[10]

3 Das **Vorliegen** des öffentlichen Interesses **bewirkt**, dass statt der an sich allein gegebenen Privatklage öffentliche Klage erhoben werden kann und wegen des Legalitätsprinzips auch erhoben werden muss. Darin erschöpft sich seine Bedeutung. Andere Verfahrensvoraussetzungen kann es nicht ersetzen, Verfahrenshindernisse nicht beseitigen. Namentlich kann es den **Strafantrag** (§ 77b Abs. 1 StGB) nicht ersetzen. Soweit dieser erforderlich ist, kann die Staatsanwaltschaft öffentliche Klage auch dann nicht erheben, wenn deren Erhebung nach ihrer Auffassung im öffentlichen Interesse nach § 376 läge.

---

1 AK/*Rössner* 2; *Husmann* MDR **1988** 729: **a.A.** (Ermessen) KK/*Walther* 1; Meyer-Goßner/*Schmitt* 7; s. auch *Trentmann* ZStW 128 (2016) 471 f.

2 Meyer-Goßner/*Schmitt* 1.

3 *Rieß* NStZ **1981** 8.

4 KMR/*Kulhanek* 3; eingehend dazu SK/*Velten* 2 ff.; vgl. auch *Preisendanz* DRiZ **1989** 366.

5 Weitere z.B. in Nrn. 229 Abs. 1, 232 Abs. 1 (Beleidigung); Nr. 233 (Körperverletzung); Nrn. 260 Abs. 1, 260a Abs. 1, 2 (UWG); Nrn. 261, 261a (Schutz geist. Eigentums).

6 KMR/*Kulhanek* 3; allg. M.

7 KMR/*Kulhanek* 3.

8 Vgl. AK/*Rössner* 3; SK/*Velten* 4.

9 *Rieß* NStZ **1981** 8; **a.A.** Meyer-Goßner/*Schmitt* 1.

10 Vgl. § 153, 27 ff.; Meyer-Goßner/*Schmitt* 1 und § 153, 7.

2. Besonderes öffentliches Interesse. Allein in diesem Punkt unterscheidet sich das öffentliche Interesse von dem **besonderen öffentlichen Interesse des § 230 Abs. 1 Satz 1 StGB.** Sein Vorliegen macht den Strafantrag überflüssig, so dass öffentliche Klage auch gegen den Willen des – auch ausdrücklich – keinen Strafantrag stellenden Verletzten erhoben werden kann.[11] Der Gedanke des § 230 Abs. 1 Satz 1 StGB (vgl. dazu Nr. 234 Abs. 1 RiStBV) kann aber auf andere als die dort genannten Straftaten nicht ausgedehnt werden.[12] 4

3. Strafantrag. Hat der Verletzte wegen vorsätzlicher oder auch fahrlässiger Körperverletzung **Strafantrag** gestellt, so genügt das einfache öffentliche Interesse, um öffentliche Klage zu erheben.[13] Hat die Staatsanwaltschaft das besondere öffentliche Interesse bejaht – und damit den Strafantrag ersetzt –, so liegt hierin zugleich die Bejahung des öffentlichen Interesses. In beiden Fällen geht es um die Frage der Befolgung des Legalitätsprinzips. Der unterschiedliche Wortlaut des § 230 Abs. 1 Satz 1 StGB (geboten hält) und des § 376 (im öffentlichen Interesse liegt) ist deshalb für diese Frage bedeutungslos. 5

4. Ermittlungen zur Feststellung des öffentlichen Interesses. Um über das Vorliegen des öffentlichen Interesses befinden zu können, kann die Staatsanwaltschaft erforderlichenfalls **Ermittlungen im vorbereitenden Verfahren** (§§ 160 bis 162) anstellen[14] (vgl. Nr. 86 Abs. 3 RiStBV). Damit wird das öffentliche Interesse nicht etwa schon bejaht. Das ist wichtig, weil manche Verletzte durch unwahre oder übertreibende Darstellung den Staatsanwalt zur Übernahme der Verfolgung zu bestimmen suchen. Die Staatsanwaltschaft braucht den Verletzten nicht durch Ermittlungen zu unterstützen; sie wird es aber stets tun, wenn dieser selbst nicht dazu in der Lage ist. 6

5. Folge der Bejahung des öffentlichen Interesses. Hat die Staatsanwaltschaft das öffentliche Interesse bejaht und öffentliche Klage erhoben, kann sich der Privatklageberechtigte dem Verfahren ggf. (vgl. § 377, 22) als **Nebenkläger** anschließen (§ 395); einer selbständigen Privatklage stünde die Rechtshängigkeit entgegen. 7

II. Entscheidung der Staatsanwaltschaft

1. Allgemein. Der Privatklageberechtigte kann bei der Staatsanwaltschaft beantragen, öffentliche Klage zu erheben (§ 158). Der Staatsanwalt muss ihn alsdann bescheiden (§ 171; Nrn. 88 ff. RiStBV). Für die Entscheidung, ob das öffentliche Interesse an der Verfolgung des Privatklagedelikts – auf Antrag oder von Amts wegen – zu bejahen ist, hat die Staatsanwaltschaft einen Beurteilungsspielraum (vgl. Rn. 1, 9, 12 ff.). 8

2. Verneinung des öffentlichen Interesses. Verneint die Staatsanwaltschaft das öffentliche Interesse, so folgt aus § 172 Abs. 2 Satz 3, dass der Verletzte die öffentliche Klage nicht gerichtlich erzwingen kann. Denn der Privatklageberechtigte hat kein Recht auf „öffentliche Klage“, mit dieser vertritt die Staatsanwaltschaft nicht sein persönliches Interesse, macht vielmehr das der Allgemeinheit geltend. Wohl aber kann der Verletzte 9

11 Meyer-Goßner/*Schmitt* 3.
12 BGHSt **7** 256; vgl. auch *Kohlhaas* NJW **1954** 1792.
13 Meyer-Goßner/*Schmitt* 3.
14 Meyer-Goßner/*Schmitt* 5.

Beschwerde nach § 172 Abs. 1 einlegen sowie die Verneinung des öffentlichen Interesses im Dienstaufsichtswege – bis zum Justizministerium – nachprüfen lassen.[15] Diese Regelung ist durchaus sinnvoll; sie stellt den Verletzten nicht schutzlos. Da ihm die Privatklage bleibt, wird er auch nicht in seinen Rechten verletzt. Das Gericht kann nicht die Durchführung des Privatklageverfahrens mit der Begründung ablehnen, es halte ein öffentliches Interesse für gegeben.[16]

10 **Verfahrensrechtliche Probleme** können entstehen, wenn ein Privatklagedelikt mit einer Ordnungswidrigkeit tateinheitlich zusammentrifft. Verneint die Staatsanwaltschaft in einem solchen Fall das öffentliche Interesse an der Strafverfolgung des Privatklagedelikts und stellt sie das Ermittlungsverfahren mit dieser Begründung ein, dann verweist sie regelmäßig zugleich mit der Einstellung den Verletzten auf den Privatklageweg. Darüber hinaus gibt sie die Sache zur Ahndung der in derselben Handlung liegenden Ordnungswidrigkeit an die Verwaltungsbehörde ab. Bei einem solchen Verfahren kann die Gefahr einer Doppel-„Bestrafung“ wegen derselben Tat eintreten, wenn der Privatklageberechtigte auf den Hinweis der Staatsanwaltschaft Privatklage erhebt, die zur Bestrafung des Privatbeklagten führt, und die Verwaltungsbehörde, weil sie keine Kenntnis davon hat, ein Bußgeldverfahren durchführt (§ 43 OWiG), das mit einem Bußgeldbescheid abschließt.

11 Ein **weiteres** verfahrensrechtliches **Problem** kann sich ergeben, wenn der Privatklageberechtigte trotz Hinweises keine Privatklage erhoben, der Betroffene aber Einspruch gegen den Bußgeldbescheid wegen der – mit dem Privatklagedelikt tateinheitlich begangenen – Ordnungswidrigkeit eingelegt hat. Denn dann ist der Richter – sofern kein Verfahrenshindernis besteht – nicht nur berechtigt, sondern sogar verpflichtet, in das Strafverfahren überzugehen (§ 81 OWiG) und den Betroffenen nunmehr unter Aufhebung des Bußgeldbescheides als Angeklagten wegen des Privatklagedelikts zu verurteilen, falls er diesen Tatbestand bejaht.[17]

12 **3. Bejahung des öffentlichen Interesses.** Umstritten ist die Frage der gerichtlichen Überprüfbarkeit, wenn die Staatsanwaltschaft das öffentliche Interesse bejaht. Dass für diese Bejahung – ebenso wie für die Annahme des besonderen öffentlichen Interesses nach § 230 Abs. 1 Satz 1 StGB – keine besondere Form, namentlich keine Schriftform, ja nicht einmal die ausdrückliche Erwähnung in der Anklageschrift erforderlich ist, ist jetzt nahezu einhellig anerkannt.[18]

13 Die **herrschende Meinung** verneint die Zulässigkeit gerichtlicher Überprüfung sowohl der Bejahung des öffentlichen Interesses als auch des besonderen öffentlichen Interesses und verweist den Beschuldigten insoweit auf den Dienstaufsichtsweg.[19] Nach **anderer Auffassung** soll die Bejahung des öffentlichen Interesses nach § 23 EGGVG angefochten werden können.[20] Nach einer **weiteren Meinung** schließlich soll das objekti-

15 Vgl. OLG Karlsruhe BeckRS **2015** 125808; KMR/*Kulhanek* 7; s. auch AK/*Rössner* 4 (auch Antrag nach § 23 EGGVG).

16 KMR/*Kulhanek* 8.

17 Vgl. BayObLGSt **1976** 117; LG Oldenburg MDR **1981** 421.

18 Vgl. BGHSt **6** 282; **16** 225.

19 Vgl. BVerfGE **51** 176; RGSt **77** 73; BGHSt **6** 285; **16** 225; **19** 381; Meyer-Goßner/*Schmitt* 7; KK/*Walther* 3; vgl. auch HK/*Weißer* 8; SK/*Velten* 37 ff.; **a.A.** AK/*Rössner* 6.

20 OLG Bremen MDR **1961** 167; *Thierfelder* DVBl. **1961** 120; NJW **1961** 1101; **1962** 116.

ve Bestehen des – besonderen – öffentlichen Interesses der Nachprüfung durch das mit der Sache befasste Gericht unterliegen.[21]

14 Dass das besondere öffentliche Interesse auch nicht aufgrund einer verwaltungsgerichtlichen **Anfechtungsklage** überprüft werden kann, hat das Bundesverwaltungsgericht bestätigt.[22]

15 **4. Keine gerichtliche Nachprüfung.** Die herrschende Meinung (Rn. 13), die mit dem Grundgesetz vereinbar ist, namentlich nicht gegen die durch Art. 19 Abs. 4 GG verbürgte Rechtsweggarantie verstößt,[23] verdient Zustimmung. Das Privatklageverfahren stellt eine Ausnahme von dem der Staatsanwaltschaft anvertrauten Legalitätsprinzip (§ 152 Abs. 2) dar (Vor § 374, 3, 5). § 376 beinhaltet – ebenso wie § 230 Abs. 1 Satz 1 letzter Satzteil StGB – die Rückkehr zur Regel, dient damit der Wahrung des Legalitätsprinzips. Dessen Befolgung durch die Staatsanwaltschaft unterliegt – abgesehen vom Klageerzwingungsverfahren, vgl. § 172, 1 – keiner gerichtlichen Kontrolle. Soweit in anderen Fällen (z.B. in § 153 Abs. 1 Satz 1, § 153a Abs. 1 Satz 1, § 153b Abs. 1, § 153e Abs. 1) die Einstellung des Verfahrens oder das Absehen von der Verfolgung von der Zustimmung eines Gerichts abhängig ist, handelt es sich um ein Zusammenwirken von Gericht und Staatsanwaltschaft für Fälle, in denen statt des Legalitätsprinzips das Opportunitätsprinzip gilt.[24]

III. Nachträgliche Änderung der Ansicht zum öffentlichen Interesse

16 **1. Verneinung vor Eröffnung des Hauptverfahrens.** Bis zur Eröffnung des Hauptverfahrens kann die Staatsanwaltschaft das zunächst bejahte **öffentliche Interesse** verneinen. Dann ist der Verletzte auf den Privatklageweg zu verweisen. Hat die Staatsanwaltschaft schon Anklage erhoben, liegt in der Verneinung die zulässige (§ 156) Rücknahme der öffentlichen Klage.[25]

17 Verneint die Staatsanwaltschaft bis zu diesem Zeitpunkt in den in § 230 Abs. 1 Satz 1 StGB genannten Fällen das zunächst bejahte **besondere öffentliche Interesse** und fehlt es an einem Strafantrag, so hat dieser Mangel, weil der Strafantrag Verfahrensvoraussetzung ist, die Einstellung zur Folge.[26] Liegt ein Strafantrag vor oder holt der Verletzte ihn nach, muss die Staatsanwaltschaft entscheiden, ob sie nur das besondere öffentliche Interesse verneinen, das – allgemeine – öffentliche Interesse aber bejahen will. Tut sie das, ist das Verfahren als Offizialverfahren durchzuführen; verneint sie es, gilt das zu Rn. 16 Gesagte.

2. Verneinung nach Eröffnung des Hauptverfahrens

18 **a) Öffentliches Interesse.** Nach Eröffnung des Hauptverfahrens kommt die Verneinung des zunächst bejahten öffentlichen Interesses der Rücknahme der öffentlichen Kla-

---

21 Vgl. dazu AK/*Rössner* 6 (unter Hinweis auf § 155 Abs. 2); *Vogel* NJW **1961** 761; *Lüke* JuS **1961** 211; *v. Weber* MDR **1963** 169; *Havekost* DAR **1977** 289; s. auch *Keller* GA **1983** 512 ff.; *Husmann* MDR **1988** 727; *Kröpil* DRiZ **1986** 19.

22 BVerwG NJW **1959** 448.

23 BVerfGE **51** 176; BayVerfGH BeckRS **2009** 39969.

24 Vgl. auch KMR/*Kulhanek* 9.

25 KMR/*Kulhanek* 11; s. ferner OLG Brandenburg BeckRS **2008** 4878.

26 KK/*Walther* 5.

ge gleich und ist dann ebenso wie diese Rücknahme ausgeschlossen (§ 156);[27] jedoch kann die nachträgliche Verneinung in eine Zustimmung nach § 153 Abs. 2 umgedeutet werden.[28]

19 **b) Besonderes öffentliches Interesse.** Für die Verneinung des **besonderen öffentlichen Interesses** nach diesem Zeitpunkt in den Fällen des § 230 Abs. 1 Satz 1 letzter Satzteil StGB gilt Folgendes:

20 War **kein Strafantrag** gestellt, hatte die Staatsanwaltschaft diesen vielmehr durch Bejahung des besonderen öffentlichen Interesses ersetzt, kommt die nachträgliche Verneinung der Rücknahme des Strafantrags gleich. Sie ist ebenso wie diese bis zum rechtskräftigen Abschluss des Strafverfahrens zulässig (§ 77d Abs. 1 StGB) und führt zur Einstellung des Verfahrens.[29]

21 War **Strafantrag** gestellt, so hat die nachträgliche Verneinung des zunächst bejahten öffentlichen Interesses (nur) die Bedeutung der Rücknahme der öffentlichen Klage und ist wie diese unzulässig (Rn. 18).

22 **3. Spätere Bejahung.** Die Bejahung des besonderen öffentlichen Interesses kann bis zur rechtskräftigen Entscheidung nachgeholt werden, auch noch in der Revisionsinstanz.[30] Die Staatsanwaltschaft kann mit einer solchen Erklärung der Einstellung des Verfahrens zuvorkommen (Rn. 20), wenn kein wirksamer Strafantrag gestellt oder dieser zurückgenommen war.[31]

IV. Konkurrenzfragen bei Gesetzes- oder Tateinheit zwischen Offizial- und Privatklagedelikt

23 **1. Anklage wegen Offizialdelikts.** Erhebt die Staatsanwaltschaft Anklage wegen eines Offizialdelikts, das in Gesetzes- oder Tateinheit mit einem Privatklagedelikt steht (vgl. § 374, 22), so wird dieses – wenn nicht etwa der erforderliche Strafantrag fehlt – ebenfalls **Gegenstand der Urteilsfindung** (§ 264), und zwar selbst dann, wenn die Staatsanwaltschaft den Verletzten wegen des Privatklagedelikts auf den Privatklageweg verwiesen hatte.[32] Weder Gericht noch Staatsanwaltschaft dürfen das Privatklagedelikt unberücksichtigt lassen. Eine besondere Privatklage ist später nicht mehr möglich, weil ihr der Verbrauch der Strafklage entgegenstünde.

24 **2. Einstellung des Verfahrens wegen des Offizialdelikts nach § 170 Abs. 2.** Lehnt im Fall der Gesetzes- oder Tateinheit die Staatsanwaltschaft es ab, öffentliche Klage zu erheben, so hat der Verletzte **drei Möglichkeiten**: er kann Dienstaufsichtsbeschwerde einlegen, das Klageerzwingungsverfahren nach § 172, dessen Absatz 2 Satz 3 hier nicht einschlägt, betreiben oder Privatklage erheben. Letztere führt freilich nur zum

---

27 Vgl. KMR/*Kulhanel* 11.

28 RGSt **77** 72; OLG Bremen JZ **1956** 663; OLG Karlsruhe VRS **15** (1958) 356; *Oehler* JZ **1956** 632; KMR/*Kulhanek* 12; Meyer-Goßner/*Schmitt* 8; AK/*Rössner* 5; **a.A.** (Rücknahme auch später noch möglich) BGHSt **19** 377; OLG Düsseldorf NJW **1953** 236; **1970** 1054; OLG Stuttgart NJW **1961** 1126; KG VRS **18** (1960) 352; OLG Celle GA **1961** 214; KK/*Walther* 6; HK/*Weißer* 9; *Mühlhaus* JZ **1952** 172.

29 Vgl. z.B. BGHSt **19** 380; **a.A.** LR/*Rieß*[25] § 206a, 45c; LR/*Stuckenberg* § 206a, 62 m.w.N.

30 BGHSt **6** 283.

31 BayObLGSt **1951** 578.

32 RGSt **77** 227; BGH NStZ **2016** 180; Meyer-Goßner/*Schmitt* 10.

Erfolg, wenn das Gericht die Gesetzes- oder Tateinheit des Privatklagedelikts mit einem Offizialdelikt verneint (vgl. § 374, 22 ff.).

Bejaht das Gericht nach verhandelter Sache, dass eine solche Gesetzes- oder Tateinheit vorliege, muss es das Verfahren **nach § 389 Abs. 1 einstellen.** Diese Einstellung verpflichtet die Staatsanwaltschaft gleichwohl nicht zur Anklage (§ 374, 24 ff.). Sie stellt den Verletzten auch nicht schutzlos. Ihm bleiben außer der Dienstaufsichtsbeschwerde und dem Klageerzwingungsverfahren (vgl. Rn. 24) – zusätzlich – die Rechtsmittel gegen das einstellende Urteil (§ 390 Abs. 1). Dass diese Rechtsbehelfe unter Umständen alle erfolglos bleiben, lässt sich nicht immer verhindern und ist nicht gleichbedeutend mit Schutzlosigkeit. Es ist weder erforderlich, noch entspricht es dem Zweck des § 389, neben § 172 noch ein besonderes Klageerzwingungsverfahren zu schaffen. 25

3. Absehen von der Verfolgung des Offizialdelikts nach § 153 Abs. 1 Satz 1. Sieht die Staatsanwaltschaft im Fall der Gesetzes- oder Tateinheit von der Verfolgung des Offizialdelikts nach § 153 Abs. 1 Satz 1 ab, so wird der Privatklageberechtigte dadurch gehindert, selbst Privatklage zu erheben (vgl. § 374, 28). Die Einstellung erfasst die gesamte prozessuale Tat.[33] Gleiches gilt für die endgültige Einstellung nach § 153a.[34] 26

Freilich wird das Gericht dem Staatsanwalt die nach § 153 Abs. 1 Satz 1 bzw. § 153a Abs. 1 Satz 1 erforderliche **Zustimmung** zur Einstellung des Verfahrens wegen des Offizialdelikts sinnvollerweise nur dann geben, wenn nach seiner Ansicht die Schuld des Täters auch unter dem Gesichtspunkt des Privatklagedelikts als gering anzusehen wäre und kein öffentliches Interesse an der Verfolgung besteht, was dann folgerichtig zur Einstellung nach § 383 Abs. 2 Satz 1 führen müsste. Ein Nachteil für den Verletzten besteht allerdings darin, dass er die Einstellung nach den §§ 153, 153a nicht anfechten kann (§ 172 Abs. 2 Satz 3), während er, wenn eine Privatklage trotz Einstellung (nach den §§ 153, 153a) zulässig wäre, die Einstellung nach § 383 Abs. 2 anfechten könnte (§ 383, 32). 27

Wird das **Privatklageverfahren** dennoch durchgeführt, etwa weil die Einstellung nach den §§ 153, 153a übersehen wird, so verbraucht das Urteil die Klage auch für das Offizialdelikt. 28

§ 377
Beteiligung der Staatsanwaltschaft; Übernahme der Verfolgung

(1) [1]Im Privatklageverfahren ist der Staatsanwalt zu einer Mitwirkung nicht verpflichtet. [2]Das Gericht legt ihm die Akten vor, wenn es die Übernahme der Verfolgung durch ihn für geboten hält.

(2) [1]Auch kann die Staatsanwaltschaft in jeder Lage der Sache bis zum Eintritt der Rechtskraft des Urteils durch eine ausdrückliche Erklärung die Verfolgung übernehmen. [2]In der Einlegung eines Rechtsmittels ist die Übernahme der Verfolgung enthalten.

33 H.M.; SK/*Velten* § 374, 41; KK/*Walther* 8; *Kuhlmann* MDR **1974** 897; *Schlüchter* 810; *Mayer* JZ **1955** 603; **a.A.** LR/*Wendisch*[24] 24; *Eb. Schmidt* 5; *Klußmann* MDR **1974** 363.

34 Meyer-Goßner/*Schmitt* 11; AK/*Rössner* 9.

https://doi.org/10.1515/9783110275001-007

Schrifttum

Müller-Eversbusch Die Verfolgung von Privatklagedelikten durch die Staatsanwaltschaft – eine Beschneidung der Aufgaben des Schiedsmanns? SchiedsmZ **1979** 86; *Pentz* Zur Auslegung des § 377 Abs. 2 StPO, MDR **1965** 885.

Entstehungsgeschichte

Die als § 417 Gesetz gewordene Vorschrift hat ihre ursprüngliche Bezeichnung bei unverändertem Inhalt durch die Bek. 1924 erhalten. Absatz 1 lautete: „In dem Verfahren auf erhobene Privatklage ist die Staatsanwaltschaft zu einer Mitwirkung nicht verpflichtet; es ist ihr jedoch der zu der Hauptverhandlung bestimmte Termin bekanntzugeben." Seine jetzige Fassung erhielt der Absatz durch Art. 9 § 9 Abs. 1 der 2. VereinfVO. Durch Art. 3 Nr. 159 VereinhG wurde sie bestätigt. Der frühere Absatz 3 („Übernimmt die Staatsanwaltschaft die Verfolgung, so erhält der Privatkläger die Stellung eines Nebenklägers.") wurde durch Art. 1 Nr. 5 OpferschutzG aufgehoben. Ihre aktuelle Bezeichnung hat die Vorschrift durch das Gesetz zur Stärkung des Rechts des Angeklagten auf Vertretung in der Berufungshauptverhandlung und über die Anerkennung von Abwesenheitsentscheidungen in der Rechtshilfe vom 25.7.2019 erhalten (Art. 1 Nr. 13, BGBl. I S. 1332 ff.).

Übersicht

Alphabetische Übersicht

1. Mitwirkung der Staatsanwaltschaft (Absatz 1)

a) Keine Mitwirkungspflicht. Die Staatsanwaltschaft ist nicht verpflichtet, im Privatklageverfahren mitzuwirken (Absatz 1 Satz 1). Von den meisten erhobenen Privatklagen erhält sie nicht einmal Kenntnis. Denn nach Satz 2 desselben Absatzes legt das Gericht ihr die Akten (nur) vor, wenn es die Übernahme durch sie für geboten hält oder wenn es nach verhandelter Sache das Verfahren durch Urteil eingestellt hat, weil der festgestellte Sachverhalt den Verdacht eines Offizialdelikts ergeben hat (§ 389 Abs. 2).[1] Weil die Anklagebehörde keine Mitwirkungspflicht trifft, entfällt hier schon aus diesem Grund eine Ladungs- oder Zustellungszuständigkeit. Nur im Rechtsmittelverfahren gelangen die Akten durch die Hand der Staatsanwaltschaft vom unteren zum oberen Gericht (§ 390 Abs. 3 Satz 1).[2] 1

b) Teilnahmerecht. Die Staatsanwaltschaft braucht nicht abzuwarten, ob das Gericht ihm die Akten nach Absatz 1 Satz 2 vorlegt, sondern kann jederzeit von sich aus **Akteneinsicht** verlangen, um zu prüfen, ob sie das Verfahren übernimmt (Absatz 2 Satz 1).[3] Denn allein die Anklagebehörde trägt die Verantwortung für diese Entscheidung und muss sich daher in die Lage versetzen können zu prüfen, ob die Voraussetzungen für eine Übernahme erfüllt sind (Rn. 13 ff.). Der Staatsanwalt kann daher auch als Beobachter an der Hauptverhandlung teilnehmen.[4] Man wird ihm – mit Blick auf § 152 (vgl. § 378, 6, 15) – ausnahmsweise auch gestatten müssen, Fragen zu stellen, wenn diese erforderlich sind zur Abklärung, ob er die Verfolgung übernimmt. Er kann jedoch, abgesehen von der Übernahmeerklärung (Rn. 10), keine Prozesserklärungen oder Prozesshandlungen sowie sonstige Erklärungen (Anregungen, Stellungnahmen) abgeben.[5] Nicht entscheidend ist hierfür, dass der Angeklagte sich ansonsten gegen zwei Angreifer verteidigen müsste; denn das muss er bei der Nebenklage auch. Für die hier vertretene Auffassung spricht vielmehr, dass eine Überleitung in das Offizialverfahren ohne Übernahme durch die Staatsanwaltschaft nicht stattgefunden hat und der Anklagebehörde daher sämtliche ihr zustehenden rechtlichen Befugnisse aus §§ 203 ff. und §§ 212 ff. sowie §§ 226 ff. prozessual verschlossen sind; sie ist im Recht der Privatklage keine Verfahrensbeteiligte gleichen Ranges. Ihr stehen allein die speziellen Benachrichtigungsrechte und das Übernahmerecht zu. Ein anderes regelungssystematisches Verständnis führte schließlich zu einer Auflösung der Grenze zwischen Offizial- und Privatklageverfahren.[6] 2

Zuständig ist nur der Staatsanwalt bei dem Landgericht, das dem vom Privatkläger angerufenen Amtsgericht im Instanzenzug übergeordnet ist, nicht eine andere Staatsanwaltschaft, selbst wenn auch in ihrem Bezirk ein Gerichtsstand gegeben ist.[7] 3

---

1 Vgl. auch § 382, 11.
2 KK/*Walther* 1.
3 KK/*Walther* 2.
4 Meyer-Goßner/*Schmitt* 2; allg. M.
5 Meyer-Goßner/*Schmitt* 2; KMR/*Kulhanek* 2; *Hilger* JR **1990** 258; HK/*Weißer* 2; **a.A.** KK/*Walther* 2; AK/*Rössner* 1; LR/*Wendisch*[24] 2.
6 Vgl. Meyer-Goßner/*Schmitt* 2; SK/*Velten* 4; KK/*Walther* 2; so wohl auch BGHSt **11** 56 61: dort wird einer Prozesserklärung der Staatsanwaltschaft die Antragsqualität vor Übernahmeerklärung erkennbar abgesprochen.
7 BGHSt **11** 56, 61; KK/*Walther* 3.

2. Übernahmerecht (Absatz 2)

4 **a) Beginn.** Der Staatsanwalt kann die Verfolgung in jeder Lage der Sache übernehmen (Absatz 2 Satz 1). Diese Möglichkeit beginnt mit dem **Eingang** der Privatklage **bei Gericht.** Unter Gericht kann dabei nicht schlechthin jedes, auch das von vornherein mit Sicherheit unzuständige Gericht, verstanden werden; erforderlich, aber auch ausreichend ist vielmehr der Eingang bei einem Gericht, das für die Entscheidung zuständig sein kann.[8] Vorher würde es sich nicht um die Übernahme der Verfolgung nach § 377, sondern um die Erhebung der öffentlichen Klage nach § 376 handeln. Möglich ist die Übernahme aber schon vor Eröffnung des Hauptverfahrens. Sie ist weder im Berufungs- noch im Revisionsrechtszug ausgeschlossen. Eines Antrags des Verletzten bedarf es nicht; sein Widerspruch wäre unbeachtlich. Auch darf aus dem Wort **Verfolgung** nicht geschlossen werden, dass der Staatsanwalt nur übernehmen dürfte, um auf eine Bestrafung hinzuwirken. Er kann die Verfolgung auch oder ausschließlich zu dem Zweck übernehmen, seiner staatlichen Pflicht nach § 160 Abs. 2 genügen.

5 **b) Ende.** Zeitliche Grenze der Übernahme ist der **Eintritt der Rechtskraft** des Urteils. Damit wird zugleich gesagt, dass die gewöhnlichen Wirkungen der Rechtskraft auch gegenüber dem Staatsanwalt eintreten. Nur soweit die Sache mit der Rechtskraft überhaupt entschieden ist, steht sie weiteren Schritten des Staatsanwalts entgegen. Das bestätigt § 389 Abs. 1, wonach die Rechtskraft des Einstellungsurteils den Staatsanwalt nicht hindert, ihn unter Umständen sogar veranlasst, nunmehr seinerseits die Verfolgung zu übernehmen. An der Übernahme der Verfolgung kann der Staatsanwalt auch auf andere Weise gehindert werden als durch die Rechtskraft des Urteils, so z.B. durch Rücknahme der Privatklage oder, was als solche gilt (§ 391 Abs. 1 und 2), durch den Tod des Privatklägers (§ 393 Abs. 1) sowie durch den Ablauf der Fortsetzungsfrist (§ 393 Abs. 3) vor der Übernahmeerklärung.

6 **c) Wiederaufnahme.** Aus den Ausführungen zu Rn. 5 und aus der gesetzlichen Formulierung „bis zum Eintritt der Rechtskraft des Urteils“ ist die Folgerung zu ziehen, dass der Staatsanwalt nach Rechtskraft die Verfolgung auch nicht mit dem Ziel übernehmen kann, um die Wiederaufnahme des Verfahrens zu beantragen.[9] Etwaige **praktische Bedürfnisse** können diese Argumente nicht entkräften.[10]

3. Form der Übernahme

7 **a) Grundsatz.** Für die Übernahme verlangt das Gesetz entweder eine **ausdrückliche Erklärung** (Absatz 2 Satz 1) **oder** die **Einlegung eines Rechtsmittels** (Absatz 2 Satz 2; Rn. 11). Im ersten Fall wird sie regelmäßig schriftlich, in der Hauptverhandlung kann sie auch mündlich abgegeben werden (Rn. 10); im zweiten Fall wird sie fingiert.[11] Auch im Falle der Übernahme nach Aktenvorlage (Absatz 1 Satz 2) ist eine ausdrückliche Erklärung erforderlich. Bloße „schlüssige“ Handlungen (konkludentes Verhalten, z.B.

---

8 BGHSt **26** 214; KK/*Walther* 4.

9 BayObLGSt **30** (1931) 19; KK/*Walther* 5, 7; Meyer-Goßner/*Schmitt* 5; AK/*Rössner* 3; HK/*Weißer* 5; AnwK-*Schwätzler* § 377, 4; *Eb. Schmidt* 15; **a.A.** LR/*Hilger* 6; KMR/*Kulhanek* 8; *Pentz* MDR **1965** 885.

10 **A.A.** LR/*Hilger*[26]; *Werthauer* 72.

11 KK/*Walther* 6.

Teilnahme an der Hauptverhandlung) genügen nicht.[12] Außerdem ist die Übernahmeerklärung bedingungsfeindlich.[13] Sie muss nicht begründet werden. Dem Gericht kann diese Erklärung insbesondere Anlass für Hinweise nach § 265 geben.

b) Vor Eröffnungsbeschluss. Die Erklärung der Staatsanwaltschaft liegt vor Eröffnung des Hauptverfahrens in dem eigenen **Antrag** bei dem mit der Sache befassten Gericht, das Hauptverfahren zu eröffnen und Termin zur Hauptverhandlung zu bestimmen (§ 199 Abs. 2). Eine neue Anklage braucht die Staatsanwaltschaft nicht zu erheben.[14] Dafür wird die Staatsanwaltschaft ihre Erklärung der Form des § 200 angleichen, um dem Gericht die Eröffnung in der für das Offizialverfahren vorgesehenen Form (§ 207 Abs. 1) zu erleichtern. Eine **eigene Anklageschrift** wird stets geboten sein, wenn Zweifel bestehen, ob die Tat nicht auch als Offizialdelikt zu verfolgen ist.[15] 8

c) Nach Eröffnungsbeschluss (vgl. § 383 Abs. 1 Satz 2) genügt es für die Übernahme der Verfolgung, dass die Staatsanwaltschaft ihre Absicht dem Richter schriftlich mitteilt; dabei wird sie sich in der Form regelmäßig an § 200 anlehnen. Für einen zusätzlichen oder neuen Eröffnungsbeschluss nach § 207 ist rechtlich kein Raum mehr, nachdem das Gericht das Verfahren nach § 383 Abs. 1 Satz eröffnet hat. Jedoch ist das Gericht nicht gehindert, die an die Form des § 200 angelehnte schriftliche Mitteilung der Staatsanwaltschaft – und zwar regelmäßig zu Beginn der Hauptverhandlung – zu deren Grundlage zu machen.[16] 9

d) In der Hauptverhandlung genügt die mündliche Erklärung der Übernahme. Als solche gehört sie zu den Förmlichkeiten über den Gang der Hauptverhandlung und ist deshalb in das Protokoll aufzunehmen (§ 273 Abs. 1). 10

e) Durch Rechtsmittel. Schließlich kann der Staatsanwalt die Verfolgung auch **durch Einlegung eines Rechtsmittels** übernehmen (Absatz 2 Satz 2). Gemeint sind nicht nur Rechtsmittel gegen das Urteil, sondern auch Beschwerden. Auf den Gegenstand und die Richtung des Rechtsmittels kommt es nicht an; es kann auch zugunsten des Angeklagten (§ 296 Abs. 2) eingelegt sein (Rn. 4).[17] Die Einlegung eines Rechtsmittels enthält die Übernahme der Verfolgung. Der Staatsanwalt kann mithin nicht ein Rechtsmittel einlegen und zugleich erklären, dass er sich hierauf beschränke und im Übrigen die Verfolgung nicht übernehme. Die Erklärung der Staatsanwaltschaft, das Gericht möge sich für örtlich unzuständig erklären, erweist sich nicht als Übernahme,[18] wohl aber ist das die Beschwerde gegen einen Beschluss des Gerichts, durch den dieses einen dahingehenden Antrag des Beschuldigten abgelehnt hat. 11

Die Anklagebehörde kann das Rechtsmittel nur innerhalb der gegen den Privatkläger laufenden **Frist** einlegen. Sonst würde das Urteil ohne Zustellung an den Staatsanwalt – sie ist nicht vorgeschrieben –nicht rechtskräftig werden. Im Übrigen ist die Staatsanwaltschaft auch dann an die Frist des Privatklägers gebunden, wenn sie der Urteilsverkün- 12

---

12 Meyer-Goßner/*Schmitt* 3, 6; KMR/*Kulhanek* 9; *Eb. Schmidt* Nachtrag 7; **a.A.** KK/*Walther* 6. Vgl. auch OLG Saarbrücken NJW **1964** 679; HK/*Weißer* 4.
13 Meyer-Goßner/*Weißer* 6. Vgl. auch Nr. 172 Abs. 1 RiStBV.
14 S. auch OLG Braunschweig NdsRpfl. **1967** 140.
15 KMR/*Kulhanek* 10.
16 Meyer-Goßner/*Schmitt* 8.
17 BayObLGSt **30** (1931) 22.
18 BGHSt **11** 60.

dung selbst beigewohnt hat. Praktische Bedeutung hätte das allerdings nur, wenn der Privatkläger bei der Verkündung weder anwesend noch vertreten war. Dass in derartigen ohnehin seltenen Fällen der Staatsanwalt erscheint, obwohl er die Verfolgung nicht übernommen hat, liegt allerdings rechtspraktisch fern.

4. Grund der Übernahme

13 **a) Bejahung des öffentlichen Interesses.** Der Grund der Übernahme kann darin bestehen, dass der Staatsanwalt das öffentliche Interesse nach § 376 bejaht (§ 376, 1). „Ein öffentliches Interesse wird in der Regel vorliegen, wenn der Rechtsfrieden über den Lebenskreis des Verletzten hinaus gestört und die Strafverfolgung ein gegenwärtiges Anliegen der Allgemeinheit ist, z.B. wegen des Ausmaßes der Rechtsverletzung, wegen der Rohheit oder Gefährlichkeit der Tat, der rassistischen, fremdenfeindlichen oder sonstigen menschenverachtenden Beweggründe des Täters oder der Stellung des Verletzten im öffentlichen Leben. Ist der Rechtsfrieden über den Lebenskreis des Verletzten hinaus nicht gestört worden, so kann ein öffentliches Interesse auch dann vorliegen, wenn dem Verletzten wegen seiner persönlichen Beziehung zum Täter nicht zugemutet werden kann, die Privatklage zu erheben, und die Strafverfolgung ein gegenwärtiges Anliegen der Allgemeinheit ist" (vgl. Nr. 86 RiStBV).

14 **b) Zweifel, ob Privatklage- oder Offizialdelikt.** Hauptgrund für die Übernahme der Verfolgung durch die Staatsanwaltschaftwird regelmäßig sein, dass diese im Gegensatz zu Gericht und Privatkläger der Auffassung ist, es läge kein Privatklage-, sondern ein Offizialdelikt vor oder dass jenes mit diesem in Tateinheit stehe.[19] Allerdings wird die Auffassung vertreten,[20] dass gerade in diesem Fall die Übernahme unzulässig sei, der Staatsanwalt vielmehr warten müsse, bis das Gericht das Privatklageverfahren nach § 389 Abs. 1 eingestellt habe; erst dann könne er ein eigenes Verfahren einleiten, während er bis zu diesem Zeitpunkt durch die Rechtshängigkeit daran gehindert sei.

15 Schon letzteres ist fraglich. Gewiss sollte der Staatsanwalt, solange ein Privatklageverfahren anhängig ist, wegen dessen **Rechtshängigkeit** keine öffentliche Klage erheben; gerade um das zu ersparen, ihm aber dennoch die Möglichkeit des Handelns zu geben, eröffnet ihm das Gesetz den Weg der Übernahme. Kommt es gleichwohl zur öffentlichen Klage – etwa bedingt durch die fehlende Kenntnis der Anklagebehörde von der Privatklage oder weil sich die Tateinheit zwischen Privatklage- und Offizialdelikt erst später herausstellt –, wird kaum etwas anderes möglich bleiben, als das Privatklageverfahren einzustellen. Sind aus irgendwelchen Gründen gleichzeitig eine öffentliche Klage und eine Privatklage wegen desselben Geschehens anhängig, muss die **öffentliche Klage Vorrang** haben,[21] ohne Rücksicht darauf, ob sie früher anhängig geworden ist oder nicht.[22] Aber selbst wenn dem nicht so wäre, könnte die Rechtshängigkeit den Staatsanwalt nur an der Erhebung der Anklage, nicht aber an der Übernahme der Verfolgung hindern. Die Gegenmeinung übersieht, dass der **sachlich-rechtliche Gegensatz** von Privatklage- und Offizialdelikten ein anderer ist als der verfahrensrechtliche von Privatklage- und Offizialverfahren.

16 Ein Privatklageverfahren wird dadurch anhängig, dass eine Privatklage erhoben wird, auch wenn die dem Beschuldigten vorgeworfene Tat kein Privatklagedelikt ist.

---

19 OLG Celle NJW **1962** 1217; OLG Düsseldorf JMBlNW **1964** 80.
20 LG Göttingen NJW **1956** 882; *Eb. Schmidt* 5.
21 Vgl. auch AK/*Rössner* 7.
22 **A.A.** *Sperlein* DJ **1938** 945.

Ob sie das ist, wird häufig eine zunächst noch offene Frage sein, die erst in dem Verfahren selbst geklärt wird. Sich an dieser Klärung in der Rolle des öffentlichen Klägers zu beteiligen, ist nach Absatz 2 das **prozessuale Recht des Staatsanwalts**. Dabei ist er unabhängig von der tatsächlichen und rechtlichen Auffassung des Gerichts. Über die Frage, ob der Verdacht eines Offizialdelikts oder eines Privatdelikts oder die Möglichkeit einer Tateinheit zwischen beiden besteht, können Gericht und Staatsanwaltschaft durchaus verschiedener Meinung sein. Für die Frage, ob der Staatsanwalt die Verfolgung übernehmen soll, kommt es aber ausschließlich auf seine Ansicht an (vgl. § 374, 24).

Man kann das **Recht und** die **Pflicht des Staatsanwalts**, ein Offizialdelikt zu verfolgen, nicht dadurch verkümmern, dass man es davon abhängig macht, ob der Richter nach verhandelter Sache (§ 389) ein Offizialdelikt annimmt. Verneint der Richter ein solches irrig und erlässt er deshalb ein Sachurteil, so könnte der Staatsanwalt nicht einmal ein Rechtsmittel dagegen einlegen; denn auch das wäre ja eine Form der Übernahme, die ihm die Gegenmeinung verwehren will. Wird aber das Urteil (Freispruch oder Verurteilung) im Privatklageverfahren rechtskräftig, ist damit die Strafklage auch hinsichtlich des in dem Geschehen liegenden Offizialdelikts verbraucht. Auf diese Weise würde der Irrtum des Richters erster Instanz dem Staatsanwalt die Hände dergestalt binden, dass er ein Offizialdelikt nicht verfolgen könnte, obwohl er es noch vor Rechtskraft verfolgen will. Das entspricht weder der beiderseitigen Stellung von Richter und Staatsanwalt noch dem Sinn des Privatklageverfahrens und kann nicht richtig sein. 17

Schließlich wäre der Staatsanwalt auf keinen Fall gehindert, die **Übernahme** zunächst **wegen** des **Privatklagedelikts** zu erklären, ohne etwas von dem Offizialdelikt zu sagen, um erst nachträglich, nachdem er das Verfahren zum öffentlichen gemacht hat, das tateinheitliche Offizialdelikt einzubeziehen und Anträge deswegen zu stellen. Es gäbe keine Möglichkeit, den Staatsanwalt deswegen aus dem inzwischen öffentlich gewordenen Verfahren wieder hinauszudrängen. Er könnte das alsdann ergehende Urteil auch mit Rechtsmitteln angreifen. Die gesetzliche Regelung zwingt keineswegs dazu, derart unaufrichtig vorzugehen. Im Gegenteil liegt bei dem Verdacht, dass in dem der Privatklage zugrundeliegenden Geschehen ein Offizialdelikt enthalten sei, gerade der wichtigste Anwendungsfall für die Übernahme der Verfolgung vor. 18

5. Folge der Übernahme

a) Öffentliches Verfahren. Die Übernahme hat zur **Folge**, dass das Privatklageverfahren zu einem öffentlichen wird, für das alsdann die Vorschriften über das auf öffentliche Klage erhobene Verfahren gelten (§§ 203 ff; 212 ff.). Dabei macht es keinen Unterschied, ob die Übernahme vor oder nach Eröffnung des Hauptverfahrens erklärt wird.[23] Übernimmt der Staatsanwalt das Verfahren **vor Eröffnung** des Hauptverfahrens, ohne die Eröffnung des Hauptverfahrens zu beantragen, oder beantragt er sogar ausdrücklich, das Hauptverfahren nicht zu eröffnen, geht der Verletzte damit seines Privatklagerechts nicht verloren. Das Gericht muss alsdann, weil in dem Verhalten des Staatsanwalts die Aufgabe der Verfolgung liegen kann (vgl. Rn. 27 ff.), darüber entscheiden, ob das Hauptverfahren auf die Privatklage zu eröffnen ist. Der Staatsanwalt wird sein Ausscheiden aus dem Verfahren dadurch verdeutlichen, dass er es – zumal da es registermäßig als Js-Verfahren ausgewiesen war – einstellt. Es besteht kein durchgreifender Grund, der 19

23 *Eb. Schmidt* 9.

Staatsanwaltschaft das Recht zur Einstellung zu versagen.[24] Die Einstellung kann gemäß §§ 153 ff. oder § 170 Abs. 2 (Fehlen des hinreichenden Tatverdachts oder des öffentlichen Interesses) erfolgen.[25] Zur Benachrichtigung des Gerichts s. Nr. 172 Abs. 2 RiStBV. Ihre Anklage kann die Staatsanwaltschaft nur dann zurücknehmen (§ 156), wenn sie eine eigene Anklageschrift eingereicht hat (Rn. 8; s. auch Rn. 27 ff.).

20 Die Privatklage kann sie **nicht zurücknehmen**, auch nicht zu dem Zweck, sie vor einem anderen Gericht neu zu erheben.[26] Dazu ist sie insbesondere wegen der Möglichkeit des Wiederauflebens des Privatklageverfahrens (Rn. 19, 27) nicht befugt.[27] Wohl aber kann die Staatsanwaltschaft ins Strafbefehlsverfahren[28] übergehen; sie hat mit der Übernahme das Verfahren an sich gezogen und bejaht mit diesem Übergang (weiterhin) das öffentliche Interesse und den hinreichenden Tatverdacht.

21 Der Staatsanwalt übernimmt das Verfahren in der Lage, in der er es vorfindet, und setzt es in dieser Lage fort.[29] Daraus ergibt sich, dass die **Zuständigkeit des Strafrichters** (§ 25 Nr. 1 GVG) selbst dann bestehen bleibt, wenn der Staatsanwalt das Privatklagedelikt bei öffentlicher Anklage vor dem Schöffengericht hätte anklagen müssen mit der Folge, dass Berufungs- oder Revisionsgericht die Sache nicht wegen sachlicher Unzuständigkeit des Strafrichters zurückverweisen dürfen.[30]

22 **b) Nebenklage.** Übernimmt die Staatsanwaltschaft eine anhängige Privatklage, so wird infolge der Aufhebung des Absatzes 3 der bisherige Privatkläger nicht mehr automatisch Nebenkläger. Er muss sich vielmehr – wenn er die Stellung eines Nebenklägers erhalten will – gemäß § 396 dem Verfahren anschließen und kann dies nur dann, wenn er zu den nach § 395 zum Anschluss Berechtigten gehört. Ist ein Anschluss nicht möglich, wird er nicht zugelassen (Rn. 24), oder wird ein Anschluss nicht erklärt, so scheidet der Privatkläger – unbeschadet der Verletztenbefugnisse (§§ 406d bis 406h) – aus dem Verfahren aus. Damit wird der Kreis der Nebenkläger auf diejenigen beschränkt, die auch dann am Verfahren hätten teilnehmen können, wenn die Staatsanwaltschaft von vornherein das Offizialverfahren betrieben hätte. Außerdem wird vermieden, dass dem Privatkläger – wie bisher – die Stellung des Nebenklägers aufgedrängt wird.[31]

23 Die Staatsanwaltschaft hat dem Privatkläger die Übernahme des Verfahrens mitzuteilen und auf eine etwa bestehende Nebenklagebefugnis sowie die Kostenfolge (§ 472 Abs. 3 Satz 2) hinzuweisen (Nr. 172 Abs. 2 Satz 1 RiStBV). Für die **Anschlusserklärung** gilt § 396. Sie ist grundsätzlich nicht an eine Frist gebunden; vielmehr ist der Anschluss in jeder späteren Lage des Verfahrens, auch zur Einlegung von Rechtsmitteln, zulässig (§ 395 Abs. 4). Nach erfolgtem Anschluss gelten die §§ 397 ff.

24 Das **Gericht entscheidet** über die Anschlusserklärung des Privatklägers **nach § 396 Abs. 2 Satz 1**; in den Fällen des § 395 Abs. 3 StGB muss auch geprüft werden, ob dessen besondere materielle Anschlussvoraussetzungen vorliegen **(§ 395 Abs. 2 Satz 2)**. Fehlen die „formale" Anschlussbefugnis, über die nach § 396 Abs. 2 Satz 1 zu entscheiden ist

---

24 AK/*Rössner* 8; **a.A.** KMR/*Kulhanek* 17 ff.; Meyer-Goßner/*Schmitt* 7; SK/*Velten* 14; *Eb. Schmidt* 10; LG Göttingen NJW **1956** 882; vgl. auch KK/*Walther* 11 (Rücknahme der Übernahme nur bis zur Anschlusserklärung eines Nebenklägers).

25 AK/*Rössner* 8.

26 Vgl. auch BayObLGSt **1962** 77.

27 Vgl. Meyer-Goßner/*Schmitt* 7.

28 KK/*Walther* 11; s. auch § 408a.

29 BGHSt **11** 56, 61; h.M.

30 KK/*Walther* 8.

31 BTDrucks. **10** 5305 S. 10.

(§ 396, 8), oder die materielle Anschlussberechtigung nach § 395 Abs. 3, über die nach § 396 Abs. 2 Satz 2 zu befinden ist, so ist die Zulassung des Privatklägers als Nebenkläger abzulehnen. Der Privatkläger scheidet – jedenfalls zunächst (vgl. Rn. 27) – aus dem Verfahren aus; zur Bestandskraft dieser Entscheidung vgl. § 396, 20 ff.

Mit der Übernahme des Verfahrens durch die Staatsanwaltschaft wird eine nach § 379 geleistete **Sicherheit** frei. Gleiches muss für den **Gebührenvorschuss** (§ 379a; § 16 GKG) gelten. Die Notwendigkeit eines **Sühneversuches** (§ 380) entfällt. 25

c) Widerklage. Was zur Übernahme der Verfolgung im Privatklageverfahren gesagt ist, gilt auch bei der Widerklage. Bei ihr kann der Staatsanwalt die Verfolgung gegen den Privatkläger übernehmen. Er kann sie auch für Privatklage und Widerklage übernehmen. Nach der **Übernahme** durch den Staatsanwalt, d.h. im nunmehr Offizialverfahren, ist **keine Widerklage** mehr zulässig.[32] War die Widerklage schon vor der Übernahme erhoben, wird sie durch die Übernahme allerdings nicht hinfällig. Sie verwandelt sich vielmehr in eine Privatklage, die zunächst noch mit der öffentlichen Klage verbunden ist, von ihr aber durch Gerichtsbeschluss (§ 4) getrennt werden kann. Entsprechendes gilt, wenn der Staatsanwalt die Widerklage übernimmt, für die Privatklage.[33] 26

6. Aufgabe der Verfolgung. Nach Eröffnung des Hauptverfahrens kann die Staatsanwaltschaft die Verfolgung nicht wieder aufgeben.[34] Die Auffassung,[35] dies gelte auch **vor Eröffnung des Hauptverfahrens**, überzeugt nicht. Die Übernahme der Verfolgung ist „widerruflich". Dies lässt sich aus § 156 (arg. e. contr.) ableiten sowie aus der Möglichkeit der Rücknahme des Rechtsmittels (§§ 302, 303), wenn die Staatsanwaltschaft durch Einlegung des Rechtsmittels die Verfolgung übernommen hatte. Die Aufgabe der Verfolgung wird dokumentiert durch Einstellungsverfügung gemäß § 170 Abs. 2 und Benachrichtigung des Gerichts (Nr. 172 Abs. 2 RiStBV), ggf. durch Rücknahme der eigenen Anklageschrift (Rn. 19). Da die Anklageschrift des Privatklägers noch vorliegt und nicht beschieden ist, lebt das Privatklageverfahren wieder auf; das Gericht muss über die Eröffnung entscheiden. Dies liegt für die nachträgliche Verneinung des öffentlichen Interesses durch die Staatsanwaltschaft auf der Hand. Gleiches gilt auch für die Verneinung des hinreichenden Tatverdachts durch die Staatsanwaltschaft. Sie mag zwar deshalb beantragt haben, das Hauptverfahren nicht zu eröffnen (Nr. 172 Abs. 2 Satz 2 RiStBV); das Gericht wird dies aber möglicherweise anders entscheiden. Der Privatkläger erhält mit der Aufgabe der Verfolgung durch die Staatsanwaltschaft wieder seine Stellung als solcher, auch wenn seine Zulassung als Nebenkläger abgelehnt worden war. 27

Die Zulässigkeit der **Einstellung** des übernommenen Verfahrens durch die Staatsanwaltschaft gemäß **§§ 153 ff.**[36] ergibt sich aus deren Verfahrensherrschaft mit Übernahme der Verfolgung. Der Staatsanwaltschaft kann danach nicht verwehrt werden, so zu verfahren, wie sie es könnte, wenn sie selbst Anklage erhoben hätte; zur Zulässigkeit der Anklagerücknahme mit dem Ziel der Einstellung vgl. die Erl. zu § 156. Zwar verliert der Privatkläger dadurch die Möglichkeit, an dem Verfahren als Nebenkläger teilzunehmen.[37] Außerdem lebt mit der Einstellung nach § 153a nicht das Privatklagerecht wieder 28

---

32 *Eb. Schmidt* 14; KK/*Walther* 11.
33 Meyer-Goßner/*Schmitt* 11.
34 KK/*Walther* 10.
35 Vgl. OLG Saarbrücken NJW **1959** 163; KMR/*Kulhanek* 17 ff.; Meyer-Goßner/*Schmitt* 6 f.; SK/*Velten* 16; s. auch HK/*Weißer* 9.
36 AK/*Rössner* 8; SK/*Velten* 14.
37 Einschränkend deshalb KK/*Walther* 10; vgl. auch KMR/*Kulhanek* 17 ff.

auf (Rn. 19), weil die Staatsanwaltschaft die Verfolgung letztlich nicht aufgegeben, die Übernahme nicht zurückgenommen, sondern unter grundsätzlicher (weiterer) Bejahung des öffentlichen Interesses und eines Tatverdachts das Verfahren selbst abgeschlossen hat. Die Folgen für den Verletzten sind jedoch nicht anders, wenn die Staatsanwaltschaft im Offizialverfahren eine von ihr erhobene Anklage mit dem Ziel der Einstellung gemäß § 153a zurücknimmt (§ 156). Im Falle der Einstellung nach § 153 dagegen wird das öffentliche Interesse an der Verfolgung (§ 376) verneint, die Einstellung enthält also eine Aufgabe der Verfolgung, und das Privatklagerecht lebt wieder auf.

29 Erklärt der **Privatkläger** nach Übernahme des Verfahrens durch die Staatsanwaltschaft, nicht mehr interessiert zu sein, so kann dies als Rücknahme der Privatklage (§ 391) und auch als Rücknahme eines Strafantrags zu werten sein.

§ 378
Beistand und Vertreter des Privatklägers

[1]Der Privatkläger kann im Beistand eines Rechtsanwalts erscheinen oder sich durch einen Rechtsanwalt mit nachgewiesener Vertretungsvollmacht vertreten lassen. [2]Im letzteren Falle können die Zustellungen an den Privatkläger mit rechtlicher Wirkung an den Anwalt erfolgen.

Schrifttum

Ladiges Der Hochschullehrer im Strafverfahrensrecht nach der Neuregelung des § 138 Abs. 3 StPO, JR **2013** 295.

Entstehungsgeschichte

Die als § 418 Gesetz gewordene Vorschrift hat ihre jetzige Bezeichnung durch das Gesetz zur Stärkung des Rechts des Angeklagten auf Vertretung in der Berufungsverhandlung und über die Anerkennung von Abwesenheitsentscheidungen in der Rechtshilfe vom 17.7.2015 erhalten (Art. 1 Nr. 13, BGBl. 2015 I S. 1332 ff.). Zuvor hatte das VereinhG sie um folgenden Satz 3 erweitert: „Die Vorschriften des § 146 Abs. 2 und des § 218 Abs. 1 gelten entsprechend." Durch Art. 1 Nr. 17 des 1. StVRErgG wurde diese Erweiterung wieder beseitigt. Durch Art. 1 Nr. 9 des Gesetzes zur Stärkung des Rechts des Angeklagten auf Vertretung in der Berufungsverhandlung und über die Anerkennung von Abwesenheitsentscheidungen in der Rechtshilfe wurden in Satz 1 ferner die Wörter „mit schriftlicher Vollmacht versehenen Rechtsanwalt" durch die Wörter „Rechtsanwalt mit schriftlicher Vertretungsvollmacht", durch Art. 1 Nr. 49 des Gesetzes zur Einführung der elektronischen Akte in der Justiz und zur weiteren Förderung des elektronischen Rechtsverkehrs vom 5.7.2017 (BGBl. I S. 2208) wurde das Wort „schriftlicher" durch das Wort „nachgewiesener" ersetzt.

Übersicht

https://doi.org/10.1515/9783110275001-008

1. Geltung. Die Vorschrift gilt nur für die **Hauptverhandlung** (Satz 1) und für **Zustellungen** (Satz 2).[1] Sie stellt klar, dass der Privatkläger grundsätzlich keinen Rechtsanwalt einzuschalten braucht, und zwar weder zur Erhebung der Klage noch während des sonstigen Verfahrens. Er kann das, braucht es aber nicht. Er hat ein Recht auf eigene Teilnahme in der Hauptverhandlung auch dann, wenn er einen Anwalt bevollmächtigt hat, kann mithin verlangen, dass das Verfahren ausgesetzt werde, wenn er selbst nicht verhandlungsfähig ist.[2] Nur mit der Akteneinsicht (§ 385 Abs. 3) und mit Revisions- oder Wiederaufnahmeanträgen (§ 390 Abs. 2) muss er einen Anwalt betrauen. 1

2. Persönliches Erscheinen. Hat der Privatkläger einen Rechtsanwalt bevollmächtigt, ihn in der Hauptverhandlung zu vertreten, braucht er in dieser nicht selbst zu erscheinen. Allerdings kann – und wird – der Privatklagerichter das persönliche Erscheinen des Privatklägers regelmäßig auch dann anordnen, wenn dieser sich durch einen Rechtsanwalt vertreten lässt (§ 387 Abs. 3). Jedoch kann das Gericht ihn nicht vorführen lassen; sein Ausbleiben gilt als Rücknahme der Privatklage (§ 391 Abs. 2). 2

3. Beistand und Vertreter. Vertretungsbevollmächtigter ist – in Abgrenzung zum Beistand – derjenige, der den abwesenden Privatkläger vertritt und **an seiner Stelle** alle das Privatklageverfahren betreffenden Verfahrenshandlungen vornehmen kann. Seine Handlungen und Erklärungen haben dieselbe Wirkung wie diejenigen des Vollmachtgebers selbst. Der Beistand hingegen tritt **neben dem persönlich erschienenen Privatkläger** auf und unterstützt diesen im Zuge der Hauptverhandlung. Der Gesetzgeber hat es im Rahmen seiner letzten Reformgesetze versäumt, den Wortlaut anderen, insoweit entsprechenden Regelungen der Strafprozessordnung anzupassen (vgl. etwa § 397 Abs. 2 Satz 1; § 406h Abs. 1 Satz 1; vgl. ferner § 14 Abs. 1 und 4 VwVfG). Nach dem Gesetzeswortlaut kann der gewählte **Rechtsanwalt** Beistand oder Vertreter des Privatklägers sein. Untervollmacht kann der Rechtsanwalt einem anderen Rechtsanwalt erteilen.[3] Der amtlich bestellte Vertreter des Rechtsanwalts kann allerdings auch dann tätig werden, wenn er Assessor oder **Referendar** ist (§ 387 Abs. 2 i.V.m. § 139; Rn. 6). 3

Diese Auswahlmöglichkeit wird allerdings durch § 138 Abs. 3 – neueingeführt durch das 2. OpferRRG vom 29.7.2009 (BGBl. I S. 2280) – erweitert[4] auf die in § 138 Abs. 1 und 2 genannten Personen, namentlich **Hochschullehrer** mit der Befähigung zum Richteramt (§ 138 Abs. 1) oder **Rechtsbeistände** sowie **sonstige Personen**, die das besondere Vertrauen des Privatklägers genießen (§ 138 Abs. 2). Dem Reformgesetzgeber schien diese Änderung aus „systematischen Gründen" angebracht, weil sie die Befugnisse der Opfer von Straftaten bei der Wahl eines Beistands an die des Beschuldigten bei der Wahl seines Verteidigers angleicht. Zudem erweitere sie die Wahlmöglichkeiten der Zeugen und Verletzten von Straftaten in sachgerechter Weise.[5] Diese Erweiterung um sonsige Personen nach § 138 Abs. 2 erscheint nicht unbedenklich. In Strafsachen ist es – gerade auch mit Blick auf die rechtlich geschützten Belange eines Angeklagten – sinnvoll, die rechtliche Hilfe für den **Angreifer** auf Personen zu beschränken, die nicht nur fachkundig sind, sondern auch berufsrechtlicher Aufsicht unterstehen. 4

Formal erforderlich für die Wahl anderer Personen als Rechtsanwälte oder Hochschullehrer ist nach § 138 Abs. 3 Satz 2 i.V.m. § 138 Abs. 2. Satz 1 eine im pflichtgemäßen 5

---

1 BayObLGSt **8** (1908) 125; h.M.
2 KG JR **1961** 106 mit Anm. *Sarstedt*.
3 *M. J. Schmid* MDR **1979** 805; Meyer-Goßner/*Schmitt* 3.
4 Zur früheren Fassung vgl. LR/*Hilger*[26] 3.
5 BTDrucks **16** 12098 S. 20.

Ermessen des Gerichts stehende **Genehmigung**. Vor der Genehmgiung vorgenommene Prozesshandlungen sind **schwebend unwirksam.**[6] Bei seiner Genehmigungsentscheidung wird sich das Gericht maßgeblich davon leiten lassen, ob die Beteiligung der gewählten sonstigen Person die notwendige Gewähr für eine sachgerechte und zügige Durchführung des Verfahrens bietet; in Betracht kommen daher natürliche und geschäftsfähige Personen.[7] Ob die Auswahlentscheidung auch ansonsten, etwa mit Blick auf die juristische Qualifikation der gewählten Person sinnvoll ist, hat der Privatkläger zu verantworten.[8]

6 Der Rechtsanwalt kann sich nach § 139 durch einen **Referendar** vertreten lassen (§ 387 Abs. 2). Der Ansicht,[9] dies sei bedenklich, weil die Verantwortung des Referendars bei der (uneingeschränkten) Vertretung eines Privatklägers erheblich größer sei als bei der Verteidigung eines Angeklagten, kann nicht gefolgt werden. Regelmäßig wird für einen Angeklagten mehr auf dem Spiel stehen als für den Privatkläger. Schon mit dieser Feststellung dürfte die Grundlage für die Behauptung entfallen, die Verantwortung eines nach § 139 beauftragten Rechtskundigen für den Privatkläger sei höher einzustufen als die eines Verteidigers, der dem gleichen Personenkreis angehört.

7 **4. Andere Personen** können – im Hinblick auf den eindeutigen Wortlaut der Vorschrift und die Erläuterungen zu Rn. 3 – nicht als Beistand in der Hauptverhandlung auftreten, auch nicht solche, denen ein selbständiges Strafantragsrecht zusteht.[10] Dies gilt auch für dienstliche Vorgesetzte und gesetzliche Vertreter, zumal letztere ohnehin kein selbständiges Antragsrecht (§ 374, 35) haben.

8 **5. Vertretungsmacht.** Für schriftliche oder zu Protokoll der Geschäftsstelle abgegebene Erklärungen ist die **Vertretungsmöglichkeit** nicht beschränkt; Einschränkungen ergeben sich insoweit nur aus § 385 Abs. 3 und § 390 Abs. 2.[11] Der Verletzte kann daher die Privatklage durch einen Bevollmächtigten erheben oder zurücknehmen. Ebenso kann ein Bevollmächtigter Rechtsmittel – auch Revision – einlegen und zurücknehmen oder darauf verzichten. Die Ausnahme des § 390 Abs. 2 bezieht sich nicht auf die Einlegung, sondern nur auf die Begründung der Revision sowie auf Wiederaufnahmeanträge.

9 **Vertretungsvollmacht.** Erteilt zu werden braucht die Vertretungsvollmacht nach Satz 1 nur für die Vertretung in der Hauptverhandlung (§ 397, 2);[12] für das übrige Verfahren, namentlich für die Einlegung von Rechtsmitteln des Privatklägers, gelten die allgemeinen Bestimmungen zur Vollmachtserteilung. Erforderlich ist die hierdurch zum Ausdruck kommende spezifische Ermächtigung, für den Privatkläger verbindlich Erklärungen abzugeben und wirksam für ihn Erklärungen annehmen zu können; also die Rechtsmacht, ihn im Prozess in Erklärung und Willen zu vertreten.[13] Die Vollmacht muss dem Gericht schon bei **Beginn der Hauptverhandlung** nachgewiesen werden.[14]

10 **Formvorgaben.** Die Vollmacht, durch den sich der Privatkläger in der Hauptverhandlung vertreten lassen will, bedurfte bislang im Interesse eines sicheren Nachweises

---

6 MüKo/*Thomas*/*Kämpfer* § 138 13 m.w.N.
7 MüKo/*Thomas*/*Kämpfer* § 138, 13.
8 **A.A.** *Barton* JA **2009** 753, 756; HK/*Weißer* 3.
9 *Eb. Schmidt* 5.
10 *Eb. Schmidt* 3; **a.A.** LR/*Wendisch*[24] 6.
11 Meyer-Goßner/*Schmitt* 2.
12 KK/*Walther* 2.
13 Vgl. zu § 329 Abs. 1 KG BeckRS **2018** 5556.
14 Meyer-Goßner/*Schmitt* § 234, 5.

gegenüber dem Gericht der **Schriftform**. Dieser Grundsatz wurde durch die Änderung der Vorschirft mit Wirkung zum 1.1.2018 durch das Gesetz zur Einführung der elektronischen Akte in der Justiz und zur weiteren Förderung des elektronischen Rechtsverkehrs vom 5.7.2017 (BGBl. I S. 2208 ff.) dahingehend geändert, dass der Begriff „mit schriftlicher Vollmacht" durch „mit **nachgewiesener Vertretungsvollmacht**" ersetzt worden ist. Die Änderung in einen „medienneutralen" und „technikoffenen" Begriff soll neben der Schriftform ausdrücklich weitere Möglichkeiten für das Strafverfahren eröffnen, das Bestehen der Vollmacht sicher nachzuweisen, insbesondere durch die Übermittlung eines mit einer qualifizierten elektronischen Signatur versehenen Dokuments, in dem der Vertretene das Bestehen einer Vollmacht bestätigt (vgl. im Einzelnen Erl. § 234).[15]

6. Zustellungen können – müssen nicht – an den Anwalt gerichtet werden, wenn er schriftlich bevollmächtigt ist und sich seine schriftliche Vollmacht bei den Akten befindet.[16] § 145a Abs. 1 bis 3 ist zur Erleichterung des Verfahrens für die Justiz entsprechend anwendbar.[17] § 378 gilt auch für die Aufforderung zur Zahlung des Gebührenvorschusses nach § 379a Abs. 1.[18] Auch eine Zustellung an den Privatkläger selbst ist immer wirksam. Wird beiden zugestellt, so richtet sich die Frist nach der zuletzt bewirkten (§ 37 Abs. 2). Der Ansicht,[19] bei Zustellung an beide sei die an den Privatkläger selbst für den Fristenlauf maßgebend, kann nicht zugestimmt werden. Satz 2 setzt für **Zustellungen an mehrere Empfangsberechtigte** nicht etwa jedem Zustellungsempfänger eine eigene Frist, geht vielmehr davon aus, dass eine einheitliche Frist gilt. Diese ist nicht nach der ersten, sondern nach der letzten Zustellung zu berechnen. Das bedeutet, dass die durch die erste Zustellung in Lauf gesetzte Frist so lange läuft, bis auch die durch die letzte Zustellung eröffnete Frist abgelaufen ist. 11

Geladen wird der Rechtsanwalt des Privatklägers nach § 218 Satz 1. Auch § 217 findet entsprechende Anwendung.[20] 12

7. Verschulden des Anwalts und sonstiger ausgewählter Vertreter soll dem Privatkläger nach h.M.[21] wie eigenes Verschulden angerechnet werden. 13

§ 379
Sicherheitsleistung; Prozesskostenhilfe

(1) Der Privatkläger hat für die dem Beschuldigten voraussichtlich erwachsenden Kosten unter denselben Voraussetzungen Sicherheit zu leisten, unter denen in bürgerlichen Rechtsstreitigkeiten der Kläger auf Verlangen des Beklagten Sicherheit wegen der Prozeßkosten zu leisten hat.

(2) [1]Die Sicherheitsleistung ist durch Hinterlegung in barem Geld oder in Wertpapieren zu bewirken. [2]Davon abweichende Regelungen in einer auf Grund des

---

15 BTDrucks. **18** 9416, 79; BRDrucks. 236/16 S. 74.

16 Vgl. BGHSt **41** 303 (gemeinsames Erscheinen von Privatkläger und Rechtsanwalt in der Hauptverhandlung genügt nicht); BGH NStZ-RR **2008** 151; ebenso Meyer-Goßner/*Schmitt* 7; BeckOK/*Valerius* 4.

17 Meyer-Goßner/*Schmitt* 7; HK/*Weißer* 6; BeckOK/*Valerius* 4; **a.A.** SK/*Velten* 4; vgl. auch KK/*Walther* 3.

18 BayObLGSt **1961** 10.

19 *Eb. Schmidt* 6.

20 OLG Celle MDR **1966** 256; KK/*Walther* 3.

21 S. dagegen, eingehend zur Problematik LR/*Graalmann-Scheerer* § 44, 56 ff. und § 44, 62 m.w.N.

https://doi.org/10.1515/9783110275001-009

Gesetzes über den Zahlungsverkehr mit Gerichten und Justizbehörden erlassenen Rechtsverordnung bleiben unberührt.

(3) Für die Höhe der Sicherheit und die Frist zu ihrer Leistung sowie für die Prozeßkostenhilfe gelten dieselben Vorschriften wie in bürgerlichen Rechtsstreitigkeiten.

Schrifttum

Behn Prozesskostenhilfe im Privatklageverfahren für Beschuldigten, NStZ **1984** 103; *Granicky* Auslagenvorschuss in Privatklagesachen, NJW **1955** 859; *Kaster* Prozesskostenhilfe für Verletzte und andere Berechtigte im Strafverfahren, MDR **1994** 1073; *D. Meyer* Prozesskostenhilfe und Beratungshilfe in Straf- und Bußgeldsachen, JurBüro **1983** 1602; *Reiff* Auslagenvorschuss in Privatklagesachen, NJW **1955** 1182; *Seibert* Der arme Privatkläger, MDR **1952** 278; *Thomas* Der Auslagenvorschuss des Privatklägers, AnwBl. **1979** 128; *Wenzel* Auslagenvorschuss und Folgen der Nichtzahlung im Privatklageverfahren, NJW **1964** 2284.

Entstehungsgeschichte

Die als § 419 Gesetz gewordene Bestimmung sah in Absatz 1 neben der Sicherheitsleistung für die dem Beschuldigten voraussichtlich erwachsenden Kosten eine gleiche Verpflichtung hinsichtlich der Kosten der Staatskasse vor. Sie war von Anfang an gegenstandslos, weil der Privatkläger durch die weitergehende Regelung der §§ 83, 84 (zwischenzeitlich §§ 67, 68, jetzt §§ 16, 17) GKG, das gleichzeitig mit der Strafprozessordnung am 1.10.1879 in Kraft getreten war, verpflichtet wurde, einen Gebühren- und Auslagenvorschuss zu zahlen. In die Strafprozessordnung war die Sicherheitsleistung zugunsten der Staatskasse nur deshalb aufgenommen worden, weil die reichsrechtliche Regelung des Kostenwesens im Gerichtskostengesetz zunächst nur für Zivilsachen, nicht dagegen für Strafsachen in Aussicht genommen war und die spätere umfassendere Regelung erst *nach* den Beratungen der Strafprozessordnung im Reichstag getroffen wurde. Sie blieb dort bis zum Inkrafttreten des VereinhG, durch dessen Art. 3 Nr. 160 die Sicherheitsleistung zugunsten der Staatskasse in Absatz 1 auch formell beseitigt wurde. Durch Art. 4 Nr. 8a ProzesskostenhG sind in Absatz 3 die Worte „das Armenrecht" durch die Worte „die Prozesskostenhilfe" ersetzt worden. Durch Artikel 14 Nr. 6 des 2. JuMoG vom 22.12.2006 wurde Absatz 2 Satz 2 eingefügt (BGBl. I S. 3416). Ihre jetzige Bezeichnung hat die Vorschrift durch das Gesetz zur Stärkung des Rechts des Angeklagten auf Vertretung in der Berufungsverhandlung und über die Anerkennung von Abwesenheitsentscheidungen in der Rechtshilfe vom 17.7.2015 erhalten (Art. 1 Nr. 13, BGBl. I S. 1332 ff.).

Übersicht

1. Auslagenvorschuss

a) Umfang. Nach § 17 Abs. 1, 4 GKG hat der Privatkläger einen zur **Deckung** der Auslagen des Gerichts ausreichenden Vorschuss zu zahlen. Für den Beschuldigten gilt das nur, soweit er Widerklage erhebt.[1] Die Vorschusspflicht **entfällt**, wenn dem Privatkläger Prozesskostenhilfe bewilligt ist (Rn. 18). 1

Der Privatkläger muss den Auslagenvorschuss auch für die vom Beschuldigten benannten **Entlastungszeugen** zahlen, soweit das Gericht ihre Ladung anordnet.[2] Zur einwandfreien Überführung des Beschuldigten gehört auch, dass das Gericht sich im Zuge seiner Überzeugungsbildung (§ 261) mit seinem Vorbringen und seinen Beweisbegehren auseinandersetzt; vom Gericht für erforderlich gehaltene Entlastungszeugen (vgl. § 384 Abs. 3) sind daher zu vernehmen. Das Gericht müsste anderenfalls das, was in ihr Wissen gestellt wird, als wahr unterstellen.[3] Zahlt der Privatkläger den Vorschuss für sie nicht, kann das also zum Freispruch führen. 2

b) Handlungen von Amts wegen. Dagegen kann nicht geltend gemacht werden, dass in Strafsachen in der Regel (s. § 17 Abs. 3 GKG) keine Vorschusspflicht für Handlungen bestehe, die von Amts wegen vorgenommen werden. Was der Richter auf **Antrag des Beschuldigten** macht, geschieht nicht von Amts wegen i.S. dieser Regelung. Ein Vergleich mit dem Zivilprozessrecht[4] wäre nicht sachgerecht, weil es dort eine Beweislast gibt. Schließlich kann nicht eingewandt werden, diese Auffassung ermögliche es einem böswilligen Privatkläger, mit einer erdichteten Anklage und Nichtzahlung des geforderten Auslagenvorschusses für den in der Anklage benannten Zeugen dem Beschuldigten den Makel eines Freispruchs mangels Beweises anzuhängen und zu behaupten, dass dieser nur deshalb freigesprochen werden müsse, weil man das Geld für den Zeugen nicht rechtzeitig eingezahlt habe.[5] Es ist im Hinblick auf die Unschuldsvermutung verfehlt, von dem Makel eines Freispruchs mangels Beweises zu sprechen. 3

c) Fälligkeit. Der Vorschuss wird nicht schon mit Erhebung der Privatklage oder mit Benennung der Zeugen, sondern erst durch die **gerichtliche Anordnung** der Handlung fällig,[6] mit der die Auslagen verbunden sind, so mit der Verfügung, dass die Zeugen zu laden seien. Das Gericht soll die Vornahme der Handlung von der vorherigen Zahlung des Vorschusses abhängig machen (§ 17 Abs. 1 Satz 2 GKG). Es darf dabei aber nicht androhen, es werde das Verfahren einstellen oder die Privatklage zurückweisen, wenn der Privatkläger die Zahlungsfrist versäume; und erst recht darf es eine solche Andro- 4

---

1 S. auch § 388, 26.
2 LG Krefeld JMBlNW **1955** 21; LG Siegen MDR **1976** 602; Meyer-Goßner/*Schmitt* § 379a, 13; HK/*Weißer* § 379a, 10; *Dempewolf* 341; *Granicky* NJW **1955** 859; *Thomas* AnwBl. **1979** 130; *Wenzel* NJW **1964** 2285; **a.A.** OLG Düsseldorf JMBlNW **1955** 286; LG Hagen JMBlNW **1955** 122; LG Paderborn MDR **1958** 445; LG Karlsruhe NJW **1963** 66; *Reiff* NJW **1955** 1182; KK/*Walther* § 379a, 7; AK/*Rössner* 10.
3 *Thomas* AnwBl. **1979** 130.
4 Vgl. LG Paderborn MDR **1958** 445.
5 Vgl. LG Frankfurt NJW **1963** 66.
6 Vgl. OLG Stuttgart MDR **1987** 1036.

hung nicht wahrmachen. Zwar bestimmt § 391 Abs. 2 letzte Alt., das Verfahren einzustellen, wenn der Privatkläger eine Frist nicht eingehalten hat, die ihm unter Androhung der Einstellung des Verfahrens gesetzt war; jedoch gilt diese Regelung nur für Handlungen, die zum Fortgang des Verfahrens bestimmt sind (§ 391, 33; vgl. auch § 379a, 14 ff.); der Beitreibung von Kosten dient sie nicht.[7] Auch § 379a Abs. 3 Satz 1 i.V.m. dessen Absatz 1 kann nicht Grundlage einer solchen Entscheidung sein, weil er nur die Zurückweisung der Privatklage wegen fruchtlosen Ablaufs einer zur Zahlung des Gebührenvorschusses – nicht auch eines Auslagenvorschusses – gesetzten Frist regelt. Wird das Gericht ohne Vorschuss tätig, so bleibt die gerichtliche Handlung trotzdem wirksam (vgl. § 379a, 11), allerdings kann eine Regresspflicht entstehen.

5 **d) Gebührenvorschuss.** Wegen des **Gebührenvorschusses** (§ 16 GKG) vgl. die Erläuterungen zu § 379a.

2. Voraussetzungen der Sicherheitsleistung (Absatz 1)

6 **a) Pflichtiger.** Absatz 1 verweist auf §§ 108 bis 113 ZPO. Danach haben nur **(Privat-) Kläger**, die ihren gewöhnlichen **Aufenthalt nicht** in einem Mitgliedstaat der **Europäischen Union** oder einem Vertragsstaat des Abkommens über den Europäischen Wirtschaftsraum haben, dem Beschuldigten auf Verlangen (s. Rn. 8) wegen der Verfahrenskosten Sicherheit zu leisten (§ 110 Abs. 1 ZPO).

7 Im Übrigen kommt es nach § 110 Abs. 2 ZPO darauf an, ob (nicht) bestimmte **Befreiungstatbestände** (z.B. Ausschluss der Sicherheitsleistung durch völkerrechtlichen Vertrag; Kläger besitzt im Inland ausreichendes Grundvermögen) vorliegen.[8]

8 **b) Verlangen des Beschuldigten.** Nur auf **Verlangen des Beschuldigten** hat der Privatkläger Sicherheit zu leisten. Hat der Beschuldigte durch Unterlassen des Antrags in erster Instanz zu erkennen gegeben, dass er auf Sicherheitsleistung keinen Wert legt oder gar darauf verzichtet, kann er das Sicherheitsverlangen in der Rechtsmittelinstanz nicht erneut stellen.[9] Dazu ist er ausnahmsweise nur dann befugt, wenn die Voraussetzungen für eine Sicherheitsleistung nach § 111 ZPO erst im Lauf des Rechtsstreits eingetreten sind[10] (vgl. auch Rn. 11 zu § 112 Abs. 3 ZPO).

9 **c) Befreiung. Befreit** von der Sicherheitsleistung ist der Privatkläger, wenn ihm Prozesskostenhilfe bewilligt wird (§ 122 Abs. 1 Nr. 2 ZPO).

3. Bewirken der Sicherheitsleistung

10 **a) Art (Absatz 2).** Die Sicherheitsleistung ist nach Satz 1 durch Hinterlegung in barem Geld oder in Wertpapieren[11] zu bewirken. Satz 2 dient der Zulassung unbarer Zahlungen. S. dazu § 116a, 5 ff.

11 **b) Höhe (Absatz 3 erster Fall).** Die Höhe der Sicherheit bestimmt das Gericht nach freiem Ermessen (§ 112 Abs. 1 ZPO). Allerdings schränkt § 112 Abs. 2 ZPO diese Ermes-

---

7 OLG Hamm JZ **1951** 310.
8 Vgl. die Erl. in den ZPO-Kommentaren zu § 110 ZPO.
9 OLG Frankfurt NJW **1980** 2032.
10 OLG Celle NJW **1955** 724; Meyer-Goßner/*Schmitt* 3; offengelassen von OLG Frankfurt NJW **1980** 2032.
11 Vgl. auch LR/*Lind* § 116a, 6.

sensfreiheit stark ein. Denn danach ist der Betrag zugrunde zu legen, den der Beschuldigte wahrscheinlich aufzuwenden haben wird. Dabei müssen von vornherein die **Kosten aller Instanzen** berücksichtigt werden, die in dem Verfahren angerufen werden können, gewöhnlich also auch die Kosten der Berufung und der Revision.[12] Dem Beschuldigten darf die Einlegung eines Rechtsmittels nicht dadurch erschwert werden, dass die geleistete Sicherheit seine Kosten für den nächsten Rechtszug nicht mehr deckt. Reicht die in 1. Instanz geleistete Sicherheit nicht aus, so kann bei einem Rechtsmittel weitere Sicherheit verlangt und festgesetzt werden (§§ 111, 112 Abs. 3 ZPO – Ausnahme zu Rn. 8).[13]

c) Frist (Absatz 3 zweiter Fall). Bei Anordnung der Sicherheitsleistung hat das Gericht dem Privatkläger eine Frist zu bestimmen, innerhalb der er die Sicherheit zu leisten hat (§ 113 Satz 1 ZPO). Die **Folgen der Fristversäumnis** richten sich alsdann nicht nach § 391 Abs. 1 oder § 379a Abs. 3 Satz 1 i.V.m. Absatz 1 (vgl. Rn. 4),[14] sondern nach § 113 Satz 2 ZPO. Die Privatklage gilt also nicht schon mit Versäumung der Frist als zurückgenommen; vielmehr bedarf es eines besonderen, hierfür konstitutiven Gerichtsbeschlusses, der – auf Antrag des Beschuldigten – die Klage „für zurückgenommen erklärt" oder, wenn über ein Rechtsmittel des Klägers zu verhandeln ist, dieses verwirft. Bis zu diesem Beschluss kann der Privatkläger die Sicherheit noch nachholen. Der Beschluss hat auch nicht, wie die Fristversäumung nach § 391 Abs. 2 letzte Alt., die Wirkung, dass die Privatklage nicht von neuem erhoben werden kann (so § 392); denn an eine solche Folge ist in § 113 Satz 2 ZPO nicht gedacht.[15] Hat der Privatkläger die Frist unverschuldet versäumt, kann er **Wiedereinsetzung** nach §§ 44, 45 beantragen.[16] 12

d) Prozesskostenhilfe (Absatz 3 dritter Fall). Die Vorschrift spricht von der Prozesskostenhilfe zwar nur im Zusammenhang mit der Sicherheit. Das bedeutet aber nicht, dass ihre Bewilligung nur von der Sicherheitsleistung befreie. Vielmehr liegt in der Verweisung auf „dieselben Vorschriften wie in bürgerlichen Rechtsstreitigkeiten" das Gebot, diese – nämlich die §§ 114 ff. ZPO – in vollem Umfang anzuwenden. Soweit es sich um die Voraussetzungen und Wirkungen der Prozesskostenhilfe handelt, ist das unstreitig. **Widersprüchliche Ansichten** bestehen dagegen bzgl. des Verfahrens zu ihrer Bewilligung und hinsichtlich der Beschwerdemöglichkeit (vgl. dazu Rn. 20 ff.). 13

4. Einzelfragen zur Prozesskostenhilfe

a) Voraussetzung. Die Bewilligung der Prozesskostenhilfe setzt zunächst voraus, dass der Privatkläger nach seinen persönlichen und wirtschaftlichen Verhältnissen die Kosten der Privatklage nicht, nur zum Teil oder nur in Raten aufbringen kann (§ 114 Abs. 1 Satz 1).[17] Dazu hat er einen Antrag zu stellen und diesem eine Erklärung über seine persönlichen und wirtschaftlichen Verhältnisse sowie entsprechende Belege beizufügen (§ 117 Abs. 2 ZPO).[18] Das Gericht kann verlangen, dass der Privatkläger seine Angaben glaubhaft macht; es kann auch eigene Ermittlungen anstellen. Kann es sich dann 14

---

12 OLG Celle NJW **1955** 724.
13 OLG Frankfurt NJW **1980** 2032; Meyer-Goßner/*Schmitt* 3.
14 *Meyer-Goßner/Schmitt* 6.
15 Meyer-Goßner/*Schmitt* 6; KK/*Walther* 3; HK/*Weißer* 6; **a.A.** BayObLGSt **1956** 4.
16 KK/*Walther* 3; HK/*Weißer* 6.
17 Meyer-Goßner/*Schmitt* 9; § 397a, 14.
18 Zum Formularzwang vgl. OLG Hamm MDR **1996** 861; § 397a, 13.

immer noch nicht ausreichende Gewissheit über die Vermögens- und Einkommensverhältnisse verschaffen, kann es auch eine Auskunft der zuständigen Behörde einholen (§ 118 Abs. 2 ZPO).

15 Zur **Berechnung** der sog. „Mittellosigkeit" vgl. § 115 ZPO. Aus der Beauftragung eines Rechtsanwalts mit der Durchführung eines Privatklageverfahrens zu schließen, der Privatkläger sei nicht mittellos, dürfte in Ausnahmefällen unter Berücksichtigung des Weiteren Vorbringens (vgl. §§ 115, 117 Abs. 2 bis 4, 118 ZPO) zulässig[19] sein. Es ist letztlich eine **Frage der tatsächlichen Beurteilung** im Einzelfall; und nicht überzeugend ist die Meinung,[20] das Honorarverhältnis zwischen Privatkläger und Anwalt müsse überhaupt außer Betracht bleiben. Wer öffentliche Mittel in Anspruch nehmen will, muss auf Verlangen erschöpfende Auskunft geben, warum das nötig ist. Dazu kann auch die **Auskunft** gehören, ob, in welcher Höhe und aus welchen Mitteln er den Anwalt bezahlt, wenn das Gericht das wissen will, um sich ein Urteil darüber zu bilden, ob er aus diesen oder anderen Mitteln auch die anderen Kosten tragen kann.[21]

16 Ferner muss die Privatklage hinreichende Aussicht auf Erfolg bieten (§ 114 Abs. 1 Satz 1 letzter Hs. erster Fall ZPO). Ob dies wegen bloßer Beweisschwierigkeiten verneint werden kann, sollte mit Vorsicht geprüft werden; ob die Behauptungen des Privatklägers oder aber des Beschuldigten glaubhafter sind, wird oftmals der Klärung in der Hauptverhandlung vorbehalten bleiben müssen.[22] Die **Erfolgsaussicht** fehlt allerdings, wenn zu erwarten ist, dass der Beschuldigte bei wechselseitigen Straftaten nach § 199 StGB für straffrei erklärt oder wenn das Verfahren nach § 383 Abs. 2 Satz 1 wegen geringer Schuld eingestellt wird.[23]

17 Schließlich darf die Privatklage **nicht mutwillig** sein (§ 114 Abs. 1 Satz 1 letzter Hs. zweiter Fall ZPO). Das ist regelmäßig anzunehmen, wenn ein Verletzter, der die Kosten selbst tragen müsste, vernünftigerweise von der Privatklage absähe; etwa weil mit einer aussichtsreichen Widerklage zu rechnen ist. **Nur** dem **Privatkläger** kann Prozesskostenhilfe bewilligt werden, **nicht** dem **Beschuldigten**;[24] dies ist unter verfassungsrechtlichen Gesichtspunkten nicht zu beanstanden.[25] Der Beschuldigte braucht es nicht, da er weder dem Staat noch dem Privatkläger Kostenvorschüsse oder Sicherheit zu leisten hat. Unter den Voraussetzungen des § 140 Abs. 1 und Abs. 2 (vgl. Erl. zu § 140) ist ihm ein Verteidiger zu bestellen. Schwierigkeit der Rechtslage kommt hier namentlich bei möglicher Anwendbarkeit des § 193 StGB in Betracht.

18 **b) Wirkung.** Hat das Gericht dem Privatkläger Prozesskostenhilfe bewilligt,[26] so kann die Staatskasse Kostenansprüche nur im Rahmen dieser Anordnung geltend machen; insoweit besteht auch keine Vorschusspflicht (§ 122 Abs. 1 Nr. 1 ZPO). Er ist außerdem von der Sicherheitsleistung befreit (§ 122 Abs. 1 Nr. 2 ZPO). Dies hat **praktische Bedeutung** nur für die unmittelbare Ladung von Zeugen nach § 386 Abs. 2 i.V.m. § 220 Abs. 1; sie ist im Privatklageverfahren freilich besonders wichtig, weil hier das förmliche

19 So LG Hamburg NJW **1949** 317 mit zust. Anm. *Pähler*.
20 *Pähler* NJW **1949** 317.
21 **A.A.** *Jonas* JW **1937** 581.
22 *Kaster* MDR **1994** 1074.
23 *Kaster* MDR **1994** 1074; zur Einstellung AG Göttingen BeckRS **2010** 32083; ebenso Meyer-Goßner/*Schmitt* 9.
24 Vgl. OLG Düsseldorf NStZ **1989** 92; LG Essen NStZ **1986** 329 mit Anm. *Dehn*; h.M.; **a.A.** *Behn* NStZ **1984** 103.
25 Vgl. BVerfGE **56** 185 mit abw. Votum *Hirsch*; **63** 380.
26 Zum Wegfall der Wirkung bei Tod der hilfsbedürftigen Person vgl. OLG Koblenz AnwBl. **1997** 237.

Beweisantragsrecht des § 244 Abs. 3 nicht gilt (vgl. § 384 Abs. 3 sowie dort Rn. 4 ff.). Die Prozesskostenhilfe befreit den Privatkläger nicht von der Verpflichtung, einem unmittelbar geladenen Zeugen nach § 220 Abs. 2 die gesetzliche Entschädigung bar darzubieten oder sie zu hinterlegen; auch ein einkommensschwacher Angeklagter ist davon nicht befreit.

Ist dem Privatkläger Prozesskostenhilfe bewilligt worden, **muss** ihm ein **Rechtsanwalt**[27] beigeordnet werden, soweit eine Vertretung durch Anwälte vorgeschrieben ist (vgl. § 121 Abs. 1 ZPO). Das ist nach § 390 Abs. 2 für Revisions- und Wiederaufnahmeanträge, nach § 385 Abs. 3 für Akteneinsicht der Fall, im letzteren Fall jedoch nur, soweit diese erforderlich ist.[28] In anderen Fällen **kann** dem Privatkläger ein Anwalt beigeordnet werden (§ 121 Abs. 2 ZPO), etwa wenn auch dem Beschuldigten im Privatklageverfahren nach § 140 Abs. 2 ein Verteidiger beizuordnen wäre (§ 121 Abs. 2 Satz 1, 1. Alt. ZPO),[29] während § 121 Abs. 2 Satz 1, 2. Alt. ZPO, zugeschnitten auf ein reines Parteiverfahren, keine Anwendung findet.[30] Alle diese Wirkungen treten nur für die Instanz ein, für die Prozesskostenhilfe bewilligt ist (§ 119 Satz 1 ZPO). Zum Vergütungsanspruch des Rechtsanwalts vgl. § 122 Abs. 1 Nr. 3 ZPO. 19

5. Verfahren zur Bewilligung der Prozesskostenhilfe

a) Allgemein. Seit der Entscheidung RGSt **30** 143 vertreten Rechtsprechung und Lehre den Standpunkt, § 379 Abs. 3 (§ 419 Abs. 3 a.F.) gelte nur für die Voraussetzungen und Wirkungen der Prozesskostenhilfe; das **Verfahren** richte sich dagegen nach den allgemeinen Bestimmungen der Strafprozessordnung.[31] 20

Dieser Ansicht wird nicht gefolgt.[32] Zweck der Verweisung in Absatz 3 ist die Vereinheitlichung des Instituts der Prozesskostenhilfe in StPO und ZPO.[33] Auch ergibt der Wortlaut des Absatzes 3 nichts dafür, dass die **Verweisung auf das Zivilprozessrecht** nur für die Voraussetzungen und die Wirkungen der Prozesskostenhilfe, nicht aber für das Verfahren gelten solle. Des Weiteren enthalten die allgemeinen Vorschriften der Strafprozessordnung keine hierfür ausreichende Verfahrensregelung. So lässt es sich gar nicht umgehen, z.B. die §§ 117, 118, 119, 120, 124 ZPO auch im Privatklageverfahren anzuwenden, weil die Strafprozessordnung die dort behandelten Verfahrensfragen, die mit den Voraussetzungen und Wirkungen der Prozesskostenhilfe nichts zu tun haben, nicht regelt. Selbst wo die Strafprozessordnung Vorschriften enthält, wie etwa § 304 für die Beschwerde, bedeutet das nicht, dass sie nach dem Willen des Gesetzes auch in Bezug auf die Prozesskostenhilfe in Privatklagesachen ohne weiteres angewendet werden sollen. Dagegen spricht schon die große Zahl ausdrücklicher **Verweisungen auf Bestimmungen der Strafprozessordnung** für besondere Einzelfragen: z.B. in § 381 Satz 2, § 383 Abs. 1, §§ 386, 387, aber auch § 384, der nur das weitere Verfahren regelt, und § 390 21

---

27 Zur Beiordnung eines auswärtigen Rechtsanwalts (§ 121 Abs. 2 Satz 2) vgl. OLG Hamm NJW **1983** 1507; s. auch die Erl. zu § 464a; OLG Köln OLGSt § 379 StPO, 1.

28 Vgl. dazu *D. Meyer* JurBüro **1983** 1602.

29 Vgl. BVerfGE **63** 394; h.M.

30 Vgl. BVerfGE **63** 394; OLG Düsseldorf NStZ **1989** 92; *Kaster* MDR **1994** 1074; **a.A.** *D. Meyer* JurBüro **1983** 1603; vgl. auch *Behn* NStZ **1984** 103.

31 BayObLGSt **27** (1928) 82; **1949/51** 242; NJW **1954** 1417; OLG Hamm JMBlNW **1951** 115; OLG Celle MDR **1957** 374; OLG Hamburg NJW **1969** 944; OLG Düsseldorf MDR **1987** 79; KK/*Walther* 4; *D. Meyer* JurBüro **1983** 1606; *Kaster* MDR **1994** 1073; **a.A.** KMR/*Kulhanek* 4; Meyer-Goßner/*Schmitt* 8; AK/*Rössner* 7; vgl. auch OLG Celle NdsRpfl. **1954** 189 (Rspr. aufgegeben – OLG Celle MDR **1957** 374); HK/*Weißer* 12 ff.

32 Vgl. auch § 397a, 14; § 406h, 34; Erl. zu § 464b.

33 S. im Ausgangspunkt auch KMR/*Kulhanek* 5.

Abs. 1, wonach der Privatkläger die gleichen Rechtsmittel hat, die im Verfahren auf öffentliche Klage der Staatsanwaltschaft zustehen. Letzterer steht aber keine Beschwerde im Verfahren über die Bewilligung von Prozesskostenhilfe zu, weil es im Offizialverfahren keine Prozesskostenhilfe gibt; selbst diese ausdrückliche Vorschrift verweist also für die Beschwerde des Privatklägers im Bewilligungsverfahren für die Gewährung von Prozesskostenhilfe nicht auf § 304.

22 Hiernach wird grundsätzlich an der Auffassung der früheren Auflagen festgehalten, dass hinsichtlich der Bewilligung von Prozesskostenhilfe der Privatkläger dem Kläger im Zivilprozess gleichsteht und dass die **Vorschriften der §§ 114 bis 127 ZPO** im Privatklageverfahren entsprechend **anzuwenden** sind;[34] die Sonderregelungen aus dem Recht der Nebenklage (§ 397a Abs. 2, 3) finden auf den Privatkläger keine Anwendung.[35] Zum Teil sind die Folgerungen, die sich daraus ergeben, völlig unstreitig, obwohl sie mit der Meinung, dass für die Prozesskostenhilfeverfahren das Strafprozessrecht gelte, nicht zu vereinbaren sind. Im Einzelnen ist folgendes zu sagen:

23 **b) Antrag.** Prozesskostenhilfe wird nur auf **Antrag** bewilligt, der schriftlich oder zu Protokoll der Geschäftsstelle erklärt werden kann (§ 117 Abs. 1 Satz 1 ZPO). Der Antrag kann vor, gleichzeitig mit oder nach Erhebung der Privatklage gestellt werden, auch in den höheren Instanzen. Die Prozesskostenhilfe kann mit **Rückwirkung** auf den Zeitpunkt des Antrags bewilligt werden, jedoch nicht mit noch weitergehender Rückwirkung.[36] Innerhalb dieser Grenze kann auch ein Anwalt rückwirkend beigeordnet werden.[37] Gleichzeitiges Einreichen des Antrags auf Prozesskostenhilfe und der Privatklage führt, wenn Prozesskostenhilfe versagt wird, zur Belastung des Privatklägers mit den Kosten.[38]

24 Die Privatklage kann ebensowenig wie andere Klagen oder Anklagen unter einer **Bedingung** erhoben werden, also auch nicht unter der Bedingung, dass Prozesskostenhilfe bewilligt werde.[39] Wohl aber kann dem Antrag auf Prozesskostenhilfe ein Entwurf der beabsichtigten Privatklage beigefügt werden.

25 **c) Rechtliches Gehör.** Dem Beschuldigten ist vor der Entscheidung über den Antrag Gelegenheit zur Stellungnahme zu geben (§ 118 Abs. 1 Satz 1 ZPO), „wenn dies nicht aus besonderen Gründen unzweckmäßig erscheint". Dieser Ausnahmefall ist in Privatklagesachen ausgeschlossen, weil nach § 382 der Beschuldigte vor Eröffnung des Hauptverfahrens stets gehört werden muss.

26 **d) Glaubhaftmachung.** Nach § 118 Abs. 2 ZPO kann das Gericht verlangen, dass der Antragsteller seine tatsächlichen Angaben glaubhaft macht. Jedoch erfordert die entsprechende Anwendung dieser Vorschrift im Privatklageverfahren, dass **eidesstattliche** Versicherungen des Privatklägers und der Zeugen fortfallen. Werden sie vom Antragsteller abgegeben, sind sie nicht anders zu behandeln wie seine sonstigen Angaben; rühren sie von Zeugen her, legen sie diese zu sehr fest. Das Gericht kann selbst Erhebungen anstellen (§ 118 Abs. 2 Satz 2 ZPO), wird sich jedoch meist auf die Anforderung der polizeilichen oder staatsanwaltschaftlichen Ermittlungsakten beschränken.

---

34 Einschränkend OLG Hamburg AnwBl. **1975** 404; zur Beschwerde vgl. Rn. 31 ff.
35 Meyer-Goßner/*Schmitt* 8.
36 AG Wolfsburg JVBl. **1960** 23; vgl. auch § 397a, 37.
37 Vgl. auch OLG Karlsruhe Justiz **1983** 438; OLG Düsseldorf JMBlNW **1952** 150 (zur Pflichtverteidigung).
38 *Dempewolf* 298.
39 Vgl. § 381, 5; **a.A.** HK/*Weißer* 13 und § 381, 2; KMR/*Kulhanek* § 381, 4.

e) Beschluss. Entschieden wird durch **Beschluss** (§ 127 Abs. 1 ZPO), der im Fall der Versagung zu begründen ist (vgl. § 34). Diesen Beschluss mit der Einstellung des Verfahrens oder mit der Zurückweisung der Privatklage zu verbinden wird im allgemeinen gegen die Soll-Vorschrift des § 379a Abs. 2 erster Hs. verstoßen.[40] Dagegen kann er mit der Fristbestimmung nach § 379a Abs. 1 verbunden werden. 27

f) Umfang. Prozesskostenhilfe kann jeweils **nur für einen Rechtszug** bewilligt werden (§ 119 Satz 1 ZPO). Auch auf Beschwerden erstreckt sie sich ohne besondere Bewilligung nicht. Für die Bewilligung in der höheren Instanz ist nicht der Vorderrichter, sondern das Rechtsmittelgericht zuständig. Die Entscheidung über den Antrag des Privatklägers, ihm zur Rechtfertigung der Revision Prozesskostenhilfe zu bewilligen, obliegt mithin dem Revisionsgericht.[41] 28

Denn es würde in der Regel den Richter, der die angefochtene Entscheidung erlassen hat, überfordern, wenn er die **Aussichten eines** dagegen eingelegten **Rechtsmittels** zu beurteilen hätte. Was die Zivilprozessordnung dem Zivilrichter in der Rechtsmittelinstanz zutraut (§ 546 Abs. 1 ZPO), muss nicht ohne weiteres auch dem Strafrichter (§ 25 Nr. 1 GVG) zugemutet werden. Allerdings würde seine Entscheidung der Beschwerde unterliegen, und zwar nach hiesiger Ansicht nach § 127 Abs. 2 ZPO (Rn. 31 ff.). 29

Weil mit ihr bei Versagung der Prozesskostenhilfe für die Rechtsmittelinstanz stets zu rechnen wäre, würde dem Rechtsmittelgericht keine nennenswerte Arbeit abgenommen. Umgekehrt würde die Bewilligung der Prozesskostenhilfe durch den Vorderrichter dort, wo die Rechtsmittelinstanz das Rechtsmittel für aussichtslos hält, zu ihrer **Mehrbelastung** führen.[42] 30

6. Rechtsmittel

a) Beschuldigter. Dem **Beschuldigten** steht gegen den Beschluss, dem Privatkläger Prozesskostenhilfe zu bewilligen, kein Rechtsmittel zu;[43] § 127 Abs. 2 Satz 1 ZPO schließt dieses aus. Eine Beschwerde des Beschuldigten könnte nur in Betracht gezogen werden, wenn der Privatkläger ihm Sicherheit leisten müsste (Rn. 6); diese Möglichkeit kann aber auch in der Zivilprozessordnung nicht übersehen worden sein (vgl. § 122 Abs. 1 Nr. 2 ZPO). Abgesehen davon geht es den Beschuldigten nichts an, ob der Privatkläger auf eigene Kosten oder auf Staatskosten vorgeht; an seiner Lage ändert das rechtlich nichts.[44] Der Beschuldigte kann allenfalls anregen, dem Privatkläger die Prozesskostenhilfe – etwa mangels Erfolgsaussicht oder wegen Mutwilligkeit – zu entziehen (§ 124 i.V.m. § 114 Abs. 1 ZPO); damit kann er sich aber nur an die Instanz wenden, in der die Sache sich gerade befindet. 31

b) Privatkläger. Diesem steht gegen die **Versagung** der Prozesskostenhilfe die Beschwerde zu.[45] Das ist nicht zweifelhaft, wenn es sich um einen Beschluss der ersten 32

---

40 LG Frankfurt NJW **1953** 798; LG Köln MDR **1958** 662; Meyer-Goßner/*Schmitt* 12.

41 BayObLGSt **1974** 121; h.M.; einschränkend OLG Celle NdsRpfl. **1959** 96. Zur Wiedereinsetzung s. LR/*Graalmann-Scheerer* § 44, 43.

42 OLG Hamburg MDR **1968** 781.

43 KG GA **73** (1929) 204; OLG Stuttgart MDR **1986** 75; KK/*Walther* 6; KMR/*Kulhanek* 13 (keine Beschwer); im Ergebnis allg. M.

44 Vgl. OLG Stuttgart MDR **1986** 75.

45 BayObLGSt **1949/51** 242; OLG Hamburg NJW **1969** 944; allg. M., Begründung umstr. vgl. auch OLG Frankfurt Rpfleger **1955** 79 (zu § 304 Abs. 3).

Instanz handelt. Die Befugnis, Beschwerde einzulegen, folgt nach hiesiger Ansicht aus § 127 Abs. 2 Satz 2, nach Ansicht der Anhänger (Rn. 32) einer strafprozessualen Verfahrensregelung aus § 304. Unzweifelhaft ist auch, dass **keine weitere Beschwerde** gegeben ist (§ 127 Abs. 2 Satz 2, § 568 Abs. 2 ZPO, § 310 Abs. 2). Fraglich kann nur sein, ob die Versagung der Prozesskostenhilfe angefochten werden kann, wenn das Berufungsgericht sie ausgesprochen hat.

33 Wer den Standpunkt vertritt, dass das Verfahren sich nach den Vorschriften der Strafprozessordnung richtet, muss die Frage bejahen.[46] Aber auch für den Vertreter der Ansicht, dass § 127 ZPO entsprechend anzuwenden ist,[47] lautet die Antwort nicht anders. Zwar schließt § 567 Abs. 3 Satz 1, 1. Alt. ZPO die Beschwerde aus, wenn das Berufungsgericht den Beschluss erlassen hat. Es ist jedoch zu beachten, dass in Zivilsachen das Berufungsgericht entweder das Oberlandesgericht ist, gegen dessen Entscheidungen es keine Beschwerde gibt (§ 567 Abs. 4 Satz 1 ZPO), oder aber das Landgericht, wenn es die letzte Instanz in der Sache selbst ist. Es hätte keinen Sinn, die Prozesskostenhilfebeschwerde an das Oberlandesgericht zuzulassen, wenn die Sache selbst nicht bis dorthin gelangen kann. § 567 Abs. 3 Satz 1, 1. Alt. ZPO soll mithin verhindern, dass der Beschwerderechtszug weiter reicht als der Rechtszug in der Hauptsache.[48] Dieser Sperre bedarf es bei der entsprechenden Anwendung des § 127 ZPO auf das Privatklageverfahren deshalb nicht, weil hier das Berufungsgericht stets das Landgericht und dieses nie die letzte Instanz ist. Es ist daher sachgerecht, dass auch bei analoger Anwendung der Bestimmungen der ZPO gegen den die Prozesskostenhilfe versagenden Beschluss des Berufungsgerichts die Beschwerde zulässig ist.[49]

34 **c) Staatskasse.** Deren Beschwerdebefugnis richtet sich grundsätzlich nach § 127 Abs. 3 ZPO. Wird dem Beschuldigten Prozesskostenhilfe bewilligt, so soll eine Beschwerde gegen diese offensichtlich rechtswidrige Entscheidung nicht zulässig sein.[50]

35 **7. Widerklage.** Die Widerklage ist eine **Unterart der Privatklage**. Auch für sie kann deshalb Prozesskostenhilfe bewilligt werden. Es erstreckt sich dann aber nicht auf die Verteidigung gegen die Privatklage.[51]

§ 379a
Gebührenvorschuss

(1) Zur Zahlung des Gebührenvorschusses nach § 16 Abs. 1 des Gerichtskostengesetzes soll, sofern nicht dem Privatkläger die Prozeßkostenhilfe bewilligt ist oder Gebührenfreiheit zusteht, vom Gericht eine Frist bestimmt werden; hierbei soll auf die nach Absatz 3 eintretenden Folgen hingewiesen werden.

(2) Vor Zahlung des Vorschusses soll keine gerichtliche Handlung vorgenommen werden, es sei denn, daß glaubhaft gemacht wird, daß die Verzögerung

---

46 So BayObLGSt **1949/51** 242; OLG Hamm JMBlNW **1951** 115; OLG Celle MDR **1957** 374; OLG Hamburg NJW **1969** 944; AnwBl. **1975** 405; OLG Düsseldorf MDR **1987** 79; *Eb. Schmidt* 13; Meyer-Goßner/*Schmitt* 17; SK/*Velten* 6, 17; h.M.

47 Vgl. OLG Stuttgart MDR **1986** 75; AK/*Rössner* 7.

48 BGHZ **53** 372; h.M.

49 OLG Celle MDR **1957** 374; *Kunert* JR **1975** 428; AK/*Rössner* 9.

50 Meyer-Goßner/*Schmitt* 18; **a.A.** LG Essen NStZ **1986** 329 mit abl. Anm. *Dehn*.

51 OLG Düsseldorf NStZ **1989** 92; allg. M.

https://doi.org/10.1515/9783110275001-010

dem Privatkläger einen nicht oder nur schwer zu ersetzenden Nachteil bringen würde.

(3) [1]Nach fruchtlosem Ablauf der nach Absatz 1 gestellten Frist wird die Privatklage zurückgewiesen. [2]Der Beschluß kann mit sofortiger Beschwerde angefochten werden. [3]Er ist von dem Gericht, das ihn erlassen hat, von Amts wegen aufzuheben, wenn sich herausstellt, daß die Zahlung innerhalb der gesetzten Frist eingegangen ist.

Entstehungsgeschichte

Die Vorschrift geht auf Kap. I Art. 10, Erster Teil der 4. AusnVO zurück; in die Strafprozessordnung ist sie durch Art. 3 Nr. 161 VereinhG eingefügt worden. Durch die Neufassung des GKG vom 15.12.1975 hat der in Absatz 1 angeführte § 113 GKG die Bezeichnung § 67 und der die Auslagen betreffende § 114 die Bezeichnung § 68 erhalten. Durch Art. 4 Nr. 8a ProzesskostenhG sind in Absatz 1 die Worte „das Armenrecht" durch die Worte „die Prozesskostenhilfe" ersetzt worden. Die Richtigstellung der Verweisung „§ 113 Abs. 1" in „§ 67 Abs. 1" durch Art. 1 Nr. 6 OpferschutzG ist eine reine Verweisungsanpassung an die Neufassung des GKG durch die Bekanntmachung vom 15.12.1975 (BGBl. I S. 3047).[1] Durch Art. 4 Nr. 22 des Kostenrechtsmodernisierungsgesetzes wurde in Absatz 1 die Angabe „§ 67 Abs. 1" durch „§ 16 Abs. 1" ersetzt. Schließlich hat die Vorschrift durch das Gesetz zur Stärkung des Rechts des Angeklagten auf Vertretung in der Berufungsverhandlung und über die Anerkennung von Abwesenheitsentscheidungen in der Rechtshilfe vom 17.7.2015 ihre aktuelle Überschrift erhalten (Art. 1 Nr. 13, BGBl. I 1332 ff.)

Übersicht

1. Vorschusspflicht

a) Gebührenvorschuss. Der Privatkläger hat gemäß § 16 Abs. 1 GKG für die Erhebung der Klage, für die Einlegung eines Rechtsmittels, für einen Wiederaufnahmeantrag und für das Verfahren nach den §§ 440 ff. einen **Gebührenvorschuss** in Höhe der in den entsprechenden Nrn.[2] des KVGKG bestimmten Gebühr zu zahlen. Den Widerkläger (§ 16 Abs. 1 Satz 2 GKG) trifft diese Pflicht genausowenig wie den Privatkläger, der sich auf die Widerklage verteidigt.[3] Nur auf den im Eingangssatz angeführten Gebührenvor- 1

1 Vgl. BTDrucks. **10** 5305 S. 10.
2 Vgl. Nrn. 3311, 3321, 3331, 3340, 3410, 3431, 3441, 3450 des KVGKG.
3 OLG Bamberg NJW **1949** 835; vgl. § 388, 9.

schuss des Privatklägers beziehen sich die Sollvorschriften der Absätze 1 und 2 und die daran anknüpfenden Regelungen des Absatzes 3.

2 **b) Auslagenvorschuss.** Der **Auslagenvorschuss** ist in § 17 GKG geregelt; § 379a ist auf ihn nicht anzuwenden. Soweit der Privatkläger einen gerichtlich angeforderten Auslagenvorschuss nicht zahlt, hat das nicht die Zurückweisung der Privatklage zur Folge, vielmehr unterbleiben die gerichtlichen Handlungen, für deren Deckung der Auslagenvorschuss gedacht war (§ 379, 4); es werden mithin keine Zeugen geladen usw. Wird Gebühren- und Auslagenvorschuss angefordert und zahlt der Privatkläger nur einen Teilbetrag, ist dieser zunächst auf den Gebührenvorschuss anzurechnen, selbst wenn der Privatkläger etwas anderes bestimmt hat.[4]

3 **c) Befreiung von Vorschusspflicht.** Die Bewilligung der Prozesskostenhilfe (§ 379, 18) befreit von der Vorschusspflicht. Den **Beschuldigten** trifft keine Vorschusspflicht, auch nicht bei Berufung oder Revision. Legt der Privatkläger Berufung oder Revision gegen ein Urteil ein, das auf Privatklage und Widerklage erkannt hat, so trifft ihn die Vorschusspflicht (vgl. § 390 Abs. 4) nur, soweit das Rechtsmittel sich auf die Privatklage bezieht; soweit er dagegen selbst verurteilt worden ist, hat die Nichtzahlung keine nachteiligen Folgen für ihn.[5]

2. Fristsetzung (Absatz 1)

4 **a) Zuständigkeit.** Das Gericht soll dem Privatkläger eine Zahlungsfrist setzen, denn es soll verhindert werden, dass der Privatkläger das Verfahren über eine unbestimmte Zeit in der Schwebe halten kann.[6] Sie wird durch **Beschluss** bestimmt, der zuzustellen ist (§ 35); ferner muss die Zahlungsaufforderung die Anordnung durch das Gericht erkennen lassen. Bei dem Strafsenat ist mithin nicht der Vorsitzende, sondern das **Kollegium** zuständig.[7] Diese Zuständigkeit führt zu einer sachlich nicht gerechtfertigten Verzögerung.[8] Zur Strafkammer vgl. § 76 Abs. 1 GVG.

5 Das Bayerische Oberste Landesgericht[9] meint, die allein von dem **Vorsitzenden** bestimmte Frist sei nicht unwirksam, sondern nur anfechtbar; gleichwohl dürfe nach ihrem fruchtlosen Ablauf die Berufung nicht nach Absatz 3 Satz 1 (§ 390 Abs. 4) als unzulässig verworfen werden. Dieser Ansicht kann nicht beigetreten werden, denn sie läuft darauf hinaus, dass die nur anfechtbare Verfügung letztlich doch als unwirksam behandelt wird, obwohl sie nicht angefochten worden ist. Allerdings muss das Gericht seine eigene – oder auch von seinem Vorsitzenden getroffene – unzutreffende Entscheidung, die der Rechtskraft nicht fähig ist, von Amts wegen zurücknehmen. Die Fristsetzung ist aber nicht schon deshalb, weil der funktionell unzuständige Vorsitzende sie verfügt hat, sachlich unzutreffend oder gar unwirksam.

---

4 OLG Celle NdsRpfl. **1956** 171.

5 OLG Bamberg NJW **1949** 835.

6 OLG Hamburg NStZ **1989** 244; vgl. *Koewius* 114.

7 OLG Schleswig SchlHA **1957** 105; LG Aachen NJW **1958** 1599; *Eb. Schmidt* 4; HK/*Weißer* 2; **a.A.** AK/*Rössner* 4; HK-GS/*Rössner* 2.

8 *Sarstedt* JZ **1962** 775.

9 BayObLGSt **1953** 214.

b) Zahlungsaufforderung und Höhe des Vorschusses. Es wird auch die Auffassung vertreten,[10] die Zahlungsaufforderung sei in das **Ermessen** des Richters gestellt; dem ist nicht zuzustimmen. Diese Auffassung widerspricht dem Zweck der Regelung (Rn. 4). Im Übrigen sind Sollvorschriften keine Kannvorschriften. Ein „Soll" ist für die Behörde, an die es sich richtet, grundsätzlich so verbindlich wie ein „Muss".[11] Die Aufforderung zur Zahlung muss die **Höhe des Gebührenvorschusses** enthalten, eine angemessene und eindeutige (s. Rn. 10) Frist setzen sowie auf die Folgen der Fristversäumnis hinweisen.[12] Der fehlende oder zu hoch angesetzte Betrag über den zu leistenden Gebührenvorschuss lässt die Wirkungen von Absatz 3 nicht entfallen.[13] Die richterliche verfahrensleitende Anordnung bleibt auch hier (vgl. Rn. 5 und 7) wirksam; allerdings kann dem Privatkläger die Wiedereinsetzung in den vorigen Stand gewährt werden (vgl. auch § 45 Abs. 2 Satz 3; Rn. 12).[14] 6

c) Angemessenheit der Frist. Die Frist muss angemessen sein. Das nach Absatz 3 Satz 2 angerufene Beschwerdegericht kann zwar nicht sein eigenes Ermessen walten lassen, wohl aber nachprüfen, ob eine sehr kurze Frist einen **Ermessensmissbrauch** enthält.[15] Im Rechtsmittelverfahren darf die Frist nicht so gesetzt werden, dass sie vor Zustellung des angefochtenen Urteils abläuft; das Oberlandesgericht Düsseldorf[16] meint sogar, sie dürfe vor Ablauf der Begründungsfrist gar nicht gesetzt werden. 7

Die Frist muss dem Vorschusspflichtigen **mitgeteilt** werden, indem ihm entweder eine Ausfertigung oder eine beglaubigte Abschrift **zugestellt** wird (§ 35).[17] Die Übersendung einer nicht beglaubigten Abschrift setzt die Frist nicht in Lauf. Gleichwohl ist sie keine Notfrist i.S. des Zivilprozessrechts. Beantragt der Vorschusspflichtige vor Fristablauf Prozesskostenhilfe, so wird die Frist gegenstandslos.[18] 8

d) Wahrung der Frist. Die Frist wird schon durch Eingang eines Überweisungsauftrags bei einer Bank gewahrt.[19] Bei Zahlung durch Gerichtskostenmarken ist die Frist dagegen nur gewahrt, wenn die Marken innerhalb der Frist bei Gericht eingehen.[20] Die Mitteilung einer Rechtsschutzversicherung, dass sie zur Zahlung des angeforderten Gebührenvorschusses verpflichtet sei und die Anweisung veranlasst habe, genügt zur Fristwahrung nicht. Jedoch kann sie eine Fristverlängerung von Amts wegen geboten machen.[21] 9

Die Frist darf nicht zum Nachweis der Zahlung, sondern nur zur **Zahlung** selbst gesetzt werden.[22] Ihr Ende muss eindeutig erkennbar sein; wird sie als Zeitraum bezeich- 10

---

10 *Schorn* (Strafrichter) 379.
11 Vgl. KMR/*Kulhanek* 3; Meyer-Goßner/*Schmitt* 2.
12 BayObLGSt **1956** 4.
13 **A.A.** LR/*Hilger*[26] 6; Meyer-Goßner/*Schmitt* 8; HK/*Weißer* 2; KMR/*Kulhanek* 3; BayObLGSt **1954** 74; OLG Schleswig SchlHA **1957** 105.
14 S. auch KK/*Walther* 4.
15 Vgl. OLG Celle OLGSt § 379a StPO, 1; HK/*Weißer* 3.
16 JMBlNW **1958** 251.
17 OLG Schleswig SchlHA **1951** 126.
18 OLG Schleswig JZ **1951** 529; s. auch OLG München HRR **1936** Nr. 1405 (Fristverlängerung); OLG Hamm NJW **1973** 1206; OLG Celle OLGSt § 379a StPO, 1.
19 Vgl. OLG Hamm NJW **1954** 733; JMBlNW **1958** 165; OLG Celle NJW **1966** 1670; OLG Stuttgart MDR **1974** 1037; Meyer-Goßner/*Schmitt* 9; **a.A.** LG Heilbronn NJW **1979** 2219; s. auch LG Hof MDR **1958** 265 (Gutschrift auf Konto der Gerichtskasse).
20 OLG Hamm NJW **1960** 547; Meyer-Goßner/*Schmitt* 9.
21 OLG Celle NJW **1966** 1670; Meyer-Goßner/*Schmitt* 3; einschr. *Schöndorf* NJW **1966** 2076.
22 OLG Hamm JMBlNW **1958** 165; Meyer-Goßner/*Schmitt* 2.

net (binnen zwei Wochen), muss der Anfangs- oder der Endtermin genannt werden. Das Gericht kann die **Frist** von Amts wegen oder auf Antrag verlängern.[23] Die Fristsetzung ist so lange gegenstandslos, wie auf einen Antrag des Privatklägers auf Prozesskostenhilfe das Bewilligungsverfahren nicht beendet ist.[24]

11 **e) Gerichtliche Handlung vor Vorschusszahlung (Absatz 2).** Vor Zahlung soll keine gerichtliche Handlung vorgenommen werden. Ein Verstoß dagegen hat jedoch **keine verfahrensrechtlichen Folgen.** Unterbleibt die Fristsetzung oder nimmt das Gericht eine Handlung schon vor der Vorschusshandlung vor, bleiben diese Handlungen mithin wirksam;[25] auch der Beschuldigte kann sie nicht anfechten. Der Ausnahmefall, dass die Verzögerung dem Privatkläger Nachteil bringen würde, kann dann vorliegen, wenn Wiederholungen der Straftat ernstlich zu besorgen sind.

3. Folgen der Fristversäumung (Absatz 3 Satz 1)

12 **a) Allgemein.** Die Frist ist versäumt, wenn nicht am letzten Tag gezahlt ist (vgl. Rn. 9). Dagegen ist der Nachweis der Zahlung zur Fristwahrung nicht erforderlich, wie sich aus Absatz 3 Satz 3 ergibt. Ob den Vorschusspflichtigen ein **Verschulden** trifft, ist unerheblich;[26] jedoch kann er bei unverschuldetem Versäumnis Wiedereinsetzung in den vorigen Stand beantragen.[27] Ist dem Gericht ein Wiedereinsetzungsgrund schon bekannt, ist § 45 Abs. 2 Satz 3 zu beachten. Eine gleichwohl beschlossene Zurückweisung kann der Privatkläger nur mit einem **Wiedereinsetzungsantrag**, nicht mit sofortiger Beschwerde bekämpfen. Keinesfalls ist das Gericht verpflichtet, vor der Zurückweisung von sich aus nach Wiedereinsetzungsgründen zu forschen.[28]

13 Die **Zurückweisung** ist nicht um des Beschuldigten willen, sondern nur im fiskalischen Interesse vorgeschrieben.[29] Mit ihr soll ein Druck auf den Privatkläger ausgeübt werden, den Vorschuss alsbald zu bezahlen. Der Beschuldigte hat kein Recht auf Zurückweisung, wie schon die Ausnahme des Absatzes 2 ergibt, und er kann sie nicht mit Rechtsmitteln durchsetzen.[30] Denn der Beschuldigte ist nicht in seinem Recht verletzt, wenn die Zurückweisung unterbleibt; ihm muss es gleichgültig sein, ob der Vorschuss rechtzeitig, verspätet oder überhaupt nicht bezahlt ist. Die Zurückweisung der Privatklage würde ihn ohnehin nicht endgültig vor Strafe bewahren (Rn. 14 ff.). Die Folge des Absatzes 3 tritt nicht ein, wenn die Frist unangemessen kurz – etwa nur sechs Tage – war.[31]

14 **b) Verhältnis zu § 391 Abs. 2.** Streitig ist, ob die **Zurückweisung** der Privatklage nach Absatz 3 unter § 391 Abs. 2 letzter Fall fällt und damit nach § 392 zur Folge hat,

---

23 OLG München HRR **1936** Nr. 1405; OLG Celle NJW **1966** 1671; OLG Hamm NJW **1973** 1206; Meyer-Goßner/*Schmitt* 3.
24 OLG Celle OLGSt § 379a StPO, 1.
25 Meyer-Goßner/*Schmitt* 6; allg. M.
26 OLG Bamberg NJW **1949** 835; Meyer-Goßner/*Schmitt* 8; s. auch BayObLGSt **1951** 471.
27 Allg. M.; OLG Koblenz BeckRS **2016** 138014; eingehend dazu LR/*Graalmann-Scheerer* § 44, 43, 56 ff., 62.
28 OLG Bamberg NJW **1949** 835.
29 Vgl. auch die Erl. zu § 471.
30 KMR/*Kulhanek* 11; s. auch OLG Hamburg NStZ **1989** 244.
31 OLG Celle OLGSt § 379a StPO, 1.

dass die Privatklage nicht von neuem erhoben werden kann. Teilweise[32] wird eine entsprechende Anwendung des § 391 Abs. 2 angenommen mit der Begründung, dass die Androhung, die Privatklage zurückzuweisen, an Wert einbüße, wenn der Privatkläger die Klage erneuern könne, dass die Rechtssicherheit und das Bedürfnis des Beschuldigten diese Lösung verlange und dass diese Auslegung auch der Gesamteinstellung entspräche, die das Gesetz gegenüber dem vermögens- oder einkommensschwachen Privatkläger einnähme.[33]

Eine andere Ansicht[34] vermag in der Nichtzahlung des Gebührenvorschusses keinen Fall zu erblicken, wonach der Privatkläger eine Frist nicht eingehalten hätte, die ihm unter Androhung der **Einstellung des Verfahrens** gesetzt war, wie dies aber § 391 Abs. 2 letzter Fall fordere. Denn die Einstellung des Verfahrens setze einen Eröffnungsbeschluss voraus und sei schon deshalb etwas anderes als die Zurückweisung der Privatklage.[35] Sie könne auch nicht mit der Einstellung nach § 383 Abs. 2 Satz 1 verglichen werden, zumal diese weder mit einer Frist noch mit einer Androhung etwas zu tun hat. Die Einstellung könne bei der Fristsetzung nicht angedroht werden. Wenn dem Gesetzgeber im fiskalischen Interesse die Androhung der gebührenpflichtigen Zurückweisung als Druckmittel nicht genügt hätte, dann hätte er statt der Zurückweisung bestimmt, dass die Fristversäumung als Rücknahme gelte. Die Rechtssicherheit und das Interesse des Beschuldigten litten unter der Möglichkeit erneuter Erhebung der Privatklage nicht mehr, als wenn der Privatkläger mit der Erhebung der Privatklage von vornherein länger gewartet oder die Zahlungsfrist etwa durch einen Antrag auf Prozesskostenhilfe unterbrochen hätte. Es bestehe schließlich auch kein Grund, den Privatkläger durch die Auslegung noch ungünstiger zu stellen.[36] 15

Im Ergebnis ist der erstgenannten Ansicht zuzustimmen. Dabei kann es allerdings nicht darauf ankommen, ob der ausbleibende Gebührenvorschuss im Sinne des § 391 Abs. 2 als fingierte Rücknahme auszulegen oder – wofür noch weniger spricht – entsprechend § 383 Abs. 2 Satz 1 zu behandeln ist. Absatz 3 erweist sich vielmehr als eigenständiger Grund, die Privatklage – endgültig – zurückzuweisen. Hierfür spricht schon der Gesetzeswortlaut (vgl. auch § 383 Abs. 1 Satz 1), der gerade nicht auf eine Rücknahmefiktion hindeutet. Dass diese – zwingende – Zurückweisung gerade auch aus Gründen der Rechtssicherheit und der ressourcenschonenden Prozessführung endgültig sein soll, wird systematisch durch das allein statthafte, fristgebundene Rechtsmittel der sofortigen Beschwerde belegt (Absatz 3 Satz 2 i.V.m. § 311 Abs. 2; Rn. 17). Dieses nur in wenigen gesetzlichen Ausnahmefällen statthafte Rechtsmittel (vgl. § 311, 5) soll gerade einem besonderen Bedürfnis nach Rechtssicherheit Rechnung tragen.[37] Dass durch Absatz 3 Satz 3 das Abhilfeverbot über § 311 Abs. 3 Satz 2 hinaus hier spezialgesetzlich gelockert wird, ändert an diesem Normverständnis nichts. In dem versehentlichen Übergehen des fristgerecht geleisteten Vorschusses ist lediglich ein – mit § 311 Abs. 3 Satz 3 oder § 356a Abs. 1 vergleichbarer – Unterfall der Verletzung rechtlichen Gehörs zu erblicken. Dieses Normverständnis korreliert auch mit der zu Recht anerkannten Möglichkeit, trotz versäumten Sühneversuchs und Zurückweisung zum Zwecke der Durchführung der Privat- 16

---

32 Vgl. BayObLGSt **1956** 4; OLG Hamm NJW **1953** 717; LG Bonn NStZ **1991** 204; *Schorn* (Strafrichter) 380; Meyer-Goßner/*Schmitt* 11; KK/*Walther* 5.

33 Vgl. LG Meiningen DR **1941** 382 mit Anm. *Mittelbach*; *Seibert* MDR **1952** 278.

34 LR/*Hilger*[26] 14; KMR/*Kulhanek* 6.

35 Vgl. auch KMR/*Kulhanek* 6.

36 LR/*Hilger*[26] 15; ebenso – jedenfalls im Ergebnis: OLG Hamburg NStZ **1989** 244 (auch auf §§ 379, 380 verweisend); *Eb. Schmidt* 6; *Schlüchter* 816; KMR/*Kulhanek* 6; AK/*Rössner* 8; HK/*Weißer* 8; SK/*Velten* 11.

37 MüKo/*Quentin* § 311, 1.

klage einen zweiten Sühneversuch anzustrengen (§ 380, 28 ff.). Dort besteht jedenfalls kein vergleichbares schützenswertes Interesse des späteren Beschuldigten auf Rechtssicherheit.[38] Der Sühneversuch geht nämlich der Rechtshängigkeit der Sache voraus; der Gebührenvorschuss wird hingegen erst festgesetzt, nachdem die Privatklage erhoben (vgl. § 16 Abs. 1 GKG i.V.m. § 381) und damit rechtshängig[39] ist.

17 **c) Rechtsmittel (Absatz 3 Satz 2 und 3).** Gegen die Zurückweisung ist **sofortige Beschwerde** zulässig (Absatz 3 Satz 2), etwa mit der Begründung, die Frist sei bei Eingang der Zahlung noch nicht abgelaufen gewesen. Die Möglichkeit der Abhilfe nach Absatz 3 Satz 3 stellt eine Ausnahme von § 311 Abs. 3 Satz 1 dar, wonach das Gericht zur Abänderung seiner durch sofortige Beschwerde angefochtenen Entscheidung grundsätzlich nicht befugt ist.[40] Den Beschluss nach Absatz 1 über die Zahlungsaufforderung mit Fristsetzung kann der Privatkläger dagegen nur mit **einfacher Beschwerde** anfechten.[41] Soweit in der Begründung der sofortigen Beschwerde **Wiedereinsetzungsgründe** angeführt werden, muss das Gericht, das den Zurückweisungsbeschluss erlassen hat, die Beschwerde als Wiedereinsetzungsantrag nach § 45 behandeln; zu diesem Zweck muss das Beschwerdegericht eine bei ihm eingelegte Beschwerde zuständigkeitshalber an den Erstrichter zurückgeben.[42]

18 **4. Weitere Anwendung.** Den Widerkläger trifft – für die erste Instanz – keine Vorschusspflicht hinsichtlich der **Gerichtsgebühr** (§ 16 Abs. 1 Satz 2 GKG), für die Berufungs- oder Revisionsinstanz nur, soweit er in der Rolle als Widerkläger Berufung oder Revision gegen die Entscheidung über die Widerklage eingelegt hat (§§ 388, 390 Abs. 4, § 379a i.V.m. § 16 Abs. 1 Satz 1 GKG; vgl. § 388, 26; § 390, 18). Wegen weiterer Einzelheiten vgl. § 390, 14 ff. Der **Auslagenvorschuss** richtet sich nach § 379 und § 17 GKG (s. auch § 388, 26).

§ 380
Erfolgloser Sühneversuch als Zulässigkeitsvoraussetzung

(1) [1]Wegen Hausfriedensbruchs, Beleidigung, Verletzung des Briefgeheimnisses, Körperverletzung (§§ 223 und 229 des Strafgesetzbuches), Bedrohung und Sachbeschädigung ist die Erhebung der Klage erst zulässig, nachdem von einer durch die Landesjustizverwaltung zu bezeichnenden Vergleichsbehörde die Sühne erfolglos versucht worden ist. [2]Gleiches gilt wegen einer Straftat nach § 323a des Strafgesetzbuches, wenn die im Rausch begangene Tat ein in Satz 1 genanntes Vergehen ist. [3]Der Kläger hat die Bescheinigung hierüber mit der Klage einzureichen.

(2) Die Landesjustizverwaltung kann bestimmen, daß die Vergleichsbehörde ihre Tätigkeit von der Einzahlung eines angemessenen Kostenvorschusses abhängig machen darf.

(3) Die Vorschriften der Absätze 1 und 2 gelten nicht, wenn der amtliche Vorgesetzte nach § 194 Abs. 3 oder § 230 Abs. 2 des Strafgesetzbuches befugt ist, Strafantrag zu stellen.

---

38 Vgl. hierzu insbesondere SK/*Velten* 14.
39 Zu § 199 vgl. MüKo /*Wenske* 1.
40 Vgl. Meyer-Goßner/*Schmitt* 12.
41 BayObLG NJW **1955** 1199.
42 KK/*Walther* 6; vgl. auch § 45, 6.

https://doi.org/10.1515/9783110275001-011

(4) Wohnen die Parteien nicht in demselben Gemeindebezirk, so kann nach näherer Anordnung der Landesjustizverwaltung von einem Sühneversuch abgesehen werden.

Schrifttum

Ad. Arndt Vergleiche im Strafverfahren, NJW **1962** 783; *Brangsch* Die Vertretung im Sühneverfahren vorm Schiedsmann, AnwBl. **1958** 25; *Donnepp* Die Aufgabe des Schiedsmannes in neuer Sicht, SchiedsmZ **1981** 113; *Falke* Das Schiedsmannsinstitut – historische und rechtssoziologische Aspekte, SchiedsmZ **1977** 74; *Fritze* Wesen und Tragweite eines behufs Beendigung des Privatklageverfahren geschlossenen Vergleichs, GA **51** (1904) 292; *Gain/Schulte* Das Schlichtungsverfahren vor Schiedsämtern und Schiedsstellen (1991); *Geerds* Der Schiedsmann in der Strafrechtspflege. Gegenwärtige Funktionen und künftige Möglichkeiten, SchiedsmZ **1980** 73; *Haas* Vereinbarungen im Strafverfahren, NJW **1988** 1345; *Hartung* Welche Wirkung hat der vor der Vergleichsbehörde (§ 380 StPO) geschlossene Vergleich auf das Strafverfahren? ZStW **63** (1951) 412; *ders.* Die Kosten des Verfahrens beim Vergleich in Privatklagesachen, DRiZ **1953** 225; *ders.* Handausgabe der Schiedsmannordnung[8] (1949); *Hartung/Jahn* Die Schiedsmannsordnung und das Hessische Schiedsmannsgesetz (1954); *Jäger* Der richterliche Sühnetermin und der Vergleich in Privatklagesachen, DJ **1941** 497; *Katholnigg/Bierstedt* Entwicklungstendenzen bei Schiedsmannsgeschäften und Privatklage, SchiedsmZ **1979** 145; *Kay* Möglichkeiten und Grenzen der Zusammenarbeit zwischen Polizei und Schiedsmann, Die Polizei **1988** 228; *Kölsch* Kann eine Privatklage, die wegen fehlenden Sühneversuchs gemäß § 383 zurückgewiesen worden ist, erneut erhoben werden? MDR **1975** 903; *Kraus* Ist ein bei Erhebung der Privatklage noch nicht vorgenommener Sühneversuch nachholbar? NJW **1953** 173; *von Kujawa* Beiträge zur Beantwortung einiger Streitfragen bezüglich des Sühneversuchs bei Privatklagesachen, GA **52** (1905) 57; *Lehmann* Die Friedensrichter- und Schiedsmannsordnung, DStR **1935** 298; *Luther* Schiedsstellen in den Gemeinden als Möglichkeit für eine außergerichtliche Konfliktlösung in den neuen Bundesländern, DtZ **1991** 17; *Martin* Zur funktionellen und praktischen Bedeutung des Sühneversuchs (§ 380 StPO) im Privatklageverfahren, ArchKrim. **182** (1988) 1; *ders.* Das Sühneverfahren vor dem Schiedsmann in Strafsachen (1988); *Franz Müller* Vergleich in Privatklagesachen, DRiZ **1954** 51; *Wolfgang Müller* Beleidigungen im Sühnetermin, GA **1961** 161; *Oetker* Zur Gestaltung des Friedensverfahrens, GerS **108** (1936) 297; *Reiff* Kann der Sühneversuch in Privatklagesachen nach Klageerhebung nachgeholt werden? DStR **1942** 26 und NJW **1956** 500; *Riechert* Die Anfechtung der Vergleiche in Privatklagesachen, Diss. Hamburg 1954; *Rieß* Das Fehlen der Vergleichsbehörde und das Erfordernis des Sühneversuchs nach § 380 StPO, NJ **1992** 245; *Röhl* Das Güteverfahren vor dem Schiedsmann (1987); *ders.* Der Schiedsmann als Alternative zur Ziviljustiz, SchiedsmZ **1981** 86; *Schäfer* Zur Frage der Einführung eines friedensrichterlichen Verfahrens, DJZ **1936** 408; *Schauf* Entkriminalisierungsdiskussion und Aussöhnungsgedanke (1983); *Schmidt-Hieber* Verständigung im Strafverfahren (1986); *Schulte* Die Erweiterung der sachlichen Zuständigkeit der Vergleichsbehörde, insbesondere des Schiedsmannes, SchiedsmZ **1980** 38; *ders.* Das Recht des Schiedsmannsamtes im Wandel der Zeit, SchiedsmZ **1980** 146; *ders.* Vorschläge des BDS zur Erweiterung der Zuständigkeit des Schiedsmannsamtes und zur Änderung der Schiedsmannsordnungen und -gesetze, SchiedsmZ **1981** 102; *ders.* Die Auswirkungen des Strafverfahrensänderungsgesetzes 1987 auf die Tätigkeit des Schiedsmanns, SchiedsmZ **1987** 58; *Schumacher* Sühneverfahren gegen Jugendliche, FamRZ **1955** 242; *Stöckel* Sühneversuch im Privatklageverfahren (1982); *Töwe* Der Sühneversuch im neuen Privatklageverfahren, GerS **107** (1936) 222.

Entstehungsgeschichte

Die als § 420 Gesetz gewordene Vorschrift sah einen Sühneversuch nur bei Beleidigungen (mit Ausnahme der „Amtsbeleidigungen") vor. Durch § 36 der EmmingerVO erhielt sie ihren jetzigen Umfang, durch die Bek. 1924 ihre jetzige Bezeichnung. Art. 21 Nr. 95 EGStGB 1974 hat Absatz 1 Satz 1 und Absatz 3 den damaligen Änderungen der Vorschriften des Besonderen Teils des Strafgesetzbuches, Art. 3 Nr. 6 des 6. StrRG den Änderungen dieses Gesetzes (vgl. Entstehungsgeschichte zu § 374) redaktionell angepasst; durch Art. 3 Nr. 16a des 1. JuMoG vom 24.8.2004 wurde Absatz 1 Satz 2 eingefügt. Ihre Bezeichnung hat die Vorschrift durch das Gesetz zur Stärkung des Rechts des Angeklagten auf Vertretung in der Berufungsverhandlung und über die Anerkennung von Abwesenheitsentscheidungen in der Rechtshilfe vom 17.7.2015 erhalten (Art. 1 Nr. 13, BGBl. I 1332 ff.).

Übersicht

Alphabetische Übersicht

I. Sühneversuch (Absatz 1)

1 **1. Umfang.** Obwohl der Sühneversuch, der ursprünglich nur bei Beleidigungen – außer Amtsbeleidigungen – vorgesehen war (Entstehungsgeschichte), sich von Anfang an bewährt hatte, vergingen fast 50 Jahre, bis er auf weitere, wenn auch nicht auf alle Privatklagevergehen, ausgedehnt wurde. Zwar war schon bei den **Vorberatungen der Reichstagskommission** des Entwurfs einer Strafprozessordnung (E 1909) angeregt worden, den Sühneversuch auf Amtsbeleidigungen zu erstrecken und ihn im Übrigen auch für Körperverletzung, Hausfriedensbruch, Bedrohung und Sachbeschädigung vorzuschreiben, um übereilte Privatklagen wegen dieser Delikte zu verhindern. Jedoch waren

die Regierungsvertreter diesen Anträgen entgegengetreten, „weil bei Amtsbeleidigungen ein Zwang zum Sühneversuch nicht angebracht sei. Ein solcher solle vor übereilten Klagen schützen. Dieser Gesichtspunkt falle bei Verletzungen der amtlichen Berufsehre weg. Dem klagenden Vorgesetzten könne vollends ein Sühneversuch nicht zugemutet werden“. Der Erweiterung des Sühneversuchs auch für die vorstehend aufgeführten weiteren Privatklagevergehen wurde entgegengehalten, dass auch bei ihnen „die Aussicht auf einen Vergleich gering sei, Sachbeschädigungen überdies meist von Personen ausgingen, mit denen ein Sühneversuch dem Verletzten nicht wohl angesonnen werden könne“.[1] Die Anregung wurde daraufhin nicht weiter verfolgt. Eine **weitere Besonderheit** gibt es bei der Bedrohung (§ 241 StGB). Da diese kein Antragsdelikt ist, bewahrt die Sühne den Beschuldigten nicht mit Sicherheit vor der Verfolgung durch den Staatsanwalt. Die **gefährliche Körperverletzung** (§ 224 StGB), die früher Privatklagedelikt und (seit dem OpferschutzG) sühnepflichtig, nicht aber Antragsdelikt war,[2] ist nach der Änderung durch das 6. StrRG **Offizialdelikt.** Die Regelung in Absatz 1 Satz 2 ist eine Folgeregelung zu § 374 Abs. 1 Nr. 6a.

2. Abgrenzung zum Strafantrag. Mit diesem hat der Sühneversuch nichts zu tun. Letzterer setzt keinen Strafantrag, dieser keinen Sühneversuch voraus.[3] Der Antrag auf Bestimmung eines Sühnetermins enthält niemals einen Strafantrag,[4] weil dieser nicht bei der Vergleichsbehörde, sondern nur bei Gericht, Staatsanwaltschaft oder Polizei angebracht werden kann (§ 158 Abs. 2). Das ist auch vor dem Sühneantrag zulässig, so dass dieser dann immer noch möglich ist, wenn er nur die Erhebung der Privatklage innerhalb der Verjährungsfrist gewährleistet. 2

II. Vergleichsbehörde

1. Allgemein. Die Vorschrift überträgt die Einrichtung der Vergleichsbehörde und die Regelung des Verfahrens vor ihr – auch hinsichtlich der Zulässigkeit, ihre Tätigkeit von der Einzahlung eines angemessenen Kostenvorschusses abhängig zu machen[5] (Absatz 2) – der **Landesjustizverwaltung.** Dadurch wird jedoch nicht ausgeschlossen, dass der Landesgesetzgeber sich der Sache annimmt. Von dieser Möglichkeit haben alle Bundesländer Gebrauch gemacht.[6] Das hat auch einen zwingenden inneren Grund, nämlich Überlieferungen und Bedürfnisse der einzelnen Länder zu dieser Frage zu berücksichtigen. 3

1 MatStrRRef. 13 Bd., S. 3397 zu § 383.
2 Vgl. auch *Jung* JuS **1987** 248.
3 KK/*Walther* 1.
4 Vgl. auch § 77b Abs. 5 StGB; danach ruht die Strafantragsfrist vom Eingang eines Sühneantrages bei der Vergleichsbehörde bis zur Ausstellung der Erfolglosigkeitsbescheinigung (§ 380 Abs. 1 Satz 3). Dadurch soll vermieden werden, dass der Verletzte aus Sorge, die Strafantragsfrist zu versäumen, einen Strafantrag stellen muss, der sich später bei einem Vergleich als überflüssig herausstellt, zwischenzeitlich aber die Justiz unnötig belastet hat. Da die Erfolglosigkeitsbescheinigung nicht erteilt wird, wenn der Sühneversuch erfolgreich verlaufen ist (Rn. 49), ruht die Strafantragsfrist auch während einer etwaigen Erfüllungsfrist eines im Sühneverfahren geschlossenen Vergleichs.
5 Zu Einzelheiten vgl. die in den Rn. 6 ff. genannten Landesgesetze. S. auch *Gain/Schulte* 82.
6 Vgl. Rn. 6 ff.

4 Die Vergleichsbehörden sind zwar **Organe der Rechtspflege** und mit der Justizverwaltung funktionell verbunden.[7] Gleichwohl gehören sie nicht zu ihrem Bereich. Eine Ausnahme bildet allein Bremen; dort findet das Sühneverfahren zufolge Überlieferung seit jeher vor einer Justizbehörde statt und gehört damit zum Zuständigkeitsbereich der Justizverwaltung mit der Folge, dass die Einrichtung der Vergleichsbehörde hier deren Sache ist. Von dieser Ausnahme abgesehen, würde die Justizverwaltung ihren Zuständigkeitsbereich überschreiten, wenn sie eine andere als eine Justizbehörde – etwa den Schiedsmann oder die Gemeinde – mit dem Sühneverfahren betrauen wollte. Aus diesem Grunde kann das in **Süddeutschland** überlieferte Sühneverfahren vor **Gemeindebehörden** nicht der Regelung durch die Justizverwaltung überlassen werden. Das gäbe Konflikte mit den Innenverwaltungen. Die innere Ordnung des Staates würde gestört, wollte die Justizverwaltung, sei es auch unter Berufung auf eine bundesgesetzliche Delegationsnorm, Behörden eines fremden Geschäftsbereichs mit Aufgaben betrauen und das Verfahren vor ihnen regeln. Es bleibt also kaum etwas anderes übrig als landesgesetzliche Regelung.

5 Der **Landesgesetzgeber** kann für die Verhandlung vor der Vergleichsbehörde Bevollmächtigte und Beistände ausschließen. Soweit nach landesrechtlichen Vorschriften die Vergleichsbehörde nach ihrem Ermessen Bevollmächtigte oder Beistände zurückweisen kann, gilt dies nicht für Rechtsanwälte (vgl. § 208 Abs. 1 Satz 2 BRAO).

6 **2. Regelungen in den einzelnen Länder.** Die Regelungen[8] in den einzelnen Ländern:

7 **Baden-Württemberg.** Nach § 37 Satz 1 des BaWü AGGVG vom 16.12.1975 (GBl. 868) ist **Vergleichsbehörde** i.S.d. § 380 StPO die Gemeinde.

8 **Bayern.** Gemäß Art. 49 Abs. 1 BayAGGVG vom 23.6.1981 (GVBl. 194) ist die Vornahme des Sühneversuchs im Privatklageverfahren den Gemeinden übertragen.

9 **Berlin.** Es gilt das Schiedsamtsgesetz vom 7.4.1994 (GVBl. S. 109); danach ist das Schiedsamt Vergleichsbehörde (§ 35).

10 **Brandenburg.** Gemäß § 32 des Gesetzes über die Schiedsstellen in den Gemeinden vom 13.9.1990 (GBl. I Nr. 61 S. 1527) i.d.F. vom 21.11.2000 (GVBl. I 158) ist Vergleichsbehörde die gemeindliche Schiedsstelle.

11 **Bremen.** Auf Grund des § 2 AGStPO vom 18.12.1958 (SaBremR 312-a-1) i.V.m. der **Verordnung des Senators für Justiz und Verfassung** vom 30.12.1958 (SaBremR 312-a-2) sind Mitglieder der Amtsgerichte zu Sühnebeamten bestellt.

12 **Hamburg.** Hier gilt die **Verordnung über die öffentliche Rechtsauskunfts- und Vergleichsstelle** – ÖRA – vom 1.2.2011 (HambGVBl. 2011 S. 49). § 7 dieser Verordnung verweist auf § 380. Die ÖRA hat eine Hauptstelle und Bezirksstellen.

13 **Hessen.** Es gilt das Schiedsamtsgesetz vom 23.3.1994 (GVBl. 148). Vergleichsbehörde ist das Schiedsamt (§ 30).

14 **Mecklenburg-Vorpommern.** Es gilt das Schiedsstellen- und Schlichtungsgesetz vom 13.9.1990 i.d.F. vom 1.7.2010 (GVOBl. 329); Vergleichsbehörde ist die gemeindliche Schiedsstelle – § 35.

15 **Niedersachsen.** Hier gilt das Nieders. Gesetz über gemeindliche Schiedsämter vom 1.12.1989 (GVBl. 389) i.d.F. vom 16.12.2014 (GVBl. 436). Vergleichsbehörde ist das Schiedsamt (§ 37).

---

7 BGHZ **36** 193.

8 Zur Regelung im früheren Preußen auf Grund der preußischen Schiedsmannsordnung vgl. die Erl. in der 25. Aufl. S. im Übrigen § 153, 4; die nachfolgend genannten Landesgesetze sind im Internet abrufbar.

Nordrhein-Westfalen. Es gilt das Schiedsamtsgesetz vom 16.12.1992 (GVBl. 1993 S. 32) i.d.F. vom 23.1.2018 (GVBl. 90). Nach § 34 ist Vergleichsbehörde das Schiedsamt. 16

Rheinland-Pfalz. Dort gilt die Schiedsamtsordnung vom 14.12.1977 i.d.F. vom 12.4.1991 (GVBl. 209). Vergleichsbehörde ist die Schiedsperson (§ 9). 17

Saarland. Im Saarland gilt die Saarländische Schiedsordnung vom 6.9.1989 (ABl. 1509) i.d.F. vom 13.10.2015 (ABl. 790). Nach § 30 sind Schiedsleute die Vergleichsbehörde.[9] 18

Sachsen. Gemäß § 1 Abs. 3 des Sächs.Schieds- und GütestellG. vom 27.5.1999 (GVBl. 247) i.d.F. vom 15.11.2017 (GVBl. 598) ist Vergleichsbehörde die gemeindliche Schiedsstelle. 19

Sachsen-Anhalt. Nach den §§ 1, 35 ff. des SchiedsstellenG vom 22.6.2001 (GVBl. 214) i.d.F. vom 5.12.2014 (GVBl. 512) ist die gemeindliche Schiedsstelle zuständig; vgl. ferner Verwaltungsvorschriften zum Schiedsstellen- und Schlichtungsgesetz (VV-SchStG) vom 25.6.2012 – 3180-202.42 (JMBl. 98). 20

Schleswig-Holstein. Die Schiedsordnung für das Land Schleswig-Holstein vom 10.4.1991 (GVBl. 232) i.d.F. vom 16.3.2015 (BVOBl. 96) regelt, dass das Schiedsamt zuständig ist (§ 35). 21

Thüringen. Gemäß § 35 des SchiedsstellenG vom 17.5.1996 (GVBl. 61) i.d.F. vom 9.9.2010 (GVBl. 291) ist Vergleichsbehörde die Schiedsstelle. 22

III. Sühneverfahren

1. Prüfung von Amts wegen. Das Erfordernis eines – den landesrechtlichen gesetzlichen Maßgaben über das Schiedsverfahren entsprechenden (s. Rn. 6 ff.) – Sühneversuchs dient dem öffentlichen Interesse.[10] Der Sühneversuch soll vorbeugen, dass Privatklagen leichtfertig und übereilt erhoben werden; deren Erhebung soll erheblich erschwert werden, weil „die Beseitigung des Klagerechts durch Vergleich dem Interesse des Staates mehr entspricht als die Verhängung einer Strafe".[11] Daneben sind heute aber auch die Befriedungs- und Aussöhnungsfunktion, u.a. durch Entschuldigung und Schadenswiedergutmachung, sowie der Entkriminalisierungseffekt von Bedeutung.[12] Deshalb hat das Gericht **von Amts wegen** freibeweislich zu prüfen, ob dem Erfordernis des Sühneversuchs genügt ist; verneinendenfalls muss es die Klage kostenpflichtig als unzulässig zurückweisen (§ 471 Abs. 2).[13] Ein Verzicht des Beschuldigten ist unbeachtlich. Hiernach muss der 23

9 Vgl. AG Saarlouis, Beschl. v. 11.1.2012 – 318-11/2011-, juris.

10 *W. Müller* GA **1961** 162, 6; vgl. auch *Martin* ArchKrim. **182** (1988) 2, 3; *Key* Die Polizei **1988** 232.

11 *Hahn* Mat. **I** 277.

12 Vgl. *Martin* ArchKrim. **182** (1988) 3; AK/*Rössner* 3 ff. und Vor § 374, 11 ff.; SK/*Velten* 1 ff.; s. auch *Martin* 216 ff., auch zur Praxis des Sühneverfahrens und Reformfragen (311 ff.); *Weigend* 273 ff. Die Vergleichsquote in Sühneverfahren liegt, bei stetig sinkender Zahl der Sühneverfahren (1980 rund 28.000; 1996 ca. 11.000; 2005 ca. 4.300; 2013: ca. 2.530 ohne Bay, BW, HB, HH), derzeit bei weniger als 50 % – Quelle: Geschäftsübersichten des Bundes Deutscher Schiedsmänner und Schiedsfrauen; s. auch *Rieß* SchAZtg **2000** 312. Allerdings sind die vorliegenden Statistiken nur von begrenzter Aussagekraft; denn in vielen Ländern werden die Sühneversuche, die „zwischen Tür und Angel" stattfinden, nicht gezählt; außerdem ist die Zahl der Sühneversuche wohl auch davon abhängig, ob und wie intensiv die Polizei, wenn sie an einen „Tatort" gerufen wird, ggf. darauf hinweist, dass es sich um ein Privatklagedelikt handelt und ein Sühneversuch erforderlich ist.

13 LG Itzehoe SchlHA **2005** 161; *Meyer-Goßner/Schmitt* 11. Vgl. auch OLG Hamburg MDR **1988** 884 (fehlt ein wesentliches Erfordernis des Sühneantrags, kann die Vergleichsbehörde eine Terminanberaumung ablehnen, nicht aber das Sühneverfahren für beendet erklären).

Privatkläger bei Erhebung der Klage nachweisen, dass der Sühneversuch stattgefunden hat, aber ohne Erfolg geblieben ist (Absatz 1 Satz 3). Gleichwohl ist das Sühneverfahren noch **kein Strafverfahren**, der Schiedsmann nicht Strafverfolgungsorgan. Deshalb treffen ihn nicht die Belehrungspflichten nach § 136 Abs. 1 Satz 2.[14]

24 Im Einzelnen ist bei der Auslegung **Strenge** gegenüber dem Privatkläger geboten, wenn die Vorschrift ihren Zweck erfüllen soll. So wird z.B. darüber geklagt, dass es einerseits an einem wirksamen Schutz gegen schwere Ehrverletzungen fehle, während andererseits die Gerichte durch eine Vielzahl von Bagatellfällen belastet werden. Hier besteht ein gewisser Zusammenhang. Damit, soweit notwendig, der erforderliche wirksame gerichtliche Ehrenschutz gewährt werden kann, müssen querulatorische Fälle und alle sonstigen, bei denen ein außergerichtlicher Ausgleich möglich erscheint, wenigstens zunächst vom Gericht ferngehalten und zuerst dem Versuch einer anderen Lösung zugeführt werden. Dazu ist der Sühneversuch ein bewährtes Mittel. Das Sühneverfahren kann – nach den landesgesetzlichen Maßgaben im Einzelfall – auch als gemischtes Schiedsverfahren geführt und in diesem die Klagevoraussetzung des § 380 geschaffen und zugleich ein zivilrechtlicher (Unterlassens-)Anspruch verfolgt werden.[15]

25 **2. Nachreichen der Sühnebescheinigung.** Hat ein Sühneversuch vor dem Einreichen der Klage stattgefunden, kann die Sühnebescheinigung bis zur Entscheidung des Gerichts über die Zulässigkeit der Privatklage nachgereicht werden.[16] Das Gericht ist zwar nicht verpflichtet, den Privatkläger dazu aufzufordern; jedoch wird sich das stets empfehlen, wenn Grund zu der Annahme besteht, dass der Sühneversuch tatsächlich stattgefunden, der Privatkläger aber vergessen hat, die Bescheinigung vorzulegen;[17] notfalls wird es ihm dazu eine Frist setzen. Solange die Bescheinigung nicht bei Gericht ist, darf die Klage dem Beschuldigten nicht mitgeteilt werden.

3. Nachholen des Sühneversuchs

26 **a) Allgemein.** Ob auch der Sühneversuch selbst nachgeholt werden kann, ist in Rechtsprechung und Literatur umstritten.[18] Die **Frage** ist **zu verneinen.**[19] Schon der Wortlaut des Absatzes 1 Satz 3 ist eindeutig. Weil die Vorschrift die Privatklage erschweren soll (Rn. 23), gehen alle Argumente fehl, die dem Privatkläger Umstände und Kosten ersparen wollen. Auch kann von einer Erleichterung für diesen nur dann die Rede sein, wenn man dabei an den einzelnen denkt, der – fälschlich – die Klage **vor** dem Sühneversuch eingereicht hat.

27 Dem wohlverstandenen **Interesse aller Privatkläger** ist weit besser gedient, wenn man sie zwingt, vor Klageerhebung die Vergleichsbehörde anzurufen. In aussichtslosen Fällen werden sie mit einiger Wahrscheinlichkeit vor Kosten bewahrt. Auch wenn sie zweifelsfrei im Recht sind, ist ihnen nicht selten mit dem, was sie bei einem Vergleich

---

14 Meyer-Goßner/*Schmitt* 7; h.M.; **a.A.** SK/*Velten* 8 ff.; *Hartung* SchiedsmZ **1966** 164, 189.
15 Vgl. AG Saarlouis, Beschl. v. 11.1.2012 – 318-11/2011-, juris.
16 LG Stuttgart NJW **1963** 1792; KMR/*Kulhanek* 7; allg. M.
17 Vgl. LG Bonn MDR **1973** 784; LG Stuttgart NJW **1963** 1792; AK/*Rössner* 14; *Eb. Schmidt* 4.
18 Vgl. insbes. *Kraus* NJW **1953** 173.
19 Ebenso: LG Itzehoe SchlHA **2005** 161; SchlHA **2010** 382; LG Köln JMBlNW **1961** 20; LG Aachen NJW **1961** 524; LG Hamburg NJW **1973** 382; LG Neubrandenburg NStZ **1995** 149; LG Mannheim BeckRS **2021** 37388; *Dempewolf* 305; *Gerland* 450; *Hartung* ZStW **71** (1959) 459; KMR/*Kulhanek* 5; Meyer-Goßner/*Schmitt* 10; h.M.; **a.A.** LG Bielefeld JR **1951** 695; LG Itzehoe SchlHA **1956** 273 (aufgegeben); *Kronecker* GA **33** (1885) 7; *Reiff* NJW **1956** 500; *Schlüchter* 813.

erreichen können, mehr gedient als mit der Verurteilung des Gegners zu einer geringen Geldstrafe. Diesen Dienst erweist man ihnen am sichersten durch folgerichtige Festigkeit gegenüber denen, die sich nicht an die Vorschrift halten. Eine einheitliche Handhabung dürfte – bei den nicht unbeachtlichen Erfolgen der Vergleichsbehörden[20] – die Arbeit bei den Gerichten zusätzlich mindern. Wurde der gesetzlich zwingende Sühneversuch nicht unternommen, ist die Privatklage als unzulässig zurückzuweisen; dies gilt auch bei einem anwaltlich nicht vertretenen Privatkläger. Für einen gerichtlichen Hinweis aus Fürsorgegesichtspunkten (s. hierzu auch § 406g, 9) oder gar eine Nachfristsetzung zur Nachholung dieser Klagvoraussetzung ist rechtlich – vergleichbar mit dem gesetzlich vorgegeben Vorverfahren im Verwaltungsprozessrecht – kein Raum.[21] Die Zurückweisung als unzulässig mangels Sühneversuchs stünde der Durchführung eines weiteren Verfahrens auf erneut erhobene Privatklage unter Einschluss des Sühneversuchs gerade nicht entgegen (s. Rn. 28).

b) Wiederholung? Richtig ist, dass der Privatkläger nicht gehindert werden kann, 28 nach **Zurückweisung der Privatklage** den Sühneversuch nachzuholen und – bei erfolglosem Sühneversuch – die Klage von neuem zu erheben,[22] denn die Zurückweisung bewirkt keinen Verbrauch der Klagebefugnis. Nicht behoben werden kann allerdings der Mangel der fehlenden Klagevoraussetzung durch Einlegung der Beschwerde gegen den klagezurückweisenden Beschluss.[23] Der hier vertretenen Ansicht kann nicht entgegengehalten werden, dass auf diese Weise mehr Arbeit für die Gerichte entstünde und dass der Sühneversuch jetzt ohnehin keine **Erfolgsaussicht** mehr hätte. Abgesehen von der fehlenden Erwiesenheit dieser Unterstellung ist es für den Strafrichter keine größere Arbeit, die Privatklage mangels Sühneversuchs zurückzuweisen, als die Nachholung zu verlangen und die Frist zu kontrollieren. Schließlich werden die Erfolgsaussichten des Sühneversuchs sicherlich nicht dadurch herabgesetzt, dass der Privatkläger sieht, er habe einen Fehler gemacht, der ihn eine Gebühr kostet, dass er erkennt, der Sühneversuch sei keine reine Formsache, sondern werde vom Gericht allen Ernstes verlangt.

Die Kostenerhöhung kann die **Vergleichsbereitschaft** des Privatklägers bei richti- 29 ger Handhabung nicht beeinträchtigen; denn jede Vergleichsbehörde müsste und würde ihm klarmachen, dass er diese Kosten auf alle Fälle selbst tragen muss, weil er sie durch seine eigene Voreiligkeit, Unversöhnlichkeit oder ungenügende Erkundigung selbst verschuldet hat,[24] dass sie ihm rechtskräftig auferlegt sind und dass er sie auch bei völligem Obsiegen mit einer erneuten Privatklage unter keinen Umständen erstattet bekommen kann.

Endlich sollte auch dem Einwand entgegengetreten werden, dass häufig die **Kosten** 30 **des Anwalts** die Vergleichsbereitschaft in dieser Lage des Verfahrens herabsetzen würde. Zumindest sollte das dann nicht möglich sein, wenn die Vergleichsbehörde Klarheit darüber schafft, dass der Privatkläger die Kosten eines Anwalts, der ihn fälschlich vor einem Sühneversuch zur Klage geraten hat, wohl kaum im Vergleichswege oder auf an-

---

20 Vgl. *Hartung* DStR **1942** 43; *Katholnigg/Bierstedt* 145; *Rieß* Gutachten 24.

21 **A.A.** LG Mannheim BeckRS **2021** 37388, das eine Hinweispflicht der teleologischen Reduktion der Norm entnehmen will.

22 OLG Hamm NJW **1984** 245; LG Neubrandenburg NStZ **1995** 149; LG Itzehoe SchlHA **2010** 382; SK/*Velten* 14; KMR/*Kulhanek* 8; h.M.; **a.A.** LG Bonn NJW **1964** 417 mit abl. Anm. *Heinrichs* NJW **1964** 1087; MDR **1966** 606 mit abl. Anm. *Dahs*; LG Verden MDR **1974** 862; **1975** 247; LG Lübeck MDR **1976** 512; LG Kiel SchlHA **1977** 118.

23 LG Stuttgart NJW **1963** 1792.

24 *Kölsch* MDR **1975** 903.

dere Weise vom Beschuldigten erstattet verlangen kann. Soweit Anwaltskosten in den Vergleich überhaupt einbezogen werden, sollten sie auf solche Kosten beschränkt werden, die durch den Antrag auf Sühneversuch entstanden sind.[25]

31 **c) Gegenansicht.** Die **Gegenansicht**[26] übersieht auch die Chance des Beschuldigten, sich im Sühnetermin mit dem Privatkläger zu einigen. Zu dem Einwand,[27] nach der hier vertretenen Meinung lasse sich kaum eine **Befreiung vom Sühneversuch** beantragen, weil die Entscheidung über diesen Antrag die Kenntnis des Gerichts von der Privatklage voraussetze, ist zu bemerken. Nach dem Gesetz ist nur folgende Reihenfolge möglich: Befreiungsantrag – Entscheidung darüber – im Ablehnungsfall Sühneversuch – Erhebung der Privatklage.[28] Der Befreiungsantrag kann – ebenso wie ein Antrag auf Prozesskostenhilfe (§ 379, 24) – entweder eine eigene Darstellung der Tat usw. enthalten oder auf einen beigefügten Entwurf der beabsichtigten Privatklage Bezug nehmen.

32 **d) Klagevoraussetzung.** Man kann den Sühneversuch als eine **Klagevoraussetzung**[29] bezeichnen, weil er sich von den gewöhnlichen Prozessvoraussetzungen dadurch unterscheidet, dass deren Fehlen in jeder Lage des Verfahrens, das Fehlen des Sühneversuchs aber nur bis zum Eröffnungsbeschluss zu berücksichtigen ist. Bei der Rechtsanwendung haben jedoch Begriffe wie Klagevoraussetzung und Prozessvoraussetzung zu dienen, nicht zu herrschen. Man kann deshalb nicht sagen, wenn schon Prozessvoraussetzungen (wie der Strafantrag) in jeder Lage des Verfahrens nachgeholt werden könnten, dann müsse das für bloße Klagevoraussetzungen erst recht gelten.[30] Vielmehr muss man fragen, wodurch sich das Nachholen des Strafantrags und das des Sühneversuchs sachlich unterscheiden.

33 Der Sühneversuch vor der Vergleichsbehörde, den das Gesetz zeitlich vor die Klageerhebung schaltet, würde erheblich an Aussichten verlieren, wenn er noch unternommen werden könnte, während schon die Privatklage dem Gericht – wenn auch noch unerledigt – vorliegt. (Die Stellung des Strafantrags wird durch die Anhängigkeit des Verfahrens dagegen in keiner Weise gehindert.) Würde der Privatkläger jetzt nachgeben, verspielte er die Chance, dass das Gericht dem Angeklagten die bereits entstandenen Gerichts- (und Anwalts-) Kosten auferlegt. Unter dieser **Belastung** soll der Sühneversuch nach dem Willen des Gesetzes gerade nicht stehen; deshalb verlangt es ihn vor Klageerhebung. Er wird von ihr dadurch befreit, dass die erste Privatklage auf Kosten des Klägers zurückgewiesen wird.

34 **e) Weitere Folgerung.** Es ergibt sich die **weitere Folgerung**, dass ein erfolgloser Sühneversuch, der zwischen Erhebung und Zurückweisung der ersten Privatklage unternommen worden ist, dem Erfordernis des Absatzes 1 auch für die zweite Privatklage ebenfalls nicht genügt.[31] Das Gesetz meint in Absatz 1 einen Sühneversuch, der angestellt worden ist, während keine Klage bei Gericht anhängig war. Der Privatkläger, der ohne Sühneversuch geklagt hat, muss also entweder erst die Zurückweisung abwarten

---

25 *Kreuser* SchiedsmZ **1958** 54.
26 Vgl. insbes. *Kronecker* GA **33** (1885) 7; LG Itzehoe SchlHA **1956** 273 (aufgegeben).
27 LG Itzehoe SchlHA **1956** 273.
28 So auch LG Verden MDR **1974** 862.
29 *Schlüchter* 813; KMR/*Kulhanek* 3; Meyer-Goßner/*Schmitt* 10, 11; KK/*Walther* 5; vgl. auch OLG Hamburg NJW **1956** 552; s. aber *Eb. Schmidt* 1.
30 *Reiff* NJW **1956** 500.
31 *Hartung* ZStW **71** (1959) 469; *Martin* 182.

oder aber die Klage zurücknehmen, ehe der Sühneversuch stattfindet. Bei der Rücknahme muss dieser Grund – Unzulässigkeit mangels Sühneversuchs – ausdrücklich angegeben werden, damit nicht die Folge des § 392 eintritt (§ 392, 2). Andernfalls müsste das Gericht die Klage wieder zurückweisen.

Auch dürfte die Vergleichsbehörde kaum verpflichtet sein, in der Zeit **zwischen Erhebung und Erledigung** der Privatklage überhaupt einen Sühneversuch anzustellen. Die Bearbeitung von Sachen, die bei Gericht anhängig sind, ist nicht als ihre Aufgabe gekennzeichnet. Daher kann die Vergleichsbehörde dem Antragsteller, der schon die Privatklage bei Gericht eingereicht hat, aufgeben, zunächst deren rechtskräftige Erledigung nachzuweisen. 35

4. Heilung durch Eröffnungsbeschluss. Der Mangel – Fehlen des erforderlichen Sühneversuchs – wird geheilt, wenn gleichwohl ein Eröffnungsbeschluss ergeht.[32] Trotzdem besteht kein Widerspruch zu der oben vertretenen Ansicht. Die Heilung des Mangels folgt nicht, wie bisweilen gesagt wird, aus dem begrifflichen Wesen der Klagevoraussetzung; umgekehrt ist vielmehr der **Sühneversuch** eine **Klagevoraussetzung** (im Gegensatz zur Prozessvoraussetzung), weil er nur bis zum Eröffnungsbeschluss gefordert werden kann. Der Grund dafür liegt darin, dass der Sühneversuch seinen Zweck, gerichtliche Privatklageverfahren nach Möglichkeit einzuschränken, nach Eröffnung des Hauptverfahrens nicht mehr erfüllen kann. Denn durch die Eröffnung des Hauptverfahrens ist eine neue Prozesslage geschaffen worden, die den bisherigen mangelhaften Zustand überholt hat.[33] 36

Dem Angeklagten können schon Kosten entstanden sein. In dieser Lage des Verfahrens verspricht ein **gerichtlicher Vergleichsversuch** (§ 391, 14) bessere Aussicht auf Erfolg. Die Auffassung,[34] die sich grundsätzlich gegen gerichtliche Vergleiche in Privatklagesachen wendet, übersieht dabei die grundsätzliche Entscheidung, die das Gesetz zugunsten solcher Vergleiche getroffen hat. Wo das Landesrecht die **Befreiung vom Sühneversuch** durch Gerichtsbeschluss vorsieht, muss dieser Beschluss vor Erhebung der Privatklage ergangen sein; andernfalls ist die Privatklage unzulässig und wird auch durch nachträgliche Befreiung nicht zulässig, da sie nur ex nunc wirkt.[35] 37

5. Erfolgreicher Sühnevergleich. War der Sühneversuch erfolgreich, erhält der Antragsteller von der Vergleichsbehörde keine Bescheinigung über die Erfolglosigkeit.[36] Demzufolge ist die Privatklage nach Absatz 1 Satz 1 unzulässig. Zudem ist der Vergleich ein **Verfahrenshindernis.**[37] Er beseitigt für den ihn abschließenden Klageberechtigten dessen Klagerecht und ist in jeder Lage des Verfahrens zu berücksichtigen mit der Folge, dass eine gleichwohl erhobene Privatklage nach § 383 Abs. 1 zurückzuweisen oder – nach Eröffnung – das Verfahren einzustellen ist. Er berührt aber nicht die Rechte anderer Klageberechtigter oder der Staatsanwaltschaft. Maßgeblich für die Bestimmung des Erfolgs eines Sühneversuchs sind übereinstimmende Willenserklärungen beider Parteien.[38] Der Sühnevergleich ist rechtlich nach § 778 BGB zu beurteilen (s. Rn 40) und enthält als synallagma- 38

---

32 BayObLG NJW **1958** 1148; OLG Hamburg NJW **1956**, 522; LG Hamburg NJW **1973** 383; KMR/*Kulhanek* 10; SK/*Velten* 11; KK/*Walther* 9; **a.A.** *Eb. Schmidt* 1.
33 Vgl. KMR/*Kulhanek* 10; KK/*Walther* 9.
34 *Ad. Arndt* NJW **1962** 783.
35 LG Bochum SchiedsmZ **1958** 33; LG Verden MDR **1974** 862.
36 *Hartung* ZStW **63** (1951) 312.
37 KMR/*Kulhanek* 4; allg. M.
38 S. SK/*Velten* 15.

tische Gegenleistung des das Sühneverfahren als Klagevoraussetzung der Privatklage betreibenden Antragstellers einen Verzicht auf das Privatklagerecht.[39]

39 Der Vergleich ist nach Landesrecht gewöhnlich **vollstreckbar**. Ob ein vor der Vergleichsbehörde geschlossener Vergleich nach den Vorschriften des Bürgerlichen Rechts angefochten werden kann, mag zweifelhaft sein (vgl. auch § 391, 12; 23 ff.). Jedenfalls ist aber der in einem solchen Vergleich enthaltene Verzicht auf das Recht, Privatklage zu erheben, als Prozesserklärung nicht anfechtbar.[40] Denn der Grundsatz der Wiederherstellung des Rechtsfriedens geht dem der unbedingten und uneingeschränkten Rechtsgewährung vor mit der Folge, dass die Normen des Privatrechts über die Anfechtung von Willenserklärungen durch die des Prozessrechts über die Unanfechtbarkeit von Prozesshandlungen zurückgedrängt werden.[41]

40 **6. Gerichtlicher Vergleich.** Wegen des **gerichtlichen Vergleichs** vgl. § 391, 14; wegen des außergerichtlichen Vergleichs vgl. § 391, 23.

IV. Wegfall des Sühneversuchs

41 **1. Allgemein.** Der Sühneversuch ist zunächst einmal entbehrlich, wenn eine Straftat nach Absatz 1 mit einer anderen nach § 374 Abs. 1 Nr. 7 oder 8, für die kein Sühneversuch gefordert wird, zusammentrifft und beide Straftaten eine Tat i.S.v. § 264 bilden.[42]

42 **2. Beitritt, Widerklage.** Wegen des Fortfalls beim Beitritt vgl. die Ausführungen zu § 375, 7. Bei der **Widerklage** folgt die Entbehrlichkeit des Sühneversuchs zwangsläufig aus der Tatsache, dass bereits ein Privatklageverfahren anhängig ist (§ 388, 9).[43] Gleiches gilt für eine Nachtragsanklage.[44]

43 **3. Strafantrag des Vorgesetzten (Absatz 3).** Wegen der Begründung dieser Ausnahme vgl. Rn. 1. Das Erfordernis des Sühneversuchs entfällt bereits, wenn der Vorgesetzte befugt ist, Strafantrag zu stellen. Er braucht ihn mithin nicht wirklich gestellt zu haben und nicht selbst der Privatkläger zu sein; in diesen Fällen bedarf es auch für die Privatklage des Verletzten selbst keines Sühneversuchs.[45]

44 **4. Verschiedene Gemeindebezirke (Absatz 4).** Schließlich kann der Sühneversuch nach näherer Anordnung der Landesjustizverwaltung entfallen, wenn die Parteien nicht in demselben Gemeindebezirk wohnen. Wo eine solche Anordnung fehlt, wird der Richter nach seinem Ermessen auf Antrag des Privatklägers vom Erfordernis des Sühneversuchs absehen können.

45 **5. Fehlen der Vergleichsbehörde.** Ist eine nach dem Gesetz an und für sich erforderliche zuständige Vergleichsbehörde (z.B. in einer bestimmten Gemeinde oder als gemeinsame Schiedsstelle für mehrere Gemeinden) nicht eingerichtet worden, so entfällt

---

39 Meyer-Goßner/*Schmitt* 8.
40 Vgl. LG Frankfurt NJW **1959** 1454.
41 *Riechert* 69; **a.A.** *Kubisch* NJW **1959** 1935.
42 KMR/*Kulhanek* 11; KK/*Walther* 10.
43 KMR/*Kulhanek* 11.
44 KMR/*Kulhanek* 11.
45 *Eb. Schmidt* 6; KMR/*Kulhanek* 12; allg. M.; ähnlich SK/*Velten* 18.

das Erfordernis eines (erfolglosen) Sühneversuchs als Klagevoraussetzung.[46] Andernfalls wäre der Privatkläger durch ein Verschulden des Staates rechtlos gestellt.[47]

6. Jugendlicher Straftäter. Für eine Tat, die der Beschuldigte als Jugendlicher begangen hat, kommt ein Sühneversuch nach Absatz 1 schon deshalb nicht in Betracht, weil gegen einen Jugendlichen **keine Privatklage** zulässig ist (§ 80 Abs. 1 Satz 1 JGG). Zwar kann gegen einen jugendlichen Privatkläger Widerklage erhoben werden (§ 80 Abs. 2 JGG); jedoch erfordert diese keinen Sühneversuch (Rn. 42). Ob gleichwohl nach anderen Bestimmungen ein Sühneversuch zulässig ist, richtet sich nach Landesrecht. 46

V. Straftaten im Sühnetermin

Ob Straftaten, namentlich **Beleidigungen**, die im Sühnetermin begangen werden, ihrerseits zu bestrafen sind, ist nach sachlichem Strafrecht zu beurteilen.[48] Dabei ist zu beachten, um welchen der Tatbestände der §§ 185 ff. StGB es sich jeweils handelt. Formalbeleidigungen, tätliche Beleidigungen (§§ 185, 192 StGB) und Verleumdungen (§ 187 StGB) sind auch im Sühnetermin Straftaten und weder durch Rechtfertigungs- noch durch Entschuldigungsgründe gedeckt. Der Wunsch, sich Luft zu machen, muss beherrscht werden; zurücktreten muss auch der Gesichtspunkt, dass nach solchen Entladungen bisweilen die Vergleichsbereitschaft des Unbeherrschten größer wird. Dagegen wird die Wiederholung solcher Tatsachen, in deren Behauptung der Antragsteller eine üble Nachrede (§ 186 StGB) erblickt, häufig gerade im Sühnetermin der Wahrnehmung berechtigter Interessen (§ 193 StGB) dienen. Man muss sich im Sühnetermin darüber unterhalten können, welche Aussichten ein Wahrheitsbeweis hat; dabei wird es meist gar nicht zu vermeiden sein, dass der Beleidiger seine Behauptung wiederholt, präzisiert und vielleicht sogar noch erweitert.[49] 47

§ 381
Erhebung der Privatklage

[1]Die Erhebung der Klage geschieht zu Protokoll der Geschäftsstelle oder durch Einreichung einer Anklageschrift. [2]Die Klage muß den in § 200 Abs. 1 bezeichneten Erfordernissen entsprechen. [3]Mit der Anklageschrift sind zwei Abschriften einzureichen.

Schrifttum

Bohlander Zu den Anforderungen an die Privatklageschrift nach § 381 StPO, NStZ **1994** 420; *Lütz-Binder*, Rechtswirklichkeit der Privatklage und Umgestaltung zu einem Aussöhnungsverfahren, Diss. Mannheim, 2010.

---

46 BezG Meiningen NStZ **1992** 404 mit Anm. *Rieß*; SK/*Velten* 22; AK/*Rössner* 11, 18; HK/*Weißer* 10; **a.A.** LG Neubrandenburg NStZ **1995** 149; wohl auch *Kurth* NStZ **1997** 1.

47 *Rieß* NStZ **1992** 404; NJ **1992** 245.

48 Vgl. *W. Müller* GA **1961** 162.

49 Vgl. OLG Braunschweig GA **1962** 83.

https://doi.org/10.1515/9783110275001-012

Entstehungsgeschichte

Die als § 421 Gesetz gewordene Vorschrift hat ihre jetzige Bezeichnung durch das Gesetz zur Stärkung des Rechts des Angeklagten auf Vertretung in der Berufungsverhandlung und über die Anerkennung von Abwesenheitsentscheidungen in der Rechtshilfe vom 27.7.2015 erhalten (Art. 1 Nr. 13, BGBl. I 1332 ff.).

Übersicht

1 **1. Amtsgericht.** Die Klage wird bei dem örtlich zuständigen **Amtsgericht** (§§ 7 ff.) erhoben (§ 25 Nr. 1 GVG; § 108 Abs. 2 JGG, vgl. Vor § 374, 12), und zwar entweder **schriftlich** oder zu Protokoll der Geschäftsstelle. Im ersten Fall muss die Klage erkennen lassen, wer sie erhebt.[1] Dazu braucht das Schriftstück nicht unbedingt eigenhändig unterschrieben zu sein.[2] Wird die Privatklage allerdings durch einen **Rechtsanwalt** erhoben, ist sie nach § 32d Satz 2 als **elektronisches Dokument** zu übermitteln (vgl. § 396, 1 f.).

2 Wird die Klage zu **Protokoll der Geschäftsstelle** erklärt – es braucht nicht die Geschäftsstelle des zuständigen Gerichts zu sein, denn das Protokoll genügt stets der Schriftform –, so ist sie erst mit dem Eingang beim zuständigen Gericht wirksam erhoben.[3] Ob der Urkundsbeamte die Verantwortung für die Fassung übernimmt, ist hier – anders als nach § 345 Abs. 2 – unerheblich. Von den beiden Abschriften (Satz 3) ist eine für den Beschuldigten bestimmt (vgl. § 382). Die andere ist für die Staatsanwaltschaft gedacht, der nach der bis 1942 geltenden Fassung des § 382 (vgl. dessen Entstehungsgeschichte) die Privatklage in jedem Fall mitzuteilen war. Bei Klageerhebung zu Protokoll der Geschäftsstelle lässt das Gericht die **Abschriften** fertigen.

3 **2. Bezugnahme.** auf andere Schriftstücke (z.B. auf den Strafantrag) ist zwar nicht zu empfehlen, aber auch nicht schlechthin unzulässig;[4] dann aber muss eine Abschrift der in Bezug genommenen Schriftstücke mit zugestellt werden.

4 **3. Inhalt.** Die Privatklage muss inhaltlich den Erfordernissen einer – öffentlichen – **Anklageschrift** (§ 200) entsprechen (Satz 2).[5] Sie hat mithin zunächst das Gericht und den Beschuldigten zu bezeichnen (keine Privatklage gegen Unbekannt).[6] Allerdings sollten die Anforderungen an den anwaltlich nicht vertretenen Kläger nicht überspannt werden;[7] so genügt grundsätzlich die Angabe des Namens und der Anschrift des Beschuldigten, die Angabe seines Geburtsdatums ist nicht unbedingt erforderlich.[8] Anzugeben sind ferner die verletzte Strafbestimmung und die Beweismittel.[9] Vor allem aber muss

---

1 KK/*Walther* 2 (genaue Bezeichnung des Klägers).
2 Vgl. zur Anklageschrift MüKo/*Wenske* § 200, 124.
3 KK/*Walther* 2; SK/*Velten* 4.
4 BayObLGSt **28** 18.
5 Zu Ergebnissen der Rechtstatsachenforschung vgl. etwa *Lütz-Binder* 87 f.
6 AK/*Rössner* 2; vgl. auch *v. Hippel* JW **1928** 2193; *Hofmann* GA **76** (1932) 16.
7 Vgl. auch *Bohlander* NStZ **1994** 420; HK/*Weißer* 4 (zutreffend auf die Fürsorgepflicht des Gerichts hinweisend).
8 LG Krefeld NJW **2005** 3438.
9 Vgl. MüKo/*Wenske* § 200, 64 ff.

die Anklageschrift die Tat (§ 264)[10] unter Hervorhebung ihrer gesetzlichen Merkmale[11] den Maßgaben des § 200 Abs. 1 entsprechend genau bezeichnen (s. § 200, 13 ff.).[12] Es muss zweifelsfrei erkennbar sein, in welchem genauen, unverwechselbaren historischen Vorgang die Straftat erblickt wird; darauf kommt es wegen des späteren Umfangs der Rechtskraft an. Die Darstellung eines wesentlichen Ermittlungsergebnisses (§ 200 Abs. 2) ist nicht erforderlich.[13]

Die Klage kann nicht von einer **Bedingung** – z.B. Prozesskostenhilfebewilligung – **5**
abhängig gemacht werden (s. 379, 24).[14] Ob eine Privatklage anhängig ist, muss wegen der großen Bedeutung dieser Frage (s. auch § 375 Abs. 2) jederzeit eindeutig feststehen.

4. Bevollmächtigte. Der Privatkläger kann die Klage auch durch **Bevollmächtigte** **6**
erheben, die nicht Rechtsanwälte sind. Die Beschränkung auf Rechtsanwälte (§ 378 Satz 1) gilt nur für die Hauptverhandlung (§ 378, 1).

5. Sühnebescheinigung. Wegen der **Sühnebescheinigung** vgl. § 380, 36; wegen **7**
des Gerichtskostenvorschusses § 379a, 1 ff. Fehlt die Sühnebescheinigung oder ist die Klage sonst nicht vorschriftsmäßig erhoben, so ist sie durch Beschluss zurückzuweisen (§ 471 Abs. 2). Wegen der dagegen zulässigen Rechtsmittel vgl. § 383, 14 ff. Nach Beseitigung eines solchen behebbaren Mangels ist eine erneute Klageerhebung zulässig[15] (§ 380, 28; 383, 17); vgl. indes zum fehlenden oder nicht fristgerechten Gebührenvorschuß § 379a, 14).

§ 382
Mitteilung der Privatklage an den Beschuldigten

Ist die Klage vorschriftsmäßig erhoben, so teilt das Gericht sie dem Beschuldigten unter Bestimmung einer Frist zur Erklärung mit.

Entstehungsgeschichte

Die Vorschrift war als § 422 Gesetz geworden und bestimmte über den geltenden Inhalt hinaus, dass die Klage „der Staatsanwaltschaft zur Kenntnisnahme" mitzuteilen war. Durch Art. 9 § 9 Abs. 2 der 2. VereinfVO wurde dieses Erfordernis gestrichen, nachdem § 377 Abs. 1 durch dieselbe Verordnung das Gericht verpflichtete, dem Staatsanwalt die Akten vorzulegen, wenn es die Übernahme durch ihn für geboten hält. Das VereinhG hat diese Regelung beibehalten. Ihre aktuelle Bezeichnung hat die Vorschrift durch das Gesetz zur Stärkung des Rechts des Angeklagten auf Vertretung in der Berufungsverhandlung und über die Anerkennung von Abwesenheitsentscheidungen in der Rechtshilfe vom 17.7.2015 erhalten (Art. 1 Nr. 13, BGBl. I 1332 ff.).

---

10 Vgl. im Einzelnen MüKo-*Wenske* § 200, 14 ff.
11 Vgl. MüKo-*Wenske* § 200, 42 ff.
12 BGHSt **5** 227; verfehlt AG Bonn MDR **1965** 766.
13 KK/*Walther* 3.
14 § 379, 24; Meyer-Goßner/*Schmitt* 2; SK/*Velten* 5; **a.A.** LG Frankfurt NJW **1953** 793; LG Köln MDR **1958** 622; KMR/*Kulhanek* 4 (differenzierend); HK/*Weißer* 2.
15 KK/*Walther* 5.

https://doi.org/10.1515/9783110275001-013

Übersicht

1 **1. Vorschriftsmäßig erhoben** ist die Klage, wenn sie den Maßgaben der §§ 379 bis 381 – i.V.m. § 200 Abs. 1 – entspricht. Bei der Prüfung ist – vergleichbar mit § 201 (s. § 201, 14 ff.) – wie folgt zu differenzieren:

2 **a) Prozessvoraussetzungen. Unbehebbare** und **unzweifelhafte** Prozessvoraussetzungen im Sinne von **Befassungsverboten** sind bereits von Amts wegen vor der Mitteilung gerichtlich zu prüfen. Fehlt es an der Gerichtsbarkeit gegenüber dem Beschuldigten (§§ 18 ff. GVG), ist dieser strafunmündig oder ist die Tat verjährt, hindern diese Befassungsverbote die gerichtliche Mitteilung. Dies gilt gleichermaßen, wenn ein Abgeordneter unverfolgbar ist (Art. 46 GG; Ausnahme: § 187 StGB). Ihm darf die Klage erst nach der durch das Gericht im Anschluss an seine Prüfung der Zulässigkeit der Privatklage sowie nach der Annahme des hinreichenden Tatverdachts beim betreffenden Parlament einzuholenden Genehmigung mitgeteilt werden (Nr. 192 Abs. 4 RiStBV; § 383, 4);[1] anderenfalls würde Gerichtsbarkeit ausgeübt und der Beschuldigte zur Verantwortung gezogen. Die Zustellung einer nicht vorschriftsmäßig erhobenen Privatklage kann eine Amtshaftung auslösen.[2] Zu berücksichtigen ist ferner eine anderweitige Rechtshängigkeit; etwa bei zeitlich früherer Erhebung der Privatklage durch einen anderen Privatklageberechtigten (gesetzliche Vertreter im eigenen Namen erhoben).[3] Die Mitteilung unterbleibt ferner, wenn von oder gegen einen **Prozessunfähigen** Privatklage erhoben worden ist. Hier fehlt es an einer die Mitteilungspflicht des Gerichts bewirkenden wirksamen Prozesshandlung.

3 Kann ein **Verfahrenshindernis** noch **behoben** werden, hat das Gericht dem Privatkläger hierfür eine Frist zu setzen. So etwa, wenn sich die Beschreibung der prozessualen Tat als ungenügend erweist (s. § 381, 3).

4 Hingegen sind Prozessvoraussetzungen in Form von **Bestrafungsverboten**, etwa ein fehlender oder zurückgenommener Strafantrag, erst im Rahmen von § 383 zu prüfen und hindern die Mitteilung selbst nicht.

5 **b) Zulässigkeitsfragen.** Ist die Klage in formeller Hinsicht nicht vorschriftsmäßig erhoben, hat das Gericht zu prüfen, ob der Mangel behoben werden kann. Ist das möglich, hat es dem Kläger auch insoweit eine Frist zur Behebung des Mangels zu setzen, z.B. für das Beibringen der Sühnebescheinigung (§ 380), für das Erbringen der Sicherheitsleistung (§ 379) oder für die Zahlung des Gebührenvorschusses (§ 379a Abs. 1).[4] In Betracht kommt auch das Nachholen fehlender Angaben,[5] wie etwa der Adresse des Beschuldigten. Läuft diese Frist fruchtlos ab oder ist der Mangel seiner Art nach nicht behebbar, wird die Klage durch Beschluss kostenpflichtig zurückgewiesen (§ 471 Abs. 2).

1 OVG Brandenburg NStZ-RR **2012** 55, 56 ff.
2 LG Lüneburg NJW **1961** 2349.
3 *Dempewolf* 280 f.
4 Vgl. auch *Bohlander* NStZ **1994** 420 (Pflicht zur eingehenden Belehrung); HK/*Weißer* 2.
5 Vgl. auch *Bohlander* NStZ **1994** 420 (Pflicht zur eingehenden Belehrung); HK/*Weißer* 2.

c) Inhaltliche Fragen. Die Mitteilung an den Beschuldigten wird allerdings auch dann erwirkt, wenn die Klage gegen den Falschen erhoben zu sein scheint oder wenn die behauptete Tat nicht strafbar ist. Diese oder vergleichbare Bewertungsfragen sind allein der Entscheidung nach § 383 überantwortet.[6] 6

Zur Anfechtbarkeit des **Zurückweisungsbeschlusses** vgl. § 383, 14 ff.; zum Verbrauch der Strafklage § 383, 17. 7

2. Zusammentreffen von Privatklage- und Offizialdelikt. Handelt es sich bei der behaupteten Tat nach Ansicht des Richters um kein Privatklage-, sondern um ein **Offizialdelikt** (vgl. § 374, 23 ff.; § 376, 23 ff.; § 377, 14 ff.), legt er die Sache nach § 377 Abs. 1 Satz 2 der Staatsanwaltschaft vor. Erscheint dies nicht angebracht[7] oder lehnt der Staatsanwalt die Übernahme ab, muss der Richter die Privatklage zurückweisen. Steht das behauptete Privatklagedelikt in **Tateinheit** mit einem Offizialdelikt (§ 374, 22; § 376, 23 ff.; § 377, 14 ff.), kann der Richter die Sache ebenfalls ohne Mitteilung an den Beschuldigten der Staatsanwaltschaft vorlegen. Lehnt diese die Übernahme ab, wird es sich im allgemeinen nicht empfehlen, die Privatklage schon jetzt mit der Begründung zurückzuweisen, dass Tateinheit mit einem Offizialdelikt vorliege.[8] Vielmehr werden derartige Meinungsverschiedenheiten meist auf einer tatsächlichen Ungewissheit beruhen, der oft gerade durch die vorgeschriebene Anhörung des Beschuldigten abgeholfen werden kann. 8

3. Mitteilung an den Beschuldigten. Inhaltlich entspricht die Mitteilungspflicht der des § 201 Abs. 1. Sie soll dem Beschuldigten die Möglichkeit eröffnen, vor der Beschlussfassung (§ 383) Einwendungen vorzubringen. Unter den Voraussetzungen des § 145a Abs. 1 kann sie auch an den **Verteidiger** des Beschuldigten gerichtet werden.[9] Die Sicherung des **rechtlichen Gehörs** wird in den Motiven[10] namentlich damit begründet, dass die Erklärung des Beschuldigten gegenüber dem Vorwurf des Verletzten, einem – im Gegensatz zur unbefangenen Staatsanwaltschaft – als Partei am Ausgang des Verfahrens interessierten Kläger, nicht selten genügen würde, und die Unzulässigkeit der Klage darzutun oder die erhobene Anschuldigung zu entkräften. 9

Die Mitteilung zur Erklärung ist **keine Anordnung einer ersten Vernehmung**; mit ihr tritt daher keine Unterbrechung der Verjährung ein (§ 78c Abs. 1 Nr. 1 StGB).[11] In ihr kann auch keine Bekanntgabe der Einleitung eines Verfahrens nach § 78c Abs. 1 Nr. 1, 2. Alt. StGB gesehen werden, da dem Privatklageverfahren ein Ermittlungsverfahren fremd ist.[12] Im Hinblick auf die Bedeutung der Mitteilung für den Beschuldigten sollte sie – im Falle eines unverteidigten Beschuldigten – gleichwohl aus Fairnessgründen mit einer Belehrung gemäß § 136 Abs. 1 Satz 2 verbunden werden.[13] 10

---

6 **A.A.** LR/*Hilger*[26] 3; *Eb. Schmidt* 3; KK/*Walther* 4; Meyer-Goßner/*Schmitt* 1; hingegen will SK/*Velten* 6 grundsätzlich jede inhaltliche Prüfung, auch eine solche von Prozessvoraussetzungen, erst im Rahmen der Eröffnungsentscheidung vornehmen.

7 Vgl. *Dempewolf* 300.

8 *Dempewolf* 300 ff.

9 KK/*Walther* 5.

10 *Hahn* Mat. **I** 272.

11 BayObLG MDR **1978** 72.

12 KK/*Walther* 5.

13 SK/*Velten* 3.

11 Eine **Beteiligung der Staatsanwaltschaft** ist grundsätzlich nicht vorgesehen. Das Gericht bringt ihr die Mitteilung allerdings durch Aktenvorlage zur Kenntnis, wenn es die Übernahme des Verfahrens durch sie für geboten hält (§ 377 Abs. 1 Satz 2).[14]

§ 383
Eröffnungs- und Zurückweisungsbeschluss; Einstellung bei geringer Schuld

(1) [1]Nach Eingang der Erklärung des Beschuldigten oder Ablauf der Frist entscheidet das Gericht darüber, ob das Hauptverfahren zu eröffnen oder die Klage zurückzuweisen ist, nach Maßgabe der Vorschriften, die bei einer von der Staatsanwaltschaft unmittelbar erhobenen Anklage anzuwenden sind. [2]In dem Beschluß, durch den das Hauptverfahren eröffnet wird, bezeichnet das Gericht den Angeklagten und die Tat gemäß § 200 Abs. 1 Satz 1.

(2) [1]Ist die Schuld des Täters gering, so kann das Gericht das Verfahren einstellen. [2]Die Einstellung ist auch noch in der Hauptverhandlung zulässig. [3]Der Beschluß kann mit sofortiger Beschwerde angefochten werden.

Schrifttum

Bloy Zur Systematik der Einstellungsgründe im Strafverfahren, GA **1980** 161; *Feiber* Beschlagnahme im Privatklageverfahren, NJW **1964** 709; *Gantzer* Die Rechtskraft prozessualer Beschlüsse und Verfügungen, Diss. München 1967; *Herlan* Die Beweiserhebung im Privatklageverfahren, DRiZ **1963** 188; *Kempfler* Anfechtung des Einstellungsbeschlusses im Privatklageverfahren, NJW **1962** 475; *Koch* Anhörung vor Einstellung des Privatklageverfahrens? DRiZ **1967** 160; *Krehl* Die Einstellung des Privatklageverfahrens wegen geringer Schuld (§ 383 II StPO), NJW **1988** 3254; *Kuhn* Die Beweiserhebung im Privatklageverfahren, DRiZ **1963** 188; *Lütz-Binder*, Rechtswirklichkeit der Privatklage und Umgestaltung zu einem Aussöhnungsverfahren, Diss. Mannheim, 2010; *Meynert* Sofortige Beschwerde des Privatbeklagten gegen Einstellung wegen Geringfügigkeit, MDR **1973** 7; *Nierwetberg* Die Feststellung hinreichenden Tatverdachts bei der Eröffnung insbesondere des Privatklageverfahrens, NStZ **1989** 212; *ders.* Keine Kostenbelastung des Beschuldigten bei der Einstellung nach § 383 II StPO vor Schuldspruchreife? NJW **1989** 1978; *Niethammer* Über die Anfechtbarkeit der Beschlüsse, durch die ein Gericht ein Privatklageverfahren wegen Geringfügigkeit von Schuld und Tat einstellt, JZ **1952** 297; *Sangmeister* Polizeilicher Vollzug von Beschlagnahmebeschlüssen im Privatklageverfahren, NJW **1964** 16.

Entstehungsgeschichte

Die als § 423 Gesetz gewordene Vorschrift enthielt ursprünglich nur den jetzigen Absatz 1 Satz 1. Art. 7 Nr. 17 StPÄG 1964 fügte ihm den jetzigen Satz 2 an. Absatz 2 ist aus dem Sechsten Teil Kap. I § 7 der 2 AusnVO hervorgegangen. Er hatte folgenden Wortlaut:

(1) [1]Sind bei einem im Wege der Privatklage verfolgten Vergehen die Schuld des Täters gering und die Folgen der Tat unbedeutend, so kann das Gericht von Erhebung der Privatklage an bis zur Verkündung des Urteils erster Instanz und, soweit zulässige Berufung eingelegt ist, bis zur Verkündung des Urteils zweiter Instanz das Verfahren durch Beschluss einstellen. [2]Zur Einstellung des Verfahrens

14 Zu den vom Gericht von Amts wegen zu beachtenden Mitteilungspflichten vgl. die Bestimmungen der MiStra.

https://doi.org/10.1515/9783110275001-014

bedarf es weder der Zustimmung der Staatsanwaltschaft noch der des Privatklägers noch der des Beschuldigten.

(2) [1]Wird das Verfahren nach Abs. 1 eingestellt, so kann das Gericht die in dem Verfahren entstandenen Auslagen sowie die dem Privatkläger und dem Beschuldigten erwachsenen notwendigen Auslagen angemessen verteilen oder dem Beschuldigten ganz auferlegen. [2]Eine Gebühr wird nicht erhoben. [3]Die Einstellung nach Abs. 1 kann auch erfolgen, bevor der von dem Privatkläger zu zahlende Gebührenvorschuß eingezahlt ist.

(3) Gegen die Einstellung findet sofortige Beschwerde statt.

Durch Art. 3 Nr. 164 VereinhG ist § 7 Abs. 1 Satz 1 der Ausnahmeverordnung mit Ausnahme der Vorschriften über die Einstellung im Berufungsverfahren – diese wurden nach § 390 Abs. 5 übernommen (Art. 3 Nr. 170 VereinhG) – als Absatz 2 Satz 1 und 2 und § 7 Abs. 3 als Absatz 2 Satz 3 in § 383 eingearbeitet worden. § 7 Abs. 1 Satz 2 wurde ersatzlos gestrichen, sein Absatz 2 in § 471 Abs. 3 Nr. 2 eingestellt (Art. 3 Nr. 200 VereinhG). Durch Art. 10 Nr. 6 StPÄG 1964 sind in Absatz 2 Satz 1 die Worte „und sind die Folgen der Tat unbedeutend" gestrichen worden. Ihre aktuelle Bezeichnung erhielt die Vorschrift durch das Gesetz zur Stärkung des Rechts des Angeklagten auf Vertretung in der Berufungsverhandlung und über die Anerkennung von Abwesenheitsentscheidungen in der Rechtshilfe vom 17.7.2015 (Art. 1 Nr. 13, BGBl. I 1332 ff.).

Übersicht

Alphabetische Übersicht

I. Verweisung (Absatz 1 Satz 1)

1 **1. Eröffnung des Hauptverfahrens.** Die Bestimmungen, auf die Absatz 1 verweist, sind die §§ 199 ff. Im Privatklageverfahren ergeben sich bei ihrer Anwendung einige **Besonderheiten**. Zuständig für die Entscheidung über die Eröffnung des Hauptverfahrens oder die Nichteröffnung (hier Zurückweisung der Privatklage genannt) ist der Richter beim Amtsgericht als Strafrichter (§ 199 Abs. 1; § 383; § 25 Nr. 1 GVG); in Verfahren gegen Heranwachsende der Jugendrichter (§§ 2, 109 Abs. 1, § 108 Abs. 2 JGG). Über einzelne Beweiserhebungen vgl. Rn. 9.

2 **Untersuchungshaft** (§ 207 Abs. 4) kann nicht angeordnet werden (Vor § 112, 63; § 387, 23). Ein **beschleunigtes Verfahren** (§§ 417 ff.) findet im Privatklagesachen nicht statt; der nach § 417 hierzu erforderliche Antrag der Staatsanwaltschaft kann nicht durch einen Antrag des Privatklägers ersetzt werden.[1]

3 **2. Weiterer Schriftsatzwechsel.** Das Gesetz schreibt nicht vor, die etwaige Erklärung des Beschuldigten dem Privatkläger zuzustellen. Ein derartiger Schriftsatzwechsel widerspräche dem Geist des Strafverfahrensrechts. Er wäre im Privatklageverfahren auch deshalb unzweckmäßig, weil er die ohnehin leicht auftretende Neigung begünstigen würde, das Verfahren auf weitere, nicht zum Gegenstand der Klage gehörende Vorgänge auszudehnen. Für den Strafrichter wird es sich daher gewöhnlich empfehlen, nach Eingang der Erklärung oder Fristablauf **rasch über die Eröffnung** zu **entscheiden**. Kommt es zu einem Schriftwechsel, so darf nichts, was einer Partei nicht mitgeteilt worden ist, zu ihren Ungunsten berücksichtigt werden.[2]

II. Gegenstand der Prüfung

4 **1. Allgemeine Verfahrensvoraussetzungen.** Das **Vorliegen** der allgemeinen Verfahrensvoraussetzungen sowie das **Fehlen** von Verfahrenshindernissen muss das Gericht von Amts wegen feststellen. In Betracht kommen: Gerichtsbarkeit, Prozessfähigkeit des Beschuldigten, örtliche Zuständigkeit, Strafantrag (soweit erforderlich), Rechtskraft,

1 *Dempewolf* 481; allg. M.
2 Vgl. BVerfGE **8** 184; BayVerfGH Rpfleger **1961** 147.

etwa Vorliegen eines Nichteröffnungsbeschlusses nach § 204,[3] anderweitige Rechtshängigkeit, Verjährung usw. (vgl. § 382, 2ff.). Ist der Beschuldigte Abgeordneter, hat das Gericht nach Prüfung der Zulässigkeit der Privatklage sowie nach Bejahung des hinreichenden Tatverdachts beim betreffenden Parlament auf die Aufhebung der Immunität des Beschuldigten anzutragen.[4]

2. Besondere förmliche Voraussetzungen. Zu ihnen zählen: Prozessfähigkeit und Klageberechtigung des Privatklägers, Sühnebescheinigung, soweit nach § 380 erforderlich, sowie Wahrung der in §§ 379 bis 382 vorgeschriebenen Formen. Auch § 392 ist zu beachten (§ 391, 13). 5

3. Sachliche Voraussetzungen. Die sachlichen Voraussetzungen des Privatklageverfahrens, d.h. die Frage, ob es sich um ein – reines – Privatklagedelikt handelt, können aus tatsächlichen Gründen zweifelhaft sein. Auszugehen ist zunächst von der Sachdarstellung der Anklageschrift.[5] Ist der darin vorgetragene Sachverhalt entweder überhaupt nicht strafbar oder kein Privatklagevergehen oder enthält er ein Privatklagevergehen nur in Tateinheit mit einem – verfolgbaren – Offizialdelikt, fehlt es ohne weiteres an dieser Zulässigkeitsvoraussetzung. 6

Behauptet der Privatkläger einen Hergang, der ein – reines – Privatklagevergehen enthalten würde, hat aber ein Richter **Bedenken** gegen die Richtigkeit dieser Darstellung, ist das eine Frage des hinreichenden Verdachts i.S.v. § 203 (Rn. 8ff.). Das gilt z.B. auch dann, wenn der Richter damit rechnet, das Privatklageverfahren stehe – anders als der Privatkläger vorträgt – in Tateinheit mit einem Offizialdelikt. Die entscheidende Frage ist dann, ob diese Ausnahme so naheliegt, dass der Beschuldigte eines reinen Privatklagevergehens nicht mehr ausreichend verdächtig ist.[6] 7

4. Hinreichender Tatverdacht. § 203 kann nur entsprechend angewendet werden, weil **keine Ergebnisse eines vorbereitenden Verfahrens** vorliegen. An deren Stelle treten die Angaben der Privatklage, die einer Schlüssigkeits- und Wahrscheinlichkeitsprüfung zu unterziehen sind. Ob sie glaubhaft sind, wird in aller Regel erst die Hauptverhandlung ergeben können.[7] Ausnahmen kommen jedoch vor. Der Fall, dass überhaupt keine Beweismittel angegeben sind, wird selten sein; zum mindesten wird der Privatkläger selbst bereit sein, die Richtigkeit seines Klagevortrags zu bestätigen, oder der Beschuldigte bestreitet möglicherweise nicht. Jedenfalls ist es grundsätzlich Sache des Privatklägers, die für die Feststellung des hinreichenden Tatverdachts notwendigen **Beweismittel zu benennen** (§ 381, 4; § 382, 2) bzw. vorzulegen, soweit ihm dies möglich ist; eine Pflicht zur **Vorlage** von Beweismitteln besteht aber mangels gesetzlicher Regelung nicht.[8] Deshalb kann nicht die Klage mit der Begründung der Nichtvorlage zurückgewiesen werden,[9] wohl aber mit der Begründung, allein aus der Anklage und aus den 8

3 OLG Köln NJW **1952** 1152; KK/*Walther* 2.
4 OVG Brandenburg NStZ-RR **2012** 55, 56ff.
5 RGSt **9** 327; KK/*Walther* 4.
6 Vgl. BayObLGSt **1953** 260; § 374, 17ff.
7 *Thomas* AnwBl. **1979** 129; Meyer-Goßner/*Schmitt* 5; s. auch (ähnlich: geringeres Maß an Verurteilungswahrscheinlichkeit genügt) SK/*Velten* 4ff., 11ff., 13.
8 HK/*Weißer* 5; AK/*Rössner* 3; **a.A.** LG Wuppertal JR **1967** 350 mit abl. Anm. *Sarstedt*; *Nierwetberg* NStZ **1989** 212.
9 AK/*Rössner* 4; **a.A.** *Nierwetberg* NStZ **1989** 212; vgl. auch HK/*Weißer* 5.

benannten Beweismitteln ergebe sich noch kein hinreichender Tatverdacht, falls nicht eine Erhebung einzelner Beweise in Betracht kommt (Rn. 9).[10]

9 **5. Einzelne Beweiserhebung.** Der Richter kann, ehe er über die Eröffnung des Hauptverfahrens entscheidet, den Privatkläger bitten, Beweismittel zu benennen (Rn. 8) oder vorzulegen, oder **einzelne Beweiserhebungen** nach § 202 Satz 1 anordnen, und zwar entweder auf Antrag einer der Parteien oder von Amts wegen.[11] Ein „nichtöffentlicher ‚Sachaufklärungstermin'"[12] zum Zwecke der Vernehmung von Privatkläger und Beschuldigtem nimmt in unzulässiger Weise das Hauptverfahren – dann gar unter Ausschluss der Öffentlichkeit – vorweg.[13] Der Richter hat bei seiner Entscheidung einen **breiten Beurteilungsspielraum**; dabei hat er einerseits die Interessen des Beschuldigten, insbesondere die Vermeidung einer Diskriminierung, andererseits die Interessen und die Lage des Privatklägers, namentlich seine nicht selten eingeschränkten Möglichkeiten zu Aufklärung und zur Benennung von Beweismitteln zu beachten.[14] Je nach Sachlage kann dies auch zu einer Verpflichtung zur Erhebung einzelner Beweise führen.[15] Zulässig sind Beweiserhebungen aller Art, so die Heranziehung von Urkunden, namentlich von Akten, aber auch die Vernehmung des Beschuldigten, des Privatklägers, eines Sachverständigen oder von Zeugen durch den Richter selbst sowie die Einnahme eines richterlichen Augenscheins, wobei Privatkläger und Beschuldigter ein Recht auf Anwesenheit nach §§ 168c und 168d haben.[16] Dass außer dem Verteidiger des Beschuldigten auch der Rechtsanwalt als Beistand des Privatklägers an solchen richterlichen Handlungen teilnehmen darf, folgt aus § 378 Satz 1 (vgl. § 378, 3 ff.).

10 Der Richter kann die Beweise auch durch ein anderes Amtsgericht im Weg der **Rechtshilfe** (§§ 157, 158 GVG), durch seine Geschäftsstelle[17] oder durch die Polizei[18] erheben lassen (s. auch die Erl. zu § 202).

11 Hat der Richter weitere Beweise erhoben, ohne Privatkläger oder Beschuldigten beteiligt zu haben, muss er ihnen vor seiner Entscheidung, ob er das Verfahren eröffnen oder die Privatklage zurückweisen will, **Gelegenheit zur Äußerung** (§ 33 Abs. 3) geben.[19] Dass solche Beweiserhebungen sich häufig (s. aber Rn. 9) ebensowenig empfehlen wie die Herbeiführung eines Schriftsatzwechsels (Rn. 3) zwischen den Parteien, hat die Praxis gezeigt.[20]

III. Beschluss

12 **1. Eröffnung des Hauptverfahrens (Absatz 1 Satz 2).** Der Richter erlässt einen Beschluss, mit dem er entweder das Hauptverfahren eröffnet oder die Privatklage zurück-

10 Vgl. HK/Weißer 5.
11 Vgl. Meyer-Goßner/*Schmitt* 4; AK/*Rössner* 3.
12 Vgl. hierzu den mitgeteilten Sachverhalt von BVerfG Beschl. v. 14.1.2008 – 1 BvR 1975/06-, juris; vgl. auch OLG Nürnberg BeckRS **2010** 17635.
13 **A.A.** HK/*Weißer* 6; SK/*Velten* 4 ff.
14 Ähnlich AK/*Rössner* 4.
15 Vgl. die Erl. zu § 202; s. auch *Nierwetberg* NStZ **1989** 212.
16 HK/*Weißer* 7; zur Frage der Parteiöffentlichkeit bei Beweiserhebungen vgl. auch BayVerfGH NJW **1962** 513; *Trommer* DJ **1939** 1117; *Bettermann* DJ **1939** 1310.
17 In einfachen Sachen: BayVerfGH BayJMBl. **1962** 113; OLG Zweibrücken NJW **1966** 685.
18 HK/*Weißer* 7.
19 Zur Berücksichtigung offensichtlicher Tatsachen vgl. BVerfGE **12** 110.
20 Vgl. *Dempewolf* 317 ff.; s. auch *Sarstedt* JR **1967** 351.

weist. Der Inhalt des Eröffnungsbeschlusses ergibt sich aus Absatz 1 Satz 2. Der Beschluss muss einmal die **Formulierung** des Anklagesatzes (§ 200 Abs. 1 Satz 1) enthalten, wie sie im Offizialverfahren der Staatsanwalt vornehmen würde, und darüber hinaus die Privatklage zur Hauptverhandlung zulassen. Durch den Eröffnungsbeschluss wird der Verhandlungsstoff für die Hauptverhandlung festgelegt.[21] Er wird alsdann vom Strafrichter an dem Punkt der Hauptverhandlung verlesen, an dem im Offizialverfahren der Staatsanwalt den Anklagesatz verliest (§ 384 Abs. 2 i.V.m. § 243 Abs. 3). Erst mit dem Eröffnungsbeschluss wird die Sache **rechtshängig**; vorher steht die Privatklage also weder einer anderen Privatklage noch einer öffentlichen Klage entgegen. Der Angeklagte kann den Eröffnungsbeschluss nicht anfechten (§ 210 Abs. 1; s. Rn. 14).

2. Zurückweisung der Privatklage. Sie ist der Sache nach ein Nichteröffnungsbeschluss nach § 204 Abs. 1[22] und ist wie dieser zu begründen. Wie der Nichteröffnungsbeschluss muss auch der Zurückweisungsbeschluss eine Kostenentscheidung enthalten, und zwar muss er die Kosten einschließlich der notwendigen Auslagen des Beschuldigten dem Privatkläger auferlegen (§ 471 Abs. 2). Zur Rücknahme der Klage vor Eröffnung vgl. § 391, 13. 13

IV. Rechtsmittel

1. Gegen die Sachentscheidung. Dem Angeklagten stehen gegen den **Eröffnungsbeschluss** (Rn. 12) keine Rechtsmittel zu. Der Privatkläger kann den Eröffnungsbeschluss mangels Beschwer nicht anfechten. Auch die Staatsanwaltschaft hat kein Rechtsmittel; will diese geltend machen, dass es sich um ein Offizialdelikt handle, muss sie die Verfolgung nach § 377 Abs. 2 Satz 1 übernehmen. Gegen die **Zurückweisung** der Privatklage (Rn. 13) kann der Privatkläger **sofortige Beschwerde** nach § 390 Abs. 1 Satz in Verb. mit § 210 Abs. 2 einlegen.[23] Dabei kommt es nicht darauf an, ob die Privatklage dem Beschuldigten nach § 382 mitgeteilt worden war. 14

Wird dagegen die Klage zurückgewiesen, weil sie nicht vorschriftsmäßig erhoben wurde (§ 382, 6), so ist **einfache Beschwerde** (§§ 382, 304) einzulegen; denn dieser Beschluss enthält keine Sachentscheidung.[24] Die Zurückweisung wegen Nichtzahlung des Gebührenvorschusses ist mit der sofortigen Beschwerde anfechtbar (§ 379a Abs. 3 Satz 2). 15

2. Gegen die Kostenentscheidung. Nach § 471 Abs. 2 hat der Privatkläger bei Zurückweisung der Privatklage die Kosten des Verfahrens einschließlich der notwendigen Auslagen des Beschuldigten zu tragen (Rn. 13). Wird der Zurückweisungsbeschluss auf sofortige Beschwerde des Privatklägers aufgehoben (Rn. 14), ist auch die Kostenentscheidung, und zwar selbst dann aufzuheben, wenn der Privatkläger diese nicht nach § 464 Abs. 3 Satz 1 angefochten hatte, weil auch deren Grundlage entfallen ist. 16

3. Folge der rechtskräftigen Zurückweisung. Die rechtskräftige Zurückweisung wegen mangelnden Tatverdachts oder aus Gründen des sachlichen Rechts hat nach § 211 zur **Folge**, dass eine neue Privatklage oder öffentliche Klage nur aufgrund neuer Tatsa- 17

21 Meyer-Goßner/*Schmitt* 6.
22 Vgl. KMR/*Kulhanek* 14; **a.A.** Meyer-Goßner/*Schmitt* 7 (§ 34).
23 *Schlüchter* 814.2; allg. M.
24 LG Hannover NdsRpfl. **1966** 18; h.M.; **a.A.** KK/*Walther* § 382, 1 (bzgl. Exterritorialität und Immunität).

chen und Beweismittel erhoben werden kann.[25] Hat der Strafrichter dagegen die Privatklage mit der Begründung zurückgewiesen, dass es sich um ein Offizialdelikt handle, gibt er die Sache nach Rechtskraft des Beschlusses – wie nach § 389 Abs. 2 – an die Staatsanwaltschaft ab (vgl. § 374, 24). Beruht schließlich die Zurückweisung auf anderen verfahrensrechtlichen Gründen, hängt die Tragweite der Rechtskraft davon ab, ob der Strafrichter endgültige oder behebbare Hindernisse angenommen hat;[26] beruht die Zurückweisung auf einem behebbaren Mangel, so kann nach dessen Beseitigung die Klage erneut erhoben werden.[27]

V. Widerklage

18 Die vorstehenden Ausführungen gelten uneingeschränkt auch für die Widerklage. Über sie muss ebenfalls nach § 383 Abs. 1 durch Beschluss entschieden werden und ist namentlich ein ausdrücklicher **Eröffnungsbeschluss** erforderlich.[28] Liegt zur Zeit des Beschlusses über die Privatklage schon die Widerklage vor, wird der Richter zweckmäßig über beide gleichzeitig beschließen. Vorgeschrieben ist das nicht, wie namentlich aus § 388 Abs. 3 erhellt, wonach nur – und zwar durch Urteil – über Klage und Widerklage gleichzeitig zu erkennen ist. Wegen weiterer Einzelheiten vgl. § 388, 23 ff.

VI. Einstellung wegen Geringfügigkeit (Absatz 2)

19 **1. Verfahrensrechtliche Voraussetzungen.** Die Einstellung setzt in den Fällen des § 380 Abs. 1 Satz 1 zunächst – wie die Eröffnung des Hauptverfahrens – voraus, dass der **Sühneversuch** stattgefunden hat oder als Verfahrensvoraussetzung entfallen ist.[29] Ob die Schuld des Täters gering ist, ist an sich keine verfahrensrechtliche, sondern eine **sachlich-rechtliche Frage**. Sie ist in Privatklagesachen grundsätzlich nicht anders zu beurteilen als nach § 153 Abs. 1 Satz 1 letzter Satzteil.[30]

20 **2. Verhältnis zu §§ 153, 153a.** Die Sonderregelung des Absatzes 2 verdrängt die allgemeine Regelung nach §§ 153, 153a,[31] wobei die Aufgabe des § 153a im Privatklageverfahren der – gerichtliche – Vergleich erfüllt (§ 391, 14 f.).[32] Die Frage, ob das Lösungsmodell des § 153a Abs. 2 überhaupt übertragbar ist auf das Privatklageverfahren, ist umstritten.[33] Zur Anwendbarkeit der §§ 154, 154a vgl. § 385, 18.

21 **3. Verhältnis zu Absatz 1.** Geringe Schuld ist immerhin Schuld. Ist der Sachverhalt, so wie der Privatkläger ihn dem Beschuldigten vorwirft, aus Rechtsgründen nicht straf-

---

25 Allg. M.
26 OLG Braunschweig GA **1953** 55; Meyer-Goßner/*Schmitt* 8; vgl. auch die Erl. zu § 211.
27 Vgl. OLG Hamm NJW **1984** 249; **a.A.** (enger) wohl KK/*Walther* § 382, 2.
28 LG Duisburg MDR **1953** 633; *Dempewolf* 388 f.; **a.A.** OLG Hamburg NJW **1956** 1890; BayObLG NJW **1958** 1149; vgl. § 388, 23.
29 LG Hamburg NJW **1973** 382.
30 Vgl. die Erl. zu § 153.
31 *Hirsch* FS Lange 823 ff.
32 Meyer-Goßner/*Schmitt* 11.
33 Vgl. z.B. *Hirsch* FS Lange 823 ff.; *Rieß* (Gutachten) 110; Strafrechtliche Abteilung des 55. DJT-Beschl. III 15; *Dreher* FS Welzel 939 ff.

bar – etwa wegen Tatbestandsmangels, Notwehr, fehlender Schuld, Wahrnehmung berechtigter Interessen –, so kann das Verfahren nicht wegen Geringfügigkeit eingestellt, vielmehr muss die Privatklage nach Absatz 1 zurückgewiesen werden. Gleiches gilt, wenn es – etwa nach inzwischen angestellten einzelnen Beweiserhebungen – am **hinreichenden Tatverdacht** fehlt. Auch hier geht die Zurückweisung nach Absatz 1 der Einstellung nach Absatz 2 vor. Ist die Hauptverhandlung schon durchgeführt und hat sich keine Straftat nachweisen lassen, muss der Angeklagte freigesprochen und darf das Verfahren nicht eingestellt werden.[34]

4. Kein Schuldnachweis. Die Einstellung wegen Geringfügigkeit setzt nicht voraus, dass die Schuld schon erwiesen wäre.[35] Ob die **Schuld erwiesen** ist, kann der Richter nach dem Aufbau des Strafverfahrens erst am Ende der Hauptverhandlung feststellen; vorher darf für ihn nichts erwiesen sein,[36] nicht einmal bei einem Geständnis.[37] Es handelt sich mithin um eine **vorläufige (hypothetische) Prüfung von Verdachtsgründen.**[38] Dabei dürfen auch eidesstattliche Versicherungen von Zeugen – nicht des Privatklägers oder des Beschuldigten – berücksichtigt werden.[39] Wollte man für die Einstellung erwiesene Schuld fordern, wäre sie grundsätzlich erst nach durchgeführter Hauptverhandlung möglich.[40] Das kann nicht der Sinn des Absatzes 2 sein, wie es das auch nicht bei § 153 Abs. 1 Satz 1 der Fall ist. Zwar hat der Gesetzgeber das dort nunmehr durch den Konjunktiv „wäre“ ausdrücklich geklärt; jedoch kann aus der unterbliebenen Anpassung nicht auf eine – hier unverständliche – härtere Regelung geschlossen werden.[41] 22

5. Geringfügigkeit (Absatz 2 Satz 1). Die Frage nach der Geringfügigkeit ist in der Weise zu stellen, dass der Sachverhalt unterstellt wird, dessen der Beschuldigte hinreichend verdächtig ist.[42] Es kann deshalb so sein, dass der hinreichende Tatverdacht zwar vorliegt, aber in geringerem Umfang als der Privatkläger behauptet; und dass der Rest – soweit nämlich der Verdacht in tatsächlicher Beziehung hinreichend ist – als geringfügig i.S.d. Absatzes 2 erscheint. Dann ist mit dieser Begründung nach Absatz 2 einzustellen. Dass diese Einstellung zum Teil auch auf Mangel an hinreichenden Verdacht beruht, steht nicht entgegen; um so weniger, als gegen die Einstellung nach Absatz 2 ebenso die sofortige Beschwerde gegeben ist wie gegen die Zurückweisung nach Absatz 1. 23

6. Kein öffentliches Interesse. Dass das Fehlen eines öffentlichen Interesses – so in § 153 Abs. 1 Satz 1 – nicht verlangt wird, versteht sich eigentlich von selbst. Wäre es vorhanden, müsste die Staatsanwaltschaft das Verfahren nach § 376 übernehmen. Verneint sie es später, gelten die Ausführungen zu § 376, 18 ff. 24

34 OLG Düsseldorf HESt **1** 218.
35 Meyer-Goßner/*Schmitt* 12; h.M.; **a.A.** *Eb. Schmidt* Nachtr. I 12; *Gantzer* 163; *Niese* SJZ **1950** 892.
36 Vgl. BGHSt **4** 267.
37 *Gantzer* 164.
38 Vgl. BVerfG NStZ **1987** 421; s. auch BVerfG NStZ **1991** 93; NStZ **1992** 290; LG Koblenz StV **1991** 117; krit. *Krehl* NJW **1988** 3254.
39 RGSt **58** 149; RG DR **1943** 894.
40 Vgl. BVerfG NStZ **1987** 421; Meyer-Goßner/*Schmitt* 12.
41 Vgl. *Schlüchter* 818; Meyer-Goßner/*Schmitt* 12.
42 BVerfG NStZ **1987** 421; BayObLG JW **1932** 518; OLG Stuttgart JW **1935** 1257; OLG Düsseldorf HESt **1** 218; Meyer-Goßner/*Schmitt* 12.

25 **7. Keine Zustimmung.** Das Gericht bedarf – anders als nach § 153 Abs. 2 – zur Einstellung niemandes **Zustimmung.** Die Staatsanwaltschaft ist nicht beteiligt. Die Zustimmung des Privatklägers ist nicht erforderlich, sonst gäbe es keine Einstellung. Aber auch der Beschuldigte braucht nicht zuzustimmen. Absatz 2 mutet ihm – anders als nach § 153 Abs. 2 Satz 1 – zu, sich bei dem Bestehenbleiben des Verdachts einer geringen Schuld zu beruhigen.

26 **8. Anhörung der Beteiligten.** Wenn das Gericht das Verfahren auch ohne Zustimmung des Privatklägers und des Beschuldigten einstellen kann, so bedeutet das gleichwohl nicht, dass die Parteien nicht anzuhören wären. Dass der **Privatkläger** angehört werden muss, ergibt sich aus § 385 Abs. 1 Satz 1 i.V.m. § 33 Abs. 3.[43] Einer Anhörung des **Beschuldigten** bedarf es allenfalls dann, wenn die Entscheidung ihn rechtlich beschwert, so, wenn er die Kosten zu tragen hat oder wenn die ihm entstandenen Auslagen nicht dem Privatkläger auferlegt werden.[44] Solche notwendigen Auslagen werden häufig erst entstehen, nachdem dem Beschuldigten die Privatklage mitgeteilt worden ist. Dennoch bestehen erhebliche Bedenken, die Einstellung auch schon vor Mitteilung der Privatklage nach § 382 zuzulassen.[45] Denn die Einlassung kann für die Schuldbeurteilung wichtig sein, z.B. geeignet sein, den Schuldvorwurf so weit zu entkräften, dass eine Einstellung ausscheidet (Rn. 21, 22).

27 **9. Entscheidungsform (Absatz 2 Satz 2).** Die Entscheidung, die das Verfahren wegen Geringfügigkeit einstellt, ist – auch in der Hauptverhandlung – ein **Beschluss.** Das ist sie auch dann, wenn das Gericht sie – etwa nach durchgeführter Hauptverhandlung – irrtümlich in die äußere Gestalt eines Urteils kleidet. Wird in einem Urteil der Angeklagte nur wegen eines Teils des gesamten Klagegegenstandes freigesprochen oder verurteilt, ein anderer Teil des Verfahrens aber wegen Geringfügigkeit eingestellt, so ist auch dieser einstellende Teil rechtlich ein Beschluss. Die Einstellung kann auch in dieser Gestalt weder mit Berufung noch mit Revision, sondern nur mit sofortiger Beschwerde angefochten werden, soweit diese überhaupt zulässig ist.[46] Wenn das Beschwerdegericht dies verkennt und deswegen durch „Berufungsurteil" entscheidet, ist dagegen keine Revision möglich, weil es sich in Wahrheit um eine Beschwerdeentscheidung handelt.[47] Der Einstellungsbeschluss ist freizuhalten von Schuldfeststellungen, die im Rahmen einer bis hierher veranlassten Verdachtsprüfung nicht getroffen werden können.[48]

28 **10. Zuständiges Gericht.** Den Beschluss kann **jedes mit der Sache befasste Gericht** in jeder Lage des Verfahrens – vom Eingang der Privatklage bis zur rechtskräftigen Erledigung der Sache, zweckmäßig aber nicht gleichzeitig mit der Versagung der Prozesskostenhilfe (vgl. § 379, 27)[49] – erlassen. Dass die Entscheidungsbefugnis **auch** dem **Berufungsgericht** zusteht, sagt § 390 Abs. 5 Satz 1 ausdrücklich. Aber auch das **Revisionsgericht** kann das Verfahren noch nach Absatz 2 einstellen. Insoweit rechtfertigt

---

43 BVerfGE **8** 208; OLG Düsseldorf JMBlNW **1951** 186; allg. M.

44 Vgl. BVerfGE **25** 43; *Endemann* NJW **1969** 1200; allg. M.

45 Meyer-Goßner/*Schmitt* 14; HK/*Weißer* 19; **a.A.** LR/*Wendisch*[24] 26.

46 OLG Stuttgart JW **1939** 151; BayObLGSt **1949/51** 302; OLG Hamm JMBlNW **1951** 185; KG JR **1956** 351; **1969** 472; OLG Düsseldorf MDR **1962** 327; Meyer-Goßner/*Schmitt* 18, 21; s. auch *Kempfler* NJW **1962** 475; HK/*Weißer* 21; **a.A.** BayObLG NJW **1962** 176; BGHSt **17** 195; KK/*Walther* 12.

47 KG JR **1956** 351; **a.A.** KK/*Walther* 12.

48 Vgl. BVerfG Beschl. v. 14.1.2008 – 1 BvR 1975/06-, juris.

49 LG Frankfurt NJW **1953** 798.

§ 390 Abs. 5, der nur vom Berufungsgericht spricht, keinen Gegenschluss. Es ist nicht einzusehen, warum das Revisionsgericht, das sogar ein Amtsverfahren wegen Geringfügigkeit einstellen kann (§ 153 Abs. 2: in jeder Lage), dies bei einem Privatklageverfahren nicht können sollte.[50]

Schließlich kann auch das **Beschwerdegericht**, das mit der Sache befasst wird, das Verfahren einstellen, wenn der Privatkläger die nach Absatz 1 ausgesprochene Zurückweisung der Privatklage anficht.[51] Nicht einstellen darf es das Verfahren, wenn der Privatkläger das Beschwerdegericht nur gegen die Versagung der Prozesskostenhilfe angerufen hatte.[52] 29

11. Nichteinstellung. Entschließt sich das Gericht, das Verfahren nicht einzustellen, ist selbst dann **kein besonderer Beschluss** erforderlich, wenn der Beschuldigte die Einstellung ausdrücklich beantragt hatte. Ein solcher Antrag wird dadurch erledigt, dass der Richter das Verfahren fortsetzt, etwa indem er das Hauptverfahren eröffnet, Termin bestimmt oder das Urteil erlässt. Ergeht ein ausdrücklicher Beschluss dahin, dass die Einstellung des Verfahrens abgelehnt, das Verfahren nicht eingestellt werde, so ist er nach § 305 weder anfechtbar noch hat er irgendwelche Rechtskraftwirkungen; der Richter kann es sich jederzeit anders überlegen und das Verfahren dennoch einstellen.[53] 30

12. Umfang der Entscheidung. Der Einstellungsbeschluss muss auch über die **Kosten** entscheiden (§ 464 Abs. 1), wobei § 471 Abs. 3 Nr. 2 das Gericht sehr freistellt. 31

VII. Rechtsmittel (Absatz 2 Satz 3)

1. Gegen die Sachentscheidung

a) Privatkläger. Der **Privatkläger** kann die Einstellung ohne Rücksicht auf die äußere Form (Rn. 27) mit **sofortiger Beschwerde** anfechten, aber nur dann, wenn der Strafrichter sie ausgesprochen hat. Stellt das Berufungsgericht das Verfahren wegen Geringfügigkeit ein, ist die sofortige Beschwerde nach § 390 Abs. 5 Satz 2 ausgeschlossen, und zwar ebenfalls ohne Rücksicht auf ihre äußere Form; also auch dann, wenn sie in die Gestalt eines Berufungsurteils gekleidet ist.[54] Ebenso ist die Einstellung unanfechtbar, wenn das Landgericht sie als Beschwerdegericht ausgesprochen hat.[55] 32

Ausnahmsweise ist die sofortige Beschwerde gegen einen **Einstellungsbeschluss des Beschwerdegerichts** dann zulässig, wenn der Privatkläger das Beschwerdegericht nur wegen Versagung der Prozesskostenhilfe angerufen hatte[56] (Rn. 29). Das Rechtsmittel soll aber nicht dadurch eröffnet werden, dass das Beschwerdegericht ohne Anhörung des Gegners entschieden hat.[57] 33

---

50 OLG Neustadt MDR **1957** 568.

51 BayObLGSt **1952** 94; OLG Neustadt JZ **1952** 310; OLG Hamburg NJW **1953** 1933; OLG Schleswig SchlHA **1953** 103; *Niethammer* JZ **1952** 297.

52 BayObLGSt **1957** 40.

53 Meyer-Goßner/*Schmitt* 19.

54 BayObLGSt **1949/51** 302; OLG Hamm JMBlNW **1951** 185; OLG Celle MDR **1956** 759; KG JR **1969** 472; Meyer-Goßner/*Schmitt* 21; HK/*Weißer* 21.

55 BayObLGSt **1952** 94; OLG Neustadt JZ **1952** 310; NJW **1957** 1082; OLG Hamburg NJW **1953** 1933; OLG Schleswig SchlHA **1953** 103; OLG Düsseldorf JurBüro **1988** 515; *Niethammer* JZ **1952** 297.

56 BayObLGSt **1957** 40.

57 Vgl. OLG Braunschweig NdsRpfl. **1958** 167; Erl. zu § 311a Abs. 1.

34 **b) Staatsanwalt.** Der **Staatsanwalt** kann sofortige Beschwerde einlegen, soweit sie für den Privatkläger gegeben wäre. Darin liegt nach § 377 Abs. 2 Satz 2 die Übernahme der Verfolgung.[58]

35 **c) Beschuldigter.** Der **Beschuldigte kann** den Einstellungsbeschluss grundsätzlich **nicht anfechten**, weil dieser ihn nicht beschwert,[59] wenn er sich auf eine **hypothetische Annahme** (Rn. 22) beschränkt. Es trifft nicht zu, dass mit dem Einstellungsbeschluss „einem (möglicherweise) Unschuldigen bescheinigt wird, seine Schuld sei gering" oder dass ihm „vom Gericht mit Rechtskraftwirkung gesagt wird, er habe die Tat begangen, es sei bloß nicht so schlimm".[60] Vielmehr bedeutet die Einstellung nur, dass die Schuld, wenn sie überhaupt vorliegen sollte, als gering anzusehen wäre; dass das jedenfalls gewiss ist, obwohl die Schuld selbst nicht feststeht (vgl. Rn. 22). Nur das wird rechtskräftig, nicht etwa die – rein hypothetische – Annahme der Schuld. Eine Mindermeinung[61] sieht eine Beschwer des Beschuldigten darin, dass ihm durch die Einstellung der Verdacht bescheinigt wird, und will deshalb die sofortige Beschwerde zuerkennen. Eine **Beschwer** und damit eine Anfechtungsbefugnis dürfte dem Beschuldigten jedoch dann zuzugestehen sein, wenn der Beschluss – ohne dass die Hauptverhandlung bis zur Schuldspruchreife durchgeführt wurde (Rn. 22) – eine (wenn auch geringe) Schuld[62] feststellt.[63]

36 **2. Gegen die Kostenentscheidung.** Nach[64] § 471 Abs. 3 Nr. 2 kann das Gericht die Kosten des Verfahrens und die notwendigen Auslagen angemessen **verteilen** oder nach pflichtgemäßem Ermessen einem der Beteiligten auferlegen. Macht es keinen Gebrauch davon, gilt § 471 Abs. 2, wonach der Privatkläger die Kosten des Verfahrens sowie die dem Beschuldigten erwachsenen notwendigen Auslagen zu tragen hat. Dass der **Privatkläger** eine solche Kostenentscheidung – vorbehaltlich des § 304 Abs. 3 – anfechten kann, folgt aus seiner allgemeinen Beschwerdebefugnis nach Absatz 2 Satz 3.

37 Der **Beschuldigte** kann die Kostenentscheidung ebenfalls mit sofortiger Beschwerde nach § 464 Abs. 3 Satz 1 anfechten, wenn er beschwert ist, etwa wenn ihm Kosten oder soweit nicht seine Auslagen dem Privatkläger auferlegt werden.[65] Auf die – wenn auch geringe – Schuld des Beschuldigten darf eine Kosten- bzw. Auslagenentscheidung nur dann gestützt werden, wenn die Verhandlung bis zur Schuldspruchreife durchgeführt worden ist.[66] Zu Einzelfragen vgl. die Erl. zu § 464 und § 471.[67]

---

58 Meyer-Goßner/*Schmitt* 23.

59 OLG Düsseldorf JurBüro **1988** 515; LG Berlin JR **1972** 207 mit abl. Anm. *Peters*; StrK beim AG Bremerhaven JZ **1967** 765; LG Freiburg NStZ **1988** 146 mit Anm. *Hilger*; Meyer-Goßner/*Schmitt* 22; h.M.; **a.A.** LG Trier MDR **1975** 951; *Meynert* MDR **1973** 7; *Niese* SJZ **1950** 892; AK/*Rössner* 19; HK-GS/*Rössner* 5; krit. *Krehl* NJW **1988** 3255; s. auch LG Hannover NdsRpfl. **1966** 23; LG Mosbach MDR **1964** 616.

60 Vgl. *Niese* SJZ **1950** 892.

61 Vgl. LG Trier MDR **1975** 951; *Meynert* MDR **1973** 7.

62 Vgl. auch AK/*Rössner* 19; *Krehl* NJW **1988** 3254; *Meynert* MDR **1973** 7; *Peters* JR **1972** 207.

63 Vgl. dazu BVerfG NStZ **1987** 421; **1988** 84; **1991** 93; **1992** 290; LG Koblenz StV **1991** 117; s. auch *Krehl* NJW **1988** 3254.

64 Vgl. die Erl. zu § 471.

65 Vgl. OLG Düsseldorf JurBüro **1988** 516; LG Freiburg NStZ **1988** 146 mit Anm. *Hilger*; LG Koblenz BeckRS **2015** 4265.

66 Vgl. BVerfGE NStZ **1987** 421; **1988** 84; LG Freiburg NStZ **1988** 147 mit Anm. *Hilger*; s. auch *Krehl* NJW **1988** 3254; *Nierwetberg* NJW **1989** 1979.

67 Vgl. auch LG Stuttgart NStZ **1987** 244 (bei isolierter Kostenbeschwerde keine Überprüfung der örtlichen Zuständigkeit und des Sühneversuchs) und LG Koblenz BeckRS **2015** 4265.

VIII. Widerklage

1. Gleichzeitigkeit der Entscheidungen? Absatz 2 gilt auch für die Widerklage. In der Literatur[68] wird unter Hinweis auf § 388 Abs. 3 die Auffassung vertreten, mit der Entscheidung über die Einstellung der Widerklage müsse gleichzeitig auch über die Privatklage entschieden werden; allerdings brauchten die Entscheidungen nicht inhaltlich gleich zu sein. Richtig daran ist, dass es im Allgemeinen **unzweckmäßig** sein wird, das **Widerklageverfahren einzustellen** und das **Privatklageverfahren fortzusetzen** oder umgekehrt. Aber davon kann es Ausnahmen geben.[69] § 388 Abs. 3 bezieht sich im Übrigen nur auf Urteile: „gleichzeitig zu erkennen", wenn nämlich überhaupt zu erkennen und nicht zu beschließen ist (vgl. auch Rn. 18).[70] 38

Selbst wenn man davon absieht, dass Urteil und Beschluss nicht genau gleichzeitig, sondern nur nacheinander verkündet werden können, würde eine so erreichbare **Gleichzeitigkeit** dann im **Rechtsmittelverfahren** aufgehoben. Sie geht nicht nur verloren, wenn eine der beiden Entscheidungen rechtskräftig, während die andere angefochten wird, sondern auch dann, wenn das Urteil mit Berufung, der Beschluss mit sofortiger Beschwerde angefochten wird. Denn über die Berufung hat die Strafkammer – mit einem Richter und zwei Schöffen – zu entscheiden, über die sofortige Beschwerde dagegen die Beschlussstrafkammer.[71] 39

Hier verlöre die Gleichzeitigkeit – wenngleich sie theoretisch denkbar bleibt – ihren **Sinn**, der nur darin bestehen kann, dass über Zusammenhängendes einheitlich erkannt werden soll. Nach der Entscheidung zweiter Instanz ist sie vollends unmöglich; denn der auf sofortige Beschwerde ergehende Beschluss ist unanfechtbar, während gegen das Berufungsurteil Revision zulässig ist. Es bleibt dann nichts anderes übrig, als entweder überhaupt auf eine verschiedene Beurteilung der Klage und der Widerklage hinsichtlich ihrer Geringfügigkeit zu verzichten oder aber die selbständige Einstellung eines der beiden Verfahren unter Fortsetzung des anderen zuzulassen. 40

2. Einheitlichkeit der Entscheidungen? Andere Wege geht der Bundesgerichtshof.[72] Er verlangt – so der Leitsatz des Beschlusses – oder lässt es doch zu – so die Gründe –, dass die **Einstellung** hinsichtlich des einen Vorwurfs **und** die **Sachentscheidung** über den anderen **in einem einheitlichen Urteil** ausgesprochen werden. Gegen ein solches Urteil will der Bundesgerichtshof, auch soweit es die Einstellung ausspricht, Berufung und Revision zulassen.[73] 41

Es kann eingeräumt werden, dass diese Ansicht bei dem Sachverhalt, über den der Bundesgerichtshof zu entscheiden hatte, zweckmäßig war. Zu bezweifeln ist jedoch, ob das auch bezüglich anderer Anwendungsfälle so ist. Sie eröffnet, soweit es sich um Entscheidungen des Berufungsgerichts handelt, dem jeweils klagenden Teil ein Rechtsmittel, das er nach dem Willen des Gesetzes nicht haben soll. Außerdem widerspricht die Ansicht dieses Beschlusses dem allgemeinen Rechtssatz, dass sich der **Rechtsmittelzug nach dem sachlichen Inhalt**, nicht nach der äußeren Form der angefochtenen Entscheidung zu richten hat. Gegen die Einstellung nach Absatz 2 Satz 1 hat der Gesetzgeber nur die sofortige Beschwerde eröffnet; es steht dem Richter nicht zu, statt ihrer die Beru- 42

---

68 Vgl. *Eb. Schmidt* 16; KK/*Walther* 15; HK/*Weißer* 29; s. auch BGHSt **17** 195; *Hanack* JZ **1974** 54.
69 Vgl. BayObLG NJW **1958** 1548 mit Anm. *Parsch*; Meyer-Goßner/*Schmitt* § 388, 15.
70 Vgl. AK/*Rössner* 21.
71 Vgl. Meyer-Goßner/*Schmitt* § 388, 15, 16.
72 BGHSt **17** 195. S. auch HK/*Weißer* 29; *Hanack* JZ **1974** 54.
73 KK/*Walther* 15; HK/*Weißer* 29.

fung und da, wo das Gesetz überhaupt kein Rechtsmittel gewährt, Revision zuzulassen. Das folgt auch nicht aus § 388 Abs. 3 (Rn. 39 f.). Lex specialis derogat legi generali. Der **Sonderfall** ist nicht das Zusammentreffen von Klage und Widerklage; er liegt vielmehr in der Einstellung der einen von ihnen wegen Geringfügigkeit. Dass dies die lex specialis ist, ergibt sich schon aus ihrer nachträglichen Einfügung in das Gesetz.

IX. Wiederaufnahme

43 Aus §§ 359, 362 folgt, dass grundsätzlich nur die **Wiederaufnahme** eines durch rechtskräftiges Urteil abgeschlossenen Verfahrens zulässig ist. Dieser Grundsatz wird in § 373a nur für solche Verfahren durchbrochen, die durch rechtskräftigen Strafbefehl abgeschlossen worden sind; ihn auf andere Beschlussentscheidungen auszudehnen, ist ausgeschlossen. Auch die Wiederaufnahme eines durch Beschluss eingestellten Privatklageverfahrens ist danach **unzulässig.**[74] Die **Gegenmeinung**[75] erscheint zu perfektionistisch.[76]

§ 384
Weiteres Verfahren

(1) [1]Das weitere Verfahren richtet sich nach den Vorschriften, die für das Verfahren auf erhobene öffentliche Klage gegeben sind. [2]Jedoch dürfen Maßregeln der Besserung und Sicherung nicht angeordnet werden.

(2) § 243 ist mit der Maßgabe anzuwenden, daß der Vorsitzende den Beschluß über die Eröffnung des Hauptverfahrens verliest.

(3) Das Gericht bestimmt unbeschadet des § 244 Abs. 2 den Umfang der Beweisaufnahme.

(4) Die Vorschrift des § 265 Abs. 3 über das Recht, die Aussetzung der Hauptverhandlung zu verlangen, ist nicht anzuwenden.

(5) Vor dem Schwurgericht kann eine Privatklagesache nicht gleichzeitig mit einer auf öffentliche Klage anhängig gemachten Sache verhandelt werden.

Schrifttum

Geerds Festnahme und Untersuchungshaft bei Antrags- und Privatklagedelikten, GA **1982** 237; *Hilger* Neuere Fragen zur Privatklage und zum Adhäsionsverfahren, FS Fezer 507; *Lütz-Binder* Rechtswirklichkeit der Privatklage und Ausgestaltung zu einem Versöhnungsverfahren Diss. Mannheim 2009.

Entstehungsgeschichte

Die als § 424 Gesetz gewordene Vorschrift bestand ursprünglich nur aus zwei Absätzen. Art. 2 Nr. 35 AGGewVerbrG erweiterte Absatz 1 um einen zweiten Satz. Dessen Worte „oder für zulässig erklärt" wurden durch § 8 Nr. 3 des Gesetzes über Reichsverweisungen gestrichen. Durch Art. 3 Nr. 166 VereinhG wurden zwei neue Absätze als Absatz 2 und 3

74 OLG Bremen NJW **1959** 353; h.M.
75 OLG Neustadt NJW **1961** 2363.
76 BayObLGSt **1955** 47, auf das sich OLG Neustadt NJW **1961** 2363 beruft, betrifft einen anderen Fall.

https://doi.org/10.1515/9783110275001-015

in den Paragraphen eingestellt; der bisherige Absatz 2 wurde Absatz 4. Der jetzige Absatz 2 beruht auf Art. 7 Nr. 18 StPÄG 1964; auf ihm beruht auch die heutige Einteilung nach Absätzen. Durch Art. 21 Nr. 96 EGStGB 1974 sind in Absatz 1 Satz 2 die Worte „Sicherung und Besserung" zu „Besserung und Sicherung" geworden. Die aktuelle Bezeichnung erhielt die Vorschrift durch das Gesetz zur Stärkung des Rechts des Angeklagten auf Vertretung in der Berufungsverhandlung und über die Anerkennung von Abwesenheitsentscheidungen in der Rechtshilfe (Art. 1 Nr. 13, BGBl. 2015 I 1332 ff.).

Übersicht

I. Verweisung (Absatz 1)

1. Allgemein (Satz 1). Die Vorschriften, auf die Absatz 1 Satz 1 verweist, sind die des Ersten Buchs sowie die §§ 213 bis 275 (zu möglichen **Zwangsmaßnahmen** vgl Rn. 25). Auch einige andere sind anwendbar, so z.B. § 206a.[1] Ferner gelten die Vorschriften über Rechtsmittel (§§ 296 ff.), Wiederaufnahme (§§ 359 ff.), der Strafvollstreckung und der Kosten (§§ 449 ff.). Jedoch ergeben sich eine Reihe wichtiger **Abweichungen** nicht nur aus §§ 384 ff. selbst, sondern auch aus der Besonderheit des Privatklageverfahrens überhaupt, nämlich daraus, dass die Staatsanwaltschaft daran nicht mitwirkt und dass der Privatkläger ihr nicht in jeder Beziehung gleichgestellt werden kann (vgl. § 385). Anwendbar sind ferner die Maßgaben aus §§ 169 bis 183 GVG. 1

2. Maßregeln (Satz 2). Maßregeln der Besserung und Sicherung sind im Privatklageverfahren **unzulässig**. In Betracht käme namentlich die Entziehung der Fahrerlaubnis (§ 69 StGB) bei fahrlässiger Körperverletzung durch Kraftfahrer. Erscheint dem Strafrichter eine Maßregel geboten, kann er das Verfahren nicht etwa an das Schöffengericht oder die Strafkammer verweisen, weil das Gesetz ihn allein für zuständig erklärt (§ 25 Nr. 1 GVG). Deshalb gehört **§ 270** zu den Vorschriften, die im Privatklageverfahren **unan-** 2

1 OLG Braunschweig NJW **1949** 835.

wendbar sind.[2] Im Hinblick auf § 24 Abs. 1 Nr. 1 GVG muss der Strafrichter in einem solchen Fall vor Eröffnung des Hauptverfahrens die Privatklage nach § 383 Abs. 1 als unzulässig zurückweisen; nach Eröffnung des Hauptverfahrens bis zur Hauptverhandlung muss er das Verfahren durch Beschluss nach § 206a, in der Hauptverhandlung durch Urteil nach § 389 Abs. 1 einstellen.[3] In jedem dieser Fälle ist die Sache an den Staatsanwalt abzugeben, der dadurch Herr des Verfahrens wird. Wird im Privatklageverfahren entgegen Absatz 1 Satz 1 doch auf eine Maßregel der Besserung und Sicherung erkannt, kann der Angeklagte dagegen nur mit Berufung oder Revision angehen. Tut er das nicht, wird auch eine so fehlerhafte Entscheidung rechtskräftig und vollstreckbar.

3 **3. Verlesung des Eröffnungsbeschlusses (Absatz 2).** Nach Absatz 2 findet § 243 grundsätzlich Anwendung. Weil kein Staatsanwalt beteiligt ist, obliegt allerdings die **Verlesung** (der Privatklageschrift) in der selbständig zu formulierenden (§ 383, 12) **Fassung des Eröffnungsbeschlusses** (§ 243 Abs. 3) dem Strafrichter (§ 383, 1).[4]

II. Beweisaufnahme (Absatz 3)

4 **1. Allgemein.** Die Regelung ermöglicht eine vereinfachte förmliche Beweisaufnahme in der Hauptverhandlung (§ 244 Abs. 1). Zwar gelten für die Tatsachenfeststellungen zur Schuld- und Rechtsfolgenfrage die Maßgaben des **Strengbeweises**;[5] auch der Grundsatz der **Amtsaufklärung** gilt **uneingeschränkt** (s. Rn. 7).[6] Ein darüber hinaus gehender, durch § 244 Abs. 3 bis 5, § 245 abgesicherter Beweiserhebungsanspruch der Verfahrensbeteiligten besteht – abweichend vom Offizialverfahren – aber nicht. Die Regelung entspricht insoweit den rechtlichen Maßgaben für das beschleunigte Verfahren vor dem Strafrichter (vgl. § 420 Abs. 4) oder für das Strafbefehlsverfahren nach einem erhobenen Einspruch (§ 411 Abs. 2 Satz 2; vergleichbar ist ferner § 77 OWiG).

5 Hierdurch wird eine **Sonderregelung für die Bestimmung des Umfangs der Beweisaufnahme** durch den Strafrichter getroffen.[7] Beweisanträge erzwingen bei fehlenden Ablehnungsgründen (§ 244 Abs. 3 bis 5, § 245) die Beweiserhebung durch das Gericht nicht. Sie sind nicht allein an den vorgenannten abschließenden Ablehnungsgründen des Beweisantrags zu messen, sondern erwirken als **Beweisanregungen** eine Aktualisierung der gerichtlichen Aufklärungspflicht im Lichte der Antragsbegründung. Im Rahmen der hierdurch ausgelösten Beweisprognose hat das Gericht nach Maßgabe seiner **Sachaufklärungspflicht** zu beurteilen (§ 244 Abs. 2), ob vor dem Hintergrund der bisherigen Beweisaufnahme und mit Blick auf das vorgebrachte Beweisthema von dem genannten Beweismittel ein für die Entscheidung erhebliches Beweisergebnis zu erwarten ist (s. Rn. 7 sowie zur Aktualisierung der Sachaufklärungspflicht im Einzelnen § 244, 50, 58).

---

2 KMR/*Kulhanek* 3.
3 *Eb. Schmidt* 3; Meyer-Goßner/*Schmitt* 11; HK/*Weißer* 9.
4 KMR/*Kulhanek* 5.
5 LR/*Becker* § 244, 17 ff.; Meyer-Goßner/*Schmitt* 13.
6 Meyer-Goßner/*Schmitt* 14; allg. M.
7 Vgl. KMR/*Kulhanek* 8; Nach Kap. I Art. 3 § 1 der 3. AusnVO galt sie schon einmal für alle Amtsrichter-, Schöffengerichts- und Berufungssachen; nach § 24 der 1. VereinfVO vom 1.9.1939 konnten die Gerichte überhaupt alle Beweisanträge nach freiem Ermessen ablehnen, doch schränkte die Rechtsprechung das Ermessen weitgehend ein.

Durch die Regelung wird weder das Recht der Verfahrensbeteiligten eingeschränkt, Beweisanträge anzubringen,[8] noch der formale Umgang mit diesen näher geregelt. Die **Pflicht zur Verbescheidung von Beweisanträgen** aus § 244 Abs. 6 ist daher auch im Privatklageverfahren zu beachten (s. Rn. 8). Weist ein Beweisbegehren Beweisantragsqualität auf (s. § 244, 95 ff.), kann dieses nur durch einen **schriftlichen** und zu **begründenden Gerichtsbeschluss** abgelehnt werden (§ 244 Abs. 6 Satz 1, § 34; s. Rn. 10).[9] 6

2. Aufklärungspflicht. Auch im Privatklageverfahren haben die Parteien und hat natürlich der Privatkläger **keine Beweislast.**[10] Der Richter hat „von Amts wegen alles zu tun, was zur Erforschung des Sachverhalts erforderlich ist".[11] Hiernach hat das Gericht, bevor es von Amts wegen ein Beweismittel beizieht, aufgrund erschöpfender Würdigung sämtlicher ihm erkennbarer Umstände den Wert eines Beweismittels und die Erweislichkeit einer Tatsache vorab einzuschätzen; es kann von der Beweiserhebung absehen, falls es sich davon keine weitergehende Erkenntnis verspricht[12] und sich nach der konkreten Sachlage die Beweiserhebung nicht **aufdrängt.**[13] Grundlage dieser Prüfung ist – anders als im Offzialverfahren –nicht das aktenkundige Ermittlungsergebnis der Anklagebehörde (§ 168b Abs. 1, § 199 Abs. 2 Satz 2), sondern das Vorbringen der Verfahrensbeteiligten, etwa Strafantrag, Anklageschrift (§ 381 Satz 1), Widerklage (§ 388) oder aber Beweisanträge. Erhobene Beweise sind auch hier auszuschöpfen.[14] Besteht anhand dessen die sinvolle Möglichkeit nicht, dass die Einführung eines erkennbaren – oder zum Gegenstand eines Vortrags eines Verfahrensbeteiligten gemachten – Beweismittels in die Hauptverhandlung zu einer Änderung des vorläufig gewürdigten Beweisergebnisses führen kann, gebietet das Gesetz eine solche – dann überschießende – Aufklärung grundsätzlich nicht.[15] Insoweit ist eine **gerichtliche Beweisantizipation**[16] auch im Privatklageverfahren zulässig und unabdingbar.[17] Die Vorschrift führt eingedenk der damit auch im Privatklageverfahren geltenden allgemeinen Maßgaben erschöpfender gerichtlicher Sachaufklärungspflicht zu **keiner erweiterten Amtsaufklärungspflicht,** welcher Gestalt auch immer.[18] In besonderen Beweiskonstellationen, etwa Aussage-gegen-Aussage oder auch bei einem insgesamt wenig gesicherten Beweisergebnis,[19] mag sich ein Gericht freilich eher zu einer Beweiserhebung von Amts wegen **gedrängt** sehen, als im Übrigen. 7

3. Beweisanträge. Auch im Privatklageverfahren wird den Verfahrensbeteiligten zur Ergänzung der von Amts wegen zu betreibenden gerichtlichen Untersuchung das **Beweisantragsrecht** als **Mitwirkungsrecht** gewährt.[20] Dies gilt auch für die Berufungsinstanz.[21] 8

---

8 Meyer-Goßner/*Schmitt* 14; *Loos/Radtke* NStZ **1995** 569, 570.
9 Meyer-Goßner/*Schmitt* 15; KK-*Walther* 3.
10 *Eb. Schmidt* I Nr. 305 und § 384, 4.
11 Vgl. zur früheren Fassung des § 244 Abs. 2 LR/*Becker* § 244, 39.
12 LR/*Becker* § 244 183.
13 BGHSt **36**, 159, 165; **46**, 73, 79; vgl. ferner LR/*Becker* § 244, 47.
14 LR/*Becker* § 244, 64.
15 Vgl. im Einzelnen LR/*Becker* § 244, 49 m.w.N.
16 BGHSt **36**, 159, 164 f; ferner LR/*Becker* § 244, 183, 49, 58.
17 LR/*Becker* a.a.O.; Meyer-Goßner/*Schmitt* § 244, 12; HK/*Weißer* 13.
18 **AA.** LR/*Hilger*[26] 5; LR/*Wendisch*[23] 7; *Schlüchter* 823; *Woesner* NJW **1959** 706; MüKo/*Daimagüler* 7.
19 Vgl. im Einzelnen LR/*Becker* 47 ff, 59 ff.; MüKo/*Trüg/Habetha* § 244, 54.
20 Meyer-Goßner/*Schmitt* 14; *Loos/Radtke* NStZ **1995** 569, 570.
21 Meyer-Goßner/*Schmitt* 14; **a.A.** insoweit *Schlothauer* StV **1995** 47.

9 **a) Wirkung.** Ein **förmlicher Beweisantrag erwirkt** deshalb auch hier **zunächst** die gerichtliche Überprüfung, ob eine Beweiserhebung veranlasst ist. Ob der Umfang der Beweiserhebung indes antragsgemäß zu erweitern ist, bemisst sich – insoweit abweichend vom Offizialverfahren (s. Rn. 5) – allein nach **Maßgabe der gerichtlichen Sachaufklärungspflicht** (§ 244 Abs. 2; s. Rn. 7).[22] Das im Beweisantragsrecht – in den Grenzen der einzelnen Ablehnungsgründe – begründete Verbot der Beweisantizipation wird durch die Vorschrift zugunsten einer vereinfachten Beweisaufnahme und zügigeren Verfahrenserledigung aufgehoben.[23]

10 **b) Ablehnungsbeschluss.** Im Privatklageverfahren gilt § 244 Abs. 6 uneingeschränkt und damit der durch das Beweisantragsrecht begründete **„formalisierte Dialog"**,[24] um die Verfahrensbeteiligten wissen zu lassen, aus welchen Gründen das Gericht eine Beweiserhebung für entbehrlich hält, damit sie ihr Prozessverhalten hierauf ausrichten können. Die **Ablehnung** eines formgerechten Beweisantrags (s. § 244, 95 ff.) ist daher durch **schriftlichen** und **mit Gründen** zu versehenen **Gerichtsbeschluss** zu verbescheiden (vgl. § 34, 7 ff.).[25] Dieser muss auch im Privatklageverfahren die entscheidenden rechtlichen und tatsächlich Erwägungen im Einzelfall erkennen lassen[26] und darf sich nicht auf leere Formeln – etwa „weil nach dem Ermessen des Gerichts nicht erforderlich" – beschränken.

11 **4. Verletzung der Amtsaufklärungspflicht.** (§ 244 Abs. 2) kann nicht nur der Angeklagte, sondern auch der Privatkläger mit der Revision rügen.[27] Die Ansicht,[28] eine solche Rüge falle unter § 338 Nr. 8, der eine Beschränkung der Verteidigung voraussetze, geht fehl. Folgerichtig würde das bedeuten, dass Staatsanwaltschaft und Privatkläger als Verfahrensverstöße nur die zwingenden Revisionsgründe des § 338 Nr. 1 bis 7 rügen könnten. Für den Staatsanwalt kann das schon deshalb nicht zutreffen, weil er auch Rechtsmittel zugunsten des Angeklagten einzulegen hat.

12 **5. Verletzung des Beweisantragsrechts.** Das Fehlen eines Beschlusses bzw. einer Begründung (§ 34) ist ebenso selbstständig durch Revision angreifbar, wie die fehlerhaft begründete Ablehnung.[29]

13 **6. Unmittelbare Ladung von Zeugen.** Zwar steht den Beteiligten nach § 386 Abs. 2 das Recht zu, Zeugen und Sachverständige unmittelbar zur Hauptverhandlung zu laden. Jedoch bedeutet dies eingedenk der Maßgaben von Absatz 3 nicht, dass der Richter sie dann auch vernehmen müsste.[30] Damit eröffnet Absatz 3 auch eine Handhabe, unerhebliche und nicht zur Sache gehörige Beweisangebote zu beschneiden, was im Offizialverfahren (vgl. § 245 Abs. 2) nur bei Vorliegen besonderer Voraussetzungen möglich ist.

---

22 Allg. Ansicht: vgl. BGHSt **12** 333, 335; KMR/*Kulhanek* 6; KK-*Walther* 3; Meyer-Goßner/*Schmitt* 14; HK/*Weißer* 13; SSW/*Jofer* 5; zum weiterhin umstrittenen Verhältnis von Amtsaufklärungspflicht und Beweisantragsrecht vgl. nur LR/*Becker* § 244, 58; Alsberg/*Dallmeyer* 1. Teil Rn. 54 ff.

23 *Loos/Radtke* NStZ **1995** 569, 570; **a.A.** indes LR/*Gössel*[26] § 420 13 ff., zweifelnd auch LR/*Hilger*[26] 7.

24 Vgl. BGH BeckRS **2018**, 40631.

25 OLG Koblenz VRS **47** (1974) 377.

26 BayObLGSt **1949/51** 347; BayObLGSt **1970** 41; *Eb. Schmidt* 5; *Woesner* NJW **1959** 706; allg. M.

27 KK/*Walther* 3.

28 OLG Karlsruhe HRR **1934** Nr. 231.

29 OLG Köln StraFo **2001** 343; StraFo **2003** 380; KK-*Graf* 9 zu § 420; *Eisenberg* (Beweismittel) 140; **a.A.** dazu *Bauer* StraFo **2000** 345.

30 OLG Hamm JMBlNW **1956** 131; *Eb. Schmidt* Nachtr. I 5; Meyer-Goßner/*Schmitt* 14; s. auch § 386, 2.

7. Vereidigung. Auch im Privatklageverfahren gelten die §§ 59 ff. Die Voraussetzungen des § 59 Abs. 1 Satz 1 können im Einzelfall, werden in der Regel aber nicht erfüllt sein. 14

8. Einschränkungen in der Zeugeneigenschaft

a) Privatkläger als Zeuge. Der Privatkläger kann nicht Zeuge sein.[31] Er kann deshalb auch nicht über Strafsachen als Zeuge aussagen, die einen anderen Privatkläger des gleichen Verfahrens betreffen.[32] Als wesentlichen Grund dafür gaben die erste bis neunzehnte Auflage an: „Hätte das Gesetz die Vernehmung des Privatklägers als Zeuge gestatten wollen, so hätte es auch Bestimmungen über die Statthaftigkeit und Notwendigkeit seiner Beeidigung treffen müssen." Dieser Satz entstand in einer Zeit, als es weder im Privatklageverfahren noch für den Verletzten **Ausnahmen** von dem allgemeinen **Eideszwang** gab. Er gilt deshalb heute nicht mehr. 15

Auch das Argument, die **Zeugenvernehmung** vertrage sich nicht mit der **Parteistellung** des Privatklägers, wäre nicht zwingend. Da der Privatkläger trotz seiner Parteistellung ohnehin als Auskunftsperson und damit als Beweismittel in Betracht kommt, wäre dieses Bedenken zu überwinden. Parteistellung hat auch der Nebenkläger. Es ließe sich sehr wohl eine gesetzliche Regelung denken, die – wie manches ausländische Recht – den Privatkläger gleichzeitig Partei und Zeuge sein ließe, ebenso wie es Rechtsordnungen gibt, die selbst den Angeklagten als Zeugen aussagen lassen. 16

Schwer wiegt der Gesichtspunkt der **Chancengleichheit.**[33] Der Angeklagte kann nach deutschem Strafverfahrensrecht nicht Zeuge sein. Von einer unterschiedlichen verfahrensrechtlichen Stellung geht rein tatsächlich leicht die Verführung aus, einem Zeugen mehr zu glauben als der Partei, nur weil er Zeuge ist. In Wahrheit würde die Aussage des Privatklägers dadurch, dass man ihn als Zeugen vernähme, nicht glaubhafter werden; deshalb sollte man ihm auch nicht durch die Vernehmung als Zeugen helfen. Die sachliche Beweisschwierigkeit für Taten, die sich ohne Zeugen, gewissermaßen unter vier Augen, zugetragen haben, ist mit einem so technischen, ja terminologischen Mittel nicht zu überwinden.[34] 17

b) Gesetzlicher Vertreter des Privatklägers als Zeuge. Auch der gesetzliche Vertreter des Privatklägers kann nicht Zeuge sein.[35] Der Vergleich mit dem Sitzungsstaatsanwalt hinkt freilich; denn dieser kann als Zeuge vernommen werden, darf nur dann nicht wieder als Staatsanwalt auftreten. Dagegen drängt sich die Parallele zum Zivilprozessrecht auf. 18

c) Privatkläger als sonstiges Erkenntnismittel. Gleichwohl soll nach h.M. der **Privatkläger** ein **Erkenntnismittel** (wohl eigener Art) sein.[36] Das Gericht sei daher nach Maßgabe der Sachaufklärungspflicht in der Hauptverhandlung gehalten, ihn anzuhören 19

---

31 HK/*Weißer* 2; KK/*Walther* 2; *Woesner* NJW **1959** 706; *Lütz-Binder* 103; h.M.; **a.A.** LR/*Ignor*/*Bertheau* Vor § 48, 38; *Lorenz* JR **1950** 106.

32 BayObLGSt **1961** 192 f.

33 Ähnlich Meyer-Goßner/*Schmitt* Vor § 374, 6.

34 Vgl. dagegen *Daninger* DStR **1941** 95; *Lorenz* JR **1950** 106.

35 OLG Düsseldorf JMBlNW **1962** 198; § 374, 31.

36 LR/*Hilger*[26] 15; KK/*Walther* 2; KK/*Weißer* 2; SSW/*Joffe* § 385, 3; *Seibert* MDR 1952 278; *Lütz-Binder* 104; BayObLGSt **1953** 26, 27; OLG Hamm Rpfleger **1956** 240, 241; ferner OLG Bremen GA **1959** 152; KG JR **1961** 106 mit Anm. *Sarstedt*.

und seine Aussage auch zum Zwecke der Überzeugungsbildung zu würdigen (§ 384 Abs. 1 i.V.m. § 261).[37] Das Gericht habe Zugeständnisse, die der Privatkläger gegenüber den Behauptungen des Angeklagten abgibt, seiner Entscheidung zugrunde zu legen. Ebenso sei nicht einzusehen, warum der Richter nicht befugt sein soll, einem glaubwürdig erscheinenden Privatkläger Glauben zu schenken und den Angeklagten aufgrund dieser Angaben allein zu verurteilen.[38] Das sei nirgends verboten.[39]

20 Dem ist **zu widersprechen.** Zwar kann dem mündlichen Vortrag des Privatklägers, insbesondere im Rahmen seiner Erklärungsrechte (vgl. § 385 Abs. 1 i.V.m. § 257 u. § 258 Abs. 2), seiner Begründung für ein Gestaltungsrecht (etwa Beweisantrag) oder aber einem Vorhalt an Zeugen oder an den Angeklagten **Anhalt für weitere Beweiserhebungen** entnommen werden.[40] In diesem Rahmen wird auch dem grundrechtsgleichen Recht auf **rechtliches Gehör** entsprochen (Art. 103 Abs. 1 GG).[41] Die strafprozessuale Parteivernehmung – hier der anklagenden Partei – selbst ist **aber kein Beweismittel des Strengbeweises;**[42] eine Ausnahme ist auch im Abschnitt über die Privatklage mit Recht nicht geregelt; auch § 387 Abs. 3 kommt ein solcher Regelungsgehalt nicht zu (s. § 387 Rn. 7). Die Gegenauffassung bleibt jede Erklärung dafür schuldig, warum hier zur Frage von Schuld- und Rechtsfolgenbestimmung anderes gelten sollte. Dem Strafprozess ist keine den §§ 445 ZPO entsprechende Regelung zu entnehmen, sodass auch eine hieran etwa angelehnte Auslegung versagen muss. Ein auf die „Parteivernehmung" gerichteter Beweisantrag wäre nach § 384 Abs. 3 i.V.m. § 244 Abs. 3 Satz 1 abzulehnen.[43] Dass ein vermeintlich begangenes Vergehen wegen bestehender „Beweisnot" des Privatklägers ungesühnt bleiben kann, liegt in der Natur eines jeden Strafprozesses. Der Hinweis auf den „Grundsatz der materiellen Wahrheit im Strafprozess", der gebiete, dass das „gesamte Material genutzt werden muss",[44] überführt die strengen Formen des deutschen Strafprozesses in die Beliebigkeit und öffnete jeder opportunen Durchbrechung formaler Strenge die Tür. Dass der Gesetzgeber all dies bei der Möglichkeit einer Verweisung auf den Privatklageweg und bei der gesetzlichen Ausgestaltung dieser besonderen Verfahrensart für Straftaten ohne öffentliches Interesse übersehen haben sollte, liegt nicht nahe.

21 **9. Veränderung des rechtlichen Gesichtspunkts (Absatz 4).** Soll der Angeklagte aufgrund eines Strafgesetzes verurteilt werden, das der Eröffnungsbeschluss nicht anführt, so ist er auf die veränderte Rechtslage nach § 265 Abs. 1 hinzuweisen.[45] Absatz 4 beseitigt lediglich das Recht des Angeklagten, in einem solchen Fall die Aussetzung nach § 265 Abs. 3 zu verlangen. Gleichwohl kann im Ausnahmefall aber die Gelegenheit zur Verteidigung (§ 265 Abs. 1) unter Umständen ernstlich nur gewährt werden, wenn das Verfahren ausgesetzt wird. Da die Frage der Aussetzung das **rechtliche Gehör** berührt (Art. 103 Abs. 1 GG), kann das Gericht sie von Amts wegen anordnen; geboten sein kann sie namentlich dann, wenn der Angeklagte keinen Verteidiger hat.

---

37 BayObLGSt **1953** 26, 27; OLG Hamm Rpfleger **1956** 240, 241; KK/*Walther* 2.

38 *Seibert* MDR **1952** 278; LR/*Hilger*[26] 15 m.w.N.

39 LR/*Hilger*[26] 15; BayObLGSt **1953** 28; OLG Hamm Rpfleger **1956** 240; *Woesner* NJW **1959** 706.

40 Hierauf hebt möglicherweise auch HK/*Weißer* 3 ab, wenn sie die Aussage des Privatklägers als „wichtige Erkenntnisquelle" bezeichnet.

41 Hierzu BVerfGE **14**, 8.

42 Vgl. im Einzelnen LR/*Becker* § 244, 17ff.

43 Vgl. nur Meyer-Goßner/*Schmitt* § 244, 49.

44 *Lütz-Binder* 103 f.; *Lorenz* JR **1950** 106, 107.

45 KMR/*Kulhanek* 9.

10. Nachtragsanklage ist unter den Voraussetzungen des § 266 zulässig.[46] Sie kommt in Betracht, wenn der Privatkläger dem Angeklagten weitere selbständige Privatklagevergehen zur Last legt, die dieser vor oder in der Hauptverhandlung begangen hat. Bei Antragsvergehen ist auch hier Strafantrag erforderlich, ein Sühneversuch dagegen entbehrlich, weil er in solcher Lage „seinen Zweck ohnehin nicht mehr erfüllen kann".[47] Die Nachtragsanklage kann in der Hauptverhandlung mündlich erhoben werden; sie bedarf der **Zustimmung des Angeklagten** (§ 266 Abs. 1).[48] Sie wird durch ausdrücklichen Beschluss des Strafrichters, der in seinem Ermessen steht (§ 266 Abs. 1: „kann"), zugelassen. Im Berufungsverfahren ist sie nicht mehr zulässig. 22

Für die **Erweiterung der Widerklage** kommt es nur darauf an, ob auch für das Nachtragsvorbringen die allgemeinen Voraussetzungen einer Widerklage vorliegen, namentlich ob der Zusammenhang mit dem Privatklagevergehen gegeben ist (vgl. § 388, 13).[49] Ist das nicht der Fall, ist die Nachtragswiderklage ebenso unzulässig, wie es die gewöhnliche Widerklage wegen des Hergangs wäre. Liegen deren Voraussetzungen vor, genügt ein Antrag des Angeklagten nach § 388 Abs. 1; dagegen bedarf es weder der Zustimmung des Klägers noch eines Gerichtsbeschlusses.[50] 23

11. Verbindung mit einer Schwurgerichtssache (Absatz 5). Die **Verbindung mit einer Schwurgerichtssache (Absatz 5)** ist nicht statthaft. Dieses Verbot erklärt sich geschichtlich aus den Schwierigkeiten, die vor dem Schwurgericht alter Art (vor 1924) befürchtet wurden. Jetzt ist dieses Verbindungsverbot – eine Ausnahme von § 4 – schon deshalb bedeutungslos, weil Pressevergehen keine Schwurgerichtssachen mehr sind. Sollte eine Verbindung zwischen einer Schwurgerichts- und einer Privatklagesache wirklich einmal wünschenswert erscheinen, wird der Staatsanwalt die Verfolgung nach § 377 übernehmen.[51] 24

III. Zwangsmaßnahmen

1. Haftbefehl. Er ist in Privatklagesachen ausgeschlossen, weil Untersuchungshaft generell unzulässig ist.[52] Zur vorläufigen Festnahme s. § 127, 7 ff. Sie ist allenfalls zur Identitätsfeststellung zulässig und wird in der Praxis kaum in Betracht kommen. Dies folgt schon aus der Notwendigkeit der Beachtung der Verhältnismäßigkeit. § 127 erlaubt nicht die Festnahme, um den Täter wegen seines Fehlverhaltens zur Rede zu stellen.[53] Eine Ausschreibung nach § 131 Abs. 1 oder 2 ist von der Zulässigkeit eines Haftbefehls abhängig, im Privatklageverfahren also unzulässig. Eine Ausschreibung kann allerdings während eines Privatklageverfahrens nach § 131 Abs. 2 in Betracht kommen, wenn der Angeklagte z.B. aus Strafhaft vorgeführt wird und entweicht. Zu sonstigen Fahndungsmaßnahmen vgl. § 387, 21. 25

---

46 KK/*Walther* 4; HK/*Weißer* 6; Meyer-Goßner/*Schmitt* 3.
47 Meyer-Goßner/*Schmitt* 3; HK/*Weißer* 6; *Dempewolf* 421.
48 KG JW **1930** 2815.
49 KK/*Walther* 4.
50 KK/*Walther* 4; **a.A.** KG JW **1930** 2815 mit abl. Anm. *Stern*.
51 Vgl. auch RGSt **46** 130.
52 Vgl. Vor § 112, 102; § 387, 21.
53 OLG Hamm VRS **9** (1955) 215, 218; Meyer-Goßner/*Schmitt* § 127, 8.

26 **2. Unterbringung.** Unzulässig ist auch die **Unterbringung** des Beschuldigten in einem öffentlichen psychiatrischen Krankenhaus, um ihn über seinen psychischen Zustand (§ 81) untersuchen zu lassen.[54]

27 **3. Sonstige Ermittlungsmaßnahmen.** Der Richter kann die **Beschlagnahme** von Beweismitteln nach § 94, nicht nach § 99, aber auch nach §§ 111b ff. und – bei besonders vorsichtiger Abwägung – §§ 111q[55] und auch eine Durchsuchung nach §§ 102 ff. anordnen, um solche Beweismittel zu beschlagnahmen, und durch die Polizei ausführen lassen, und zwar sowohl vor als auch nach Eröffnung des Hauptverfahrens als einzelne Beweiserhebung nach § 202.[56] In Betracht kommt das vor allem bei **Vergehen gegen den gewerblichen Rechtsschutz.** Jedoch ist bei den genannten Zwangsmaßnahmen der Verhältnismäßigkeitsgrundsatz besonders sorgfältig zu beachten. **Maßnahmen**, die nur bei Verdacht einer **Straftat von erheblicher Bedeutung** angeordnet werden (vgl. z.B. **§§ 98a, 100g Abs. 1 Satz 1 Nr. 1, 100h Abs. 1 Satz 2, 131a Abs. 3, 131b, 163e, 163f**), sind – abgesehen davon, dass in der Regel ein praktisches Bedürfnis fehlen dürfte – im Hinblick auf den Charakter der Privatklagedelikte grundsätzlich unzulässig; anderes mag gelten, wenn die Staatsanwaltschaft das öffentliche Interesse im Sinne von § 376 bejaht und die Anordnung einer solchen Maßnahme ausnahmsweise zur Aufklärung des Sachverhalts oder namentlich zur Ermittlung des Aufenthalts des Täters erforderlich ist. Ein **Datenabgleich** nach **§ 98c** sowie eine **Ausschreibung** nach **§ 131a Abs. 1** dürften unter besonderer Beachtung des Verhältnismäßigkeitsgrundsatzes zulässig sein, ebenso die Herstellung von **Bildaufnahmen** gemäß **§ 100h Abs. 1 Satz 1 Nr. 1**, und zwar als Anordnung bzw. Beweiserhebung (§ 202) des Gerichts.[57]

28 **4. Maßnahmen nach §§ 51, 70 und 77.** Letztlich kann der Strafrichter auch **Maßnahmen nach §§ 51, 70 und 77** gegen Zeugen und Sachverständige treffen; jedoch wird er auch hier, und zwar namentlich in den Fällen der §§ 70 und 77, dem Verhältnismäßigkeitsgrundsatz besondere Beachtung schenken müssen.

29 **5. Sitzungspolizeiliche Maßnahmen.** (§§ 176 ff. GVG) sind ebenfalls mit der in der vorhergehenden Randnummer angeführten Einschränkung zulässig.

§ 385
Stellung des Privatklägers; Ladung; Akteneinsicht

(1) [1]Soweit in dem Verfahren auf erhobene öffentliche Klage die Staatsanwaltschaft zuzuziehen und zu hören ist, wird in dem Verfahren auf erhobene Privatklage der Privatkläger zugezogen und gehört. [2]Alle Entscheidungen, die dort der Staatsanwaltschaft bekanntgemacht werden, sind hier dem Privatkläger bekanntzugeben.

(2) Zwischen der Zustellung der Ladung des Privatklägers zur Hauptverhandlung und dem Tag der letzteren muß eine Frist von mindestens einer Woche liegen.

---

54 OLG Hamburg JR **1955** 394; allg. M.

55 Meyer-Goßner/*Schmitt* 7.

56 LG Freiburg JW **1927** 411 mit Anm. *Wassermann*; *Feiber* NJW **1964** 709; h.M.; **a.A.** *Sangmeister* NJW **1964** 16.

57 Eingehend dazu mit weiteren Beispielen *Hilger* FS Fezer 507.

https://doi.org/10.1515/9783110275001-016

(3) [1]Für den Privatkläger kann ein Rechtsanwalt die Akten, die dem Gericht vorliegen oder von der Staatsanwaltschaft im Falle der Erhebung einer Anklage vorzulegen wären, einsehen sowie amtlich verwahrte Beweisstücke besichtigen, soweit der Untersuchungszweck in einem anderen Strafverfahren nicht gefährdet werden kann und überwiegende schutzwürdige Interessen des Beschuldigten oder Dritter nicht entgegenstehen. [2]Der Privatkläger, der nicht durch einen Rechtsanwalt vertreten wird, ist in entsprechender Anwendung des Satzes 1 befugt, die Akten einzusehen und amtlich verwahrte Beweisstücke unter Aufsicht zu besichtigen. [3]Werden die Akten nicht elektronisch geführt, können dem Privatkläger, der nicht durch einen Rechtsanwalt vertreten wird, an Stelle der Einsichtnahme in die Akten Kopien aus den Akten übermittelt werden. [4]§ 406e Absatz 5 gilt entsprechend.

(4) In den Fällen der §§ 154a und 421 ist deren Absatz 3 Satz 2 nicht anzuwenden.

(5) [1]Im Revisionsverfahren ist ein Antrag des Privatklägers nach § 349 Abs. 2 nicht erforderlich. [2]§ 349 Abs. 3 ist nicht anzuwenden.

Entstehungsgeschichte

Die als § 425 Gesetz gewordene Vorschrift hat ihre jetzige Bezeichnung durch das Gesetz zur Stärkung des Rechts des Angeklagten auf Vertretung in der Berufungsverhandlung und über die Anerkennung von Abwesenheitsentscheidungen in der Rechtshilfe erhalten (Art. 1 Nr. 13, BGBl. 2015 I 1332 ff.). Das VereinhG hatte die Absätze 1, 2 und 4 dem neuen Sprachgebrauch angepasst und Art. 10 Nr. 7 StPÄG 1964 die Vorschrift um die Absätze 5 und 6 ergänzt. Durch Art. 2 Nr. 11 EGOWiG war die Verweisung in Absatz 5 auf den damals neu eingefügten § 430 – durch Art. 3 Nr. 9 des Gesetzes zur Reform der strafrechtlichen Vermögensabschöpfung v. 13.4.2017 im Wortlaut redaktionell um den Verweis auf § 421 angepasst – erstreckt worden. Durch Art. 1 Nr. 95 des 1. StVRG wurde Absatz 2, der die Durchführung von Ladungen regelte, gestrichen, die bisherigen Absätze 3 bis 6 blieben als Absätze 2 bis 5 unverändert. Schließlich ist durch Art. 1 Nr. 11 StVÄG 1999 Absatz 3 der Satz 2 angefügt worden und Absatz 3 durch Art. 1 Nr. 35 des Gesetzes zur Einführung der elektronischen Akte in der Justiz und zur Förderung des elektronischen Rechtsverkehrs vom 5.7.2017 neugefasst worden (BGBl. I S. 2208). Durch Art. 1 Nr. 45 des Gesetzes zur Fortentwicklung der Strafprozessordnung und zur Änderung anderer Vorschriften vom 25. Juni 2021 (BGBl. I S. 2099) wurde Absatz 3 Satz 4 redaktionell angepasst an die Änderung von § 406e.

Übersicht

1 **1. Sinn und Zweck.** Zu **Absatz 1** sagen die Motive:[1] „Dem Privatkläger fallen in weiteren Verfahren diejenigen Rechte und Pflichten zu, welche bei Verfolgung der öffentlichen Klage dem Staatsanwalt zufallen, soweit dieselben nicht lediglich ein Ausfluss der Amtsgewalt des letzteren sind. Obwohl dieser Satz die Stellung des Privatklägers am kürzesten und vollständigsten bezeichnen würde, schien es sich doch nicht zu empfehlen, ihn in das Gesetz aufzunehmen, da darüber, ob eine dem Staatsanwalt beigelegte Befugnis lediglich ein Ausfluss seiner Amtsgewalt sei, im gegebenen Fall Zweifel entstehen können. Der Entwurf hat es daher vorgezogen, mehr ins einzelne gehende Bestimmungen zu geben."

2 **2. Pflichten.** Der Privatkläger ist nicht wie der Staatsanwalt nach § 160 Abs. 2 verpflichtet, die zur Entlastung dienenden Umstände zu ermitteln.[2] Ihm obliegen überhaupt keine Ermittlungen; vielmehr sind diese Sache des Gerichts.[3] Es kann dem Privatkläger jedoch grundsätzlich nicht verwehrt werden, zur Vorbereitung der Klage im Rahmen der gesetzlichen Grenzen (z.B. Art. 2 GG; §§ 201 ff. StGB) zu ermitteln, insbesondere Urkunden zu sammeln, Gutachten einzuholen und wohl auch mögliche Zeugen zu befragen[4] (s. hingegen zur Nebenklage auch § 397, 2). Der Privatkläger unterliegt nach sachlichem Recht einer **Wahrheitspflicht.** Seine verfahrensrechtliche Stellung schützt ihn nicht vor einer Bestrafung wegen wissentlich falscher Verdächtigung (§ 164 StGB) oder Verleumdung (§ 187 StGB).[5] Der Privatkläger ist nicht gehalten, in der Hauptverhandlung bestimmte **Anträge** zu stellen, wie dies dem Staatsanwalt obliegt.

3 **3. Rechte.** Rechtliches Gehör ist entsprechend § 33 zu gewähren.[6] Der Privatkläger hat nicht die Rechte, die dem Staatsanwalt namentlich nach §§ 161 ff. gegeben sind, um seine Ermittlungspflicht zu erfüllen. Er kann insoweit dem Gericht aber **Anregungen** – etwa auf Beschlagnahme oder Durchsuchung (§ 384, 27) – geben und damit eine **Aktualisierung der Sachaufklärungspflicht** erwirken (§ 244 Abs. 2). In der Hauptverhandlung hat er nach § 240 Abs. 2 Satz 1 das Recht, **Fragen** an Zeugen, Sachverständige oder auch den Angeklagten zu stellen. Der Richter kann diese nur mit der Begründung zurückweisen, dass sie ungeeignet seien oder nicht zur Sache gehörten (§ 241 Abs. 2).[7]

4 Der Privatkläger kann **Beweisanträge** stellen (§ 244 Abs. 3); zur Bescheidung von Beweisanträgen s. § 384, 8 ff. Erklärungen kann er im Anschluss an Beweiserhebungen nach Maßgabe des § 257 abgeben; weitergehende umfassende Erklärungsrechte vor Schluss der Beweisaufnahme (§ 258 Abs. 1) – gar eine Vorwegnahme des Schlussvortrags – sind gesetzlich nicht vorgesehen und auch sonst nicht geboten (s. § 384, 19).[8]

5 **4. Bekanntgabe.** Bekanntgemacht werden die Entscheidungen dem Privatkläger oder – nach § 378 Satz 2 – seinem Anwalt nicht durch Vorlage der Urschrift wie nach § 41 gegenüber der Staatsanwaltschaft, sondern nach §§ 35 Abs. 2, 37, soweit sie nicht in

---

1 *Hahn* Mat. **I** 273.
2 *Seibert* MDR **1952** 278.
3 KMR/*Kulhanek* 2; vgl. auch *Hassemer/Matussek* 21.
4 Vgl. auch *Krey* 38, 104 (zu Einzelfragen, namentlich Schranken der Ermittlungen und Verwertungsgrenzen); **a.A.** wohl *Hassemer/Matussek* 21, 85; s. auch § 127, 68; § 384, 25 ff.
5 KK/*Walther* 1.
6 Vgl. BVerfGE **14** 8; Meyer-Goßner/*Schmitt* 4; § 383, 26.
7 KK/*Walther* 3.
8 AA. LR/*Hilger*[26] 4; LR/*Wendisch*[23] 7; OLG Bremen GA **1959** 152; KG JR **1961** 106 mit Anm. *Sarstedt*; KK/*Senge* 4; AK/*Rössner* 4.

seiner Anwesenheit oder der seines Anwalts verkündet werden.[9] Soweit der Privatkläger Widerbeklagter ist, können die Entscheidungen seinem Anwalt nur dann bekanntgemacht werden, wenn der Privatkläger diesen ausdrücklich auch als Verteidiger bevollmächtigt hat (§ 145a Abs. 3).[10]

5. Zustellungen. Der frühere Absatz 2 (vgl. Entstehungsgeschichte) stellte klar, dass die auf richterliche Anordnung ergehende Ladung nicht durch die Staatsanwaltschaft, sondern durch die Geschäftsstelle (des Amtsgerichts) bewirkt wurde. Dieser Regelung bedarf es nicht mehr, nachdem jetzt auch im Offizialverfahren richterliche Ladungen sowie allgemeine Zustellungen ausschließlich durch die Geschäftsstelle bewirkt werden. 6

Der jetzige Absatz 2 geht davon aus, dass der Privatkläger wie der Angeklagte geladen wird. Allerdings werden die Folgen, die § 216 Abs. 1 an das unentschuldigte Ausbleiben des ordnungsgemäß geladenen Angeklagten knüpft, durch die besonderen Rechtsnachteile nach § 391 Abs. 2 und 3 ersetzt. Darauf ist hinzuweisen. 7

6. Ladungsfrist (Absatz 2). Die **Ladungsfrist (Absatz 2)** ist die des § 217 Abs. 1; sie gilt auch in der **Berufungsinstanz**. Wird sie nicht eingehalten, kann der Privatkläger die Aussetzung der Hauptverhandlung verlangen (§ 217 Abs. 2), allerdings genügt für die Feststellung, ob die Frist eingehalten ist, rechtzeitige Zustellung an den Prozessbevollmächtigten (§ 378 Satz 2). Der Privatkläger kann auf die Einhaltung der Ladungsfrist auch verzichten (§ 217 Abs. 3). 8

7. Akteneinsicht (Absatz 3). Das Recht auf **Akteneinsicht** und zur **Besichtigung amtlich verwahrter Beweismittel** wird durch **Absatz 3** für den Privatkläger ebenso eigenständig geregelt wie die Befugnis zur Ausübung dieser Rechte.[11] 9

a) Wahrnehmungsbefugnisse. Der Privatkläger kann zum einen **durch einen Rechtsanwalt**[12] – nicht durch einen anderen Bevollmächtigten, auch wenn er als Verteidiger wählbar wäre – sein **Akteneinsichtsrecht** ausüben (Satz 1). Diesem steht ferner eine Besichtigung der amtlich verwahrten Beweisstücke zu. Dem Privatkläger selbst steht die Akteneinsicht auch dann nicht zu, wenn er selbst Rechtsanwalt ist.[13] Zum anderen sind **anwaltlich nicht vertretene Privatkläger** nach Satz 2 – in den entsprechend anwendbaren Grenzen von Satz 1 – befugt, die Akten **auf der Geschäftsstelle** einzusehen und amtlich verwahrte Beweisstücke **unter Aufsicht zu besichtigen.** 10

b) Gegenstand der Akteneinsicht sind die dem Gericht vorliegenden Verfahrensakten sowie die von den Ermittlungsbehörden geführte und abgeschlossene Ermittlungsakte (vgl. §§ 168b, 169), die ohne erfolgte Verweisung auf den Privatklageweg (§ 172 Abs. 2 Satz 3; Nr. 89 Abs. 2 RiStBV) nach § 199 Abs. 2 Satz 2 vorzulegen gewesen wäre, sowie etwa noch bei der Staatsanwaltschaft verwahrte Beweisstücke. 11

---

9 KK/*Walther* 6.

10 KK/*Walther* 6.

11 Zur früheren Gesetzesfassung, die weitgehend durch eine Bezugnahme auf die Rechte des unverteidigten Beschuldigten geprägt war, vgl. LR/*Hilger*[26] 9 ff.

12 Vgl. auch LG Koblenz AnwBl. **1979** 198.

13 Allg. M.

12 **c) Umfang.** Dieses Akteneinsichtsrecht besteht grundsätzlich **uneingeschränkt.**[14] Allerdings darf hierdurch weder der Untersuchungszweck in einem anderen Strafverfahren gefährdet werden (s. § 406e, 25) noch der Rechtsausübung überwiegende schutzwürdige Interessen des Beschuldigten oder Dritter entgegenstehen (§ 406e, 21). Bei der im Hinblick auf widerstreitende Interessen des Beschuldigten oder Dritter notwendigen Abwägung steht dem Gericht ein Beurteilungsspielraum zu. In die gebotene Abwägung ist vor allem das Recht der Betroffenen auf informationelle Selbstbestimmung einzustellen. Unverhältnismäßig wäre es etwa, dem Privatkläger in einem Bagatellverfahren Einblick in besonders sensible Unterlagen zu gewähren, namentlich medizinsche, psychiatrische oder sonst sensitive Unterlagen.[15]

13 **d) Art und Weise.** Wird die Akte elektronisch geführt, bestimmt sich die **Art und Weise der Akteneinsicht** nach § 32f.[16] Sollte die Akte in Papierform geführt werden, kann zur Wahrung ihrer Integrität dem nicht anwaltlich vertretenen Privatkläger Akteneinsicht anstatt durch Einsichtnahme auch durch Übermittlung von Kopien gewährt werden (Satz 3);[17] um den Privatkläger durch diese Alternative nicht schlechter als den Beschuldigten zu stellen, sind Abschriften von sämtlichen Teilen der Akte zu erstellen.[18] Für **Bild-Ton-Aufzeichnungen** von Zeugenvernehmungen gilt die Spezialvorschrift des § 58a Abs. 2 Satz 2.

14 **e) Zuständigkeit.** Die **Zuständigkeit** für die Entscheidung über die Akteneinsicht bestimmt § 406e Abs. 5 in entsprechender Anwendung (Satz 4); hiernach kann auch ein Antrag auf gerichtliche Entscheidung (vgl. § 406e Abs. 5) gestellt werden (s. Rn. 16).

15 **f) Zweckbindung.** Akten, Dokumente, Ausdrucke oder Abschriften, die im Rahmen einer Akteneinsicht überlassen wurden, dürfen nach § 32f Abs. 5 Satz 1 weder verbreitet noch Dritten zu verfahrensfremden Zwecken übermittelt oder sonst zugänglich gemacht werden. Zulässig ist daher die Weitergabe der Akte durch den Verteidiger an den Beschuldigten als seinen Mandanten oder an einen Sachverständigen.[19] **Personenbezogene Inhalte** der Akteneinsicht unterliegen der **strikten Zweckbindung** aus § 32f Abs. 5 Satz 2 und 3. Hiernach ist die Verwendung – naheliegend also die Nutzung und Verarbeitung[20] – auf Zwecke beschränkt, für die Akteneinsicht gewährt wurde; für andere Zwecke können die Daten ausnahmsweise dann verwendet werden, wenn dafür Auskunft oder Akteneinsicht gewährt werden dürfte. Auf diese Zweckbindung ist der Privatkläger vor der Einsichtnahme hinzuweisen (§ 32f Abs. 5 Satz 4).[21]

16 **g) Anfechtbarkeit.** Gegen die Versagung der Akteneinsicht ist die Beschwerde statthaft (vgl. Absatz 3 Satz 4 i.V.m. § 406e Abs. 5, § 304). Aber auch der Beschuldigte kann durch die unbeschränkte Akteneinsicht beschwert sein und diese unter Hinweis auf im Einzelfall zu beachtende Beschränkungen mit der Beschwerde anfechten (vgl. im Einzelnen § 406e, 47 ff.).

---

14 BeckOK/*Valerius* 9.
15 BTDrucks. **18** 9615 S. 65.
16 BTDrucks. **18** 9615 S. 56.
17 BTDrucks. **18** 9615 S. 65.
18 BTDrucks. **18** 9615 S. 65.
19 BTDrucks. **18** 9615 S. 58.
20 Vgl. KK/*Graf* § 32f, 20.
21 Zur früheren Gesetzesfassung vgl. LR/*Hilger*[26] 10 ff.

8. Rechtsmittelbelehrungen. sind auch gegenüber dem Privatkläger erforderlich; 17
denn auch er ist Betroffener nach § 35a. Bei Vertretung durch einen Anwalt werden sie dem Privatkläger regelmäßig durch Zustellung an jenen mitgeteilt; wird die Entscheidung in Anwesenheit des Anwalts verkündet, genügt dessen mündliche Belehrung.

9. Beschränkung der Strafverfolgung (Absatz 4). Nur wenn die Staatsanwalt- 18
schaft die Verfolgung übernommen hat (§ 377, 4) oder übernimmt, kann sie eine Beschränkung der Strafverfolgung beantragen, etwa um unwesentliche Teile einer Straftat auszuscheiden (§ 154a Abs. 1), oder von einer Einziehung abzusehen, weil diese die Durchführung des Verfahrens unangemessen erschweren würde (§ 430 Abs. 1). Demgemäß kann das Gericht Beschränkungen ohne Mitwirkung des Staatsanwalts, nicht aber ohne Zustimmung des Privatklägers vornehmen.[22] Der Privatkläger kann jedoch nicht eine Wiedereinbeziehung der ausgeschiedenen Teile gemäß §§ 154a Abs. 3 Satz 2, 430 Abs. 3 Satz 2 erzwingen.[23] Der Staatsanwalt kann dies nur erreichen, wenn er die Verfolgung der Sache nach § 377 Abs. 2 selbst übernimmt (§ 377, 4).[24] Denn damit wird das Privatklageverfahren zu einem Offizialverfahren und entfallen die nur für jenes Verfahren vorgesehenen Ausnahmen nach Absatz 4. Das Gericht kann ausgeschiedene Teile auch gegen den Willen des Privatklägers wieder einbeziehen.[25] § 154 findet nach wohl zutreffender h.M.[26] keine Anwendung.

Bevor das Gericht über die Frage entscheidet, ob es einzelne Teile einer Straftat 19
ausscheiden oder sie in das Verfahren wieder einbeziehen will, muss es **beide Parteien hören**, damit diese sich auf die Prozesslage entsprechend einrichten können.

10. Beteiligung in der Revisionsinstanz (Absatz 5). Nach Satz 1 dieses Absatzes 20
kann das Revisionsgericht die Revision als offensichtlich unbegründet verwerfen, ohne dass – wie im Offizialverfahren (§ 349 Abs. 2) – dazu ein Antrag der Staatsanwaltschaft (oder des Privatklägers) erforderlich wäre. Der Privatkläger soll eine Revisionsverhandlung und Revisionsurteil nicht erzwingen können. Weil es keinen Antrag des Privatklägers entsprechend dem Antrag des Staatsanwalts nach § 349 Abs. 2 gibt, entfällt auch die Pflicht zur vorherigen Mitteilung an den Angeklagten (Satz 2). Diese Ausnahmen gelten für Revisionen des Angeklagten und des Privatklägers in gleicher Weise.[27]

§ 386
Ladung von Zeugen und Sachverständigen

(1) Der Vorsitzende des Gerichts bestimmt, welche Personen als Zeugen oder Sachverständige zur Hauptverhandlung geladen werden sollen.

(2) Dem Privatkläger wie dem Angeklagten steht das Recht der unmittelbaren Ladung zu.

---

22 Vgl. Meyer-Goßner/*Schmitt* 10.

23 Meyer-Goßner/*Schmitt* 10; KK/*Walther* 9.

24 Meyer-Goßner/*Schmitt* 10.

25 *Eb. Schmidt* Nachtrag 5; Meyer-Goßner/*Schmitt* 10.

26 Meyer-Goßner/*Schmitt* 10; KK/*Walther* 9; HK/*Weißer* 10; s. auch LG Regensburg JR **1990** 255 mit Anm. *Hilger*.

27 OLG Stuttgart NJW **1967** 792; OLG Köln NJW **1968** 561.

https://doi.org/10.1515/9783110275001-017

Entstehungsgeschichte

Die als § 426 Gesetz gewordene Vorschrift hat ihre jetzige Bezeichnung durch das Gesetz zur Stärkung des Rechts des Angeklagten auf Vertretung in der Berufungsverhandlung und über die Anerkennung von Abwesenheitsentscheidungen in der Rechtshilfe vom 25.7.2019 erhalten (Art. 1 Nr. 13, BGBl. I 1332 ff.)

Übersicht

1 **1. Herbeischaffen der Beweismittel (Absatz 1).** Im Privatklageverfahren entfällt die Möglichkeit, Beweismittel durch die Staatsanwaltschaft herbeischaffen zu lassen (vgl. § 214 Abs. 4). Das Gesetz überträgt deshalb die Entschließung, welche Zeugen oder Sachverständigen zur Hauptverhandlung zu laden und welche sonstigen Beweismittel etwa herbeizuschaffen sind, dem **Vorsitzenden**, d.h. in der ersten Instanz dem Richter beim Amtsgericht als Strafrichter (§ 25 GVG). Er hat bei der Anberaumung des Hauptverhandlungstermins (§ 213) von Amts wegen die Sachlage zu prüfen und die erforderlichen Ladungen zu verfügen; als Grundlage seiner Prüfung dienen die Anklageschrift und die vom Beschuldigten etwa abgegebene Erklärung sowie die von ihm selbst etwa angestellten Ermittlungen (§ 383); er ist nicht auf die von den Parteien benannten Beweismittel beschränkt. Seine Bestimmung muss er beiden Parteien mitteilen.

2 Die **Entscheidung** darf nicht willkürlich sein.[1] Es handelt sich um eine Frage der **Aufklärungspflicht**; von ihr befreit Absatz 1 den Richter nicht, ebensowenig wie § 384 Abs. 3 (vgl. dort Rn. 7). Beide Parteien können die Ladung weiterer Zeugen oder Sachverständigen oder die Herbeischaffung anderer Beweismittel beantragen.[2] Auch für solche Anträge gelten – vermittelt über § 219[3] – die Maßgaben der Sachaufklärungspflicht (§ 244 Abs. 2), allerdings im Hinblick auf § 384 Abs. 3 dahingehend modifiziert, dass sich die ablehnende Entscheidung allein nach § 244 Abs. 2 richtet[4] (vgl. § 384, 4 ff.). Die vor der Hauptverhandlung nach §§ 219, 386 ergehenden Verfügungen des Vorsitzenden sind nur vorläufige; sie greifen einer abweichenden Entschließung in der Hauptverhandlung nicht vor.

3 Der **Beweisstoff** ist streng auf den Gegenstand der Privatklage zu beschränken,[5] andererseits aber sind auch alle Zeugen zu laden, die dazu etwas bekunden sollen, auch wenn mehrere Zeugen für dasselbe Thema benannt werden. Der Privatkläger hat für jeden Zeugen einen **Auslagenvorschuss** zu zahlen (nicht der Angeklagte; § 379, 1), und es besteht kein Zwang, die vorgeladenen und erschienenen Zeugen in der Hauptverhandlung auch zu vernehmen (§ 384, 9).

4 **2. Unmittelbare Ladung (Absatz 2).** Was in § 220 vom Angeklagten gesagt wird, gilt hier für diesen und seinen Rechtsanwalt (§ 387) sowie den Privatkläger und dessen

1 BayObLG JW **1928** 2998 mit Anm. *Mamroth*.
2 OLG Königsberg JW **1928** 2293 mit Anm. *Stern*.
3 KK/*Walther* 1; SK/*Velten* 2; **a.A.** KMR/*Kulhanek* 2 (für Anträge des Privatklägers); Meyer-Goßner/*Schmitt* 2; HK/*Weißer* 2 (nur Anregungen); s. auch OLG Braunschweig HRR **1928** 1676.
4 SK/*Velten* 2.
5 *Dempewolf* 339.

Rechtsanwalt (§ 378) in gleicher Weise. Auch der vom Privatkläger unmittelbar geladene Zeuge ist, wenn seine Vernehmung sachdienlich war, nach § 220 Abs. 3 aus der Staatskasse zu entschädigen. Der Antrag kann in der Hauptverhandlung vor Erlass des Urteils gestellt, aber auch noch nach der Hauptverhandlung bei Gericht eingereicht werden. Wegen weiterer Einzelheiten vgl. die Erläuterungen zu § 220.

3. Berufungsverhandlung. § 325 gilt auch im Privatklageverfahren, und zwar wiederum für Angeklagte und Privatkläger. Auch der Privatkläger braucht sich nicht mit einer Verlesung der Sitzungsniederschrift aus der ersten Instanz über die Zeugenaussagen zu begnügen; seine Zustimmung (an Stelle der Staatsanwaltschaft) zur Verlesung ist erforderlich. Jedoch führen Ladungsanträge des Privatklägers nicht zu einer Verlesungssperre.[6] 5

4. Mitteilungspflicht. Das Gericht hat dem Privatkläger und dem Angeklagten mitzuteilen, welche Personen zur Hauptverhandlung geladen werden; ebenso hat der Privatkläger und der Beschuldigte es dem Gericht und dem Gegner mitzuteilen, wenn er Personen unmittelbar lädt (§ 219 Abs. 2, § 222 Abs. 2).[7] 6

§ 387
Vertretung in der Hauptverhandlung

(1) In der Hauptverhandlung kann auch der Angeklagte im Beistand eines Rechtsanwalts erscheinen oder sich auf Grund einer nachgewiesenen Vollmacht durch einen solchen vertreten lassen.

(2) Die Vorschrift des § 139 gilt für den Anwalt des Klägers und für den des Angeklagten.

(3) Das Gericht ist befugt, das persönliche Erscheinen des Klägers sowie des Angeklagten anzuordnen, auch den Angeklagten vorführen zu lassen.

Schrifttum

Ladiges Der Hochschullehrer im Strafverfahrensrecht nach der Neuregelung des § 138 Abs. 3 StPO, JR **2013** 295.

Entstehungsgeschichte

Die als § 427 Gesetz gewordene Vorschrift hat ihre jetzige Bezeichnung durch das Gesetz zur Stärkung des Rechts des Angeklagten auf Vertretung in der Berufungsverhandlung und über die Anerkennung von Abwesenheitsentscheidungen in der Rechtshilfe vom 25.7.2019 erhalten (Art. 1 Nr. 13, BGBl. I 1332 ff.). Zuvor war durch Art. 1 Nr. 50 des Gesetzes zur Einführung der elektronischen Akte in der Justiz und zur weiteren Förderung des elektronischen Rechtsverkehrs vom 5.7.2017 (BGBl. I 2208) in Absatz 1 das Wort „schriftlich" durch das Wort „nachgewiesenen" ersetzt worden.

---

6 Meyer-Goßner/*Schmitt* 3; SSW/*Jofer* 3; KK/*Walther* 4.
7 KK/*Walther* 3.

https://doi.org/10.1515/9783110275001-018

Übersicht

I. Grundsatz (Absatz 1)

1 Die Vorschrift behandelt die **Pflicht der Parteien**, d.h. des Privatklägers und des Angeklagten, in der Hauptverhandlung erster Instanz **zu erscheinen**, sowie ihre Berechtigung, sich darin vertreten zu lassen. Dabei sind für den Privatkläger die §§ 378, 391, für den Angeklagten die allgemeinen Bestimmungen im Ersten und Zweiten Buch zu beachten. Das Gesetz geht davon aus, dass auch im Privatklageverfahren das Gericht von Amts wegen die Wahrheit zu erforschen hat (§ 384, 4, 7). Zu diesem Zweck gibt es ihm die Befugnis, das **persönliche Erscheinen** beider Parteien oder einer von ihnen zuzuordnen. Diese Maßnahme empfiehlt sich dringend, bildet in der Praxis die Regel und sollte nur in ganz seltenen Ausnahmefällen – etwa bei weiter Entfernung – unterbleiben. Ihr Unterlassen kann unter Umständen als Verstoß gegen § 244 Abs. 2 die Revision begründen.

II. Rechtliche Stellung des Privatklägers

2 **1. Vertretungsmöglichkeit (Absatz 1 und 2).** Hat der Richter das persönliche Erscheinen des Privatklägers nicht angeordnet, kann dieser sich durch einen mit nachgewiesener Vollmacht[1] versehenen und zur Vertretung bereiten **Rechtsanwalt** vertreten lassen; andernfalls muss er selbst in der Hauptverhandlung erscheinen. Die Neufassung der Vorschrift will mit dem Erfordernis einer nachgewiesenen Vollmacht das Verfahren technikoffen gestalten und insbesondere zukünftig die Übermittlung einers mit elektronischer Signatur versehenen Dokuments ermöglichen.[2] Die allgemeine Verteidigervollmacht ist als Nachweis allerdings unzureichend;[3] dies gilt gleichermaßen für eine vom Verteidiger aufgrund mündlicher Ermächtigung durch den Mandanten selbst unterzeichnete Vollmacht.[4] Hinreichend ist eine vom Privatkläger stammende, schriftlich erteilte Vertretungsvollmacht, die den Rechtsanwalt zur Abwesenheitsvertretung in einer – be-

1 BayObLGSt **1963** 28.
2 BTDrucks. **18** 9416 S. 70.
3 BTDrucks. **18** 3562 S. 68; vgl. zu § 329 Abs. 1 KG BeckRS **2018** 5556.
4 BTDruck s.a. a.O.; vgl. zu § 329 Abs. 2 OLG Hamburg StV **2018** 151.

stimmt bezeichneten – Hauptverhandlung ermächtigt. Der Nachweis muss zu Beginn der Hauptverhandlung erfolgen.[5]

Andere Bevollmächtigte. Mit in gleicher Weise nachzuweisender Zustimmung des Privatklägers kann der Anwalt die Vertretung nach § 139 einem Referendar (§ 378, 6) übertragen. Auch kann sein amtlich bestellter Vertreter erscheinen. Sowohl für als auch mit dem Privatkläger können – entsprechend der Neufassung des § 138 Abs. 3 (378, 4) – die in § 138 Abs. 1 und 2 genannten Personen auftreten, namentlich Hochschullehrer mit der Befähigung zum Richteramt (§ 138 Abs. 1) oder Rechtsbeistände sowie – nach gerichtlicher Genehmigung (§ 138 Abs. 2) – sonstige Personen, die das besondere Vertrauen des Privatklägers genießen (s. allerdings § 378, 4).[6] 3

Ausbleiben von Privatkläger und Vertreter. Erscheint weder der Privatkläger noch ein Anwalt, so gilt, wenn das Ausbleiben nicht genügend entschuldigt ist, die Privatklage als zurückgenommen (§ 391 Abs. 2); das Verfahren ist alsdann einzustellen (§ 391, 10 ff.). Der Hinweis auf die Rechtsfolgen aus § 391 Abs. 2 ist angezeigt; allerdings sieht das Gesetz keine Pflicht vor, den Privatkläger bei seiner Ladung hierauf hinzuweisen. Eine solche folgt auch nicht aus dem Gebot gerichtlicher Fürsorge.[7] Allein die fehlende Kenntnis des Privatklägers von der Rücknahmefiktion des § 391 Abs. 2 belegt neben dem Anschein einer schlichten Untätigkeit und dem fehlenden Rechtsverfolgungswillen für sich kein entschuldigtes Ausbleiben und vermag deshalb keine Wiedereinsetzung in den vorigen Stand zu rechtfertigen (§ 391 Abs. 4).[8] 4

2. Angeordnetes Erscheinen (Absatz 3). Die Anordnung darf nicht willkürlich getroffen werden, sondern hat der Verfahrensförderung zu dienen, namentlich einen Vergleichsschluss zu fördern.[9] Ordnet der Richter das persönliche Erscheinen des Privatklägers an, muss diesem das in der Ladung mitgeteilt werden. Erscheint er gleichwohl nicht, gilt das selbst dann als **Rücknahme der Privatklage**, wenn statt seiner ein Rechtsanwalt erscheint (§ 391 Abs. 2). Das gilt ferner für den Fall einer kommissarischen Vernehmung (§ 223) oder einer richterlichen Augenscheinseinnahme nach § 225.[10] Die Anordnung unterliegt nicht der Beschwerde[11] (§ 305 Satz 2). Zur Hauptverhandlung **vorgeführt** werden kann zwar der Angeklagte (Rn. 16, 18), nicht aber der Privatkläger (Gegenschluss aus Absatz 3). 5

Die **Ladung** des Privatklägers kann diesem selbst oder dem von ihm bevollmächtigten Anwalt zugestellt werden; letzteres genügt auch dann, wenn das persönliche Erscheinen des Privatklägers angeordnet ist. Wird die Ladung dem Privatkläger selbst zugestellt, muss der von ihm bevollmächtigte Anwalt besonders geladen werden.[12] Ist dies unterblieben oder die Frist nicht gewahrt, kann der Privatkläger **Aussetzung der Verhandlung** nach § 218 Satz 2, § 217 Abs. 2 verlangen. 6

3. Anhörungsrecht. Der Privatkläger hat einen Anspruch darauf, in der Hauptverhandlung gehört zu werden; er hat das Recht zu persönlichen **Fragen und Anträgen**, und zwar auch dann, wenn sein persönliches Erscheinen nicht angeordnet ist. Daraus 7

5 Meyer-Goßner/*Schmitt* 4.
6 Meyer-Goßner/*Schmitt* 2.
7 *Dempewolf* 338; **a.A.** LR/*Hilger*[26] 3; KMR/*Kulhanek* 2; HK/*Weißer* § 391, 9.
8 **A.A.** LR/*Hilger*[26] 3.
9 Meyer-Goßner/*Schmitt* 1.
10 Meyer-Goßner/*Schmitt* § 391, 10.
11 OLG Celle NJW **1953** 1933; KMR/*Kulhanek* 6; allg. M.
12 OLG Karlsruhe VRS **50** (1976) 120.

ergibt sich, dass er bei **Verhandlungsunfähigkeit** die Aussetzung verlangen kann; ihm darf nicht entgegengehalten werden, dass er durch einen Anwalt vertreten und eine weitere Aufklärung des Sachverhalts durch ihn nicht zu erwarten ist.[13]

8 **4. Anwesenheitspflicht.** Das Gesetz bestimmt nicht ausdrücklich, ob der Privatkläger oder sein Anwalt verpflichtet sind, bis zum Schluss der Hauptverhandlung (§ 268 Abs. 3) anwesend zu bleiben. Zu dieser Frage werden **verschiedene Ansichten** vertreten. Eine davon[14] entnimmt dem Wortlaut des § 391 Abs. 2 zweite Hälfte, dass nur das völlige Nichterscheinen, das **Ausbleiben als Rücknahme der Privatklage** gelte: Dem stehe es nicht gleich, wenn der Privatkläger im Lauf der Verhandlung (selbst frühzeitig) wieder fortgehe. Dann habe er durch sein Erscheinen gezeigt, dass ihm an der Durchführung der Sache liegt. Sein Weggehen könne zwar seinen Grund in einer Änderung seiner Ansichten haben, ebensogut aber auch durch andere Umstände – Aufregung, Erbitterung, Verärgerung – verursacht sein. Das Verfahren könne ohne den Privatkläger ebenso zu Ende geführt werden wie nach § 231 Abs. 2 ohne den Angeklagten. Eine andere Ansicht[15] hält die **Anwesenheit** des nicht durch einen Rechtsanwalt vertretenen (§ 378, 2) oder eines zwar vertretenen Privatklägers, dessen persönliches Erscheinen das Gericht aber gleichwohl angeordnet hat, **bis zum Ende der Urteilsverkündung** für erforderlich und erblickt eine vermutete Zurücknahme nach § 391 Abs. 2 auch darin, wenn der Privatkläger in einem nur noch zur Verkündung des Urteils angesetzten Termin ausbleibt.[16]

9 Dieser Ansicht ist zuzustimmen (§ 391, 31).[17] Das Gesetz verpflichtet den Privatkläger oder seinen Anwalt nicht deshalb zum Erscheinen, damit das Gericht bei Beginn der Hauptverhandlung sieht, er halte noch an der Verfolgungsabsicht fest, sondern weil nach dem Aufbau des deutschen Strafverfahrens grundsätzlich **in jeder Strafverhandlung ein Ankläger** gebraucht wird. Würde sich im Amtsverfahren der Staatsanwalt entfernen, ehe das letzte Wort der Urteilsbegründung gesprochen ist, wäre das ein Revisionsgrund nach § 338 Nr. 5, und zwar ohne Rücksicht darauf, ob das Urteil gleich nach der Verhandlung oder an einem späteren Tag verkündet wird. Es lässt sich nicht sagen, die Anwesenheitspflicht des Staatsanwalts sei nur eine Folge seiner Amtsstellung, die der Privatkläger nicht hat. Das Gesetz legt dem Staatsanwalt diese Amtspflicht auf, weil in jedem Augenblick der Verhandlung – selbst noch während der Urteilsverkündung – eine Rückfrage an den Ankläger erforderlich werden kann. Das gilt für den Privatkläger erst recht, der – anders als der Staatsanwalt – fast immer Beweismittel (im materiellen Sinn) ist. Gerade weil die Privatklage – im Gegensatz zur öffentlichen Klage – in jeder Lage des Verfahrens zurückgenommen werden kann (§ 391 Abs. 1), muss derjenige, dem dieses Recht zusteht, in jedem Augenblick der Hauptverhandlung anwesend sein. Ein öffentliches Interesse an der Verfolgung besteht nicht, sonst hätte der Staatsanwalt diese übernommen. Das private Interesse, das allein die Verfolgung rechtfertigt, kann nicht

---

13 OLG Bremen GA **1959** 152; *Woesner* NJW **1959** 705.

14 OLG Dresden JW **1932** 679 mit zust. Anm. *Hegler*.

15 OLG Karlsruhe JW **1925** 1035 mit Anm. *Kern*; OLG Stuttgart JW **1927** 2647; **1929** 289; zweifelnd *Drucker* JW **1929** 289.

16 So auch OLG Bremen NJW **1957** 474; vermittelnd (Anwesenheit bei Urteilsverkündung nicht erforderlich) BayObLG JW **1926** 2206 mit zust. Anm. *Stern*; BayObLGSt **1962** 37; OLG Darmstadt JW **1927** 3061; OLG Hamburg JW **1928** 2292 mit zust. Anm. *Stern*; OLG Köln JW **1929** 1082; **1929** 1506 mit zust. Anm. *Unger*; KG JW **1930** 2593 mit zust. Anm. *Mamroth*; *Beling* 454, 4; *Schlüchter* 826.2; *Eb. Schmidt* § 391, 15, 17; *Poppe* NJW **1954** 1915 verneint auch den Revisionsgrund des § 338 Nr. 5; Meyer-Goßner/*Schmitt* § 391, 12 (Anwesenheit nach den Schlussvorträgen nicht mehr erforderlich); KK/*Walther* § 391, 12; SK/*Velten* § 391, 23; HK/*Weißer* § 391, 9.

17 AK/*Rössner* § 391, 13.

mehr angenommen werden, sobald sein Träger sich entfernt. Schließlich ist kaum ein Umstand von größerer Beweiskraft für einen fehlenden fortbestehenden Verfolgungswillen des Privatklägers denkbar, als der unterbliebene Schlussvortrag mit den entsprechenden Anträgen nach § 258 Abs. 1 (s. Rn. 11).

5. Folge des Ausbleibens

a) Fiktion. Das Gesetz knüpft an das Ausbleiben des Privatklägers nicht die widerlegbare Vermutung, dieser wolle die Klage zurücknehmen, sondern arbeitet mit einer **Fiktion**: Das Ausbleiben gilt als Rücknahme (§ 391 Abs. 2). Deshalb kommt es nicht auf psychologische Erwägungen darüber an, welche Beweggründe für das vorzeitige Fortgehen in Betracht kommen können. Wer nicht erscheint oder sich vorzeitig entfernt, bekundet damit ein Mangel an Interesse, der als untragbar erscheinen lässt, gerade um seiner Interessen willen einen anderen zu bestrafen. 10

b) Unterschied zu § 231 Abs. 2. Dieser Rechtsfolge kann auch nicht entgegengehalten werden, dass nach § 231 Abs. 2 eine Verhandlung selbst gegen einen Angeklagten zu Ende geführt werden kann, wenn dieser sich nach seiner Vernehmung zur Anklage aus der Verhandlung entfernt oder bei der Fortführung einer unterbrochenen Hauptverhandlung ausbleibt, eine solche Regelung danach für den Privatkläger nicht schlechthin ausscheiden dürfe. Ein solcher Vorschlag muss schon deshalb fehlgehen, weil die Fälle des Ausbleibens des Angeklagten und des Privatklägers nicht miteinander vergleichbar sind. So kann das Gericht den Angeklagten, wenn es seine Anwesenheit für die weitere Verhandlung für notwendig erachtet, zwar nicht in Untersuchungshaft nehmen, ihn aber wohl festhalten oder – wieder – vorführen lassen. Gegen den Privatkläger stehen ihm solche prozessualen Befugnisse nicht zu. Darüber hinaus bestimmt § 231 Abs. 1 Satz 1 ausdrücklich, dass der erschienene Angeklagte sich nicht entfernen darf. Beim Privatkläger bedurfte es deshalb keiner solcher Bestimmungen, weil in seinem Weggehen die Rücknahme der Privatklage zu erblicken ist. Wie sollte sonst das Gericht verfahren, wenn nach dem Fortgehen des Privatklägers noch nicht zu übersehen ist, ob er noch gebraucht wird? Soll es weiter verhandeln, selbst auf die Gefahr, dass man später steckenbleibt? Soll dem Angeklagten zugemutet werden, zu einem späteren Termin wieder zu erscheinen? Oder soll die Fiktion der Rücknahme davon abhängen, wie der Richter das bisherige Verhandlungsergebnis beurteilt? Es lässt sich kein Zeitpunkt bestimmen, mit dessen Eintritt diese Bedenken gegenstandslos werden. 11

c) Dauer der Anwesenheitspflicht. Der Gesetzeswortlaut, der auf die Hauptverhandlung insgesamt abstellt, lässt den Schluss auf den Zeitpunkt des § 268 Abs. 2 Satz 1, Absatz 3 zu. Danach schließt die Verhandlung mit der Verlesung der Urteilsformel und der Eröffnung der Urteilsgründe. Mit Blick auf den regelungssystematischen Zusammenhang und den Sinn und Zweck der Vorschrift ist damit der früheste Zeit für den Privatkläger, sich ohne Rechtsverlust zu entfernen, der **Beginn der Verkündung der Urteilsformel**. 12

Das **Ende der Schlussvorträge** (§ 258) erweist sich hingegen nicht in gleicher Weise mit dem Wortlaut der Norm vereinbar.[18] Dass der Angeklagte bis zum Ende des letzten Worts (§ 258 Abs. 2 Hs. 2) noch Widerklage erheben kann (§ 388 Abs. 1), erweist sich nicht als tragfähiges Gegenargument. Die Anwesenheit des Privatklägers oder seines Anwalts dient nicht in erster Linie dem Zweck, die Erhebung einer Widerklage zu erleich- 13

---

18 **A.A.** Meyer-Goßner/*Schmitt* § 391, 12; KK/*Walther* § 391, 12; HK/*Weißer* § 391, 9.

tern. Auch die **Aussetzung der Urteilsverkündung** auf einen anderen Tag (§ 268 Abs. 3 Satz 2) begründet keinen solchen verfahrensrechtlichen Einschnitt. Der Angeklagte kann auch in dem zur Verkündung bestimmten Termin noch Anträge stellen; er kann sogar – wenn er das Wort erhält, was freilich im Ermessen des Vorsitzenden steht – während der Verkündung, bis der letzte Satz der Gründe ausgesprochen ist, noch Anträge, namentlich Beweisanträge, stellen. Vor allem kann auch das Gericht von Amts wegen, statt das Urteil zu verkünden, wieder in die Verhandlung eintreten. Gerade in Privatklagesachen liegt es nicht fern, dass der Richter nach reiflicher Überlegung noch einen Vergleichsversuch zu machen wünscht.

14 Zwar wird die Auffassung vertreten,[19] dazu sei dieser **Zeitpunkt** psychologisch der ungeeignetste des ganzen Verfahrens, weil in den Schlussvorträgen die Leidenschaften hart aufeinandergeprallt seien. Dem ist allerdings entgegenzuhalten, dass gerade deswegen dieser Augenblick oft der beste für einen Vergleich sein kann. Die Parteien haben ihre Beweismittel vorführen und ihre Standpunkte darlegen können. Der Richter, der alles angehört hat und deshalb alles berücksichtigen kann, wird durch die dabei gezeigte Geduld an Autorität gewinnen. Sie wird die Parteien oftmals geneigter machen, alsbald die Ansicht des Richters kennenzulernen und seinen Ausführungen zuzuhören. Es muss daher seinem Ermessen überlassen werden, ob er sich jetzt etwas von einem **Vergleichsversuch** verspricht. Dem Privatkläger darf nicht die Möglichkeit gegeben werden, einen solchen Versuch dadurch abzuschneiden, dass er fortgeht oder nicht wieder erscheint.

15 **6. Weitere Hinweise.** Hat das Gericht das persönliche Erscheinen des Privatklägers angeordnet, muss dieser selbst bis zum Beginn der Verkündung der Urteilsformel anwesend sein. Über die Pflicht zur **Anwesenheit in der Berufungsverhandlung** und die Folgen ihrer Verletzung vgl. § 391, 38 ff. In der **Revisionsverhandlung** braucht der Privatkläger nicht zu erscheinen; das kann auch nicht angeordnet werden.[20] Zu den Rechten des Privatklägers gehört auch, den Richter nach § 24 Abs. 3 Satz 1 oder einen Sachverständigen nach § 74 Abs. 2 **ablehnen** zu können.

III. Rechtliche Stellung des Angeklagten

16 **1. Erscheinenspflicht.** Für den Angeklagten gelten die §§ 230 ff., soweit nicht § 387 Abweichungen enthält. Gegen einen Angeklagten, der nicht erscheint, nicht durch einen Verteidiger vertreten und nicht nach § 233 vom Erscheinen entbunden ist (Rn. 17), kann nur unter den Voraussetzungen des § 232 Abs. 1 Satz 1 verhandelt werden. Wenn Freiheitsstrafe nur als Ersatzfreiheitsstrafe zu erwarten ist (§ 43 StGB), steht das dem Verfahren nach § 232 nicht entgegen. Der Angeklagte kann aber vorgeführt werden (Absatz 3). Es empfiehlt sich, ihn bei der Ladung darauf hinzuweisen. Für die Dauer des Festhaltens gilt § 135 Satz 2.

17 **2. Entbinden vom Erscheinen.** nach § 233 ist auch im Privatklageverfahren möglich. Der Angeklagte braucht für das weitere Verfahren keinen Vertreter, kann sich aber selbstverständlich vertreten lassen (§§ 234, 387 Abs. 1).

---

19 *Woesner* NJW **1959** 705.

20 Gegenschluss aus § 391 Abs. 2, 3; vgl. auch § 350 Abs. 2; ebenso *Woesner* NJW **1959** 707; **a.A.** AK/*Rössner* 2.

3. Angeordnetes Erscheinen. Das Gericht kann das persönliche Erscheinen des Angeklagten anordnen und durch Vorführung erzwingen (Absatz 3). Gegen die Anordnung ist kein Rechtsmittel (§ 236 i.V.m. § 305 Satz 1) gegeben.[21] Ist der Angeklagte erschienen, sei es auf Anordnung oder ohne sie, darf er sich bis zum Schluss der Urteilsbegründung nicht entfernen. Tut er das gleichwohl, kann die Verhandlung unter den Voraussetzungen des § 231 Abs. 2 zu Ende geführt werden. 18

4. Beistand eines Rechtsanwalts (Absatz 1 und 2). Im Beistand eines Rechtsanwalts (Absatz 1) bedeutet nicht, dass die allgemeinen Bestimmungen über die **Verteidigung** und über die Zulassung von Beiständen des Angeklagten (§§ 137 bis 149) im Privatklageverfahren nicht anwendbar seien. Dem Angeklagten in diesem Verfahren Beschränkungen aufzuerlegen, die im Offizialverfahren nicht bestehen, kann nicht die Absicht des Gesetzes sein, weil es dafür keinen vernünftigen Grund gibt;[22] näher liegt, dass dem Gesetzgeber das – rechtstatsächlich weitgehend bedeutungslose – Privatklageverfahren aus dem Blick geraten ist, sodass mit Einfügung des § 138 Abs. 3 eine planwidrige Regelungslücke entstanden ist.[23] 19

5. Notwendige Verteidigung. Fälle **notwendiger Verteidigung** sind ausnahmsweise auch im Privatklageverfahren denkbar;[24] so kann eine umfangreiche, komplizierte Beweisaufnahme zu erwarten sein oder z.B. in Beleidigungssachen die Frage der Anwendbarkeit des § 193 StGB erhebliche Schwierigkeiten bereiten. Gleiches gilt für die Frage der Anwendbarkeit des § 199 StGB in einem Privatklageverfahren.[25] Dies kann die Beiordnung nach § 140 Abs. 2 begründen.[26] Angesichts der regelmäßig nicht schwerwiegenden Fälle im Privatklageverfahren besteht mit Blick auf das Gebot der Waffengleichheit und eingedenk der gesetzgeberischen Wertung aus § 140 Abs. 1 Nr. 9 – auch von Verfassungs wegen – keine Beiordnungsnotwendigkeit für den Fall eines anwaltlich vertretenen Privatklägers.[27] 20

6. Keine Untersuchungshaft (Absatz 3 letzter Satzteil). Untersuchungshaft kann im Privatklageverfahren nicht angeordnet werden. Das ergibt sich deutlich aus einem Vergleich von Absatz 3 mit § 230 Abs. 2; Absatz 3 geht als **Sonderregelung** vor und rechtfertigt den Gegenschluss, dass nur die Vorführung, nicht die Verhaftung angeordnet werden kann.[28] Das folgt auch aus dem Grundsatz der Verhältnismäßigkeit (Vor § 112, 102) und ist in Rechtsprechung und Schrifttum allgemein anerkannt.[29] Wo kein öffentliches Interesse an der Strafverfolgung besteht und die Rücknahme der Klage vom 21

---

21 OLG Celle NJW **1953** 1933.

22 LG Berlin Rpfleger **1953** 592; LG Dortmund Rpfleger **1954** 319; LG Wuppertal JMBlNW **1959** 257; AK/*Rössner* 10; *Eb. Schmidt* 11; *Schlüchter* 819; **a.A.** OLG Hamburg MDR **1966** 256; LG Braunschweig NdsRpfl. **1968** 167; *Brangsch* NJW **1962** 650; Meyer-Goßner/*Schmitt* 2; KK/*Walther* 5; HK/*Weißer* 2; SK/*Velten* 8; *Peters* § 65 I 4b.

23 In diesem Sinne wohl auch *Ladiges* JR **2013** 295, 296; Meyer-Goßner/*Schmitt* 2; SSW/*Jofer* 2.

24 Vgl. auch BVerfGE **63** 391.

25 BGHSt **10** 373.

26 KMR/*Kulhanek* 4; KK/*Walther* 5; enger *Dempewolf* 402, 5.

27 BVerfG NJW **1983** 1599; **a.A.** MüKo-*Thomas/Kämpfer* § 140, 25a; SK/*Wohlers* § 140, 52.

28 OLG Karlsruhe MDR **1974** 332.

29 *Beling* 497; *Feisenberger* § 384, 2; *Henkel* 411; *v. Hippel* 442, 631; *Eb. Schmidt* § 112, 7; Meyer-Goßner/*Schmitt* § 384, 5; KK/*Walther* § 384, 5; *Schlüchter* 232; *Geerds* GA **1982** 241; s. auch Vor § 112, 63 und § 384, 20; **a.A.** OLG Düsseldorf JW **1913** 636.

Belieben des Klägers abhängt, da kann es nicht gerechtfertigt sein,[30] die Freiheit des Angeklagten während des Verfahrens – außer in der Hauptverhandlung – zu beeinträchtigen. Daher ist auch § 231 Abs. 1 Satz 2 unanwendbar.[31] Wo ein **besonders widerspenstiger** Angeklagter es versteht, sich der **Vorführung** wiederholt zu entziehen und so die Hauptverhandlung zu vereiteln, wird der Staatsanwalt prüfen, ob er nicht die Verfolgung nach § 377 Abs. 2 übernimmt.[32] Zur **vorläufigen Festnahme** s. § 127, 68 und § 384, 25. Alle **Fahndungsmaßnahmen**, die einen Haftbefehl voraussetzen,[33] sind unzulässig. Zulässig sind dagegen – unter strenger Beachtung des Verhältnismäßigkeitsgrundsatzes – solche Fahndungsmaßnahmen, die nur geringfügig in Grundrechte Betroffener eingreifen und daher auf die §§ 161, 163 gestützt werden können, soweit sie dem Zweck dienen, die Verwirklichung des Vorführungsbefehls sicherzustellen (z.B. Sammeln von Informationen, um den Aufenthalt des Angeklagten zu ermitteln und ihn vorführen zu können; s. § 384, 27).[34]

22 **7. Ladung.** Für die **Ladung des Angeklagten** und andere Zustellungen an ihn gilt nicht § 378 Satz 2, sondern die allgemeine Regelung. Ihm ist immer selbst zuzustellen; zur Hauptverhandlung ist er persönlich zu laden, auch wenn er einen Verteidiger bevollmächtigt hat; allerdings ist Ersatzzustellung nach § 181 ZPO zulässig.[35] Für die **Ladung des Verteidigers** gilt § 218.

23 Die **Rechtsmittelfrist** beginnt für den nicht anwesenden **Angeklagten** erst mit der Zustellung des Urteils (§ 314 Abs. 2, § 341 Abs. 2). Sie wird auch durch Zustellung an den Verteidiger (§ 145 Abs. 1, 2) in Lauf gesetzt. Für den **Privatkläger** beginnt die Frist auch dann mit der Urteilsverkündung, wenn bei dieser nur der Rechtsanwalt als Vertreter anwesend war (s. im Übrigen § 390, 8 ff.).

§ 388
Widerklage

(1) Hat der Verletzte die Privatklage erhoben, so kann der Beschuldigte bis zur Beendigung des letzten Wortes (§ 258 Abs. 2 Halbsatz 2) im ersten Rechtszug mittels einer Widerklage die Bestrafung des Klägers beantragen, wenn er von diesem gleichfalls durch eine Straftat verletzt worden ist, die im Wege der Privatklage verfolgt werden kann und mit der den Gegenstand der Klage bildenden Straftat in Zusammenhang steht.

(2) [1]Ist der Kläger nicht der Verletzte (§ 374 Abs. 2), so kann der Beschuldigte die Widerklage gegen den Verletzten erheben. [2]In diesem Fall bedarf es der Zustellung der Widerklage an den Verletzten und dessen Ladung zur Hauptverhandlung, sofern die Widerklage nicht in der Hauptverhandlung in Anwesenheit des Verletzten erhoben wird.

(3) Über Klage und Widerklage ist gleichzeitig zu erkennen.

(4) Die Zurücknahme der Klage ist auf das Verfahren über die Widerklage ohne Einfluß.

30 **A.A.** *Gerland* 255 Anm. 131.
31 *Eb. Schmidt* 3; **a.A.** KMR/*Kulhanek* 8.
32 Vgl. *Schneider* JW **1919** 566; *Geerds* GA **1982** 241.
33 S. auch § 384, 25.
34 Vgl. Vor § 131, 20.
35 BGHSt **11** 158.

https://doi.org/10.1515/9783110275001-019

Schrifttum

Lindemann Die Widerklage nach der Reichs-Strafprozessordnung, GA **51** (1904) 260; *Schreiber* Widerklage und Strafantragsfristen, NJW **1949** 497.

Entstehungsgeschichte

Die als § 428 Gesetz gewordene Vorschrift hat ihre jetzige Bezeichnung durch das Gesetz zur Stärkung des Rechts des Angeklagten auf Vertretung in der Berufungsverhandlung und über die Anerkennung von Abwesenheitsentscheidungen in der Rechtshilfe vom 25.7.2019 erhalten (Art. 1 Nr. 13, BGBl. I 1332 ff.). Absatz 2 ist durch Art. 9 § 10 der 2. VereinfVO eingeführt worden; seine jetzige Fassung beruht auf Art. 3 Nr. 169 VereinhG. Durch Art. 21 Nr. 97 EGStGB 1974 sind in Absatz 1 die Worte „der Schlussvorträge (§ 258)" durch die Worte „des letzten Wortes (§ 258 Abs. 2 Halbsatz 2)" ersetzt worden.

Übersicht

Alphabetische Übersicht

I. Widerklage

1 Die **Widerklage**[1] ist eine besondere Art der Privatklage. Deshalb gelten die Vorschriften über die Privatklage auch für sie, soweit sie nicht aus dem Gesetz oder aus besonderen Gründen etwas anderes ergibt. Eine **gesetzliche Abweichung** enthält § 80 Abs. 2 JGG; danach ist die Widerklage gegen einen jugendlichen Privatkläger zulässig,[2] während eine Privatklage gegen eine Jugendlichen nach § 80 Abs. 1 Satz 1 JGG nicht erhoben werden kann.[3] Der Strafrichter kann gegen den jugendlichen Widerbeklagten aber nur auf **Zuchtmittel** erkennen; Jugendstrafe ist ausgeschlossen (§ 80 Abs. 2 Satz 2 JGG); für Erziehungsmaßregeln ist nur der Vormundschaftsrichter, nicht der Privatklagerichter zuständig (§ 104 Abs. 4 Satz 1 JGG).

II. Voraussetzungen (Absatz 1)

2 **1. Zulässige Privatklage.** Die Widerklage setzt eine zulässige Privatklage voraus, im Verfahren auf öffentliche Klage hat sie keinen Platz.[4] Fehlt eine Verfahrensvoraussetzung, z.B. der für die Privatklage gegebenenfalls erforderliche Strafantrag oder Sühneversuch, ist auch die Widerklage als solche unzulässig, selbst wenn für das mit ihr verfolgte Vergehen Strafantrag und Sühnebescheinigung vorhanden oder nicht erforderlich sind.[5] Ebensowenig ist die Widerklage zulässig, wenn die Privatklage wegen einer nur von Amts wegen verfolgbaren Straftat erhoben ist oder wenn der Staatsanwalt nach § 377 Abs. 2 die Verfolgung des Privatklagevergehens übernommen hat. Also gibt es auch keine Widerklage gegen eine Nebenklage (§ 397, 10).

3 Möglicherweise ergibt sich die **Unzulässigkeit der Widerklage** erst im späteren Verlauf des Verfahrens aus der jetzt erst erkannten Unzulässigkeit der Privatklage.[6] Wird die Unzulässigkeit der Privatklage nicht bloß später erkannt – so durch tatsächliche Aufklärung des Hergangs oder wegen richtiger Rechtsbeurteilung –, sondern tritt die Unzulässigkeit der Privatklage jetzt erst ein – so durch Rücknahme des Strafantrags oder dadurch, dass der Staatsanwalt die Verfolgung übernimmt –, während sie bei Erhebung der Widerklage noch zulässig war, so bleibt die Widerklage eine zulässig erhobene Privatklage, allerdings wird sie dann abzutrennen sein.[7]

4 **2. Zeitpunkt.** Die Privatklage muss schon erhoben und darf noch nicht erledigt oder bis zur Beendigung des letzten Worts (§ 258 Abs. 2 Hs. 2) vor dem Strafrichter gediehen sein (Absatz 1 zweiter Satzteil).[8] Erhoben ist sie, wenn alle Voraussetzungen der §§ 379 bis 381 erfüllt sind (vgl. § 382, 1). Für die Zulässigkeit der Widerklage nicht erforderlich ist, dass die Privatklage dem Beschuldigten mitgeteilt (§ 382) oder dieser über die Eröffnung des Hauptverfahrens (§ 383 Abs. 1) unterrichtet worden ist. Freilich muss der Widerkläger wissen, dass die Privatklage gegen ihn erhoben ist, weil er sie bezeichnen muss (Rn. 23).

---

1 Vgl. AK/*Rössner* 1 (zur viktimologischen Bedeutung); SK/*Velten* 2.
2 KMR/*Kulhanek* 1.
3 Vgl. *Pentz* GA **1958** 301.
4 RGSt **5** 133; *Lindemann* GA **51** (1904) 260.
5 Vgl. KG JW **1932** 962 mit Anm. *Stern*.
6 Vgl. BayObLGSt **1952** 114.
7 KMR/*Kulhanek* 4.
8 KMR/*Kulhanek* 4, 8.

Als **Endzeitpunkt** für die Erhebung der Widerklage nennt das Gesetz nur die Beendigung des letzten Worts (§ 258 Abs. 2 Hs. 2) im ersten Rechtszug. Es versteht sich aber, dass eine Widerklage auch dann nicht mehr möglich ist, wenn ihr eine andere endgültige Erledigung der Privatklage vorausgegangen ist, namentlich wenn sie wegen mangelnden Tatverdachts oder aus Rechtsgründen (§ 383 Abs. 1) rechtskräftig zurückgewiesen, das Verfahren wegen Geringfügigkeit eingestellt (§ 383 Abs. 2) oder wenn sie rechtswirksam zurückgenommen (§ 391 Abs. 1) ist. Tritt eine solche Erledigung der Privatklage erst nach Erhebung der Widerklage ein, berührt das deren Bestand – als Privatklage – nicht (Rn. 37).[9] Anders ist es nur, wenn die spätere Erledigung darauf beruht, dass die Privatklage in Wahrheit schon vor Erhebung der Widerklage unzulässig war. Mangelnder Tatverdacht oder Geringfügigkeit von Schuld und Folgen macht die Klage nicht von vornherein unzulässig.[10] 5

3. Mehrere Hauptverhandlungen. Finden mehrere Hauptverhandlungen im ersten Rechtszug statt, so kann, da das Gesetz nichts Entgegenstehendes sagt, die Widerklage auch noch **in der letzten** erhoben werden. Das gilt auch dann, wenn der Angeklagte das letzte Wort in der früheren Hauptverhandlung schon gehabt und der Richter erst nach seiner Beendigung die Aussetzung der Verhandlung, z.B. zwecks weiterer Beweiserhebung oder zu Vergleichsversuchen, beschlossen hatte. Es ist nur folgerichtig, die Widerklage selbst dann noch zuzulassen, wenn es zufolge Verweisung nach § 328 Abs. 2 zu einer neuen Verhandlung vor dem Strafrichter kommt. 6

III. Weitere Erfordernisse

1. Allgemein. Für die Widerklage selbst müssen die allgemeinen **Erfordernisse einer Privatklage** gegeben sein. Auch sie kann nur wegen eines Privatklagevergehens erhoben werden, wenn die Verfahrensvoraussetzungen dafür vorliegen. Privatklage kann auch erheben, wer – etwa wegen Art. 46 GG – der Gerichtsbarkeit des Prozessgerichts nicht unterliegt; Widerklage gegen einen solchen Privatkläger ist dagegen ebensowenig möglich, wie das bei einer Privatklage gegen einen solchen Beschuldigten möglich wäre. 7

Der im Privatklageverfahren Angeklagte braucht als solcher **nicht prozessfähig** zu sein; Widerklage kann der Nichtprozessfähige aber nur durch seinen gesetzlichen Vertreter erheben (§ 374, 39 ff.).[11] Schließlich setzt die Widerklage wegen eines Antragsdelikts ebenso wie die Privatklage einen rechtzeitig gestellten Strafantrag voraus (Rn. 11). 8

Die §§ 379, 379a, 380 gelten für die Widerklage dagegen nicht.[12] Der Widerkläger braucht für die dem Privatkläger erwachsenden Kosten keine Sicherheit zu leisten; wer eine Privatklage erhebt, setzt sich damit einer Widerklage und dem damit verbundenen Kostenrisiko aus. Der Widerkläger ist auch nicht verpflichtet, einen **Gebührenvorschuss** nach § 16 Abs. 1 Satz 1 GKG zu leisten. Ein Sühneversuch hätte keinen Sinn, nachdem das Privatklageverfahren ohnehin durchgeführt werden muss, sei es, weil der Privatkläger schon eine Sühnebescheinigung beigebracht hat, sei es, weil sie für die Privatklage nicht erforderlich war (§ 380, 42). 9

9 BayObLG NJW **1958** 1149 mit Anm. *Parsch* NJW **1958** 1548; KMR/*Kulhanek* 4.

10 Vgl. BayObLG NJW **1958** 1149 mit Anm. *Parsch* NJW **1958** 1548; KMR/*Kulhanek* 4; Meyer-Goßner/*Schmitt* 5.

11 KMR/*Kulhanek* 2.

12 OLG Hamburg Rpfleger **1956** 241; allg. M.

10 Wegen der **Auslagenvorschüsse** vgl. Rn. 26, zur Prozesskostenhilfe § 379, 35.

11 **2. Strafantrag.** Die Widerklage wegen eines Antragsvergehens setzt einen rechtzeitig gestellten Strafantrag voraus.[13] Darin unterscheidet sie sich nicht von der Privatklage.[14] Nur ist zu beachten, dass die Antragsfrist für den anderen Teil bei wechselseitigen Beleidigungen und wechselseitigen leichten Körperverletzungen (§§ 77c, 194, 199, 230 StGB) teils länger, teils kürzer ist als für den einen Teil. Das gilt – über den genauen Wortlaut hinaus – auch dann, wenn Beleidigungen mit leichten Körperverletzungen erwidert worden sind oder umgekehrt.[15] Der eine Teil ist nicht der Privatkläger als solcher und der andere Teil nicht der Widerkläger als solcher; vielmehr ist der eine Teil stets, wer als erster von beiden Strafantrag gestellt hat.[16] Ob das der Verletzte selbst oder der selbständig Antragsberechtigte (Vorgesetzte) war, macht keinen Unterschied.[17] War allerdings die **Antragsfrist** für die erste Beleidigung bei Begehung der zweiten schon versäumt, so eröffnet auch § 77c StGB keine Verfolgungsmöglichkeit mehr für die erste Tat.[18]

12 Der **Strafantrag** des anderen Teils ist nach § 77c Satz 1 StGB bis zur Beendigung des letzten Worts möglich; das muss nicht gerade eine Privatklageverhandlung, kann vielmehr auch ein Amtsverfahren sein. Die **Wirksamkeit** des zweiten Strafantrags hängt nicht davon ab, ob der erste sich auf eine wirklich begangene und erwiesene Straftat bezieht.[19] Der Strafantrag kann, wenn es ein Privatklageverfahren ist, auch in Gestalt einer Widerklage angebracht werden, muss es aber nicht; er kann auch zur Grundlage späterer Verfolgung – durch selbständige Privatklage oder im Amtsverfahren – dienen.

13 **3. Zusammenhang.** Privatklage- und Widerklagevergehen müssen miteinander im Zusammenhang stehen (Absatz 1 letzter Satzteil). Dieser braucht nur lose, namentlich kein zeitlicher, ursächlicher oder Motivationszusammenhang zu sein.[20] Der Begriff des Zusammenhangs ist erheblich weiter als der des „wechselseitigen" (§ 77c StGB) oder gar der Erwiderung „auf der Stelle" (§ 199 StGB). Er wird in aller Regel einfach wegen der gegenseitigen Beschuldigung anzunehmen sein, wenn nicht ausnahmsweise – etwa bei fahrlässiger Körperverletzung – die beiden Vergehen und die beiden Täter so wenig miteinander zu tun haben, dass deshalb eine gemeinsame Verhandlung unzweckmäßig erscheint.[21] Es genügt bereits, wenn beide Taten Ausfluss feindseliger Gesinnung sind.[22]

14 **4. Identität der Parteien (Absatz 2 Satz 1).** Die Straftaten, die den Gegenstand der Klage und der Widerklage bilden, müssen zwischen denselben Personen stattgefunden haben. Erhebt der Vorgesetzte des Verletzten Privatklage (§ 374 Abs. 2), kann der Angeklagte nicht etwa wegen Taten des Vorgesetzten Widerklage erheben,[23] wohl aber gegen

---

13 KMR/*Kulhanek* 2.
14 *Eb. Schmidt* 5.
15 *Dempewolf* 271 ff.
16 Vgl. LG Zweibrücken MDR **1958** 117.
17 *Schreiber* NJW **1949** 497; **a.A.** *Dempewolf* 388 ff.
18 RGSt **44** 162; KK/*Walther* 6.
19 BayObLGSt **1958** 279; KK/*Walther* 6.
20 BGHSt **17** 197; *Schlüchter* 820; KMR/*Kulhanek* 5; allg. M.
21 Vgl. *Fritzsche* JW **1924** 1682.
22 BayObLGSt **30** (1931) 185; *Dempewolf* 271; Meyer-Goßner/*Schmitt* 7; KMR/*Kulhanek* 5 (Zweckmäßigkeit der gemeinsamen Verhandlung und Entscheidung); KK/*Walther* 7; vgl. dagegen OLG Dresden JW **1930** 2596 mit krit. Anm. *Unger*.
23 LG Paderborn NJW **1950** 78; *Eb. Schmidt* 9.

den Verletzten selbst.[24] Nicht gleich[25] zu behandeln ist der Fall, dass der Überlebende wegen Verunglimpfung des Andenkens des verstorbenen Ehegatten Privatklage nach § 374 Abs. 1 Nr. 2 i.V.m. § 194 Abs. 2 Satz 1 und § 77 Abs. 2 StGB erhoben hat. Denn der privatklageberechtigte Hinterbliebene ist nicht Verletzter i.S.v. Absatz 1 (§ 374, 6).[26]

Früher konnte der Angeklagte auch wegen Taten des von ihm Verletzten selbst, der nicht Privatkläger ist, keine Widerklage erheben. Hatte der Mann wegen einer seiner Frau zugefügten Beleidigung Privatklage erhoben, war Widerklage weder wegen Taten des Mannes möglich – er war nicht der Verletzte – noch wegen Taten seiner Frau – diese war nicht Privatklägerin. Dieser Regelung suchte der 1942 eingefügte Absatz 2 (Entstehungsgeschichte) abzuhelfen. Seine praktische Bedeutung ist stark zurückgegangen, nachdem der Hauptanwendungsfall, die Privatklage des Ehemannes wegen Straftaten gegen seine Frau, inzwischen entfallen ist (vgl. § 374, 34). 15

Von den **Anwendungsfällen** des § 374 Abs. 2 gibt es jetzt nur noch das Privatklagerecht des Vorgesetzten und das bestimmter Gewerbetreibender und gewerblicher Interessenverbände (§ 374, 31 f.). Privatklagen des Vorgesetzten sind aber nur möglich, wenn dieser das öffentliche Interesse an der Verfolgung bejaht und der Staatsanwalt es verneint. Verneint der Vorgesetzte es, überlässt er die Privatklage dem verletzten Beamten selbst; bejaht der Staatsanwalt das öffentliche Interesse, übernimmt er die Verfolgung selbst (§ 376). Fälle, in denen Privatklagevergehen gegen den Beamten im Zusammenhang mit Privatklagetaten des Beamten stehen, werden sich nur ausnahmsweise zu einer Verfolgung durch den Vorgesetzten eignen. Bei Verstößen gegen das **UWG** kann es – je nach Lage des Einzelfalles – an einem bestimmten Verletzten fehlen, gegen den die Widerklage erhoben werden könnte, etwa wenn sich diese Taten gegen die Allgemeinheit der Mitbewerber richten, jedenfalls dann, wenn sie von einem Verband verfolgt werden. 16

IV. Sonstige Wirkungen

1. Sachlich-rechtliche Bedeutung. Die Widerklage hat **keine sachlich-rechtliche Bedeutung**. Ob bei Beleidigungen oder leichten Körperverletzungen, die auf der Stelle erwidert worden sind, nach §§ 199, 322 StGB von Strafe abgesehen wird, hängt nicht davon ab, dass beide Taten im Wege von Privatklage und Widerklage verfolgt werden. 17

2. Selbständige Privatklage statt Widerklage. Auch wenn alle Voraussetzungen einer Widerklage gegeben sind, kann der Angeklagte statt ihrer eine selbständige Privatklage erheben. Das Gericht darf auch nicht von sich aus die Privatklage des Angeklagten in eine Widerklage umdeuten.[27] Jedoch kann das Gericht zwei Privatklagen mit umgekehrten Parteirollen nach § 237 miteinander verbinden.[28] Hat der Angeklagte gegen den Privatkläger zunächst selbständige Privatklage erhoben, wünscht er nun aber mit der Widerklage gegen den Privatkläger vorzugehen, steht dem an sich nichts im Wege. Allerdings muss er vor der Entscheidung über die Widerklage und nach ihrer Erhebung die Privatklage zurücknehmen; verfährt er so, steht ihm weder Rechtshängigkeit noch § 392 entgegen. 18

---

24 *Schlüchter* 820; KMR/*Kulhanek* 6.

25 So aber *Schorn* (Strafrichter) 385.

26 Der Angeklagte kann wegen etwaiger Privatklagedelikte des klagenden Hinterbliebenen gegen diesen eine (selbständige) Privatklage erheben; zur Verbindung vgl. Rn. 18.

27 OLG Düsseldorf NJW **1954** 123.

28 KMR/*Kulhanek* 3; KK/*Walther* 8.

19 **3. Gerichtsstand.** Für die mit der Widerklage verfolgte Tat begründet § 388 einen Gerichtsstand **bei dem Privatklagegericht**, auch wenn sonst ein anderes Amtsgericht örtlich zuständig wäre.[29] Dieser Gerichtsstand geht nicht wieder verloren, wenn die Privatklage nach Erhebung der Widerklage zurückgenommen oder sonst erledigt wird; auch dann nicht, wenn sie nach Erhebung der Widerklage unzulässig wird (z.B. durch Rücknahme des Strafantrags), es sei denn, es stellt sich nachträglich heraus, dass die Privatklage schon vor Erhebung der Widerklage unzulässig war. Dann ist auch die Widerklage als solche unzulässig (Rn. 3); sie kann nur als Privatklage an dem sonst für sie gegebenen Gerichtsstand erhoben werden.

V. Form der Widerklage (Absatz 2 Satz 2)

20 **1. Außerhalb der Hauptverhandlung.** Die Widerklage kann **außerhalb der Hauptverhandlung** erhoben werden; dann ergibt sich ihre Form aus § 381.[30] Sie muss ausdrücklich als Widerklage oder mit einem gleichbedeutenden Ausdruck bezeichnet werden und auch das Privatklageverfahren angeben, in dem sie erhoben wird. Andernfalls handelt es sich nicht um eine Widerklage, sondern um eine selbständige Privatklage (Rn. 18).

21 **2. In der Hauptverhandlung.** Aus den Formulierungen in Absatz 1 – bis zur Beendigung des letzten Worts – und besonders in Absatz 2 Satz 2 letzter Satzteil – in der Hauptverhandlung – ergibt sich, dass die Widerklage auch in der Hauptverhandlung erhoben werden kann. Das bedeutet, dass hier grundsätzlich die Formen der Hauptverhandlung maßgebend sind, nämlich die Mündlichkeit.[31] Dabei ist ihr wesentlicher Inhalt – dem beschleunigten Verfahren vergleichbar (§ 418 Abs. 3 Satz 2) – in die Sitzungsniederschrift aufzunehmen. Im Hinblick auf neuere Entwicklungen im Verfahrensrecht, die auf eine Ausweitung und Vereinfachung von Elementen der Schriftlichkeit abzielen (vgl. z.B. §§ 257a, 249 Abs. 2) dürfte es jedoch auch zulässig sein, die Widerklage in der Hauptverhandlung durch Überreichen einer Klageschrift zu erheben, die dann jedoch vorgetragen (verlesen) werden muss.[32] Verfehlt ist allerdings die Meinung, sie müsse auch hier nach § 381 erhoben werden.[33] Dabei wird verkannt, dass die **Mündlichkeit** nicht eine geringere, sondern eine andere Form ist als die Schriftlichkeit und dass sie für die Hauptverhandlung nach wie vor grundsätzlich vorgeschrieben ist.

22 **3. Bedingte Widerklage.** Eine **bedingte Widerklage** ist ebenso unzulässig wie eine bedingte Privatklage (§ 381, 5).[34] Die Widerklage kann also nicht etwa für den Fall erhoben werden, dass die Privatklage zur Verurteilung des Angeklagten führen sollte. Dagegen sind Rechtsbedingungen unschädlich und erlaubt. Der Widerkläger kann also beantragen, seine Klage als Widerklage zu behandeln, soweit dies zulässig ist, sonst aber als selbständige Privatklage.

---

29 KMR/*Kulhanek* 9; KK/*Walther* 9; SSW/*Jofer* 8; HK/*Weißer* 9; allg. M.

30 KMR/*Kulhanek* 10.

31 OLG Hamburg NJW **1956** 1890; *Eb. Schmidt* 10; Meyer-Goßner/*Schmitt* 11 (zutreffend: Beurkundung in der Sitzungsniederschrift).

32 Vgl. auch die Erl. zu § 266.

33 Vgl. *Immler* GA **33** (1885) 174.

34 Meyer-Goßner/*Schmitt* 12.

VI. Verfahren

1. Eröffnungsbeschluss. Das Gericht muss die Widerklage, genau wie jede andere Privatklage, zunächst nach §§ 382, 383 prüfen. Ist sie außerhalb der Hauptverhandlung erhoben, muss es sie dem **Privatkläger** – im Fall des Absatzes 2 Satz 1 dem Verletzten – vor der Entscheidung über den Eröffnungsbeschluss **mitteilen**, es sei denn, dass ihre Unzulässigkeit oder Unbegründetheit von vornherein feststeht und nicht behoben werden kann (§ 382, 3). Wird die Widerklage in der Hauptverhandlung erhoben, wird der Privatkläger mündlich gehört; im Fall des Absatzes 2 Satz 1 der Verletzte, wenn er anwesend ist; sonst muss das Gericht das Verfahren aussetzen und die Widerklage dem Privatkläger schriftlich mitteilen.[35] Sodann muss vor weiterer Verhandlung über Privatklage oder Widerklage ein Beschluss ergehen, der entweder das Hauptverfahren auf die Widerklage eröffnet oder sie zurückweist (§ 383 Abs. 1) oder das Verfahren nach § 383 Abs. 2 einstellt. 23

Ein solcher Eröffnungsbeschluss (über die Widerklage) ist **nicht entbehrlich. Zwar meint** das Bayerische Oberste Landesgericht,[36] es läge auf der Hand, dass bei **mündlicher Erhebung kein** Raum für einen **Eröffnungsbeschluss** sei;[37] und es folge daraus, dass er auch sonst entbehrlich sei, es sei denn, dass die Privatklage als unbegründet zurückgewiesen worden sei. Der zu anderen Punkten sorgfältig begründeten Entscheidung kann in diesem Punkt **nicht gefolgt** werden. Das Gesetz suspendiert die gerichtliche Verpflichtung zur Entschließung über die Eröffnung – im Gegensatz zu anderen besonderen Verfahrensarten (vgl. § 418 Abs. 1; § 408 Abs. 2 Satz 2; ferner § 266 Abs. 1) – und damit zur Schaffung einer Verfahrensvoraussetzung hier gerade nicht.[38] Deshalb fordern Rechtsstaatlichkeit und Zweckmäßigkeit ebenso wie die Klarheit des Verfahrens den Eröffnungsbeschluss. 24

2. Beteiligung des Staatsanwalts. Dem Staatsanwalt braucht die Widerklage nur mitgeteilt zu werden, wenn das Gericht die Übernahme der Verfolgung durch ihn für geboten hält (§ 377 Abs. 1 Satz 2). Übernimmt der Staatsanwalt die Verfolgung nur hinsichtlich der Klage oder nur hinsichtlich der Widerklage, geht die andere als selbständige Privatklage weiter.[39] Im ersten Fall kann – wenn die Voraussetzungen der §§ 395 ff. erfüllt sind – der Privatkläger, im zweiten ggf. der Widerkläger zum Nebenkläger werden. Beide Verfahren sind in diesen Fällen – übrigens auch dann, wenn der Staatsanwalt die Verfolgung in beiden übernimmt – vorläufig noch verbunden, aber nur i.S.d. § 237; das Gericht kann sie nach seinem Ermessen trennen. 25

3. Keine Vorschusspflicht. Den Widerkläger trifft keine Gebührenvorschusspflicht nach § 379a (§ 16 Abs. 1 Satz 2 GKG). Wohl aber muss er für Beweismittel, mit denen das dem Privatkläger mit der Widerklage zur Last gelegte Vergehen bewiesen werden soll, ggf. gemäß § 17 Abs. 4 GKG Auslagenvorschüsse leisten (vgl. § 379, 1).[40] 26

---

35 Vgl. KMR/*Kulhanek* 7, 11.

36 NJW **1958** 1149.

37 Vgl. auch HK/*Weißer* 13.

38 LG Duisburg MDR **1953** 633; *Dempewolf* 398; *Gerland* 452; *Schlüchter* 820; KMR/*Kulhanek* 12; Meyer-Goßner/*Schmitt* 14; AK/*Rössner* 5; SK/*Velten* 12; **a.A.** BayObLG NJW **1958** 1149 mit Anm. *Parsch* NJW **1958** 1548; OLG Hamburg NJW **1956** 1890; LG Göttingen NdsRpfl. **1963** 288; *Feisenberger* 3; HK/*Weißer* 13; KK/*Walther* 2; vgl. auch *Eb. Schmidt* 13, 15, 16; *Beling* 458; *Lindemann* GA **51** (1904) 265.

39 OLG Kiel GA **42** (1894) 430; *Lindemann* GA **51** (1904) 265.

40 Zu Einzelfragen vgl. die Erl. zu § 17 GKG in den Kommentaren zum GKG.

27 **4. Beitritt.** Sind durch die Tat, die den Gegenstand der Widerklage bildet, noch andere als der Widerkläger verletzt, dann können diese nicht selbständig Privatklage erheben, sondern nur der Widerklage beitreten (§ 375, 21). Auch wenn sie es nicht tun, wirkt die Rechtskraft der Entscheidung gleichwohl gegen sie (§ 375 Abs. 3). Gegenüber den Beigetretenen ist auch Widerklage des Privatklägers zulässig.

VII. Gleichzeitige Entscheidung (Absatz 3)

28 **1. Grundsatz.** Die Bedeutung des Absatzes 3 darf nicht überschätzt werden. Die Vorschrift ist „nicht starr zu verstehen",[41] zumal sie häufig gar nicht befolgt werden kann. Zunächst sind das die Fälle, in denen über die Privatklage oder über die Widerklage nicht zu erkennen, sondern zu beschließen ist (§ 383, 18). Es kann nicht Sinn des Absatzes 3 sein, den Richter zu einem **Urteil über Privatklage oder Widerklage** zu nötigen, wenn die Entscheidung sonst als Beschluss, namentlich nach § 383, zu erlassen wäre.[42]

29 Absatz 3 hindert den Richter nicht, nur die Privatklage oder nur die Widerklage wegen fehlenden Tatverdachts **zurückzuweisen**[43] **oder** das Verfahren nur hinsichtlich einer der beiden wegen Geringfügigkeit (§ 383 Abs. 2) **einzustellen**;[44] dass sich das nur in Ausnahmefällen empfehlen wird, ist eine andere Sache.[45] Ebensowenig ist der Richter gehindert, nur die Widerklage als unzulässig zurückzuweisen.[46] Das versteht sich von selbst, soweit es an den besonderen Widerklagevoraussetzungen fehlt, gilt aber auch, wenn nur die allgemeinen Privatklagevoraussetzungen hinsichtlich der Widerklage fehlen.

30 Es ist mithin festzuhalten, dass ein **gleichzeitiges Urteil** über Klage und Widerklage **nicht immer möglich** ist. Die Erledigung eines der beiden Verfahren durch Beschluss kann im Beschwerdeweg rückgängig gemacht werden mit der Folge, dass dann nachträglich ein Urteil über die – zunächst durch Beschluss erledigte Privat- oder Widerklage – gefällt werden muss, auch wenn inzwischen das ursprünglich nicht betroffene Verfahren schon durch Urteil erledigt ist. Wollte man das verhindern, müsste stets die Rechtskraft des zurückweisenden oder einstellenden Beschlusses abgewartet werden, ehe ein Urteil auf die nicht zurückgewiesene Klage in der nicht eingestellten Sache ergehen dürfte; und selbst das gäbe angesichts der Möglichkeit einer Wiedereinsetzung keine Sicherheit.

2. Ausnahmen

31 **a) Bei Trennung.** Klage und Widerklage können stets dadurch **getrennt** werden, dass das in beiden gleichzeitig ergangene Urteil nur von einem – dem Privatkläger oder dem Widerkläger – angefochten wird.[47] Hat der Strafrichter auf Privatklage und Widerklage freigesprochen, kann einer der beiden Parteien dagegen Berufung einlegen, auch wenn die andere sich bei dem Freispruch der einen beruhigt. Absatz 3 will das gewiss

---

41 *Beling* 161, 458 sowie Anm. zu KG JW **1925** 1034.

42 **A.A.** KMR/*Kulhanek* 13 ff.

43 BayObLG NJW **1958** 1149 mit Anm. *Parsch* NJW **1958** 1548; KK/*Walther* 11.

44 Vgl. OLG Düsseldorf MDR **1962** 327; Meyer-Goßner/*Schmitt* 15; AK/*Rössner* 11; SK/*Velten* 14 ff.; s. auch § 383, 38 ff.; **a.A.** BGHSt **17** 194; KK/*Walther* 11; HK/*Weißer* 14; *Eb. Schmidt* § 383, 16; *Hanack* JZ **1974** 54 (einheitliche Entscheidung durch Urteil).

45 *Dempewolf* 395.

46 KK/*Walther* 11.

47 KG JW **1925** 1034 mit Anm. *Beling*; *Stern* JW **1932** 962; KMR/*Kulhanek* 16.

nicht verhindern. Das Rechtsmittel ergreift den Freispruch des Rechtsmittelführers nicht, weil dieser nicht beschwert ist. Dann kann die endgültige Sachentscheidung über die Privatklage nicht gleichzeitig mit der über die Widerklage ergehen.

b) Bei Rechtsmitteleinlegung. Entsprechendes gilt, wenn beide Parteien **Rechtsmittel einlegen**, aber nur eines davon begründet ist und zur Zurückverweisung führt.[48] Das Berufungs- oder Revisionsgericht kann weder auf ein unbegründetes Rechtsmittel hin aufheben, noch kann es auf das Rechtsmittel der einen Partei das angefochtene Urteil auch insoweit aufheben, als diese Partei nicht beschwert ist und gar keine Änderung erstrebt. 32

Wenn das **Bayerische Oberste Landesgericht** meinte,[49] das Berufungsgericht dürfe nicht die Privatklage oder die Widerklage allein an das Amtsgericht zurückverweisen, ist das mindestens in dieser Allgemeinheit unrichtig. Hat freilich der Strafrichter die Privatklage für unzulässig gehalten, weil es am Strafantrag fehle, und deshalb das Privatklage- und das Widerklageverfahren eingestellt, so wird die Strafkammer, die den Strafantrag als rechtzeitig gestellt oder als entbehrlich ansieht, auf die Berufung des Privatklägers nicht nur die Privatklage, sondern auch die Widerklage zurückverweisen müssen,[50] allerdings nicht, wie es in der genannten Entscheidung heißt, weil andernfalls der Widerkläger durch eine formale Entscheidung um sein Recht gebracht würde. Denn um sein Recht würde er in diesem Fall deshalb nicht kommen können, weil er nicht gehindert ist, noch einmal Privatklage oder auch Widerklage zu erheben; die Einstellung wegen Fehlens einer Verfahrensvoraussetzung verbraucht nämlich das Strafklagerecht nicht. Wegen dieser Möglichkeit aber ist der Privatkläger auch durch die Einstellung der Widerklage beschwert, so dass er seine Berufung auch dagegen richten könnte, um einen Freispruch zu erreichen. 33

Einer **Verurteilung des Privatklägers** – als Widerbeklagten – auf die nur von ihm eingelegte Berufung steht § 331 entgegen. Hat das Gericht beide Parteien verurteilt oder freigesprochen und hat jede nur gegen die eigene Verurteilung oder nur gegen den Freispruch der anderen ein **Rechtsmittel** eingelegt, muss das Rechtsmittelgericht befugt sein, auf das eine Rechtsmittel aufzuheben und zurückzuverweisen und das andere als unzulässig oder unbegründet zu verwerfen. Auch dann fällt die endgültige Entscheidung über Klage und Widerklage nicht gleichzeitig. Auch das Bayerische Oberste Landesgericht hat in einer nicht veröffentlichten Entscheidung vom 14.2.1951 – Reg. III 102/50 – keinen Hinderungsgrund gesehen, in ein und demselben Verfahren die Revision des Privatklägers als Widerbeklagten durch Urteil und die von ihm als Privatkläger eingelegte sofortige Beschwerde gegen die Einstellung des Privatklageverfahrens durch Beschluss zu verwerfen, diese Ansicht allerdings später aufgegeben; der Bundesgerichtshof[51] hat sich der neueren Ansicht angeschlossen. Wegen weiterer Einzelfragen zu dem Problem der gleichzeitigen Entscheidung vgl. § 383, 41 ff. 34

3. Ergebnis. Die Ausführungen zu Rn. 28 ff. bestätigen: Absatz 3 will nur verhindern, dass die beiden verbundenen Sachen ohne weiteres nach § 4 Abs. 1 getrennt werden dürfen. Gleichwohl muss eine **Trennung aus wichtigen Zweckmäßigkeitsgründen zulässig** bleiben, z.B. dann, wenn die Privatklage spruchreif ist und die Widerklage 35

48 BayObLG NJW **1966** 944 mit Anm. *Tröndle*; KMR/*Kulhanek* 16; KK/*Walther* 11.
49 BayObLGSt **1952** 114; ebenso *Eb. Schmidt* 17.
50 So lag hier der Fall; vgl. BayObLG NJW **1966** 945.
51 BGHSt **17** 195; s. auch KK/*Walther* 11; HK/*Weißer* 14.

noch eine langwierige Beweisaufnahme erfordert.[52] Sinn der Widerklage ist es nicht, die Verurteilung des Angeklagten über Gebühr aufzuhalten.

36 Eine Trennung muss auch möglich sein, wenn ein **Abgeordneter** Privatklage erhoben hat. Seine Immunität steht der Erhebung der Privatklage gegen ihn, mithin auch einer Widerklage nicht entgegen, wohl aber deren weiterer Durchführung.[53] Gewiss kann es Fälle geben, in denen es durchaus angemessen erscheint, mit beiden Sachen bis zur Beendigung der Immunität innezuhalten; es geht aber nicht an, dem Angeklagten, der ein Privatklagevergehen gegen einen Abgeordneten begangen hat, stets die Widerklage als ein Hemmnis in die Hand zu geben.

VIII. Erledigung der Privatklage (Absatz 4)

37 Die Vorschrift bringt zum Ausdruck, dass Privatklage und Widerklage im Grunde **voneinander unabhängige** Strafverfahren begründen.[54] Schon die Ausführungen zu Rn. 28 ff. bestätigen, dass selbst Absatz 3 nicht in der Lage ist, die gleichzeitige Erledigung immer durchzusetzen. Die Rücknahme der Klage macht die Widerklage, abgesehen vom Jugendstrafverfahren,[55] zu einer selbständigen Privatklage. Dieselbe Wirkung müssen auch andere Verfahrensvorgänge haben, mit denen sich die Klage erledigt: so die Übernahme der Verfolgung durch den Staatsanwalt (§ 377, 26); die Einstellung des Privatklageverfahrens wegen Geringfügigkeit (§ 383, 19 ff.) sowie die Rechtskraft sonstiger Entscheidungen auf die Privatklage.

IX. Kosten

38 Wegen der Kosten bei Privatklage und Widerklage vgl. die Erläuterungen zu § 471.

§ 389
Einstellung durch Urteil bei Verdacht eines Offizialdelikts

(1) Findet das Gericht nach verhandelter Sache, dass die für festgestellt zu erachtenden Tatsachen eine Straftat darstellen, auf die das in diesem Abschnitt vorgeschriebene Verfahren nicht anzuwenden ist, so hat es durch Urteil, das diese Tatsachen hervorheben muss, die Einstellung des Verfahrens auszusprechen.

(2) Die Verhandlungen sind in diesem Falle der Staatsanwaltschaft mitzuteilen.

Entstehungsgeschichte

Die als § 429 Gesetz gewordene Vorschrift hat ihre jetzige Bezeichnung durch das Gesetz zur Stärkung des Rechts des Angeklagten auf Vertretung in der Berufungsverhandlung und über die Anerkennung von Abwesenheitsentscheidungen in der Rechts-

---

52 OLG Dresden JW **1932** 962; *Beling* JW **1925** 1034; KK/*Walther* 11; einschränkend SK/*Velten* 16.

53 Vgl. die Erl. zu § 152a.

54 KMR/*Kulhanek* 17; h.M.; **a.A.** BayObLGSt **1952** 114; einschränkend auch KK/*Walther* 12 (für den Fall der Unzulässigkeit der Privatklage); vgl. dazu Rn. 2 ff.

55 Vgl. *Pentz* GA **1958** 301.

https://doi.org/10.1515/9783110275001-020

hilfe vom 25.7.2019 erhalten (Art. 1 Nr. 13, BGBl. I 1332 ff.). Durch Art. 21 Nr. 98 EGStGB 1974 waren in Absatz 1 die Worte „strafbare Handlung" durch „Straftat" ersetzt worden.

Übersicht

1. Prüfungspflicht des Gerichts

a) Vor verhandelter Sache. Das Gericht hat in jeder Lage des Verfahrens **von Amts wegen** zu prüfen, ob es sich um ein Privatklagevergehen (§ 374 Abs. 1) handelt. Dabei hat es grundsätzlich von der Klage auszugehen. Handelt es sich nach deren Tatsachenvortrag um ein Offizialdelikt oder ergibt sich dies aus Beweiserhebungen nach § 202, ist die Privatklage von vornherein unzulässig und bleibt es auch. Das Gericht muss sie alsdann durch Beschluss (§ 383 Abs. 1) zurückweisen.[1] Unterbleibt das aus Rechtsirrtum und wird das Verfahren eröffnet, muss der Strafrichter es einstellen, sobald er den Fehler bemerkt, und zwar außerhalb der Hauptverhandlung – auch noch in höherer Instanz – durch Beschluss nach § 206a,[2] in der Hauptverhandlung durch Urteil (Absatz 1 letzter Satzteil). 1

Das Privatklageverfahren wird nicht dadurch zulässig, dass die tatsächlichen Behauptungen der Klage, aus denen sich die Eigenschaft der Tat als **Offizialdelikt** ergibt – schwere Folgen einer Körperverletzung nach § 226 StGB; Tateinheit zwischen Beleidigung und falscher Verdächtigung –, in der Hauptverhandlung widerlegt oder nicht erwiesen werden. Es kommt nicht darauf an, ob die Sachdarstellung der Klage glaubhaft ist. Schon die bloße Behauptung eines Offizialdelikts in der Privatklage macht das Privatklageverfahren unzulässig. Der Eröffnungsbeschluss hat – trotz seiner Unanfechtbarkeit – insoweit für das Gericht keine bindende Wirkung. Es handelt sich um ein Verfahrenshindernis für diese besondere Verfahrensart.[3] Dass es so sein muss, zeigt sich am deutlichsten, wenn nichts gegen den Angeklagten erwiesen wird, so dass er freizusprechen wäre. Das wäre ein Freispruch von einem Offizialdelikt, der im Privatklageverfahren unzulässig ist. Aber das behauptete Offizialdelikt darf auch nicht dadurch erledigt werden, dass der Strafrichter den Angeklagten im Privatklageverfahren nur wegen eines Privatklagevergehens aburteilt.[4] Eine Entscheidung, deren **Rechtskraft** auch ein Offizialdelikt umfassen würde, darf im Privatklageverfahren nicht ergehen. Geschieht es den- 2

1 KMR/*Kulhanek* 2; vgl. auch *Bloy* GA **1980** 169.
2 *Eb. Schmidt* 7; KMR/*Kulhanek* 2.
3 Vgl. KMR/*Kulhanek* 1; *Bloy* GA **1980** 169.
4 RGSt **9** 324; allg. M.

noch und wird die Entscheidung rechtskräftig, kann das Offizialdelikt nicht mehr abgeurteilt werden (vgl. Rn. 13 ff.).

3 **b) Nach verhandelter Sache.** Ergibt sich das Hindernis – Vorliegen eines Offizialdelikts oder Zusammentreffen eines Privatklagedelikts mit einem solchen – schon aus den Klagebehauptungen, so ist das ein anderer Fall als der in dieser Vorschrift geregelte; nach ihr muss sich das Hindernis erst nach verhandelter Sache aus den Feststellungen ergeben. Jedoch ist es aus allgemeinen Gründen ebenso zu behandeln. Das Gericht muss also das Verfahren – auch ohne restlose Aufklärung, wenn nur ein hinreichender Verdacht besteht – wegen **Unzulässigkeit** einer solchen Privatklage einstellen.[5]

4 Durch eine Zurückweisung oder Einstellung, die sich nur auf die Klagebehauptung – d.h. darauf, dass diese Offizialdelikte ergeben – gründet, wird die **Strafklage** auch dem Privatkläger gegenüber **nicht verbraucht**. Dass die öffentliche Klage nicht verbraucht ist, versteht sich von selbst; sie soll ja gerade ermöglicht werden. Der Privatkläger ist nicht gehindert, eine neue Privatklage zu erheben, in der er die Tatsachen, die das Vergehen zum Offizialdelikt machen würden, nicht behauptet. Sollten sie sich dann in der Hauptverhandlung doch als zutreffend erweisen, liegt nunmehr der Fall des § 389 Abs. 1 vor.

2. Beteiligung des Staatsanwalts

5 **a) Grundlage.** Der Wortlaut des Absatzes 1, der von den **festgestellten Tatsachen** spricht, ist insoweit irreführend. Im Privatklageverfahren ist das Gericht gar nicht berufen, Tatsachen festzustellen, in denen ein Offizialdelikt liegt.[6] Andererseits genügt nicht jede entfernte Möglichkeit eines Offizialdelikts. Vielmehr handelt es sich um die Frage des **hinreichenden Verdachts** nach § 203.[7] Bei dessen Prüfung wird der Strafrichter allerdings zu bedenken haben, dass seine Ansicht den Staatsanwalt (vgl. Rn. 14) und vor allem das Gericht, das zur Eröffnung des Hauptverfahrens zuständig ist, nicht bindet.[8] Es wäre äußerst unsachgemäß, wenn ein Vergehen, das mindestens ein Privatklagevergehen und möglicherweise ein Offizialdelikt enthält, wegen Meinungsverschiedenheiten nur über diesen letzteren Punkt überhaupt nicht verfolgt werden könnte. Der Weg, den das Verfahrensrecht zur Vermeidung solcher unmöglichen Ergebnisse weist, ist der der Vorlage an die Staatsanwaltschaft nach § 377 Abs. 1 Satz 2. Dies ist sogar der wichtigste Anwendungsfall dieser Vorlegung, wie zu § 377, 14 ff. näher ausgeführt ist.[9] Denn gerade wenn das Gericht den hinreichenden Verdacht eines Offizialdelikts bejaht, hält es die Übernahme der Verfolgung durch den Staatsanwalt für geboten; formelle Zulässigkeitsvoraussetzung einer Einstellung ist die Vorlage jedoch nicht[10] (vgl. auch Rn. 7).

6 **b) Angebot durch Strafrichter.** Hält der Strafrichter aus den Erwägungen in der vorhergehenden Randnummer die **Übernahme der Verfolgung** durch den Staatsanwalt für geboten und legt er sie diesem deshalb nahe, so bessern sich seine Möglichkeiten, den Prozess zu dem Ende zu bringen, das er selbst für das richtige hält. Denn er kann,

---

5 BayObLGSt **1953** 260 (zu § 389 Abs. 1); Meyer-Goßner/*Schmitt* 3; **a.A.** SK/*Velten* 5.
6 BayObLGSt **1953** 260; *Eb. Schmidt* 5; KMR/*Kulhanek* 3.
7 *Eb. Schmidt* 5; KMR/*Kulhanek* 3.
8 Vgl. auch KMR/*Kulhanek* 5, 7.
9 Vgl. auch KMR/*Kulhanek* 5.
10 Meyer-Goßner/*Schmitt* 4; s. auch KK/*Walther* 3; HK/*Weißer* 1; SK/*Velten* 6.

wenn der Staatsanwalt eintritt, den Angeklagten entweder selbst wegen des Offizialdelikts – nach Hinweis gemäß § 265 – verurteilen; es ist ja nun kein Privatklageverfahren mehr, und an die Rechtsauffassung des Staatsanwalts ist er nicht gebunden. Oder er kann jetzt – anders als im Privatklageverfahren: vgl. Rn. 20 – die Sache nach § 270 an ein höheres Gericht verweisen, das er damit – anders als mit einem Einstellungsurteil nach § 389 – bindet.

c) Ablehnung durch Staatsanwalt. Erst wenn der Staatsanwalt die Übernahme ablehnt, sollte das Gericht den Weg des § 389 beschreiten. Aber auch der Staatsanwalt sollte bei seiner Entscheidung berücksichtigen, wie unerwünscht eine Einstellung nach § 389 für ihn sein muss, wenn er der Ansicht ist, es läge kein Offizialdelikt, sondern nur ein Privatklagevergehen vor, für das sein Einschreiten an sich nicht geboten sei. Bei derartigen **Meinungsverschiedenheiten** zwischen Richter und Staatsanwalt sollte diesem schon deshalb ein Nachgeben nicht allzu schwerfallen, weil ihm die Übernahme der Verfolgung die besseren Möglichkeiten gibt, seine sachlichrechtliche Auffassung durchzusetzen. Übernimmt er das Verfahren, kann er mit eigenen Mitteln, mit Ausführungen in der Verhandlung, mit Beweisanträgen und Rechtsmitteln die Ansicht verfechten, es handle sich um ein Privatklageverfahren, und läuft nicht Gefahr, ohne eigene Einflussmöglichkeit einem einstellenden Urteil als vollendeter Sache gegenüberzustehen. 7

d) Übernahme durch Staatsanwalt. Der Weg der Übernahme ist immer gangbar. Er erfordert weder vom Richter noch vom Staatsanwalt, aus Zweckmäßigkeitsgründen die eigene Einsicht zu opfern. Denn der Richter handelt nur seiner eigenen Einsicht entsprechend, wenn er bei Annahme eines Offizialdelikts dem Staatsanwalt die Übernahme nahelegt. Und der Staatsanwalt vergibt seiner sachlichrechtlichen Auffassung nichts, wenn er nach § 377 Abs. 2 die Verfolgung des – wie er meint – Privatklagevergehens übernimmt. 8

e) Einstellungsmöglichkeit. Abzulehnen ist die Ansicht,[11] der Richter solle das Verfahren bis zur Entscheidung des Staatsanwalts vorläufig einstellen. Das ist weder zweckmäßig, noch hat es eine Grundlage im Verfahrensrecht. Die Stellungnahme des Staatsanwalts ist keine Prozessvoraussetzung des Privatklageverfahrens. 9

3. Einstellungsurteil

a) Rechtsmittel der Parteien. Zu einem Einstellungsurteil nach Absatz 1 letzter Satzteil kann es nur kommen, wenn der Staatsanwalt die Übernahme der Verfolgung nach § 377 Abs. 2 ablehnt. Dieses Urteil können der Angeklagte, der Privatkläger und der Staatsanwalt mit den gewöhnlichen Rechtsmitteln anfechten. Der Angeklagte ist beschwert, weil die Anklage mit der Einstellung nicht rechtskräftig erledigt wird, sondern seine Verurteilung im Offizialverfahren möglich bleibt und naheliegt. Wegen der Rechtsmittel des Privatklägers vgl. § 390, 4 ff., wegen der Rechtsmittel des Staatsanwalts Rn. 12. 10

b) Verschlechterungsverbot. Kommt es erst in höherer Instanz allein auf Rechtsmittel des Angeklagten, der zu Strafe verurteilt war, zu einem Einstellungsurteil nach § 389 Absatz 1 letzter Satzteil, so **gilt** für das folgende Offizialverfahren das Verschlechterungsverbot (§§ 331, 358 Abs. 2), denn es hätte auch beachtet werden müssen, wenn die 11

11 LG Coburg BayJMBl. **1956** 118.

Staatsanwaltschaft das Verfahren im Rechtsmittelzug nach § 377 Abs. 2 übernommen hätte.[12]

12 **c) Rechtsmittel des Staatsanwalts.** Legt die Staatsanwaltschaft gegen das Einstellungsurteil ein Rechtsmittel ein, liegt auch darin die Übernahme der Verfolgung nach § 377 Abs. 2 Satz 2. Damit hört das Verfahren auf, ein Privatklageverfahren zu sein (§ 377, 19) und wird dem Einstellungsurteil zugleich die Grundlage entzogen; ein solches Rechtsmittel des Staatsanwalts muss also immer zur **Aufhebung** führen.

4. Rechtskraftwirkung des Einstellungsurteils

13 **a) Allgemein.** Wird die Einstellung rechtskräftig, kann der Privatkläger wegen desselben Sachverhalts **keine neue Privatklage** erheben (§ 383, 17). Andererseits braucht er die Staatsanwaltschaft nicht besonders anzurufen, wegen des nach Ansicht des Gerichts vorliegenden Offizialdelikts tätig zu werden, weil der Staatsanwalt in jedem Fall der Einstellung nach Absatz 1 Mitteilung nach Absatz 2 erhält; allerdings steht das dem Privatkläger selbstverständlich frei. Lehnt der Staatsanwalt die Einleitung eines Ermittlungsverfahrens mangels hinreichenden Tatverdachts eines Offizialdelikts ab, weil er die Voraussetzung eines Privatklagedelikts bejaht, steht dem Anzeigeerstatter – bisher Privatkläger – das **Klageerzwingungsverfahren** offen (vgl. Rn. 17).[13]

14 **b) Keine Bindung des Staatsanwalts.** Für den Fall der rechtskräftigen Einstellung meint ein Teil der Lehre,[14] dass der Staatsanwalt dadurch gebunden sei. Demgegenüber ist zu fragen, vor welchen Entscheidungen der Staatsanwalt, der aus dem Legalitätsprinzip zur Prüfung der Entscheidung verpflichtet ist, praktisch noch stehen kann, nachdem er die Einstellung hat rechtskräftig werden lassen. Dass er jetzt öffentliche Klage nur wegen des Privatklagevergehens erheben werde, kann wohl ausgeschlossen werden. Für ihn geht es vielmehr nur noch darum, ob er wegen des Offizialdelikts anklagt oder einstellt. Bei dieser Entscheidung ist er im Rahmen des Legalitätsprinzips frei.[15]

15 **c) Folgen der Nichtbindung.** Die Rechtsfrage, ob der dem Einstellungsurteil zugrundegelegte Sachverhalt ein Offizialdelikt oder nur ein Privatklagevergehen enthält, hat der Staatsanwalt allein **nach seiner eigenen Überzeugung** zu beantworten. Wenn er meint, es sei nur ein Privatklagevergehen gegeben, muss er sein Ermittlungsverfahren einstellen. Allerdings darf er den Verletzten nicht auf den Privatklageweg verweisen, weil diesem dieser Weg durch das Einstellungsurteil verschlossen ist. Vielmehr muss er die Einstellung damit begründen, dass kein hinreichender Verdacht eines Offizialdelikts vorliege.

16 Gegen diese Ansicht lässt sich nicht einwenden, dass damit „ein unlösbarer, zur Straflosigkeit des Angeklagten führender Konflikt entstehen würde“.[16] Es gehört zu den alltäglichen Erscheinungen, dass Irrtümer des Gerichts und der Staatsanwaltschaft im Verein mit den Wirkungen der Rechtskraft zur Straflosigkeit schuldiger Angeklagter füh-

---

12 Vgl. BayObLGSt **1961** 125; KMR/*Kulhanek* 9; KK/*Walther* 8; AK/*Rössner* 8; HK/*Weißer* 6; SK/*Velten* 10; *Schlüchter* 825; **a.A.** LR/*Wendisch*[24] 11; Meyer-Goßner/*Schmitt* 6; *Meyer-Goßner* FS Kleinknecht 296; s. auch *Feisenberger* 4.

13 KMR/*Kulhanek* 7.

14 *Dempewolf* 435; *Feisenberger* 2; *Kohlhaas* GA **1954** 133; s. auch *Eb. Schmidt* 9, 10.

15 KMR/*Kulhanek* 7; KK/*Walther* 6; Meyer-Goßner/*Schmitt* 5; AK/*Rössner* 6; ähnlich BayObLGSt **1959** 251.

16 *Feisenberger* 2.

ren. Das ist ein Grund, sich um ein möglichst zweckmäßiges Verfahren zu bemühen, wie es unter Rn. 5 ff. dargetan ist, aber kein Anlass, den **Grundsatz gegenseitiger Unabhängigkeit** richterlicher und staatsanwaltschaftlicher Entscheidungen und damit letztlich der Gewaltenteilung für Privatklagesachen zu durchbrechen.

Dazu besteht auch deshalb keine Veranlassung, weil der Verletzte noch im **Klageerzwingungsverfahren** (§ 172) geltend machen kann, es läge in der Tat ein Offizialdelikt vor.[17] Dieser Weg führt zum Strafsenat des Oberlandesgerichts, also an dasselbe Gericht, das in letzter Instanz über das Einstellungsurteil nach § 389 zu entscheiden hätte. Die Sorge, dass dasselbe Oberlandesgericht unter Umständen derselbe Senat, den hinreichenden Verdacht eines Offizialdelikts im Urteilsverfahren bejaht und dann im Klageerzwingungsverfahren verneint, liegt fern. Kommt der Verletzte wirklich nicht zu seinem Recht, wird es regelmäßig daran liegen, dass er den Rechtsmittelzug auf der einen oder auf der anderen Seite nicht ausgeschöpft hat. 17

Die Auffassung,[18] es entstehe eine **Lücke**, wenn der Staatsanwalt ein Ermittlungsverfahren einstellt, weil er das Vorliegen eines mit dem Privatklagevergehen tateinheitlich zusammentreffenden Offizialdelikts verneint, während der nunmehr im Privatklageverfahren angerufene Richter das Vorliegen eines Offizialdelikts annehme, will diese Lücke dadurch schließen, dass sie den Richter an die Rechtsauffassung der Staatsanwaltschaft bindet: er (der Richter) müsse „die Privatklage annehmen“, könne das Verfahren aber auch durch Beschluss oder durch Urteil nach § 389 einstellen. Daran sei dann der Staatsanwalt gebunden und müsse Anklage erheben. Dieses Hin und Her von Bindungen widerspricht der beiderseitigen Stellung von Richter und Staatsanwalt, die voneinander unabhängig sind (Rn. 16; § 374, 24 f.). In Wahrheit besteht die angebliche Lücke gar nicht. Wenn freilich der Verletzte die Frist des § 172 inzwischen versäumt hat, kann er kein Verfahren mehr erzwingen. Er braucht sie ja nicht zu versäumen; tut er es, kann er sich nicht mehr beklagen, er werde „hilflos dem Zustand der Rechtsverweigerung ausgeliefert“.[19] 18

5. Weitere Rechtsfragen

a) Tateinheit zwischen Privatklage- und Offizialdelikt. Wegen der Behandlung des Verfahrens bei **tateinheitlichem** Zusammentreffen zwischen Privatklagevergehen und Offizialdelikt vgl. § 374, 22. Hat die Staatsanwaltschaft die Verfolgung des tateinheitlichen Offizialdelikts schon abgelehnt und ist auch ein Klageerzwingungsverfahren (§ 172) insoweit erfolglos geblieben, kann der Privatklagerichter § 389 nicht anwenden.[20] 19

b) Verhältnis von § 389 zu § 270. Eine Verweisung nach § 270 an das Gericht, das für das Offizialdelikt zuständig sein würde, kommt im Privatklageverfahren nicht in Betracht; § 389 geht als **Sonderbestimmung** § 270 vor. Spricht das Gericht dennoch eine Verweisung aus, muss – wenn nicht etwa jetzt der Staatsanwalt, um die verfahrene Lage zu lösen, die Verfolgung übernimmt – das nunmehr mit der Sache befasste Gericht die Einstellung nach § 389 Abs. 1 aussprechen.[21] Die weitere Entschließung liegt dann wie- 20

17 *Eb. Schmidt* 10.
18 *Kohlhaas* GA **1954** 133.
19 Vgl. *Kohlhaas* GA **1954** 133.
20 Vgl. KG JW **1929** 1503.
21 KMR/*Kulhanek* 4; *Bloy* GA **1980** 169; vgl. auch *Eb. Schmidt* 3 (Verweisung unbeachtlich).

der bei der Staatsanwaltschaft. Auch eine Verweisung nach § 328 Abs. 2 mit der Begründung, für das Offizialdelikt sei ein anderes Gericht zuständig, ist unzulässig.[22]

21 **c) Sachentscheidung unter Verletzung von § 389.** Entscheidet das Gericht im Privatklageverfahren unter Verletzung von § 389 zur Sache, obwohl es sich um ein Offizialdelikt handelt, wird mit der Rechtskraft des Urteils gleichwohl die **Strafklage verbraucht**, gleichviel ob es auf Freispruch oder auf Verurteilung wegen eines Privatklagevergehens oder wegen eines Offizialdelikts lautet,[23] selbst dann, wenn das Gericht den vorliegenden Tatsachenstoff nicht vollständig rechtlich gewürdigt, wenn es also den Angeklagten hinsichtlich einzelner Handlungen weder verurteilt noch freigesprochen hat.[24]

22 **d) Kosten.** Wegen der **Kosten** vgl. § 471 Abs. 2.

§ 390
Rechtsmittel des Privatklägers

(1) [1]Dem Privatkläger stehen die Rechtsmittel zu, die in dem Verfahren auf erhobene öffentliche Klage der Staatsanwaltschaft zustehen. [2]Dasselbe gilt von dem Antrag auf Wiederaufnahme des Verfahrens in den Fällen des § 362. [3]Die Vorschrift des § 301 ist auf das Rechtsmittel des Privatklägers anzuwenden.

(2) Revisionsanträge und Anträge auf Wiederaufnahme des durch ein rechtskräftiges Urteil abgeschlossenen Verfahrens kann der Privatkläger nur mittels einer von einem Rechtsanwalt unterzeichneten Schrift anbringen.

(3) [1]Die in den §§ 320, 321 und 347 angeordnete Vorlage und Einsendung der Akten erfolgt wie im Verfahren auf erhobene öffentliche Klage an und durch die Staatsanwaltschaft. [2]Die Zustellung der Berufungs- und Revisionsschriften an den Gegner des Beschwerdeführers wird durch die Geschäftsstelle bewirkt.

(4) Die Vorschrift des § 379a über die Zahlung des Gebührenvorschusses und die Folgen nicht rechtzeitiger Zahlung gilt entsprechend.

(5) [1]Die Vorschrift des § 383 Abs. 2 Satz 1 und 2 über die Einstellung wegen Geringfügigkeit gilt auch im Berufungsverfahren. [2]Der Beschluß ist nicht anfechtbar.

Entstehungsgeschichte

Durch III § 33 der VO vom 1.4.1924 (RGBl. I S. 15) wurde die Befugnis des Privatklägers, Rechtsmittel einzulegen (Absatz 1 Satz 1), dahin eingeschränkt, dass Berufung (nicht auch Revision) ausgeschlossen war, wenn das Verfahren ein Vergehen nach § 414 Abs. 1 Nr. 1 bis 6 – jetzt § 374 Abs. 1 Nr. 1 bis 5 und 6 – (Hausfriedensbruch, Beleidigung, Körperverletzung, Bedrohung, Verletzung fremder Geheimnisse und Sachbeschädigung) zum Gegenstand hatte und der Angeklagte entweder freigesprochen oder ausschließlich zu Geldstrafe verurteilt worden war. In der Bek. 1924 wurde diese Einschränkung durch den nach dem Wort „Rechtsmittel" eingefügten Zusatz „vorbehaltlich des § 313" kenntlich gemacht. Mit der Neufassung des § 313 durch Nr. 2 des Gesetzes zur Abänderung

22 KMR/*Kulhanek* 4.
23 KMR/*Kulhanek* 8.
24 LG Hamburg NJW **1947/48** 352 mit Anm. *Sieveking*; HK/*Weißer* 7.

https://doi.org/10.1515/9783110275001-021

der Strafprozessordnung vom 22.12.1925 (RGBl. I S. 475) wurde sie gegenstandslos. In der Bek. 1950 war sie nicht mehr enthalten; diese stellte die dem modernen Sprachgebrauch angepasste Erstfassung wieder her.

Durch Art. 2 Abs. 2 des Gesetzes zur Änderung der Bezeichnungen „Gerichtsschreiberei" vom 9.7.1927 (RGBl. I S. 175) i.V.m. Art. 1 II Nr. 2 der VO vom 30.11.1927 (RGBl. I S. 334) wurde in Absatz 3 Satz 2 das Wort „Gerichtsschreiber" durch „Geschäftsstelle" ersetzt. Die Absätze 4 und 5 sind durch Art. 3 Nr. 170 VereinhG eingefügt worden. Ihre aktuelle Bezeichnung hat die Vorschrift durch das Gesetz zur Stärkung des Rechts des Angeklagten auf Vertretung in der Berufungsverhandlung und über die Anerkennung von Abwesenheitsentscheidungen in der Rechtshilfe vom 25.7.2019 erhalten (Art. 1 Nr. 13, BGBl. I S. 1332 ff.).

Übersicht

1. Rechtsmittel des Privatklägers (Absatz 1)

a) Allgemein (Satz 1). Die Vorschrift behandelt nur die Rechtsmittel, die dem Privatkläger in dieser Eigenschaft, nicht auch als Widerbeklagtem zustehen; in letzterer Hinsicht hat er die Rechtsmittel eines Angeklagten. Umgekehrt hat der Widerkläger in dieser Eigenschaft die Rechtsmittel wie ein Privatkläger, nicht wie ein Angeklagter. Dasselbe gilt für die Privatklageberechtigten, die nach § 375 dem Privatkläger oder dem Widerkläger beigetreten sind oder durch Einlegung des Rechtsmittels beitreten (§ 375, 7 ff.; § 388, 27).[1] Zur Annahmeberufung vgl. die Erl. zu § 313; es ist zweifelhaft, ob diese Vorschrift auch in Privatklagesachen gilt. Zur Rücknahme des Rechtsmittels vgl. die Erl. zu § 303. 1

b) Befugnisse des gesetzlichen Vertreters. Der gesetzliche Vertreter einer der Parteien hat, soweit es sich um deren **Angeklagtenrolle** handelt, eine eigene Rechtsmittelbefugnis – neben der des Angeklagten oder Widerbeklagten – nur nach § 298 Abs. 1. Für die **Klägerrolle** steht das Rechtsmittel dagegen ausschließlich der Partei selbst zu, die es im Fall gesetzlicher Vertretung aber nur durch den Vertreter erheben kann.[2] Hat das Gericht den **minderjährigen Privatkläger** auf die Widerklage verurteilt, den Angeklagten dagegen freigesprochen, kann mithin der Privatkläger selbst – ohne Beteiligung des gesetzlichen Vertreters –, aber auch sein gesetzlicher Vertreter – im eigenen Namen, aber nicht namens des Privatklägers – gegen die Verurteilung Berufung einlegen; gegen 2

1 KMR/*Kulhanek* 1.
2 KMR/*Kulhanek* 1; Meyer-Goßner/*Schmitt* 2; **a.A.** OLG Hamm NJW **1961** 2322.

den Freispruch kann der gesetzliche Vertreter ein Rechtsmittel dagegen nur im Namen des Privatklägers und nicht im eigenen Namen einlegen.

3 Der **Vorgesetzte** kann Rechtsmittel nur einlegen, soweit er – wegen Beleidigung des Beamten (§ 194 Abs. 3 StGB) – selbst Privatkläger ist; für den Beamten als Angeklagten oder Widerbeklagten kann er das nicht.[3]

4 **c) Arten.** Die Rechtsmittel sind **Berufung, Revision** gegen das Berufungsurteil oder wahlweise Sprungrevision nach § 335 sowie einfache oder sofortige Beschwerde (§§ 304 ff.).

5 **d) Beschwer.** Grundsätzlich bedarf es auch einer **Beschwer** des Privatklägers für die Zulässigkeit seines Rechtsmittels.[4] Er kann nicht, wie die Staatsanwaltschaft, ein Rechtsmittel zur Klärung einer Rechtsfrage einlegen; denn dieses Recht steht der Staatsanwaltschaft aufgrund ihrer öffentlichen Stellung zu.[5] Auch wenn nach den Anträgen des Privatklägers erkannt worden ist, steht das seinem Rechtsmittel nicht grundsätzlich entgegen; so kann der Privatkläger trotzdem Rechtsmittel einlegen, um eine weitere Rechtsfolge oder eine Strafverschärfung zu erreichen.[6] Der Privatkläger kann auch Rechtsmittel gegen einen Freispruch einlegen, um statt dessen eine Einstellung des Verfahrens – etwa aufgrund eines Straffreiheitsgesetzes – herbeizuführen.[7]

6 **e) Wirkung (Satz 3).** Jedes Rechtsmittel des Privatklägers kann auch zugunsten des Beschuldigten wirken.[8] Streitig ist, ob der Privatkläger es auch – wie der Staatsanwalt – nach § 296 Abs. 2 nur zugunsten des Angeklagten einlegen kann.[9] Der dies verneinenden – herrschenden – Ansicht[10] ist zuzustimmen; denn der Privatkläger hat nicht die Amtsstellung des Staatsanwalts als Vertreter der (Straf-)Rechtsordnung, aus der allein die Befugnis des § 296 Abs. 2 sich herleitet.

7 **f) Rechtsmittel bei Verletzung des § 186 StGB.** Hat das Gericht den wegen übler Nachrede (§ 186 StGB) Angeklagten ohne Eingehen auf den von ihm angebotenen Wahrheitsbeweis nach § 193 StGB freigesprochen, steht dem Privatkläger – wie dem Staatsanwalt oder dem Nebenkläger – das Recht zu, allein deswegen Rechtsmittel einzulegen, weil die **Erweislichkeit** der behaupteten oder verbreiteten Tatsache nicht geprüft worden ist.[11] Der in der 21. Auflage gegen diese Rechtsprechung gerichteten Kritik *Sarstedts* ist entgegenzuhalten, dass sie die für den Privatkläger gegebene Chance zu gering einschätzt, seinen Ruf auch bei Freispruch des Angeklagten aus § 193 StGB durch den Hinweis auf die Urteilsfeststellungen zur Unwahrheit oder Nichterweislichkeit der über ihn behaupteten Tatsachen wiederherzustellen.

---

3 KMR/*Kulhanek* 1.

4 KMR/*Kulhanek* 3; SK/*Velten* 5; h.M.; **a.A.** LR/*Wendisch*[24] 5; s. auch HK/*Weißer* 4.

5 KMR/*Kulhanek* 3; allg. M.

6 KMR/*Kulhanek* 3; h.M.; **a.A.** *Eb. Schmidt* Nachtr. 8; AK/*Rössner* 4 ff.; HK-GS/*Rössner* 2.

7 OLG Naumburg JW **1939** 336.

8 KMR/*Kulhanek* 5.

9 So RGSt **22** 400; *Dempewolf* 324 ff.

10 OLG Hamburg GA **1958** 117; *Eb. Schmidt* 2; KK/*Walther* 4; Meyer-Goßner/*Schmitt* 6.

11 Vgl. BGHSt **4** 194; **7** 385; **11** 273; KMR/*Kulhanek* 4 (der zu Recht darauf hinweist, dass die Beschwer schon im Freispruch liegt und es bei dieser Frage um die Begründung der Revisions-Sachrüge geht).

g) Fristbeginn. Die Frist beginnt für den Privatkläger und den Widerkläger grundsätzlich mit der Urteilsverkündung. Fraglich ist, ob das auch gilt, wenn das Urteil in seiner und seines Vertreters Abwesenheit verkündet wird. Nach der zu § 387, 7 ff. vertretenen Ansicht kann diese Frage kaum auftreten; denn das Rechtsmittel könnte nur dazu führen, dass das Rechtsmittelgericht die Einstellung ausspricht, die eine unvermeidliche Folge der vom Gesetz (§ 391 Abs. 2) zufolge des Nichterscheinens – zur Verkündung des angefochtenen Urteils – vermuteten Rücknahme der Privatklage wäre. Anders liegt es nur dann, wenn der Angeklagte die nach § 391 Abs. 1 Satz 2 erforderliche Zustimmung zur Rücknahme verweigert. Dann muss auch in Abwesenheit des Privatklägers ein Sachurteil ergehen, das auch im Rechtsmittelweg nicht wegen der früheren Säumnis des Privatklägers durch Einstellung beseitigt werden darf. 8

Für diesen Fall – Sachurteil trotz Abwesenheit des Privatklägers – sprechen gute Gründe dafür, nicht die für den Angeklagten geltende Regelung der §§ 314 Abs. 2, 341 Abs. 2 entsprechend anzuwenden,[12] sondern **entsprechend § 401 Abs. 2 Satz 1** die Rechtsmittelfrist für den Privatkläger in der Regel (vgl. Rn. 12) mit der Urteilsverkündung beginnen zu lassen.[13] 9

Für diese Lösung sprechen namentlich folgende Erwägungen: Die Strafprozessordnung geht erkennbar von dem Grundsatz aus, dass die Rechtsmittelfrist für die Prozessbeteiligten, die bei der Urteilsverkündung anwesend sein müssen und anwesend waren, mit der Verkündung und für diejenigen, die abwesend sein dürfen und abwesend waren, mit der Zustellung des Urteils beginnt.[14] Ausschlaggebend für den **Zeitpunkt** des Beginns der Rechtsmittelfrist ist danach die Frage nach der **Anwesenheitspflicht** des Privatklägers. Von ihrer Beantwortung hängt es ab, ob die gleichlautenden Regelungen in § 314 Abs. 2 und § 341 Abs. 2 auf den Privatkläger entsprechend angewendet werden können. Die Anwesenheitspflicht des Privatklägers in der Hauptverhandlung oder – soweit sein persönliches Erscheinen nicht angeordnet ist (§ 387 Abs. 3) – seines Vertreters ist in § 387, die Folgen seines Ausbleibens sind in § 391 geregelt. Danach gilt es als Rücknahme der Privatklage, wenn der Privatkläger in der Hauptverhandlung weder erscheint noch durch einen Rechtsanwalt vertreten wird (§ 391 Abs. 2). 10

Schon diese Regelung macht deutlich, dass die **Stellung des Privatklägers** mit der des Angeklagten nicht zu vergleichen ist. Dessen Abwesenheit bei der Urteilsverkündung erlaubt das Gesetz mehrfach ausdrücklich oder geht zumindest von ihrer Zulässigkeit aus (so z.B. nach § 231 Abs. 2, § 232 Abs. 1, § 268c Abs. 3, § 314 Abs. 2, § 329 Abs. 2). Bezüglich der An- oder Abwesenheit des Privatklägers und seines Anwalts fehlt es dagegen an einer solchen Regelung. Der Richter kann – anders als beim Angeklagten (§ 387, 16, 18) – weder sein Erscheinen erzwingen (§ 387, 4) noch seine Entfernung verhindern; er kann ihn – soweit er nicht von einem Rechtsanwalt vertreten wird (§ 387, 7 a.E.; 8) – auch nicht von der Verpflichtung zum Erscheinen entbinden. Diese unterschiedliche Regelung rechtfertigt es, den Fristbeginn für die Einlegung eines Rechtsmittels des Privatklägers nicht in gleicher Weise wie für den Angeklagten zu bestimmen. 11

Für die Richtigkeit dieser Ansicht spricht namentlich, dass der Privatkläger, was die Abwesenheit in der Hauptverhandlung betrifft, die **Rechte und Pflichten des Staatsanwalts** hat (§ 387, 8). Dieser muss stets zur Urteilsverkündung erscheinen, so dass die Rechtsmittelfrist für ihn ausnahmslos mit der Verkündung beginnt. Das gilt sogar für den einzigen Fall, in dem das Urteil in Abwesenheit des Staatsanwalts verkündet werden 12

---

12 So aber KMR/*Kulhanek* 2; vgl. auch *Eb. Schmidt* 6; s. auch die Erl. zu § 314.

13 Vgl. OLG Frankfurt NStZ-RR **1996** 43; Meyer-Goßner/*Schmitt* 4; AK/*Rössner* 2; HK/*Weißer* 5; *Kurth* NStZ **1997** 1.

14 Vgl. OLG Neustadt NJW **1963** 1074.

darf, nämlich im Privatklageverfahren (§ 377, 12). Eine Ausnahme von diesem Grundsatz ist nur anzuerkennen, wenn das Gericht unzulässigerweise ein Urteil in Abwesenheit des Staatsanwalts[15] oder des Privatklägers verkündet hat. Für den Privatkläger wäre ein solcher **Ausnahmefall** mithin nur anzunehmen, wenn das Gericht das Urteil in einem Termin verkündet hat, der jenem nicht bekanntgemacht worden war. In diesem einzigen Fall kann die Frist auch für ihn erst mit der Zustellung des Urteils beginnen; sonst beginnt sie mit der Verkündung.[16]

13 **De lege ferenda** dürfte sich empfehlen, den Fristbeginn für die Einlegung eines Rechtsmittels des Privatklägers im Gesetz zu regeln, zumal der Gesetzgeber das für den Nebenkläger in § 401 ausdrücklich getan hat (zur Abkopplung der Neben- von der Privatklage vgl. Vor § 395, 12 ff.). Genügen würde, wenn er § 390 Abs. 1 um einen Satz 4 ergänzte, der folgenden Wortlaut haben könnte: „Die Frist zur Einlegung der Berufung oder der Revision beginnt für den Privatkläger mit der Verkündung des Urteils; war er bei dieser nicht zugegen und auch durch keinen Rechtsanwalt vertreten, weil der Termin zur Urteilsverkündung ihm nicht bekanntgemacht worden war, so beginnt die Frist mit der Zustellung der Urteilsformel an ihn." Mit der Beschränkung der Zustellung auf die Urteilsformel würde die Zustellung nicht nur der Regelung des § 401 Abs. 2 Satz 2 angepasst, sondern das Verfahren zusätzlich beschleunigt.

2. Revisions- und Wiederaufnahmeanträge (Absatz 2)

14 **a) Form.** Der Privatkläger kann Revisions- und Wiederaufnahmeanträge **nicht** nach § 345 Abs. 2, § 366 Abs. 2 **zu Protokoll der Geschäftsstelle** anbringen; er muss sich dazu vielmehr eines Rechtsanwalts bedienen,[17] der die Verantwortung für den Inhalt der Schrift zu übernehmen hat. Ist der Privatkläger selbst Rechtsanwalt, genügt auch hier seine Unterschrift (Erl. zu § 345).[18] Ist dem Privatkläger Prozesskostenhilfe gewährt worden, muss ihm für die Anträge ein Rechtsanwalt beigeordnet werden (§ 379, 19).[19] Für die Bewilligung der Prozesskostenhilfe und Beiordnung des Anwalts ist das Rechtsmittelgericht zuständig (§ 379, 27 ff.). Verspätete, obwohl rechtzeitig beantragte Beiordnung ist ein Wiedereinsetzungsgrund (vgl. § 44, 39, 43). Ob dagegen eine von dem Anwalt oder seinem Büro verschuldete Fristversäumung für den Privatkläger – wie auch für den Angeklagten[20] – als unverschuldet anzusehen ist, ist streitig.[21]

15 **b) Besonderheiten der Wiederaufnahme (Absatz 1 Satz 2).** Wiederaufnahme kann der Privatkläger – anders als der Staatsanwalt – nach der ausdrücklichen Regelung in Absatz 1 Satz 2 nur in den Fällen des § 362, d.h. **nur zuungunsten** des Angeklagten beantragen. Ihm eine Wiederaufnahme zugunsten des Verurteilten zu ermöglichen, besteht aus denselben Gründen kein Anlass, aus denen ihm die Einlegung eines Rechtsmittels zugunsten des Angeklagten versagt ist (Rn. 6).[22] Stirbt der Privatkläger während des

15 OLG Bamberg HESt **1** 209.
16 Vgl. auch OLG Rostock GA **70** (1926) 151; OLG Jena **1932** 1783 (**a.A.** aber JW **1936** 2252); KMR/*Kulhanek* 2; Meyer-Goßner/*Schmitt* 4 und § 341, 10.
17 LG Koblenz AnwBl. **1979** 198; KMR/*Kulhanek* 7.
18 *Hilger* NStZ **1988** 441.
19 KK/*Walther* 5.
20 RGSt **70** 186.
21 Eingehend zur Problematik LR/*Graalmann-Scheerer* § 44, 56 ff., 62.
22 KMR/*Kulhanek* 6.

Wiederaufnahmeverfahrens, gilt § 393.[23] Hat das Gericht das Privatklageverfahren durch Beschluss nach § 383 Abs. 2 eingestellt, ist keine Wiederaufnahme zulässig.[24] Vgl. im Übrigen Vor § 359, 130 ff. und § 365, 12.

3. Weitere Besonderheiten

a) Mitwirkung der Staatsanwaltschaft. Absatz 3 Satz 1 dient der Unterrichtung des Staatsanwalts, damit er die Verfolgung nach § 377 Abs. 2 übernehmen kann.[25] 16

b) Bewirkung von Zustellungen (Absatz 3 Satz 2). Satz 2 entspricht der allgemeinen Regelung und ist daher an sich entbehrlich (vgl. § 36, 11 sowie die Ausführungen zu § 385, 6). Dem Revisionsgericht sind die Akten nach § 347 erst dann zuzuleiten, wenn die Geschäftsstelle die Revisionsbegründung auf Anordnung des Vorsitzenden dem Gegner zugestellt hat und die Wochenfrist verstrichen ist.[26] 17

c) Anwendung von § 379a (Absatz 4). Die Vorschrift bezieht sich – wie der ganze Paragraph – nur auf Rechtsmittel des Angreifers – Privatkläger, Widerkläger –, nicht des Beschuldigten – Angeklagter, Widerbeklagter –.[27] Wegen der **Einzelheiten** zu § 379a vgl. die dortigen Erläuterungen. Die entsprechende Anwendung des § 379a Abs. 3 Satz 1 bedeutet hier, dass Rechtsmittel und Wiederaufnahmeantrag als unzulässig verworfen werden, wenn die nach § 379a Abs. 1 gestellte Frist zur Zahlung des Gebührenvorschusses nicht eingehalten worden ist. Allerdings darf das Berufungsgericht die Frist zur Zahlung erst setzen, wenn die Frist zur Rechtfertigung der Berufung (§ 317) abgelaufen ist.[28] Zuständig ist das Rechtsmittel- oder Wiederaufnahmegericht, nicht der Vorsitzende; eine Fristsetzung durch diesen wäre unwirksam.[29] 18

Gegen den Beschluss ist **sofortige Beschwerde** zulässig (§ 379a Abs. 3 Satz 2), wenn ihn nicht ein Oberlandesgericht erlassen hat (§ 304 Abs. 4 Satz 2 Hs. 1). Auch das Oberlandesgericht hat aber seinen Beschluss aufzuheben, wenn der Vorschuss in Wahrheit rechtzeitig gezahlt war (§ 379a Abs. 3 Satz 3). 19

d) Einstellung wegen Geringfügigkeit (Absatz 5). Wegen der allgemeinen Zulässigkeit von Rechtsmitteln bei Einstellung wegen Geringfügigkeit vgl. § 383, 32 ff. Auch in der Berufungsinstanz kommt eine Einstellung wegen Geringfügigkeit nicht in Betracht, wenn die Sache reif zum Freispruch ist.[30] Im Übrigen kann auch das **Beschwerdegericht** das Verfahren einstellen (§ 383, 29), allerdings nicht, wenn es nur wegen der Gewährung von Prozesskostenhilfe angerufen war (vgl. § 379, 32; § 383, 27, 29). Der (Einstellungs-)Beschluss des Beschwerdegerichts ist ebensowenig anfechtbar wie die Einstellung durch das Berufungsgericht.[31] Wegen der **Unanfechtbarkeit der Kostenentscheidung** bei Verfahrenseinstellung wegen Geringfügigkeit vgl. die Erl. zu § 464. Selbst 20

---

23 *Schäfer* JR **1933** 8.
24 OLG Bremen NJW **1959** 353.
25 KMR/*Kulhanek* 8.
26 BayObLGSt **1961** 231; KMR/*Kulhanek* 8.
27 OLG Bamberg NJW **1949** 835; KMR/*Kulhanek* 9.
28 OLG Karlsruhe Justiz **1981** 58; KMR/*Kulhanek* 8.
29 Vgl. BayObLGSt **1953** 214; KMR/*Kulhanek* 9.
30 OLG Düsseldorf HESt **1** 218; KMR/*Kulhanek* 11.
31 Vgl. KMR/*Kulhanek* 12.

bei schweren Verfahrensverstößen (z.B. Versagung des rechtlichen Gehörs) ist eine **Beschwerde** gegen die landgerichtliche Einstellung unzulässig.[32]

21 Eine **Versagung des rechtlichen Gehörs** verstößt zwar gegen Art. 103 Abs. 1 GG; jedoch eröffnet ein solcher – schwerwiegender – Verstoß nach h.M. gleichwohl keine strafprozessualen Rechtsmittel, die das Verfahrensrecht nicht gewährt;[33] solchen Fehlern kann allein durch Anwendung der §§ 33a, 311a abgeholfen werden. Die Erschöpfung des Rechtsweges, die § 90 Abs. 2 Satz 1 BVerfGG als Voraussetzung für eine Verfassungsbeschwerde fordert, ist schon mit dem landgerichtlichen Einstellungsbeschluss gegeben (vgl. aber § 33a, 21).

22 Auch wenn das Landgericht die Einstellung wegen Geringfügigkeit nicht durch Beschluss, sondern durch **Urteil** ausspricht, ist dagegen kein Rechtsmittel – weder Revision noch Beschwerde – gegeben.[34] Schließlich ist eine Beschwerde auch dann nicht zulässig, wenn das Amtsgericht das Verfahren wegen Geringfügigkeit eingestellt, das Landgericht aber auf Beschwerde des Privatklägers den Beschluss aufgehoben und seinerseits die Privatklage nach § 383 Abs. 1 zurückgewiesen hat.[35]

§ 391
Rücknahme der Privatklage; Verwerfung bei Versäumung; Wiedereinsetzung

(1) [1]Die Privatklage kann in jeder Lage des Verfahrens zurückgenommen werden. [2]Nach Beginn der Vernehmung des Angeklagten zur Sache in der Hauptverhandlung des ersten Rechtszuges bedarf die Zurücknahme der Zustimmung des Angeklagten.

(2) Als Zurücknahme gilt es im Verfahren des ersten Rechtszuges und, soweit der Angeklagte die Berufung eingelegt hat, im Verfahren des zweiten Rechtszuges, wenn der Privatkläger in der Hauptverhandlung weder erscheint noch durch einen Rechtsanwalt vertreten wird oder in der Hauptverhandlung oder einem anderen Termin ausbleibt, obwohl das Gericht sein persönliches Erscheinen angeordnet hatte, oder eine Frist nicht einhält, die ihm unter Androhung der Einstellung des Verfahrens gesetzt war.

(3) Soweit der Privatkläger die Berufung eingelegt hat, ist sie im Falle der vorbezeichneten Versäumungen unbeschadet der Vorschrift des § 301 sofort zu verwerfen.

(4) Der Privatkläger kann binnen einer Woche nach der Versäumung die Wiedereinsetzung in den vorigen Stand unter den in den §§ 44 und 45 bezeichneten Voraussetzungen beanspruchen.

Schrifttum

Rieß Unentschuldigtes Ausbleiben des Angeklagten, Privatklägers oder Nebenklägers in der Berufungsverhandlung, NStZ **2000** 120.

---

32 KMR/*Kulhanek* 12; SK/*Velten* 13; vgl. auch OLG Düsseldorf JMBlNW **1954** 166; OLG Celle MDR **1956** 759.

33 BayObLG NJW **1955** 474; OLG Köln MDR **1957** 54.

34 OLG Hamm JMBlNW **1951** 185; BayObLGSt **1951** 302; KMR/*Kulhanek* 12.

35 OLG Neustadt NJW **1952** 1349.

https://doi.org/10.1515/9783110275001-022

Entstehungsgeschichte

Die als § 431 Gesetz gewordene Vorschrift hat ihre jetzige Bezeichnung durch das Gesetz zur Stärkung des Rechts des Angeklagten auf Vertretung in der Berufungsverhandlung und über die Anerkennung von Abwesenheitsentscheidungen in der Rechtshilfe vom 25.7.2019 erhalten (Art. 1 Nr. 13, BGBl. I S. 1332 ff.). Absatz 1 war durch Art. 4 Nr. 41 des 3. StRÄndG neu gefasst worden. Durch ihn war die Rücknahme der Privatklage in zwei Punkten geändert worden. War sie bisher nur bis zur Verkündung des Berufungsurteils zulässig, ist sie nunmehr während des gesamten Verfahrens möglich; eingeschränkt wurde das Rücknahmerecht insofern, als nach Beginn der Vernehmung des Angeklagten die Rücknahme der Privatklage seiner Zustimmung bedarf. Das VereinhG hatte Absatz 2 dem neueren Sprachgebrauch angepasst.

Übersicht

I. Rücknahme (Absatz 1)

1. Auswirkungen im Verhältnis von Privatklage und Strafantrag. Absatz 1 regelt 1 die Rücknahme der Privatklage. Soweit die Regelung den **Zeitraum** betrifft, entspricht sie der für die Rücknahme des Strafantrags, die ebenfalls bis zum rechtskräftigen Abschluss des Strafverfahrens zulässig ist (§ 77d Abs. 1 Satz 2 StGB). Mit der Gleichbehandlung der Regelungen trägt der Gesetzgeber dem engen sachlichen Zusammenhang zwischen Privatklage und Strafantrag Rechnung, der regelmäßig auch den Schluss rechtfertigt, dass mit der Rücknahme der Privatklage zugleich die Rücknahme eines zu ihrer Einleitung erforderlichen Strafantrags gewollt ist. Allerdings kann im Weg der Auslegung ein anderer Wille des Privatklägers festgestellt werden, so z.B., wenn der Privatkläger die Privatklage ausdrücklich allein wegen des Kostenrisikos zurückgenommen hat. In diesem Fall bleibt die öffentliche Klage zulässig; denn § 392 verbietet nur eine neue Privatklage, hat dagegen nicht den Verbrauch der Strafklage überhaupt zur Folge.[1]

2 Umgekehrt liegt in einer zulässigen **Rücknahme des** erforderlichen **Strafantrags** nicht rechtsnotwendig auch die der Privatklage. Deren Rücknahme kann der Angeklagte dadurch verhindern, dass er ihr nicht zustimmt (Absatz 1 Satz 2); bei einem Strafantrag ist ihm das nicht möglich, weil dessen Rücknahme in keinem Fall seiner Zustimmung bedarf. Darüber hinaus wird die Rücknahme der Privatklage nicht selten – besonders im Vergleich – von Bedingungen abhängig gemacht, was bei der Rücknahme des Strafantrags an sich unzulässig ist.[2] Gleichwohl wird man auch in der Rücknahme des Strafantrags oft die Rücknahme der Privatklage erblicken können,[3] zumal der Privatkläger die Privatklage in keinem Fall – weder bei Rücknahme der Privatklage noch bei Rücknahme des Strafantrags – von neuem erheben kann (§ 392 sowie § 77d Abs. 1 Satz 3 StGB); mit dem Erlöschen des eigenen Strafantragsrechts erlischt auch das eigene Privatklagerecht. Die Ausführungen zu § 375, 3 ff. stehen dazu nicht im Widerspruch. Dort wird vorausgesetzt, dass zumindest noch ein Strafantrag aufrechterhalten ist (§ 375, 4).

3 In beiden Fällen können die Parteien es nicht verhindern, dass die Staatsanwaltschaft unter Umständen **öffentliche Klage** erhebt. Denn die Rücknahme der Privatklage hat nicht den Verbrauch der Strafklage zur Folge (Rn. 1). Für die Rücknahme des Strafantrags gilt das jedoch nur, soweit die Staatsanwaltschaft ein Privatklagedelikt, das zugleich Antragsdelikt ist, wegen des besonderen öffentlichen Interesses auch ohne solchen Antrag verfolgen kann (vgl. § 230 Abs. 1 Satz 1 und § 303c StGB). Zur Befugnis des Verletzten, der den Strafantrag zurückgenommen hat, sich einem Offizialverfahren als Nebenkläger anzuschließen, s. § 395, 25.

4 **2. Letzter Zeitpunkt (Satz 1).** Die Rücknahme ist **in jeder Lage** des Verfahrens möglich, d.h. von der Klageerhebung bis zur rechtskräftigen Beendigung des Verfahrens.[4] Nach Erlass einer mit Rechtsmittel anfechtbaren Entscheidung braucht der Privatkläger nicht erst ein Rechtsmittel einzulegen, um alsdann die Privatklage zurückzunehmen; vielmehr kann er die Rücknahme innerhalb der Rechtsmittelfrist auch ohne Einlegung erklären.[5]

5 Wird ein – statthaftes – Rechtsmittel fristgerecht eingelegt, kommt es für die Befugnis zur Rücknahme der Privatklage nicht darauf an, ob das Rechtsmittel – aus anderen Gründen als einer Verspätung – etwa unzulässig ist.[6] Denn auch ein **unzulässiges Rechtsmittel**, z.B. eine nicht formgerecht begründete Revision, hemmt die Rechtskraft. Die Rücknahmebefugnis geht dann erst mit der Verwerfung des Rechtsmittels verloren. Auch im Revisionsverfahren ist die Rücknahme zulässig.[7] Der Anwalt des Privatklägers braucht für die Rücknahme – anders als der Verteidiger für die Rücknahme eines Rechtsmittels nach § 302 Abs. 2 – **keine besondere Ermächtigung**; die Prozessvollmacht genügt.[8]

---

1 S. § 392, 2; ebenso KMR/*Kulhanek* 3; *SK/Velten* 13.
2 S. aber BGHSt **9** 154; **16** 107.
3 OLG Kiel GA **43** (1895) 269; KMR/*Kulhanek* 3.
4 KMR/*Kulhanek* 1; *Peters* § 65 I 4e; allg. M.
5 KMR/*Kulhanek* 1.
6 KMR/*Kulhanek* 1.
7 *Dallinger* JZ **1953** 442; Meyer-Goßner/*Schmitt* 5; **a.A.** *Fritze* GA **51** (1904) 298.
8 KMR/*Kulhanek* 4; Meyer-Goßner/*Schmitt* 3.

Die Rücknahmeerklärung verträgt als Prozesserklärung grundsätzlich keine Einschränkung durch Bedingungen oder Befristungen.[9] Sie kann auch **nicht angefochten** werden, jedenfalls nicht wegen Irrtums oder Täuschung aufgrund der – möglicherweise unwahren – Behauptung des Angeklagten, er habe die Tat nicht begangen.[10] 6

3. Teilrücknahme. Der Privatkläger kann die Rücknahme auf einen Teil des Verfahrens beschränken, wenn er wegen des verbleibenden Teils eine selbständige Privatklage erheben könnte. Er kann also die Privatklage gegen einen von mehreren Mitangeklagten oder sie hinsichtlich einer von mehreren (prozessualen) Taten zurücknehmen,[11] dagegen nicht im Fall mehrerer „Taten" innerhalb derselben prozessualen Tat (bzw. bei Tateinheit).[12] Ebenso kann einer von mehreren Privatklägern seine Privatklage zurücknehmen, ohne dass dadurch die Privatklagen der anderen berührt würden. Die Rücknahme der Klage berührt die Widerklage nicht (§ 388 Abs. 4);[13] umgekehrt bleibt auch die Rücknahme der Widerklage auf die Privatklage ohne Einfluss. 7

4. Zustimmung des Angeklagten (Satz 2). Hat die Vernehmung des Angeklagten zur Sache – nicht nur zur Person – begonnen (§ 243 Abs. 4 Satz 2), hängt die **Wirksamkeit** der Rücknahme von seiner Zustimmung ab. Sie ist immer erforderlich in der Rechtsmittelinstanz.[14] Allerdings ist dieses Erfordernis weder bestimmt noch geeignet zu verhindern, dass dem Angeklagten durch die Rücknahme die Klärung des Vorwurfs abgeschnitten wird.[15] Denn diesen Beweis kann der Beleidigte dem Angeklagten immer – auch im Offizialverfahren – dadurch abschneiden, dass er den Strafantrag zurücknimmt[16] (§ 77d Abs. 1 Satz 1 StGB). 8

Auch der **Wahrheitsbeweis** ist kein so schutzwürdiges Interesse, dass er selbst da ermöglicht werden sollte, wo es nicht zur Verhütung einer unrichtigen Verurteilung auf ihn ankommt.[17] Es müssen **andere schutzwürdige Belange** des Angeklagten[18] gemeint sein, die der Rücknahme entgegenstehen können. Wo kein Strafantrag erforderlich ist, hat der Angeklagte ein Interesse daran, dass die Sache, die einmal bis zu seiner Vernehmung gediehen ist, in dem anhängigen Verfahren zu Ende geführt wird, damit nicht das Damoklesschwert der Offizialverfolgung über ihm hängen bleibt. Und das gilt erst recht in den Fällen, in denen der Privatkläger zwar die Privatklage, nicht aber den Strafantrag zurücknehmen will. Hier kann der Angeklagte durch seine Weigerung einen gewissen Druck auf den Privatkläger dahin ausüben, auch den Strafantrag zurückzunehmen. 9

5. Einstellung. Die Rücknahme der Privatklage führt zur Einstellung des Verfahrens, und zwar durch Urteil (§ 260 Abs. 3) oder Beschluss (§ 206a Abs. 1).[19] Da ein Eröff- 10

9 *Fritze* GA **51** (1904) 298; zu Ausnahmen s. Rn. 14 ff.
10 OLG Neustadt NJW **1961** 1984; KMR/*Kulhanek* 2; KK/*Walther* 8.
11 KMR/*Kulhanek* 5; Meyer-Goßner/*Schmitt* 4; allg. M.
12 Meyer-Goßner/*Schmitt* 4; h.M.; **a.A.** *Eb. Schmidt* 4.
13 Meyer-Goßner/*Schmitt* 8; KMR/*Kulhanek* 8.
14 KMR/*Kulhanek* 6.
15 Vgl. Meyer-Goßner/*Schmitt* 6.
16 Meyer-Goßner/*Schmitt* 6; KMR/*Kulhanek* 6.
17 Vgl. BGH bei *Dallinger* MDR **1955** 269.
18 Vgl. *Dallinger* JZ **1953** 442.
19 KK/*Walther* 10; Meyer-Goßner/*Schmitt* 6; *Bloy* GA **1980** 170; h.M.; **a.A.** LR/*Wendisch*[24] 10 (nur Beschluss); vgl. auch LG Kassel NJW **1951** 373; LG Wuppertal MDR **1957** 502; *Dempewolf* 435; *Dohna* 230; *Gerland* 454; *Henkel* 411; *Peters* § 65 I 8b; *Hartung* DRiZ **1953** 225; *Beling* 454; *Feisenberger* 3; *F. Müller* DRiZ **1954** 51; *Eb. Schmidt* Vor § 374, 27.

nungsbeschluss ergangen ist, muss die **Rechtshängigkeit** durch Gerichtsentscheidung wieder beendet werden.

11 Die **Notwendigkeit** einer **gerichtlichen Entscheidung** ergibt sich schon aus Gründen der Rechtssicherheit.[20] Die Frage, ob das Verfahren noch anhängig ist oder nicht, darf nicht von möglicherweise auslegungsbedürftigen Parteierklärungen abhängen. Zudem ist eine Einstellungsentscheidung grundsätzlich wünschenswert im Hinblick auf die zu treffende Kostenentscheidung (vgl. die Erl. zu § 471 Abs. 2).

12 Umstritten ist die **Wirkung der Entscheidung**. Gegen eine nur deklaratorische Wirkung[21] sprechen im Wesentlichen systematische Erwägungen. Auch sonstigen Entscheidungen nach den §§ 206a Abs. 1, 260 Abs. 3 wird nicht nur deklaratorische Bedeutung beigemessen (vgl. die Erl. zu §§ 206a, 260). Im Übrigen ist die Einstellungsentscheidung nach § 391 actus contrarius zum Eröffnungsbeschluss.[22]

13 Wird die Privatklage **vor Eröffnung** des Hauptverfahrens zurückgenommen, so wird die Klage nach § 383 Abs. 1 zurückgewiesen.[23] Auch hier ist eine Kostenentscheidung erforderlich (§ 471). Des Weiteren hat auch diese Entscheidung den Verlust des Klagerechts (§ 392) zur Folge; das Klagerecht eines anderen Berechtigten wird jedoch nicht berührt.[24]

II. Rücknahmeerklärung

14 **1. Gerichtlicher Vergleich.** Der[25] gewöhnliche Fall der Rücknahmeerklärung ist der gerichtliche Vergleich. Der **Sinn** eines Vergleichs vor dem Privatklagegericht besteht regelmäßig in der Rücknahme der Privatklage, der etwaigen Widerklage und gegebenenfalls der Strafanträge, damit das Verfahren unwiderruflich zu Ende kommt. Vielfach indessen ist zwar Einigkeit über das Ende des Streitens und über die einzelnen Bedingungen diese Beendigung zu erzielen, eine sofortige und unbedingte Rücknahme der Privatklage dagegen weder erreichbar noch zweckmäßig.[26]

15 Oft übernehmen die Parteien **Verpflichtungen** (Ehrenerklärungen, Schadensersatz, Buße – auch an Dritte –, Kostentragung), die der jeweils klagende Teil erst erfüllt sehen möchte, ehe er sich endgültig der Möglichkeit beraubt, das Verfahren wieder fortzusetzen. Dieser Wunsch ist bisweilen sehr berechtigt, und es dient dem Zustandekommen des Vergleichs, wenn er sich erfüllen lässt. Denn die Zwangsvollstreckung aus dem Vergleich ist – wenngleich grundsätzlich zulässig (Rn. 19) – häufig, so bei Ehrenerklärungen, ein schwieriger und umständlicherer Weg als das Fortbestehen der Strafdrohung. Aus einer Zwangsvollstreckung erwächst, selbst wenn es gelingt, mit großer Wahrscheinlichkeit neuer Streit.

---

20 KMR/*Kulhanek* 7; Meyer-Goßner/*Schmitt* 7; AK/*Rössner* 7; heute h.M.; **a.A.** z.B. LG Wuppertal MDR **1957** 502; LG Kassel NJW **1951** 373.

21 So LG Hagen NJW **1955** 1646; LG Wuppertal MDR **1957** 502; KMR/*Kulhanek* 7; *Eb. Schmidt* 5 und Vor § 374, 27.

22 Im Ergebnis ebenso Meyer-Goßner/*Schmitt* 7; KK/*Walther* 10.

23 KK/*Walther* 10; Meyer-Goßner/*Schmitt* 7; vgl. aber LG Hagen NJW **1955** 1646; **a.A.** noch LR/*Hilger*[24] § 471, 15 (Einstellung).

24 Meyer-Goßner/*Schmitt* 7.

25 Vgl. namentlich *Fritze* GA **51** (1904) 298; *Gramse* SchiedsmZ **1982** 53; *Schmidt-Hieber* 204 ff.; *Haas* NJW **1988** 1346; AK/*Rössner* Vor § 374, 11 ff. (auch zum TOA); s. auch *Arzt* JuS **1982** 724.

26 Vgl. LG Lüneburg NJW **1963** 312.

2. Widerrufsvorbehalt. Dieser Lage muss bei der Gestaltung des Verfahrens und der Auslegung der Vorschriften, die es regeln, vernünftigerweise Rechnung getragen werden. Es kann durchaus einem berechtigten Interesse entsprechen, einen Widerruf des Vergleichs innerhalb bestimmter Frist vorzubehalten.[27] Da es sich bei dieser Frist aber nicht um eine prozessuale gerichtliche Frist handelt, ist keine Wiedereinsetzung gegen ihre Versäumung zulässig.[28] Diesem Interesse sollte auch nicht die angebliche begriffliche Unmöglichkeit entgegengehalten werden, dass prozessuale Erklärungen wie die Rücknahme und die Zustimmung zu ihr nicht von **Bedingungen** abhängig gemacht würden. 16

In der Literatur sind bisher **zwei Wege** gewiesen worden, diese Schwierigkeit zu überwinden. Entweder wird die bedingt erklärte Rücknahme zunächst als unwirksam betrachtet, aber angenommen, dass sie nach Eintritt der Bedingung „erkennbar aufrechterhalten wird", oder sie wird als bindende Verpflichtung aufgefasst, die Privatklage nach Eintritt der Bedingung zurückzunehmen.[29] Beide Wege entsprechen nicht vollkommen der typischen Interessenlage. Der erste leidet daran, dass überhaupt keine Bindung des Privatklägers eintritt, solange die Bedingung nicht erfüllt ist, auch wenn der Angeklagte schon bindend verpflichtet ist, sie zu erfüllen. Hier muss also der Angeklagte vorleisten, ohne eine sichere Gewähr zu haben, dass es dann auch wirklich bei der Rücknahme bleibt. Der zweite Weg erfordert noch eine besondere Rücknahmeerklärung. 17

3. Bedingte Rücknahme. Beide Wege brauchen nicht beschritten zu werden, zumal sie nicht dem entsprechen, was die Parteien tatsächlich wollen, nämlich eine bedingte Rücknahme. Deren Zulässigkeit dürfte aus folgenden Erwägungen **unbedenklich** sein: Ein gerichtlicher Vergleich kommt oft erst nach Vernehmung des Angeklagten zur Sache zustande. Zu dieser Zeit ist die Rücknahmeerklärung ohnehin nicht unbedingt wirksam; vielmehr macht das Gesetz selbst ihre Wirksamkeit von einer Bedingung abhängig, nämlich von der Zustimmung des Angeklagten. Es sollte deshalb unbedenklich sein, auch eine **gewillkürte** Bedingung beizufügen. Vollends lassen die Bedenken sich bei Billigung der Ansicht überwinden, dass nicht schon die Parteierklärung, sondern erst der gerichtliche Einstellungsbeschluss die Rechtshängigkeit beendet.[30] Wird so verfahren, kann zu keinem Zeitpunkt Ungewissheit darüber entstehen, ob die Sache noch rechtshängig ist. Es ist Aufgabe des mit der Sache befassten Gerichts, sich vor dem Einstellungsbeschluss die Erfüllung aller Bedingungen nachweisen zu lassen. Das ist ein zweckmäßigeres Verfahren, als wenn die Erfüllung zum Gegenstand einer Zwangsvollstreckung gemacht oder wenn nach Eintritt der Bedingung noch eine Rücknahmeerklärung gefordert wird. 18

Der Einstellungsbeschluss kann grundsätzlich die **Kosten** so verteilen, wie die Parteien sie im Vergleich übernommen haben.[31] Soweit mit dem Vergleich die Rücknahme eines Strafantrags verbunden ist, ergibt sich das aus § 470 Satz 2;[32] in den anderen Fäl- 19

---

27 Meyer-Goßner/*Schmitt* Vor § 374, 11; AK/*Rössner* Vor § 374, 16; *Haas* NJW **1988** 1346.
28 LR/*Graalmann-Scheerer* § 44, 8.
29 *Dempewolf* 431.
30 Rn. 10 ff.; Meyer-Goßner/*Schmitt* Vor § 374, 12; KK/*Walther* 4; AK/*Rössner* Vor § 374, 16; **a.A.** LG Wuppertal MDR **1957** 501; krit. SK/*Velten* Vor § 374, 41; vgl. auch die Nachweise in Fn. 19.
31 Vgl. die Erl. zu §§ 470, 471.
32 Vgl. BGHSt **9** 154; **16** 107; Erl. zu §§ 470, 471.

len ist diese Vorschrift entsprechend anzuwenden. Soweit der gerichtliche Vergleich einen vollstreckbaren Inhalt hat, ist er Vollstreckungstitel nach § 794 Abs. 1 Nr. 1 ZPO.[33]

20 **4. Weitere Hinweise.** Allerdings müssen, damit der Vergleich ein **Vollstreckungstitel** im Sinne von § 794 Abs. 1 Nr. 1 ZPO ist, die **Erfordernisse der §§ 160, 162 ZPO** erfüllt sein.[34] Nicht unbedingt erforderlich ist, dass der Vergleich vor Gericht bei gleichzeitiger Anwesenheit beider Parteien geschlossen wird; ausreichend dürfte sein, wenn jede Partei ihre Erklärung zu verschiedener Zeit und auch an verschiedenen Orten jeweils zu gerichtlichem Protokoll eines (ersuchten) Richters abgibt.[35] Wird er in der Hauptverhandlung geschlossen, so sind auch die §§ 271 ff. zu beachten.

21 Der im Privatklageverfahren geschlossene gerichtliche Vergleich ist **nicht anfechtbar.**[36] **Der Vergleich beeinträchtigt nicht das Strafverfolgungsrecht** der Staatsanwaltschaft. Sie kann nach wie vor Klage erheben oder das Verfahren übernehmen (§§ 376, 377 Abs. 2), es sei denn, dass durch eine Zurücknahme auch eines Strafantrags ein endgültiges Verfahrenshindernis geschaffen wurde.[37]

22 Im Allgemeinen dient ein Vergleich dem **Rechtsfrieden** besser als ein noch so richtiges und noch so zutreffend begründetes Urteil; davon gibt es aber Ausnahmen. Es gibt Verfahren, die entschieden werden müssen.[38]

5. Außergerichtlicher Vergleich

23 **a) Rechtliche Bedeutung.** Der außergerichtliche Vergleich beendet das Verfahren noch nicht, schon weil es dazu noch der gerichtlichen Einstellung bedarf (vgl. Rn. 10 ff.). Streitig ist, ob und wie er im Verfahren geltend gemacht werden kann. Das Reichsgericht[39] war der Ansicht, ein Verzicht auf die Strafverfolgung könne nur gegenüber der **Strafverfolgungsbehörde** oder vor der **Vergleichsbehörde** des § 380 wirksam erklärt werden, nicht durch Verzeihung oder sonst eine Erklärung gegenüber dem Täter; eine private Verzeihung sei auf die Verfolgbarkeit der Beleidigung ohne Einfluss;[40] auch durch Erklärung vor einem privaten (waffenstudentischen) Ehrengericht könne nicht rechtswirksam auf das Recht zum Strafantrag verzichtet werden.[41] Zu Recht wird daher verlangt,[42] dass die Erklärung ausdrücklich und zu dem Zweck abgegeben werden muss, um sie zur Kenntnis der für die Einstellung des Verfahrens zuständigen Behörde zu bringen.

---

33 AG Neunkirchen/Saar AnwBl. **1976** 183; *Kubisch* NJW **1959** 1936.

34 Vgl. die Erl. und Nachw. bei § 471; AK/*Rössner* Vor § 374, 16; Meyer-Goßner/*Schmitt* Vor § 374, 10; *Külich* JurPraxis **76** (1959) 6; **a.A.** LR/*Wendisch*[24] 20; vgl. auch *Schumacher* SchiedsmZ **1958** 119; *Dempewolf* 425 ff. (zur Fassung des Vergleichs); *Schlottmann* DR **1939** 761; *Betzberger* DR **1939** 1498 (Straffreiheitsgesetz).

35 Vgl. die Erl. zu § 471; **a.A.** wohl Meyer-Goßner/*Schmitt* Vor § 374, 10; AK/*Rössner* Vor § 374, 16 (gleichzeitige Anwesenheit in der Hauptverhandlung); SK/*Velten* 5 ff.

36 LG Frankfurt NJW **1959** 1454 mit abl. Anm. (hinsichtl. zivilrechtlicher Absprachen) *Kubisch* NJW **1959** 1935; KK/*Walther* 3; Meyer-Goßner/*Schmitt* Vor § 374, 11.

37 OLG Stuttgart JR **1953** 349 mit Anm. *Kohlhaas*.

38 Vgl. auch *Ad. Arndt* NJW **1962** 783; AK/*Rössner* Vor § 374, 15.

39 3 D 180/37 vom 8.4.1937.

40 RG 3 D 629/40 vom 8.5.1941.

41 RG DJ **1938** 1727; vgl. auch RGSt **77** 157.

42 *Fritze* GA **51** (1904) 296.

Andere meinen,[43] der außergerichtliche Vergleich, durch den der Privatkläger auf die Durchführung der Privatklage verzichtet, habe für das Privatklageverfahren überhaupt **keine rechtliche Bedeutung**. Prozesshandlungen könnten nur gegenüber dem zuständigen Gericht vorgenommen werden. „Man kann sich nicht durch privaten Vertrag wirksam verpflichten, auf ein Rechtsmittel wirksam zu verzichten, eine Klage ... zurückzunehmen oder zu unterlassen ... Die Erfüllung einer solchen privaten Verpflichtung könnte auch nicht mit den Mitteln eines Zivilprozesses erzwungen werden ...“[44] Zuzustimmen ist der Auffassung, dass die Privatklage – Gegenstand des öffentlichen Rechts – nicht vor die Zivilgerichte gebracht werden kann.[45] Übrigens wäre ein solches Verfahren umständlich und unzweckmäßig, weil der Zivilprozess regelmäßig länger dauern würde als das Privatklageverfahren, er könnte deshalb von diesem überholt werden. Will man das durch Aussetzung des Privatklageverfahrens vermeiden, gewinnt der außergerichtliche Vergleich hier eben doch rechtliche Bedeutung. Auch wäre es dann zuzulassen, dass der Angeklagte den Privatkläger aus anderen Gründen, etwa aufgrund des § 826 BGB, im Zivilprozess zur Rücknahme der Privatklage zu zwingen sucht und darauf Aussetzungsanträge im Privatklageverfahren stützt; das wäre ein Weg zu unerträglichen Vereitelungsversuchen. 24

b) Form. Der **Privatkläger kann** auch nach Eröffnung des Hauptverfahrens – anders als der Staatsanwalt (vgl. § 156) – weiterhin über den Gegenstand der Privatklage **verfügen,**[46] obwohl es ein öffentlich-rechtlicher Strafanspruch ist; das ist der Sinn sowohl des Privatklage- als auch des Strafantragsrechts. Eine Form ist dafür nicht vorgeschrieben; es ist auch nicht der Sinn des § 380, dass Vergleiche nur vor der Vergleichsbehörde geschlossen werden können. Billigte man den entgegengesetzten Standpunkt, hätte das zur Folge, dass über Privatklagevergehen, die nicht in § 380 aufgeführt sind, überhaupt kein Vergleich möglich wäre.[47] Der Vergleich bedarf auch sonst keiner Form, wie daraus erhellt, dass der Privatkläger über den Strafanspruch durch einfache Untätigkeit verfügen kann, entweder indem er Fristen – Strafantrags-, Verjährungs-, Rechtsmittelfrist sowie richterliche Fristen – verstreichen lässt oder indem er zur Hauptverhandlung nicht erscheint. 25

c) Zeitpunkt. Möglich ist ein Vergleich erst nach der Tat. **Frühere Vorgänge** können allenfalls als Einwilligung des Verletzten Bedeutung gewinnen, soweit diese nach sachlichem Strafrecht zulässig ist. Eine Vereinbarung – etwa eine Vereinssatzung –, die zwischen bestimmten Personen eine Privatklage ausschließen will, ist ohne verfahrensrechtliche Bedeutung.[48] 26

d) Beachtung durch den Richter. Der **Strafrichter muss** den außergerichtlichen Vergleich **beachten.**[49] Denn er ist für das Verfahren geschaffen, und das Verfahren ist der Beendigung durch Vergleich zugänglich. Er kann ihn freilich nur **berücksichtigen,** 27

43 Vgl. BayObLGSt **14** (1915) 161; *Hartung* ZStW **71** (1959) 470; NJW **1961** 523; **a.A.** KG NJW **1960** 2207.
44 *Hartung* NJW **1961** 523.
45 *Hartung* ZStW **63** (1951) 414; AK/*Rössner* Vor § 374, 17; **a.A.** BGH NJW **1974** 900 mit abl. Anm. *D. Meyer* NJW **1974** 1325.
46 *Bloy* GA **1980** 169.
47 So *Eb. Schmidt* Vor § 374, 20.
48 LG Hof MDR **1958** 444.
49 KG NJW **1960** 2207; *Schlüchter* 815; h.M.; **a.A.** *Hartung* NJW **1961** 523; vgl. auch *Eb. Schmidt* Vor § 374, 20.

wenn er ihm vorgetragen[50] und bewiesen wird. Ein solcher Vergleich wird, wenn er dem Gericht vorgelegt wird und wenn er ernst gemeint ist, ohne weiteres dahin ausgelegt werden dürfen, dass jede Partei die andere ermächtigt, ihn dem Gericht mitzuteilen. Alsdann hat das Gericht die Klage zurückzuweisen oder das Verfahren einzustellen (§ 383), bei Streit oder Zweifel nach Beweiserhebung über Tatsache und Inhalt des außergerichtlichen Vergleichs.[51]

28 **e) Anfechtung.** Wegen der Frage, ob außergerichtliche Vergleiche **angefochten** werden können, die vor der Vergleichsbehörde des § 380 abgeschlossen worden sind, vgl. die Ausführungen zu § 380, 50.

III. Unterstellte Rücknahme (Absatz 2)

29 **1. Zweck.** Die Vorschrift soll den pünktlichen Betrieb des Verfahrens durch den Privatkläger und dessen Anwalt sichern.[52] Um dieses Ziel zu erreichen, fingiert das Gesetz, weil das Gericht keine anderen unmittelbaren Zwangsmittel gegenüber dem Privatkläger hat, in den in Absatz 2 genannten Fällen des Ausbleibens in einem Termin (Rn. 30 f.) oder des Nichteinhaltens einer Frist (Rn. 33 ff.) eine Zurücknahme der Privatklage.[53]

30 **2. Nichterscheinen.** Das Nichterscheinen oder Ausbleiben hat nur dann rechtliche Wirkungen, wenn der Privatkläger ordnungsgemäß geladen war. Zur **Anordnung des persönlichen Erscheinens** vgl. § 387, 5 f., 8 ff. Für einen sonstigen Termin das persönliche Erscheinen anzuordnen, wird nur selten gefordert werden können, z.B. wenn der Privatkläger einem kommissarisch zu vernehmenden Zeugen gegenübergestellt werden soll. Dagegen ist der Privatkläger nicht verpflichtet, persönlich zu einem gerichtlichen Termin zu erscheinen, in dem ausschließlich Vergleichsverhandlungen gepflogen werden sollen. An eine solche Beschränkung hätte das Gericht sich auch insoweit zu halten, als es hier das Verfahren nicht einstellen darf.

31 **3. Vorzeitiges Fortgehen.** Dem Ausbleiben steht das vorzeitige Fortgehen gleich.[54] Dass das Gesetz nur vom Nichterscheinen, nicht vom vorzeitigen Sichentfernen spricht,[55] ist nicht entscheidend. Vor Gericht zu erscheinen ist etwas anderes als sich nur blicken zu lassen, solange es einem gefällt, und nach eigenem Belieben wieder wegzugehen.[56] Es bedeutet, sich **zur Verfügung des Gerichts** zu halten, bis dieses den Erschienenen wieder entlässt.[57] Deshalb vermag auch das Einverständnis der übrigen Prozessbeteiligten mit der Abwesenheit dieses Ergebnis nicht zu ändern.[58]

32 Selbst im Zivilprozess wird das vorzeitige Weggehen – sogar die Zwangsentfernung (§ 158 ZPO) – als Säumnis behandelt; und der Privatkläger verlangt etwas Schwerwie-

50 Vgl. SK/*Velten* 4 ff.

51 Vgl. KG NJW **1960** 2208; Meyer-Goßner/*Schmitt* Vor § 374, 17; AK/*Rössner* Vor § 374, 17; *D. Meyer* NJW **1974** 1326; **a.A.** *Hartung* NJW **1961** 523 (Rücknahme muss vor Gericht erklärt werden); ZStW **71** (1959) 470.

52 *Hahn* Mot. **1** 229.

53 Vgl. RGSt **67** 332; s. auch *Rieß* NStZ **2000** 120.

54 Meyer-Goßner/*Schmitt* 12; h.M.; vgl. auch § 387, 8 f.; **a.A.** KMR/*Kulhanek* 12.

55 Vgl. RGSt **63** 56.

56 *Woesner* NJW **1959** 705.

57 OLG Bremen NJW **1957** 474; KMR/*Kulhanek* 12; h.M.

58 Meyer-Goßner/*Schmitt* 13; **a.A.** *Woesner* NJW **1959** 704.

genderes als der Kläger im Zivilprozess, nämlich einen strafrechtlichen Schuldspruch. Jener muss sich deshalb dem Prozessbetrieb mindestens ebenso eifrig und ernsthaft widmen wie dieser. Auch ist es nicht richtig, dass der Privatkläger **bei der Urteilsverkündung** nicht sachlich benötigt werde. Er wird genauso viel oder so wenig benötigt wie der Angeklagte und – im Offizialverfahren – der Staatsanwalt, die auch nicht weggehen dürfen. Es widerspräche der Parteiengleichheit, wenn der Privatkläger ohne schädliche Folgen gehen dürfte, solange der Angeklagte noch festgehalten werden kann. Die Urteilsverkündung kann unterbrochen werden, und es können noch Fragen an beide Parteien erforderlich werden.[59]

4. Nichteinhalten einer Frist. Als Rücknahme gilt auch das Nichteinhalten einer Frist, die dem Privatkläger unter **Androhung der Einstellung** gesetzt war. Die Frist muss für eine Handlung gesetzt sein, die nach pflichtgemäßem Ermessen zum Fortgang des Verfahrens bestimmt ist.[60] Weder das unter Fristsetzung gestellte Verlangen noch die Drohung mit der Einstellung darf nach den Umständen gegen das Recht verstoßen. Der Privatkläger darf nicht auf diesem Weg zu Handlungen genötigt werden, zu denen er rechtlich nicht verpflichtet ist.[61] So kann ihm zwar eine Stellungnahme zu bestimmten Tatsachen, aber nicht allgemein die Einreichung einer Berufungsbegründung unter Fristsetzung mit dieser Folge aufgegeben werden. Auch muss das Verlangen hinreichend bestimmt sein; die Aufforderung, einen Schriftsatz einzureichen, wäre das nicht. Die Frist darf nicht im rein fiskalischen Interesse gesetzt werden. Der **Zahlung des Gebührenvorschusses** dient nur § 379a (§ 390 Abs. 4), der eines Auslagenvorschusses nur § 68 GKG.[62] 33

5. Zeitpunkt der Fristsetzung. Das Gericht kann die Frist erst setzen, nachdem es das Hauptverfahren eröffnet hat.[63] Freilich kann das Gericht dem Privatkläger auch **vorher** schon Fristen setzen: so zur Vervollständigung seiner Angaben der Anklageschrift; zur Vorlage einer Vollmacht; zum Nachreichen der Sühnebescheinigung (nicht zum Nachholen des Sühneversuchs, vgl. § 380, 36 ff.). Jedoch darf der Richter solche befristete Ersuchen nicht mit der Androhung verbinden, das Verfahren einzustellen, falls der Privatkläger die Frist nicht einhalte. Vor der Eröffnung des Verfahrens wird dieses nicht eingestellt, die Klage vielmehr zurückgewiesen (§ 383 Abs. 1).[64] Eingestellt werden kann es zu dieser Zeit nur wegen Geringfügigkeit (§ 383 Abs. 2); das aber kann das Gericht dem Privatkläger nicht für den Fall einer Fristversäumung androhen. 34

Der praktische **Unterschied** liegt darin, dass die unterstellte Rücknahme vor Eröffnung des Hauptverfahrens nicht eintritt. Es wäre nicht sachentsprechend, diese Wirkung schon eintreten zu lassen, solange noch nicht entschieden ist, ob die Klage überhaupt zulässig ist. Wird eine unzulässige Klage mit oder nach dem ausdrücklichen Hinweis auf ihre Unzulässigkeit zurückgenommen, steht das ihrer späteren Neuerhebung nicht entgegen (§ 392, 3). Es geht nicht an, der unterstellten Rücknahme eine weitergehende Wirkung beizulegen als der ausdrücklich erklärten. Bei einer Fristset- 35

---

59 Vgl. im Übrigen § 387, 8 f.; s. auch SK/*Velten* 23; **a.A.** die h.M.; s. z.B. Meyer-Goßner/*Schmitt* 12.

60 BayObLGSt **27** (1958) 99; **28** (1929) 52; Meyer-Goßner/*Schmitt* 14 f.; AK/*Rössner* 15; **a.A.** KK/*Walther* 13 (nur zur Behebung eines Verfahrenshindernisses).

61 *Eb. Schmidt* 22.

62 OLG Hamm NJW **1965** 878; LG Zweibrücken MDR **1974** 422; LG Heidelberg NJW **1964** 680; **a.A.** LG Karlsruhe NJW **1963** 66.

63 LG Düsseldorf NJW **1959** 2080; **a.A.** LG Essen NJW **1956** 392.

64 KK/*Walther* 13; Meyer-Goßner/*Schmitt* 14.

zung vor Erlass des Eröffnungsbeschlusses wird es sich regelmäßig um unzulässige Klagen handeln. Zumindest sollte zu diesem Zeitpunkt kein anderer Zweck zu einer Fristsetzung führen als der, die Klage zulässig zu machen. So sollte keine Frist für Rechtsausführungen gesetzt werden; geschieht es dennoch, darf die Fristversäumung nicht zur Einstellung führen.[65] Die Frist muss – in der Rechtsmittelinstanz – nicht das Gericht, kann vielmehr auch der Vorsitzende allein setzen, wie dem unterschiedlichen Wortlaut von § 379a Abs. 1 – „vom Gericht" – und § 391 Abs. 2 zu entnehmen ist.[66] Die Frist kann verlängert werden.

36 **6. Wirkung der Versäumung.** In den unter Rn. 30 bis 35 erörterten Fällen ist die Wirkung die gleiche, als hätte der Privatkläger die Rücknahme erklärt.[67] Die unterstellte Rücknahme ist ebenso wirksam und führt ohne weiteres zum gerichtlichen Einstellungsbeschluss, wenn der Angeklagte in dem Verfahren noch nicht zur Sache vernommen worden war; andernfalls – also stets in der Berufungsinstanz – kommt es auf seine **Zustimmung** an. Denn der Privatkläger darf nicht durch seine Versäumnis das Verfahren auch da beenden können, wo er es nicht einmal durch ausdrückliche Rücknahme beenden könnte. Sonst stünde Absatz 1 Satz 2 nur auf dem Papier. Fehlt es an der erforderlichen Zustimmung des Angeklagten, muss also trotz des Versäumnisses des Privatklägers bis zum Erlass des Urteils weiterverhandelt werden. Andernfalls wird das Verfahren eingestellt.

37 Die Entscheidung ist – wie bei der erklärten Rücknahme – entweder ein **Beschluss** oder – wenn sie in einer Hauptverhandlung ergeht – ein Urteil.[68] § 260 Abs. 3 ist eindeutig.

IV. Ausbleiben des Privatklägers in der Berufungsinstanz

38 **1. Berufung des Angeklagten (Absatz 2 zweiter Fall).** In der Berufungsinstanz ist zu unterscheiden, ob der Privatkläger oder (auch, oder allein) der Angeklagte Berufung eingelegt hat. Liegt eine Berufung des Angeklagten vor und erscheint der **Privatkläger** in der Hauptverhandlung nicht oder entfernt er sich vorzeitig (Rn. 31), so ist genauso zu verfahren wie beim Ausbleiben des Privatklägers im ersten Rechtszug,[69] im Fall der Vertretung durch einen Rechtsanwalt allerdings nur, wenn das persönliche Erscheinen des Privatklägers angeordnet war (§ 387, 5 ff.). Das gilt auch, wenn der Privatkläger sich nach Beginn der Urteilsverkündung – vorzeitig – entfernt, denn eine Rücknahme ist in jeder Lage des Verfahrens bis zu dessen rechtskräftigem Abschluss möglich (Rn. 4). Das Verfahren ist einzustellen, selbst wenn auch der Angeklagte ausbleibt; falls auch er ein Rechtsmittel eingelegt hat, so wird es durch die unterstellte Rücknahme der Privatklage gegenstandslos.[70] Zur erforderlichen Zustimmung des Angeklagten s. Rn. 8, 31, 36.

---

65 LG Heidelberg DJ **1937** 1890.
66 Meyer-Goßner/*Schmitt* 14.
67 Vgl. KMR/*Stöckel* 18 ff.; s. auch *Rieß* NStZ **2000** 120.
68 *Bloy* GA **1980** 170 ff.; h.M.; vgl. Rn. 10; **a.A.** *Dempewolf* 438; LR/*Wendisch*[24] 37 (stets durch Beschluss).
69 Meyer-Goßner/*Schmitt* 17; *Rieß* NStZ **2000** 120.
70 Meyer-Goßner/*Schmitt* 17; § 329 ist anzuwenden, wenn bei Berufung des Angeklagten zwar der Privatkläger, nicht aber der Angeklagte erscheint.

Die Wirkung der **Säumnis des Privatklägers** geht den Wirkungen einer Säumnis des Angeklagten vor,[71] allerdings nur für Taten, auf die sich die Berufung des Angeklagten bezieht. Hat das Gericht den Angeklagten wegen Beleidigung verurteilt, von der Beschuldigung eines damit in Tatmehrheit stehenden Hausfriedensbruchs freigesprochen, und hat dieser gegen seine Verurteilung Berufung eingelegt, gilt die Privatklage, wenn der Privatkläger nicht erscheint, mithin nur in bezug auf die Verurteilung wegen Beleidigung als zurückgenommen. Hat der Privatkläger Berufung nur oder auch gegen den Freispruch eingelegt, gilt insoweit nicht die Privatklage als zurückgenommen, was zur Einstellung des Verfahrens in diesem Punkt führen würde, vielmehr ist seine Berufung nach Absatz 3 sofort zu verwerfen,[72] so dass es bei dem Freispruch bleibt. 39

2. Berufung des Privatklägers (Absatz 3). Liegt nur eine Berufung des Privatklägers vor, ist sie bei seinem Ausbleiben sofort – d.h. ohne sachliche Prüfung – durch Urteil zu verwerfen, wenn sie sich gegen einen **Freispruch** richtete. War dagegen der Angeklagte verurteilt, ist im Hinblick auf § 301 zunächst zu prüfen, ob nach Aktenlage eine Änderung zu seinen Gunsten in Betracht kommt.[73] Bejahendenfalls ist die Berufungsverhandlung ohne den Privatkläger durchzuführen und die neue – günstigere – Entscheidung durch Urteil auszusprechen.[74] Andernfalls ist die Berufung – wiederum durch Urteil – zu verwerfen; eine Abänderung zuungunsten des Angeklagten kommt nicht in Betracht. Findet die Berufungsverhandlung nach Zurückverweisung aus der Revision statt, ist nicht Absatz 3 sondern § 329 Abs. 1 Satz 2 analog anzuwenden.[75] Sind der Privatkläger und der Angeklagte säumig, so ist ohne Rücksicht auf § 301 nur Absatz 3 anzuwenden.[76] 40

3. Berufung beider. Haben **Angeklagter und Privatkläger** Berufung eingelegt und ist nur der Privatkläger säumig, gilt grundsätzlich Absatz 2 (Rn. 38, 39); stimmt der Angeklagte der Rücknahme nicht zu, gilt für die Berufung des Privatklägers Absatz 3 und über die Berufung des Angeklagten ist zu verhandeln. Bleibt nur der Angeklagte unentschuldigt aus, so ist zu dessen Berufung gemäß § 329 Abs. 1 zu verfahren und über die des Privatklägers analog § 329 Abs. 2 zu verhandeln. Sind beide säumig, gilt Absatz 2 (Rn. 38, 39).[77] 41

V. Wiedereinsetzung in den vorigen Stand (Absatz 4)

Hat der Privatkläger den Termin oder die Frist ohne Verschulden (vgl. dazu § 44, 18 ff., 43, 56 ff., 62) versäumt, so kann er binnen einer Woche nach der Versäumung Wiedereinsetzung in den vorigen Stand beantragen. Die **Wochenfrist** beginnt mit dem Termin oder mit dem Ablauf der gesetzten Frist, nicht erst mit der Zustellung des Einstellungsbeschlusses. 42

---

71 *Eb. Schmidt* 20; *Rieß* NStZ **2000** 120.
72 Vgl. Meyer-Goßner/*Schmitt* 17.
73 *Rieß* NJW **1975** 90; *ders.* NStZ **2000** 120; allg. M.
74 *Schlüchter* 826, 3.
75 *Rieß* NStZ **2000** 120 ff.
76 *Rieß* NStZ **2000** 120 ff. Bleibt nur der Angeklagte aus, ist gemäß § 329 Abs. 2 (analog) zu verfahren. S. auch LR/*Gössel*[26] Erl. zu § 329.
77 Eingehend dazu *Rieß* NStZ **2000** 120 ff.

43 Der Privatkläger kann Wiedereinsetzung auch dann beantragen, wenn er ohne Verschulden **keine Kenntnis** von einer Zustellung erhalten hat. Anders ist es jedoch, wenn es überhaupt an einer Zustellung der Ladung oder der Fristbestimmung fehlte. Dann kann von einer Versäumnis nicht gesprochen werden. Wiedereinsetzung in den vorigen Stand kann nur zu dem **Zweck** begehrt werden, die Berufung durchzuführen; der Privatkläger kann sie nicht damit begründen, dass er die Berufung vor der Verwerfung zurücknehmen wolle.[78]

44 Des Weiteren wird die Ansicht vertreten, die Versäumnisfolgen seien – wie nach § 329 – nicht auszusprechen, wenn der Privatkläger sein Ausbleiben **genügend entschuldigt** habe.[79] Dem ist zuzustimmen, soweit der Privatkläger seine Säumnis mit Unverschulden im Sinne von § 44 begründet und die dafür angeführten Tatsachen hinreichend glaubhaft macht.[80] Was für den Privatkläger gilt, ist entsprechend auf den Widerkläger – in dieser Rolle – anzuwenden (§ 388). Absatz 3 ist außerdem nicht anwendbar, mithin auch ein Wiedereinsetzungsantrag nicht erforderlich, wenn die Säumnis des Privatklägers für das Gericht erkennbar unverschuldet ist.[81] Gleiches gilt für Fälle der Säumnis nach Absatz 2.[82] Eine Entscheidung des Gerichts in diesen Fällen (Rn. 36, 37, 38 ff.) wäre nicht nur unökonomisch, sondern auch unvereinbar mit der Fürsorgepflicht des Gerichts.

VI. Rechtsmittel

45 **1. Gegen die Einstellung** des Verfahrens zufolge erklärter oder unterstellter Rücknahme stehen dem Privatkläger, dem Angeklagten (dass dieser beschwert sein kann, ergibt Absatz 1 Satz 2) und dem Staatsanwalt **sofortige Beschwerde** bzw. Berufung oder Revision zu.[83] Gegen die Verwerfung der Berufung des Privatklägers (Rn. 40 a.E.) ist ebenso wie im Fall des § 329 Revision zulässig.

46 **2. Gegen die Nichteinstellung** trotz Vorliegens der Einstellungsvoraussetzungen ist, wenn sie durch besonderen Beschluss (Ablehnung eines Einstellungsantrags) ausgesprochen wird, **einfache Beschwerde** gegeben.[84] Kommt es zufolge der Nichteinstellung zu einem Urteil, ist dieses mit Berufung oder Revision anfechtbar.[85]

47 **3. Gegen die Wiedereinsetzung.** Die **Wiedereinsetzung** kann nicht angefochten werden; § 46 Abs. 2 gilt auch hier (vgl. § 46, 15). Auch kann die Berufung oder Revision nicht darauf gestützt werden, dass die Wiedereinsetzung nicht hätte gewährt werden dürfen (vgl. § 46, 8).

48 **4. Gegen die Nichtwiedereinsetzung.** Der Beschluss, durch den die Wiedereinsetzung **abgelehnt** wird, ist mit sofortiger Beschwerde anfechtbar (§ 46 Abs. 3).

78 BayObLGSt **1957** 63.
79 *Eb. Schmidt* 12; vgl. auch BayObLGSt **1949/51** 471.
80 OLG Schleswig SchlHA **1959** 56; KK/*Walther* 15.
81 Vgl. BayObLGSt **1949/51** 471; Meyer-Goßner/*Schmitt* 17.
82 Vgl. BayObLGSt **1949/51** 471.
83 LR/*Hilger*[26] § 391, 44.
84 BayObLGSt **1949/51** 471; LR/*Hilger*[26] § 391, 44.; **a.A.** *Eb. Schmidt* 24.
85 LR/*Hilger*[26] § 391, 44.

§ 392
Wirkung der Rücknahme

Die zurückgenommene Privatklage kann nicht von neuem erhoben werden.

Entstehungsgeschichte

Die als § 432 Gesetz gewordene Vorschrift hat ihre jetzige Bezeichnung durch das Gesetz zur Stärkung des Rechts des Angeklagten auf Vertretung in der Berufungsverhandlung und über die Anerkennung von Abwesenheitsentscheidungen in der Rechtshilfe vom 25.7.2019 erhalten (Art. 1 Nr. 13, BGBl. I 1332 ff.).

1. Zweck. „Es hieße der Leichtfertigkeit und Böswilligkeit Vorschub leisten, wenn dem Privatkläger gestattet sein sollte, eine einmal zurückgenommene Klage demnächst von neuem zu erheben.“[1] Die Zurücknahme führt demgemäß zu einem Verbrauch der Strafklagebefugnis des Rücknehmenden.[2] Auch wenn die Rücknahme nur nach § 391 Abs. 2 unterstellt wird, kann die Klage nicht erneut erhoben werden.[3] Das Oberlandesgericht Hamm[4] will auch der Zurückweisung der Privatklage mangels Zahlung des Gebührenvorschusses (§ 379a Abs. 3) die Wirkung des § 392 beilegen (vgl. § 379a, 12 ff.). Eine **zurückgenommene Klage** kann auch nicht als Widerklage, eine zurückgenommene Widerklage nicht als selbständige Privatklage von neuem erhoben werden.[5] 1

2. Anschließende öffentliche Klage. Die **Staatsanwaltschaft** ist nicht gehindert, den Gegenstand der zurückgenommenen Privatklage nunmehr zum Gegenstand einer öffentlichen Klage zu machen (§ 391, 1), es sei denn, dass die Rücknahme des Strafantrags sie daran hindert.[6] Die Rücknahme **verbraucht** die **Strafklage nicht schlechthin**; sie hindert nur den Rücknehmenden selbst, die Privatklage gegen denselben Beschuldigten von neuem zu erheben. Ein anderer Privatklageberechtigter (Vorgesetzter, anderer Verletzter, Verletzter statt Vorgesetzter) kann von neuem klagen (§ 375, 19).[7] Auch kann der Rücknehmende, der sich überzeugt, dass er die Privatklage gegen den Falschen erhoben hatte, sie nunmehr gegen den wahren Täter erheben.[8] 2

3. Unzulässige Privatklage. War die Privatklage unzulässig oder hat sie der Privatkläger deshalb zurückgenommen, also nicht, um einer Sachentscheidung auszuweichen, sondern um einer **Prozessentscheidung** – Zurückweisung, Einstellung – zuvor- 3

1 *Hahn* Mat. **I** 271.
2 Vgl. auch KK/*Walther* 1.
3 KK/*Walther* 2; KMR/*Kulhanek* 1.
4 JZ **1953** 575.
5 OLG Frankfurt JR **1957** 722; KK/*Walther* 1; s. aber Rn. 3; Meyer-Goßner/*Schmitt* 1.
6 KK/*Walther* 1; wegen der Ausnahme s. § 391, 3; wegen der geschichtlichen Entwicklung *Fritze* GA **51** (1904) 301 ff.
7 OLG Stuttgart JR **1953** 349; KMR/*Kulhanek* 4.
8 *Eb. Schmidt* 4; KK/*Walther* 1.

https://doi.org/10.1515/9783110275001-023

zukommen, dann kann er sie in zulässiger Weise von neuem erheben.[9] Das gilt z.B. dann, wenn sie als Widerklage erhoben worden war, obwohl es (nur) an den besonderen Widerklagevoraussetzungen (vgl. dazu § 388, 2, 7 f.) fehlte.[10] Einfacher wäre in solchen Fällen freilich ein Antrag an das Gericht, Privatklage und Widerklage nach § 4 zu trennen; das könnte auch von Amts wegen geschehen. Das Übersehen dieser Möglichkeit kann nicht mit dem Verlust des Klagerechts geahndet werden.

4 Ähnlich liegt es, wenn der Privatkläger die Privatklage zurücknimmt, um ihrer Zurückweisung wegen Fehlens der **Sühnebescheinigung** oder des Sühneversuchs zuvorzukommen. Auch dann kann er sie nach erfolglosem Sühneversuch von neuem erheben (§ 380, 28, 38). Hat jemand wegen eines und desselben Sachverhalts zwei Privatklagen erhoben (Klage und Widerklage), die jetzt gleichzeitig anhängig sind, ändert die Rücknahme der einen nichts an der Durchführbarkeit der anderen.[11]

§ 393
Tod des Privatklägers

(1) Der Tod des Privatklägers hat die Einstellung des Verfahrens zur Folge.

(2) Die Privatklage kann jedoch nach dem Tode des Klägers von den nach § 374 Abs. 2 zur Erhebung der Privatklage Berechtigten fortgesetzt werden.

(3) Die Fortsetzung ist von dem Berechtigten bei Verlust des Rechts binnen zwei Monaten, vom Tode des Privatklägers an gerechnet, bei Gericht zu erklären.

Schrifttum

Hartung Recht zur Stellung des Strafantrages und zur Privatklage bei Tod des Antrags- und Klageberechtigten, NJW **1950** 670.

Entstehungsgeschichte

Die als § 433 Gesetz gewordene Vorschrift hat ihre jetzige Bezeichnung durch das Gesetz zur Stärkung des Rechts des Angeklagten auf Vertretung in der Berufungsverhandlung und über die Anerkennung von Abwesenheitsentscheidungen in der Rechtshilfe vom 25.7.2019 erhalten (Art. 1 Nr. 13, BGBl. I 1332 ff.). Art. 2 der Zweiten Verordnung zur Durchführung der Verordnung zur Angleichung des Strafrechts des Altreichs und der Alpen- und Donau-Reichsgaue vom 10.1.1944 (RGBl. I 41) hatte Absatz 2 geändert. Er hatte den zur Fortsetzung des Verfahrens Berechtigten dieses Recht wegen aller Beleidigungen – bisher nur wegen Verleumdung – eingeräumt. Nach dem Zusammenbruch war alsdann zunächst wieder die frühere Fassung angewandt worden, bis Art. 3 Nr. 171 VereinhG die Fortsetzungsbefugnis erneut für alle Fälle der Beleidigung (§§ 185 bis 187a StGB) eingeführt hatte. Durch Art. 21 Nr. 99 EGStGB 1974 ist dann die Beschränkung des Fortsetzungsrechts auf Beleidigungen beseitigt worden – es gilt nunmehr für alle Privatklagesachen. Darüber hinaus ist Absatz 2 an die neuen materiell-rechtlichen Vorschriften über das Strafantragsrecht angepasst worden.

---

9 OLG Braunschweig JZ **1953** 562 mit Anm. *Dünnebier*; *Schorn* (Strafrichter) 380; *Eb. Schmidt* 2; KMR/*Kulhanek* 2.

10 OLG Braunschweig JZ **1953** 562 mit Anm. *Dünnebier*; KK/*Walther* 2.

11 OLG Düsseldorf NJW **1954** 123; BayObLGSt **1949/51** 295; KK/*Walther* 2.

https://doi.org/10.1515/9783110275001-024

Übersicht

1. Tod des Privatklägers (Absatz 1). Die Privatklage ist regelmäßig nicht vererblich.[1] Stirbt der Privatkläger, ist das Verfahren grundsätzlich durch Beschluss (§ 206a), bei Tod während der Hauptverhandlung durch Urteil (§ 260 Abs. 3) einzustellen,[2] und zwar selbst dann, wenn es teilweise rechtskräftig abgeschlossen war. Denn es ist in der Rechtsprechung anerkannt, dass eine Teilrechtskraft die Berücksichtigung eines Verfahrenshindernisses mit der Folge der Einstellung des gesamten Verfahrens nicht hindert.[3] Das gilt selbst dann, wenn das Urteil nur noch im Kostenpunkt der Rechtskraft entbehrt.[4] Jedoch empfiehlt es sich, beim Vorliegen eines Fortsetzungsrechts nach Absatz 2 (Rn. 4) mit der Einstellung bis zum Ablauf der Zweimonatsfrist nach Absatz 3 zu warten. Wird das Verfahren eingestellt, dann sind die Kosten den Erben des Privatklägers aufzuerlegen.[5] Im Übrigen wird wegen der Kostenentscheidung auf die Erl. zu den §§ 464, 471 verwiesen. 1

2. Sinn. Absatz 1 kann den Sinn haben, dass nicht schon der Tod, sondern erst der Einstellungsbeschluss das Verfahren beendet,[6] zwingend ist diese Auslegung jedoch nicht. Für sie spricht allerdings die Regelung des Absatzes 2. Das Reichsgericht[7] geht auf diesen Unterschied nicht ein, brauchte es nach Lage des damaligen Falles auch nicht. Die praktische **Bedeutung des Zuwartens** liegt darin, dass der Staatsanwalt in der Zeit zwischen Tod und Einstellung noch die Verfolgung nach § 377 Abs. 2 übernehmen kann, womit er die Erben vor der Kostenpflicht bewahrt. Es gibt Fälle, in denen das zur Vermeidung grober Unbilligkeit erforderlich sein kann.[8] 2

3. Wirkung. Die Einstellung wegen Todes des Privatklägers **beendet nur dieses Verfahren**. Sie steht weder einer öffentlichen Klage noch einer neuen Privatklage anderer dazu Berechtigter entgegen,[9] sei es, weil diese ebenfalls verletzt sind, sei es, weil ihnen ein selbständiges Strafantragsrecht zusteht. Waren sie schon Streitgenossen des Verstorbenen, wird ihre Privatklage fortgeführt. 3

4. Fortsetzungsberechtigt sind die nach § 374 Abs. 2 berechtigten Personen, nämlich der Dienstvorgesetzte (§ 374 Abs. 2 Satz 1 i.V.m. § 194 Abs. 3, § 230 Abs. 2 Satz 1, § 77a StGB; vgl. dazu § 374, 27) sowie nahe Angehörige (§ 374 Abs. 2 Satz 2 i.V.m. § 77 Abs. 2 StGB; vgl. dazu § 374, 33), und zwar in folgender Reihenfolge: Ehegatten und – auch nichteheliche – Kinder (§ 77 Abs. 2 Satz 1 StGB), danach Eltern (§ 77 Abs. 2 Satz 2 erster 4

1 OLG Stuttgart NJW **1970** 822; KK/*Walther* 1.
2 Vgl. RGSt **16** 424; KMR/*Kulhanek* 3.
3 BGHSt **6** 304; **8** 269; **11** 393.
4 OLG Hamm NJW **1978** 654; KK/*Walther* 1; KMR/*Kulhanek* 4.
5 BayObLGSt **1960** 142; KK/*Walther* 1; KMR/*Kulhanek* 3.
6 Meyer-Goßner/*Schmitt* 1; HK/*Weißer* 1; *Bloy* GA **1980** 171; **a.A.** (Beschluss hat nur feststellende Bedeutung) *Eb. Schmidt* 1 bis 3; KK/*Walther* 1; KMR/*Kulhanek* 1; SK/*Velten* 2. Vgl. auch *Hartung* NJW **1950** 672.
7 RGSt **16** 421.
8 *Hartung* NJW **1950** 672.
9 KMR/*Kulhanek* 2.

Halbsatz StGB), und zwar sowohl die leiblichen – auch bei nichtehelicher Geburt – als auch die Adoptiveltern (§§ 1741, 1754 BGB), nicht aber Stief- oder Pflegeeltern, und schließlich Geschwister und Enkel (§ 77 Abs. 2 Satz 2 Hs. 2 StGB). Für mehrere gleichzeitig Fortsetzungsberechtigte gilt § 375 entsprechend.[10]

5 **5. Zulässigkeit der Fortsetzung.** Die **Zulässigkeit der Fortsetzung** setzt voraus, dass schon der Privatkläger die Tatbestandsmerkmale des Privatklagedelikts behauptet hat; eine nachträgliche Ergänzung oder Erweiterung steht den Angehörigen nicht zu.[11] Soweit Strafantrag erforderlich ist, genügt es bei den nahen Angehörigen, nicht beim Dienstvorgesetzten, dass der Verstorbene Strafantrag gestellt hatte (§ 374 Abs. 2 Satz 2). Bei Tatmehrheit mit anderen Vergehen ist hinsichtlich dieser anderen einzustellen und nur wegen des Fortsetzungsfähigen weiter zu verfahren.[12] Bei Tateinheit bedarf es keiner besonderen Einstellung; Verurteilung oder Freispruch ist aber nur wegen des Privatklagedelikts möglich.[13] Ergibt sich nach durchgeführter Hauptverhandlung, dass der Angeklagte des ihm vorgeworfenen Privatklagevergehens nicht schuldig ist, muss er freigesprochen werden, das Verfahren darf nicht etwa eingestellt werden; einzustellen ist jedoch, wenn sich im weiteren Verlauf des Verfahrens ergibt, dass nur Straftaten vorliegen, die nicht zur Fortsetzung berechtigen.[14]

6 **6. Fortsetzungserklärung.** Die **Fortsetzungserklärung** ist schriftlich bei dem mit der Sache befassten Gericht oder zu Protokoll der Geschäftsstelle abzugeben.[15] Die Frist ist gemäß § 43 zu berechnen. Hatte das Gericht das Verfahren schon vor der Fortsetzungserklärung eingestellt, können die Berechtigten die Einstellung mit **sofortiger Beschwerde** nach § 206a gegen den Einstellungsbeschluss anfechten;[16] Entsprechendes gilt, wenn das Gericht die Fortsetzung ablehnt.[17] Die Fortsetzung ist nicht anfechtbar (§ 305).

7 **7. Wiedereinsetzung.** Gegen die Versäumung der Zweimonatsfrist ist **keine** Wiedereinsetzung nach § 44 möglich.[18] Denn die sonst entbehrlichen Worte „bei Verlust des Rechts" können nichts anderes bedeuten als den Ausschluss der Wiedereinsetzung. Gerade hier steht dem Interesse der Angehörigen das des Angeklagten gegenüber, endgültig zu wissen, woran er ist. Schließlich gibt es aus demselben inneren Grund auch keine Wiedereinsetzung gegen den Ablauf der Strafantragsfrist.

8 **8. Tod des Angeklagten.** Der **Tod des Angeklagten** beendet das Verfahren. Zu Einzelfragen s. die Erl. zu § 206a.[19]

10 KK/*Walther* 2.
11 KK/*Walther* 3.
12 *Eb. Schmidt* 6; KMR/*Kulhanek* 7; KK/*Walther* 3.
13 Meyer-Goßner/*Schmitt* 4; KK/*Walther* 3; KMR/*Kulhanek* 7; **a.A.** SK/*Velten* 8 (Fortsetzung erstreckt sich auf die gesamte prozessuale Tat).
14 KMR/*Kulhanek* 7.
15 Meyer-Goßner/*Schmitt* 6.
16 KMR/*Kulhanek* 9; ebenso wohl KK/*Walther* 2.
17 Meyer-Goßner/*Schmitt* 5; **a.A.** HK/*Weißer* 9 (einfache Beschwerde).
18 KK/*Walther* 3.
19 S. auch die Erl. zu § 467.

§ 394
Bekanntmachung an den Beschuldigten

Die Zurücknahme der Privatklage und der Tod des Privatklägers sowie die Fortsetzung der Privatklage sind dem Beschuldigten bekanntzumachen.

Entstehungsgeschichte

Die als § 434 Gesetz gewordene Vorschrift hat ihre jetzige Bezeichnung durch das Gesetz zur Stärkung des Rechts des Angeklagten auf Vertretung in der Berufungsverhandlung und über die Anerkennung von Abwesenheitsentscheidungen in der Rechtshilfe vom 25.7.2019 erhalten (Art. 1 Nr. 13, BGBl. I S. 1332 ff.).

Wegen der Zurücknahme vgl. § 391; wegen des Todes des Privatklägers § 393, 1 ff. 1
Für die Form der **Bekanntmachung** gilt § 35 Abs. 1 und 2. Weil durch die Bekanntmachung der – auch unterstellten (§ 391, 29 ff.) – Rücknahme oder des Todes des Privatklägers für den Beschuldigten keine Frist in Lauf gesetzt wird, genügt regelmäßig **formlose Mitteilung.**[1]

Auch wenn formlose Mitteilung ausreicht, kann Zustellung geboten sein, wenn eine 2
abschließende Entscheidung von dem weiteren Verhalten des Betroffenen abhängt. **Zustellung** empfiehlt sich mithin in den Fällen, wo die Wirksamkeit der Rücknahme von der Zustimmung des Beschuldigten abhängt;[2] mit ihr wird dem Beschuldigten eine Erklärungsfrist zu setzen sein. Sie ist aber auch im Fall der Fortsetzung (§ 393, 4 ff.) geboten. Im Interesse seiner Verteidigung muss der Beschuldigte mit Sicherheit Kenntnis davon erlangen, dass er wieder einen Gegner hat. Auch wird mit der Bekanntgabe der Fortsetzung gewöhnlich ohnehin eine gerichtliche Verfügung verbunden werden, aus der der Fortgang des Verfahrens ersichtlich ist.

1 *Eb. Schmidt* 1; § 35, 21.
2 § 391, 8; KK/*Walther* 1; KMR/*Kulhanek* 1.

https://doi.org/10.1515/9783110275001-025

DRITTER ABSCHNITT
Nebenklage

Vorbemerkungen

Schrifttum

Amelunxen Der Nebenkläger im Strafverfahren (1980); *Barton* Nebenklagevertretung im Strafverfahren, FS Schwind 211; *Beling* Zur Lehre von der Revision und der Nebenklage, ZStW **36** (1915) 287; *Berz* Zur Reform der Nebenklage, DAR **1978** 1; *Beulke* Die Neuregelung der Nebenklage, DAR **1988** 114; *Bringewat* Die Nebenklage – ein wirksames Verfahren zur „privaten Kontrolle" staatsanwaltschaftlicher Strafverfolgung? GA **1972** 289; *Engel* Neue Tendenz in der Rechtsprechung des 2. Strafsenats des BGH = neue Hürde für vergewaltigte Frauen, StV **1988** 505; *Fabricius* Die Stellung des Nebenklagevertreters, NStZ **1994** 257; *Franze* Nebenklage im verbundenen Verfahren gegen Jugendliche und Heranwachsende/Erwachsene, StV **1996** 289; *Gerauer* Das Weiterbeteiligungsrecht der Angehörigen beim Tod des Nebenklägers, NJW **1986** 3126; *Gerland* Privat- und Nebenklage, HdR IV 558; *Gruhl* Nebenklage und Sicherungsverfahren, NJW **1991** 1874; *Heidemeier* Sinn und Zweck der Nebenklage, Diss. Passau 1985; *Hinz* Nebenklage und Adhäsionsantrag im Jugendstrafverfahren? ZRP **2002** 475; *Hölzel* Das Institut der Nebenklage, Diss. Erlangen 1980; *Hüsing* Die Rechtswirklichkeit der Nebenklage, Diss. Göttingen 1983; *Kempfler* Der Nebenkläger im geltenden und künftigen Strafprozess, Diss. München 1956; *Kirchhof* Die Nebenklage in der Rechtsprechung des Bundesgerichtshofs, GA **1954** 364; *Kuhlmann* Die Nebenklage – eine Sinekure der Anwaltschaft, DRiZ **1982** 311; *Leibinger* Zur Anschluss- und Rechtsmittelbefugnis des Nebenklägers, FS Triffterer 481 ff.; *Lichti* Die Nebenklage bei Verkehrsdelikten, DAR **1953** 102; *Luce* Fragen zur Zulässigkeit der Nebenklage, Diss. Münster 1949; *Makowka* Der vorläufige Verletztenbegriff – Wann ist das potentielle Opfer einer Straftat potentiell verletzt genug, um im Sinne der Strafprozessordnung verletzt zu sein? GVRZ **2021** 23; *Mitsch* Nebenklage im Strafverfahren gegen Jugendliche und Heranwachsende, GA **1998** 159; *Niemeyer* Die Zulässigkeit der Nebenklage, MDR **1949** 131; *Noak* Nebenklage gegen Jugendliche und Heranwachsende, ZRP **2009** 15; *ders.* Die auf Freisprechung des Angeklagten gerichtete Nebenklage – zulässig? ZIS **2014** 189; *ders.* Der „mögliche" versuchte Totschlag als nebenklagefähiges Delikt im Jugendstrafverfahren JR **2022** 232; *Oetker* Die Nebenklage, Rechtsgang III 241; *ders.* Nebenklage und Adhäsionsprozess, GerS **105** (1935) 177; *Oppe* Probleme der Nebenklage, MDR **1964** 641; *Ortmann* Beseitigung der Nebenklage gegen Heranwachsende, MDR **1978** 466; *Ostendorf* Das deutsche Jugendstrafrecht – ein Überblick, NJ **1995** 62; *Prinz* Die Nebenklage – ein überholtes Rechtsinstitut, ZRP **1971** 128; *Rieß* Nebenkläger und Wiederaufnahme nach neuem Recht, NStZ **1988** 15; *Rosenfeld* Die Nebenklage des Reichsstrafprozesses (1900); *Rüth* Ist die Nebenklage noch zeitgemäß? JR **1982** 265; *Sauer* Zur Verfassungsmäßigkeit der Nebenklagebestimmungen, DRiZ **1970** 49; *Schaal/Eisenberg* Rechte und Befugnisse von Verletzten im Strafverfahren gegen Jugendliche, NStZ **1988** 49; *Schöch* Verteidigende Nebenklage? JR **2021** 382; *Schlund* Hochschullehrer als Nebenklägervertreter, GA **1970** 329; *W. Schmid* Zur Prozessfähigkeit des Privat- und Nebenklägers, SchlHA **1981** 153; *J. Schulz* Beiträge zur Nebenklage (1982); *Selig* Opferschutzgesetz – Verbesserung für Geschädigte in Sexualstrafverfahren? StV **1988** 498; *Senge* Zwei Rechtsfragen aus dem Bereich der Nebenklage, FS Rissing-van Saan (2011) 657; *Springmann* Ausdehnung der Nebenklage, DJZ **1931** 1079; *Thomas* Der Strafverteidiger in anderer Rolle: Nebenklage und Zeugenbeistand, FS Koch 277; *Tiede* Die Stellung des Nebenklägers im Strafverfahren, insbesondere in der gerichtlichen Voruntersuchung, Diss. Hamburg 1969; *Wolffing* Die rechtliche Stellung des Nebenklägers (1900); *Zöller* Die strafrechtliche Nebenklage – Fremdkörper oder Missverständnis? GA **2021** 303. Weiteres Schrifttum bei den Vorbem. zum 5. Buch.

Übersicht

https://doi.org/10.1515/9783110275001-026

I. Begriff und Wesen

Die verfassungsrechtlich nicht zu beanstandende (Vorbem. 5.Buch, Rn. 2) Nebenklage ist trotz ihrer Bezeichnung keine wirkliche Klage. Denn sie gewährt dem Nebenkläger nicht die Befugnis, einen bestimmten historischen Vorgang (Tat i.S.v. § 264) selbst vor Gericht zu bringen und damit die Rechtshängigkeit einer Strafsache zu begründen. Sie räumt dem Berechtigten nur das Recht ein, sich in bestimmten Fällen einer öffentlichen Klage der Staatsanwaltschaft anzuschließen. Ob man den Nebenkläger Mitkläger, Mitpartei, Nebenpartei, Streitgenossen, Parteigehilfen oder Nebenintervenienten nennen will, ist gleichgültig.[1] Alle diese **Bezeichnungen** sind gleichbedeutend, wenn man sich über die Rechtssätze, die das Nebenklageverfahren regeln, einig und im klaren ist. Aus einigen dieser Vorschriften aber eine Bezeichnung abzuleiten und dann wiederum aus der Bezeichnung die Entscheidung über Zweifelsfragen gewinnen zu wollen, käme einer Rückkehr zu der inzwischen überwundenen Begriffsjurisprudenz gleich. Auch der Vergleich des Nebenklägers mit dem streitgenössischen Nebenintervenienten des Zivilprozesses hinkt; er ist allerdings unschädlich, solange keine Schlüsse daraus gezogen werden. 1

Das **Wesen** (Vorbem. 5. Buch Rn. 7 ff., 14) der Nebenklage besteht darin, dass sie nur in den ausdrücklich vom Gesetz genannten Fällen zulässig ist und eine öffentliche Klage sowie eine Anschlusserklärung voraussetzt; dass sie – jedenfalls im Grundsatz (vgl. zu bestehenden Systemwidrigkeiten § 395, 4) – eine unter kriminalpolitischen und viktimologischen Gesichtspunkten ausgewählte, besonders schutzwürdige Gruppe von Verletzten als Prozesssubjekte, deren Interessen sich nicht mit denen der Staatsanwaltschaft decken, anerkennt und diesen Verletzten eine eigenständige Beteiligung am Verfahren durch Zubilligung spezifischer Befugnisse einräumt,[2] und dass der Nebenkläger bei deren Ausübung nicht Gehilfe des Staatsanwalts, sondern von diesem unabhängig ist.[3] Zur Nebenklage, die keinen der genannten Zwecke verfolgt (Vorbem. 5. Buch Rn. 7), sondern allein den Freispruch des Beschuldigten anstrebt s. Rn. 29 ff. Zu Einzelfragen s. Rn. 8 ff. sowie § 397, 1 ff. 2

1 Vgl. *Eb. Schmidt* Vor § 395, 6.
2 Vgl. BTDrucks. **10** 5305 S. 10 ff.
3 Meyer-Goßner/*Schmitt* 2; *Henkel* 246; *Bringewat* GA **1972** 289; h.M.; selbständiger Gehilfe: BayObLGSt **30** (1931) 151; s. auch OLG Nürnberg AnwBl. **1983** 466; *Barton* 214 ff., 219; Vorbem. 5. Buch Rn. 6 ff.

II. Abschließende Regelung

3 Der Abschnitt behandelt die Nebenklage erschöpfend. Zum Anschluss berechtigen die in den Absätzen 1 bis 3 des § 395 aufgezählten Gründe. Eine **behördliche** Nebenklagebefugnis gibt es nicht mehr;[4] zum Anhörungsrecht der Finanzbehörde[5] s. § 407 Abs. 1 Satz 4 AO. Im Verfahren über die nachträgliche Anordnung der Sicherungsverwahrung ist die Nebenklage nicht zulässig.[6]

III. Reformentwicklung

4 Die Nebenklage als Ganzes und insbesondere ihre Ausgestaltung im Einzelnen war letztlich bis zum Inkrafttreten des OpferschutzG vielfältiger und überwiegend auch berechtigter **Kritik** ausgesetzt.[7] Um dieser zu begegnen, wollte der (Regierungs-)Entwurf eines Ersten Gesetzes zur Reform des Strafverfahrens bereits 1973 das Recht der Privatklageberechtigten einschränken, sich der erhobenen Nebenklage anzuschließen, aber auch besonders verzögerliche Auswirkungen der Nebenklage beseitigen.[8] Sie insgesamt abschaffen wollte auch er nicht, weil „die Frage, ob sie überhaupt beibehalten werden solle, [...] in den großen Zusammenhang der Beteiligung des Verletzten am Strafverfahren insgesamt gestellt werden" müsse und dabei „eine Umgestaltung der Privatklage ebenso wie das Adhäsionsverfahren mit in Betracht zu ziehen" sei.[9] Zur Erreichung seines – eingeschränkten – Zieles wollte der Entwurf die Anschlussbefugnis des Privatklageberechtigten, nicht aber der übrigen in § 395 Abs. 2 genannten Personen, beseitigen. Obwohl der Bundesrat den Standpunkt der Bundesregierung teilte, wurde der Vorschlag gleichwohl nicht Gesetz. Der Rechtsausschuss des Bundestags glaubte, der völligen Beseitigung der Nebenklagebefugnis der Privatklageberechtigten deshalb nicht zustimmen zu sollen, weil sie „eine zu rigorose Lösung zum Nachteil der durch ein Privatklagedelikt Geschädigten" darstelle und weil die verzögernden Auswirkungen ihrer Ausübung durch die übrigen Änderungen im Recht der Nebenklage so wirksam bekämpft werden könnten, dass „zumindest in diesem vorwiegend auf Beschleunigung und Straffung des Verfahrens gerichteten Gesetzentwurf eine Veränderung der Anschlussbefugnis nach ihrem Umfang nicht geboten" sei.[10] Der Versuch des Bundesrats, die Fassung des Regierungsentwurfs durch Anrufung des Vermittlungsausschusses wiederherzustellen,[11] blieb erfolglos.[12]

5 Bei der Beratungen des Entwurfs des Strafverfahrensänderungsgesetzes 1979 (**Entw. StVÄG 1979**) bat der Bundesrat die Bundesregierung erneut, im weiteren Verlauf des Gesetzgebungsverfahrens zu prüfen, ob die Vorschriften der Nebenklage einzuschränken sind.[13] Die Bundesregierung hat hierzu die Auffassung vertreten, dass keine Erkenntnisse vorlägen, die Veranlassung geben könnten, die 1974 vom Gesetzgeber getroffene Entschei-

---

4 S. aber zum früheren Recht *Amelunxen* 33.
5 S. auch LG Dresden NStZ **1999** 313 mit Anm. *Rüping* (Stellung der Finanzbehörde).
6 BGH bei *Becker* NStZ-RR **2008** 68; OLG Brandenburg NStZ **2006** 183.
7 Zu Einzelheiten vgl. LR/*Wendisch*[24] 4 ff.; *Rieß* Gutachten 31 ff., 34 ff., 120 – beide m.w.N.
8 Vgl. BTDrucks. **7** 551, Art. 1 Nr. 101 bis 106.
9 BTDrucks. **7** 551 S. 48.
10 Bericht und Antrag des Rechtsausschusses zu Art. 1 Nr. 101 – BTDrucks. **7** 2600 S. 8.
11 BTDrucks. **7** 2774 Nr. 5 zu Art. 1 Nr. 97 – § 395.
12 BTDrucks. **7** 2810.
13 BTDrucks. **8** 976 S. 102.

dung zu korrigieren.[14] Der Rechtsausschuss des Bundestags hat auf seiner Sitzung vom 15.3.1978 beschlossen, die Prüfungsempfehlung des Bundesrats nicht aufzugreifen.[15]

Ohne Ergebnis blieb auch ein weiterer Versuch, die Beseitigung des Rechts der Privatklageberechtigten, sich der erhobenen Klage anzuschließen, doch noch zu erreichen. Die im **Referentenentwurf** eines Strafverfahrensänderungsgesetzes (**StVÄG 1983**) vorgesehene Streichung der Anschlussbefugnis der nach § 374 zur Privatklage Berechtigten[16] wurde schon nicht mehr in den Regierungsentwurf (StVÄG 1984)[17] aufgenommen, ohne dass der Bundesrat dem widersprochen hätte.[18] 6

In der Literatur erhielt die Diskussion über eine Reform der Nebenklage dadurch Auftrieb, dass die Rechtsstellung des Verletzten im Strafverfahren zentrales Thema der strafrechtlichen Abteilung des **55. Deutschen Juristentages** war. In seinem dafür erstellten Gutachten schlug *Rieß* vor, die Nebenklage – eine gesetzliche Fehlkonstruktion – tiefgreifend zu reformieren (vgl. auch Vor § 373b, 45 f.), nämlich durch die Möglichkeit einer allgemeinen Beteiligung des Verletzten am Strafverfahren zu ersetzen.[19] Andere Vorschläge waren z.B.: Streichung der Nebenklage und Ergänzung der Vorschriften, die die Stellung des Verletzten betreffen; Beibehaltung und Neuordnung der Regelungen zur Nebenklage[20] (vgl. auch Rn. 8 ff.). Die strafrechtliche Abteilung selbst sprach sich für eine weitgehende Neugestaltung der Mitwirkungsrechte des Verletzten aus.[21] 7

IV. Allgemeine Bedeutung der Änderungen im Recht der Nebenklage nach dem OpferschutzG

1. Allgemeines. Obwohl die Nebenklage – in ihrer grundsätzlichen Berechtigung, wegen des willkürlichen Zuschnitts des Kreises der Nebenklagebefugten und der Ausgestaltung der Nebenklägerrechte – heftig umstritten war und sogar ihre – zumindest weitgehende – Abschaffung gefordert wurde (Rn. 4 ff.), hat sich der Gesetzgeber – im Anschluss an den 55. DJT – für ihre Beibehaltung entschieden und durch das **OpferschutzG**[22] das Recht der Nebenklage **grundlegend reformiert** (vgl. im Einzelnen Rn. 20 ff.).[23] Die Nebenklage ist jetzt aus der früheren Verbindung zum Recht des Pri- 8

---

14 BTDrucks. **8** 976 S. 110.
15 BTDrucks. **8** 1844 S. 35 ff. nicht genannt.
16 Art. 1 Nr. 42.
17 BTDrucks. **10** 1313.
18 BTDrucks. **10** 1313 S. 48, Anlage 2.
19 Gutachten 120, 123 ff., 208.
20 Zur Diskussion vgl. z.B. *Rieß* Gutachten 120, 123 ff., 208 m.w.N.; *Hammerstein* Referat 55. DJT These II 6; *Odersky* Referat 55. DJT These 13; *Weigend* ZStW **96** (1984) 761 ff.; *Schöch* NStZ **1984** 385 ff.; *Meyer-Goßner* ZRP **1984** 230 ff.; *Geerds* JZ **1984** 794.
21 Wegen weiterer Einzelheiten s. Verh. 55. DJT Bd. II Teil L (Beschlüsse L 167 ff.).
22 Vgl. die Vorbem. zum 5. Buch, Entstehungsgeschichte.
23 Zur neueren Kritik s.: HK/*Weißer* § 395, 13; AK/*Rössner* 7; HbStrVf/*Scheffler* VII 99 ff.; *Walther* GA **2007** 615; *Engel* STREIT **1987** 27; *Jung* JuS **1987** 157 ff.; *Kempf* StV **1987** 215 ff.; *Liepe* VersR **1987** 344; *Thomas* StV **1985** 431 ff.; *Weigend* 434 ff.; *ders.* NJW **1987** 1170 ff.; *Wetekamp* DAR **1987** 210 ff.; *v. Winterfeld* NJW **1987** 2631 ff.; s. auch *Jung* JR **1984** 309 ff.; *Schünemann* NStZ **1986** 193 ff.; *ders.* FS Hamm 687; *Selig* StV **1988** 498; *Zätzsch* ZRP **1992** 167; *Iffert-Schmücker* 84 ff., 117, 126; *M. Kaiser* 70 ff.; *Staiger-Allroggen* 98, 156 ff.; *Hirsch* GedS A. Kaufmann 714 ff.; *Eser* GedS A. Kaufmann 728; *Patsourakou* 162; *Nelles/Oberliess* 8, 13, 29 ff., 33, 39, 43 ff.; *Fuchs* Gutachten ÖJT **1997** 84 ff.

vatklageverfahrens (vgl. § 377 Abs. 3, §§ 395, 397 Abs. 1 a.F.)[24] gelöst. Insbesondere der Kreis der zur Nebenklage Befugten ist in einem selbständigen Katalog neu bestimmt (Rn. 9; § 395, 5, 45, 50 ff.), und die prozessualen Rechte und Pflichten der Nebenkläger sind – orientiert an ihrer speziellen Interessenlage – eigenständig neu geregelt (Rn. 9, 10; ferner § 397). Ergänzend wurde durch das **ZeugenschutzG** (§ 397a Abs. 1) der kostenlose anwaltliche Beistand für bestimmte Nebenkläger eingeführt. Wesen (Rn. 2) und Funktion der Nebenklage haben sich durch diese Neubestimmung grundlegend geändert. Ihr kommt heute insbesondere eine **Schutzfunktion** zu (Rn. 9; ferner § 395, 54). Dem Genugtuungsinteresse des Nebenklägers, der Opfergerechtigkeit, der Befriedung zwischen Täter und Opfer sowie der Vorbereitung von Schadensersatzforderungen und -prozessen[25] dient die Nebenklage nach der Neubestimmung ihrer Funktion durch das OpferschutzG – wenn dies in der Praxis auch oft anders sein mag aus der Sicht des Verletzten – nur noch nachrangig.[26]

9 **2. Neubestimmung des Kreises der Nebenklagebefugten.** Die **Neubestimmung des Kreises der Nebenklagebefugten** stand nach dem Willen des Gesetzgebers im breiteren Zusammenhang der grundlegenden Reform der formellen Beteiligung des Verletzten im Strafverfahren.[27] In der Reformdiskussion stand nicht nur das Modell einer einheitlichen Verfahrensbeteiligung aller Verletzten,[28] sondern auch – im Grundsatz – das bisherige System der Bevorzugung eines Teils der Verletzten durch Nebenklagebefugnis vor der Masse der (in dieser Eigenschaft) befugnislosen Verletzten.[29] Der Gesetzgeber wählte einen Mittelweg, nämlich die Kombination einer **abgestuften Verletztenbeteiligung:** die Regelung eines Grundbestandes von Befugnissen (§§ 406d bis 406f und § 406i bis § 406l) für **alle Verletzten** (vgl. § 373b)[30] und für einen bestimmten Kreis von Verletzten die Gewährung der **Nebenklagebefugnis**, einschließlich besonderer Rechte schon im Ermittlungsverfahren (§ 406e Abs. 1 Satz 2, § 406g, § 406h). Die Auswahl dieses Kreises der **Nebenklagebefugten** orientierte sich jedenfalls nicht primär an einem deliktspezifischen „Genugtuungsbedürfnis" des Verletzten. Maßgebend war vielmehr das **besondere Schutzbedürfnis** bestimmter Verletztengruppen (vgl. Vorbem. 5. Buch Rn. 7; § 395, Rn. 55); daher sollte der neue Kreis der Nebenklagebefugten in erster Linie die Opfer überwiegend schwerwiegender Straftaten gegen höchstpersönliche Rechtsgüter erfassen.[31] Dieser Kreis sollte teilweise weiter sein als der frühere Rahmen der Anschlussberechtigung nach dem Katalog der Privatklage (§ 374), teilweise enger, weil Ba-

24 Dazu vgl. § 377, 22; § 397, 1; s. auch *Beulke* DAR **1988** 114; *Böttcher* JR **1987** 136; *Jung* JuS **1987** 158; *Weigend* NJW **1987** 1174.

25 Vgl. dazu z.B. BGHSt **28** 272; OLG Köln JR **1994** 344; SK/*Velten* Vor § 395, 1 ff.; AK/*Rössner* 3, 8 ff.; KK/*Walther* 7; HK/*Weißer* § 395, 2; *Rieß* Gutachten 31, 120 ff.; *Beulke* 593; *Fabricius* NStZ **1994** 260; *Hirsch* GedS A. Kaufmann 714; *Rössner* BewHi. **1994** 1; *Schünemann* NStZ **1986** 196 ff.; *ders.* FS Hamm 687; *Thomas* FS Koch 277 ff.; *Heidemeier* 185 ff., 429; *Iffert-Schmücker* 91; *Patsourakou* 50, 96, 162; *Staiger-Allroggen* 156; *Weigend* 435; Vorbem. 5. Buch Rn. 13 ff.

26 Vgl. AK/*Rössner* 8 ff.; HK-GS/*Rössner* § 395, 1, 3.

27 Vgl. BTDrucks. **10** 5305 S. 10 ff.; *Rieß* Jura **1987** 281 ff.; s. auch *Jung* JuS **1987** 158.

28 Vgl. *Rieß* Gutachten 171 ff.; *Meyer-Goßner* ZRP **1984** 231; *Schöch* NStZ **1984** 388; *Weigend* ZStW **96** (1984) 782 ff.

29 Vgl. *Hammerstein* Verh. des 55. DJT L 1 ff.; *Odersky* Verh. des 55. DJT L 37 ff.; ähnlich *Geerds* JZ **1984** 794.

30 Vgl. auch die Erl. zu § 172; § 373b, Rn. 3 ff.; Vor § 406d, 8; *Rieß* Jura **1987** 281 ff.; *Thomas* StV **1985** 433; *Weigend* NJW **1987** 1173.

31 BTDrucks. **10** 5305 S. 11; eingehend dazu *Rieß* Jura **1987** 287; *Böttcher* JR **1987** 135; *Jung* JuS **1987** 158; *Weigend* NJW **1987** 1170 ff.; *Kempf* StV **1987** 218; *Beulke* DAR **1988** 114; s. auch *Meyer-Goßner* ZRP **1984**

gatelldelikte ausgespart wurden (z.B. § 303 StGB). Die Orientierung an der besonderen Schutzbedürftigkeit zeigt sich namentlich in der Regelung zum Verletztenbeistand (§ 397a) sowie bei der Anschlussbefugnis nach § 395 Abs. 3, der insbesondere auf eine prozessuale Schutzbedürftigkeit abstellt (s. § 395, 55). Zum Kreis der besonders Schutzbedürftigen können auch noch die Angehörigen eines Getöteten (§ 395 Abs. 2 Nr. 1) und diejenigen Verletzten gezählt werden, die ein Klageerzwingungsverfahren betreiben mussten (§ 395 Abs. 1 Nr. 3), um eine Anklageerhebung zu erreichen. Diese Linie ist jedoch nicht konsequent durchgehalten. Der Kreis enthält auch heute noch Relikte einer früheren Nebenklagebefugnis, die der Gesetzgeber in Erwartung einer Reform des Strafrechtsschutzes in diesem Bereich jedenfalls damals nicht aufgeben wollte (§ 395 Abs. 2 Nr. 2);[32] es ist unverkennbar, dass über die Nebenklagebefugnis nach § 395 Abs. 1 Nr. 5 und 6 im Wesentlichen – heute systemwidrig (s. § 395, 42) – wirtschaftliche Interessen besonders berücksichtigt (geschützt) werden sollen.

3. Neuordnung der prozessualen Rechte. Die **Neuordnung der prozessualen** 10 **Rechte** des Nebenklägers gibt die frühere Globalverweisung auf die Rechte des Privatklägers (§ 397 Abs. 1 a.F.) auf;[33] sie definiert die Rechte neu – orientiert an den **speziellen Bedürfnissen des Nebenklägers** – in einem Enumerativkatalog (§§ 397, 400).[34] Dieser lässt gegenwärtig zumindest Fragen offen (4 ff.; 20). Im Hinblick auf den Willen des Gesetzgebers, dem Nebenkläger speziell auf seine Interessen zugeschnittene Befugnisse zu gewähren, ist heute kein Raum für einen Rückgriff (Analogie) auf die gesetzliche Regelung der Befugnisse des Privatklägers; eventuelle Verfahrensprobleme, die sich aus Unklarheiten und Lücken ergeben, müssen ggf. – orientiert an diesem Konzept des Gesetzgebers – so gelöst werden, dass diese Lösung der besonderen Stellung des Nebenklägers entspricht.

4. Befugnisse nach dem OpferschutzG. Ein **Vergleich der neuen Befugnisse des** 11 **Nebenklägers** (§ 397, 5 ff.) **mit seinen früheren** ergibt, dass die ursprünglich aus dem Recht der Privatklage abgeleiteten prozessualen Befugnisse zwar reduziert worden sind. Das geltende Recht verleiht ihm aber die Stellung eines Verfahrenssubjekts eigener Art, dem als Nebenklagebefugten schon im Ermittlungsverfahren eine besondere Stellung eingeräumt ist (§ 406e Abs. 1 Satz 2, § 406g, § 406h; vgl. auch Vor § 406d, 5). Darüber hinaus ist nach §§ 397a, 406f und 406h für die Beiordnung eines Verletztenbeistandes zwischen zwei Gruppen von Nebenklägern (Nebenklagebefugten) zu unterscheiden (§ 397a Abs. 1 und 2). Festzuhalten ist hier freilich auch, dass dem Gesetzgeber noch kein stimmiges Konzept für rechtlich zwingend zu gewährleistende prozessuale Aktivbefugnisse gelungen ist (s. Vor § 373b, 45 ff.). Hingegen hat er die mit der Stärkung der Rechtsposition des Nebenklägers verbundenen **negativen Auswirkungen** auf die Ver-

---

231; *Nelles/Oberliess* 29 ff. (krit.); zum Genugtuungsinteresse und zu weiteren Funktionen der Nebenklage vgl. Rn. 2, 8.

32 BTDrucks. **10** 5305 S. 12; s. *Rieß* Jura **1987** 287 Fn. 52; *Böttcher* JR **1987** 135; *Kempf* StV **1987** 218; AK/*Rössner* 7.

33 Zuvor § 437 Abs. 1 RStPO: „Der Nebenkläger hat nach erfolgtem Anschluss die Rechte des Privatklägers.“.

34 *Rieß* Jura **1987** 287; *Beulke* DAR **1988** 117; *Böttcher* JR **1987** 136; *Jung* JuS **1987** 158; *Weigend* NJW **1987** 1170 ff.

fahrensstellung[35] des Angeklagten in späteren Reformgesetzen zutreffend erkannt und ist dieser Entwicklung mit Recht namentlich entgegen getreten etwa durch eine Stärkung des Rechts der notwendigen Verteidigung durch Einführung des § 140 Abs. 1 Nr. 9 (vgl. aber auch § 397, 8; Rn. 31). Hiermit korrespondierend hat die Rechtsprechung die ihr überantwortete Austarierung der prozessualen Befugnisse und Interessen des Nebenklägers sorgsam weiterentwickelt (vgl. etwa § 406e, 21 ff., 25 ff.).

12 **5. Weitere rechtliche Konsequenzen der Abkopplung von der Privatklage.** Die Streichung der Globalverweisung auf die Privatklage durch das OpferschutzG erweist sich für diesen Abschnitt als **Zäsur** und hat weitere – soweit ersichtlich – bislang kaum in den Blick genommene Folgen für das Recht der Nebenklage. Beispielhaft sei hier auf Folgendes hingewiesen:

13 **a) Gehörsrechte in der Hauptverhandlung.** Nach der Abkopplung von der Privatklage hat die in der Rechtspraxis etablierte Übung, dass der Nebenkläger stets im Anschluss an die Staatsanwaltschaft ein **Fragerecht** aus § 240 Abs. 2 und das spezielle Gehörsrecht aus **§ 257 Abs. 2** erteilt bekommt, ihre Berechtigung verloren. Nach **früherer Rechtslage** hatte der Nebenkläger durch seinen Anschluss seinen Teilnahmewillen dokumentiert, die **Rechtsstellung des Privatklägers** erworben und war in eben diesem Umfang im Verfahren bis zu dessen rechtskräftiger Erledigung zuzuziehen und zu hören „im gleichen Umfange wie die Staatsanwaltschaft" (vgl. § 397 Abs. 1 Satz 4).[36] Der Nebenkläger trat mit seinem Beitritt „neben den wahren und einzigen Ankläger, den Staatsanwalt, aber erhebt selbst keine Anklage".[37] Die im Privatklagerecht angelegten Beteiligungs- und Gehörsrechte wirkten fort in der hiermit **akzessorischen Rechtsstellung des Nebenklägers.** Vor diesem Hintergrund war es konsequent, dass nach damaliger Rechtslage der Nebenkläger „in erster Instanz immer nach dem Staatsanwalt" das Plädoyer hielt.[38] Nach Abkopplung vom Privatklagerecht ist dieser Rechtsgrund für diese vormals dogmatisch überzeugend begründete Reihenfolge indes entfallen und dahin neu zu bestimmen, dass der Nebenkläger **zeitlich nach Staatsanwaltschaft und Angeklagtem** zu hören ist. Steht der Nebenkläger doch nach geltendem Recht weder im Lager der Staatsanwaltschaft noch ist er selbst in der Rolle des Klägers. Der Nebenkläger kann von seinen Befugnissen – mit der früheren mit dem Privatklagerecht akzessorischen Rechtslage unvereinbar – sogar zugunsten eines Angeklagten Gebrauch machen.[39]

14 Weder aus § 240 Abs. 2 noch aus § 257 Abs. 2 kann eine andere Reihenfolge hergeleitet werden. Beide Normen treffen ausdrücklich nur eine Bestimmung für die Rechtsausübung von Staatsanwaltschaft und Angeklagtem bzw. Verteidigung. Die Nebenklage hingegen findet keine Erwähnung. Auch aus § 397 Abs. 1 Satz 4 kann auf eine Verpflichtung, den Nebenkläger vor dem Angeklagten zu hören, nicht geschlossen werden. Die Norm trifft dem Wortlaut nach nur eine Bestimmung darüber, ob das prozessuale Recht auch dem Nebenkläger

---

35 Zu Einzelheiten vgl. § 397, 1 ff. und die Erl. zu den §§ 406e, 406g; **a.A.** wohl *Kempf* StV **1987** 215 ff.; *v. Winterfeld* NJW **1987** 2635; HbStrVf/*Scheffler* VII 99 ff.; s. dazu auch *Thomas* StV **1985** 434; *Geerds* JZ **1984** 794; *Lang* ZRP **1985** 32; *Schünemann* FS Hamm 687; *ders.* NStZ **1986** 197, 443; *Fabricius* NStZ **1994** 257; *Schneider* StV **1998** 456; *Maeffert* StV **1998** 461; *Altenhain* JZ **2001** 796; *Patsourakou* 90 ff., 164 ff.; *Iffert-Schmücker* 88 ff., 118.

36 S. *Oetker* Der Rechtsgang **1922** 267.

37 *Rosenfeld* 161.

38 *Oetker* Der Rechtsgang **1922** 268; *Rosenfeld* 142.

39 BGH JZ **2020** 55 mit Anm. *Noack*; der Nebenkläger ist keine „Strafverfolgungbehörde", *Oetker* Der Rechtsgang **1922** 266.

zusteht und stellt diesen lediglich insoweit gleich mit der Staatsanwaltschaft. Vor diesem Hintergrund und mit Blick auf die Stellung der Nebenklage im 5. Buch über die Beteiligung des Verletzten am Verfahren und auf den Zweck der Nebenklage, eine in erster Linie dem **prozessualen Schutz des Verletzten** – und nicht wie zuvor bei bestehender Akzessorietät mit der Privatklage der Durchsetzung eines behaupteten rechtlich anerkannten Vergeltungsinteresses[40] – dienende Beteiligungsbefugnis dürften die Gehörsrechte des Nebenklägers hinter solchen des Angeklagten zurücktreten. Dieser ist in erster Linie von dem – mit Erlass der Eröffnungsentscheidung – wahrscheinlich zu seinem Nachteil ausgehenden Verfahren betroffen. Die deshalb gebotene Privilegierung des Angeklagten findet etwa auch darin Ausdruck, dass es keine Waffengleichheit zwischen Verletztem und Angeklagten gibt (vgl. § 406e, 39), letzterer dem Verletzten überlegen ist. Im Übrigen liegt es auf der Hand, dass die Verteidigerbefragung eines Zeugen im Anschluss an eine gerichtliche Vernehmung (§ 240 Abs. 1), im Anschluss an eine Befragung durch Staatsanwaltschaft und nach einer Befragung durch – gar mehrere – Nebenkläger(-vertreter) den Gehalt etwa des Konfrontationsrechts – über die drohende Zurückweisung einzelner Fragen als unzulässige Wiederholungsfragen hinaus – weitgehend entwertet. Dies gilt nicht nur in den – freilich besonders eindrucksvollen – Großverfahren, wie etwa dem sog. NSU-Prozess oder aber dem „Love-Parade"-Verfahren mit einer Vielzahl an frageberechtigten Nebenklägern.

b) Schlussvortrag. Um verfahrensverzögernde Erwiderungen des Verteidigers zu 15 vermeiden, liegt es nahe, im Rahmen des Schlussvortrags (§ 258 Abs. 1) die bisher geübte Reihenfolge beizubehalten, dem Verteidiger und Angeklagten also im Anschluss an Anklagebehörde und Nebenklage (§ 397 Abs. 1 Satz 3), hierfür das Wort zu erteilen; eine Rechtspflicht hierzu besteht freilich nicht, denn § 258 Abs. 2 Hs. 2 sieht nur für den Angeklagten selbst das letzte Wort vor.

c) Nebenklagebefugnis. Nach Abkopplung vom Recht der Nebenklage hat auch die 16 traditionelle Argumentation, die für den Anschluss als Nebenkläger materiell allein die – gar geringe – Möglichkeit ausreichen lassen will, dass der Beschuldigte eine nebenklagefähige Katalogtat begangen hat (§ 396, 14 ff.), ihre Berechtigung verloren.

aa) Rechtsentwicklung. Die nach **früherem Recht** bestehende **Akzessorietät der** 17 **Nebenklage zur Privatklage** wurde begründet durch § 395 a.F.[41] nach der der Anschluss für den Antragssteller zulässig war, der „nach Maßgabe der Bestimmungen des § 374 als Privatkläger aufzutreten berechtigt ist." Maßgeblich war allein die Frage, ob der Nebenkläger, wenn nicht die öffentliche Klage erhoben wäre, als Privatkläger hätte auftreten können.[42] Denn durch die Erhebung der öffentlichen Klage (auch) wegen eines Privatklagedelikts oder nach Übernahme der auf Privatklage hin eingeleiteten Strafverfolgung (s. § 377 a.F.) hatte die Staatsanwaltschaft nach damaliger Rechtslage den potentiellen Nebenkläger „depossediert"[43] und eine „Verwandlung" der eigentlich statthaften Privatklage in eine öffentliche Klage betrieben. Vor diesem Hintergrund sollte die Nebenklage daher immer dann zulässig sein, wenn nach Erhebung der öffentlichen Klage nach „der Sachlage oder aufgrund des tatsächlichen Vorbringens des Antragsstellers auch **nur die rechtliche Möglichkeit** gegeben ist, dass je nach Gestaltung des Verhandlungsergebnisses die Verurteilung des Angeklagten wegen einer Strafat in Frage kommt, bei

40 Vgl. nur *Rosenfeld* 156; *Eb. Schmidt* Vor § 395, 5.
41 Vgl. ferner § 435 RStPO.
42 *Niemeyer* MDR **1949** 132.
43 *Oetker* Der Rechtsgang Bd. 3 **1922** 254; vgl. RGSt **59** 100, 103.

der nach den gesetzlichen Bestimmungen eine Nebenklage statthaft sein würde."[44] Die Prüfung eines **hinreichenden oder gar dringenden Tatverdachts** fand – bis hin zur Revisionsinstanz – nicht statt.[45] Nicht erforderlich war ferner, dass „die Tat, die auf Grund der öffentlichen Klage verfolgt wird, zu den in § 374 bezeichneten Taten gehört."[46] Als ausreichend wurde angesehen, dass der Gegenstand der Anklage (§ 264) die rechtliche Möglichkeit der Verurteilung wegen eines Nebenklagedelikts an sich erlaubt (zu weiteren Voraussetzungen s. Erl. § 396, 14).[47] Dies sollte auch dann gelten, wenn das Nebenklagedelikt in Tateinheit oder Gesetzeskonkurrenz mit einem Offizialdelikt steht.[48] Ohne Bedeutung für die Anschlussberechtigung war auch, ob die Tat in Anklageschrift, im Eröffnungsbeschluss oder im nicht rechtskräftigen Urteil erwähnt wurde.[49] Zureichend war stets die – möglicherweise auch geringe („gedachte"[50]) – Aussicht auf eine Verurteilung auch wegen des Nebenklagedelikts[51] und dass der Anschluss wegen eines solchen rechtlichen Gesichtspunktes begehrt wird.[52] Als **maßgeblicher Zeitpunkt** wurde die Lage des Verfahrens bei Entscheidung über die Zulassung angesehen.[53]

18 Diese reichsgerichtliche Rechtsprechung hat es dem Nebenkläger „leicht gemacht"[54] und trug ausdrücklich dem „besonderen Verfolgungsinteresse" des Nebenklägers, verstanden als **„depossedierten Privatklager"**, Rechnung, zu dessen „Wahrnehmung der Gesetzgeber die prozessuale Einrichtung der Nebenklage geschaffen hat und zu dessen Verfolgung die Zulassung als Nebenkläger gerade bestimmt" war.[55] Da bis zum Schluss der Beweisaufnahme nicht zu übersehen sei, welche rechtliche wie tatsächliche Beurteilung das Verhandlungergebnis erfahren werde und das Verfolgungsinteresse des Nebenklägers mit Eintritt der Rechtskraft „zur endgültigen Erledigung" gebracht werde, seien geringe rechtliche Anforderungen an die Anschlussbefugnis zu stellen. Die anhand dieses Maßstabs zugesprochene Verfahrensstellung und die damit verbundenen Befugnisse blieben – „wie die prozessrechtlichen Befugnisse des Privatklägers"[56] – auch dann bestehen, wenn sich später heraustellte, dass eine Verurteilung wegen eines Privatklagedelikts nicht in Betracht komme.

19 Dieser Blick auf die frühere Rechtslage erhellt, dass der Rechtsmaßstab erkennbar den für den Verletzten aus der **gesetzlichen Akzessorietät zwischen Privat- und Nebenklage** folgenden **Widrigkeiten** für das anerkannte „Verfolgungsinteresse" begegnen sollte. Hierzu wurde erkennbar angeknüpft an die Voraussetzungen zur Einleitung des Privatklageverfahrens. Schon auf das Erheben der Klage (§ 381) unter Vorbringen eines tatsächlichen Geschehens nach den Maßgaben des § 200 gründet sich die Rechtsstellung des Privatklägers; dies sollte für den Fall öffentlichen Verfolgung des zur Privatklage

---

44 RGSt **43** 260, 262; **51** 129, 130; **54** 306, 307; **59** 100, 102; **69** 244, 246; krit. *Eb Schmidt* § 395, 5 ff.; *Niemeyer* MDR **1949** 131, 132.

45 RGSt **59** 100, 102; so zur heute geltenden Rechtslage etwa OLG Düsseldorf NStZ **1997** 204; OLG Rostock BeckRS **2016** 08013; KG JR **2022** 261; KMR/*Kulhanek* § 396, 8.

46 *Niemeyer* MDR **1949** 132.

47 RGSt **43** 261; BGHSt **13** 144; BGH VRS **48** 18.

48 RGSt **43** 260, 261; **59** 100, 103; **69** 244, 246; s. aber auch RGSt **77** 148, 149 zur Subsidiarität; ferner nur *Oetker* Der Rechtsgang **1922** 256; *Rosenfeld* 106 f.; so auch LR/*Hilger*[26] § 396, 8; KMR/*Kulhanek* § 396, 8.

49 RGSt **7** 443 f.; **8** 468; **9** 524; **43** 260, 261 f.

50 RGSt **43** 260, 262.

51 OLG Celle StraFo **2017** 196.

52 RGSt **43** 260, 261; **63** 244, 246.

53 RGSt **43** 260, 261.

54 RGSt **63** 244, 246.

55 RGSt **43** 260, 262 f.

56 RGSt **51** 129, 131.

berechtigenden Delikts erkennbar nicht erschwert werden und auch der Zugang zur Rechtsstellung des Nebenklägers – dessen „Verfolgungsinteresse" als ungebrochen angesehen wurde – „leicht gemacht" werden.

bb) Rechtslage nach dem OpferschutzG. Warum an diesen von der Rechtsprechung entwickelten rechtlichen Maßgaben auch nach Abkopplung der Nebenklage von der Privatklage in der Rechtsprechung und im überwiegenden Teil des Schrifttums – soweit ersichtlich – ohne eine der Gesetzesreform angepasste Begründung[57] festgehalten worden ist, erschließt sich nicht. Die vormals allein mit der Akzessorietät der Nebenklage zu den §§ 374 ff. begründete Privilegierung kann mit der geltenden Gesetzeslage nicht mehr begründet werden. Der Nebenkläger erweist sich hiernach als selbständiger Verfahrensbeteiligter, dessen Rechtsstellung abschließend durch die Maßgaben der §§ 395 ff. und gerade ohne Rückgriff auf das Privatklagerecht zu bestimmen ist (s. Rn. 10). Die gesetzlichen Bestimmungen zur Nebenklage enthalten allerdings keinen Hinweis darauf, welche Anforderungen an die materielle Nebenklagebefugnis zu stellen sind. Den Gesetzesmaterialien zum OpferschutzG ist insoweit ebenfalls kein ausdrücklicher Anhalt zu entnehmen. Dass der Gesetzgeber den von der Rechtsprechung zum früheren Recht entwickelten Maßstab fortgelten lassen wollte, ist in der **Entstehungsgeschichte** ebenso wenig erkennbar.[58] Deutlich wird vielmehr, dass sich der Nebenklage grundlegend gewandelt hat. Es wurde der bisherige § 395 Abs. 1, der allen zur Privatklage Berechtigten den Anschluss als Nebenkläger gestattet, aufgehoben, da die Nebenklage „in erster Linie dem Personenkreis besonders schutzbedrüftiger Verletzter zugute kommen soll."[59] Mit dieser **Zweckbestimmung** tritt auch die Abkehr von dem – für das frühere Rechtsverständnis maßgebenden – Verfolgungsinteresse des Nebenklägers deutlich zutage. Der **systematisch** ohnehin fragwürdige Rückgriff auf eine – wohl der Kategorie des Anfangsverdachts (§ 152) entlehnte – „rechtliche Möglichkeit" als Prüfungsmaßstab für Nebenklagebefugnis auch in Verfahrensstadien, die eine Anwendung des Anfangsverdachts als schützende Form schlicht nicht kennen, hat auch vor diesem historischen Hintergrund seine Berechtigung verloren. Vor diesem Hintergrund ist dieses Normverständnis gerade nicht Ausdruck eines „konservativen Strafverfahrensverständnisses",[60] sondern das Ergebnis einer historisch-systematischen Gesetzesauslegung. 20

cc) Hinreichender Tatverdacht als Prüfungsmaßstab. Die Anschlussbefugnis hat sich vielmehr in sämtlichen Verfahrensstadien nach Maßgaben des hinreichenden Tatverdachts zu bestimmen.[61] Diese systemkonforme, freilich im Vergleich zum früheren Recht angehobene Voraussetzung für den Anschluss trägt auch den mit der Mitwirkung eines Nebenklägers unmittelbar verbundenen verfahrensrechtlichen und tatsächlichen Nachteilen[62] für den Angeklagten im Prozess angemessen Rechnung. Insoweit gilt im Einzelnen: 21

---

57 In diesem Sinne auch *Noack* JR **2022** 232.

58 BTDrucks **10** 5305 S. 11; der Hinweis von *Noack* JR **2022** 232 auf die Gesetzesbegründung BTDrucks **10** 5305 S. 21 und ein damit vermeintlich ersichtliches gesetzgeberisches Bestreben, die Voraussetzungen von Anklage und Nebenklage voneinander abzukoppeln, ist nicht tragfähig. Die Gesetzesbegründung nimmt bei der Erwähnung des hinreichenden Tatverdachts ersichtlich den Nebenklagebefugten (s. Rn. 28) nach § 406h (§ 406g a.F.) in den Blick, weil eine Verfahrenseinstellung nach § 170 Abs. 2 den Nebenkläger mangels eines wirksamen Anschlusses zuvor (vgl. § 396 Abs. 1) auch kostenrechtlich nicht betreffen kann.

59 BTDrucks **10** 5305 S. 11.

60 So allerdings *Makowka* GRVZ **2021** 26.

61 In diesem Sinne auch SK/*Velten* § 395, 13; wohl auch *Altenhain* JZ **2001** 794.

62 So auch SK/*Velten* § 395, 13.

22 **(1) Zwischenverfahren.** Im Zeitpunkt vor der Entscheidung über die Eröffnung des Hauptverfahrens ist die Nebenklagebefugnis für die in den **Katalogen des § 395 Abs. 1 und 2** benannten Delikte nach der hier vertretenen Ansicht immer dann anzunehmen, wenn der Angeschuldigte eines solchen Katalogtatbestandes nach **ausdrücklicher Wertung der Staatsanwaltschaft** in der Anklageschrift hinreichend verdächtig ist (§ 170 Abs. 1). Der Anklageschrift hierfür maßgebliche Bedeutung beizumessen drängt sich aus verschiedenen rechtlichen Erwägungen auf: Zunächst wird eine frühere Prozesserklärung nach § 396 Abs. 1 Satz 2 erst nach Annahme des hinreichenden Tatverdachts durch die Staatsanwaltschaft (§ 170 Abs. 1) und nach Eingang der Anklageschrift bei Gericht wirksam. Die Anschlusserklärung bewirkt in diesen Fällen die Nebenklägerstellung; dem Gerichtsbeschluss kommt hier nur **deklaratorische Bedeutung** zu (vgl. § 396, 7 ff.). Es bietet sich auch mit Blick auf die Bedeutung der Anklageschrift als Verfahrensvoraussetzung und ihrer begrenzenden Wirkung für die gerichtliche Kognitionspflicht bereits im Zwischenverfahren eine Anknüpfung gerade auch im Recht der Nebenklage auf.

23 Stützt hingegen der Verletzte seinen Anschluss (auch) auf ein Delikt aus den Katalogen von § 395 Abs. 1 und 2, das **keine Erwähnung in der Anklageschrift** findet, löst dies eine Prüfung des mit der Sache im Zwischenverfahren befassten Gerichts am Maßstab des hinreichenden Tatverdachts nach § 203 aus. Diese Entscheidung kann mit dem Eröffnungsbeschluss verbunden werden; gesetzlich zwingend ist – wie der Blick auf den abschließend formulierten § 396 Abs. 3 erhellt – eine frühere gerichtliche Entscheidung nicht. Wird die Eröffnung wegen einer Tat, auf die sich der Verletzte in seiner Anschlusserklärung (auch) gestützt hatte, abgelehnt, so kann der Verletzte hiergegen mit der sofortigen Beschwerde vorgehen; das Beschwerdegericht hat in diesem Fall von Amts wegen zu prüfen, ob dem Verletzten die mit der Anschlusserklärung eigentlich bewirkte Verfahrensstellung zu Unrecht vorenthalten wurde. Die ursrprüngliche Anschlusserklärung hinsichtlich eines Katalogtatbestandes aus § 395 Abs. 1 und 2 wirkt insoweit fort.

24 Ist Gegestand der Anklage und der Anschlusserklärung allerdings **keine Katalogtat**, sondern eine sonstige rechtswidrige Tat nach **§ 395 Abs. 3**, bewirkt die Anschlusserklärung die Stellung als Nebenkläger nicht, sondern es bedarf einer konstitutiven gerichtlichen Entscheidung hierüber (s. § 396, 24, § 395, 50 f.). Auch in diesen Fällen ist aber zunächst auf die Bewertung der Staatsanwaltschaft zu rekurrieren. Hat diese den hinreichenden Tatverdacht angenommen, so besteht insoweit grundsätzlich die Nebenklagebefugnis; das angerufene Gericht hat indes sodann zusätzlich noch die besondere **prozessuale Schutzbedürftigkeit** nach § 395 Abs. 3 zu prüfen (s. § 395, 54 f.).

25 Stützt der Verletzte seine Anschlussbefugnis hingegen auf ein Delikt nach § 395 Abs. 3, dessen Aburteilung in der Anklageschrift nicht als wahrscheinlich im Sinne von § 170 Abs. 1 bewertet und/oder unerwähnt geblieben ist, löst dies eine eigenständige gerichte Prüfung an Hand der Verfahrensakten am Maßstab des hinreichenden Tatverdachts (§ 203) aus. Auch diese Entscheidung kann mit der Eröffnungsentscheidung verbunden werden.

26 **(2) Hauptverfahren.** Die vorgenannten Maßgaben finden nach der hier vertretenen Auffassung auch Anwendung, wenn der Anschluss erst im Hauptverfahren erklärt wird. Allerdings bleibt maßgeblicher Anknüpfungspunkt auch ab Eröffnung des Hauptverfahrens die **Anklageschrift in Gestalt des Eröffnungsbeschlusses** (§§ 207, 209). Hat das Gericht auf Antrag der Staatsanwaltschaft zum Zeitpunkt der Anschlusserklärung bereits eine Teileinstellung nach § 154 Abs. 2 vorgenommen und damit seine Kognitionspflicht (§ 155, 264) unter Wegfall eines zur Nebenklage grundsätzlich berechtigenden Delikts begrenzt, hat der Verletzte diese für ihn nachteilige Lage des Verfahrens gegen sich gel-

ten zu lassen (vgl. § 400 Abs. 2 Satz 2). Anderes gilt nach § 395 Abs. 5 für Beschränkungen nach § 154a Abs. 2.

(3) Nach Urteilsverkündung (§ 395 Abs. 4 Satz 2). Die für das Hauptverfahren dargelegten Maßgaben finden auch Anwendung, wenn sich der Verletzte erst nach der Urteilsverkündung (§ 268) dem Verfahren als Nebenkläger anschließt. Auch zu diesem Verfahrenszeitpunkt kann anhand der **Anklageschrift in Gestalt der Eröffnungsentscheidung** die materielle Nebenklagebefugnis am Maßstab des hinreichenden Tatverdachts, gegegebenfalls unter Rückgriff auf die Akten, geprüft werden. **27**

(4) Nebenklagebefugter (§ 406h). Da § 406h Abs. 1 unmittelbar an die materielle Anschlussbefugnis aus § 395 anknüpft, bestimmt sich die Befugnis des Verletzen nach denselben rechtlichen Maßgaben wie die des Nebenklägers (s. Rn. 21 ff.). Für das **Ermittlungsverfahren** indes muss es aus systematischen Gründen beim (ggf. qualifizierten, s. § 406h, 29) Anfangsverdacht als Prüfungsmaßstab bleiben (s. § 406h, 29); lässt sich dieser bei Übertritt in ein späteres Verfahrensstadium nicht erhärten, entfällt die Nebenklagebefugnis. Eine zuvor etwa erfolgte Beiordnung ist aufzuheben (s. § 397a, 19, 40). **28**

d) Verteidigende Nebenklage. Der Nebenkläger kann von den ihm zustehenden prozessualen Befugnissen auch **zugunsten des Angeklagten** Gebrauch machen.[63] Ob ihm diese privilegierte Prozessstellung auch dann eröffnet sein soll, wenn er – ausweislich seiner Anschlusserklärung – von seinen Befugnissen allein zugunsten des Angeklagten Gebrauch machen und gar einen Freispruch erstreben will, ist **umstritten** und in der Rechtsprechung **bislang nicht entschieden.**[64] Die h.M.[65] lehnt dies ab und verweist insbesondere auf den Gesetzeszweck der Nebenklage, deren Rechte sich auf Genugtuungs- und Schutzinteressen gerade gegen den konkreten Angeklagten stützten.[66] Dies erscheint mit Blick auf die Abkopplung von der Privatklage und dem damit weggefallenen Verfolgungszweck der Nebenklage nicht unzweifelhaft (s. Rn. 10 ff.). Das gilt in gleicher Weise für das Hauptargument der Vertreter im Schrifttum, die eine verteidigende Nebenklage ohne Einschränkung zulassen wollen. Ein von diesen angeführtes Genugtuungsinteresse, gerichtet auf die „Bestrafung des richtigen Täters",[67] liegt der Nebenklage in ihrer Akzessorietät zur konkret erhobenen öffentlichen Klage gerade nicht zugrunde; sie leitet ihren Zweck in erster Linie aus konkreten Schutzbedürfnissen des Verletzten im hierdurch konkret initiierten Prozess ab. Mit der Annahme hinreichenden Tatverdachts durch die Anklagehörde hat sich der allein bestehende Anspruch des Verletzten auf effektive Strafverfolgung auf den Angeschuldigten konkretisiert; ein weitergehender, gegen Dritte gerichteter Sanktionsanspruch steht ihm nicht zu. **29**

Nach geltendem Recht ist derzeit aber eine **differenzierende Betrachtung** geboten: Bezieht sich der ein Antragsteller in seiner Antragsschrift mit Recht auf einen **Katalogtatbestand** nach § 395 Abs. 1 und 2, so wird ihm seine Anschlussbefugnis in diesen Fällen schon deshalb nicht versagt werden können, da die gerichtliche Entscheidung **30**

---

63 Vgl. BGH JZ **2021** 49 mit. Anm. *Noack*; vgl. auch *Schöch* JR **2021** 382.
64 Offen gelassen von BGH JZ **2021** 49 mit Anm. *Noak*.
65 Meyer-Goßner/*Schmitt* § 395, 1; KK/*Walther* § 396, 6; HK/*Weißer* § 395, 22; SSW/*Werner* § 395, 8d; KMR/*Kulhanek* § 395, 16; LR/*Hilger*[26] Vor § 395, 2; Schöch JR **2021** 384; OLG Schleswig NStZ-RR **2000** 270; OLG Rostock NStZ **2013** 126; LG Kiel SchlHA **1999** 187; offen gelassen von MüKo/*Valerius* § 395, 39; s. ferner *Rosenfeld* 163; *Schneider* StV **1998** 456; *Maeffert* StV **1998** 461.
66 S. nur Meyer-Goßner/*Schmitt* § 395, 1.
67 SK/*Velten* 18; *Bock* JR **2013** 428 f.; *Noak* ZIS **2014** 189; *Altenhain* JZ **2001** 797; s. auch *Bader* 230 ff.

nach § 396 Abs. 1 Satz 1 nur deklaratorische Wirkung hat (s. § 396, Rn. 7 ff.); allein seine Prozesserklärung bewirkt bei bestehender materiell-rechtlicher Anschlussbefugnis seine Verfahrensstellung als Nebenkläger (§ 396, 7). Es gibt hier nach der Gesetzessyetmatik und dem Gesetzeswortlaut keinen Raum für eine wertende gerichtliche Entscheidung. **Hingegen** dürfte in den Fällen des § 396 Abs. 2, § 395 Abs. 3 – bei **sonstigen rechtswidrigen Taten** und der damit nach § 396 Abs. 2 Satz 2 eröffneten gerichtlichen Entscheidung (vgl. § 396, Rn. 24) – die notwendige prozessuale Schutzbedürftigkeit in diesen Fällen regelmäßig fehlen (s. § 395, 54 ff.).

31 Dieses Ergebnis ist **wenig zufriedenstellend**. Mit Recht wird der verteidigenden Nebenklage eine nicht vergleichbare prozessuale Schutzbedürftigkeit zugemessen, sodass **de lege ferenda** hier eine Klarstellung durch den Gesetzgeber, die eine Anschlussbefugnis nur bei einem wirklichen „Anschluss" an den Anklagevorwurf zulässt, wünschenswert ist. Hieran anknüpfend ist auch die **Anwendung des § 301** im Rahmen eines allein vom Nebenkläger geführten Rechtsmittels zu überdenken (s. Erl. zu § 400, 34).[68]

32 **6. Weitere Entwicklung.** Nach dem OpferschutzG folgten weitere, allerdings weniger einschneidende gesetzliche Änderungen im Recht der Nebenklage. Der Kreis der Nebenklageberechtigten (§ 395) und der Beistandsberechtigten (§ 397a) wurde ausgeweitet.[69] Der Katalog der Rechte des Nebenklägers (§ 397) dagegen blieb unverändert. S. im Einzelnen die Entstehungsgeschichte der einzelnen Vorschriften.

V. JGG

33 Nach § 2 JGG gilt die StPO im Jugendstrafverfahren, soweit im JGG nichts anderes bestimmt ist bzw. soweit die Vorschriften der StPO nicht den Grundsätzen des JGG widersprechen. Der Anschluss von Jugendlichen als Nebenkläger ist demgemäß grundsätzlich zulässig. Die Zulässigkeit der Nebenklage gegen Jugendliche und Heranwachsende im Verfahren gemäß dem JGG richtet sich grundsätzlich nach **§ 80 Abs. 3 JGG**. Wegen der damit zusammenhängenden Probleme, namentlich soweit sie sich aus Friktionen zwischen jugendrechtlichen Interessen und denen des Opferschutzes, insbesondere in verbundenen Verfahren, etwa gegen Jugendliche, Heranwachsende und Erwachsene, ergeben, wird auf die Erläuterungswerke und sonstige Literatur zum JGG verwiesen.[70]

VI. Wiederaufnahme

34 Eine **Nebenklage** ist **unzulässig**, wenn das Verfahren insgesamt rechtskräftig abgeschlossen ist (vgl. § 395, 81). Der Nebenkläger hat nicht das Recht, die **Wiederaufnahme des Verfahrens** zuungunsten des Angeklagten (§ 362) zu beantragen; dies folgt schon daraus, dass § 397 nicht mehr auf § 390 Abs. 1 Satz 2 verweist.[71] Eine Schließung dieser Lücke durch analoge Anwendung des § 390 Abs. 1 Satz 2 scheitert daran, dass die Ver-

---

68 S. *Senge* FS Rissing-van Saan 660 f.

69 Vgl. die Entstehungsgeschichte der Vorschriften. S. dazu auch *Ferber* NJW **2004** 2562; (krit.) *Neuhaus* StV **2004** 625.

70 Vgl. nur *Eisenberg/Kölbel* § 80, 13 ff.; KG JR **2022** 261.

71 Vgl. OLG Stuttgart NStZ **1988** 42; LG Münster NStZ **1989** 588; KK/*Walther* Vor § 395, 3; Meyer-Goßner/*Schmitt* § 365, 8; HK/*Weißer* § 395, 43; eingehend dazu *Rieß* NStZ **1988** 15; vgl. auch *Rieß/Hilger* NStZ **1987** 155 sowie die Erl. zu § 365.

gleichbarkeit der Interessenlage, die einen Analogieschluss rechtfertigen würde, zu verneinen ist. Die Rolle des Nebenklägers ist mit der des Privatklägers nicht vergleichbar und wurde vom Reformgesetzgeber ausdrücklich gelöst. Außerdem ist der Wiederaufnahmeantrag zuungunsten des Angeklagten mit der Anklageerhebung durch die Staatsanwaltschaft im Normalverfahren funktionell vergleichbar, und es ist nicht einzusehen, dass der Nebenkläger einerseits die Befugnis haben sollte, durch einen Wiederaufnahmeantrag selbständig ein rechtskräftig abgeschlossenes gerichtliches Verfahren wieder in Gang zu setzen, während er andererseits nicht zur Anklageerhebung berechtigt ist. Schließlich lässt sich auch aus § 400 keine Analogie rechtfertigen. Zwar soll dem Nebenkläger nach dieser Vorschrift immer dann ein Rechtsmittel zustehen, wenn der Angeklagte nicht wegen der Tat verurteilt wird, aus der sich die Anschlussbefugnis ergibt; jedoch ist der Antrag auf Wiederaufnahme dogmatisch kein Rechtsmittel, und § 400 lässt den Willen des Gesetzgebers erkennen, die Möglichkeiten des Nebenklägers, gegen eine ihn beschwerende Entscheidung vorzugehen, erheblich zu begrenzen. Der Nebenkläger kann sich jedoch einem Wiederaufnahmeverfahren (nicht dem Antrag) anschließen, das von anderer Seite eingeleitet wurde.[72] Seine Anschlussbefugnis besteht auch schon vor der Entscheidung über die Begründetheit der Wiederaufnahme.[73] Ein im Ursprungsverfahren erklärter Anschluss lebt wieder auf.[74] Dies lässt sich daraus ableiten, dass der Gesetzgeber – wie sich aus § 395 Abs. 1, 4 und § 401 Abs. 1 ergibt, dem Nebenkläger Einwirkungsmöglichkeiten auf das gesamte gerichtliche Verfahren geben wollte, solange solche für ihn sinnvoll möglich sind. Zu weiteren Einzelheiten, insbesondere zu den Befugnissen des Nebenklägers im Wiederaufnahmeverfahren vgl. § 397, 41.

VII. Rechtswirklichkeit

Die Nebenklage hat nach der Reform durch das OpferschutzG in der Praxis – quantitativ – erheblich an Bedeutung verloren.[75] In den Jahren 1981 bis 1984 gab es jährlich etwa 20.000 bis 25.000 Verfahren mit Beteiligung eines Nebenklägers in der Hauptverhandlung.[76] Dagegen waren 1991 nur noch ca. 12.000 Nebenkläger an einer Hauptverhandlung beteiligt, 1997 nur noch ca. 9.300, 2006 und 2007 ca. 12.000 sowie im Jahre 2019 etwa 7.500.[77] Das Institut der Nebenklage ist zwar weitgehend bekannt, das Interesse der Verletzten an einer aktiven Verfahrensbeteiligung grundsätzlich jedoch recht gering.[78] Nach den vorliegenden empirischen Erkenntnissen schließen sich Opfer von Sexualdelikten in erheblichem Umfang dem Verfahren an.[79] Wesentlicher Grund dafür, dass sich viele Nebenklagebefugte dem Verfahren nicht anschließen, ist: die Berechtigten sehen keine Vorteile oder wollen mit dem Verfahren nichts mehr zu tun haben.[80] **35**

---

72 OLG Stuttgart NStZ **1988** 42; eingehend dazu *Rieß* NStZ **1988** 15; s. auch Meyer-Goßner/*Schmitt* § 365, 8.
73 Vgl. OLG Stuttgart NStZ **1988** 42 (Anschluss u.U. schon im Aditionsverfahren); s. auch *Rieß* NStZ **1988** 15 Fn. 11.
74 OLG Köln JMBlNW **1984** 21.
75 Zur Rechtswirklichkeit in früheren Jahren s. *Hölzel* 75 ff.
76 *Rieß* Gutachten 35.
77 Stat. Bundesamt, Statistik Strafgerichte, Tab. 2.4 und 4.4; s. auch SSW/*Werner* Vor § 395, 7.
78 *M. Kaiser* 246 ff., 261; *Staiger-Allroggen* 97 ff., 101, 102 ff.; vgl. auch *Kühne* MSchrKrim. **1986** 101; *Weigend* 435; SK/*Velten* Vor § 395, 19.
79 *Staiger-Allroggen* 97 ff.; s. auch HK-GS/*Rössner* § 395, 2.
80 *Staiger-Allroggen* 102, 103. Zur wachsenden Bedeutung der Nebenklagevertretung s. *Barton* 211 ff.

§ 395
Befugnis zum Anschluss als Nebenkläger

(1) Der erhobenen öffentlichen Klage oder dem Antrag im Sicherungsverfahren kann sich mit der Nebenklage anschließen, wer verletzt ist durch eine rechtswidrige Tat nach

1. den §§ 174 bis 182, 184i bis § 184k des Strafgesetzbuches,
2. den §§ 211 und 212 des Strafgesetzbuches, die versucht wurde,
3. den §§ 221, 223 bis 226a und 340 des Strafgesetzbuches,
4. den §§ 232 bis 238, 239 Absatz 3, §§ 239a, 239b und 240 Absatz 4 des Strafgesetzbuches,
5. § 4 des Gewaltschutzgesetzes,
6. § 142 des Patentgesetzes, § 25 des Gebrauchsmustergesetzes, § 10 des Halbleiterschutzgesetzes, § 39 des Sortenschutzgesetzes, den §§ 143 bis 144 des Markengesetzes, den §§ 51 und 65 des Designgesetzes, den §§ 106 bis 108b des Urheberrechtsgesetzes, § 33 des Gesetzes betreffend das Urheberrecht an Werken der bildenden Künste und der Photographie und den §§ 16 des Gesetzes gegen den unlauteren Wettbewerb und § 23 des Gesetzes zum Schutz von Geschäftsgeheimnissen

(2) Die gleiche Befugnis steht Personen zu,

1. deren Kinder, Eltern, Geschwister, Ehegatten oder Lebenspartner durch eine rechtswidrige Tat getötet wurden oder
2. die durch einen Antrag auf gerichtliche Entscheidung (§ 172) die Erhebung der öffentlichen Klage herbeigeführt haben.

(3) Wer durch eine andere rechtswidrige Tat, insbesondere nach den §§ 185 bis 189, 229, 244 Absatz 1 Nummer 3, Absatz 4, §§ 249 bis 255 und 316a des Strafgesetzbuches, verletzt ist, kann sich der erhobenen öffentlichen Klage mit der Nebenklage anschließen, wenn dies aus besonderen Gründen, insbesondere wegen der schweren Folgen der Tat, zur Wahrnehmung seiner Interessen geboten erscheint.

(4) [1]Der Anschluss ist in jeder Lage des Verfahrens zulässig. [2]Er kann nach ergangenem Urteil auch zur Einlegung von Rechtsmitteln geschehen.

(5) Wird die Verfolgung nach § 154a beschränkt, so berührt dies nicht das Recht, sich der erhobenen öffentlichen Klage als Nebenkläger anzuschließen. Wird der Nebenkläger zum Verfahren zugelassen, entfällt eine Beschränkung nach § 154a Absatz 1 oder 2, soweit sie die Nebenklage betrifft.

Schrifttum

Bader Legitime Verletzteninteressen im Strafverfahren (2019); *Barton* Wie wirkt sich das 2. Opferrechtsreformgesetz auf die Nebenklage aus? StRR **2009** 404; *ders.* Die Reform der Nebenklage: Opferschutz als Herausforderung für das Strafverfahren, JA **2009** 753; *ders./Flotho* Opferanwälte im Strafverfahren (2010); *Böttcher* Unterlassener Hinweis auf die Nebenklagebefugnis – folgenlos? FS Widmaier 81; *Celebi* Kritische Würdigung des Opferrechtsreformgesetzes, ZRP **2009** 110; *Cirullies/M. Cirullies* Bestellung eines Ergänzungspflegers für Kinder im Strafverfahren gegen die beschuldigten Eltern – Neue Vorgaben des BGH, FamRB **2021** 76; *Conrad* Die Nebenklage in Wirtschaftsstrafverfahren (2014); *Daimagüler* Nebenklage in Wirtschaftsstrafverfahren, wistra **2017** 180; *Däubler-Gmelin* Die Zulässigkeit der Nebenklage im Strafbefehlsverfahren, AnwBl. **1970** 87; *Eisenberg* Unzulässigkeit der Nebenklage Minderjähriger gegen ihren Willen, GA **1998** 32; *Endler* Die Doppelstellung des Opferzeugen (2019); *Feltes/Ruch* „Die wahren Täter sitzen nicht auf der Anklagebank" – Das Interesse des Nebenklägers an anklageübergreifender Sachaufklärung, FS Eisenberg 425; *Hilger* Das 2. Opferrechtsreformgesetz, GA **2009** 657; *Herrmann* Die Entwicklung des Opferschutzes im deutschen Strafrecht und Strafprozessrecht – Eine unendliche Geschichte, ZIS **2010** 236; *Holtfort* Die Nebenklage

https://doi.org/10.1515/9783110275001-027

im Strafbefehlsverfahren, DAR **1966** 237; *Jahn/Bung* Die Grenzen der Nebenklagebefugnis, StV **2012** 357; *Kölbel/Bork* Sekundäre Viktimisierung als Legitimationsformel (2012); *Kießling* Nebenkläger und Strafbefehlsverfahren, Rpfleger **1969** 337; *Lehmann* Zur Zulassung der Nebenklage bei Nötigung zu einer sexuellen Handlung (§ 240 I, IV Nr. 1 StGB), NStZ **2002** 353; *Klinger* Die Nebenklage bei strafbaren Wettbewerbsverstößen – strategisches Rüstzeug oder „stumpfes Schwert", NZWiSt **2013** 412; *Lang/Pietrzyk* „Mit den Mitteln des Rechts" – Plädoyer für eine konfrontative/politische Nebenklagevertretung bei vorurteilsmotivierter Gewalt, FS RAV 131; *Liepe* Nebenklageanschluss bei fahrlässigen Körperverletzungen im Straßenverkehr nach dem neuen Opferschutzgesetz, VersR **1987** 344; *D. Meyer* Nachholung eines versehentlich unterlassenen Zulassungsbeschlusses als Nebenkläger nach dem rechtskräftigen Abschluss des Verfahrens? JurBüro **1983** 165; *Mitsch* Die Erfolglosigkeit des vom Nebenkläger eingelegten Rechtsmittels, FS Paulus (2009) 119; *Oswald* Rechtsfragen zur Nebenklage, NJW **1960** 1439; *ders.* Der Nebenkläger im Strafbefehlsverfahren, MDR **1966** 900; *Phillips* Thou shalt not kill any nice people: The Problem of Victim Impact Statements in Capital Sentencing, ACLR **35** 93; *Pietrzk/Hoffmann* Die Rolle von Generalbundesanwalt und Nebenklage in ausgewählten Rechtsterror-Verfahren, KritV **2020** 311; *Rieks* Die Nebenklage – Terra Incognita des Wirtschaftsstrafverfahrens, NStZ **2019** 643; *Rieß* Strafantrag und Nebenklage, NStZ **1989** 102; *ders.* Die Beteiligung des Verletzten im Strafverfahren, FS Jung 751; *ders.* Entwicklungstendenzen in der deutschen Strafprozessgesetzgebung seit 1950, ZIS **2009** 466; *Rosenfeld* Die Nebenklage des Reichsstrafprozesses (1900); *Schiemann* Macht des Opfers – Ohnmacht des Beschuldigten, KritV **2012** 161; *Schlüchter* Beteiligung der Angehörigen eines verstorbenen Mitbeschuldigten im Strafverfahren, JZ **1990** 585; *Schmidt* Zweifelsfragen bei der Nebenklage im Strafbefehlsverfahren, DAR **1965** 43; *Schroth* 2. Opferrechtsreformgesetz – Das Strafverfahren auf dem Weg zum Parteienprozess? NJW **2009** 2916; *Sieß* Unzulässigkeit der Nebenklage im Strafbefehlsverfahren, DAR **1966** 40; *Simon* Der Nebenkläger im Strafbefehlsverfahren, DRiZ **1968** 412; *Spitzbarth* Die Rechtsstellung des Nebenklägers im Strafbefehlsverfahren, NJW **1953** 1904; *Spranger* Die Zulässigkeit der Nebenklage im Strafbefehlsverfahren, NJW **1968** 1264; *Steines* Der Nebenkläger im Strafbefehlsverfahren, DRiZ **1969** 113; Studzinsky Völkerstraftaten im Ausland – Nebenklage in Deutschland, STREIT **2020** 156; *von der Behrens* Das Netzwerk des NSU, staatliches Mitverschulden und verhinderte Aufklärung, in: *dies.* Kein Schlusswort (2018) 197; *Luczak* Gegenerzählung, in: *von der Behrens* Kein Schlusswort (2018) 13; *Scharmer* Aufklärungsanspruch nicht erfüllt – ein Schlussstrich kann nicht gezogen werden, in: *von der Behrens* Kein Schlusswort (2018) 63; *Weigend* Das Opfer als Prozesspartei – Bemerkungen zum Opferrechtsreformgesetz, FS Schöch 947; *ders.* Das Opferschutzgesetz – kleine Schritte zu welchem Ziel? NJW **1987** 1170; *Zöller* Die strafrechtliche Nebenklage – Fremdkörper oder Missverständnis? GA **2021** 303.

Entstehungsgeschichte

Die als § 435 Gesetz gewordene Vorschrift hat ihre jetzige Bezeichnung durch die Bek. 1924 erhalten. Sie bestand ursprünglich nur aus zwei Absätzen. Absatz 1 Satz 1 regelte, dass ein gemäß § 374 Privatklagebefugter sich der erhobenen öffentlichen Klage als Nebenkläger anschließen kann, Absatz 1 Satz 2 die Zulässigkeit des Anschlusses auch zur Einlegung von Rechtsmitteln. Art. 1 Nr. 96 des 1. StVRG ergänzte Satz 1 bzgl. des Verfahrens bei Strafbefehlen.

Absatz 2 lautete zunächst: „Die gleiche Befugnis steht dem zu, welcher durch einen Antrag auf gerichtliche Entscheidung (§ 172) die Erhebung der öffentlichen Klage herbeigeführt hat, wenn die strafbare Handlung gegen sein Leben, seine Gesundheit, seine Freiheit, seinen Personenstand oder seine Vermögensrechte gerichtet war." Durch Art. 9 § 2 Abs. 3 der 2. VereinfVO wurde er – mit dem Klageerzwingungsverfahren – gestrichen, durch Art. 3 Nr. 172 VereinhG wieder eingefügt. Art. 4 Nr. 42 des 3. StRÄndG fasste ihn neu; Art. 21 Nr. 100 EGStGB 1974 hat in der Nummer 1 die Worte „mit Strafe bedrohte Handlung" durch „rechtswidrige Tat" ersetzt.

Ein Absatz 3 zur Privatklagebefugnis in den Fällen der §§ 90, 90b HGB wurde durch Art. 4 Nr. 6 des 1. StRÄndG eingefügt. Art. 3 Nr. 8 des 8. StRÄndG hat die Verweisungen den Änderungen angepasst, die der Dritte Titel des Strafgesetzbuches durch Art. 1 desselben Gesetzes erhalten hat.

Durch Art. 1 Nr. 7 **OpferschutzG** vom 18.12.1986[1] ist die Vorschrift neu gefasst worden. Absatz 1 Nr. 3 war vorher § 395 Abs. 2 Nr. 2, Absatz 2 Nr. 1 auch vorher § 395 Abs. 2 Nr. 1, Absatz 2 Nr. 2 vorher § 395 Abs. 3; Absatz 4 Satz 1 war in § 395 Abs. 1 Satz 1 enthalten, und Absatz 4 Satz 2 war vorher § 395 Abs. 1 Satz 2.

Durch Art. 10 Nr. 2 des PRPG vom 7.3.1990 (BGBl. I S. 422) ist Absatz 2 Nr. 3 geändert worden; ebenso durch Art. 10 Nr. 2 des Markenrechtsreformgesetzes vom 25.10.1994 (BGBl. I S. 3082).

Desweiteren wurde durch Art. 2 Abs. 1 Nr. 2 des 33. StrÄndG vom 1.7.1997 (BGBl. I S. 1607) in Absatz 1 Nr. 1a) die Angabe: „§ 178“ und in Nr. 1b) die Angabe: „§ 237“ gestrichen.

Absatz 1 Nr. 1 Buchst. a bis d ist schließlich durch Art. 3 Nr. 7a) des 6. StrRG vom 26.1.1998 (BGBl. I S. 164) neu gefasst, des Weiteren ist durch Art. 3 Nr. 7 Buchst. b dieses Gesetzes in Absatz 3 die Angabe: „§ 230“ durch „§ 229“ ersetzt, und durch Art. 1 Nr. 6 des ZeugenschutzG vom 30.4.1998 (BGBl. I S. 820) ist in Absatz 1 Nr. 1 Buchst. a „§ 182“ eingefügt worden.

Durch Art. 3 § 18 Nr. 5 des LPartG sind in Absatz 2 Nr. 1 die Wörter „oder Lebenspartner“ eingefügt worden.

Durch Art. 4 Nr. 2 des Gesetzes zur Regelung des Urheberrechts in der Informationsgesellschaft ist in Absatz 2 Nr. 3 die Angabe: „§ 108a“ durch „und den §§ 108a und 108b Abs. 3“ ersetzt worden.

Durch Art. 2 Abs. 4 Nr. 2 des Geschmacksmusterreformgesetzes ist außerdem dort in Nr. 3 die Angabe „§ 14 Abs. 2“ durch „§ 51 Abs. 2 und § 65 Abs. 2“ des Geschmacksmustergesetzes ersetzt werden.

Durch Art. 1 Nr. 11a) und b) des **OpferRRG**[2] wurden – unter Wegfall der zuvor bestehenden Akzessorietät zum Privatklageverfahren[3] – Absatz 1 und 2 geändert: in Absatz 1 wurde das Sicherungsverfahren eingefügt, „als Nebenkläger“ wurde durch „mit der Nebenklage“ ersetzt, in Absatz 1 Nr. 1a) wurde die Angabe „176 bis 180, 180b, 181 und 182“ durch „176 bis 181a und 182“ ersetzt, in Nr. 1d) hinter § 239 Abs. 3 „und 4“ gestrichen und neu Nr. 1e) eingefügt; in Absatz 2 wurde schließlich die bisherige Nummer 2 gestrichen.

Durch Art. 2 Nr. 6b) des 37. StrÄndG wurde in Absatz 1 Nr. 1d) §§ 232 bis 233a eingefügt. Außerdem sollte gemäß Art. 2 Nr. 6a) in Absatz 1a) die Angabe „180b, 181“ gestrichen werden.

Durch Art. 2 Nr. 3 des 40. StrÄndG wurde in Absatz 1 Nr. 1e) § 238 des Strafgesetzbuches eingefügt.

Die Vorschrift wurde über einige sprachliche Umstellungen hinaus zur besseren Lesbarkeit und Verständlichkeit durch Art. 1 Nr. 25 des Gesetzes zur Stärkung der Rechte von Verletzten und Zeugen im Strafverfahren (**2. Opferrechtsreformgesetz** – 2. OpferRRG) neu gefasst.

Absatz 1 Nr. 1 war zuvor § 395 Abs. 1 Nr. 1a. Die neugefassten Nummern 2 und 3 blieben inhaltlich identisch mit der bisherigen Regelung des § 395 Abs. 1 Nr. 2. bzw. § 395 Abs. 1 Nr. 1c. Die Nummer 4 entsprach weitergehend der bislang in § 395 Abs. 1 Nr. 1d

---

1 BGBl. I S. 2496.

2 Materialien: Referentenentwurf des BMJ vom 28.7.2003 – Schreiben des BMJ vom 31.7.2003 – RB2 – 4131/4 – R5358/2003; BTDrucks. **15** 814; BTDrucks. **15** 936; BTDrucks. **15** 1976; BRDrucks. 829/03; Zusammenstellung der Stellungnahmen zum Hearing/OpferRRG – Schreiben der BRAK vom 11.12.2003 – Rs 215/2003; vom 11.11. 2003 – Rs 204/2003 und vom 2.3.2004 – Rs 40/2004; BTDrucks. **15** 2609; BTDrucks. **15** 2536; BTRAussch.Prot. vom 3.3.2004; BRDrucks. 197/04; BTDrucks. **15** 2906; BTDrucks. **15** 3062; BRDrucks. 378/04. Übergangsregelung zur Änderung des Absatzes 2 in § 10 Abs. 1 EGStPO.

3 BTDrucks. **10** 5305 S. 11.

enthaltenen Regelung; hierher wurde die zur Nebenklage berechtigende Nachstellung (§ 238 StGB) aus § 395 Abs. 1 Nr. 1e a.F. verschoben und dieser Katalog ergänzt um rechtswidrige Taten nach §§ 236 und 240 Abs. 4 StGB. Zur Nötigung ist den Gesetzesmaterialien zu entnehmen, dass nunmehr jedenfalls die in § 240 Abs. 4 Nr. 1 bis 3 StGB benannten besonders schweren Fälle zur Nebenklage berechtigen.[4] Die Aufnahme des Regelbeispiels nach § 240 Abs. 4 Nr. 1 StGB geht zurück auf eine Gesetzesinitiative des Bundesrates, der hiermit eine verbesserte Rechtsstellung der Opfer von Zwangsverheiratung[5] und sexuellen Handlungen erstrebte.[6] Über dieses urspünglich begrenzte Gesetzesvorhaben hinaus erweiterte der Reformgesetzgeber die Nebenklagebefugnis auf sämtliche benannte Regelbeispiele des § 240 Abs. 4 StGB und begründete dies mit dem jeweils gegenüber dem Grundtatbestand gesteigerten Unrecht, das für die „Lebensführung" und den „höchstpersönlichen Lebensbereich" der Tatopfer von vergleichbarer Schwere ist und und zu „besonders nachhaltigen Verunsicherungen führen" kann.[7]

Die ebenfalls in § 395 Abs. 1 Nr. 1e bislang enthaltene Nebenklagebefugnis aus § 4 GewaltschG ist Gegenstand der neu eingeführten Nummer 5.

In die neu eingefügte Nummer 6 wurden die Inhalte der bisherigen § 395 Abs. 2 Nr. 2 a.F. verschoben und sprachlich neu gefasst. Statt §§ 108a und 108b Abs. 3 UrhG hieß es fortan § 106 bis 108b UrhG. Neu aufgenommen in diesen Katalog wurden § 33 des Gesetzes betreffend das Urheberrecht an Werken der bildenden Künste und der Photographie sowie die §§ 16 bis 19 des Gesetzes gegen den unlauteren Wettbewerb. Bereits die nahezu wortgleiche frühere Gesetzesfassung (§ 395 Abs. 2 Nr. 2 a.F.) war allerdings durch das Schrifttum als unvereinbar mit dem Grundgedanken der Nebenklage kritisiert worden.[8] Dieser orientiert sich nach dem ausdrücklichen Willen des Gesetzgebers maßgeblich an der Schutzbedürftigkeit der durch schwerwiegende Straftaten gegen höchstpersönliche Rechtsgüter Verletzten.[9] Mit der Aufnahme von gewerblichen Schutzrechten werden hingegen erkennbar allein wirtschaftliche Verletzteninteressen geschützt.[10] Dieser Kritik wurde im Gesetzesentwurf zum 2. OpferRRG zunächst Rechnung getragen; der § 395 Abs. 2 Nr. 2 a.F. sollte entfallen, weil dieser „die überholte Verbindung von Privatklage und Nebenklage fortsetzt" und Verstöße gegen gewerbliche Schutzrechte keine schwerwiegenden Aggressionsdelikte darstellten.[11] Auf „scharfen Protest der Interessenverbände"[12] und entsprechende Empfehlung des Rechtsausschusses des Deutschen Bundestages hin fanden die gewerblichen Schutzrechte inhaltlich gleichwohl unverändert Eingang in die gesetzliche Neufassung.[13] Eine dogmatische Begründung hierfür ist den Gesetzesmaterialien nicht zu entnehmen. Der Rechtsausschutz beschränkte sich auf den Hinweis, dass seiner Beschlussempfehlung – nicht näher ausgeführte – „rechtspolitische Erwägungen" zugrunde liegen.[14] Der bereits zur früheren Gesetzesfassung beste-

---

4 *Barton* StRR **2009** 404, 405; *ders.* JA **2011** 753, 754.
5 Hierzu *Letzgus* FPR **2011** 451 ff.
6 BTDrucks. **16** 9448 S. 30; vgl. bereits *Lehmann* NStZ **2002** 353, 356.
7 BTDrucks. **16** 12098 S. 30.
8 *Ferber* NJW **2004** 2562, 2563; *Rieß* FS Jung 751, 757.
9 Nachtr. Rn. 12; HW Vor § 395, 9.
10 HW Vor § 395, 9.
11 BTDrucks. **16** 12098 S. 30.
12 *Bung* Strafprozessuale Fragen beim Schutz des geistigen Eigentums, in: *Bosch/Bung/Klippel* (Hrsg.) Geistiges Eigentum und Strafrecht (2011) 139, 152 m.w.N.; *ders.* StV **2009** 430, 434.
13 BTDrucks. **16** 13671 S. 22.
14 BTDrucks. **16** 13671 S. 22.

hende Systembruch im Regelungsregime der Nebenklage wurde damit perpetuiert.[15] Bedauerlicherweise hat es der Gesetzgeber damit versäumt, den Katalog der zur Nebenklage berechtigenden rechtswidrigen Taten kohärent zu fassen.[16] Solches ist ersichtlich kein Selbstzweck, sondern gerade für die Auslegung einzelner Tatstandsmerkmale der Nebenklageberechtigung durch den Rechtsanwender von besonderer Bedeutung.[17]

In Absatz 2 wurde lediglich die Reihenfolge der Berechtigten in Nummer 1 geändert. Nummer 2 war zuvor § 395 Abs. 1 Nr. 3 a.F. Absatz 3 wurde umgestaltet. Aufgenommen wurde ein Relativsatz, der beispielhaft die dem Grunde nach zur Nebenklage berechtigenden rechtswidrigen Taten umschreibt. Neben dem bisher allein erfassten § 229 StGB sind ausdrücklich benannt worden § 244 Abs. 1 Nr. 3, §§ 249 bis 255 und 316a StGB. Die Beleidigungsdelikte §§ 185 bis 189 StGB sind im Katalog des 395 Abs. 1 gestrichen (§ 395 Abs. 1 Nr. 1 lit. b a.F.) und hier eingefügt worden.

Absatz 5 blieb unverändert. Der die frühere Regelung des § 397 Abs. 2 a.F. enthaltende Absatz 5 wurde neu in § 395 eingefügt.

In den Folgejahren gab es verschiedene Änderungen der Vorschrift, insbesondere durch Neuaufnahme weiterer Katalogtatbestände in Absatz 1 und 3 oder als Folgeänderungen für gesetzliche Neufassungen in anderen Regelungsbereichen. Als Folgeänderung des Gesetzes zur Modernisierung des Geschmacksmustergesetzes sowie zur Änderung der Regelungen über die Bekanntmachungen zum Ausstellungsschutz vom 10.10.2013[18] wurde in § 395 Abs. 1 Nr. 6 das Wort Geschmacksmustergesetz durch Designgesetz ersetzt. Durch Art. 1 Nr. 13 des Gesetzes zur Stärkung des Rechts des Angeklagten auf Vertretung in der Berufungsverhandlung und über die Anerkennung von Abwesenheitsentscheidungen in der Rechtshilfe vom 17.7.2015[19] erhielt die Vorschrift ihre Überschrift. Der Straftatenkatalog aus § 395 Abs. 1 Nr. 3 wurde durch Art. 2 Nr. 1 des 47. Strafrechtsänderungsgesetzes vom 24.9.2013[20] um die Aufnahme des neugeschaffenen § 226a StGB erweitert. Der Straftatenkatalog aus § 395 Abs. 1 Nr. 1 wurde durch Art. 2 Abs. 5 Nr. 7 des Fünfzigsten Gesetzes zur Änderung des Strafgesetzes – Verbesserung des Schutzes der sexuellen Selbstbestimmung – vom 4.11.2016[21] erweitert um die §§ 182, 184i und 184j. Durch das 55. Strafrechtsänderungsgesetz vom 17.7.2017[22] wurde – als Folgeänderung zur Neufassung des § 244 StGB – in § 395 Abs. 3 nach den Wörtern „244 Absatz 1 Nummer 3" die Angabe „Absatz 4" eingefügt. Durch Art. 3 Nr. 2 des Gesetzes zur Umsetzung der Richtlinie (EU) 2016/943 zum Schutz von Geschäftsgeheimnissen vor rechtswidrigem Erwerb sowie rechtswidriger Nutzung und Offenlegung vom 18.4.2019[23] wurde in § 395 Abs. 1 Nr. 6 der Verweis allein auf § 16 des Gesetzes gegen den unlauteren Wettbewerb und auf § 23 des Gesetzes zum Schutz von Geschäftsgeheimnissen neugefasst. Durch Art. 2 Nr. 3 des 59. Strafrechtsänderungsgesetzes – Verbesserung des Per-

---

15 HK/*Weißer* 9; Meyer-Goßner/*Schmitt* 6; SK/*Velten* 22; BeckOK/*Weiner* 13b; *Barton* JA **2009** 753, 754 f.; *ders.* StRR **2009** 404, 405; *Jahn/Bung* StV **2012** 357, 359; *Bung* Strafprozessuale Fragen beim Schutz des geistigen Eigentums, in: *Bosch/Bung/Klippel* (Hrsg.) Geistiges Eigentum und Strafrecht (2011) 139, 152 m.w.N.; *Weigend* FS Schöch 956.

16 *Hilger* GA **2009** 657, 658; krit. auch HK/*Weißer* 27; Meyer-Goßner/*Schmitt* 6.

17 Dies bringt erkennbar auch zum Ausdruck BGH NJW **2012** 2601, 2602.

18 BGBl. I S. 3799.

19 BGBl. I S. 1332.

20 BGBl. I S. 3671.

21 BGBl. I S. 2460.

22 BGBl. I S. 2442.

23 BGBl. I S. 466.

sönlichkeitsschutzes bei Bildaufnahmen – vom 9.10.2020[24] wurde in § 395 Abs. 1 die Angabe „184i und 184j“ ersetzt durch die Angabe „184i bis 184k“.

Übersicht

24 BGBl. I S. 2075.

Alphabetische Übersicht

I. Allgemeines

1 **1. Normstruktur.** Die Nebenklage erweist sich als stärkste prozessuale Stellung des Verletzten im Strafverfahren. Nach den **materiellen Maßgaben der** Vorschrift (**Absätze 1 bis 3**) steht sie grundsätzlich nur besonders privilegierten oder im Einzelfall besonders schutzwürdigen Verletzten zu (s. Vor § 395, Rn. 8 ff.). Eine hierdurch begründete Nebenklagebefugnis wird durch **Absatz 5** gegen **Verfahrensbeschränkungen** nach § 154a geschützt. Schließlich bestimmt **Absatz 4** für den **Zeitpunkt des Anschlusses**, dass dieser in jeder Lage des Verfahrens zulässig ist.

2 **2. Systematisches.** Die Begriffsbestimmung in § 373b findet keine Anwendung im Recht der Nebenklage (s. § 373b, 4). Die Vorschrift ist allerdings im Zusammenspiel mit § 406h zu lesen (s. Rn. 6). Bis zum Zeitpunkt der Wirksamkeit eines vor Anklageerhebung erklärten Anschlusses als Nebenkläger (vgl. § 396 Abs. 1 Satz 2) bestimmen sich die – im Vergleich zum sonstigen Verletzten (§§ 406 d ff.) – privilegierten Befugnisse des grundsätzlich zur Nebenklage Befugten nach § 406h. Dies gilt auch für das Verfahren nach Erhebung der öffentlichen Klage für denjenigen Nebenklagebefugten, der, namentlich aus etwaigen Kostenrisiken, den Anschluss als Nebenkläger nicht erklärt.[25] Der Verletzte ist auf seine Anschlussbefugnis und auf seine Befugnisse aus § 406h **hinzuweisen**, vgl. § 406i.

3 **3. Besondere Verfahrensarten.** Zum beschleunigten Verfahren vgl. § 396, 5, zum Strafbefehl § 396, 6. Zum jugendgerichtlichen Verfahren vgl. § 80 JGG und Vor § 395, 33.

4 **4. Kritik.** Die vom Bundesrat mit Recht ausgesprochene systemkonforme Empfehlung einer vollständigen Streichung der §§ 185 bis 189 StGB aus dem Recht der Nebenkla-

25 Vgl. auch *Bader* 44 f.

ge[26] wurde bedauerlicher Weise nicht erhört;[27] sie sind in **Absatz 3** weiter Gegenstand der Vorschrift, weil bei diesen Delikten typischerweise die Gefahr bestehe, dass Verantwortungsweisungen des Angeklagten durch den Verletzten abzuwehren seien (s. Rn. 59).[28] Verletzte der Beleidigungsdelikte sind nach geltendem Recht allerdings auch ohne eine Nebenklagebefugnis nicht rechtsschutzlos gestellt, denn ihnen stehen – wie jedem Verletzten – die Befugnisse aus §§ 406d ff. sowie – als Adhäsionskläger – auch ein Anwesenheitsrecht in der Hauptverhandlung zu (s. § 404, 13). Ob empirische Befunde die Aufnahme in den Absatz 3 rechtfertigen, ist nicht belegt. Solches mag denkbar sein, ist aber nicht wahrscheinlich. Auch **Absatz 1 Nr. 6** kann gestrichen werden; die auch hier – systemwidrig (vgl. Rn. 41) – privilegierten Verletzten sind mit Blick auf die maßgeblichen prozessualen Belastungen eines Strafverfahrens nicht schutzwürdig und erhalten zureichende prozessuale Befugnisse über §§ 406f ff. und §§ 404 ff. Zu weiteren Kritikpunkten s. etwa Vor § 395, 9, 11; Rn. 40, 54; § 397, 4.

II. Nebenklagebefugnis

1. Rechtswidrige Tat. Erforderlich, aber auch hinreichend, ist eine rechtswidrige Tat (§ 11 Abs. 1 Nr. 5 StGB). Eine schuldhafte Begehung ist nicht erforderlich. Denn ob der Täter schuldhaft gehandelt hat, kann erst im Verfahren festgestellt werden; bis zur Rechtskraft ist dies stets offen. Hat der Beschuldigte die rechtswidrige Tat im Zustand der **Schuldunfähigkeit** (§§ 19, 20, 71 Abs. 1 StGB) begangen (zum **Vollrausch** s. Rn. 29), ist keine öffentliche Klage, sondern das Sicherungsverfahren geboten (§§ 413 ff.; s. Rn. 6). Antragsdelikte (s. Rn. 13 ff.) sind rechtswidrige Taten, der Strafantrag ist allein eine Prozessvoraussetzung.[29] 5

2. Nebenklagebefugte. Zur Nebenklage, die auch im Sicherungsverfahren (§§ 413 ff.) zulässig ist,[30] sind seit der Neufassung von Absatz 3 durch das 2. OpferRRG **grundsätzlich sämtliche Verletzte aller rechtswidrigen Straftaten** berechtigt (Absätze 1 und 3) bzw. – eingeschränkter – deren engere Angehörige nach Absatz 2. Aus diesem Grund gibt es auch keine Delikte mehr, die nicht zur Nebenklage berechtigen, sondern nur solche, für die kein Anschluss nach § 396 Abs. 2 Satz 2 erwirkt wurde. Treffen die Voraussetzungen der Anschlussbefugnis **bei mehreren Personen** zu, sind sie sämtlich befugt, als Nebenkläger aufzutreten; dabei ist jeder unabhängig von den anderen (vgl. Rn. 47). Die Anschlussbefugnis des Verletzten geht bei dessen Tod nicht auf die Angehörigen über, sondern steht als höchstpersönliches Recht allein dem Verletzten selbst zu und erlischt (§ 402).[31] Wegen weiterer **Einzelheiten** vgl. die Erläuterungen zu § 396. 6

Zu differenzieren ist[32] zwischen den **privilegierten Verletzten** nach **Absatz 1 und 2** (s. Rn. 26 ff.; 45) und **sonstigen Verletzten,** die ihre Nebenklagebefugnis aus **Absatz 3** herleiten (hierzu Rn. 50). Während die Nebenklage nach Absatz 1 Verletzten (vgl. § 373b; Vorbem. 5. Buch, Rn. 8 ff., 18) der dort abschließend benannten rechtswidrigen Taten ohne weitere Voraussetzungen unmittelbar zusteht (Absatz 1, Rn. 26) und dies in glei- 7

26 BRDrucks. 178/09 S. 12.
27 Ebenso KK/*Walther* 14; *Celebi* ZRP **2009** 110.
28 BTDrucks. **16** 12812 S. 12.
29 BGHSt **31** 132, 133; Meyer-Goßner/*Schmitt* 5.
30 S. auch BGHSt **47** 202; krit. SK/*Velten* 25.
31 BGHSt **44** 97, 98; HK/*Weißer* 22.
32 *Weigend* spricht von Verletzten „erster und zweiter Klasse“, NJW **1987** 1175.

cher Weise nach Absatz 2 für nahe Angehörige eines durch eine rechtswidrige Tat Getöteten (Absatz 2 Nr. 1; Rn. 45 ff.) sowie solche Verletzten gilt, die erfolgreich ein Klageerzwingungsverfahren durchgeführt haben (Absatz 2 Nr. 2; Rn. 49), können **Verletzte von Nicht-Katalogtaten** ihre Nebenklagebefugnis aus **Absatz 3** nur unter **strengeren Voraussetzungen** geltend machen. Erforderlich ist in diesen Fällen stets, dass die Nebenklägerstellung zur Wahrnehmung der Verletzteninteressen im konkreten Einzelfall geboten erscheint und dies durch konstitutiven Gerichtsbeschluss (§ 396 Abs. 2 Satz 2; s. Rn. 51, 74; § 396, 24) für den Einzelfall festgestellt ist. Von der Nebenklagebefugnis ist die **Rechtsmittelbefugnis** des Nebenklägers abzugrenzen vgl. § 400, 1 ff. Zur Pflicht, den Verletzten auf seine Befugnis zur Nebenklage **hinzuweisen**, vgl. § 406i.

8 **3. Tatverdacht.** Maßgeblich für die Nebenklagebefugnis soll nach – hier nicht geteilter (s. Vor § 395, 20 ff.) – **herrschender Meinung** schon die **Möglichkeit** sein,[33] dass der Beschuldigte eine nebenklagefähige Katalogtat begangen, d.h. materiell-rechtlich verwirklicht hat.[34] Ohne Bedeutung soll deshalb sein, ob die Staatsanwaltschaft ihre rechtliche Beurteilung der verfahrensgegenständlichen prozessualen Tat (§ 264) auch auf das Nebenklagedelikt stützt oder dieses wenigstens in ihre Beurteilung einbezogen hat. Unerheblich ist demgemäß auch, ob das Nebenklagedelikt in der Anklage genannt wird, wenn nur eine Verurteilung wegen dieses Delikts in Betracht kommt.[35]

9 **a) Konkurrenzen und Anschlusserklärung.** Da mit dem OpferschutzG die Akzessorietät zur Privatklage aufgegeben und de lege lata grundsätzlich alle Delikte die Nebenklagebefugnis vermitteln (s. Rn. 50; Vor § 395, 17 ff.), kommt der **konkurrenzrechtlichen Bewertung** heute für die **Nebenklagebefugnis** nur eine eingeschränkte Bedeutung zu[36] (zur Bedeutung der konkurrenzrechtlichen Bewertung für die **Rechtsmittelbefugnis** des Nebenklägers s. § 400, 24):

10 **aa) Tatmehrheit.** Festzuhalten ist im Ausgangspunkt zunächst, dass sich bei Fehlen einer prozessualen Tatidentität, materiell-rechtlich also bei **Tatmehrheit** (§ 53 StGB), die Nebenklagebefugnis – und damit die Verfahrensstellung des Nebenklägers im gesamten Verfahren – allein auf das Nebenklagedelikt beschränkt.[37]

11 **bb) Tateinheit.** In Fällen von **Tateinheit** (§ 52 StGB) ist – anders als nach früherer Rechtslage[38] – für die Nebenklagebefugnis von Bedeutung, ob es sich bei den idealkonkurrierenden Delikten jeweils um Katalogtaten nach Absatz 1 handelt oder ob ein gerichtlicher Beschluss für die Nicht-Katalogtaten nach § 396 Abs. 2 Satz 2 erwirkt wurde.

33 BGH NStZ-RR **2008** 352; **2002** 340; bei *Becker* NStZ-RR **2002** 103; bei *Spiegel* DAR **1979** 188; RGSt **69** 246; LG Koblenz NJW **2004** 305.

34 BGHSt **33** 115; OLG Düsseldorf NStZ **1997** 204; OLG Bamberg MDR **1992** 69; OLG Brandenburg NStZ **2010** 654; Meyer-Goßner/*Schmitt* 4; HK-GS/*Rössner* 14; h.M.; **a.A.** (hinreichender Verdacht erforderlich) auch SK/*Velten* 13; HbStrVf/*Heghmanns* VI 109; *Altenhain* JZ **2001** 793.

35 Vgl. BGHSt **29** 218; BGH StV **1981** 535; OLG Düsseldorf NStZ **1997** 205; Meyer-Goßner/*Schmitt* 4; allg. M.

36 Vgl. zu den nach früherer Rechtslage diskutierten Einzelfällen etwa LR/*Hilger*[26] 12; SK/*Velten* 12.

37 BGH NJW **1956** 1607.

38 BGHSt **29** 216.

cc) Gesetzeskonkurrenz. Die Frage der Nebenklagebefugnis in Fällen der **Gesetzeskonkurrenz** dürfte sich heute[39] mit Blick darauf, dass sämtliche Delikte grundsätzlich zum Anschluss berechtigen, nicht mehr stellen. Auch diese Frage wäre aber in gleicher Weise zu beantworten: Maßgeblich wäre auch hier der Umfang der gerichtlichen Anschlussentscheidung nach § 396 Abs. 2 Satz 2 (s. Rn. 11). 12

b) Verfahrenshindernisse, die der Aburteilung entgegenstehen, schließen die Nebenklage aus.[40] Diese ist also nicht möglich, wenn z.B. die Strafklage verbraucht oder das Nebenklagedelikt verjährt ist[41] oder wenn seine Aburteilung durch besondere Regelungen des Auslieferungsrechts,[42] wegen Fehlens der Gerichtsbarkeit oder wegen Immunität ausgeschlossen ist. Die Neuordnung des Kreises der Nebenklagebefugten (Nebenklagedelikte) ändert nichts daran, dass bei Antragsdelikten grundsätzlich die Prozessvoraussetzung des wirksamen **Strafantrags** erfüllt sein muss. Der Antrag kann in der Anschlusserklärung liegen.[43] Für die Sachbehandlung ist zwischen **relativen und absoluten Antragsdelikten**[44] zu unterscheiden: 13

Kann die Tat nur auf Antrag des Verletzten verfolgt werden (**absolutes Antragsdelikt**), so ist dessen Strafantrag erforderlich.[45] 14

Nimmt die Staatsanwaltschaft bei **relativen Antragsdelikten** (vgl. z.B. § 230 Abs. 1 Satz 1 StGB) das Vorliegen eines „besonderen öffentlichen Interesses" an, so kann sich der Nebenklagebefugte trotz des Fehlens seines Strafantrags dem Verfahren anschließen.[46] Gleiches gilt, wenn der Strafantrag von anderer Seite, etwa dem Dienstvorgesetzten, wirksam gestellt worden ist.[47] Denn das neu konzipierte Recht der Nebenklage regelt nicht, dass die Anschlussbefugnis des Nebenklägers speziell davon abhängig ist, dass die Prozessvoraussetzung des wirksamen Strafantrags gerade durch einen eigenen Strafantrag des Nebenklägers erfüllt wird.[48] 15

Trifft das Antragsdelikt mit einem **Offizialdelikt** tateinheitlich zusammen (z.B. Körperverletzung und Raub), bedarf es für die Nebenklagebefugnis insoweit eines Strafantrags.[49] Die hiergegen zur früheren Rechtslage vorgebrachten Bedenken[50] überzeugen nicht; dies gilt insbesondere mit Rücksicht darauf, dass durch die Neufassung von Absatz 3 nunmehr grundsätzlich jedes Delikt nebenklagefähig ist und damit – bei Vorliegen 16

39 Zum früheren Recht BGHSt **13** 144.
40 Meyer-Goßner/*Schmitt* 3.
41 OLG Kiel SchlHA **1948** 145.
42 RGSt **66** 347.
43 BGHSt **33** 114; LR/*Erb* § 158, 40; *Hilger* JR **1991** 391; vgl. auch BayObLG NJW **1991** 1493 (bei nicht behebbaren Zweifeln, ob Strafantrag gestellt wurde, ist vom Fehlen auszugehen); OLG Düsseldorf VRS **92** (1997) 331 (zur Verneinung des öffentlichen Interesses an der Strafverfolgung durch Beschränkung).
44 Vgl. nur SSW-StGB/*Rosenau* § 77, 2.
45 OLG Frankfurt NJW **1991** 2036; Meyer-Goßner/*Schmitt* 5; SK/*Velten* 15; SSW/*Werner* 4.
46 Vgl. BGH NStZ **1992** 452; KG NStZ **1991** 148 mit Anm. *Wendisch*; OLG Nürnberg NJW **1991** 712; LG Tübingen NStZ **1988** 520 mit abl. Anm. *Pelchen*; LG Hamburg MDR **1992** 398; AG Höxter NJW **1990** 1126; AK/*Rössner* 15; HK/*Weißer* 24; KK/*Walther* 10; Meyer-Goßner/*Schmitt* 5; SK/*Velten* 15 f.; *Rieß* NStZ **1989** 102 ff.; *Engel* Streit **1987** 27; *Riegner* MDR **1989** 602; *Heidemeier* 255; **a.A.** LG Bremen StV **1988** 293; s. auch *Böttcher* JR **1987** 135.
47 Vgl. dazu KG NStZ-RR **2008** 198; AK/*Rössner* 15; HK/*Weißer* 24; SK/*Velten* 15, 16; Meyer-Goßner/*Schmitt* 5; *Rieß* NStZ **1989** 106 (bei Strafantrag des Dienstvorgesetzten); h.M.; **a.A.** LG Bremen StV **1988** 293.
48 Vgl. BGH NStZ **1992** 452.
49 SK/*Velten* 15, 16; *Rieß* NStZ **1989** 106; **a.A.** LR/*Hilger*[26] 22.
50 AK/*Rössner* 15.

der notwendigen prozessualen Schutzbedürftigkeit (s. Rn. 54 ff.) – zum Anschluss berechtigen kann.

17 Dies gilt auch bei **gleichartiger Tateinheit** (§ 52 StGB), selbst wenn ein anderer Verletzter Strafantrag gestellt hat und daraufhin die öffentliche Klage erhoben wird (z.B. Beleidigung durch Kollektivbezeichnung).[51] Denn eine Verurteilung wegen Verletzung des Nebenklageinteressierten, der keinen Strafantrag gestellt hat, ist rechtlich nicht möglich.[52] Dies ist namentlich bei der tateinheitlichen Verletzung höchstpersönlicher Rechtsgüter unter dogmatischen Gesichtspunkten zutreffend und gut vertretbar z.B. bei einer Kollektivbeleidigung einer nahezu unübersehbar großen Zahl von Personen oder bei einem vergleichbar gelagerten Fall zahlreicher Körperverletzungen (z.B. Unfall bei „Flugschau“). Dem können die von *Hilger*[53] – unter Hinweis auf Fälle eines faktisch bestehenden „Beteiligungsbedürfnisses“ – herausgearbeiteten teleologischen Gesichtspunkte nicht mit Erfolg entgegen gehalten werden. Der hierzu von *Hilger* gebildete Fall, in dem ein Angeklagter, der eine kleine Gruppe von Personen zuvor tateinheitlich beleidigt hat, sich darauf beruft, er sei von der ganzen Gruppe hierzu provoziert worden, wobei ein bestimmter Nebenklageberechtigter, der keinen Strafantrag gestellt hat, sich besonders hervorgetan habe, offenbart keine durchgreifende Rechtschutzlücke. Dies gilt gleichermaßen für die von *Hilger* angeführte Konstellation, in der der Angeklagte sich bei einer Kollektivbeleidigung auf den Wahrheitsbeweis oder die Wahrnehmung berechtigter Interessen oder bei einer tateinheitlichen Körperverletzung mehrerer Verletzter auf ein erhebliches Mitverschulden aller Verletzten beruft. Zwar wäre dieser Verletzte namentlich ohne die Befugnisse nach § 397 Abs. 1 in seinen Möglichkeiten zur Abwehr dieser ihn speziell treffenden Vorwürfe im Strafverfahren eingeschränkt und müsste sich im Wesentlichen darauf verlassen, dass jedenfalls die Staatsanwaltschaft und zugelassene Nebenkläger auch seine Interessen sachgerecht wahren. Da er sich aber in Kenntnis der ihm durch § 406i Abs. 1 Nr. 1 und 2 bekannt gemachten prozessualen Befugnisse gegen eine Ausübung seiner prozessualen Befugnisse entschieden und mithin über seine Mitwirkungs- und auch Abwehrrechte insoweit disponiert hat, sind diese tatsächlichen Auswirkungen seiner Untätigkeit innerhalb der Antragsfrist auf seine Nebenklagebefugnis hinzunehmen. Diese Untätigkeit stellt ihn – entgegen *Hilger*[54] – auch mit Blick auf drohende nachteilige Folgen des zu erwartenden (s. Rn. 59) Verteidigungsverhaltens (etwa für den Ruf des Verletzten in der Öffentlichkeit) nicht prozessual wehrlos.[55] Er kann sich in den angesprochenen besonderen Ausnahmefällen jederzeit dem Verfahren noch als Adhäsionskläger anschließen, einer Hauptverhandlung beiwohnen und hier von seinem Äußerungsrecht – etwa auch im Rahmen von § 69 Abs. 2 Satz 2 – Gebrauch machen (vgl. § 404, 15).

18 **4. Prozessfähigkeit.** Der Nebenkläger muss zweifelsfrei existent[56] sowie prozessfähig[57] oder durch einen Prozessfähigen gesetzlich vertreten sein. Liegen die Voraussetzungen der Anschlussbefugnis bei einem Prozessunfähigen vor, kann nur er selbst, ver-

---

51 OLG Frankfurt JR **1991** 390 mit krit. Anm. *Hilger*; HK/*Weißer* 24; KK/*Walther* 10; Meyer-Goßner/*Schmitt* 5; SK/*Velten* 15 f.; zweifelnd hingegen *Rieß* NStZ **1989** 106.
52 OLG Frankfurt JR **1991** 390; HK/*Weißer* 24; *Rieß* NStZ **1989** 106.
53 LR/*Hilger*[26] 21; *ders.* JR **1991** 391; s. auch SK/*Velten* 15, 16; *Rieß* NStZ **1989** 106.
54 LR/*Hilger*[26] 21.
55 *Hilger* JR **1991** 392.
56 Vgl. BGH NStZ **2009** 174 (auch zur Überzeugungspflicht des Gerichts).
57 Vgl. KG NStZ-RR **2011** 21; ferner BGHR § 401 Abs. 1 Satz 1 Zulässigkeit 3; h.M., vgl. nur SK/*Velten* 6; KMR/*Kulhanek* 5; BeckOK/*Weiner* 28.

treten durch seinen gesetzlichen Vertreter, als Nebenkläger zugelassen werden.[58] Die **Vertretung** bei der Anschlusserklärung nach § 396 steht demjenigen zu, der das **Personensorgerecht** hat (s. § 396, 3).[59] Fristgebundene Prozesshandlungen, die ein Prozessunfähiger fristgerecht vorgenommen hat, kann der gesetzliche Vertreter nach Fristablauf nicht mehr rechtswirksam genehmigen.[60]

a) Gegenansicht. Die Auffassung,[61] die Prozessfähigkeit sei unter Berücksichtigung der Interessen verletzter Minderjähriger insoweit keine geeignete Voraussetzung der Nebenklageerhebung, das verletzte Kind müsse es – unabhängig von seiner Verstandesreife – ablehnen können, dass die Eltern Nebenklage erheben, umgekehrt müsse es – bei entsprechender Verstandesreife – selbst die Anschlusserklärung abgeben können, hat zwar gute Gründe für sich, kann insbesondere im Einzelfall zu sachgerechten Entscheidungen führen, namentlich Zweckentfremdungen der Nebenklage vorbeugen; die Lösung ist aber letztlich mit Blick auf ansonsten entstehenden Widersprüche zu den formalen Voraussetzungen eines Strafantrags (§ 77 Abs. 3 StGB) und auf den Umstand, dass dem Reformgesetzgeber bei der Neuordnung des Nebenklagerechts die auf reichsgerichtliche Entscheidungen[62] zurückgehende ständige höchstrichterliche Rspr. bekannt war, abzulehnen.[63] Überdies führte die Gegenansicht zu unvertretbaren Belastungen der Praxis und zu Verfahrensverzögerungen.[64] 19

b) Eltern als Angeschuldigte. Ist der angeschuldigte Elterteil **alleinsorgeberechtigt**, ist ein Ergänzungspfleger unverzüglich zu bestellen.[65] Wird das Verfahren bei **gemeinsamem Sorgerecht** allerdings nur gegen **einen Elternteil** geführt, bestimmt sich die Vertretung eines Kindes bei der Entscheidung über den Anschluss als Nebenkläger – mangels einer § 52 Abs. 2 Satz 2 vergleichbaren Regelung – nach den allgemeinen Bestimmungen von § 1629 Abs. 2 Satz 1 und 3 BGB i.V.m. §§ 1795, 1796 BGB.[66] Erforderlich ist hiernach zunächst eine auf die hier inmitten stehende Frage beschränkte gerichtliche **Entziehung der Vertretungsbefugnis** für den angeschuldigten Elternteil nach § 1629 Abs. 2 Satz 3, 1796 BGB.[67] Der notwendige konkrete Interessengegensatz wird zwischen Kind und angeschuldigtem Elternteil regelmäßig gegeben sein,[68] selbst in dem Fall, in dem das Kind keine Verurteilung anstrebt.[69] Ob auch dem weiteren Elternteil die Vertretungsbefugnis insoweit zu entziehen und in diesem Fall eine Ergänzungspflegschaft einzurichten ist (§ 1909 BGB),[70] bedarf der **sorgfältigen Prüfung der Umstände des Ein-** 20

---

58 RGSt **37** 63; BayObLGSt **1956** 254; OLG Oldenburg NJW **1956** 682; *Eb. Schmidt* 3; Meyer-Goßner/*Schmitt* Vor § 395, 7.
59 Vgl. BGH NStZ-RR **2022** 123; OLG Hamm VRS **13** (1957) 212.
60 BayObLG NJW **1956** 681; OLG Hamm JMBlNW **1963** 112.
61 Vgl. *Eisenberg* GA **1998** 32 ff.; HK-GK/*Rössner* 9.
62 Vgl. etwa RGSt **37** 63.
63 Hierauf weist zu Recht hin KG NStZ-RR **2011** 21.
64 So bereits *Hilger*[26] 28.
65 **A.A.** BeckOK/*Weiner* 28.
66 Vgl. OLG Bamberg NZFam **2020** 816 mit Anm. *Eisenberg*; OLG Brandenburg FamRZ **2020** 382; OLG Frankfurt FamRZ **2009** 1227; OLG Stuttgart Justiz **1999** 348; BeckOK/*Weiner* 28.
67 OLG Bamberg NZFam **2020** 816.
68 *Cirullies/Cirullies* FamRB **2021** 79.
69 Vgl. hierzu BGH BeckRS **2020** 24909.
70 Vgl. – zu § 52 Abs. Satz 2 – BGH FamRZ **2020** 1197.

zelfalls.[71] Liegen die Gründe auch für die Entziehung der Vertretungsbefugnis für den nicht angeschuldigten Elternteil nicht klar zu tage,[72] bedarf es hierzu regelmäßig der gerichtlichen Anhörung (§ 159 Abs. 2 FamFG).[73] Dies gilt insbesondere in Fällen nicht auszuschließender eigensüchtiger Motive des nicht angeschuldigten Elternteils[74] oder sexueller (häuslicher) Gewalt zum Nachteil eines Kindes, die vom nicht angeschuldigten Elternteil eine nicht nur unbedeutende Zeitspanne lang jedenfalls geduldet wurde. Vor diesem Hintergrund ist kein Raum für die – von der **Gegenansicht**[75] befürwortete – entsprechende Anwendung von § 1795 Abs. 1 Nr. 1 und 3 BGB und der damit stets erforderlichen Bestellung eines **Ergänzungspflegers** für den Aufgabenkreis „Entscheidung des Kindes über den Anschluss als Nebenkläger".[76]

21 **c) Betreuung.** Die Abgabe einer Anschlusserklärung als Ausübung höchstpersönlicher Rechte des Verletzten fällt nicht unter die Aufgabenkreise Gesundheitsfürsorge, Aufenthaltsbestimmung und Vermögenssorge eines bestellten **Betreuers**, sondern bedarf grundsätzlich einer gesonderten Übertragung durch das Betreuungsgericht.[77]

22 **d) Doppelstellung des Verletzten.** Die Anschlussbefugnis wird weder dadurch aufgehoben, dass der **Nebenkläger als Zeuge** (vgl. § 397 Abs. 1 Satz 1) oder als **Sachverständiger**[78] vernommen worden ist noch dadurch, dass er in demselben Verfahren Mitangeklagter ist (s. Rn. 23).[79] Er kann auch nach seinem Anschluss als Zeuge vernommen und gegebenenfalls vereidigt werden;[80] gleichwohl darf er an der Hauptverhandlung von Anfang an teilnehmen (§ 397 Abs. 1 Satz 1; s. allerdings hierzu auch § 397, 7 ff.).[81]

23 **e) Teilnehmer.** Ist der Berechtigte als Mitangeklagter in das Verfahren einbezogen, schließt das seine Befugnis zum Anschluss zwar nicht aus (s. Rn. 22).[82] Bei Verkehrsunfällen, die von mehreren Beteiligten verursacht wurden und bei denen mehrere Beteiligte verletzt sind, können deshalb (theoretisch) alle Angeklagten oder ein Teil von ihnen Nebenkläger sein. Dagegen kann aber niemand Nebenkläger hinsichtlich einer Tat sein, an der er selbst als Mittäter (§ 25 Abs. 2 StGB), Anstifter (§ 26 StGB) oder als Gehilfe (§ 27 StGB) teilgenommen hat,[83] auch nicht gegenüber einem anderen Teilnehmer.[84]

24 **5. Anschlussbefugnis bei verteidigender Nebenklage.** Der Verletzte kann sich der öffentlichen Klage als Nebenkläger jedenfalls in den Fällen des § 395 Abs. 3, § 396 Abs. 2

71 Vgl. *Eisenberg* NZFam **2020** 819; *Dürbeck* ZKJ **2020** 314; zu pauschal insoweit OLG Bamberg NZFam **2020** 816 mit insoweit zu Recht abl. Anm. *Eisenberg*.
72 Vgl. Konstellation von BGH FamRZ **2020** 1197.
73 Vgl. *Hammer* FamRZ **2020** 1382.
74 *Cirullies/Cirullies* FamRB **2020** 224.
75 OLG Stuttgart Justiz **1999** 348; LR/*Hilger*[26] 28; KK/*Walther* 2; s. auch OLG Düsseldorf NStZ-RR **2001** 303 (§§ 397a, 406g – Ergänzungspfleger).
76 Vgl. nur Staudinger/*Coester* § 1629, 197; OLG Frankfurt FamRZ **2009** 1227.
77 BGH NStZ-RR **2020** 91; Meyer-Goßner/*Schmitt* § 396, 3.
78 BGH v. 24.9.1953 – 3 StR 929/52.
79 RGSt **22** 241.
80 Meyer-Goßner/*Schmitt* Vor § 395, 10; allg. M.
81 BGH VRS **48** (1975) 18.
82 BGH NJW **1978** 330; StraFo **2005** 427; *Gollwitzer* FS Schäfer 68; *Heidemeier* 273; s. auch *Altenhain* JZ **2001** 794; allg. M.
83 BGH NJW **1978** 330; MüKo/*Valerius* 36; allg. M.
84 BGH bei *Spiegel* DAR **1978** 154.

nicht mit der Begründung anschließen, er erstrebe einen Freispruch des Angeklagten; anderes gilt für die Katalogtaten nach § 395 Abs. 1 und 2, § 396 Abs. 2 Satz 1 (s. Vor § 395, 29 ff.).[85]

6. Rücknahme, Zurückweisung, Einstellung der Privatklage. Die Nebenklagebefugnis ist von dem Betreiben oder Ausgang des Privatklageverfahrens nach geltender Rechtslage unabhängig (s. Erl. Vor § 395, 8 ff.). Hat ein Privatklageberechtigter seine Privatklage **zurückgenommen** oder gilt sie nach § 391 Abs. 2 als zurückgenommen, steht das dem Anschluss im Hinblick auf die neue Funktion der Nebenklage nicht entgegen; denn wenn es zum Offizialverfahren kommt (vgl. § 392, 2), muss sich der Verletzte auch gegen Schuldzuweisungen (vgl. Rn. 59) wehren können. Dies gilt natürlich nicht, wenn die Rücknahme einen Verzicht auch auf die Nebenklagebefugnis (Rn. 75) beinhaltet. Beinhaltet sie nur die Rücknahme des Strafantrags (§ 391, 1), so ist das Offizialverfahren (mit Nebenklagebefugnis) ohnehin nur zulässig, wenn ein ersetzender Strafantrag vorliegt oder die Staatsanwaltschaft das besondere öffentliche Interesse bejaht (Rn. 13 ff.). Hat das Gericht die Privatklage wegen Tateinheit oder Gesetzeskonkurrenz des Privatklagevergehens mit einem Offizialdelikt nach § 383 Abs. 1 **zurückgewiesen** oder hat es das Privatklageverfahren aus dem gleichen Grund nach § 389 Abs. 1 **eingestellt**, so hindern diese Entscheidungen die Nebenklage ebenfalls nicht. Daraus ist zu folgern, dass der Anschluss auch möglich bleibt, wenn der Privatkläger mit der Rücknahme nur einer Zurückweisung nach § 383 Abs. 1 oder einer Einstellung nach § 389 Abs. 1 zuvorkommen wollte. 25

III. Recht auf Nebenklage nach Absatz 1

1. Allgemeines. Durch Absatz 1 werden die Voraussetzungen für den Anschluss der privilegierten Verletzten als Nebenkläger bestimmt. Die Begriffsbestimmung in § 373b Abs. 1 findet im Recht der Nebenklage keine Anwendung (s. § 373b, 4). Erfasst werden vom **abschließenden gesetzlichen Katalog** insbesondere Verletzte, die durch den Eingriff in höchstpersönliche Rechtsgüter (vgl. Absatz 1 Nr. 1 bis 4) besonders betroffen sind und im Verfahren einer gesicherten Stellung bedürfen, weil sie sich typischerweise gegen Verantwortungs- und Schuldzuweisungen sowie Kränkungen verteidigen müssen (s. Rn. 59).[86] Diese sind ohne weitere Anforderungen – etwa an die prozessuale Schutzwürdigkeit (s. Absatz 3, Rn. 56 f.) – **uneingeschränkt** zur Nebenklage befugt. Vorausgesetzt wird jeweils allerdings, dass der Verletzte lebt. Bestehen an der Existenz des Anschlusserklärenden Zweifel, so gilt nicht der Zweifelsgrundsatz; das Gericht hat sich im Wege des Freibeweises von dessen Existenz zu überzeugen. Anderenfalls liegt eine wirksame Anschlusserklärung nicht vor.[87] Die Nebenklagebefugnis nach **Absatz 1 Nr. 6** erweist sich in diesem Katalog als **Fremdkörper** (s. Rn. 40 f.).[88] 26

2. Reichweite der Katalogtaten

a) Täterschaft und Teilnahme (§§ 25 ff. StGB). Die Teilnahme an einem Katalogtatbestand reicht zur Begründung der Nebenklagebefugnis aus,[89] nicht aber schon die 27

---

85 Meyer-Goßner/*Schmitt* 1; offen gelassen von BGH NStZ **2020** 745.
86 Vgl. *Böttcher* JR **1987** 135; *Rieß* Jura **1987** 287; *Altenhain* JZ **2001** 791.
87 BGH NStZ **2009** 174.
88 Vgl. nur BGH NJW **2012** 2601; MüKo/*Valerius* 48; h.M.
89 BGH StV **2006** 351; Meyer-Goßner/*Schmitt* 3; allg. M.

Nichtanzeige nach § 138 Abs. 1 Nr. 6 bis 9, Abs. 2 StGB, auch nicht der Abbruch der Schwangerschaft (§ 218 StGB).[90]

28 **b) Versuch und Vorbereitungshandlungen.** Der strafbare Versuch einer Katalogtat nach Absatz 1 berechtigt zur Nebenklage (s. auch Rn. 31). Strafbare Formen der **Vorbereitungshandlung** nach **§ 30 StGB** sollen nach wohl h.M. indes nicht zur Nebenklage berechtigen.[91] Dies folgt in den Fällen des Absatzes 1 Nr. 2 schon aus dem eindeutigen Gesetzeswortlaut.[92] Für die übrigen Katalogtaten fehle es an einem unmittelbar gegen einen Verletzten gerichteten Angriff. Damit bestehe in der Regel auch keine Notwendigkeit, einem Verletzten eine „Schutzposition" einzuräumen.[93] Diese Rechtsansicht erscheint zwar nicht zwingend (s. **dagegen** § 373b, Rn. 22). Den rechtspraktisch seltenen Fällen des § 30 StGB kann nach geltender Rechtslage aber zumindest durch Absatz 3 Rechnung getragen werden,[94] was freilich eine ausdrückliche Anschlusserklärung bezogen auch auf § 30 StGB voraussetzt (§ 396 Abs. 2 Satz 2). Gerade bei verabredeten Tötungsverbrechen dürfte die dann freilich kumulativ erforderliche (s. Rn. 54 ff.) prozessuale Schutzbedürftigkeit im Einzelfall nicht fernliegen.

29 **c) Vollrausch (§ 323a StGB).** Zwar ist der Tatbestand des Vollrauschs keine zum Anschluss als Nebenkläger berechtigende Tat. Die Strafvorschrift schützt nämlich nicht das im Rausch verletzte Individualrechtsgut, sondern soll die Allgemeinheit vor rauschbedingten Ausschreitungen bewahren.[95] Die im Rausch begangene Tat gehört nicht zum Tatbestand, sondern erweist sich als objektive Bedingung der Strafbarkeit,[96] sodass auch ein Anschluss nach Absatz 3 wegen Vollrauschs nicht statthaft ist. Der Verletzte einer Straftat gemäß § 323a StGB ist allerdings dann nebenklagebefugt,[97] wenn durch die im Rausch begangene „rechtswidrige Tat" (§ 11 Abs. 1 Nr. 5 StGB) ein grundsätzlich nebenklagefähiger Tatbestand rechtswidrig verwirklicht worden ist.[98] Es liegt nämlich dem Wortlaut des § 395 entsprechend eine Verletzung durch eine rechtswidrige Tat vor; die Schuldfrage ist in der Hauptverhandlung zu klären.

30 **3. Tateinheit mit Nicht-Katalogtaten.** Auf eine mit der den Anschluss als Nebenkläger unmittelbar berechtigenden Katalogtat idealkonkurriende Nicht-Katalogtat (§ 52 StGB; s. Rn. 9 ff.), ersteckt sich die durch § 395 Abs. 1 vermittelte Nebenklagebefugnis nicht.[99] Die Verfahrensstellung des Nebenklägers und seine Rechtsmittelbefugnis (§ 400; s. § 400 Rn. 18) beschränken sich auf dieses Delikt. Um diesen Rechtskreis zu erweitern, hat er neben seiner Anschlusserklärung nach § 395 Abs. 1, § 396 Abs. 2 Satz 1, die insoweit unmittelbar seine Rechtsstellung als Nebenkläger bewirkt, eine gerichtliche Entscheidung über ein etwaiges hiermit in Tateinheit stehendes weiteres Delikt nach § 395 Abs. 3, § 396 Abs. 2 Satz 2 herbeizuführen.

90 AK/*Rössner* 20; **a.A.** *Eb. Schmidt* 9.

91 Vgl. BGH BeckRS **2010** 145290; OLG Stuttgart NStZ **1990** 298; Meyer-Goßner/*Schmitt* 3; HK-GS/*Rössner* 13; **a.A.** *Leibinger* FS Triffterer 482; SK/*Velten* 10.

92 OLG Stuttgart NStZ **1990** 298; SK/*Velten* 11; MüKo/*Valerius* 51; allg. M.

93 **A.A.** wohl *Leibinger* FS Triffterer 483.

94 Zutreffend OLG Koblenz NStZ **2012** 655.

95 BGHSt **16** 124, 128.

96 BGH NStZ-RR **2019** 353.

97 BGH NStZ-RR **1998** 305; OLG Bamberg MDR **1992** 69; LG Stuttgart NJW **1990** 1126; *Bandemer* JurBüro **1993** 193; h.M.; **a.A.** LG Bayreuth StV **1991** 555.

98 Zu § 395 Abs. 1 ausdrücklich BGH NStZ-RR **2019** 353; Meyer-Goßner/*Schmitt* 3.

99 **A.A.** *Hilger*[26] 19.

4. Katalogtaten

a) Straftaten gegen die sexuelle Selbstbestimmung (Nummer 1). Der Katalog umfasst die Nebenklageberechtigung der durch die abschließend benannten Sexualdelikte Verletzten. Nach einhelliger Auffassung[100] genügt auch hier die Verwirklichung des strafbaren **Tatversuchs** (s. Rn. 28). Das lässt sich zwar nicht ohne weiteres dem Wortlaut der Vorschrift entnehmen; dieser („verletzt ist") und eine streng systematische Betrachtung (vgl. Absatz 1 Nr. 2) könnten sogar dagegen sprechen.[101] Die Lösung entspricht jedoch (teleologisch) dem wesentlichen Zweck der Nebenklage (Schutz- und Abwehrfunktion; Rn. 2).[102] Verletzer ist der Träger des Rechts auf sexuelle Selbstbestimmung; nicht etwa die Eltern.[103] 31

b) Straftaten gegen das Leben (Nummer 2). Zur Nebenklage berechtigt sind hiernach Tatopfer eines versuchten Mordes und eines versuchten Totschlags (s. Rn. 28). Die Vorstufe nach § 30 StGB reicht schon nach dem Wortlaut hier nicht aus (s. Rn. 28). 32

c) Straftaten gegen die körperliche Unversehrtheit (Nummer 3). Der Katalog umfasst die Nebenklageberechtigung der durch die abschließend benannten Aussetzungs- und vorsätzlichen Körperverletzungsdelikte Verletzten. Steht allein eine fahrlässige Körperverletzung inmitten, kann die Nebenklagebefugnis nur unter den Voraussetzungen von Absatz 3 geltend gemacht werden. 33

d) Straftaten gegen die persönliche Freiheit (Nummer 4). Von den abschließend benannten (organisierten) Ausbeutungsdelikten und Straftaten gegen die Freiheit und die Freiheit der Willensentschließung besteht Erörterungsbedarf allein im Hinblick auf die aus § 240 Abs. 4 StGB abzuleitende Nebenklageberechtigung. 34

aa) vertypte Strafschärfungsgründe. Die Nötigung kann in den in § 240 Abs. 4 Satz 2 StGB **ausdrücklich benannten besonders schweren Fällen** zur Nebenklage berechtigen.[104] Die Aufnahme des Regelbeispiels nach § 240 Abs. 4 Satz 2 Nr. 1 StGB geht zurück auf eine Gesetzesinitiative des Bundesrates, der hiermit eine verbesserte Rechtsstellung der Opfer von Zwangsverheiratung[105] und von sexuellen Handlungen erstrebte.[106] Über dieses urspünglich begrenzte Gesetzesvorhaben hinaus erweiterte der Reformgesetzgeber die Nebenklagebefugnis auf sämtliche benannte Regelbeispiele des § 240 Abs. 4 Satz 2 StGB und begründete dies mit dem jeweils gegenüber dem Grundtatbestand gesteigerten Unrecht, das für die „Lebensführung" und den „höchstpersönlichen Lebensbereich" der Tatopfer von vergleichbarer Schwere ist und und zu „besonders nachhaltigen Verunsicherungen führen" kann.[107] 35

bb) unvertypte Strafschärfungsgründe. Dies gilt hingegen nicht für die **unbenannten besonders schweren Fälle** des § 240 Abs. 4 Satz 1 StGB. Zwar verhalten sich 36

100 Vgl. AK/*Rössner* 6.
101 AK/*Rössner* 6.
102 AK/*Rössner* 7.
103 MüKo/*Valerius* 50.
104 *Barton* StRR **2009** 404, 405; *ders.* JA **2009** 753, 754.
105 Hierzu *Letzgus* FPR **2011** 451 ff.
106 BTDrucks. **16** 9448 S. 30; vgl. bereits *Lehmann* NStZ **2002** 353, 356.
107 BTDrucks. **16** 12098 S. 30.

die Gesetzesmaterialien nicht ausdrücklich zu der Frage, ob auch diese eine Nebenklagebefugnis nach § 395 Abs. 1 konstituieren. Auch dem Gesetzeswortlaut ist eine ausdrückliche Begrenzung auf die benannten Regelbeispiele nicht zu entnehmen. Vor diesem Hintergrund ist es scheinbar konsequent, bei besonders schweren Fällen der Nötigung stets eine Nebenklagebefugnis nach § 395 Abs. 1 anzunehmen.[108] Dem kann aber **nicht gefolgt** werden. Denn die unbenannten Regelbeispiele sind nicht geeignet, dieselben Rechtswirkungen wie die ausdrücklich benannten Straftatbestände nach § 395 Abs. 1 Nr. 1 bis 3, 5 und 6 oder wie die benannten besonders schweren Fälle (§ 395 Abs. 1 Nr. 4 i.V.m. § 396 Abs. 2 Satz 1) zu vermitteln.[109] Dem liegen folgende Erwägungen zugrunde:

37 Nach der heute überwiegenden, auch **hier vertretenen Auffassung**,[110] erweist sich die Anschlusserklärung nach § 396 Abs. 1 und Abs. 2 Satz 1 als prozessuale Bewirkungshandlung (s. § 396, 7 ff.).[111] Bei Vorliegen aller erforderlichen Voraussetzungen, namentlich einer Zugehörigkeit zum berechtigten Personenkreis[112] und einer wirksamen Prozesserklärung,[113] vermittelt bereits die Anschlusserklärung des nebenklageberechtigten Verletzten dessen Rechtsstellung als Nebenkläger, sofern die Verurteilung des Angeklagten wegen einer Katalogtat nach dem von der Anklage erfassten Sachverhalt (§ 264) möglich erscheint[114] bzw. der Angeschuldigte – nach der hier vertretenen Auffassung (s. Vor § 395, 17 ff., 21) – des vom Verletzten mit der Anschlusserklärung geltend gemachten Delikts hinreichend verdächtig ist. Einer gerichtlichen Entscheidung nach § 396 Abs. 2 Satz 1 kommt in diesen Fällen allein deklaratorische Wirkung zu (s. § 396, 7 ff.). Dieser begrenzte materielle Prüfungsumfang wird durch die mit dem 2. OpferRRG erstmals erfolgte Aufnahme eines ausschließlichen Regeltatbestands in den Katalog des § 395 Abs. 1 erweitert.[115] Zu prüfen ist in diesen Fällen nämlich über die Verurteilungsmöglichkeit hinaus, ob der Fall nach Gewicht von Unrecht und Schuld vom Durchschnitt vorkommender Fälle derart abweicht, dass die Anwendung des Ausnahmestrafrahmens geboten ist.[116] Dieser gerichtliche Wertungsakt mag bei den benannten besonders schweren Fällen mit Blick auf die durch sie vermittelte gesetzliche Vermutung und die dadurch allein veranlasste Prüfung auf atypische Fallkonstellationen hin noch begrenzt sowie wegen der ihnen zugeschriebenen Tatbestandsähnlichkeit[117] als Gegenstand einer Bewirkungshandlung noch vertretbar sein. Das gilt allerdings nicht in gleichem Maße für die unbenannten Fälle. Hier fehlt es an einer **gesetzlichen Vermutungsregel** und eindeutigen gesetzlichen Anhaltspunkten für das Gewicht von Schuld und Unrecht, sodass ausschlaggebend allein eine gerichtliche Gesamtwürdigung von Tat und Täter ist.

---

108 HK/*Weißer* 26.

109 Ebenso OLG Hamburg BeckRS **2021** 478; *Barton* JA **2009** 754; **a.A.** HK/*Weißer* 26; MüKo/*Valerius* 54; offen gelassen von KG BeckRS **2020** 14759.

110 Ebenso bereits *Hilger*[26] 12 ff., 15.

111 Vgl. allgemein zur Differenzierung prozessualer Be- und Erwirkungshandlungen Einl. K 13 ff.; *Eb. Schmidt* I 213 ff.

112 Unzureichend hierfür soll nach OLG Rostock NStZ **2013** 126 ein vom möglichen Verletzten erstrebter Freispruch des Angeklagten sein.

113 Vgl. zur erforderlichen Prozessfähigkeit Rn. 18 ff. sowie KG NStZ-RR **2011** 22.

114 Vgl. zuletzt nur BGH NStZ-RR **2008** 352, 353; BeckRS **2011** 16369; OLG Brandenburg NStZ **2010** 654, 655 m.w.N.

115 Zuvor enthielt im Kernstrafrecht allein die Verweisungsnorm des § 177 StGB a.F. (sexuelle Nötigung, Vergewaltigung) in seinem Absatz 2 einen – unbenannten – besonders schweren Fall, vgl. *Rieß* GA **2007** 377, 387.

116 Vgl. BGHSt **28** 318, 319; ferner nur *Fischer* § 46, 88 StGB.

117 Vgl. BTDrucks. **13** 7164 S. 42; BGHSt **33** 370, 374.

Dies zugrunde gelegt, bewirkt die **Anschlusserklärung** für sich in diesen Fällen die Rechtsstellung als Nebenkläger noch nicht; sie erwirkt vielmehr über die Prüfung der vorgenannten formellen Umstände und der Verurteilungsmöglichkeit hinaus die gerichtliche Gesamtwürdigung von Tat und Täter (s. § 396, 24 ff.). Der Begründung einer Anschlusserklärung des möglichen Verletzten kann sie nicht überlassen werden. Normsystematisch ist die Nebenklagebefugnis wegen eines unbenannten besonders schweren Falles daher nicht in § 395 Abs. 1, sondern vielmehr in **§ 395 Abs. 3 zu verorten.**[118] Dass auch der Gesetzgeber dieses Ergebnis naheliegend im Blick hatte und durch die Aufnahme unbenannter besonders schwerer Fälle in den Katalog des § 395 Abs. 1 nicht etwa einen Strukturbruch zwischen Bewirkungs- und Erwirkungshandlungen nach § 395 Abs. 1 bzw. § 395 Abs. 3 bezweckte oder auch nur in Kauf nahm, legen schließlich auch die Gesetzgebungsmaterialien nahe.[119] Diese behandeln ausdrücklich die bewusste Aufnahme der Regelbeispiele, schweigen indes zu den unbenannten besonders schweren Fällen. Ungeachtet erhobener gewichtiger Einwände gegen die Gesetzgebungstechnik der Regelbeispiele[120] sowie gegen die tatbestandliche Weite des § 240 Abs. 4 Satz 1 StGB[121] vermag auch dieses Auslegungsergebnis nicht zu verdecken, dass die Aufnahme gerade der unbenannten besonders schweren Fälle des § 240 Abs. 4 Satz 1 StGB problematisch und wenig praxistauglich ist. Sie sollte überdacht werden. 38

e) Gewaltschutzgesetz (Nummer 5). Für die Nebenklageberechtigung genügt bereits die einmalige Zuwiderhandlung gegen eine – vollstreckbare – Anordnung nach § 4 GewSchG.[122] Mit Blick auf die – gerade in Konstellationen **häuslicher Gewalt** (vgl. 20; Vor § 373b, 27 ff., 31) – bestehende besondere Schutzbedürftigkeit der Verletzten einer solchen Zuwiderhandlung bestehen keine regelungssytematischen Bedenken gegen die Aufnahme dieser Vorschrift in den Katalog zwingend zur Nebenklage berechtigender Delikte in Absatz 1. 39

f) Gewerbliche Schutzrechte (Nummer 6). Rechtswidrig verletzte gewerbliche Schutzrechte, überwiegend **Wirtschaftsstrafen** (vgl. § 74c GVG; zu weiteren Wirtschaftsstraftaten s. Rn. 60 ff.), berechtigen nach der Neufassung in erweitertem Umfang zur Nebenklage.[123] 40

Die Vorschrift wird mit Recht einhellig im strafprozessualen Schrifttum[124] und in der Rechtsprechung[125] als unvereinbar mit den Grundgedanken der Nebenklage **kritisiert.** Es fehlt bei diesen Delikten schon an einer – ansonsten in Absatz 1 systematisch vorausgesetzten – Verletzung **höchstpersönlicher Rechtsgüter**. Überdies knüpft Absatz 1 nach dem ausdrücklichen Willen des Gesetzgebers maßgeblich an die **Schutzbedürftigkeit** der durch schwerwiegende Straftaten gegen höchstpersönliche Rechtsgüter Verletz- 41

118 Barton StRR **2009** 404.
119 Barton StRR **2009** 404, 405.
120 *Rieß* GA **2007** 377 ff.
121 *Fischer* § 240, 58a und § 46, 96 f. StGB.
122 Vgl. MüKo/Valerius 54.
123 Vgl. OLG Jena NJW **2012** 547 zur fehlenden Nebenklagebefugnis des Insolvenzverwalters mangels Inhaberschaft der durch die Tat möglicherweise betroffenen gewerblichen Schutzrechte.
124 Meyer-Goßner/*Schmitt* 6; MüKo/*Valerius* 49; HK/*Weißer* 27; SSW/*Werner* 1; *Ferber* NJW **2004** 2562, 2563; *Rieß* FS Jung 751, 757.
125 BGH NJW **2012** 2601.

ten an.[126] Mit der Aufnahme von gewerblichen Schutzrechten werden hingegen erkennbar allein wirtschaftliche Verletzteninteressen geschützt.[127]

42 Dieser **Kritik** wurde im Gesetzesentwurf zum 2. OpferRRG zunächst Rechnung getragen; der § 395 Abs. 2 Nr. 2 a.F. sollte entfallen, weil dieser „die überholte Verbindung von Privatklage und Nebenklage fortsetzt" und Verstöße gegen gewerbliche Schutzrechte keine schwerwiegenden Aggressionsdelikte darstellten.[128] Auf „scharfen Protest der Interessenverbände"[129] und entsprechende Empfehlung des Rechtsausschusses des Deutschen Bundestages hin fanden die gewerblichen Schutzrechte inhaltlich gleichwohl unverändert Eingang in die gesetzliche Neufassung.[130] Eine über diesen Hinweis auf erfolgreiche Arbeit der Interessenverbände hinausgehende, dogmatische Begründung ist den Gesetzesmaterialien nicht zu entnehmen. Der Rechtsausschuss beschränkte sich vielmehr auf den Hinweis, dass seiner Beschlussempfehlung – nicht näher ausgeführte – „rechtspolitische Erwägungen" zugrunde liegen.[131]

43 Die von der – vereinzelt vertretenen – **Gegenansicht** vorgebrachten Erwägungen mögen rechtspolitisch und wirtschaftlich nachvollziehbar sein.[132] Rechtsdogmatisch begründen sie kein Fundament für die Aufnahme dieser Delikte in den Katalog der Straftaten aus Absatz 1. Dies gilt zunächst für den Hinweis auf die Richtlinie 2004/48/EG vom 29.4.2004[133] mit der sich die Mitgliedstaaten zu einem wirksamen Schutz geistigen Eigentums verpflichtet haben. Dass dieser Schutz neben den zur Verfügung stehenden Möglichkeiten des Zivilprozessrechts und der strafprozessualen Privatklage (§§ 374 ff.) zwingend über die Beteiligungsmöglichkeiten eines Verletzten nach §§ 406d ff. hinaus im Recht der Nebenklage zu etablieren wäre, lässt sich den hierzu zitierten unionsrechtlichen Maßgaben nicht entnehmen.[134] Auch der – nicht näher belegte – Hinweis auf fehlenden Sachverstand der Strafverfolgungsbehörden und Gerichte überzeugt nicht; ist es doch Gegenstand forensischen Alltags, sich in diesen Fällen ggf. sachverständiger Unterstützung zu versichern. Aus welchen Gründen die Zeugenstellung und die Verletztenbefugnisse aus §§ 406d ff. in den zahlenmäßig eher bedeutungslosen Fällen dieser Art[135] unzureichend sein sollen, den Ermittlungsbehörden die aus der Sicht eines Verletzten notwendigen Informationen zukommen zu lassen, erschließt sich ebenfalls nicht ohne Weiteres.[136] Dies gilt schließlich gleichermaßen für den Hinweis darauf, dass „der Nebenkläger einfacher auf ‚revisionssichere' Schutzmaßnahme für Unternehmensgeheimnisse" etwa in Form eines Ausschlusses der Öffentlichkeit von der Hauptverhandlung hinwirken kann.[137] Auch der zur Anwesenheit berechtigte Verletzte könnte auf eine solche Anordnung hinwirken, für dessen Rechtmäßigkeit aber stets das Gericht verantwortlich zeichnet.

126 Bereits LR/*Hilger*[26] Vor § 395, 9.

127 LR/*Hilger*[26] Vor § 395, 9.

128 BTDrucks. **16** 12098 S. 30.

129 *Bung* Strafprozessuale Fragen beim Schutz des geistigen Eigentums, in: *Bosch/Bung/Klippel* (Hrsg.) Geistiges Eigentum und Strafrecht (2011) 139, 152 m.w.N.; *ders.* StV **2009** 430, 434; hierzu auch *Klinger* NZWiSt **2013** 416.

130 BTDrucks. **16** 13671 S. 22.

131 BTDrucks. **16** 13671 S. 22.

132 Vgl. etwa *Rieks* NStZ **2019** 643.

133 ABl. L 195/16.

134 **A.A.** *Klinger* NZWiSt **2013** 416; *Kessler* Strafprozessuale Fragen beim Schutz des geistigen Eigentums, in: *Bosch/Bung/Klippel* (Hrsg.) Geistiges Eigentum und Strafrecht (2011) 155, 159.

135 So *Daimagüler* wistra **2017** 181.

136 **A.A.** *Klinger* NZWiSt **2013** 416.

137 So *Rieks* NStZ **2019** 644.

Nach alledem bleibt festzuhalten, dass der bereits zur früheren Gesetzesfassung bestehende **Reformbedarf** durch den mit der gesetzlichen Neufassung perpetuierten **Systembruch im Regelungsregime der Nebenklage** fortbesteht.[138] Bedauerlicherweise hat es der Gesetzgeber abermals versäumt, den Katalog der zur Nebenklage berechtigenden rechtswidrigen Taten kohärent zu fassen.[139] Solches ist ersichtlich kein Selbstzweck, sondern gerade für die Auslegung einzelner Tatstandsmerkmale der Nebenklageberechtigung durch den Rechtsanwender von besonderer Bedeutung.[140] Die Delikte aus Absatz 1 Nr. 6 könnten gestrichen und so Absatz 3 überantwortet werden; ein Rechtsverlust für möglicherweise geschädigte Unternehmen ist angesichts der mittlerweile weitreichenden Verletztenbefugnisse (§§ 406d ff., § 403) auch dann nicht zu besorgen, wenn ihnen dann absehbar regelhaft eine besondere prozessuale Schutzbedürftigkeit nach Absatz 3 versagt würde. 44

IV. Recht auf Nebenklage nach Absatz 2

1. Allgemeines. Die Vorschrift regelt mit Absatz 2 **Nr. 1** abschließend[141] die Nebenklagebefugnis naher Angehöriger des Verletzten. Die Begriffsbestimmung in § 373b Abs. 2 findet im Recht der Nebenklage keine Anwendung (s. § 373b, 4). Auch bei diesen besteht im Falle der Tötung des Verletzten grundsätzlich ein besonderes Bedürfnis zur aktiven Beteiligung am Verfahren (Vor § 395, 9). In **Nr. 2** wird die Nebenklagebefugnis erfolgreicher Antragsteller eines Klageerzwingungsverfahrens bestimmt (§ 172 ff.). Die hierdurch begründete prozessuale Stellung der Angehörigen korrespondiert mit der Klagebefugnis im **Adhäsionsverfahren** (s. § 403, 1),[142] erweitert hingegen den Anwendungsbereich von **§ 46a StGB** nicht.[143] 45

2. Nummer 1. Erforderlich ist ein bestehendes **Angehörigenverhältnis** im Sinne der Vorschrift (Rn. 47) und ein vollendetes **Tötungsdelikt** (Rn. 48). 46

a) Angehörige. Das **Angehörigenverhältnis** muss im Zeitpunkt des Verfahrens bestehen.[144] Jeder der **vom Gesetz abschließend genannten**[145] Angehörigen ist – auch neben anderen[146] – zur Nebenklage befugt. Entferntere werden nicht durch nähere ausgeschlossen.[147] Eine **Erbengemeinschaft** weist dieses Angehörigenverhältnis selbst nicht auf; Nebenklageberechtigt können allein ihre Mitglieder sein.[148] Die Nebenklage- 47

---

138 HK/*Weißer* 9; Meyer-Goßner/*Schmitt* 6; SK/*Velten* 22; BeckOK/*Weiner* 19; *Barton* JA **2009** 753, 754 f.; *ders.* StRR **2009** 404, 405; *Jahn/Bung* StV **2012** 357, 359; *Bung* Strafprozessuale Fragen beim Schutz des geistigen Eigentums, in: *Bosch/Bung/Klippel* (Hrsg.) Geistiges Eigentum und Strafrecht (2011) 139, 152 m.w.N.; *Weigend* FS Schöch 956.

139 *Hilger* GA **2009** 657, 658; krit. auch HK/*Weißer* 27; Meyer-Goßner/*Schmitt* 6.

140 Dies bringt erkennbar auch zum Ausdruck BGH NJW **2012** 2601, 2602.

141 OLG Düsseldorf NStZ **1997** 204; OLG Celle BeckRS **2016** 12004; HK/*Weißer* 29; s. auch *Weigend* NJW **1987** 1174.

142 BGH NStZ-RR **2019** 353.

143 BGH NStZ **2020** 212.

144 BGH NJW **2012** 3524; Meyer-Goßner/*Schmitt* 8; *Mitsch* FS Paulus 122; h.M.

145 BGH NJW **1967** 454; OLG Köln StRR **2009** 42.

146 SSW/*Schöch* 5.

147 OLG Neustadt NJW **1956** 1611; *Eb. Schmidt* 11.

148 OLG Bamberg BeckRS **2008** 22410; zum Nachlassverwalter OLG Brandenburg BeckRS **2008** 23448, zum Adhäsionsverfahren s. § 404, 3 ff.

befugnis geht beim Tod des unmittelbar Verletzten nicht auf seine nahen Angehörigen über. Die insoweit früher vertretene Gegenauffassung[149] ist durch das OpferschutzG[150] überholt.[151] Zu den Geschwistern gehören auch Halbgeschwister;[152] dies muss bei einer ersichtlich zuvor bestandenen sozialen Verbundenheit, etwa bei Vorliegen der Voraussetzungen aus § 1 Abs. 3 BEEG, auch für **Stiefeltern** gelten.[153] Hingegen sind Großeltern eines durch eine Straftat Getöteten nicht nebenklageberechtigt,[154] selbst wenn sie Elternfunktion wahrgenommen haben;[155] die Befugnis fehlt auch Onkeln und Tanten.[156] Auch **Enkeln** von Getöteten (z.B. KZ-Opfern) steht nach der eindeutigen Regelung keine Nebenklagebefugnis zu. Dies gilt gleichermaßen für **geschiedene Ehegatten.**[157] Dem **Lebenspartner** steht die Anschlussbefugnis nur zu, wenn alle gesetzlichen, also auch verfahrensrechtlichen Voraussetzungen des LPartG für eine wirksame Partnerschaft (vgl. § 1 LPartG) erfüllt sind. Einem **ehemaligen Lebenspartner** (§ 15 LPartG) steht sie also nicht zu. Es ist des Weiteren verfassungsrechtlich nicht zu beanstanden, wenn der Partner einer nach **„Sinti-Art" geschlossenen Ehe** nicht als Nebenkläger nach Absatz 2 Nr. 1 zugelassen wird,[158] falls die Voraussetzungen des LPartG nicht erfüllt sind. Dies gilt gleichermaßen für eine nach „islamischem Ritus" („Imam-Ehe")[159] geschlossene Ehe.[160] Die bedeutsamen Tatsachen sind ggf. mit der Anschlusserklärung **glaubhaft zu machen** (s. § 396, 16).

48 **b) Tötungsdelikt.** Voraussetzung ist ferner das Vorliegen eines **vollendeten** Tötungsdelikts (zum **Tatverdacht** s. Rn. 8).[161] Neben der Täterschaft kommt auch **Teilnahme**[162] an dem Tötungsdelikt (s. Rn. 27) sowie **fahrlässige**[163] oder **erfolgsqualifizierte** Delikte (§ 18 StGB) in Betracht.[164] Der Tod muss allerdings eingetreten sein („Getöteten").[165] Ein Versuch hingegen genügt nicht (s. Rn. 28).[166] Steht ein solches, die Nebenklage berechtigendes Delikt in **Tateinheit (§ 52 StGB) mit weiteren Delikten**, die selbst keine Tötungsdelikte sind, so erstreckt sich die Nebenklagebefugnis des Angehörigen auf diese nicht. Nach dem ausdrücklichen Gesetzeswortlaut vermittelt die Vorschrift die Befugnis nur, wenn der Verletzte „durch eine rechtswidrige Tat getötet wurde." Somit scheiden etwa idealkonkurrie-

---

149 Vgl. BGHSt **33** 114.
150 Wegfall der Verweisung in § 395 Abs. 1 Satz 1 (a.F.) auf § 374 Abs. 2.
151 BGHSt **44** 97; OLG Düsseldorf NStZ **1997** 204; h.M.
152 OLG Düsseldorf NJW **1958** 394.
153 **A.A.** BGH NStZ-RR **2014** 168.
154 BGH NJW **1967** 454; OLG Neustadt NJW **1956** 1611.
155 LG Hamburg MDR **1979** 251.
156 Vgl. BGH NJW **1995** 1301; Meyer-Goßner/*Schmitt* 8.
157 BGH NJW **2012** 3524 (auch zum Fehlen einer nach dem maßgeblichen Recht notwendigen Scheidungsurkunde); s. auch *Mitsch* FS Paulus 122.
158 BVerfG NJW **1993** 3316; Meyer-Goßner/*Schmitt* 8.
159 Hierzu *Ebner/Müller* NStZ **2010** 657; ferner – zu § 52 Abs. 1 – BGH BeckRS **2017** 129180.
160 Zu einem etwaigen Ehebestätigungsverfahren und zur Prüfung beim Verdacht der Zwangsehe *Kaiser* FamRZ **2013** 77.
161 BGH NStZ **2006** 351.
162 NStZ-RR **2009** 24, 25; HK/*Weißer* 28; Meyer-Goßner/*Schmitt* 7.
163 NStZ **2006** 351.
164 BGHSt **52** 153; BGHSt **44** 97, 99; NStZ-RR **2009** 24, 25, NStZ-RR **2008** 352; BGH NStZ **2006** 351; DAR **2002** 421; AK/*Rössner* 20; vgl. im Einzelnen die Aufzählung bei HK/*Weißer* 28.
165 OLG Düsseldorf VRS **96** (1999) 379.
166 BGH StV **2006** 351; nicht zutreffend daher BGH NStZ **2008** 93, vgl. hierzu zutr. *Mitsch* FS Paulus 130; ebenso Meyer-Goßner/*Schmitt* 7.

rende **Körperverletzungsdelikte** aus;[167] dies gilt etwa auch für eine tateinheitlich begangene **Beteiligung an einer Schlägerei** (§ 231 StGB), die sich selbst nicht als Tötungsdelikt erweist, da der Tatbestand weder ein Verschulden noch eine ursächliche Handlung des Täters für den Tod erfordert.[168] Eine **unterlassene Hilfeleistung** (§ 323c StGB) scheidet aus denselben Gründen auch dann aus, wenn sie mit fahrlässiger Tötung zusammentrifft.[169] Auch **§§ 315, 315b StGB** vermitteln hier keine Nebenklagebefugnis.[170]

3. Nummer 2. Hiernach ist der Verletzte nebenklagebefugt, der die öffentliche Klage durch einen Antrag auf gerichtliche Entscheidung nach § 172 Abs. 2 Satz 1 erzwungen, d.h. durch eine Sachentscheidung des Oberlandesgerichts die Erhebung der öffentlichen Klage herbeigeführt hat. Ihm ist – auch wenn es nicht um die Verletzung höchstpersönlicher Rechtsgüter, sondern z.B. (nur) um Eigentums- oder Vermögensdelikte geht – nicht zuzumuten, darauf vertrauen zu müssen, dass die Staatsanwaltschaft im weiteren Verfahren nachdrücklich auch seine Interessen beachten und wahrnehmen wird. Gleiches gilt nach dem Vorgesagten auch dann, wenn **ursächlich** im Hinblick auf den Antrag auf gerichtliche Entscheidung die Generalstaatsanwaltschaft ihren Beschwerdebescheid und den Einstellungsbescheid der Staatsanwaltschaft aufgehoben und die Erhebung der Klage angeordnet hat.[171] Hat das Oberlandesgericht die Erhebung der Anklage nach § 175 beschlossen oder die Generalstaatsanwaltschaft dies angeordnet, so ist nicht mehr zu prüfen, ob dies zu Recht geschehen ist.[172] Die Nebenklagebefugnis nach Absatz 1 Nr. 2 hat nur der Antragsteller selbst,[173] nicht auch ein Angehöriger oder ein etwaiger anderer Verletzter. Zum auch hier notwendigen Strafantrag s. Rn. 5, 11.[174] 49

V. Recht auf Nebenklage nach Absatz 3

1. Allgemeines. Zum Anschluss als Nebenkläger ist nach Absatz 3 befugt, wer durch andere als die in Absatz 1 abschließend benannten rechtswidrigen Taten verletzt worden ist und wenn dies aus besonderen Gründen zur Wahrnehmung seiner Interessen geboten erscheint. Stehen Katalog-Delikte nach Absatz 1 in **Tateinheit mit sonstigen Delikten**, bei denen sich die Nebenklagebefugnis nach Absatz 3 bestimmt, gelten die in Rn. 11, 30 dargestellten rechtlichen Maßgaben. Die Vorschrift steht im engen **regelungssystematischen Zusammenhang** mit § 396 Abs. 2 Satz 2, der die prozessualen Maßgaben für die **Anschlusserklärung** und ihre **Begründung** enthält (s. § 396, 24 ff., 29). 50

2. Gesetzeshistorie. Im Regelungsgefüge des § 395 erweist sich Absatz 3 als **Auffangtatbestand.**[175] Beschränkte sich die durch Absatz 3 eröffnete Nebenklagezulassung 51

---

167 BGH BeckRS **2011** 25350.
168 BGH NJW **1965** 1285; BGH NStZ-RR **2009** 24, 25.
169 **A.A.** wohl OLG Celle NJW **1969** 945; vgl. auch LR/*Hilger*[26] 8.
170 BGH DAR **2002** 421.
171 Vgl. OLG München NStZ **1986** 376; NStZ-RR **2011** 378; KK/*Walther* 13; KMR/*Kulhanek* 21; AK/*Rössner* 19; HK/*Weißer* 31; vgl. auch *Rieß* NStZ **1990** 10; **a.A.** OLG Frankfurt NJW **1979** 994; LG Waldshut-Tiengen StraFo **2004** 99; *Meyer-Goßner/Schmitt* 9; LR/*Wendisch*[24] 14; SK/*Velten* 20; *Eb. Schmidt* 12.
172 Vgl. *Kirchhof* GA **1954** 364; Meyer-Goßner/*Schmitt* 9; *Mitsch* FS Paulus 122.
173 OLG Düsseldorf NStZ **1997** 205.
174 KK/*Walther* 10.
175 BTDrucks. **16** 12098 S. 9, 30 f.; vgl. auch *Barton* JA **2009** 753, 755; *Bung* StV **2010** 430, 435; *Hermann* ZIS **2010** 236, 241; *Hilger* GA **2009** 657, 658; *Safferling* ZStW **2010** 87, 95; *Weigend* FS Schöch 947, 956; *Schiemann* JR **2012** 394.

nach früherer Gesetzesfassung auf § 229 und damit rechtspraktisch maßgeblich auf den Zusammenhang mit dem Straßenverkehr, sind nach der Neufassung nunmehr grundsätzlich alle rechtswidrigen Taten über § 395 Abs. 3 anschlussfähig, bei denen der Verletzte besonders schutzwürdig ist (s. im Einzelnen Rn. 54 ff.).[176] Den Gesetzesmaterialien ist zu entnehmen, dass der Regierungsentwurf Wert auf einen nicht abschließenden Regelungsbereich des § 395 Abs. 3 gelegt hat.[177] Auf diese Weise sollte der individuell unterschiedlichen Schutzbedürftigkeit von Tatopfern im Einzelfall Rechnung getragen werden.[178] Die Fassung des Absatzes war im Gesetzgebungsverfahren umstritten. Der Bundesrat hatte sich für einen abschließenden Wortlaut ausgesprochen und befürchtete mit der nunmehr Gesetzesform gewordenen Fassung eine „Ausuferung" der Nebenklage.[179] Zahlreiche, auch ersichtlich von vornherein unsinnige, die Gerichte zusätzlich belastende Anträge seien absehbar. Die materielle Voraussetzung der besonderen Gründe für eine Anschlussbefugnis erweise sich als zu unbestimmt und lasse besorgen, dass die im Einzelfall gebotene rechtliche wie tatsächliche Klärung nicht unerhebliche Verfahrensverzögerungen bewirken könne.[180] Diesen – auch von angehörten Sachverständigen geteilten[181] – gewichtigen Bedenken hielt die Bundesregierung in ihrer Gegenvorstellung das aus ihrer Sicht zureichende Korrektiv der gerichtlichen Befugnis entgegen, nach „Ermessen"[182] im Einzelfall über die Nebenklagebefugnis zu entscheiden und dieserart einer Ausuferung entgegen zu wirken.[183] Der gerichtlichen Zulassungsentscheidung nach § 396 kommt schon deshalb besondere Bedeutung zu (s. § 396, 29).

52 **3. Anwendungsbereich.** Die Anwendbarkeit der Norm ist – über die Prüfung des Antragsvorbringens hinaus (§ 396, 14, 29) – in **jedem Einzelfall** sorgsam in **zwei Schritten** zu bestimmen.

53 **a) Verletztes Individualrechtsgut.** Zwar scheint der nicht abschließend formulierte **Auffangtatbestand** des Absatzes 3 auf den ersten Blick sämtliche rechtswidrigen Taten zu erfassen. Hierauf deutet auch der Wille des historischen Gesetzgebers hin.[184] Erforderlich ist aber überdies, dass der den Anschluss als Nebenkläger geltend machende Antragsteller vorbringen kann, als Träger des durch den Straftatbestand – zumindest auch[185] – geschützten **Individualrechtsguts** durch die Tat verletzt worden zu sein (s. zum Vortragserfordernis, s. § 396, 29).[186] Eine – de lege ferenda freilich sinnvolle – **weitergehende Beschränkung** auf Delikte, die **höchstpersönliche Rechtsgüter** schützen, kann dem Gesetz hingegen nicht entnommen werden.[187] Eine solche Annahme wäre schon unvereinbar mit der ausdrücklichen Erwähnung von Delikten, die zumindest

176 BTDrucks. **16** 12098 S. 29 ff.; **16** 13671 S. 22; BGH BeckRS **2021** 2810.
177 BTDrucks. **16** 12098 S. 30; BTDrucks. **16** 12812 S. 20.
178 BTDrucks. **16** 12098 S. 28.
179 BRDrucks. 178/09 S. 14.
180 BRDrucks. 178/09 S. 14; vgl. auch die Erhebung von *Barton/Flotho* 93 ff., 97.
181 *Jahn* Anhörung im Rechtsausschuss des Deutschen Bundestages vom 13.5.2009 S. 24; krit. auch die BRAK-Stellungnahme 9/2009 S. 4.
182 Diese Formulierung erweist sich als irreführend (s. Rn. 57), war doch in der Begründung zum Gesetzesentwurf noch – zutreffend – der materielle Anschlussgrund als unbestimmter Rechtsbegriff bezeichnet worden, vgl. BTDrucks. **16** 12812 S. 31.
183 Anlage 4 zu BTDrucks. **16** 12812 S. 20.
184 BTDrucks. **16** 12098 S. 9, 30 f.; vgl. ferner BGH NJW **2012** 2601; BeckRS **2021** 2810.
185 Vgl. BGH NJW **2002** 1356, 1357; so etwa § 164 StGB.
186 BGH BeckRS **2021** 2810; *Schiemann* KritV **2012** 166.
187 **A.A.** OLG Koblenz NStZ **2012** 655; OLG Jena NJW **2012** 547, 548.

nicht allein oder aber auch nur in erster Linie höchstpersönliche Interessen schützen.[188] Grundsätzlich nebenklagefähig sind daher etwa die versuchte Anstiftung zum Mord,[189] aber auch die beispielhaft erwähnten rechtswidrigen Taten nach §§ 185 bis 189 StGB, die aus dem Katalog des § 395 Abs. 1 Nr. 1 lit. b a.F. hierher überführt worden sind (zur Kritik s. Rn. 4), nach § 244 Abs. 1 und 4, §§ 249 bis 255 – wobei die Aufnahme des § 251 StGB ersichtlich einem Redaktionsversehen geschuldet ist[190] – und nach § 316a StGB. Dies gilt gleichermaßen für § 323c StGB, denn Schutzgut der Norm sind zumindest auch die bei einem Unglückfall gefährdeten Individualrechtsgüter des in Not Geratenen.[191] **Nicht erfasst** vom Auffangtatbestand werden hingegen solche Straftatbestände, die keine Einzelrechtsgüter schützen.

b) Besondere Gründe. Über den ein zumindest auch individuelles Rechtsgut schützenden Tatbestand und die allgemeinen Voraussetzungen (s. Rn. 37) hinaus muss der Anschluss – als **maßgebliches Korrektiv** zur ansonsten uferlosen Weite der Anschlussbefugnis (s. Rn. 54 ff.)[192] – aus „besonderen Gründen" zur Wahrnehmung der Verletzteninteressen geboten erscheinen (s. Rn. 55 f.). 54

Hierbei handelt es sich um einen **unbestimmten Rechtsbegriff**,[193] der durch die weiteren Beschreibungen des Tatbestands erläutert wird und den Willen des Gesetzgebers verdeutlicht. Dabei erweisen sich die beispielhaft vom Gesetz benannten Straftatbestände des StGB **nicht als Regelbeispiele** im gesetzestechnischen Sinne.[194] Über eine schlichte symbolische Hervorhebung hinaus bringen sie keine gesetzliche Vermutung dahin zum Ausdruck, dass – bei Abwesenheit einer atypischen Fallkonstellation – ein bestimmter materiell-rechtlicher Tatbestand die Annahme besonderer Gründe regelmäßig zur Folge hat. Maßgeblich für die Zuerkennung der privilegierten Rechtsstellung des Nebenklägers ist vielmehr die im **Einzelfall** im Wege einer **Gesamtschau** gerichtlich zu ermittelnde **besondere prozessuale Schutzbedürftigkeit** des möglicherweise durch die Tat Verletzten.[195] Dies muss im **maßgeblichen Zeitpunkt** der Anschlusserklärung nicht nur möglich, sondern, gerade auch mit Blick auf das **Antragsvorbringen**, konkret absehbar und tatsachenfundiert vermittelbar sein.[196] An etwaige Genugtuungsinteressen allgemeiner, von der Prozesssituation gelöster Art (s. Vor § 373b, 24) knüpft die Vorschrift konsequenterweise (s. Vor § 395, 8 ff.) gerade nicht an.[197] 55

Es ist **durch das Gericht** insbesondere die individuelle **Handlungs- und Beschwerdemacht** des Antragstellers in den Blick zu nehmen und ins Verhältnis zur erkennbar drohenden (weiteren) Rechtsbeeinträchtigung durch das Strafverfahren zu setzen. Der durch ein **gravierendes Aggressionsdelikt** schwer physisch oder emotional Verletzte verfügt typischerweise über ein geringeres Maß an einer solchen prozessualen 56

---

188 MK/*Valerius* 74; HK/*Weißer* 36.
189 OLG Koblenz NStZ **2012** 655.
190 HK/*Weißer* 36; MK/*Valerius* 73.
191 BGH BeckRS **2021** 2810; NJW **2002** 1356.
192 S. auch *Bader* 159.
193 BTDrucks. **10** 5305 S. 12; HK/*Weißer* 32; BeckOK/*Weiner* 25; *Beulke* DAR **1988** 115; *Böttcher* JR **1987** 135; **a.A.** wohl KK/*Walther* 12 (Ermessen); AK/*Rössner* 25.
194 Insoweit irreführend die Formulierung in BTDrucks. **16** 12812 S. 20; **a.A.** SK/*Velten* 23; *Schiemann* KritV **2012** 165.
195 BGH BeckRS **2021** 2810; NJW **2012** 2601, 2602; KMR/*Kulhanek* 22; hierzu *Jahn/Bung* StV **2012** 754 ff.
196 Ebenso SK/*Velten* 24.
197 **AA.** wohl *Weigend* RW **2010** 56, der die Anschlussbefugnis stets an Genugtuungsinteressen geknüpft sieht.

Handlungskompetenz,[198] sodass der Anschluss wegen der schweren Folgen der Tat hier regelmäßig naheliegt.[199]

57 Ein solches, die **prozessuale Handlungsmacht** in den Mittelpunkt stellendes **Normverständnis** korrespondiert auch mit Anknüpfung des Gesetzgebers des 2. OpferRRG an die **staatlichen Schutzfunktionen.**[200] Das 2. OpferRRG steht nach dem ausdrücklichen gesetzgeberischen Willen in der Tradition früherer Reformgesetze zur Verbesserung der Verletztenstellung im Strafverfahren.[201] Ebenso wie schon durch das Opferschutzgesetz[202] soll dadurch staatlichen Pflichten zum Schutz des möglichen Tatopfers vor **Beeinträchtigungen durch das Verfahren** selbst entsprochen[203] und einer erneuten Traumatisierung des möglichen Tatopfers durch das Verfahren vorgebeugt werden (s. hierzu näher Erl. Vor § 395, 8 ff.).[204] Diese besondere Schutzbedürftigkeit antizipierte der Gesetzgeber für Verletzte der von den Katalogtatbeständen des Absatzes 1 erfassten Taten. Aber auch die frühere Fassung des Absatzes 3 trug diesem Regelungskonzept Rechnung.[205] Entsprechend dieser vom Gesetzgeber des 2. OpferRRG aufgegriffenen Wertungen können insbesondere schwere Folgen der Tat auch nach der gesetzlichen Neufassung Anhaltspunkte für das Vorliegen besonderer Gründe im Sinne von Absatz 3 bieten.

58 **aa) Schwere Tatfolgen** liegen namentlich dann vor, wenn beim Verletzten durch die Tat körperliche oder seelische Schäden – etwa Gesundheitsschädigungen, Traumatisierungen oder gewichtige Schockerlebnisse – mit einem **gewissen Grad an Erheblichkeit** bereits eingetreten oder aber zu erwarten sind.[206] Der Schweregrad braucht nicht die Schwelle schwerer körperlicher oder seelischer Schäden im Sinne des § 397a Abs. 1 Nr. 3 zu erreichen.[207] Bei psychischen Auswirkungen der Tat reicht indes nicht jede psychisch vermittelte Beeinträchtigung, sondern diese muss sich – naheliegend anhand medizinischer Klassifikationen (ICD-10, DSM-IV) – als posttraumatische Belastungsstörung,[208] Anpassungsstörung, somatoforme Störung oder etwa akute Belastungsstörung erweisen. Dies ist tatsachengestützt mit der **Anschlusserklärung** darzulegen (s. § 396, 29; § 400, 17) und – sofern kein Ausnahmefall der Evidenz vorliegt – etwa mit ärztlichen Attesten glaubhaft zu machen (§ 396, 16). Symptome wie Schlafstörungen ohne Krankheitswert, Albträume oder Motivationsschwierigkeiten sind für sich nicht ausreichend.[209] Die abstrakte Betrachtung des Tatunrechts ist also – anders als bei den Katalogtaten des Absatzes 1 – für sich ohne Aussagekraft. Zu **wirtschaftlichen Schäden** s. Rn. 60.

---

198 Zutreffend schon *Rieß* Gutachten C zum 55. DJT 83.

199 Vgl. BGH BeckRS **2021** 2810 (Verlust eines lebenswichtigen Organs durch die Tat).

200 Hierzu bereits *Rieß* Gutachten C zum 55. DJT 120; *Weigend* FS Schöch 958.

201 BTDrucks. **16** 12098 S. 29 ff.; kritisch aber *Jahn/Bung* StV **2012** 754, 759; *Weigend* FS Schöch 958.

202 Vom 18.12.1986, BGBl I S. 2496; BTDrucks. **10** 5305 S. 8.

203 BTDrucks. **10** 5305 S. 11; vgl. hierzu *Weigend* FS Schöch 957 f.

204 Vgl. Nachweise bei *Kölbel* Kriminalpolitische Instrumentalisierung der „Gefahr sekundärer Viktimisierung" in *Barton/ders.* (Hrsg.) Ambivalenzen der Opferzuwendung des Strafrechts (2012) 213, 215 ff.; *Kölbel/Bork* 25.

205 BTDrucks. **10** 5305 S. 12; vgl. ferner BGH NJW **2012** 2601, 2602.

206 BTDrucks. **16** 12098 S. 31.

207 BTDrucks. **16** 12098 S. 31; MK/*Valerius* 76; KK/*Walther* 15; h.M.

208 Vgl. zu mittelbar Geschädigten BGH NStZ-RR **2018** 256; NJW **2015** 2246, 2248.

209 Vgl. – freilich zu § 397a Abs. 1 Nr. 3 – BGH NStZ-RR **2018** 256, 257.

bb) Drohende Schuldzuweisungen. Neben der Kategorie schwerer Straftatfolgen soll auch eine im Strafprozess drohende Gefahr von Verantwortungszuweisungen durch den Angeklagten bei der Bestimmung der für den Anschluss notwendigen Schutzwürdigkeit zu berücksichtigen sein.[210] Diese wohl von *Rieß* entwickelte Schutzfunktion der Nebenklage[211] (vgl. Vor § 373b, 45 ff.) wurde vom Gesetzgeber des Opferschutzgesetzes aufgegriffen,[212] war fortan stehende Wendung in den Begründungen der Reformgesetzgebung[213] und ist heute allgemein anerkannt.[214] Um diesem Aspekt rechtliche Bedeutung beimessen zu können, müssen solche Verantwortungszuschreibungen allerdings **im Einzelfall** – auch anhand der Begründung der **Anschlusserklärung** für die Entscheidung nach § 396 Abs. 2 Satz 2 (s. § 396, 29)[215] – **konkret zu besorgen** sein.[216] Vor dem Hintergrund der Gesetzesgenese und der ausdrücklichen Bezugnahme auf frühere Gesetzesreformen (s. Rn. 51) kann die Frage eines Schutzes vor Verantwortungszuweisungen auch hier nicht ohne Berücksichtigung einer besonderen **prozessualen Schutzbedürftigkeit** bestimmt werden. Letztere wird sich gerade mit Blick auf die „uferlose" Weite[217] des Absatzes 3 und der deshalb signifikant gestiegenen Bedeutung des Tatbestandsmerkmals der „besonderen Gründe" (s. Rn. 53) **zumindest auch** an der **Tatschwere** zu orientieren haben.[218] Allein die abstrakte Möglichkeit reicht hierfür allerdings ebenso wenig aus, wie ein energisches Bestreiten des Angeklagten. In Betracht kommen etwa konkrete Anhaltspunkte für **besonders diffamierende Äußerungen** des Beschuldigten etwa aus seiner **Vernehmung im Vorverfahren** oder auch in einem familiengerichtlichen Sorgerechtsstreit.[219] Fehlen diese, wird auch für die absehbare Hauptverhandlung tatsachengestützt nichts Gegenteiliges anzunehmen und die besonderen Gründe nach Absatz 3 abzulehnen sein.[220] Treten solche Aspekte erstmals in der Hauptverhandlung zutage, mag auf erneuten Antrag hin eine Bestellung in einem solchen Ausnahmefall geboten sein. 59

cc) Reparationsinteressen. Allein das **wirtschaftliche Interesse** an der effektiven Durchsetzung zivilrechtlicher Ansprüche gegen den Angeklagten ist zur **Begründung der Anschlussbefugnis** ohne zugleich drohende wesentliche Beeinträchtigungen durch das Verfahren auch dann **unzureichend**, wenn der mögliche Verletzte in erheblicher Weise wirtschaftlich geschädigt worden ist.[221] Dies gilt gleichermaßen, wenn nicht die angeklagte Tat, sondern andere Handlungen des Angeklagten für die geltend gemachten Folgen ursächlich sein sollen.[222] 60

Eine **andere Auslegung** widerspräche der überkommenen Wertung, die gerade nicht an das Tatunrecht als besonderen Grund anknüpft, sondern eine – möglicherweise 61

---

210 Vgl. BTDrucks. **10** 5305 S. 11; BTDrucks. **16** 12098 S. 12, 29 ff.; *Weigend* FS Schöch 958; *Böttcher* FS Widmaier 82; vgl. ferner LR/Hilger[26] 18.
211 Vgl. *Rieß* Gutachten C zum 55. DJT 83; hierzu ferner *Weigend* FS Schöch 957 f.; *ders.* RW **2010** 55.
212 BTDrucks. **10** 5305 S. 10 f.
213 BTDrucks. **16** 12098 S. 31; vgl. *Kölbel/Bork* 18 ff.
214 Vgl. nur BGH NStZ-RR **2018** 257; MüKo/*Valerius* 5; SSW/*Werner* Vor § 395 ff., 1; *Endler* 79 m.w.N.
215 Ebenso BeckOK/*Weiner* 27.
216 Wohl auch KK/*Walther* 15; ähnlich auch *Endler* 80.
217 *Hilger* GA **2009** 657, 658; *Weigend* FS Schöch 956; vgl. auch BRDrucks.178/09 S. 9.
218 Vgl. zur Funktion des materiellen Anschlussgrundes BTDrucks. **16** 12098 S. 29; Anlage 4 zu BTDrucks. **16** 12812 S. 20.
219 Vgl. LG Bad Kreuznach BeckRS **2014** 8292.
220 Ebenso *Conrad* 18.
221 BGH NJW **2012** 2601, 2602; KK/*Walther* 15; HK/*Weißer* 36; MK/*Valerius* 78; vgl. ferner LR/*Hilger*[26] 18; *Schiemann* JR **2012** 393; *Beulke* DAR **1988** 114.
222 LG Freiburg BeckRS **2012** 19398.

durch die Tatfolgen bedingte – **prozessuale Schutzbedürftigkeit** voraussetzt. Den Schluss auf ein anderes, weiteres Verständnis trägt auch die systematische Betrachtung mit Absatz 1 Nr. 6 nicht. Denn hierbei handelt es sich um ein – allein aus „rechtspolitischen Gründen" beibehaltenes (s. Rn. 40 f.) – „Relikt" aus Zeiten bestehender Akzessorietät zwischen Privat- und Nebenklage.[223] Aus diesem nebenklagerechtlichen Solitär lassen sich daher keine Schlüsse auf andere Tatbestandsmerkmale der Vorschrift ziehen. Auch systematische, den Abschnitt über die Befugnisse des Verletzten insgesamt in den Blick nehmende Erwägungen tragen dieses restriktive Normverständnis. Für den **Ausgleich erlittener Schäden** stellten neben dem **Zivilprozessrecht**[224] gerade auch das **Adhäsionsverfahren** (§§ 403 ff.) und die allgemeinen **Verletztenbefugnisse** nach §§ 406d ff. hinreichende Möglichkeiten zur Verfügung. Eine andere Auslegung liefe überdies Gefahr, mit anderen, namentlich verfassungsrechtlich abgesicherten Belangen des Strafverfahrensrechts, namentlich dem Zügigkeitsgebot, in Konflikt zu geraten; in umfangreichen Betrugsverfahren verursachte etwa die Rechtsstellung gar hunderter Nebenkläger einen zeitlichen und organisatorischen Aufwand, der geeignet ist, vorrangigeren Zielen des Strafverfahrens zuwiderzulaufen.[225] Einer solchen, ersichtlich nicht beabsichtigten (vgl. § 398), Wesensänderung der Nebenklage hat der Gesetzgeber gerade durch das beibehaltene materielle Anschlusserfordernis aber entgegen gewirkt.[226]

62 Vor diesem Hintergrund stellt eine **nicht abgeschlossene zivilrechtliche Schadensregulierung** grundsätzlich selbst dann keine durch das Strafverfahren bedingte Beeinträchtigung für den möglichen Verletzten dar, wenn dessen etwaiges Mitverschulden bestimmend für die Strafzumessung sein könnte.[227] Ein besonderer Grund liegt mangels Bezug zu weiteren Beeinträchtigungen des Verletzten durch das Verfahren auch nichtin einer Förderung der vom Verletzten im Strafverfahren gewünschten Aussöhnung.[228]

63 Anders liegt es allerdings, wenn der Verletzte sich einer **„gravierenden Beweisnot"** bei der Durchsetzung seiner Schadensersatzforderungen ausgesetzt sieht, was insbesondere bei **Auslandsbezügen der Tat** und deshalb etwa erforderlicher Rechtshilfe ebenso wie bei **ärztlichen Kunstfehlern** angesichts des enormen finanziellen Prozessaufwands für Sachverständigengutachten für den Verletzten der Fall sein kann (s. Rn. 68).[229] Eine solche **strukturelle prozessuale Schutzbedürftigkeit** wird allerdings bei geschädigten **juristischen Personen** schon mit Blick auf die hier regelmäßig besseren wirtschaftlichen Möglichkeiten, erst recht aber angesichts der Verletzung keiner höchstpersönlichen Rechtsgüter in aller Regel abzulehnen sein.

64 **dd) Sonstige Genugtuungsinteressen.** Sonstige allgemeine Genutuungsinteressen können die notwendigen besonderen Gründe mit Blick auf die stets notwendige prozessuale Schutzwürdigkeit und die in erster Linie erstrebte Vermeidung weiterer, verfahrensbedingter Rechtsbeeinträchtigungen des Verletzten (s. Rn. 57) nicht tragen. Dies gilt

---

223 Zutreffend *Daimagüler* wistra **2017** 183.

224 Vgl. BVerfG (Kammer) NJW **1988** 405.

225 Vgl. BGH wistra **2010** 272.

226 BGH NJW **2012** 2601, 2602; **a.A.** *Herrmann* ZIS **2010** 236, 241; zweifelnd auch *Jahn/Bung* StV **2012** 754, 759.

227 **A.A.** – zur früheren Fassung des Absatzes 3 – AG Homburg/Saar DAR **1987** 297; AG Bayreuth DAR **1995** 503 (keine Zulassung, wenn Beschuldigter nicht Mitverschulden behauptet und Schadensersatzpflicht nicht bestreitet); AG Düren DAR **1988** 140 (Zulassung schon, wenn HaftpflichtVers. zögerlich zahlt); LG Passau NStZ-RR **2007** 382; *Beulke* DAR **1988** 115; *Liepe* VersR **1987** 344; *Kurth* NStZ **1997** 2.

228 *Rieß/Hilger* NStZ **1987** 154; krit. *Beulke* DAR **1988** 115; **a.A.** SK/*Velten* 24; AK/*Rössner* 26; HK-GS/*Rössner* 20.

229 Vgl. nur *Koch* NJW **2016** 2561, 2562.

insbesondere für einen in der Anschlusserklärung vorgetragenen Wunsch des Verletzten, in öffentlicher Hauptverhandlung über das erlittene Schicksal berichten zu wollen (sog. **Victim Impact Statement**,[230] s. Vor § 373b, 25).[231] Hierzu bedarf es nicht der besonderen Rechtsstellung als Nebenkläger, denn dem Verletzten steht diese Befugnis schon als Auskunftsperson im Prozess nach den Maßgaben des Zeugenbeweises zu (vgl. § 69 Abs. 2 Satz 2); der Befugnis zum Schlussvortrag (§ 258 Abs. 2) bedarf es daher nicht.[232]

ee) Sonstige Verletzteninteressen. Soweit in der Rechtspraxis über diese – von Gesetzgeber und Rechtsprechung – anerkannten Verletzteninteressen hinaus der Versuch unternommen wird, eine Nebenklagebefugnis auch herzuleiten etwa aus einer behaupteten Notwendigkeit einer **„gesamtgesellschaftlichen Tataufarbeitung“** („interventionistische“,[233] „konfrontative/politische“[234] oder gar „anklageübergreifende“[235] Nebenklage) ist dies schon unvereinbar mit der Struktur der Nebenklage als Instrument für die Wahrnehmung **innerprozessualer Verletzteninteressen**[236] und vermag keine besonderen Gründe nach Absatz 3 darzustellen. Ein solches Verständnis löste sich insbesondere von der – einer Disposition des Nebenklägers entzogenen – prozessualen Tat (§ 264) als zentraler Anknüpfungspunkt aller strafprozessualer Befugnisse und den hiermit korrespondierenden – verfassungsrechtlich zwingenden – Notwendigkeiten strengbeweislicher Sachaufklärung orientiert allein an der Schuld eines Angeklagten. Das im Einzelfall menschlich nachvollziehbare Interesse an politischen Hintergründen und an einem möglichem „staatlichen Versagen“ (sog. Loveparade-[237] und NSU-Verfahren[238]) oder aber an weiterer Aufklärung eines von der Nebenklage vermuteten „Netzwerks“[239] oder weiterer „Mittäter, Beihelfer oder Unterstützer“[240] muss – sofern hiervon die Tatschuld eines Angeklagten nicht berührt ist – Gegenstand politischer Aufarbeitung etwa in **parlamentarischen Untersuchungsausschüssen** bleiben. Ein Aufklärungsinteresse „jenseits der Anklageschrift“ ist dem Strafprozess in **Zwischen- und Hauptverfahren**[241] fremd[242] und hierauf gerichtete Prozesshandlungen, namentlich von professionell agierenden Verfahrensbeteiligten, können sich gar als **rechtsmissbräuchlich** erweisen. Der reformierte Strafprozess und seine schützenden Formen müssen an einem dieserart von 65

230 Vgl. *Brunschwig* MMR-Aktuell **2010** 308737; *Phillips* ACLR **35** 93.
231 Vgl. *Bader* 159.
232 Vgl. hierzu aber KK/*Ott* § 258, 9.
233 *Pietrzyk/Hoffmann* KritV **2020** 311, 325 ff.
234 *Lang/Pietrzyk* FS RAV 131.
235 *Feltes/Ruch* FS Eisenberg II 425, 434.
236 Vgl. nur *Bader* 46.
237 Hierzu *Feltes/Ruch* FS Eisenberg II 425; ferner Meyer-Goßner/*Schmitt* Vor § 395, 1, der allerdings etwas unscharf ein „erweitertes Sachaufklärungsinteresse“ annehmen will.
238 Vgl. hierzu – rechtlich allerdings im Ausgangspunkt unzutreffend – *Pietrzyk/Hoffmann* KritV **2020** 311; von der Behrens/*Scharmer* 66; von der Behrens/*Luczak* 13; *von der Behrens* 199.
239 von der Behrens/*Luczak* 13.
240 von der Behrens/*Scharmer* 66.
241 Die durch das Gesetz vorgegebene Aufgabenzuschreibung der erst ab Anklageerhebung möglichen Nebenklage ist sorgsam zu unterscheiden von dem auch im Vorverfahren bestehenden Anspruch eines Verletzten auf effektive Aufklärung und Verfolgung von Straftaten; zu undifferenziert daher *von der Behrens* 199.
242 Ebenso *Zöller* GA **2021** 303, 306 f.

der Gegenansicht formulierten Anspruch scheitern. Eine Nebenklagevertretung, die solche zweckwidrigen Begehren – vor den Augen und Ohren der Öffentlichkeit – etwa gar wider besseren Wissens fordert, desavouiert den Strafprozess und setzt das notwendige Vertrauen der Rechtsgemeinschaft aus Gründen aufs Spiel,[243] die in der Strafrechtsordnung derzeit keinen Platz haben.

c) Praktisch relevante Konstellationen

66 **aa) Beleidigungsdelikte (§§ 185 ff. StGB).** Hier kann sich der Verletzte wegen der Möglichkeit des Wahrheitsbeweises und wegen § 193 StGB im **Einzelfall** – mit Blick auf die Gefahr von **Verantwortungszuweisungen** (s. Rn. 59)[244] – trotz des regelmäßig bagatellhaften Tatvorwurfs als besonders schutzbedürftig erweisen.[245] Im Falle des **§ 189 StGB** sind die gemäß den §§ 77 Abs. 2, 194 Abs. 2 StGB Antragsberechtigten nebenklagebefugt.[246]

67 **bb) Fahrlässige Körperverletzung (§ 229 StGB).** Besteht die Wahrscheinlichkeit, dass die **Körperverletzung** (nur grob) **fahrlässig** begangen wurde, ist jedoch auch möglich, dass sie **vorsätzlich** verwirklicht wurde, so liegt ein Fall des Absatzes 1 Nr. 3 vor (s. zum **notwendigen Verdachtsgrad** Rn. 8). Ein fehlender **Strafantrag** (s. Rn. 14 ff.) kann ein Indiz dafür sein, dass die Nebenklagestellung für den Verletzten nicht zur Wahrnehmung seiner Interessen geboten ist.[247]

68 Rechtspraktisch bedeutsam sind zunächst Fälle des **Straßenverkehrs.**[248] Hier kommen als schwere Tatfolgen nur erhebliche Verletzungen in Betracht.[249] Bedeutsam – mit Blick auf mögliche **Verantwortungszuschreibungen** (Rn. 59) – können **im Einzelfall** die Schwere der Pflichtwidrigkeit (des Verkehrsverstoßes) und die Frage des vom Beschuldigten behaupteten Mitverschuldens des Verletzten sein.[250] Die vorstehenden Kriterien finden gleichermaßen Anwendung auf Fälle, welche **ärztliche Kunstfehler** zum Gegenstand haben.[251] Hier kann überdies dem Aspekt der „enormen Beweisschwierigkeiten"[252] des Verletzten Bedeutung zukommen (s. Rn. 65).

---

243 Vgl. beispielsweise die von *Zöller* GA **2021** 303, 304 f. dokumentiert fehlgeleiteten Erwartungen von Verfahrensbeteiligten.

244 HK/*Weißer* 34.

245 BTDrucks. **10** 6124 S. 12, 14; s. auch *Rieß* Jura **1987** 287; *Weigend* NJW **1987** 1174.

246 Zur Nebenklagebefugnis der Angehörigen eines verstorbenen Mitbeschuldigten vgl. *Schlüchter* JZ **1990** 588.

247 *Rieß* NStZ **1989** 106.

248 Vgl. zu § 315b StGB nur OLG Hamm NStZ-RR **2012** 22.

249 HK/*Weißer* 35 m.w.N.; KK/*Walther* 16; *Kurth* NStZ **1997** 1, 2; *Beulke* DAR **1988** 116 (entscheidend auf den Grad der im Straßenverkehr erlittenen Verletzung abstellend); LG Kassel DAR **1988** 140 (kein Anschluss bei üblichen Verkehrsunfall-Verletzungen); AG Höxter NJW **1990** 1126; weiter diff. BeckOK/*Weiner* 25.

250 BTDrucks. **10** 5305 S. 12; KK/*Senge* 12; *Rieß*/*Hilger* NStZ **1987** 145, 154; eingehend und krit. dazu *Beulke* DAR **1988** 115; s. auch KMR/*Stöckel* 14, 15; HbStrVf/*Heghmanns* VI 103 ff., 107 (am Einzelfall orientierte Gesamtwertung erforderlich); *Liepe* VersR **1987** 344; *Stiewe* 26. Deutscher Verkehrsgerichtstag 1988 291.

251 Bereits LR/*Hilger*[26] 18; MK/*Valerius* 76.

252 Vgl. nur *Koch* NJW **2016** 2561, 2562.

cc) Diebstahls- und Raubtaten. Während die Nebenklage in den Fällen der §§ 242, 263,[253] 266[254] StGB mangels prozessualer Schutzwürdigkeit bei ausschließlich materiellen Schäden in der Regel ausgeschlossen ist,[255] kommt es bei Raub- oder Erpressungsdelikten auf die Bewertung der Umstände des Einzelfalls, namentlich den Grad physischer oder psychischer Verletzungen an (s. Rn. 56 ff.). Dies gilt gleichermaßen beim Wohnungseinbruchsdiebstahl. 69

dd) Vollrausch (§ 323a StGB). Der Tatbestand des Vollrauschs ist für sich keine zum Anschluss als Nebenklage berechtigende Tat. Die Strafvorschrift schützt nämlich nicht das im Rausch schließlich verletzte Einzelrechtsgut, sondern soll die Allgemeinheit vor rauschbedingten Ausschreitungen bewahren (s. auch Rn. 29).[256] 70

ee) Vereinigungsdelikte. Delikte ohne persönlich Verletzten, wie etwa Staatsschutz-, Organisations- und Vereinigungsdelikte berechtigen grundsätzlich nicht zum Anschluss als Nebenkläger. Insoweit fehlt es an einem verletzten Einzelrechtsgut (s. Rn. 53) und überdies regelmäßig an einer notwendigen prozessualen Schutzbedürftigkeit (s. Rn. 54 ff.). Eine aus einer Katalogtat nach Absatz 1 oder 2 abgeleitete Nebenklagebefugnis erstreckt sich nicht auf ein hiermit idealkonkurrierendes Vereinigungsdelikt (s. ferner Rn. 30). Hingegen erweisen sich **völkerstrafrechtliche Verbrechen** (§§ 6 ff. VStGB), die etwa im Zusammenhang mit einem Organisationsedelikt begangen worden sind, nach zutreffender Ansicht[257] als (zumindest auch) Individualrechte schützende Tatbestände. Unter den weiteren Voraussetzungen von Absatz 3 (s. Rn. 54 ff.) kann aus diesen daher grundsätzlich eine Nebenklagebefugnis hergeleitet werden. Allerdings erscheint es mit Blick auf den Unrechtsgehalt dieser Taten systematisch naheliegend, diese Tatbestände zumindest teilweise in Absatz 1 aufzunehmen. Der im Einzelfall möglichen Vielzahl potentieller Nebenkläger und der damit drohenden Verfahrensverzögerung[258] kann durch eine konsequente Anwendung des geltenden Rechts entgegen gewirkt werden (s. hierzu etwa § 397b sowie Rn. 65). 71

ff) Steuer- und Bestechungsstraftaten. Auch insoweit fehlt es an einem notwendigerweise verletzten Einzelrechtsgut und an der notwendigen prozessualen Schutzbedürftigkeit.[259] 72

VI. Anschlusszeitpunkt (Absatz 4)

1. Anschlusserklärung (Absatz 4 Satz 1). Der Anschluss als Nebenkläger kann als **Prozesserklärung** (s. § 396, 5) in jeder Lage des Verfahrens erklärt werden. Möglich ist die Abgabe der Anschlusserklärung also frühestens im Ermittlungsverfahren und spätestens im Rechtsmittelverfahren, unabhängig davon, ob dann noch eine Rechtsmittelbe- 73

253 Vgl. LG Hamburg StraFo **2017** 422.
254 OLG Jena NJW **2012** 547, 548.
255 BGH NJW **2012** 2601, 2602; *Jahn/Bung* StV **2012** 754, 756; MüKo/*Valerius* 74.
256 BGH NStZ-RR **2019** 353.
257 Vgl. im Einzelnen MüKo-StGB/*Kreß*, 3. Aufl., VStGB § 6, 1 ff.; MüKo-StGB/*Werle*, 3. Aufl., VStGB § 7, 1.
258 Vgl. etwa *Studzinsky* STREIT **2020** 156 ff.
259 Vgl. aber auch BGH BeckRS **2011** 20606, der auf die fehlende Katalogtat abstellt.

fugnis des Nebenklägers besteht.[260] Die Anschlusserklärung muss nach § 32d Abs. 1 Satz 2 als **elektronisches Dokument** übermittelt werden (s. Erl. zu § 396, 1).

74 **2. Wirkungen der Prozesserklärung.** Da der Anschluss nach Absatz 1 Satz 1 und Absatz 4 Satz 1 allerdings die Erhebung der öffentlichen Klage voraussetzt,[261] **bewirkt** auch eine vor diesem Zeitpunkt abgegebene Prozesserklärung den Anschluss bzw. **erwirkt** diese eine gerichtliche Entscheidung über den Anschluss (§ 396 Abs. 2 Satz 2; s. § 396, 7 ff., 24 ff.) erst mit Eingang der – wirksamen[262] – Anklageschrift bei Gericht.[263] Eine **vor Anklageerhebung** bei der Staatsanwaltschaft (§ 396 Abs. 1 Satz 2) oder bei der Polizei eingereichte und zu den Akten genommene Anschlusserklärung wird mit Eingang der Anklage bei Gericht wirksam,[264] jedoch nur in dem (verfahrensrechtlich bedeutsamen) Sinn, dass nunmehr über die Berechtigung des Nebenklägers zum Anschluss (§ 396 Abs. 2 Satz 1) zu entscheiden ist und mit der weiteren Folge, dass er von diesem Zeitpunkt an in den Fällen des Absatzes 1 und 2 die besondere Rechtsstellung eines mit selbständigen Rechten ausgestatteten Prozessbeteiligten erhält.[265]

75 **3. Rücknahme und Verzicht.** Die Nebenklage kann jederzeit zurückgenommen, auf das Nebenklagerecht jederzeit verzichtet werden,[266] in beiden Fällen auch im Wege eines Vergleichs, mit der Folge, dass – anders als beim Widerruf (vgl. § 402, 2) – ein erneuter Anschluss unzulässig ist.

76 **4. Wirkung des Anschlusses.** Mit dem Anschluss als Nebenkläger erlangt dieser in den Fällen von Absatz 1 und 2 die **Rechtsstellung** eines mit eigenen (selbständigen) Rechten ausgestatteten Verfahrensbeteiligten. Der wirksam erklärte Anschluss gilt grundsätzlich für das **ganze** folgende **Verfahren** (vgl. §§ 397 ff.);[267] allerdings kann der Nebenkläger die Anschlusserklärung zurücknehmen (Rn. 75). Solange er das nicht getan hat, ist er ohne besonderen Antrag auch in höherer Instanz hinzuzuziehen, auch wenn er diese nicht mit einem eigenen Rechtsmittel angerufen hat.[268] Hatte er sich vor Rechtskraft angeschlossen, muss er auch noch im Wiederaufnahmeverfahren – wiederum von Amts wegen – zugezogen werden.[269]

77 Die Befugnis des Nebenklägers ist eine **Verfahrensvoraussetzung** für das Nebenklageverfahren, also in jeder Lage des Verfahrens von Amts wegen zu prüfen.[270]

78 **5. Rechtsmittel (Absatz 4 Satz 2).** Der Anschluss ist grundsätzlich auch zur Einlegung eines Rechtsmittels zulässig.[271] Dabei ist nicht zwischen Rechtsmitteln gegen Urtei-

---

260 BGH bei *Becker* NStZ-RR **2002** 261; BeckRS **2006** 2114.
261 Vgl. Meyer-Goßner/*Schmitt* 12; KK/*Walther* 15.
262 Fehlt es etwa an der notwendigen Umgrenzung der Tat (§ 264) und erweist sich die Anklage als unwirksam, ist auch der Anschluss als Nebenkläger nicht möglich, vgl. bereits *Rosenfeld* 82.
263 Meyer-Goßner/*Schmitt* 12.
264 Vgl. § 396, 5.
265 Vgl. § 396, 9 ff.
266 Vgl. BGH bei *Pfeiffer/Miebach* NStZ **1986** 209; *Haas* NJW **1988** 1347 (auch zur Rücknahme des Strafantrags).
267 BGH bei *Becker* NStZ-RR **2001** 266; Meyer-Goßner/*Schmitt* § 396, 13.
268 Vgl. auch § 397, 3.
269 Vgl. auch Vor § 395, 34; § 397, 41.
270 RGSt **76** 178.
271 Vgl. § 399, 2 ff. zu Einzelfragen.

le, Beschlüsse und Verfügungen zu unterscheiden; so kann der Anschluss auch mittels sofortiger Beschwerde nach § 210 Abs. 2 erklärt werden.

In der Einlegung eines Rechtsmittels durch den Nebenklageberechtigten liegt meist 79 von selbst die Anschlusserklärung; kommen allerdings mehrere Delikte als den Anschluss rechtfertigende Taten in Betracht (zum erforderlichen Tatverdacht s. Rn. 8), bedarf es in der Anschlusserklärung grundsätzlich einer genauen Bezeichnung des dem Anschluss – und dem Rechtsmittelverfahren – zugrunde liegenden nebenklagefähigen Delilkts. Es ist nicht Aufgabe des Rechtsmittelgerichts, sich den passenden Tatbestand herauszusuchen. Dagegen liegt in einer Anschlusserklärung, die während der Rechtsmittelfrist eingereicht wird, nicht ohne Weiteres das Rechtsmittel, namentlich dann nicht, wenn schon ein anderer Beteiligter das Rechtsmittel eingelegt hat.[272] In diesem Fall wird der **Anschluss hinfällig**, sobald das Rechtsmittel des anderen sich – durch Rücknahme, Verwerfung usw. – erledigt hat.[273]

Das **Reichsgericht**[274] sah die Förmlichkeiten des Rechtsmittelverfahrens „notdürftig für gewahrt" an, wenn die Staatsanwaltschaft Revision einlegt, aber nicht begründet, 80 der Nebenklageberechtigte sich dem Verfahren sodann noch innerhalb der Einlegungsfrist „unter ausdrücklicher Bezugnahme auf die von der Staatsanwaltschaft eingelegte Revision" angeschlossen und später seinerseits das Rechtsmittel formgerecht begründet hat. Dem kann man nur zustimmen, wenn man die Anschlusserklärung als Einlegung einer eigenen Revision auslegen kann. Ob das möglich ist, hängt von den Umständen des Einzelfalls ab.

Nach insgesamt **rechtskräftigem Abschluss** kann sich der Nebenkläger dem Verfahren nicht mehr anschließen. 81 Die Berechtigung zum Anschluss setzt ein noch anhängiges Verfahren voraus;[275] es genügt nach rechtskräftigem Schuldspruch das weitere Verfahren zur Festsetzung der Rechtsfolgen.[276] Der Verletzte kann dieses Ziel auch nicht durch einen **Wiedereinsetzungsantrag** gegen die Versäumung einer Rechtsmittelfrist erreichen, da bis zum Abschluss des Verfahrens gegen ihn keine solche Frist lief (s. auch § 399, 4).[277] Tatsächliche Zweifel darüber, ob beim Eingang der Anschlusserklärung die Rechtskraft schon eingetreten war, gehen zu Lasten des Nebenklageberechtigten.[278] Zu Fragen der Wiederaufnahme vgl. Vor § 395, 34.

VII. Verfahrensbeschränkungen (Absatz 5)

Dem Nebenkläger bleibt das Anschlussrecht auch dann erhalten, wenn der rechtliche Gesichtspunkt, der das Nebenklagedelikt betrifft, nach § 154a beschränkt worden ist 82 (s. fener § 397a, 33). Eine entsprechende Verfahrensbeschränkung vor der Zulassung der Nebenklage entfällt mit einer uneingeschränkt erfolgten Zulassung; eine solche danach ist nur mit ausdrücklicher Zustimmung der Nebenklage wirksam.[279]

---

272 Vgl. dagegen RGSt **12** 342.
273 Vgl. § 399, 2 ff.
274 RGSt **12** 342.
275 RGSt **71** 173; OLG Hamm NStZ-RR **2003** 335; allg. M.; § 396, 5.
276 BGH bei *Becker* NStZ-RR **2004** 67.
277 Vgl. § 399, 4.
278 OLG Celle DAR **1958** 245.
279 BGH BeckRS **2001** 6349.

§ 396
Anschlusserklärung; Entscheidung über die Befugnis zum Anschluss

(1) [1]Die Anschlußerklärung ist bei dem Gericht schriftlich einzureichen. [2]Eine vor Erhebung der öffentlichen Klage bei der Staatsanwaltschaft oder dem Gericht eingegangene Anschlußerklärung wird mit der Erhebung der öffentlichen Klage wirksam. [3]Im Verfahren bei Strafbefehlen wird der Anschluß wirksam, wenn Termin zur Hauptverhandlung anberaumt (§ 408 Abs. 3 Satz 2, § 411 Abs. 1) oder der Antrag auf Erlaß eines Strafbefehls abgelehnt worden ist.

(2) [1]Das Gericht entscheidet über die Berechtigung zum Anschluß als Nebenkläger nach Anhörung der Staatsanwaltschaft. [2]In den Fällen des § 395 Abs. 3 entscheidet es nach Anhörung auch des Angeschuldigten darüber, ob der Anschluß aus den dort genannten Gründen geboten ist; diese Entscheidung ist unanfechtbar.

(3) Erwägt das Gericht, das Verfahren nach § 153 Abs. 2, § 153a Abs. 2, § 153b Abs. 2 oder § 154 Abs. 2 einzustellen, so entscheidet es zunächst über die Berechtigung zum Anschluß.

Schrifttum

Letzgus Beschwerde gegen Nichtzulassung der Nebenklage bei fahrlässiger Körperverletzung, NStZ **1989** 352; *Metz* Nebenklage und Adhäsionsantrag im Strafbefehlsverfahren JR **2019** 67; *Mitsch* die Erfolglosigkeit des vom Nebenkläger eingelegten Rechtsmittels, FS Paulus (2009) 119.

Entstehungsgeschichte

Die als § 436 Gesetz gewordene Vorschrift hat ihre jetzige Bezeichnung durch die Bek: 1924 erhalten. Art. 1 Nr. 97 des 1. StVRG hat Absatz 1, Art. 10 Nr. 8 StPÄG 1964 hat Absatz 2 jeweils um einen zweiten Satz erweitert. Der Umgestaltung der §§ 153 und 153a (Art. 21 Nr. 44 EGStGB 1974) hat Art. 21 Nr. 101 EGStGB 1974 durch Änderung der Verweisungsvorschrift in Absatz 2 Satz 2 Rechnung getragen. Durch Art. 4 Nr. 8b des Gesetzes über die Prozesskostenhilfe vom 13.6.1980 (BGBl. I S. 677) ist der durch Art. 2 Nr. 12 EGOWiG angefügte Absatz 4 wieder gestrichen worden. Durch Art. 1 Nr. 8 OpferschutzG ist die Vorschrift neu gefasst worden. Absatz 2 Satz 2 wurde im Hinblick auf den neuen § 395 Abs. 3 eingefügt, und Absatz 3 a.F. („Zu einer Sicherheitsleistung ist der Nebenkläger nicht verpflichtet") wurde im Hinblick auf die Trennung der Nebenklage von der Privatklage gestrichen. Im Übrigen sind die Änderungen redaktioneller Natur. Die Vorschrift ist außerdem vor ihrem Inkrafttreten durch Art. 1 des StVÄG 1987 redaktionell dahin geändert worden, dass in Absatz 1 Satz 2 die Verweisung auf § 408 den Änderungen dieser Vorschrift durch das StVÄG 1987 angepasst wurde. Durch Art. 1 Nr. 13 des Gesetzes zur Stärkung des Rechts des Angeklagten auf Vertretung in der Berufungsverhandlung und über die Anerkennung von Abwesenheitsentscheidungen in der Rechtshilfe vom 17.7.2015[1] wurde die gesetzliche Überschrift eingefügt. Zur **Kritik** an der gegenwärtigen Gesetzesfassung s. Rn. 39.

---

1 BGBl. I S. 1332.

https://doi.org/10.1515/9783110275001-028

Übersicht

Alphabetische Übersicht

I. Anschlusserklärung (Absatz 1)

1. Form (Satz 1)

a) elektronisches Dokument und Schriftform. Erklärt ein **anwaltlicher Beistand** 1
den Anschluss, so muss diese Prozesserklärung (s. Rn. 5) durch nach § 32d Satz 2 als **elektronisches Dokument** übermittelt werden. Diese Vorschrift ist verpflichtend und

konstitutiv für die Wirksamkeit der Prozesserklärung.[2] Ist die Übermittlung als elektronisches Dokument aus technischen Gründen vorübergehend nicht möglich, ist nach den Maßgaben von § 32d Satz 3 ausnahmsweise die Übermittlung in Papierform zulässig; die Tatsachen hierfür sind unverzüglich glaubhaft zu machen. Eine **Wiedereinsetzung in den vorigen Stand** kommt hingegen hier **nicht in Betracht** (s. Rn. 44; § 395, Rn. 81). Erklärt der **Verletzte** selbst den Anschluss, so gilt weiterhin die **Schriftform**, um dessen Anspruch auf rechtliches Gehör aus Art. 103 Abs. 1 GG durch die Vorgabe elektronischer Kommunikationsformen nicht zu erschweren.[3] (BT-Drs. 18/9416, 52). Für die Schriftform verlangt die Rechtsprechung bei der Einlegung von Rechtsmitteln schon seit langem keine Unterzeichnung mehr.[4] Es genügt, wenn aus dem Schriftstück in jeden Zweifel ausschließender Weise hervorgeht, von wem es herrührt.[5] Es ist nicht einzusehen, warum bei der Anschlusserklärung größere Strenge walten sollte; umso weniger, als der Anschluss auch durch Einlegung eines Rechtsmittels erklärt werden kann und ohne weitere ausdrückliche Hervorhebung darin erblickt wird. Zwar hat das Reichsgericht in einer älteren Entscheidung[6] noch den Standpunkt vertreten, ein nur mündlich zu Gerichtsprotokoll erklärter Anschluss als Nebenkläger genüge nur dann der Schriftform, wenn die ins Protokoll aufgenommene Erklärung von dem Erklärenden selbst unterschrieben sei. Jedoch ist diese Rechtsansicht durch die geänderten Anforderungen an die Schriftlichkeit inzwischen überholt (vgl. dazu die Erläuterungen zu §§ 306 und 314). Demgemäß kann die **Anschlusserklärung des Verletzten** – anders als eine solche seines Rechtsanwalts – auch durch Telefax erfolgen.[7] Nicht ausreichend sind allerdings **mündliche** (telefonische) **Erklärungen** sonstiger Art, auch dann nicht, wenn sie vom Empfänger, etwa durch eine Telefonnotiz, schriftlich festgehalten werden.[8] Eine **Begründung** ist in den Fällen des Absatz 2 Satz 1 nicht erforderlich, wenn sich die Anschlussbefugnis schon aus der Anklageschrift oder aber ohne weiteres aus den Akten ergibt[9] (Rn. 7); hingegen ist eine Begründung in den Fällen von Absatz 2 Satz 2 grundsätzlich zwingend (Rn. 29).[10]

2 **b) Hauptverhandlungsprotokoll.** Eine in das **Hauptverhandlungsprotokoll** aufgenommene Anschlusserklärung ist rechtswirksam.[11] Es besteht kein Grund, Erklärungen zu Protokoll des Richters oder der Geschäftsstelle anders zu behandeln. Auch bei ihnen muss die bloße schriftliche Niederlegung des Urkundsbeamten als ausreichend angesehen werden, wenn ihr einwandfrei entnommen werden kann, wer die Erklärung abgegeben hat.[12] Dies gilt auch nach Inkrafttreten des § 32d Satz 2. Denn die Möglichkeit, die entsprechende Erklärung nicht in Schriftform abzugeben, sondern zu Protokoll der Geschäftsstelle zu erklären, wird durch § 32d nicht eingeschränkt, weil die Vorschrift von vornherein nur die schriftliche Einreichung von Verfahrenserklärungen erfasst.[13]

2 Vgl. Meyer-Goßner/*Schmitt* § 32d 2.
3 Vgl. BTDrucks. **18** 9416 S. 51.
4 BGHSt **2** 77.
5 RGSt **62** 53; **63** 246; **67** 387; BGHSt **2** 78; *Eb. Schmidt* 4.
6 RGSt **36** 246.
7 Vgl. BGHSt **29** 179; **30** 69 ff.
8 AK/*Rössner* 1.
9 Vgl. KMR/*Kulhanek* 2.
10 Meyer-Goßner/*Schmitt* 10.
11 OLG Stuttgart JR **1955** 476 mit krit. Anm. *Kohlhaas*; *Theuerkauf* MDR **1962** 788; Meyer-Goßner/*Schmitt* 1; h.M.
12 HK/*Weißer* 1.
13 Vgl. BTDrucks. **18** 9416 S. 51.

c) Stellvertretung. in der Erklärung ist zulässig; die Vollmacht muss im Zeitpunkt der Erklärung vorliegen, kann aber noch später nachgewiesen werden und unterliegt keinem Formerfordernis.[14] Der Anschluss muss klar und unzweideutig erklärt werden; die Mitteilung eines Anwalts, er habe „die Vertretung des Nebenklägers übernommen", ist keine Anschlusserklärung.[15] Einem Betreuer muss die Wahrnehmung der Rechte des Nebenklägers in einem Strafverfahren grundsätzlich durch das Betreuungsgericht gesondert übertragen werden.[16] Zum minderjährigen Verletzten s. § 395, 18. 3

2. Adressat der Anschlusserklärung ist das Gericht, regelmäßig dasjenige, das über die Berechtigung zum Anschluss zu entscheiden hat; jedoch kommt auch das Gericht in Betracht, bei dem die Sache anhängig ist.[17] Weil Rechtsmittel regelmäßig bei dem Gericht einzulegen sind, dessen Entscheidung angefochten wird (§ 306 Abs. 1; § 314 Abs. 1; § 341 Abs. 1), ist auch der Anschluss durch Rechtsmittel gegenüber dem danach zuständigen Gericht zu erklären, obwohl dieses die Nebenklage nicht zulassen kann (Rn. 7). Wird die Erklärung bei einer anderen Stelle eingereicht (Staatsanwaltschaft, Verwaltungsbehörde, Rechtsmittelgericht), hängt ihre Wirksamkeit davon ab, dass die andere Stelle sie – fristgerecht – dem angegebenen Gericht zuleitet.[18] 4

3. Wirksamwerden (Satz 2, 3). Die Anschlusserklärung als **Prozesserklärung** wird wirksam, sobald die Akten mit der öffentlichen Klage und der Anschlusserklärung **bei Gericht eingegangen** sind,[19] im **beschleunigten Verfahren**, wenn eine Anklageschrift fehlt, erst mit mündlicher Anklage (§ 418 Abs. 3), bei Erhebung der öffentlichen Klage durch Antrag auf Erlass eines Strafbefehls frühestens in dem in Absatz 1 Satz 3 angegebenen Zeitpunkt (Rn. 6). Eine erneute Zulassung in der Rechtsmittelinstanz ist nicht erforderlich.[20] 5

Im **Strafbefehlsverfahren** wird die Anschlusserklärung frühestens mit der **Terminsanberaumung** (§ 408 Abs. 3 Satz 2, § 411 Abs. 1 Satz 2) oder mit Erlass[21] des Beschlusses, durch den der **Strafbefehlsantrag abgelehnt** wird (§ 408 Abs. 2 Satz 1), wirksam.[22] Eine Anregung des Amtsgerichts, das Verfahren einzustellen, steht dem ablehnenden Beschluss nicht gleich.[23] Die Anschlusserklärung wird also nicht wirksam, wenn der Strafbefehl erlassen und nicht angefochten, auch nicht, wenn er mit Abänderungen[24] (vgl. § 408 Abs. 3) erlassen und nicht angefochten wird, und ebenso nicht, wenn nach Einspruch des Beschuldigten das Verfahren vor Terminsbestimmung eingestellt[25] oder der Einspruch vorher zurückgenommen wird. In diesen Fällen wird die **Anschlusserklärung gegenstandslos,** 6

14 BGH NStZ-RR **2022** 123.
15 OLG Celle NdsRpfl. **1959** 165; *Amelunxen* 36; vgl. OLG Schleswig bei *Lorenzen/Thamm* SchlHA **1995** 8.
16 BGH NStZ-RR **2020** 91; BGH BeckRS **2021** 9831.
17 Meyer-Goßner/*Schmitt* 8; KMR/*Kulhanek* 3; allg. M.
18 KMR/*Kulhanek* 3; vgl. auch OLG Schleswig bei *Lorenzen/Thamm* SchlHA **1995** 8.
19 LG Bamberg AnwBl. **1978** 31 ff.; vgl. auch OLG Schleswig bei *Lorenzen/Thamm* SchlHA **1995** 8; AK/*Rössner* 3; *Amelunxen* 35.
20 BGH bei *Becker* NStZ-RR **2001** 266.
21 AK/*Rössner* 5 (zutreffend: nicht erst mit Bekanntmachung).
22 Meyer-Goßner/*Schmitt* 6; KMR/*Kulhanek* 4.
23 LG Flensburg VRS **64** (1983) 31.
24 Vgl. AK/*Rössner* 4.
25 Meyer-Goßner/*Schmitt* 18; AK/*Rössner* 4; HK/*Weißer* 6; vgl. auch LG Flensburg VRS **64** (1983) 31; **a.A.** LG Köln MDR **1984** 776.

eine Entscheidung hierüber überflüssig.[26] Diese Regelung ist sachgerecht,[27] da mangels Hauptverhandlung kein besonderes Schutz- oder Abwehrbedürfnis des Nebenklagebefugten besteht. Lehnt das Gericht den Strafbefehlsantrag ab, so hat es zugleich über die Anschlusserklärung zu entscheiden. Der Verletzte muss die Möglichkeit erhalten, sich einer sofortigen Beschwerde der Staatsanwaltschaft anzuschließen (§§ 210 Abs. 2, 408 Abs. 2 Satz 2) oder diese selbst (vgl. §§ 400 Abs. 2 Satz 1, 408 Abs. 2 Satz 2, 204) einzulegen[28] (s. auch Rn. 9). Der Übergang ins Strafbefehlsverfahren nach **§ 408a** führt im Hinblick auf § 410 Abs. 1 Satz 1 nicht zur Unwirksamkeit der Nebenklage; der Nebenkläger kann nur bis zur erneuten Terminierung seine Rechte nicht ausüben, soweit sie sich aus den §§ 395 ff. ergeben. Vgl. auch die Erl. zu § 472.

II. Entscheidung nach Absatz 2 Satz 1

7 **1. Deklaratorische Bedeutung.** Über die Frage, ob der gerichtlichen Zulassungsentscheidung konstitutive oder aber nur deklaratorische Bedeutung zukommt, wurde seit jeher gestritten. Hierzu im Einzelnen:

8 **a) Historische Entwicklung.** Das Reichsgericht vertrat zunächst den Standpunkt, die Stellung des Nebenklägers werde durch den Anschluss erlangt,[29] die gerichtliche Entscheidung habe nur **deklaratorische** Bedeutung. Später knüpfte es (ohne nähere Begründung) den Erwerb der prozessualen Rechte des Nebenklägers an die gerichtliche Zulassung an,[30] legte der gerichtlichen Entscheidung nunmehr also **konstitutive** Wirkung bei. Gegen diese Ansicht wurde geltend gemacht,[31] sie finde im Gesetz keine Stütze. Dieses unterscheide zweierlei: (1) die Anschlusserklärung und (2) die Entscheidung des Gerichts über ihre Berechtigung. Der Wortlaut des § 397 Abs. 1 deute sicher mehr darauf hin, dass sich die Rechte des Nebenklägers an die Anschlusserklärung knüpften (vorbehaltlich ihrer Annullierung mit rückwirkender Kraft bei einer den Anschluss versagenden Entscheidung), als darauf, dass erst die gerichtliche den Anschluss zulassende Entscheidung die Parteiqualität bringe.

9 **b) Herrschende Ansicht.** Die **Rechtsprechung** hat sich zu der nur deklaratorischen Bedeutung der gerichtlichen Feststellung über die Berechtigung des Anschlusses erst 1960 wieder bekannt.[32] Inzwischen hat sich diese Auffassung für den Fall der Zulassung nach Absatz 2 Satz 1 (zu Satz 2 vgl. Rn. 24 ff.) durchgesetzt[33] und wird auch nicht

---

26 LG Deggendorf NJW **1965** 1092; LG Heidelberg NJW **1967** 2420; LG Traunstein DAR **1991** 316; Meyer-Goßner/*Schmitt* 6; HK/*Weißer* 6; s. im Einzelnen *Metz* JR **2019** 69.

27 Vgl. AK/*Rössner* 6.

28 Meyer-Goßner/*Schmitt* 6; AK/*Rössner* 5.

29 RGSt **25** 187.

30 RGSt **48** 236; **51** 130; **66** 354.

31 Vgl. *Beling* ZStW **36** (1915) 295; *Eb. Schmidt* 11 bis 13; Nachtrag I 13 (prozessgestaltende Bewirkungshandlung).

32 Vgl. OLG Köln NJW **1960** 306.

33 BGH NJW **2012** 2601, 2602; NJW **2020** 3398; NStZ-RR **2020** 91; OLG Celle NJW **1961** 378; OLG Düsseldorf NStZ-RR **1997** 11; OLG Köln NJW **1960** 306; OLG Nürnberg NJW **1978** 1017; OLG Stuttgart NJW **1970** 822; LG Hanau JurBüro **1987** 393; Meyer-Goßner/*Schmitt* 13; SSW/*Werner* 8, 10; KK/*Walther* 7; AK/*Rössner* 8; HK/*Weißer* 15; KMR/*Kulhanek* 11; *Peters* 583; h.M.; **a.A.** wohl OLG München MDR **1959** 945; *Dünnebier* FS II Peters 344.

dadurch in Zweifel gezogen, dass die Entscheidungsformel, mit der das Gericht die Berechtigung des Anschlusses des Verletzten feststellt, die Formulierung enthält, die Nebenklage werde zugelassen.

Nach dieser Auffassung stehen dem Nebenkläger seine Befugnisse bereits **mit wirksamer** (Rn. 1, 5 f.) **Anschlusserklärung**, verstanden als **prozessuale Bewirkungshandlung** (s. § 395, 73 f.), schon vor der gerichtlichen (deklaratorischen) Zulassung zu;[34] Prozesshandlungen sind bereits **vor** dem Zulassungsbeschluss wirksam.[35] Der Nebenkläger behält seine Funktion und Befugnisse auch dann, wenn das Gericht fälschlich seine Zulassung ablehnt;[36] gleiches gilt für einen gerichtlichen Aufhebungsbeschluss.[37] Ein nicht zur Nebenklage Berechtigter kann demgemäß auch nicht durch gerichtliche Zulassung wirksam Nebenkläger werden.[38] Vgl. im Übrigen Rn. 11, 24. 10

c) Eigene Ansicht. Schon der Wortlaut des Absatzes 1, insbesondere Satz 2, spricht für die Richtigkeit der h.M., dass nämlich schon die Erklärung – bei Vorliegen aller erforderlichen Voraussetzungen – den Anschluss bewirkt. Bestätigt wird dies durch Absatz 2 Satz 1, dass nämlich das Gericht über die **Berechtigung**, nicht die Wirksamkeit des Anschlusses entscheidet, sowie durch § 397 Abs. 1, wonach der Kläger seine Rechte (schon) nach erfolgtem Anschluss und nicht erst nach der gerichtlichen Zulassung ausübt.[39] Diese Lösung hat sich in der Praxis auch bewährt, vermeidet insbesondere Schwierigkeiten, wenn der Nebenklagebefugte schnellstens von ihm nach § 397 zustehenden Rechten Gebrauch machen will (und muss) sowie bei der Rechtsmitteleinlegung.[40] Es sollte daher weiterhin dem Grundsatz gefolgt werden, dass die gerichtliche Entscheidung, mit der die Berechtigung zum Anschluss festgestellt wird, nur deklaratorische Bedeutung hat, konstitutiv dagegen allein die Anschlusserklärung ist. Zu den Konsequenzen für die „verteidigende Nebenklage" s. Vor § 395, 29 f. 11

2. Zuständigkeit. Für die Entscheidung zuständig ist das mit der Sache befasste Gericht,[41] und zwar bei Rechtsmitteln des Anschlussberechtigten das Rechtsmittelgericht, nicht der Vorsitzende.[42] Gleichwohl ist dessen Entscheidung nicht nichtig.[43] Hat der Anschlussberechtigte den Anschluss nach ergangenem Urteil erklärt (§ 395 Abs. 4 Satz 2), um ein Rechtsmittel einzulegen (§ 401 Abs. 1 Satz 2), und hat der Richter, dessen Entscheidung mit dem Rechtsmittel angefochten werden soll, die Anschlusserklärung für berechtigt gehalten, so wird dadurch das Rechtsmittelgericht der eigenen Entscheidung über die Anschlussbefugnis ebenso wenig enthoben wie auch sonst. Die Entscheidung des Gerichts der unteren Instanz ist für das Rechtsmittelgericht deshalb unbeachtlich,[44] weil die **Anschlussberechtigung** des Rechtsmittelführers **Verfahrensvoraussetzung** für das Rechtsmittelverfahren ist, die nur das dafür zuständige Gericht prüfen kann[45] (vgl. auch Rn. 32, 12

34 BGH NStZ-RR **1999** 39; HK/*Weißer* 15, 16; KMR/*Kulhanek* 11; KK/*Walther* 7.
35 HK/*Weißer* 16.
36 BGHSt **41** 288.
37 BGH NStZ **1994** 297.
38 BGH bei *Becker* NStZ-RR **2001** 135; OLG Stuttgart NJW **1970** 822; KK/*Walther* 7.
39 Vgl. AK/*Rössner* 8; KMR/*Kulhanek* 11.
40 Vgl. AK/*Rössner* 8; KMR/*Kulhanek* 11; vgl. auch BGHSt **41** 288.
41 BayObLG GA **1971** 22.
42 HK/*Weißer* 7.
43 BayObLGSt **1952** 99; **1955** 19; BGH bei *Dallinger* MDR **1969** 360; SSW/*Werner* 5.
44 RGSt **70** 178; BayObLGSt **1951** 258; **1970** 171.
45 BGHSt **41** 288; OLG Bremen OLGSt § 395, 29.

36). Ebenso hat das Rechtsmittelgericht über die Anschlussbefugnis zu entscheiden, wenn der Anschluss nach dem Rechtsmittel eines anderen Beteiligten erklärt wird.[46] In den Fällen der §§ 319 Abs. 1, 346 Abs. 1 entscheidet der iudex a quo.[47]

13 **3. Verfahren.** Nebenkläger schließt sich in den Fällen des **§ 396 Abs. 1 Satz 1, § 395 Abs. 1 und 2** dem Verfahren durch seine Erklärung an. Er wird in diesen Fällen **nicht** gerichtlich **zugelassen**. Ein Gerichtsbeschluss hat in diesen Fällen lediglich **deklaratorische Bedeutung** (vgl. Rn. 7 ff.; zu § 396 Abs. 2 Satz 2 s. Rn. 24 ff.). Das Gericht prüft nur die Berechtigung seines Anschlusses. Die Prüfung ergeht **unverzüglich** vor einer weiteren Änderung der Prozesslage.[48] Der Zulassungsbeschluss nach Absatz 2 Satz 1 kann ausnahmsweise auch noch **nach rechtskräftigem Abschluss** des Verfahrens ergehen, wenn die Anschlusserklärung bereits vorher beim zuständigen Gericht eingegangen war[49] und der Nebenkläger ein rechtliches Interesse an der nachträglichen Entscheidung hat.[50] Diese grundsätzliche Zulässigkeit nachträglicher Entscheidung folgt schon aus der nur deklaratorischen Bedeutung (Rn. 7 ff.) des Beschlusses. Auch nach endgültiger **Einstellung** gemäß § 153a Abs. 2 kann eine unterbliebene Zulassung nachgeholt werden.[51] Gleiches gilt für den Fall der Einstellung nach § 153 Abs. 2.[52] Eine Fortsetzung des Verfahrens kann der Nebenkläger damit nicht erreichen (vgl. § 400 Abs. 2 Satz 2). Wohl aber kann es im Einzelfall wichtig sein, über eine solche Zulassung klarzustellen, dass der Nebenkläger Befugnisse (vgl. § 397) zu Recht geltend gemacht hat oder noch geltend macht (z.B. Akteneinsicht); solche Fälle dürften aber selten sein. Zu Kostenfragen vgl. Rn. 34 sowie die Erl. zu §§ 464, 472. Zu Absatz 2 Satz 2 vgl. Rn. 24.

14 Die **Prüfungsgegenstände** umfassen einmal die Frage, ob der den Anschluss Erklärende zu dem nach § 395 zum Anschluss befugten Personenkreis gehört (§ 395, 26 ff., 45 ff.),[53] sodann die sonstigen Voraussetzungen (§ 395, 6 ff., 26 ff., 47 ff.). Liegen diese Voraussetzungen vor, prüft das Gericht weiter die **Begründetheit** der Anschlussberechtigung. Begründet soll der Anschluss nach **h.A.** sein, wenn die **rechtliche Möglichkeit** der Verurteilung wegen eines Nebenklagedelikts, auch bei Tateinheit oder Gesetzeskonkurrenz,[54] besteht.[55] Diese Rechtsansicht hat allerdings nach Abkopplung der Nebenklage vom Recht der Privatklage durch das OpferschG **ihre Berechtigung verloren** (vgl. im Einzelnen Erl. Vor § 395, 16 ff.), sodass für die Anschlussberechtigung zu fordern ist, dass das vom Antragssteller für den Anschluss herangezogene Nebenklagedelikt Gegen-

---

46 BGHSt **6** 103.

47 HK/*Weißer* 8.

48 RGSt **25** 186.

49 RGSt **66** 393; LG Kaiserslautern NJW **1957** 1120 mit Anm. *Pohlmann* NJW **1957** 1373; LG Krefeld Rpfleger **1972** 177; Meyer-Goßner/*Schmitt* 14; h.M.; **a.A.** LG München DAR **1963** 246.

50 Vgl. auch BGHSt **41** 288 (begründete Beteiligungsrechte); OLG Hamm NStZ-RR **2003** 335; LG Hanau JurBüro **1987** 393; *D. Meyer* JurBüro **1983** 165.

51 Vgl. LG Hanau JurBüro **1987** 393; *Meyer-Goßner* 14; *D. Meyer* JurBüro **1983** 165; h.M.; **a.A.** LG Düsseldorf JurBüro **1983** 252.

52 AK/*Rössner* 22.

53 Meyer-Goßner/*Schmitt* 10.

54 Meyer-Goßner/*Schmitt* 10; *Lenckner* JZ **1973** 742; h.M.; einschränkend *Hanack* JZ **1974** 55; vgl. auch Vor § 395, 16 ff.

55 BGHSt **13** 143; OLG Düsseldorf VRS **92** (1997) 331; Meyer-Goßner/*Schmitt* 10; LR/*Hilger*[26] 8; HK/*Weißer* 12; KMR/*Kulhanek* 8; AK/*Rössner* 13; SSW/*Werner* 6; *Beulke* DAR **1988** 117.

stand der Anklage oder aber eine Verurteilung – nach Maßgabe des **hinreichenden Tatverdachts** (§ 203) – insoweit **wahrscheinlich** ist (s. Vor § 395, 21). Im Falle des Absatzes 2 Satz 2 umfasst die Prüfung auch die für die Anschlussbefugnis erforderlichen besonderen Gründe nach § 395 Abs. 3 (vgl. Rn. 24 ff.; § 395, 54 ff.).

Grundlage der Prüfung sind nach **h.A.** die in den Akten befindlichen Erkenntnisse, falls der Anschluss während der Hauptverhandlung erklärt wird, nach deren Stand, in Verbindung mit dem Vorbringen des den Anschluss Erklärenden und dem Ergebnis der Anhörung (Rn. 17). Nach der hier vertretenen Ansicht reicht bereits die der Anklageschrift zu entnehmende ausdrückliche Annahme des hinreichenden Tatverdachts durch die Anklagebehörde aus. Nur wenn das vorgebrachte Nebenklagedelikt in dieser – möglicherweise auch wegen § 154a Abs. 1 – nicht erwähnt wird, hat das mit der Eröffnungsentscheidung befasste Gericht den hinreichenden Tatverdacht anhand der Verfahrensakten insoweit eigenständig zu prüfen (s. Vor § 395, 21 ff.). Diese Maßgaben finden auch nach Beginn der Hauptverhandlung Anwendung; auf den Stand der Beweisaufnahme in der Hauptverhandlung kommt es hiernach auch im Rechtsmittelverfahren nicht an (s. Vor § 395, 21 ff.). **15**

Genügen diese Erkenntnisse dem Gericht nicht, so kann es unter Umständen notwendig sein, – auch außerhalb der Hauptverhandlung – weitere (nicht den Tathergang betreffende) entscheidungserhebliche Umstände im **Freibeweisverfahren** zu klären, soweit dies erforderlich und möglich erscheint. Je nach Sachlage kann es erforderlich sein (insbesondere in den Fällen von § 395 Abs. 2 Nr. 1, Abs. 3), dass der den Anschluss Erklärende wesentliches Vorbringen **glaubhaft macht**; dies kann z.B. durch Vorlage von Urkunden bzw. ärztlichen Attesten geschehen (s. § 395, 47, 58).[56] **16**

Vor der Entscheidung ist nach dem Gesetzeswortlaut die Staatsanwaltschaft **anzuhören** (§ 396 Abs. 2 Satz 1). Entgegen herrschender Ansicht[57] sollte mit Blick auf Art. 103 Abs. 1 GG auch dem Angeschuldigten rechtliches Gehör gewährt werden. Bereits durch die (deklaratorische; vgl. Rn. 7 ff.) Zulassung wird der Angeschuldigte **beschwert**. Zwar kann und muss das Gericht ggf. eine fehlerhafte Zulassung widerrufen (Rn. 20); bis dahin aber kann der als Nebenkläger Zugelassene in erheblichem Umfang von den Befugnissen eines Nebenklägers (Nebenklagebefugten) Gebrauch gemacht haben, und zwar in einer Weise, dass sich die Folgen durch einen Widerruf, etwa nachdem der Angeschuldigte von der Zulassung erfahren und grundsätzliche, berechtigte Bedenken gegen eine Nebenklagebefugnis angemeldet hat, nicht mehr beseitigen lassen. Die Praxis sollte daher dem Angeschuldigten in der Regel rechtliches Gehör gewähren.[58] **17**

4. Form. Die Entscheidung ergeht durch **Beschluss**, je nach Zeitpunkt innerhalb oder außerhalb der Hauptverhandlung in der jeweils hierfür erforderlichen Besetzung. Er unterliegt nicht den Formerfordernissen eines Urteils,[59] hat allerdings ausdrücklich auszuweisen, wegen welcher Delikte die Nebenklage zugelassen wird. Auch der ableh- **18**

---

56 Vgl. HK/*Weißer* 13; SSW/*Werner* 6; *Beulke* DAR **1988** 117.

57 Vgl. Meyer-Goßner/*Schmitt* 11; AK/*Rössner* 12; HK/*Weißer* 10; KK/*Walther* 8; KMR/*Kulhanek* 7; *Eb. Schmidt* 8; vgl. auch *Amelunxen* 38; LR/*Wendisch*[24] 8. Fraglich ist, ob diese Lösung mit Hilfe eines Umkehrschlusses aus Absatz 2 Satz 2 untermauert werden kann.

58 Vgl. SK/*Velten* 6; LR/*Hilger*[26] 9; HbStrVf/*Heghmanns* VI 117; *Jahn/Bung* StV **2012** 754; Empfehlung: HK/*Weißer* 10.

59 OLG Hamburg JR **1950** 568.

nende Beschluss hat deklaratorische Wirkung, denn es wird nur festgestellt, dass der Anschluss nicht wirksam war. Durch den Beschluss wird insbesondere nicht die Rechtslage gestaltet, nicht die rechtliche Existenz der Anschlusserklärung beseitigt.[60] Dies bedeutet, die Wirksamkeit eines (berechtigten) Anschlusses bleibt bestehen, wenn der ablehnende Beschluss unrichtig ist (Rn. 10).

19 Ausnahmsweise kann über die Berechtigung des Anschlusses in den Fällen der Katalogtatbestände des § 395 Abs. 1 und 2 nach § 396 Abs. 2 Satz 1 auch **stillschweigend** entschieden werden (anders zu Absatz 2 Satz 2, vgl. Rn. 31); das ist anzunehmen, wenn der Nebenklageberechtigte nach Anschlusserklärung in der Hauptverhandlung (oder spätestens z.B. in der Kostenentscheidung) wie ein zugelassener Nebenkläger behandelt wird.[61]

20 **5. Keine Rechtskraft.** Die lediglich deklaratorische Entscheidung ist nicht **rechtskraftfähig**, auch nicht die des Beschwerdegerichts.[62] Das Gericht kann seinen Beschluss in jeder Lage des Verfahrens auf Antrag oder von Amts wegen wieder aufheben, wenn sich nachträglich herausstellt, dass die verfahrensrechtliche Grundlage von vornherein fehlte.[63] Auch das Rechtsmittelgericht wird durch diese Entscheidung nach § 396 Abs. 2 Satz 1 nicht gebunden.[64] Das Gericht darf die Feststellung, der Anschluss sei berechtigt, allerdings nicht deshalb zurücknehmen, weil sich die **tatsächlichen Behauptungen** des Nebenklägers in der Hauptverhandlung als **unrichtig** herausstellen oder aus sonstigen Gründen kein Nebenklagedelikt vorliegt.[65] Daraus die Folgerungen zu ziehen, ist Sache des Urteils, der sachlichen Entscheidung über die Nebenklage selbst, nicht der verfahrensrechtlichen Entscheidung über ihre Zulassung.[66] Gleiches gilt, wenn das Rechtsmittelverfahren den Nebenkläger nicht mehr betrifft.[67]

21 Auch der die Berechtigung der Zulassung ablehnende oder der die Zulassung aufhebende Beschluss wird nicht rechtskräftig; er verhindert mithin keine **spätere gegenteilige Entscheidung.**[68] Der Nebenkläger kann jederzeit die Anschlusserklärung mit neuem Vorbringen wiederholen.[69] Das Gericht, auch das Rechtsmittelgericht, hat die Berechtigung, wenn es ihre Voraussetzungen für gegeben hält, aber auch ohne erneuten Antrag aufgrund der ursprünglichen Anschlusserklärung von Amts wegen auszusprechen.[70] Die Anschlussberechtigung ist bei einem Rechtsmittel des Nebenklägers Voraussetzung der **Zulässigkeit dieses Rechtsmittels** und von Amts wegen zu prüfen.[71] Der Nebenkläger kann mit Einlegung des Rechtsmittels die Ablehnung seiner Zulassung rügen; das

---

60 BGHSt **41** 288; Meyer-Goßner/*Schmitt* 17; **a.A.** AK/*Rössner* 10; vgl. auch *Dünnebier* FS II Peters 344; BGH bei *Dallinger* MDR **1970** 732.

61 BayObLG GA **1971** 23; OLG Düsseldorf JurBüro **1990** 769; *Amelunxen* 39; **a.A.** AK/*Rössner* 16.

62 KMR/*Kulhanek* 14; SSW/*Werner* 9.

63 KG BeckRS **2020** 14759; OLG Saarbrücken JBlSaar **1961** 16; OLG Düsseldorf JMBlNW **1980** 238; SSW/*Schöch* 9; allg. M.

64 BGH NJW **2012** 2601, 2602; NJW **2020** 3398; NStZ-RR **2020** 91.

65 OLG Celle BeckRS **2016** 114152; OLG Nürnberg OLGSt § 395, 9; Meyer-Goßner/*Schmitt* 16; SSW/*Schöch* 10; h.M.; **a.A.** *Eb. Schmidt* Nachtr. 10.

66 Vgl. RGSt **51** 129; **a.A.** BayObLGSt **1952** 270; *Eb. Schmidt* 16, Nachtr. 10.

67 Meyer-Goßner/*Schmitt* 16; **a.A.** *Riegner* NZV **1991** 42.

68 BGHSt **41** 288; Meyer-Goßner/*Schmitt* 17; allg. M.

69 *Rieß/Hilger* NStZ **1987** 154; *Beulke* DAR **1988** 118.

70 OLG Düsseldorf JMBlNW **1980** 238.

71 BGHSt **29** 217; **33** 114; Meyer-Goßner/*Schmitt* 20; KK/*Walther* 12; HK/*Weißer* 27; allg. M.

Rechtsmittelgericht hat über diese erneute Anschlusserklärung zu entscheiden (vgl. auch Rn. 24, 29 ff., 33).[72] Zur Zuständigkeit s. Rn. 12.

Besondere Probleme ergeben sich im Zusammenhang mit der spezifischen **Unanfechtbarkeitsregelung** des Absatzes 2 Satz 2 2. Halbsatz, die sich nur auf die Entscheidung nach Satz 2 bezieht. Soweit in dieser eine Entscheidung nach Absatz 2 Satz 1 enthalten ist, bleibt diese anfechtbar (Rn. 35).[73] Die Entscheidung nach Satz 2 erwächst in formelle Rechtskraft, nicht jedoch in Bestandskraft (vgl. die Erl. Vor § 296). Nach dem Willen des Gesetzgebers[74] soll durch die Unanfechtbarkeitsregelung die besondere Entscheidung über das Vorliegen der materiellen Anschlussvoraussetzungen des § 395 Abs. 3 der Prüfung durch das Revisionsgericht (s. § 336 Satz 2) entzogen sein; die wertende Entscheidung des mit der Sache befassten Gerichts, ob es aus besonderen Gründen eine Beteiligung des Verletzten als Nebenkläger für geboten hält, soll nicht nachträglich und rückwirkend durch das „Rechtsmittelgericht korrigiert" werden können. Unberührt bleiben soll jedoch auch in diesem Fall die Befugnis eines durch eine sonstige rechtswidrige Tat im Sinne von § 395 Abs. 3 Verletzten, nach ergangenem Urteil **erneut seinen Anschluss** als Nebenkläger, auch **verbunden mit der Einlegung eines Rechtsmittels** (§ 395 Abs. 4 Satz 2), zu erklären.[75] Das Revisionsgericht kann also die Nebenklagebefugnis des Rechtsmittelführers nach § 395 i.V.m. § 396 Abs. 2 Satz 1 und 2 als Prozessvoraussetzung auch der Revision (vgl. auch Rn. 29 ff.; § 400, 18) überprüfen; es kann jedoch nicht eine wertende Entscheidung des Tatrichters nach § 396 Abs. 2 Satz 2 als fehlerhaft beanstanden und darauf seine Revisionsentscheidung stützen (§ 337; s. Rn. 36). Die engere Auffassung, ein erneuter Antrag auf Zulassung in der Revisionsinstanz sei unzulässig,[76] widerspricht dem eindeutigen Willen des Gesetzgebers, nur die Revisibilität des Verfahrensverstoßes einer fehlerhaften (Nicht-)Zulassung in der Vorinstanz über die §§ 336 Satz 2, 396 Abs. 2 Satz 2 auszuschließen, widerspricht § 395 Abs. 4, da § 395 Abs. 3 i.V.m. § 396 Abs. 2 Satz 2 gerade nicht lex specialis[77] sein soll und könnte insbesondere bei neuem Vorbringen (neuen Erkenntnissen) zu unbilligen Ergebnissen führen.[78] Weil eine § 336 Satz 2 entsprechende Vorschrift für das Berufungsverfahren fehlt, dürfte im Übrigen eine „Korrektur" einer wertenden Entscheidung nach § 395 Abs. 3, § 396 Abs. 2 Satz 2 durch das Berufungsgericht nicht ausgeschlossen sein;[79] dass die Entscheidung für die Verfahrensbeteiligten nicht anfechtbar ist (Absatz 2 Satz 2 2. Halbsatz) bedeutet nicht, dass sie auch für ein Gericht unabänderlich ist. 22

Aus der Regelung kann des Weiteren abgeleitet werden: Wenn der Anschluss nach § 395 Abs. 3 unanfechtbar (§ 396 Abs. 2 Satz 2 2. Halbsatz) abgelehnt worden ist, ist es dem Verletzten unbenommen, im Wege der „Gegenvorstellung" neue, eventuell einen Anschluss rechtfertigende Umstände vorzutragen, und das Gericht kann seine ablehnen- 23

---

72 BGH MDR **1970** 732; allg. M.

73 HK/*Weißer* 26; Meyer-Goßner/*Schmitt* 19; *Böttcher* JR **1987** 135; *Rieß/Hilger* NStZ **1987** 154; *Beulke* DAR **1988** 117; *Letzgus* NStZ **1989** 352.

74 BTDrucks. **10** 5305 S. 13.

75 BTDrucks. **10** 5305 S. 13; BGH MDR **1970** 732; ebenso HK/*Weißer* 20; SK/*Velten* 20; *Letzgus* NStZ **1989** 353; *Beulke* DAR **1988** 118; *Rieß/Hilger* NStZ **1987** 154.

76 OLG Düsseldorf NStZ **1994** 49 mit zust. Anm. *Rössner* NStZ **1994** 506; NStZ-RR **1996** 310; AK/*Rössner* 28; HK-GS/*Rössner* 14; Meyer-Goßner/*Schmitt* 23 und § 400, 19; KK/*Walther* 12.

77 So aber wohl AK/*Rössner* 28; *Rössner* NStZ **1994** 507.

78 Vgl. auch *Beulke* DAR **1988** 118.

79 So wohl auch SK/*Velten* 20; **a.A.** OLG Stuttgart Justiz **2000** 149; Meyer-Goßner/*Schmitt* § 395, 11 (Entscheidung bindend).

de Entscheidung revidieren. Eine **Gegenvorstellung** mit dem Ziel der Überprüfung der Entscheidung auf wesentlich neuer Tatsachengrundlage dürfte im Hinblick auf das Fehlen einer materiellen Bestandskraft der Entscheidung grundsätzlich unbedenklich sein.[80] Im Übrigen wäre es reiner Formalismus, wenn der Verletzte neue Tatsachen, die eine Revidierung der ablehnenden Entscheidung zu § 395 Abs. 3 rechtfertigen, zurückhalten müsste und sie erst nach Abschluss der Instanz mit Einlegung eines Rechtsmittels geltend machen dürfte. Schließlich kann das Gericht mangels materieller Bestandskraft seiner Entscheidung zu § 395 Abs. 3 diese grundsätzlich auch **von Amts wegen ändern,** z.B. wenn sich herausstellt, dass die ursprüngliche Grundlage der Entscheidung von vornherein unrichtig war.[81] Unzulässig dürfte allerdings eine dem Nebenkläger nachteilige Änderung der Entscheidung – innerhalb derselben Instanz – sein, die allein auf neuen Erkenntnissen infolge der Hauptverhandlung oder auf einer anderen Interpretation des unbestimmten Rechtsbegriffes (§ 395, 55) beruht; dem Nebenkläger dürfte insoweit ein Vertrauensschutz zuzubilligen sein.[82]

III. Entscheidung nach Absatz 2 Satz 2

24 **1. Konstitutive Wirkung.** Während die Entscheidung des Gerichts nach Absatz 2 Satz 1 über die Berechtigung des Anschlusses in den Fällen des § 395 Abs. 1 und 2 lediglich deklaratorischen Charakter hat (Rn. 7 ff.), kommt der Entscheidung nach Satz 2 weitergehende Bedeutung zu.[83] Zunächst umfasst auch sie eine Entscheidung über die allgemeinen Voraussetzungen der Nebenklagebefugnis, etwa Prozessfähigkeit des Antragsstellers (Rn. 14, § 395, 18) und materielle Anschlussbefugnis mit Blick auf das geltend gemachte und in der Anschlusserklärung grundsätzlich ausdrücklich zu benennende (s. Rn. 29), zur Nebenklage berechtigende Delikt (s. zum Maßstab Rn. 14). **Zusätzlich** enthält sie die indes die wertende gerichtliche Entscheidung speziell zur Frage der Erfüllung der **besonderen materiellen Voraussetzungen**[84] des § 395 Abs. 3 (§ 395, 54 ff.), also das Ergebnis der Erwägungen des Gerichts, ob (warum) hier ein Anschluss bei einem nur allgemeinen Delikt ausnahmsweise aus besonderen Gründen geboten erscheint.[85] Die dogmatische Einordnung dieser Entscheidung ist zweifelhaft; der Gesetzgeber hat offengelassen, ob ihr konstitutive Bedeutung zukommt.[86] Die h.M. bejaht dies.[87]

25 Für eine deklaratorische Wirkung des Beschlusses könnte allerdings namentlich das Interesse des den Anschluss Erklärenden sprechen, alsbald seine Befugnisse wirksam ausüben zu können, also nicht erst auf einen **konstitutiven Zulassungsbeschluss** war-

80 Vgl. dazu die Erl. Vor § 296 und Vor § 304; *Beulke* DAR **1988** 118; AK/*Rössner* 30; SSW/*Werner* 10.

81 Vgl. Meyer-Goßner/*Schmitt* 16, 17; AK/*Rössner* 30.

82 Vgl. *Beulke* DAR **1988** 117.

83 S. nur BGH NJW **2012** 2601, 2602.

84 Ähnlich *Beulke* DAR **1988** 117; gegen eine solche Differenzierung AK/*Rössner* 9.

85 Vgl. BTDrucks. **10** 5305 S. 13; Meyer-Goßner/*Schmitt* 10; HK/*Weißer* 12; *Beulke* DAR **1988** 117; *Böttcher* JR **1987** 135.

86 BTDrucks. **10** 5305 S. 13.

87 OLG Oldenburg StraFo **2013** 212; OLG Düsseldorf NStZ-RR **1997** 11; NStZ-RR **1996** 310; NStZ **1994** 49 mit Anm. *Rössner* NStZ **1994** 506; Meyer-Goßner/*Schmitt* 14; HK/*Weißer* 18; *Letzgus* NStZ **1989** 353; **a.A.** AK/*Rössner* 9; HbStrVf/*Heghmanns* VI 98.

ten zu müssen.[88] Dogmatisch ließe sich eine solche Lösung so begründen, dass das Gericht zwar aufgrund der ihm vorliegenden Erkenntnisse wertend prüft, ob besondere Gründe im Sinne von § 395 Abs. 3 einen Anschluss zur Wahrnehmung der Interessen des Verletzten geboten erscheinen lassen, dass der gerichtliche Ausspruch insoweit jedoch nur feststellender Natur ist, weil die (einengenden) Voraussetzungen des Anschlusses tatsächlich (bereits) vorliegen. Eine solche Lösung würde jedoch der Bedeutung der **wertenden Entscheidung** (vgl. § 395, 55) nicht gerecht, die von einem **materiellen Anschlussgrund** abhängig ist[89] und erst durch den Antrag als **prozessuale Erwirkungshandlung** erzwungen wird (s. Erl. zu § 395, 74). Konsequenterweise gilt gleiches für den eine konstitutive Zulassung **aufhebenden** sowie für einen **ablehnenden Beschluss**,[90] da (soweit) beiden die wertende Entscheidung zugrunde liegt.[91]

Dies heißt: Hier wird der Nebenkläger **zugelassen**. Erst damit entfaltet die prozes- 26
sual existente und wirksame (Rn. 5) Anschlusserklärung – anders als bei der deklaratorischen Zulassung (Rn. 7 ff.) – ihre **prozessuale Befugnisse begründende Bedeutung**; dass die „Folgen" der wirksamen Anschlusserklärung sich erst „ex nunc" mit der Zulassungsentscheidung ergeben (können), ist eine Auswirkung des konstitutiven Elements in der Zulassungsentscheidung. Der Nebenkläger erhält also erst mit der Zulassungsentscheidung ex nunc seine prozessualen Rechte, kann sie erst dann ausüben.[92] Hat der bis dahin nicht zugelassene Nebenklagebefugte innerhalb der Rechtsmittelfrist formgerecht ein **Rechtsmittel** eingelegt (vgl. auch Rn. 36), so wird er erst mit Zulassung am Rechtsmittelverfahren beteiligt. § 397 Abs. 1 (vgl. Rn. 40) ist insoweit eingeschränkt. Entscheidet das Gericht bei rechtzeitig eingelegtem Rechtsmittel erst nach Ablauf der Rechtsmittelfrist, so ist das Rechtsmittel nicht wegen des Fristablaufs unzulässig; entscheidend ist insoweit, dass die prozessual existente Anschlusserklärung rechtzeitig erfolgte, die ex-nunc-Wirkung betrifft die ggf. entstehenden weiteren prozessualen Befugnisse im Rechtsmittelverfahren (s. auch Rn. 38). Auch die **aufhebende Entscheidung** wirkt – soweit sie auf die wertende Entscheidung zu § 395 Abs. 3 gestützt wird – ex nunc.

Der Zulassungsbeschluss kann – falls noch ein rechtliches Interesse besteht – auch 27
noch nach rechtskräftigem Abschluss des Verfahrens ergehen,[93] wenn die wirksame Anschlusserklärung vorher bei Gericht eingegangen war. Dies ist zwar im Hinblick auf die konstitutive Wirkung der Zulassung problematisch. Vorher erfolgte Prozesshandlungen waren und bleiben grundsätzlich unwirksam (z.B. Beweisanträge), weil die Befugnisse erst ex nunc (Rn. 26) entstehen. Folgen der Rechtskraftwirkung können nicht durch eine **nachträgliche konstitutive Zulassung** beseitigt werden; zur Rechtsmittelbefugnis vgl. Rn. 21, 22 f., 26 Würde man aber eine nachträgliche Zulassung grundsätzlich als unzulässig ansehen, so könnte dies – nach Sachlage des Einzelfalles – zu erheblichen, unnötigen, weil vermeidbaren Nachteilen für den Nebenklagebefugten führen (z.B. keine Befugnis zur erleichterten Akteneinsicht – vgl. §§ 397, 406e –, sondern nur Akteneinsicht wie für Verfahrensunbeteiligte), wenn und weil das Gericht nicht – wie es

88 Vgl. auch AK/*Rössner* 9 (ungerechtfertigte Schlechterstellung gegenüber dem sonst unmittelbaren Anschluss).
89 Vgl. *Letzgus* NStZ **1989** 353.
90 Vgl. KMR/*Kulhanek* 14; AK/*Rössner* 10.
91 Vgl. auch BGHSt **41** 288.
92 **A.A.** SK/*Velten* 12; möglicherweise AK/*Rössner* 9. Vgl. auch (u.a. zur Frage der Rückwirkung) *Dünnebier* FS II Peters 344; OLG München MDR **1959** 945.
93 **A.A.** OLG Düsseldorf NStZ-RR **1997** 11 (unter Hinweis auf die Rechtskraft und die Gefahr von Rechtsunsicherheit).

seine Pflicht wäre – unverzüglich nach Eingang der Anschlusserklärung entschieden hat. Indes wird die Notwendigkeit einer nachträglichen Entscheidung zur Berechtigung eines Anschlusses selten sein, weil in vielen Fällen die Kosten- und Auslagenentscheidung nach den §§ 472, 473 Abs. 1 klarstellen wird, ob das Gericht den Anschluss als berechtigt anerkannt hat; zur Verfahrenseinstellung s. auch Rn. 13, 33.

28 **2. Zuständigkeit, Verfahren, Form.** Insoweit kann auf die vorstehend dargestellten Maßgaben der Entscheidung nach Absatz 2 Satz 1 verwiesen werden (Rn. 12). Hier bestimmt indes Absatz 2 Satz 2 ausdrücklich die (eigentlich ohnehin gebotene, Rn. 17) **Anhörung** des Angeschuldigten; dies ist mit Blick auf die weitere Anschlussvoraussetzungen der besonderen Gründe für die Nebenklagezulassung konsequent. Das Gericht wird hierbei dem Angeschuldigten eine kurze Frist zur Stellungnahme setzen, damit das Verfahren nicht verzögert wird.

29 Der Begründung der **Anschlusserklärung** kommt als **Grundlage für die gerichtliche Prüfung** besondere Bedeutung zu (s. auch § 395, 51). Zunächst obliegt es hiermit dem Verletzten auszuführen, **wegen welcher Delikte** er einen Anschluss nach § 395 Abs. 3 begehrt. Der Antragssteller erwirkt eine durch seine Prozesshandlung klar zu umgrenzende gerichtliche Prüfung. Diese Frage kann nicht etwa „ins Ermessen" des Gerichts gestellt werden; fehlt es an einer solchen Konkretisierung und kommen meherere Delikte in Betracht, so vermag eine solche Prozesserklärung – auch mit Blick auf die Korrespondenz von Tatvorwurf und spezifischen Gründen für eine Zulassung nach § 395 Abs. 3 – einen Anschluss nicht zu erwirken.[94] Überdies kommt der Antragsbegründung besondere Bedeutung als Grundlage für die gerichtliche Prüfung der gesetzlich geforderten **spezifischen Gründe** (s. Erl. zu § 395, 54 ff.) für die ausnahmsweise auch bei Nicht-Katalogtaten nach Absatz 3 begehrte Nebenklägerstellung zu. Auch hierzu hat sich der Antragssteller zu verhalten und dadurch Staatsanwaltschaft und Verteidigung Gelegenheit zur konkreten Erwiderung zu geben. Schweigt die Antragsschrift zu den besonderen Gründen oder werden diese nicht glaubhaft gemacht (s. Rn. 16), so ist der Antrag regelmäßig zurückzuweisen. Anders als bei § 395 Abs. 1 und 2 wird die besondere prozessuale Schutzbedürftigkeit hier gerade nicht gesetzlich antizipiert.

30 Der **Entscheidungsformel** kommt hier besondere Bedeutung zu.[95] Denn nur die vom Antragssteller in seiner Antragsbegründung ausdrücklich in Bezug genommenen Tatbestände werden gerichtlich überprüft (s. Rn. 29). Die Zulassungsentscheidung weist fortan im Umfang der Entscheidungsformel den **rechtlichen Korridor** prozessualer Handlungsfähigkeit (§ 397) und auch Rechtsmittelbefugnis aus; insbesondere müssen Zulassungsbeschluss und Rechtsmittelangriff mit Blick auf das jeweils zugrunde liegende Nebenklagedelikt kongruent sein (s. Erl. zu § 400, 18).[96] Denn nach § 400 Abs. 1 Hs. 2 kann der Nebenkläger sein Rechtsmittel nicht mit dem Ziel führen, dass der Angeklagte wegen einer Gesetzesverletzung verurteilt wird, die nicht zu seinem Anschluss berechtigt. Ausweis der Berechtigung für eine Nebenklage wegen eines allgemeinen Delikts nach § 395 Abs. 3 ist allerdings der Zulassungsbeschluss.

---

94 Vgl. zu einem derart gelagerten Sachverhalt OLG Hamm BeckRS **2021** 11241.

95 Als ungenügend erweist sich daher die Beschlussformel: „Der ... ist zum Anschluss als Nebenkläger berechtigt und wird zum Verfahren zugelassen (§§ 395, 396 StPO).", s. Sachverhalt bei OLG Hamm BeckRS **2021** 11241.

96 Vgl. *Wenske* JR **2014** 173.

Vor diesem Hintergrund ist im Rahmen der Entscheidung nach Absatz 2 Satz 2 kein Raum für eine **konkludente Zulassung** der Nebenklage.[97] In diesen Fällen fehlt schon die erforderliche konkrete prozessuale Erwirkungshandlung, die erst eine gerichtliche Bewertung der Anschlussvoraussetzungen des konkret zu benenenden Delikts (s. Rn. 29 f.) und eine solche der – gerade auch mit der Art des Delikts korrespondierenden – besonderen Gründe für die Zulassung nach § 395 Abs. 3 auslöst. Zudem würde dem Angeschuldigten das in diesen Fällen zwingend zu gewährende rechtliche Gehör vor der Entscheidung versagt. Schließlich wäre eine stillschweigende Zulassung unvereinbar mit dem systematischen Zusammenspiel der Zulassungsentscheidung mit der Rechtsmittelbefugnis (s. Rn. 30). 31

3. Keine Rechtskraft. S. Erl. Rn. 20 ff. Die Entscheidung über den materiellen Anschlussgrund der prozessualen Schutzbedürftigkeit (s. § 395, 54 ff.) ist dem Revisionsgericht wegen § 396 Abs. 2 Satz 2 Halbsatz 2, § 336 Satz 2 entzogen (s. zu Einzelheiten Rn. 22). Unberührt hiervon bleibt die Überprüfbarkeit der formellen Voraussetzungen einer Anschlussbefugnis.[98] 32

IV. Einstellung wegen geringer Schuld (Absatz 3)

Erwägt das Gericht, das Verfahren nach § 153 Abs. 2, § 153a Abs. 2, § 153b Abs. 2 oder § 154 Abs. 2[99] einzustellen, muss es zunächst über die Berechtigung der Anschlusserklärung entscheiden, um auf diese Weise der **Anhörungspflicht** nach Art. 103 Abs. 1 GG, § 397 Abs. 1 Satz 4 zu genügen.[100] Ist das Verfahren schon (vorläufig) eingestellt, so kann der Nebenkläger sich nicht mehr anschließen.[101] Zu § 154a vgl. § 397, 21. 33

V. Rechtsmittel

1. Beschwerde. Nach **herrschender Ansicht**[102] haben Staatsanwalt und Angeschuldigter gegen die Feststellung, dass der Anschluss berechtigt sei, Staatsanwalt und Anschlussberechtigter gegen die Feststellung, er sei nicht berechtigt, das Recht der einfachen Beschwerde.[103] § 305 Satz 1 steht der Beschwerde nicht entgegen, weil der Anschluss selbständige Bedeutung[104] hat. Der Streit hierüber[105] dürfte mit der Neubestim- 34

97 **A.A.** – sogar so weit, dass die Urteilsformel zum Ausdruck bringe, dass das Berufungsgericht die Nebenklage in diesem Rahmen konkludent zugelassen habe – OLG Hamm JR **2014** 169 mit abl. Anm. *Wenske*; ähnlich – Auslegung eines unbegründeten und daher nicht verständlichen Zulassungsbeschlusses und Auswahl eines möglichen Nebenklagedelikts nach § 395 Abs. 3 durch das Revisionsgericht – OLG Hamm BeckRS **2021** 11241; KK/*Walther* § 396, 13; Meyer-Goßner/*Schmitt* 15; krit. hingegen ebenfalls MK/*Valerius* 16.

98 Meyer-Goßner/*Schmitt* 19; offen gelassen von BGH **2012** 2601, 2602.

99 Vgl. dazu OLG Celle NStZ **1983** 328; Erl. zu § 154.

100 Vgl. BVerfGE **14** 323; s. auch BVerfG EuGRZ **1992** 624; NJW **1995** 317; SSW/*Schöch* 12.

101 OLG Stuttgart Die Justiz **1990** 192 (zu § 154).

102 OLG Hamburg MDR **1981** 957; OLG Zweibrücken StV **1982** 66; Meyer-Goßner/*Schmitt* 19; KK/*Walther* 11; SSW/*Schöch* 13.

103 Vgl. auch *Beulke* DAR **1988** 117; *Letzgus* NStZ **1989** 353; *Amelunxen* 41; **a.A.** *Peters* § 66 I 1; s. auch *Bringewat* GA **1972** 301. Zur Unzulässigkeit einer Verfassungsbeschwerde s. BVerfG NStZ-RR **2002** 309.

104 KG JR **1995** 259; OLG Köln NJW **1993** 3279; KK/*Walther* 11; HK/*Weißer* 23; Meyer-Goßner/*Schmitt* 19.

105 Vgl. LR/*Wendisch*[24] 18 ff.

mung der Nebenklage durch das OpferschutzG erledigt sein (s. Erl. Vor § 395, 9 ff.).[106] Die Beschwerde ist grundsätzlich auch im Rechtsmittelverfahren zulässig.[107] Nach rechtskräftigem Abschluss des Verfahrens ist die Beschwerde unzulässig.[108] Dies gilt auch, wenn der Beschuldigte – bei unberechtigter Zulassung – die ihn beschwerenden Folgen (insbesondere die Auslagenbelastung) beseitigen möchte.[109] Der **richtige Weg** hierfür ist das **Rechtsmittelverfahren** (ggf. die sofortige Kostenbeschwerde), in dem die Anschlussberechtigung zu überprüfen ist (Rn. 40; s. auch die Erl. zu §§ 464, 472). Dagegen soll im umgekehrten Fall die Beschwerde noch nach Rechtskraft zulässig sein, der Nebenkläger mit der Anfechtung des ablehnenden Beschlusses die Erstattung der ihm entstandenen Auslagen erstreiten können.[110] Der richtige Weg dürfte jedoch auch hier, weil entstandene Beteiligungs- und Anfechtungsrechte nicht beeinträchtigt werden durch die „Rechtskraft",[111] die Nutzung des Rechtsmittelverfahrens (also der **sofortigen Kostenbeschwerde** – vgl. § 464 Abs. 3 Satz 1, § 472 Abs. 1) sein (vgl. auch Rn. 22, 40); eine dennoch eingelegte Beschwerde wäre gegenstandslos. Unzulässig ist schließlich die Beschwerde, wenn das Verfahren nach den §§ 153, 153a eingestellt worden ist (vgl. §§ 153 Abs. 2 Satz 4, 153a Abs. 2 Satz 4, 400 Abs. 2 Satz 2, 464 Abs. 3 Satz 1).[112]

35 **Nicht** mit der **Beschwerde** anfechtbar ist die wertende Entscheidung des Gerichts zur Gebotenheit des Anschlusses nach **Absatz 2 Satz 2**. Unberührt hiervon bleibt die Überprüfbarkeit der formellen Voraussetzungen einer Anschlussbefugnis.[113] Enthält der Beschluss zugleich die deklaratorische Entscheidung nach Absatz 2 Satz 1, so bleibt dieser Teil anfechtbar[114] (Rn. 20).

2. Revision

36 **a) Prüfungsbefugnis des Revisionsgerichts.** Es ist einzuräumen, dass die einfache Beschwerde nicht das richtige Rechtsmittel ist, weil sie zu einer doppelten Prüfung – einmal im Beschwerde- und zum anderen im Revisionsverfahren – mit unter Umständen unterschiedlichen Ergebnissen führen kann. Denn dass es ein Verfahrensverstoß ist, wenn das Gericht – auch in der Beschwerdeinstanz – die Berechtigung des Nebenklägers zu Unrecht bejaht oder verneint hat (s. Rn. 41 f.), lässt sich nicht (vgl. aber Rn. 34) bezweifeln.[115] Verfahrensverstöße sind aber grundsätzlich **revisibel**. Hat das Beschwerdegericht auf die Beschwerde des abgelehnten Nebenklägers den Anschluss für berechtigt erklärt, so darf das Revisionsgericht gleichwohl seine Prüfung auf die Revision des Angeklagten, mit der dieser die Unzulässigkeit der Nebenklagebefugnis behauptet, aber auch des Nebenklägers, mit der dieser die allgemeine Sachrüge erhebt, nicht auf die Berechtigung zur Einlegung des Rechtsmittels beschränken, muss sie vielmehr auch auf die Frage erstrecken, ob dem Nebenkläger überhaupt ein Recht zur Nebenklage zu-

106 AK/*Rössner* 23.
107 OLG Stuttgart Die Justiz **2000** 149; KMR/*Kulhanek* 19.
108 OLG Zweibrücken StV **1982** 66; OLG Hamm VRS **31** (1966) 122; HK/*Weißer* 25.
109 Vgl. OLG Zweibrücken StV **1982** 66; HK/*Weißer* 25.
110 Vgl. OLG Hamm JZ **1972** 251; OLG Naumburg NJ **2002** 215 mit Anm. *Artkämper*; HK/*Weißer* 24; AK/*Rössner* 24.
111 Vgl. BGHSt **41** 288; s. auch BGH MDR **1970** 732.
112 Vgl. dagegen LG Hanau JurBüro **1987** 393; AK/*Rössner* 22; s. auch § 400, 25.
113 Meyer-Goßner/*Schmitt* 19; offen gelassen von BGH **2012** 2601, 2602.
114 *Böttcher* JR **1987** 135; *Letzgus* NStZ **1989** 352; HK/*Weißer* 26; Meyer-Goßner/*Schmitt* 19; h.M.
115 OLG Köln NJW **1952** 678; OLG Düsseldorf JMBlNW **1980** 237; s. bereits RGSt **59** 100, 102; vgl. KMR/*Kulhanek* 20 ff.; Meyer-Goßner/*Schmitt* 20 ff.; HK/*Weißer* 27 ff.; AK/*Rössner* 25.

stand.[116] Namentlich wenn die Entscheidung in einer Hauptverhandlung ergangen ist, kann die insoweit dem Revisionsgericht zustehende **Prüfungsbefugnis** durch den Beschluss des Beschwerdegerichts nicht eingeschränkt werden.[117] Dagegen träte gemäß § 336 Satz 2 Halbsatz 2 ein die weitere Überprüfung ausschließender Verbrauch der Rechtsmittelbefugnis insoweit ein, wenn sofortige Beschwerde statthaft wäre,[118] auch wenn der Berechtigte von der Möglichkeit der sofortigen Beschwerde keinen Gebrauch gemacht hat.[119]

Ein Teil der Rechtsprechung[120] will das vorstehend dargelegte Ergebnis dadurch gewinnen und die Revisibilität der Beschwerdeentscheidung dadurch – generell? – ausschließen, dass sie sich auf den Grundsatz der Ausschließlichkeit der Rechtsmittel beruft: Denn die **Aufklärungspflicht** würde in einer neuen Hauptverhandlung dazu zwingen, die bisher auf Anregung des – zu Unrecht zugelassenen – Nebenklägers festgestellten Tatsachen nunmehr von Amts wegen zu ermitteln. Die Wiederholung der Hauptverhandlung sei aber in der Regel ein Leerlauf, der den Gerichten nicht zugemutet werden könne.[121] 37

Obwohl dieser Standpunkt an sich einleuchtet, kann ihm gleichwohl nicht gefolgt werden: **Fehlerhafte Entscheidungen** über die Anschlussberechtigung des Nebenklägers kann der dadurch Beschwerte, Angeschuldigter oder Anschlussberechtigter, sowie stets der Staatsanwalt – solange das nicht mit der sofortigen Beschwerde ausgeschlossen (Rn. 39) wird – mangels einer gesetzlichen Ausnahmebestimmung regelmäßig mit der **Revision** gegen das Tatrichterurteil rügen;[122] ausdrücklich zu wiederholen braucht der nicht zugezogene Nebenkläger die Anschlusserklärung in den Fällen des § 395 Abs. 1 und 2, § 396 Abs. 2 Satz 1 nicht; sie liegt in der Rechtsmitteleinlegung und der Begründung des Rechtsmittels (Rn. 1, 40). 38

Diese Erkenntnis und die Darlegungen unter Rn. 29 sollten – wenn auch rechtliche Probleme bei der Bewertung der Anschlussberechtigung an sich selten sind – gleichwohl Veranlassung geben, **de lege ferenda** die Möglichkeit in Erwägung zu ziehen, dem Nebenkläger gegen den Beschluss über seine Anschlussberechtigung die **sofortige Beschwerde** zu eröffnen.[123] Eine solche Regelung würde die – wenn auch wohl seltenen – Fälle vermeiden, in denen das Revisionsgericht das Urteil des Tatrichters aufheben und die Sache deshalb an die Tatsacheninstanz zurückverweisen muss, weil dieser – wenn auch zufolge bindender Wirkung durch das Beschwerdegericht[124] – die Frage der Berechtigung des Anschlusses falsch entschieden hat. 39

b) Einzelfragen. Weil die Anschlussberechtigung Voraussetzung für die Zulässigkeit eines Rechtsmittels des Nebenklägers ist,[125] ist sie vom Rechtsmittelgericht von 40

116 BGH bei *Dallinger* MDR **1954** 152; BGHSt **29** 217; HK/*Weißer* 27; AK/*Rössner* 25 ff.
117 BGH NJW **1973** 1985; AK/*Rössner* 25.
118 Vgl. RGSt **7** 177; **20** 46; **44** 384; BGH NJW **1952** 234.
119 S. die Erl. zu § 336. Vgl. BGH NJW **1962** 261; *Bringewat* GA **1972** 297.
120 OLG Köln HESt **1** 219; BayObLGSt **1953** 64.
121 LG Düsseldorf MDR **1960** 159.
122 RGSt **66** 346; OLG Frankfurt NJW **1966** 1669; *Lichti* DAR **1953** 106; *Theuerkauf* MDR **1962** 791; *Eb. Schmidt* 17, 24.
123 S. auch KK/*Walther* 15.
124 Vgl. *Theuerkauf* MDR **1962** 791.
125 HK/*Weißer* 27; allg. M.; vgl. Rn. 21.

Amts wegen zu prüfen.[126] Dies gilt auch, wenn der Verletzte, dessen Zulassung in der Vorinstanz abgelehnt wurde, ein Rechtsmittel einlegt. Die **Anschlusserklärung** nach Abs. 2 Satz 1 liegt im Zweifel (spätestens) in der **Rechtsmitteleinlegung und dessen Begründung** (s. im Einzelnen § 400, 17).[127] Im Falle des **Absatzes 2 Satz 2** ist das Revisionsgericht an die Entscheidung der Vorinstanz nicht gebunden (vgl. Rn. 22). Die Verfahrensrüge der fehlerhaften (Nicht-)Zulassung kann jedoch im Hinblick auf § 336 Satz 2 Hs. 2 nicht zur Entscheidung des Revisionsgerichts gestellt werden, insoweit es um das (Nicht-)Vorliegen der materiellen Anschlussvoraussetzungen des § 395 Abs. 3 geht (Rn. 22).[128] Unberührt hiervon bleibt die Überprüfbarkeit der formellen Voraussetzungen einer Anschlussbefugnis.[129] Im Übrigen gilt hier Folgendes (zu weiteren Fragen des Rechtsmittelrechts vgl. die Erl. zu den §§ 400, 401).

41 **aa) Fälschlich zugelassener Nebenkläger.** Das Rechtsmittelgericht muss, wenn der **Nebenkläger fälschlich zugelassen** wurde, von Amts wegen, also auch ohne entsprechende Verfahrensrüge, ein Rechtsmittel des Nebenklägers als unzulässig verwerfen.[130] Im Falle einer Revision eines anderen Verfahrensbeteiligten prüft das Rechtsmittelgericht die Frage der (fehlerhaften) Zulassung des Nebenklägers nur auf eine entsprechende (zulässige) Verfahrensrüge hin.[131] Nach wohl h.M.[132] beruht das Urteil bei einem **zu Unrecht bewilligten Anschluss** in der Regel nicht auf diesem Fehler (§ 337). Dem ist nicht zuzustimmen. Diese Auffassung, die wesentlich auf die richterliche Aufklärungspflicht und deren Auswirkungen auf das Verfahrensergebnis abstellt, erscheint zu schematisch.[133] Vielmehr kommt es im Rahmen der veranlassten Beruhensprüfung nach § 337 unter Berücksichtigung der Umstände des Einzelfalls darauf an, ob ausgeschlossen werden kann, dass der Nebenkläger dieses Urteil beeinflusst hat.[134] Dieser Ausschluss wird namentlich bei einem Nebenkläger, der – in der Revision nachvollziehbar als wesentliche Förmlichkeiten (§ 273 Abs. 1, § 274) – von seinen prozessualen Gestaltungsrechten Gebrauch gemacht hat (s. im Einzelnen zu den Gestaltungsrechten § 397, 15; krit. hierzu Vor § 373b, 45 ff.), nicht ohne Weiteres anzunehmen sein.[135] Der Vortrag sämtlicher **rügebegründender Tatsachen** (§ 344 Abs. 2 Satz 2) hat namentlich die Anschlusserklärung, die gerichtliche Entscheidung nach § 396 Abs. 2 Satz 1 bzw. 2 und solchen Tatsachenvortrag oder aber solche Mittel der Glaubhaftmachung, etwa zu schweren Tatfolgen zu enthalten. Zwar sind Ausführungen zum Beruhenszusammenhang auch hier entbehrlich; die Revision muss aber Tatsachen vortragen, aufgrund welcher die Möglichkeit des Beruhens gepräft werden kann.[136] Vor diesem Hintergrund liegt insbesondere der Vortrag solcher Umstände nicht fern, die nicht Gegenstand der Beweis-

126 Vgl. BGH NJW **1980** 1586; **1985** 872; BGHSt **41** 288; BGH NJW **2020** 3398; OLG Köln NStZ **1994** 298; HK/*Weißer* 27, 29.

127 Vgl. BGHSt **41** 288; BGH MDR **1970** 732; BayObLGSt **1971** 58.

128 BGH NJW **2012** 2601; Meyer-Goßner/*Schmitt* 23; allg. M.

129 Meyer-Goßner/*Schmitt* 19; offen gelassen von BGH **2012** 2601, 2602.

130 OLG Düsseldorf NJW **1983** 1337; s. auch BayObLG MDR **1953** 249.

131 BGH MDR **1969** 361; BayObLGSt **1971** 57; OLG Düsseldorf NJW **1983** 1337; HK/*Weißer* 28; Meyer-Goßner/*Schmitt* 21.

132 BGH BeckRS **1993** 8275; BayObLG bei *Rüth* DAR **1980** 270; Meyer-Goßner/*Schmitt* 21; HK/*Weißer* 28; Meyer-Goßner/*Schmitt* 21; s. auch OLG Köln NJW **1949** 35; BayObLGSt **1953** 64.

133 So bereits LR/*Hilger*[26] 34.

134 Vgl. bereits RGSt **41** 173; **66** 348; OLG Frankfurt NJW **1966** 1669; AK/*Rössner* 27; (ähnlich) SK/*Velten* 18, 19.

135 Ähnlich zum Jugendstrafverfahren *Eisenberg/Kölbel* JGG § 80, 18b.

136 BGHSt **31** 131, 135.

kraft des Hauptverhandlungsprotokolls sind.[137] Zum **Erhalt der Rügebefugnis** liegt es nahe, eine Beschwerde des Angeklagten oder aber – in den Fällen des § 396 Abs. 2 Satz 2 Halbsatz 2 – eine Gegenvorstellung gegen die Zulassung zu verlangen. Nicht erforderlich ist in diesem Zusammenhang eine Beanstandung jeder einzelnen Rechtsausübung des zu Unrecht zugelassenen Nebenklägers; diese könnten ihrerseits indes Gegenstände selbständiger Verfahrensbeanstandungen sein.[138]

bb) Fälschlich nicht zugelassener Nebenkläger. Ist der **Nebenkläger zu Unrecht nicht zugelassen** worden, erfüllt dies nicht den absoluten Revisionsgrund des § 338 Nr. 5.[139] Eine auf die Verfahrensrüge gestützte Revision des Nebenklägers kann aber zur Aufhebung des Urteils führen, wenn der Schuldspruch (vgl. § 400 Abs. 1) auf dem **Verfahrensfehler beruht** (§ 337), also nicht auszuschließen ist, dass der Nebenkläger bei Zulassung in der Vorinstanz durch Tatsachenvortrag und/oder Benennung von Beweismitteln, die für die Schuldfrage wesentliche Bedeutung haben können, Einfluss auf die Vorentscheidung genommen hätte.[140] 42

Die unterbliebene Heranziehung eines **Dolmetschers** für den nicht sprachkundigen anwesenden Nebenkläger in den Fällen des § 187 Abs. 1 und 5 GVG erweist sich – schon mit Blick auf den fehlenden absoluten Revisionsgrund bei einer Abwesenheit des Nebenklägers nach § 338 Nr. 5 (s. Rn. 42) – als relativer Revisionsgrund (zu Übersetzungen s. § 397, 34).[141] 43

3. Wiedereinsetzung in den vorigen Stand. Die bis zum rechtskräftigen Verfahrensabschluss reichende Zeitspanne, innerhalb derer ein Anschluss als Nebenkläger zulässig ist, erweist sich nicht als Frist, gegen deren Säumnis eine Wiedereinsetzung nach §§ 44, 45 möglich ist (s. auch § 395, 81; § 399, 4).[142] 44

4. Verfassungsbeschwerde. Die gegen die Ablehnung der Nebenklagezulassung geführte Verfassungsbeschwerde erzwingt nicht die Aussetzung der Hauptverhandlung.[143] Der Verletzte einer rechtswidrigen Tat muss sich wegen des Grundatzes der Subsidiarität vor der Erhebnung einer Verfassungsbeschwerde der Anklage als Nebenkläger angeschlossen haben.[144] 45

§ 397
Verfahrensrechte des Nebenklägers

(1) [1]Der Nebenkläger ist, auch wenn er als Zeuge vernommen werden soll, zur Anwesenheit in der Hauptverhandlung berechtigt. [2]Er ist zur Hauptverhandlung zu laden; § 145a Absatz 2 Satz 1 und § 217 Absatz 1 und 3 gelten entsprechend. [3]Die Befugnis zur Ablehnung eines Richters (§§ 24, 31) oder Sachverständigen (§ 74), das Fragerecht (§ 240 Absatz 2), das Recht zur Beanstandung von Anordnungen des Vor-

137 Zum Fragerecht vgl. etwa BGH NStZ **2005** 396 mit Anm. *Ventzke*.
138 Hierzu näher *Ventzke* NStZ **2005** 397.
139 BGH NStZ **1999** 259; BeckRS **2014** 19129; s. bereits RGSt **28** 220, 225; **59** 101, 104; s. § 397, 36.
140 BGH NStZ **1997** 97; **1999** 259; vgl. auch BGH StV **1981** 535; BGH MDR **1952** 660 (verspätete Zulassung); SK/*Velten* 17.
141 Zur früheren Gesetzesfassung mit Recht BGH BeckRS **2014** 19129.
142 BGH NStZ-RR **1997** 136; BeckRS **2020** 32845; s. ferner *Wenske* NStZ **2008** 434, 435.
143 BVerfG NStZ-RR **2002** 309.
144 VerfGH Brandenburg NJW **2010** 2196 (Ls.).

https://doi.org/10.1515/9783110275001-029

sitzenden (§ 238 Absatz 2) und von Fragen (§ 242), das Beweisantragsrecht (§ 244 Absatz 3 bis 6) sowie das Recht zur Abgabe von Erklärungen (§§ 257, 258) stehen auch dem Nebenkläger zu. [4]Dieser ist, soweit gesetzlich nichts anderes bestimmt ist, im selben Umfang zuzuziehen und zu hören wie die Staatsanwaltschaft. [5]Entscheidungen, die der Staatsanwaltschaft bekannt gemacht werden, sind auch dem Nebenkläger bekannt zu geben; § 145a Absatz 1 und 3 gilt entsprechend.

(2) [1]Der Nebenkläger kann sich des Beistands eines Rechtsanwalts bedienen oder sich durch einen solchen vertreten lassen. [2]Der Rechtsanwalt ist zur Anwesenheit in der Hauptverhandlung berechtigt. [3]Er ist vom Termin der Hauptverhandlung zu benachrichtigen, wenn seine Wahl dem Gericht angezeigt oder er als Beistand bestellt wurde.

(3) Ist der Nebenkläger der deutschen Sprache nicht mächtig, erhält er auf Antrag nach Maßgabe des § 187 Absatz 2 des Gerichtsverfassungsgesetzes eine Übersetzung schriftlicher Unterlagen, soweit dies zur Ausübung seiner strafprozessualen Rechte erforderlich ist.

Schrifttum

Baumhöfener Informationsrechte der Nebenklage – Gefährdung des Grundsatzes der Wahrheitsermittlung, StraFo **2012** 2; *Brauns* Die Besetzungsrüge und ihre Präklusion im Strafprozess, Diss. Köln 1984; *Deckers* Konkordante und kontroverse Interessen von Nebenklage und Verteidigung im Strafverfahren, in: Loccumer Protokolle (2019) 87; *Endler* Die Doppelstellung des Opferzeugen (2019); *Gollwitzer* Die Stellung des Nebenklägers in der Hauptverhandlung, FS Schäfer 65; *Gerson* Die Beteiligung des Verletzten bei (verfahrensbeendenden) Absprachen – „Gleicher unter Gleichen" oder „Fremdkörper im Fremdkörper"? in: Verletzte im Strafrecht (2020) 182; *Hassemer/Matussek* Das Opfer als Verfolger: Ermittlungen des Verletzten in Strafverfahren (1996); *Krey* Zur Problematik privater Ermittlungen des durch eine Straftat Verletzten (1994); *Lemke-Küch* Das Fragerecht der Nebenklage, StraFo **2018** 369; *Metz* Nebenklage und Adhäsionsantrag im Strafbefehlsverfahren, JR **2019** 67; *Schwab* Prozesskostenhilfe und Nebenklage, MDR **1983** 810; *Senge* Zwei Rechtsfragen aus dem Bereich der Nebenklage, FS Rissing-van Saan (2011) 657; *Weigend* Alle sind sich einig – und das Opfer, FS Streng (2017); *Wu* Die Rechtsstellung des Verbrechensopfers im staatlichen Strafverfahren am Beispiel der Nebenklage (2007); *Wucherer* Beeinflusst der Schlussvortrag eines Nebenklägers die richterliche Strafzumessung? NStZ **2021** 462.

Entstehungsgeschichte

Die als § 437 Gesetz gewordene Vorschrift hat ihre jetzige Bezeichnung durch die Bek. 1924 erhalten. Sie umfasste ursprünglich nur einen Absatz. Durch Art. 10 Nr. 9 StPÄG 1964 wurde der jetzige Absatz 2 angefügt. Durch Art. 1 Nr. 98 des 1. StVRG wurde ein neuer Absatz 2 eingefügt, der die Unanfechtbarkeit von Einstellungen nach den §§ 153 Abs. 2, 153a Abs. 2, 153b Abs. 2 regelte, und der bisherige Absatz 2 wurde Absatz 3. Die Vorschrift wurde schließlich durch Art. 1 Nr. 9 **OpferschutzG** neu gefasst; Absatz 3 wurde wieder Absatz 2.

Die Vorschrift ist über einige sprachliche Umstellungen und weggefallene Verweisungen auf das Recht der Privatklage hinaus zur besseren Lesbarkeit und Verständlichkeit durch Art. 1 Nr. 26 des Gesetzes zur Stärkung der Rechte von Verletzten und Zeugen im Strafverfahren (2. Opferrechtsreformgesetz – **2. OpferRRG**)[1] neu gefasst worden.[2] **Absatz 1 Satz 1** ist inhaltlich unverändert geblieben; lediglich zur Vereinfachung sind die Wörter „nach erfolgtem Anschluss" entfallen, da die Nebenklage ohnehin erst nach er-

1 BGBl. I 2009 S. 2280.
2 BTDrucks. **16** 12098 S. 9, 31.

klärtem Anschluss an eine erhobene öffentliche Klage zulässig ist.[3] **Satz 2** übernimmt inhaltlich die bisherige Regelung aus der Verweisung von § 397 Abs. 1 Satz 2 a.F. auf § 385 Abs. 2 i.V.m. § 378 Satz 2 und gibt dessen Regelungsgehalt nunmehr zur besseren Verständlichkeit und zum Zwecke der Abgrenzung vom Recht der Privatklage in § 397 selbst wieder.[4] Dies gilt gleichermaßen für die aus den Verweisungen von § 397 Abs. 1 Satz 2 a.F. auf § 385 Abs. 1 Satz 1 sowie § 397 Abs. 1 Satz 2 a.F. auf § 385 Abs. 1 Satz 2 i.V.m. § 378 Satz 2 folgenden bisherigen Regelungen, deren Regelungsgehalt jetzt die **Sätze 4** bzw. **5** enthalten.[5] **Satz 3** ist unverändert geblieben. **Absatz 2** übernimmt mit seinen **Sätzen 1 und 2** inhaltlich die bisherige Regelung aus der Verweisung von § 397 Abs. 1 Satz 2 a.F. auf § 378 Satz 1 und gibt dessen Regelungsgehalt fortan zur besseren Verständlichkeit und zur Abgrenzung zum Recht der Privatklage in § 397 selbst wieder.[6] Mit dem neu eingefügten **Satz 3** wird nunmehr geregelt, dass auch Vertretern und Beiständen von Nebenklägern eine Terminsnachricht übersandt werden muss, sofern diese sich zur Akte legitimiert haben oder durch das Gericht bestellt worden sind.[7]

Durch Art. 1 Nr. 13 des Gesetzes zur Stärkung des Rechts des Angeklagten auf Vertretung in der Berufungsverhandlung und über die Anerkennung von Abwesenheitsentscheidungen in der Rechtshilfe vom 17.7.2015[8] hat die Vorschrift ihre gesetzliche Überschrift erhalten.

Absatz 3 wurde durch Art. 1 Nr. 9 des Gesetzes zur Stärkung der Opferrechte im Strafverfahren (3. Opferrechtsreformgesetz – 3. OpferRRG) eingefügt.[9]

Übersicht

1. Allgemeines. Während § 397 Abs. 1 a.F. pauschal regelte, nach erfolgtem Anschluss habe der Nebenkläger die Rechte des Privatklägers und damit insbesondere 1

3 BTDrucks. **16** 12098 S. 31.
4 BTDrucks. **16** 12098 S. 31.
5 BTDrucks. **16** 12098 S. 31.
6 BTDrucks. **16** 12098 S. 31.
7 BTDrucks. **16** 12098 S. 32.
8 BGBl. I 2015 S. 1332.
9 BGBl. I 2016 S. 2525.

auf § 385 verwies, bestimmt nunmehr Absatz 1 die Befugnisse des Nebenklägers im Einzelnen abschließend (Rn. 2 ff.)[10] und entkoppelt die prozessuale Rechtsstellung des Nebenklägers vom Privatklageverfahren (Vor § 395, 20 ff.). Die Auffassung,[11] die den Nebenkläger mit dem Privatkläger und der Staatsanwaltschaft im Wesentlichen gleichstellte und daraus weitgehend die gleichen Befugnisse wie die der Staatsanwaltschaft ableitete, ist seit der Änderung des § 397 durch das OpferschutzG überholt (s. Erl. Vor § 395, 17 ff., 20 ff.). Der Nebenkläger ist nunmehr ein neben der Staatsanwaltschaft auftretender **Zusatzbeteiligter**, der seine speziell auf die Nebenklagefunktion zugeschnittenen Befugnisse (vgl. Vor § 395, 10; Rn. 2) unabhängig von anderen Nebenklägern und der Staatsanwaltschaft[12] ausübt; er hat das seinem Beitritt vorausgegangene Verfahren gemäß den §§ 398, 399 zu akzeptieren. Die Neufassung des § 397 steht im **regelungssystematischen Zusammenhang** mit den weiteren Änderungen der StPO durch das **2. (und 3.) OpferRRG** und einer hierdurch erstrebten Stärkung der Rechte von Opfern und Zeugen im Strafverfahren.[13] Zu nennen sind an dieser Stelle etwa § 406h für die Rechtsstellung des nebenklagebefugten Verletzten im Vorverfahren, die durch eine Neufassung des § 395 erweiterte Anschlussmöglichkeit als Nebenkläger und die für besonders schutzwürdige Nebenkläger erleichterte Möglichkeit, einen Opferanwalt zu bestellen (§ 397a). Seine Rechtsposition wird durch die in Absatz 2 Satz 3 nunmehr zwingend ausgestaltete gesetzliche Pflicht gestärkt, ihn von Terminen zu unterrichten (s. Rn. 31). Überdies erstrebt der Reformgesetzgeber mit Absatz 2 Sätze 1 und 2 einen systematischen Gleichklang mit den Vorschriften über die Inanspruchnahme eines anwaltlichen Beistands durch Zeugen (§ 68b), Verletzte (§ 406f Abs. 1) und Nebenklagebefugte (§ 406h Abs. 1).[14]

2 **a) Bedeutung.** Schon mit dem OpferschG erstrebte der Reformgesetzgeber eine **übersichtliche** und **abschließende** Darstellung der rechtlichen Befugnisse des Nebenklägers.[15] Erfasst werden sollten solche **Befugnisse**, die dem Nebenkläger im Hinblick auf seine spezielle Situation und seine Stellung im Verfahren, insbesondere seine **besondere prozessuale Schutzbedürftigkeit** (Vor § 395, 2, 8 ff.; § 395, 54 ff.) zustehen sollen. Dabei kann Bezugspunkt der Rechtsausübung stets nur sein das Nebenklagedelikt, das ausweislich seiner Anschlusserklärung (§ 395 Abs. 1 und 2) oder des gerichtlichen Zulassungsbeschlusses (§ 395 Abs. 3) Grund für seine Rechtsstellung ist (s. auch § 400, 18).[16] Ob dem Verletzten aufgrund seiner Stellung als Nebenkläger auch **eigene Ermittlungen** erlaubt sind,[17] erscheint vor dem Hintergrund der prozessualen Schutzfunktion der Nebenklage zweifelhaft.[18] Jedenfalls sind Zwangsmaßnahmen grundsätzlich (s. aber § 127 Abs. 1) unzulässig und dem Nebenkläger steht freilich insoweit auch keine Antragsbefugnis zu.[19]

---

10 Vgl. bereits BTDrucks. **10** 5305 S. 13; **aA.** LR/*Hilger*[26] 2.
11 BGHSt **28** 272.
12 Vgl. BGHSt **28** 272; Meyer-Goßner/*Schmitt* 1; *Gollwitzer* FS Schäfer 66; allg. M.
13 BTDrucks. **16** 12098 S. 1, 29.
14 BTDrucks. **16** 12098 S. 1, 31.
15 Vgl. bereits BTDrucks. **10** 5305 S. 13; **aA.** LR/*Hilger*[26] 2.
16 So mit Recht bereits LR/*Hilger*[26] 2.
17 *Krey* 38, 104; **a.A.** wohl *Hassemer/Matussek* 21, 85.
18 Bejahend hingegen noch LR/*Hilger*[26] 4.
19 Vgl. z.B. *Krey* (priv. Ermittl.) 99 ff.

b) Zeitpunkt. Die **Befugnisse** stehen dem Nebenkläger nach dem Wortlaut des Absatzes 1 Satz 1 **nach erfolgtem Anschluss** zu (§ 396, 5). Hier ist zwischen einer aus § 395 Abs. 1 oder 2 abgeleiteten Nebenklagebefugnis und einer solchen aus Absatz 3 zu **differenzieren.** Während es in den erstgenannten Fällen auf den Zeitpunkt des Zugangs der Prozesserklärung, der prozessualen Bewirkungshandlung (§ vgl. § 396, 7 ff.), ankommt, die die Rechtsstellung des Verletzten als Nebenkläger nach Erhebung der öffentlchen Klage **bewirkt**, ist für die Fälle des Absatzes 3 der für die Nebenklagebefugnis **erwirkte** konstitutive Gerichtsbeschluss nach § 396 Abs. 2 Satz 2 maßgeblich (vgl. § 396, 24 ff.). Selbstverständlich ist schließlich, dass die Befugnisse dem Nebenkläger grundsätzlich auch im Rechtsmittelverfahren zustehen sowie nach Rückverweisung der Sache an ein neues Tatgericht. 3

c) Kritik. Die vom Gesetz vorgenommene Abkopplung der Befugnisse des Nebenklägers von denen der Staatsanwaltschaft ist konsequent. Allerdings begegnet die Vorschrift den durch die Mitwirkung des Verletzten im Einzelfall begründeten Gefahren für die Wahrheitsfindung nur unzureichend; dies gilt in besonderer Weise für das derzeit uneingeschränkte **Anwesenheitsrecht** des Opferzeugen (s. Rn. 8).[20] Die Norm vermittelt ferner keinen Aufschluss, warum dem Nebekläger überhaupt **Aktivbefugnisse**, also prozessuale Gestaltungsrechte gegen den Angeklagten zustehen sollen, wenn Hauptzweck des Instituts doch der prozessuale Schutz des – durch §§ 395, 397 privilegierten – Verletzten ist (s. hierzu Vor § 373b, 45 ff.).[21] Wenig überzeugend ist es auch, wenn in diesem Zusammenhang darauf abgehoben wird, dass durch das Beweisantragsrecht die Perspektive des Opfers in das Verfahrensgeschehen eingebracht werden kann.[22] Es bleibt schon diffus, was hierunter im allein maßgeblichen strengbeweislichen Sinne zu verstehen ist. Ungeachtet dessen stehen dem Verletzten zahlreiche prozessuale Äußerungsrechte zur Verfügung, um seine Sicht der Dinge zu schildern (vgl. nur §§ 257, 258, § 69 Abs. 2; s. auch § 395, 64 und Vor § 373b, 25). 4

2. Rechte des Nebenklägers (Absatz 1)

a) Anwesenheitsrecht (Absatz 1 Satz 1). Der Nebenkläger ist nach Absatz 1 Satz 1 berechtigt, aber **nicht verpflichtet**, an der Hauptverhandlung teilzunehmen. Ein Auslagenersatz kommt daher bei Ausbleiben trotz Benachrichtigung nicht in Betracht.[23] Die Teilnahmebefugnis besteht auch bei einer nichtöffentlichen Hauptverhandlung (§§ 171a ff. GVG), weil er Prozessbeteiligter ist.[24] § 247 ist nicht (analog) anwendbar.[25] Die Anwesenheitsbefugnis des Nebenklägers gilt nach Absatz 1 Satz 4 auch für besondere Teile der Hauptverhandlung, wie kommissarische Vernehmungen nach § 223 und Augenscheinseinnahmen nach § 225. Der Nebenkläger ist vom Termin zu benachrichtigen (§ 224; s. Rn. 11). Zum Wegfall der Benachrichtigungspflicht s. § 224 Abs. 1 Satz 2. Ein Absehen von der Terminsnachricht wegen Gefahr im Verzug (s. § 224, 20) wäre unbedenklich, ein sol- 5

20 Hierzu ausführlich und zutreffend *Endler* 216 ff.
21 Hierauf weist mit Recht auch hin *Weigend* FS Streng 784.
22 Vgl. *Hassemer/Reemtsma* 149; *Wu* 80.
23 KG BeckRS **2019** 33304.
24 S. auch LG Dresden NStZ **1999** 313 mit Anm. *Rüping* (Finanzbehörde).
25 *Amelunxen* (Nebenkläger) 53; *Gollwitzer* FS Schäfer 78; HK/*Weißer* 4.

ches wegen Gefährdung der Wahrheitsfindung[26] aber im Hinblick auf das gesetzlich uneingeschränkte[27] Anwesenheitsrecht nicht möglich.

6 Ein Nebenkläger, der weder in der Hauptverhandlung **anwesend** noch durch einen Rechtsanwalt vertreten ist (s. Rn. 30 ff.), kann grundsätzlich nicht unmittelbar auf den Ablauf der Verhandlung durch Anträge einwirken.[28] Schriftliche Anregungen und Anträge kann das Gericht beachten, muss es aber – unbeschadet § 244 Abs. 2 – nicht, es sei denn, der Antrag kann außerhalb der Hauptverhandlung gestellt werden (vgl. §§ 26, 222b). Auch eine Anhörung (§ 33 Abs. 1) des in der Hauptverhandlung nicht anwesenden und nicht durch einen Rechtsanwalt vertretenen Nebenklägers kommt nicht in Betracht. Für das **Berufungsverfahren** bleibt § 401 Abs. 3 Satz 1 unberührt (s. § 401, 18).

7 Das Recht des Nebenklägers, nicht an der Hauptverhandlung teilzunehmen, lässt seine **Zeugenpflichten** unberührt (s. §§ 48, 51). Der Nebenkläger ist zur Anwesenheit in der Hauptverhandlung auch dann berechtigt und zu dieser zu laden, wenn beabsichtigt ist, ihn darin **als Zeugen zu vernehmen** (s. aber Rn. 4, 8); die § 58 Abs. 1, § 243 Abs. 2 Satz 1 sollen nicht anwendbar sein.[29] Auf sein Anwesenheitsrecht kann er freilich verzichten. Der Nebenkläger ist – wie jeder andere Zeuge – grundsätzlich **uneidlich** zu vernehmen (§ 59). Hat das Gericht den Vertreter des Nebenklägers in der Hauptverhandlung als Zeugen vernommen, darf dieser – mindestens nach seiner Entlassung als Zeuge – weiterhin die Rechte des Nebenklägers in der Verhandlung wahrnehmen.[30] Macht der Nebenkläger über § 257 hinausgehend **Ausführungen zur Sache** selbst, so ist dies in der Regel eine Zeugenaussage.[31]

8 Aus dem uneingeschränkten Anwesenheitsrecht können insbesondere in Verfahren mit sogenannter **Aussage-gegen-Aussage**-Konstellation **Beweiswürdigungsprobleme** entstehen (s.a. § 406e, 29 ff.; § 406h, 4).[32] Regelmäßig wird nämlich einer Aussage, die ohne Kenntnis von der Einlassung des Angeklagten erfolgt ist, ein höherer Beweiswert zukommen. Im Einzelfall kann es daher in Umsetzung des Willens des historischen Gesetzgebers (vgl. § 58 Abs. 1) aus Gründen bestmöglicher Wahrheitsermittlung geboten sein (§ 244 Abs. 2), den Nebenkläger unter Hinweis auf die Besonderheiten der Beweislage zu bitten, den Saal bis zur eigenen Vernehmung zu verlassen.[33] Entsprechend wird der gut beratene Nebenkläger im Regelfall über sein Anwesenheitsrecht disponieren.[34] Jedenfalls aber wird die Zeugenvernehmung des Nebenklägers ansonsten zu Beginn der Hauptverhandlung durchzuführen sein.[35] Will das Gericht den Nebenkläger dennoch aus dem Sitzungssaal weisen, ist die Anordnung unmittelbar zu beanstanden,[36] um eine hieran anknüpfende Verfahrensrüge zu sichern (s. zur Revision Rn. 35 ff.).[37] Im Übrigen wäre seine Anwesenheit während der Vernehmung anderer Zeugen bei der **Beweiswürdigung** besonders zu berücksichtigen, was allerdings bei der Aussage-gegen-Aussage-Konstellation mit Blick auf die begrenzten menschlichen Erkenntnismöglichkeiten kaum als effektive Verfahrenssicherung bewertet werden kann (vgl. § 406e, 29 ff.).

---

26 Vgl. § 224, 19.
27 In diesem Sinne auch *Endler* 219 m.w.N.
28 Vgl. auch *Gollwitzer* FS Schäfer 69, 79.
29 Meyer-Goßner/*Schmitt* 2.
30 Vgl. auch RGSt **59** 354.
31 OLG Hamburg StV **1990** 153.
32 Vgl. instruktiv *Endler* 216 ff.
33 BeckOK/*Weiner* 2.
34 Ebenso SSW/*Werner* 2.
35 HK/*Weißer* 3.
36 Ggf. Anrufung des Gerichts – § 238 Abs. 2, RG HRR **1934** 539.
37 Vgl. RG HRR **1934** 539.

Das Reichsgericht hielt es für zulässig, den Nebenkläger als **Sachverständigen** zu vernehmen.[38] Hier ist einzuräumen, dass in einem solchen Fall ein Ablehnungsantrag ohne Weiteres Erfolg haben müsste. Wird aber – wie in den Fällen des Reichsgerichts – keiner gestellt, gibt es keine Bestimmung, welche die Vernehmung verbietet.[39] 9

Gegen den Nebenkläger ist **keine Widerklage** (§ 388) zulässig, weil das Gesetz sie nur im Privatklageverfahren, nicht im Offizialverfahren kennt (§ 388, 2; zur Abkopplung vom Recht der Privatklage s. Vor § 395, Rn. 8). 10

b) Ladungsnotwendigkeit (Absatz 1 Satz 2). Der Nebenkläger ist zur Hauptverhandlung förmlich **zu laden**;[40] unterbleibt dies, kann darin im Einzelfall ein revisibler Verfahrensmangel erblickt werden (vgl. Rn. 35 ff.). Die **Ladungsfrist** (§ 217 Abs. 1) beträgt eine Woche. Auf ihre Einhaltung kann der Nebenkläger nach § 217 Abs. 3 verzichten. Ist der Nebenkläger durch einen schriftlich bevollmächtigten Rechtsanwalt vertreten (§ 145a Abs. 2 Satz 1; vgl. Rn. 15), so kann die Ladung des Nebenklägers auch mit rechtlicher Wirkung an den Rechtsanwalt bewirkt werden. Zu den Folgen einer versehentlich **unterbliebene Ladung** s. Revision Rn. 35 ff. Hat sich ein Rechtsanwalt für den Nebenkläger als Beistand oder Vertreter zu den Akten legitimiert, so muss auch er geladen werden. In allen Fällen gilt § 398 Abs. 2; die Ladungsfrist muss also nicht eingehalten werden, wenn dies ohne Verschiebung eines bereits anberaumten Termins nicht möglich wäre. Aus der Ratio des § 398 folgt überdies, dass der anwaltliche Beistand des Nebenklägers zwar in die Terminsabstimmung mit Staatsanwaltschaft und Verteidigung eingebunden und nach Möglichkeit seinen Terminswünschen entsprochen wird, aber eine verzögerte Durchführung der Hauptverhandlung allein wegen seiner Verhinderung nicht in Betracht kommt. Ein entsprechendes Prozedieren kann dementsprechend die Besorgnis der Befangenheit aus Sicht des Nebenklägers nicht begründen (§§ 24, 26a).[41] 11

c) Weitere Befugnisse (Absatz 1 Satz 3). Die Vorschrift bestimmt in Absatz 1 Satz 3 die rechtlichen Befugnisse des Nebenklägers (s. Rn. 13 ff.; zur Rechtsstellung als Nebenklagebefugter vgl. § 406h, 1, 6 ff.). Darüber hinaus wird seine Rechtsstellung geprägt durch allgemeine prozessuale Maßgaben und solche aus den allgemeinen Verletztenbefugnissen. 12

d) Befugnisse in der Hauptverhandlung. Der Nebenkläger ist zur **Ablehnung**[42] eines Richters (§§ 24, 31) oder Sachverständigen[43] (§ 74) befugt. Ihm steht das Recht zu, Angeklagten, Zeugen und Sachverständigen **Fragen** zu stellen (§ 240 Abs. 2; zur **Reihenfolge** s. Vor § 395, 12 ff., 14); ist der Nebenkläger Mitangeklagter, so ist § 240 Abs. 2 Satz 2 (Verbot der unmittelbaren Befragung des Mitangeklagten) zu beachten. Der Nebenkläger ist berechtigt, **Anordnungen** des Vorsitzenden und **Fragen** zu **beanstanden** (§ 238 Abs. 2, § 242). 13

---

38 JW **1922** 1393; HRR **1939** Nr. 358; **a.A.** *Oetker* JW **1922** 1393.

39 Vgl. auch *Kirchhof* GA **1954** 368.

40 Telefonische Unterrichtung daher unwirksam, vgl. OLG Oldenburg BeckRS **2013** 15967.

41 Wird der Nebenkläger in der Hauptverhandlung trotz Verhinderung seines Beistands zeugenschaftlich vernommen und stützt er hierauf später eine entsprechende Verfahrensrüge, ist ein Beruhen des Urteils regelmäßig auszuschließen, vgl. BGH NStZ **2014** 453.

42 Vgl. auch BGHSt **37** 264 (zur Unverzüglichkeit).

43 Vgl. auch OLG Düsseldorf NJW **1995** 343 (Ablehnung eines Sachverständigen im verbundenen Verfahren).

14 **aa) Erklärungsrecht/Schlussvortrag.** Der Nebenkläger hat das Recht zur Abgabe von **Erklärungen** (§§ 257, 258), insbesondere zum Schlussvortrag;[44] soweit er diesen rechtspraktisch grundsätzlich nach dem Staatsanwalt, vor dem Angeklagten hält,[45] mag nach Abkopplung der Nebenklage von der Privatklage zu erwägen sein, diese Reihenfolge jedenfalls auf Wunsch des Angeklagten zu ändern (s. Vor § 395, 12 ff., 15). Macht der Nebenkläger über § 257 hinausgehend **Ausführungen zur Sache** selbst, so ist dies in der Regel eine Zeugenaussage (s. dazu Rn. 7 ff.).[46] Zum Recht auf Erwiderung s. die Erl. zu § 258.[47]

15 **bb) Antragsrecht/Beweisantragsrecht.** Darüber hinausgehend hat der Nebenkläger das jedem Prozesssubjekt zustehende Recht, **Anträge** zu stellen, um auf einen sachgemäßen Verfahrensablauf, namentlich eine sachgerechte Ausübung der dem Gericht von Amts wegen obliegenden Aufklärungspflicht, hinzuwirken (s. aber auch Negativkatalog Rn. 17). Verstöße hiergegen, die ihn beschweren (§ 400, 7 ff., 26 ff.), kann er im Rechtsmittelverfahren geltend machen.[48] Aus der Tatsache, dass der Nebenkläger als Zeuge vernommen werden kann, folgt, dass er bei all seinen Erklärungen der Wahrheitspflicht unterliegt.[49] Dem Nebenkläger steht ferner der **Besetzungseinwand** (§ 222b) zu (vgl. Rn. 20), obwohl er in Absatz 1 nicht erwähnt ist.[50] Dies folgt aus § 222a Abs. 3 Satz 2 und insbesondere § 222b Abs. 1 Satz 4;[51] er unterliegt also ebenfalls der Rügepräklusion.

16 Ihm steht insbesondere ein **Beweisantragsrecht** nach § 244 Abs. 3 bis 6 zu. Diese im Gesetzgebungsverfahren umstrittene[52] Befugnis soll – trotz § 244 Abs. 2 und des Beweisantragsrechts der Staatsanwaltschaft – deshalb berechtigt sein, weil sie in besonderen Fällen für eine sachgerechte Wahrnehmung der Interessen des Nebenklägers als unerlässlich angesehen wird.[53] Das Beweisantragsrecht ist jedoch **begrenzt** auf den Bereich des zum Anschluss nach § 395 berechtigenden **Nebenklagedelikts** und der dahinterstehenden prozessualen Tat, insoweit aber – z.B. bei Tateinheit – auf die Tatsachen, die für die Beurteilung speziell des Nebenklagedelikts von Bedeutung sein können (s. Rn. 2).[54] Wurde die Nebenklage wegen einer sonstigen rechtswidrigen Tat zugelassen, ist maßgeblich für die Antragsbefugnis der **Zulassungsbeschluss** nach § 396 Abs. 2 Satz 2 (s. § 396, 24 ff.; § 400, 4 f., 18). **Unzulässig** ist ein Beweisantrag, der ausschließlich Tatsachen betrifft, die nur für gemäß § 400 Abs. 1 nicht anfechtbare Rechtsfolgen von Bedeutung sein können.[55] Ein Beweisantrag des Nebenklägers kann nur unter den in § 244 Abs. 3 bis 5 genannten Voraus-

---

44 S. hierzu *Wucherer* NStZ **2021** 462.
45 Mit Recht krit. hierzu *Deckers* Loccum 94.
46 OLG Hamburg StV **1990** 153.
47 BGH NJW **2001** 3137; s. Rn. 39.
48 Vgl. BTDrucks. **10** 5305 S. 14; AK/*Rössner* 10; *Gollwitzer* FS Schäfer 80; *Rieß/Hilger* NStZ **1987** 154; *M. Kaiser* 35.
49 Vgl. auch *Neuhaus* StV **2004** 625; *Altenhain* JZ **2001** 791.
50 HK/*Weißer* 11; *M. Kaiser* 35.
51 Ebenso HK/*Weißer* 11.
52 Vgl. BTDrucks. **10** 5305 S. 14, 29, 33.
53 Vgl. BTDrucks. **10** 5305 S. 33; s. auch *Geerds* JZ **1984** 794; **krit.** u.a. AK/*Rössner* 9; *Kempf* StV **1987** 219; *Rieß* Jura **1987** 287; *Schünemann* NStZ **1986** 197; *Thomas* StV **1985** 434; *Weigend* NJW **1987** 1175; vgl. auch *M. Kaiser* 73 m.w.N.
54 Ähnlich Meyer-Goßner/*Schmitt* 10; SSW/*Werner* 8; HK/*Weißer* 9; KMR/*Kulhanek* 6; AK/*Rössner* 9; SK/*Velten* 3 (zutreffend: soweit sich Befugnisse insoweit beschränken lassen); *Beulke* DAR **1988** 118; vgl. bereits *Rosenfeld* 162.
55 Senge FS Rissing-van Saan 657, 666; **a.A.** Meyer-Goßner/*Schmitt* 6; HK/*Weißer* 8.

setzungen[56] und nur durch Gerichtsbeschluss (§ 244 Abs. 6) abgelehnt werden. Der nicht tragenden Erwägung des 5. Strafsenats des BGH, nach der ungeachtet von § 397 Abs. 1 Satz 3 eine weniger restriktive Anwendung der gesetzlich vorgesehenen Ablehnungsgründe auf Beweisanträge des Nebenklägers als beim Angeklagten vertretbar erscheine,[57] ist der 3. Strafsenat des BGH ausdrücklich nicht gefolgt. Dieser entnimmt Wortlaut, Gesetzgebungsgeschichte sowie Sinn und Zweck der Vorschrift keine Einschränkungen des Beweisantragsrechts der Nebenklage.[58] Stellt sich nach Beweisaufnahme aufgrund eines Beweisantrags des Nebenklägers heraus, dass die Beweiserhebung nicht hätte erfolgen müssen (z.B. Nebenkläger war zu Unrecht zugelassen worden; Beweisantrag ging über die genannte Begrenzung hinaus oder war aus sonstigen Gründen unzulässig), so bleibt das Ergebnis der **Beweisaufnahme** im Hinblick auf die **Aufklärungsbefugnis** des Gerichts von Amts wegen verwertbar.[59]

cc) Negativkatalog. Schon der unterschiedliche Gesetzeswortlaut von Absatz 1 Satz 3 17
und Absatz 1 Satz 4 erhellt, dass die Rechtsstellung des Nebenklägers mit der des Sitzungsvertreters der Anklagebehörde nicht gleichgestellt ist. Folgende Befugnisse stehen dem Nebenkläger in der Hauptverhandlung daher nicht zu:[60] Er hat kein unmittelbares Ladungsrecht[61] (§ 220, § 245 Abs. 2). Es bedarf nicht seines Verzichts auf die Verwendung präsenter Beweismittel (§ 245 Abs. 1 Satz 2). Er hat **kein Widerspruchsrecht** gegen die Anordnung des Selbstleseverfahrens (§ 249 Abs. 2) und es bedarf **nicht seiner Zustimmung** zur Protokollverlesung (§ 251).[62] Weiter kann er auch keine Protokollierung nach § 255 oder § 273 Abs. 3[63] und auch keine Aussetzung nach § 246 Abs. 2 und 3[64] sowie nach § 265 Abs. 4 beantragen.[65] Des Weiteren bedarf es im **Berufungsrechtszug** nicht des Verzichts des Nebenklägers auf die Verlesung der Urteilsgründe nach § 324 Abs. 1 oder seiner Zustimmung nach § 325 (zu seinen **Gehörsrechten** s. Rn. 18). Der Nebenkläger ist nicht berechtigt, an richterlichen Untersuchungshandlungen (Vernehmungen, Augenscheinseinnahmen) teilzunehmen, die nicht Teil der Hauptverhandlung sind, etwa wenn sie im Zwischenverfahren (§ 202) stattfinden; er kann jedoch, falls seine Teilnahme den Untersuchungszweck nicht beeinträchtigen würde sowie nach Abwägung der Interessen aller Beteiligten, durch Ermessensentscheidung des Richters zugelassen werden.[66] Am Verfahren zur Untersuchungshaft ist er nicht beteiligt.[67] Zur Rechtsmittelrücknahme s. die Erl. zu § 303.

e) Gehörsrechte (Absatz 1 Satz 4). Die Vorschrift normiert einen **relativen Gleich-** 18
lauf mit den Gehörsrechten der Staatsanwaltschaft. Der Nebenkläger ist hiernach grund-

---

56 Vgl. auch BGH NJW **1997** 2762 mit Anm. *Herdegen* NStZ **1997** 503.

57 BGH NStZ **2010** 714.

58 BGH NStZ **2011** 713, 714; vgl. auch *Senge* FS Rissing-van Saan 657, 666; Meyer-Goßner/*Schmitt* 5.

59 Zum Anspruch auf **Dolmetscherleistungen** und **Übersetzungen** vgl. § 187 Art. 4 i.V.m. Absatz 1 und 2 GVG sowie Rn. 34.

60 Weitgehend ebenso, jedoch zum Teil widersprüchlich SK/*Velten* 5 und 10.

61 HK/*Weißer* 11; AK/*Rössner* 11; SK/*Weßlau* 8; LR/*Graalmann-Scheerer* § 38, 1; SK/*Velten* 8; *Beulke* DAR **1988** 118; **a.A.** Meyer-Goßner/*Schmitt* 10.

62 Ebenso Meyer-Goßner/*Schmitt* 7; **a.A.** – allerdings nicht tragend und zur Gesetzesfassung vor dem OpferschG – BGHSt **28** 272, 273.

63 Vgl. nur HK/*Weißer* 11; **a.A.** noch LR/*Hilger*[26] 11.

64 Meyer-Goßner/*Schmitt* § 246, 4; SSW/*Schöch* 10; **a.A.** noch LR/*Hilger*[26] 11.

65 Meyer-Goßner/*Schmitt* § 265, 39; vgl. ferner OLG Karlsruhe BeckRS **2016** 03105 zur fehlenden Beschwer bei Aussetzungsbeschluss; **a.A.** wohl SK/*Velten* 5, 10.

66 Vgl. die Erl. zu den §§ 202, 168c, 168d; vgl. auch *Hilger* NStZ **1988** 441.

67 OLG Hamm NStZ-RR **2008** 219.

sätzlich im selben Umfang zu hören (§ 33) und „zuzuziehen“ wie die Staatsanwaltschaft, **soweit gesetzlich nichts anderes bestimmt** ist[68] und sich aus seiner Verfahrensrolle mit Blick auf den Untersuchungszweck keine Einschränkungen ergeben (s. Rn. 24). Sein **Akteneinsichtsrecht** als Grundlage zur Wahrnehmung der Gehörsrechte richtet sich allerdings nach § 406e.[69]

19 **aa) Allgemeines.** Dem Grunde nach wird dem Nebenkläger hierdurch einfach-gesetzlich **rechtliches Gehör** garantiert (§ 33 Abs. 1 und 2).[70]

20 **(1) Besetzungsentscheidung.** Ihm ist die **Besetzungsentscheidung** (§ 222a) bekannt zu machen; Einsicht in die hierfür maßgeblichen Unterlagen steht indes nur seinem anwaltlichen Beistand zu (§ 222a Abs. 3).

21 **(2) Verfahrenseinstellung.** Der in der Hauptverhandlung anwesende Nebenkläger oder sein anwesender Beistand sollte vor einer **Verfahrenseinstellung** nach den §§ 153 ff.[71] gehört werden, auch wenn die Einstellung nicht von seiner Zustimmung abhängig ist.[72] Zwingend ist dies allerdings nicht, denn der Gesetzgeber hat im neugefassten § 406i, in dem er umfassende Hinweispflichten und Antragsrechte etabliert, gerade nicht aufgenommen, dass der Verletzte auf seinen Antrag hin eine Benachrichtigung über eine beabsichtigte Verfahrenseinstellung erwirken kann. Dies gilt gleichermaßen außerhalb der Hauptverhandlung. Jedenfalls aber können und sollten die Strafverfolgungsbehörden und Gerichte im Fall von Serientaten eine Anhörung auf solche Nebenkläger oder Nebenklagebefugten (§ 406h) beschränken, die ihr Interesse auch am Verfahrensausgang etwa durch eine Strafanzeige oder einen Strafantrag zum Ausdruck gebracht haben. Ansonsten droht ein unverhältnismäßiger Einsatz begrenzter justizieller Ressourcen.[73]

22 **(3) Strafbefehl.** Ein Gehörsrecht vor dem Antrag auf Erlass eines **Strafbefehls** steht dem Nebenkläger schon deshalb nicht zu, weil sein Anschluss erst mit Erhebung der öffentlichen Klage wirksam wird.[74] Auch als Nebenklagebefugter (§ 406h) ist er zu dieser Entschließung – ebenso wie der Angeschuldigte – nicht zu hören. Anders gilt allerdings in den Fällen der § 408a.

23 **(4) Verständigungsverfahren (§ 257c).** Rechtliches Gehör ist ihm im **Verständigungskontext** (s. auch Rn. 38) nach § 257c Abs. 3 Satz 3 nach Bekanntgabe eines gerichtlichen **Verständigungsvorschlags** (§ 257c Abs. 3 Satz 1) zu gewähren, auch wenn seine Zustimmung – mit Blick auf seinen fehlenden Strafanspruch (s. Vor § 373b, 6 ff.; Vor § 395, 20) konsequent[75] – für das Zustandekommen der Verständigung nicht konstitutiv ist (§ 257c Abs. 3 Satz 4).[76] Dies gilt nach § 257c Abs. 3 Satz 3 gleichermaßen. Dies

68 Die Annahme eines generellen Gleichlaufs – vgl. wohl HK/*Weißer* 10 – überginge diese Einschränkung vorschnell, s. Rn. 26, 29.
69 BTDrucks. **16** 12098 S. 32, 34; vgl. bereits *Schäfer* wistra **1988** 218.
70 OLG Hamm NStZ-RR **2008** 219 (nicht im Haftverfahren).
71 Für ein eingeschränktes „Vetorecht“ wohl SK/*Velten* 11.
72 Meyer-Goßner/*Schmitt* 8.
73 S. hierzu instruktiv *Weigend* FS Streng 793.
74 Vgl. im Einzelnen *Metz* JR **2019** 66 ff.
75 Ebenso *Gerson* 183, 199 f.
76 S. nur Meyer-Goßner/*Schmitt* § 257c, 24; h.M.

mag mit Blick auf § 400 Abs. 1 überraschen und als wenig kongruent anmuten;[77] da dem Nebenkläger allerdings auch das Gehörsrecht aus § 258 vollen Umfangs – und damit auch mit Blick auf die Rechtsfolgenentscheidung – zusteht, ist hiermit kein Systembruch bei den Gehörsbefugnissen zu besorgen. Auch besteht ein Anwesenheits- und Gehörsrecht des Nebenklägers bei den auf eine Verständigung abzielenden Erörterungen außerhalb der Hauptverhandlung (§§ 202a, 212, 257b).[78] Dies gilt hingegen nicht für einen (nur) Nebenklagebefugten (§ 406h) oder Verletzten (§ 406d).

bb) Spannungsverhältnis von Gehörs- und Informationsrechten. Die gesetzliche Ausgestaltung der Gehörsrechte des Nebenklägers erweist sich gerade mit Blick auf die vom Gesetzgeber mit dem 2. OpferRRG erstrebte vollständige Abkopplung der Nebenklage vom Recht der Privatklage[79] als nicht vollständig kohärent. Während im Rahmen des Akteneinsichtsrechts (§ 406e Abs. 2) und damit in der für eine effektive Durchsetzung seiner Interessen maßgeblichen Verfahrensgarantie auch für den Fall Versagungsgründe etabliert sind, dass der **Untersuchungszweck hierdurch gefährdet** erscheint, finden sich entsprechende ausdrückliche gesetzliche Vorkehrungen bei der Umsetzung der Gehörsrechte der Nebenklage nicht. Der notwendige **Ausgleich** mit dem verfassungsrechtlich abgesicherten Verfahrenszweck einer effektiven Durchsetzung des staatlichen Strafanspruchs durch eine **funktionstüchtige Strafrechtspflege** kann allerdings durch den im Gesetz etablierten Vorbehalt („soweit gesetzlich nichts anderes bestimmt ist") vorgenommen werden. Hierzu im Einzelnen: 24

(1) Gehör bei Bekanntgabe der Anklageschrift (§ 201 Abs. 1 Satz 2). Dem Nebenkläger oder dessen anwaltlichem Vertreter ist die Anklageschrift mitzuteilen (§ 201 Abs. 1 Satz 2). Hierdurch soll den Informationsinteressen des Nebenklägers entsprochen werden; seine Einwendungen gegen die Bewertung der Sach- und Rechtslage durch die Anklagebehörde sollen möglichst frühzeitig im gerichtlichen Verfahren Gehör finden.[80] Die durch Übersendung der vollständigen Anklageschrift vom Gesetzgeber erstrebte umfassende Information des Nebenklägers ist allerdings **nicht unbedenklich**, wenn der Nebenkläger auch als **Zeuge** vernommen werden soll (hierzu näher Rn. 7 ff.). Durch Mitteilung des **wesentlichen Ermittlungsergebnisses (§ 200 Abs. 2 Satz 1)** wird die rechtliche wie tatsächliche Bewertung der Staatsanwaltschaft auch dem Nebenkläger gegenüber offengelegt. Dies kann sich namentlich in Verfahren als problematisch erweisen, in denen die Belastung eines Angeschuldigten ausschließlich oder auch zentral auf den Wahrnehmungen des möglicherweise Verletzten beruht. Dessen genaue Kenntnis vom wesentlichen Ermittlungsergebnis ermöglicht dem als Zeugen zu vernehmenden Nebenkläger **eine gezielte Vorbereitung auf etwaige neuralgische Punkte seiner Aussage** oder auf das Beweisgebäude der Anklagebehörde und kann deshalb im Einzelfall die Gefahr einer **taktischen Anpassung seines Aussageverhaltens** begründen. Eine § 406e Abs. 2 entsprechende Einschränkung (s. Erl. zu § 406e, 18 ff., 25 ff.)[81] hat der Gesetzgeber für § 201 gesetzlich nicht geregelt. Mit Blick auf diese planwidrige Regelungslücke bei gleicher Interessenlage – Schutz von Wahrheitsermittlung sowie Subjektstellung des Angeschuldigten einerseits und Durchsetzung eines Informationsinteresses 25

---

77 Krit. auch *Weigend* FS Streng 797.

78 *Weigend* FS Streng 797; KK/*Wenske* § 257b, 12.

79 BTDrucks. **16** 12098 S. 31; s. im Einzelnen Vor § 395, 10 ff.

80 BTDrucks. **16** 12098 S. 28.

81 Vgl. etwa *Riedel/Wallau* NStZ **2003** 395, 397; *Herrmann* ZIS **2010** 236, 238; *Safferling* ZStW **122** (2010) 87, 99 f.

des Verletzten andererseits – kann es **im Einzelfall** geboten sein, in **entsprechender Anwendung der Maßgaben des § 406e Abs. 2** bei anderenfalls konkreter Gefährdung des Untersuchungszwecks durch Kenntnisnahme vom wesentlichen Ergebnis der Ermittlungen, dieses von der Mitteilung auszunehmen; der übrige Inhalt der Anklageschrift – als Aktenbestandteil – wird dem Nebenkläger unter Hinweis auf diese Kürzung und die sie tragenden Gründe bekanntgegeben (zu einem in gleicher Weise beschränkbaren Anspruch auf Übersetzung s. Rn. 34).[82] Dies erfolgt im Einzelfall naheliegend nach Rücksprache mit seinem anwaltlichen Beistand.

26 **(2) Beweisbegehren des Angeklagten im Zwischenverfahren (§ 201 Abs. 1 Satz 1).** Zu Beweisanträgen des Angeklagten im Zwischenverfahren (§ 201) ist neben der Staatsanwaltschaft auch der Nebenkläger zu hören.[83] Hierin werden **vereinzelt** Gefahren für die Wahrheitserforschung erblickt, wenn etwa in sog. Aussage-gegen-Aussage-Konstellationen – und ersichtlich ungeachtet der erforderlichen Zustimmung des Nebenklägers zur Exploration – die Begründung eines Antrags auf Einholung eines aussagepsychologischen Gutachtens oder eines psychiatrischen Sachverständigengutachtens dem Nebenkläger über mitgeteilte Anknüpfungstatsachen hinaus erhebliche Aktenkenntnis vermittelt.[84] Ob der Reformgesetzgeber diese rechtspraktische Konsequenz einer möglichen Gefährdung des Untersuchungszwecks bei der unterschiedlichen Ausgestaltung von Akteneinsichts- und Gehörsrecht im Blick hatte, mag dahin stehen; eines teleologisch begründeten Rückgriffs auf § 406e Abs. 2 und einer entsprechenden Anwendung der dort geregelten Einschränkungsmöglichkeiten bedarf es hier jedenfalls nicht.[85] Denn die **im Ausnahmefall erforderliche Konkordanz** der widerstreitenden Interessen kann an dieser Stelle gerichtlich bereits durch eine Anwendung der **allgemeinen Regelungen des § 33** erreicht werden. Da § 201 Abs. 1 und § 219 jeweils keine Regelung über die Anhörung der Verfahrensbeteiligten vor einer Entscheidung über die begehrte Beweiserhebung enthalten, unterstehen beide insoweit den Maßgaben des § 33. Dessen Absatz 2 ist ersichtlich auf die allein zur Strafverfolgung berufene Anklagebehörde zugeschnitten und erweist sich als **Ausfluss ihrer Amtsgewalt.**[86] Jedenfalls nach der mit dem 2. OpferRRG erfolgten vollständigen Abkopplung der Nebenklage vom Recht der Privatklage steht dem Nebenkläger das Strafverfolgungsprivileg der Privatklage[87] nicht (mehr) zu (s. Vor § 395, 8 ff.). Auf den Nebenkläger findet Absatz 2 daher keine Anwendung. Er untersteht als Verfahrensbeteiligter eigener Art dem Regelungsbereich der § 33 Abs. 3 und 4 als spezielle gesetzliche Regelung i.S.d. § 397 Abs. 1 Satz 4,[88] die eine unterschiedliche Ausprägung der ansonsten gleichlaufenden Gehörsbefugnisse von Anklagebehörde und Nebenkläger unter Berücksichtigung der Umstände des Einzelfalls gebietet. Damit kann aber nach § 33 Abs. 4 Satz 1 das von § 33 Abs. 3 grundsätzlich vorgeschriebene Gehör entfallen, wenn die Anhörung eines Verfahrensbeteiligten vor einer zu seinem Nachteil ergehenden Entscheidung den **Zweck der Anordnung gefährden würde.**[89] Dieses Normverständnis stellt den Nebenkläger auch nicht etwa frei von Rechtsschutz;

---

82 Ebenso – allerdings im Wege einer teleologischen Reduktion – *Endler* 227; s. auch MüKo/*Wenske* § 201, 19 ff.

83 Meyer-Goßner/*Schmitt* § 201, 7.

84 *Baumhöfener* StraFo **2012** 2 ff.

85 **A.A.** *Baumhöfener* StraFo **2012** 2, 5; offen gelassen von Meyer-Goßner/*Schmitt* 9.

86 Zu dieser Differenzierung bereits instruktiv *Rosenfeld* 155 ff.

87 Vgl. Vor § 374, 6.

88 Vgl. VerfGH Berlin BeckRS **2011** 45009.

89 Vgl. § 33, 41 ff.

er kann nach den Maßgaben des § 33a eine Überprüfung anstrengen und auf die Nachholung rechtlichen Gehörs antragen.

(3) Beweisbegehren des Angeklagten vor Beginn der Hauptverhandlung (§ 219). Für **Beweisbegehren** (s. zur Entscheidung über einen Beweisantrag Rn. 15) im Hauptverfahren nach § 219 gelten jedenfalls die rechtlichen Maßgaben zu Rn. 24 entsprechend. Aus § 219 Abs. 2 mag überdies geschlossen werden, dass eine Anhörung der Staatsanwaltschaft zum Beweisantrag nicht zwingend ist. Zur Bekanntgabe einer Entscheidung über einen Beweisantrag s. Rn. 29. 27

f) Bekanntgabe von Entscheidungen (Absatz 1 Satz 5). Dem Nebenkläger sind Entscheidungen grundsätzlich im selben Umfang bekanntzumachen wie der Staatsanwaltschaft. Für die Zustellung gelten § 35 Abs. 2 und § 145a Abs. 1 und 3 (s. auch § 401 Abs. 1, 2). Eine **Zustellung** an den (bevollmächtigten) Rechtsanwalt ist nach dem in Bezug genommenen § 145a Abs. 1 nur wirksam, wenn sich die **Vollmacht** schriftlich bei den Akten befindet[90] oder vor dem Protokoll[91] erteilt worden ist. Sie hat sich bei mehreren Mitbeschuldigten auf den des Nebenklagedelikts verdächtigen Angeklagten zu beziehen, den die zuzustellende Entscheidung betrifft.[92] Dem Nebenkläger ist eine **Rechtsmittelbelehrung** zu erteilen (§ 35a), wenn er die Entscheidung durch ein befristetes Rechtsmittel anfechten kann (vgl. §§ 400, 401). § 399 bleibt unberührt. 28

Die Vorgaben des § 219 zur Verbescheidung eines Beweisantrags vor der Hauptverhandlung lassen eine Gefährdung des Untersuchungszwecks nicht besorgen.[93] Zunächst gilt die Bekanntgabepflicht nur für **stattgebende Entscheidungen**, für die allerdings **keine Begründungspflicht** besteht.[94] Soweit § 219 Abs. 2 vorschreibt, dass der Staatsanwaltschaft im Falle eines stattgegebenen Beweisbegehrens eines Angeklagten dessen Beweisantrag mitzuteilen ist,[95] untersteht dies nicht dem Schutzbereich des rechtlichen Gehörs des Nebenklägers.[96] Das durch § 397 Abs. 1 Satz 5 einfach-gesetzlich garantierte Recht auf rechtliches Gehör umfasst die Befugnis eines Verfahrensbeteiligten, sich zu dem einer gerichtlichen Entscheidung zugrunde liegenden Sachverhalt **vor Erlass der Entscheidung** zu äußern.[97] Hier aber wurde das Beweisbegehren abgelehnt, sodass die Norm in spezifischer Weise eine Information allein der Anklagebehörde sichert. Dies gilt gleichermaßen für eine **ablehnende Entscheidung** nach § 219, die durch den Vorsitzenden wegen § 34 und aus Fürsorgegesichtspunkten zu begründen ist.[98] Im Übrigen erweist sich diese Mitteilungspflicht in beiden Fällen auch deshalb als unanwendbar auf den Nebenkläger, da sie **Ausfluss der Amtsgewalt der Anklagebehörde** ist und ihr namentlich die Prüfung ermöglichen soll, ob vor dem Hintergrund des Beweisbegehrens für sie Anlass zu weiteren Ermittlungen oder für die Beiziehung von Akten besteht;[99] 29

90 Vgl. BGHSt **41** 303, 304.
91 Vgl. die zu §§ 234, 411 Abs. 2 ergangenen Entscheidungen OLG Hamburg NJW **1968** 1687, 1688; OLG Köln MDR **1964** 435; OLG Düsseldorf NStZ **1984** 524; OLG Hamm BeckRS **2008** 07685.
92 BGH NStZ **1995** 47.
93 **A.A.** *Baumhöfener* StraFo **2012** 2 ff.
94 Vgl. § 219, 16.
95 Vgl. § 219, 22.
96 **A.A.** Meyer-Goßner/*Schmitt* § 219, 4.
97 Vgl. § 33, 1; Meyer-Goßner/*Schmitt* Einl. 23.
98 Zum selben Ergebnis kommt *Endler* 226, der allerdings eine teleologische Reduktion des § 395 Abs. 1 Satz 5 als möglich ansieht.
99 Vgl. § 219, 21.

diese Fragen stellen sich dem Nebenkläger in keinem Fall (s. auch Rn. 2; ferner Vor § 395, 8 ff.)

30 **3. Anwaltlicher Beistand (Absatz 2). Allgemeines.** Der Nebenkläger kann sich des Beistands eines Rechtsanwalts bedienen oder sich durch einen schriftlich bevollmächtigten Rechtsanwalt in der Hauptverhandlung vertreten lassen.[100] Dessen **Rechtsstellung** ist – anders als bei dem auch eigene Rechte wahrnehmenden Verteidiger – **begrenzt** durch die dem Nebenkläger selbst verliehenen gesetzlichen Befugnisse.[101] **Verschulden** des anwaltlichen Beistands, etwa eine Säumnis, ist dem Nebenkläger nach dem allgemeinen Verfahrensgrundsatz aus § 85 Abs. 2 ZPO selbst **zuzurechen.**[102]

31 Der Rechtsanwalt ist zur **Anwesenheit** in der Hauptverhandlung ebenso wie der Nebenkläger berechtigt (Absatz 2 Satz 2) und vom Hauptverhandlungstermin zu **benachrichtigen**, wenn seine Wahl dem Gericht angezeigt oder er durch das Gericht bestellt wurde (Absatz 2 Satz 3). Seine förmliche Ladung ist neben der notwendigen Ladung des Nebenklägers nicht geboten.[103] Neben Rechtsanwälten können als Beistand oder Vertreter nach den Maßgaben von § 138 Abs. 3 etwa auch Rechtslehrer an Hochschulen oder – mit gerichtlicher Genehmigung – andere Personen gewählt werden.[104] Jedoch bleibt § 406f Abs. 2[105] unberührt, sodass bei der Vernehmung des Nebenklägers als Zeuge auch einer Person seines Vertrauens die Anwesenheit zu gestatten ist (s. im Einzelen § 406f, Rn. 15 ff.). Zur **Bekanntgabe von Entscheidungen** s. § 401, 9 ff. Rechtsmittelrücknahme oder **Rechtsmittelverzichtserklärungen** des anwaltlichen Beistands sind wirksam;[106] einer ausdrücklichen Ermächtigung (§ 302 Abs. 2) bedarf es hierfür neben seiner Vertretungsvollmacht nicht.

32 **Mehrere Nebenkläger** können im Beistand eines gemeinschaftlichen Rechtsanwalts erscheinen oder sich durch einen gemeinschaftlichen Rechtsanwalt vertreten lassen.[107] Die gemeinschaftliche Nebenklagevertretung ist nach Einfügung des § 397b durch das 3. OpferRRG nicht mehr streitig (vgl. Erl. zu § 397b, Rn. 1 ff.).[108]

33 Da die Maßgaben von § 137 Abs. 1 mangels Verweisung nicht unmittelbar anwendbar und Anhaltspunkte für eine planwidrige Regelungslücke nicht ersichtlich sind, kann sich der Nebenkläger **nicht mehrerer Beistände** bedienen. Im Übrigen wäre die Gegenansicht[109] mit dem Bestreben des Reformgesetzgebers unvereinbar, die Anzahl der Verfahrensbeteiligten durch den neu eingefügten § 397b praktikabler zu machen.

34 **4. Übersetzungen (Absatz 3).** Nach Absatz 3 erhält ein Nebenkläger, welcher der deutschen Sprache nicht mächtig ist, **auf Antrag** eine Übersetzung schriftlicher Unterlagen nach Maßgabe des § 187 Abs. 2 GVG, soweit dies zur Ausübung seiner strafprozessualen Rechte **erforderlich** ist. Eine schriftliche Übersetzung ist mit Blick auf die Interessenwahrnehmung des Nebenklägers nach § 187 Abs. 2 Satz 1 GVG in der Regel erforderlich bei Anklageschriften, Strafbefehlen und nicht rechtskräftigen Urteilen. Nach

---

100 Krit. dazu *Fabricius* NStZ **1994** 257.
101 So auch BGH BeckRS **2017** 121839.
102 Vgl. nur BGH NStZ-RR **2016** 214; BeckRS **2019** 34417; BeckRS **2018** 16482; BeckRS **2010** 9275.
103 SK/*Velten* 11; Meyer-Goßner/*Schmitt* 12.
104 Meyer-Goßner/*Schmitt* § 138, 20a.
105 S. § 406f, 12.
106 Offen gelassen von BGH NStZ-RR **2008** 151.
107 Meyer-Goßner/*Schmitt* 11; sind die Nebenkläger Mitbeschuldigte, ist insoweit § 146 zu beachten.
108 Zur früheren Rechlage s. LR/*Wenske*[26] Nachtr. § 397, 16.
109 **A.A.** – allerdings ohne Begründung – KMR/*Kulhanek* 10.

dem ausdrücklichen Willen des Gesetzgebers besteht eine Abhängigkeit des Übersetzunganspruchs vom Verfahrensstand. so kann es mit Blick auf eine noch ausstehender Zeugenaussage geboten sein, dem Nebenkläger die Übersetzung erst nach Abschluss seiner Einvernahme zur Verfügung zu stellen;[110] auch hier findet die gesetzgeberische Wertentscheidung Ausdruck, dass der Schutz des Untersuchungszwecks letztlich Vorrang haben muss (vgl. § 406e Abs. 2 Satz 2). Zu berücksichtigen bei der Bewertung der Erforderlichkeit ist weiter, ob der Nebenkläger anwaltlichen Beistand hat (vgl. § 187 Abs. 1 Satz 5 GVG) oder ob er seine Interessen auch durch eine zusammenfassende Übersetzung zureichend wahrnehmen kann. Ein Anspruch besteht nicht bei **verfahrensabschließenden Entscheidungen** eines Rechtsmittelgerichts.[111] Im Übrigen gelten für die Hauptverhandlung die Maßgaben der § 185 Abs. 1 Satz 1, § 187 Abs. 4 GVG.

5. Revision

a) Nebenkläger als Beschwerdeführer. Die Verletzung der dem Nebenkläger gesetzlich zugewiesenen **Verfahrensrechte** (§ 344 Abs. 2 Satz 1 Alt. 1) kann die Revision begründen. 35

aa) Ladung. Allerdings erweist sich die **unterbliebene Ladung** des Nebenklägers mit der Folge seines Ausbleibens in der Hauptverhandlung nicht als absoluter Revisionsgrund nach § 338 Nr. 5, weil seine Anwesenheit gesetzlich nicht zwingend vorgeschrieben ist (s. § 396, 42). Im Einzelfall kann dieser **relative Revisionsgrund** aber auf entsprechende Verfahrensrüge (§ 344 Abs. 2 Satz 2) hin zur Urteilsaufhebung führen (§ 337), wenn nicht auszuschließen ist, dass der Nebenkläger von seinem Anwesenheitsrecht Gebrauch gemacht und auf eine Verurteilung des Angeklagten – etwa durch Abgabe von Erklärungen (§ 257) oder gestellte Beweisanträge – hingewirkt hätte.[112] Ebenso wie beim Angeklagten ist hierfür allerdings der Vortrag erforderlich (§ 344 Abs. 2 Satz 2), dass der als Zeuge in der Hauptverhandlung gehörte – anwesende – Nebenkläger auf diesen Ladungsmangel hingwiesen und deshalb die Aussetzung beantragt hat.[113] Die unterblieben Ladung begründet im Übrigen auch keinen Anspruch des Nebenklägers auf **Wiedereinsetzung in den vorigen Stand**, weil mit der Hauptverhandlung keine Frist versäumt wurde (s. § 395, 81; § 396, 44). 36

bb) Aufklärungsrüge. Im Einzelfall mag in einer auf Begehren des Angeklagten hin unterbliebenen gerichtlichen Bemühung, den Nebenkläger während der Vernehmung des Angeklagten um das Verlassen des Saals zu bewegen, ein Verstoß gegen die Pflicht zur **Amtsaufklärung** gem. § 244 Abs. 2 zu sehen sein.[114] 37

cc) Verständigungskontext. Der Nebenkläger kann einen Verstoß gegen die **verständigungsbezogenen Mitteilungspflichten** aus § 243 Abs. 4 Satz 1 und 2 zum Nachteil des Angeklagten rügen. Die Beanstandung scheitert nicht an § 339, da die Mitteilungspflichten – auch im Interesse von Staatsanwaltschaft[115] und Nebenklage – in erster Linie dazu dienen, die Öffentlichkeit und Transparenz des Verständigungsverfahrens zu 38

110 BTDrucks. **18** 4621 S. 27.
111 Vgl. BGH BeckRS **2018** 26805; NStZ-RR **2021** 55.
112 OLG Düsseldorf NStZ-RR **2001** 142, 144.
113 Vgl. Meyer-Goßner/*Schmitt* § 216, 9; LR/*Becker* § 216, 18.
114 Vgl. OLG Nürnberg BeckRS **2009** 12260.
115 Vgl. BGH NStZ **2017** 53.

gewährleisten.[116] Anderes mag aber geltend, wenn der Nebenkläger an den Erörterungen teilgenommen hatte und die Mitteilung allein zur Unterrichtung des Angeklagten erforderlich gewesen wäre.

39 **dd) Gehörsrechte.** Ein Verstoß gegen das **Recht auf Erwiderung** aus § 258 Abs. 2 Halbs. 2 begründet nicht stets und ausnahmslos die Revision, sondern nur dann, wenn und soweit das Urteil darauf beruht (§ 337). Die Bedeutung der Erwiderung bleibt allerdings hinter der des letzten Wortes des Angeklagten zurück, insbesondere sind dem Verstoß stets Ausführungen des Nebenklägers vorausgegangen, sodass ein Beruhen des Urteils auf diesem Verfahrensmangel nicht – wie bei § 258 Abs. 2 Halbs. 2 – regelmäßig anzunehmen, sondern eher auszuschließen ist.[117]

40 **b) Angeklagter als Beschwerdeführer.** Ebenso wie bei der Akteneinsicht des Nebenklägers können – insbesondere in der Konstellation Aussage-gegen-Aussage – durch die Anwesenheit des Nebenklägers in der Hauptverhandlung vor seiner Zeugenvernehmung Fragen der Beweiswürdigung zum Gegenstand des Revisionsangriffs mit der Sach-, aber auch mit der Verfahrensrüge gemacht werden. Hierzu und zu den beschränkten Erfolgsaussichten gelten die Erl. zu § 406e, 65 ff., 68 hier entsprechend. Wird der Nebenkläger während seiner Zeugenaussage etwa durch den psychosozialen Prozessbegleiter „abgeschirmt“[118] liegt hierin kein durchgreifener Verfahrensmangel; in Betracht käme – nach Beanstandung der Vorsitzendenanordnung (§ 238 Abs. 2) – neben § 338 Nr. 1 allenfalls ein Fairnessverstoß, der aber bei ungehindertem Blick des Verteidigers in der gebotenen Gesamtschau der Verfahrenstatsachen abzulehnen sein wird.[119]

41 **6. Wiederaufnahmeverfahren.** Zur Berechtigung des Nebenklägers, sich an einem Wiederaufnahmeverfahren zu beteiligen, nicht jedoch, es zu beantragen, s. Vor § 395, 34.

42 Welche **Befugnisse** dem Nebenkläger in einem vom Angeklagten oder einem Dritten initiierten Wiederaufnahmeverfahren zustehen, wenn er sich anschließt, ist mangels ausdrücklicher Regelungen aus der Funktion der Nebenklage und den hieran ausgerichteten Normen abzuleiten. Maßgeblich ist insbesondere, dass der Anschluss nach Klageerhebung in jeder Lage des Verfahrens gestattet ist. Ferner zeigen § 406h und § 397 Abs. 1, dass der Gesetzgeber dem Nebenkläger weitgehende Einflussmöglichkeiten sichern wollte, und aus § 400 die gesetzgeberische Wertentscheidung abzuleiten ist, dass der Nebenkläger befugt sein soll, Freispruch und Nichteröffnung anzufechten, so weit er hiervon betroffen ist.[120] Daraus dürften sich für ein Wiederaufnahmeverfahren zugunsten des Verurteilten folgende Befugnisse des Nebenklägers ableiten lassen:[121] (1) Analog §§ 395, 400 die Befugnis zur Anfechtung des Beschlusses, der die Wiederaufnahme für zulässig erklärt (§ 368 Abs. 2), soweit er sich auf ein zum Anschluss berechtigendes Delikt (§ 395 Abs. 1 bis 3) bezieht, auch wenn der Verletzte sich im Hauptverfah-

---

116 LR/*Becker* § 243, 52a.

117 Vgl. BGH NJW **2001** 3137.

118 Vgl. *Lemke-Küch* StraFO **2018** 370.

119 **A.A.** – allerdings ohne eine revisible Verfahrensnorm zu benennen – *Lemke-Küch* StraFO **2018** 370; vgl. zur Änderung der Sitzordnung während einer Zeugenvernehmung (Angeklagter im Zuschauerbereich) BGH BeckRS **2021** 3721.

120 Vgl. *Rieß* NStZ **1988** 15.

121 Vgl. auch AK/*Rössner* § 395, 30; *Rieß* NStZ **1988** 15 mit weit. Einzelheiten; s. auch OLG Stuttgart NStZ **1988** 42; LG Münster **1989** 588; s. auch die Erl. zu den §§ 368, 369, 371, 373.

ren (noch) nicht als Nebenkläger beteiligt hatte (vgl. § 395 Abs. 4 Satz 2); in diesem Falle ist, da eine frühere Nebenklage, die wiederaufleben würde (Vor § 395, Rn. 34), fehlt, zunächst nach § 396 zu entscheiden. (2) Anfechtung von Freisprüchen nach § 371 Abs. 1 und 2, unabhängig von der Auffassung der Staatsanwaltschaft (s. § 401 Abs. 1 Satz 1). (3) Anwesenheit bei der Beweisaufnahme (§ 396) im Probationsverfahren (§ 397 Abs. 1 Satz 2, § 385); für den Nebenklagebefugten gilt § 406h Abs. 2 Satz 2. (4) Alle Befugnisse nach den §§ 397 ff., wenn die Hauptverhandlung erneuert wird (§ 373).[122]

Der **Beschluss**, der die **Wiederaufnahme** für **begründet** erklärt (§ 370 Abs. 2), ist **43** für den Nebenkläger **unanfechtbar** (§ 372 Satz 2 analog). Gleiches gilt – mangels Beschwer – für den Beschluss, der den zugunsten des Verurteilten gestellten Wiederaufnahmeantrag als unzulässig (**§ 368 Abs. 1**) oder unbegründet (**§ 370 Abs. 1**) verwirft. Auch Entscheidungen nach den **§§ 364a, 364b, 360 Abs. 2** sind unanfechtbar, weil sie die Rechtsstellung des Nebenklägers nicht berühren.[123]

Für eine von dritter Seite **zuungunsten** des Angeklagten eingeleitete Wiederaufnah- **44** me (§ 362) gelten die obigen Grundsätze (Rn. 42) entsprechend. Mangels Beschwer kann der Nebenkläger die Beschlüsse nach **§ 368 Abs. 2, § 370 Abs. 2** nicht anfechten. Dagegen sind – unabhängig von der Staatsanwaltschaft (§ 401 Abs. 1 Satz 1) – die Beschlüsse nach **§ 368 Abs. 1, § 370 Abs. 1** anfechtbar, soweit sie ein Delikt betreffen, das den Nebenkläger zum Anschluss berechtigt.[124]

§ 397a
Bestellung eines Beistands; Prozesskostenhilfe

(1) Dem Nebenkläger ist auf seinen Antrag ein Rechtsanwalt als Beistand zu bestellen, wenn er

1. durch ein Verbrechen nach den §§ 177, 232 bis 232b und 233a des Strafgesetzbuches oder durch einen besonders schweren Fall eines Vergehens nach § 177 Absatz 6 des Strafgesetzbuches verletzt ist,

1a. durch eine Straftat nach § 184j des Strafgesetzbuches verletzt ist und der Begehung dieser Straftat ein Verbrechen nach § 177 des Strafgesetzbuches oder ein besonders schwerer Fall eines Vergehens nach § 177 Absatz 6 des Strafgesetzbuches zugrunde liegt,

2. durch eine versuchte rechtswidrige Tat nach den §§ 211 und 212 des Strafgesetzbuches verletzt oder Angehöriger eines durch eine rechtswidrige Tat Getöteten im Sinne des § 395 Absatz 2 Nummer 1 ist,

3. durch ein Verbrechen nach den §§ 226, 226a, 234 bis 235, 238 bis 239b, 249, 250, 252, 255 und 316a des Strafgesetzbuches verletzt ist, das bei ihm zu schweren körperlichen oder seelischen Schäden geführt hat oder voraussichtlich führen wird,

4. durch eine rechtswidrige Tat nach den §§ 174 bis 182, 184i bis 184k und 225 des Strafgesetzbuchs verletzt ist und er zur Zeit der Tat das 18. Lebensjahr noch nicht vollendet hatte oder seine Interessen selbst nicht ausreichend wahrnehmen kann oder

5. durch eine rechtswidrige Tat nach den §§ 221, 226, 226a, 232 bis 235, 237, 238 Absatz 2 und 3, §§ 239a, 239b, 240 Absatz 4, §§ 249, 250, 252, 255 und 316a des

122 S. auch OLG Oldenburg StraFo **2007** 336 (keine Anfechtung einer Haftunterbrechung).

123 *Rieß* NStZ **1988** 15. Vgl. auch die Erl. zu den §§ 360, 364a, 364b, 370, 372.

124 *Rieß* NStZ **1988** 15. Vgl. auch die Erl. zu den §§ 368 und 370.

https://doi.org/10.1515/9783110275001-030

Strafgesetzbuches verletzt ist und er bei Antragstellung das 18. Lebensjahr noch nicht vollendet hat oder seine Interessen selbst nicht ausreichend wahrnehmen kann.

(2) [1]Liegen die Voraussetzungen für eine Bestellung nach Absatz 1 nicht vor, so ist dem Nebenkläger für die Hinzuziehung eines Rechtsanwalts auf Antrag Prozesskostenhilfe nach denselben Vorschriften wie in bürgerlichen Rechtsstreitigkeiten zu bewilligen, wenn er seine Interessen selbst nicht ausreichend wahrnehmen kann oder ihm dies nicht zuzumuten ist. [2]§ 114 Absatz 1 Satz 1 zweiter Halbsatz sowie Absatz 2 und § 121 Absatz 1 bis 3 der Zivilprozessordnung sind nicht anzuwenden.

(3) [1]Anträge nach den Absätzen 1 und 2 können schon vor der Erklärung des Anschlusses gestellt werden. [2]Über die Bestellung des Rechtsanwalts, für die § 142 Absatz 5 Satz 1 und 3 entsprechend gilt, und die Bewilligung der Prozesskostenhilfe entscheidet der Vorsitzende des mit der Sache befassten Gerichts.

Schrifttum

Barton/Flotho Opferanwälte im Strafverfahren (2010); *Barton* Opferzeugen, in: Loccumer Protokolle (2019) 131; *Behn* Prozesskostenhilfe und Nebenklage, MDR **1984** 106; *Deckers* Konkordante und kontroverse Interessen von Nebenklage und Verteidigung im Strafverfahren, in: Loccumer Protokolle (2019) 87; *Kaster* Prozesskostenhilfe für Verletzte und andere Berechtigte im Strafverfahren, MDR **1994** 1073; *Lappe* Erstattung der Kosten des Nebenkläger-Beistands, Rpfleger **2003** 116; *Rieß* Zeugenschutz bei Vernehmungen im Strafverfahren, NJW **1998** 3240; *Rosenbusch* Wirklichkeit von Opferrechten im Strafprozess: Erfahrungen aus der Schwurgerichtskammer, in: Loccumer Protokolle (2019) 31; *Ruppert* Prozesskostenhilfe bei Nebenklage im Revisionsverfahren, MDR **1995** 556; *Schwab* Prozesskostenhilfe und Nebenklage, MDR **1983** 810; *Schöch* Warum Opferrechte im Strafprozess wahrgenommen werden müssen, in: Loccumer Protokolle (2019) 167.

Entstehungsgeschichte

§ 397a ist durch Art. 1 Nr. 10 OpferschutzG eingefügt worden. Ihre derzeitige Fassung hat die Vorschrift im Wesentlichen durch Art. 1 Nr. 7 des ZSchG[1] erhalten. Außerdem wurde durch Art. 3 Nr. 8 des Gesetzes zur Änderung der Vorschriften über die Straftaten gegen die sexuelle Selbstbestimmung in Absatz 1 Satz 2 eingefügt: „oder kann er seine Interessen ... wahrnehmen". Durch Art. 1 Nr. 12 des OpferRRG wurde in Absatz 1 Satz 1 „Abs. 2 Nr. 1" eingefügt. Durch Art. 2 Nr. 7 des 37. StrÄndG wurde schließlich in Absatz 1 Satz 1 „§§ 232 bis 233a des Strafgesetzbuches" eingefügt.

Die Vorschrift wurde, auch zur besseren Verständlichkeit, durch Art. 1 Nr. 27 des Gesetzes zur Stärkung der Rechte von Verletzten und Zeugen im Strafverfahren (2. Opferrechtsreformgesetz – **2. OpferRRG**)[2] sowie durch Art. 1 Nr. 7 des Gesetzes zur Stärkung der Rechte von Opfern sexuellen Missbrauchs (StORMG)[3] – im Wege einer nunmehr enu-

1 Vom 30.4.1998 (BGBl. I S. 820). Zur Entstehungsgeschichte vgl. auch BRDrucks. 212/98; BTDrucks. **13** 10001; **13** 9542; **13** 8990; **13** 6899; *Schöch* FS Böhm 663.

2 BGBl. I 2009 S. 2280.

3 Vom 26.6.2013, BGBl. I 2013 S. 1805.

merativen Aufzählung der Bestellungsgründe – neu gefasst und darüber hinaus teilweise erweitert.[4]

Absatz 1 Nummer 1 entspricht demzufolge § 397a Abs. 1 Satz 1 a.F., soweit dieser auf § 395 Abs. 1 Nr. 1 lit. a a.F. verweist und die Fälle der §§ 232, 233 benennt. Die durch Art. 1 Nr. 27 neu eingefügte **Nummer 2** entspricht der bisherigen Regelung des § 397a Abs. 1 Satz 1 a.F. i.V.m. § 395 Abs. 1 Nr. 2 a.F. und garantiert Opfern von (versuchten) Tötungsverbrechen nach §§ 211, 212 StGB oder deren Angehörigen das Recht auf einen anwaltlichen Beistand. Hingegen erweitert die neu eingefügte **Nummer 3** den Katalog des § 397a Abs. 1 um weitere Straftatbestände, die bislang kein Recht auf einen Opferanwalt begründeten; dies allerdings unter der Bedingung, dass die rechtswidrige Tat zu schweren körperlichen oder seelischen Schäden geführt hat oder voraussichtlich führen wird. Nach der durch Art. 1 Nr. 7 des StORMG eingeführten **Nummer 4** können Verletzte rechtswidriger Taten nach §§ 174 bis 182 StGB einen anwaltlichen Beistand verlangen, sofern sie im **maßgeblichen Zeitpunkt für die Beurteilung der Schutzaltersgrenze**, wofür nunmehr – anders als nach früherer Gesetzesfassung, nach welcher der Zeitpunkt der Antragsstellung maßgebend war – auf die Zeit der Tat abzustellen ist, das achtzehnte Lebensjahr noch nicht vollendet hatten oder sonst nicht in der Lage sind, ihre Interessen ausreichend wahrzunehmen.[5] Die – ursprünglich durch Art. 1 Nr. 27 des 2. OpferRRG neu eingefügte Nummer 4 und sodann – durch Art. 1 Nr. 7 des StORMG durch Streichung der Aufzählung „§ 174 bis 182" und § 225" neugefasste **Nummer 5** der Vorschrift entspricht der Regelung des § 397a Abs. 1 Satz 2 a.F., soweit dieser einerseits einen erweiterten Anspruch auf Bestellung eines Opferanwaltes für Kinder, Jugendliche und die Personen vorsieht, die ihre Interessen selbst nicht ausreichend wahrnehmen können und andererseits auf Delikte nach den §§ 174 bis 182, 225 bis 233a StGB Bezug genommen wird. Diese Regelung war bereits durch das 2. OpferRRG in Absatz 1 Nummer 4 überführt, die bisherige Schutzaltersgrenze von sechzehn auf achtzehn Jahre angehoben und ferner ein Anspruch solcher Personengruppen auf einen kostenlosen Opferanwalt Gesetz begründet worden, die durch eine rechtswidrige Tat nach §§ 211 oder § 240 Abs. 4 StGB verletzt worden sind (§ 397a Abs. 1 Nr. 4 a.F.).

In dem neugefassten **Absatz 2 Satz 1** ist das Tatbestandsmerkmal der „Schwierigkeit der Sach- und Rechtslage" entfallen; fortan steht dem bedürftigen Nebenkläger schon dann ein Anspruch auf **Prozesskostenhilfe** zu, wenn er nicht in der Lage ist, seine Interessen wahrzunehmen und ihm solches auch nicht zuzumuten ist. Die Änderung des **Satzes 2** stellt lediglich eine Anpassung an die in Bezug genommene geänderte Vorschrift des § 114 ZPO dar.

Absatz 3 Satz 1 entspricht inhaltlich den Regelungen aus § 397a Abs. 1 Satz 3 a.F. und Abs. 2 Satz 3 a.F. Gleichermaßen fasst **Absatz 3 Satz 2** die bisherigen Regelungen aus § 397a Abs. 1 Satz 4 und Abs. 2 Satz 3 zusammen und überführt diese mit der bisher in Absatz 3 Satz 1 enthaltenen Regelung über die Entscheidungszuständigkeit in einen einzigen Satz. Hiermit wird die Zuständigkeit nunmehr dem Gerichtsvorsitzenden allein übertragen. Die durch das 2. OpferRRG in **Absatz 3 Satz 3** überführte Regelung des § 397a Abs. 3 Satz 2 a.F. wurde durch das StORMG aufgehoben.[6]

---

4 Absatz 1 Nummer 4 i.d.F. des 2. OpferRRG wurde überdies um den Katalogtatbestand des § 237 StGB durch Art. 5 des Gesetzes zur Bekämpfung von Zwangsheirat und zum besseren Schutz der Opfer von Zwangsheirat sowie zur Änderung weiterer aufenthalts- und asylrechtlicher Vorschriften vom 23.6.2011 (BGBl. I S. 1266) erweitert.

5 BTDrucks. **17** 6261 S. 12.

6 BTDrucks. **17** 6261 S. 13.

Absatz 2 Satz 2 wurde durch Art. 8 des Gesetzes zur Änderung des Prozesskostenhilfe- und Beratungshilferechts an die zugleich erfolgte Neufassung von § 114 ZPO angepasst und nach der Angabe „§ 114" die Angabe „Absatz 1" und nach dem Wort „Halbsatz" die Wörter „sowie Absatz 2" eingefügt.[7]

Durch Art. 2 Nr. 2 des 47. Strafrechtsänderungsgesetzes vom 24.9.2013 wurde der Katalog in Absatz 1 Nummer 3 um die Genitalverstümmelung erweitert.[8] Durch Art. 1 Nr. 13 des Gesetzes zur Stärkung des Rechts des Angeklagten in der Berufungsverhandlung und über die Anerkennung von Abwesenheitsentscheidungen in der Rechtshilfe vom 17.7.2015[9] erhielt die Vorschrift ihre gesetzliche Überschrift.

Im Deliktskatalog von Absatz 1 Nummer 1 wurde durch Art. 1 Nr. 10 des Gesetzes zur Stärkung der Opferrechte im Strafverfahren (**3. OpferRRG**) vom 21.12.2015[10] redaktionell angepasst. Da Absatz 1 Nummer 4 in der Fassung des STORMG bereits § 176a StGB erfasst, konnte dessen Erwähnung in Nummer 1 gestrichen werden.[11] Durch Art. 4 Nr. 5 des Gesetzes zur Verbesserung der Bekämpfung des Menschenhandels und zur Änderung des Bundeszentralregistergesetzes sowie des Achten Buches Sozialgesetzbuch vom 11.10.2016[12] wurde Absatz 1 Nummer 1 als Folgeänderung zur Erfassung der zugleich neugeregelten Verbrechenstatbestände in § 232 und § 233a StGB neu gefasst.[13]

Durch Art. 2 Nr. 8 des 50. Strafrechtsänderungsgesetz vom 4.11.2016 wurde **Nummer 1a** in Absatz 1 eingefügt.[14]

Ein weiteres redaktionelles Versehen wurde durch Art. 1 Nr. 18 des **Gesetzes zur Modernisierung des Strafverfahrens** vom 10.12.2019[15] behoben und im selben Katalogtatbestand § 179 StGB gestrichen, der bereits zuvor durch ein Strafrechtsänderungsgesetz aufgehoben worden war.[16] Zugleich wurde der Katalog der Straftaten zur privilegierten Bestellung eines Beistandes in Absatz 1 Nummer 1 auf die besonders schweren Fälle eines Vergehens nach § 177 Abs. 6 StGB erweitert. Zudem wurde Absatz 1 **Nummer 1a** dahin **erweitert**, dass ein privilegierter Anspruch auf einen Rechtsbeistand auch dem Verletzten zusteht, der Opfer des § 184j StGB geworden ist und der Gruppentat kein Verbrechen, sondern ein besonders schwerer Fall eines Vergehens gemäß § 177 Abs. 6 StGB zugrundeliegt.[17]

Durch Art. 1 Nr. 13 des Gesetzes zur Neuregelung des Rechts der notwendigen Verteidigung vom 10.12.2019 wurde – als Folgeänderung zu der in Bezug genommenen Vorschrift – die Angabe „§ 142 Absatz 1" durch die Wörter „§ 142 Absatz 5 Satz 1 und 3" ersetzt.[18] Durch Art. 2 Nr. 4 des 59. Strafrechtsänderungsgesetzes vom 9.10.2020 wurde in Absatz 1 Nummer 4 die Angabe „§ 184j, 184i" durch die Angabe „§ 184i bis 184k" ersetzt.[19]

7 BGBl. I S. 3533.
8 BGBl. I S. 3671.
9 BGBl. I S. 1332.
10 BGBl. I S. 2525.
11 BTDrucks. **18** 4621 S. 27.
12 BGBl. I S. 2226.
13 BTDrucks. **18** 9085 S. 47.
14 BGBl. I S. 2460.
15 BGBl. I S. 2121.
16 BTDrucks. **19** 14747 S. 37.
17 BTDrucks. **19** 14747 S. 38.
18 BGBl. I S. 2128.
19 BGBl. I S. 2075.

Übersicht

1. Bedeutung der Vorschrift. Die Neufassung der Bestellung eines Beistands („kostenloser Opferanwalt“[20]) und der Prozesskostenhilfe für ausgewählte Nebenkläger ergänzt § 397 Abs. 2 und steht im regelungssystematischen Zusammenhang mit weiteren Änderungen der StPO durch das 2. OpferRRG und einer hierdurch erstrebten Neuordnung des Rechts der Nebenklage und der Stärkung der Rechte von Opfern und Zeugen im Strafverfahren.[21] Zu nennen sind hier etwa die durch eine Neufassung des § 395 erreichte Erweiterung der Anschlussmöglichkeiten eines Verletzten als Nebenkläger sowie die Erweiterung von Informationsrechten des Verletzten einer Tat (§§ 406d, 406e, 406i). Für die Bestellung eines anwaltlichen Beistands **vor Erhebung der öffentlichen Klage** nimmt § 406h Abs. 3 auf § 397a Bezug (s. Rn. 19); dies gilt gleichermaßen für den Anspruch die Bestellung eines psychosozialen Prozessbegleiters aus § 406g Abs. 3. Die Beiordnung eines Rechtsanwalts nach Absatz 1 schließt indes die Bestellung eines Zeugenbeistands nach § 68b aus.[22] Die Vorschrift erweist sich insgesamt als lex specialis im Verhältnis zu § 68b.[23] 1

Die Regelung enthält im Wesentlichen zweierlei: **Absatz 1** enthält die rechtlichen Maßgaben für die Bestellung eines anwaltlichen Beistands für den Nebenkläger und knüpft zur Bestimmung der notwendigen Schutzbedürftigkeit zunächst ausschließlich an das Gewicht der in Rede stehenden rechtswidrigen Taten an, etwa Sexual- (Nrn. 1, 1a) oder Tötungsverbrechen (Nr. 2), ermöglicht hinterbliebenen Angehörigen (Nr. 2) und solchen Verletzten anwaltlichen Beistand, die schwere Tatfolgen erlitten haben (Nr. 3) oder im Tatzeitpunkt (Nr. 4) oder bei der Antragstellung (Nr. 5) das achtzehnte Lebens- 2

20 HK/*Weißer* 6.
21 BTDrucks. **16** 12098 S. 1, 29; zur früheren Rechtslage s. LR/*Hilger*[26] 1 ff.
22 Meyer-Goßner/*Schmitt* 2; zur Rechtslage vor Abkopplung der Nebenklage von der Rechtsstellung des Privatklägers s. LR/*Hilger*[26] 2 ff.
23 Meyer-Goßner/*Schmitt* 2.

jahr noch nicht vollendet haben oder sonst ersichtlich nicht in der Lage sind, ihre Interessen als Verletzte der Tat ausreichend wahrzunehmen. Liegen die Voraussetzungen von Absatz 1 nicht vor, bestimmt **Absatz 2** die Voraussetzungen, unter denen Prozesskostenhilfe für die Hinzuziehung eines Rechtsanwalts in den sonstigen Fällen einer Nebenklage zu gewähren ist.

3 Die Vorschrift gilt auch bei Nebenklage im **Sicherungsverfahren.** Sie ist nicht anwendbar, wenn das Strafverfahren im Rahmen der Bestimmungen des Nato-Truppenstatuts und des ZusatzAbk. vor einem **Militärgericht** eines NATO-Entsendestaates geführt wird. Die Beistandsbestellung nach Absatz 1 erstreckt sich (grundsätzlich) nicht auch auf ein Adhäsionsverfahren.[24]

4 **2. Sachliche Voraussetzungen der Bestellung eines Beistands (Absatz 1).** Das Recht auf Bestellung eines Rechtsanwalts als Beistand knüpft **zunächst** an die **Nebenklagebefugnis aus § 395 Abs. 1** an, hinsichtlich derer nach herrschender – **hier nicht vertretener** (s. Erl. Vor § 395, 20 ff. und § 396, 14) – Ansicht es ausreicht, dass auch nur die **geringe Möglichkeit** besteht, dass der Angeklagte ein solches Delikt begangen hat und seine Verurteilung deswegen in Betracht kommt bzw. die Verurteilung wegen einer Nebenklagestraftat rechtlich möglich erscheint (s. im Einzelnen § 396, 14 ff.).[25] Der Katalog des § 397a Abs. 1 gliedert **die weiteren Voraussetzungen** für die Bestellung in **vier Stufen:** Die Nummern 1, 1a und 2 begründen den Anspruch auf Beistand bei den benannten Sexual- und Tötungsverbrechen stets und ohne weitere Voraussetzungen; Nummer 3 erfordert schwere Folgen aus den dort abschließend benannten Katalogtaten. Nach Nummer 4 ist über die Katalogtaten hinaus erforderlich, dass der Verletzte zur Tatzeit Jugendlicher war oder im Zeitpunkt des Antrags nicht in der Lage ist, seine Interessen selbst wahrzunehmen. Dies gilt nach Nummer 5 gleichermaßen bei im Zeitpunkt der Antragstellung Jugendlichen.

5 Im Einzelnen gilt Folgendes:

6 **a) Nummern 1 und 2.** Die in **Absatz 1 Nummern 1 und 2** benannten Delikte begründen ein unmittelbares Recht zur Bestellung eines anwaltlichen Beistands, wenn sie ein (versuchtes) **Verbrechen** i.S.v. § 12 Abs. 1 StGB darstellen.[26] Zur Bewertung der Tat als Verbrechen oder Vergehen kommt es allein auf die materiell-rechtliche Beurteilung zum Zeitpunkt der Beschlussfassung über die Beistandsbestellung an.[27] Dieser Anspruch steht nach Nr. 2 auch nebenklageberechtigten **Angehörigen** eines durch eine rechtswidrige Tat Getöteten zu,[28] wobei deren Bestellungsanspruch über die §§ 211, 212 StGB hinaus geht und – korrespondierend mit § 395 Abs. 2 Nr. 1 – durch den Todeserfolg qualifizierte Delikte und die fahrlässige Tötung umfasst (s. im Einzelnen § 395, 48).[29]

7 **b) Nummer 1a.** Der Bestellungsanspruch aus **Absatz 1 Nummer 1a** knüpft materiell-rechtlich an § 184j an und setzt voraus, dass unter den Straftaten, die aus der Gruppe heraus begangen worden sind, ein Verbrechen nach § 177 StGB ist.[30] Da aber Verletzte

24 BGH StraFo **2001** 306; OLG Hamm Rpfleger **2001** 565.
25 S. nur BGH NJW **1999** 2380; OLG Hamm BeckRS **2021** 4821. OLG Schleswig BeckRS **2022** 6036.
26 BTDrucks. **16** 12098 S. 32.
27 Vgl. BGH bei *Becker* NStZ-RR **2003** 101; NStZ **2005** 650; HK/*Weißer* 5.
28 Vgl. allerdings zu einer aus dem Rechtsschutzbedürfnis abgeleiteten Gruppenverletzung von mehreren Angehörigen zutreffend OLG Köln BeckRS **2013** 17029 sowie Rn. 28.
29 Zur fahrlässigen Tötung OLG Celle NStZ-RR **2012** 291.
30 Vgl. BTDrucks. **18** 9097 S. 34; HK/*Weißer* 7.

eines Verbrechens nach § 177 StGB bzw. eines Vergehens nach § 177 Abs. 6 StGB bereits aus Absatz 1 Nr. 1 anspruchsberechtigt sind,[31] dürfte dieser – nicht gelungenen – Vorschrift rechtspraktisch keine Bedeutung zukommen; sie mag zukünftig entfallen.[32]

c) Nummer 3. Hingegen führen die in **Absatz 1 Nummer 3** benannten Verbrechen (§§ 226, 226a, 234 bis 235, 238 bis 239b, 249, 250, 252, 255 und 316a StGB) nur dann zur Bestellung eines anwaltlichen Beistands für den Nebenkläger, wenn die rechtswidrige Tat beim ihm zu **schweren körperlichen oder seelischen Schäden** geführt hat (s. Rn. 9) oder voraussichtlich führen wird (s. Rn. 10).[33] Die grundsätzlich zur Bestellung des Beistands berechtigenden Katalogtaten sind im Vergleich zur früheren Rechtslage durch das 2. OpferRRG deutlich erweitert worden und enthalten sowohl Verbrechen aus dem Katalog des § 395 Abs. 1 als auch solche, die nur unter den strengen Anforderungen des Auffangtatbestandes des § 395 Abs. 3 zum Anschluss als Nebenkläger berechtigen (s. § 395, 50 ff., 53). Dabei indiziert die im letztgenannten Fall erfolgte Nebenklagezulassung nach § 396 Abs. 2 Satz 2 Hs. 1 allerdings nicht die für § 397a Abs. 1 Nr. 3 erforderlichen bereits eingetretenen oder aber absehbaren schweren Folgen (vgl. § 395, 58).[34] Notwendig ist vielmehr eine darüber hinaus gehende **besondere Schutzbedürftigkeit** des Nebenklägers im Einzelfall.[35] 8

Diese kann sich ergeben aus der **Schwere des Delikts**, naheliegend unter Würdigung der gesamten Tatumstände, namentlich des Vor- und Nachtatgeschehens, der Täterpersönlichkeit sowie dem Gewicht erlittener **körperlicher oder seelischer Schäden**. Die Vorschrift orientiert sich vor allem an dem Schweregrad der in den §§ 226 und 239 Abs. 3 Nr. 2 StGB genannten Folgen der Tat.[36] Notwendig ist daher eine erhebliche und dauerhafte Gesundheitsschädigung bzw. in psychischer Hinsicht eine erhebliche Schädigung von ebensolchem Gewicht.[37] Dabei sind auch körperliche Reaktionen als Folge einer **psychischen Belastung** – etwa durch einen besonders brutalen Raubüberfall – in den Blick zu nehmen, die über den Tattag hinaus andauern[38] und eine mit § 226 Abs. 1 Nr. 3 StGB vergleichbare Dimension erreichen.[39] Bedeutsam ist ferner, in welchem Maße der Antragsteller selbst Verletzter einer aggressiven Gewalttat oder aber insoweit „Dritter" ist und, ob etwaige Vorschädigungen mitursächlich für die vorgetragene psychische Belastung sein könnten.[40] Eine mögliche Schädigung (auch) in finanzieller Hinsicht ist hingegen unbeachtlich.[41] 9

Sind körperliche oder seelische **Schäden im Zeitpunkt der Antragstellung** noch nicht eingetreten aber zu besorgen, ist das Maß der Wahrscheinlichkeit eines entsprechenden Schadenseintritts zu bestimmen und in die gerichtliche Entscheidung einzustellen. Hierfür kommt dem Vortrag des Nebenklägers – strukturell vergleichbar mit seiner Anschlusserklärung nach § 395 Abs. 3, § 396 – besondere Bedeutung zu (s. Rn. 21; § 396, 29); soweit die hierfür tragenden Gründe nicht bereits aktenkundig oder sonst 10

31 Vgl. BTDrucks. **18** 9097 S. 34.
32 Zutreffend HK/*Weißer* 7.
33 BGH NStZ-RR **2018** 256, 257.
34 BTDrucks. **16** 12098 S. 31.
35 BTDrucks. **16** 12098 S. 33; BGH BeckRS **2020** 21894.
36 BTDrucks. **16** 12098 S. 9, 33; BGH NStZ-RR **2018** 256, 257; BGH BeckRS **2020** 21894.
37 BTDrucks. **16** 12098 S. 33.
38 OLG Düsseldorf BeckRS **2012** 07682.
39 BGH NStZ-RR **2018** 256, 257: Unzureichend Albträume, Schlafstörungen, Motivationsschwierigkeiten.
40 BGH NStZ-RR **2018** 256, 257.
41 BTDrucks. **16** 12098 S. 33; HK/*Weißer* 8; Meyer-Goßner/*Schmitt* 3.

ersichtlich sind, hat er diese, zumindest aber die bestimmenden Anknüpfungstatsachen, darzulegen (s. auch Rn. 23 ff.).[42]

11 **d) Nummer 4.** Die in **Absatz 1 Nummer 4** benannten rechtswidrigen Taten (§§ 174 bis 182, 184i bis 184k und 225 StGB) berechtigen den Nebenkläger nur dann zur Bestellung eines anwaltlichen Beistandes, wenn er im Zeitpunkt der Tat das achtzehnte Lebensjahr noch nicht vollendet hat oder nicht in der Lage ist, seine Interessen selbst wahrzunehmen. Bereits durch das 2. OpferRG hatte der Gesetzgeber die **Schutzaltersgrenze** von sechzehn auf achtzehn Jahre erhöht und dadurch den Anwendungsbereich der Vorschrift in personaler Hinsicht erweitert. Mit der nur kurze Zeit später erfolgten weiteren Änderung durch das StORMG, nach der nunmehr nicht der **Zeitpunkt der Antragstellung**, sondern der Zeitpunkt der Tat für die Berechnung der Schutzaltersgrenze maßgeblich ist, sind die Beistandsbefugnisse auch in zeitlicher Hinsicht signifikant erweitert worden.[43]

12 War die Schutzaltersgrenze des Verletzten zur Tatzeit bereits überschritten, kommt die Bestellung eines anwaltlichen Beistands nur unter der Voraussetzung in Betracht, dass er **unfähig ist, seine Interessen selbst ausreichend wahrzunehmen**. In die gebotene **wertende Gesamtschau** sind maßgeblich solche Umstände einzustellen, die ihren Ursprung im Rechtskreis des Nebenklägers finden, etwa dessen spezielle Interessenlage und **Schutzbedürftigkeit**. Anhaltspunkte für einen besonders schutzwürdigen Nebenkläger können dessen **persönliche Dispositionen** vermitteln, sein **Alter** – z.B. die Nähe zur Schutzaltersgrenze –, etwaige körperliche oder geistige **Gebrechen** sowie psychisch bedingte Einschränkungen oder eine anders begründete **prozessuale Hilflosigkeit**. Hingegen rechtfertigen sprachliche Schwierigkeiten des Nebenklägers – vergleichbar mit den Maßgaben des § 140 Abs. 2 – die Bestellung nur, sofern diese nicht durch die Beiziehung eines Dolmetschers ausgeglichen werden können (s. § 397, 16, 34).[44] In die Gesamtwürdigung kann auch das **Tatbild** selbst einzustellen sein, wenn dieses etwa durch emotionale oder psychische Dispositionen des Verletzten oder eine Abhängigkeit vom Angeklagten geprägt ist. Ferner kann eine **schwierige Sach- oder Rechtslage** – ggf. in der Zusammenschau mit körperlichen, geistigen oder psychischen Defiziten – eine **prozessuale Unfähigkeit** zur eigenen Interessenwahrnehmung im Einzelfall nahelegen. Die Sach- und Rechtslage erweist sich regelmäßig als schwierig, wenn – aus der Sicht des Nebenklägers – der Sachverhalt umfangreich ist, sich seine Aufklärung als kompliziert erweist, seine Bewertung Spezialkenntnisse oder voraussichtlich die Stellung von Beweisanträgen erfordert.[45] In Betracht kommen ferner Konstellationen, in denen komplexe bzw. umstrittene Rechtsfragen zu entscheiden sind, etwa zu Maßnahmen, die den persönlichen Lebensbereich des Nebenklägers betreffen und zum Ausschluss der Öffentlichkeit oder zur Entfernung des Beschuldigten aus der Verhandlung führen sollen.[46] Betrifft die Schwierigkeit sachspezifisch sowie unter vernünftiger Betrachtungsweise **nur die Rechtssphäre des Beschuldigten** (z.B. Auslieferung, allein den Beschuldigten betr. Fristen, Bestellung und Auswahl des Pflichtverteidigers, reine Strafzumessungsfragen) fehlt also der „Opferbezug“, so kann jedenfalls mit Hilfe dieser Voraussetzung eine Bestellung bzw. die Bewilligung von Prozesskostenhilfe

42 Vgl. auch BGH BeckRS **2020** 21894.
43 BTDrucks. **17** 6261 S. 12.
44 Zu weitgehend LG Bochum StV **1987** 450; KMR/*Kulhanek* 4h; AK/*Rössner* 7; vgl. ferner HK/*Weißer* 17.
45 OLG Schleswig BeckRS **2022** 6036.
46 Vgl. AK/*Rössner* 6; **a.A.** wohl *Kaster* MDR **1994** 1074.

nicht begründet werden.[47] Dies gilt gleichermaßen, wenn die schwierigen Sach- und Rechtsfragen **allein oder maßgeblich die Rechtsfolgenseite** betreffen.

Bei den von **Nummer 4 benannten Sexualdelikten** kann im Einzelfall bei §§ 179, 13
180 StGB eine besondere Schutzbedürftigkeit namentlich mit Blick auf die Deliktsstruktur begründet sein. Dies gilt in gleicher Weise für Verletzte solcher rechtswidrigen Taten, die auf eine strukturelle Unterdrückung des Opfers, die Begründung und Aufrechterhaltung einer emotionalen oder materiellen Abhängigkeit vom Täter oder auf Einschüchterung gerichtet sind (etwa § 180a StGB). Hingegen wird sich dem Tatbild des § 174 StGB regelmäßig keine solche strukturelle Beziehung entnehmen lassen, sodass hier in besonderem Maße die Umstände des Einzelfalls von Bedeutung sind.

e) Nummer 5. Schließlich sind nach **Absatz 1 Nummer 5** die Verletzten der enumera- 14
tiv benannten Verbrechen und Vergehen (§§ 221, 226, 226a, 232 bis 235, 237, 238 Abs. 2 und 3, §§ 239a, 239b, 240 Abs. 4, §§ 249, 250, 252, 255 und 316a) antragsberechtigt, sofern sie **im Zeitpunkt der Antragstellung** das achtzehnte Lebensjahr noch nicht vollendet haben oder nicht in der Lage sind, ihre Interessen selbst wahrzunehmen (hierzu Rn. 11). Anhaltspunkte für eine mangelnde Fähigkeit zur eigenen Interessenwahrnehmung können sich für die hier gebotene wertende Gesamtschau namentlich aus dem Alter des Nebenklägers – etwa auch der Nähe zur Schutzaltersgrenze –, seinem Ausbildungsstand, aber auch aus der Tat selbst ergeben. Gerade in den Fällen der Zwangsverheiratung (§ 237 StGB)[48] und der Nötigung zum Schwangerschaftsabbruch liegt solches regelmäßig nahe.[49] Fehlende **Sprachkenntnisse** sind allerdings unbeachtlich (vgl. § 397, 14, 34).[50]

3. Sachliche Voraussetzungen der Prozesskostenhilfe (Absatz 2)

a) Allgemeines. Dem Nebenkläger, der die Voraussetzungen des Absatzes 1 nicht 15
erfüllt, kann Prozesskostenhilfe (ausschließlich) für die Bestellung eines anwaltlichen Beistands bewilligt werden. Die im Verhältnis zu Absatz 1 subsidiäre[51] Bewilligung der Prozesskostenhilfe richtet sich zwar grundsätzlich nach denselben Vorschriften wie in bürgerlichen Rechtsstreitigkeiten (§§ 114 ff. ZPO), setzt also „Mittellosigkeit" des Nebenklägers voraus (s. Rn. 18), knüpft jedoch nicht an die weiteren sachlichen Voraussetzungen nach § 114 ZPO an, nämlich die „hinreichende Erfolgsaussicht der beabsichtigten Rechtsverfolgung"[52] und dass diese nicht „mutwillig" erscheinen darf. Diese Voraussetzungen sind zivilprozessual geprägt und passen nicht zur Stellung des Nebenklägers als eines Zusatzbeteiligten im Offizialverfahren. Insbesondere im Hinblick auf den Gedanken des Verletztenschutzes, welcher der Nebenklagebefugnis zugrunde liegt (Vor § 395, Rn. 8, 14), lässt sich die Frage der „Erfolgsaussicht" der Nebenklage kaum sinnvoll stellen; entsprechendes gilt für die „Mutwilligkeit" einer Nebenklage.[53] Daher ist § 114 Satz 1 2. Hs. ZPO nicht anwendbar (Absatz 2 Satz 2).[54] Statt dessen knüpft § 397a Abs. 2 Satz 1 – in Anlehnung an § 140 Abs. 2 – alternativ an die „Unfähigkeit" (Rn. 16) oder die „Unzumutbarkeit" (Rn. 17) der eigenen Interessenwahrnehmung an. Die weitere Tatbestands-

47 Vgl. AK/*Rössner* 6.
48 Vgl. hierzu BTDrucks. **17** 4401 S. 13.
49 BTDrucks. **16** 12098 S. 33.
50 BGH NStZ-RR **2018** 256, 257.
51 BGH NJW **1999** 2390; NStZ **2000** 218; BeckRS **2006** 03152.
52 Will der Antragsteller sich dazu beraten lassen, kann das BerHG Anwendung finden.
53 Vgl. BTDrucks. **10** 5305 S. 14; BGH AnwBl. **1989** 688; *Jung* JuS **1987** 158.
54 BGH NStZ-RR **2008** 49.

alternative, eine Beiordnungsmöglichkeit wegen schwieriger Sach- und Rechtslage, ist mit dem 2. OpferRRG gestrichen worden.[55] Ob die Unfähigkeit oder Unzumutbarkeit eigener Interessenwahrnehmung (alternativ) gegeben ist, ist aus der Sicht des Nebenklägers zu entscheiden; dabei ist jedoch nicht auf dessen rein subjektive Bewertung abzustellen, sondern – begrenzend – auf eine „vernünftige Betrachtungsweise“ (vgl. § 24, 7).[56] Eine Bewilligung von Prozesskostenhilfe kommt jedoch nicht in Betracht, wenn ein **Schutzbedürfnis** fehlt, etwa bei einem unzulässigen, einem offensichtlich unbegründeten (§ 349 Abs. 2),[57] einem allein gegen den Strafausspruch geführten Rechtsmittel (s. Rn. 35)[58] oder bei nur von anderen Verfahrensbeteiligten geführten Rechtsmitteln (s. § 400, 27).

16 **b) Unfähigkeit eigener Interessenwahrnehmung.** Die **Unfähigkeit des Nebenklägers, seine Interessen selbst ausreichend wahrzunehmen**, ist gegeben, wenn er aus persönlichen Gründen nicht fähig ist, seine Interessen ausreichend zu verfolgen (hierzu Rn. 12).

17 **c) Unzumutbarkeit eigener Interessenwahrnehmung.** Die **Unzumutbarkeit der eigenen Interessenwahrnehmung** stellt im Wesentlichen auf die psychische Betroffenheit des Nebenklägers durch die Tat ab.[59] Sie kann auch dann gegeben sein, wenn der Nebenkläger zwar zur eigenen Interessenwahrnehmung in der Lage wäre, ihn solches jedoch – aus seiner Sicht – unvertretbar belasten würde. Diese Voraussetzung kann namentlich bei Opfern von Straftaten gegen die sexuelle Selbstbestimmung sowie von schwerwiegenden Nachstellungen eine erhebliche Rolle spielen.[60] Da nach Absatz 2 Satz 2 der § 121 Abs. 1 bis 3 ZPO unanwendbar ist, scheidet der Umstand, dass der Beschuldigte einen Verteidiger hat (vgl. § 121 Abs. 2 Satz 1 2. Alt. ZPO) als zwingender Grund für die Bewilligung von Prozesskostenhilfe aus.[61]

18 **d) Mittellosigkeit.** Weitere, unverzichtbare Voraussetzung ist, dass der Nebenkläger nach seinen persönlichen und wirtschaftlichen Verhältnissen **nicht in der Lage ist, die Kosten** eines Rechtsanwalts **aufzubringen** (§§ 114, 115 ZPO); dessen Gebühren ergeben sich aus dem RVG.[62] Mittellosigkeit im Sinne der §§ 114, 115 ZPO ist anzunehmen, wenn der Nebenkläger im Zeitpunkt der Entscheidung über den Antrag persönlich, wenn auch vielleicht nur teilweise oder vorübergehend, unvermögend ist, diese Kosten zu zahlen. Es genügen also eine wenigstens wahrscheinliche Unfähigkeit und der finanzielle

---

55 Mit Blick auf den Charakter als alternative, nicht aber kumulative Tatbestandsvoraussetzung für die Prozesskostenhilfe und die erstrebte Beseitigung von „Unbilligkeiten“ erscheint dies freilich nicht zwingend, vgl. BTDrucks. **16** 12098 S. 34; zur weiterhin gebotenen Berücksichtigung dieses Topos bei den gerichtlichen Wertungsakten in Absatz 1 Nummern 4 und 5 sowie Absatz 2 vgl. Nachtr. Rn. 8.

56 AK/*Rössner* 4, 6; vgl. auch *Ruppert* MDR **1995** 556 (zum Revisionsverfahren).

57 H.M.; vgl. z.B. BGH AnwBl. **1989** 688; NStZ **1993** 351; BGH bei *Kusch* NStZ **1994** 26; BGH bei *Kurth* NStZ **1997** 4; bei *Kusch* NStZ-RR **2000** 40; bei *Becker* NStZ-RR **2003** 6, 102; StraFo **2004** 399; BeckRS **2010** 31027; BeckRS **2017** 110154; BeckRS **2020** 21894; s. auch BayObLG bei *Bär* DAR **1989** 371; HansOLG Hamburg NStZ **1988** 193; OLG Düsseldorf Rpfleger **1988** 548 (Rechtsverteidigung abgeschlossen); *Ruppert* MDR **1995** 556 (zum Revisionsverfahren).

58 BGHR § 397a I PKH 7.

59 *Böttcher* JR **1987** 137.

60 Vgl. BTDrucks. **10** 6124 S. 14; s. auch AK/*Rössner* 8, 9 (zutreffend für eine großzügige, „opferfreundliche“ Anwendung); KMR/*Kulhanek* 10; HK/*Weißer* 19; *Mosbacher* NStZ **2007** 671.

61 Vgl. KG NStZ-RR **2014**; SK/*Velten* 14; OLG Celle Rpfleger **1997** 473; OLG Düsseldorf MDR **1987** 79.

62 S. Vorb. 4 Abs. 1 VVRVG.

Engpass, die Kosten nur zum Teil oder nur in Raten aufbringen zu können. Zur Berechnung der sog. „Mittellosigkeit" s. § 115 ZPO.[63]

4. Verfahrensrechtliche Fragen (Absatz 3)

a) Antragsvoraussetzungen. Der anwaltliche Beistand wird dem Nebenkläger nur auf dessen Antrag hin bestellt; dies gilt gleichermaßen für die Gewährung von Prozesskostenhilfe. Eine **Fortwirkung der Bestellungsentscheidung nach § 406h** auch nach Erhebung der öffentlichen Klage für den Nebenklagebefugten sieht das Gesetz nur dann vor, wenn der Verletzte diese Stellung auch nach Erhebung der öffentlichen Klage unverändert lässt. Erklärt er nach Erhebung der öffentlichen Klage indes seinen Anschluss als Nebenkläger (§ 396), ist nach § 397a Abs. 1 bzw. Abs. 2 zu entscheiden,[64] weil er die Verfahrensrolle vom Nebenklagebefugten zum Nebenkläger wechselt und nunmehr statt des Ermittlungsrichters (s. § 406h, 44) der Vorsitzende des Gerichts der Hauptsache zuständig (s. Rn. 26) und zu einer eigenen, ggf. neuen Bewertung der Möglichkeiten des Verletzten zur eigenen Interessenwahrnehmung berufen ist (s. Rn. 35); einer deklaratorischen Aufhebung der Bestellungsentscheidung nach § 406h bedarf es nicht. 19

aa) Antragsbefugnis. Antragsberechtigt ist der **Nebenkläger**. Zur notwendigen Prozessfähigkeit und einem **minderjährigen Verletzten** s. § 395, 18 ff.[65] Der Antrag auf Bestellung bzw. auf Bewilligung von Prozesskostenhilfe kann indes schon **vor der Anschlusserklärung** (§ 396 Abs. 1 Satz 1) angebracht werden.[66] Insoweit fingiert **Absatz 3 Satz 1** die für die Prozesserklärung notwendige Stellung als Nebenkläger. Der vor dem in § 396 Abs. 1 Satz 2 und 3 benannten Zeitpunkt, namentlich im Ermittlungsverfahren, gestellte Antrag gilt nur als aufschiebend bedingt gestellt und erwirkt die gerichtliche Entscheidung hierüber erst mit Anklageerhebung oder – im Verfahren bei Strafbefehlen – wenn Termin zur Hauptverhandlung anberaumt oder der Antrag auf Erlass eines Strafbefehls abgelehnt worden ist (§ 396 Abs. 1 Satz 2, 3).[67] 20

Ob der Antragsteller bereits einen Anwalt mandatiert hat, ist für die Antragsbefugnis bedeutungslos. Dieser Umstand steht in den Fällen von Absatz 1 Nummern 1, 2 und 3 einer Bestellung nicht entgegen.[68] Entsprechend ist ein gerichtlicher Bestellungsakt auch dann nicht – in entsprechender Anwendung des § 143a Abs. 1 Satz 1 – zurückzunehmen, wenn sich der Verletzte (später) selbst eines anderen Beistands versichert hat.[69] Angesichts der ausschließlich § 142 Abs. 5 betreffenden Bezugnahme ist für eine ergänzende Anwendung weiterer Vorschriften des Rechts der notwendigen Verteidigung kein Raum.[70] Allerdings kann im Rahmen der gebotenen gerichtlichen Würdigung nach Absatz 1 Nr. 4 und 5 (s. Rn. 11 ff., 14) einer bereits vorhandenen anwaltlichen Mandatierung Bedeutung zukommen (s. Rn. 24). 21

---

63 Zu Einzelfragen vgl. *Kurth* NStZ **1997** 2 ff. sowie die Kommentare zur ZPO.

64 Ebenso Meyer-Goßner/*Schmitt* 15.

65 Vgl. ferner OLG Düsseldorf NStZ-RR **2001** 303.

66 Vgl. auch *Rieß/Hilger* NStZ **1987** 154.

67 HK/*Weißer* 35; AK/*Rössner* 11; Meyer-Goßner/*Schmitt* 12.

68 KG StraFo **2008** 47; **a.A.** HK/*Weißer* 12, wobei zweifelhaft erscheint, ob die tatbestandliche Voraussetzung einer prozessualen Schutzbedürftigkeit des Nebenklägers (s. § 395, 55; Vor § 395, 8) als Voraussetzung des Anspruchs mit dem generellen Rechtsschutzbedürfnis gleichgesetzt werden kann.

69 **A.A.** HK/ *Weißer* 33.

70 Ebenso BGH NJW **2014** 3321.

22 **bb) Adressat und Form.** Der Antrag ist bei dem für die Entscheidung über die Anschlussbefugnis (§ 396) zuständigen Gericht (**Absatz 3 Satz 2**) schriftlich oder zu Protokoll der Geschäftsstelle (§ 117 Abs. 1 ZPO – ggf. analog) zu stellen (s. § 396, 12) oder wird, falls er schon im Ermittlungsverfahren[71] gestellt worden war (s. Rn. 19), von der Staatsanwaltschaft mit samt den Verfahrensakten vorgelegt. Er ist im Vorverfahren ggf. auszulegen als Antrag nach § 406h. Die gerichtliche Zuständigkeit wird erstmals mit Anklageerhebung begründet (§ 199); sie geht auf das Berufungs- oder Revisionsgericht mit Eingang der Akten dort über.[72]

23 **cc) Antragsbegründung.** Zwar normiert § 397a selbst keine Begründungspflicht für den Antrag. Im Einzelnen ist hierfür aber Folgendes zu beachten:

24 **(1) Bestellung (Absatz 1).** Sind die Voraussetzungen für die Bestellung **Absatz 1** nicht aktenkundig, kommt der Antragsbegründung des Nebenklägers namentlich in den Fällen des § 397a Abs. 1 Nr. 3 bis 5 besondere Bedeutung zu. Der Antragssteller hat sich dort zu sämtlichen Tatbestandsmerkmalen zu verhalten und dem Gericht seine besondere Schutzbedürftigkeit, etwa abgeleitet aus einer Unfähigkeit zur eigenen Interessenwahrnehmung oder deren Unzumutbarkeit, darzulegen (vgl. Rn. 12, 16), um die durch den Antrag erwirkte gerichtliche Entscheidung zu ermöglichen. Hierzu sind die Staatsanwaltschaft und der Angeklagte zu hören (s. Rn. 27 ff.) und ggf. freibeweisliche gerichtliche Ermittlungen zu veranlassen. Dass der Antragsteller bereits als Nebenkläger nach § 395 Abs. 3 zugelassen worden ist, ändert hieran nichts, weil die Anforderungen an die hier in § 397a gesetzlich geforderte Schutzwürdigkeit strenger sind. Ist ein bestehendes besonderes Vertrauensverhältnis des ortsfremden Rechtsanwalts nicht ersichtlich, sind in der Antragsschrift zur begehrten **Auswahlentscheidung** des Vorsitzenden (§ 142 Abs. 1) ebenfalls Ausführungen in der Antragsbegründung veranlasst (s. Rn. 28).

25 **(2) Prozesskostenhilfe (Absatz 2).** Das Verfahren über die Bewilligung von Prozesskostenhilfe richtet sich über die Verweisung des § 397a Abs. 2 Satz 1 im Wesentlichen nach den Bestimmungen der §§ 117 ff. ZPO[73] (s. Rn. 15 ff.). Dem Antrag sind – unter Verwendung vollständig ausgefüllter **amtlicher Vordrucke**[74] – eine Erklärung über die persönlichen und wirtschaftlichen Verhältnisse sowie die notwendigen Belege beizufügen (§ 117 Abs. 2, 4 ZPO). Darlegung und Nachweis dieser Verhältnisse (vgl. § 117 Abs. 2 ZPO) ist allerdings in der Regel nicht erforderlich, wenn ein entsprechender Bescheid der zuständigen Sozialbehörde vorgelegt wird; der Antragsteller darf zunächst darauf vertrauen, dass das Gericht diesen Angaben folgt – ggf. ist ihm rechtliches Gehör zu gewähren.[75] In Ausnahmefällen kann die Bezugnahme auf eine in einer früheren Instanz abgegebene Erklärung ausreichen, wenn sich die zugrunde liegenden Verhältnisse nicht geändert haben.[76] Ergibt sich die Nebenklagebefugnis nicht eindeutig aus den Akten, so muss der Antragsteller darlegen, dass deren Voraussetzungen (§ 395) erfüllt sind (§ 117 Abs. 1 Satz 2 ZPO; s. Rn. 24). Das Gericht kann die **Glaubhaftmachung** der Angaben

---

71 Dagegen Meyer-Goßner/*Schmitt* 12; vgl. auch *Notthoff* DAR **1995** 461.

72 BGH NJW **1999** 2380.

73 BTDrucks. **10** 5305 S. 14; HK/ *Weißer* 13 ff.; SK/*Velten* 15.

74 Vgl. BGBl. I 1994 S. 3003; ferner BGH NStZ-RR **2015** 351; VRS **72** (1987) 375; bei *Kurth* NStZ **1997** 2; allg. M.; OLG Hamm MDR **1996** 861 (zum Klageerzwingungsverfahren).

75 BVerfG NStZ **1999** 469.

76 BGH NStZ-RR **2015** 351; VRS **72** (1987) 375; bei *Miebach* NStZ **1989** 16; **1989** 221; s. auch BGH NJW **1983** 2145; zu eng KG StV **1989** 11.

verlangen und eigene Erhebungen anstellen (§ 118 Abs. 2 ZPO).[77] Fraglich ist, ob eidesstattliche Versicherungen des Nebenklägers oder von Zeugen zulässig sind. Einer eidesstattlichen Versicherung des Nebenklägers dürfte jedenfalls in der Regel wenig Wert zukommen. Eidesstattliche Versicherungen von Zeugen dürften mit besonderer Sorgfalt zu prüfen und sehr zurückhaltend zu bewerten sein. Macht der Antragsteller innerhalb einer von dem Gericht gesetzten Frist Angaben über seine persönlichen und wirtschaftlichen Verhältnisse nicht glaubhaft oder beantwortet er bestimmte Fragen nicht oder ungenügend, so lehnt das Gericht die Bewilligung der Prozesskostenhilfe insoweit ab (§ 118 Abs. 2 Satz 4 ZPO).

b) Zuständigkeit. Zuständig für die **Entscheidungen** ist nach Absatz 3 Satz 2 der 26
Vorsitzende des mit der Sache befassten Gerichts. Er hat demzufolge sowohl über die Bestellung nach **Absatz 1** oder die Bewilligung von Prozesskostenhilfe nach Absatz 2 zu entscheiden, als auch die Auswahl des Rechtsanwalts vorzunehmen und diesen konkret zu bestellen. Zur Mitwirkung des Rechtspflegers vgl. § 20 Nr. 4, 5 RpflG. Die Zuständigkeit wird erstmals mit Anklageerhebung begründet (§ 199) und geht auf das Berufungs- oder Revisionsgericht mit Eingang der Akten dort über.[78] Entscheidet in diesem Fall gleichwohl das Tatgericht, soll dies die Wirksamkeit der Bestellung dann nicht berühren, wenn dem Antrag stattgegeben worden ist.[79]

c) Verfahren. Dem Angeklagten ist vor der Bestellung und der Bewilligung der Pro- 27
zesskostenhilfe **rechtliches Gehör** zu gewähren (§ 118 Abs. 1 Satz 1 ZPO; s. Rn. 29);[80] zur Anhörung bzgl. der Nebenklagebefugnis vgl. § 396, 17, 28. Die Staatsanwaltschaft ist ebenfalls zu hören (§ 33 Abs. 2). Im Einzelnen:

aa) Anwaltlicher Beistand (Absatz 1). Erwägt das Gericht die Bestellung eines an- 28
waltlichen Beistandes und hat der Nebenkläger mit seiner Antragsschrift keinen Rechtsanwalt benannt, soll er vor einer gerichtlichen **Auswahlentscheidung** Gelegenheit erhalten, innerhalb einer zu bestimmenden Frist einen Rechtsanwalt zu bezeichnen. Dieser Rechtsanwalt wird bestellt, wenn nicht wichtige Gründe entgegenstehen.[81] Aus der entsprechenden Anwendbarkeit des § 142 Abs. 5 folgt, dass ein Rechtsanspruch des Nebenklägers auf Bestellung des gewünschten Rechtsanwalts nicht besteht (s. auch Rn. 36).[82] Zu den vom Vorsitzenden zu beachtenden Auswahlkriterien zählt neben einem vorzutragenden oder erkennbaren Vertrauensverhältnis zwischen den Beteiligten auch die Gerichtsnähe des benannten Rechtsanwalts.[83] Schließen sich der erhobenen öffentlichen Klage wegen der Tötung eines Angehörigen mehrere Hinterbliebene mit erkennbar **gleichgerichteter Interessenlage** als Nebenkläger an (§ 395 Abs. 2), kann **die Bestellung eines gemeinsamen Rechtsanwalts für sämtliche Nebenkläger oder für nach**

---

77 Vgl. AK/*Rössner* 12; Meyer-Goßner/*Schmitt* 10; einschränkend OLG Bamberg JurBüro **1988** 1716 (bzgl. Zeugenvernehmung).
78 BGHSt **38** 308; BGH NJW **1999** 2380; BGH StraFo **1999** 376; s. auch BGH bei *Miebach* NStZ **1990** 29; SK/*Velten* 16.
79 BGH NJW **1990** 460.
80 Vgl. AK/*Rössner* 12; SK/*Velten* 16; HK/*Weißer* 34; *Kaster* MDR **1994** 1074; **a.A.** Meyer-Goßner/*Schmitt* 13.
81 *Böttcher* JR **1987** 137; *Rieß/Hilger* NStZ **1987** 154.
82 OLG Hamburg NStZ-RR **2013** 153.
83 OLG Hamburg NStZ-RR **2013** 153; vgl. ferner OLG Köln NStZ-RR **2011** 49 sowie *Lehmann* NStZ **2012** 188.

Kategorien zu bestimmende Gruppen von Nebenklägern nach § 397b aus Gründen effizienter und zügiger Verfahrensführung sowie der gerichtlichen Fürsorge (verringerte Kostenlast für den verurteilten Angeklagten, s. § 397b)[84] geboten sein.[85]

29 Auch der **Angeklagte** ist vor der Bestellung **anzuhören.**[86] Dies folgt schon aus der für den Angeklagten – vom Gesetzgeber ausdrücklich bedachten[87] – prozessual belastenden Teilnahme eines Rechtsanwalts auf Seiten des Nebenklägers im Hauptverfahren (s. im Einzelnen Rn. 50). Dadurch kann der Angeklagte frühzeitig auf die Bestellung eines Pflichtverteidgers hinwirken (vgl. § 140 Abs. 1 Nr. 9). Überdies folgt aus der Bestellung für den Fall der Verurteilung für ihn eine Kostenlast (§ 472; s. ferner Rn. 50).[88] Besonders aber die durch das 2. OpferRRG und das StORMG weitgehend geänderte Normstruktur legt seine Anhörung nahe. Beschränkte sich nach § 397a Abs. 1 Satz 1 a.F. die gerichtliche Prüfung maßgeblich auf eine Verurteilungswahrscheinlichkeit betreffend die wenigen benannten Katalogtaten, fordert die Neufassung nach § 397a Abs. 1 Nr. 3 bis 5 und Absatz 2 umfassende gerichtliche Wertungsakte für die Zuweisung der durch sie garantierten Rechtspositionen ein, etwa betreffend körperlicher oder seelischer Tatschäden (s. Rn. 8 ff.) oder einer Unfähigkeit des Verletzten zur eigenen Interessenwahrnehmung (s. Rn. 11). Sofern die hierfür relevanten Umstände nicht offenkundig sind, kommt dem Vortrag des Verletzten in seiner Antragschrift nunmehr maßgebende Bedeutung zu. Hierzu muss sich der Angeklagte verhalten dürfen, zumal da er dem Gericht noch unbekannte Umstände vortragen kann, die für die Entscheidung erheblich sein können.

30 **bb) Prozesskostenhilfe (Absatz 2).** Dem Angeklagten ist auch vor der Bewilligung der Prozesskostenhilfe nach **Absatz 2** Gelegenheit zur Stellungnahme zu geben (§ 118 Abs. 1 Satz 1 ZPO),[89] namentlich zur Bewertung einer vorgebrachten Unfähigkeit oder Unzumutbarkeit eigener Interessenwahrnehmung. Auch hierzu muss sich der Angeklagte verhalten dürfen, zumal da er dem Gericht noch unbekannte Umstände vortragen kann, die für die Entscheidung erheblich sein können. Ihm ist daher die Antragsbegründung – ohne die Ausführungen zu den wirtschaftlichen Verhältnissen, sofern diese nicht ohnehin Verfahrensgegenstand sind – bekannt zu machen.

31 **d) Form.** Die Entscheidung über die Bestellung nach Absatz 1, über die Gewährung von Prozesskostenhilfe nach Absatz 2 und die Auswahl des konkret beigeordneten Rechtsanwalts ergeht im Beschlusswege. Der ablehnende Beschluss ist zu begründen (§ 34). Solches ist mit Blick auf die weitgehenden Anfechtungsmöglichkeiten der Staatsanwaltschaft und des Angeklagten (s. Rn. 49 ff.) auch für die stattgebende Entscheidung erforderlich.

32 **e) Entscheidung.** Der Antrag **erwirkt** eine gerichtliche Prüfung der **gesetzlichen Anordnungsvoraussetzungen** nach Absatz 1 oder 2. Die ablehnende Entscheidung der Vorinstanz erzeugt **keine Bindungswirkung**, sodass auf einen erneuten Antrag aber-

84 Vgl. OLG Hamburg NStZ-RR **2012** 390, 392.

85 OLG Hamburg NStZ-RR **2013** 153; ebenso SK/*Velten* 5; *Schöch* Loccum 185.

86 Vgl. bereits LR/*Hilger*[26] 13; KMR/*Kulhanek* 14; SK/*Velten* 16; HK/*Weißer* 30, 34; MüKo/*Valerius* 37; **a.A.** – allerdings ohne Begründung – KG v. 24.9.2018 – 2 Ws 184/18; Meyer-Goßner/*Schmitt* 13, der nur beim Zweifeln an der Richtigkeit eine Anhörung als geboten ansieht; Radtke/Hohmann/*Merz* 13.

87 BTDrucks. **17** 6261 S. 11.

88 BTDrucks. **10** 5305 S. 12; hierzu plastisch *Barton* JA **2009** 758; *ders./Flotho* 239.

89 Vgl. KMR/*Kulhanek* 14; AK/*Rössner* 12; SK/*Velten* 16; *Kaster* MDR **1994** 1074; HK/*Weißer* 34; **a.A.** Meyer-Goßner/*Schmitt* 13.

mals zu entscheiden ist.[90] Der Antrag ist mit Rücksicht auf den Rechtsgedanken des § 300 **auszulegen.** Dies gilt namentlich, wenn die Voraussetzungen von Absatz 1 vorliegen und gleichwohl nur ein Antrag auf Bewilligung von Prozesskostenhilfe nach Absatz 2 gestellt wird,[91] oder wenn im Rechtsmittelverfahren die in der Vorinstanz bewilligte Prozesskostenhilfe als (fortwirkende) Beistandsbestellung nach Absatz 1 ausgelegt werden kann.[92] Dabei sind freilich die **Gehörsrechte** der weiteren Verfahrensbeteiligten zu wahren (s. Rn. 27 ff.).

Im Falle einer **Verfolgungsbeschränkung** gemäß **§ 154a** ist § 395 Abs. 5 zu beachten (s. § 395, 1, 82). Eine Einstellung bzw. Beschränkung nach den **§§ 153 ff.** bis **§ 154** wird mit Blick auf die Schwere der Katalogtaten nur selten in Betracht kommen. Ggf. ist nach § 396 Abs. 3 zu verfahren.[93] Auch dann, wenn eine Berechtigung zum Anschluss (grundsätzlich) bejaht wird (vgl. § 396 Abs. 3), kommt die Bestellung eines Rechtsanwalts mit Wirkung für die Zukunft aus teleologischen Gründen nicht in Betracht, wenn mit einer Verurteilung wegen des zum Anschluss berechtigenden Nebenklagedelikts nicht mehr zu rechnen ist oder/und eine Wahrnehmung der Interessen des Verletzten in der (weiteren) Verhandlung nicht mehr erforderlich ist. Wohl aber kann eine Bestellung mit **„Rückwirkung"** ab Antragstellung in Betracht kommen, etwa wenn der Verletzte mit einem Rechtsanwalt als Beistand nach Antragstellung an der Hauptverhandlung bis zur Beschränkung teilgenommen hat und der Antrag noch nicht beschieden worden ist (s. Rn 38). 33

aa) Bestellung (Absatz 1). Erweist sich das zur Nebenklage berechtigende Delikt nach § 395 Abs. 1 oder Absatz 2 Nr. 1 zugleich als Katalogtatbestand nach § 397a Abs. 1 Nr. **1, 1a und 2**, ist dem Nebenkläger grundsätzlich ein anwaltlicher Beistand zu bestellen (zur Auswahlentscheidung s. Rn. 24, 26). Nach der gesetzlichen Konzeption wird schon hieraus regelmäßig die besondere Schutzbedürftigkeit des Antragstellers belegt. Bei den weiteren Katalogtatbeständen gelten **strengere Anforderungen**, die eine umfassende gerichtliche Würdigung der Umstände des Einzelfalles gebieten. So ist es bei Katalogtaten nach Absatz 1 **Nummer 3** – über die in § 395 Abs. 3 genannten „schweren Folgen der Tat" hinausgehend (s. § 395, 55) – erforderlich, dass nach **gerichtlicher Bewertung** schwere körperliche oder seelische Schäden eingetreten oder zu erwarten sind (s. Rn. 10).[94] Schließlich gilt für die Katalogtaten nach Absatz 1 Nr. 4 und 5, dass der Verletzte zur Zeit der Tat bzw. bei der Antragstellung das 18. Lebensjahr noch nicht vollendet hatte oder seine Interessen – nach gerichtlicher Bewertung – nicht ausreichend wahrnehmen kann (s. Rn. 12, 14). 34

Der Antrag des Verletzten auf Bestellung eines anwaltlichen Beistandes ist indes stets zurückzuweisen, wenn es dem Nebenkläger erkennbar an der **notwendigen prozessualen Schutzbedürftigkeit** mangelt. Dies gilt namentlich, wenn der Antrag im Zusammenhang mit einem **Rechtsmittel** gestellt wird und dieses unzulässig oder – die Revision – als offensichtlich unbegründet (§ 349 Abs. 2) zu verwerfen ist.[95] Hat der Ange- 35

90 NStZ-RR **2018** 256, 257.
91 BGH BeckRS **2010** 11468.
92 BGH NStZ **2000** 218; s. auch OLG Köln NStZ **2000** 285.
93 Ebenso SK/*Velten* 4.
94 Vgl. BGH NStZ-RR **2018** 256, 257.
95 HK/*Weißer* 12; BGH BeckRS **2020** 21894; NStZ **2005** 650 für den Fall des § 349 Abs. 2 (darauf abstellend: anders als bei Absatz 2 sei bei der Beistandsbestellung nach Absatz 1 kein Raum für die Berücksichtigung der Schwierigkeit der Sach- und Rechtslage); **a.A.** BGH StraFo **1999** 376 (Erfolgsaussicht sei nach dem Sinn der Vorschrift nicht zu prüfen).

klagte sein Rechtsmittel auf den Rechtsfolgenausspruch beschränkt, ist also der Schuldspruch rechtskräftig, so besteht die Beteiligungsbefugnis des Nebenklägers weiter und dementsprechend kann grundsätzlich auch in einem solchen Rechtsmittelverfahren eine Beiordnung in Betracht kommen; jedoch dürfte auch in einem solchen Fall die Schutzbedürftigkeit – als eine dem Sinn der Vorschrift entsprechende immanente Erforderlichkeitsbegrenzung – besonders sorgfältig zu prüfen und zumeist zu verneinen sein. Dies gilt gleichermaßen, wenn absehbar ist, dass der Angeklagte **umfassend geständig** ist.

36 Regelmäßig wird dem Nebenkläger der von ihm benannte Rechtsanwalt als Beistand bestellt, wenn dem kein wichtiger Grund im Sinne von Absatz 3 Satz 2 in Verbindung mit **§ 142 Abs. 5** entgegensteht (s. Rn. 28).[96] Eine Beschränkung der Auswahl auf die im jeweiligen Gerichtsbezirk niedergelassenen Berufsträger besteht nicht,[97] allerdings kann abweichend vom Wunsch des Nebenklägers die Bestellung eines ortsansässigen Rechtsanwalts mit Blick auf haushalterische Belange oder aber auf das Kosteninteresse des Angeklagten erfolgen, wenn anderenfalls über einen Zeitraum mehrerer Verhandlungstage hohe (Flug-)Reise- und Übernachtungskosten anfallen.[98] Diese Abweichung von den Grundsätzen zu §§ 140 ff. ist mit Blick auf das dort in besonderer Weise notwendige Vertrauensverhältnis vertretbar und lässt eine effektive Rechtswahrnehmung durch den Nebenkläger weiterhin zu.

37 **bb) Prozesskostenhilfe (Absatz 2).** In jeder Instanz ist erneut zu prüfen, ob alle Voraussetzungen für die Gewährung der Prozesskostenhilfe erfüllt sind. Dies gilt auch, wenn der Angeklagte das Rechtsmittel eingelegt hat.[99] Die Maßgaben des 119 Abs. 1 Satz 2 ZPO, wonach in einem höheren Rechtszug nicht zu prüfen ist, ob die Rechtsverfolgung oder Rechtsverteidigung hinreichende Aussicht auf Erfolg bietet oder mutwillig erscheint, wenn der „Gegner“ das Rechtsmittel eingelegt hat, findet keine Anwendung, weil es auf diese Kriterien gemäß § 397a nicht ankommt.[100] Mit der Bewilligung der Prozesskostenhilfe nach **Absatz 2** entscheidet der Vorsitzende auch über die Frage, ob und welche „Ausgleichszahlungen“ der Nebenkläger an die Landeskasse zu leisten hat (§ 120 ZPO).[101] Ferner ordnet er dem Antragsteller einen Rechtsanwalt bei (s. Rn. 34).[102]

38 **f) Wirkung.** Die Bestellung nach Absatz 1 und die Bewilligung der Prozesskostenhilfe nach Absatz 2 wirken grundsätzlich rückwirkend nicht über den Zeitpunkt hinaus, zu dem erstmals ein vollständiges Prozesskostenhilfegesuch vorlag.[103] Ausnahmsweise kann – je nach Lage des Einzelfalles – die Anordnung einer **Rückwirkung** auf den Zeitpunkt zulässig sein, zu dem das Gericht bei ordnungsgemäßer Sachbehandlung hätte entscheiden können, wenn ein vollständiger, entscheidungsreifer Antrag angebracht worden war, dieser aber nicht rechtzeitig beschieden wurde,[104] namentlich die Anordnung der Rückwirkung zur Vermeidung grober Unbilligkeiten erforderlich ist.[105] Einem

96 Vgl. auch KMR/*Kulhanek* 5b; Meyer-Goßner/*Schmitt* 14.
97 Vgl. BTDrucks. **16** 12098 S. 20; Meyer-Goßner/*Schmitt* 14; **a.A.** wohl SK/*Velten* 5.
98 Ebenso SK/*Velten* 5.
99 Vgl. BGH bei *Miebach* NStZ **1989** 16; **1989** 221; KG StV **1989** 11.
100 Anders BGH StraFo **2008** 131 für § 404 Abs. 5.
101 Vgl. BGH bei *Kusch* NStZ **1994** 229.
102 Zu dessen Stellung vgl. *Fabricius* NStZ **1994** 257; *Thomas* FS Koch 277.
103 BGH BeckRS **2017** 110154; NStZ-RR **2015** 351.
104 BGH NStZ **2001** 106; OLG Köln NStZ-RR **2000** 285; OLG Hamm NStZ-RR **2003** 335; KMR/*Kulhanek* 15.
105 Vgl. BGH VRS **72** (1987) 375; bei *Miebach* NStZ **1989** 16; **1990** 29; **1992** 226; JurBüro **1992** 823; KG JR **1988** 436.

Antrag, der erst **nach Abschluss des Revisionsverfahrens** gestellt wird, kann also grundsätzlich nicht stattgegeben werden.[106] Wohl aber ist eine rückwirkende Bewilligung für die Revisionsinstanz möglich, wenn bereits vor deren Abschluss ein entscheidungsreifer Antrag vorlag, den das Revisionsgericht vor Abschluss des Revisionsverfahrens hätte bescheiden können.[107] Wird das Urteil in der Rechtsmittelinstanz aufgehoben und die Sache in der Vorinstanz erneut verhandelt, so gelten eine Bestellung nach Absatz 1 oder eine Prozesskostenhilfebewilligung, die schon früher für diese Instanz erfolgt waren, weiter.[108] Zum Anschluss eines Nebenklagebefugten, dem nach **§ 406h Abs. 3 Nr. 2** Prozesskostenhilfe bewilligt worden ist, als Nebenkläger s. Rn. 19. Hinsichtlich der weiteren Rechtswirkungen ist zwischen der Bestellungs- und der Bewilligungsentscheidung wie folgt zu **differenzieren**.

aa) Bestellung (Absatz 1). Die Bestellung nach **Absatz 1** durch das Tatgericht wirkt über die jeweilige Instanz hinaus **bis zum rechtskräftigen Abschluss** des Verfahrens fort und erstreckt sich daher auch auf die **Revisionsinstanz**[109] und auf die dort etwa erforderliche Hauptverhandlung.[110] Der Umfang seiner **rechtlichen Befugnisse** leitet sich für den wirksam bestellten anwaltlichen Beistand von den Rechten des Nebenklägers (§ 397) selbst ab. Die Bestellung ist auf die im Beschluss benannte Person beschränkt; eine Übertragung im Wege einer erteilten Untervollmacht ist unwirksam.[111] Zulässig ist hingegen ein Tätigwerden nach § 53 Abs. 2 BRAO.[112] Die Bestellung erstreckt sich nicht auf das **Adhäsionsverfahren** (vgl. § 404 Abs. 5).[113] **39**

Die wirksame Bestellungsentscheidung kann nur durch ein Ausscheiden des Nebenklägers aus dem Verfahren oder durch **Rücknahme des Bestellungsaktes** – auch zum Zwecke der Auswechslung des anwaltlichen Beistandes[114] – als actus contrarius erfolgen; eines – systematisch ohnehin zweifelhaften – Rückgriffs auf die Maßgaben des § 143a bedarf es hierzu nicht.[115] Die Rücknahme ist nur bei Vorliegen besonderer Gründe möglich; allein der Wechsel eines Mitarbeiters der Kanzlei des bestellten Anwalts in ein anderes Rechtsanwaltsbüro ist unzureichend.[116] **40**

Eine **Auswechselung** des anwaltlichen Beistands kann in analoger Anwendung der Maßgaben aus § 143a Abs. 2 Satz 1 Nr. 3 und Absatz 3 erfolgen;[117] in Betracht kommt deshalb auch hier eine einverständliche Auswechselung allein auf Wunsch des Neben- **41**

---

106 BGH bei *Pfeiffer/Miebach* NStZ **1987** 221; NStZ-RR **2008** 255 (zu Absatz 1; auch zur Wiedereinsetzung).

107 Vgl. BGH bei *Miebach* NStZ **1992** 226; KG JR **1988** 436; OLG Hamm JurBüro **1986** 1730; OLG Celle BeckRS **2015** 16902.

108 Vgl. OLG Schleswig SchlHA **1997** 75.

109 St. Rspr. des BGH; vgl. z.B. BGH NStZ-RR **2022** 123; NJW **2000** 3222; NStZ **2000** 218; bei *Becker* NStZ-RR **2001** 266; **2003** 293; StraFo **2005** 438; **2008** 131; StraFo **2008** 131; NStZ-RR **2009** 253; **2010** 714; BGH BeckRS **2021** 2251; BGH BeckRS **2021** 2251; SK/*Velten* 6.

110 BGH NJW **2000** 3222; StraFo **2005** 343; NStZ **2010** 714; SK/*Velten* 6.

111 BGH NStZ-RR **2016** 22.

112 BGH NStZ-RR **2016** 22 m.w.N.

113 BGH NStZ-RR **2015** 351; SK/*Velten* 6.

114 BGH NStZ **2010** 714; OLG Düsseldorf NStZ-RR **2010** 22, 23.

115 Nach **a.A.** soll die Rücknahme in entsprechender Anwendung des § 143 erfolgen, vgl. BGH bei *Becker* NStZ-RR **2002** 104; HK/*Weißer* 33.

116 BGH NStZ **2010** 714; vgl. ferner BGH BeckRS **2018** 26416.

117 Vgl. zur Rechtslage vor der Neuregelung des Rechts der notwendigen Verteidigung etwa BGH bei *Becker* NStZ-RR **2002** 104; BeckRS **2018** 26416; HK/*Weißer* 33; MüKo/*Valerius* 41; SK/*Velten* 6.

klägers, wenn weder Mehrkosten dadurch entstehen noch eine Verfahrensverzögerung dadurch eintritt.

42 Durch den Bestellungsakt wird ein **Gebührenanspruch** für den gemäß **Absatz 1** bestellten Rechtsanwalt nach den §§ 15, 45 ff., 53, 52 RVG i.V.m. Vorb. 4 VVRVG begründet. Gebührenzahlungen der Staatskasse hat der Verurteilte zu erstatten (§§ 464a, 465; Nr. 9007 KVGKG).[118] Den Nebenkläger trifft gemäß § 53 Abs. 2 Satz 1 RVG kein Kostenrisiko.[119] Da sich das Verfahren im Übrigen nach den Bestimmungen der Zivilprozessordnung richtet, ist es – neben der Bestellung als solcher – erforderlich, dass zwischen dem Rechtsanwalt und dem Nebenkläger ein Mandatsvertrag geschlossen wird und der Nebenkläger eine prozessuale Vollmacht erteilt.[120] Im Falle des Absatzes 1 entspricht die Bestellung des anwaltlichen Beistandes der Verteidigerbestellung nach § 141.[121] Im Übrigen kann der Verletzte die Erstattung der Kosten der Nebenklage nicht aus vorsätzlicher unerlaubter Handlung (§ 823 Abs. 1 BGB) geltend machen.[122]

43 **bb) Prozesskostenhilfe (Absatz 2).** Die **Bewilligung von Prozesskostenhilfe** (Absatz 2) gilt nur für den jeweiligen **Rechtszug** (vgl. § 119 Abs. 1 ZPO)[123] und erstreckt sich auf den gesamten Verfahrensgegenstand, auch unterschiedliche prozessuale Taten, von denen nicht alle zur Nebenklage berechtigen.[124] Eine Differenzierung nach einzelnen Taten ist schon mit Blick auf das dem Nebenkläger – weitgehend korrespondierend mit den nämlichen Befugnissen der Staatsanwaltschaft (§ 395 Abs. 1 Satz 4, s. Erl. zu § 397, 5 ff., 29) –zustehende Gehörsrecht nicht statthaft und im Übrigen regelmäßig auch nicht prakitkabel.[125]

44 Dem bedürftigen Nebenkläger wird Prozesskostenhilfe **nur** für die **Bestellung eines Rechtsanwalts** gewährt, nicht für seine sonstigen Kosten.[126] Die Gewährung hat zur Folge, dass der beigeordnete Rechtsanwalt seinen Gebührenanspruch gegen die Staatskasse geltend machen kann (s. §§ 45, 48 RVG). Der Nebenkläger hat diese Kosten ggf. – je nach Inhalt des Bewilligungsbeschlusses (§ 120 ZPO; Rn. 14)[127] – der Staatskasse zu erstatten. Ob sie endgültig von der Staatskasse oder – infolge einer Ratenzahlung – vom Nebenkläger zu tragen sind, hängt vom Ausgang des Strafverfahrens und der damit verbundenen Kosten- und Auslagenentscheidung ab (§§ 465, 472).[128] Der gemäß Absatz 2 beigeordnete Rechtsanwalt kann seine Gebühren auch gemäß § 126 ZPO direkt gegen den Verurteilten geltend machen.[129] Wegen der Auswirkungen der Bestellung nach Absatz 1 oder der Bewilligung von Prozesskostenhilfe im Recht der Pflichtverteidigung vgl. die Erl. zu § 140 Abs. 2.[130]

---

118 Vgl. BGH NJW **2011** 2968; s. auch *Lappe* Rpfleger **2003** 116.
119 BGH NJW **2011** 2968 f.; OLG Celle StraFo **2019** 525.
120 HansOLG Hamburg NStZ **1988** 193.
121 Zur Mandatsproblematik s. daher die Erl. zu § 141.
122 BGH NJW **2011** 2968.
123 Vgl. BGH NStZ-RR **2015** 351; StraFo **2008** 131; VRS **72** (1987) 375; OLG Düsseldorf MDR **1993** 390; StraFo **2000** 23.
124 OLG Naumburg BeckRS **2021** 9618.
125 Vgl. zu diesem Aspekt OLG Naumburg BeckRS **2021** 9618.
126 BTDrucks. **10** 5305 S. 14; AK/*Rössner* 2; allg. M.
127 Vgl. auch *Mümmler* JurBüro **1988** 563 (zur Änderung der Nachzahlungspflicht).
128 Vgl. die Erl. zu §§ 464a, 465, 472.
129 OLG Hamburg AnwBl. **1975** 404; OLG Hamm StRR **2012** 438.
130 Vgl. auch *Weider* StV **1987** 317.

Stirbt der Nebenkläger, so ist für eine Bewilligung der vor seinem Tod von ihm beantragten Prozesskostenhilfe kein Raum mehr.[131] Das Gericht kann die Bewilligung der Prozesskostenhilfe nur dann aufheben, wenn die Voraussetzungen des **§ 124 ZPO** erfüllt sind,[132] nicht jedoch mit der Begründung, eine erneute Prüfung habe ergeben, dass die Bestellung des Rechtsanwalts nicht erforderlich erscheine. 45

5. Beschwerde. Die Entscheidungen nach Absatz 1 und 2 sind vor Eröffnung des Verfahrens grundsätzlich anfechtbar. Dies gilt nicht für Entscheidungen eines **Oberlandesgerichts** im ersten Rechtszug (§ 304 Abs. 4 Satz 2 Halbsatz 1).[133] Ist das **Hauptverfahren** anhängig soll nach herrschender Meinung § 305 Satz 1 nicht anwenbar sein, weil die Ablehnung eines Antrags auf Bestellung eines Beistandes nach Absatz 1 eine selbständige Bedeutung entfaltet, die über die bloße Vorbereitung der Hauptverhandlung hinaus geht.[134] 46

a) Nebenkläger und Staatsanwaltschaft

aa) Absatz 1. Anfechtungsberechtigt sind im Falle einer **ablehnenden Entscheidung** nach Absatz 1 der **Antragsteller** und die **Staatsanwaltschaft.**[135] Dies gilt für die Staatsanwaltschaft auch, sofern ein anwaltlicher Beistand bestellt wird.[136] 47

bb) Absatz 2. Den nach § 397a Abs. 3 Satz 3 a.F. bestehenden Anfechtungsausschluss für die **Entscheidung über einen Prozesskostenhilfeantrag** des Nebenklägers hat der Gesetzgeber des StORMG im Jahre 2013 zur Verbesserung des Rechtsschutzes für den Verletzten und zur Gewährleistung einer einheitlichen Rechtsprechung aufgehoben.[137] Die von der früheren Fassung gewährleistete Verfahrensökonomie und das gleichsam bedachte Interesse an einer schnellen Klärung der Rechtslage[138] – auch und gerade für den Angeklagten[139] –, hat er demgegenüber ersichtlich als nachrangig bewertet.[140] Demzufolge sind **ablehnende Entscheidungen**, auch über Art und Umfang einer Ratenzahlungsbefugnis, für den **Nebenkläger mit der Beschwerde** nunmehr anfechtbar. Dies gilt gleichermaßen für die **Auswahl des Rechtsanwalts** entsprechend den Maßgaben des § 142 Abs. 1 (s. Rn. 24) als regelhafter Bestandteil der Entscheidung über die Gewährung von Prozesskos- 48

131 OLG Düsseldorf JurBüro **1987** 535; s. auch OLG Koblenz AnwBl. **1997** 237 (Beendigung der PKH mit dem Tod des Nebenklägers).

132 OLG Frankfurt NStZ **1986** 43 mit Anm. *v. Stackelberg*; Meyer-Goßner/*Schmitt* 16.

133 BGH BeckRS **2017** 109840.

134 HansOLG Hamburg NStZ-RR **2013** 153; OLG Köln BeckRS **2013** 17029; OLG Köln NStZ-RR **2000** 285; Meyer-Goßner/*Schmitt* 19; KK/*Walther* 16; MüKo/*Valerius* 52; SK/*Velten* 7; ebenso HK/*Weißer* 44, die den „Verletzten" allerdings als dritte Person im Sinne von § 305 Satz 2 einordnet; hierzu ferner *Rieß* NJW **1998** 3240 ff. Fn. 56.

135 OLG Hamm BeckRS **2020** 29548; MüKo/*Valerius* 52.

136 Ebenso OLG Hamm BeckRS **2020** 29548; Meyer-Goßner/*Schmitt* 19; MüKo/*Valarius* 51; **a.A.** KK/*Walther* 16.

137 BTDrucks. **17** 6261 S. 13.

138 BTDrucks. **10** 5305 S. 14; OLG Koblenz MDR **1991** 557.

139 Vgl. auch OLG Düsseldorf JurBüro **1990** 769; Rpfleger **1993** 506; OLG Koblenz MDR **1991** 557 (Staatskasse).

140 Vgl. zur früheren Rechtslage BGH NJW **1990** 460; OLG Düsseldorf JurBüro **1990** 769 (unzuständiges Gericht).

tenhilfe.[141] § 305 Satz 1 soll dem auch insoweit nicht entgegen stehen (s. Rn. 46). An dieser Stelle ist ohne Bedeutung, ob sich diese Beschwerdebefugnis – was schon mit Blick auf die nahezu uneingeschränkte Verweisung auf die Vorschriften der Zivilprozessordnung und die im Übrigen in der StPO fehlenden Verfahrensregelungen über die Prozesskostenhilfe (§§ 117 ff. ZPO) vorzugswürdig erscheint – aus der Anwendung des **§ 127 Abs. 2 Satz 2 ZPO** oder aber einer strafprozessualen Verfahrensregelung aus **§ 304** ergibt. Unzweifelhaft besteht nach beiden Ansichten **keine Befugnis zur weiteren Beschwerde** (vgl. § 127 Abs. 2 Satz 2, § 568 Abs. 2 ZPO, § 310 Abs. 2).

b) Angeklagter

49 **aa) Absatz 1.** Umstritten ist hingegen, ob der Angeklagte durch die **Bestellung nach Absatz 1** unmittelbar in seinen Rechten betroffen und deshalb ebenfalls beschwerdebefugt ist. Dies wird teilweise mit Hinweis auf eine für das Rechtsmittelrecht unzureichende mittelbare Betroffenheit abgelehnt.[142]

50 Dem kann nicht beigetreten werden.[143] Ob eine Beschwer vorliegt, hängt von der Wirkung einer Beschlussformel auf die rechtlich anerkannten, eigenen Belange des Beschwerdeführers ab.[144] Schon das Ergehen der Entscheidung berechtigt in diesen Fällen zur Beschwerde, bevor eine konkrete äußerliche Wirkung eingetreten ist.[145] Gemessen hieran betrifft die anwaltliche Vertretung des Nebenklägers und die ihm hierdurch ermöglichte **professionelle Ausübung von Verfahrensrechten** den Angeklagten selbst grundsätzlich[146] nachteilig. Hingewiesen sei hier zunächst auf den Katalog des § 397[147] sowie den rechtspraktisch besonders gewichtigen Aspekt, dass dem Nebenklägervertreter – ohne entsprechende gesetzliche Anordnung[148] – vor der Verteidigung das Fragerecht (§ 240) und Äußerungsrechte (etwa § 258)[149] zugestanden werden (näher hierzu Vor § 395, 13 ff.). Diese Bewertung teilt auch der Gesetzgeber, der aus Gründen prozessualer Waffengleichheit mit dem Umstand einer Beiordnung nach § 397a zu Recht in § 140 Abs. 1 Nr. 9 einen Katalogtatbestand notwendiger Verteidigung normiert hat.[150] Hierdurch wird zwischen dem anwaltlich vertretenen Nebenkläger und dem Angeklagten prozessuale Waffengleichheit hergestellt; nicht aber die vom Gesetzgeber erkannte (auch normative) Beschwer durch die Bestellung nach § 397a beseitigt. Dabei kommt es freilich auch nicht darauf an, ob der Nebenklägervertreter konkret von seinen prozessualen Befugnissen, wie etwa dem Akteneinsichtsrecht (§ 406e Abs. 1), Gebrauch macht. Vor diesem Hintergrund bleibt – ar-

---

141 Vgl. zur früheren Rechtslage OLG Düsseldorf NStZ-RR **1999** 115; *Rieß/Hilger* NStZ **1987** 154; s. auch OLG Düsseldorf Rpfleger **1993** 506 (Unanfechtbarkeit auch der Ratenzahlungsanordnung).

142 OLG Celle NStZ-RR **2020** 320, 321; OLG Hamm (4. Senat) NJW **2000** 2057; (3. Senat) BeckRS **2008** 1953; KG BeckRS **2018** 31493.

143 Für eine Beschwerdebefugnis mit Recht auch OLG Hamm (5. Senat) BeckRS **2020** 29548; KMR/*Kulhanek* 19; MüKo/*Valerius* 51 Fn. 123; SK/*Velten* 7; bereits *Rieß* NJW **1998** 3243 Fn. 56; *Schrader* jurisPR-StrafR **22**/2020 1.

144 S. § 304, 41.

145 Vgl. § 304, 42; insoweit schief daher OLG Celle NStZ-RR **2020** 320.

146 Der Ausnahmefall eines von Beginn an erstrebten Freispruchs durch den Nebenkläger mag anders zu bewerten sein.

147 Zur rechtspraktischen Bedeutung vgl. die Auswertung von *Barton/Flotho* 121 ff.; *Barton* Loccum 161 ff.

148 Hierauf weist mit Recht hin *Deckers* Loccum 94.

149 Vgl. *Rosenbusch* Loccum 37 ff., der zudem auf den Aspekt möglicher Öffentlichkeitsarbeit der Nebenklagevertretung hinweist.

150 BTDrucks. **17** 6261 S. 8, 11.

gumentativ freilich von weniger Gewicht – die **Kostenbeschwer** ebenfalls von Belang.[151] Denn im Kostenfestsetzungsverfahren nach erfolgter Verurteilung werden Aspekte des Auslagengrundes, also ob die Nebenklage zu Recht zugelassen oder dem Nebenkläger zu Recht ein anwaltlicher Beistand bestellt wurde, nicht mehr überprüft.[152] Ein Rechtsmittel nach Abschluss des Erkenntnisverfahrens könnte eine bereits mit der Bestellung begründete Beschwer daher nicht mehr beseitigen.[153]

Dem Angeklagten steht daher auch eine Beschwerde gegen die Auswahl eines konkreten Nebenklagebeistandes zu. Dies gilt insbesondere in Konstellationen, in denen Anhaltspunkte für einen Verstoß gegen § 146 bestehen.[154] 51

bb) Absatz 2. Eine Beschwerde des Angeklagten gegen die Bewilligung von Prozesskostenhilfe nach **Absatz 2** ist nach § 127 Abs. 2 Satz 1 ZPO ausgeschlossen. Soweit dem entgegen das strafverfahrensrechtliche Regime der Beschwerde nach §§ 304 ff. zugrunde gelegt wird, erscheint zweifelhaft, ob eine Beschwer des Angeklagten abgelehnt werden kann. Erst die stattgebende Entscheidung führt zu der für ihn belastenden Teilnahme des anwaltlichen Beistandes eines Nebenklägers in der Hauptverhandlung (s. Rn. 50). 52

c) Anwaltlicher Beistand. Da der anwaltliche Beistand eines Nebenklägers nur in dessen Rechtskreis tätig wird (s. § 397, 30) und das Kosteninteresse des Anwalts hier nicht geschützt wird, steht diesem in eigener Person kein Beschwerderecht zu.[155] 53

d) Bezirksrevisor. Dem **Bezirksrevisor** als Vertreter der Landeskasse steht eine Beschwerde gegen die stattgebende Entscheidung auch dann nicht zu, wenn diese grob gesetzeswidrig ist (vgl. § 127 Abs. 3). 54

6. Revision. Mit einer entsprechend ausgeführten Verfahrensrüge kann der **Nebenkläger** die rechtsfehlerhaft versagte Bestellung eines anwaltlichen Beistands nach § 397a rügen. Zum vollständigen Vortrag der rügebegründenden Tatsachen (§ 344 Abs. 2 Satz 2) dürfte allerdings die Ausschöpfung des Beschwerderechtswegs und damit das notwendige Rechtsschutzbedürfnis gehören. Allerdings wird das Urteil auf diesem Rechtsfehler in aller Regel nicht beruhen (§ 337), weil auszuschließen sein wird, dass der Nebenkläger im Beistand eines Rechtsanwalts für den Schuldspruch (§ 400) wesentliche Tatsachen oder Beweismittel mitvorgebracht hätte.[156] Dies gilt auch für den Fall einer verspäteten Bestellung während laufender Hauptverhandlung oder eine zu Unrecht versagte Prozesskostenhilfe nach Absatz 2. Die bedingte Revisionseinlegung, abhängig von der Bewilligung von Prozesskostenhilfe nach **Absatz 2**, ist nicht zulässig.[157] Geht die Anschlusserklärung erst nach rechtskräftigen Abschluss des Revisionsverfahens ein, ist der Antrag auf Bestellung zurückzuweisen.[158] 55

Zu den Voraussetzungen einer Bestellung nach Absatz 1 und einer Bewilligung von Prozesskostenhilfe nach Absatz 2 allein für das Rechtsmittelverfahren s. Rn. 35. Die **Teil-** 56

---

151 **A.A.** OLG Celle NStZ-RR **2020** 320; KG BeckRS **2018** 31493.

152 LR/*Hilger*[26] § 464b, 3; Meyer-Goßner/*Schmitt* § 464b, 1.

153 **A.A.** – allerdings kostenrechtlich nicht überzeugend – OLG Celle NStZ-RR **2020** 320.

154 **A.A.** OLG Celle NStZ-RR **2020** 320 mit abl. Anm. *Schrader* jurisPR-StrafR **22**/2020 1.

155 HK/*Weißer* 44.

156 S. § 396, 34; vgl. zur früheren Gesetzesfassung BGH NStZ **1997** 97; **1999** 259; s. auch BGH MDR **1952** 660 (verspätete Zulassung); Meyer-Goßner/*Schmitt* 20; vgl. ferner BGH NStZ **2014** 453, 457.

157 BGH NStZ-RR **2008** 49.

158 BGH BeckRS **2020** 32845.

nahme des Nebenklägers an der Revisionshauptverhandlung kann nach Maßgabe des § 46 Abs. 2 Satz 1 RVG erforderlich sein.[159]

57 Auch auf der fehlerhaften Bestellung eines anwaltlichen Beistandes und dessen Mitwirkung in der Hauptverhandlung wird das Urteil in der Regel nicht beruhen. Dies gilt auch, sofern im Ausnahmefall eine Verletzung der Grundsätze des **fairen Verfahrens** (Art. 6 Abs. 1 MRK) erwogen und durch den **Angeklagten** eine Verfahrensrüge mit der Angriffsrichtung eines Verstoßes gegen die Waffengleichheit geführt wird. Zum Zwecke vollständigen Vortrags der rügebegründenden Tatsachen wäre hierzu namentlich mitzuteilen (§ 344 Abs. 2 Satz 2), ob und in welcher Weise der Revident um Rechtsschutz im Erkenntnisverfahren, etwa durch das Beschwerderecht, ersucht hat,[160] welche konkrete Art der Beeinträchtigung bei welchem konkreten Verfahrensstand gerügt wird[161] und in welcher Weise hierdurch die Wahrnehmung seiner Verfahrensinteressen beeinträchtigt worden ist.[162]

§ 397b
Gemeinschaftliche Nebenklagevertretung

(1) [1]Verfolgen mehrere Nebenkläger gleichgelagerte Interessen, so kann ihnen das Gericht einen gemeinschaftlichen Rechtsanwalt als Beistand bestellen oder beiordnen. [2]Gleichgelagerte Interessen liegen in der Regel bei mehreren Angehörigen eines durch eine rechtswidrige Tat Getöteten im Sinne des § 395 Absatz 2 Nummer 1 vor.

(2) [1]Vor der Bestellung oder Beiordnung eines gemeinschaftlichen Rechtsanwalts soll den betroffenen Nebenklägern Gelegenheit gegeben werden, sich dazu zu äußern. [2]Wird ein gemeinschaftlicher Rechtsanwalt nach Absatz 1 bestellt oder hinzugezogen, sind bereits erfolgte Bestellungen oder Beiordnungen aufzuheben.

(3) Wird ein Rechtsanwalt nicht als Beistand bestellt oder nicht beigeordnet, weil nach Absatz 1 ein anderer Rechtsanwalt bestellt oder beigeordnet worden ist, so stellt das Gericht fest, ob die Voraussetzungen nach § 397a Absatz 3 Satz 2 in Bezug auf den nicht als Beistand bestellten oder nicht beigeordneten Rechtsanwalt vorgelegen hätten.

Schrifttum

Bader Legitime Verletzteninteressen im Strafverfahren (2019); *Berger* Gruppenvertretung der Nebenklage, NStZ **2019** 251; *Claus* Zur Modernisierung des Strafverfahrens, NStZ **2020** 57; *Pues* Gruppenvertretung der Nebenklage im Strafprozess, StV **2014** 304; *Schork* Das Gesetz zur Modernisierung des Strafverfahrens – Änderung der Kräfteverhältnisse zum Nachteil der Verteidigung, NJW **2020** 1.

Entstehungsgeschichte

§ 397b wurde durch Art. 1 Nr. 19 des **Gesetzes zur Modernisierung des Strafverfahrens** vom 10.12.2019[1] eingeführt und hat mit Recht die zuvor bereits in der oberge-

159 BGH BeckRS **2020** 19958; BeckRS **2020** 19986.
160 Vgl. BGH NStZ **2005** 222 mit krit. Anm. *Ventzke* NStZ **2005** 396 f.; vgl. auch BGH BeckRS **2012** 10161.
161 Vgl. BGH NJW **2005** 1519, 1520.
162 BGH NStZ **2005** 222.
1 BGBl. I S. 2121.

https://doi.org/10.1515/9783110275001-031

richtlichen Rechtsprechung anerkannte Möglichkeit einer gemeinschaftlichen Nebenklagevertretung (s. Erl. zu § 397a, 28) gemäß den Forderungen der Expertenkommission[2] aufgegriffen.

Übersicht

I. Allgemeines

1 **1. Gesetzeszweck.** In Strafverfahren mit einer Vielzahl von Nebenklägern, die jeweils durch eigene Rechtsanwälte vertreten sind, unterliegt die Durchführung der Hauptverhandlung besonderen Herausforderungen. Neben der Bereitstellung ausreichender Räumlichkeiten muss das Gericht gewährleisten, dass die Verfahrensrechte der Verfahrensbeteiligten wie des Angeklagten und der Nebenkläger gewahrt werden. Eine effektive Durchführung der Hauptverhandlung ist bei einer Vielzahl von Nebenklägern deshalb erschwert. Eine Vervielfachung der Nebenklagevertretungen verlängert regelmäßig auch die **Dauer des Verfahrens.**[3] Überdies können – gerade auch bei der gegenwärtig forensisch praktizierten Reihenfolge der Rechtsausübung in der Hauptverhandlung (Frage-, Erklärungs- und Antragsrechte, zu der hier vertretenen abweichenden Ansicht s. Vorb § 395 Rn. 12 ff.) – hiervon die **Verfahrensfairness**, das Gebot der **Waffengleichheit**[4] sowie die Möglichkeiten einer **effektiven Sachaufklärung** berührt sein. Um diesen Erschwernissen in der Verfahrensführung, aber auch einem wohlverstandenen **Kosteninteresse** des Angeklagten zu entsprechen, hatte bereits vor Einfügung dieser Vorschrift die obergerichtliche Rechtsprechung Fälle anerkannt, in denen eine gemeinschaftliche Nebenklagevertretung zulässig ist (s. § 397a, 27). Diese Rechtsprechung hat der Gesetzgeber – ersichtlich

2 Vgl. Bericht der Expertenkommission zur effektiveren und praxistauglicheren Ausgestaltung des allgemeinen Strafverfahrens und des jugendgerichtlichen Verfahrens (2015) 146 f.

3 Vgl. BTDrucks. **19** 532 S. 40; ebenso bereits Bericht der Expertenkommission zur effektiveren und praxistauglicheren Ausgestaltung des allgemeinen Strafverfahrens und des jugendgerichtlichen Verfahrens (2015) 147.

4 Meyer-Goßner/*Schmitt* 1.

auch mit Blick auf die negativen Erfahrungen der Rechtspraxis in den „NSU"- und „Loveparade"-Verfahren[5] – mit der Einfügung der Norm in das Fünfte Buch aufgegriffen[6] und ausdrücklich anerkannt, dass „in vielen Fällen bei Nebenklägern gleichgerichtete Interessen bestehen, die insbesondere bei familiären Nähebeziehungen unter den Nebenklägern gegeben sein dürften".[7] Die Bündelung der Nebenklagevertretung soll ausdrücklich auch die Chance des Verurteilten auf Resozialisierung verbessern, die durch die Auferlegung der Kosten einer großen Zahl von Nebenklägern gemindert sein könnte.[8]

2 **2. Rechtspraxis.** Etwa mehrere Jahre nach Inkrafttreten der Vorschrift ist die hierzu bislang vorliegende Judikatur überschaubar.[9] Ob dies auf mangelnde Fälle, auf fehlende Anfechtungen und damit ausbleibende Veröffentlichungen oder aber auf ausbleibenden Gebrauch von dieser Verfahrensvereinfachung durch die Gerichte zurückzuführen ist, ist derzeit undklar. Zu erahnen ist allerdings, dass sich Staatsanwaltschaften und Gerichte möglichweise aus Sorge vor einer negativen, zu Unrecht Empathielosigkeit unterstellenden Berichterstattung etwa auch scheuen könnten, eine gemeinschaftliche Nebenklagevertretung anzuordnen. So wurde etwa in dem gegen den „Halle-Attentäter"[10] geführten Staatsschutzverfahren von einer Bündelung der 43 Nebenklagen[11] abgesehen. Hier bleibt gegenwärtig zu hoffen, dass die Gerichte gerade in solchen umfangreichen, sensiblen und öffentlichkeitswirksamen Verfahren von der Norm zukünftig Gebrauch machen und dadurch den gesetzgeberischen Willen umsetzen.

3 **3. Systematisches.** Die Vorschrift ist im Zusammenspiel mit § 397a und § 395 zu lesen. Sie knüpft – ebenso wie § 397a – **zunächst** an die **Nebenklagebefugnis aus § 395 Abs. 1 und 2** an. Nach herrschender – hier nicht vertretener (s. Erl. Vor § 395, 20 ff.) – Ansicht soll es hierfür ausreichen, dass auch nur die **geringe Möglichkeit** besteht, dass der Angeklagte ein solches Delikt begangen hat und seine Verurteilung deswegen in Betracht kommt bzw. die Verurteilung wegen einer Nebenklagestraftat rechtlich möglich erscheint (s. im Einzelnen Vor § 395, 21).[12] Überdies muss ein **Anspruch nach § 397a Abs. 1 auf Beiordnung** eines Rechtsanwalts (s. § 397a, 4 ff.) oder nach § 397a Abs. 2 auf Bewilligung von Prozesskostenhilfe (s. § 397a, 15 ff.) bestehen. Die Rechte der einzelnen Nebenkläger aus § 397 bleiben im Falle einer gemeinschaftlichen Nebenklagevertretung unberührt.[13] Der Nebenklägervertreter, auch ein gemeinschaftlicher Nebenklägervertreter, wird nicht (zugleich) für das **Adhäsionsverfahren** beigeordnet oder bestellt (§ 397a, 39). Hierfür ist der Rechtsanwalt gesondert zu mandatieren oder Prozesskostenhilfe zu beantragen (§ 404 Abs. 5).

4 **4. Kritik.** Vor dem Hintergrund der gravierenden negativen Erfahrungen mit einer Vielzahl am Verfahren beteiligter Nebenklägervertreter, gerade in besonders öffentlichkeitswirkamen Verfahren, ist die Einführung dieser gesetzlichen Bestimmung zu begrü-

---

5 Vgl. zu rechtspraktischen Gesichtspunkten auch *Berger* NStZ **2019** 251 f. und *Pues* StV **2014** 304 ff.
6 *Velten/Deiters* 2.
7 BTDrucks. **19** 532 S. 40.
8 BTDrucks. **19** 532 S. 40.
9 Vgl. OLG Karlsruhe BeckRS **2020** 8475; KG BeckRS **2021** 13566.
10 Vgl. Becklink 2018457.
11 Vgl. Becklink 2016969.
12 S. nur BGH NJW **1999** 2380; OLG Hamm BeckRS **2021** 4821.
13 BTDrucks. **19** 532 S. 40.

ßen.[14] Die Vorschrift vermittelt für diese Verfahrensvereinfachung eine über die zuvor bereits ergangenen obergerichtlichen Entscheidungen (s. Rn. 1) hinausgehende Rechtssicherheit und stellt den gesetzgeberischen Willen klar. Ob es allerdings rechtlich schutzwürdige Interessen eines Nebenklägers gibt (zum Schutzumfang der Nebenklage s. Vor § 395, 9; § 395, 55 ff.), über den ihm bestellten gemeinschaftlichen anwaltlichen Beistand hinaus zusätzlich noch einen **Rechtsanwalt seiner Wahl** hinzuziehen,[15] was nach dem Willen des Gesetzgebers ausdrücklich weiterhin möglich sein soll, erscheint durchgreifend zweifelhaft und mit dem Ziel der Norm nur schwerlich vereinbar. Bedauerlich ist ferner, dass der Gesetzgeber die Maßgaben der Vorschrift nicht auch auf das **Ermittlungsverfahren für Nebenklagebefugte** (§ 406h) eröffnet hat. Für eine planwidrige Regelungslücke – als Voraussetzung für eine entsprechende Anwendung der Norm auf den Nebenklagebefugten in diesem Verfahrensabschnitt – ist eingedenk der eindeutig die Hauptverhandlung und deren Belastung durch die Beteiligung mehrerer Nebenkläger in den Blick nehmenden Gesetzesbegründung kein Raum. Dies gilt erst recht mit Blick auf die Regelung von Absatz 3, die gerade im Vorverfahren entstandene Kosten der individuellen anwaltlichen Beratung eines späteren Nebenklägers auffängt (s. Rn. 30). Um unnötige Kosten, aber auch eine Enttäuschung der Verletzten zu vermeiden, die sich zunächst von einem Anwalt ihrer Wahl im Vorverfahren vertrauensvoll haben vertreten und beraten lassen, ist eine Erweitung des Anwendungsbereichs der Regelung auf den Nebenklagebefugten erwägens- und wünschenswert.

II. Materielle Anforderungen (Absatz 1)

1. Allgemeines. Die Norm setzt mehrere **zugelassene Nebenkläger** voraus, deren **Antrag** nach § 397a Abs. 1 oder 2 entsprochen jeweils werden soll oder bereits entsprochen worden ist. Auf der Ebene des Auswahlermessens, welcher Rechtsanwalt zu bestellen ist, setzt die Norm an und ermöglicht es dem zur Entscheidung berufenen Gericht (s. Rn. 6), eine gemeinschaftliche Nebenklagevertretung für das gesamte Verfahren (§ 397a Abs. 1, Fälle der Beiordnung) oder für den jeweiligen Rechtszug (§ 397a Abs. 2, Fälle der Prozesskostenhilfe) anzuordnen.[16] 5

Die Regelung überlässt dem Gericht ein **Entschließungs-** und ein **Auswahlermessen.**[17] Hinsichtlich des Entschließungsermessens, ob die Mehrfachvertretung überhaupt in Betracht zu ziehen ist, soll das Gericht neben der Interessenlage der Nebenkläger weitere Gesichtspunkte berücksichtigen, wie die Wahrung der Rechte des Angeklagten, den Resozialisierungsgedanken oder die voraussichtliche Dauer und Komplexität des Verfahrens (s. auch Rn. 1).[18] Stellen die Nebenkläger – was bei einer mit Augenmaß geführten Nebenklage gerade in Fällen mehrerer nebenklagender Angehöriger regelmäßig der Fall sein sollte – selbst einen Antrag, ihnen einen gemeinschaftlichen Nebenklagevertreter beizuordnen (s. Rn. 19), so ist das Gericht hieran nicht gebunden. Es wird den von den Nebenklägern in einem solchem Antrag auf gemeinsamschaftliche Nebenklagevertretung entsprechen, wenn nicht im Einzelfall wichtige Gründe entgegen stehen. 6

Die Ermessensentscheidung betrifft auch die **Einteilung der Gruppen von Nebenklägern** (s. auch Rn. 15). Durch die Zuordnung eines Nebenklägers zu einer Gruppe 7

14 Zustimmend auch *Schork* NJW **2020** 5.
15 BTDrucks. **19** 532 S. 40; OLG Karlsruhe BeckRS **2020** 8475.
16 BTDrucks. **19** 14747 S. 40.
17 BTDrucks. **19** 14747 S. 39; SSW/*Werner* 6.
18 BTDrucks. **19** 14747 S. 39.

muss sichergestellt sein, dass dessen Interessen durch den gemeinschaftlichen Nebenklagevertreter hinreichend wahrgenommen werden können. Ob die Nebenkläger Anspruch auf Bestellung eines Beistands nach § 397a Abs. 1 haben oder Prozesskostenhilfe nach § 397a Abs. 2 erhalten, ist für die Einteilung der Gruppen ohne Bedeutung.[19] Es ist auch nicht ausgeschlossen, dass das Gericht einer größeren Anzahl von Nebenklägern, die gleichgelagerte Interessen verfolgen, mehrere gemeinschaftliche Nebenklagevertreter bestellt, wenn erst hierdurch eine sachgerechte und vertrauensvolle Interessensvertretung ausgeübt werden kann.[20] Berücksichtigen kann das Gericht hierbei auch verfahrensökonomische Gründe, die in der Wahrnehmung der Mehrfachvertretung durch den Nebenklagevertreter liegen. Eine Zusammenfassung einer zu großen Anzahl von Nebenklägern im Zuge der gemeinschaftlichen Nebenklagevertretung könnte indes dazu führen, dass eine sachgemäße Interessenvertretung nicht mehr gewährleistet wäre, weil zu viele Einzelabsprachen getroffen werden müssten.[21]

8 Auch die **Auswahl des anwaltlichen Vertreters** trifft das Gericht nach pflichtgemäßem Ermessen. Sachliche Auswahlkriterien können beispielsweise der Wille der (Mehrheit der) Nebenkläger, der Zeitpunkt des Bestellungs- oder Beiordnungsantrags (Prioritätsprinzip), die Ortsnähe des Kanzleisitzes zum Gerichtsort oder etwaige Verhinderungen infolge von Terminkollision des vorgeschlagenen Nebenklagevertreters sein (s. im Übrigen § 397a, 28, 34 ff.).

9 **2. Gleichgelagerte Interessen.** Ausgangspunkt der gerichtlichen Überlegungen, eine gemeinschaftliche Nebenklagevertretung einzurichten ist die Frage, ob die (zugelassenen) Nebenkläger gleichgelagerte Interessen verfolgen.

10 **a) Begriffsbestimmung.** Der Gesetzgeber definiert den Begriff nicht. Die Kriterien für das Vorliegen gleichgelagerter Interessen sind nach dem gesetzgeberischen Willen anhand der jeweiligen Umstände zu ermitteln. Zur Auslegung der Norm gibt der Gesetzgeber allerdings zwei Anhaltspunkte vor.

11 **aa) Keine widerstreitenden Interessen.** Der Gesetzgeber nimmt in seiner Gesetzesbegründung zunächst eine Negativ-Abgrenzung von dem in verschiedenen Teilen der Rechtsordnung bereits seit langem eingeführten Begriff der widerstreitenden Interessen vor (vgl. etwa § 3 Abs. 1 Satz 1, § 43a BRAO; § 34 StGB; § 180 Abs. 2 ZVG). Hiernach stehen gegenläufige, widersprüchliche oder **unvereinbare Interessen** von Nebenklägern, **deren gleichzeitige Wahrnehmung** dem Mehrfachvertreter wegen widerstreitender Interessen gemäß § 43a Abs. 4 BRAO berufsrechtlich untersagt wäre, der Annahme gleichgelagerter Interessen entgegen.[22] **Nicht jeder Interessensunterschied** begründet allerdings schon einen Interessenwiderstreit. Gleichgelagerte Interessen im Sinne der Regelung setzen demzufolge **keine Interessensgleichheit** oder vollständige Einigkeit der Nebenkläger voraus.[23] Unterschiedliche Auffassungen unter den Nebenklägern über die Art und Weise der Verfahrensführung können gegebenenfalls im Rahmen der Gruppenvertretung dadurch Berücksichtigung finden, dass der Nebenklagevertreter im Na-

19 BTDrucks. **19** 14747 S. 40.
20 Vgl. auch *Velten/Deiters* 6.
21 BTDrucks. **19** 14747 S. 40.
22 BTDrucks. **19** 14747 S. 39.
23 Vgl. KG BeckRS **2021** 13566; SSW/*Werner* 5.

men nur eines bestimmten Nebenklägers einzelne Anträge stellt beziehungsweise Erklärungen vornimmt. Stets sollen die Umstände des Einzelfalls maßgeblich sein.[24]

bb) Gesetzliches Regelbeispiel (Absatz 1 Satz 2). Gleichgelagerte Interessen sollen nach Absatz 1 Satz 2 in der Regel bei Nebenklägern anzunehmen sein, die nahe Angehörige desselben Getöteten (§ 395 Abs. 2 Nr. 1, s. § 395, 47 ff.) sind. Dies wird insbesondere in den Fällen in Betracht kommen, in denen sich mehrere minderjährige Kinder eines Getöteten der öffentlichen Klage als Nebenkläger anschließen. Das Regelbeispiel soll indes **nicht abschließend** sein. Gleichgelagerte Interessen sind nach dem Willen des Gesetzgebers auch außerhalb von Tötungsdelikten und unabhängig von Verwandtschaftsbeziehungen anzunehmen, etwa bei Großschadensereignissen oder Umweltdelikten. 12

b) Stellungnahme. Vor diesem Hintegrund ist die begriffliche Voraussetzung gleichgelagerter Interessen zunächst in einem weiten, elastischen Sinne zu verstehen. Weder ist vollständige Interessengleichheit noch Einigkeit der Nebenkläger einer Gruppe erforderlich.[25] Nach dem Willen des Gesetzgebers soll für die Annahme gleichgerichteter Interessen erkennbar auch ohne Bedeutung sein (s. Rn. 11), dass einzelne Nebenkläger bei der **Art und Weise der Ausübung der Prozessrechte** der Nebenklage (§ 397) unterschiedlicher Ansicht sind, manche etwa eine aktive Beteiligung wünschen und andere den Schwerpunkt der anwaltlichen Betätigung in ihrem Schutz sehen.[26] Für dieses **weite Begriffsverständnis** lassen sich Systematik sowie Sinn und Zweck der Nebenklage weitere Anhaltspunkte entnehmen: 13

aa) Spezifische Nebenklageinteressen. Die bei der gerichtlichen Prüfung in Absatz 1 zu berücksichtigen Interessen erfahren eine (weitere) **normative Begrenzung** auf solche Interessen, die nach dem Willen des Gesetzgebers nach **Sinn und Zweck der Nebenklage** überhaupt als schutzwürdig anerkannt sind. Insoweit besteht eine **normative Determinierung** ihrer Anschlussinteressen, die einer Berücksichtigung einer denkbaren Vielzahl individueller Wünsche und Interessen entgegen steht. In Betracht kommen daher in erster Linie **Schutz**- (s. § 395, 55), **Aufklärungs-** und **Genuugtuungsinteressen** (s. Vorb § 395, 8 f.). Für eine solche Begrenzung spricht auch die systematische Stellung der Vorschrift, die gerade nicht auf die Verletzteninteressen generell hindeutet, sondern auf solche des besonders schutzwürdigen und gerade deshalb privilegierten nebenklagenden Verfahrensbeteiligten. Ohne Bedeutung ist es deshalb, wenn die rechtliche Bewertung der Tat von den Nebenklägern unterschiedlich gesehen wird, da in beiden Fällen die Verurteilung wegen nebenklagefähiger Delikte erstebt wird und die in dieser Rechtsfrage uneinigen Nebenkläger durch ein sie normartiv maßgeblich **einendes Genugtuungsinteresse** weiterhin verbunden sind.[27] Anders läge der Fall, in dem ein Nebenkläger im Zuge der Hauptverhandlung abweichend von den Zielen der übrigen Nebenklagenden einen Freispruch erstrebt (s. Rn. 15; s. im Einzelnen Vor § 395, 29). Schutz- und Genugtuungsinteressen dürften hingegen nur im Ausnahmefall miteinander „unvereinbar“ sein. Dies wäre dem Gericht im Einzelnen darzulegen und ggf. konkret glaubhaft zu machen (s. Rn. 20 ff.). Vor diesem Hintergrund dürften auch hier **Reparationsinteressen** (s. § 395, 62) von nachrangiger Bedeutung sein; auf ein etwa zugleich betriebenes Adhäsionsverfahren der (ein- 14

---

24 BTDrucks. **19** 14747 S. 39.
25 OLG Karlsruhe BeckRS **2020** 8475; Meyer-Goßner/*Schmitt* 5.
26 Ebenso wohl Meyer-Goßner/*Schmitt* 6.
27 **A.A.** BeckOK/*Weiner* 10.

zelnen) Nebenkläger erstreckt sich die Beiordnung und Bestellung auch gerade nicht (s. Rn. 2).

15 Die Frage nach gleichgelagerten Interessen sollte unterschieden werden von Aspekten, die eine praktikable, individuellen Wünschen und Verletzteninteressen im weiteren Sinne entsprechende **Gruppeneinteilung** betreffen (s. dazu auch Rn. 7). Die Gruppeneinteilung schließt sich an die Entscheidung darüber, ob überhaupt eine gemeinschaftliche Nebenklagevertretung eingerichtet werden soll, zeitlich an. Hier können insbesondere organisatorische Gründe – etwa Rücksicht auf die Herkunft (Ausland, Region) und Sprachkenntnisse (auch des anwaltlichen Beistands) – bedacht werden. Weniger naheliegend erscheint es mit Blick auf Sinn und Zweck der Nebenklage (s. Rn. 14) indes, in die Gruppeneinteilung auch die Religionszugehörigkeit, gar Glaubensrichtung innerhalb einer Glaubensgemeinschaft, oder die Weltanschauung der Nebenkläger einfließen zu lassen.

16 **bb) Nebenklagebefugnis.** Zu berücksichtigen ist bei der Interessenbewertung weiter die jeweilige Anschlussbefugnis der einzelnen Nebenkläger. Da sich ein Verletzter – nach der hier vertreteten Auffassung (s. Vorb § 395, 29; **„verteidigende Nebenklage“**) – dem Verfahren initial grundsätzlich (s. Vor § 395, 29) nicht mit dem Ziel eines Freispruchs des Angeklagten anschließen kann und es daher ausgeschlossen ist, dass einzelne Nebenkläger im Zeitpunkt ihres Anschlusses mit ihrem Prozessverhalten auf Freispruch, andere auf Verurteilung abzielen, dürften – eingedenk der vorstehend beschriebenen schutzwürdigen Interessen der Nebenkläger (s. Rn. 14) – im Anschlusszeitpunkt regelmäßig miteinander vereinbare Interessen vorliegen, denen der Anschluss als Nebenkläger dienen soll. Sollte sich im Laufe des Verfahrens allerdings insoweit eine Divergenz ergeben und einzelne Nebenkläger nunmehr von ihren Verfahrensrechten (in zulässiger Weise, s. Vorb § 395, 29) mit dem Ziel eines Freispruchs Gebrauch machen wollen, andere hingegen nicht, und liegt der Nebenklagebefugnis jeweils dieselbe Tat zugrunde, so liegen ab diesem Zeitpunkt keine gleichgerichteten Interessen mehr vor (s. zu den rechtlichen Folgen Rn. 25).

17 **cc) Anschlusserklärung und Zulassungsbeschluss.** Für die Bestimmung gleichlaufender Interessen ist zudem von Bedeutung, in welchem Umfang die Anschlusserklärungen nach § 396 Abs. 1 (s. § 396, 29) oder die konstitutiven Zulassungsbeschlüsse (§ 396 Abs. 2 Satz 2) der Nebenkläger deckungsgleich sind. Erstrecken sie sich – etwa bei Sexual- oder Gewaltdelikten) jeweils auf **unterschiedliche Taten** (**§ 264**; s. Rn. 18), so liegt ebenfalls fern, dass der anwaltliche Beistand unvereinbare Interessen vertreten müsste (s. auch Rn. 17). Denn den einzelnen Nebenklägern stehen ihre Befugnisse nur im Hinblick auf die Tat zu, die ausweislich Anschlusserklärung oder Zulassungsbeschluss ihre Verfahrensstellung begründet (s. § 397, 16; § 400, 18).

18 **dd) Prozessuale Tat als einendes Band?** Teilweise wird erwogen, eine gemeinschaftliche Nebenklagevertretung regelmäßig nur dann als vereinbar mit den gesetzlich geforderten gleichgerichteten Interessen anzusehen, wenn der Anschlussbefugnis dieselbe Tat (§ 264) und damit der „Opferwerdung“ dieselbe Handlung zugrunde liegt.[28] Als Argument wird die in Absatz 1 Satz 2 aufscheinende Wertung herangezogen.[29] Auch wenn diese Wertung rechtspraktisch eine Handreiche für eine gerichtlich vorzunehmende Gruppenbildung, insbesondere bei Tötungsdelikten, darstellen mag, begründet sie

28 BeckOK StPO/*Weiner* 9; Meyer-Goßner/*Schmitt* 6.
29 Meyer-Goßner/*Schmitt* 6.

rechtlich nicht zwingend eine Unvereinbarkeit der gemeinschaftlichern Vertretung bei Geschädigten unterschiedlicher Taten. Gerade bei einer Vielzahl an Betrugsopfern (etwa der „Enkeltrick-Masche") ist kein Rechtsgrund dafür ersichtlich, warum eine gemeinschaftliche Nebenklägervertretung, etwa unter Berücksichtigung einer ansonsten bestehenden Homogenität der (in diesen Fällen oftmals hochbetagten und prozessual besonders vulnerablen, s. § 395, 54 ff.) Tatopfer, nicht auch bei einer Vielzahl durch verschiedene Taten Geschädigter möglich sein soll.

III. Formelle Anforderungen (Absatz 2)

1. Allgemeines. Die gemeinschaftliche Nebenklagevertretung wird – anders als bei § 397a (s. § 397a, 19 ff.) – regelmäßig **von Amts wegen** angeordnet, nachdem die Nebenklagebefugnis (s. § 395, 26 ff., 45 ff., 50 ff.) und ein Anspruch nach § 397a Abs. 1 oder 2 (s. § 397a, 4 ff., 15 ff.) auf Antrag eines Nebenklageprätendenten gerichtlich geprüft und bejaht wurden. Eine Entscheidung nach § 397b kann allerdings auch **durch den Antrag** eines **Nebenklägers** (s. Rn. 5) oder aber durch einen **Angeklagten** und die **Staatsanwaltschaft** erwirkt werden. Besteht bereits eine gemeinschaftliche Nebenklagevertretung, kann ein Nebenkläger, der später – **sukzessiv** – seinen Anschluss erklärt oder erwirkt, seinen Antrag nach § 397a Abs. 1 oder 2 dahin konkretisieren, dass eine Bestellung oder Beiordnung hinsichtlich einer bereits bestehenden Gruppe von Nebenklägern und des diese vertretenen anwaltlichen Beistands erstrebt wird.[30] 19

2. Zuständigkeit. Ausweislich des eindeutigen Gesetzeswortlauts ist zuständig für Entscheidungen nach Absatz 1 Satz 1 und Absatz 3 das mit der Sache befasste Gericht.[31] Dies betrifft sowohl Fälle der Beiordnung als auch der Prozesskostenhilfe; zur Mitwirkung des Rechtspflegers vgl. § 20 Nr. 4, 5 RpflG. Die Zuständigkeit wird erstmals mit Anklageerhebung begründet (§ 199) und geht auf das Berufungs- oder **Revisionsgericht** mit Eingang der Akten dort über. 20

3. Verfahren. Beabsichtigt das Gericht die Anordnung einer gemeinschaftlichen Nebenklagevertretung, möglicherweise unter Beiordnung eines schon konkret in den Blick genommenen Rechtsanwalts, oder beantragt ein Verfahrensbeteiligter eine solche Anordnung, sind vor der Beschlussfassung die hiervon betroffenen **Nebenkläger anzuhören** (Absatz 2 Satz 1; s. Rn. 22). Die **Staatsanwaltschaft** ist nach allgemeinen Grundsätzen gemäß § 33 Abs. 2 zu hören.[32] Schließlich ist auch dem **Angeklagten** vor einer Entscheidung rechtliches Gehör zu gewähren (Art. 103 Abs. 1 GG; s. Rn. 22 f.). Ebenso wie die Entscheidung über die Beiordnung eines Rechtsanwalts oder aber eine solche über die Bewilligung von Prozesskostenhilfe (§ 397a Abs. 1 und 2; s. § 397a, 28 und 29) berührt auch die Entscheidung nach § 397b seine rechtlich schutzwürdigen Belange. Das Absehen von einer Bündelung der Nebenklagevertretung kann die vom Gesetzgeber im Einzelnen dargestellten erheblich belastenden Folgen für die Verteidigung und die Kostenlast eines Angeklagten haben (s. Rn. 1 und § 395, 50). Nach der Einführung von § 397b kann vor diesem Hintergrund nicht mehr davon ausgegangen werden, dass es regelmäßiger Ausdruck des geltenden Rechts ist, dass sich Angeklagte „einer größeren Anzahl 21

---

30 OLG Karlsruhe BeckRS **2020** 8475; zustimmend KMR/*Kulhanek* 19.

31 Vgl. auch *Burhoff* StRR **2022** 8; KMR/*Kulhanek* 14; **a.A.** SSW/*Werner* 10; HK-GS/*Rössner* 7; BeckOK/*Werner* 15.

32 BTDrucks. **19** 14747 S. 39.

an Nebenklagevertretern gegenüber" sehen.[33] Das Gericht hat nach seinem in jedem einzelnen Verfahren auszuübenden Ermessen den hierin begründeten, teilweise gravierenden Beschränkungen und Belastungen (s. Rn. 1) nunmehr von Amts wegen (s. Rn. 19) entgegen wirken.

22 Das Gericht sollte die **Nebenkläger anschreiben** und ihnen seine Absicht, einen gemeinschaftlichen Nebenklagevertreter zu bestellen, bekanntgeben. In diesem Rahmen kann auch eine etwa bereits beabsichtigte Gruppenbildung und ein möglicherweise bereits präferierter Rechtsanwalt mitgeteilt werden. **Staatsanwaltschaft** und **Angeklagtem** ist dieses Schreiben zur Kenntnis zu geben. Die Nebenkläger können sodann innerhalb einer **bestimmten Frist** ihre Sichtweise, ihre individuelle Situation und ihre Interessenlage darstellen, die das Gericht bei der Ermessensentscheidung zu berücksichtigen hat (s. Rn. 6 ff.).[34] Auch können sie – gegebenenfalls nach einer internen Übereinkunft – einen Mehrfachvertreter vorschlagen.

23 Nach Eingang der Stellungnahmen der Nebenkläger sind diese Staatsanwaltschaft und Verteidigung mitzuteilen und beide zugleich zur Stellungnahme binnen einer zu bestimmender Frist, auch zur Auswahl des anwaltlichen Vertreters, aufzufordern.

24 **4. Form.** Die Entscheidung über die Bestellung nach Absatz 1 und die Auswahl des konkret beigeordneten Rechtsanwalts ergeht im **Beschlusswege**. Der ablehnende Beschluss ist zu **begründen** (§ 34). Solches ist mit Blick auf die Anfechtungsmöglichkeiten der Staatsanwaltschaft und der Nebenkläger, deren Rechtsanwalt nicht bestellt wurde, auch für die stattgebende Entscheidung erforderlich.

25 **5. Wirkung.** Die Entscheidung über die Bestellung nach Absatz 1 und die Auswahl des konkret beigeordneten Rechtsanwalts wirken bei der gemeinschaftlichen Nebenklagevertretung im Falle der Beiordnung für das gesamte Verfahren (§ 397a Abs. 1) und im Falle der Bewilligung von Prozesskostenhilfe für den jeweiligen Rechtszug (§ 397a Abs. 2; s. im Einzelnen § 397a, 38 ff.).[35] Auch der gemeinschaftliche Nebenklageverteter wird stets im Rahmen der dem Nebenkläger zur Verfügung stehenden Befugnisse und im Rahmen des durch die Zulassungsentscheidung bestimmten **prozessualen Korridors** tätig (s. im Einzelnen § 397, 30; § 400, 18).

26 **a) Vergütung.** Durch den Bestellungsakt wird ein **Gebührenanspruch allein** für den gemäß **Absatz 1** bestellten Rechtsanwalt nach den §§ 15, 45 ff., 53, 52 RVG i.V.m. Vorb. 4 VVRVG begründet (s. im Einzelnen § 397a, 42).[36]

27 **b) Rücknahme.** Die wirksame Bestellungsentscheidung kann durch ein Ausscheiden des Nebenklägers aus dem Verfahren oder durch **Rücknahme des Bestellungsaktes** – auch zum Zwecke der Auswechslung des anwaltlichen Beistandes[37] – als actus contrarius erfolgen (s. § 397a, 40). Dies gilt auch für den Fall eines **sukzessiven** – nach Anordnung einer gemeinschaftlichen Nebenklagevertretung – **entstandenen Interessenwiderstreits**, etwa im Falle eines im Laufe der Hauptverhandlung nunmehr einen Freispruch erstrebenden Nebenklägers. Der Nebenklägervertreter hat diese Änderung in der Interes-

33 **A.A.** KMR/*Kulhanek* 15, 17; SSW/*Werner* 11; zur früheren Rechtslage BGH BeckRS **2017** 130156.
34 BTDrucks. **19** 14747 S. 40.
35 BTDrucks. **19** 14747 S. 40.
36 Bischof/Jungbauer/Bräuer/Hellstab/Klipstein/Klüsener/*Kerber* RVG § 53a Rn. 2; s. auch BeckOK/*Weiner* 26.
37 BGH NStZ **2010** 714; OLG Düsseldorf NStZ-RR **2010** 22, 23.

senlage – auch mit Blick auf § 356 StGB – dem Gericht unberzüglich anzuzeigen. Das Gericht hat die Beiordnung vollständig aufzuheben und für die fortan bestehenden unterschiedlichen Gruppen neue Rechtsanwälte zu bestellen.[38] Zwar mag sodann beim Fortgang der Hauptverhandlung Rücksicht auf die notwendige Einarbeitungszeit der neuen gemeinschaftlichen Nebenklagevertreter genommen werden; mit Blick auf § 398 ist allerdings – gerade in Haftsachen – eine zügige weitere Verfahrensführung geboten. Ein hieran sachlich orientiertes gerichtliches Prozedieren vermag nicht die Besorgnis der Befangenheit (§ 24 Abs. 2) zu rechtfertigen.

c) Auswechselung. Eine **Auswechselung** des anwaltlichen Beistands kann in analoger Anwendung der Maßgaben aus § 143a Abs. 2 Satz 1 Nr. 3 und Abs. 3 erfolgen;[39] in Betracht kommt deshalb auch hier eine einverständliche Auswechselung allein auf Wunsch der in einer Gruppe gebündelten Nebenkläger, wenn weder Mehrkosten dadurch entstehen noch eine Verfahrensverzögerung dadurch eintritt. 28

6. Folgeentscheidung (Absatz 2 Satz 2). Waren den Nebenklägern (auch teilweise) bereits Rechtsanwälte beigeordnet oder aber ihnen Prozesskostenhilfe bewilligt worden, sind diese Entscheidungen – im selben Beschluss – **aufzuheben.** Hierdurch soll verhindert werden, dass derselbe Nebenklagevertreter zugleich als Mehrfach- und Einzelvertreter bestellt oder beigeordnet ist beziehungsweise neben dem bestellten oder beigeordneten gemeinschaftlichen Nebenklagevertreter doppelte Einzelbestellungen oder -beiordnungen zulasten der Staatskasse bestehen bleiben.[40] Insoweit bereits erbrachte Leistungen sind zu **vergüten,** s. Rn. 31. 29

Waren den Nebenklägern zuvor anwaltliche Beistände nach **§ 406h** beigeordnet oder insoweit Prozesskostenhilfe gewährt worden, bedarf es einer Aufhebung dieser Entscheidungen nach **Wechsel der Verfahrensstellung** vom Nebenklagebefugten zum Nebenkläger hingegen nicht (s. § 397a, 19). 30

IV. Vergütungsrechtliche Folgen (Absatz 3)

Wird ein Rechtsanwalt nicht als Beistand bestellt oder nicht beigeordnet, weil nach Absatz 1 ein anderer Rechtsanwalt bestellt oder beigeordnet worden ist, so stellt das Gericht im Beschlusswege fest, ob die Voraussetzungen nach § 397a Abs. 3 Satz 2 in Bezug auf den nicht als Beistand bestellten oder nicht beigeordneten Rechtsanwalt vorgelegen hätten. Eigenständiger Prüfung bedarf also nur die Frage, ob die Voraussetzungen des § 142 in Bezug auf den nicht als gemeinschaftlichen Nebenklagevertreter bestellten Rechtsanwalt vorgelegen hätten.[41] Nach **§ 53a Satz 1 RVG** steht dieser Rechtsanwalt hinsichtlich der von ihm **bis zu dem Zeitpunkt** der Bestellung oder Beiordnung eines anderen Rechtsanwalts erbrachten Tätigkeiten einem bestellten oder beigeordneten Rechtsanwalt gleich. Der Rechtsanwalt erhält insoweit[42] die Vergütung aus der Landeskasse, 31

38 Vgl. zu § 356 StGB und zur anwaltlichen Pflicht, bei späteren Interessenkollisionen sämtliche Mandate beider zuvor vertretener Parteien niederzulegen BGH NJW **2019** 316.

39 Vgl. zur Rechtslage vor der Neuregelung des Rechts der notwendigen Verteidigung etwa BGH bei *Becker* NStZ-RR **2002** 104; BeckRS **2018** 26416; HK/*Weißer* 33; MüKo/*Valerius* 41; SK/*Velten* 6.

40 BTDrucks. **19** 14747 S. 40; SSW/*Werner* 12.

41 BTDrucks. **19** 14747 S. 41.

42 Vgl. *Claus* NStZ **2020** 61.

wenn die Feststellung von einem Gericht des Landes getroffen wird, im Übrigen aus der Bundeskasse (§ 53a Satz 2 RVG).

V. Rechtsmittel

32 **1. Beschwerde. Nebenkläger.** Die Anordnung einer gemeinschaftlichen Nebenklagevertretung nach Absatz 1 beschwert den Nebenkläger, dessen Rechtsanwalt nicht beigeordnet bzw. bestellt worden ist.[43]

33 **Angeklagter.** Der Angeklagte kann aus den vorstehend erläuterten Gründen durch eine nicht angeordnete gemeinschaftliche Nebenklagevertretung nach **Absatz 1** beschwert sein (s. Rn. 1, 21).[44] Zur **Beschwer** durch die Bestellung eines anwaltlichen Nebenklagevertreters und zur Bewilligung von Prozesskostenhilfe allgemein s. § 397a, 49 ff. Auch kann er mit der Beschwerde den Beschluss nach **Absatz 3** anfechten.[45]

34 **Staatsanwaltschaft.** Die Anklagebehörde kann mit Blick auf ihre Wächterfunktion Entscheidungen nach § 397b Abs. 1 und 3 stets mit der Beschwerde angreifen.

35 **Bezirksrevisor.** Dem **Bezirksrevisor** als Vertreter der Landeskasse steht eine Beschwerde gegen die ablehnende Entscheidung auch dann nicht zu, wenn diese grob gesetzeswidrig ist.

36 **2. Revision. Nebenkläger.** Mit einer entsprechend ausgeführten Verfahrensrüge kann der **Nebenkläger** die rechtsfehlerhaft versagte Bestellung eines anwaltlichen Beistands nach § 397a und die stattdessen angeordnete gemeinschaftliche Nebenklagevertretung beanstanden. Zum vollständigen Vortrag der rügebegründenden Tatsachen (§ 344 Abs. 2 Satz 2) dürfte allerdings die Ausschöpfung des Beschwerderechtswegs und damit das notwendige Rechtsschutzbedürfnis gehören. Allerdings wird das Urteil auf diesem Rechtsfehler in aller Regel **nicht beruhen** (§ 337),[46] weil auszuschließen sein wird, dass der Nebenkläger im Beistand eines ihm individuell beigeordneten Rechtsanwalts für den Schuldspruch (§ 400) wesentliche Tatsachen oder Beweismittel mitvorgebracht hätte.

37 **Angeklagter.** Denkbar ist eine Verfahrensbeanstandung nach **§ 338 Nr. 8** mit der Angriffsrichtung, dass es das Gericht rechtsfehlerhaft unterlassen habe, die Anzahl der Nebenklagevertreter durch eine Anordnung nach § 397b zu reduzieren. Erforderlich wird es dazu freilich sein, dass der **Vortrag rügebegründender Tatsachen** (§ 344 Abs. 2 Satz 2) den ablehnenden Beschluss nach § 397b Abs. 1 und die eingeholten Stellungnahmen der Verfahrensbeteiligten umfasst sowie erkennen lässt, welche konkreten Verteidigungsaktivitäten durch diese Entscheidung in welcher Weise erschwert wurden.[47] Weiter müssen Tatsachen dargetan werden, die eine konkretkausale Bedeutung der **unzulässigen Verteidigungsbeschränkung** zur Sachentscheidung erkennen lassen.[48] S. auch § 397a, 57.

---

43 OLG Karlsruhe BeckRS **2020** 8475; Meyer-Goßner/*Schmitt* 10; KMR/*Kulhanek* 25.
44 **A.A.** KMR/*Kulhanek* 27.
45 BTDrucks. **19** 14747 S. 41.
46 Ebenso Meyer-Goßner/*Schmitt* 10.
47 Vgl. BGH BeckRS **2017** 130156.
48 BGH BeckRS **2017** 130156.

3. Sonstiges. Die Entscheidung nach § 397b Abs. 1 wird nur dann die **Besorgnis der Befangenheit** (§ 24 Abs. 2) tragen, wenn sie willkürlich, also in einer rechtlich nicht mehr vertretbaren Weise ergangen ist. 38

Zu **haftungrechtlichen Fragen** des anwaltlichen Beistands s. § 404, 21. 39

§ 398
Fortgang des Verfahrens bei Anschluss

(1) Der Fortgang des Verfahrens wird durch den Anschluß nicht aufgehalten.

(2) Die bereits anberaumte Hauptverhandlung sowie andere Termine finden an den bestimmten Tagen statt, auch wenn der Nebenkläger wegen Kürze der Zeit nicht mehr geladen oder benachrichtigt werden konnte.

Entstehungsgeschichte

Die als § 438 Gesetz gewordene Vorschrift hat ihre jetzige Bezeichnung durch die Bek. 1924 erhalten. Sie hat ihre gesetzliche Überschrift durch Art. 1 Nr. 13 des Gesetzes zur Stärkung des Rechts des Angeklagten auf Vertretung in der Berufungsverhandlung und über die Anerkennung von Abwesenheitsentscheidungen in der Rechtshilfe vom 17.7.2015 erhalten.[1]

Übersicht

1. Allgemeines. Der Nebenkläger tritt dem Strafverfahren grundsätzlich in dem Stadium bei, in dem es sich zur **Zeit seines Anschlusses** befindet. Er muss die prozessgestaltenden Maßnahmen der anderen Verfahrensbeteiligten, soweit sie bereits geschehen sind, gegen sich gelten lassen und kann neue nicht verhindern, auch wenn sie sich gegen ihn auswirken.[2] Dieser Grundsatz findet seinen Ausdruck nicht nur in Absatz 1, sondern auch in § 399 Abs. 1 (Rn. 1); der Fortgang des Verfahrens wird durch den Anschluss nicht aufgehalten (Absatz 1), und dem Nebenkläger sind Entscheidungen, die vor seinem Anschluss ergangen sind, regelmäßig (Ausn. § 401 Abs. 1 Satz 2) nicht einmal bekannt zu geben (§ 399 Abs. 1). 1

Der Satz, dass der **Fortgang des Verfahrens** durch den Anschluss „nicht aufgehalten wird" (Absatz 1), ist nicht als eine absolute, keine Ausnahmen zulassende Vorschrift aufzufassen. Das kann sie schon deshalb nicht sein, weil Rechtsmittel, die nur der Nebenkläger einlegt, stets den rechtskräftigen Abschluss des Verfahrens hinausschieben. Allerdings hat der Gesetzgeber die damit verbundene Verfahrensverlängerung durch Streichung des früheren § 401 Abs. 1 Satz 2 verringert; danach war dem Nebenkläger als Rechtsmittelführer zur Zahlung eines Gebührenvorschusses eine Frist zu setzen mit der Androhung der Verwerfung des Rechtsmittels nach fruchtlosem Ablauf (§ 401 Entstehungsgeschichte). Eine weitere Zeitverkürzung wird dadurch erreicht, dass – abweichend vom früheren Recht – die Frist zur Begründung des Rechtsmittels nicht mehr 2

1 BGBl. I S. 1332.
2 OLG Stuttgart NJW **1970** 823; MüKo/*Valerius* 4; HK/*Weißer* 1; Meyer-Goßner/*Schmitt* 1; allg. M.

https://doi.org/10.1515/9783110275001-032

an den Zeitpunkt des Zulassungsbeschlusses geknüpft wird, was im Revisionsverfahren häufig zu einer Verfahrensverlängerung von mehreren Monaten führte.[3] Wegen weiterer Einzelheiten zum Fristbeginn vgl. § 401, 9 ff.

3 **2. Kein Anspruch auf Terminverlegung.** Das Gericht kann bereits **anberaumte Termine** und Hauptverhandlungen selbst dann durchführen, wenn der Nebenkläger oder sein Verfahrensbevollmächtigter aus triftigen Gründen am Erscheinen verhindert ist.[4] Er hat grundsätzlich kein Recht auf Vertagung.[5] Zur fehlenden Befugnis, auf Aussetzung des Verfahrens anzutragen vgl. § 397, 17. Andererseits ist das Gericht nicht gehindert, nach seinem Ermessen auf den Nebenkläger **Rücksicht** zu nehmen.[6] Sachaufklärungsgründe dürften hierfür allerdings keine Rolle spielen.[7] Sofern sie nicht ohnehin dem Strengbeweis unterstehen und die Zeugenvernehmung des Verletzten erfordern, wird – freibeweislich – Auskunft von Nebenkläger oder seinem Beistand auch ohne deren Anwesenheit zu erhalten sein.

4 **3. Keine Anwesenheitspflicht.** Trotz Zulassung (§ 396 Abs. 2) trifft den Nebenkläger keine Anwesenheitspflicht in der Hauptverhandlung (§ 397, 5). Erscheint er nicht und wird er auch nicht durch einen Rechtsanwalt vertreten, ist ihm das **rechtliche Gehör** durch die Ladung gewährt worden;[8] zum Berufungsrechtszug s. Erl. zu § 400, 38 ff.

5 **4. Bekanntgabe des Urteils.** War die Ladung unterblieben, ist das **Urteil** dem Nebenkläger zuzustellen (§ 401 Abs. 2 Satz 2). Andere verkündete Entscheidungen brauchen ihm nicht bekannt gegeben zu werden.[9]

6 **5. Rechtsmittel.** Dem Nebenkläger steht gegen die Ablehnung eines Antrags auf Terminverlegung das Rechtsmittel der **Beschwerde** (§ 304) nicht zu.[10] Dem steht § 305 Satz 1 entgegen. Soweit für den Angeklagten und seinen Verteidiger obergerichtlich in Ausnahmefällen[11] noch immer eine Beschwerdebefugnis angenommen wird, kann diese rechtliche Bewertung von Ausnahmekonstellationen jedenfalls auf den Nebenkläger nicht übertragen werden. Durch eine – gar kurzfristig – angebrachte Beschwerde könnte er ansonsten den Gesetzeszweck leerlaufen lassen, ohne dass seine Belange mit dem Interesse eines Angeklagten etwa an der Verteidigung durch den von ihm gewählten Verteidiger gleichgewichtig wären.[12]

7 Konnte der Nebenkläger zu der bereits anberaumten Hauptverhandlung noch geladen oder von einem anderen Termin noch benachrichtigt werden, so begründet das **Un-**

---

3 Vgl. *Sarstedt* JZ **1962** 775.

4 Vgl. BGHSt **28** 273; OLG Stuttgart Justiz **2004** 127; *Gollwitzer* FS Schäfer 79; Meyer-Goßner/*Schmitt* 3; s. auch LG Nürnberg-Fürth StV **2009** 180.

5 HK/*Weißer* 2; MüKo/*Valerius* 6; vgl. zu Einzelfragen § 397, 12 ff.

6 Meyer-Goßner/*Schmitt* 3; AK/*Rössner* 2; ferner bereits *Rieß* (Gutachten) 32, Fn. 115.

7 **A.A.** noch LR/*Hilger*[26] 3; HK/*Weißer* 2; MüKo/*Valerius* 7; noch weiter und auch deshalb mit der gesetzgeberischen Intention nicht vereinbar BeckOK/*Weiner* 2, der einen Terminsverlegungsanspruch für gegeben ansieht, wenn ansonsten der „Zweck der Nebenklage" verfehlt wird oder „Opferschutzinteressen" überwiegen.

8 *Gollwitzer* FS Schäfer 69; Meyer-Goßner/*Schmitt* 3; MüKo/*Valerius* 6.

9 RGSt **61** 385; AK/*Rössner* 2.

10 Wie hier MüKo/*Arnoldi* § 213, 14; **a.A.** OLG Bamberg StraFo **1999** 237; wohl auch OLG Hamm BeckRS **2012** 24464; offen gelassen OLG Stuttgart BeckRS **2003** 7637; LG Nürnberg-Fürth BeckRS **2008** 23591.

11 Vgl. nur Meyer-Goßner/*Schmitt* § 213, 8.

12 In diesem Sinne auch MüKo/*Arnoldi* § 213, 14.

terbleiben der Ladung die **Revision**, soweit das Urteil auf diesem Verfahrensfehler beruht, was allerdings regelmäßig zu bejahen sein wird.[13]

§ 399
Bekanntmachung und Anfechtbarkeit früherer Entscheidungen

(1) Entscheidungen, die schon vor dem Anschluß ergangen und der Staatsanwaltschaft bekanntgemacht waren, bedürfen außer in den Fällen des § 401 Abs. 1 Satz 2 keiner Bekanntmachung an den Nebenkläger.

(2) Die Anfechtung solcher Entscheidungen steht auch dem Nebenkläger nicht mehr zu, wenn für die Staatsanwaltschaft die Frist zur Anfechtung abgelaufen ist.

Entstehungsgeschichte

Die als § 439 Gesetz gewordene Vorschrift hat ihre jetzige Bezeichnung durch die Bek. 1924 erhalten. Durch Art. 1 Nr. 99 des 1. StVRG sind in Absatz 1 nach dem Wort „bedürfen“ die Worte „außer in den Fällen des § 401 Abs. 1 Satz 2“ eingefügt worden. Die gesetzliche Überschrift erhielt die Vorschrift durch Art. 1 Nr. 13 des Gesetzes zur Stärkung des Rechts des Angeklagten auf Vertretung in der Berufungsverhandlung und über die Anerkennung von Abwesenheitsentscheidungen in der Rechtshilfe vom 17.7.2015.[1]

Übersicht

1 **1. Absatz 1** betrifft nur **Entscheidungen** – auch Urteile – **vor** der **Anschlusserklärung**. Die Vorschrift steht in engem regelungssystematischen Zusammenhang mit § 397 Abs. 1 Satz 5 (s. § 397, 28 ff.) und § 398 (s. § 398, 1). Solche Entscheidungen brauchen, soweit sie der Staatsanwaltschaft bekanntgemacht waren, dem Nebenkläger nicht bekannt gegeben zu werden.[2] Eine Ausnahme gilt allerdings in den Fällen des § 401 Abs. 1 Satz 2, wonach dem Nebenkläger, der seinen Anschluss nach ergangenem Urteil zur Einlegung eines Rechtsmittels erklärt, das Urteil alsbald zuzustellen ist (§ 401, 8).[3] Entscheidungen, die **nach** Eingang der **Anschlusserklärung nach § 396 Abs. 2 Satz 1** ergehen (s. § 396, 7 ff.), sind dem Nebenkläger jedoch bekannt zu machen, und zwar auch dann, wenn bei ihrem Erlass der Beschluss, durch den das Gericht die Berechtigung zum Anschluss bejaht hat, noch nicht ergangen war.[4] Dies gilt nicht für Anschlusserklärungen nach § 396 Abs. 2 Satz 1, da es mangels konstitutiver Gerichtsentscheidung noch an der Verfahrensstellung als Nebenkläger fehlt (vgl. im Einzelnen § 396, 24 ff.).

2 **2. Absatz 2.** Auch **Absatz 2** betrifft nur solche Entscheidungen, die – im Gegensatz zu § 401, der von den Rechtsmitteln gegen Entscheidungen nach dem Anschluss han-

13 RG GA **43** (1895) 32; OLG Düsseldorf StraFo **2001** 102; Meyer-Goßner/*Schmitt* 4; allg. M.
1 BGBl. I S. 1332.
2 Meyer-Goßner/*Schmitt* 1.
3 Meyer-Goßner/*Schmitt* 1; HK/*Weißer* 2.
4 Vgl. Meyer-Goßner/*Schmitt* 1; KK/*Walther* 1.

https://doi.org/10.1515/9783110275001-033

delt – vor der Anschlusserklärung ergangen sind: allerdings fallen dann Anschlusserklärung und Rechtsmitteleinlegung meist zusammen (§ 396, 38). Für diesen Fall gibt das Gesetz dem Nebenkläger zwar ein eigenes Rechtsmittel, jedoch **keine eigene Rechtsmittelfrist.**[5] Vielmehr kann der Nebenkläger sein Rechtsmittel nur innerhalb der für die Staatsanwaltschaft (noch) laufenden Rechtsmittelfrist einlegen mit der Folge, dass ihm das Rechtsmittel versagt bleibt, wenn die Staatsanwaltschaft auf Rechtsmittel verzichtet oder ihr Rechtsmittel zurückgenommen hat.[6]

3 Hat die Staatsanwaltschaft ihre Rechtsmittelbefugnis durch Fristablauf, Rücknahme oder Verzicht verloren, kann sich der Nebenkläger gleichwohl noch anschließen, wenn der **Angeklagte** ein Rechtsmittel eingelegt hat. Allerdings ist er dann nicht Rechtsmittelführer (s. § 400, 27); seine Beteiligung erledigt sich auch hier, wenn der Angeklagte sein Rechtsmittel zurücknimmt.[7] Legt der Staatsanwalt oder ein anderer Nebenkläger ein Rechtsmittel ein, kann der Nebenklagebefugte sich auch nach Fristablauf dem Verfahren bis zu Rechtskraft anschließen (s. § 400, 27). Aber er kann nicht hindern, dass der Staatsanwalt oder der andere Nebenkläger durch Rücknahme ihrer Rechtsmittel die Rechtskraft herbeiführen.[8] Der Nebenklagebefugte kann das Rechtsmittel des Staatsanwalts nicht übernehmen und selbstständig weiterbetreiben.[9]

4 **3. Wiedereinsetzung.** Der Nebenkläger kann in den Fällen des Absatzes 2 auch keine **Wiedereinsetzung** in den vorigen Stand verlangen; eine Frist einzuhalten war er deshalb nicht gehindert, weil gegen ihn keine eigene Frist lief (s. § 397, 44).[10] Diese Konsequenz erscheint auch deshalb folgerichtig, weil die Prozessbeteiligten nach Eintritt der Rechtskraft gegen Überraschungen geschützt sein müssen, die von einer bisher unbeteiligten Person kommen können. Gerade beim Nebenklageberechtigten könnten die Voraussetzungen einer Wiedereinsetzung unter Umständen noch nach Jahr und Tag gegeben sein. Nichts anderes gilt, wenn der Nebenklageberechtigte vor Fristablauf den Anschluss erklärt, das Rechtsmittel jedoch erst nach Fristablauf eingelegt hat. Auch dann kann ihm unter den Voraussetzungen der §§ 44, 45 gegen die Versäumung der Frist keine Wiedereinsetzung in den vorigen Stand gewährt werden.[11] Denn nur durch seinen Anschluss wird die allein gegenüber der Staatsanwaltschaft in Gang gesetzte Frist nicht zu einer solchen des Nebenklägers[12] und vermag daher auch dessen Säumnis nicht zu begründen. Dieser prozessuale Nachteil konnte mangels Verfahrensbeteiligung damit für den Nebenkläger nicht entstehen, weshalb ein Wiedereinsetzungsantrag, mit dem das Verfahren in einen Abschnitt vor der Versäumung der Frist zurückversetzt und ihm ein anderer Verlauf gegeben wird, als den, den es infolge der Säumnis vor ihm genommen hat, unstatthaft ist.

---

5 BGH NStZ-RR **1997** 136; bei *Miebach* NStZ **1989** 16; h.M.; s. aber *Renkl* MDR **1975** 904.

6 BGH NStZ-RR **1997** 136; bei *Pfeiffer/Miebach* NStZ **1984** 18; RGSt **66** 129; allg. M.

7 HK/*Weißer* 5; Meyer-Goßner/*Schmitt* 2.

8 Meyer-Goßner/*Schmitt* 2.

9 Vgl. auch *Amelunxen* 71.

10 BGH NStZ-RR **1997** 136; bei *Miebach* NStZ **1988** 214; RGSt **71** 173; SK/*Velten* 5; HK/*Weißer* 7; Meyer-Goßner/*Schmitt* 3; *Wenske* NStZ 2008 434; SSW/*Werner* h.M.; s. aber *Renkl* MDR **1975** 904; *Böttcher* FS Widmaier 81 (Hinweis auf EU-Rahmenbeschluss vom 15.3.2001).

11 BayObLG VRS **58** (1980) 284; HK/*Weißer* 8; **a.A.** RGSt **76** 178; OLG Hamm NJW **1964** 265; LR/*Hilger*[26] 4; AK/*Rössner* 4; KK/*Walther* 4; *Renkl* MDR **1975** 904.

12 Vgl. HK/*Weißer* 8.

4. Frist zur Anfechtung. Unter **Frist zur Anfechtung** (Absatz 2) ist nur die Einlegungsfrist zu verstehen.[13] Hat der Nebenkläger das Rechtsmittel rechtzeitig eingelegt, wird die Begründungsfrist nach allgemeinen Regeln in Lauf gesetzt. Sie beginnt, wie § 401 Abs. 1 Satz 3 klarstellt, entweder mit dem Ablauf der für die Staatsanwaltschaft laufenden Rechtsmitteleinlegungsfrist oder, wenn das Urteil dem Nebenkläger noch nicht zugestellt war, mit der Zustellung des Urteils an ihn. 5

5. Rechtsmitteln des Nebenklägers. Wegen weiterer Einzelheiten zu den **Rechtsmitteln des Nebenklägers** vgl. die Erläuterungen zu den §§ 400, 401. 6

§ 400
Rechtsmittelbefugnis des Nebenklägers

(1) Der Nebenkläger kann das Urteil nicht mit dem Ziel anfechten, daß eine andere Rechtsfolge der Tat verhängt wird oder daß der Angeklagte wegen einer Gesetzesverletzung verurteilt wird, die nicht zum Anschluß des Nebenklägers berechtigt.

(2) [1]Dem Nebenkläger steht die sofortige Beschwerde gegen den Beschluß zu, durch den die Eröffnung des Hauptverfahrens abgelehnt oder das Verfahren nach den §§ 206a und 206b eingestellt wird, soweit er die Tat betrifft, auf Grund derer der Nebenkläger zum Anschluß befugt ist. [2]Im übrigen ist der Beschluß, durch den das Verfahren eingestellt wird, für den Nebenkläger unanfechtbar.

Schrifttum

Mitsch Die Erfolglosigkeit des vom Nebenkläger eingelegten Rechtsmittels, FS Paulus (2009) 119; *Riegner* Auswirkungen des § 400 I StPO auf Berufung und Revision des Nebenklägers, NStZ **1990** 11; *Rieß* Beschwerdebefugnis des Nebenklägers bei vorläufiger Verfahrenseinstellung nach § 205 StPO? NStZ **2001** 355; *Senge* Zwei Rechtsfragen aus dem Bereich der Nebenklage, FS Rissing-van Saan (2011); *Schmid* Nebenklage und Adhäsionsantrag in der Berufung NStZ **2011** 611.

Entstehungsgeschichte

Die Vorschrift regelte früher, wem das Urteil zuzustellen war, wenn weder der Nebenkläger noch sein Anwalt in der Hauptverhandlung anwesend waren. Art. 1 Nr. 100 des 1. StVRG hat sie aufgehoben. Vgl. dazu jetzt § 401 Abs. 1 sowie §§ 397 Abs. 1, 378. Durch Art. 1 Nr. 11 OpferschutzG ist die Vorschrift sodann in ihrer heutigen Fassung eingefügt worden. Durch Art. 1 Nr. 13 des Gesetzes zur Stärkung des Rechts des Angeklagten auf Vertretung in der Berufungsverhandlung und über die Anerkennung von Abwesenheitsentscheidungen in der Rechtshilfe vom 17.7.2015[1] hat sie ihre gesetzliche Überschrift erhalten. Durch Art. 1 Nr. 13 des Gesetzes zur Stärkung des Rechts des Angeklagten auf Vertretung in der Berufungsverhandlung und über die Anerkennung von Abwesenheitsentscheidungen in der Rechtshilfe vom 17. Juli 2015[2] wurde die gesetzliche Überschrift eingefügt.

---

13 *Eb. Schmidt* 7.
1 BGBl. I S. 1332.
2 BGBl. I S. 1332.

https://doi.org/10.1515/9783110275001-034

Übersicht

1 **1. Bedeutung der Vorschrift.** Die Vorschrift bestimmt die seit dem **OpferschG** von 1986[3] **begrenzte Rechtsmittelbefugnis** des Nebenklägers bei der Anfechtung von Urteilen und besonderen Beschlüssen. Zuvor ergab sich die weitergehende Rechtsmittelbefugnis des Nebenklägers aus § 397 Abs. 1 Satz 1 a.F. i.V.m. § 390 Abs. 1 Satz 1, ergänzt durch § 397 Abs. 1 Satz 2 a.F. (zur Abkopplung von der Privatklage Vor § 395, 8 ff.). Dem Nebenkläger war über diese Verweisung – wie dem Privatkläger – weitgehend die Rechtsmittelbefugnis der Staatsanwaltschaft eingeräumt. Dieses Regelungsgeflecht wurde durch die Trennung von Privat- und Nebenklage in der Erwägung beseitigt, dass die bisherige weitgespannte selbständige Rechtsmittelbefugnis des Nebenklägers als eines bloßen Zusatzbeteiligten im Offizialverfahren – namentlich mit Blick auf seine durch Schutzbedürfnisse geprägte (s. Vor § 395, 8; § 395, 54) Interessenlage – nicht mehr erforderlich sei (vgl. hierzu und zu weiteren Rechtsänderungen nach dieser **reformgesetzlichen Zäsur** Vor § 395, 8 ff.).[4]

2 Die Norm steht im **regelungssystematischen Zusammenhang** mit § 395 Abs. 4 Satz 2 und § 401 Abs. 1 Satz 1. Dem ist eine grundsätzliche Anfechtungsbefugnis des Nebenklägers zu entnehmen, die durch § 400 für die **Anfechtung von Urteilen (Absatz 1;** s. Rn. 7 ff.) und **bestimmten Beschlüssen (Absatz 2;** s. Rn. 46 ff.), näher bestimmt wird. Erfasst wird von ihrem Regelungsbereich allerdings nur die **selbständige Rechtsmittelbefugnis** des Nebenklägers, nicht aber seine Befugnis, sich am Verfahren auch in der Rechtsmittelinstanz zu beteiligen, wenn die Staatsanwaltschaft oder der Angeklagte Rechtsmittel eingelegt haben (s. Rn. 27),[5] selbst dann, wenn ihm gemäß § 400 Abs. 1 eine eigene Anfechtungsbefugnis nicht zusteht. Dies gilt gleichermaßen für seine Berechtigung, gegen sonstige Entscheidungen, die ihn betreffen (vgl. z.B. § 396, 22, 34),

3 BGBl. I S. 2496; hierzu auch BGHSt **43** 15, 16.
4 BTDrucks. **10** 5305 S. 14 f.
5 OLG Düsseldorf MDR **1991** 276; OLG Brandenburg NStZ-RR **1998** 255.

die zulässigen Rechtsmittel einzulegen.[6] Unberührt bleiben schließlich § 313[7] (s. zum **Berufungsrechtszug** Rn. 38 ff.) sowie die Rechtsmitteleinschränkungen nach dem JGG.

2. Spezifische Beschwer als begrenzender Faktor. Die Regelung des § 400 ist geprägt vom Gedanken und von der Entscheidung des Gesetzgebers, dass ablehnende Entscheidungen über solche Taten und solche Gesetzesverletzungen, die nicht zum Anschluss als Nebenkläger berechtigten, den Nebenkläger rechtsmittelrechtlich nicht beschweren können.[8] Die Norm orientiert sich daher am Gedanken der **Beschwer** des Nebenklägers **entsprechend seiner speziellen Interessenlage.**[9] Der Nebenkläger ist nach dem gesetzgeberischen Leitbild neben der Staatsanwaltschaft ein zusätzlich am Verfahren Beteiligter. Sein Hauptinteresse geht dahin, entsprechend seiner **besonderen Schutzbedürftigkeit** im erstinstanzlichen Verfahren handeln zu können (vgl. Vor § 395, 8 ff.; § 395, 54 ff.); sein Interesse am Verfahrensergebnis bzw. an der Möglichkeit einer Korrektur dieses Ergebnisses bezieht sich im Wesentlichen darauf, dass das Verfahren wegen des Nebenklagedelikts eröffnet wird (s. Rn. 47 ff.), aus dem sich seine Anschlussbefugnis ergibt, und dass schließlich der Angeklagte wegen einer Gesetzesverletzung verurteilt wird, die nach § 395 zum Anschluss berechtigt (Einzelheiten in Rn. 4 ff.). Ein rechtlich schutzwürdiges Interesse wird ihm aber abgesprochen für die Rechtsfolgen der Tat und für die Verurteilung wegen Gesetzesverletzungen, die nicht zum Anschluss des Nebenklägers berechtigt hätten. 3

3. Differenzierung zwischen Anschlussgründen (§ 395 Abs. 1, 2 und 3). Mit der Neufassung von § 395 Abs. 3 dahin, dass fortan grundsätzlich sämtliche rechtswidrige Taten zur Nebenklage berechtigen (s. im Einzelnen § 395, 54 ff.), soweit dies aus besonderen Gründen geboten erscheint (s. § 395, 56 ff.), ist es nunmehr geboten, in die Bewertung der Rechtsmittelbefugnis des Nebenklägers präzise den **Verfahrensgang über seinen Anschluss** einzustellen. 4

Erfolgte sein Anschluss nach § 396 Abs. 2 Satz 1 mit Blick auf einen – in der Anklage erwähnten (s. Vor § 395, 20 ff.; **zur h.M.** s. hingegen § 395, 8; § 396, 14 ff.) – **Katalogtatbestand nach § 395 Abs. 1 oder 2**, so folgt seine Rechtsmittelbefugnis für diese Straftatbestände unmittelbar aus diesem zuvor erklärten Anschluss oder aber – im Rechtsmittelzug – aus einer die Nichtanwendung dieser Katalogtat ausdrücklich beanstandenden Rechtsmittelbegründung (s. § 396, 13; Rn. 17 ff.). 5

Anders liegt es hingegen, wenn der Nebenkläger seine Befugnis herleitet aus einer **sonstigen rechtswidrigen Tat nach § 395 Abs. 3.** Hier genügt nicht schon das erkennbare Streben nach einer Verurteilung wegen einer solchen Tat im Rechtsmittelzug; notwendig hier ist darüber hinaus, dass der Nebenkläger zuvor wegen der rechtswidrigen Tat, deren Verurteilung er im Rechtsmittelverfahren erstrebt, nach § 396 Abs. 2 Satz 2 zugelassen worden war. Der für seine Verfahrensstellung **konstitutive Zulassungsbeschluss** erweist sich insoweit als **prozessualer Korridor**, innerhalb dessen der Nebenkläger nicht nur seine prozessualen Befugnisse im Tatsachenverfahren (s. § 396, 3, 29), sondern auch seine Rechtsmittelbefugnis ausüben darf (s. Rn. 9, 18).[10] 6

---

6 BTDrucks. **10** 5305 S. 15.

7 OLG Karlsruhe MDR **1996** 90; vgl. Rn. 39.

8 Vgl. BTDrucks. **10** 5205 S. 15; Meyer-Goßner/*Schmitt* 4; *Riegner* NStZ **1990** 11.

9 Vgl. BGH NStZ **1987** 221; bei *Miebach* NStZ **1988** 214; HK/*Weißer* 1; AK/*Rössner* 2 ff.; KMR/*Kulhanek* 2; *Riegner* NStZ **1990** 15.

10 In diesem Sinne – für den Berufungsrechtszug – auch OLG Hamm JR **2014** 169 mit insoweit zust. Anm. *Wenske*; KMR/*Kulhanek* 6.

4. Anfechtbarkeit von Urteilen (Absatz 1)

7 **a) Allgemeines.** Absatz 1 erfasst die Anfechtung von Urteilen jeder Art. Anfechtbar ist daher auch die Einstellung durch Urteil wegen eines Verfahrenshindernisses (§ 260 Abs. 3), falls der Nebenkläger insoweit die Verurteilung wegen einer Tat bzw. einer Gesetzesverletzung verlangt, die ihn zum Anschluss nach § 395 Abs. 1 und 2 oder aber durch den Zulassungsbeschluss nach § 395 Abs. 3 berechtigt.

8 **b) Allgemeine Zulässigkeitsvoraussetzungen.** Selbstverständlich ist, dass vor den besonderen Zulässigkeitsvoraussetzungen nach § 400 Abs. 1 (s. Rn. 9 ff.) die **allgemeinen Voraussetzungen** der Zulässigkeit des Rechtsmittels (z.B. Statthaftigkeit, Rechtsmittelbefugnis, namentlich Prozesshandlungsfähigkeit, **Anschlussbefugnis** sowie Einhaltung der notwendigen Frist und Form; vgl. § 395, 7, 26 ff., 47 ff., 52 ff.; § 396, 7 ff., 24 ff.; § 401, 4, 9 ff.; Erl. zu und Vor § 296) geprüft werden müssen.[11] In der Rechtsmitteleinlegungserklärung ist die Person des rechtsmittelführenden Nebenklägers **bei mehreren** vom selben anwaltlichen Beistand vertretenen **Nebenklägern** eindeutig zu bezeichnen.[12]

9 **c) Beschränkter Anfechtungsumfang (Absatz 1).** Darüber hinaus sind die Maßgaben des § 400 Abs. 1 zu beachten. **Zulässig** ist danach die Anfechtung, wenn geltend gemacht wird, eine Rechtsvorschrift über ein den anfechtenden Nebenkläger **betreffendes Nebenklagedelikt** sei verletzt worden[13] Die Anfechtung mit der Begründung, der Schuldumfang der den Nebenkläger betreffenden abgeurteilten Tat übersteige den im **Schuldspruch genannten Umfang**, ist selbst dann zulässig, wenn sich die angestrebte **Änderung des Schuldspruchs**[14] nur (mittelbar) auf den Rechtsfolgenausspruch auswirken könnte. Der Nebenkläger kann mit dem Rechtsmittel im Falle eines Freispruchs auch die Anordnung einer **Unterbringung** erstreben.[15] Ist das **Rechtsmittel** des Nebenklägers **zulässig** oder beteiligt er sich an dem Rechtsmittel eines anderen Verfahrensbeteiligten (Rn. 27), so führt es grundsätzlich nicht zur Unzulässigkeit seines Rechtsmittels oder seiner Beteiligung, wenn der Nebenkläger auch **Rügen zum Rechtsfolgenausspruch** oder sonstige Beanstandungen geltend macht, die – allein erhoben – zur Unzulässigkeit des Rechtsmittels führen würden (s. auch Rn. 27).[16]

10 Hingegen kann der Nebenkläger das Urteil **nicht mit dem Ziel anfechten**, dass gegen den Angeklagten eine **andere**, insbesondere härtere **Rechtsfolge** verhängt wird.[17] Dies gilt nicht nur, wenn der Nebenkläger sein Rechtsmittel auf den Rechtsfolgenausspruch beschränkt hat, sondern auch dann, wenn er bei unbeschränktem Rechtsmittel nur den Rechtsfolgenausspruch angreift und die erhobenen Beanstandungen des Urteils nicht zu einer Änderung des Schuldspruchs, sondern allenfalls der Rechtsfolgenent-

---

11 MüKo/*Valerius* § 401, 4; vgl. auch *Riegner* NStZ **1990** 11, 15. Zur Unzulässigkeit des Rechtsmittels, wenn der Nebenkläger einer Beschränkung nach § 154a Abs. 2 zugestimmt hat, s. BGHR StPO Absatz 1 Satz 1 Zulässigkeit 1.

12 BGH BeckRS **2014** 23345.

13 Vgl. z.B. BGH NStZ **2001** 420; StraFo **2001** 207; OLG Frankfurt NStZ-RR **2001** 22; OLG Düsseldorf NStZ-RR **1999** 116; OLG Oldenburg NStZ-RR **2001** 246 (auch zur Ermächtigung der Rechtsmittelrücknahme).

14 S. auch BGH NJW **1999** 2449 (Beweiswürdigung unzureichend).

15 BGH JR **1996** 290 mit Anm. *Laubenthal*; HK/*Weißer* 5; Meyer-Goßner/*Schmitt* 3.

16 Vgl. auch Meyer-Goßner/*Schmitt* 3, 6; AK/*Rössner* 10.

17 Vgl. BGH NJW **1992** 516; StraFo **2007** 245 (Anwendung allg. Strafrechts statt Jugendstrafrecht); OLG Karlsruhe NStZ **1988** 427.

scheidung führen könnten.[18] **Unzulässig** ist auch die Anfechtung des Urteils wegen einer prozessualen Tat und Gesetzesverletzung, die den Nebenkläger nicht zum Anschluss nach § 395 berechtigt (s. Rn. 5, 18 ff.)[19] Als unzulässig erweist sich ferner eine Anfechtung, die gerichtet ist auf eine unterbliebene Verurteilung wegen eines Delikts, für das es an einer (konstitiven) gerichtlichen Zulassungsentscheidung fehlt (§ 396 Abs. 2 Satz 2; s. Rn. 6, 18).

Der Nebenkläger kann kein Rechtsmittel mehr einlegen, wenn der **Schuldspruch** 11 **rechtskräftig** geworden ist. Wird die Verurteilung wegen eines zur Nebenklage berechtigten Delikts „hingenommen", kann der Nebenkläger seinen Rechtsmittelangriff nicht auf einen Rechtsfehler hinsichtlich eines hiermit idealkonkurrierenden nicht zur Nebenklage berechtigten Delikts stützen.[20] Wurde die Strafverfolgung mit Zustimmung des Nebenklägers (s. § 395 Abs. 5) wirksam beschränkt (**§ 154a Abs. 2**), kann mit der Revision die unterbliebene Verurteilung wegen eines hiernach ausgeschiedenen Delikts nicht mehr gerügt werden.[21] Dies gilt gleichermaßen für Taten die **vorläufig nach § 153 Abs. 2 eingestellt** wurden.[22] Des Weiteren lässt sich aus Absatz 1 ableiten, dass der Nebenkläger das Urteil nicht mit dem Ziel anfechten kann, über eine Abänderung der Rechtsfolgenentscheidung auch eine Änderung des Beschlusses nach § 268a zu erreichen, und dass auch der Beschluss nach § 268a selbst nicht vom Nebenkläger mit der Beschwerde (§ 305a) angefochten werden kann.[23]

d) Anfechtung zugunsten des Angeklagten. Gleiches gilt für eine **Anfechtung zugunsten des Angeklagten** (§ 296 Abs. 2; zur verteidigenden Nebenklage s. Erl. Vor § 395, 29 ff.).[24] 12

5. Revision

a) Allgemeines. Der Nebenkläger, dessen – von den Maßgaben des § 400 getrennt 13 zu bewertende[25] (s. Rn. 2, 4 ff.) –**Anschlussberechtigung** durch das Revisionsgericht **von Amts wegen** als **Verfahrensvoraussetzung** zu prüfen ist (s. § 396, 21; § 401, 5),[26] ist grundsätzlich zur Revisionseinlegung berechtigt (vgl. § 395 Abs. 4 Satz 2, § 301 Abs. 1 Satz 1), wobei ihm mit Blick auf die von Absatz 1 geforderte **spezifische Beschwer** (s. Rn. 3) auch in der Revision nur ein beschränktes Anfechtungsrecht zusteht. Diese gesetzliche Beschränkung verleiht der Revisionsbegründung des Nebenklägers eine erhebliche prozessuale Bedeutung (s. 17 ff.). Es besteht für die **Sprungrevision** (§ 335) in Fällen der Annahmeberufung für den Nebenkläger nach § 313 Abs. 1 Satz 2 keine Notwendigkeit einer vorherigen Berufungszulassung.[27]

---

18 Vgl. HK/*Weißer* 5; Meyer-Goßner/*Schmitt* 3a.
19 Vgl. BGH StraFo **2008** 164; bei *Becker* NStZ-RR **2003** 102; VRS **103** (2003) 210; OLG Düsseldorf VRS **96** (1999) 379; HK/*Weißer* 2.
20 BGH StraFo **2008** 164.
21 BGHR StPO § 400 Absatz 1 Satz 1 Zulässigkeit 1.
22 BGH StraFo **2015** 163.
23 Meyer-Goßner/*Schmitt* 3a.
24 Vgl. BGHSt **37** 136 mit Anm. *Hassemer* JuS **1991** 158; einschränkend SK/*Velten* 9; s. § 401, 7.
25 BGH NJW **2020** 3398.
26 S. nur BGH NJW **2020** 3398.
27 Vgl. nur OLG Hamm BeckRS **2021** 11241; NJW **2003** 2386; NStZ **2011** 43; BayObLG MDR **1993** 1228; OLG Düsseldorf MDR **1995** 406.

14 **aa) Form.** Der Nebenkläger kann den Revisionsantrag nur mittels einer von einem **Rechtsanwalt** unterzeichneten Schrift stellen (§ 345 Abs. 2).[28] Hierbei ist zu beachten, dass das Rechtsmittel nach Maßgabe des § 32d Satz 2 als elektronisches Dokument übermittelt werden muss (s. § 396, 1). Ist der Nebenkläger selbst Rechtsanwalt, so genügt seine eigene Unterschrift (s. die Erl. zu § 345).[29] Zwar verweisen die §§ 397, 400 heute weder auf § 390 Abs. 2 noch nehmen sie diese Formvorgaben des Rechtsmittelrechts sonst in Bezug. Für die Annahme, der Nebenkläger könne die Revision selbst begründen, ist gleichwohl kein Raum. Es handelt sich vielmehr um ein offensichtliches Versehen des Gesetzgebers bei der Auflösung der früheren Globalverweisung in § 397 in das Privatklagerecht. Nach der Abkopplung von der Privatklage (s. Vor § 395, 8 ff.) wäre eine solche Verweisung auf § 390 Abs. 2 im Übrigen auch nicht mehr konsequent gewesen. Aus demselben Grund kann de lege lata eine Anwendung des § 345 Abs. 2 auch nicht mehr im Wege einer entsprechenden Anwendung von § 390 Abs. 2 begründet werden;[30] es fehlt hierfür an einer vergleichbaren Interessenlage zwischen dem – in erster Line die Schutzfunktionen der Verletztenrechte für sich reklamierenden – Nebenkläger und der maßgeblich durch einem Verfolgungswillen begründeten prozessualen Stellung des Privatklägers. Vor diesem Hintergrund liegt es daher nahe, die planwidrige Regelungslücke durch eine **entsprechende Anwendung von § 345 Abs. 2** zu schließen.[31] Für die anderenfalls anzunehmende Privilegierung des Nebenklägers gibt es keinen sachlichen Grund.

15 Erfolgt die Begründung versehentlich zu **Protokoll der Geschäftsstelle**, ist bei fehlender Rechtsmittelbelehrung – auch von Amts wegen – Wiedereinsetzung in den vorigen Stand möglich.[32] Insoweit findet § 346 Abs. 1 auf eine formwidrige Einlegung der Revision Anwendung (s. Erl. zu § 346, 6).

16 Auch hat die Revision des Nebenklägers den Anforderungen von § 344 Abs. 1 und 2 zu genügen. Unzureichend ist es daher, die Rechtsmittelbegründung auf den Hinweis zu beschränken, dass Revision eingelegt werde, „soweit der Angeklagte nicht wegen versuchten Mordes verurteilt wurde."[33]

17 **bb) Angabe eines zulässigen Anfechtungsziels.** Da der Nebenkläger das Urteil nicht mit dem Ziel anfechten kann, dass eine andere Rechtsfolge der Tat verhängt wird, bedarf seine Revision grundsätzlich eines **ausdrücklichen** Revisionsantrags (§ 344 Abs. 1) oder aber einer Begründung, die – mit Blick auf die von § 400 geforderte **spezifische Beschwer** (s. Rn. 3) – ein **zulässiges Anfechtungsziel** des Beschwerdeführers eindeutig zu erkennen gibt.[34] Aus der Begründung muss – nach nahezu einhelliger Ansicht[35] – eindeutig ersichtlich sein, dass das Urteil mit dem Ziel einer Änderung des Schuldspruchs wegen einer anderen oder einen weiteren Gesetzesverletzung angegriffen wird, die zum Anschluss als Nebenkläger berechtigt. Dies kann die Mitteilung eines aus-

28 Meyer-Goßner/*Schmitt* § 401, 2; LR/*Hilger*[26] § 400, 15; h.M.

29 *Hilger* NStZ **1988** 441.

30 **A.A.** BGH NJW **2014** 3320; NStZ **1992** 1398; OLG Hamm StraFo **2007** 467; LR/*Hilger*[26] § 400, 15; *Rieß/Hilger* NStZ **1987** 154; Meyer-Goßner/*Schmitt* § 401, 2.

31 In diesem Sinne auch MüKo/*Knauer/Kudlich* § 345, 31.

32 Vgl. auch Meyer-Goßner/*Schmitt* § 401, 2.

33 BGH BeckRS **2012** 23852.

34 BGHR § 400 Abs. 1 Zulässigkeit 10.

35 **A.A.** *Mitsch* FS Paulus 128, der allerdings die prozessuale Korrespondenz von Anschlusserklärung und Zulassungsentscheidung einerseits (s. § 396, 29) und Umfang der dem Nebenkläger zustehenden Befugnisse (s. etwa § 397, 16) sowie dessen Rechtsmittelbefugnis andererseits nicht erkennbar in den Blick nimmt.

drücklichen Revisionsantrags ausnahmsweise entbehrlich machen.[36] Dieses Anfechtungsziel ist **innerhalb der Revisionsbegründungsfrist** klarzustellen;[37] fehlt es hieran, ist das Rechtsmittel als unzulässig zu verwerfen.[38] Im Einzelnen gilt:

(1) Strukturelle Korrespondenz mit dem Zulassungsbeschluss (§ 396 Abs. 2). 18
Die nach § 400 Abs. 1 beschränkte Rechtsmittelbefugnis korrespondiert mit dem Umfang der Anschlussbefugnis des Nebenklägers. Beruft sich der Nebenkläger spätestens in seiner Revisionsbegründung (s. § 396, 38, 40; § 395, 79) ausdrücklich auf ein Delikt aus den **Gesetzeskatalogen von § 395 Abs. 1 und 2**, bewirkt dies bereits seinen Anschluss (s. § 393, 7 ff., 13). Erklärt er seinen Anschluss (insoweit) erstmals, ist durch das Revisionsgericht sein Anschluss bzw. seine nunmehr geänderte Anschlussbefugnis in der Entscheidung zum Ausdruck zu bringen.[39] Leitet der Nebenkläger seine Anschlussbefugnis aus einem **sonstigen zur Nebenklage** berechtigenden Delikt nach **§ 395 Abs. 3** ab, so ist für das Revisionsverfahren der hierfür konstitutive Zulassungsbeschluss nach § 396 Abs. 2 Satz 2 (s. § 396, 24 ff.) und der hierdurch vorgegebene **prozessuale Korridor** maßgeblich.[40] Hat es der Nebenkläger im Zwischen- oder Hauptverfahren **versäumt**, sich der erhobenen öffentlichen Klage im Hinblick auf ein sonstiges zur Nebenklage berechtigendes Delikt nach § 395 Abs. 3 anzuschließen, kann er dies im Revisionsverfahren regelmäßig nicht mehr nachholen. **In diesem Verfahrensabschnitt** fehlt es ihm in aller Regel an der notwendigen prozessualen Schutzbedürftigkeit (s. § 395, 56; anderes mag im krassen Ausnahmefall nur für eine Revisionshauptverhandlung in Anwesenheit auch des Angeklagten gelten); erst nach einer Aufhebung und Zurückverweisung mag wieder anderes gelten.

(2) Ermittlung eines zulässigen Anfechtungsziels. Fehlt es in der Revisionsbe- 19
gründung an der ausdrücklichen Mitteilung eines von § 400 Abs. 1 Satz 1 gedeckten Anfechtungswillens, ist für dessen notwendige Bestimmung durch das Rechtsmittelgericht nur in äußerst engen Grenzen Raum. Dabei ist es zwar nicht auf die Rechtsmittelbegründung allein angewiesen.[41] Zur **Auslegung der Prozesserklärung** können über die Rechtsmittelbegründung hinaus aber nur solche Umstände herangezogen werden, die einen **eindeutigen Rückschluss** zulassen auf den Willen des Rechtsmittelführers **im Zeitpunkt der Revisionsbegründung.**[42] Für eine – im Schrifttum teilweise befürwortete[43] – „großzügigere" Handhabe vermag nicht mit Erfolg auf den Rechtsgedanken aus § 300 abgestellt zu werden, setzt dieser doch stets einen unzweifelhaften Willen voraus, ein zulässiges Rechtsmittel einzulegen (Erl. zu § 300, 4 ff.). In Betracht kommt als Auslegungshilfe allerdings eine mit der Rechtmittelerklärung zugleich abgegebene Anschlusserklärung nach § 396. Auch kann auf den Gegenstand der Anklageschrift – in Gestalt der Eröffnungsentscheidung (s. Rn. 20; Vor § 395, 22 ff.; § 395, 8) – rekurriert werden.[44] Hingegen vermag das **Prozessverhalten** des Nebenklägers in der Hauptverhandlung

---

36 BGH NStZ **1999** 259; JZ **1988** 367; vgl. bereits RGSt **56** 225; s. auch die Erl. zu § 344.
37 BGH NStZ **2020** 310; BeckRS **2002** 8804; NStZ-RR **2001** 266; NStZ **2007** 701; NStZ-RR **2009** 253; Meyer-Goßner/*Schmitt* 6; allg. M.
38 Vgl. BGH NStZ **2020** 310; BGH BeckRS **2016** 7787.
39 vgl. BGH BeckRS **2005** 9340.
40 Vgl. etwa BGH BeckRS **2010** 21003.
41 **A.A.** wohl KMR/*Kulhanek* 7.
42 Vgl. auch OLG Jena NStZ-RR **2007** 209.
43 MüKo/*Valerius* 24, 19; SK/*Velten* 12; LR/*Hilger*[26] § 400, 16.
44 BGH BeckRS **2018** 33938.

den notwendigen sicheren Schluss nicht zuzulassen. Soweit dieses überhaupt mit der notwendigen Sicherheit durch die Sitzungsniederschrift dokumentiert wird, ist ohne ausdrückliche Erklärung durch den Nebenkläger im Rechtsmittelverfahren nicht zureichend sichergestellt, dass ein hierdurch möglicherweise aufscheinendes Verfahrensinteresse im Rechtsmittelzug weiterverfolgt werden soll. Auch eine **Bezugnahme auf den Akteninhalt** oder auf Rechtsmittelbegründungen anderer Nebenkläger ist hierfür unbehelflich.[45] Daher kommt etwa auch dem **Schlussvortrag** nach § 258 Abs. 1[46] oder aber einer „Gesamtschau des Verfahrensgeschehens" hier keine Bedeutung zu.[47] Vor diesem Hintergrund und mit Blick auf die im Rechtsmittelrecht gebotene Klarheit über den Umfang einer erstrebten Nachprüfung des – anwaltlich vertretenen – Rechtsmittelführers und damit der Art und Weise seiner Disposition über die Weite seines Rechtsmittelangriffs[48] hält die Rechtsprechung zu recht an den genannten strengen Formvorgaben fest; eine eigenmächtige „Reduktion auf den gesetzlich zulässigen Anfechtungsumfang" kommt daher grundsätzlich nicht in Betracht.[49]

20 **(3) Substantiierung des Anfechtungsziels.** Die bloße Behauptung der Tatbestandsverwirklichung eines grundsätzlich nebenklagefähigen Delikts in der Rechtsmittelbegründung reicht zur Bestimmung eines zulässigen Anfechtungsziels nicht aus. Nach der **herrschenden Meinung** ist das Rechtsmittel vielmehr nur zulässig, wenn ferner zumindest die entfernte **rechtliche Möglichkeit** der Verurteilung nach einem nebenklagefähigen Straftatbestand besteht (s. § 395, 8; Vor § 395, 17 ff.).[50] Dies erweist sich nach der **hier vertretenen abweichenden Auffassung** als unzureichend. Notwendig ist – nach der Abkopplung der Neben- von der Privatklage (s. im Einzelnen Vor § 395, 8 ff.) – vielmehr, dass der Angeklagte **nach der Anklage**[51] in Gestalt der Eröffnungsentscheidung des Delikts **hinreichend verdächtig** ist, das nunmehr im Revisionsverfahren der Überprüfung untersteht (s. Vor § 395, 21 ff.).

21 **b) Sachrüge.** Vor diesem Hintergrund kann der Nebenkläger die Sachrüge daher grundsätzlich nur auf die **näher ausgeführte Behauptung** stützen, das angefochtene Urteil sei gerade hinsichtlich der Anwendung desjenigen Strafgesetzes fehlerhaft, auf das sich seine **Anschlussbefugnis** stützt.[52] Dies ist insbesondere bei den **Angehörigen** nach § 395 Abs. 2[53] und auch dann zu beachten, wenn sich das Rechtsmittel gegen mehrere Angeklagte als Rechtsmittelgegner richtet.[54] Unschädlich ist es, wenn der Nebenkläger mit seiner **zulässigen Revision** außerdem sachlich-rechtliche Beanstandungen vorbringt, die sich auf Straftaten, die ihn nicht zum Anschluss berechtigen, oder auf die Rechtsfolgenseite beziehen.

---

45 BGH NJW **2007** 1541 (Ls.) = BeckRS **2006** 13544; NStZ-RR **2018** 153.

46 BGH BeckRS **2000** 30142073; BeckRS **2000** 30165712.

47 Ebenso wohl BGH BeckRS **2001** 30165712; KK/*Walther* 3; **a.A.** LR/*Hilger*[26] § 400, 16; MK/*Valerius* 24; wohl auch noch BGH bei *Kusch* NStZ-RR **2000** 296; KG BeckRS **2014** 12478; s.a. BGH BeckRS **2012** 20442.

48 Vgl. zur Bedeutung einer klaren Anfechtungserklärung auch BGH NStZ-RR **2014** 117 (abweichende Bewertung des Konkurrenzverhältnisses).

49 S. aber BGH BeckRS **2001** 30206259.

50 OLG Hamm NZV **2003** 150; OLG Köln NStZ-RR **2004** 341.

51 Zu diesem Bezugspunkt auch der höchstrichterlichen Rspr. s. BGH BeckRS **2011** 2207; BeckRS **2012** 20442; BeckRS **2018** 33938.

52 Meyer-Goßner/*Schmitt* 6; OLG Hamm NZV **2003** 150; allg. M.

53 BGH NStZ-RR **2013** 10.

54 BGH BeckRS **2020** 20164.

Als **unzureichend** erweist sich eingedenk der notwendigen Substantiierung eines zulässigen Anfechtungsziels deshalb regelmäßig die **nicht näher ausgeführte Sachrüge.**[55] Dies gilt jedenfalls dann, wenn der Angeklagte wegen eines zur Nebenklage berechtigenden Delikts verurteilt wurde;[56] ebenso wenn der Angeklagte überhaupt verurteilt wurde und unklar bleibt, ob der Nebenkläger unzulässigerweise den Rechtsfolgenausspruch beanstandet oder aber die Verurteilung wegen eines weiteren Nebenklagedeliktes erstrebt.[57] Die nicht ausgeführte Sachrüge mag in der Zusammenschau mit der Anklageschrift in Gestalt der Eröffnungsentscheidung nur dann unzweifelhaft Auskunft über ein berechtigtes Anfechtungsziel zu geben (s. Rn. 19), wenn der Angeklagte vom Tatvorwurf allein eines nebenklagefähigen Delikts freigesprochen worden ist und insoweit eine Nebenklagebefugnis aus § 395 Abs. 1 und 2 oder – nach Maßgabe des notwendigen Gerichtsbeschlusses (s. Rn. 6; § 396,Rn. 24) – aus Absatz 3 besteht.[58] 22

Dies gilt gleichermaßen, wenn mit der Sachrüge die **Strafrahmenwahl** – etwa die Annahme eines vertypten oder unvertypten[59] Milderungsgrundes – beanstandet[60] oder allein eine **Erweiterung des Schuldumfangs** erstrebt wird,[61] etwa der Hinweis auf eine unterbliebene Verurteilung wegen einer weiteren Tatbestandsalternative[62] oder auf eine fehlerhafte Annahme oder Bewertung eines Mitverschuldens des Nebenklägers.[63] Entsprechendes gilt für § 211 StGB (Ergänzung um ein weiteres Mordmerkmal).[64] Die einen Angeklagten begünstigenden Rechtsfehler in der Rechtsfolgenentscheidung können vom Nebenkläger nicht beanstandet werden;[65] **§ 301** findet auch bei einer ansonsten zulässigen Revision insoweit keine Anwendung (s. im Einzelnen Rn. 34).[66] Schließlich zählt auch die **Schwere der Schuld** im Sinne von § 57a Abs. 1 Satz 1 Nr. 2 StGB zu den Rechtsfolgen.[67] Auch kann der Nebenkläger grundsätzlich nicht die unterbliebene Anordnung des Angeklagten im **Maßregelvollzug** beanstanden.[68] Anderes soll nur dann gelten, wenn nicht eine andere Rechtsfolge, sondern die trotz Freispruchs wegen 23

55 BGH NStZ **1988** 565; NStZ **1999** 259; BeckRS **2002** 880; StraFo **2003** 15; bei *Becker* NStZ **2004** 67; BGH NStZ **2007** 700; BeckRS **2010** 26752; HK-GS/*Rössner* 7; Meyer-Goßner/*Schmitt* 6; h.M.

56 BGH BeckRS **2021** 4452; NStZ **2020** 310; BeckRS **2018** 117017; BeckRS **2017** 138389; BeckRS **2015** 17760 (§ 224 Abs. 1 Nr. 5 StGB); vgl. ferner BGH NStZ **1988** 565; NStZ **1997** 97; bei *Becker* NStZ-RR **2005** 262; SSW/*Schöch* 6; AK/*Rössner* 10; Meyer-Goßner/*Schmitt* 6.

57 Vgl. dazu BGH NStZ **1988** 565; bei *Kusch* NStZ-RR **1999** 39; bei *Becker* NStZ-RR **2005** 262; BeckRS **2011** 20141; AK/*Rössner* 10; Meyer-Goßner/*Schmitt* 6; zu Recht krit. dagegen SK/*Velten* 12, 17.

58 MüKo/*Valerius* 24.

59 AK/*Rössner* 6; *Riegner* NStZ **1990** 13.

60 BGH BeckRS **2011** 19758; BeckRS **2011** 28516 (§ 212 Abs. 2, § 213 StGB); BGH NStZ-RR **2003** 306; HK/*Weißer* 6.

61 BGHSt **41** 140; BGHR § 400 Abs. 1 Zulässigkeit 4; HK/*Weißer* 8; Meyer-Goßner/*Schmitt* 3a; SSW/*Werner* 2.

62 BGH BeckRS **2011** 2207; BGH NJW **1999** 2449; Meyer-Goßner/*Schmitt* 3a; HK/*Weißer* 9; *Riegner* NStZ **1990** 13; BGHSt **13** 143 ist überholt.

63 BayObLG MDR **1988** 884; HK/*Weißer* 8; s. auch AK/*Rössner* 6.

64 BGH NStZ-RR **1997** 371; NJW **1999** 2449; StraFo **2007** 245; HK/*Weißer* 9.

65 BGH NStZ-RR **2003** 102 Nr. 23; NStZ-RR **2009** 24; *Senge* FS Rissing-van Saan 660.

66 Zutr. *Senge* FS Rissing-van Saan 660; vgl. ferner OLG Oldenburg BeckRS **2013** 15976 zur fehlenden Beschwer trotz eigentlich begründeter Verfahrensrüge.

67 BGH StraFo **2007** 245; HK/*Weißer* 10; AK/*Rössner* 6; SSW/*Werner* 2; *Meurer* JR **1992** 448.

68 BGH BeckRS **2021** 4452; StraFo **2010** 295; BGHR § 397a Abs. 1 Prozesskostenhilfe 6; BGH StV **1997** 624 (ebenso für Absehen von der Verhängung von Sicherungsverwahrung bei Unterbringung nach § 63 StGB stattdessen); HK/*Weißer* 5.

Schuldunfähigkeit mögliche, aber ausdrücklich abgelehnte Anordnung der Unterbringungung Ziel des Rechtsmittels ist.[69]

24 Hingegen kann **in zulässiger Weise** sachlich-rechtlich beanstandet werden, dass der Angeklagte etwa aus einem **Qualifikationstatbestand** hätte verurteilt werden müssen, oder, dass er zu Unrecht freigesprochen wurde.[70] Dies gilt gleichermaßen für die Beanstandung, ein Nebenklagedelikt sei zu Unrecht nicht in den Schuldspruch der Entscheidung aufgenommen worden – etwa ein **tateinheitlicher Verstoß** gegen ein Nebenklagedelikt sei im Schuldspruch fälschlich nicht genannt worden,[71] oder das Konkurrenzverhältnis sei zum Nachteil der Nebenklage verkannt worden.[72] Die Anfechtung ist ferner mit der sachlich-rechtlichen Begründung zulässig, der festgestellte Schuldumfang (Beihilfe) zu der den Nebenkläger betreffenden abgeurteilten Tat beruhe auf einer **rechtsfehlerhaften Beweiswürdigung.**[73] Ebenso ist die Rüge zulässig, der Angeklagte sei nicht nur **Gehilfe**, sondern **Anstifter**, oder dieses nicht, sondern **Täter** des Nebenklagedelikts.[74] Schließlich kann der Nebenkläger sein Rechtsmittel darauf stützen, es liege nicht nur **Versuch**, sondern Vollendung des Nebenklagedelikts[75] vor.

25 **c) Verfahrensrügen** können nur im Umfang einer zulässigen Nebenklage erfolgen und sich entsprechend auf solche Verfahrensfehler beziehen, die das Verfahren hinsichtlich der Aburteilung der zum Anschluss berechtigenden Tat betreffen (s. Rn. 4 ff.).[76] Dies gilt auch für **Beweisantragsrügen** (§ 244 Abs. 3).[77] Der Nebenkläger kann seine Anfechtung etwa auf eine **Aufklärungsrüge** (§ 244 Abs. 2) stützen, wenn hiermit eine Verurteilung wegen Vollendung statt wegen Versuchs erstrebt wird.[78] Unzulässig ist hingegen das Ziel, mit der Aufklärungsrüge ein vom Tatgericht angenommenes – strafmilderndes – Mitverschulden anzugreifen.[79] Die verletzte Norm muss indes gerade auch den Rechtskreis des Nebenklägers betreffen und das Verfahrensgeschehen für diesen eine Beschwer aufweisen. Namentlich kann er daher nicht die Verletzung von **§ 52 Abs. 3** beanstanden, da der Normzweck der besonderen Lage des Zeugen Rechnung trägt.[80]

26 **d) Umfang der Nachprüfung.** Die hiermit verbundenen Fragen sind von der Zulässigkeit des Rechtsmittels zu unterscheiden[81] und stellen sich erst, wenn die Zulässigkeit des Rechtsmittels grundsätzlich bejaht wird. Die Antwort darauf, in welchem Umfang Rechtsmittel- und (nach Aufhebung und Zurückverweisung der Sache) Instanzgericht,

---

69 BGH NStZ **1995** 610; ebenso BeckRS **2021** 4452; vgl. ferner BGH JR **1996** 290 mit Anm. *Laubenthal;* HK/*Weißer* 5; Meyer-Goßner/*Schmitt* 3.

70 BGH bei *Becker* NStZ-RR **2002** 261 (Teilfreispruch); OLG Frankfurt NStZ-RR **2001** 22; OLG Düsseldorf NStZ-RR **1999** 116.

71 Vgl. BGHSt **41** 144 (Ergänzung des Schuldspruchs); s. auch OLG Oldenburg GA **1992** 471 (vers. Tötung statt Körperverletzung); OLG Hamm NZV **2003** 150; HK/*Weißer* 11 ff.; AK/*Rössner* 4.

72 BGH NStZ **2000** 219.

73 S. auch BGH BeckRS **9998** 166257; BGH NJW **1999** 2449 (Beweiswürdigung unzureichend).

74 Vgl. BGH NJW **1999** 2449; HK/*Weißer* 7; *Leibinger* FS Triffterer 484.

75 Meyer-Goßner/*Schmitt* 3; HK/*Weißer* 7; AK/*Rössner* 7; **a.A.** *Riegner* NStZ **1990** 13.

76 *Meyer-Goßner* 6; HK/*Weißer* 19; vgl. auch BGH NJW **1991** 1364; BeckRS **2021** 4452.

77 BGH NJW **1997** 2124; BeckRS **2005** 9340; NStZ **2011** 713.

78 Meyer-Goßner/*Schmitt* 3b; LR/*Hilger*[26] § 400, 12; **a.A.** Riegner NStZ **1990** 13; offen gelassen BGH BeckRS **2011** 19758.

79 BGH BeckRS **2011** 19758; s. ferner BayObLG MDR **1988** 884; HK/*Weißer* 8; s. auch AK/*Rössner* 6.

80 BGH NStZ **2006** 349.

81 HK/*Weißer* 17.

die den Gegenstand des (früheren) Rechtsmittelverfahrens bildende Tat zu überprüfen und über diese neu zu entscheiden haben, ist differenziert zu geben:[82]

aa) Rechtsmittel anderer Verfahrensbeteiligter. Beteiligt sich der Nebenkläger – ohne eigenes Rechtsmittel – nur an dem Verfahren nach Einlegung eines Rechtsmittels durch den Angeklagten, durch den Staatsanwalt oder durch einen anderen Nebenkläger,[83] so gelten für den Umfang der Nachprüfung seiner Beanstandungen keine Besonderheiten. Dieser ergibt sich aus dem Rechtsmittel des anderen Beteiligten, kann also im Falle einer Rechtsmittelbeschränkung begrenzt sein. Hat z.B. nur der Angeklagte Rechtsmittel eingelegt und dieses zulässig auf den Rechtsfolgenausspruch beschränkt, so bleiben Ausführungen des Nebenklägers zum Schuldspruch, weil dieser bindend geworden ist, grundsätzlich unbeachtlich; der Nebenkläger kann jedoch den Rechtsfolgenausspruch beanstanden, obwohl er selbst insoweit nach § 400 Abs. 1 Satz 1 kein Rechtsmittel einlegen könnte. Anderenfalls würde sein Beteiligungsrecht[84] weitgehend leerlaufen. Beachtlich sind jedoch – unbeschadet § 244 Abs. 2 – nur Ausführungen und Anträge, die (soweit sie) das eine Anschlussbefugnis begründende Nebenklagedelikt betreffen (vgl. Rn. 4 ff., 17 ff.; § 401, 1). Dies gilt auch im Falle der Rückverweisung aus der Rechtsmittelinstanz, wenn der Schuldspruch bindend geworden und nur noch über die Rechtsfolgen erneut zu verhandeln und zu entscheiden ist.[85] 27

bb) Rechtsmittel des Nebenklägers neben dem anderer Verfahrensbeteiligter. 28
Hat der Nebenkläger **neben** der **Staatsanwaltschaft** oder dem **Angeklagten** ein Rechtsmittel eingelegt, so richtet sich der Prüfungsumfang auch nach deren Rechtsmittel.[86] Hat die Staatsanwaltschaft die Entscheidung wegen des Rechtsfolgenausspruchs zum Nachteil des Angeklagten angefochten, so hat das Gericht die Erklärungen des Nebenklägers insoweit zu beachten; dieser kann nicht schlechter gestellt sein als im Falle einer bloßen Beteiligung an einem von der Staatsanwaltschaft initiierten Rechtsmittelverfahren (Rn. 27). Haben der Angeklagte oder die Staatsanwaltschaft den Rechtsfolgenausspruch mit dem Ziel einer „Milderung" angefochten, so kann der Nebenkläger gleichfalls zum Rechtsfolgenausspruch so Stellung nehmen, wie er dies als nur am Verfahren Beteiligter (Rn. 26) könnte, mit seinem Rechtsmittel aber nicht eine Verschärfung anstreben. Auch in diesen Fällen hat das Gericht – unbeschadet § 244 Abs. 2 – nur die Erklärungen des Nebenklägers zu beachten, die das Nebenklagedelikt betreffen (s. Rn. 17 ff.).

cc) Alleiniges Rechtsmittel des Nebenklägers. In welchem **Umfang** die Entscheidung speziell aufgrund des Rechtsmittels des Nebenklägers (zum Verfahren vgl. § 401, 18 ff.) nachzuprüfen ist, ist – teils – streitig. 29

(1) Ist der Angeklagte **nur wegen eines Nebenklagedelikts** verurteilt worden, so beschränkt sich die Nachprüfung des Rechtsmittelgerichts auf die Frage, ob ein Nebenklagedelikt nicht oder unzutreffend, eventuell auch unvollständig, gewürdigt worden ist.[87] Dies gilt gleichermaßen, wenn das Nebenklagedelikt als eigenständige prozessuale 30

82 *Riegner* NStZ **1990** 15.
83 Vgl. OLG Düsseldorf MDR **1991** 276; OLG Brandenburg NStZ-RR **1998** 255.
84 Vgl. OLG Düsseldorf MDR **1991** 276; OLG Brandenburg NStZ-RR **1998** 255.
85 OLG Brandenburg NStZ-RR **1998** 255.
86 **A.A.** wohl BGHSt **43** 15.
87 Vgl. BGH BeckRS **2022** 2103

Tat (§ 264) neben weiteren – nicht zum Anschluss berechtigenden – selbständigen Taten abgeurteilt worden ist.[88]

31 **(2)** Ist der Angeklagte wegen eines Nebenklagedelikts in **Tateinheit** oder in **Gesetzeskonkurrenz**[89] mit einem nicht nebenklagefähigen Delikt verurteilt worden, ist die Prüfung streng auf das abgeurteilte Nebenklagedelikt bzw. die Frage, ob fälschlich eine Verurteilung wegen eines Nebenklagedelikts unterblieben ist,[90] begrenzt.[91] Der **Gegenmeinung**, die auf ein zulässiges Rechtsmittel des Nebenklägers grundsätzlich eine **umfassende Prüfung** (also auch bezüglich der Aburteilung der tateinheitlichen oder gesetzeskonkurrierenden nicht nebenklagefähigen Delikte) ausgelöst sieht und darauf abhebt, dass die Entscheidung nicht in einzelne materiell-rechtliche Aspekte zerlegt werden dürfe,[92] kann im Hinblick auf das vom Gesetzgeber mit der Rechtsmittelbeschränkung in § 400 Abs. 1 verfolgte Ziel[93] und die Bedeutung der Anschlusserklärung bzw. Zulassungsentscheidung nach § 396 (s. Rn. 4 ff.; 18) nicht beigetreten werden.

32 **(3) Rechtsprechung** und **herrschender Meinung** im Schrifttum wollen auf eine zulässige Revision des Nebenklägers hin auch solche Delikte der Prüfung des Rechtsmittelgerichts unterstellen, deren Nichtanwendung der Nebenkläger zwar nicht beanstandet hatte, die aber bei **weitgehender tatbestandlicher Überschneidung** dieselbe Zielrichtung haben wie das Nebenklagedelikt, dessen Nichtanwendung der Nebenkläger in zulässiger Weise ausdrücklich gerügt hatte.[94] Kommt das Rechtsmittelgericht zu dem Ergebnis, dass im Rahmen dieses Prüfungsumfangs eine Rechtsverletzung nicht vorliegt, ist das Rechtsmittel indes auch dann als unbegründet zu verwerfen, wenn etwa – auf die Revision der Staatsanwaltschaft – Fehler deutlich geworden sind, die sich auf ein nicht nebenklagefähiges Delikt beziehen.[95]

33 Dem ist **in dieser Weite nicht zuzustimmen**. Maßgeblich für den Umfang rechtsmittelgerichtlicher Kontrolle ist nicht eine – zufällige – materiell-rechtliche „weitgehende tatbestandliche Überschneidung" der inmitten stehenden Delikte; entscheidend sind vielmehr der **Umfang der förmlichen Verfahrensstellung** des Nebenklägers (vgl. § 396) und der Umfang seines Rechtsmittelangriffs (§ 352). Die Verfahrensstellung wird bei Katalogtatbeständen des § 395 Abs. 1 und 2 durch eine auf einzelne oder mehrere Katalogtatbestände ausdrücklich abzielende Anschlusserklärung bewirkt (s. Rn. 4 ff.;

---

88 Meyer-Goßner/*Schmitt* 7; AK/*Rössner* 11 ff.; vgl. HK/*Weißer* 17, 19 (die allerdings den in BGH NJW **1973** 335 entschiedenen Fall ausnehmen will), die auf die materiell-rechtliche Tat abstellt; ebenso noch LR/*Hilger*[26] § 400, 22.

89 Vgl. HK/*Weißer* 17 (Hinweis auf den unlösbaren rechtlichen oder tatsächlichen Zusammenhang der abgeurteilten Delikte und die zu § 318 entwickelten Grundsätze); AK/*Rössner* 12 (auf die Verurteilung wegen einer Tat im prozessualen Sinne abstellend); s. auch *Leibinger* FS Triffterer 487.

90 Vgl. auch BGH NStZ-RR **1996** 141; bei *Becker* **2003** 102; im Wesentlichen ebenso wohl auch SK/*Velten* 18 ff.

91 BGH BeckRS **2015** 14541; NStZ **2011** 74; NStZ-RR **2009** 24; BeckRS **2008** 719; BGHSt **43** 15; **39** 391 mit Anm. *Geerds* JR **1995** 71; OLG Frankfurt NStZ-RR **2001** 22; LR/*Hilger*[26] § 400, 22; Meyer-Goßner/*Schmitt* 7; *Riegner* NStZ **1990** 16; s. auch BGH NStZ-RR **1996** 141.

92 AK/*Rössner* 12; HK-GS/*Rössner* 7. Zur Ausnahme, wenn die Staatsanwaltschaft das Rechtsmittel auf das Nebenklagedelikt hätte beschränken können, vgl. BGHSt **39** 391 mit Anm. *Geerds* JR **1995** 71; HK/*Weißer* 17. Zum Meinungsstand vor dem OpferschutzG vgl. die Nachweise bei LR/*Wendisch*[24] § 401, 18 bis 21.

93 Vgl. BGHSt **43** 15; *Riegner* NStZ **1990** 16.

94 BGHSt **39** 390; BGH NStZ-RR **1996** 141 (zu § 239b StGB statt § 239a StGB); BeckRS **2017** 139903; HK/*Weißer* 17; *Kurth* NStZ **1997** 4; LR/*Hilger*[26] § 400, 21; KMR/*Kulhanek* 9; noch weitgehender *Mitsch* FS Paulus 129.

95 BGHSt **43** 15; HK/*Weißer* 17.

§ 396, 7 ff.). Diese wirkt – verstanden als **prozessualer Korridor** – im Rechtsmittelverfahren fort und kann dort grundsätzlich – etwa auch durch eine entsprechende Rechtsmittelbegründung (s. Rn. 19) – erweitert werden. Nur solche Delikte, wegen derer ein Anschluss **bewirkt** wurde (§ 396 Abs. 2 Satz 1) berechtigen den Nebenkläger auch zur Beanstandung im Rechtsmittelverfahren (s. Rn. 18). Für sonstige Delikte nach **§ 395 Abs. 3** bestimmt sich die Anfechtungsbefugnis und Reichweite rechtsmittelgerichtlicher Überprüfung nach der zuvor **erwirkten Zulassungsentscheidung** (§ 396 Abs. 2 Satz 2; s. Rn. 17).[96] Maßgeblich ist daher die dem Anschluss zugrunde liegende Prozesserklärung des – regelmäßig anwaltlich vertretenen – Verletzten im Rahmen von § 396 Abs. 2. Diese gibt – auch als Ausdruck einer eindeutigen Disposition des Verletzten – klar Auskunft über die Reichweite seiner Verfahrensstellung und seiner damit korrespondierenden Rechtsmittelbefugnis. Die **zweite Begrenzung** revisionsgerichtlicher Überprüfung ergibt sich aus der Rechtsmittelbegründung (s. Rn. 17, 19); danach ist weder Raum für eine Prüfung ohne ausdrückliche Beanstandung der zur Nebenklage berechtigenden Norm noch ist es Aufgabe eines Revisionsgerichts, denkbare Beanstandungen in eine aus sich heraus nicht eindeutige Rechtsmittelbegründung hinauszulesen oder eigenständig nach Ansatzpunkten hierfür zu suchen.

(4) Anwendung von § 301. Die Auffassung,[97] das Revisionsgericht habe auf eine 34
zulässige aber unbegründete Revision des Nebenklägers hin in Anwendung des § 301 **Schuld-**[98] **und Rechtsfolgenaussprüche**[99] des angefochtenen Urteils ferner darauf zu überprüfen, ob diese den Angeklagten belastende Rechtsfehler enthalten, hat nach der Abkopplung der Nebenklage vom Recht der Privatklage (s. – auch zu weiteren rechtlichen Konsequenzen dieser reformgesetzlichen Zäsur – Erl. Vor § 395, 8 ff.) **ihre Berechtigung verloren.**[100] Es fehlt im Recht der Nebenklage insoweit an einem ausdrücklichen gesetzlichen Verweis für das Revisionsverfahren; aus § 401 Abs. 3 Satz 1 kann hierauf schon nach dem eindeutigen **Gesetzeswortlaut**, der sich auf die zweite Tatsacheninstanz im Berufungsrechtszug bezieht, nicht geschlossen werden.[101] *Senge* hat mit Recht auf den **systematisch-historischen** Aspekt hingewiesen, dass der Gesetzgeber im Zuge seiner „weitreichenden Neugestaltung des Nebenklagerechts", gerade auch bei der Gestaltung der Rechtsmittelbefugnisse dieses privilegierten Verletzten, durch das OpferschG keine Veranlassung gesehen hat, eine § 390 Abs. 1 Satz 3 entsprechende Regelung, auf die zuvor Bezug genommen worden war (s. Rn. 1), in das Gesetz aufzunehmen.[102] Dies erweist sich auch vor dem Hintergrund von **Sinn und Zweck** der Neugestaltung als konsequent. Der Nebenkläger ist durch die Abkopplung von der Privatklage aus der Stellung eines Anklägers herausgetreten. Das Institut der Nebenklage dient daher nicht mehr der Umsetzung eines Verfolgungswillens, sondern in ers-

96 Vgl. MüKo/*Knauer*/*Kudlich* § 352, 5.

97 LR/*Jesse*[26] § 301, 10; LR/*Franke*[26] § 333, 20; MüKo/*Valerius* 30; SSW/*Werner* 2; Meyer-Goßner/*Schmitt* § 301, 2 und § 400, 7.

98 Vgl. BGH BeckRS **2022** 5164; BGHR StPO § 401 Abs. 3 Satz 1 Nebenklägerrevision 1; BGH BeckRS **2020** 9038; BGH BeckRS **2015** 14541; NStZ **2010** 512; NJW **1986** 2717.

99 Vgl. BGH NJW **2022** 1263, womit der 2. Strafsenat seine frühere Rechtansicht aufgegeben (vgl. noch BGH BeckRS **2001** 30162243; BeckRS **2014** 16204; **aA** – aber nicht tragend – bereits BGH NJW **2021** 2174; BeckRS **2015** 14541) und nunmehr mit Recht tragend entschieden hat, dass dem Revisionsgericht eine Überprüfung des Rechtsfolgenausspruchs auf Rechtsfehler zum Nachteil des Angeklagten im Wege einer entsprechenden Anwendung des § 301 auf die zulässige aber unbegründete Nebenklagerevision verschlossen ist.

100 Ebenso *Senge* FS Rissing-van Saan 662 ff.; BeckOK/*Cirener* § 301, 5.

101 **A.A.** – aber ohne Begründung – BGHR StPO § 401 Abs. 3 Satz 1 Nebenklägerrevision 1.

102 *Senge* FS Rissing-van Saan 662; in diesem Sinne auch KK/*Walther* 5.

ter Linie der Umsetzung prozessualer Schutzbedürfnisse (s. Erl. zu Vor § 395, 8 ff.). Diese Auslegung wird ferner gestützt durch eine Berücksichtigung des **Regelungszwecks von § 301**. In ihm finden gerade **Stellung und Funktion der Staatsanwaltschaft** und damit ein Wesensteil des rechtsstaatlichen reformierten Strafverfahrens Ausdruck. Schließlich ist auf den Umstand eingetretener „faktischer Teilrechtskraft" des Rechtsfolgenausspruchs bei einem allein vom Nebenkläger geführten Rechtsmittelangriff hinzuweisen.[103] Denn durch den von § 400 Abs. 1 beschränkten Umfang der Anfechtung erwächst die Entscheidung in ihren übrigen – zwingend unanfechtbaren – Teilen in Teilrechtskraft, die auch durch § 301 nicht beseitigt werden kann. Dessen Wirkung erstreckt sich nur auf die angefochteten Urteilsteile.[104] Eingedenk dessen fehlt es auch an einer für die entsprechende Normanwendung erforderlichen vergleichbaren Interessenlage.[105] Dem Revisionsgericht ist daher – wie der 2. Strafsenat jüngst zu Recht entschieden hat – eine Überprüfung des Rechtsfolgenausspruchs in entsprechender Anwendung des § 301 auf die zulässige aber unbegründete Nebenklagerevision verwehrt.[106]

35 Vor diesem Hintergrund kann einer Anwendung des § 301 auf die **Überprüfung des Schuldspruchs** ebenfalls nicht zugestimmt werden. Dies gilt aus den vorgenannten Gründen (s. Rn. 34), insbesondere unter Berücksichtigung des in der Funktion und Stellung der Anklagebehörde gründenden Rechtsgedankens des § 301, soweit die Rechtsprechung § 301 als „Annex aus der Nebenklägerevision" auf die Prüfung des abgeurteilten Nebenklagedelikts auf Rechtsfehler zum Nachteil des Angeklagten anwendet.[107] Erst recht muss dies gelten für Delikte, die nicht zum Anschluss als Nebenkläger nach § 395 Abs. 1 und 2 berechtigen oder für die es im Übrigen (§ 395 Abs. 3) keine ausdrückliche Zulassungsentscheidung (§ 396 Abs. 2 Satz 2) gibt; insoweit fehlt es an der durch § 400 Abs. 1, § 352 Abs. 1 beschränkten Prüfungsbefugnis des Revisionsgerichts.[108] Diese Teile des Schuldspruchs unterstehen nicht dem Anwendungsbereich des § 301, weil sie vom Nebenkläger initial zu keiner Zeit wirksam angefochten werden konnten und sich deshalb – mit Ablauf der Rechtsmitteleinlegungsfristen der übrigen Verfahrensbeteiligten – jedem korrigierenden Zugriff des Rechtmittelgerichts (§ 352) entziehen.

36 **e) Rechtsfolgen erfolgreicher Revision.** Die **Aufhebung** einer Verurteilung wegen eines Nebenklagedelikts und die Zurückverweisung der Sache aufgrund einer zulässigen Nebenklägerrevision führen dazu, dass dem neuen Tatrichter nicht nur das Nebenklagedelikt, sondern – insoweit über die Nachprüfung im Rechtsmittelverfahren hinaus – auch damit in **Tateinheit** (und Gesetzeskonkurrenz) stehende **weitere Delikte** zur erneuten Entscheidung unterbreitet wird.[109] Dem Revisionsgericht hingegen ist eine Kognition und Entscheidung über diese Delikte – auch im Wege einer **Schuldspruchberichtigung** – aus den dargestelten Gründen entzogen (s. Rn. 35). Hat das **Berufungsgericht** über eine unzulässige (Strafmaß-)Berufung des Nebenklägers (s. Rn. 41 ff.) in der Sache entschieden, so ist auf die Revision des Angeklagten das Berufungsurteil aufzuheben

103 Vgl. zutr. bereits *Senge* FS Rissing-van Saan 662.
104 *Senge* FS Rissing-van Saan 662; vgl. auch BGH BeckRS **2015** 14541.
105 Ebenso KK/*Walther* 5; MüKo/*Allgayer* § 301, 4.
106 BGH NJW **2022** 1263.
107 BGH NJW **2021** 1174.
108 Offen gelassen von BGH NJW **2021** 1174.
109 BGHSt **39** 391 mit Anm. *Geerds* JR **1995** 71; BGH NStZ-RR **1996** 141; OLG Frankfurt NStZ-RR **2001** 22; Meyer-Goßner/*Schmitt* 7a; HK/*Weißer* 17, 19; KK/*Gericke* § 352, 10 m.w.N.; wohl auch SK/*Velten* 18 ff.; *Riegner* NStZ **1990** 16. Vgl. auch *Leibinger* FS Triffterer 490.

und die Berufung des Nebenklägers als unzulässig (analog § 354 Abs. 1) zu verwerfen.[110] Wird ein **Teilfreispruch** erfolgreich angegriffen, die Sache zu neuer Verhandlung und Entscheidung zurückverwiesen und der Angeklagte im zweiten Rechtsgang insoweit nunmehr verurteilt, ist unter Auflösung der bisher gebildeten Gesamtfreiheitsstrafe eine neue **Gesamtfreiheitsstrafe** zu erkennen.[111]

f) Tenorierungsfragen unzulässiger Revision. Werden die vorstehend dargestellten Maßgaben nicht beachtet oder verbleiben Zweifel an der Zulässigkeit des verfolgten Anfechtungsziels, ist die Revision grundsätzlich als unzulässig zu verwerfen (§ 349 Abs. 1).[112] Dies gilt bei einer Tat auch dann, wenn sich der Revisionsbegründung neben Ausführungen zu einem zulässigen Angriffsziel auch solche entnehmen lassen, die auf unzulässige Angriffsziele gerichtet sind.[113] Erweist der Rechtsmittelangriff des Nebenklägers hingegen hinsichtlich einer von mehreren Taten zwar als zulässig, in der Sache aber als unbegründet und im Übrigen hinsichtlich der weiteren selbständigen Taten als unzulässig, ist dies in den Entscheidungsgründen klarzustellen und die Revision in der Entscheidungsformel als unbegründet zu verwerfen.[114] 37

6. Berufung

a) Allgemeines. Die vorstehend für das Revisionsverfahren dargestellten Maßgaben gelten für den Berufungsrechtszug entsprechend. Hinsichtlich der **Form** ist auch hier auf § 32d Satz 2 hinzuweisen (s. Rn. 14). Im Einzelnen: 38

b) Annahmeberufung. Bei der **Annahmeberufung** ist im Falle des § 313 Abs. 1 Satz 1 bei Tatmehrheit auf die Gesamtgeldstrafe, nicht auf die Einzelstrafe (§ 54 StGB) für das Nebenklagedelikt abzustellen.[115] Bei Freispruch oder Einstellung (§ 313 Abs. 1 Satz 2) kommt es nach h.M. auf den Antrag der Staatsanwaltschaft, nicht des Nebenklägers an.[116] In der Annahmeentscheidung nach § 313 Abs. 2 ist darauf abzustellen, ob die Berufung hinsichtlich des Nebenklagedelikts nicht offensichtlich unbegründet ist. Zu weiteren Einzelfragen s. die Erl. zu § 313, namentlich § 313, 25a, 37a. 39

c) Rechtsmittelbegründung. Zwar bedarf die Berufung grundsätzlich keiner **Begründung** (§ 317). Da aber auch für die Berufungsstrafkammer erkennbar sein muss, dass der Nebenkläger ein von § 400 Abs. 1 gedecktes Anfechtungsziel verfolgt, ist auch die Berufung jedenfalls insoweit grundsätzlich zu begründen (s. Rn. 17).[117] Fehlt diese Mitteilung, so ist das Anfechtungsziel wie in Rn. 19 ausgeführt zu ermitteln. Allein bei einem nicht anwaltlich vertretenen Nebenkläger mag es die Fürsorgepflicht des Gerichts nach Lage des Einzelfalles gebieten, diesen aufzufordern, das Ziel der Anfechtung (nä- 40

110 OLG Schleswig SchlHA **1996** 97; HK/*Weißer* 18; Meyer-Goßner/*Schmitt* 5.
111 BGH BeckRS **2017** 128306.
112 MüKo/*Valerius* 25.
113 BGH BeckRS **2011** 2207.
114 BGH BeckRS **2005** 9340; offen gelassen von BGH BeckRS **2011** 2207.
115 Vgl. LR/*Gössel*[26] § 313, 30.
116 Vgl. OLG Zweibrücken MDR **1996** 732; OLG Schleswig SchlHA **2000** 256; OLG Stuttgart NStZ-RR **2001** 84; LR/*Gössel*[26] § 313, 33 ff.
117 Ebenso KG BeckRS **2014** 12478; OLG Köln NStZ **2011** 478; OLG Jena NStZ-RR **2007** 209; OLG Düsseldorf StV **1994** 473; **a.A.** SK/*Velten* 14; MüKo/*Valerius* 18; Meyer-Goßner/*Schmitt* 5; BeckOK/*Weiner*; SSW/*Werner* 3; 5.

her) darzulegen.[118] Erstreckt sich der auch im Berufungsrechtszug maßgebliche Anschluss bzw. die konstitutive Zulassungsentscheidung für sonstige Delikte (§ 395 Abs. 3) auf ein einziges, nicht abgeurteiltes Delikt, kann im Einzelfall – natürlich je nach Sachlage des Einzelfalles – anzunehmen sein, dass sich die Berufung eines Nebenklägers (nur) auf das Nebenklagedelikt beziehen soll, soweit sich nicht aus der Sachlage oder aus weiteren Erklärungen des Nebenklägers anderes ergibt;[119] zur Auslegung einer Rechtsmittelbegründung s. Rn. 19.

41 **d) Strukturelle Korrespondenz mit dem Zulassungsbeschluss.** Aus denselben Gründen wie im Revisionsrecht kommt dem Umfang der Verfahrensbeteiligung des Nebenklägers auch im Berufungsrechtszug Bedeutung zu (s. Rn. 18). Maßgeblich ist auch hier die durch seine Anschlusserklärung (§ 395 Abs. 1 und 2) bewirkte bzw. durch konstitutiven Zulassungsbeschluss (§ 396 Abs. 2 Satz 2) erwirkte prozessuale Stellung (s. Rn. 4). Die mit dieser gesetzlich notwendigen (§ 396 Abs. 2) Prozesserklärung des Nebenklägers erreichte Prozessstellung kann nicht durch eine **konkludente Entscheidung** – gar mit dem Urteil – ersetzt werden.[120]

42 **e) Beispiele zur Zulässigkeit.** Entsprechend den vorgenannten Maßgaben zum Revisionsrecht (s. Rn. 22 ff.) ist auch die Berufung des Nebenklägers **unzulässig**, wenn der Angeklagte in erster Instanz wegen des Nebenklagedelikts verurteilt worden ist und sich im Zusammenhang mit der vom Nebenkläger eingelegten Berufung keine Anhaltspunkte für eine unrichtige Rechtsanwendung ergeben[121] bzw. die Einwendungen des Nebenklägers sich nur auf die Rechtsfolgenentscheidung auswirken können oder sollen.[122] Eine vom Nebenkläger eingelegte Strafmaßberufung hemmt (§ 316 Abs. 1) den Eintritt der Rechtskraft nicht.[123]

43 **f) Umfang der Nachprüfung.** Auch eine Berufung hat – ebenso wie die Revision (s. Rn. 19 ff.) – wegen § 400 Abs. 1 nur dann Aussicht auf Erfolg wenn eine fehlerhafte Rechtsanwendung in Bezug auf das Nebenklagedelikt (zur Anschlusserklärung s. § 396, 29) festgestellt werden kann.[124] Die Berufung hat also nur dann Erfolg, wenn in der Berufungshauptverhandlung – dem geltend gemachten Angriffsziel entsprechend (s. Rn. 17) – ein Nebenklagedelikt nachgewiesen werden kann.[125] Kommt das Berufungsgericht zum Ergebnis, dass im Rahmen dieses Prüfungsumfangs eine Rechtsverletzung nicht vorliegt, ist das Rechtsmittel auch dann als unbegründet zu verwerfen, wenn etwa – auf die Berufung der Staatsanwaltschaft – Fehler deutlich geworden sind, die sich auf ein nicht nebenklagefähiges Delikt beziehen.[126]

44 Im Hinblick auf diese Nachbesserungsmöglichkeit für den Tatrichter nach Rückverweisung durch das Revisionsgericht (§ 354 Abs. 2; s. Rn. 36) muss konsequenterweise für

118 AK/*Rössner* 9.

119 Ähnlich Meyer-Goßner/*Schmitt* 5; AK/*Rössner* 9; SK/*Velten* 14; enger OLG Düsseldorf StV **1994** 473; OLG Jena NStZ-RR **2007** 209.

120 **A.A.** OLG Hamm NStZ-RR **2012** 22; s. Erl. zu § 396, 31.

121 Vgl. OLG Düsseldorf StV **1994** 473; Meyer-Goßner/*Schmitt* 5; *Riegner* NStZ **1990** 14; AK/*Rössner* 9; SSW/*Werner* 3.

122 Vgl. OLG Köln BeckRS **2011** 21773; OLG Karlsruhe NStZ **1988** 427; AK/*Rössner* 9; s. auch OLG Düsseldorf StV **1994** 473.

123 HK/*Weißer* 5; s. auch OLG Schleswig SchlHA **1996** 97.

124 LR/*Hilger*[26] 22; MüKo/*Valerius* 26; **a.A.** SK/*Velten* 15 f.

125 HK/*Weißer* 18; *Riegner* NStZ **1990** 16; **a.A.** wohl SK/*Velten* 15 f.

126 Vgl. – zur Revision – BGHSt **43** 15; HK/*Weißer* 17; zur Berufung *Schmid* NStZ **2011** 611, 612.

das **Berufungsverfahren**, in dem in der Regel in der Sache entschieden wird (§ 328 Abs. 1), der kleinen Strafkammer diese **Nachbesserungsmöglichkeit** eingeräumt werden, also bei (voraussichtlich) erfolgreicher Berufung des Nebenklägers bzgl. des Nebenklagedelikts auch das damit in Tateinheit (Gesetzeskonkurrenz) stehende Offizialdelikt dem Berufungsgericht zur erneuten Entscheidung offen sein.[127] Anderenfalls bewirkte der nach § 400 Abs. 1 begrenzte Rechtsmittelangriff faktisch eine Teilanfechtung, die einer Überprüfung an den allgemein anerkannten Maßgaben für eine Teilanfechtung (s. Erl. zu § 318) nicht standhalten würde.[128]

Zur Anwendbarkeit des § 301 im Rahmen einer allein vom Nebenkläger geführten Berufung vgl. Erläuterung zur Revision Rn. 34.[129] **45**

7. Anfechtung von Beschlüssen (Absatz 2). Durch die Regelungen von Absatz 2 wird die Anfechtbarkeit von **bestimmten Beschlüssen (Absatz 2)**, näher bestimmt. Aus der Vorschrift kann nicht – z.B. im Umkehrschluss aus Satz 1 – die Unanfechtbarkeit anderer Beschlüsse abgeleitet werden (s.o. Rn. 2).[130] **46**

a) Satz 1. Die Bestimmung regelt die Zulässigkeit der sofortigen Beschwerde gegen **Beschlüsse** nach § 204 Abs. 1 und Einstellungen nach den §§ 206a und 206b. Die Beschwerdebefugnis ist jedoch beschränkt; sie gilt nur, soweit die Ablehnung der Eröffnung und die Einstellung die Tat betreffen, auf der die Anschlussbefugnis des Nebenklägers beruht. Der Beschluss, durch den das Hauptverfahren eröffnet wird, aber nicht unter dem für den Nebenkläger bedeutsamen rechtlichen Gesichtspunkt, ist für den Nebenkläger unanfechtbar, denn die Anfechtbarkeit der Entscheidungen nach den §§ 203 ff. ist nach dem Willen des Gesetzgebers auf wenige eindeutig genannte Fälle beschränkt, zu denen dieser Fall nicht gehört (s. auch Rn. 2). Der Nebenkläger ist zwar durch eine solche Entscheidung betroffen, kann seine abweichende Auffassung jedoch in der Hauptverhandlung und mit Berufung oder Revision geltend machen und, soweit infolge der rechtlichen Würdigung seine Anschlussbefugnis verneint wird, mit der Beschwerde insoweit.[131] Der Nebenkläger kann auch die Ablehnung des Erlasses eines Strafbefehls anfechten, weil diese einem Beschluss nach § 204 gleichsteht (§ 408 Abs. 2 Satz 2);[132] zum Einspruch gegen den Strafbefehl auf § 401, 33. **47**

b) Satz 2. Nach Satz 2 sind verfahrenseinstellende Beschlüsse im Übrigen für den Nebenkläger **unanfechtbar**. Dies gilt zunächst für den Beschluss oder den Teil eines **Einstellungsbeschlusses**, der eine prozessuale Tat betrifft, die unter keinem rechtlichen Gesichtspunkt nach § 395 zum Nebenklageanschluss berechtigt. Schließlich sind sonstige Beschlüsse, durch die das Verfahren eingestellt wird (§§ 153 ff.),[133] für den Nebenkläger unanfechtbar; dies entspricht im Wesentlichen § 397 Abs. 2 a.F. Die Einstel- **48**

---

127 OLG Frankfurt NStZ-RR **2001** 22; vgl. dazu auch LR/*Hilger*[26] 23; HK/*Weißer* 18; SK/*Velten* 15 f.; *Riegner* NStZ **1990** 16; *Leibinger* FS Triffterer 490; SSW/*Werner* 7.

128 Schmid NStZ **2011** 611, 613.

129 Anders die h.M. auch zur Berufung, vgl. etwa SK/*Velten* 15.

130 S. auch OLG Bamberg StraFo **1999** 237 (Beschwerde gegen Ablehnung eines Terminverlegungsantrags); OLG Karlsruhe BeckRS **2016** 3105 (sofortige Beschwerde gegen Aussetzungsbeschluss nach § 228 Abs. 1 Satz 1).

131 Vgl. auch OLG München NStZ **1986** 183 mit Anm. *Dahs* sowie *Meyer-Goßner* NStZ **1986** 328; Meyer-Goßner/*Schmitt* § 210, 6; s. auch § 396, 34.

132 Meyer-Goßner/*Schmitt* 8; allg. M.

133 Vgl. BGH StraFo **2015** 163; JR **2003** 125 (Hinweis auf Wertungswidersprüche, letztlich offenlassend) mit Anm. *Radtke*.

lung nach den §§ 153, 153a ist auch dann unanfechtbar, wenn der Staatsanwaltschaft die Möglichkeit der Anfechtung zugebilligt wird, etwa wenn eine Voraussetzung für die Einstellung fehlt (vgl. die Erl. zu §§ 153, 153a).[134] Eine vorläufige Einstellung nach § 205 wird gleichfalls von der Unanfechtbarkeit gemäß Satz 2 erfasst.[135]

49 **Sonstige Beschlüsse** kann der Nebenkläger anfechten, soweit ihre Anfechtung durch einen Verfahrensbeteiligten grundsätzlich zulässig, nicht (speziell) für den Nebenkläger ausgeschlossen und soweit er durch den Beschluss beschwert ist (s. § 304 Abs. 2). In Betracht kommen z.B. die sofortige Beschwerde nach § 28 Abs. 2, soweit sie nicht einen erkennenden Richter betrifft, die Beschwerde bei Ablehnung eines Sachverständigen (§ 74) oder die Beschwerde gegen die Verweigerung der Akteneinsicht (§§ 406e Abs. 4; s. § 406e, 56). Durch § 400 Abs. 2 i.V.m. § 210 Abs. 2 Alt. 2 ausgeschlossen ist die Anfechtung der Eröffnung vor einem Gericht niedrigerer Ordnung (§ 209 Abs. 1);[136] hier fehlte es im Übrigen auch an der notwendigen Beschwer. Ebenso kann der Nebenkläger den Beschluss nicht anfechten, mit dem das nach § 225a befasste Gericht höherer Ordnung die Übernahme ablehnt.[137] Mangels Beschwer unanfechtbar sind z.B. Haftentscheidungen.[138] Wird eine vom Nebenkläger beantragte Durchsuchung, die nach seiner Ansicht zur Auffindung von für das Nebenklagedelikt bedeutsamen Beweismitteln führen kann, oder eine Beschlagnahme solcher Beweismittel abgelehnt, so dürfte er dagegen – schon im Hinblick auf sein Beweisantragsrecht (§ 397 Abs. 1) – beschwerdebefugt sein.[139]

50 **8. Rechtsbehelfe.** § 400 befasst sich nicht mit der Befugnis des Nebenklägers, Rechtsbehelfe (vgl. Vor § 296, 2) einzulegen. Zur Frage der **Wiederaufnahmebefugnis** (§ 362) wird auf Vor § 395, 34 verwiesen, zur **Wiedereinsetzung** in den vorigen Stand auf § 401, 27, § 399, 4, § 44, 56 ff., 62, zum **Einspruch** gegen den Strafbefehl auf § 401, 33 sowie die Erl. zu § 410 und § 472. Im Übrigen dürften dem Nebenkläger diejenigen Rechtsbehelfe zustehen, die seiner Interessenlage entsprechen und erforderlich sind, um einer Beschwer des Nebenklägers abzuhelfen; dies können insbesondere die Rechtsbehelfe nach § 319 Abs. 2 Satz 1, § 346 Abs. 2 Satz 1 sein.

§ 401
Einlegung eines Rechtsmittels durch den Nebenkläger

(1) ¹Der Rechtsmittel kann sich der Nebenkläger unabhängig von der Staatsanwaltschaft bedienen. ²Geschieht der Anschluß nach ergangenem Urteil zur Einlegung eines Rechtsmittels, so ist dem Nebenkläger das angefochtene Urteil sofort zuzustellen. ³Die Frist zur Begründung des Rechtsmittels beginnt mit Ablauf der

134 Vgl. LG Mönchengladbach StV **1987** 335; s. auch BVerfG NJW **1995** 317 (rechtliches Gehör); *Kurth* NStZ **1997** 5. Zur Notwendigkeit einer Zustimmung des Verletzten zur Einstellung nach TOA gemäß § 46a StGB i.V.m. § 153b Abs. 2 vgl. AK/*Rössner* 15.

135 AK/*Loos* § 205, 14; KK/*Schneider* § 205, 21; Meyer-Goßner/*Schmitt* 9 und § 205, 4; s. auch MüKo/*Wenske* § 205, 62; **a.A.** LR/*Stuckenberg* § 205, 44; *Pfeiffer* § 205, 6; *Rieß* NStZ **2001** 355; SK/*Paeffgen* § 205, 15.

136 OLG Karlsruhe NStZ **1989** 442; *Rieß*/*Hilger* NStZ **1987** 154.

137 OLG Zweibrücken MDR **1992** 1072.

138 OLG Frankfurt StV **1995** 594; OLG Düsseldorf NJW **1998** 395; s. auch OLG Oldenburg StraFo **2007** 336; OLG Hamm NStZ-RR **2008** 219.

139 Vgl. Meyer-Goßner/*Schmitt* 1; AK/*Rössner* 16; HK/*Weißer* 1.

https://doi.org/10.1515/9783110275001-035

für die Staatsanwaltschaft laufenden Frist zur Einlegung des Rechtsmittels oder, wenn das Urteil dem Nebenkläger noch nicht zugestellt war, mit der Zustellung des Urteils an ihn auch dann, wenn eine Entscheidung über die Berechtigung des Nebenklägers zum Anschluß noch nicht ergangen ist.

(2) [1]War der Nebenkläger in der Hauptverhandlung anwesend oder durch einen Anwalt vertreten, so beginnt für ihn die Frist zur Einlegung des Rechtsmittels auch dann mit der Verkündung des Urteils, wenn er bei dieser nicht mehr zugegen oder vertreten war; er kann die Wiedereinsetzung in den vorigen Stand gegen die Versäumung der Frist nicht wegen fehlender Rechtsmittelbelehrung beanspruchen. [2]Ist der Nebenkläger in der Hauptverhandlung überhaupt nicht anwesend oder vertreten gewesen, so beginnt die Frist mit der Zustellung der Urteilsformel an ihn.

(3) [1]Hat allein der Nebenkläger Berufung eingelegt, so ist diese, wenn bei Beginn einer Hauptverhandlung weder der Nebenkläger noch für ihn ein Rechtsanwalt erschienen ist, unbeschadet der Vorschrift des § 301 sofort zu verwerfen. [2]Der Nebenkläger kann binnen einer Woche nach der Versäumung unter den Voraussetzungen der §§ 44 und 45 die Wiedereinsetzung in den vorigen Stand beanspruchen.

(4) Wird auf ein nur von dem Nebenkläger eingelegtes Rechtsmittel die angefochtene Entscheidung aufgehoben, so liegt der Betrieb der Sache wiederum der Staatsanwaltschaft ob.

Schrifttum

Mitsch Die Erfolglosigkeit des vom Nebenkläger eingelegten Rechtsmittels, FS Paulus (2009) 119; *Rieß* Unentschuldigtes Ausbleiben des Angeklagten, Privatklägers oder Nebenklägers in der Berufungshauptverhandlung, NStZ **2000** 120.

Entstehungsgeschichte

Die als § 441 Gesetz gewordene Vorschrift hat ihre jetzige Bezeichnung durch die Bek. 1924 erhalten. Sie bestand ursprünglich nur aus dem jetzigen Absatz 1 Satz 1 und Absatz 4. Durch Art. 3 Nr. 173 VereinhG war Absatz 1 – entsprechend dem damaligen Rechtszustand in der amerikanischen und britischen Zone – unter Übernahme der Vorschrift Kap. I Art. 10 Erster Teil der 3. AusnVO um folgenden Satz 2 ergänzt worden: „Die Vorschrift des § 379a über die Zahlung des Gebührenvorschusses und die Folge nicht rechtzeitiger Zahlung gilt entsprechend." Die Neuregelung führte dazu, dass dem Nebenkläger als Rechtsmittelführer zur Zahlung eines Gebührenvorschusses nach dem GKG eine Frist zu setzen war mit der Androhung der Verwerfung des Rechtsmittels nach fruchtlosem Ablauf. Weil der damit verbundene Zeitverlust in keinem Verhältnis zu der geringen Gebühr (damals nach § 113 Abs. 1 Satz 1) stand, wurde Satz 2 durch Art. 1 Nr. 101 Buchst. a des 1. StVRG durch die jetzigen Sätze 2 und 3 ersetzt. Durch Buchstabe b derselben Nummer wurden die Absätze 2 und 3 in die Vorschrift eingestellt, durch Buchstabe c wurde der bisherige Absatz 2 zu Absatz 4. Durch Art. 1 Nr. 13 des Gesetzes zur Stärkung des Rechts des Angeklagten auf Vertretung in der Berufungsverhandlung und über die Anerkennung von Abwesenheitsentscheidungen in der Rechtshilfe vom 17.7.2015[1] hat die Vorschrift ihre gesetzliche Überschrift erhalten.

---

1 BGBl. I S. 1332.

Übersicht

I. Rechtsmittel des Nebenklägers

1 **1. Allgemein (Absatz 1 Satz 1).** Dem Nebenkläger stehen gegen die nach seinem Anschluss ergehenden Entscheidungen (vgl. § 399, 2) unabhängig[2] von der Staatsanwaltschaft grundsätzlich dieselben Rechtsmittel zu wie dieser, nämlich Berufung, Revision, einfache und sofortige Beschwerde (vgl. auch § 400, 2). Die **Unabhängigkeit** besteht hinsichtlich Frist, Einlegung, Begründung und Durchführung der Rechtsmittel.[3] Staatsanwalt und Nebenkläger – auch mehrere – können mithin jeder allein oder nebeneinander das zulässige Rechtsmittel einlegen, dabei verschiedene Rügen erheben und unterschiedliche Anträge stellen, sogar, bezogen auf das Nebenklagedelikt, Verfahrensfehler[4] rügen, die gegenüber dem anderen Verfahrensbeteiligten – Staatsanwalt oder Nebenkläger[5] – begangen worden sind. Weiter soll der Nebenkläger mit der Revision auch rügen können, dass Anträge des Staatsanwalts unrichtig behandelt worden seien,[6] wenn dies das Nebenklagedelikt betrifft.

2 Ebenso wenig wie der Nebenkläger über ein Rechtsmittel der Staatsanwaltschaft (§ 399, 3) **verfügen** kann, kann diese das über ein Rechtsmittel des Nebenklägers; sie kann dieses also nicht zurücknehmen oder zu ihrem eigenen machen. Weder der Staats-

2 Vgl. auch BGHSt **37** 136 mit Anm. *Hassemer* JuS **1991** 158.

3 Meyer-Goßner/*Schmitt* 3; SSW/*Werner* 1.

4 S. aber BGH NStZ **2006** 349 (Keine Rüge der Verletzung des § 52 Abs. 3).

5 Vgl. OLG Dresden NStZ-RR **2000** 115 (Beschwerde der StA zu Gunsten des Nebenklägers); s. auch die Erl. zu § 296.

6 Vgl. BayObLG DJZ **1931** 174 (für abgelehnte Beweisanträge).

anwalt noch der Nebenkläger kann auch widersprechen, wenn der andere sein Rechtsmittel zurücknimmt.[7] Nimmt die Staatsanwaltschaft ihr Rechtsmittel zurück oder hat sie keines eingelegt, so ist sie dennoch im Verfahren auf ein Rechtsmittel des Nebenklägers zur Mitwirkung verpflichtet[8] (Rn. 27 ff.; § 400, 33). Über Rechtsmittel des Staatsanwalts und des Nebenklägers – sowie über ein etwaiges Rechtsmittel des Angeklagten – wird im Allgemeinen **gleichzeitig** verhandelt und entschieden. Freilich kann eine Berufung oder Revision eines Verfahrensbeteiligen auch vorab durch Beschluss nach § 322 Abs. 1 Satz 1, § 346 Abs. 1 oder nach § 349 Abs. 1 als unzulässig, eine Revision auch nach § 349 Abs. 2 als offensichtlich unbegründet verworfen werden, während wegen des verbleibenden weiteren Rechtsmittels Termin zur Hauptverhandlung bestimmt wird.

Wegen des Falls, dass ein Beschwerdeführer Revision, der andere Berufung eingelegt hat, vgl. die Erläuterungen zu § 335 Abs. 3. **Beteiligter** nach dieser Vorschrift ist auch der Nebenkläger; die Wahl nach § 335 Abs. 1 steht auch ihm frei. 3

2. Form. Die Vorschrift regelt nicht, dass der Nebenkläger die für Rechtsmittel vorgeschriebenen Formen (vgl. z.B. §§ 306 Abs. 1, 314 Abs. 1, 317, 341 Abs. 1, 344, 345) zu beachten hat. Es ist jedoch selbstverständlich, dass alle allgemeinen und besonderen Voraussetzungen der Zulässigkeit des jeweiligen Rechtsmittels (Rn. 4, 9; § 400, 14) erfüllt sein müssen (zur **Revision** s. § 400, 13 ff.; Berufung § 400, 38 ff.). 4

3. Prüfung der Anschlussbefugnis. Die Anschlussbefugnis des Nebenklägers ist in jeder Lage des Verfahrens (vgl. § 396, 40), mithin auch vom Rechtsmittelgericht **von Amts wegen** zu prüfen,[9] unabhängig von einem etwaigen früheren Beschluss des Erstrichters, durch den dieser die Berechtigung der Anschlusserklärung des Nebenklägers schon bejaht hat. Sie ist allgemeine **Zulässigkeitsvoraussetzung** in der Rechtsmittelinstanz (s. Rn. 8; § 400, 13 ff.; § 396, 40). Natürlich bedarf es keines neuen Beschlusses, wenn das Rechtsmittelgericht die Anschlussbefugnis in Übereinstimmung mit der Vorinstanz bejaht. Zum Anschluss (mit der Rechtsmitteleinlegung) in der Revisionsinstanz s. § 396, 38, 40; § 395, 79. 5

Die **Rechtsnormen** über die Anschlussbefugnis gehören zu den Vorschriften über die Einlegung der Berufung (§ 322 Abs. 1) und der Revision (§ 349 Abs. 1).[10] Fehlt es nach Auffassung des Rechtsmittelgerichts an der Anschlussbefugnis, muss es das Rechtsmittel ohne Verhandlung durch Beschluss als unzulässig verwerfen (s. auch § 400, 37) 6

4. Unzulässige Rechtsmittel. Der Nebenkläger kann kein Rechtsmittel zugunsten des Angeklagten (§ 296 Abs. 2) einlegen (s. § 400, 12), weil ihm die Amtsstellung des Staatsanwalts fehlt und ein solches Rechtsmittelziel auch nicht der Zielrichtung der Nebenklage entsprechen würde (zur sog. verteidigenden Nebenklage s. Vor § 395, 29).[11] Die Staatsanwaltschaft ist nicht berechtigt, allein „zugunsten" des Nebenklägers ein Rechtsmittel einzulegen,[12] etwa im Hinblick auf dessen aus § 400 folgende Rechtsmittelbeschränkung; dies gehört nicht zu ihren Aufgaben. Zur Umfang der Nachprüfung und zur 7

---

7 AK/*Rössner* 4; h.M.; **a.A.** *Beling* 463, 2; s. im Übrigen die Erl. zu § 303.

8 OLG Zweibrücken StV **1986** 51; allg. M.

9 BGHSt **29** 217.

10 RGSt **69** 244; BGH bei *Dallinger* MDR **1954** 152.

11 BGHSt **37** 136 mit Anm. *Hassemer* JuS **1991** 158; AK/*Rössner* 3; KK/*Walther* 12; h.M.; **a.A.** *Fabricius* NStZ **1994** 261; *Altenhain* JZ **2001** 799; SK/*Velten* § 400, 9 (zur verteidigenden Nebenklage); s. auch *Schneider* StV **1998** 456; *Maeffert* StV **1998** 461.

12 LG Dresden NStZ **1994** 251.

Anwendbarkeit des **§ 301** im Rahmen eines allein vom Nebenkläger betriebenen Rechtsmittelverfahrens s. § 400, 29 ff, 34.

8 **5. Zustellung bei Anschluss nach ergangenem Urteil (Absatz 1 Satz 2).** Die Vorschrift ergänzt § 399 Abs. 2. Sie dient der **Verfahrensbeschleunigung**. Hat der Nebenkläger sein Rechtsmittel rechtzeitig eingelegt (vgl. dazu § 399, 2), ist ihm das angefochtene Urteil sofort zuzustellen. Damit erhält er die notwendigen Unterlagen, die zur Begründung der Berufung (s. § 400, 38) oder der Revision (s. § 400, 13 ff.) erforderlich sind. Es ist daher folgerichtig, dass auch die Rechtsmittelbegründungsfrist mit diesem Zeitpunkt in Lauf gesetzt wird, es sei denn, dass das – vollständige – Urteil dem Nebenkläger noch innerhalb der für die Staatsanwaltschaft maßgeblichen Rechtsmitteleinlegungsfrist zugestellt worden ist; in diesem Fall beginnt sie erst mit deren Ablauf. Wegen weiterer Einzelheiten dazu vgl. Rn. 9 ff.

II. Fristen

1. Einlegungsfrist (Absatz 2)

9 **a) Allgemein.** Die Vorschrift regelt den Beginn der **Rechtsmitteleinlegungsfrist**.

10 **b) Bei anfänglicher Anwesenheit.** Die Regelung erfasst die Fälle, in denen der **(zugelassene) Nebenkläger** in einem **Fortsetzungstermin der Hauptverhandlung** nicht erscheint oder diese vor Verkündung des Urteils verlässt. Weil der Nebenkläger mit dem Anschluss sein persönliches Interesse an dem Verfahren bekundet hat, ist es ihm zuzumuten, dass er sich diesem Interesse entsprechend verhält. Dazu gehört, dass er sich, wenn er schon nicht zur Urteilsverkündung erscheint oder sich aus der Verhandlung entfernt, ohne jene abzuwarten, nach dem Ausgang des Verfahrens erkundigt, um gegebenenfalls innerhalb der einwöchigen Einlegungsfrist ein Rechtsmittel einzubringen.[13] Wegen der **Wiedereinsetzungsmöglichkeit** in letzterem Fall vgl. Rn. 30 ff. War schließlich der Nebenkläger zwar nicht selbst in der Hauptverhandlung, aber durch einen (beigeordneten) Anwalt vertreten, so beginnt gleichfalls die Rechtsmittelfrist mit der Verkündung.[14]

11 **c) Bei Abwesenheit.** War der **(zugelassene) Nebenkläger** in dieser Eigenschaft in der Hauptverhandlung überhaupt **nicht anwesend** oder vertreten,[15] beginnt die Rechtsmittelfrist für ihn erst mit der Zustellung der **Urteilsformel** an ihn (Absatz 2 Satz 2);[16] dies gilt auch, wenn er nur als Zeuge geladen und nach seiner Vernehmung entlassen worden war.[17] Die Zustellung des vollständigen Urteils ist nach dem ausdrücklichen Gesetzeswortlaut nicht mehr erforderlich.[18] Mit dem Begriff der **Zustellung** nimmt das Gesetz die allgemeinen rechtlichen Maßgaben über die Bekanntgabe gerichtlicher Entscheidungen nach §§ 34 ff. in Bezug. Dem Nebenkläger ist die Urteilsformel deshalb nach

---

13 BTDrucks. **7** 551 S. 94: zu Art. 1 Nr. 106; OLG Köln JMBlNW **1984** 21; allg. M; s. auch die Nachweise zu Rn. 30 ff.

14 BGH NStZ-RR **2008** 151.

15 BGH NStZ-RR **2008** 151.

16 BGH BeckRS **1998** 31357508.

17 OLG Karlsruhe NStZ-RR **2000** 16 (wenn er zudem nicht weiß, dass er auch als Nebenkläger geladen wurde); OLG Köln JMBlNW **1984** 21; SSW/*Schöch* 3.

18 Meyer-Goßner/*Schmitt* 5; KK/*Walther* 7.

§ 37 zuzustellen; an den anwaltlichen Beistand kann wirksam zugestellt werden, wenn sich eine **schriftliche Vollmacht** – es braucht keine Zustellungsvollmacht zu sein – bei den Akten befindet.[19]

2. Begründungsfrist (Absatz 1 Satz 3). Nach § 399 Abs. 2 ist bei einer **Anschlusserklärung nach ergangenem Urteil** zum Zweck der Einlegung des Rechtsmittels (s. § 395 Abs. 4 Satz 2) für den Nebenkläger die für die Staatsanwaltschaft laufende Rechtsmitteleinlegungsfrist maßgebend;[20] die Begründungsfrist richtet sich alsdann nach allgemeinen Verfahrensregeln. Bei rechtzeitiger Einlegung des Rechtsmittels beginnt sie entweder – entsprechend § 399 Abs. 2 – mit dem Ablauf der für die Staatsanwaltschaft laufenden Rechtsmitteleinlegungsfrist oder mit der **Zustellung des Urteils**, je nachdem, welcher Zeitpunkt später liegt (vgl. § 399, 5). 12

Nach **herrschender Ansicht** ist mit der Zustellungsanordnung (§ 36) nicht bis zur Entscheidung über die Anschlussberechtigung zuzuwarten.[21] Der Zeitpunkt des Beschlusses, durch den die Berechtigung des Anschlusses festgestellt wird (§ 396 Abs. 2), habe auf den Fristbeginn keinen Einfluss. Nur wenn offensichtlich sei, dass die Anschlussbefugnis fehlt, sollte dem Nebenkläger nicht eine überflüssige Rechtsmittelbegründung zugemutet werden; für diesen Fall wird es ausnahmsweise als vertretbar angesehen, dass das Urteil nicht sofort zugestellt wird, der Vorsitzende vielmehr zunächst eine Entscheidung des Rechtsmittelgerichts nach § 396 Abs. 2 herbeiführt.[22] 13

Dem kann **nicht vollen Umfangs zugestimmt** werden. Stimmig ist das vorgenannte Vorgehen nur hinsichtlich eines Nebenklägers, der ausweislich seiner Anschlusserklärung (§ 396, 29) seine Anschlussberechtigung aus den Katalogtaten von § 395 Abs. 1 und 2 herleitet. In diesen Fällen löst bereits die Anschlusserklärung grundsätzlich die Rechtswirkung der Nebenklage aus, dem Beschluss selbst kommt nur deklaratorische Bedeutung zu (§ 396, 7 ff.). Hingegen erweist sich in den Fällen einer aus § 395 Abs. 3 abgeleiteten Anschlussbefugnis wegen einer sonstigen rechtswidrigen Tat der Beschluss nach § 396 Abs. 2 als konstitutiv (s. § 396, 24 ff). Die Stellung des Nebenklägers entsteht daher erst mit dessen Zulassung, zuvor gibt es ihn im konkreten Verfahren nicht, sodass an ihn **nicht wirksam zugestellt** werden kann.[23] Daran ändert auch der Umstand nichts, dass die Anschlusserklärung als Prozesshandlung wirksam ist (§ 396, 5);[24] dies begründet nur, warum der Verletzte ünberhaupt eine gerichtliche Entscheidung über seinen Anschluss erwirken kann, nicht aber schon die Stellung als Nebenkläger selbst. 14

Da die materiellen Voraussetzungen für die Anschlussberechtigung gering sind (s. § 395, 8 ff., 26 ff., 50 ff.; zur hier vertretenen Ansicht des hinreichenden Tatverdachts s. Vor § 395, 20 ff.), liegt in dem damit begründeten Erfordernis, in der Rechtsmitteleinlegung bereits Ausführungen zur Anschlussbefugnis zu machen (s. § 400, 17 ff., 40), keine prozessuale „Zumutung“.[25] Dass der historische Gesetzgeber erkennbar ein anderes, 15

---

19 Vgl. zum Willen des Gesetzgebers, den Regelungsgehalt der früheren Verweisung aus § 397 Abs. 1 Satz 2 auf § 378 Satz 2 in den nach Abkopplung von der Privatklage durch das OpferschutzG neugefassten § 397 Abs. 2 zu übernehmen BTDrucks. **16** 12098 S. 31 sowie Entstehungsgeschichte.

20 BGH bei *Miebach* NStZ **1989** 16.

21 KK/*Walther* 6; Meyer-Goßner/*Schmitt* 4; LR/*Hilger*[26] 12.

22 SK/*Velten* 5; AK/*Rössner* 5; Meyer-Goßner/*Schmitt* 4; LR/*Hilger*[26] 12.

23 So auch Meyer-Goßner/*Schmitt* § 343, 2.

24 So noch LR/*Hilger*[26] 12.

25 **A.A.** LR/*Hilger*[26] 12.

zeitsparenderes Vorgehen mit der Gesetzesfassung beabsichtigt hatte,[26] ändert daran nichts. Denn erst in späteren Reformgesetzen wurde die strenge Bindung der materiellrechtlichen Anschlussbefugnis an abschließend benannte rechtswidrige Taten (vgl. den Katalog in § 395 Abs. 1) aufgelöst und – im Falle einer ebenfalls erst später eingefügten und nunmehr in jedem Einzelfall zu bewertenden prozessualen Schutzbedürftigkeit (s. § 395, 55) – grundsätzlich auf sämtliche sonstigen rechtswidrigen Taten nach § 395 Abs. 3 erstreckt (s. im Einzelnen § 395, 54 ff.).

III. Zusammentreffen eines Nebenklagedelikts mit anderen Straftaten

16 **1. Zulässigkeit des Rechtsmittels.** Wird dem Angeklagten ein Sachverhalt – Gegenstand der Anklage im Sinne von § 264 – vorgeworfen, der ein zum Anschluss berechtigendes Delikt in Tatmehrheit, Tateinheit oder Gesetzeskonkurrenz mit einer anderen Straftat enthält (§ 395, 30), so kann der Nebenkläger ein Rechtsmittel nur einlegen, soweit dieses sich auf das Nebenklagedelikt bezieht. Zu Einzelfragen s. § 400, 23, 33, ergänzend § 397, 16.

17 **2. Umfang der Nachprüfung.** Von der Zulässigkeit des Rechtsmittels (Rn. 16) zu unterscheiden ist die Frage, in welchem Umfang das Rechtsmittelgericht die den Gegenstand des Verfahrens bildende Tat nachprüft. Hat das Rechtsmittelgericht die Zulässigkeit bejaht, so beschränkt sich die Prüfung grundsätzlich – im Hinblick auf § 400 Abs. 1 – auf **alle rechtlichen Gesichtspunkte**, die das Nebenklagedelikt betreffen. Zu Einzelfragen vgl. § 400, 26 ff.

IV. Verfahren bei Rechtsmitteln (nur) des Nebenklägers (Absatz 3)

18 **1. Erscheinenspflicht in der Berufungsinstanz.** Der Nebenkläger muss zur Verhandlung über die von ihm selbst eingelegte Berufung (vgl. § 400, 29 ff.) erscheinen,[27] wenn er nicht die in den nachstehenden Randnummern bezeichneten Folgerungen in Kauf nehmen will.[28] Er ist jedoch nicht verpflichtet, bis zu den Schlussvorträgen oder bis zur Urteilsverkündung anwesend zu bleiben;[29] nach der Abkopplung der Nebenklage vom Recht der Privatklage findet § 391 Abs. 2 keine Anwendung mehr (vgl. im Einzelnen Vor § 395, 8 ff.). Eine solche Pflicht lässt sich weder aus dem Wortlaut oder Sinn der Vorschrift noch aus der Stellung des Nebenklägers ableiten. Der Fall der §§ 387, 391 (vgl. §§ 387, 7; 391, 31) ist nicht vergleichbar; der Nebenkläger nimmt nicht, wie der Privatkläger, die Aufgabe des Staatsanwalts in der Verhandlung wahr.

2. Verwerfung bei Nichterscheinen (Absatz 3 Satz 1)

19 **a) Bei Freispruch des Angeklagten.** Nach Absatz 3 Satz 1 – er ist § 391 Abs. 3 nachgebildet – ist die Berufung (nur) des Nebenklägers ohne sachliche Prüfung **sofort** zu verwerfen, wenn weder er noch ein Anwalt für ihn in einer Hauptverhandlung – das

26 Begr. BTDrucks. **7** 551 S. 94 zu Art. 1 Nr. 106.
27 RGSt **60** 283; AK/*Rössner* 7; allg. M.
28 Zum Begriff: „Beginn der Hauptverhandlung" sowie zur Wartepflicht des Gerichts s. die Erl. zu § 329.
29 SK/*Velten* 6; AK/*Rössner* 7; *Rieß* NStZ **2000** 122; **a.A.** KK/*Walther* 8.

kann auch eine weitere Hauptverhandlung sein, wie die Übernahme der Formulierung des § 329 Abs. 1 bestätigt – erschienen ist und das **Urteil** sich **gegen** einen **Freispruch** richtet.

Dieses Ergebnis ist als **Folge der Unabhängigkeit** des Nebenklägers von der Staatsanwaltschaft in Bezug auf seine Rechtsmittelbefugnis (Absatz 1 Satz 1; Rn. 1) zwingend. Zwar muss der Staatsanwalt erscheinen und zu dem Rechtsmittel – auch des Nebenklägers – Stellung nehmen (s. Rn. 27); dabei kommt es nicht darauf an, ob er auch selbst ein Rechtsmittel in gleicher Richtung eingelegt hat. Aber er ist nicht Herr über das Rechtsmittel des Nebenklägers; er kann es nicht zurücknehmen und andererseits nicht „aufnehmen" in dem Sinn, dass es gleichsam sein eigenes würde (Rn. 2). Diese Befugnis hat er nicht einmal bei der Berufung eines ausgebliebenen Angeklagten, und zwar auch dann nicht, wenn er sie für begründet hält und nur deshalb von einer eigenen Berufung zugunsten des Angeklagten abgesehen hat, weil schon dieser Berufung eingelegt hatte. 20

Der Staatsanwalt kann und muss nach seinem pflichtmäßigen Ermessen zu den Rechtsmitteln anderer Prozessbeteiligter Stellung nehmen und hat sie zu diesem Zweck verfahrens- und sachlichrechtlich zu beurteilen. Zur verfahrensrechtlichen **Stellungnahme** gehört für ihn auch die Prüfung, ob die Berufung eines Angeklagten nach § 329 Abs. 1 Satz 1 und die eines Nebenklägers nach Absatz 3 Satz 1 sofort zu verwerfen ist. 21

b) Bei Verurteilung des Angeklagten. War der **Angeklagte** dagegen verurteilt, ist auf die Berufung (nur) des Nebenklägers zunächst nach § 301 zu prüfen (vgl. zur zweifelhaften Anwendung des § 301 auf alleinige Rechtsmittel des Nebenklägers § 400, 34), ob nach Aktenlage eine Änderung zu seinen Gunsten in Betracht kommt.[30] Bejahendenfalls ist die Berufungsverhandlung ohne den Nebenkläger durchzuführen und die neue – günstigere Entscheidung – durch Urteil auszusprechen. Andernfalls ist die Berufung – wiederum durch Urteil – zu verwerfen; eine Änderung zuungunsten des Angeklagten kommt nicht in Betracht (§ 391, 40). Bleiben bei alleiniger Berufung des Nebenklägers dieser und der Angeklagte aus, so findet § 301 keine Anwendung;[31] bleibt nur der Angeklagte aus, so ist gemäß § 329 zu verfahren.[32] 22

c) Nichtanwendung. Absatz 3 Satz 1 ist **nicht anzuwenden**, wenn **auch der Angeklagte oder die Staatsanwaltschaft** Berufung eingelegt haben. In diesem Fall ist über die Berufung des Nebenklägers mit zu verhandeln und zu entscheiden, um besondere Verfahrenskonflikte, namentlich kaum lösbare Rechtskraftprobleme zu vermeiden:[33] „Würde nämlich bei mehrfacher Berufungseinlegung die Berufung des Nebenklägers ohne Beweisaufnahme verworfen, während über die des Angeklagten oder der Staatsanwaltschaft sachlich verhandelt und entschieden wird, und müßte dem Nebenkläger später Wiedereinsetzung in den vorigen Stand gewährt werden, so wäre eine weitere Hauptverhandlung zur Sache mit möglicherweise abweichendem Urteil vor dem Berufungsgericht notwendig."[34] 23

---

30 RGSt **51** 340; BGH NJW **1953** 1521; *Rieß* NJW **1975** 90; NStZ **2000** 122; Meyer-Goßner/*Schmitt* 6; HK/*Weißer* 12; KK/*Walther* 10.

31 *Rieß* NStZ **2000** 122.

32 *Rieß* NStZ **2000** 122 (§ 329 Abs. 2, 4 analog); s. auch LR/*Gössel* Erl. zu § 329.

33 *Rieß* NJW **1975** 90; NStZ **2000** 122; Meyer-Goßner/*Schmitt* 7; HK/*Weißer* 13; KK/*Walther* 11; allg. M.

34 Begr. BTDrucks. **7** 551 S. 94 zu Art. 1 Nr. 106.

24 Aus dieser „Zielsetzung der Einschränkung“ wird zutreffend gefolgert,[35] dass Absatz 3 wiederum anwendbar ist, wenn die übrigen Berufungsführer ihre Berufung zurücknehmen oder wenn bei **Ausbleiben** auch **des Angeklagten** seine Berufung zugleich nach § 329 Abs. 1 Satz 1 verworfen wird. Denn das Merkmal „allein eingelegt“ ist dahin zu verstehen, dass die Bestimmung schon anwendbar ist, wenn nur über die Berufung des Nebenklägers in der Sache zu entscheiden wäre. Bleibt bei Berufungen des Angeklagten und des Nebenklägers dieser unentschuldigt aus, so ist zwar über beide Rechtsmittel zu befinden, aber das **Verschlechterungsverbot** (§ 332) zu beachten. Nimmt der Angeklagte seine Berufung zurück, so ist die Berufung des unentschuldigt fehlenden Nebenklägers zu verwerfen (Absatz 3). Bleiben beide Rechtsmittelführer unentschuldigt aus, so ist gemäß § 329 Abs. 1, § 401 Abs. 3 zu entscheiden.[36]

25 **3. Sachentscheidung trotz Nichterscheinens in der Revisionsinstanz.** Anders verhält es sich bei der Revision. Hier braucht der Nebenkläger auch als Rechtsmittelführer nicht in der Hauptverhandlung vertreten zu sein. Denn auch die Staatsanwaltschaft braucht ihre Revision weder selbst zu vertreten noch durch eine übergeordnete Staatsanwaltschaft vertreten zu lassen. Sie kann das vielfach gar nicht, und es wird doch darüber entschieden. Dass vor dem Oberlandesgericht als Revisionsgericht regelmäßig nur solche Revisionen der Staatsanwaltschaft verhandelt werden, welche die dort zuständige Generalstaatsanwaltschaft vertritt, hängt mit dem – in diesem Zusammenhang nur zufälligen – Umstand zusammen, dass diese der Staatsanwaltschaft der Tatsacheninstanz vorgesetzt ist und deren Revision zurücknehmen kann.

26 Die eigentliche **Rechtslage** wird im Revisionsverfahren vor dem Bundesgerichtshof deutlicher: Hier wird über Revisionen der Staatsanwaltschaft verhandelt, die vom Generalbundesanwalt nicht immer vertreten werden; er kann sie nicht zurücknehmen, wohl aber ihre Verwerfung beantragen. Es tritt also dann niemand auf, um für die Revision zu sprechen und entsprechende Anträge zu stellen; gleichwohl muss das Revisionsgericht sachlich über sie entscheiden. Ebenso verhält es sich mit Revisionen der Nebenkläger auch vor dem Oberlandesgericht.

27 **4. Mitwirkung des Staatsanwalts.** Aus Absatz 4 darf nicht gefolgert werden, dass bei einem nur vom Nebenkläger eingelegten Rechtsmittel die Staatsanwaltschaft einstweilen aus dem Verfahren ausscheidet und erst dann wieder eintritt, wenn die angefochtene Entscheidung aufgehoben wird. Vielmehr hat diese auch im Rechtsmittelverfahren mitzuwirken.[37] Nur muss der Nebenkläger sein Rechtsmittel noch verfolgen: Er muss noch leben, noch Nebenkläger sein und im Berufungsverfahren erscheinen.

28 Die Staatsanwaltsanwaltschaft steht dem Rechtsmittel des Nebenklägers so gegenüber wie der Generalbundesanwalt einer Revision der örtlichen Staatsanwaltschaft (s. Rn. 26): Sie ist nicht Herr des Rechtsmittels, hat es nicht eingelegt und kann es nicht zurücknehmen, kann es auch nicht zu ihrem eigenen machen, hat aber **Stellung** dazu zu **nehmen**, sei es, dass sie Verwerfung, sei es, dass sie Aufhebung oder Änderung beantragt. Diese Mitwirkungspflicht ergibt sich daraus, dass das Verfahren von ihr in Gang gebracht worden ist[38] und sie bis zu dessen rechtskräftigen Abschluss die ihr obliegende „Wächterfunktion“ auszuüben hat.

---

35 Meyer-Goßner/*Schmitt* 7; HK/*Weißer* 13; KK/*Walther* 11; *Rieß* NJW **1975** 90; NStZ **2000** 123.
36 Eingehend dazu *Rieß* NStZ **2000** 123.
37 OLG Köln GA **1964** 156; *Eb. Schmidt* 5; allg. M.
38 RGSt **63** 55; h.M.; **a.A.** *Gerland* 457.

V. Zurückverweisung (Absatz 4)

Die Vorschrift hat den Fall im Auge, dass auf ein nur vom Nebenkläger eingelegtes Rechtsmittel das angefochtene Urteil aufgehoben und die Sache zur neuen Verhandlung und Entscheidung an die Vorinstanz zurückverwiesen wird. In diesem Fall würde, wenn der **weitere Betrieb der Sache** nicht wiederum der Staatsanwaltschaft obläge, sondern allein vom Nebenkläger abhinge, unter Umständen (vgl. § 402) das Verfahren in der Schwebe bleiben können; dies will Absatz 4 verhindern. Wenn ein vom Nebenkläger eingelegtes Rechtsmittel Erfolg hat, wird die Sache anschließend nicht anders behandelt, als es bei einem Rechtsmittel der Staatsanwaltschaft der Fall ist. Selbstverständlich bleibt der Nebenkläger auch bei dem weiteren Verfahren beteiligt, sofern er nicht etwa nach § 402 ausscheidet. Gegenstand des weiteren Verfahrens ist erneut die gesamte historische Tat (s. § 400, 36, 43).[39] 29

VI. Rechtsbehelfe des Nebenklägers

1. Wiedereinsetzung

a) Unterbliebene Anschlusserklärung. Die bis zum rechtskräftigen Verfahrensabschluss reichende Zeitspanne, innerhalb derer ein Anschluss als Nebenkläger zulässig ist, erweist sich nicht als Frist nach § 44.[40] 30

b) Bei vorzeitigem Verlassen der Hauptverhandlung (Absatz 2 Satz 1 letzter Halbsatz). Hat der Nebenkläger von einer (späteren) Hauptverhandlung, in der das Urteil verkündet worden ist, keine Kenntnis erlangt oder ohne Verschulden nicht an ihr teilnehmen können, so kann er mit dieser Begründung Wiedereinsetzung in den vorigen Stand wegen Versäumung der Rechtsmitteleinlegungsfrist beanspruchen; nicht aber kann er diese auch auf **fehlende Rechtsmittelbelehrung** (§ 44 Satz 2)[41] stützen. Dieser Wiedereinsetzungsgrund wird dem Nebenkläger aufgrund seines eigenen Prozessverhaltens versagt. Von demjenigen, der die Hauptverhandlung vor Verkündung des Urteils verlässt, kann erwartet werden, dass er sich rechtzeitig nach dem Ausgang des Verfahrens erkundigt, um ggf. noch innerhalb der Anfechtungsfrist Rechtsmittel einlegen zu können.[42] Der ausdrücklichen Erwähnung dieses – berechtigten – Versagungsgrundes ist deshalb zuzustimmen, weil es nach dem Wortlaut von § 44 Satz 2 zweifelhaft sein könnte, ob die bloße Abwesenheit bei der Urteilsverkündung eine schuldhafte Vereitelung der Rechtsmittelbelehrung ist, die grundsätzlich eine Wiedereinsetzung ausschließt. 31

c) Bei Versäumung der Berufungsverhandlung (Absatz 3 Satz 2). Die Wiedereinsetzungsregelung zugunsten des Nebenklägers entspricht der für den Angeklagten (§ 329 Abs. 3) und den Privatkläger (§ 391 Abs. 4). Wegen weiterer Einzelheiten vgl. § 391, 42ff. 32

---

39 Vgl. OLG Frankfurt NStZ-RR **2001** 22.

40 BGH NStZ-RR **1997** 136; BeckRS **2020** 32845; s. ferner *Wenske* NStZ **2008** 434, 435.

41 S. dazu LR/*Graalmann-Scheerer* § 44, 64.

42 OLG Hamm MDR **1996** 643; OLG Düsseldorf JurBüro **1991** 982; JMBlNW **1990** 249; OLG Koblenz NStZ **1989** 291; OLG Köln JMBlNW **1984** 21; s. auch BGH bei *Kusch* NStZ **1995** 21; allg. M.

33 **2. Kein Einspruch gegen Strafbefehl.** Gegen einen **Strafbefehl** kann der Nebenklageberechtigte **keinen Einspruch** einlegen, weil dieser Rechtsbehelf nur dem Beschuldigten, nicht auch dem Staatsanwalt zusteht (§ 409 Abs. 1 Nr. 7, § 410).

VII. Gebührenrecht

34 **1. Gebührenvorschuss.** Einen **Gebührenvorschuss** (§ 16 Abs. 2 GKG) hat der Nebenkläger zu leisten, wenn er ein Rechtsmittel (Berufung, Revision) einlegt oder Wiederaufnahme beantragt. Jedoch ist ein Rechtsmittel des Nebenklägers nicht deswegen unzulässig,[43] weil er den Vorschuss nicht gezahlt hat. Zu Einzelfragen zum Gebühren- und zum Auslagenvorschuss (Rn. 35) vgl. die Fachliteratur zu diesen Vorschriften.

35 **2. Auslagenvorschuss.** Einen **Auslagenvorschuss** (§ 17 Abs. 1 GKG) hat der Nebenkläger zu leisten, wenn er die Vornahme einer Handlung beantragt, mit der Auslagen verbunden sind. Die Vorschusspflicht, wenn eine Handlung von Amts wegen erfolgt, z.B., wenn die Handlung ohnehin im Hinblick auf die Amtsaufklärungspflicht, vorgenommen werden muss,[44] richtet sich nach § 17 Abs. 3 GKG.

36 **3. Sicherheitsleistung.** Zur **Sicherheitsleistung** ist der Nebenkläger nicht verpflichtet. § 379 gilt für ihn nicht.

§ 402
Widerruf der Anschlusserklärung; Tod des Nebenklägers

Die Anschlußerklärung verliert durch Widerruf sowie durch den Tod des Nebenklägers ihre Wirkung.

Entstehungsgeschichte

Die als § 442 Gesetz gewordene Vorschrift hat ihre jetzige Bezeichnung durch die Bek. 1924 erhalten. Durch Art. 1 Nr. 13 des Gesetzes zur Stärkung des Rechts des Angeklagten auf Vertretung in der Berufungsverhandlung und über die Anerkennung von Abwesenheitsentscheidungen in der Rechtshilfe vom 17.7.2015[1] hat die Vorschrift ihre gesetzliche Überschrift erhalten.

Übersicht

43 Vgl. OLG Hamm MDR **1985** 251.
44 Vgl. auch OLG Hamm MDR **1976** 779.
1 BGBl. I S. 1332.

https://doi.org/10.1515/9783110275001-036

I. Widerruf

1. Zeitpunkt. Der Widerruf der Anschlusserklärung ist jederzeit – bis zum **rechtskräftigen Abschluss** des Verfahrens – statthaft, also auch noch in der Revisionsinstanz.[2] Er muss, um wirksam zu sein, ausdrücklich gegenüber dem Gericht erklärt werden, schriftlich, zu Protokoll der Geschäftsstelle oder in der Hauptverhandlung;[3] ein bewusstes Nichtausüben der Nebenklagerechte für längere Zeit ist kein Widerruf.[4] Das Ausbleiben des Nebenklägers in der Berufungsverhandlung hat zwar zur Folge, dass seine Berufung – unbeschadet der Vorschrift des § 301 – sofort zu verwerfen ist (§ 401 Abs. 3 Satz 1); jedoch bedeutet das kein Ausscheiden des Nebenklägers aus dem Verfahren im Übrigen, wenn es noch weiter läuft, etwa weil ein anderes Rechtsmittel zur Aufhebung führt. 1

2. Verzicht. Einen **Verzicht** auf die Anschlussbefugnis enthält die Widerrufserklärung im Zweifel nicht. Erforderlich ist für einen solchen eine Erklärung, die eindeutig erkennen lässt, dass der Verzichtende die weitergehende Bedeutung seiner Erklärung kennt und will.[5] Der Anschlussberechtigte ist durch seinen bloßen Widerruf nicht gehindert, sich dem Verfahren später von neuem anzuschließen.[6] § 392 gilt für das Nebenklageverfahren nicht. Gleichwohl ist ein endgültiger Verzicht – in gleicher Form wie der Widerruf – möglich; ein solcher ist anzunehmen, wenn etwa mit dem Widerruf der Verzicht auf das Nebenklagerecht[7] oder die Zurücknahme des Strafantrags als Grundlage des Nebenklagerechts verbunden wird;[8] er schließt alsdann auch eine spätere Anschlusserklärung aus.[9] 2

II. Tod des Nebenklägers

1. Frühere Auslegung in Rechtsprechung und Lehre

a) Wortlaut. Nach dem **Wortlaut** der Vorschrift hat der Tod des Nebenklägers die gleiche Wirkung wie der Widerruf. Daraus folgt, dass der Anschluss des Nebenklägers mit seinem Tod erlischt und ein (allein) von ihm eingelegtes Rechtsmittel, über das noch nicht entschieden ist, hinfällig wird.[10] Streitig ist, ob die Angehörigen des Verstorbenen die Nebenklage durch Erklärung gegenüber dem Gericht fortführen können. Das Gesetz sieht ein **Weiterführungsrecht** – anders als § 393 Abs. 2 – nicht ausdrücklich vor; § 402 könnte also als abweichende **abschließende Sonderregelung** für die Nebenklage angesehen werden. 3

---

2 RGSt **67** 322; allg. M.

3 KMR/*Kulhanek* 1; **a.A.** (formlose Erklärung reicht) OLG Hamm NJW **1971** 394; Meyer-Goßner/*Schmitt* 1; HK/*Weißer* 2; KK/*Walther* 1; SK/*Velten* 1; HK-GS/*Rössner* 1.

4 SK/*Velten* 1.

5 Vgl. BGH NStZ-RR **1998** 305; bei *Pfeiffer/Miebach* NStZ **1986** 209; HK/*Weißer* 5.

6 RGSt **61** 99; Meyer-Goßner/*Schmitt* 3; HK/*Weißer* 5.

7 Vgl. BayObLGSt **30** (1931) 142; OLG Hamm JMBlNW **1964** 192.

8 **A.A.** wohl Meyer-Goßner/*Schmitt* 3.

9 BGH NStZ-RR **1998** 305; BayObLG DJZ **1931** 173.

10 RGSt **42** 345; **64** 62; vgl. aber Rn. 9.

4 **b) OpferschutzG.** Bis zum Inkrafttreten des **OpferschutzG** wurde von einem Teil der Rechtsprechung und Literatur diese Auffassung mit unterschiedlicher Begründung[11] vertreten, während die Gegenmeinung[12] im Wesentlichen den Standpunkt vertrat, den in § 395 Abs. 2 Nr. 1 genannten Angehörigen stehe jedenfalls ein Weiterführungsrecht dann zu, wenn der Nebenkläger an den Folgen der Tat verstorben sei, die Gegenstand der Nebenklage war.

5 **2. Heutiger Meinungsstand.** Durch das OpferschutzG ist die Nebenklage aus ihrer Verbindung zum Recht der Privatklage gelöst (Vor § 395, 8 ff.) und grundlegend reformiert worden. Daraus und aus der Tatsache, dass der Gesetzgeber – trotz Erkennbarkeit der Problematik – § 402 nicht in Anlehnung an § 393 Abs. 2 geändert hat, kann geschlossen werden, dass jedenfalls jetzt § 402 als **Sonderregelung** anzusehen ist, die eine Fortführung der Nebenklage durch die Angehörigen des verstorbenen Nebenklägers ausschließt.[13]

6 Diese Lösung kann allerdings zu **erheblichen Problemen** führen. Wenn der Nebenkläger an den Folgen der angeklagten Tat verstorben ist und sein Tod das Verfahren nicht beendet hat, können zwar die Angehörigen im noch anhängigen Verfahren ihren **Anschluss gemäß § 395 Abs. 2 Nr. 1** erklären. Dies ist z.B. der Fall, wenn der Tod vor Urteilsverkündung eintritt oder wenn nicht nur der Nebenkläger Rechtsmittel eingelegt hat. Aber in Einzelfällen kann eine Fortführungsbefugnis für den Nebenkläger vorteilhafter sein als der Anschluss.[14] Hat allein der an den Tatfolgen verstorbene Nebenkläger ein Rechtsmittel eingelegt, so kann die angefochtene **Entscheidung rechtskräftig** werden (Rn. 9), so dass nicht einmal ein Anschluss der Angehörigen (§ 395 Abs. 2 Nr. 1) möglich ist.

7 Diese **unbefriedigenden Ergebnisse** könnten jedoch allenfalls durch eine Änderung des § 402 vermieden werden. Die eindeutige Gesetzeslage nach dem OpferschutzG lässt andere Lösungen nicht mehr zu.[15]

III. Sonstige Folgewirkungen

8 **1. Bei Ausscheiden.** Das Ausscheiden des Nebenklägers hat weniger einschneidende Wirkungen auf das Verfahren als die Rücknahme einer Privatklage (§ 391) oder der Tod des Privatklägers (§ 393). Das hat seinen inneren Grund darin, dass es ein öffentliches Verfahren ist und bleibt.[16] § 402 schafft deshalb selbständiges, von den Bestimmungen über die Privatklage unabhängiges Recht.[17] Die bis zum Ausscheiden ergangenen

---

11 RGSt **64** 61; OLG Stuttgart NJW **1960** 115; NJW **1970** 823; OLG Düsseldorf MDR **1986** 76; *Kleinknecht/Meyer*[36] 2; *Eb. Schmidt* 6; vgl. auch *Schlüchter* 78 Fn. 219a.

12 OLG Zweibrücken NJW **1966** 2076 (keine Sonderregelung, sondern Gesetzeslücke); OLG Nürnberg NJW **1978** 1017; *Schlüchter* 78 Fn. 219a; *Gerauer* NJW **1986** 3126; *Ellscheid* NJW **1970** 1467; LR/*Wendisch*[24] 6 (weitergehend auch für Fälle des § 172).

13 BGH NStZ **2009** 174; im Ergebnis so Meyer-Goßner/*Schmitt* 4; SK/*Velten* 5; AK/*Rössner* 6; KK/*Walther* 4; SSW/*Werner* 3; *Fezer* NStZ **1997** 300; offengelassen durch BGH NStZ **1997** 49 i.V.m. NStZ **1997** 200 mit Anm. *Fezer* NStZ **1997** 300.

14 Eingehend hierzu *Fezer* NStZ **1997** 300 (Kern der Problematik sei insoweit nicht das Recht der Nebenklage, sondern das bisherige Verständnis der Rechtskraftwirkung).

15 KK/*Walther* 4; AK/*Rössner* 6; *Fezer* NStZ **1997** 300; **a.A.** HK/*Weißer* 8 (für den Fall, dass der Nebenkläger allein Rechtsmittel eingelegt hatte); *Roxin* § 62, 11.

16 *Eb. Schmidt* 8.

17 RGSt **64** 60; *Oetker* JW **1930** 3423.

Entscheidungen bleiben, auch wenn sie nur auf ein Rechtsmittel des Nebenklägers ergangen sind.

2. Rechtsmittel. Ein Rechtsmittel des Nebenklägers, auf das noch nicht entschieden 9
ist, gilt als zurückgenommen.[18] Ist auf Berufung des Nebenklägers ein Urteil ergangen und wird dieses auf Revision des Angeklagten aufgehoben und die Sache an das Berufungsgericht zurückverwiesen, so gilt nicht etwa die Berufung als zurückgenommen; vielmehr liegt jetzt „der Betrieb der Sache wiederum der Staatsanwaltschaft ob" (§ 401 Abs. 4). Denn der auf die Revision des Angeklagten hin erteilte Auftrag des Revisionsgerichts an das Berufungsgericht zu neuer Entscheidung muss befolgt werden; er wird nicht durch das bloße Ausscheiden des Nebenklägers erledigt.[19]

3. Auslagen. Etwa entstandene Rechte des Nebenklägers auf Auslagenerstattung 10
gehen bei einem Widerruf[20] – nicht aber bei seinem Tod[21] – verloren. Schon entstandene Kostenpflichten des Nebenklägers bleiben dagegen unberührt.

---

18 OLG Celle NJW **1953** 1726; OLG Stuttgart NJW **1970** 822; OLG Düsseldorf JurBüro **1987** 555; HK/*Weißer* 7.

19 HK/*Weißer* 7.

20 Vgl. BayObLGSt **1953** 156; HK/*Weißer* 4; **a.A.** OLG Nürnberg NJW **1959** 1052 mit krit. Anm. *Schmitt* NJW **1959** 1742 und *Pohlmann* NJW **1959** 1455. Vgl. die Erl. zu § 472.

21 Vgl. OLG Stuttgart NJW **1960** 115; OLG Celle JR **1966** 111; OLG Karlsruhe MDR **1984** 250. Vgl. die Erl. zu § 472. Zur Kostenfestsetzung vgl. BGH NStZ **1997** 49.

VIERTER ABSCHNITT
Adhäsionsverfahren

Vorbemerkungen

Schrifttum

Ambrosius Für und wider das Adhäsionsverfahren, GerS **107** (1936) 143; *Amelunxen* Die Entschädigung des durch eine Straftat Verletzten, ZStW **86** (1974) 457; *Arz* Stellung des Adhäsionsklägers JZ **2019** 280; *Bahnson* Das Adhäsionsverfahren nach dem Opferrechtsreformgesetz, Diss. Regensburg 2008; *Bielefeld* Das Adhäsionsverfahren – von der Praxis abgehängt, DRiZ **2000** 277; *Brause* Für einen Adhäsionsprozess neuer Art, ZRP **1985** 103; *Brokamp* Das Adhäsionsverfahren – Geschichte und Reform, Diss. München 1989; *Burchardt* Adhäsionsprozess und Haftpflichtrecht, JRPrivVers. **1940** 1; *Dallmeyer* Das Adhäsionsverfahren nach der Opferrechtsreform, JuS **2005** 327; *Eder-Rieder* Behandlung des minderjährigen Opfers eines sexuellen Mißbrauchs im Strafprozess und Befriedigung seines Schmerzensgeldanspruchs, FS Gössel 565; *Eggert* Rechtshängigkeit der Schmerzensgeldklage durch Entschädigungsantrag im Adhäsionsverfahren, VersR **1987** 546; *Emmerich* Bindungswirkung des Strafurteils im Schadensersatzprozess, ZRP **2018** 82; *Engel* Die Geltendmachung zivilrechtlicher Ansprüche im französischen Strafverfahren, DR **1942** 708; *Erich* Das Adhäsionsverfahren als einzige Form einer Beteiligung des Verletzten, Diss. Köln 1953; *Feigen* Adhäsionsverfahren auch in Wirtschaftsstrafsachen? FS Otto 879; *Fey* Ist das Adhäsionsverfahren endlich tot? AnwBl. **1986** 491; *Ferber* Das Opferrechtsreformgesetz, NJW **2004** 2562; *Förster* Transfer der Ergebnisse von Strafverfahren in nachfolgende Zivilverfahren, Diss. Passau 2007; *Freund* Stellungnahme eines Arbeitskreises der Strafrechtslehrer zum >Eckpunktepapier< zur Reform des Strafverfahrens, GA **2002** 82; *Glaremin/Becker* Das Adhäsionsverfahren und die gerichtliche Einstellung des Strafverfahrens gemäß § 153a StPO, JA **1988** 602; *Granderath* Opferschutz – Totes Recht? NStZ **1984** 399; *Grau* Die dritte Verordnung zur Vereinfachung der Strafrechtspflege vom 29.5.1943, DJ **1943** 331 und 353; *Grau, C./Blechschmidt/Frick*, Stärken und Schwächen des reformierten Adhäsionsverfahren, NStZ **2010** 662; *Grebing* Die Entschädigung des durch eine Straftat Verletzten, ZStW **87** (1975) 472, 482; *Greiner* Zivilrechtliche Ansprüche im Strafverfahren, ZRP **2011** 132; *Gürtner/Gleispach* Das kommende deutsche Strafverfahren (1938); *Gürtner* Über die Strafprozessreform (Adhäsionsprozess), DJ **1934** 723; *Hamm* Recht des Verletzten zur Richterablehnung im Strafverfahren, NJW **1974** 682; *Heger* Das Adhäsionsverfahren: Fortschritt oder Fremdkörper im deutschen Strafprozess, GA **2018** 684; *Herbst/Plüür* Das Adhäsionsverfahren (Skript), www.berlin.de/sen/justiz/gerichte/ag/tierg/service.html; *Herzler* Das Beschleunigte Verfahren – ein notwendiger Schritt auf dem richtigen Weg, NJ **2000** 399; *Hilger* Über das Opferrechtsreformgesetz, GA **2004** 478; *ders.* Neuere Fragen zur Privatklage und zum Adhäsionsverfahren, FS Fezer 507; *Hinz* Nebenklage und Adhäsionsantrag im Jugendstrafverfahren, ZRP **2002** 475; *v. Holst* Der Adhäsionsprozess – zugleich eine Abgrenzung gegenüber den Instituten der §§ 188, 231, 24 I 1 StGB, § 111 StPO, Diss. Hamburg 1969; *Huber* Modernisierung der Justiz? Anmerkungen zu dem die ZPO betreffenden Teil des beabsichtigten Justizmodernisierungsgesetzes. ZRP **2003** 268; *Jaeger* Die Schmerzensgeldklage im Adhäsionsverfahren – Ist schnelles Recht auch gutes Recht? VersR **2017** 449; *Jescheck* Die Entschädigung des Verletzten nach deutschem Strafrecht, JZ **1958** 591; *Kern* Die Buße und die Entschädigung des Verletzten, FS Mezger S. 407; *Keil/Best* Praktische Bedeutung und Handhabung des Adhäsionsverfahrens, DAR **2013** 628; *Kickton* Bedeutung des Adhäsionsverfahrens der Novelle vom 29.5.1943, Diss. Bonn 1947; *Kieser* Die Auswirkungen des Zivilprozessrechts auf den Adhäsionsprozess, SchwJZ **1988** 353; *Klee* Die Entschädigung des Verletzten im Strafverfahren, ZAkDR **1943** 226; *Klein* Das Adhäsionsverfahren nach der Neuregelung durch das Opferrechtsreformgesetz (2007); *Kleinfeller* Die Verfolgung von Schadensersatzansprüchen im Strafverfahren, GerS **88** (1922) 1; *Köckerbauer* Das Adhäsionsverfahren nach der Neuregelung durch das Opferschutzgesetz 1987 und seine rechtliche Problematik (1993); *ders.* Die Geltendmachung zivilrechtlicher Ansprüche im Strafverfahren – der Adhäsionsprozess, NStZ **1994** 305; *Krenberger/Gutt* Adhäsionsverfahren – Überblick und neue Rechtsprechung, ZfS **2015** 489; *Krey/Wilhelmi* Ausbau des Adhäsionsverfahrens: Holzweg oder Königsweg? FS Otto 933; *Kuhn* Das neue Adhäsionsverfahren, JR **2004** 397; *Kühler* Die Entschädigung des Verletzten in der Rechtspflege, ZStW **71** (1959) 617; *Loos* Probleme des neuen Adhäsionsverfahrens,

https://doi.org/10.1515/9783110275001-037

GA **2006** 195; *Lorentzen* Zur Zuständigkeit im Adhäsionsprozess, DRZ **1949** 565; *Meier/Dürre* JZ **2006** 18; *D. Meyer* Über die Möglichkeiten eines zivilrechtlichen Vergleichs in der strafrechtlichen Hauptverhandlung, JurBüro **1984** 1121; *Metz* Nebenklage und Adhäsionsantrag im Strafbefehlsverfahren, JR **2019** 67; *G. Meyer* Zur Geltendmachung von Schadensersatzansprüchen im Strafverfahren, SJZ **1950** 192; *ders.* Zur Zuständigkeit im Adhäsionsprozess, JZ **1953** 216; *Mitsching* Prozesskostenhilfe im Adhäsionsverfahren, StV **2019** 295; *Nagler* Echter und unechter Strafprozess (Anschlussverfahren), GerS **112** (1939) 133; *ders.* Das Adhäsionsverfahren im geltenden Recht und im Entwurf der Strafverfahrensordnung, GerS **112** (1939) 308 und GerS **113** (1939) 1; *Niederreuther* Gedanken zur Ausgestaltung des Adhäsionsverfahrens im künftigen Strafverfahrensrecht, DR **1937** 412; *Neuhaus* Das Opferrechtsreformgesetz 2004, StV **2004** 620; *Oetker* Nebenklage und Adhäsionsprozess, GerS **105** (1935) 177; *ders.* Zur Gestaltung des Adhäsionsverfahrens, ZAkDR **1937** 7; *Palme* Der Adhäsionsprozess und seine Bedeutung für die Haftpflichtversicherung, Diss. Hamburg 1948; *Pecher* Über zivilrechtliche Vergleiche im Strafverfahren, NJW **1981** 2170; *Pentz* Zum Adhäsionsverfahren, MDR **1953** 155; *Pichler/Drexler* Neuerungen im Strafverfahrensrecht auf Grund der Verordnung zur weiteren Anpassung des österreichischen Strafrechts an das Reichsrecht vom 13. August 1940, RGBl. I S. 1117, DR **1940** 1802; *Plüür/Herbst* Das Adhäsionsverfahren im Strafprozeß, NJ **2005** 153; *dies.* Das Adhäsionsverfahren in der staatsanwaltschaftlichen Praxis, NJ **2008** 14; *Poretschkin* Verfassungswidrige Adhäsionsverfahren, ZRP **2020** 123; *Rieß* Einige Bemerkungen über das sog. Adhäsionsverfahren, FS Dahs 425; *ders.* Zur aktuellen Entwicklung des Strafverfahrensrechts, StraFo **2006** 4; *Rössner/Klaus* Für eine opferbezogene Anwendung des Adhäsionsverfahrens, NJ **1996** 288; *dies.* Dem Adhäsionsverfahren eine Chance! ZRP **1998** 162; *Schätzler* Die Entschädigung des durch eine Straftat Verletzten, ZStW **86** (1974) 471 und JZ **1975** 231; *Schirmer* Das Adhäsionsverfahren nach neuem Recht – die Stellung der Unfallbeteiligten und deren Versicherer, DAR **1988** 121; *ders.* Die „Abwicklung" eines Verkehrsunfalls im Strafverfahren, 26. Deutscher Verkehrsgerichtstag (1988) 299; *Schmahl* Adhäsionsverfahren im Verkehrsrecht – Ein Vergleich mit der Gerichtspraxis in Dänemark, ZRP **1971** 141; *ders.* Das Adhäsionsverfahren im dänischen Recht (1980); *Schmanns* Das Adhäsionsverfahren in der Reformdiskussion, Diss. München 1987; *Eb. Schmidt* „Adhäsionsklage", HdR **1** 63; *L. Schmidt* Zur Verschmelzung des altreichsdeutschen und des ostmärkischen Strafrechts, DJ **1941** 723; *Schnek* Die Geltendmachung der zivilrechtlichen Ansprüche im künftigen deutschen Strafverfahren, ZZP **55** (1930) 389; *Schnitzerling* Schadenswiedergutmachung im Strafrecht, DAR **1959** 201; *Schöch* Wiedergutmachung und Entschädigung im Strafverfahren – ein Weg zur besseren Durchsetzung von Opferinteressen? In: 6. Mainzer Opferforum 1994, Täterrechte – Opferrechte – neue Gewichtung im Strafprozess (1996) S. 13 ff.; *Schönfeldt/Schönfeldt* Durchsetzung von Schadensersatzforderungen in Adhäsionsverfahren, NJ **1992** 448; *Schönke* Beiträge zur Lehre vom Adhäsionsprozess (1935); *ders.* Bemerkungen über einen Adhäsionsprozess im künftigen Strafverfahren, DStR **1935** 483; *ders.* Die Änderungen des Strafrechts und des Strafverfahrensrechts durch die Novelle vom 29.5.1943, DR **1943** 721; *ders.* Einige Bemerkungen über den Adhäsionsprozess, DRZ **1949** 121; *Scholz* Erweiterung des Adhäsionsverfahrens – rechtliche Forderung oder rechtspolitischer Irrweg? JZ **1972** 725; *Schroth* Das Adhäsionsverfahren des österreichischen Strafprozessrechts im Lichte der Reformüberlegungen in der Bundesrepublik Deutschland, GA **1987** 49; *Sommer* Zur Anwendung des Entschädigungsverfahrens im Strafprozess, DR **1944** 475; *Sommerfeld/Guhra* Zur „Entschädigung des Verletzten" im „Verfahren bei Strafbefehlen", NStZ **2004** 420; *Spiess* Das Adhäsionsverfahren in der Rechtswirklichkeit (2008); *Stoffers* Beteiligtenrechte im strafprozessualen Adhäsionsverfahren, NJW **2013** 80; *Stransky* Der Adhäsionsprozess (1939); *Suhr* Das Adhäsionsverfahren als Zivilprozess, HansGZ **1936** 175; *Tenter/Schleifenbaum* Opferschutz – Fortschritt in kleinen Schritten? NJW **1988** 1766; *C. v. Tippelskirch* Wirtschaftsadhäsion (2020); *Töwe* Der Adhäsionsprozess, GerS **106** (1935) 85; *Volckart* Opfer in der Strafrechtspflege, JR **2005** 181; *Vollkommer* Bindungswirkung des rechtskräftigen Strafurteils im nachfolgenden Schadensersatzprozess des Geschädigten. ZIP **2003** 2061; *Waeckerling* Die Sorge für den Verletzten im Strafrecht, Diss. Zürich 1946; *Weiner/Ferber* Handbuch des Adhäsionsverfahrens (2016); *Wezel* Die Abwicklung eines Verkehrsunfalls im Strafverfahren – Erfahrungen aus dem Ausland, VersR **1988** 218; *Wilhelmi* Internationales Privatrecht im Adhäsionsverfahren, IPRax **2005** 236; *Will* (Hrsg.) Schadensersatz im Strafverfahren (1990); *Wohlers* Die Zurückweisung eines Adhäsionsantrages wegen Nichteignung des geltend gemachten Anspruches, MDR **1990** 763; *Würtenberger* Über Rechte und Pflichten des Verletzten im deutschen Adhäsionsprozess, FS Pfenninger 193; *Zander* Das Adhäsionsverfahren im neuen Gewand, Diss. Tübingen 2011.

Entstehungsgeschichte

Bis zum Jahre 1943 kannte die Strafprozessordnung kein Anhangsverfahren. Die §§ 443 bis 446 der Strafprozessordnung vom 1.2.1877, die nach der Bek. 1924 unverändert als §§ 403 bis 406 fortgalten, regelten nur die prozessuale Behandlung eines auf Zuerkennung einer Buße nach den Vorschriften des sachlichen Strafrechts geltend gemachten Anspruchs. Art. 5 der 3. VereinfVO ersetzte sie durch einen neuen Dritten Abschnitt mit der Überschrift „Entschädigung des Verletzten", in dessen Rahmen auch der frühere Bußanspruch weiterhin geltend gemacht werden konnte (§ 406d). Durch Art. 3 Nr. 174 VereinhG wurde der Abschnitt mit nur geringen Änderungen – sie werden bei den einzelnen Paragraphen erörtert – bestätigt. Auch das Einführungsgesetz zum Strafgesetzbuch 1974 hat den Abschnitt – abgesehen von § 406d, der durch Art. 21 Nr. 103 aufgehoben worden ist – im Wesentlichen unverändert gelassen. Durch Art. 1 Nr. 12 bis 14 OpferschutzG wurden sodann die §§ 403, 404, 406 mit dem Ziel geändert, Anwendungshemmnisse zu beseitigen. Schließlich wurden mit dem gleichen Ziel durch Art. 1 Nr. 13 bis 18 des OpferRRG[1] die §§ 403 ff. erneut geändert. Zu Einzelheiten wird auf Rn. 15 sowie die Erl. bei den einzelnen Vorschriften verwiesen.

Übersicht

1. Entwicklung

1 **a) Gemeines Recht.** Schon das **gemeine Recht** kannte das Verfahren zur Verfolgung vermögensrechtlicher Ansprüche des Verletzten vor dem Strafgericht, damals unter dem Namen „Denunziationsprozess", weil der Prozess auf Anzeige des Verletzten eingeleitet wurde. Mit dem Ende des 18. Jahrhunderts bürgerte sich die Bezeichnung „Adhäsionsprozess" ein. Als solcher spielte er in den Partikularstrafgesetzbüchern des 19. Jahrhunderts eine unterschiedlich große Rolle. Immerhin galt das Verfahren in mehr als der Hälfte der Staaten des deutschen Bundes, namentlich in Preußen, Bayern und Hessen. Dass es gleichwohl nicht in die Strafprozessordnung von 1877 aufgenommen wurde, muss daher als eine überraschende Entscheidung des Gesetzgebers angesehen werden.[2]

2 **b) Entwurf 1919.** Aufgegriffen wurde das Adhäsionsverfahren wieder mit dem **Entwurf 1919** (als §§ 400 bis 404). Dieser knüpfte an § 57 Vorentw. 1909 an, mit dem der Gedanke eines einheitlichen Verfahrens wieder in das deutsche Rechtsleben eingeführt werden sollte, der damals von der Kritik überwiegend gebilligt und auch von der Strafrechtskommission mit großer Mehrheit gutgeheißen, allerdings als eine strafprozessrechtliche Vorschrift bezeichnet worden war (Begr. Entw. 1909, S. 25, 72).

3 **c) Entwurf 1939.** Als §§ 438 bis 444 fand das Anhangsverfahren – beschränkt auf Ansprüche, die zur Zuständigkeit des Amtsgerichts gehören – Eingang in den **Entwurf**

1 Materialien: Vgl. die Erl. zu § 395.
2 Vgl. *Jescheck* JZ **1958** 592.

einer Strafverfahrensordnung 1939.[3] Für die Wiedereinführung des auch als Entschädigungs- oder Anschlussverfahren bezeichneten Verfahrens wurde unter Bezugnahme auf die geschichtliche Entwicklung angeführt: Es sei seit altersher dem deutschen Recht eigentümlich gewesen, dass über strafrechtliche und bürgerlich-rechtliche Folgen einer Straftat in demselben Verfahren entschieden werde. Die rasche Verurteilung des Schuldigen, seine Verpflichtungen gegenüber dem Verletzten aus strafbarem Verhalten zu erfüllen, steigere die Wirkung des Strafurteils beim Täter und in der Volksgemeinschaft. Der bürgerliche Rechtsstreit sei stets mit Aufwendungen an Zeit, Mühe und Kosten verbunden, die den Verletzten häufig deshalb nicht nur von der Verfolgung des bürgerlichrechtlichen Anspruchs, sondern auch von einer Strafanzeige abhielten, weil ihm diese nicht zum Schadensersatz verhelfen könne; werde es dem Verletzten dagegen ermöglicht, den Täter schon im Strafverfahren zu einer Schadensleistung zu verurteilen, so werde dies auch dazu führen, dass Straftaten aufgeklärt würden, die ohne die tätige Mitwirkung des Verletzten sonst unverfolgt blieben.

Gegen die **Zweispurigkeit** wurde weiter angeführt: Sie bedeute häufig einen entbehrlichen Arbeitsaufwand der Gerichte. Denn alles, was zur Feststellung des Sachverhalts erforderlich sei, müsse zweimal geschehen, wobei noch anzumerken sei, dass einmal das Strafverfahren besser geeignet sei, die Wahrheit festzustellen, und zum anderen die Beweismittel durch den wiederholten Gebrauch an Wert verlören. Schließlich vermeide die Neuregelung, dass verschiedene Gerichte eine und dieselbe Frage verschieden entschieden, und werde mit ihr zusätzlich erreicht, dass sich auch Strafrichter mit Fragen des bürgerlichen Rechts befassen müssten, wodurch einer einseitigen Ausbildung vorgebeugt werde.[4] 4

d) Einführung 1943. Mit vornehmlich den gleichen Erwägungen – nicht unerhebliche **Arbeitsersparnis**, keine doppelten Feststellungen desselben Sachverhalts, **bessere Wahrheitsermittlung** – wurde die Wiedereinführung des Anhangsverfahrens 1943 „gerade im jetzigen Zeitpunkt" gerechtfertigt.[5] 5

2. Inhalt und Zweck. Im Anhangsverfahren kann der Verletzte oder sein Erbe selbst – mithin ohne Anwalt, auch in der höheren Instanz – mit einem einfachen Antrag, in der Hauptverhandlung sogar mündlich, **vermögensrechtliche Ansprüche** geltend machen, die ihm aus der Straftat erwachsen sind.[6] Sie müssen zur Zuständigkeit der ordentlichen Gerichte gehören.[7] Für das Verfahren gelten die Grundsätze des Strafprozesses, für die Beweisaufnahme und die Form ihrer Durchführung gilt mithin das Amtsprinzip der Strafprozessordnung. Ein Urteil, durch das dem Verletzten ein Betrag zuerkannt wird, erwächst in Rechtskraft und wird nach den allgemeinen zivilprozessualen Vorschriften vollstreckt. 6

---

3 Für die erneute Zulassung unter Hinweis auf ausl. Vorbilder schon *Schönke* in seiner Habilitationsschrift: „Beiträge zur Lehre vom Adhäsionsprozess" (1935). S. auch *Eser* GedS A. Kaufmann 723 ff.; *Fuchs* Verhandl. des 13. Österr. Juristentages 1997 IV/1 S. 58 ff.; *Garde* DRiZ **1997** 253; *Granderath* NStZ **1984** 400; *Jescheck* JZ **1958** 593; *Kieser* SchwJZ **1988** 353; *Kühler* ZStW **71** (1959) 617; *Schmahl* ZRP **1971** 141; *Schroth* GA **1987** 49; *Wezel* VersR **1988** 218; Kassationsgericht Zürich SchwJZ **1989** 231; EuGH NJW **1993** 2091.

4 *Gleispach* 512 ff.

5 *Grau* DJ **1943** 333.

6 Zur Funktion *Rieß* FS Dahs 429.

7 Vgl. auch OLG München NStZ-RR **1996** 125 (keine analoge Anwendung der §§ 403 ff. auf Ansprüche nach Art. 5 Abs. 5 EMRK).

7 Die Bezeichnung Adhäsions-, Anhangs- und Anschlussverfahren dürfen nicht dahin missverstanden werden, dass etwa die Entscheidung über den zivilrechtlichen Anspruch dem Strafurteil nachfolge; vielmehr bilden Straf- und Zivilsachen eine **Einheit**, sobald der Verletzte den Antrag gestellt hat, über den deshalb auch – sofern die Verbindung nicht vorher aufgehoben wird – in einem und demselben Urteil zu entscheiden ist.[8] Allerdings wird dieses Ergebnis nur selten erzielt (vgl. auch Rn. 8 ff.), weil das Gericht – nach wie vor – eine weitgehende Befugnis besitzt, von einer Entscheidung abzusehen, wenn sich der Antrag zur Erledigung im Strafverfahren nicht eignet (§ 406, 14 ff.).

8 **3. Bedeutung, Rechtswirklichkeit.** Obwohl[9] die Entschädigung des Verletzten im Strafverfahren dem natürlichen Rechtsempfinden entspricht, als wesentliches Element einer „opferbezogenen Strafrechtspflege“ angesehen wird, das Verfahren der Durchsetzung berechtigt erscheinender Interessen[10] sowie der Prozessökonomie dient und auch die Ziele des Strafverfahrens weitgehend zu unterstützen vermag und obwohl schließlich das Anhangsverfahren für den Verletzten so günstig und weitgehend risikolos[11] erscheint,[12] hat es seit seiner Wiedereinführung **keine größere praktische Bedeutung** erlangt.[13] In 818.587 amtsgerichtlichen Verfahren gab es 1997 nur 2951 Urteile in Adhäsionsverfahren, davon 2840 Endurteile, 111 Grundurteile, und vor der Strafkammer 142Urteile, 119 Endurteile, 23 Grundurteile.[14] Wesentliche Ursachen hierfür dürften[15] – jedenfalls bis dahin – gewesen (s. auch Rn. 9, 10, 15, 16) sein: unzureichende Information der Verletzten, Skepsis und Zurückhaltung bei Rechtsanwälten, Staatsanwälten und Richtern,[16] u.a. wegen der Gebühren bzw. der befürchteten Arbeitsbelastung.

9 Ursache für die zurückhaltende Anwendung des Adhäsionsverfahrens dürfte ferner noch immer sein, dass die Voraussetzungen strafrechtlicher Schuld und zivilrechtlicher Schadensersatzansprüche im deutschen Recht sachlichrechtlich zu wenig übereinstimmen (Kausalität: Äquivalenz im Strafrecht, Adäquanz im Zivilrecht; unterschiedliche Fahrlässigkeitsbegriffe; Verschuldenshaftung im Strafrecht, auch Gefährdungshaftung im Zivilrecht; Unterschiede schließlich in Bezug auf mitwirkendes Verschulden, Beweislastverteilung, Wahrheitspflicht – vgl. § 138 ZPO, Aufrechnung).[17] Probleme ergeben sich zudem nicht nur hinsichtlich der **„zivilprozessualen Chancengleichheit“**,[18] nament-

---

8 *Jescheck* JZ **1958** 591.

9 S. dazu, insbes. zur Praxis mit Beisp. *Herbst/Plüür* S. 3 ff.

10 *Meier/Dürre* JZ **2006** 19, 25; *Rössner/Klaus* NJ **1996** 291.

11 S. aber z.B. *Loos* GA **2006** 195; *Rieß* FS Dahs 425 (zu den Risiken des sog. Ausweichverhaltens – z.B. Einstellung, Strafbefehlsverfahren, Absehensentscheidung und deren Hinauszögern).

12 Vgl. Rn. 11.

13 Vgl. *Eser* GedS A. Kaufmann 731; BRDrucks. 246/89; s. auch *Eder-Rieder* FS Gössel S. 577; *Krey/Wilhelmi* FS Otto 933; *Loos* GA **2006** 195; *Bielefeld* DRiZ **2000** 277; s. auch MAH/*Kauder* S. 2007 ff.; allg. Auffassung; weniger krit. *Rieß* FS Dahs 428.

14 Vgl. Stat. Bundesamt Wiesbaden, Strafgerichte 1997 Tab. 2.1 und 4.1. Weitere Einzelheiten bei AK/*Schöch* 3 ff.; *M. Kaiser* (Die Stellung des Verletzten) 263 ff.; *Staiger-Allroggen* 109 ff., 163; *Rössner/Klaus* ZRP **1998** 162; *Meier/Dürre* JZ **2006** 19; s. auch BRDrucks. 246/89.

15 Vgl. *M. Kaiser* 263 ff.; *Staiger-Allroggen* 109 ff., 164; *Brokamp* 161 ff., 173 ff.; AK/*Schöch* 3 ff. Vgl. auch *Scholz* JZ **1972** 725; *Schmahl* ZRP **1971** 141; *Jescheck* JZ **1958** 591 ff.; *Eser* GedS A. Kaufmann 731; *Rieß* (Gutachten) 43.

16 Vgl. *Herzler* NJ **2000** 399; *Hilger* GA **2004** 478 ff.; *Loos* GA **2006** 195 (zu Rollenkonflikten); *Kuhn* JR **2004** 398; *Bielefeld* DRiZ **2000** 277; *Freund* GA **2002** 82.

17 *Weigend* 525; *Hirsch* GedS A. Kaufmann 716; *Iffert-Schmücker* 108; AK/*Schöch* 7 ff.; vgl. auch *Rieß* (Gutachten) 41, 43, 81; s. auch *Volckart* JR **2005** 185; Meyer-Goßner/*Schmitt* 2.

18 S. auch *Loos* GA **2006** 195 (Rollenkonflikt beim Antragsteller/Zeugen).

lich weil der Beschuldigte sich gezwungen fühlen könnte, sich ein günstiges strafrechtliches Ergebnis durch Nachgiebigkeit gegenüber der zivilrechtlichen Forderung zu verschaffen, sondern auch, weil der Beschuldigte sich durch die Konfrontation mit den finanziellen Konsequenzen aus den Folgen der Tat – resignierend – in der effektiven Wahrnehmung seiner **Verteidigung** gehindert fühlen könnte.[19] Auch ist das Verfahren für Verkehrssachen wenig geeignet (vgl. § 3 PflVG).[20] Zwischen diesen **sachlichrechtlichen Unterschieden**[21] versucht das Anhangsverfahren durch „parallele Aufgabenstellungen beider in wirklicher Integration"[22] eine Brücke zu schlagen. Dabei scheint sich jedoch – jedenfalls bis zum OpferschutzG (Rn. 13) – auch die besondere Autonomie der Verfahrensordnung im deutschen Recht, das – anders als beispielsweise das französische[23] mit seiner weitreichenden Rechtskraftwirkung des Strafurteils für das Zivilverfahren – bis 1987 grundsätzlich keine Bindung des Zivilrichters an strafrichterliche Urteile kannte (jetzt aber § 406 Abs. 1 i.V.m. § 318 ZPO), als eine Hemmschwelle erwiesen zu haben, die das Adhäsionsverfahren, das dieses Prinzip sprengen möchte, erheblich behinderte.[24]

Auch nach den Änderungen durch das **OpferRRG** (Rn. 15) hat sich die Akzeptanz in **10**
der Praxis nur punktuell, aber nicht wirklich wesentlich verbessert (s. Rn. 8). In 839.802 amtsgerichtlichen Verfahren gab es 2006 nur 2508 Urteile in Adhäsionsverfahren, davon 1998 Endurteile und 510 Grundurteile, und vor der Strafkammer immerhin 440 Urteile, 380 Endurteile, 60 Grundurteile; 2007 immerhin insgesamt 4279, davon von 843.859 Verfahren 3811 vor dem Amtsgericht (3346 Endurteile), 468 vor der Strafkammer (415 Endurteile).[25] Die Bemühungen des Reformgesetzgebers (s. Rn. 15), diese Ursachen zu beseitigen und das Adhäsionsverfahren, etwa durch umfassende Hinweispflichten (vgl. etwa § 406i Abs. 1 Nr. 3) oder eingeschränkte Möglichkeiten zum Absehen von einer Adhäsionsentscheidung (vgl. § 406 Abs. 1 Satz 6), stärker in der Rechtspraxis zu verankern, haben empirisch auch anschließend nur verhaltene Wirkungen gezeigt.[26] So wurden etwa im Jahre 2019 in 660.816 amtsgerichtlichen Verfahren nur 4541 Urteile in Adhäsionsverfahren, davon 2922 Endurteile, 197 Grundurteile, 1422 Vergleiche, und vor der Strafkammer in insgesamt 14.039 Verfahren 482 Urteile, 447 Endurteile, 35 Grundurteile erlassen.[27] Eine Ursache hierfür mag schließlich auch weiterhin (s. Rn. 7) in der Schwierigkeit liegen, das Gebot einer zügigen Verfahrensführung, gerade auch in komplexen Verfahren, nicht mit schwierigen schadensersatzrechtlichen Fragen, etwa bei entgegangenem Gewinn, Folgeschäden und Schockschäden nahestehender Personen zu konterkarieren.[28]

---

19 Vgl. *Rieß* (Gutachten) 81; AK/*Schöch* 8; *Loos* GA 2006 195 (eingehend zu diesem Problemfeld; z.B. Doppelstellung des Beschuldigten; nemo tenetur ...); *Feigen* FS Otto 883, 886; s. auch *Volckart* JR **2005** 185; Meyer-Goßner/*Schmitt* 2; SK/*Velten* 5.

20 Vgl. *Schirmer* DAR **1988** 121; *Köckerbauer* (Adhäsionsverfahren) 191; *Loos* GA **2006** 195; *Kuhn* JR **2004** 399.

21 S. dazu auch *Feigen* FS Otto 879; *Krey/Wilhelmi* FS Otto 933.

22 *Scholz* JZ **1972** 729.

23 Rechtsvergleichend *Krey/Wilhelmi* FS Otto 933.

24 Vgl. auch *Scholz* JZ **1992** 725, 729; *Bielefeld* DRiZ **2000** 277.

25 Vgl. Stat. Bundesamt Strafgerichte 2006 und 2007, Tab. 2.1 und 4.1. S. auch Weiner/Ferber/*Wolf* Rn. 271 ff.

26 So auch *v. Tippelskirch* S. 54 ff.

27 Vgl. Stat. Bundesamt Wiesbaden, Rechtspflege Strafgerichte 2019 Fachserie 10 Reihe 2.3.

28 Vgl. etwa *Emmerich* ZRP **2018** 83.

11 **4. Reformfragen.** Nicht zuletzt im Hinblick auf die auf der Hand liegenden **Vorteile des Verfahrens**[29] – Entlastung der Ziviljustiz; Förderung des TOA, insbesondere der Schadenswiedergutmachung und der Aussöhnung zwischen Täter und Opfer; Verminderung des Zeitaufwandes für die beteiligten Rechtsanwälte; Kosten- und Zeitersparnis für den Verletzten und den Beschuldigten; geringere Belastung der Zeugen; Vermeidung der Gefahr einer divergierenden Wertung im Straf- und Zivilrechtsurteil – wurde eine „Belebung" des Verfahrens durch Gesetzesänderungen[30] und die Praxis[31] gefordert. Wesentliche Vorschläge waren: Einführung einer Unterrichtungspflicht in § 403 Abs. 2; Verbesserung der Regelungen zur Prozesskostenhilfe; Verzicht auf den Adhäsionsantrag oder Reduzierung der Anforderungen insoweit; Erweiterung der Streitwertgrenze in § 403; Änderung der „Absehensklausel" in § 405; obligatorische Verweisung an das Zivilgericht statt Absehensentscheidung nach § 405; Einbeziehung auch anderer Haftender, z.B. von Haftpflichtversicherungen, in das Verfahren; unbeschränkte Zulassung aller straftaterheblichen bürgerlich-rechtlichen Ansprüche bzw. – umgekehrt – Beschränkung auf reine Entschädigungsansprüche; Zulassung des Grundurteils; Lösung des Adhäsionsausspruches vom strafrechtlichen Schuldspruch; Zulassung einer negativen Sachentscheidung; Beschränkung der Begründungspflicht des Gerichts; Gebührenanreize; Rechtsmittel des Antragstellers gegen die Ablehnung des Adhäsionsantrags; Einführung einer im Strafverfahren – ggf. losgelöst vom Adhäsionsverfahren – aufzuerlegenden Wiedergutmachungsleistung.

12 **Ähnliche Vorschläge** finden sich bereits im *Rießschen* Gutachten über die Rechtsstellung des Verletzten im Strafverfahren für den 55. Deutschen **Juristentag** (Rn. 152), wo er folgende Änderungen empfiehlt: (1) Zulässigkeit der Geltendmachung von Ansprüchen, die die zivilprozessuale Zuständigkeit des Amtsgerichts übersteigen, wenn der Angeklagte zustimmt; (2) Zulässigkeit von Grund- und Teilurteilen; (3) Gewährung von Prozesskostenhilfe für den Antragsteller und (4) zu erwägen, ob nicht auch Schadensersatzansprüche in das Adhäsionsverfahren einbezogen werden sollten, die vor die Arbeitsgerichte gehören. Allerdings weist er auch auf die begrenzten Möglichkeiten dieses Verfahrens hin (Rn. 149 f.) und befürwortet stärker Regelungen, die die tatsächliche Schadloshaltung des Verletzten mit strafrechtlichen und strafprozessualen Mitteln bewirken. Von den beiden Referenten hat *Hammerstein* den Vorschlag zu 1,[32] *Odersky* die Vorschläge zu 1 bis 3[33] unterstützt. Nach eingehender Beratung hat die Strafrechtliche Abteilung beschlossen, dem Gesetzgeber folgende Vorschläge zu unterbreiten: 1. Wegfall der zivilprozessualen Streit-

---

29 Vgl. *Brokamp* 156; *Weigend* 523; KMR/*Heintschel-Heinegg/Bockemühl* 6; *Herzler* NJ **2000** 399; *Sommerfeld/Guhra* NStZ **2004** 420; s. auch *Krey/Wilhelmi* FS Otto 933 (Vor- und Nachteile); *Loos* GA **2006** 195; *Dallmeyer* JuS **2005** 329; *Plüür/Herbst* NJ **2008** 14; HK-GS/*Weiner* § 403, 1.

30 Vgl. zur Diskussion u.a. *Kühler* ZStW **71** (1959) 617 ff.; *Jescheck* JZ **1958** 593; *Peters* § 67 III; *Sessar* FS Leferenz 143 ff.; *Scholz* JZ **1972** 725; *Amelunxen* ZStW **86** (1974) 457; *Lang* ZRP **1985** 32; *Böttcher* JR **1987** 138; *Rieß* Jura **1987** 289; *ders.* (Gutachten) 149 ff.; *Weinberger* DNP **1987** 67; *Wezel* VersR **1988** 218; *Köckerbauer* (Adhäsionsverfahren) 187 ff., 219; *ders.* NStZ **1994** 305; *Brokamp* 95 ff., 155, 173 ff.; *Patsourakou* 283 ff.; *Staiger-Allroggen* 164 ff.; *Iffert-Schmücker* 108 ff.; AK/*Schöch* 6 ff.; *Kintzi* DRiZ **1998** 65; vgl. auch *Däubler-Gmelin* ZRP **1994** 342; *Eser* GedS A. Kaufmann 731; *Rössner/Klaus* NJ **1996** 288; *dies.* ZRP **1998** 162; *Brause* ZRP **1985** 103; *Fey* AnwBl. **1986** 491; *Granderath* NStZ **1984** 400; *Hirsch* GedS A. Kaufmann 699 ff.; *Kempf* StV **1987** 218; *Schirmer* DAR **1988** 121; *Schmanns* 70 ff., 166 ff.; *Schöch* NStZ **1984** 385; *Schünemann* NStZ **1986** 193; *Tenter/Schleifenbaum* NJW **1988** 1766; *Thomas* StV **1985** 431; *Weigend* ZStW **96** (1984) 761 und NJW **1987** 1176; *Weigend* 527 ff., 548; *Wetekamp* DAR **1987** 212; s. auch *Hinz* ZRP **2002** 475.

31 Vgl. *Greiner* ZRP **2011** 132; *Rössner/Klaus* NJ **1996** 288; *dies.* ZRP **1998** 162; *Schirmer* DAR **1988** 121; *Schönfeldt/Schönfeldt* NJ **1992** 448.

32 These V b (*Hammerstein*) Verh. 55. DJT L 28.

33 These V 22 b (*Odersky*) Verh. 55. DJT L 49.

wertgrenze, wenn der beklagte Beschuldigte zustimmt; 2. Möglichkeit der Prozesskostenhilfe für den Antragsteller und 3. Zulässigkeit von Grund- und Teilurteil.[34] Jüngst hat *von Tippelskirch* weitere Reformvorschläge vorgelegt.[35]

Im **OpferschutzG** hat der Gesetzgeber diese Vorschläge (Rn. 11) mit dem **Ziel**, offensichtliche prozessuale Anwendungshindernisse zu beseitigen, aufgegriffen. Er hat sich für wenige behutsame **Verbesserungen** entschieden, die auf die unterschiedlichen Strukturen des Strafprozesses einerseits und der zivilprozessualen Klärung zivilrechtlicher Ansprüche andererseits[36] Rücksicht nehmen und mit diesen vereinbar sind oder wenigstens Friktionen vermeiden. Es sind die Erweiterung der Zuständigkeit im amtsgerichtlichen Verfahren durch Beseitigung der zivilprozessualen Streitwertgrenze, die Möglichkeit der Prozesskostenhilfe und die Zulassung des Grund- und Teilurteils. Weitergehende Vorschläge,[37] insbesondere zur Einführung eines „Zwangsadhäsionsverfahrens", sind vom Gesetzgeber nicht realisiert worden. **13**

Besondere **Bedeutung** hat der Gesetzgeber der Zuständigkeitserweiterung und der Zulassung von Grund- und Teilurteil beigemessen. Der **Anwendungsbereich** des Adhäsionsverfahrens war durch die nach § 403 Abs. 1 a.F. zu beachtende Streitwertgrenze (§ 23 Nr. 1 GVG) erheblich eingeschränkt.[38] Namentlich von der Zulassung des Grund- und Teilurteils erwartete der Gesetzgeber, dass die Praxis ihre bisherige Zurückhaltung gegenüber dem Adhäsionsverfahren aufgibt. Denn diese Änderung erlaubt es, den mit Mitteln des Strafprozesses eher aufklärbaren Haftungsgrund im Strafverfahren zu entscheiden und die Klärung der Schadenshöhe, die das Strafverfahren verzögern könnte, ggf. einem späteren Zivilprozess zu überlassen; dadurch wird auch eine mehrfache Beweisaufnahme über den Anspruchsgrund erspart und vielfach die Basis für einen Vergleich zur Anspruchshöhe geschaffen werden können.[39] **14**

Zahlreiche Änderungen der §§ 403 ff. hat das **OpferRRG** gebracht.[40] Ziel: eine verstärkte Anwendung des Verfahrens in der Praxis. Wesentlich sind namentlich: die Einschränkung der Möglichkeit, von der Entscheidung abzusehen, weil sich der Adhäsionsantrag zur Erledigung im Strafverfahren nicht eigne (§ 406 Abs. 1), Regelungen zum Vergleich (§ 405), die Zulassung des Anerkenntnisurteils (§ 406 Abs. 2), eine Verbesserung der Vollstreckungsregelung (§ 406 Abs. 3) und eine Verstärkung der Hinweispflicht (§ 406 Abs. 5; § 406h Abs. 2). **15**

Mit dem Gesetz zur Fortentwicklung der Strafprozessordnung und zur Änderung anderer Vorschriften vom 25.6.2021[41] hat der Gesetzgeber im Adhäsionsverfahren eine Änderung vorgenommen, die weitreichende Folgen für die Rechtspraxis haben könnte. Durch **16**

---

34 Beschlüsse IV 11a bis c, Verh. 55. DJT Bd. II S. L 193 = NJW **1984** 2682.

35 Vgl. von *v. Tippelskirch* S. 176 ff.

36 Vgl. dazu *Schöch* NStZ **1984** 390; *Thomas* StV **1985** 435; *Weigend* ZStW **96** (1984) 792; *Weigend* 523 ff.; *Schmanns* 12 ff.; BRAK BRAK/Mitt. **1986** 136; *Köckerbauer* (Adhäsionsverfahren) 30, 187 ff.

37 Vgl. Art. 2 Nr. 8 bis 11 des Gesetzentwurfs der SPD BTDrucks. **10** 3636; Entwurf des Landes Berlin BRDrucks. 347/85.

38 Vgl. *Rieß* Jura **1987** 289; *Weinberger* DNP **1987** 67; s. dagegen *Kempf* StV **1987** 218; vgl. auch *Schmanns* 97 ff.

39 BTDrucks. **10** 5305, S. 15; krit. insbes. *Schöch* NStZ **1984** 390; *Wetekamp* DAR **1987** 212; *Schmanns* 118 ff., 135 ff.; *Köckerbauer* (Adhäsionsverfahren) 30, 187 ff.; *Hirsch* GedS A. Kaufmann 715 ff.; *Weigend* 523 ff.; s. dagegen *Brokamp* 161 ff.

40 Eingehend dazu (überwiegend krit.): *Loos* GA **2006** 195; *Rieß* StraFo **2006** 4; *ders.* FS Dahs 425; *Krey/Wilhelmi* FS Otto 933; *Neuhaus* StV **2004** 620; *Kuhn* JR **2004** 397; *Ferber* NJW **2004** 2562; *Dallmeyer* JuS **2005** 327; *Hilger* GA **2004** 478; *ders.* FS Fezer 512; *Krey* Rn. 331 ff.; *Kühne* Rn. 1136; *Volk* § 39 Rn. 30; s. auch *Freund* GA **2002** 82; *Schünemann* FS Hamm 695; HbStrVf/*Scheffler* VII 963 ff.

41 BGBl. I 2099.

die Einfügung von § 403 Satz 2 wird die Antragsbefugnis im Adhäsionsverfahren über den unmittelbaren Verletzten (§ 373b Abs. 1) und dessen Erben sowie über die mittelbaren Verletzten nach § 373b Abs. 2 hinaus erweitert auch auf sonstige Geschädigte, die einen aus der Straftat erwachsenen vermögensrechtlichen Anspruch geltend machen. Nach der hier vertretenen Ansicht (vgl. § 403, 5) sind damit insbesondere auch **Sozialversicherungsträger** antragsbefugt und können die ihnen im Wege des gesetzlichen Forderungsübergangs zustehenden Ansprüche im Strafverfahren geltend machen.[42] Allerdings erhalten diese von einer Straftat als Hintergrund ihrer Einstandspflicht gegenüber dem Verletzten oftmals nur zufällig Kenntnis, wenn sich ein Arzt oder eine Ärztin entschließt, der Mitteilungspflicht aus § 294 Abs. 1 SGB V zu entsprechen. Zukünftig könnte mit Anklageerhebung – etwa durch Ausdehnung bestehender Mitteilungspflichten (vgl. Nr. 42 Abs. 2 Nr. 3 MiStra) oder im Wege noch stärkerer Durchsetzung der Pflichten aus § 294a Abs. 1 SGB V, § 100 SGB X (hier sind schon Anhaltspunkte für eine Straftat ausreichend, um die Mitteilungspflicht entstehen zu lassen) – eine Benachrichtigung auch an Krankenkassen oder andere Sozialversicherungsträger routinemäßig erfolgen. Dies gilt insbesondere bei Delikten aus dem Phänomenbereich der **häuslichen Gewalt** (s. Vor § 373b, 27 ff.), in denen die Mitwirkungsbereitschaft der häufig zeugnisverweigerungsberechtigten Verletzten im Strafverfahren zumindest nicht durchgehend belastbar ausgeprägt ist. Ein tragfähiger Grund für die ansonsten in diesen Fällen oftmals zu verzeichnende Belastung der – im Grunde anspruchsberechtigten (vgl. etwa § 116 Abs. 1 SGB X) – **Solidargemeinschaft der Versicherten** mit den Behandlungs- und Rehabilitierungskosten einer auch durch schwerste Gewaltverbrechen erheblich verletzten Geschädigten ist nicht ersichtlich. Die Sozialversicherungsträger können (und müssen) nunmehr im Namen der Solidargemeinschaft der Versicherten einen Zeit und justizielle Ressourcen sparenden Antrag zu stellen. Hierdurch können ferner die Rechtsfolgen der Straftat jenseits von Strafen und Maßregeln erweitert und es kann ein weiteres Mittel sozialer Steuerung implementiert werden; der wirtschaftlichen Belastung mit den Tatfolgen von Gewaltverbrechen wird eine zumindest negativ-spezialpräventive, aber auch positiv-generalpräventive Wirkung nicht abzusprechen sein. Ein dieserart titulierter Anspruch des Sozialversicherungsträgers mag in der Vollstreckung hinter solchen des Verletzten (etwa Schmerzensgeld) vorläufig zurücktreten (vgl. etwa § 116 Abs. 4 SGB X), sofern dieser überhaupt Ansprüche geltend macht.

17 Da es auch den jüngsten Reformbemühungen des Gesetzgebers nicht gelungen ist, das Adhäsionsverfahren nachhaltig zu beleben (Rn. 8 ff.),[43] bleiben – wenn der Gesetzgeber nicht resignieren und das Anhangsverfahren mangels Eignung vollständig abschaffen oder aber das prozessuale Gleichgewicht weiter zum Nachteil des Angeklagten verschieben[44] will – nur „Radikallösungen“: Entweder die Einführung einer von Amts wegen im Strafverfahren aufzuerlegenden **Wiedergutmachungsleistung,**[45] **deren Erfüllung mit dem zivilrechtlichen Anspruch zu verrechnen wäre, oder** die – von der

42 Vgl. zu deren Ausschluss nach früherer Rechtslage nur BGHSt **37** 320, 323.

43 Ebenso KMR/*Nepomuck* 10; **a.A.** noch *Rössner/Klaus* ZRP **1998** 162 (zum wohl erfolgreichen Feldversuch einer Belebung).

44 Vgl. *v. Tippelskirch* S. 185, der weitergehende prozessuale Beteiligungsrechte des Adhäsionsklägers mit Recht ablehnt.

45 Vgl. *Patsourakou* 283 ff., 302; *Weigend* 527 ff., 538; *Hirsch* GedS A. Kaufmann 705 ff., 715; *Staiger-Allroggen* 165 ff.; *Rieß* (Gutachten) 138 ff., 154; *ders.* FS Dahs 436; AK/*Schöch* 9 ff.; *Kintzi* DRiZ **1998** 65; s. auch SK/*Velten* 5; *Freund* GA **2002** 82.

Rechtspraxis jüngst[46] mit Recht erneut[47] geforderte – Etablierung einer **Bindungswirkung der tatgerichtlichen Schuldfeststellungen** für ein anschließend vom Verletzten etwa anzustrengendes Zivilverfahren.[48]

Der Kognition des **Zivilgerichts** unterstünde dann nur noch die Höhe des geltend **18**
gemachten Anspruchs. Die gegen eine Bindungswirkung vorgebrachten Bedenken sind nicht gewichtig genug, um diese – wohl letzte – Möglichkeit zur Effektivierung des Adhäsionsverfahrens zulasten der Verletzten noch weiter verstreichen zu lassen. Dies gilt insbesondere, wenn die anzustrebende Bindungswirkung auf das freisprechende Erkenntnis keine Anwendung findet.[49] Es ist namentlich nicht erkennbar, dass sich in diesem Fall die Rechtsposition der „betroffenen Partei", etwa des Angeklagten, „deutlich" verschlechtert.[50] Der Angeklagte profitiert im Strafverfahren von der – im Vergleich zum Beibringungsgrundsatz zuverlässigeren – Sachaufklärungspflicht. Auch ist der – nicht näher ausgeführte – Einwand, dass eine „Vermischung" von Dispositions- und Untersuchungsgrundsatz vermieden werden sollte, nicht überzeugend. Denn eine strikte Trennung gibt es schon heute, erst Recht im Adhäsionsverfahren (vgl. § 406 Abs. 2, § 405), nicht.

Eine Entlastung des Verletzten könnte ferner die Bindungswirkung der strafge- **19**
richtlichen Urteilsfeststellungen für das **sozialgerichtliche Verfahren** in Opferentschädigungssachen bewirken.[51] Warum sollte das Ergebnis nach § 261, das zugleich dem Angeklagten gar langjährig die Freiheit entzieht, nicht auch geeignet sein, diese fachgerichtlichen Prozesse über Nebenansprüche und Nebenfolgen bindend vorzubereiten? Hierdurch könnten justizielle Ressourcen nachhaltig geschont und zugleich der Schutz des Verletzten im Verfahren effektiviert werden.

Eine nicht hinnehmbare substantielle Verschlechterung der Rechtsstellung des Ver- **20**
letzten hätte hingegen die vereinzelt vertretene[52] Sperrwirkung eines unterlassenen Adhäsionsverfahren für den Zivilprozess zur Folge, deren Entlastungseffekt für die Justiz überdies von Zufälligkeiten abhängig wäre. Unbedingt abgesehen werden sollte zukünftig ferner von weiteren kleinteiligen **systemimmanenten Korrekturen.** Diese haben sich in den letzten beiden Dekaden zur Effektivierung des Adhäsionsverfahrens nicht als geeignet erwiesen. Dies gilt insbesondere für eine noch weitergehende Einschränkung der „Absehensklausel" (§ 406 Abs. 1).[53]

5. Entsprechende Anwendung. Die **entsprechende Anwendung** der Vorschriften **21**
über das Anhangsverfahren sieht grundsätzlich § 9 Abs. 3 WiStG vor. Für die Geltendmachung der Ansprüche auf Vernichtung und ähnliche Maßnahmen (§§ 98, 99 UrhG) verweist § 110 Satz 3 UrhG auf die Vorschriften über das Adhäsionsverfahren. Im Verfahren nach dem OWiG finden die §§ 403 ff. keine Anwendung (§ 46 Abs. 3 Satz 3 OWiG).

46 Vgl. zum Zweiten bundesweiten Strafkammertag am 26.9.2017 in Würzburg FD-StrafR 2017, 394986, Dokumentation abrufbar unter www.kripoz.de; *Emmerich* ZRP **2018** 83; *Vollkommer* ZIP **2003** 2061.

47 Vgl. zum § 415a ZPO-E BTDrucks **15** 3482 S. 17.

48 Vgl. zur geltenden Rechtslage nur BGH NJW **2013** 1163; *Höher/Mergner* NZV **2013** 231.

49 Vgl. zutr. *Emmerich* ZRP **2018** 83; krit. insoweit auch *Huber* ZRP **2003** 271.

50 BTDrucks **15** 3482 S. 17.

51 Zur geltenden Rechtslage vgl. nur BSGE **60** 147.

52 *Greiner* ZRP **2011** 132.

53 S. auch *Sommerfeld/Guhra* NStZ **2004** 420; *Kuhn* JR **2004** 397 (Anwendung im Strafbefehlsverfahren); Vorschlag MVs BRDrucks. 793/07 vom 6.11.2007.

§ 403
Geltendmachung eines Anspruchs im Adhäsionsverfahren

[1]Der Verletzte oder sein Erbe kann gegen den Beschuldigten einen aus der Straftat erwachsenen vermögensrechtlichen Anspruch, der zur Zuständigkeit der ordentlichen Gerichte gehört und noch nicht anderweit gerichtlich anhängig gemacht ist, im Strafverfahren geltend machen, im Verfahren vor dem Amtsgericht ohne Rücksicht auf den Wert des Streitgegenstandes. [2]Das gleiche Recht steht auch anderen zu, die einen solchen Anspruch geltend machen.

Schrifttum

Grau/Blechschmidt/Frick Stärken und Schwächen des reformierten Adhäsionsverfahrens NStZ **2010** 662.

Entstehungsgeschichte

Die Vorschrift ist seit ihrer Einfügung im Jahre 1943 (Entstehungsgeschichte Vor § 403) bis 1987 inhaltlich unverändert geblieben. Durch Art. 3 Nr. 174 VereinhG sind in Absatz 1 die Worte „Zuständigkeit des Amtsgerichts" durch „dessen Zuständigkeit" ersetzt worden. Durch das OpferschutzG (Art. 1 Nr. 12) wurde Absatz 1 dahingehend geändert, dass der Anspruch vor dem Amtsgericht nicht nur, soweit er zu dessen Zuständigkeit gehört, sondern ohne Rücksicht auf den Wert des Streitgegenstandes geltend gemacht werden kann. Durch Art. 1 Nr. 13 des OpferRRG wurde Absatz 2 aufgehoben; zu dessen Fassung bis September 2004 s. die 25. Auflage. Die Überschrift wurde eingeführt durch Art. 1 Nr. 13 des Gesetzes zur Stärkung des Rechts des Angeklagten auf Vertretung in der Berufungshauptverhandlung und über die Anerkennung von Abwesenheitsentscheidungen in der Rechtshilfe vom 17.7.2015 (BGBl. I 1332); eine verbesserte Hinweispflicht findet sich jetzt in § 406i Abs. 1 Nr. 3. Durch Art. 1 Nr. 48 des Gesetzes zur Fortentwicklung der Strafprozessordnung und anderer Vorschriften vom 25.6.2021 (BGBl. I S. 2099) wurde Satz 2 eingefügt. Diese Ergänzung trägt dem Umstand Rechnung, dass der Verletztenbegriff in der Strafprozessordnung bisher je nach Funktionszusammenhang unterschiedlich weit ausgelegt wurde und im Adhäsionsverfahren von der Rechtsprechung die Verletztenrechte auch Personen gewährt wurden, die nur mittelbar durch die Tat geschädigt sind. An dieser Auslegung sollte sich nach dem Willen des Gesetzgebers inhaltlich auch durch die durch dasselbe Reformgesetz eingefügte Legaldefinition in § 373b nichts ändern.[1]

Übersicht

1 BTDrucks. **19** 27654 S. 106.

https://doi.org/10.1515/9783110275001-038

I. Voraussetzungen (Absatz 1)

1. Antragsberechtigter

a) Unmittelbare Verletzte (Satz 1). Antragsberechtigt sind zunächst der unmittelbare und mittelbare **Verletzte** im Sinne von § 373b (s. Erl. zu § 373b, 13 ff.), also diejenigen, die durch die Tat, ihre Begehung unterstellt, unmittelbar einen Schaden erlitten haben (s. § 373b, 24).[2] Dies muss in der Antragsschrift schlüssig dargelegt werden (vgl. § 404 Abs. 1 Satz 2; § 404, 1).[3] Das Antragsrecht besteht auch, wenn der unmittelbare Verletzte einen erforderlichen Strafantrag nicht gestellt hat.[4] Es handelt sich bei der Adhäsionsklagebefugnis um eine selbstständige Beteiligungsart; sie kann alternativ oder auch kumulativ zur Nebenklagebefugnis wahrgenommen werden,[5] sodass sie auch besteht, wenn der Verletzte Mitangeklagter, Nebenkläger, Privatkläger oder Widerbeklagter (vgl. § 388, § 404, 13, 18) ist.[6] Ferner soll es nicht darauf ankommen, ob der Antragsteller dem Schutzbereich der zur Aburteilung gelangten Vorschrift unterfällt.[7] 1

b) Andere Anspruchsinhaber (Satz 2). Darüber hinaus sind nach Satz 2, der durch das Gesetz zur Fortentwicklung der Strafprozessordnung und zur Änderung anderer Vorschriften vom 25.6.2021[8] eingefügt wurde, auch andere Personen, denen ein **vermögensrechtlicher Anspruch** aus der Straftat, verstanden als historischer Sachverhalt (§ 264),[9] erwachsen ist, im Adhäsionsverfahren antragsbefugt. Durch Satz 2 wird ausdrücklich klargestellt, dass der Kreis der Antragsberechtigten weder auf die in § 373b Abs. 2 benannten Personen noch auf Erben (Satz 1) beschränkt, sondern weiter ist.[10] Damit wird dem Umstand Rechnung getragen, dass der Verletztenbegriff in der Strafprozessordnung bisher je nach Funktionszusammenhang unterschiedlich weit ausgelegt wurde (s. im Einzelnen Erl. zur Entstehungsgeschichte von § 373b) und im Adhäsionsverfahren von der Rechtsprechung die Verletztenrechte auch Personen gewährt wurden, die nur mittelbar durch die Tat geschädigt sind. Der Verletztenbegriff wurde nach früherer Rechtslage hier also weiter verstanden als etwa bei § 172. An dieser Auslegung sollte sich nach dem Willen des Gesetzgebers inhaltlich insbesondere durch die Legaldefiniti- 2

---

2 Vgl. auch BeckOK/*Ferber* 1.

3 BGH NStZ **2019** 354; KK/*Zabeck* 2 (Proz. Tat verwirklicht zugleich den zivilrechtl. Anspruchstatbestand); s. auch OLG Karlsruhe JR **1995** 79 mit Anm. *Otto*; *Kurth* NStZ **1997** 6; im Einzelnen *Tippelskirch* S. 87 ff.

4 HK/*Pollähne* 3; s. auch LG Koblenz DAR **1952** 159; enger *Rössner/Klaus* NJ **1996** 288 (nur natürliche Personen).

5 *Metz* JR **2019** 72.

6 Vgl. SSW/*Werner* 1; AK/*Schöch* 2; KMR/*Nepomuck* 1.

7 BTDrucks. **19** 27854 S. 106.

8 BGBl. 2021 I S. 2099, 2105.

9 Vgl. SSW/*Werner* 12.

10 BTDrucks. **19** 27854 S. 106.

on in § 373b nichts ändern.[11] Allerdings handelt es bei den von Satz 2 erfassten Personen weder um unmittelbare noch um mittelbare Verletzte im Sinne von § 373b. Der Gesetzgeber hat vielmehr an dieser Stelle punktuell das Adhäsionsverfahren auch weiteren Personen eröffnet, ohne diese zugleich dem Verletzten gleichzustellen. Die §§ 406d ff. sind auf diese Personen mit Ausnahme von § 406e nicht anwendbar. Dies belegen zunächst der Wortlaut des § 373b Abs. 1 (s. § 373b, 29) sowie die Gesetzessystematik. Nicht zuletzt wäre die Einfügung des neuen § 406e Abs. 4 durch dasselbe Reformgesetz aus dem Jahre 2021 nicht erforderlich gewesen. Dieser eröffnet ausdrücklich und nur punktuell den in § 403 Satz 2 Genannten die Verletztenbefugnis der Akteneinsicht.[12] Im Übrigen finden die zum unmittelbaren Verletzten dargestellten Maßgaben entsprechend Anwendung (s. Rn. 1).

3 **aa) Erben.** Zwar nennt das Gesetz nur den **Erben (Satz 1)**. Das ist aber kein Grund, dessen Erben auszuschließen.[13] Eine andere Auslegung stellte zu sehr auf das Possessivpronomen (sein Erbe) ab und ließe nach neuerer Rechtslage gerade auch Satz 2 aus dem Blick. Nach Sinn und Zweck der Vorschrift ist als Erbe anzusehen, wer den Anspruch im Weg des Erbgangs und nicht auf andere Weise erworben hat. Ob es sich um gesetzliche oder um testamentarische Erbfolge handelt, ist gleich. Allerdings muss der Antragsteller bis zum Zeitpunkt der tatgerichtlichen Entscheidung einen **Erbschein** oder ein **Europäisches Nachlasszeugnis** (vgl. Art. 69 EuErbVO) vorlegen;[14] fehlt dieser, ist der Antrag unzulässig (§ 406 Abs. 1 Satz 3).[15] Dies folgt schon daraus, dass der Antrag nicht zu einer Verfahrensverzögerung (vgl. § 406 Abs. 1 Satz 5) durch eine ansonsten von Amts wegen veranlasste tatgerichtliche Aufklärung der Erbenstellung führen darf.[16] Überdies erwiese sich eine Aufklärung der Erbenstellung durch andere Beweismittel als durch den Erbschein (§ 417 ZPO; § 2365 BGB) – anders als in dem vom Beibringungsgrundsatz geprägten Zivilverfahren[17] – gerade auch eingedenk der nicht immer übersichtlichen Rechtslage[18] als weniger zuverlässig; ein Tatgericht wird sich deshalb schon zum Schutz des Angeklagten aus Gründen der Sachaufklärungspflicht (§ 244 Abs. 2) in keinem Fall mit einem Weniger als der Urkunde selbst begnügen können.[19] Schließlich ist es dem Erben – der gerade nicht selbst unmittelbarer Verletzter der Tat ist – mit Blick auf seine im Vergleich zum Zivilrecht im Adhäsionsverfahren erheblich verbesserte prozessuale Stellung[20] auch zuzumuten, seinen Antrag dieserart vorzubereiten. In den schriftlichen Urteilsgründen ist der Hinweis auf den vorgelegten Erbschein zum Beleg der Antragsberechtigung ausreichend (s. zu den Anforderungen an die **schriftlichen Urteilsgründe** s. Erl. zu § 406).[21] Da es sich bei der hier inmitten stehenden Frage der **Anspruchsberechtigung** nicht um eine Sachur-

11 BTDrucks. **19** 27854 S. 106.

12 BTDrucks. **19** 27654 107 f.

13 SSW/*Werner* 2; AK/*Schöch* 3; KMR/*Nepomuck* 2; MüKo/*Grau* 14; KK/*Zabeck* 7.

14 BGH NStZ-RR **2016** 183; NStZ **2010** 714, 715; BeckRS **2010** 11942; HK/*Polläne* 9; SK/*Velten* 4; Meyer-Goßner/*Schmitt* 3; HK-GS/*Weiner* 3; vgl. im Einzelnen *Zander* 102.

15 BGH NStZ **2010** 714, 715; NStZ-RR **2016** 183.

16 **A.A.** *Greiner* NStZ-RR **2016** 223; zweifelnd hinsichtlich der Neufassung von § 406 auch Weiner/*Ferber* Rn. 34; BeckOK/*Ferber* 1.

17 Vgl. BGH NJW-RR **2005** 600; DNotZ **2014** 53.

18 Vgl. den Hinweis auf das internationale Erbrecht BGH NStZ **2010** 714, 715.

19 **A.A.** KMR/*Nepomuck* 2.

20 Vgl. *Loos* GA **2006** 196.

21 BGH NStZ **2010** 714, 715; BeckRS **2010** 11942; anders aber wohl BGH NStZ-RR **2016** 183 und BeckOK/*Ferber* 1.

teilsvoraussetzung handelt (s. hierzu im Einzelnen § 406, 66),[22] ist dem Revisionsgericht eine freibeweisliche Nachprüfung, namentlich anhand der – nur mit Blick auf den wirksamen Adhäsionsantrag zur Kenntnis zu nehmenden – Antragsschrift, versagt. Bei einer **Mehrheit von Erben** kann jeder Miterbe den Antrag stellen, aber nur Leistung an alle fordern (§ 2039 Satz 1 BGB).[23]

bb) Insolvenz- und Zwangsverwalter. Nach wohl noch h.M.[24] soll auch **der Insolvenz- oder Zwangsverwalter** kein Antragsrecht haben. Ob sich diese Ansicht auch im Lichte des weiten Gesetzeswortlauts von Satz 2 halten lässt, erscheint **durchgreifend zweifelhaft**. Richtig ist, dass der Insolvenzverwalter nicht unmittelbarer Verletzter ist (s. § 373b, 29);[25] auch ist er nicht Rechtsnachfolger. Sein Antragsrecht ergibt sich allerdings jedenfalls daraus, dass er die Befugnisse des Gemeinschuldners (zugunsten der Masse) ausübt (§§ 80, 22 Abs. 1 InsO) und damit den Schaden des Verletzten (Satz 1) geltend macht.[26] Dabei kommt es nicht darauf an, ob der Schaden nach Insolvenzeröffnung (an der Masse)[27] oder vorher entstanden ist; auch im letztgenannten Fall führt der Insolvenzverwalter (§§ 27 Abs. 1, 22 Abs. 1 InsO) das Adhäsionsverfahren für den Verletzten und tritt ggf. an dessen Stelle in das Verfahren ein (§§ 85 Abs. 1 Satz 1, 24 Abs. 2 InsO). Entsprechend sind auch der Zwangsverwalter (§§ 146 ff. ZVG) und der Testamentsvollstrecker (§§ 2197 ff. BGB) nach Satz 2 antragsbefugt.[28] 4

cc) Andere Antragsberechtigte. Auch der durch die Straftat geschädigte Nießbraucher oder Besitzer (Mieter, Pächter) kann neben dem Eigentümer[29] den Antrag stellen;[30] dies gilt gleichermaßen für Ansprüche der Hinterbliebenen auf Unterhalt (§ 844 Abs. 2 BGB)[31] und auf Ausgleich des entstandenen seelischen Leids (§ 844 Abs. 3 BGB).[32] Nach früherer Rechtslage waren andere Rechtsnachfolger nicht antragsberechtigt, weil sie weder Verletzte noch Erben sind.[33] Dies sollte gelten etwa für Versicherungsunternehmen, **Sozialleistungsträger**[34] (bei gesetzlichem Forderungsübergang s. auch § 406, 15; s. auch Vor § 403, 16), (sonstige) Abtretungsnehmer, Pfändungspfand- 5

---

22 Vgl. auch BGH BeckRS **2014** 9507.

23 BGH NStZ-RR **2016** 183; BeckRS **2014** 9507; auch *Weiner/Ferber* 34; Meyer-Goßner/*Schmitt* 3.

24 *Schönke* DRZ **1949** 122; *Eb. Schmidt* 4; HK/*Pollähne* 4; vgl. auch LG Stuttgart JR **1998** 84 mit krit. Anm. *Hilger* und *Barthelmeß* wistra **1998** 240: OLG Frankfurt NStZ **2007**, 168, 169; OLG Jena NJW **2012** 547; offengelassen von BGH NStZ-RR **2022** 27.

25 *Hilger* JR **1998** 84; *Barthelmeß* wistra **1998** 240.

26 OLG Celle NJW **2007** 3795 mit Anm. *Schork* wistra **2008** 198; *Hilger* JR **1998** 84; SSW/*Werner* 4; KK/*Zabeck* 9, SK/*Velten* 5; MüKo/*Grau* 12; *Barthelmeß* wistra **1998** 240; *Kuhn* JR **2004** 399; Weiner/*Ferber* Rn. 36; *Herbst/Plüür* S. 11; *Zander* 101.

27 Differenzierend OLG Frankfurt NStZ **2007** 168; LG Stuttgart JR **1998** 84 mit krit. Anm. *Hilger* und *Barthelmeß* wistra **1998** 240; Meyer-Goßner/*Schmitt* 5; LR/*Wendisch*[24] 4; KMR/*Nepomuck* 3; AK/*Schöch* 5 (Antragsbefugnis bei Schadenseintritt nach Konkurseröffnung); *Feigen* FS Otto 892.

28 Vgl. KK/*Zabeck* 9; *Köckerbauer* NStZ **1994** 306.

29 SSW/*Werner* 12; HK/*Pollähne* 7; AK/*Schöch* 2; KMR/*Nepomuck* 1; HK-GS/*Weiner* 3; MüKo/*Grau* 11; Meyer-Goßner/*Schmitt* 2.; enger, auch Nießbraucher, Mieter, Pächter ausschließend SK/*Velten* 3.

30 Vgl. im Einzelnen *Tippelskirch* S. 72 ff.

31 BGH NStZ **2020** 212.

32 BGH DAR **2020** 465 = BeckRS **2020** 12822; NStZ **2020** 212; NStZ-RR **2019** 354; NStZ-RR **2018** 24; s. auch SSW/*Werner* 1.

33 AK/*Schöch* 4.

34 Vgl. – zur früheren Rechtslage – BGHSt **37** 320, 323.

gläubiger.[35] An dieser Rechtsansicht wird nach neuer Gesetzesfassung ebenfalls (vgl. zum Insolvenzverwalter Rn. 4) nicht mehr festgehalten werden können.[36] Denn insbesondere Sozialversicherungsträger machen nach dem gesetzlichen Forderungsübergang eigene vermögensrechtliche Ansprüche, die aus der Straftat erwachsen sind, geltend und unterstehen ebenso wie die anderen genannten Rechtsnachfolger fortan dem Regelungskreis von Satz 2. Allerdings erscheinen Ansprüche eines Einzelrechtsnachfolgers zur Geltendmachung im Strafverfahren ungeeignet, weil hier die Frage nach einer Rechtsnachfolge erst geklärt werden muss, was regelmäßig längere Zeit in Anspruch nimmt und deshalb dem Zweck des Strafverfahrens nach einer alsbaldigen Aburteilung widerspricht.[37]

6 **2. Prozessfähigkeit.** Der Antragsteller muss i.S.d. Zivilprozessrechts (§§ 51 bis 55 ZPO) prozessfähig oder gesetzlich vertreten sein.[38] Eine Person ist in dem Umfang prozessfähig, als sie sich durch Verträge verpflichten kann (§ 52 Abs. 1 ZPO). Ist der Antragsteller zufolge Insolvenzeröffnung, Bestellung eines vorläufigen Insolvenzverwalters nebst allgemeinem Verfügungsverbot (§ 22 Abs. 1 InsO) oder Einrichtung einer Zwangsverwaltung in seiner Verfügung beschränkt (§§ 80, 22 Abs. 1 InsO, §§ 146 ff., 152 ZVG), so kann nach der hier vertretenen Meinung nicht er, sondern nur der Insolvenz- oder Zwangsverwalter den Anspruch geltend machen (Rn. 4); gleiches gilt für die Testamentsvollstreckung (§§ 2205, 2212 BGB).[39]

3. Antragsgegner

7 **a) Allgemein.** Der Anspruch muss sich gegen den **Beschuldigten** richten. Entscheidend ist allein dessen verfahrensrechtliche Stellung als Beschuldigter oder auch Mitbeschuldigter, nicht seine sachlichrechtliche als Mittäter, Mitschuldner oder Mithaftender. Bei mehreren als **Gesamtschuldner** hafteten Mittätern kann jeder von diesen Antragsgegner sein (§ 830 BGB).[40] Der Antragsgegner muss zur Zeit der Entscheidung (schon und noch) als Beschuldigter (Angeklagter) am Verfahren beteiligt sein. Es genügt nicht, dass er hätte beteiligt sein können. Dementsprechend ist ein Antrag gegen einen Haftpflichtversicherer nicht zulässig.[41]

8 **b) JGG.** Zur Anwendbarkeit des Adhäsionsverfahrens, wenn ein Beschuldigter **Jugendlicher** ist, s. §§ 81, 104 JGG und die Kommentare hierzu.[42]

9 Zur Anwendbarkeit bei beschuldigten **Heranwachsenden** s. § 109 JGG und die Kommentare hierzu.[43]

---

35 Vgl. BGHSt **37** 320; OLG Karlsruhe MDR **1984** 336; AK/*Schöch* 4; MüKo/*Grau* 11; *Schmanns* 152; *Grandérath* NStZ **1984** 400; *Schirmer* DAR **1988** 121; *Köckerbauer* NStZ **1994** 306; *Köckerbauer* (Adhäsionsverfahren) 190; s. auch *Brokamp* 180.

36 **A.A.** KK/*Zabeck* 6.

37 Ebenso Meyer-Goßner/*Schmitt* 4.

38 BGH NStZ **2009** 586; ferner *Zander* 107 f.; SSW/*Werner* 5.

39 MüKo/*Grau* 12.

40 SSW/*Werner* 6.

41 Vgl. dazu *Schirmer* DAR **1988** 121; *Köckerbauer* NStZ **1994** 306; *Brokamp* 179; SSW/*Werner* 7.

42 S. auch *Siegismund* FS Rieß 857; SSW/*Werner* Vor § 403, 6 ff.

43 S. auch SSW/*Werner* Vor § 403, 9.

c) Verhandlungsfähigkeit des Beschuldigten. Abgesehen von der Altersstufe kommt es nicht darauf an, ob der Beschuldigte **geschäftsfähig** ist; es genügt, dass er **verhandlungsfähig** ist,[44] es sei denn, es soll ein Vergleich (§ 405) geschlossen werden.[45] Der Forderung,[46] dass bei nicht geschäftsfähigen Antragsgegnern der gesetzliche Vertreter an der Hauptverhandlung teilnimmt, kann nicht beigepflichtet werden. Nachdem das Gesetz den Antrag im Strafverfahren zugelassen hat, ist nicht einzusehen, dass gegen eine unrichtige zivilrechtliche Verurteilung Sicherungen verlangt werden, die gegen eine unrichtige strafrechtliche Verurteilung nicht für erforderlich gehalten werden. Es muss genügen, dass die Voraussetzungen des Anspruchs und die Einwendungen gegen ihn, weil strafverfahrensrechtliche Grundsätze auch auf die Aburteilung des zivilrechtlichen Anspruchs anzuwenden sind, von Amts wegen aufgeklärt werden. Glaubt das Gericht im Einzelfall, der Beschuldigte könne sich allein nicht ausreichend gegen den geltend gemachten Anspruch wehren, so hat es von der Entscheidung abzusehen. Dass für den Beschuldigten eine Betreuung eingerichtet ist, steht der Entscheidung über den Adhäsionsantrag grundsätzlich nicht entgegen.[47] 10

4. Vermögensrechtlicher Anspruch. Der **Antrag** auf Durchführung des Adhäsionsverfahrens muss sich, ebenso wie die spätere „zivilrechtliche" Verurteilung, auf die zur strafrechtlichen Verurteilung führende Straftat i.S.d. § 264 beziehen, aus der der geltend gemachte Anspruch erwachsen sein soll.[48] Dieser Anspruch muss ein vermögensrechtlicher sein. Das ist ein solcher, der aus Vermögensrechten abgeleitet wird oder – unabhängig von Ursprung und Zweck – auf Zahlung von Geld oder Leistung von Geldeswert gerichtet ist,[49] vornehmlich mithin ein Schadensersatz- und hier hauptsächlich Schmerzensgeldanspruch[50] sowie ein Anspruch auf Ersatz der Beerdigungskosten,[51] aber auch ein Bereicherungs-, dinglicher Herausgabe- oder Unterlassungsanspruch, etwa auf Unterlassung künftiger Verletzungen, wenn damit wirtschaftliche Interessen verfolgt werden;[52] in Betracht kommen kann sogar der Widerruf einer Behauptung.[53] Die fehlende Einbeziehung etwa eines durch die Tat beschädigten oder zerstörten Gegenstandes in den Schutzbereich des zur Aburteilung gelangten Delikts ändert nichts an der Einordnung als vermögensrechtlicner Anspruch.[54] 11

Auch **Feststellungsansprüche** können grundsätzlich geltend gemacht werden,[55] so etwa ein Antrag auf Feststellung der Unechtheit einer vermögensrechtlich bedeutsamen Urkunde (vgl. § 256 ZPO), deren Fälschung dem Beschuldigten vorgeworfen wird. Eben- 12

---

44 BGH BeckRS **2012** 21709; Meyer-Goßner/*Schmitt* 10; HK/*Pollähne* 11; *Zander* 103; allg. M.
45 HK/*Pollähne* 11; KMR/*Nepomuck* 7.
46 *Schönke* DRZ **1949** 122.
47 BGH BeckRS **2012** 21709.
48 BGH StV **2004** 62; NStZ-RR **2018** 25.
49 *Schönke* DRZ **1949** 121; AK/*Schöch* 121; allg. M.
50 Vgl. BGHSt **2** 47; BGH NStZ **1993** 145; AK/*Schöch* 11; s. auch BGH bei *Becker* NStZ-RR **2004** 68 (strafrechtliche Verurteilung und Verbüßung wirken sich nicht auf Schmerzensgeld aus).
51 AK/*Schöch* 11; s. auch *Rössner/Klaus* NJ **1996** 292.
52 Vgl. BGH NJW **1981** 2062; KMR/*Nepomuck* 8; AK/*Schöch* 11; HK-GS/*Weiner* 6; s. auch BGH VersR **1983** 832.
53 *Jescheck* JZ **1958** 592; AK/*Schöch* 11; HK/*Pollähne* 13; krit. (abl.) *Rössner/Klaus* NJ **1996** 292; ZRP **1998** 162.
54 Vgl. BGH NStZ-RR **2018** 24; SSW/*Werner* 12; s. bereits *Schirmer* DAR **1988** 122 (bei Körperverletzung z.B. im Straßenverkehr auch der damit verbundene Sachschaden).
55 Vgl. KMR/*Nepomuck* 9; AK/*Schöch* 12; HK-GS/*Weiner* 5; *Granderath* NStZ **1984** 400; *D. Meyer* JurBüro **1984** 1122.

so der Antrag auf Feststellung der Ungültigkeit eines Vertrages, der durch Betrug, Erpressung, Nötigung oder Wucher zustande gekommen ist,[56] und, schon im Hinblick auf die Zulässigkeit eines Grundurteils (vgl. § 406 Abs. 3 Satz 4), der Antrag auf **Feststellung der Schadensersatzpflicht**, wenn ein Feststellungsinteresse besteht (vgl. im Einzelnen § 406, 9 ff. und § 404, 2).[57]

13 In Strafverfahren wegen Straftaten nach den §§ 106 ff. UrhG kann der Verletzte einen Anspruch auf Vernichtung und ähnliche Maßnahmen nach den §§ 98, 99 UrhG auch im Adhäsionsverfahren geltend machen (§ 110 UrhG).

14 In der Antragsschrift – als von Amts wegen zu prüfende Verfahrensvoraussetzungen (s. im Einzelnen § 406, 66 f. sowie Rn. 20) – ist der Anspruchsgrund regelmäßig näher zu **konkretisieren**. Zwar kann bei einfach gelagerten Sachverhalten eine Bezugnahme auf die in der Anklageschrift umgrenzten Tatvorwürfe ausreichen.[58] Namentlich bei zahlreichen Tatvorwürfen und mehreren Angeklagten sind aber nähere Darlegungen in der Antragsschrift dazu erforderlich, auf welche der Taten zu seinem Nachteil der Adhäsionskläger sein Begehren stützt.[59]

15 **5. Zuständigkeit.** Der Anspruch muss zur Zuständigkeit der ordentlichen Gerichte gehören. Vom Anhangsverfahren ausgeschlossen sind mithin namentlich Ansprüche aus unerlaubten Handlungen, die mit einem Arbeitsverhältnis im Zusammenhang stehen und deshalb zur ausschließlichen Zuständigkeit der Arbeitsgerichte gehören.[60] Das Gericht hat die Zuständigkeit, eine Verfahrensvoraussetzung, von Amts wegen zu beachten, und zwar – entgegen den Regelungen der ZPO – selbst noch in höherer Instanz.[61] Hat das Gericht das übersehen und gleichwohl über den Anspruch entschieden, wird der Fehler allerdings von der Rechtskraft gedeckt, die Verurteilung mithin wirksam.[62]

16 In Strafverfahren vor dem Amtsgericht kann der vermögensrechtliche Anspruch, der dem Verletzten oder seinem Erben aus der Straftat erwachsen ist, auch geltend gemacht werden, wenn und soweit er die zivilprozessuale **Streitwertgrenze des § 23 Nr. 1 GVG** übersteigt („ohne Rücksicht auf den Wert des Streitgegenstandes"). Eine Zustimmung des Beschuldigten[63] ist nicht erforderlich.

17 Dies bedeutet u.a., dass **kein Anwaltszwang** (§ 78 ZPO) für die Geltendmachung solcher Ansprüche besteht, die im Zivilprozess nur mit Hilfe eines Rechtsanwalts geltend gemacht werden könnten. Findet jedoch das Verfahren über den Betrag vor dem Zivilgericht statt (§ 406 Abs. 3 Satz 4), so gelten wieder die Vorschriften der ZPO, ggf. also auch der Anwaltszwang.

18 Ansprüche, die zur **ausschließlichen Zuständigkeit** z.B. **des Landgerichts** (§ 71 Abs. 2 GVG) gehören, können nicht im Strafverfahren vor dem Amtsgericht geltend gemacht werden. Dies folgt im Umkehrschluss aus dem Wortlaut der Änderung: „Wert des Streitgegenstandes".[64]

---

56 Vgl. AK/*Schöch* 12; *Schönke* DRZ **1949** 121; **a.A.** *Eb. Schmidt* 7.

57 Vgl. bereits BGHSt **47** 378 mit Anm. *Groß* JR **2003** 258; *Meier/Dürre* JZ **2006** 20 (Feststellungsantrag, wenn Schaden noch nicht beziffert werden kann); hierzu ferner BVerfG BeckRS **2020** 11535.

58 BGH NStZ-RR **2017** 142; BGH NStZ-RR **2014** 90.

59 BGH NStZ-RR **2017** 142; BGH NStZ-RR **2014** 90; BGH StV **2013** 373.

60 BGHSt **3** 210; *Eb. Schmidt* 8; allg. M; vgl. auch (krit.) *Köckerbauer* NStZ **1994** 306.

61 Meyer-Goßner/*Schmitt* 11; HK/*Pollähne* 14.

62 BGHSt **3** 212.

63 Vgl. BTDrucks. **10** 6124, S. 13, 15; HK/*Pollähne* 15; s. auch *Schmanns* 102.

64 *Rieß/Hilger* NStZ **1987** 156; *Köckerbauer* NStZ **1994** 306; HK/*Pollähne* 15.

§ 406 Abs. 1 Satz 4 erlaubt dem Amtsgericht eine **Korrektur der Zuständigkeitsausweitung** im Einzelfall, etwa wenn außergewöhnlich hohe Ansprüche geltend gemacht werden, der Beschuldigte wichtige Gründe gegen die Streitwertüberschreitung vorbringt[65] oder ersichtlich ist, dass der Beschuldigte sich in seinen „Verteidigungsmöglichkeiten" eingeschränkt fühlt,[66] etwa wenn er fürchtet, eine „Verteidigung" gegen den Adhäsionsantrag könne sich nachteilig auf das Ergebnis des Strafverfahrens (Strafzumessung) auswirken. 19

Voraussetzung der Zulässigkeit des Antrags ist des Weiteren, dass der Anspruch **noch nicht** anderweitig gerichtlich **anhängig** ist (s. Rn. 26).[67] Dies richtet sich, wenn der Anspruch vor einem Zivilgericht geltend gemacht wird, nach den §§ 261, 696 Abs. 3, 700 Abs. 2 ZPO. Die Formulierung der Vorschrift dürfte insofern ungenau sein, als es nicht auf die „Anhängigkeit", sondern im Hinblick auf die korrespondierende Sperrwirkung des § 261 Abs. 3 ZPO wohl auf die „Rechtshängigkeit" (s. Rn. 25 sowie § 404, 7 u. § 406, 14) ankommen dürfte. In einem solchen Fall – und bei einer vorliegenden rechtskräftigen Entscheidung (s. § 406, 13 ff.) – ist nach § 406 Abs. 1 Satz 3 zu verfahren;[68] diese Verfahrensweise ist aber auch schon für den Fall bloßer Anhängigkeit (vgl. §§ 253, 690 ZPO) zulässig. Im Falle der Eröffnung eines **Insolvenzverfahrens** über das Vermögen des Beschuldigten ist § 87 InsO zu beachten. 20

II. Geltendmachung

1. Strafverfahren. Die unter Rn. 1 f. genannten Ansprüche können im **Strafverfahren** geltend gemacht werden. Gleichgültig ist, ob das Verfahren auf öffentliche oder auf Privatklage hin eingeleitet worden ist.[69] Gerade für das Privatklageverfahren ist das Anhangsverfahren gut geeignet, kann doch mit einer einzigen – der endgültigen – Entscheidung über die strafrechtlichen und bürgerlich-rechtlichen Folgen der Straftat der Rechtsfrieden am ehesten wiederhergestellt werden. Durch den Antrag wird der Verletzte, auch wenn er nach § 395 zum Anschluss befugt ist, nicht zum Nebenkläger (s. Rn 1); im Privatklageverfahren, wo der Antrag auch einem anderen Verletzten als dem Privatkläger selber zusteht, ist der Antrag **kein Beitritt**, auch wenn dessen Voraussetzungen sonst vorliegen. Über Form, Zeit und Wirkungen des Antrags vgl. § 404, 1 ff. 21

2. Strafbefehlsverfahren. Im **Strafbefehlsverfahren (§§ 407 ff.)** kann über den Anspruch nicht entschieden werden;[70] dies gilt auch für den Übergang in das Strafbefehlsverfahren nach § 408a.[71] Der Antrag ist in beiden Fällen gleichwohl nicht „unzulässig".[72] Denn das Gericht kann über den Anspruch entscheiden, sobald es zur Hauptverhandlung kommt. Der Verletzte kann den Antrag bei der Staatsanwaltschaft schon vor 22

---

65 Vgl. BTDrucks. **10** 6124, S. 15; Meyer-Goßner/*Schmitt* 11; s. auch *Schirmer* DAR **1988** 125; **a.A.** *Kuhn* JR **2004** 397; *Böttcher* JR **1987** 138 bzgl. der Höhe des Anspruchs.

66 Vgl. LG Mainz StV **1997** 627; *Rieß* (Gutachten) 153.

67 Vgl. BGH NStZ-RR **2019** 320 321.

68 BGH NStZ-RR **2019** 320 321.

69 *Eb. Schmidt* 13; HK/*Pollähne* 17; s. auch OLG Düsseldorf JMBlNW **1988** 178.

70 BGH NJW **1982** 1048; *Rieß* FS Dahs 432; *Loos* GA **2006** 197; LR/*Gaede* § 407, 9; HK-GS/*Weiner* 6; BeckOK/*Ferber* 13; SK/*Velten* 9; Meyer-Goßner/*Schmitt* 12; h.M.; **a.A.** *Sommerfeld*/*Guhra* NStZ **2004** 420 (eingehend und mit klarstellendem Reformvorschlag); *Kuhn* JR **2004** 397; *von Tippelskirch* S. 188 ff.; s. auch *Schroth* Rn. 325; Reformvorschlag MVs BRDrucks. 793/07 vom 6.11.2007.

71 *Metz* JR **2019** 74.

72 Vgl. auch KMR/*Nepomuck* 13; *Plüür*/*Herbst* NJ **2008** 14.

deren Antrag auf Erlass eines Strafbefehls oder bei Gericht vor seinem Erlass stellen. Bescheiden kann der Strafrichter ihn aber erst, wenn es zur Hauptverhandlung kommt,[73] etwa weil der Beschuldigte Einspruch einlegt (§ 410) oder weil der Strafrichter Bedenken hat, ohne Hauptverhandlung zu entscheiden (§ 408 Abs. 3 Satz 2). Es ist weder der Staatsanwaltschaft noch dem Strafrichter versagt, die Sache gerade wegen des gestellten oder erwarteten Antrags zur Hauptverhandlung zu bringen; zwingende Rechtsgründe hierfür gibt es freilich nicht.[74]

23 Andererseits besteht kein Anlass, im summarischen Strafbefehlsverfahren durch besonderen Beschluss oder durch ausdrücklichen Ausspruch im Strafbefehl von der Entscheidung abzusehen. Es widerspräche dem Sinn des Gesetzes, den Verletzten aus dem Verfahren zu entfernen, solange noch ungewiss ist, ob es nicht doch zur Hauptverhandlung kommt.[75] Der Antrag erledigt sich durch die **Rechtskraft des Strafbefehls** von selbst.[76] Bleibt die Hauptverhandlung aus und wird der Strafbefehl rechtskräftig, ist der Adhäsionsantrag zu keiner Zeit im strafprozessualen Normalverfahren rechtshängig geworden, sodass der Verletzte nicht durch eine anderweitige Rechtshängigkeit an einer zivilrechtlichen Verfolgung seiner Ansprüche gehindert ist.[77] Die verjährungsunterbrechende Wirkung des Adhäsionsantrags (vgl. § 404 Abs. 2) endet spätestens mit Rechtskraft des Strafbefehls; auch insoweit besteht durch das Absehen von einem – naheliegend kostenpflichtigen (§ 472a Abs. 2)[78] – deklaratorischen Beschluss keine Rechtsunsicherheit.[79] Bei Streit und Zweifel wird das Gericht das durch einen Beschluss aussprechen.[80] Im Falle des § 408a gelten die obigen Ausführungen entsprechend.

24 Wurde der Adhäsionsantrag bereits im Ermittlungsverfahren gestellt, kann dieser der Zustellung des Strafbefehls unter Hinweis auf dessen Bedeutungslosigkeit im Falle der Rechtskraft des Strafbefehls beigeschlossen werden. Auf diese Weise wird der Beschuldigte über die konkreten Folgen eines Einspruchs umfassend informiert.[81]

25 **3. Sicherungsverfahren.** Im **Sicherungsverfahren (§§ 413 ff.)** ist das Adhäsionsverfahren unzulässig;[82] es fehlt an der Sanktionierung einer Straftat (s. Vor § 413, 9).

III. Zivilverfahren

26 Macht der Verletzte seinen Anspruch im Strafverfahren geltend, so kann er denselben Anspruch nicht gleichzeitig vor dem Zivilgericht einklagen (§ 261 Abs. 3 Nr. 1 ZPO). Hat er jedoch von einem ihm zustehenden Anspruch nur einen quantitativ oder sonst individuell abgegrenzten Teil geltend gemacht, z.B. einen Anspruch, der über die amtsgerichtliche Zuständigkeit hinausgeht, auf einen Betrag beschränkt, der sich innerhalb dieser Grenze hält, so kann er mangels **Nämlichkeit** (Identität) **der Ansprüche** den

---

73 Vgl. etwa *Metz* JR **2019** 72.
74 Vgl. KMR/*Nepomuck* 13; HK/*Pollähne* 18; *Pentz* MDR **1953** 151; *Plüür/Herbst* NJ **2008** 14; *Metz* JR **2019** 72; s. aber *Eb. Schmidt* 15.
75 Vgl. auch HK/*Pollähne* 18.
76 **A.A.** *Metz* JR **2019** 67, 72.
77 **A.A.** Weiner/Ferber/*Havliza/Böök* Rn. 76; *Metz* JR **2019** 72.
78 *Metz* JR **2019** 72.
79 **A.A.** wohl Weiner/Ferber/*Havliza/Böök* Rn. 76; *Metz* JR **2019** 72.
80 S. auch (weitergehend) Weiner/Ferber/*Havliza/Böök* Rn. 76.
81 Vgl, *Metz* JR **2019** 72; s. im Einzelnen Weiner/Ferber/*Havliza/Böök* Rn. 73 f.
82 KK/*Fischer* § 414, 4a; HK/*Pollähne* 17; s. LR/*Gaede* Vor § 413, 9.

überschießenden Teil gleichwohl in einem Zivilprozess einklagen. Wegen der Wirkungen des geltend gemachten Anspruchs im Einzelnen vgl. § 404, 7 ff.

§ 404
Antrag; Prozesskostenhilfe

(1) [1]Der Antrag, durch den der Anspruch geltend gemacht wird, kann schriftlich oder mündlich zur Niederschrift des Urkundsbeamten, in der Hauptverhandlung auch mündlich bis zum Beginn der Schlußvorträge gestellt werden. [2]Er muss den Gegenstand und Grund des Anspruchs bestimmt bezeichnen und soll die Beweismittel enthalten. [3]Ist der Antrag außerhalb der Hauptverhandlung gestellt, so wird er dem Beschuldigten zugestellt.

(2) [1]Die Antragstellung hat dieselben Wirkungen wie die Erhebung der Klage im bürgerlichen Rechtsstreit. [2]Sie treten mit Eingang des Antrages bei Gericht ein.

(3) [1]Ist der Antrag vor Beginn der Hauptverhandlung gestellt, so wird der Antragsteller von Ort und Zeit der Hauptverhandlung benachrichtigt. [2]Der Antragsteller, sein gesetzlicher Vertreter und der Ehegatte oder Lebenspartner des Antragsberechtigten können an der Hauptverhandlung teilnehmen.

(4) Der Antrag kann bis zur Verkündung des Urteils zurückgenommen werden.

(5) [1]Dem Antragsteller und dem Angeschuldigten ist auf Antrag Prozeßkostenhilfe nach denselben Vorschriften wie in bürgerlichen Rechtsstreitigkeiten zu bewilligen, sobald die Klage erhoben ist. [2]§ 121 Abs. 2 der Zivilprozeßordnung gilt mit der Maßgabe, dass dem Angeschuldigten, der einen Verteidiger hat, dieser beigeordnet werden soll; dem Antragsteller, der sich im Hauptverfahren des Beistandes eines Rechtsanwalts bedient, soll dieser beigeordnet werden. [3]Zuständig für die Entscheidung ist das mit der Sache befaßte Gericht; die Entscheidung ist nicht anfechtbar.

Schrifttum

Arz Die Stellung des Adhäsionsklägers im Strafprozess, JR **2019** 280; *Grau/Blechschmidt/Frick* Stärken und Schwächen des reformierten Adhäsionsverfahrens, NStZ **2010** 662; *Schmid* Nebenklage und Adhäsionsantrag in der Berufung, NStZ **2011** 613; *Stoffers/Möckel* Beteiligtenrechte im strafprozessualen Adhäsionsverfahren, NJW **2013** 830.

Entstehungsgeschichte

Absatz 3 enthielt in der Ursprungsfassung (Entstehungsgeschichte Vor § 403) folgenden Satz 3: „Des Beistandes eines Rechtsanwalts oder einer anderen Person kann sich der Antragsteller in der Hauptverhandlung nicht bedienen; er kann sich in ihr auch nicht durch einen Rechtsanwalt oder eine andere Person vertreten lassen.“ Der Ausschluss der Rechtsanwälte, selbst in Sachen, bei denen im Zivilprozess Anwaltszwang herrscht, wurde damit begründet, dass in Strafverfahren nur einfache und klar liegende Ansprüche geltend gemacht werden sollten und außerdem der Sachverhalt, auf dem der Anspruch beruhe, von Amts wegen festgestellt werde. Weil diese Erwägungen mit dazu beitrugen, dass die an das neue Verfahren gestellte Erwartungen nicht erfüllt wurden, hat Art. 3 Nr. 174 VereinhG den Ausschluss von Beiständen wieder beseitigt. Absatz 5 ist durch Art. 1 Nr. 13 OpferschutzG eingefügt worden. Durch Art. 3 § 18 Nr. 3 des LPartG

https://doi.org/10.1515/9783110275001-039

sind in Absatz 3 Satz 2 die Wörter „oder Lebenspartner" eingefügt worden. Durch Art. 1 Nr. 14 a) des OpferRRG wurde in Absatz 2 der Satz 2 angefügt und durch Nr. 14 b) in Absatz 5 Satz 2 Halbsatz 1 die Angabe „Satz 1" gestrichen. Die Überschrift wurde eingeführt durch Art. 1 Nr. 13 des Gesetzes zur Stärkung des Rechts des Angeklagten auf Vertretung in der Berufungsverhandlung und über die Anerkennung von Abwesenheitsentscheidungen in der Rechtshilfe vom 17.7.2015 (BGBl. I 1332). Die Überschrift wurde durch Art. 1 Nr. 49 des Gesetzes zur Fortentwicklung der Strafprozessordnung und zur Änderung anderer Vorschriften vom 25.6.2021 (BGBl. I 2099) durch die Streichung der Wörter „des Verletzten" neugefasst.[1]

Übersicht

1. Geltendmachung des Antrags (Absatz 1)

1 **a) Verfahrensvoraussetzung.** Ein **zulässiger Antrag** ist **Verfahrensvoraussetzung,**[2] deren Vorliegen das Gericht in jeder Lage des Verfahrens[3] zu prüfen hat (s. im Einzelnen zu weiteren Verfahrensvoraussetzungen § 406, 66). Die bloße Ankündigung eines Antrags, etwa in einem Prozesskostenhilfeantrag, genügt nicht.[4] Dies gilt gleichermaßen für einen dem **Prozesskostenhilfebegehren** ausdrücklich als „Entwurf" beigeschlossenen Adhäsionsantrag; es fehlt auch hier – ungeachtet einer etwa irrigen Sachbehandlung durch die Verfahrensbeteiligten – an der notwendigen eindeutigen und unbedingten **Prozesserklärung.**[5] Auch die schlichte Ankündigung, einen Antrag nach Bewilligung von Prozesskostenhilfe anbringen zu wollen, ersetzt den unbedingten ausdrücklichen Antrag nicht.[6] Wird der Antrag außerhalb der Hauptverhandlung gestellt, ist er nur dann wirksam, wenn er gemäß Absatz 1 Satz 3 zugestellt oder in der Hauptverhandlung wiederholt wird.[7] **Form** und **Inhalt** des Antrags müssen den zivilprozessualen Voraussetzungen einer Klage vor dem Amtsgericht entsprechen (vgl. §§ 253, 496 ff. ZPO), um dieselben rechtlichen Wirkungen wie diese auszulösen.[8] Es sind mithin die Tatsachen vorzutragen, die den

---

1 Vgl. BTDrucks. **19** 27654 S. 107.

2 BGH NStZ **1988** 470; bei *Miebach* NStZ **1990** 230; NStZ **1998** 477.

3 BGH NStZ **1988** 470 (auch in der Revisionsinstanz); bei *Miebach* NStZ **1990** 230; BGH StV **2008** 127 (in der Revision auf Sachrüge von Amts wegen).

4 BGH StV **1988** 515.

5 Vgl. auch BGH BeckRS **2011** 27597; s. auch BGH BeckRS **2019** 25420; BeckRS **2019** 25419.

6 BGHR StPO § 404 Abs. 1 Antragstellung 1; BeckRS **2016** 18896; BeckRS **2015** 14855.

7 BGH StV **2008** 127.

8 BGH BeckRS **2004** 1449.

Antrag schlüssig machen.[9] Im Einzelfall kann die Bezugnahme auf die in der Anklageschrift erhobenen Tatvorwürfe ausreichen, etwa wenn der der Anklage zu Grunde liegende Sachverhalt einfach und überschaubar ist sowie unzweifelhaft ist, gegen wen sich die Ansprüche richten (s. § 403, 14).[10] Überdies ist § 253 Abs. 2 Nr. 2 ZPO anzuwenden, wonach der Geschädigte einen **bestimmten** Antrag zu stellen hat;[11] dies gilt – schon im Hinblick auf § 308 Abs. 1 ZPO, der im Adhäsionsverfahren zu beachten ist[12] – auch für Zinsen (s. Rn. 8; § 406, 36).[13] Bei Geldforderungen ist der Betrag mithin regelmäßig zu beziffern.[14] Der Grundsatz ne ultra petita gilt auch hier (s. § 406, 3, 9, 13).[15] **Geldwertschulden** sind grundsätzlich in inländischer Währung zu beziffern.[16] Eine Bezifferung ist nur dann entbehrlich, wenn dem Antragsteller die Angabe eines bestimmten Betrags unzumutbar oder unmöglich ist, so bei **Schadensersatzansprüchen**, deren Höhe erst durch einen Sachverständigen festgestellt werden muss,[17] aber auch bei Entschädigungsansprüchen,[18] wenn also die Höhe des zuzuerkennenden Betrags in das Ermessen[19] des Gerichts gestellt ist (s. im Einzelnen § 406, 10, 23). Ein **unbezifferter Schmerzensgeldantrag** ist allerdings unzulässig. Er genügt nicht den gesetzlichen Zulässigkeitsanforderungen der § 404 Abs. 1 Satz 2, § 253 Abs. 2 Nr. 2 ZPO.[20] Beide Vorschriften verlangen die bestimmte Angabe des Gegenstandes und des Grundes des erhobenen Anspruchs sowie einen bestimmten Antrag. Sie stehen der Zulässigkeit eines unbezifferten Klageantrags ausnahmsweise nur dann nicht entgegen, wenn der Antragssteller geltend machen kann, dass ihm ein Schaden entstanden, er aber nicht in der Lage ist, diesen zu beziffern, und der Umfang der beantragten Geldleistung durch Angabe einer Größenordnung **eingegrenzt wird** (s. § 406, 37).[21] Dadurch sollen Gericht und Gegner darüber unterrichtet werden, welchen Umfang der Streitgegenstand haben soll.[22] Ob eine vom Antragssteller hingenommene gerichtliche Streitwertangabe diese Mindestanforderungen schon erfüllt, erscheint zweifelhaft.[23]

Nach der gesetzlichen Zulassung des Grundurteils ist ausnahmsweise auch ein **2**
Feststellungsadhäsionsantrag[24] zulässig, nämlich dahingehend festzustellen, dass der Angeschuldigte grundsätzlich verpflichtet ist, den aus der Straftat dem Verletzten erwachsenen, ggf. auch künftigen Schaden zu ersetzen (s. zu den notwendigen Urteilsfeststellungen § 406, 9 ff., 12, 32 ff.). Ein solcher Antrag käme in Frage, wenn der Ver-

---

9 Vgl. BGH BeckRS **2011** 26267.

10 Vgl. BGH BeckRS **2013** 17637; NStZ-RR **2014** 90; SSW/*Werner* 4.

11 OLG Stuttgart NJW **1978** 2209; HK/*Pollähne* 3; h.M.; vgl. dagegen *Rössner/Klaus* NJ **1996** 292 (krit. und mit Vorschlägen für eine vereinfachte Antragstellung); *dies.* ZRP **1998** 162.

12 BGH bei *Nehm* DAR **1994** 193.

13 BGH bei *Miebach/Kusch* NStZ **1991** 122; StraFo **2004** 144.

14 *Eb. Schmidt* 3; HK/*Pollähne* 4; AK/*Schöch* 2; h.M.; **a.A.** *Rössner/Klaus* NJ **1996** 292; *dies.* ZRP **1998** 162.

15 BGH NStZ-RR **2009** 319.

16 BGH BeckRS **2015** 17044.

17 OLG Stuttgart NJW **1978** 2209; HK/*Pollähne* 4.

18 OLG Bamberg (Z) NJW **1974** 2003.

19 Vgl. BGH bei *Miebach/Kusch* NStZ **1991** 122.

20 BGH BeckRS **2019** 7451.

21 BGH NStZ-RR **2018** 224; BeckRS **2019** 25419.

22 BGH BeckRS **2019** 7451; BeckRS **2019** 7457; BeckRS **2018** 37931.

23 Offengelassen von BGH BeckRS **2019** 7451; BeckRS **2018** 37931.

24 Vgl. KMR/*Nepomuck* § 403, 10; AK/*Schöch* § 403, 12; HK/*Pollähne* § 403, 10; *Schirmer* DAR **1988** 122; *Köckerbauer* NStZ **1994** 309; Meyer-Goßner/*Schmitt* § 403, 10; noch offengelassen von BGH bei *Nehm* DAR **1994** 193; nunmehr BGH BeckRS **2012** 1453.

letzte die Schadenshöhe noch nicht beziffern kann, aber ein **beachtliches rechtliches Interesse** an einer baldigen Entscheidung zum Anspruchsgrund hat, und wäre dann unbedenklich, weil eine stattgebende Entscheidung einem Grundurteil gleichkäme. Grund des Anspruchs ist die Behauptung aller Tatsachen, die den Antrag als schlüssig erscheinen lassen.[25] Führt der Antragsteller überhaupt keine konkreten Tatsachen an, ist der Antrag unzulässig; es ist nach § 406 Abs. 1 Satz 3 zu verfahren. Vorher muss das Gericht jedoch analog § 139 ZPO auf einen schlüssigen Tatsachenvortrag hinwirken, falls eine Ergänzung des Vorbringens ohne Verzögerung möglich erscheint.[26] Die Beweismittel sollen genannt werden (Absatz 1 Satz 2); ihr Fehlen schadet aber nicht, weil § 244 Abs. 2 gilt.[27]

3 **b) Anfangszeitpunkt.** Der Antrag kann gestellt werden, sobald die Staatsanwaltschaft oder – im Abführungs- oder Rückerstattungsverfahren nach § 9 WiStG (vgl. dazu Vor § 403, 21) i.V.m. § 11 Abs. 2 Satz 1 WiStG – die Bußgeldbehörde[28] **mit der Sache befasst** ist.[29] Eine zeitliche Anfangsbeschränkung gibt es nicht; denn der Antragsteller kann gleichzeitig eine Strafanzeige bei der Staatsanwaltschaft anbringen. Der Auffassung,[30] der Antrag könne nur dem Gericht gegenüber erklärt werden, ist entgegenzuhalten, dass die §§ 403, 404 vom Beschuldigten, nicht vom Angeschuldigten sprechen (vgl. § 157), aber auch, dass § 406i Abs. 1 Nr. 3 vorschreibt, den Verletzten möglichst frühzeitig auf das Adhäsionsverfahren hinzuweisen. Wäre der Antrag erst nach Erhebung der Anklage zulässig, würde es genügen und wäre es zweckmäßiger, den Verletzten zugleich mit der Klageerhebung zu benachrichtigen (s. auch Rn. 6).

4 Eine **weitere Stütze** findet die hier vertretene Ansicht schließlich in der passivischen Ausdrucksweise der §§ 403, 404. Für den entgegengesetzten Standpunkt würde folgende – nicht Gesetz gewordene – Fassung sprechen: Das Gericht gibt Kenntnis, benachrichtigt, stellt zu. Nr. 173 Satz 1 RiStBV macht ausdrücklich dem Staatsanwalt Hinweis und Belehrung zur Pflicht. Endlich ist auch zu berücksichtigen, dass die Gegenansicht dem Antragsteller zusätzlich Schwierigkeiten bereitet. Wenn er von dem staatsanwaltschaftlichen Ermittlungsverfahren Kenntnis erhalten hat, muss ihm die Möglichkeit gegeben werden, den Antrag sofort zu stellen und dadurch die Benachrichtigungspflicht nach Absatz 3 auszulösen. Es sollte dem Antragsbefugten nicht zugemutet werden, sich ständig nach dem jeweiligen Stand des Verfahrens zu erkundigen. Die **Wirkungen** des Antrags treten freilich mit seinem Zugang bei der Staatsanwaltschaft noch nicht ein, sondern werden erst durch den Eingang des Antrags bei Gericht **nach Anklagerhebung** ausgelöst (vgl. dazu Rn. 7 ff.).[31]

5 **c) Endzeitpunkt.** Als **Endzeitpunkt** bestimmt Absatz 1 Satz 1 den Beginn der Schlussvorträge. Da diese mehrmals beginnen können – etwa weil einer der Verfahrensbeteiligten im (ersten) Schlussvortrag einen Hilfsbeweisantrag gestellt hatte, der zum Wiedereintritt in die Beweisaufnahme geführt hat –, kann nur der **letzte Schlussvortrag**

---

25 HK/*Pollähne* 5; Meyer-Goßner/*Schmitt* 3; vgl. auch *Schirmer* DAR **1988** 123.
26 HK/*Pollähne* 5; allg. M. vgl. auch *Rössner/Klaus* NJ **1996** 292 (die zutreffend darauf hinweisen, dass die Anforderungen an die Angabe von Anspruchsgrund und -gegenstand nicht überspannt werden dürfen); *dies.* ZRP **1998** 162 (Forderung, dem Verletzten Antragsformulare zur Verfügung zu stellen).
27 *Scholz* JZ **1972** 725, 727; *Schirmer* DAR **1988** 123; vgl. auch Rn. 8 ff.
28 OLG Stuttgart NJW **1978** 2203.
29 Meyer-Goßner/*Schmitt* 4; HK/*Pollähne* 7.
30 *Eb. Schmidt* 5.
31 Vgl. nur BGH NStZ-RR **2010** 196; NStZ-RR **2005** 380; *Zander* S. 87; h.M.

gemeint sein,[32] und zwar der des Staatsanwalts, weil dieser Gelegenheit zur Stellungnahme zum Adhäsionsantrag haben muss.[33] Im Übrigen ist der Antrag nicht auf die erste Instanz beschränkt, kann vielmehr auch in der Berufungsinstanz – wiederum bis zum Beginn des letzten Schlussvortrags – gestellt werden.[34] In der Revisionsinstanz kann der Antrag nicht mehr geltend gemacht werden.[35] Nach Zurückverweisung der Sache durch das Revisionsgericht wird er dagegen (vor dem Tatrichter) wieder zulässig.[36] Hebt das Revisionsgericht ein Urteil mit den zugrunde liegenden Feststellungen zum Schuldspruch auf und weist die Sache zu neuer Entscheidung an einen anderen Spruchkörper zurück, besteht die Rechtshängigkeit eines im ersten Rechtsgang gestellten Adhäsionsantrags im zweiten Tatsachendurchgang fort und verpflichtet das Tatgericht zur Verbescheidung.

Die umständliche Regelung vermittelt fälschlich den **Eindruck eines besonderen** 6
Vertrauensschutzes für den Verletzten. Tatsächlich hat sie kaum Bedeutung, weil das Gericht bei einem Antrag, den der Verletzte erst unmittelbar vor Beginn der Schlussvorträge gestellt hat, kaum geneigt sein wird, etwa deshalb wieder in die Beweisaufnahme einzutreten. Vielmehr wird es regelmäßig mit der Behauptung von einer Entscheidung absehen, das Verfahren werde verzögert, wenn dem so spät gestellten Antrag noch nachgegangen werde.[37]

2. Wirkungen (Absatz 2)

a) Eingang des Antrags. Maßgeblich für die rechtlichen Wirkungen ist der Eingang 7
des Antrags bei Gericht. Hier ist nach zwei Zeitpunkten zu differenzieren.[38] **Nach Erhebung der öffentlichen Klage** (§ 170 Abs. 1 § 199 Abs. 2) wird das Gericht mit dem Eingang des Antrags außerhalb der Hauptverhandlung verpflichtet, für die **Zustellung** des Antrags an den Beschuldigten zu sorgen (Absatz 1 Satz 3). Wird der Antrag erst in der Hauptverhandlung gestellt, ist eine Bekanntgabe im Wege der Zustellung entbehrlich. Geht der Antrag versehentlich bei der Staatsanwaltschaft ein, hat ihn diese „beschleunigt" dem Gericht zuzuleiten, weil die Rechtswirkungen des Antrags (vgl. Absatz 2) erst eintreten, wenn dieser bei Gericht eingegangen ist (Nr. 174 Abs. 2). Das Gericht gibt den Antrag sodann bekannt und benachrichtigt den Antragsteller überdies vom Termin der Hauptverhandlung (Absatz 3; vgl. auch § 406d Abs. 1 Nr. 2).[39] Hingegen löst ein **im Vorverfahren** bei der Staatsanwaltschaft eingegangenes Begehren nach Absatz 1 die Rechtswirkungen eines Prozessantrags erst mit Eingang bei Gericht nach Klageerhebung aus (s. Rn. 3; § 170 Abs. 1, § 199 Abs. 2).[40] Gleichwohl kann die Staatsanwaltschaft eingedenk ihrer Verfahrensherrschaft im Einzelfall schon im Ermittlungsverfahren den Antrag den Verfahrensbeteiligten bekannt geben, sofern dem nicht die Gefährdung des Untersu-

32 BGH NStZ-RR **2014** 90.
33 BGH StV **1988** 515; bei *Miebach* NStZ **1990** 230 (Rechtzeitigkeit ist Verfahrensvoraussetzung; vgl. Rn. 1); BGH NStZ **1998** 477; BeckRS **2004** 07625; NStZ **2009**, 567; NStZ-RR **2014** 90; BeckRS **2015** 4328; BeckRS **2015** 14855.
34 OLG Hamm vom 13.10.2016 – 4 RVs 125/16, juris; AK/*Schöch* 6; Meyer-Goßner/*Schmitt* 4; **a.A.** HK/*Pollähne* 7; *Schmid* NStZ **2011** 611 613; *Arz* JR **2019** 280, 282.
35 AK/*Schöch* 6.
36 BGH bei *Becker* NStZ-RR **2001** 266; BGH BeckRS **2011** 26267; Meyer-Goßner/*Schmitt* 4.
37 Ähnlich HbStrVf/*Scheffler* VII 963.
38 **A.A.** noch LR/*Hilger*[26] 6 f.
39 S. dazu *Plüür/Herbst* NJ **2008** 14; *Herbst/Püür* S. 5 ff.
40 *Eb. Schmidt* § 404 5; krit. auch HK/*Pollähne* 9; *Neuhaus* StV **2004** 620 626 **a.A.** LR/*Hilger*[26] 6 f.; *Zander* S. 87; *Weiner/Ferber/Havliza/Böök* Rn. 70.

chungszwecks entgegen steht. Dies versetzt den Beschuldigten überdies frühzeitig in die Lage, seine Verteidigung auch gegen den Adhäsionsantrag vorzubereiten und insoweit etwa Beweisanregungen und Beweisanträge oder aber Vergleichsverhandlungen zu initiieren (vgl. auch § 46a StGB; vgl. ferner Nr. 174 RiStBV).

8 **b) Rechtswirkungen.** Die der Erhebung einer zivilrechtlichen Klage entsprechenden rechtlichen Wirkungen des Antrags – etwa Rechtshängigkeit, Verjährungsunterbrechung, Anspruch auf Prozesszinsen und Fristwahrung (vgl. Absatz 1 Satz 1) – treten mit Eingang des Antrags bei Gericht ein (Absatz 2 Satz 2).[41] Ein Anspruch auf Prozesszinsen auf den ausgeurteilten Schadensersatzbetrag besteht – sofern Verzug nicht bereits zuvor eingetreten ist – nach § 404 Abs. 2, § 291 Satz 1 ZPO, § 187 Abs. 1 BGB analog erst ab dem auf den Eintritt der Rechtshängigkeit des Zahlungsanspruchs folgenden Tag (s. zu den Urteilsgründen § 406, 12, 32, 36).[42]

9 **c) Weiteres Verfahren.** Das **weitere Verfahren** richtet sich im Wesentlichen nach der Strafprozessordnung.[43] Der Versuch, wesentliche zivilprozessuale Grundsätze und Vorschriften anzuwenden[44] (s. aber Rn. 10, 21 f.), würde zu einer erheblichen Unsicherheit aller Beteiligten führen. Das gilt namentlich für das **Beweisverfahren.**[45] Für die vereinzelt gebliebene Ansicht, das Gericht könne hier den Umfang der Beweisaufnahme bestimmen, ohne an Anträge der Parteien gebunden zu sein, fehlt es an einer gesetzlichen Grundlage.[46] Namentlich lässt sich § 384 Abs. 3 nicht entnehmen, dass § 244 „nicht in solchen Verfahren gelten solle, die im wesentlichen Interesse des Antragstellers durchgeführt werden".[47] § 384 Abs. 3 will das Gericht von dem Zwang befreien, unverhältnismäßige Mühe, Zeit und Kosten auf Dinge zu verwenden, die das nicht wert sind. Einem solchen Zwang unterliegt das Gericht im Anhangsverfahren aber gerade nicht, weil ihm der Ausweg des § 406 Abs. 1 bleibt.

10 Andererseits kann es im Anhangsverfahren um sehr hohe Beträge gehen. Daher muss der Angeklagte, der – anders als im Zivilprozess – in großen Verfahren (Strafkammersachen) keine zweite Tatsacheninstanz hat, sich auch gegen den zivilrechtlichen Anspruch effektiv verteidigen können. Das Gericht muss ihm daher – möglichst frühzeitig – in der Hauptverhandlung **rechtliches Gehör** zum Adhäsionsantrag geben; diese Äußerungsmöglichkeit ist zu protokollieren.[48] Ist eine **Stellungnahme dem Angeklagten** im Einzelfall nicht ohne weiteres, insbesondere nicht kurzfristig möglich, so unterbricht das Gericht das Verfahren für kurze Zeit oder verfährt im Hinblick auf das Beschleunigungsprinzip nach § 406 Abs. 1 Satz 3, 4. Die **Aufklärungspflicht** des Gerichts (§ 244 Abs. 2) erstreckt sich auch auf den Entschädigungsanspruch.[49] Das bedeutet, dass das

---

41 AK/*Schöch* 8; KMR/*Nepomuck* 7; *Schirmer* DAR **1988** 122 ff.; h.M.; s. auch Nr. 174 Abs. 2 RiStBV. Vgl. desw. *Eggert* VersR **1987** 546; zur früheren Rechtslage vgl. BGH StV **2006** 517; StraFo **2004** 386; LR/*Wendisch*[24] 7; *Schönke* DRZ **1949** 122; *Köckerbauer* (Adhäsionsverfahren) 193; *Schmanns* 41; s. auch *v. Holst* 89.

42 Vgl. zur st. Rspr. nur BGH NStZ-RR **2019** 96 mit Anm. *Dehne-Niemann*; BGH BeckRS **2020** 938; aus der Rechtsprechung der Zivilsenate s. nur BGH NJW-RR **1990** 518 519.

43 Vgl. BVerfG BeckRS **2020** 11535; BGHSt **37** 260; OLG Braunschweig NJW **1952** 1230; *Eb. Schmidt* 9; KMR/*Nepomuck* 15; AK/*Schöch* 9; h.M.; s. auch *Schirmer* DAR **1988** 123 (Unanwendbarkeit der §§ 296, 282 ZPO).

44 Vgl. dazu *Schönke* DRZ **1949** 123.

45 Vgl. *Eb. Schmidt* 12; KMR/*Nepomuck* 16; AK/*Schöch* 9; *Schirmer* DAR **1988** 123.

46 In diesem Sinne BGH NStZ-RR **2009** 319.

47 So aber *Schönke* DRZ **1949** 123.

48 BGHSt **37** 260; BGH NStZ-RR **2018** 25.

49 Vgl. RG DR **1944** 770; KMR/*Nepomuck* 16; AK/*Schöch* 9; h.M.

Gericht u.a. ein evtl. Mitverschulden des Geschädigten und dessen quotenmäßige Bewertung feststellen, aber auch Dauer und Art der Erkrankung, der ärztlichen Behandlung eines operativen Eingriffs, einer Arbeitsunfähigkeit, die Art dauernder Entstellungen oder Behinderungen, Zukunftsschäden und evtl. Spätfolgen klären muss;[50] allerdings wird die **Schadensermittlung** durch die Anwendbarkeit von § 287 ZPO erleichtert.[51] Außerdem ist die Aufklärungspflicht durch § 308 Abs. 1 ZPO begrenzt.[52] Schließlich kann das Gericht den Umfang der Aufklärung dadurch beschränken, dass es diese auf das für ein Grund- oder Teilurteil (§ 406 Abs. 1) Notwendige ausrichtet.

Bisher – soweit ersichtlich – nicht erörtert wurde die Problematik der unterschiedlichen Ausgestaltung der **Zeugnisverweigerungsrechte** in StPO und ZPO. So kann nach § 383 Abs. 1 Nr. 6 ZPO z.B. Mitarbeitern von Banken, Versicherungen, Detekteien oder Dolmetschern[53] ein Zeugnisverweigerungsrecht zustehen, nicht aber gemäß § 53. Sie können also im Strafverfahren das Zeugnis jedenfalls insoweit nicht verweigern, als sie zum strafrechtlichen Vorwurf vernommen werden. Der aber kann eng verzahnt sein mit der zivilrechtlichen Seite des Adhäsionsanspruchs, zu dem sie vor dem Zivilgericht unter Umständen das Zeugnis verweigern könnten. Eine sachgerechte Lösung dürfte sich wohl nur so finden lassen: Zum strafrechtlichen Vorwurf darf, weil dieser vorrangig zu klären ist, das Zeugnis nicht verweigert werden; § 383 Abs. 1 Nr. 6 ZPO ist nur insoweit zu berücksichtigen, als sich die Aussage zum zivilrechtlichen Anspruch von der strafrechtlichen Seite ohne deren Beeinträchtigung trennen lässt. 11

d) Beteiligung des Staatsanwalts. Nach den Richtlinien für das Straf- und Bußgeldverfahren soll der Staatsanwalt zu dem Antrag des Verletzten nur Stellung nehmen, wenn dies nötig ist, um die Tat strafrechtlich richtig zu würdigen oder um einer Verzögerung des Strafverfahrens vorzubeugen (Nr. 174 Abs. 1 RiStBV). Gegen diese Ansicht könnte eingewandt werden, dass das Anhangsverfahren Teil des Strafverfahrens ist, der Staatsanwalt aber in jedem Abschnitt dieses Verfahrens zur Mitwirkung berufen ist. 12

3. Stellung des Antragstellers (Absatz 3)

a) Grundsätzliches. Die spezifische **Stellung des Antragstellers** im Strafverfahren unterscheidet sich von anderen Beteiligungsrechten des Verletzten.[54] Er hat nicht die Stellung des **Nebenklägers**, kann keine Entscheidung verlangen und hat keine Rechtsmittel (ausgenommen § 406a Abs. 1 Satz 1). Er muss zwar von der Hauptverhandlung benachrichtigt werden (Absatz 3 Satz 1); eine Frist dafür gibt es aber nicht. Es wird die Auffassung[55] vertreten, wenn der Antragsteller nicht benachrichtigt sei, so könne nicht verhandelt werden, und deshalb gefordert, dass der Antragsteller zu der Hauptverhandlung zu laden sei. Selbst wenn man diese Ansicht teilte und eine zufolge unterbliebener Ladung ohne den Antragsteller durchgeführte Hauptverhandlung als rechtsfehlerhaft ansähe, wäre dem Antragsteller damit nicht geholfen, weil diesem insoweit keine durch- 13

50 OLG Schleswig SchlHA **1980** 178.
51 AK/*Schöch* 9; KMR/*Nepomuck* 16; SK/*Velten* 12; HK-GS/*Weiner* § 403, 7; Meyer-Goßner/*Schmitt* 11; **a.A.** *Arz* JR **2019** 280.
52 AK/*Schöch* 11.
53 MüKo-ZPO/*Damrau* § 383, 39.
54 Vgl. krit. hierzu bereits *Jescheck* JZ **1958** 593; AK/*Schöch* 18.
55 KMR/*Müller* 7; SK/*Velten* 7; **a.A.** wohl KMR/*Nepomuck* 8.

setzbaren Rechte zustehen. Allerdings ist dem Antragsteller grundsätzlich ab Eingang seines Antrags bei Gericht ein Ablehnungsrecht (§§ 22 ff.) zuzubilligen.[56]

14 **b) Recht auf Anwesenheit.** Dem Adhäsionskläger steht das **Recht auf Anwesenheit** zu (Absatz 3 Satz 2). Dem dient die **Benachrichtigungspflicht**; eine **Terminsabstimmung** mit dem Antragsteller oder seinem Vertreter ist **nicht geboten**; mit Blick auf das Zügigkeitsgebot und die Bedeutung des Anhangsverfahrens kommt bei Verhinderung des Adhäsionsklägers regelmäßig keine **Terminsverschiebung** in Betracht. Ein allein auf die Ablehnung der Terminsverschiebung gestütztes **Ablehnungsgesuch** (§ 26 Abs. 1) ist unzulässig (§ 26a Abs. 1 Nr. 2). Das Recht auf Anwesenheit kann de lege lata auch dann **nicht beschränkt** werden, wenn der Antragssteller zur Sachaufklärung als Zeuge benötigt wird und eine besonders schwierige Beweiskonstellation, etwa Aussage-gegen-Aussage, vorliegt.[57] § 58 Abs. 1 findet insoweit keine Anwendung. Allerdings wird ein Adhäsionskläger in diesen Fällen gut dahin beraten sein, auf sein Anwesenheitsrecht zugunsten der gerichtlichen Sachaufklärung zu verzichten.[58] Der Richter wird den notwendigen Ausgleich zwischen den Erfordernissen der Sachaufklärung (§ 244 Abs. 2) und dem rechtlichen Gehör des Adhäsionsklägers regelmäßig dadurch gewährleisten, dass er diesen als ersten Zeugen vernimmt; dies folgt nicht zuletzt aus der gerichtlichen Fürsorgepflicht.[59] Den Antragsteller trifft **keine Anwesenheitspflicht**. Das Gericht kann also dem Antrag stattgeben, wenn in der Hauptverhandlung weder der Antragsteller noch ein Vertreter anwesend sind. Es kann allerdings auch von einer Entscheidung gemäß § 406 absehen oder aber, wenn dies ausnahmsweise zu verantworten ist (vgl. § 406, 21), die Verhandlung unterbrechen, um eine Teilnahme herbeizuführen.[60]

15 **c) Vertretung durch Rechtsanwalt.** Der Antragsteller kann sich in der Hauptverhandlung vertreten lassen, vornehmlich durch einen Rechtsanwalt. Er ist nicht mit dem Privatkläger, sondern mit dem Kläger (außerhalb des Anwaltszwanges) zu vergleichen. Durch das VereinhG (vgl. Entstehungsgeschichte) ist die Vorschrift gestrichen worden, nach der er sich durch einen Rechtsanwalt oder durch eine andere Person vertreten lassen durfte. Der Gesetzgeber hat die **Vertretung** auch **durch eine andere Person** also nicht verbieten wollen; sonst hätte er sich, statt diesen Satz ganz zu streichen, so ausgedrückt wie in § 378. Ungeeignete Vertreter kann das Gericht nach § 157 ZPO[61] oder entsprechend § 138 Abs. 2 zurückweisen. Für den Antragsteller gilt auch vor dem Landgericht (kleine, große Strafkammer, diese auch als Schwurgericht) und in erstinstanzlichen Verhandlungen vor dem Oberlandesgericht **kein Anwaltszwang.**[62]

16 **d) Anhörungsrecht.** Der Antragsteller muss, weil er Verfahrensbeteiligter ist, in der Hauptverhandlung – falls anwesend oder vertreten – gehört werden;[63] dies ist als we-

---

56 BVerfG NJW **2007** 1670; KK/*Zabeck* 10; KMR/*Nepomuck* 12.

57 Ebenso HK-GS/*Weiner* 5; AK/*Velten* 7; Meyer-Goßner/*Schmitt* 7; **a.A.** *Meier/Dürre* JZ **2006** 21; *Henkel* 414 Fn. 6; HbStrVf/*Scheffler* VII 116.

58 Ebenso KMR/*Nepomuck* 8.

59 AK/*Schöch* 15; MüKo/*Grau* 5; Meyer-Goßner/*Schmitt* 7; KK/*Zabeck* 10; SK/*Velten* 7; vgl. auch KMR/*Nepomuck* 8; *Schmanns* 44.

60 Ähnlich *Plüür/Herbst* NJ **2005** 153, 155; *Herbst/Plüür* S. 31 ff.; *Weiner/Ferber* Rn. 89; *Stoffers/Möckel* NJW **2013**, 830; s. auch HK-GS/*Weiner* 5 (Terminverlegungsantrag in der Regel aussichtslos).

61 Vgl. KMR/*Nepomuck* 10; HK-GS/*Weiner* 5.

62 AK/*Schöch* 16; allg. M.

63 Vgl. BVerfG BeckRS **2020** 11535.

sentliche Förmlichkeit zu protokollieren[64] (§ 273). Der Vorsitzende bestimmt unter Beachtung der §§ 243, 257, 258 den Zeitpunkt.[65] Der Antragsteller kann **Beweisanträge** stellen,[66] hat das **Fragerecht** nach § 240 sowie das **Beanstandungsrecht** nach § 238 Abs. 2;[67] auch §§ 257, 258 sind (entsprechend) anzuwenden.[68] Diese Rechte beziehen sich auch auf die strafrechtliche Seite des Verfahrens, soweit dies für den zivilrechtlichen Anspruch von Bedeutung ist. Wann er das Wort zu seinem Schlussvortrag erhält, steht im Ermessen des Vorsitzenden (s. im Einzelnen Vor § 395, 15).[69]

e) Verletztenbefugnisse. Schließlich steht dem Antragsteller das **Akteneinsichtsrecht** nach § 406e zu. Bzgl. Einzelfragen vgl. die Erl. bei § 406e, 47; § 373b, 29. 17

f) Widerklage. Eine **Widerklage** (§ 33 ZPO) des Angeklagten gegen den Verletzten im Adhäsionsverfahren ist nicht zulässig.[70] Allerdings kann jener, wenn der Antragsteller Mitangeklagter ist, etwa beim Vorwurf wechselseitiger Körperverletzungen, gegen diesen gleichfalls ein Adhäsionsverfahren betreiben. 18

g) Aufrechnung. Eine **Aufrechnung** des Angeklagten gegen den geltend gemachten Anspruch mit eigenen Forderungen ist grundsätzlich zulässig, soweit die Voraussetzungen nach § 387 BGB erfüllt sind und kein Aufrechnungsverbot – etwa nach § 393 BGB – besteht. Der Strafrichter muss eine solche Aufrechnung auch berücksichtigen, weil (soweit) sie den geltend gemachten Anspruch beseitigt (vgl. § 406, 5). Dass sich solche Fälle für das Adhäsionsverfahren kaum eignen, liegt auf der Hand. 19

h) Verzichtsurteil, Versäumnisurteil. Ein **Verzichtsurteil** (§ 306 ZPO) soll – im Wesentlichen aus dogmatischen Gründen – unzulässig sein.[71] Gegen ein solches Urteil bestünden jedenfalls keine Bedenken unter dem Gesichtspunkt der Schutzwürdigkeit des Angeklagten. Ein **Versäumnisurteil** (§ 330 ff. ZPO) dürfte jedenfalls unzulässig sein.[72] 20

i) Geständnis. Ein zivilrechtliches **Geständnis** (§ 288 ZPO) des Angeklagten unterliegt, wie ein Geständnis zur strafrechtlichen Seite, der Überprüfung des Gerichts (§§ 244 Abs. 2, 261).[73] Allein für den Fall, dass der Angeklagte nach einem Geständnis nur die zivilrechtliche Entscheidung anficht, ist eine analoge Anwendung der §§ 288 bis 290 ZPO (Bindungswirkung) erwägenswert. Zwar ist auch in einem solchen Fall nicht auszuschließen, dass der Angeklagte das Geständnis nur abgelegt hat, weil er sich davon strafrechtlich relevante Vorteile versprochen hatte. Andererseits ist, da nur der zivilrechtliche Teil angefochten, der strafrechtliche Teil also akzeptiert wird, nicht recht einzusehen, warum der Angeklagte nun besser gestellt sein sollte, als er es als Beklagter 21

64 Vgl. die Erl. zu § 273 sowie zur vergleichbar gelagerten Anhörung des Angeklagten BGHSt **37** 260.
65 Vgl. BGH NJW **1956** 1767; KMR/*Nepomuck* 11; *Schmanns* 46.
66 BGH NJW **1956** 1767; *Jescheck* JZ **1958** 595; allg. M.
67 *Rieß* (Gutachten) 42; *v. Holst* 119; *Köckerbauer* (Adhäsionsverfahren) 195; allg. M.
68 KMR/*Nepomuck* 9; KK/Zabeck 10; Meyer-Goßner/*Schmitt* 9.
69 BGH NJW **1956** 1767; *Rieß* (Gutachten) 42; allg. M.; krt. hingegen *Arz* JR **2019** 280, 284.
70 Meyer-Goßner/*Schmitt* 10.
71 KMR/*Nepomuck* 19; SK/*Velten* 16; h.M.; vgl. auch AK/*Schöch* 10; *Wendisch* JR **1991** 297; s. dagegen *Köckerbauer* NStZ **1994** 308 (analoge Anwendung von § 306 ZPO); *Schirmer* DAR **1988** 123.
72 *Herbst/Plüür* S. 31.
73 KMR/*Nepomuck* 17; HK/*Pollähne* 14.

im Zivilprozess wäre. Über § 273 Abs. 2, 3 wäre im Übrigen eine Protokollierung des Geständnisses möglich (vgl. auch § 254 Abs. 1).

22 **j) Sonstiges.** Zum **Vergleich** s. die Erl. zu § 405, zum **Anerkenntnis** die Erl. zu § 406 Abs. 2. Eine **Streitverkündung** ist nicht zulässig.[74]

23 **4. Rücknahme des Antrags (Absatz 4).** Die **Rücknahme** des Antrags (Absatz 4) ist bis zum Beginn der Urteilsverkündung (§ 268 Abs. 2) möglich, bedarf keiner Zustimmung und ist von Amts wegen zu berücksichtigen (s. im Einzelnen zu den Sachurteilsvoraussetzungen Erl. zu § 406, 66). Sie steht weder einer zivilprozessualen Klage entgegen noch hindert sie einen neuen Antrag nach § 403; § 392 kann nicht entsprechend angewendet werden.[75] Der Antrag kann auch noch in der Berufungsinstanz,[76] nicht aber vor dem Revisionsgericht zurückgenommen werden.

5. Prozesskostenhilfe (Absatz 5)

24 **a) Allgemeines.** Die Prozesskostenhilfe im Adhäsionsverfahren war früher nicht gesetzlich geregelt. Außerdem war umstritten, ob sie nur dem Angeklagten (analog §§ 114 ff. ZPO) oder auch dem Antragsteller des Adhäsionsantrags (analog § 172 Abs. 3 Satz 2 oder §§ 114 ff. ZPO) gewährt werden kann.[77] Absatz 5 stellt nun klar, dass grundsätzlich dem Antragsteller des Adhäsionsantrages und dem Angeschuldigten Prozesskostenhilfe bewilligt werden kann sowie unter welchen Voraussetzungen und in welchem Verfahren dies zu geschehen hat. Die Rechtslage ist weitgehend den zivilprozessualen Regelungen angeglichen. Ist dem Nebenkläger gemäß § 397a Abs. 1 ein Rechtsanwalt als Beistand bestellt worden, erstreckt sich die Beiordnung nicht auf das Adhäsionsverfahren; es ist ggf. eine gesonderte Beiordnung erforderlich.[78] Dies soll nach höchstrichterlicher Rechtsprechung nicht für den Angeklagten gelten.[79] Die Bestellung eines Pflichtverteidigers umfasse vielmehr auch die Vertretung im Adhäsionsverfahren. Dieses Normverständnis überzeugt nicht.[80] Es lässt sich schwerlich mit dem Gesetzeswortlaut von Absatz 5 vereinbaren, der den Anwendungsbereich der Vorschrift gerade nicht reduziert auf Fälle, in denen die Voraussetzungen von § 140 nicht gegeben sind. Auch nach dem Sinn dieser Vorschrift handelt es sich um eine Sonderregelung der Rechtsanwaltsbeiordnung für (sämtliche) Fälle, in denen ein nach § 403 Berechtigter gegen den Angeschuldigten einen ihm aus der Straftat erwachsenen zivil- und vermögensrechtlichen Anspruch im Strafverfahren geltend macht.

---

74 LG Wuppertal NStZ-RR **2003** 179.

75 *Eb. Schmidt* 18; Meyer-Goßner/*Schmitt* 13; **a.A.** *Köckerbauer* NStZ **1994** 307.

76 KMR/*Nepomuck* 24.

77 Vgl. LR/*Wendisch*[24] 15.

78 BGH StraFo **2001** 306; **2008** 131; BeckRS **2013** 9512.

79 Vgl. BGH NJW **2021** 2901; ebenso OLG Rostock BeckRS **2011** 18598; OLG Köln BeckRS **2005** 07953; OLG Hamm BeckRS **2001** 30183875; OLG Schleswig NStZ **1998** 101; OLG Hamburg NStZ-RR **2006** 347; SK/*Velten* 21; BeckOK/*Krawczyk* § 140, 3; vgl. hierzu auch SSW/*Werner* 20.

80 Ebenso OLG Hamburg NStZ **2010** 652; KG BeckRS **2009** 25756; OLG Hamm NJW **2013** 325; OLG Oldenburg BeckRS **2010** 11888; OLG Zweibrücken BeckRS **2007** 00818; OLG München StV **2004** 38; OLG Saarbrücken StV **2000** 433; OLG Celle BeckRS **2008** 01177; OLG Bamberg BeckRS **2008** 24774; OLG Stuttgart BeckRS **2009** 10521; nicht eindeutig hingegen BGH BeckRS **2012** 21709; HK-GS/*Weiner* 10.

b) Einzelheiten. Für die Prozesskostenhilfe gelten grundsätzlich die **§§ 114 ff. ZPO.** Der Antragsteller des Prozesskostenhilfeantrages (Antragsteller des Adhäsionsantrages oder Angeschuldigter) muss „mittellos" im Sinne des § 114 ZPO[81] sein,[82] und die beabsichtigte Rechtsverfolgung oder Rechtsverteidigung (gegen den Adhäsionsantrag) hat hinreichende Erfolgsaussicht zu bieten und darf nicht mutwillig erscheinen.[83] Es gilt auch die in den §§ 114, 115 ZPO genannte Tabelle. Der Antrag ist **vor Abschluss der kostenverursachenden Instanz** zu stellen; eine rückwirkende Bewilligung kommt ebenso wenig in Betracht wie ein Antrag auf Wiedereinsetzung (§ 44).[84] 25

Des Weiteren ist grundsätzlich das in den §§ 117 ff. ZPO vorgesehene **Verfahren** zu beachten. Dem Prozesskostenhilfeantrag ist z.B. unter Benutzung von amtlichen Vordrucken (§ 117 Abs. 3 ZPO) die in § 117 Abs. 2 ZPO genannte Erklärung nebst Belegen beizufügen. Auf Verlangen des Gerichts sind tatsächliche Angaben glaubhaft zu machen (§ 118 Abs. 2 Satz 1 ZPO). Erhebungen im Sinne des § 118 Abs. 2 Satz 2, 3 ZPO werden selten in Betracht kommen. Aus Absatz 5 Satz 1 folgt, dass über den Antrag erst entschieden wird, wenn die Anklage erhoben (§ 170 Abs. 1, § 381) ist. Im Strafbefehlsverfahren kommt es auf die Anberaumung der Hauptverhandlung (§ 411 Abs. 1) an.[85] Bei der Prüfung der Erfolgsaussicht sind die Ausführungen der Anklage und die sie stützenden Ermittlungsergebnisse heranzuziehen.[86] Die Darstellung des Streitverhältnisses unter Angabe der Beweismittel nach § 117 Abs. 1 Satz 2 ZPO wird in der Regel im Hinblick auf Anklage und Akteninhalt entbehrlich sein, soweit es nur um den Grund des Anspruchs geht. Die Bewilligung der Prozesskostenhilfe erfolgt für jeden Rechtszug besonders (§ 119 Abs. 1 Satz 1 ZPO).[87] 26

Die **Beiordnung des Rechtsanwalts** zur Vertretung im Adhäsionsverfahren richtet sich grundsätzlich nach § 121 Abs. 2 ZPO (Absatz 5 Satz 2). Voraussetzung ist also, dass ein entsprechender Antrag gestellt ist und die Vertretung durch einen Rechtsanwalt erforderlich erscheint oder der Gegner im Adhäsionsverfahren durch einen Rechtsanwalt vertreten ist; letzteres kann der Verteidiger des Angeschuldigten sein, wenn er auch zur Abwehr des Adhäsionsantrages tätig wird.[88] Die anwaltliche Vertretung erscheint insbesondere dann erforderlich, wenn der Sachverhalt, der dem Adhäsionsverfahren zugrunde liegt, tatsächlich oder rechtlich schwierig gelagert ist oder wenn bei einem einfachen Sachverhalt oder angesichts einfacher Rechtslage sich ergibt, dass die Partei hilflos zu sein scheint. Hat der Angeschuldigte bereits einen Verteidiger für das Strafverfahren, so soll ihm dieser und nicht zusätzlich ein weiterer Rechtsanwalt seiner Wahl unter den genannten Voraussetzungen zur Abwehr des Adhäsionsantrages beigeordnet werden. Dem Antragsteller des Adhäsionsantrages, der sich im Hauptverfahren des Beistandes 27

81 Bezugsgröße/anfallende Gebühren und Auslagen: vgl. GKG KV 3700 und 9000 (ein Gerichtskostenvorschuss fällt nicht an – § 8 GKG) sowie RVG KV 4143 und 7000.

82 Vgl. zur Mittellosigkeit eines Minderjährigen BGH DAR **1994** 193.

83 BGH bei *Kusch* NStZ-RR **2000** 40; keine Prüfung der Erfolgsaussicht allerdings im allein vom Angeklagten betriebenen Revisionsverfahren, vgl. BGH BeckRS **2013** 9512.

84 BGH BeckRS **2021** 8406; SSW/*Werner* 17; s auch Rn. 29.

85 Meyer-Goßner/*Schmitt* 14.

86 Vgl. BTDrucks. **10** 5305, S. 16; *Kempf* StV **1987** 218; *Schmanns* 161 ff. S. auch § 119 Abs. 1 Satz 2 ZPO – BGH StraFo **2008** 131.

87 BGH StraFo **2008** 131.

88 Zur Vertretungsbefugnis des Pflichtverteidigers im Adhäsionsverfahren s. BGH StraFo **2001** 306; OLG Jena Rpfleger **2008** 529; OLG Celle NStZ-RR **2008** 190 m.w.N.; AG Bückeburg NStZ-RR **2002** 31. Vgl. auch *Beyer* JurBüro **1989** 439.

eines Rechtsanwalts bedient (§ 406f Abs. 1), soll dieser beigeordnet werden (Satz 2 Halbsatz 2).[89]

28 Nach Absatz 5 Satz 3 ist für die **Entscheidung** über den Prozesskostenhilfeantrag das mit der Sache befasste **Gericht** zuständig. Nach Einlegung einer Berufung ist dies das Berufungsgericht, sobald ihm die Akten nach § 321 Satz 2 vorgelegt worden sind. Für die Mitwirkung des Rechtspflegers gilt § 20 Nr. 4, 5 RpflG. Die Entscheidung über den Prozesskostenhilfeantrag ist **nicht anfechtbar**;[90] gleiches gilt für eine Aufhebung der Bewilligung von Prozesskostenhilfe.[91] Das Strafverfahren soll nicht durch ein Beschwerdeverfahren über die Prozesskostenhilfe belastet und verzögert werden.[92] Auch eine Beschwerde der Staatskasse (vgl. § 127 Abs. 3 Satz 1 ZPO) ist nicht zulässig.[93]

29 Nach rechtskräftigem Abschluss des Revisionsverfahrens kommt eine auf den Antragszeitpunkt rückwirkende Verbescheidung nur ausnahmsweise in Betracht.[94] Ein Antrag auf Wiedereinsetzung mit dem Zeil, das Verfahren in den Stand vor einer Senatsentscheidung zurückzuversetzen, ist unzuslässig.[95]

§ 405
Vergleich

(1) [1]Auf Antrag der nach § 403 zur Geltendmachung eines Anspruchs Berechtigten und des Angeklagten nimmt das Gericht einen Vergleich über die aus der Straftat erwachsenen Ansprüche in des Protokoll auf. [2]Es soll auf übereinstimmenden Antrag der in Satz 1 Genannten einen Vergleichvorschlag unterbreiten.

(2) Für die Entscheidung über Einwendungen gegen die Rechtswirksamkeit des Vergleichs ist das Gericht der bürgerlichen Rechtspflege zuständig, in dessen Bezirk das Strafgericht des ersten Rechtszuges seinen Sitz hat.

Schrifttum

Kähler Der Vergleich im Adhäsionsverfahren nach § 405 StPO, StraFo **2019** 11; *Zander* Das Adhäsionsverfahren in neuem Gewand (2011).

Entstehungsgeschichte

Die Vorschrift ist seit ihrer Einfügung im Jahre 1943 (Entstehungsgeschichte Vor § 403) zunächst lange Zeit inhaltlich unverändert geblieben. Zu Fassung und Inhalt bis September 2004 s. die 25. Auflage. Durch Art. 1 Nr. 15 des OpferRRG hat die Vorschrift ihre heutige Fassung erhalten; die Überschrift wurde eingeführt durch Art. 1 Nr. 13 des Gesetzes zur Stärkung des Rechts des Angeklagten auf Vertretung in der Berufungsver-

---

89 Vgl. BTDrucks. **10** 5305 S. 16, 29 Nr. 11, 33. S. auch BGH Rpfleger **2001** 370; OLG Hamm NStZ-RR **2001** 351 (Beiordnung gemäß § 397a – gesonderte Beiordnung gemäß § 404 erforderlich).

90 OLG Brandenburg StRR **2011** 321; S. auch BGH HRRS **2005** Nr. 367 (PKH-Entscheidung in Revision nicht überprüfbar).

91 OLG Stuttgart NStZ-RR **2007** 254 (lex spec. zu § 127 ZPO; aber Erinnerung gemäß § 11 RPflG).

92 Vgl. HK/*Pollähne* 23; krit. *Köckerbauer* NStZ **1993** 307.

93 OLG Düsseldorf MDR **1990** 848; HK/*Pollähne* 23; KK/*Zabeck* 11; **a.A.** *D. Meyer* JurBüro **1990** 1106.

94 BGH BeckRS **2021** 15854; BeckRS **2017** 120762.

95 BGH BeckRS **2021** 8406.

https://doi.org/10.1515/9783110275001-040

handlung und über die Anerkennung von Abwesenheitsentscheidungen in der Rechtshilfe vom 17.7.2015 (BGBl. I 1332). Durch Art. 1 Nr. 50 des Gesetzes zur Fortentwicklung der Strafprozessordnung und zur Änderung weiterer Vorschriften (BGBl. I 2099) wurde Absatz 1 Satz 1 neugefasst und das Wort „des Verletzten" durch „die nach § 403 zur Geltendmachung eines Anspruchs Berechtigten" ersetzt. Hierbei handelte es sich um eine Folgeänderung im Zuge der Einfügung einer Legaldefinition des Verletzten in § 373b. Der Gesetzgeber wollte durch die gesetzliche Begriffsbestimmung den Kreis der Berechtigten des Adhäsionsverfahrens nicht beschränken[1] und hatte deshalb neben § 403 auch § 405 neuzufassen (s. im Einzelnen Erl. zu § 403 und § 373b).

Übersicht

I. Allgemeines

Die Vorschrift bestimmt die grundsätzliche Zulässigkeit eines zu protokollierenden, vollstreckbaren gerichtlichen Vergleichs und Einzelfragen hierzu.[2] Die Zulässigkeit eines vom Gericht zu protokollierenden (§ 273) Vergleichs war bis zur Regelung durch das OpferRRG zweifelhaft,[3] wurde aber von der h.M. bejaht.[4] Die gesetzliche Lösung[5] erscheint allerdings nicht unproblematisch (vgl. Rn. 2). 1

Unter **dogmatischen Gesichtspunkten** wird als bedenklich angesehen, dass durch einen gerichtlichen Vergleich zivilrechtliche Elemente in das Strafverfahren übertragen werden.[6] Zwar sind die dogmatischen Bedenken mit der Einführung der Verständigung im Strafverfahren (§ 257c; s. Rn. 10) nicht ausgeräumt; denn deren Rechtsnatur ist bisher ungeklärt[7] und lässt keine tragfähigen Schlüsse auf andere Institute oder Verfahrensarten zu. Die Bedenken sind aber überwindbar: Denn dem Gericht wird – anders als dies beim Anerkenntnis oder Verzicht wäre – keine Entscheidung abverlangt, insbesondere nicht eine Entscheidung, die keine Folgeentscheidung der strafrechtlichen Verurteilung wäre.[8] Für die Zulassung des gerichtlichen Vergleichs spricht die Notwendigkeit der Förderung der **Wiedergutmachung** zwischen Täter und Opfer der Straftat.[9] Allerdings 2

---

1 Vgl. BTDrucks. **19** 27654 S. 107.

2 Eingehend dazu *Herbst/Plüür* S. 43 ff.; *Weiner/Ferber/Havliza/Stang* 106 ff.

3 Vgl. BGHSt **37** 263 mit Anm. *Wendisch* JR **1991** 297 und *Pasker* NStZ **1991** 503; *Eb. Schmidt* 9; krit. auch HK/Pollähne § 404, 17.

4 OLG Köln JMBlNW **1948** 144; OLG Stuttgart NJW **1964** 111; AK/*Schöch* 12 und Vor § 403, 9, 14 f.; KMR/*Fezer* 16; *Rieß* (Gutachten) 41, 81; *Schmanns* 59; *Schönke* DRZ **1949** 124; *Breetzke* NJW **1969** 1409; *Pasker* NStZ **1991** 503; *Pecher* NJW **1981** 2170; *D. Meyer* JurBüro **1984** 1121; *Köckerbauer* NStZ **1994** 308; *Schirmer* DAR **1988** 123. S. auch den Gesetzgebungsvorschlag BTDrucks. **13** 6899 Art. 1 Nr. 3 sowie *Kintzi* DRiZ **1998** 65.

5 Die Regelung grundsätzlich begrüßend: *Rieß* FS Dahs 435; *Krey/Wilhelmi* FS Otto 951; s. auch *Freund* GA **2002** 82.

6 Vgl. krit. etwa *Kähler* StraFo **2019** 11.

7 Vgl. § 257c, 21; s. aber auch MüKo/*Jahn/Kudlich* § 257c, 1 f., 8; KK/*Moldenhauer/Wenske* § 257c, 5.

8 Vgl. dazu BGHSt **37** 263 mit Anm. *Wendisch* JR **1991** 297 und *Pasker* NStZ **1991** 503; s. auch *Köckerbauer* NStZ **1994** 308.

9 Vgl. *Wendisch* JR **1991** 298; AK/*Schöch* Vor § 403, 9.

muss es sich um einen echten Vergleich, also ein gegenseitiges Nachgeben handeln, nicht um ein in einen Vergleich gekleidetes (verdecktes) Anerkenntnis (s. dazu § 406, 44). Außerdem gebietet es die **Fürsorgepflicht** des Gerichts, darauf zu achten, dass die Vergleichsverhandlungen behutsam geführt werden, der besondere Charakter des Strafverfahrens berücksichtigt wird und gewahrt bleibt und keine „Drucksituation" für den Angeklagten entsteht. Das Gericht kann gemäß § 406 Abs. 1 Satz 4 die Befassung mit dem Adhäsionsanspruch und damit auch mit dem **Vergleichsabschluss ablehnen,** wenn erkennbar wird, dass der Angeklagte einen Vergleich nicht wirklich als angemessen ansieht, sich vielmehr in einer „Drucksituation" fühlt oder befindet und sich deshalb „vergleicht", oder wenn die Vergleichsverhandlungen das Strafverfahren verzögern würden. Auch diese Regelung hat das gesetzgeberische Ziel, das Adhäsionsverfahren für Verletzte attraktiver zu gestalten, nicht erreicht.[10]

II. Absatz 1

3 **1. Satz 1** regelt die grundsätzliche **Pflicht** das Gerichts, auf Antrag des Adhäsionsklägers oder des Angeklagten, also nicht des Staatsanwalts, einen Vergleich in das Hauptverhandlungsprotokoll (§ 273) aufzunehmen (s. aber Rn. 2). Die Protokollierung eines Vergleichs bereits im Ermittlungsverfahren oder im Zwischenverfahren ist nach dem Wortlaut und der Entstehungsgeschichte des § 405 nicht möglich.[11] Zulässig bleibt allerdings ein außergerichtlicher zivilrechtlicher Vergleich; der ist jedoch in der Regel[12] kein Vollstreckungstitel.[13] Einzelheiten der Protokollierung richten sich nach den §§ 271 ff.; dies gilt auch für die Beifügung eines schriftlichen Vergleichs als Anlage zum Protokoll sowie die Verlesung des Vergleichs (s. die Erl. zu § 273).

4 Der Vergleich hat grundsätzlich den dem Adhäsionsantrag **zu Grunde liegenden Anspruch** (§ 264) – ganz oder wenigstens teilweise – zu erfassen. Beschränkungen nach § 154 oder § 154a hindern einen Vergleichsschluss nicht.[14] Falls zwischen den genannten Personen mehrere, teils außerhalb des Adhäsionsverfahrens liegende Streitpunkte bestehen, begegnet es mit Blick auf den eindeutigen Bezugspunkt des Gesetzeswortlauts durchgreifenden rechtlichen Bedenken, diese im Interesse einer **umfassenden Aussöhnung** und „Wiedergutmachung" in den Vergleich einzubeziehen.[15]

5 Der **Vergleichsgegenstand** kann gemäß § 405 auch über den für einen **Adhäsionsantrag** nach den §§ 403, 404 maßgeblichen Anspruch hinausgehen, als er nicht auf vermögensrechtliche Ansprüche beschränkt ist. So kann z.B. auch der Anspruch auf **Abgabe einer Ehrenerklärung** ohne wirtschaftliche Bedeutung verglichen werden.[16] Dies vergrößert den Spielraum für eine gütliche Streitbeilegung und kann im Einzelfall sachgerecht, von erheblicher Bedeutung für eine umfassende Aussöhnung sein. Andererseits ist nicht zu übersehen, dass der Vergleichsabschluss sich auf den Entscheidungsspielraum des Ge-

---

10 Vgl. Vor § 403, 10 ff.; *Achenbach/Ransiek/Rönnau* Wirtschaftsstrafrecht Rn. 117; zweifelnd bereits LR/*Hilger*[26] 2.

11 Unzulässigkeit analoger Anwendung des § 405, weil entspr. Vorschrift vom Gesetzgeber nicht gewollt – s. BRDrucks. 829/03, S. 35; 829/1/03, S. 16; *Ferber* NJW **2004** 2564.

12 Zum sog. Anwaltsvergleich s. die Erl. zu § 796a ZPO in den Kommentaren hierzu.

13 *Meier/Dürre* JZ **2006** 24.

14 Vgl. BTDrucks. **15** 1976 S. 15; KMR/*Nepomuck* 5.

15 Ebenso KMR/*Nepomuck* 5;; **a.A.** LR/*Hilger* [26] 4; *Meier/Dürre* JZ **2006** 24; SK/*Velten* 2; HK-GS/*Weiner* 3; zur Rechtslage in der Schweiz vgl. *Wohlers* AJP **2022** 464.

16 KMR/*Nepomuck* 2; allg. M.

richts in der Strafsache auswirken kann; das Gericht wird schwerlich eine strafrechtliche Entscheidung treffen können, die den Bestand eines zwischen den Beschuldigten und dem Antragsteller ausgehandelten „aussöhnenden" Vergleichs gefährden könnte.[17] Der Vergleich kann ferner die **Kostenlast** für das Adhäsionsverfahren umfassen.[18]

Der Vergleich kann auch unter aufschiebender oder auflösender **Bedingung** geschlossen werden. Ist das Strafverfahren bereits abgeschlossen, wenn eine auflösende Bedingung eintritt oder von einem Widerrufsvorbehalt Gebrauch gemacht wird, so ist § 404 Abs. 4 zu beachten. Ein Vergleichsschluss unter Widerrufsvorbehalt stellt für sich keinen bestimmenden Strafmilderungsgrund dar (§ 46 Abs. 2). Denn eine solche Prozesserklärung lässt keine Rückschlüsse auf die innere Einstellung des Angeklagten zur Tat erkennen; freilich erst recht sind hierdurch die Voraussetzungen von § 46a StGB nicht erfüllt.[19] War der Vergleich gleichwohl bei der Strafzumessung berücksichtigt worden, kann dessen Wegfall nur im Rechtsmittelverfahren berücksichtigt werden.[20] S. auch Rn. 13. 6

Der Vergleichsabschluss ist, anders als die streitige Entscheidung des Gerichts, **unabhängig von einer Verurteilung**. Auch eine Beschränkung des Streitstoffes oder seiner rechtlichen Bewertung (§§ 154 ff.) hindern nicht den Abschluss eines Vergleichs.[21] Durch den Vergleichsabschluss endet die **Rechtshängigkeit des zivilrechtlichen Anspruchs**; weder eine Rücknahme des Adhäsionsantrages[22] noch der Antrag auf Feststellung der Hauptsacheerledigung sind möglich.[23] Eine Vereinbarung über die Kostentragung für das Adhäsionsverfahren umfasst auch die notwendigen Auslagen des Adhäsionsklägers.[24] Sind die Kosten des Adhäsionsverfahrens nicht Inhalt des Vergleichs, muss darüber gemäß § 472a entschieden werden.[25] 7

2. Satz 2. Nach Absatz 1 **Satz 2** soll das Gericht auf übereinstimmenden Antrag der in Absatz 1 Satz 1 genannten Personen einen Vergleichsvorschlag unterbreiten.[26] Die Vorschrift sagt nicht, welchen Inhalt der Antrag haben sollte, insbesondere nicht, dass er bereits vertretbare Vergleichsvorstellungen oder -vorschläge dieser Personen enthalten sollte. Die genannten Personen können also in dem **übereinstimmenden Antrag** bereits Vergleichsvorschläge benennen oder skizzieren, sich aber auch darauf beschränken, zu beantragen, das Gericht möge einen Vorschlag erarbeiten und unterbreiten. Gerade in solchen Fällen sollte das Gericht zunächst, schon im Hinblick auf das Spannungsverhältnis zu strafprozessualen Grundsätzen (Amtsaufklärung; Unschuldsvermutung),[27] in gemeinschaftlichen Gesprächen, an denen alle Beteiligten gleichzeitig teilnehmen sollten, sowie an Hand der vorliegenden Unterlagen unter Berücksichtigung des vorläufigen Verfahrensstandes die Möglichkeiten und Grenzen eines Vergleichs ermitteln. Dabei ist in besonderer Weise darauf zu achten, dass ein die Sach- und Rechtslage deutlich (einseitig) verkennen- 8

---

17 AnwK-*Krekeler* 6.
18 BGH BeckRS **2013** 03158; KG BeckRS **2015** 12692.
19 Zum vertypten Milderungsgrund s. nur BGH NStZ-RR **2019** 305; hierzu ferner krit. *Kähler* StraFo **2019** 15.
20 *Meier/Dürre* JZ **2006** 24.
21 BRDrucks. 829/03, S. 34.
22 *Meier/Dürre* JZ **2006** 24.
23 BGH BeckRS **2013** 03158; BGH BeckRS **2014** 17345; *Zander* 163; HK/*Pollähne* 2.
24 Vgl. KG BeckRS **2015** 12692.
25 OLG Celle JurBüro **2021** 581; *Meier/Dürre* JZ **2006** 24; SSW/*Werner* 3.
26 Krit. *Hilger* GA **2004** 485 (Einfallstor für Befangenheitsanträge); ähnlich *Neuhaus* StV **2004** 626; **a.A.** *Rieß* FS Dahs 435 (Regelung tolerabel); *Meier/Dürre* JZ **2006** 24; s. auch *Loos* GA **2006** 200 (Rollenkonflikte der Beteiligten); *Feigen* FS Otto 883 ff.
27 *Meier/Dürre* JZ **2006** 24; Meyer-Goßner/*Schmitt* 5.

der Vorschlag oder Begleitumstände, wie etwa eine unsachgemäße Begründung, im Einzelfall den Anschein der Befangenheit des Gerichts begründen können. Das Gericht ist befugt („Sollregelung"), den **Antrag im Beschlusswege abzulehnen**, wenn dies aus Gründen des Strafverfahrens ausnahmsweise notwendig ist.[28] Dies gilt namentlich, wenn die Sache für einen Vorschlag noch nicht reif erscheint oder zu befürchten ist, dass auch bei behutsamer Vorgehensweise des Gerichts die Gefahr eines Anscheins einer Befangenheit entstehen könnte.[29] Die ungefährdete Durchführung des Strafverfahrens hat Vorrang vor den Aussöhnungsinteressen der Beteiligten. Ohne einen übereinstimmenden Antrag sollte das Gericht im Hinblick auf die Gefahr, damit eine Besorgnis der Befangenheit zu begründen, keinen Vergleichsvorschlag unterbreiten.[30]

9 Da Satz 2 von **Gericht** spricht, ist es erforderlich, dass der Vergleichsvorschlag von den Mitgliedern eines Spruchkörpers mehrheitlich (§ 196 GVG) getragen, nicht unbedingt vorbereitet, wird.

10 **3. Verständigungsbasierter Vergleich.** Der Vergleichvorschlag kann auch formuliert werden als Teil einer Verständigung zwischen Gericht und den Verfahrensbeteiligten (§ 257c Abs. 2 Satz 1 und Absatz 3 Satz 1). Der Adhäsionskläger ist als Verfahrensbeteiligter zum Verständigungsvorschlag zu hören (vgl. § 257c Abs. 3).[31] **Entfällt die Bindung des Gerichts** nach den Maßgaben des § 257c Abs. 4 Satz 1 nachträglich, so berührt dies die Wirksamkeit der dem Vergleichsschluss zugrunde liegenden – mit Blick auf die erstrebte strafmildernde Wirkung dieser Form der Schadenswiedergutmachung (s. Rn. 6) regelmäßig – unbedingten Prozesserklärungen nicht (s. Rn. 7). Der verständigungsbasierte Vergleich ist über § 273 Abs. 1 nach den Maßgaben des § 273 Abs. 1a in der **Sitzungsniederschrift** zu protokollieren.

III. Absatz 2

11 Die Vorschrift regelt nicht nur die sachliche und örtliche **Zuständigkeit** für Entscheidungen über **Einwendungen** gegen die Rechtswirksamkeit des Vergleichs, sondern begründet incidenter auch ein neues zivilprozessuales Verfahren. Solche Einwendungen werden nicht vor dem Strafgericht, sondern (in einem besonderen Verfahren – Rn. 11) vor dem in Absatz 2 genannten **sachnahen Zivilgericht** (s. auch § 406b Satz 2) geltend gemacht. Damit soll auch hier vermieden werden, dass Strafgerichte, namentlich nach rechtskräftigem Abschluss des Verfahrens, über rein zivilrechtliche Fragen, etwa die Anfechtung wegen Irrtums oder arglistiger Täuschung, zu befinden haben.[32] Richten sich dagegen die Einwendungen gegen Mängel der strafverfahrensrechtlichen Protokollierung, so richtet sich die Protokollberichtigung nach strafprozessualen Grundsätzen (vgl. die Erl. zu § 271). Die **Streitwertgrenze** der §§ 23, 71 GVG ist für die Zuständigkeit des Zivilgerichtes nicht zu beachten.[33]

---

28 BeckOK/*Ferber* 4; allg. M.

29 Weniger besorgt *Meier/Dürre* JZ **2006** 24; KMR/*Nepomuck* 7; s. auch *Neuhaus* StV **2004** 626 (zur Abweichung von der Rechtsprechung der Zivilgerichte bei Schmerzensgeld).

30 Meyer-Goßner/*Schmitt* 5; *Meier/Dürre* JZ **2006** 24.

31 Vgl. KK/*Moldenhauer/Wenske* § 257c, 24; *v. Tippelskirch* S. 186 f.

32 Vgl. nur HK/*Pollähne* 6; *Meier/Dürre* JZ **2006** 24; SK/*Velten* 6; hierzu bereits BRDrucks. 829/03, S. 36.

33 *Herbst/Plüür* S. 49; SK/*Velten* 6; Meyer-Goßner/*Schmitt* 6; **a.A.** – nur örtliche Zuständigkeit – *Weiner/Ferber/Havliza/Stang*, 126.

Das Verfahren, in dem diese Einwendungen, zumeist Nichtigkeit oder Anfechtung des Vergleichs, geltend gemacht werden sollen, ist bisher in der **ZPO nicht ausdrücklich geregelt**. Es ist weder eine Klage nach § 323 noch nach § 767 ZPO. Wird in einem Zivilprozess ein Vergleich geschlossen und später z.B. dessen Unwirksamkeit geltend gemacht, so lebt das durch den Vergleich abgeschlossene Zivilverfahren wieder auf und wird ggf. fortgesetzt; notfalls muss über den Streit bzgl. der (Un)Wirksamkeit des Vergleichs durch Zwischenurteil (§ 303 ZPO) entschieden werden. Um nun eine Belastung des Strafgerichts mit dem zivilrechtlichen Streit um die Wirksamkeit des Adhäsionsvergleichs zu vermeiden,[34] zu der ein an sich konsequentes Wiederaufleben des Adhäsionsverfahrens vor dem Strafgericht führen würde – fingiert die Regelung, der Vergleich sei im Zivilprozess geschlossen und lässt demgemäß diesen **Zivilprozess aufleben** und weiterführen. Dies gilt nach der Regelung wohl auch dann, wenn das Strafverfahren **noch anhängig** ist. 12

Entfällt der Vergleich nach einer strafrechtlichen Entscheidung (Rn. 6; auflösende Bedingung; Widerruf), so lebt der Adhäsionsantrag wieder auf, wird aber jedenfalls in dieser Instanz – für diese – unzulässig, weil in dieser Instanz nicht mehr darüber entschieden werden kann (§ 403). Das Gericht könnte nun eine nachträgliche (klarstellende) Absehensentscheidung (§ 406 Abs. 1 Satz 3) treffen.[35] Der zivilrechtliche Anspruch wäre dann vor den Zivilgerichten weiter zu verfolgen. Denkbar wäre aber auch eine (wohl zum gleichen Ergebnis führende) analoge Anwendung von Absatz 2, die insbesondere in Betracht kommt, wenn die Beteiligten über die Wirksamkeit des Vergleichs (die Berechtigung der Auflösung/des Widerrufs) streiten. 13

Der **Übergang** führt dazu, dass die Akten (in Kopie) dem zuständigen Zivilgericht zur Verfügung gestellt werden müssen. Dieses wird vernünftigerweise – soweit erforderlich – das **Zivilverfahren aussetzen** (§ 149 ZPO). 14

IV. Sonstiges

Eine besondere Regelung für die Vollstreckbarkeit des gerichtlichen Vergleichs ist nicht erforderlich. Sie folgt aus **§ 794 Abs. 1 Nr. 1 ZPO** (s. auch § 406b). 15

§ 406
Entscheidung über den Antrag im Strafurteil; Absehen von einer Entscheidung

(1) ¹Das Gericht gibt dem Antrag in dem Urteil statt, mit dem der Angeklagte einer Straftat schuldig gesprochen oder gegen ihn eine Maßregel der Besserung und Sicherung angeordnet wird, soweit der Antrag wegen dieser Straftat begründet ist. ²Die Entscheidung kann sich auf den Grund oder einen Teil des geltend gemachten Anspruchs beschränken; § 318 der Zivilprozessordnung gilt entsprechend. ³Das Gericht sieht von einer Entscheidung ab, wenn der Antrag unzulässig ist oder soweit er unbegründet erscheint. ⁴Im Übrigen kann das Gericht von einer Entscheidung nur absehen, wenn sich der Antrag auch unter Berücksichtigung der berechtigten Belange des Antragstellers zur Erledigung im Strafverfahren nicht eignet. ⁵Der Antrag ist insbesondere dann zur Erledigung im Strafverfahren nicht

34 BRDrucks. 829/03, S. 36; KMR/*Nepomuck* 8.
35 *Meier*/*Dürre* JZ **2006** 25.

https://doi.org/10.1515/9783110275001-041

geeignet, wenn seine weitere Prüfung, auch soweit eine Entscheidung nur über den Grund oder einen Teil des Anspruchs in Betracht kommt, das Verfahren erheblich verzögern würde. [6]Soweit der Antragsteller den Anspruch auf Zuerkennung eines Schmerzensgeldes (§ 253 Abs. 2 des Bürgerlichen Gesetzbuches) geltend macht, ist das Absehen von einer Entscheidung nur nach Satz 3 zulässig.

(2) Erkennt der Angeklagte den vom Antragsteller gegen ihn geltend gemachten Anspruch ganz oder teilweise an, ist er gemäß dem Anerkenntnis zu verurteilen.

(3) [1]Die Entscheidung über den Antrag steht einem im bürgerlichen Rechtsstreit ergangenen Urteil gleich. [2]Das Gericht erklärt die Entscheidung für vorläufig vollstreckbar; die §§ 708 bis 712 sowie die §§ 714 und 716 der Zivilprozessordnung gelten entsprechend. [3]Soweit der Anspruch nicht zuerkannt ist, kann er anderweit geltend gemacht werden. [4]Ist über den Grund des Anspruchs rechtskräftig entschieden, so findet die Verhandlung über den Betrag nach § 304 Abs. 2 der Zivilprozeßordnung vor dem zuständigen Zivilgericht statt.

(4) Der Antragsteller erhält eine Abschrift des Urteils mit Gründen oder einen Auszug daraus.

(5) [1]Erwägt das Gericht, von einer Entscheidung über den Antrag abzusehen, weist es die Verfahrensbeteiligten so früh wie möglich darauf hin. [2]Sobald das Gericht nach Anhörung des Antragstellers die Voraussetzungen für eine Entscheidung über den Antrag für nicht gegeben erachtet, sieht es durch Beschluss von einer Entscheidung über den Antrag ab.

Entstehungsgeschichte

Die Vorschrift ist nach ihrer Einfügung im Jahre 1943 (Entstehungsgeschichte Vor § 403) bis 1987 inhaltlich unverändert geblieben. Durch Art. 3 Nr. 174 VereinhG ist in Absatz 2 Satz 2 das Wort „vorherigen" vor dem Wort „Sicherheitsleistung" gestrichen worden. Durch Art. 1 Nr. 14 OpferschutzG sind dann Absatz 1 Satz 2, Absatz 3 Satz 1 neu gefasst und Absatz 3 Satz 3 (jetzt Satz 4) eingefügt worden. Durch Art. 1 Nr. 16a) des OpferRRG wurden die Absätze 1 und 2 neu gefasst; durch Nr. 16b) wurde in Absatz 3 nach Satz 1 der jetzige Satz 2 eingefügt und durch Nr. 16c) der neue Absatz 5 angefügt; die Überschrift wurde eingeführt durch Art. 1 Nr. 13 des Gesetzes zur Stärkung des Rechts des Angeklagten auf Vertretung in der Berufungsverhandlung und über die Anerkennung von Abwesenheitsentscheidungen in der Rechtshilfe vom 17.7.2015 (BGBl. I 1332). Zur Fassung bis September 2004 s. die 25. Auflage.

Übersicht

Alphabetische Übersicht

I. Stattgebende Entscheidung

1 **1. Allgemeines.** Die Vorschrift fasst jetzt den Inhalt der §§ 405 und 406 i.d.F. vor dem OpferRRG – inhaltlich zum Teil ändernd und ergänzend – zusammen. Absatz 1 regelt Stattgabe und Absehen von der Entscheidung und erschwert Letzteres im Vergleich zu früheren Fassungen der Vorschrift.

2 **2. Stattgebende Entscheidung (Absatz 1 Satz 1).** Das Gericht gibt dem Antrag im Strafurteil (Rn. 27), nicht vorher, statt, mit dem und soweit der Angeklagte gerade wegen derjenigen Straftat (§ 264) schuldig gesprochen oder mit einer Maßregel (§ 61 StGB) belegt wird (**Akzessorietätsgrundsatz**[1]), aus der der zivilrechtliche Anspruch abgeleitet wird und natürlich nur soweit, wie dieser Anspruch zulässig geltend gemacht (Rn. 13 f.) und begründet ist. Es muss sich um dieselbe prozessuale Tat i.S.d. § 264 handeln (§ 403, 10 ff.).[2]

3 Für die Durchführung der **Hauptverhandlung**, namentlich für die Beweisaufnahme, gelten ohne Einschränkung die Vorschriften des Sechsten Abschnitts des Zweiten Buches; zivilprozessuale **Regeln über die Prozessleitung** (etwa § 139 ZPO) finden neben dessen Verfahrensprinzipien, namentlich dem Amtsaufklärungsgrundsatz (§ 244 Abs. 2), keine Anwendung.[3] Das Gericht kann daher Beweisanträge nach § 244 Abs. 3 Satz 3 bis 5 ablehnen, sollte unter Umständen aber auch eine besondere Beweisaufnahme – etwa über die Höhe des Anspruchs – durchführen, wenn das Verfahren dadurch nicht erheblich verzögert wird. Auch § 244 Abs. 2 ist zu beachten.[4] Aus diesem Grund ist gemäß § 59 die eidliche Vernehmung des Verletzten, nicht aber die des Angeklagten zulässig. Dem Antragsteller darf nicht mehr zugesprochen werden, als er beantragt hat. Bleibt die Verurteilung hinter dem Antrag zurück, muss insoweit ausdrücklich von einer Entscheidung abgesehen werden (Rn. 9, 14). Eine **spezielle Hinweispflicht** für den Fall eines beabsichtigten Absehens von der Entscheidung über einen Adhäsionsantrag regelt allerdings § 406 Abs. 5 (s. Rn. 59). Zur verfahrensrechtlichen Stellung des Adhäsionsklägers s. im Einzelnen § 404 Rn. 12 ff. und zu Fragen der **Verständigung** s. Rn. § 405, 10.

4 **3. Grund- und Teilurteil.** Durch ein **Grundurteil** (Zwischenurteil) wird der geltend gemachte – bezifferte[5] – Anspruch dem Grunde nach – also ohne Entscheidung zur Höhe des Anspruchs im Einzelnen – für gerechtfertigt erklärt (§ 304 ZPO); das Betragsverfahren nach § 304 Abs. 2 ZPO ist vom zuständigen Zivilgericht durchzuführen. In einem **Teilurteil** (Endurteil) wird über den selbständigen Teilbetrag eines geltend gemachten Anspruchs oder, wenn mehrere Ansprüche geltend gemacht werden,

---

1 *Zander* S. 73.
2 BGH NStZ **2003** 321.
3 BGHSt **37** 261; *Eb. Schmidt* § 404, 9.
4 Vgl. § 404, 9.
5 BGH BeckRS **2018** 38371; SSW/*Werner* 8.

über einen Teil derselben – als kumulative Anspruchshäufung – endgültig entschieden (§ 301 ZPO). Diese Definitionen gelten auch im Adhäsionsverfahren, aber mit folgenden Einschränkungen: (1) Aus § 406 Abs. 1 Satz 3 folgt, dass ein „anspruchsabweisendes“ Teilurteil nicht zulässig ist (Rn. 13 ff.); ein Teilurteil kann also nur einen Teilbetrag eines Anspruchs oder einen Teil mehrerer Ansprüche der Höhe nach zuerkennen. (2) Außerdem ergehen ein Teil- oder ein Grundurteil nicht isoliert, sondern sind mit einer **Absehensentscheidung** im Übrigen nach § 406 verbunden (s. Rn. 12).[6] Über einen Feststellungsantrag bezogen auf die Ersatzpflicht für künftig noch eintretende Schäden kann allerdings nur durch ein Feststellungsurteil als (Teil-)Endurteil entschieden werden.[7]

Eine **Aufrechnung** muss ggf. im Grundurteil berücksichtigt werden.[8] Neben einem Grundurteil kann ein Absehen von der Entscheidung zur Höhe eines Teilbetrags des Anspruchs und ein Absehen von der Entscheidung zur Höhe im Übrigen stehen. Grundsätzlich gehört **auch** das **„mitwirkende Verschulden“** des Verletzten zur Entscheidung über den Grund des Anspruchs. Allerdings kann dies auch dem Betragsverfahren vorbehalten bleiben, sofern klar ist, dass dem Verletzten jedenfalls ein Anspruch verbleibt; ein Vorbehalt im Grundurteil ist nicht zwingend.[9] Denkbar ist auch ein Grundurteil bzgl. eines (Schmerzensgeld-)Anspruchs nebst Absehen von der Entscheidung zur Höhe dieses Anspruchs[10] und ein völliges Absehen bzgl. eines weiteren Anspruchs. Möglich ist des Weiteren z.B. ein Grundurteil, dass der Anspruch nur zu X % (z.B. wegen eines **Mitverschuldens** des Verletzten; vgl. dazu Rn. 11, 37) dem Grunde nach gerechtfertigt ist, ein Teilurteil zur Höhe eines Teils dieses dem Grunde nach gerechtfertigten Anspruchsteils und ein Teilurteil bzgl. eines anderen Anspruchs sowie ein Absehen im Übrigen.[11] In diesem Zusammenhang ist zu beachten, dass auch im Adhäsionsverfahren der zivilprozessuale Grundsatz gilt: ein Grundurteil ist unzulässig, wenn der Rechtsstreit entscheidungsreif ist; die Beschränkung der Entscheidung auf ein Grundurteil sollte daher die Ausnahme für den Fall des Vorliegens besonderer Schwierigkeiten sein.[12] Entsprechendes gilt für das Teilurteil. 5

Soweit geltend gemachte Ansprüche nicht durch Grund- bzw. Teilurteil zugesprochen werden, also von einer **Entscheidung abgesehen** wird, können sie nach **§ 406 Abs. 3 Satz 3** vom Verletzten anderweit, also vor einem anderen Gericht (Berufungskammer im Strafverfahren oder Zivilgericht) erneut geltend gemacht werden. Das gilt auch, soweit nur zur Höhe von einer Entscheidung abgesehen wurde; legt z.B. der Angeklagte Berufung ein, so kann in diesem Fall der Anspruch zur Höhe in der Berufungsinstanz weiterverfolgt werden. 6

Wird die Entscheidung des Strafgerichts über den Grund des Anspruchs rechtskräftig (§ 406a, 9), so findet gemäß **§ 406 Abs. 3 Satz 4** die **Verhandlung zur Höhe des Anspruchs** nach § 304 Abs. 2 ZPO, also auf Antrag, vor dem örtlich und sachlich zuständigen Zivilgericht (§§ 12 ff. ZPO, §§ 21 ff. GVG) statt. Da § 406a auch im Falle eines Grund- 7

---

6 BGH BeckRS **2019** 493; BeckRS **2014** 22215; vgl. auch BTDrucks. **10** 5305 S. 16.

7 BGH BeckRS **2021** 29375; SSW/*Werner* 8.

8 Vgl. § 404, 18; s. auch *Plüür/Herbst* NJ **2008** 14 (Vorbehaltsurteil nicht zulässig).

9 Vgl. BGH BeckRS **2014** 7395; Meyer-Goßner/*Schmitt* 3a; *Meier/Dürre* JZ **2006** 22; *Brokamp* 172; s. auch *Loos* GA **2006** 202; **a.A.** noch BGHSt **47** 378 mit Anm. *Groß* JR **2003** 258 (Mitverschuldensanteil muss im Grundurteil festgelegt werden).

10 Vgl. BGHSt **44** 202; **47** 378 mit Anm. *Groß* JR **2003** 258.

11 *Rieß/Hilger* NStZ **1987** 156. Vgl. auch *Köckerbauer* (Adhäsionsverfahren) 203 (zur Bemessung des Schmerzensgeldes bei Mithaftung des Verletzten).

12 BGHSt **47** 378 mit Anm. *Groß* JR **2003** 258.

oder Teilurteils gilt, sind diese aufzuheben, wenn nach Anfechtung nur des strafrechtlichen Teils des Urteils der Angeklagte nicht schuldig gesprochen und auch keine Maßregel gegen ihn angeordnet wird (§ 406a Abs. 3).

8 Durch § 406 Abs. 1 Satz 2 Halbsatz 2 i.V.m. § 318 ZPO wird klargestellt, dass die Entscheidung des Strafgerichts, soweit sie dem Antrag durch Grund- oder Teilurteil stattgibt, in einem nachfolgenden Verfahren über die Adhäsionsansprüche (§ 403 Abs. 1), insbesondere für das Nachverfahren des Zivilgerichts (§ 304 Abs. 2) – wie ein eigenes Urteil – **bindend** ist. Schon aus dem Standort der Regelung ergibt sich, dass sich die entsprechende Geltung des § 318 ZPO nicht auf die in § 406 Abs. 3 Satz 3 ff. geregelte Absehensentscheidung bezieht. Entscheidet also das Strafgericht, der Schadensersatzanspruch des Verletzten sei wegen dessen Mitverschuldens (Rn. 5, 39) nur zu 50 % dem Grunde nach gerechtfertigt, so kann der Verletzte im Hinblick auf die genannten Vorschriften den nicht zuerkannten Teil des Grundurteils und die gesamte Höhe des Anspruchs vor dem Zivilgericht geltend machen, und dieses ist nur daran gebunden, dass jedenfalls 50 % bereits dem Grunde nach zuerkannt sind. Letztlich stellen sich keine anderen Probleme als bei Erlass eines Grund- oder Teilurteils im Zivilprozess.[13] So bindet z.B. auch die Rechtsauffassung in einem Teilurteil nicht.

9 **4. Feststellungsantrag.** Von dem – grundsätzlich vorrangigen – (auch unbezifferten) Leistungsantrag (s. Rn. 37 ff.) auf Schmerzensgeld nicht erfasst werden allerdings solche Verletzungsfolgen, die **zum Beurteilungszeitpunkt noch nicht eingetreten waren** und **deren Eintritt objektiv nicht vorhersehbar** war, mit denen also nicht oder nicht ernstlich gerechnet werden musste und die deshalb zwangsläufig bei der Bemessung des Schmerzensgeldes unberücksichtigt bleiben müssen. Sie werden von der vom Gericht ausgesprochenen Rechtsfolge nicht umfasst und können deshalb Grundlage für einen Anspruch auf weiteres Schmerzensgeld sein.[14] Ob Verletzungsfolgen im **maßgeblichen Zeitpunkt** erkennbar waren, beurteilt sich nach objektiven Gesichtspunkten, d.h. nach den Kenntnissen und Erfahrungen eines insoweit Sachkundigen.[15] In Betracht kommen sowohl **materielle** (etwa ein notwendiger Hausumbau wegen einer auf die Straftat zurückzuführenden körperlichen Behinderung) als auch **immaterielle Ersatzansprüche**.

10 Prozessual handelt es sich um einen **positiven (unbezifferten) Feststellungsantrag**,[16] der mit einem (auch unbezifferten) Leistungsantrag unter genannten Voraussetzungen in zulässiger Weise verbunden werden kann.[17] Ein nicht eindeutig formuliertes Klagziel ist durch das Tatgericht auszulegen.[18] Der Übergang des begehrten Anspruchs aus Sozialversicherungsträger oder anderer Versicherer (s. Rn. 35) ist auch hier zu beachten.[19]

11 **a) Sachurteilsvoraussetzung** (s. auch Rn. 66). Für diesen besonderen Adhäsionsausspruch ist von Amts wegen zu beachten, dass durch den Antragssteller ein **Feststel-**

---

13 *Rieß/Hilger* NStZ **1987** 156; s. auch *Brokamp* 169 ff.; krit. *Schmanns* 134, 137; s. auch *Köckerbauer* (Adhäsionsverfahren) 203, 204. S. auch OLG Jena JR **2001** 243 (keine Bindung bei gesetzwidriger Grundentscheidung).
14 BGH NJW-RR **2006** 712 713.
15 BGH NJW-RR **2006** 712 713.
16 Vgl. § 404, 1 und § 403, 12; Meyer-Goßner/*Schmitt* 3a; *Weiner/Ferber/Schneckenberger* 153 ff.
17 Vgl. zur std. Rspr. der Strafsenate nur BGH NJW **2002** 3560.
18 BGH NJW **2002** 3560.
19 Meyer-Goßner/*Schmitt* 2a.

lungsinteresse belegt wird. Hierzu ist in der Antragsschrift vorzutragen, welche Schäden mit einer gewissen Wahrscheinlichkeit bereits entstanden sind oder – etwa wegen einer noch nicht abgeschlossenen Schadensentwicklung – entstehen werden und warum der Adhäsionskläger nicht in der Lage gewesen ist, diese Schäden schon jetzt zu beziffern.[20] Die Erwägung, dass solche Schäden nicht ausgeschlossen sind, genügt hierfür nicht.[21] Auch ein **Anerkenntnis** des Angeklagten entbindet das Gericht nicht von der Prüfung dieser speziellen Sachurteilsvoraussetzung.[22] Auf künftige materielle oder immaterielle Schäden kann zulässigerweise geschlossen werden bei schweren psychischen oder physischen Verletzungen[23] sowie eine – auch hieran anknüpfende – noch nicht abgeschlossene Schadensentwicklung.[24]

b) Urteilsgründe. Auch ein Feststellungsausspruch bedarf grundsätzlich einer – 12
gegegebenfalls kurzen – Begründung mit Blick auf die Umstände des Einzelfalles, soweit sich der Ausspruch nicht ohne Weiteres aus dem Gesamtzusammenhang der Urteilsgründe ergibt.[25] Die Urteilsgründe haben in diesen Fällen etwa zu belegen, dass auch aus der Sicht des Tatgerichts ein **Feststellungsinteresse** des Antragsstellers bestand. Es sind daher die Gründe dafür darzulegen, warum die Annahme von – materiellen oder immateriellen – Zukunftsschäden aus Sicht des Gerichts bestand.[26] Dies kann etwa beweiswürdigend durch in die Hauptverhandlung eingeführte Atteste oder Gutachten als Anhaltspunkte belegt werden.[27] Die Mitteilung, dass diese Schäden „denkbar" seien, genügt diesen Darlegungsanforderungen hingegen nicht. Zum Zwecke der Ergänzung insoweit etwa für sich **lückenhafter Urteilsgründe** kann in der Revision auf die Sachrüge hin auf die Antragsschrift des Adhäsionsklägers zurückgegriffen werden, die das Rechtsmittelgericht ohnehin bei der Prüfung der notwendigen **Sachurteilsvoraussetzungen für diesen Nebenausspruch** von Amts wegen zu beachten hat (s. Rn. 66).[28] Weitere Ausführungen zum förmlichen Ablauf des Verfahrens sind auch hier in den Urteilsgründen entbehrlich, namentlich zur Frage, ob, was und wann der Angeklagte hierauf erwidert hat; solches ist vielmehr auf eine Verfahrensrüge hin dem Revisionsgericht zur Kenntnis zu bringen (§ 344 Abs. 2 Satz 2).[29] Legen die Urteilsgründe ein **Mitverschulden** des Verletzten im Hinblick auf den Eintritt des Schadens (haftungsbegründende Kausalität) nahe (s. Rn. 5, 39), ist durch das Tatgericht regelmäßig zu erörtern, ob und zu welchem Anteil dieser den Schaden selbst zu tragen hat.[30]

---

20 BGH BeckRS **2015** 15726.
21 BGH BeckRS **2014** 11009.
22 BGH BeckRS **2019** 3297.
23 BGH BeckRS **2013** 19163.
24 BGH BeckRS **2018** 38371.
25 BGH NStZ-RR **2010** 344; **2020** 53; BeckRS **2019** 23110; vgl. ferner SSW/*Werner* 3.
26 BGH BeckRS **2003** 07439; BGH NStZ-RR **2010** 337; BGH BeckRS **2013**, 07481.
27 BGH BeckRS **2013** 19163; BeckRS **2014** 1028; BeckRS **2015** 15726.
28 BGH BeckRS **2019** 3297; BGH StV **1988** 515; BGH NStZ **1988** 470; BGH NStZ **1998** 477; BGH NStZ **1991**, 197; BGH BeckRS **1989** 0659; BGH BeckRS **2007** 18103 BGH BeckRS **2011**, 26267; vgl. ferner MüKo/*Wenske* § 267 520.
29 BGH NStZ **1991** 197; BeckRS **2021** 1324.
30 BeckRS **2012** 1453.

II. Absehen von der Entscheidung

13 **1. Keine negative Sachentscheidung.** Der Antrag darf nicht **zurückgewiesen** (verworfen, abgelehnt) werden, weder als unzulässig oder als unbegründet noch aus anderen Gründen.[31] Gibt das Gericht ihm nicht statt, muss es von einer Entscheidung absehen, gibt es ihm nur teilweise statt, hinsichtlich des Restes. Auch das Revisionsgericht kann noch von der Entscheidung absehen, selbst wenn der Tatrichter sie schon getroffen hatte. Soweit der Anspruch nicht zuerkannt ist, kann der Verletzte ihn anderweitig geltend machen (§ 406 Abs. 3 Satz 3) und zwar sowohl im Zivilprozess als auch mit einem erneuten Anhangsantrag. Das Absehen von einer Entscheidung – gleichviel aus welchen Gründen – hat also weder formelle noch materielle Rechtskraftwirkung. Die Erklärung (im Urteil oder im Beschluss), dass das Gericht von einer Entscheidung absehe, beendet die Rechtshängigkeit des vermögensrechtlichen Anspruchs.[32]

2. Verpflichtung. Das Gericht

14 **a) Unzulässig.** Der Antrag kann unzulässig sein, etwa wegen Fehlens der deutschen Gerichtsbarkeit, der ordentlichen Gerichtsbarkeit für den Anspruch,[33] der Voraussetzungen des § 403, wegen Vorliegens zivilprozessualer Verfahrenshindernisse, anderweitiger Rechtshängigkeit (§ 403 Abs. 1);[34] wegen formeller oder inhaltlicher Mängel des Antrags, die trotz Aufforderung nicht behoben werden.[35] Bei der Prüfung der Zulässigkeitsvoraussetzungen kommt es auf den **Zeitpunkt der Entscheidung**, nicht der Antragstellung an; fallen also die Zulässigkeitsvoraussetzungen nach der Antragstellung weg, ist Absatz 1 Satz 3 anzuwenden.

15 Tritt der Verletzte den Anspruch nach der Stellung des Antrags ab, so wird dieser dadurch nicht unzulässig. Allenfalls wird der Antrag, den Angeklagten auf Leistung an den Antragsteller zu verurteilen, unbegründet. Jedoch kann ein solcher Antrag dahin geändert werden, auf **Leistung an** den **Zessionar** zu verurteilen. § 403 schließt das nicht aus. Er bestimmt nur, wer Antragsteller sein kann und dass der Zessionar es nicht sein kann; dagegen verlangt er nicht, dass der Antragsteller – wenn er nur der Verletzte oder dessen Erbe ist – auch im Zeitpunkt der Entscheidung noch Inhaber des Anspruchs ist. Die Frage ist vor allem dann von Bedeutung, wenn inzwischen eine Versicherungssumme an den Verletzten ausbezahlt worden ist.

16 **b) Unbegründet.** Soweit der Anspruch **unbegründet** erscheint, d.h. schon bei tatsächlichen oder rechtlichen Zweifeln des Gerichts;[36] die Zuerkennung eines Teilbetrages („soweit") bleibt jedoch zulässig. Unbegründet ist der Anspruch auch, wenn der Angeklagte wegen derjenigen Straftat (i.S.v. § 264), aus der der geltend gemachte Anspruch erwachsen sein soll,[37] **weder schuldig** gesprochen **noch** deswegen eine **Maßregel** der Besserung und Sicherung gegen ihn **verhängt** wird.[38]

---

31 Vgl. BGH bei *Becker* NStZ-RR **2006** 261; NStZ **2003** 565 (teilweises Absehen); vgl. SSW/*Werner* 1.
32 BGH NStZ **2003** 565.
33 *Zander* S. 105.
34 Vgl. BGH NStZ-RR **2019** 320.
35 Meyer-Goßner/*Schmitt* 10.
36 *Eb. Schmidt* 5; *Köckerbauer* NStZ **1994** 309; allg. M.
37 Vgl. BGH StV **2004** 62.
38 BGH StV **2004** 61; h.M.; **a.A.** LG Berlin NStZ **2006** 720 (LS).

Bei **Tatmehrheit** (bzw. mehreren proz. Taten) ist auch dann von einer Entscheidung über den Anspruch abzusehen, wenn der Angeklagte nur wegen einer anderen Straftat verurteilt wird. Kommt es wegen der Tat nicht zur Verurteilung, darf das Gericht dem Antrag auch dann nicht stattgeben, wenn es ihn gleichwohl für begründet hält (so bei Amnestie, Einstellung wegen Geringfügigkeit, in Fällen zivilrechtlicher Gefährdungshaftung).[39] 17

In Fällen, in denen der Richter **von Strafe absehen** kann (vgl. z.B. §§ 60, 199 StGB), kommt es nur auf den Schuldspruch, nicht auf die Strafe an.[40] 18

3. Ermessen. Das Gericht kann gemäß **Satz 4** im Übrigen nur dann (ausnahmsweise) von der Entscheidung absehen, wenn sich der Antrag auch unter Berücksichtigung der berechtigten Belange des Antragstellers zur Erledigung im Strafverfahren **nicht geeignet**. Gemäß **Satz 5** ist der Antrag insbesondere dann nicht geeignet, wenn seine weitere Prüfung, auch soweit nur eine Grund- oder Teilentscheidung in Betracht kommt, das Verfahren **erheblich verzögern** würde. Das Gericht hat bei dieser Entscheidung einen Ermessensspielraum.[41] Von dessen zutreffender Handhabung hängt zu einem guten Teil die praktische Brauchbarkeit des Anhangsverfahrens ab. Die Verantwortung des Richters ist um so größer, als häufig eine Nachprüfung der verneinenden Entscheidung nicht möglich sein wird (§ 406a Abs. 1). 19

a) Kriterien. Nichts ist geeigneter, den Verletzten vom Anhangsverfahren abzuschrecken, als die Sorge, dass der Richter jede Unbequemlichkeit, jede kleine tatsächliche oder rechtliche Schwierigkeit, jede verfahrensrechtliche Zweifelsfrage zum Anlass nehmen könne, alle bisherige Mühe des Antragstellers zunichte zu machen, indem er von der Entscheidung absieht. Dass die Entscheidung angefochten werden kann, das Absehen von der Entscheidung dagegen häufig nicht (§ 406a, 1), sollte die Richter zu besonderer Bedenklichkeit verleiten. Bei der Bestimmung der Kriterien für seine Entscheidung hat der Strafrichter den Zweck des Adhäsionsverfahrens (Vor § 403, 6 ff.) zu beachten, aber auch sonstige zivilrechtliche (z.B. außergewöhnliche Schwierigkeit der zivilrechtlichen Materie;[42] besondere Anspruchshöhe,[43] extreme Belastung der Strafrichter durch ungewöhnlichen Umfang und erhebliches Streitpotential des Adhäsionsverfahrens[44]) und strafprozessuale Gesichtspunkte (Zügigkeitsgebot; Verteidungsfähigkeit 20

39 Vgl. KMR/*Nepomuck* 17; *Schirmer* DAR **1988** 124; *Glaremin/Becker* JA **1988** 602.

40 *Eb. Schmidt* 3.

41 BGHSt **47** 378 mit Anm. *Groß* JR **2003** 258; OLG Hamburg NStZ-RR **2006** 347; HK/*Pollähne* § 405, 3; **a.A.** SK/*Velten* 24.

42 BGH StV **2004** 61 (internationales Privatrecht); s. auch BGH bei *Becker* NStZ-RR **2004** 229; KMR/*Nepomuck* 25; Meyer-Goßner/*Schmitt* 12; *Krey* Rn. 332, 333; *Wilhelmi* IPRax **2005** 236 ff.; Feigen FS Otto 879 (zu Wirtschaftsstrafsachen); *Brokamp* 182 (zivilrechtliche Grundsatzfragen); *Schmanns* 66; verneinend *Granderath* NStZ **1984** 400; sehr weitgehend *Schirmer* DAR **1988** 125 (alle Unterschiede zwischen Straf- und Zivilverfahren); vgl. demgegenüber z.B. *Rössner/Klaus* NJ **1996** 293; *dies.* ZRP **1998** 162; *Köckerbauer* (Adhäsionsverfahren) 200 ff.; *Köckerbauer* NStZ **1994** 309; *Wohlers* MDR **1990** 766.

43 Vgl. AK/*Schöch* § 405, 7 (erhebliche Überschreitung der amtsgerichtlichen Streitwertgrenze); HK/*Pollähne* § 405, 7; *Rieß/Hilger* NStZ **1987** 156; *Schirmer* DAR **1988** 125; BTDrucks. **10** 6124, S. 15; enger wohl KMR/*Nepomuck* 24 (nur außergewöhnliche, subjektiv existenzbedrohliche Anspruchshöhe); *Wohlers* MDR **1990** 766 (bei Zweckverfehlung des Strafverfahrens); s. auch *Böttcher* JR **1987** 138; LG Mainz StV **1997** 627; **a.A.** *Kuhn* JR **2004** 399. Vgl. auch LG Wuppertal NStZ-RR **2003** 179 (falls der Angeklagte im Wirtschaftsleben bewandert ist; auch Unzulässigkeit der Streitverkündung sei kein Grund für Nichteignung).

44 OLG Hamburg NStZ-RR **2006** 348, 349.

des Angeklagten[45]) in seine Erwägungen einzubeziehen. Bei dieser Abwägung der Interessen der möglicherweise Geschädigten mit den Interessen des Staates (Effektivität der Strafverfolgung) und der Angeklagten (faires und zügiges Verfahren) kommt den Opferinteressen zwar ein hohes, aber nicht von vornherein ein überwiegendes Gewicht zu.[46] Von ausschlaggebender Bedeutung ist jedoch namentlich, dass der Gesetzgeber grundsätzlich davon ausgegangen ist, dem Strafrichter, dem Verfahren und dem Beschuldigten sei eine gewisse (tragbare) Belastung zuzumuten, so dass der Fall der „Nichteignung" als die Ausnahme anzusehen sein dürfte.[47]

21 **b) Erhebliche Verzögerung (Satz 5).** Das gilt auch in dem Fall der **Nichteignung**, den das Gesetz als Beispiel erwähnt, nämlich dann, wenn die Prüfung des Antrags das Verfahren **erheblich verzögern** würde (Satz 5). Eine gewisse Verzögerung wird das Anhangsverfahren regelmäßig mit sich bringen, namentlich kann es die Beweisaufnahme oder auch die Beratung etwas verlängern. Von einer erheblichen Verzögerung sollte jedoch erst dann gesprochen werden, wenn sie **wesentlich** ist, etwa wenn die Entscheidung zufolge des Antrags an einem späteren Tag ergehen müsste als ohne ihn.[48] Letztlich ist dies eine Frage der Umstände des Einzelfalles. Dabei sind die Einschränkungen von **Absatz 1 Satz 6** zu berücksichtigen (s. auch Rn. 31).[49] Bei **Untersuchungshaft** kann die Wesentlichkeit der Verzögerung[50] eher angenommen werden als in anderen Verfahren. Bei mehrtägiger oder gar **mehrmonatiger** Strafverhandlung kann eine einmalige (weitere) kurze **Unterbrechung**, die allein der Klärung zivilrechtlicher Fragen dient, unwesentlich sein. Eine wesentliche Verzögerung ist dagegen bei **Aussetzung** anzunehmen[51] oder gar, wenn das Strafverfahren zum unwesentlichen Element der zivilrechtlichen Klärung denaturiert wird.[52] **Je früher** der Antrag – namentlich bei länger dauernder Hauptverhandlung – gestellt wird, um so schwieriger dürfte die Annahme der Wesentlichkeit einer möglichen Verzögerung sein, insbesondere wenn das Gericht eine Verzögerung durch den Einschub weiterer Verhandlungstage zwischen die bereits terminierten verhindern könnte. Auch in anderen Fällen ist es möglich, dass nicht die Prüfung des Antrags eigentliche Ursache einer (wesentlichen) Verfahrensverzögerung wäre, vielmehr die Voraussetzung für ein Absehen von der Entscheidung fehlt, weil der eigentliche Verzögerungsgrund eine mangelhafte Terminsvorbereitung oder ein sonstiger Umstand in der Verantwortung des Gerichts ist.

---

45 OLG Hamburg NStZ-RR **2006** 348 (eingehend dazu und zur Einschränkung der Verteidigungsmöglichkeiten der Verteidiger, u.a. durch das Haftungsrisiko); s. auch *Feigen* FS Otto 879; s. dagegen *Kuhn* JR **2004** 400.

46 OLG Hamburg NStZ-RR **2006** 348; OLG Oldenburg StraFo **2009** 76; s. auch *Meier/Dürre* JZ **2006** 23 (m.w.B.); *Plüür/Herbst* NJ **2008** 15.

47 *Schroth* 363; allg. M.

48 Vgl. LG Mainz StV **1997** 627; KMR/*Nepomuck* 21 ff.; AK/*Schöch* § 405, 6; Meyer-Goßner/*Schmitt* 12; HK/*Pollähne* § 405, 5; AnwK-*Krekeler* 9; *Jescheck* JZ **1958** 595; *Scholz* JZ **1972** 730; *Götz* JZ **1973** 407; *Granderath* NStZ **1984** 401; *Köckerbauer* NStZ **1994** 309; *Rössner/Klaus* NJ **1996** 293; *dies.* ZRP **1998** 162; *Brokamp* 182 (zum Teil zu großzügig); s. auch *v. Holst* 132 ff.; *Schmanns* 64 ff.; *Wohlers* MDR **1990** 766 (wesentlich abstellend auf die Gefahr der Verfehlung des Strafverfahrensziels oder -zwecks); *Rieß* (Gutachten) 153.

49 Vgl. BVerfG NJW **2020** 3774; SSW/*Werner* 19.

50 OLG Celle StV **2007** 293; OLG Oldenburg StraFo **2009** 76; *Krey* Rn. 332.

51 Vgl. KMR/*Nepomuck* 21; AK/*Schöch* § 405, 6; AnwK-*Krekeler* 9; s. auch *Wohlers* MDR **1990** 766; *Köckerbauer* NStZ **1994** 309.

52 Vgl. OLG Hamburg NStZ-RR **2006** 348, 349; OLG Oldenburg StraFo **2009** 76; *Wohlers* MDR **1990** 766; s. auch *v. Holst* 132 ff.; *Schmanns* 64 ff.; *Rössner/Klaus* NJ **1996** 288; *dies.* ZRP **1998** 162.

c) Entscheidungsmöglichkeiten. Die Prüfung der (Nicht-)Eignung an Hand der hierfür maßgeblichen Kriterien ist im Übrigen, wie auch Satz 5 zeigt, an den **Entscheidungsmöglichkeiten auszurichten**: es ist zu prüfen, ob die Abwägung aller Kriterien dazu zwingt, insgesamt von der Entscheidung abzusehen, oder ob diese Kriterien nur für einen Teil mehrerer geltend gemachter Ansprüche oder nur bzgl. der Anspruchshöhe greifen, sodass nur ein teilweises Absehen und im Übrigen ein Teil- oder Grundurteil in Betracht kommen. 22

4. Schmerzensgeld. Nach **Absatz 1 Satz 6 i.V.m. Satz 3** kann, soweit ein Schmerzensgeldanspruch speziell nach § 253 BGB[53] geltend gemacht wird, ein Absehen nur auf Unzulässigkeit des Verfahrens (Rn. 14) oder Unbegründetheit des Anspruchs (Rn. 16) gestützt werden, nicht also auf mangelnde Eignung (Rn. 19 ff.).[54] Schwierigkeiten bei der zivilrechtlichen Entscheidung, ungewöhnliche Höhe des Anspruchs, Gefahr der „Einschränkung" der Verteidigung oder erhebliche Verzögerung des Verfahrens müssen also insoweit hingenommen werden.[55] Ist allein die Höhe des Schmerzensgeldanspruchs noch streitig, kann sich die Entscheidung – eingedenk des dem nicht entgegenstehenden Gesetzeswortlauts – unter den Voraussetzungen von Absatz 1 Satz 3 allerdings auf ein **Grund- oder Teilurteil** beschränken; im Übrigen ist dann von einer Entscheidung abzusehen.[56] 23

III. Urteil, Beschluss

1. Entscheidung im Urteil. Aus Absatz 1 ergibt sich, dass eine dem Antrag stattgebende Entscheidung, also auch eine nur teilweise stattgebende (Grund- oder Teilurteil), **im Urteil** zu treffen ist (s. Rn. 27; zu den sachlich-rechtlichen Anforderungen s. Rn. 32 ff.). Dieses ergeht – wie auch sonst – nach Maßgabe des § 268; eine frühere Verkündung zum Adhäsionsausspruch kommt auch im Falle eines Anerkenntnisurteils nicht in Betracht.[57] Dies bedeutet zugleich, dass in den letztgenannten Fällen auch das teilweise Absehen (zur Anspruchshöhe oder zu einem Teil des Anspruchs) in der Regel im Urteil (s. aber Rn. 32) erfolgt, nicht in einem gesonderten Beschluss neben dem Urteil. Ebenso ergeht, wenn bis zum Urteil keine Absehensentscheidung getroffen wurde, diese im Urteil.[58] 24

2. Entscheidung durch Beschluss. Ansonsten, also vor Verkündung des Urteils, ergehen alle Absehensentscheidungen durch Beschluss (Absatz 5 Satz 2); dieser ist zu begründen (§ 34)[59] und mit einer Kostenentscheidung zu versehen (§§ 464, 472a). Das gilt auch für den Fall, dass das Gericht das Verfahren außerhalb der Hauptverhandlung 25

---

53 *Krey* Rn. 333; *Wilhelmi* IPRax **2005** 236 ff.

54 Krit. *Krey/Wilhelmi* FS Otto 950, 952 (verfassungsrechtlich bedenklich); *Loos* GA **2006** 208 ff.

55 S. nur BVerfG BeckRS **2020** 11535; eine Entscheidung wie BGH bei *Becker* NStZ-RR **2004** 229 ist mit dieser Begründung (ungeeignet, da Schmerzensgeldbemessung schwierig) nicht mehr zulässig.

56 s. etwa BVerfG BeckRS **2020** 11535 Rn. 38; Meyer-Goßner/*Schmitt* 13; MüKo/*Grau* 9; KK/Zabeck 9; *Loos* GA **2006** 208 ff.; *Kuhn* JR **2004** 398; *Rieß* FS Dahs 436; **a.A.** unter Hinweis auf den gesetzgeberischen Willen noch Vgl. LR/*Hilger*[26] 24; vgl. ferner *Krey* Rn. 333; s. auch *Plüür/Herbst* NJ **2005** 156.

57 **A.A.** wohl KMR/*Nepomuck* 33.

58 BGH NStZ **2003** 565; Meyer-Goßner/*Schmitt* 15; **a.A.** *Rieß* FS Dahs 436 (gesonderter Beschluss).

59 AK/*Schöch* § 405, 10; h.M.; **a.A.** *Rössner/Klaus* ZRP **1998** 162.

durch Beschluss einstellt, etwa gemäß § 206a oder § 153a.[60] Dass dabei auch von einer Entscheidung über den Anhangsantrag abzusehen ist, versteht sich. Die Absehensentscheidung kann auch noch im Revisionsverfahren getroffen werden. Ein Beschluss kann auch dann ergehen, wenn schon feststeht, dass der Angeklagte nicht wegen der Straftat (Rn. 16) verurteilt werden wird, wohl aber möglicherweise nach längerer Dauer des Verfahrens wegen einer dazu im Verhältnis der Tatmehrheit stehenden anderen Tat. Gleiches dürfte gelten, wenn der Antragsteller wegen zweier tatmehrheitlicher Straftaten zwei Ansprüche (etwa zweimal Schmerzensgeld wegen zweier tatmehrheitlicher Körperverletzungen) geltend macht und sich alsbald herausstellt, dass der eine Anspruch unbegründet ist, ein Urteil über den zweiten Anspruch aber erst nach längerer Verhandlung wird ergehen können.

26 **Unklar** ist nach dem Wortlaut der Vorschrift, ob ein Absehen durch Beschluss vor dem Urteil auch dann zulässig ist, wenn das Gericht **nur** zur Höhe von einer Entscheidung absehen und dies den Beteiligten frühzeitig vermitteln möchte (ohne schon zum Grund zu entscheiden). Für die Beteiligten hätte dies nur Vorteile. Der Angeklagte könnte sich nun auf seine Verteidigung gegen den Tatvorwurf konzentrieren. Der Antragsteller erhielte ein Signal, dass das Gericht jedenfalls derzeit eine stattgebende Entscheidung dem Grunde nach für nicht ausgeschlossen hält. Bedenken gegen einen solchen vorab zu erlassenden Beschluss bestehen um so weniger, als dieser den Verletzten nicht hindern würde, in demselben Verfahren alsbald einen neuen Antrag zur Höhe zu stellen (Rn. 13).

27 **3. Urteil.** Dem Antrag kann nicht durch Beschluss, sondern nur **im Urteil** (Rn. 2, 37) stattgegeben werden (Absatz 1 Satz 1).[61] Dieses muss grundsätzlich entweder einen Schuldspruch enthalten oder eine Maßregel der Besserung und Sicherung anordnen. Zu den Besonderheiten des Adhäsionsausspruchs im Strafurteil im Einzelnen:

28 **a) Rubrum.** Im **Rubrum** müssen Antragssteller und Antragsgegner, ihrer etwaigen gesetzlichen Vertreter und Prozessbevollmächtigten zum Zwecke der Vollstreckbarkeit eindeutig bezeichnet werden;[62] § 313 Abs. 1 Nr. 1 ZPO ist auch im Übrigen zu beachten. Von der Angabe der Wohnanschrift des Adhäsionsklägers kann – etwa zu seinem Schutz – abgesehen werden, wenn seine Identität auch auf andere Weise sicher festgestellt werden kann;[63] möglich ist auch die Mitteilung einer erteilten Zustellungsvollmacht. Die Entscheidung kann ergehen als **Endurteil**, auch in Form eines Teilurteils, als ein **Zwischenurteil** in Form eines **Grundurteils** oder als eine Kombination von Grund- und Teilurteil, etwa wenn dem Grunde nach der gesamte Anspruch gerechtfertigt ist, aber nur ein Teil des Anspruchs auch schon zur Höhe entschieden werden kann. Es bleibt indes bei der die gesamte Urkunde umfassenden Bezeichnung „Urteil"; eine darüber hinaus gehende Bezeichnung, etwa als „Teil-Anerkenntnis-, Teil-Grund- und Teil-Endurteil" ist unangebracht. Allerdings ist auch beim Grund- oder Teilurteil in der Urteilsformel auszusprechen, dass im Übrigen von einer Entscheidung über den Adhäsionsantrag abgesehen wird.[64]

---

60 S. dazu HbStrVf/*Scheffler* VII 976; *Rieß* FS Dahs 432; *Loos* GA **2006** 198; *Plüür/Herbst* NJ **2005** 154.
61 S. auch BGH NStZ **2003** 565.
62 Meyer/Goßner/*Schmitt* 3; KMR/*Nepomuck* 8; **A.A.** *Meier/Dürre* JZ **2006** 22 unter Hinweis auf § 200.
63 Vgl. *Weiner/Ferber/Schneckenberger* Rn. 151.
64 BGH BeckRS **2014** 22215.

b) Tenor. Der **Tenor** hat beim **Leistungsurteil** mitzuteilen, welche Leistung der Antragsgegner zu erbringen hat (vgl. § 313 Abs. 1 Nr. 4 ZPO); der Inhalt der Urteilsformel muss insoweit vollstreckungsfähig sein. Auch **Grund**- (s. Rn. 4 f.) und **Feststellungsurteil** (s. Rn. 9 f.) sind wie im Zivilprozess zu tenorieren (zum **Anerkenntnis** s. Rn. 44 ff.). Die Entscheidung über den Adhäsionsausspruch wird in der Urteilsformel in der Praxis vor der Kostenentscheidung des Verfahrens verortet; zum Kostenausspruch betreffend das Adhäsionsverfahren s. § 472a Abs. 1. 29

aa) Fehlerhafter Tenor. Spricht das Gericht rechtsirrig die **Zurück- oder Abweisung** des Antrags aus, dürfte dies regelmäßig in den Ausspruch des Absehens von einer Entscheidung umzudeuten sein.[65] Kommt eine Umdeutung ausnahmsweise nicht in Betracht, steht dem Antragsteller mit Blick auf § 406a Abs. 1 **kein Rechtsmittel** zu. Die von der Gegenansicht[66] erkennbar angenommene planwidrige Regelungslücke besteht nicht. Dem Adhäsionskläger ist bewusst keine Rechtmittelbefugnis für die Berufung und die Revision eingeräumt worden. Hieran ändert auch der Hinweis auf eine gesetzlich ausnahmsweise vorgesehene isolierte Behandlung des zivilrechtlichen Teils nach § 406a Abs. 2 Satz 1 (s. § 406a, 11) und § 406c Abs. 1 Satz 1 nichts. Der Angeklagte allein kann im Ausnahmefall eine isolierte Entscheidung erwirken; der Adhärent hingegen ist strukturell abhängig vom Betreiben des Hauptsacheverfahrens durch die dortigen Verfahrensbeteiligten; rechtsschutzlos steht er gleichwohl nicht, kann er doch in diesen Fällen die Zivilklage erheben, da eine rechtskräftige Entscheidung durch das schon gesetzlich zur Abweisung der Klage nicht befugte Strafgericht nicht ergehen kann. Die **Gehörsrüge** aus § 33a oder gar aus § 321a ZPO vermag dem Adhäsionskläger nicht zum Erfolg verhelfen, weil die irrtümliche Rechtsbehandlung durch Zurück- oder Abweisung in aller Regel nicht auf einem Verstoß gegen das rechtliche Gehör beruht;[67] überdies ist der Rechtsbehelf aus § 33a nur gegen Beschlüsse, nicht aber gegen Urteile statthaft.[68] 30

bb) Fehlerhafte Absehensentscheidung. Dies gilt gleichermaßen für eine Absatz 1 Satz 6 widersprechende **rechtsfehlerhafte Absehensentscheidung** im Urteil. Soweit das Bundesverfassungsgericht auf die Verfassungsbeschwerde eines Antragsstellers hin in diesem Fall die Sache an das Ausgangsgericht in dem Umfang zurückverwiesen hat, in dem von einer Entscheidung über den Adhäsionsantrag in einer mit Art. 3 Abs. 1 GG nicht zu vereinbarenden Weise abgesehen wurde,[69] steht ein solches – möglicherweise auch dem Unmut über den von der angefochtenen Entscheidung offenbarten, besonders gleichgültigen tatgerichtlichen Umgang mit Verletztenrechten geschuldetes – Verfahren den ordentlichen Gerichten nicht zu. Der Rechtsbehelf des § 33a ermächtigt die Tatgerichte gerade nicht dazu, in die Rechtskraft von Urteilen einzugreifen. Auch erwiese es sich als mit der Systematik des Anhangsverfahrens unvereinbar, wenn auf die Gehörsrüge hin allein die Entscheidung über den Adhäsionsantrag noch der Kognition des Tatgerichts unterstehen sollte. Hierdurch würde überdies die Rechtsstellung des Angeklagten in einer vom Gesetz gerade nicht vorgesehenen Weise verschlechtert. Denn die Doppelrelevanz seines Verhaltens zum Adhäsionsantrag bliebe durch die allein noch den Anhang betreffende Entschädigungsentscheidung für die Strafbemessung bedeutungslos. 31

---

65 Vgl. BGH NStZ **2003** 565.

66 LR/*Hilger*[26] 28; s. auch HK-GS/*Weiner* § 406a, 3; *Ferber*/*Weiner* 202; MüKO/*Grau* 7.

67 Vgl. *Effer-Uhe* StV **2015** 510 511; vgl. aber zur rechtsfehlerhaften Absehensentscheidung bei einem Schmerzensgeldanspruch BVerfG NJW 2020 3774.

68 LR/*Graalmann-Scheerer* § 33a 4.

69 BVerfG NJW **2020** 3774.

So könnte der Angeklagte etwa durch ein Anerkenntnis die strafmilderndenden Wirkungen des § 46a StGB nicht mehr herbeiführen, obgleich der Antragsteller für sich die wesentlich günstigeren Wirkungen des Adhäsionsverfahrens für sich noch nutzen könnte. Als Gegenargument kann auch hier (s. Rn. 30) der Hinweis auf § 406a Abs. 2 Satz 1 nicht dienen. Denn die beschränkte Anfechtung geht gerade auf eine Disposition des Angeklagten zurück. Das in der vorgenannten verfassungsgerichtlichen Entscheidung Ausdruck findende Dilemma ist angelegt in einer gesetzgeberisch nicht vollständig ausgereiften systematischen Abstimmung der Stellung von Angeklagtem und Adhäsionskläger einerseits und der gesetzgeberischen Fehlkonstruktion des § 406a Abs. 1 Satz 1 andererseits. Dieser weckt Erwartungen beim Adhäsionskläger, die in aller Regel wegen der fehlenden aufschiebenden Wirkung des Rechtsmittels nicht zu erfüllen sind. Den hier widerstreitenden Interessen zwischen Angeklagtem, Adhäsionskläger und einer zügigen und zugleich der Herstellung umfassenden Rechtsfriedens verpflichteten Verfahrensführung könnte durch eine **Bindungswirkung der Urteilsfestellungen** zur Sache de lege ferenda deutlich praxistauglicher, nachhaltiger und aufrichtiger entsprochen werden (s. Vor § 403, 17).

32 **c) Schriftliche Urteilsgründe.** Die **Urteilsgründe** müssen jeweils darlegen, weshalb der Anspruch begründet ist.[70] Hieran sind keine sehr hohen Anforderungen zu stellen, namentlich ist **kein Tatbestand** wie im bürgerlichen Rechtsstreit erforderlich;[71] die Zivilprozessordnung findet auf die Begründung grundsätzlich keine Anwendung. Ausführungen über Behauptungen und Bestreiten, Unstreitigkeit und Beweislast sind entbehrlich.[72]

33 **aa) Tatsächliche Grundlagen.** Die **tatsächlichen Grundlagen** des Anspruchs müssen zunächst durch die – in der Technik des Strafurteils (vgl. § 267 Abs. 1 Satz 1) – dargestellten Feststellungen zur Sache belegt werden. Zum Grund des Anspruchs gehören zunächst alle **anspruchsbegründenden Tatsachen.**[73] Namentlich ist mitzuteilen, welche Schadenspositionen Grundlage des Leistungsurteils sind.[74] Darzustellen ist ferner etwa der Ausschluss rechtsbeeinträchtigender Einwendungen, soweit diese den Anspruch insgesamt erfassen und ggf. vernichten können;[75] letztere sind in den Urteilsgründen allerdings nur zu erwähnen, wenn der Einzelfall hierzu Anlass gibt. **Ergibt sich aus den Urteilsgründen**, dass der Angeklagte die **Einrede der Verjährung** erhoben hat, haben die Urteilsgründe den Beginn der Verjährung – für jeden Gesamtschuldner – darzulegen.[76] Ist den Urteilsgründen zu entnehmen, dass eine vom Angeklagten geleistete Zahlung an den Geschädigten nicht angerechnet worden ist **(§ 366 Abs. 2 BGB)**, sind die hierfür maßgeblichen Tatsachen nachvollziehbar darzulegen.[77]

34 Im Übrigen setzt die Verurteilung von mehreren Angeklagten als **Gesamtschuldner** nach § 830 Abs. 1, § 840 Abs. 1 BGB die Feststellung eines einheitlichen Schadens voraus,[78] der den Urteilsfeststellungen zur mittäterschaftlichen Zurechnung der konkreten

---

70 OGHSt **2** 46; BGH NStZ **1988** 237; AK/*Schöch* 5.

71 **A.A.** *Meyer-Goßner/Appl* Die Urteile in Strafsachen 761.

72 Ähnlich *Herbst/Plüür* S. 37.

73 Schadensverursachung, Verschulden des Beschuldigten, Aktivlegitimation des Antragstellers.

74 BGH BeckRS **2018** 16012; BeckRS **2019** 23110.

75 Etwa Geschäftsunfähigkeit, Sittenwidrigkeit, Erfüllung, Verjährung.

76 BGH wistra **2011** 32.

77 BGH BeckRS **2014** 12551; BeckRS **2013** 11729.

78 BGH BeckRS **2020** 19424.

Taterfolgen nicht widersprechen darf.[79] Haften mehrere Angeklagte nicht als Gesamtschuldner, ist regelmäßig näher zu begründen, auf welchen Erwägungen eine unterschiedliche Bemessung beruht.[80] Kann im Einzelfall die Schuldunfähigkeit eines Angeklagten nicht ausgeschlossen werden (§ 20 StGB), ist bei der Entscheidung über den Adhäsionsantrag zu beachten, dass sich die Verschuldensfähigkeit des Antragsgegners nach §§ 827 ff. BGB bestimmt. Das Tatgericht hat sich im Rahmen der Begründung seiner Adhäsionsentscheidung auch mit erheblichem **Verteidigungsvorbringen** auseinanderzusetzen (zur sachlich-rechtlichen Überprüfung s. Rn. 65).[81]

bb) Übergang. Ferner haben die Urteilsgründe auszuweisen, inwieweit die Scha- 35
densersatzansprüche auf einen Sozialversicherungsträger oder einen anderen öffentlichen Kostenträger übergegangen[82] und deshalb im Hinblick auf § 116 SGB X bzw. § 86 VVG unter Vorbehalt zu stellen sind.[83]

cc) Verzinsung. Der Adhäsionskläger hat Anspruch auf Prozesszinsen nach § 404 36
Abs. 2 iVm § 291, 187 Abs. 1 BGB analog erst ab dem auf die Rechtshängigkeit des Zahlungsanspruches folgenden Tag (s. 404, 8).[84] Die Urteilsgründe müssen die gesetzlichen Voraussetzungen des Schuldnerverzugs belegen (vgl. etwa § 286 Abs. 1, 288 Abs. 1 und § 291 BGB).[85] Wird der Zeitpunkt, von dem an Zinsen etwa auf ein beantragtes Schmerzensgeld begehrt werden, nicht ausdrücklich bezeichnet, so kann dieser weitere Leistungsantrag unter Berücksichtigung sämtlicher prozessualer Umstände und mit Blick auf § 404 Abs. 2 Satz 2 durch Auslegung gerichtlich ermittelt werden.[86]

dd) Schmerzensgeld (§ 253 Abs. 2 BGB). Auch im Strafverfahren wird der ein 37
Schmerzensgeld erstrebende Adhäsionskläger regelmäßig einen **unbezifferten Leistungsantrag** stellen, also – in zulässiger Weise (vgl. § 253 Abs. 2 Nr. 2 ZPO)[87] – einen Mindestbetrag, aber keine Obergrenze für die gerichtliche Entscheidung (vgl. § 287 ZPO) angeben.[88] Verlangt ein Antragssteller etwa für erlittene Körperverletzungen uneingeschränkt ein Schmerzensgeld, so werden durch den daraufhin zuerkannten Betrag auch alle diejenigen Schadensfolgen abgegolten, die entweder bereits eingetreten und objektiv erkennbar waren oder deren Eintritt jedenfalls vorhergesehen und bei der Entscheidung berücksichtigt werden konnte.[89] Der Grundsatz der **Einheitlichkeit des Schmerzensgeldes** gebietet es, die Höhe des dem Geschädigten zustehenden Anspruchs auf Grund einer ganzheitlichen Betrachtung der den Schadensfall prägenden Umstände unter Einbeziehung der absehbaren künftigen Entwicklung des Schadensbildes zu bemessen.[90] Vor diesem Hintergrund hat der Leistungsantrag Vorrang vor einem Feststellungs-

79 BGHR StPO § 403 Anspruch 8; BGH BeckRS **2013** 6766 = StV **2014** 269 (Ls.); BeckRS **2014** 5760; BGH NStZ-RR **2015** 320.
80 BGH NStZ-RR **2010** 344.
81 BGH BeckRS **2015** 17044.
82 BGH NStZ **1988** 237; BGH BeckRS **2010** 00694.
83 BGH BeckRS **2014** 1028; BeckRS **2013** 1956; BeckRS **2013** 17069; ferner Meyer-Goßner/*Schmitt* 2b.
84 BGH NStZ-RR **2019** 96; BeckRS **2020** 488; NStZ-RR **2020** 53.
85 BGH BeckRS **2011** 2856.
86 BGH BeckRS **2009** 21212.
87 Vgl. nur BGH NJW **1996** 2425, 2427.
88 BGH NJW **2002** 3560.
89 Std. Rspr., vgl. nur BGH NJW-RR **2006** 712, 713.
90 Std. Rspr., vgl. BGH NJW-RR **2006** 712, 713 m.w.N.

antrag,[91] wenn die Schadensentwicklung abgeschlossen und der Schaden in vollem Umfang eingetreten und bezifferbar ist.[92] Ist die Entscheidung über Anspruchsgrund und Anspruchshöhe entscheidungsreif, ergeht insoweit ein Leistungsurteil; bleibt allein die Höhe des Anspruchs auf Zahlung von Schmerzensgeld streitig, kann insoweit ein **Grundurteil** ergehen (s. Rn. 3). Zu einem – hiermit verbundenen – **(unbezifferten) Feststellungsantrag** s. Rn. 9.

38 Für die **Bemessung und Begründung** eines **Schmerzensgeldanspruches (§ 253 Abs. 2 BGB)**, dem eine Doppelfunktion zukommt (angemessener Ausgleich nichtvermögensrechtlicher Schäden sowie Genugtuungsfunktion), sind in den Urteilsgründen grundsätzlich alle in Betracht kommenden Umstände des Falles zu berücksichtigen.[93] Eine formelhafte Begründung,[94] etwa allein unter Hinweis auf die Genugtuungsfunktion des zuerkannten Schmerzensgeldbetrages,[95] hält sachlich-rechtlicher Prüfung im Ausnahmefall nur dann stand, wenn sich dessen Berechtigung jedenfalls noch aus dem Gesamtzusammenhang der Urteilsgründe ergibt.[96] Im Einzelnen gilt betreffend die Urteilsgründe Folgendes:

39 Zur Bestimmung der im Einzelfall angemessenen billigen Entschädigung sind bei einer Verletzung des Körpers, der Gesundheit (vgl. § 823 Abs. 1 BGB), der Freiheit oder sexuellen Selbstbestimmung (vgl. § 825 BGB) **in erster Linie zu berücksichtigen** die **Schwere der Tat**, die durch die Tatumstände, die durch sie verursachten Gesundheitsschäden und die Höhe und das Maß der durch die Tat erfolgten Lebensbeeinträchtigung geprägt wird.[97] Darüber hinaus können auch das **konkrete Tatunrecht**, etwa Vorsatzform oder Fahrlässigkeitsvorwurf (§ 276 BGB), sowie die **wirtschaftlichen Verhältnisse** von Täter und Opfer darzulegen und zu bewerten sein.[98] Die wirtschaftlichen Verhältnisse zu gewichten, ist allerdings nur erforderlich, wenn diese dem Fall „ein besonderes Gepräge“ geben.[99] Dies ist etwa bei einem „außergewöhnlichen“ wirtschaftlichen Gefälle anzunehmen.[100] Falls der Angeklagte Ersatz seiner Leistung durch einen Ausgleichsanspruch oder durch eine Haftpflichtversicherung erhält, ist auch dies bei der Beurteilung seiner wirtschaftlichen Lage zu beachten. Einzustellen ist ferner ein **Mitverschulden** des Geschädigten (§ 254 BGB);[101] eine Quotierung ist in der Urteilsformel entbehrlich (Ausnahme: Grundurteil, s. Rn. 4).[102] Bei der gebotenen Gesamtbewertung[103] hat stets die Rücksicht auf Höhe und Maß der Lebensbeeinträchtigung im Vordergrund zu stehen (etwa Größe, Heftigkeit und Dauer der Schmerzen, Leiden und Entstellungen), während das Rangverhältnis der übrigen Umstände den **Besonderheiten des jeweiligen Einzelfalles** zu entnehmen ist. Jedoch darf sich bei vorsätzlichen Straftaten die strafgerichtliche Verurteilung und ggf. die Verbüßung einer verhängten Freiheitsstrafe auf die Bemessung des Schmerzensgeldes nicht auswirken.[104]

---

91 Vgl. zum Verhältnis Leistungs- und Feststellungsantrag BGH BeckRS **2012** 16498.
92 Vgl. Stein/Jonas/*Roth* ZPO § 256 64a.
93 Vgl. Beschluss der Vereinigten Großen Senate des BGH bereits BGHSt **44** 202.
94 BGH NStZ-RR **2010** 337; BeckRS **2014** 9505.
95 BGH BeckRS **2014** 5761.
96 BGH NStZ-RR **1996** 109.
97 Vgl. nur BGHZ **212** 48.
98 BGHSt **44** 202, 203; NStZ-RR **2010** 344; NJW **2014** 1544, 1545.
99 BGHZ **212** 48; BeckRS **2017** 118215; NStZ-RR **2018** 55; NStZ-RR **2018** 25.
100 BGH BeckRS **2017** 118215; NStZ-RR **2018** 55; NStZ-RR **2018** 25; vgl. auch SSW/*Werner* 4.
101 BGH BeckRS **2012** 01453.
102 BGH BeckRS **2014** 7395.
103 BGHZ **18** 149; BGH NStZ **1993** 145; bei *Kusch* **1994** 26; StV **1996** 473.
104 BGH bei *Becker* NStZ-RR **2004** 68.

Auch bei schuldhafter **Verletzung des Persönlichkeitsrechts** kann mit Blick auf den staatlichen Schutzauftrag aus Art. 1 Abs. 1 und Art. 2 Abs. 1 GG Ersatz des immateriellen Schadens zuzubilligen sein. Jedoch ist insoweit nur unter besonderen Voraussetzungen das unabweisbare Bedürfnis anzuerkennen, einem Betroffenen wenigstens einen gewissen Ausgleich für ideelle Beeinträchtigungen durch eine Geldentschädigung zu gewähren. Die Urteilsgründe haben in diesen Fällen nachvollziehbar darzulegen, dass die Verletzung des Persönlichkeitsrechts nach Gewichtung der gesamten Umstände des Einzelfalles als schwer anzusehen ist.[105] 40

ee) Gewährung von Unterhalt. Ist Gegenstand der Entschädigungsentscheidung hingegen die **Gewährung von Unterhalt**, so haben die Feststellungen auszuweisen, in welchem Umfang und über welche Dauer der Geschädigte zu Unterhaltsleistungen verpflichtet gewesen wäre.[106] Wird zugunsten **mehrerer Unterhaltsberechtigter** eine Rentenzahlung als Schadensersatz angeordnet, bedarf es der Bestimmung einer Quote für das verteilbare Einkommen, die auf die Unterhaltsberechtigten entfällt.[107] 41

ff) Beweiswürdigung. Die dem Adhäsionsausspruch zugrundeliegenden erwiesenen Tatsachen (§ 267 Abs. 1 Satz 1) sind in den Urteilsgründen durch eine sachlich-rechtlichen Maßgaben entsprechende Beweiswürdigung zu belegen (§ 267 Abs. 1 Satz 2). Hierbei kann es geboten sein, bei der Würdigung der Aussage des als Zeugen gehörten Adhäsionsklägers zu berücksichtigen, dass dieser erkennbar ein eigenes wirtschaftliches Interesse mit dem Prozessausgang verbindet.[108] Auch für den Fall, dass der Angeschuldigte ein – tatgerichtlich zu überprüfendes (§§ 244 Abs. 2, 261) – **Geständnis** ablegt, das für den Adhäsionsanspruch von Bedeutung ist, besteht keine Bindungswirkung nach § 288 ZPO (s. Erl. zu § 404, 21). 42

gg) Rechtliche Würdigung. Umstritten ist, ob gemäß § 267 Abs. 3 Satz 1 die jeweils einschlägigen zivilrechtlichen **Gesetzesbestimmungen** förmlich anzuführen sind (etwa zu den Anspruchsgrundlagen § 823 Abs. 1 bzw. § 823 Abs. 2 i.V.m. einem Schutzgesetz).[109] Zwar mag die Angabe der gesetzlichen Bestimmungen die Überprüfung der Entscheidung durch die Parteien und das Rechtsmittelgericht erleichtern; auch sollten die Parteien grundsätzlich nicht schlechter gestellt werden als im Zivilprozess; dort ist gemäß § 313 Abs. 1 Nr. 6 ZPO in den Entscheidungsgründen der Rechtssatz anzugeben, der die Entscheidung trägt.[110] Die Angabe der Gesetzesbestimmungen ist aber bereits nach dem eindeutigen Gesetzeswortlaut des § 267 Abs. 3 Satz 1 entbehrlich.[111] Dieser fordert ausdrücklich lediglich die Angabe des angewandten Strafgesetzes. Eine planwidrige Regelungslücke als Voraussetzung für eine entsprechende Anwendung dieser Regelung steht nicht zu besorgen. Der Gesetzgeber hat in § 406 – zuletzt durch das OpferschutzG – die rechtlichen Anforderungen an die Entschädigungsentscheidung abschließend und ohne Verweis auf § 267 geregelt. Überdies hat sich das Adhäsionsverfahren nach dem 43

105 BGH BeckRS **2013** 9024.
106 BGH NStZ **1988** 237.
107 BGH BeckRS **2013** 22099.
108 *Loos* GA **2002** 195 201.
109 So *Eb. Schmidt* 2; KMR/*Nepomuck* 5; HK/*Pollähne* 2; AK/*Schöch* 5; HK-GS/*Weiner* 3; KK/*Zabeck* 3; LR/*Hilger*[26] 5; **a.A.** OLG Hamburg JR **1951** 89; LR/*Wendisch*[24] 4; Meyer-Goßner/*Schmitt* 2; MüKo/*Wenske*, § 267 521.
110 Vgl. LR/*Hilger*[26] 5; SSW/*Schöch* 3; HK/*Pollähne* 2; SK/*Velten* 5.
111 Ablehnend auch OLG Hamburg JR **1951**, 89; Meyer-Goßner/*Schmitt* 2; MüKo/*Grau* 2; KK/*Zabeck* 2.

gesetzgeberischen Willen möglichst reibungslos in das Strafverfahren einzufügen; dieses Ziel würde verfehlt, wenn die Strafgerichte zur Angabe der zivilrechtlichen Bestimmungen verpflichtet wären und schon bei einem Verstoß gegen diese Formvorgabe – gerade im Lichte des Grundsatzes „iura novit curia“ – die Aufhebung der Entschädigungsentscheidung zu besorgen hätten.[112]

IV. Anerkenntnis (Absatz 2)

44 **1. Grundsätzliches.** Gemäß Absatz 2 ist auch im Adhäsionsverfahren grundsätzlich ein „Anerkenntnisurteil“ zulässig. Die dem entgegen stehende frühere Rechtsprechung des BGH[113] ist hierdurch überholt[114] (zu den gleichwohl weiterhin vorgebrachten Bedenken s. Rn. 45). Erforderlich für ein Anerkenntnisurteil ist grundsätzlich nur, dass – neben den übrigen Sachurteilsvoraussetzungen,[115] wie etwa einem wirksamen Adhäsionsantrag[116] (s. Rn. 66) – der anerkannte Anspruch ein vermögensrechtlicher ist und sich aus der prozessualen Tat, die im Zeitpunkt des Anerkenntnisses[117] Gegenstand des Verfahrens ist, ableitet (§ 403, 11).[118] Wird ein Teil des Verfahrens (§ 264) nach § 154 Abs. 2 eingestellt, entzieht das hieraus entstehende Befassungsverbot die – als Sachurteilsvoraussetzung zu prüfende (s. Rn. 66) – Entscheidungskompetenz des Gerichts für ein Anerkenntnis insoweit. Einer Schlüssigkeitsprüfung, einer über die Prozesserklärung hinausgehenden Sachaufklärung (§ 244 Abs. 2), eines Schuldspruchs oder einer Anordnung einer Maßregel der Besserung und Sicherung bedarf es nicht (s. Rn. 46 f.).[119] Die Verurteilung gemäß dem Anerkenntnis erfolgt im Strafurteil. Auch hier gilt (s. Rn. 27): Es verbleibt bei der einheitlichen Bezeichnung „Urteil“; die Bezeichnung als „Anerkenntnisurteil“ ist untunlich.

45 **2. Rechtsnatur.** Das Anerkenntnis des Angeklagten erweist sich als **Prozesserklärung**. Er erteilt hiermit sein prozessuales Einverständnis mit der Verurteilung zu der vom Adhäsionskläger geforderten und gesetzlich zulässigen Leistung.[120] Einer strengbeweislichen Bewertung mit Blick auf die Schuldfrage – etwa als geständige Einlassung (s. § 243 Abs. 5 Satz 2) – ist diese Prozesshandlung ebenso wenig zugänglich wie jede andere Betätigung prozessualer Befugnisse[121] oder aber Erklärungen im Rahmen von § 257. Zur strafzumessungsrechtlichen Bedeutung s. Rn. 71. Dies gilt gleichermaßen als Ergebnis einer zivilprozessualen Betrachtung. Das „Anerkenntnis“ erweist sich als eine (prozessuale) Willenserklärung, nicht aber eine „Wissenserklärung“ zu Tatsachen.[122] Daher kann ein in Einzelfall unzulässiges Anerkenntnisurteil im Einzelfall nicht in ein „Geständnis“ **umgedeutet** oder als Beweisanzeichen genutzt werden.

---

112 Vgl. MüKo-/*Wenske* § 267 521.
113 BGHSt **37** 263; BGH StV **1996** 263; krit. weiterhin auch *Loos* GA **2006** 202 sowie *Rieß* FS Dahs 425; *Feigen* FS Otto 879; *Krey/Wilhelmi* FS Otto 933; s. auch *Hilger* FS Fezer 512 ff.
114 BGH StraFo **2005** 381; DAR **2006** 285 (LS).
115 BGH GSZ **2019** 80 mit Anm. *Roth*; BeckRS **2019** 25420; BGH NJW-RR **2010** 275; BeckRS **2019** 25420.
116 BGH BeckRS **2019** 25420.
117 Vgl. BGH GSZ **2019** 80; weitergehend wohl *Roth* GSZ **2019** 82.
118 *Meier/Dürre* JZ **2006** 23; s. auch *Neuhaus* StV **2004** 626.
119 BGH GSZ **2019** 81; vgl. ferner BTDrucks. **15** 1976 S. 17.
120 Stein/Jonas/*Althammer* § 307 36.
121 Vgl. § 261, 79; MüKo-/*Miebach* § 261, 189.
122 S. auch AK-ZPO/*Fenge* § 307, 13.

3. Bindungswirkung. Das Anerkenntnis muss als **Prozesserklärung** (s. Rn. 45) zivilprozessualen Grundsätzen entsprechen. Es muss grundsätzlich unbedingt sein, darf keine Vorbehalte enthalten. Von einer weitergehenden Prüfung der Schlüssigkeit und Begründetheit des Anspruchs ist das Gericht enthoben.[123] Das Anerkenntnis ist für das Gericht – wie im Zivilprozess – grundsätzlich inhaltlich verbindlich. Daher bedarf die Zuerkennung des anerkannten Anspruchs im **Strafurteil** auch keiner näheren Begründung (§ 313b Abs. 1 ZPO analog);[124] der Hinweis auf das erklärte Anerkenntnis durch den Angeklagten reicht aus („...dem Anerkenntnis des Angeklagten gemäß...“). 46

4. Bedenken. gegen die Regelung werden in rechtspraktischer und dogmatischer Hinsicht vorgebracht. 47

a) Unvertretbare Drucksituation? Mit der Zulassung des Anerkenntnisses sei grundsätzlich die Gefahr gegeben, dass sich ein Angeklagter – zumal nach einem Geständnis – um keine Zweifel an seiner Reue und seiner Wiedergutmachungsbereitschaft entstehen zu lassen, **gedrängt** fühlen könnte, einen Adhäsionsanspruch – auch wenn er ihn der Höhe nach bezweifelt – anzuerkennen.[125] Durch die Neufassung des Absatzes 2 und der Anerkennung des Anerkenntnisses im Strafprozess hat sich der Gesetzgeber über diese Bedenken – erkennbar mit Blick auf die von Gesetzes wegen gebotene transparente und vom Grundsatz der Äquidistanz geprägte gerichtliche Verhandlungsführung – mit Recht hinweggesetzt. Hierdurch wird auch der unverteidigte Angeklagte vor übereilten Erklärungen hinreichend geschützt. Im Übrigen kann dem auch dadurch begegnet werden, dass das Gericht beim geringsten Verdacht in diese Richtung die Beteiligten anhört und notfalls einen Absehensbeschluss nach Absatz 1 Satz 4 trifft und damit dem Anerkenntnis die Grundlage entzieht.[126] 48

b) Konflikt mit strafprozessualen Prinzipien? Die in dogmatischer Hinsicht gegen das Anerkenntnisurteil im Strafverfahren vorgebrachten Bedenken knüpfen in erster Linie daran an, dass ein solcher Urteilsspruch das Ergebnis eines an der zivilprozessualen Dispositionsmaxime ausgerichteten Verfahrens ist, die im Strafverfahren nicht gilt.[127] Aufgeworfen wird in diesem Zusammenhang namentlich die Frage, ob das Gericht im Strafverfahren an ein dort erklärtes Anerkenntnis gemäß § 406 Abs. 2 ungeachtet der strafprozessualen Erkenntnisse und Erkenntnismöglichkeiten gebunden ist und ob diese Bindung ggf. auch dann gilt, wenn das Erkenntnis erkennbar oder möglicherweise falsch ist. 49

aa) Gestzessystematik. Die rechtliche Bewertung des damit formulierten Spannungsverhältnisses setzt zunächst an bei der Frage, in welchem Verhältnis der Absatz 2 zu § 406 Abs. 1 Satz 1 steht. Die Rechtsprechung[128] und die überwiegende Ansicht[129] gehen heute mit Recht davon aus, dass **§ 406 Abs. 2 die speziellere Regelung** darstellt. 50

---

123 Vgl. MüKo/*Musielak* § 307, 22; *Musielak/Voit* § 307, 15.
124 BGH GSZ **2019** 80 m. Anm. *Roth*; *Herbst/Plüür* S. 43; Weiner/Ferber/*Schneckenberger* 163.
125 Vgl. BGHSt **37**, 263 ff.
126 Eingehend dazu *Loos* GA **2006** 207 ff. (u.a. zu nemo tenetur; Verteidigung); ebenso LR/*Hilger*[26] 30.
127 Eingehend dazu z.B. *Loos* GA **2006** 195; *Rieß* FS Dahs 425; *Feigen* FS Otto 879; *Krey/Wilhelmi* FS Otto 933; s. auch *Hilger* FS Fezer 512 ff.
128 BGH GSZ **2019** 81.
129 Meyer-Goßner/*Schmitt* 4; MüKo/*Grau* 6; KMR/*Nepomuck* 32.

Der Gegenansicht[130] steht der eindeutige Gesetzeswortlaut entgegen, der § 307 ZPO entspricht. Auch lässt sich dieses Ergebnis aus der Stellung beider Absätze zueinander folgern.[131] Ob es der Regelung aus Absatz 2 überhaupt bedürfte, wenn Absatz 1 Satz 1 auch für diese Norm den Anwendungsbereich festlegte, erscheint überdies zweifelhaft.[132] Im Übrigen erlaubt ein solches Normverständnis eine effektive Umsetzung der vom Gesetzgeber erstrebten Belange des Opferschutzes bei zugleich sachgerechter Schonung justizieller Ressourcen durch einen rein zivilrechtlichen Prüfungsmaßstab.

51 **bb) Dispositionsmaxime im Anhangsverfahren.** Eingedenk der hier – vermittelt über Absatz 2 – Raum greifenden **Parteiherrschaft** im Adhäsionsverfahren hat das Gericht ein Anerkenntnisurteil selbst bei „unwahrem" Anerkenntnis zu erlassen, solange es nicht sittenwidrig ist; die Parteien sind auch hier berechtigt, über ihren prozessualen Anspruch frei zu verfügen.[133] Dies gilt auch im Falle einer späteren Verfahrenseinstellung (§§ 153, 153a, 154).[134] Dem steht auch nicht die **Gefahr widersprüchlicher zivil- und strafrechtlicher Entscheidungen**[135] entgegen. Einer einschränkenden Auslegung von § 406 Abs. 2 dahin, dass ein Anerkenntnisurteil nur ergeht, wenn es nicht an § 406 Abs. 1 Satz 1 und 3 scheitert,[136] bedarf es nicht.[137] Diese Lösung entspricht auf den ersten Blick zwar dem in § 406a Abs. 3 geregelten Grundsatz, dass die dem Adhäsionsantrag stattgebende Entscheidung aufzuheben ist, wenn der strafrechtliche Teil des Urteils aufgehoben und der Angeklagte weder schuldig gesprochen noch eine Maßregel gegen ihn angeordnet wird; auch mag dahinter die grundsätzliche Überlegung des Gesetzgebers stehen, dass zivil- und strafrechtliche Entscheidung sich nicht widersprechen sollen.[138] Ein solcher Widerspruch besteht aber im Falle eines Anerkenntnisses nicht.[139] Wird der Angeklagte **freigesprochen**, so hat sich das vom Sachaufklärungsgrundsatz geleitete Gericht (§ 244 Abs. 2) von der Schuld des Angeklagten entweder aus tatsächlichen (§ 261) oder aber aus rechtlichen Gründen nicht überzeugen können. Die Verurteilung im Adhäsionsausspruch liegt hingegen allein die Prozesserklärung und keine gerichtliche Bewertung in der Sache zugrunde.[140] Um dies auch im Zeitpunkt von § 268 der Gerichtsöffentlichkeit gegenüber zu verdeutlichen, kann – abweichend von der zivilrechtlichtlichen Praxis – in die Urteilsformel etwa aufgenommen werden, dass der Angeklagte dem von ihm erklärten Anerkenntnis gemäß verurteilt wird.

---

130 SK/*Velten* § 406 11; *Neuhaus* StV **2005** 626; *Klein* 251; *Bahnson* 298; OLG Braunschschweig BeckRS **2014** 17571.

131 Vgl. auch *Roth* GSZ **2019** 82.

132 Ebenso MüKo/*Grau* 6.

133 Baumbach/Lauterbach/*Hartmann* § 307, 12, 13 und § 128, 19; s. auch AK-ZPO/*Fenge* § 307, 11 ff.

134 BGH GSZ **2019** 81.

135 Im Tenor oder zumindest in der Begründung.

136 Offengelassen BGH GSZ **2019** 81; LR/*Hilger*[26] 33; KMR/*Nepomuck* 33; ähnlich *Neuhaus* StV **2005** 626; s. auch Meyer-Goßner/*Schmitt* 4; *Herbst/Plüür* S. 43; vgl. zu einem isolierten Teil-Anerkenntnisurteil bei ausgeschlossener Gefahr widersprüchlicher Entscheidungen BGH BeckRS **2014** 7956.

137 *Weiner/Ferber* 167.

138 Im Ergebnis ebenso, in der Begründung ähnlich (analoge Anwendung des § 406a Abs. 3) *Neuhaus* StV **2005** 626; s. auch Meyer-Goßner/*Schmitt* 4; *Herbst/Plüür* S. 43; KK/*Zabeck* 4; vgl. zu einem isolierten Teil-Anerkenntnisurteil bei ausgeschlossener Gefahr widersprüchlicher Entscheidungen BGH BeckRS **2014** 7956 sowie zum Anerkenntnis trotz Verfahrensbeschränkung (§ 154 Abs. 1) BGH GSZ **2019** 81.

139 Es wäre daher de lege ferenda folgerichtig, in § 406a Abs. 3 die Verurteilung nach § 406 Abs. 2 auszunehmen.

140 Ebenso *Heger* GA **2018** 690; *Zander* 157; **a.A.** KMR/*Nepomuck* 33; SK/*Velten* 11; Meyer-Goßner/*Schmitt* 4; SSW/*Werner* 12; offen gelassen von BGH GSZ **2019** 81.

5. Verständigungsbasiertes Anerkenntnis. Wird eine Verständigung (§ 257c) nach den Maßgaben des § 257c Abs. 4 aufgelöst, bleibt ein zuvor verständigungsbasiert erklärtes Anerkenntnis wirksam. Wegen seiner prozessgestaltenden Wirkung ist das Anerkenntnis als Prozesshandlung grundsätzlich unwiderruflich,[141] weil es die Prozesslage – verstanden als Bewirkungshandlung – unmittelbar selbst beeinflusst. Insbesondere unterliegt es nicht den für materiell-rechtliche Rechtsgeschäfte geltenden Vorgaben. Die für Willenserklärungen geltenden Vorschriften über Nichtigkeit oder Anfechtbarkeit wegen Willensmängeln sind weder unmittelbar noch entsprechend anwendbar.[142] 52

6. Beschränktes Anerkenntnis. Bisher ungeklärt ist die Frage, ob gemäß § 406 Abs. 2 ein **beschränktes Anerkenntnis** (z.B. eingeschränkt „nur dem Grunde nach"[143] oder nur „Zug um Zug") zulässig ist. Für den Zivilprozess wird vertreten, ein Anerkenntnisurteil dürfe nicht ergehen, wenn das Anerkenntnis des Anspruchs nur dem Grunde nach erklärt werde; das sei nicht nur ein „Weniger" oder ein „Teil" des geltend gemachten Anspruchs, sondern eine unzulässige Einschränkung. Gleiches gelte für ein „Anerkenntnis", das aber auf eine „Zug um Zug"-Leistung eingeschränkt werde.[144] Die Kernfrage dürfte sein, ob es richtig ist, mit solchen rein zivirechtlichen Problemen ein konkretes Strafverfahren zu belasten. Insbesondere im Hinblick auf die ohnehin schon schwierige Position (insbes. Verteidigungslage) des Angeklagten im Verfahren dürfte es nahe liegen, dies zu verneinen. Der Weg dazu dürfte aber richtigerweise nicht sein, dass das Strafgericht sich einfach der zivilrechtlichen Auffassung anschließt, die in solchen Fällen das Vorliegen eines zulässigen (uneingeschränkten) Anerkenntnisses verneint. Die Lösung müsste strafprozessual gefunden werden, die zivilrechtliche Streitfrage offen lassend. Einen Ausweg bietet insoweit allerdings wohl nur eine entsprechende Anwendung von § 406 Abs. 1 Satz 4 („Nichteignung"), bezogen auf § 406 Abs. 2: Im Hinblick auf die zivilrechtliche Streitfrage der Zulässigkeit des Anerkenntnisurteils in einem solchen Fall ist der Antrag für eine Erledigung durch Anerkenntnisurteil nach Absatz 2 nicht geeignet, die Eignung fehlt, weil das Strafverfahren nicht (auch noch) mit zivilprozessualen Streitfragen belastet werden sollte;[145] es muss vielmehr im streitigen Adhäsionsverfahren (§ 406 Abs. 1) entschieden werden. 53

7. Kosten. Über die Kosten ist nach § 472a Abs. 1 zu entscheiden. 54

V. Absatz 3

Die **Entscheidung über den Antrag** steht in der **Wirkung** einem Zivilurteil gleich[146] (Satz 1). Sie wird daher im Wesentlichen wie ein Zivilurteil für vorläufig vollstreckbar erklärt (Satz 2); die §§ 708 bis 712 und 714, 716 ZPO gelten entsprechend. Keine Anwendung findet § 713 ZPO (Unterbleiben von Schuldnerschutzanordnungen). 55

---

141 BGH BeckRS **2015** 19849.

142 BGHZ **80** 389, 391 ff.

143 Zu unterscheiden von der grundsätzlichen Zulässigkeit eines Grundurteils – § 406 Abs. 1 Satz 1 StPO und §§ 301, 304 ZPO.

144 Vgl. Baumbach/Lauterbach/*Hartmann* § 307, 4 ff.; str.; s. auch *Saenger* § 307, 3; *Musielak* § 307, 5 ff.

145 Die Vermeidung spezieller zivilprozessualer Risiken würde auch den besonderen Belangen des Antragstellers entsprechen – vgl. auch Meyer-Goßner/*Schmitt* 12.

146 KMR/*Nepomuck* 34.

56 Im Übrigen folgt die Entscheidung **strafprozessualen Grundsätzen.**[147] Das gilt namentlich für ihre Rechtskraft zugunsten des Antragstellers. Gibt das Gericht dem Antrag nicht oder nur teilweise statt, kann der Antragsteller den Anspruch noch vor dem Zivilgericht einklagen (Satz 3). Im Falle eines rechtskräftigen Grundurteils kann das Verfahren zur Betragshöhe vor dem Zivilgericht geführt werden (Satz 4; Rn. 24). Zum strafverfahrensrechtlichen Rechtsmittel s. § 406a Abs. 1. Wegen der **Rechtsmittelbefugnisse** des Angeklagten s. § 406a, 5 ff., 11 ff.

VI. Absatz 4

57 Das Gericht bestimmt, ob der Antragsteller eine vollständige **Abschrift des Urteils** oder einen – in sich verständlichen – Auszug erhält (Absatz 4). Es genügt, wenn er ersehen kann, was ihm, der Höhe und dem Anspruchsgegenstand nach, zugesprochen ist. Im Übrigen bedarf er der Abschrift nicht, weder als Grundlage für Rechtsmittel (sie stehen ihm nicht zu) noch zur Zwangsvollstreckung, zumal dafür eine Abschrift ohnehin nicht ausreicht. Selbstverständlich dürfte sein, dass der Antragsteller auch von dem Beschluss gemäß Absatz 5 Satz 2 eine Abschrift erhält (§ 35).

58 Für die **Zwangsvollstreckung** bedarf es einer vollstreckbaren Ausfertigung (§ 724 ZPO i.V.m. § 406b), die der Urkundsbeamte des Strafgerichts erteilt. Wegen weiterer Einzelheiten vgl. die Erl. zu § 406b.

VII. Absatz 5

59 Gemäß **Satz 1** soll das Gericht die Verfahrensbeteiligten so früh wie möglich darauf hinweisen, wenn es erwägt, von einer Entscheidung abzusehen. Wann dies der Fall ist, hängt vom Einzelfall ab. Eine Unzulässigkeit des Antrags wird meist frühzeitig zu erkennen sein, Unbegründetheit und Ungeeignetheit können sich unter Umständen erst nach längerer Verhandlung ergeben.[148] Ein möglichst frühzeitiger Hinweis empfiehlt sich, weil sowohl der Antragsteller als auch der Angeklagte ein Interesse an einer alsbaldigen Entscheidung haben. Der Antragsteller braucht nicht auf das Strafurteil zu warten, um Zivilklage zu erheben. Außerdem können die Überlegungen des Strafrichters – auch wenn das Zivilgericht an die Entscheidung nicht gebunden ist – das weitere Verhalten des Antragstellers beeinflussen. Der Angeklagte weiß nach dem Beschluss, dass er sich gegen den Antrag im Strafverfahren nicht mehr zu verteidigen braucht.

60 Aus dem Wortlaut der Vorschrift wird nicht deutlich, ob die Hinweispflicht auch besteht, wenn ein Teilabsehen erwogen wird. Dies sollte bejaht werden;[149] es dürfte nobile officium des Gerichts sein, die Beteiligten nicht Überraschungsentscheidungen auszusetzen. Außerdem dürfte der Hinweis ohnehin Teil der gemäß **Satz 2** erforderlichen vorherigen schriftlichen oder mündlichen **Anhörung** sein. Satz 2 macht schließlich deutlich, dass die Entscheidung des Absehens (Beschluss; Rn. 13, 25) bald nach der Anhörung erfolgen sollte. Dies entspricht der Regelung in Satz 1 (Hinweis so früh wie möglich) und den Interessen der Beteiligten.

---

147 KMR/*Nepomuck* 34.
148 Meyer-Goßner/*Schmitt* 14; *Rieß* FS Dahs 436.
149 *Loos* GA **2006** 207; HK-GS/*Weiner* 12; KMR/Nepomuck 41; **a.A.** Meyer-Goßner/*Schmitt* 14; *Meier/Dürre* JZ **2006** 24.

VIII. Revision

1. Allgemein. Das Revisionsgericht ist nicht gehindert, wegen der Zubilligung der Entschädigung **abweichend vom Antrag** der Revisionsstaatsanwaltschaft zu entscheiden (s. Rn. 70; § 406a, 12).[150] Die Adhäsionsentscheidung kann – etwa durch den Antrag auf Aufhebung allein des Strafausspruchs[151] – von der Revisionsanfechtung ausgenommen werden (s. § 406a, 13). Auch kann der durch Prozessvollmacht im Adhäsionsverfahren beauftragte Verteidiger die **Rücknahme des Rechtsmittels** hinsichtlich des Adhäsionsausspruchs erklären; einer Ermächtigung nach § 302 Abs. 2 bedarf es für die Wirksamkeit dieser Prozesserklärung nicht.[152] 61

2. Aufhebung des Urteils. Die **Aufhebung des Urteils** durch das Revisionsgericht auf die Revision des Angeklagten (s. im Einzlenen § 406a, 14) erfasst auch den Adhäsionsausspruch, da der zuerkannte Anspruch in der Straftat gründet (s. § 406a Abs. 3), auf die sich die Aufhebung bezieht (§ 353 Abs. 1).[153] Wird hingegen auf die Revision der Staatsanwaltschaft ein Urteil im Schuld- und Rechtsfolgenausspruch mit den Feststellungen aufgehoben und die Sache zu neuer Verhandlung und Entscheidung zurückverwiesen, bleibt eine zugleich mit der Verurteilung erfolgte Entscheidung über einen Adhäsionsantrag hiervon unberührt; über ihre Aufhebung ist vom neuen Tatrichter auf der Grundlage des Ergebnisses der neuen Hauptverhandlung zu entscheiden.[154] Die Aufhebung des Urteils **allein im Rechtsfolgenausspruch** durch das Revisionsgericht umfasst nicht den Adhäsionsausspruch; dieser erwächst neben den Feststellungen zur Tat und dem Schuldpruch in Rechtskraft.[155] 62

3. Erstreckung der Aufhebung. Eine **Erstreckung der Aufhebung** eines fehlerhaften Adhäsionsanspruchs auf einen – etwa als Gesamtschuldner haftenden – Nichtrevidenten (§ 357) kommt nicht in Betracht (s. ferner § 406a, 15a), da die Aufhebung insoweit nicht wegen einer Gesetzesverletzung bei der Anwendnung eines Strafgesetzes erfolgt;[156] dies gilt gleichermaßen für einen fehlerhaften Zinsausspruch;[157] anders liegt es hingegen, wenn die Aufhebung des Entschädigungsauspruchs auf einer fehlenden Verfahrensvoraussetzung beruht.[158] Im **zweiten Rechtsgang** ist eine etwaige Teilrechtskraft der Adhäsionsentscheidung zu beachten.[159] 63

4. Ausspruch über den Entschädigungsanspruch. Ist der **Entschädigungsanspruch rechtsfehlerhaft** zuerkannt worden oder fehlt hierfür eine Sachurteilsvoraussetzung (s. Rn. 66), ist dieser Ausspruch der Urteilsformel bei einer ansonsten erfolglosen Revision durch das Revisionsgericht aufzuheben und zugleich regelmäßig auszusprechen, dass von einer Entscheidung über den Adhäsionsantrag abgesehen wird (§ 406 64

150 BGH BeckRS **2007** 17102.
151 BGH NStZ-RR **2017** 255; BeckRS **2019** 23765 (Zinsen).
152 KG **2009** 25756.
153 BGH StV **2019** 437.
154 BGHSt **52** 96.
155 OLG Celle BeckRS **2015** 11590.
156 BGH NStZ-RR **2010** 344; StV **2004** 61.
157 An der – möglicherweise einem Versehen geschuldeten – abweichenden Ansicht in BGH BeckRS **2018** 35960 hält der 2. Strafsenat nicht fest, vgl. BGH BeckRS **2020** 938.
158 BGH NStZ **1988** 470; NStZ **1998** 477; einschränkend aber BGH StV **2004** 61; s. auch die Erl. zu § 357.
159 BGH NStZ-RR **2019** 320.

Abs. 1 Sätze 3 und 6).[160] Erstreckt sich indes der Rechtsfehler im Rahmen der Zubilligung eines Schmerzensgeldes lediglich auf dessen **Bemessung**, kann die Entscheidung zumindest dem Grunde nach ausnahmsweise aufrecht erhalten werden.[161] Hat das Tatgericht einen Antrag auf Entschädigung **übersehen** und bleibt die Revision ansonsten ohne Erfolg, ergänzt das Revisionsgericht das Urteil um den Ausspruch, dass von einer Entscheidung hierüber abgesehen wird, da die Sache nicht allein wegen des bürgerlichrechtlichen Teils noch beim Strafgericht anhängig bleiben kann.[162] Ein Rechtsmittel gegen eine „versehentliche" Nichtbescheidung des zulässigen Adhäsionsantrags steht dem Verletzten nicht zu;[163] sein zivilrechtlicher Anspruch wird hierdurch freilich nicht berührt. Wird dem Adhäsionskläger nur ein Teil des geltend gemachten (Schmerzensgeld-)Anspruches – im Wege eines **Teilendurteils** – zuerkannt, so holt das Revisionsgericht auch hier den etwa versehentlich unterbliebenen Ausspruch über ein teilweises Absehen von einer Entscheidung deklaratorisch nach.[164]

65 **5. Sachrüge.** Die zulässig erhobene **Sachrüge** erwirkt die revisionsgerichtliche Kontrolle der Adhäsionsentscheidung.

66 **a) Sachurteilsvoraussetzungen.** Die **Sachurteilsvoraussetzungen** klärt das Revisionsgericht im Freibeweis auf; dies gilt namentlich für die Rechtzeitigkeit des Entschädigungsantrags (§ 404, 1),[165] seine Zustellung (§ 404 Abs. 1 Satz 3),[166] die notwendige Konkretisierung des Anspruchsgegenstands[167] und des Anspruchsgrundes[168] die Prozessfähigkeit des Antragstellers,[169] der Nachweis der Erbfolge[170] sowie die Voraussetzungen des § 81 JGG[171] und die Zuständigkeit des Gerichts. Zur Nachprüfung dieser Verfahrensvoraussetzungen stehen dem Revisionsgericht für die freibeweisliche Nachprüfung die Verfahrensakten zur Verfügung.[172] Spricht das Tatgericht dem Antragssteller mehr zu, als dieser beantragt hatte (vgl. § 308 Abs. 1 ZPO),[173] so wird auch dies von Amts wegen berücksichtigt. Das Revisionsgericht kann in diesen Fällen die Beschränkung des Urteilsausspruchs unter Beseitigung dessen, was nicht beantragt war, selbst vornehmen.[174] Nicht zu diesen von Amts wegen zu prüfenden Voraussetzungen gehört allerdings darüber hinaus gehendes allgemeines **Verteidigungsvorbringen** des Angeklagten (s. Rn. 34, 69).[175]

---

160 St. Rspr.; vgl. BGH NStZ **1988** 237, 238; NStZ **1988** 470, 471; NStZ **1993** 145; NStZ **1994** 26; NStZ-RR **2010** 344; BeckRS **2012**, 08191; BeckRS **2012** 15073; ferner MüKo/*Wenske* § 267, 529.

161 BGHSt **44** 202 204; NStZ-RR **2015** 320.

162 BGH BeckRS **2012** 20496; BeckRS **2019** 23765; **2019** 1667.

163 BGH BeckRS **2013** 22098; BeckRS **2008** 00719.

164 BGH BeckRS **2014** 15467.

165 BGHSt **37**, 260; BGH BeckRS **2014** 13035 zur Rücknahme § 404, 23.

166 BGH BeckRS **2015** 4328; StV **2013** 563; BeckRS **2012** 15073; NStZ-RR **2005** 380; BeckRS **2004** 07625; BeckRS **2007** 225.

167 BGH BeckRS **2007** 225.

168 BGH NStZ-RR **2017** 142.

169 BGH NStZ **2009** 586.

170 BGH NStZ-RR **2016** 183; NStZ **2010** 714; NStZ-RR **2009** 315.

171 BGH BeckRS **2012** 15073.

172 So – hinsichtlich des Erbscheins – BGH NStZ-RR **2016** 183; NStZ **2010** 714, die allerdings eine (zusätzliche) Begründung in den Urteilsgründen als Nachweismöglichkeit erörtern.

173 BGH NStZ-RR **2017** 93 (Ls) = BeckRS **2016** 111340.

174 BGH NStZ **2009** 319; BeckRS **2020** 25254.

175 Vgl. zur Verjährungseinrede allerdings **a.A.** BGH BeckRS **2015** 17044, s. Rn. 69.

b) Begründung. Auch der Adhäsionsausspruch bedarf als Sachentscheidung grundsätzlich einer **Begründung** (s. Rn. 32 ff.). Als Ausnahme erweist sich die Zuerkennung eines anerkannten Anspruchs (s. Rn. 42 ff.). Dieser bedarf im Strafurteil keiner näheren Begründung (§ 313b Abs. 1 ZPO analog); der Hinweis auf das erklärte **Anerkenntnis** durch den Angeklagten reicht hier aus. 67

Fehlt eine Urteilsbegründung über den in der Urteilsformel enthaltenen Adhäsionsausspruch (s. zum **Feststellungsausspruch** Rn. 8) und versteht sich dieser in einem einfach gelagerten Fall nicht ausnahmsweise aus dem Gesamtzusammenhang der Urteilsgründe von selbst, so ist das Urteil insoweit sachlich-rechtlich lückenhaft.[176] Von einem vollständigen Schweigen der Urteilsgründe zum Adhäsionsausspruch wird indes regelmäßig schon deshalb nicht ausgegangen werden können, weil den Feststellungen zu einem Schuldspruch stets konkrete Fakten zur **Anspruchsberechtigung**, zur haftungsbegründenden Kausalität etwa eines Schadensersatzanspruchs zu entnehmen sein werden; hingegen ist die Anspruchsberechtigung etwa eines **Erben** regelmäßig näher zu belegen (s. § 403, 2). 68

Aus dem Schweigen der Urteilsgründe zu **Verteidigungsvorbringen des Angeklagten** zur Adhäsionsentscheidung allein kann regelmäßig nicht auf lückenhafte Erwägungen hierzu geschlossen werden. Auf die Sachrüge ist dem Revisionsgericht auch die Kenntnisnahme von urteilsfremden Erklärungen verwehrt. Soweit der *2. Strafsenat* des Bundesgerichtshofs dies – anscheinend begründet durch eine zivilprozessuale Bewertung – für die Verjährungseinrede anders bewertet hat, überzeugt dies nicht. Soweit auf die zulässig erhobene Sachrüge hin die Sachurteilsvoraussetzungen (s. Rn. 66) durch das Revisionsgericht freibeweislich aufgeklärt werden, nimmt es die hierfür jeweils maßgeblichen Aspekte in den Blick. Eine Betrachtung hierfür unerheblicher Aktenbestandteile, etwa neben der Antragsschrift nach § 404 Abs. 1 auch eine etwaige schriftsätzliche Erwiderung des Angeklagten, bleibt ihm wie auch sonst im Revisionsverfahren verschlossen. Dies gilt nicht zuletzt mit Blick auf das Rekonstruktionsverbot. Zu den Anforderungen an den Bemessung der **Höhe des Schmerzensgeldes** s. Rn. 37 ff.[177] 69

Einem fehlerhaft bestimmten Zeitpunkt des **Beginns der Verzinsung** (s. Rn. 36) eines ausgeurteilten Schadensersatzbetrages kann das Revisionsgericht – auch abweichend vom Antrag der Revisionsstaatsanwaltschaft – ändern.[178] Gleichermaßen kann das Revisionsgericht die ausgeurteilte Feststellung einer Verpflichtung des Angeklagten zur Leistung von Ersatz für materielle und weitere (künftige) immaterielle Schäden dem Grunde nach unter den im Hinblick auf § 116 SGB X bzw. § 86 VVG erforderlichen **Vorbehalt** stellen, dass eine Ersatzpflicht nur insoweit besteht, als der Anspruch nicht auf **Sozialversicherungsträger** übergegangen ist (s. Rn. 35).[179] Ein Fehler im Ausspruch über die **vorläufige Vollstreckbarkeit** ist bei einem ansonsten erfolglosen Rechtsmittel des Angeklagten mit Blick auf die Rechtskraft des Urteils bedeutungslos.[180] 70

Das Verhalten des Angeklagten zum Adhäsionsanspruch kann schließlich für die Strafbemessung nach § 46 Abs. 2 StGB Bedeutung erlangen, auch wenn Anerkenntnis oder Vergleichsschluss regelmäßig noch nicht die Voraussetzungen des vertypten Milderungsgrundes aus § 46a Nr. 2 StGB erfüllen.[181] 71

---

176 So noch LR/*Hilger*[26] 4.
177 Vgl. nur BGH BeckRS **2017** 119102.
178 BGH NStZ **1999** 260; BeckRS **2009** 21212.
179 BGH BeckRS **2010** 20501; NStZ **2010** 53; BeckRS **2010** 694.
180 BGH BeckRS **2013** 09517; BeckRS **2007** 17102.
181 Vgl. nur BGH BeckRS **2010** 28503; ferner *Schäfer/Sander/van Gemmeren* 683 ff.

72 **c) Rechtskräftige Entscheidung.** Eine **rechtskräftige Entscheidung** trotz eines unwirksamen Adhäsionsantrags bleibt wirksam.

IX. Sonstiges

73 Hat das Gericht auf eine wiederkehrende Leistung erkannt und haben sich nach der letzten Tatsachenverhandlung die Gründe geändert, die für die Entscheidung maßgebend waren, kann der Antragsteller **Abänderungsklage** beim Zivilgericht nach § 323 ZPO (s. § 406b) erheben.[182] Wegen der **Vollstreckungsgegenklage** vgl. § 406b, wegen der Wiederaufnahme § 406c; wegen der **Kostenentscheidung** § 472a.

§ 406a
Rechtsmittel

(1) [1]Gegen den Beschluss, mit dem nach § 406 Abs. 5 Satz 2 von einer Entscheidung über den Antrag abgesehen wird, ist sofortige Beschwerde zulässig, wenn der Antrag vor Beginn der Hauptverhandlung gestellt worden und solange keine den Rechtszug abschließende Entscheidung ergangen ist. [2]Im Übrigen steht dem Antragsteller ein Rechtsmittel nicht zu.

(2) [1]Soweit das Gericht dem Antrag stattgibt, kann der Angeklagte die Entscheidung auch ohne den strafrechtlichen Teil des Urteils mit dem sonst zulässigen Rechtsmittel anfechten. [2]In diesem Falle kann über das Rechtsmittel durch Beschluss in nichtöffentlicher Sitzung entschieden werden. [3]Ist das zulässige Rechtsmittel die Berufung, findet auf Antrag des Angeklagten oder des Antragstellers eine mündliche Anhörung der Beteiligten statt.

(3) [1]Die dem Antrag stattgebende Entscheidung ist aufzuheben, wenn der Angeklagte unter Aufhebung der Verurteilung wegen der Straftat, auf welche die Entscheidung über den Antrag gestützt worden ist, weder schuldig gesprochen noch gegen ihn eine Maßregel der Besserung und Sicherung angeordnet wird. [2]Dies gilt auch, wenn das Urteil insoweit nicht angefochten ist.

Schrifttum

Effer-Uhe Rechtsschutz im Adhäsionsverfahren und nach dessen Abschluss unter besonderer Berücksichtigung zivilprozessualer Rechtsbehelfe, StV **2015** 515; *Zander* Das Adhäsionsverfahren in neuem Gewand (2011).

Entstehungsgeschichte

Die Vorschrift ist seit ihrer Einführung im Jahre 1943 (Entstehungsgeschichte Vor § 403) bis September 2004 inhaltlich unverändert geblieben. Art. 21 Nr. 102 EGStGB 1974 hat in Absatz 3 die Worte „Sicherung und Besserung“ durch „Besserung und Sicherung“ ersetzt. Durch Art. 1 Nr. 17 des OpferRRG ist die Vorschrift dann neu gefasst worden; zur Fassung bis dahin s. die 25. Auflage. Die Überschrift wurde eingeführt durch Art. 1 Nr. 13 des Gesetzes zur Stärkung des Rechts des Angeklagten auf Vertretung in der Berufungs-

182 HK/*Pollähne* 6; allg. M.

https://doi.org/10.1515/9783110275001-042

verhandlung und über die Anerkennung von Abwesenheitsentscheidungen in der Rechtshilfe vom 17.7.2015 (BGBl. I 1332).

Übersicht

1. Rechtsmittel gemäß Absatz 1. Nach **Satz 1** kann der Antragsteller gegen den **Beschluss**, mit dem zu seinen Lasten gemäß § 406 Abs. 5 Satz 2 von einer Entscheidung über den Adhäsionsantrag abgesehen wird, **sofortige Beschwerde** (§ 311) einlegen. Nach **Auffassung des Gesetzgebers** hat der Antragsteller ein anerkennenswertes **Rechtsschutzinteresse** an einer Überprüfung der Absehensentscheidung.[1] Außerdem verhindere die Regelung vorschnelle Absehensentscheidungen und ermögliche die Entwicklung einheitlicher Kriterien durch die obergerichtliche Rechtsprechung. Andererseits müssten **unzuträgliche Verzögerungen** des Verfahrens vermieden werden.[2] 1

Zulässigkeitsvoraussetzung ist allerdings, dass der Adhäsionsantrag in zulässiger Weise vor Beginn der Hauptverhandlung (vgl. § 243 Abs. 1 Satz 1) gestellt worden und zum **maßgeblichen Zeitpunkt** der Entscheidung des Beschwerdegerichts noch keine den Rechtszug abschließende Entscheidung – Urteil oder Einstellungsentscheidung (etwa § 153 Abs. 2, 206a)[3] – ergangen ist. Die Beschwerde ist also unzulässig, wenn der Antrag unmittelbar nach Beginn der Hauptverhandlung gestellt wird, auch wenn diese Monate dauern wird, und sie wird unzulässig, wenn bzgl. des betroffenen Angeklagten wegen der in Betracht kommenden (den Adhäsionsantrag angeblich begründenden) Tat eine den Rechtszug abschließende (nicht unbedingt rechtskräftige) strafrechtliche Entscheidung getroffen wird.[4] Die sofortige Beschwerde ist im Übrigen beschränkt auf Fälle der vollständigen Ablehnung eines Adhäsionsantrages,[5] denn eine teilweise Ablehnung erfolgt nicht im Beschlusswege, sondern durch Urteil.[6] Für den **Angeklagten** und die **Staatsanwaltschaft** gilt Satz 1, wie sich schon aus der Formulierung des Satzes 2 ergibt, nicht; sie sind nicht beschwert. Zur rechtsfehlerhaften vollständigen Absehensentscheidung bei Schmerzensgeldansprüchen im Urteil s. § 406, 23. 2

Im Übrigen hat der Antragsteller **keine Rechtsmittel** gegen die Anhangsentscheidung (Absatz 1 **Satz 2**). Soweit die Entscheidung seinem Antrag stattgibt, ist er nicht beschwert. Soweit das Gericht – abgesehen von den in Rn. 1 genannten Fällen – von einer Entscheidung absieht, bleibt ihm die zivilprozessuale Klage[7] oder die erneute Geltendmachung im Strafverfahren, etwa in der Berufungsinstanz, denn die Absehensent- 3

1 Vgl. *Zander* 197.
2 BRDrucks. 829/03 S. 39. Krit. dagegen z.B. Meyer-Goßner/*Schmitt* 4; *Loos* GA **2006** 196; *Rieß* FS Dahs 436; *Krey/Wilhelmi* FS Otto 953; *Hilger* GA **2004** 485.
3 Meyer-Goßner/*Schmitt* 3; SK/*Velten* 1.
4 *Meyer-Goßner/Schmitt* 3; *Zander* 196 ff.; KG BeckRS **2020** 6537; S. auch die Erl. zu § 473 Abs. 1 Satz 4.
5 *Meyer-Goßner/Schmitt* 2; SK/*Velten* 1; KMR/*Nepomuck* 2; HK/*Pollähne* 1; s. auch BGH bei *Becker* NStZ-RR **2005** 262; **A.A.** noch LR/*Hilger*[26] 1.
6 SK/*Velten* 1.
7 KMR/*Nepomuck* 1; AK/*Schöch* 1; *Granderath* NStZ **1984** 400.

scheidung erwächst in einem solchen Fall nicht in Rechtskraft.[8] Dies gilt auch, wenn das Gericht zusammen mit der den Rechtszug abschließenden Entscheidung ein Grundurteil erlässt und nur zur Höhe des Anspruchs von einer Entscheidung absieht.[9] Dies gilt auch, wenn das Gericht unter Verstoß gegen § 406 den Anspruch des Antragstellers als unbegründet abweist (§ 406, 30)[10] oder versehentlich einen Antrag nicht verbescheidet.[11]

4 Die Auffassung,[12] dem Antragsteller stünde auch im Übrigen gegen Beschlüsse und Verfügungen, die seinen Antrag oder seine Teilnahme am Verfahren betreffen, keine Beschwerde zu, trifft in dieser Allgemeinheit nicht zu. Denn ihm stehen zumindest für das Vollstreckungsverfahren (vgl. dazu § 406b) die **Rechtsmittel der Zivilprozessordnung** zu.

5 Die Frage, ob die dem Urteil **vorausgehenden Beschlüsse** und Verfügungen anfechtbar sind,[13] wird sich in der Praxis kaum stellen.[14] Denn das Gericht wird in der Regel, sobald das Verfahren mit Rechtsmitteln erschwert wird, nach § 406 Abs. 1 Satz 4 durch Beschluss von einer Entscheidung über den Antrag absehen; dass die Prüfung des Antrags das Verfahren verzögern würde, wird bei Rechtsmitteln nie völlig ausgeschlossen werden können.

6 Mit Bezug auf den Antrag hat der Verletzte auch dann keine Rechtsmittel, wenn er **Privat- oder Nebenkläger** ist.[15] Sieht freilich das Gericht unterer Instanz von Entscheidungen ab und legt der Antragsteller als Privat- oder Nebenkläger ein Rechtsmittel gegen den strafrechtlichen Teil des Urteils ein, so kann er vor dem Berufungsgericht – auch nach Zurückverweisung durch das Revisionsgericht – einen neuen Anhangsantrag stellen.[16]

7 **2. Beschwerdeverfahren.** Für das Verfahren gelten über die Maßgaben des § 311 hinaus die Bestimmungen der §§ 304 ff., soweit sie ihrem Wesen nach mit der sofortigen Beschwerde vereinbar sind. Die Wochenfrist beginnt mit der förmlichen Bekanntgabe der Absehensentscheidung (§ 35); das Rechtsmittel ist schriftlich oder zu Protokoll der Geschäftsstelle (§ 306 Abs. 1) des Erstgerichts anzubringen (zur Begründung s. § 306, 6).

8 **Entscheidung des Beschwerdegerichts.** Wird die Beschwerde nicht wegen als unzulässig verworfen, trifft das Beschwerdegericht – auf der Grundlage der **Verfahrensakten** und der Begründung der **Absehensentscheidung** – die nach § 311 Abs. 1, 309 Abs. 2 **in der Sache erforderliche Entscheidung**. Beschwerdegegenstand ist hier allein die angefochtene Entscheidung über das Absehen nach § 406 Abs. 5 Satz 2. Zu beachten ist hier die **strukturelle Korrespondenz der Entscheidungsbefugnis** des Beschwerdegerichts mit dem tragenden Grund der Absehensentscheidung (§ 406 Abs. 1 Satz 3 und 4).[17] Wird diese auf eine **Unbegründetheit** gestützt, besteht rechtlich für eine eigene Adhäsionsentscheidung des Beschwerdegerichts mit Blick auf § 406 Abs. 1 Satz 1 kein Raum, weil der Adhäsionsausspruch allein Gegenstand des Urteils ist.[18] Liegt der Annahme der

---

8 KG NStZ-RR **2007** 280.
9 BGH bei *Becker* NStZ-RR **2005** 262.
10 **A.A.** LR/*Hilger* [26] 3, § 406, 28.
11 BGH BeckRS **2013** 22098; BeckRS **2008** 00719.
12 *Schönke* DRZ **1949** 124; **a.A.** *Köckerbauer* NStZ **1994** 309.
13 Bejahend: *Köckerbauer* NStZ **1994** 310.
14 Vgl. auch § 404, 8, 15; § 406, 19 ff.
15 OLG Hamm MDR **1968** 261; HK/*Pollähne* 1; SK/*Velten* 8.
16 *Eb. Schmidt* 2; **a.A.** *Köckerbauer* (Adhäsionsverfahren) 206.
17 So zutreffend *Zander* 198 ff.
18 In diesem Sinne auch *Zander* 198 f.; SK/*Velten* 1.

fehlenden Begründetheit eine rechtlich oder tatsächlich fehlerhafte Würdigung zugrunde, ist die Absehensentscheidung aufzuheben (vgl. § 309 Abs. 2) und der Adäsionsantrag damit wieder rechtshängig. Dies gilt gleichermaßen für die Frage der Ungeeignetheit und der Unzulässigkeit. Dem Beschwerdegericht ist es verschlossen, den vom Tagericht herangezogenen Absehensgrund durch einen anderen zu ersetzen.

Wirkungen. Durch die zulässige sofortige Beschwerde wird die die Rechtshängigkeit des Anspruchs beendende Wirkung der Absehensentscheidung (s. § 406, 13) **nicht suspendiert.**[19] Hierzu bedarf es einer Entscheidung nach § 307 Abs. 2., die insbesondere einer drohenden Verjährung des geltend gemacht Anspruchs Rechnung tragen kann.[20] Das Rechtsmittel hat auch für den weiteren Ablauf des Verfahrens keine aufschiebende Wirkung (vgl. § 311 Abs. 1, § 307 Abs. 1). Dementsprechend – und mit Blick auf die gesetzgeberischen Intentionen (s. Rn. 1) – darf, wenn die Voraussetzungen gemäß Satz 1 erfüllt sind und sofortige Beschwerde eingelegt wird, das Strafverfahren **nicht unterbrochen oder ausgesetzt** werden, um die Beschwerdeentscheidung abzuwarten.[21] Hieran anknüpfende **Ablehnungsgesuche** sind nach § 26a Abs. 1 Nr. 2 zu verwerfen. Gleichermaßen kann das Tatgericht trotz eingelegter sofortiger Beschwerde das Verfahren durch Urteil abschließen und dem Rechtsmittel, das sich hierdurch erledigt (s. § 473 Abs. 1 Satz 4), damit den Boden entziehen. 9

Das Tatgericht ist ebenso wie das Revisionsgericht an die Entscheidung des Beschwerdegerichts **nicht gebunden**[22] und kann daher im Urteil aus den nämlichen Gründen wie in einer erfolgreich angefochtenen Absehensentscheidung vom Adhäsionsausspruch absehen; denkbar, praktisch aber fernliegend, ist es, abermals eine Entscheidung nach § 406 Abs. 5 Satz 2 auf denselben Absehensgrund zu stützen. Das Tatgericht hat durch seine frühzeitige Absehensentscheidung lediglich der ihm aus Fairnessgründen obliegenden Pflicht entsprochen, die Verfahrensbeteiligten so früh als möglich über die Erfolgsaussichten des Adhäsionsverfahrens in Kenntnis zu setzen und das Verfahren zu verschlanken. Eine erfolgreiche Anfechtung der Absehensentscheidung vermag freilich das Tatgericht veranlassen, seine Rechtsauffassung zu überdenken. 10

3. Rechtsmittel gemäß Absatz 2. Der Angeklagte hat die – nach der Strafprozessordnung sonst – zulässigen Rechtsmittel.[23] § 313 ist, wenn der strafrechtliche Teil des Urteils angefochten wird (Rn. 8, 9), grundsätzlich anwendbar (zu Einzelfragen insoweit vgl. die Erl. zu § 313).[24] Demgemäß stehen dem Angeklagten drei Möglichkeiten offen. 11

a) Anfechtung insgesamt. Er kann das Urteil **insgesamt anfechten.** Dann wird – falls das Rechtsmittel Erfolg hat – in den Fällen des Absatzes 3 auch die Zivilentscheidung aufgehoben. Hat der Angeklagte das Urteil mit der **Revision** angefochten, gelten folgende Besonderheiten (s. im Einzelnen § 406, 61 ff.): Zunächst unterliegt auch eine gegen Angeklagten ergangene Adhäsionsentscheidung der Überprüfung durch das Revisionsgericht (§ 352 Abs. 1).[25] Hat das Strafurteil – nicht aber die Anhangsentscheidung – Bestand, 12

19 **A.A.** *Zander* 200.
20 *Zander* 201.
21 So auch *Zander* 200.
22 **A.A.** *Zander* 200.
23 OLG Braunschweig NJW **1952** 1230; HK/*Pollähne* 2; KMR/*Nepomuck* 6.
24 Vgl. z.B. OLG Jena NStZ-RR **1997** 274 (mit Hinweis auf probl. Konstellationen).
25 S. nur BGH StV **2019** 437.

kommt eine Zurückverweisung des Anschlussverfahrens allein nicht in Betracht.[26] Vielmehr wird das Revisionsgericht die Adhäsionsentscheidung ganz oder teilweise aufheben und von einer Entscheidung insoweit absehen; zulässig ist es auch, die Anhangsentscheidung dem Grunde nach aufrechtzuerhalten und nur zur Höhe aufzuheben.[27] Wird der strafrechtliche Teil der Entscheidung, soweit die Straftat dem Adhäsionsantrag zugrunde liegt, aufgehoben und zurückverwiesen, kann auch der zivilrechtliche Teil zurückverwiesen werden (§ 353 Abs. 1; vgl. im Einzelnen Rn. 14 und § 406, 62).[28] Im Falle einer Entscheidung nach § 349 Abs. 2, 4 kann das Revisionsgericht auch – ungeachtet der Anträge der Staatsanwaltschaft – über die Adhäsionsentscheidung – zur Vermeidung einer Hauptverhandlung nur wegen einer Nebenentscheidung – durch Beschluss entscheiden.[29] An die Grenzen des Revisionsrechts ist es im Übrigen auch im Anhangsverfahren gebunden.[30]

13 **b) Beschränkung auf den strafrechtlichen Teil.** Er kann sein Rechtsmittel **auf den strafrechtlichen Teil** des Urteils **beschränken;**[31] in diesem Fall erwächst der zivilrechtliche Teil nicht (vor Rechtskraft des strafrechtlichen Schuldspruchs) in Rechtskraft;[32] dies gilt auch im Falle eines Grund- oder Teilurteils. Wegen der Folgen bei Aufhebung des Urteils in diesem Fall vgl. Rn. 15.

14 Dass das Rechtsmittelgericht, obwohl es die zivilrechtliche Richtigkeit der Entscheidung über den Anspruch nicht nachprüfen kann, diese ausnahmsweise doch **aufheben** kann, steht deren Rechtskraft ebenso wenig entgegen, wie die Möglichkeit einer Rechtsmittelerstreckung nach § 357 etwas an der Rechtskraft des Urteils gegenüber dem Nichtrevidenten ändert.

15 **c) Anfechtung nur des zivilrechtlichen Teils.** Er kann nur **den zivilrechtlichen Teil** – diesen eventuell auch nur teilweise (etwa der Höhe nach zum Teil)[33] – **anfechten** (Satz 1); dabei sind die Vorschriften der StPO für die Einlegung von Rechtsmitteln zu beachten.[34] Der strafrechtliche Teil wird dann, wenn nicht Staatsanwalt, Privat- oder Nebenkläger ihn angefochten haben, rechtskräftig. Satz 2 bestimmt, dass in diesem Fall, d.h. der Beschränkung auf den zivilrechtlichen Teil, das Gericht über das Rechtsmittel auch ohne mündliche Verhandlung durch Beschluss entscheiden kann. Zu lesen ist die Vorschrift in dem Sinn, dass es das Rechtsmittel im Fall seiner Unbegründetheit durch Beschluss verwerfen kann.[35] Die Verwerfung durch Beschluss ist auch dann zulässig,[36] im Allgemeinen aber unzweckmäßig (wegen Absatz 3), wenn ein anderer Beteiligter den Schuldspruch angefochten hat, dieser deshalb noch nicht rechtskräftig ist und seine Aufhebung möglich erscheint.

---

26 BGH NStZ **1988** 237; **1988** 470; bei *Miebach* NStZ **1990** 230; NStZ **1993** 145; bei *Kusch* NStZ **1994** 26; BGHSt **44** 202; Meyer-Goßner/*Schmitt* 5; allg. M.

27 BGHSt **44** 202.

28 BGH StV **2019** 437; Meyer-Goßner/*Schmitt* 8.

29 BGH NJW **1999** 1123; NStZ-RR **2007** 211 (LS); s. auch BGHSt **44** 202; OLG Düsseldorf JMBl.NW **2002** 63.

30 Vgl. OLG Oldenburg HESt. **2** 45.

31 BGHSt **3** 210; BGH NStZ-RR **2017** 255; allg. M.

32 OLG Neustadt NJW **1952** 718; *Köckerbauer* (Adhäsionsverfahren) 208; NStZ **1994** 310; HK/*Pollähne* 5; Meyer-Goßner/*Schmitt* 5; AK/*Schöch* § 406, 14; SK/*Velten* 7; KMR/*Nepomuck* 14.

33 AnwK-*Krekeler* 3; Meyer-Goßner/*Schmitt* 5; allg. M.

34 BGH NStZ **2000** 388 (zu § 344 Abs. 2 Satz 1); SK/*Velten* 3; Meyer-Goßner/*Schmitt* 5.

35 BGH BeckRS **2014** 13035, NStZ-RR **2009** 382; NStZ **1999** 261; Meyer-Goßner/*Schmitt* 6.

36 Vgl. auch KMR/*Nepomuck* 7; **a.A.** *Eb. Schmidt* 7.

Ist im Falle des Absatzes 2 das zulässige (eingelegte) Rechtsmittel eine **Berufung**, so kann zwar gleichfalls eine Entscheidung ohne mündliche Verhandlung durch Beschluss (Satz 2) ergehen, gemäß **Satz 3** findet jedoch auf Antrag des Angeklagten oder des Antragstellers (nicht der Staatsanwaltschaft) zuvor eine mündliche Anhörung der insoweit betroffenen Beteiligten statt.[37] Diese kann ebenfalls in nichtöffentlicher Sitzung (Satz 2) erfolgen. Liegen mehrere Adhäsionsanträge mehrerer Antragsteller vor, so können die Anhörungen verbunden werden. **Zweck** dieser Regelung, die nur für die Berufung gilt, weil sie nicht zum System der Revision passen würde, ist, das Rechtsmittelverfahren aufzuwerten.[38] Der Beschluss nach Absatz 2 Satz 2 ist unanfechtbar;[39] im Falle versäumter Anhörung gilt § 33a. Der Adhäsionsausspruch ändert – gleich welcher Höhe – nach dem eindeutigen Gesetzeswortlaut nichts an den Voraussetzungen der **Annahme** nach **§ 313 Abs. 1.**[40] 16

4. Rechtsmittel sonstiger Beteiliger. Staatsanwalt, Privat- und Nebenkläger können mit ihrem Rechtsmittel nur den strafrechtlichen Teil des Urteils anfechten.[41] Ihr Rechtsmittel beeinflusst den zivilrechtlichen Teil der Entscheidung nur in dem Ausnahmefall, in dem der Angeklagte auf das Rechtsmittel nicht schuldig gesprochen und auch keine Maßregel der Besserung und Sicherung gegen ihn angeordnet wird. 17

5. Aufhebung des Urteils (Absatz 3). Die[42] Vorschrift erfasst nach ihrer Neufassung die Aufhebung der strafrechtlichen Entscheidung durch **Rechtsmittel** und **im Wege anderer Verfahren**, etwa über eine Wiederaufnahme (§§ 359 ff.); für diese (wohl seltenen) Fälle gelten die nachfolgenden Überlegungen sinngemäß. 18

In erster Linie betrifft Absatz 3 Fälle, in denen dem Rechtsmittelgericht die Überprüfung der Adhäsionsentscheidung entzogen ist, weil der Angeklagte sie wirksam von seinem Rechtsmittelangriff ausgenommen hat[43] oder das Urteil lediglich von der Staatsanwaltschaft[44] oder dem Privat- oder Nebenkläger (s. Rn. 13) angefochten wird.[45] Sie ermöglicht es, die infolgedessen in Rechtskraft erwachsene Adhäsionsentscheidung aufzuheben, wenn die Verurteilung wegen der Straftat, auf die sie gestützt worden ist, nach Aufhebung und Zurückverweisung aufgrund der neuen Hauptverhandlung entfällt. Damit verhindert sie, dass der zivilrechtliche Teil eines strafrechtlichen Urteils bestehen bleibt, obwohl die strafrechtliche Grundlage hierfür weggefallen ist.[46] 19

Eine Anwendung von Absatz 3 im **Revisionsverfahren** kommt nur in Betracht, wenn das Revisionsgericht in der Sache selbst entscheidet.[47] Die aus **§ 353 Abs. 1** folgende Befugnis des Revisionsgerichts, eine – vom Rechtsmittelangriff umfasste – rechtsfehlerhafte Adhäsionsentscheidung aufzuheben, wird durch Absatz 3 nicht verdrängt.[48] Inwieweit das Revisionsgericht seine diesbezügliche Aufhebungsbefugnis – auch mit Blick auf die vorläufige Vollstreckbarkeit der Adhäsionsentscheidung (§ 406b) – selbst wahr- 20

---

37 Mit Recht krit. Meyer-Goßner/*Schmitt* 6.
38 Vgl. BRDrucks. 829/03, S. 39. Krit. dagegen Meyer-Goßner/*Schmitt* 6 (überflüssig); KMR/*Nepomuck* 7; AnwK-*Krekeler* 4.
39 *Eb. Schmidt* 7; Meyer-Goßner/*Schmitt* 6; AK/*Schöch* 7.
40 *Ferber/Weinert* 208.
41 BGHSt **3** 210; allg. M.
42 Krit. hiergegen *Köckerbauer* (Adhäsionsverfahren) 208; NStZ **1994** 310.
43 BGHSt **50** 370.
44 BGHSt **52** 96.
45 BGH StV **2019** 437.
46 BGHSt **52** 96; BGH StV **2019** 437.
47 S. auch BGHSt **52** 101.
48 BGH NStZ-RR **2018** 24; StV **2019** 437.

nimmt oder nach Zurückweisung des strafrechtlichen Teils dem Tatgericht zuweist, bedarf der Wertung im Einzelfall.[49]

21 Hat der Angeklagte z.B. sein Rechtsmittel auf den strafrechtlichen Teil des Urteils beschränkt (Rn. 13) oder handelt es sich um ein Rechtsmittel des Staatsanwalts, Privat- oder Nebenklägers, das ja ohnehin nur in dieser Beschränkung zulässig ist (Rn. 17), so führt die **Aufhebung des strafrechtlichen Teils** in der Berufungs- oder Revisionsinstanz zur Aufhebung auch des zivilrechtlichen, wenn der Angeklagte wegen der Straftat, die Basis des Adhäsionsantrags ist, nicht schuldig gesprochen und auch keine Maßregel der Besserung oder Sicherung gegen ihn angeordnet wird.[50] Diese Voraussetzung muss feststehen. Deshalb führt die **Aufhebung und Zurückverweisung** durch das Revisionsgericht noch nicht zur Aufhebung des zivilrechtlichen Teils, sondern erst das **endgültige tatgerichtliche Sachurteil**, wenn es weder einen Schuldspruch noch eine Maßregel ausspricht.[51] Denkbar sind Freispruch oder Einstellung. Eine bloße Änderung des Schuld- und Strafausspruchs berührt die zivilrechtliche Entscheidung nicht,[52] wenn es grundsätzlich bei einem Schuldspruch wegen der Tat bleibt, aus der der Anspruch folgt.[53] Dies gilt auch für ein Grund- oder Teilurteil.[54]

22 Die Adhäsionsentscheidung wird grundsätzlich nicht auch insoweit aufgehoben, als sie sich gegen einen nichtrevidenten Mitangeklagten richtet (**§ 357**; s. § 406, 63).

23 Nicht zulässig dürfte es sein, über den Wortlaut von Absatz 3 hinaus den zivilrechtlichen Teil auch dann aufzuheben, wenn das Rechtsmittelgericht die Unterbringung in einem psychiatrischen Krankenhaus (§ 63 StGB) wegen **Schuldunfähigkeit infolge seelischer Störungen** (§ 20 StGB) von sich aus angeordnet hat, weil alsdann über den Zivilanspruch erneut zu befinden wäre. Es mag zwar sein, dass eine solche Handhabung aus zivilrechtlichen Erwägungen zweckmäßig sein könnte. Indessen ist sie mit der Vorschrift nicht vereinbar.[55] Denn der Fall der Schuldunfähigkeit wegen seelischer Störungen (§ 20 StGB) ist der einzige, in dem eine Maßregel der Besserung und Sicherung überhaupt ohne Schuldspruch möglich ist. In allen anderen Fällen können Maßregeln der Besserung oder Sicherung nur neben der Strafe verhängt werden. Die besondere Erwähnung der Maßregeln in Absatz 3 hat also gerade nur für den Fall der Schuldunfähigkeit wegen seelischer Störungen Bedeutung.

24 Die **Fassung** des Absatzes 3 folgt letztlich aus dem Begriff des Anhangsverfahrens, wonach die zivilrechtliche Verurteilung eben nur einer strafrechtlichen „anhängen" und auch in ganz zweifelsfreien und vom Verurteilten vorbehaltlos eingeräumten Fällen **nicht selbständig** bestehen bleiben soll. Sie ist deshalb eng auszulegen. Die Möglichkeit, dass es nach Absatz 3 noch zur Aufhebung der nicht angefochtenen zivilrechtlichen Verurteilung kommt, ändert deshalb nichts an deren Rechtskraft (vgl. Rn. 9). Denn sie gibt dem Rechtsmittelgericht nicht die Befugnis, etwa die zivilrechtliche Subsumtion nachzuprüfen.

25 Unabhängig von Absatz 3 ist selbst dann, wenn der Schuldspruch erhalten bleibt, die **Adhäsionsentscheidung** schon durch das Rechtsmittelgericht aufzuheben, falls es möglich ist, dass das Tatgericht Jugendstrafrecht wird anwenden müssen und danach das Adhäsionsverfahren unzulässig ist.[56]

---

49 BGH StV **2019** 437.
50 Meyer-Goßner/*Schmitt* 15.
51 BGHSt **3** 210; BGH NJW **2006** 1890; BGH NJW **2008** 1239; BGH StV **2019** 437; allg. M.
52 Meyer-Goßner/*Schmitt* 8.
53 HK/*Pollähne* 4.
54 Vgl. auch *Köckerbauer* NStZ **1994** 310.
55 Vgl. AK/*Schöch* 9; KMR/*Nepumuck* 8.
56 BGH NStZ **1991** 235. AK/*Schöch* 11; vgl. auch *Köckerbauer* NStZ **1994** 306.

§ 406b
Vollstreckung

[1]Die Vollstreckung richtet sich nach den Vorschriften, die für die Vollstreckung von Urteilen und Prozeßvergleichen in bürgerlichen Rechtsstreitigkeiten gelten. [2]Für das Verfahren nach den §§ 323, 731, 767, 768, 887 bis 890 der Zivilprozeßordnung ist das Gericht der bürgerlichen Rechtspflege zuständig, in dessen Bezirk das Strafgericht des ersten Rechtszuges seinen Sitz hat. [3]Einwendungen, die den im Urteil festgestellten Anspruch selbst betreffen, sind nur insoweit zulässig, als die Gründe, auf denen sie beruhen, nach Schluß der Hauptverhandlung des ersten Rechtszuges und, wenn das Berufungsgericht entschieden hat, nach Schluss der Hauptverhandlung im Berufungsrechtszug entstanden sind.

Schrifttum

Effer-Uhe Rechtsschutz im Adhäsionsverfahren und nach dessen Abschluss unter besonderer Berücksichtigung zivilprozessualer Rechtsbehelfe. StV **2015** 515.

Entstehungsgeschichte

Die Vorschrift ist seit ihrer Einfügung im Jahre 1943 (Entstehungsgeschichte Vor § 403) inhaltlich kaum verändert worden. Durch Art. 3 Nr. 174 VereinhG ist in Satz 2 das Wort „Reichszivilprozessordnung" durch „Zivilprozessordnung" ersetzt worden. Durch Art. 1 Nr. 18 des OpferRRG wurde a) in Satz 1 „und Prozessvergleichen", b) in Satz 2 „§ 323" und c) in Satz 3 „im Urteil festgestellten" eingefügt; a) und c) sind Folgeänderungen zu den Änderungen in § 405, die Einfügung gemäß c) ist klarstellend. Die Überschrift wurde eingeführt durch Art. 1 Nr. 13 des Gesetzes zur Stärkung des Rechts des Angeklagten auf Vertretung in der Berufungsverhandlung und über die Anerkennung von Abwesenheitsentscheidungen in der Rechtshilfe vom 17.7.2015 (BGBl. I 1332).

Übersicht

1. Zwangsvollstreckung. Die **Zwangsvollstreckung** aus dem zivilrechtlichen Teil des Urteils, aus Beschlüssen (s. § 406 Abs. 2 Satz 3) oder aus einem Vergleich gemäß § 405 bestimmt sich nach zivilprozessualen Maßgaben. Es bedarf stets einer vollstreckbaren Ausfertigung (§ 724 Abs. 1 bzw. – für den Vergleich – §§ 794, 795 ZPO), die der Urkundsbeamte des Strafgerichts (§ 724 Abs. 2, § 795b ZPO) erteilt.[1] Nicht die Erteilung, wohl aber die Zwangsvollstreckung selbst setzt die Zustellung des Urteils voraus. Der Wortlaut der Klausel ergibt sich aus § 725 ZPO.[2] Wegen der vorläufigen **Vollstreckbarkeit** vgl. § 406, 55; wegen der **Rechtskraft** § 406, 62 ff- und § 406a, 9. 1

2. Prozessgericht. Als **Prozessgericht** wird das Strafgericht nur tätig, soweit es sich um Einwendungen oder Anordnungen gegenüber seiner eigenen Geschäftsstelle handelt 2

1 Ebenso KMR/*Nepomuck* 3; Meyer-Goßner/*Schmitt* 1.
2 Zur Anwendbarkeit von § 727 ZPO vgl. (zutreffend) *Köckerbauer* (Adhäsionsverfahren) 206.

https://doi.org/10.1515/9783110275001-043

(§§ 732 bis 734 ZPO).[3] Im Übrigen wird nach Satz 2 das Zivilgericht tätig, das auch für die Abänderungsklage nach § 323 ZPO zuständig ist.

3 **3. Vollstreckungsgericht.** Vollstreckungsgericht ist nur das Zivilgericht.[4]

4 **4. Vollstreckungsgegenklagen.** Vollstreckungsgegenklagen, die sich nur auf einen im **Urteil festgestellten Anspruch** beziehen können, können nur auf Gründe gestützt werden, die nach der letzten Tatsachenverhandlung entstanden sind.[5] Hat das Berufungsgericht die Berufung gegen die zivilrechtliche Verurteilung nach § 406a Abs. 2 Satz 2 durch Beschluss verworfen, so können mit der Vollstreckungsgegenklage Einwendungen geltend gemacht werden, die seit der erstinstanzlichen Verhandlung entstanden sind.[6]

§ 406c
Wiederaufnahme des Verfahrens

(1) [1]Den Antrag auf Wiederaufnahme des Verfahrens kann der Angeklagte darauf beschränken, eine wesentlich andere Entscheidung über den Anspruch herbeizuführen. [2]Das Gericht entscheidet dann ohne Erneuerung der Hauptverhandlung durch Beschluß.

(2) Richtet sich der Antrag auf Wiederaufnahme des Verfahrens nur gegen den strafrechtlichen Teil des Urteils, so gilt § 406a Abs. 3 entsprechend.

Entstehungsgeschichte

Die Vorschrift ist seit ihrer Einfügung im Jahre 1943 (Entstehungsgeschichte Vor § 403) nicht geändert worden.Die Überschrift wurde eingeführt durch Art. 1 Nr. 13 des Gesetzes zur Stärkung des Rechts des Angeklagten auf Vertretung in der Berufungsverhandlung und über die Anerkennung von Abwesenheitsentscheidungen in der Rechtshilfe vom 17.7.2015 (BGBl. I 1332).

Übersicht

1 **1. Voraussetzungen.** Die **Voraussetzungen** der Wiederaufnahme und das Verfahren richten sich nach §§ 359 ff., nicht nach der Zivilprozessordnung. Auch § 360 Abs. 2 ist anwendbar.

2 **2. Wesentlich andere Entscheidung.** Eine **wesentlich andere Entscheidung** (Absatz 1 Satz 1) muss das Ziel der Wiederaufnahme sein. Diese Umschreibung ist aus § 359 Nr. 5 hierher übernommen; in dem dortigen Zusammenhang ist sie allerdings weniger unbestimmt. Was eine „wesentlich" andere Entscheidung ist, wird sich vielfach nach

---

3 Vgl. auch Meyer-Goßner/*Schmitt* 1 f.; KMR/*Nepomuck* 3; *Effer-Uhe* StV **2015** 512 f.
4 KMR/*Nepomuck* 4.
5 Ebenso KMR/*Nepomuck* 6.
6 Meyer-Goßner/*Schmitt* 3.

https://doi.org/10.1515/9783110275001-044

dem Ermessen des Richters beurteilen. Eine Teilung des bisher ungeteilt zuerkannten Anspruchs (wegen Mitverschuldens des Verletzten) wird danach regelmäßig als wesentlich anerkannt werden müssen; gleiches gilt für eine erhebliche Änderung einer Ermessensentscheidung (Schmerzensgeld).[1] Bloße Abweichungen in der Begründung werden dagegen niemals als wesentlich in diesem Sinne gelten können. Hat der Angeklagte die Wiederaufnahme darauf beschränkt, eine wesentlich andere Entscheidung herbeizuführen, entscheidet das Gericht ohne Erneuerung der Hauptverhandlung durch Beschluss (Absatz 1 Satz 2).

3. Absehen von einer Entscheidung. Auch im Wiederaufnahmeverfahren kann **nichts aberkannt**, sondern nur nach § 406 von einer Entscheidung abgesehen werden. 3

4. Nur der Angeklagte kann hinsichtlich des Zivilrechtsteils Wiederaufnahme beantragen. Staatsanwalt, Privat- und Nebenkläger als solche sind insoweit nicht beteiligt; der Antragsteller ist auf den Weg der Zivilklage angewiesen. 4

5. Wiederaufnahme. Wird **Wiederaufnahme** nur bzgl. des strafrechtlichen Teils des Urteils beantragt, so gilt § 406a Abs. 3 entsprechend.[2] Der zivilrechtliche Teil der Entscheidung muss also aufgehoben werden, wenn im Wiederaufnahmeverfahren der Schuldspruch wegen derjenigen Straftat entfällt, die den zivilrechtlichen Anspruch ausgelöst hat, und auch keine Maßregel gegen den Angeklagten angeordnet wird (§ 406a, 14 ff.). 5

1 Meyer-Goßner/*Schmitt* 2; KMR/*Nepumuck* 2.
2 KMR/*Nepumuck* 3.

FÜNFTER ABSCHNITT
Sonstige Befugnisse des Verletzten

Vorbemerkungen

Schrifttum

Asholt Die Akteneinsicht gem. § 406e StPO zwecks Vorbereitung einer Zivilklage gegen eine juristische Person (§ 406e StPO), ZStW 126 (**2014**) 925; *Barton/Kölbel* Opferanwälte im Strafverfahren (2010); *Baumhöfener* Informationsrechte der Nebenklage – Gefährdung des Grundsatzes der Wahrheitsermittlung, StraFo **2012** 2; *Baumhöfener/Daber/Wenske* Die Aktenkenntnis des Verletzten in der Konstellation Aussage-gegen-Aussage, NStZ **2017** 562; *Blum* Gerichtliche Zeugenbetreuung im Zeichen des Opferschutzes (2005); *Bock* Einige europarechtlich inspirierte Regelungen zur psychosozialen Prozessbegleitung, FS Eisenberg **2019**, S. 363; *Böttcher* Unterlassener Hinweis auf die Nebenklagebefugnis – folgenlos?, FS Widmaier (2008) S. 81; *Böttcher/Mayer* Änderungen des Strafverfahrensrechts durch das Entlastungsgesetz, NStZ **1993** 153; *Briel* Die Bedeutung des Steuergeheimnisses für das Akteneinsichtsrecht nach § 406e StPO, wistra **2002** 213; *Eisenberg* Noch mehr im Jugendstrafverfahren (nicht auf Seiten des Beschuldigten) anwesende Erwachsene – Die neue Regelung der Psychosozialen Prozessbegleitung, ZJJ **2016**, 33; *Endler* Die Doppelstellung des Opferzeugen (2019); *Fastie* Opferschutz im Strafverfahren **2017**; *Feiter* Die Bedeutung des Rechtsschutzes nach §§ 23 ff. EGGVG für den Bereich der Strafrechtspflege (1992); *Ferber* Stärkung der Opferrechte im Strafverfahren – Das 3. Opferrechtsreformgesetz, NJW **2016**, 279; *Füllkrug* Kindesmißhandlung und sexueller Mißbrauch von Minderjährigen, Kriminalistik **1989** 271; *Gelber/Walter* Probleme des Opferschutzes gegenüber dem inhaftierten Täter, NStZ **2013** 75; *Grandel* Die Strafakteneinsicht durch Verletzte und nichtverfahrensbeteiligte Dritte im Lichte des Rechts auf informationelle Selbstbestimmung, Diss. Augsburg 1989; *Groß* Leges inseriae, Hanack-Symp. (1991) 7; *Groß/Fünfsinn* Datenweitergabe im strafrechtlichen Ermittlungsverfahren, NStZ **1992** 105; *Herrmann* Die Entwicklung des Opferschutzes im deutschen Strafrecht und Strafprozessrecht – Eine unendliche Geschichte, ZIS **2010** 226; *Hilger* Zur Akteneinsicht Dritter in von Strafverfolgungsbehörden sichergestellte Unterlagen, NStZ **1984** 541; *Hohoff* Aktuelle Fragen der aussagepsychologischen Begutachtung von Opferzeugen in Strafverfahren, NStZ **2020** 387; *Kett-Straub* Wieviel Opferschutz verträgt das Strafverfahren, ZIS **2017** 341; *Kiethe* Zum Akteneinsichtsrecht des Verletzten (§ 406e StPO), wistra **2006** 50; *Kilching* Opferschutz innerhalb und außerhalb des Strafrechts (2018); *Koch* Zum Akteneinsichtsrecht Privater nach § 475 StPO, FS Hamm 289; *Krause* Das Akteneinsichtsrecht (§ 406e StPO) von Kapitalanlegern in Strafverfahren wegen verbotener Markmanipulation (§§ 38 Abs. 2, 20a WpHG), FS Widmaier (2008) 639; *Kümmel* Das Akteneinsichtsrecht des Verletzten nach § 406e StPO und das Steuergeheimnis nach § 30 AO – ein in Korruptionsverfahren unauflösliches Spannungsverhältnis? wistra **2014** 124; *Lauterwein* Akteneinsicht und -auskünfte für den Verletzten, Privatpersonen und sonstige Stellen §§ 406e und 475 StPO (2011); ders. Akteneinsicht für den Verletzten – Theorie, Praxis und Reform, in 7. Symposium Junger Strafrechtlerinnen und Strafrechtlicher – Verletze im Strafverfahren (2020) S. 167; *Lorenzen* Legalitätsprinzip und Opportunitätsprinzip, FS 125-jähriges Bestehen der Staatsanwaltschaft Schleswig-Holstein (1992) S. 541; *Lüderssen* Das Recht des Verletzten auf Einsicht in beschlagnahmte Akten, NStZ **1987** 249; *Lyndian* Opferbelange und psychosoziale Prozessbegleitung StraFo **2018** 6; *Meister* Die Versagung der Akteneinsicht des Verletzten, § 406e Abs. 2 StPO (2011); *Meyer-Goßner* Änderungen der Strafprozessordnung durch das Rechtspflegeentlastungsgesetz, NJW **1993** 498; *Neuhaus* Die Psychosoziale Prozessbegleitung nach dem 3. ORRG: Ein verhängnisvoller Irrweg, StV **2017** 55; *Otto* Die Verfolgung zivilrechtlicher Ansprüche als „berechtigtes Interesse" des Verletzten auf Akteneinsicht im Sinne des § 406e Abs. 1 StPO, GA **1989** 289; *Pollähne* Zu viel geopfert!? StV **2016** 671; *Riedel/Wallau* Das Akteneinsichtsrecht des „Verletzten" in Strafsachen – und seine Probleme, NStZ **2003** 393; *Riekenbrauk* Psychosoziale Prozessbegleitung – ein neuer Sozialer Dienst der Justiz, ZJJ **2016** 25; *Safferling* Die Rolle des Opfers im Strafverfahren – Paradigmenwechsel im nationalen und internationalen Recht? ZStW 122 (**2010**) 87; *H. Schäfer* Die Einsicht in Strafakten durch Verfahrensbeteiligte und Dritte, NStZ **1985** 198; *ders.* Die Einsicht in Strafakten durch den Verletzten – Der Konkursverwalter als Verletzter, wistra **1988** 216; *Schlothauer* Das Akteneinsichtsrecht des Verletzten nach dem Opferschutzgesetz vom 18.12.1986 und die Rechte des Beschuldigten, StV **1987** 356; *Schöch* Das Akteneinsichtsrecht des Verletzten bei Sexu-

https://doi.org/10.1515/9783110275001-045

aldelikten FS Streng (2017) 743; *Siegismund/Wickern* Das Gesetz zur Entlastung der Rechtspflege, wistra **1993** 89; *Stahlmann-Liebelt/Gropp* Psychosoziale Prozessbegleitung – vom Pionier in Schleswig-Holstein zum Bundesgesetz, SchlHA **2016** 439; *Steffens* Notwendige Beschränkungen des Akteneinsichtsrechts des Verletzten (§ 406e Abs. 2 StPO), StraFo **2006** 60; *Taschke* Akteneinsicht und Geheimschutz im Strafverfahren, CR **1989** 299, 410; *Tondorf* Grenzen der Verteidigung in Vergewaltigungsprozessen, StV **1988** 500; *Volpert* Die Vergütung der psychosozialen Prozessbegleitung RVGReport **2017** 202; *Wallau* Rechtsschutz gegen die Akteneinsicht des „Verletzten", FS Dahs (2005) 509; *Wannek* Das 3. Opferrechtsreformgesetz – Umsetzung der Opferschutzlinie 2012/29/EU und gesetzliche Verankerung der psychosozialen Prozessbegleitung, jurisPR-StrafR 5/**2016**; *Weigend* Das Opferschutzgesetz – kleine Schritte zu welchem Ziel, NJW **1987** 1170; *Wenske* Der Psychosoziale Prozessbegleiter (§ 406g StPO) – ein Prozessgehilfe sui generis, JR **2017** 457; *Wenske* Weiterer Ausbau der Verletztenrechte? NStZ **2008** 434; *Zapf* Opferschutz und Erziehungsgedanke im Jugendstrafverfahren (2012); weiteres Schrifttum in den Vorbemerkungen zum Fünften Buch; Vor § 374; bei § 374; Vor § 395; bei § 395 sowie Vor § 403.

Entstehungsgeschichte

Der Abschnitt (§§ 406d bis 406l) des Fünften Buches ist ursprünglich als vierter Abschnitt durch das OpferschutzG in die StPO eingefügt worden und durch Art. 1 Nr. 51 des Gesetzes zur Fortentwicklung der Strafprozessordnung und zur Änderung weiterer Vorschriften vom 25.6.2021 umbenannt worden in den fünften Abschnitt. Zu Einzelheiten der Entstehungsgeschichte vgl. die Vorbemerkungen zum Fünften Buch. Durch Art. 2 Nr. 8 **RpflEntlG** wurde § 406d Abs. 3 gestrichen, § 406h durch Art. 2 Nr. 9 dieses Gesetzes neu gefasst und durch Art. 1 Nr. 9 ZSchG ergänzt. Durch Art. 1 Nr. 12a bis 12d des **StVÄG** 1999 wurden § 406e Abs. 3 bis 5 geändert und § 406e Abs. 6 angefügt. Durch Art. 1 Nr. 19 bis 22 **OpferRRG** wurden § 406d, § 406f Abs. 3, § 406g Abs. 1 und § 406h neu gefasst. Durch Art. 2 Nr. 1 des Gesetzes zur Reform der Führungsaufsicht wurde § 406d Abs. 2 neu gefasst. S. im Übrigen die Entstehungsgeschichte bei den einzelnen Vorschriften.[1]

Übersicht

1. Allgemeine Bedeutung der Vorschriften

1 **a) Allgemeines.** Das Strafverfahrensrecht enthielt bis Anfang 1987 – abgesehen von der Nebenklage und wenigen Sonderregelungen – keine formelle Beteiligung des Verletzten am Verfahren, insbesondere keine Beteiligung vor Erhebung der öffentlichen Klage. Die nicht zur Nebenklage Befugten, also der überwiegende Teil der Verletzten, waren in dieser Eigenschaft – abgesehen z.B. vom Klageerzwingungsverfahren – ohne Verfahrensbefugnisse.[2] Nach der neuen Konzeption in Folge des OpferschutzG, dessen Regelungen in die systematischen und dogmatischen Strukturen der StPO unter Aufrechterhaltung der gewachsenen Beteiligungsbefugnisse des Verletzten (insbes. §§ 172 ff., 395 ff.) eingefügt sind, ist nunmehr in einem abgestuften Beteiligungssystem grundsätz-

1 Zu Reformvorschlägen vgl. bei den einzelnen Vorschriften.
2 Vgl. dazu *Rieß* Jura **1987** 289 ff.

lich zwischen **zwei Gruppen von Verletzten und Verletztenbefugnissen** zu unterscheiden:

a) Verletzte (§ 373b) allgemein, denen ein Grundbestand an Befugnissen zusteht (5. Buch, 5. Abschnitt: §§ 406d bis 406l – ausgenommen § 406e Abs. 1 Satz 2, § 406g Abs. 3 und § 406h);

b) privilegierte Verletzte, denen die Nebenklagebefugnis (§§ 395 ff.) einschließlich besonderer Rechte schon im Ermittlungsverfahren (§ 406e Abs. 1 Satz 2, § 406g Abs. 3 und § 406h) gewährt wird (Vor § 395, 9).

2 Durch die Bestimmungen im 5. Abschnitt des 5. Buches **(§§ 406d bis 406l)** werden die **allgemeinen Befugnisse des Verletzten**, die ihm neben seinen speziellen Rechten[3] zustehen, zusammenfassend geregelt:

- Informationen über das Verfahren (§ 406d),
- Akteneinsicht (§ 406e),
- Verletztenbeistand, Vertrauensperson, Mitwirkungsbefugnisse im Verfahren, Prozesskostenhilfe (§§ 406f, 406h),
- Psychosoziale Prozessbegleitung (§ 406g),
- Information über die genannten Befugnisse, über das Recht zur Nebenklage (§ 395), die Befugnis, die Bestellung oder Hinzuziehung eines Rechtsanwalts als Beistand (§ 397a) zu beantragen, zum Adhäsionsverfahren (§ 403) und über die Hilfsmöglichkeit durch Opferhilfeeinrichtungen (§§ 406i, 406j, 406k, 406l)

3 Summe und Standort der Befugnisse machen deutlich, dass **der Verletzte** nach dem Willen des Gesetzgebers in Zukunft **ein selbständiges Prozesssubjekt** im weiteren Sinne sein soll, das seine berechtigten Interessen im Verfahren wahrnehmen und – soweit angebracht – dazu gestaltend auf das Verfahren einwirken kann,[4] und zwar auch dann, wenn der Verletzte nicht zur Nebenklage berechtigt ist oder zwar hierzu befugt ist, aber nicht beabsichtigt, diese Befugnis im Hauptverfahren wahrzunehmen (Rn. 5).[5]

4 **Ziel der Bestimmungen** ist, dem durch eine rechtswidrige Tat Verletzten (s. § 373b) eine mit den Zwecken des Strafprozesses zu vereinbarende, die Wahrheitsfindung und die Verteidigungsmöglichkeiten des Beschuldigten nicht beeinträchtigende, verfahrensrechtlich gesicherte Rechtsposition, insbesondere Beteiligungsbefugnis zu verschaffen, die seinem Schutz und der Wahrnehmung seiner Interessen dient und es ihm – nach seiner eigenen, freien Entscheidung – erlaubt und ermöglicht, seine Interessen im Verfahren darzustellen, zu vertreten und zu verteidigen, und ihm Möglichkeiten zur Abwehr von Verantwortungszuweisungen einräumt. Dazu gehört auch die Verbesserung der zu seinem Schutz, namentlich der Vorbeugung gegen Gefährdungen, sowie der zur Interessen- und Rechtswahrnehmung erforderlichen Informationsmöglichkeiten und das Recht zur Hinzuziehung eines fachkundigen Beistandes.[6]

5 Die Bestimmungen ermöglichen damit insbesondere einen **Schutz** solcher **Verletzter**, für die das Verfahren eine besondere Belastung sein kann, etwa von Kindern, die misshandelt oder missbraucht worden sein sollen, oder von älteren Menschen, damit sie durch die Verfahren nicht (erneut) belastet werden, insbesondere nicht **Sekundärverletzungen** erleiden durch das legitime Bemühen aller Verfahrensbeteiligten um

---

3 Privatklage, Nebenklage, Klageerzwingung, Adhäsionsverfahren.

4 *Rieß/Hilger* NStZ **1987** 155; *Jung* JuS **1987** 158; *Dölling* FS Jung 77.

5 LG Baden/Baden NStZ-RR **2000** 52.

6 Vgl. *Ferber* NJW **2004** 2563; *Neuhaus* StV **2004** 620; *Rieß* Jura **1987** 281 ff.; *Böttcher* JR **1987** 133 ff.; *Rieß/Hilger* NStZ **1987** 153 ff.; krit. insbes. *Weigend* NJW **1987** 1173; *Kempf* StV **1987** 215 ff.; *Müller* DRiZ **1987** 469 ff.; *Schünemann* NStZ **1986** 193 ff., 443; *Schlothauer* StV **1987** 356 ff.; *Schaal/Eisenberg* NStZ **1988** 51.

Wahrheitsfindung (s. § 395, 54 ff.). Es ist Aufgabe einer rechtsstaatlichen Justiz, im Verfahren auf einen angemessenen Opferschutz unter gleichzeitiger Berücksichtigung der legitimen Interessen der Verteidigung zu achten.[7] Aber in erster Linie hat der Verletzte selbst für die Wahrnehmung seiner Befugnisse zu sorgen. Er hat z.B. über seinen Beistand klären zu lassen, ob es zweckmäßig ist, von einem ihm ggf. zustehenden Zeugnisverweigerungsrecht Gebrauch zu machen. Der Verletztenbeistand kann auf eine kommissarische Vernehmung des Verletzten (§ 223) und Verlesung der Aussage (§ 251) in der Hauptverhandlung hinwirken, ebenso auf die Beachtung von § 241a, die Entfernung des Angeklagten aus der Hauptverhandlung (§ 247) und den Ausschluss der Öffentlichkeit (§§ 171b, 172 GVG). Der Verletztenbeistand kann außerdem darauf hinwirken, dass der Verletzte möglichst wenig und möglichst schonend (vgl. §§ 238 Abs. 2, 242) vernommen wird, auch dass Beweise im Ermittlungsverfahren möglichst optimal erhoben und gesichert werden, damit der Verletzte nicht alleiniges oder Haupt-Beweismittel des Verfahrens ist; er kann namentlich um eine Nutzung der Vorschriften zur Bild-Ton-Aufzeichnung oder -Übertragung der Vernehmung (§§ 58a, 168e, 247a, 255a) bemüht sein. Schließlich kann er in geeigneten Fällen auf die Erhebung der Anklage vor der Strafkammer hinwirken (vgl. § 74 Abs. 1 Satz 2, letzte Alt. GVG), damit der Vorwurf zur **Schonung des Verletzten** in nur einer Tatsacheninstanz geklärt wird.

b) Verhältnis zum Recht der Nebenklage. Aus dem Vorgesagten folgt, dass die allgemeinen Befugnisse des Verletzten nach den §§ 406d ff. nur zum Teil im Zusammenhang mit dem Recht der Nebenklage stehen. Die §§ 406d ff. und die §§ 395 ff. stehen nebeneinander und ergänzen sich, jedoch sind die §§ 395 ff. vorrangig anwendbar, wenn der Verletzte sich als Nebenkläger am Verfahren beteiligt (s. aber § 406h, 26). Die Mehrzahl der Befugnisse nach den §§ 406d ff. steht grundsätzlich allen Verletzten, also auch dem Nebenklageberechtigten zu, ein Teil (§ 406e Abs. 1 Satz 2, § 406g Abs. 3 und § 406h) nur dem Nebenklageberechtigten. Die Wahrnehmung dieser Befugnisse hängt nicht davon ab, ob ein Nebenklagebefugter später als Nebenkläger zugelassen wird. Ein Nebenklagebefugter kann Rechte aus § 406f wahrnehmen, obwohl ihm weitergehende nach § 406h zustehen würden, und er kann im Ermittlungsverfahren Rechte aus § 406h wahrnehmen, sich im Hauptverfahren jedoch – unter Verzicht auf eine Zulassung als Nebenkläger – mit den Befugnissen aus § 406f begnügen. 6

c) Vorrang des JGG. Nach § 2 JGG gilt die StPO im Jugendstrafverfahren, soweit im JGG nichts anderes bestimmt ist bzw. soweit die Vorschriften der StPO nicht den Grundsätzen des JGG widersprechen. Dies bedeutet, dass im Verfahren gegen Jugendliche § 406e Abs. 1 Satz 2 und § 406h (insoweit auch § 406i) jedenfalls gelten, **soweit** die hier geregelten Befugnisse in engem Zusammenhang mit der Nebenklage stehen, ggf. deren Vorbereitung dienen sollen, und diese im Verfahren gegen Jugendliche (eingeschränkt) zulässig ist (vgl. § 80 Abs. 3 JGG).[8] Auch im Verfahren gegen Heranwachsende dürften die genannten Vorschriften grundsätzlich anwendbar sein. Des weiteren dürften die §§ 406d bis 406f, § 406i in Verfahren gegen Jugendliche und Heranwachsende grundsätzlich anwendbar sein, auch wenn nicht zu verkennen ist, dass die Anwendung der Vorschriften im Einzelfall zu Reibungen mit einer am Erziehungsgedanken orientierten Gestaltung dieses Verfahrens (gegen Jugendliche) führen kann. Deshalb wird gerade in Jugendstrafverfahren sehr sorgfältig zu prüfen sein, ob nicht die Akteneinsicht versagt 7

---

7 S. auch BGH NStZ **2005** 579; JR **2006** 297 mit Anm. *Cirener/Sander* und *Erb* JR **2006** 526; HRRS **2005** Nr. 367.

8 Vgl. dazu die Kommentare zum JGG; s. auch KG StraFo **2006** 460.

(§ 406e Abs. 2) oder wenigstens beschränkt werden muss.[9] § 48 Abs. 2 Satz 1 JGG bleibt unberührt.[10]

8 **d) Sicherungsverfahren.** Die Bestimmungen sind auch im Sicherungsverfahren (§§ 413 ff.) anwendbar. Zu Einzelheiten s. die Erl. zu §§ 413 ff.

9 **2. Begriff des Verletzten. Zum Begriff des Verletzten** wird grundsätzlich auf die Erl. zu § 373b verwiesen.

10 **3. Kritik.** Die Vorschriften des 5. Abschnitts waren Gegenstand heftiger Kritik, im Wesentlichen, sie seien – namentlich aus der Sicht des Verletzten – unzureichend, seien unausgewogen bzw. geeignet, die „Chancengleichheit" zu Lasten des Beschuldigten zu beeinträchtigen.[11] Diese Kritik ist weitgehend abgeklungen.[12] Dies mag daran liegen, dass einerseits die Vorschriften durch weitere Gesetzesänderungen erheblich zu Gunsten des Verletzten geändert worden sind und andererseits die Rechtsprechung, soweit erkennbar, keine wirklich schwerwiegenden Mängel, insbesondere **keine schwerwiegenden Beeinträchtigungen** der Verteidigungsmöglichkeiten von Beschuldigten aufgedeckt hat.[13] Hervozuheben ist an dieser Stelle der überwiegend besonders sensible Umgang der Gerichte und Staatsanwaltschaften mit der Akteneinsicht im Spannungsfeld zur Wahrheitsermittlung (vgl. § 406e, 6, 26).[14]

§ 406d
Auskunft über den Stand des Verfahrens

(1) [1]Dem Verletzten ist, soweit es ihn betrifft, auf Antrag mitzuteilen:
1. **die Einstellung des Verfahrens,**
2. **der Ort und Zeitpunkt der Hauptverhandlung sowie die gegen den Angeklagten erhobenen Beschuldigungen,**
3. **der Ausgang des gerichtlichen Verfahrens.**

[2]Ist der Verletzte der deutschen Sprache nicht mächtig, so werden ihm auf Antrag Ort und Zeitpunkt der Hauptverhandlung in einer ihm verständlichen Sprache mitgeteilt.

(2) [1]Dem Verletzten ist auf Antrag mitzuteilen, ob
1. **dem Verurteilten die Weisung erteilt worden ist, zu dem Verletzten keinen Kontakt aufzunehmen oder mit ihm nicht zu verkehren;**
2. **freiheitsentziehende Maßnahmen gegen den Beschuldigten oder den Verurteilten angeordnet oder beendet oder ob erstmalig Vollzugslockerungen oder Urlaub gewährt werden, wenn er ein berechtigtes Interesse darlegt und kein überwiegendes schutzwürdiges Interesse der betroffenen Person am Ausschluss der Mitteilung vorliegt; in den in § 395 Absatz 1 Nummer 1 bis 5 genannten Fällen sowie in den Fällen des § 395 Absatz 3, in denen der Verletzte**

9 Zu Einzelheiten des Streitstandes bzgl. dieser Problematik vgl. die Kommentare zum JGG.
10 KG StraFo **2006** 460.
11 Zu Einzelheiten und Nachweisen s. die 25. Auflage sowie bei den einzelnen Vorschriften.
12 S. aber *Neuhaus* StV **2004** 622; *Walther* GA **2007** 615; *Schünemann* FS Hamm 691; *Wenske* NStZ **2008** 434.
13 Vgl. auch AK/*Schöch* Vor § 406d, 12 ff., 20; *Dölling* FS Jung 77.
14 Vgl. nur BVerfG NJW **2021** 3654.

https://doi.org/10.1515/9783110275001-046

zur Nebenklage zugelassen wurde, bedarf es der Darlegung eines berechtigten Interesses nicht;

3. der Beschuldigte oder Verurteilte sich einer freiheitsentziehenden Maßnahme durch Flucht entzogen hat und welche Maßnahmen zum Schutz des Verletzten deswegen gegebenenfalls getroffen worden sind;

4. dem Verurteilten erneut Vollzugslockerung oder Urlaub gewährt wird, wenn dafür ein berechtigtes Interesse dargelegt oder ersichtlich ist und kein überwiegendes schutzwürdiges Interesse des Verurteilten am Ausschluss der Mitteilung vorliegt.

[2]Die Mitteilung erfolgt durch die Stelle, welche die Entscheidung gegenüber dem Beschuldigten oder Verurteilten getroffen hat; in den Fällen des Satzes 1 Nummer 3 erfolgt die Mitteilung durch die zuständige Staatsanwaltschaft.

(3) [1]Der Verletzte ist über die Informationsrechte aus Absatz 2 Satz 1 nach der Urteilsverkündung oder Einstellung des Verfahrens zu belehren. [2]Über die Informationsrechte aus Absatz 2 Satz 1 Nummer 2 und 3 ist der Verletzte zudem bei Anzeigeerstattung zu belehren, wenn die Anordnung von Untersuchungshaft gegen den Beschuldigten zu erwarten ist.

(4) [1]Mitteilungen können unterbleiben, sofern sie nicht unter einer Anschrift möglich sind, die der Verletzte angegeben hat. [2]Hat der Verletzte einen Rechtsanwalt als Beistand gewählt, ist ihm ein solcher beigeordnet worden oder wird er durch einen solchen vertreten, so gilt § 145a entsprechend.

Schrifttum

Endler Zur Doppelstellung des Opferzeugen (2019); *Ferber,* Stärkung der Opferrechte im Strafverfahren – Das 3. Opferrechtsreformgesetz, NJW **2016**, 279; *Gelber/Walter* Probleme des Opferschutzes gegenüber dem inhaftierten Täter, NStZ **2013** 75; *Wannek*, Das 3. Opferschutzreformgesetz – Umsetzung der Opferschutzrichtlinie und gesetzliche Verankerung der psychosozialen Prozessbegleitung, jurisPK-StrafR 5/**2016** Anm. 1; *Zapf* Opferschutz und Erziehungsgedanke im Jugendstrafverfahren (2012).

Entstehungsgeschichte

Die Vorschrift wurde durch Art. 1 Nr. 15 **OpferschutzG** eingefügt. Durch Art. 2 Nr. 8 **RPflEntlG** wurde Absatz 3 gestrichen und durch Art. 2 Nr. 9 die Belehrung über die Befugnisse des Verletzten als Soll-Regelung in den neu gefassten § 406h übernommen.

Die Vorschrift erhielt ihre jetzige Fassung weitgehend durch Art. 1 Nr. 19 **OpferRRG**; in Absatz 1 wurde die Einstellung des Verfahrens eingefügt, der bisherige Absatz 2 wurde Absatz 3 und als neuer Absatz 2 wurde der Inhalt des jetzigen Absatzes 2 Nr. 2 eingefügt. Durch Art. 2 Nr. 1 des Gesetzes zur Reform der Führungsaufsicht wurde Absatz 2 durch Einfügen der Nr. 1 ergänzt[1] und durch Art. 1 Nr. 28 des Gesetzes zur Stärkung der Rechte von Verletzten und Zeugen im Strafverfahren (2. Opferrechtsreformgesetz – **2. OpferRRG**)[2] in ihrem Absatz 2 Nr. 2 dahin geändert, dass die Wörter „§ 395 Abs. 1 Nr. 1 Buchstabe a, c, und d und Nr. 2 genannten Fällen" durch die Wörter „§ 395 Abs. 1 Nummer 1 bis 5 genannten Fällen sowie in den Fällen des § 395 Abs. 3, in denen der Verletzte

1 Der Entwurf der BReg. eines 2. OpferRRG (BRDrucks. 178/09) enthält eine Folgeänderung (Art. 1 Nr. 25) zum Änderungsvorschlag bzgl. § 395 (s. dort).

2 BGBl. I S. 2280.

zur Nebenklage zugelassen wurde“ ersetzt wurden.[3] Ferner wurde in Absatz 2 eine Nr. 3 durch Art. 1 Nr. 8 des Gesetzes zur Stärkung der Rechte von Opfern sexuellen Missbrauchs (**StORMG**)[4] angefügt.

Durch Art. 1 Nr. 11 des Gesetzes zur Stärkung der Opferrechte im Strafverfahren (3. Opferrechtsreformgesetz vom 21.12.2015 – **3. OpferRRG**)[5] wurde Absatz 1 zum besseren Verständnis[6] neugefasst, in dessen Satz 1 die beiden früheren Mitteilungspflichten um die Anordnung aus der neueingefügten Nummer 2 sowie der Absatz um den Satz 2 ergänzt. Auch Absatz 2 wurde durch das 3. OpferRRG der Absatz 2 neugefasst. In dessen Satz 1 wurde nach der Nummer 2 die Nummer 3 eingefügt; die bisherige Nummer 3 wurde Nummer 4; ferner wurde Satz 2 angefügt und nach Absatz 2 der Absatz 3 angefügt, der bisherige Absatz 3 wurde Absatz 4. Die Vorschrift hat ihre Überschrift durch das Gesetz zur Stärkung des Rechts des Angeklagten auf Vertretung in der Berufungs verhandlung und über die Anerkennung von Abwesenheitsentscheidungen in der Rechtshilfe vom 17. Juli 2015 erhalten.[7]

Durch Art. 1 Nr. 16 des Gesetzes zur Umsetzung der Richtlinie (EU) 2016/680 im Strafverfahren sowie zur Anpassung datenschutzrechtlicher Bestimmungen an die Verordnung (EU) 2016/679 vom 20. November 2019[8] wurden in Absatz 2 Satz 1 Nr. 2 die Wörter „des Betroffenen“ durch die Wörter „der betroffenen Person“ ersetzt.

Übersicht

1. Unterrichtung über den Stand des Verfahrens (Absatz 1)
   - a) Allgemeines — 1
   - b) Zeitpunkt und Verfahren — 2
     - aa) Zuständigkeit — 3
     - bb) Verfahren — 6
     - cc) Form — 7
   - c) Sprachunkundige — 8
   - d) Mitteilungspflichten — 9
     - aa) Einstellungen (Nr. 1) — 10
     - bb) Hauptverhandlungstermin (Nr. 2) — 11
     - cc) Verfahrensausgang (Nr. 3) — 12
2. Unterrichtung über freiheitsentziehende Maßnahmen (Absatz 2)
   - a) Allgemeines — 13
   - b) Zuständigkeit — 14
   - c) Verfahren — 15
   - d) Mitteilungspflichten — 16
     - aa) Kontaktverbot (Nr. 1) — 17
     - bb) Freiheitsentziehende Maßnahmen (Nr. 2) — 18
     - cc) Flucht (Nr. 3) — 21
     - dd) Vollzugslockerungen (Nr. 4) — 22
3. Belehrungspflichten (Absatz 3) — 23
4. Entfallen der Unterrichtungspflicht (Absatz 4) — 25
5. Jugendstrafverfahren — 27
6. Fehlerfolgen — 28

1. Unterrichtung über den Stand des Verfahrens (Absatz 1)

1 **a) Allgemeines.** Absatz 1 regelt die antragsgebundene Pflicht zur Mitteilung bestimmter Ereignisse des Verfahrens an den Verletzten (s. Erl. zu § 373b), soweit dieses ihn betrifft. **Zweck der Vorschrift** ist, die Informationsmöglichkeiten der durch die Straftat Verletzten – ohne allzu große Mehrbelastung der Strafjustiz – zu verbessern.[9] Die Rege-

---

3 BTDrucks. **16** 12098 S. 34.
4 BGBl. I S. 1805.
5 BGBl. I S. 2525.
6 BTDrucks. **18** 4621 S. 27.
7 BGBl. I S. 1332.
8 BGBl. I S. 1724.
9 BTDrucks. **10** 5305 S. 17, 29, 33; BTDrucks. **10** 6124 S. 15; vgl. auch *Böttcher* JR **1987** 134 („Mindestinformation“); *Jung* JuS **1987** 158; *Weigend* NJW **1987** 1173; *Iffert-Schmücker* 64 ff.; vgl. auch Vor § 406d, 10.

lung ergänzt § 171.[10] Sie ist geeignet, eine sinnvolle Akteneinsicht (§ 406e) vorzubereiten, kann aber auch dazu beitragen, eine aufwendige Akteneinsicht zu vermeiden (s. Rn. 11, 19; auch § 406e, 1, 19). Ist der Verletzte minderjährig, so sind die Mitteilungen an den gesetzlichen Vertreter zu richten, sowie auch an den Minderjährigen, wenn davon ausgegangen werden kann, dass er sie verstehen wird (vgl. auch § 406i Abs. 3). Die Vorschrift ist im **Jugendstrafverfahren** anwendbar (s. Rn. 27).[11] **Absatz 1** regelt als **zwingende Vorschrift**, dass dem Verletzten, auch dem, der keine Strafanzeige erstattet oder keinen Strafantrag[12] sowie keinen Antrag nach § 171 gestellt hat, **auf Antrag** (s. Rn. 2) die von ihm zu konkretisierenden Informationen mitzuteilen sind, soweit das Verfahren ihn betrifft. Eine Mitteilung von Amts wegen ist nicht verboten, sondern fakultativ. Über diese rechtliche Erwirkungsbefugnis ist der Verletzte – oder sind seine Angehörigen (vgl. § 406l) – nach den Maßgaben der §§ 406i, 406k zu **unterrichten** (vgl. Erl. zu § 406i, § 406k).

b) Zeitpunkt und Verfahren. Für den **Antrag** nach Absatz 1 Satz 1 ist **keine bestimmte Form** vorgesehen; es genügt eine Erklärung, aus der das Interesse deutlich wird, den Verfahrensausgang zu erfahren. Der Antrag kann bei jeder mit dem Strafverfahren befassten Stelle **eingereicht** werden und, etwa bei der Anzeigeerstattung, bei einer Zeugenvernehmung oder bei jeder anderen Gelegenheit – auch nach rechtskräftigem Abschluss des Verfahrens[13] – gestellt und jederzeit wieder zurückgenommen werden. Er **bewirkt** die behördliche Mitteilungspflicht allerdings erst, wenn er die im jeweils aktuellen Abschnitt des Verfahrens zuständige Stelle erreicht, eine der in den Nrn.1 bis 3 benannten Entscheidungen getroffen worden ist und – etwa im Ermittlungsverfahren – zureichend **tragfähige** Anhaltspunkte für eine Straftat vorliegen, die ein namentlich identifizierter Beschuldigter oder aber ein unbekannter Täter zum Nachteil der die Verletztenstellung für sich beanspruchenden Person begangen hat (s. § 373b, 50 ff.).[14] 2

aa) Zuständigkeit. Für die Mitteilungspflichten aus Absatz 1 ist keine ausdrückliche Zuständigkeit geregelt. Insoweit ist **zu differenzieren:** 3

Die Maßgaben von **Absatz 2 Satz 2** sind auf die Nummern 1 und 2 **entsprechend anwendbar**, sodass hiernach für die Mitteilung die Stelle zuständig ist, **welche die Entscheidung getroffen** hat. Insoweit liegt neben einer planwidrigen Regelungslücke auch die notwendige Interessengleicheit vor.[15] Im Ermittlungsverfahren ist für diese Mitteilungsgegenstände also zuständig die **Staatsanwaltschaft** als Herrin dieses Verfahrensabschnitts und – nach Übergang der Verfahrensherrschaft mit Anklageerhebung (§ 199) – im Zwischen- und Hauptverfahren das **Gericht.** Überantwortet ist die Mitteilungspflicht bei der Staatsanwaltschaft dem Rechtspfleger (§ 31 Abs. 2 RpflG). Die gerichtliche Mitteilung ordnet der Vorsitzende an;[16] die Geschäftsstelle hat sie auszuführen (vgl. § 36 Abs. 1). Bei der Polizei eingehende Anträge sind unverzüglich der Staatsanwaltschaft (vgl. § 163 Abs. 2) bzw. dem Gericht zu weiteren Veranlassung zu übersenden. Geht der Antrag erst 4

10 BTDrucks. **10** 5305 S. 17; KMR/*Nepomuck* 1; SSW/*Werner* 1.
11 HK/*Pollähne* 16.
12 Vgl. BTDrucks. **18** 4621 S. 28.
13 Vgl. BTDrucks. **16** 1993 S. 24.
14 Vgl. auch SSW/Werner 2.
15 Vgl. auch HK/*Pollähne* 11; Meyer-Goßner/*Schmitt* 3; MüKo/*Grau* 9; h.M.; unentschieden hingegen KMR/*Nepomuck* 6.
16 Meyer-Goßner/*Schmitt* 3.

nach Abschluss des gerichtlichen Verfahrens ein,[17] trifft die Mitteilungspflicht die Staatsanwaltschaft. Eine Zuständigkeit der **Justizvollzugsanstalt** für Mitteilungen nach Absatz 1 wird schon durch die abschließend normierten Mitteilungsgegenstände nicht begründet.[18]

5 Hingegen kommt eine **analoge Anwendung** der Maßgaben aus Absatz 2 Satz 2 für Absatz 1 Satz 1 **Nr. 3 im Falle eines verurteilenden Erkenntnisses nicht in Betracht.** Die Gegenansicht[19] zieht nicht erkennbar in Erwägung, dass die Verfahrensherrschaft nach Eintritt der Rechtskraft erneut – etwa auch für das Strafvollstreckungsverfahren – auf die Staatsanwaltschaft übergeht. Da aber maßgeblicher Zeitpunkt für die Mitteilung nach Absatz 1 Satz 1 Nr. 3 der Eintritt der Rechtskraft ist (vgl. Rn. 6), entsteht eine solche Mitteilungspflicht über ein verurteilendes Erkenntnis während der Anhängigkeit des Verfahrens für das **Tatgericht** zu keiner Zeit. Wird gegen das Urteil ein Rechtmittel eingelegt, fehlt es für die Mitteilungspflicht am Erfordernis der Rechtskraft. Verzichten hingegen alle zur Anfechtung Berechtigten unmittelbar nach Verkündung auf Rechtsmittel gegen ein verurteilendes Erkenntnis oder wird innerhalb der Rechtsmitteleinlegungsfrist kein Rechtsmittel eingelegt, wird das Urteil zwar rechtskräftig, es geht die Verfahrensherrschaft aber hiermit unmittelbar auf die Staatsanwaltschaft als Vollstreckungsbehörde über (§ 451); die Pflicht zur Urteilsabsetzung ändert hieran nichts (§§ 267, 275). Gleichermaßen kann auch ein **Revisionsgericht** nicht nach Absatz 1 Satz 1 Nr. 3 – sondern allenfalls nach Nrn. 1 und 2 – zur Mitteilung verpflichtet sein. Nur im Falle eines freisprechenden rechtskräftigen Urteils obliegt in entsprechender Anwendung von Absatz 2 Satz 2 die Miteilungspflicht dem Tatgericht.

6 **bb) Verfahren.** Der **Zeitpunkt der Mitteilung** ist die Beschlussfassung (Nr. 2) bzw. der Eintritt der (relativen) Rechtskraft (Nr. 1 und 3).[20] Eine **vorherige Anhörung** des Beschuldigten ist nicht veranlasst; die Auskunfspflicht wird allein auf den Antrag hin ausgelöst, ist also – anders als etwa in Absatz 2 Satz 1 Nr. 2 – nicht an ein zu bestimmendes rechtliches Interesse des Verletzten gebunden und auf die abschließend in Absatz 1 benannten Mitteilungsgegenstände beschränkt.

7 **cc) Form.** Die **Art der Unterrichtung** nach Absatz 1 regelt das Gesetz nicht. Zweckmäßigerweise hat die Mitteilung **schriftlich** zu erfolgen. Wird der Ausgang des gerichtlichen Verfahrens mündlich mitgeteilt, so ist die Erfüllung der Verpflichtung des Gerichts in den Akten durch einen Vermerk zu dokumentieren.[21] Nach Maßgabe des Absatzes 4 Satz 2 kann die Mitteilung auch an einen Verletztenbeistand erfolgen (s. Rn. 26). Dies gilt etwa auch, wenn der Verletzte bei der Urteilsverkündung anwesend war. Dem Verletzten muss nicht unbedingt die jeweilige Entscheidungsformel in ihrem Wortlaut mitgeteilt werden; auch die Begründung der Entscheidung – oder ein Ausschnitt daraus – muss nicht mitgeteilt werden. Mitzuteilen ist vielmehr in einer – je nach Lage des Einzelfalles – für den Verletzten leicht verständlichen Form, mit welchem Ergebnis das gerichtliche Verfahren gegen den Beschuldigten wegen der den Verletzten speziell betreffenden, also seine Rechte verletzenden Tat beendet worden ist.[22]

---

17 Vgl. hierzu BTDrucks. **16** 1995, S. 24.
18 **A.A.** HK/*Pollähne* 11.
19 HK-GS/*Ferber* 6; MüKo/*Grau* 9; HK/*Pollähne* 11.
20 BTDrucks. **10** 5305 S. 17; SK/*Velten/Werkmeister/Greco* 4; HK-GS/*Ferber* 4; Meyer-Goßner/*Schmitt* 1; MüKo/*Grau* 4; KK/*Zabeck* 1; SSW/*Werner* 3.
21 KMR/*Nepomuck* 4; Meyer-Goßner/*Schmitt* 2; SK/ SK/*Velten/Greco/Werkmeister* 11; SSW/*Werner* 7.
22 Vgl. *Rieß/Hilger* NStZ **1987** 155.

c) Sprachunkundige. Nach **Absatz 1 Satz 2** sind dem Verletzten, welcher der **deutschen Sprache** nicht mächtig ist (vgl. §§ 185, 187 Abs. 1 und 4 GVG), auf seinen Antrag hin die vorgenannten Angaben in einer ihm verständlichen Sprache mitzuteilen; ein Anspruch auf **Übersetzung** etwa der Anklageschrift oder aber einer erstatteten Strafanzeige (vgl. aber § 158 Abs. 4) folgt hieraus nicht. 8

d) Mitteilungspflichten. Zu den einzelnen **Mitteilungspflichten** gilt Folgendes: 9

aa) Einstellungen (Nr. 1). Auf Antrag ist die **Einstellung des Verfahrens (Nr. 1)** wegen der den Verletzten betreffenden Tat mitzuteilen. Da es hier – wie der systematische Abgleich mit Nr. 3 erhellt – nicht um den Ausgang des gerichtlichen Verfahrens geht, ist damit die Einstellung des vorgerichtlichen, also des Ermittlungsverfahrens gemeint. Dies sind alle vor Anklageerhebung erfolgenden Einstellungen (Fälle des „Absehens") nach den §§ 153 ff., § 170 Abs. 2. Auch im Interesse einer umfassenden und sachgerechten Information des Verletzten ist eine Verfahrensbeschränkung gemäß § 154a nicht mitteilungspflichtig.[23] Hiergegen spricht bereits der Gesetzeswortlaut; im Übrigen dürften solche – die gesetzlichen Tatbestandsmerkmale überschießenden – Mitteilungen nicht nur mit Blick auf das Persönlichkeitsrecht des Beschuldigten bedenklich sein,[24] sondern auch nicht selten zu Verwirrungen auf Seiten des Verletzten und zu die Justiz fernerhin belastenden weiteren Nachfragen führen. Eingedenk dessen mag auch die vorläufige Einstellung gemäß § 205 unter Absatz 1 fallen, wenn sie im konkreten Einzelfall absehbar wegen eines unbekannten Aufenthaltsorts, nach erfolgter Ausweisung oder Abschiebung faktisch einer endgültigen Einstellung gleichsteht. 10

bb) Hauptverhandlungstermin (Nr. 2). Dem Verletzten sind auf Antrag ferner **Zeitpunkt und Ort der Hauptverhandlung** sowie die gegen den Angeklagten erhobenen **Beschuldigungen** mitzuteilen **(Nr. 2).** Nach der früheren Gesetzesfassung konnte sich der Verletzte hierüber – aus der Sicht des Reformgesetzgebers nur unzureichend[25] – im Wege der Akteneinsicht (§ 406e) informieren. Zur Information über die gegen den Angeklagten erhobenen Beschuldigungen wird in der Regel die stichwortartige Nennung der angeklagten Taten den Anforderungen genügen;[26] dieses gebotene restriktive Verständnis[27] gilt insbesondere in der Beweiskonstellation „Aussage-gegen-Aussage" (vgl. näher § 406e, 26 ff., 29). Ist eine Mitteilung sämtlicher Gegenstände aus Nr. 2 vom Antrag erfasst, so hat das Gericht gemeinsam mit der Information über Ort und Zeitpunkt der Hauptverhandlung auch die Beschuldigten mitzuteilen.[28] 11

cc) Verfahrensausgang (Nr. 3). Mit der Mitteilung über den **„Ausgang" des gerichtlichen Verfahrens (Nr. 3)** ist gemeint: Nichteröffnung des Hauptverfahrens (§ 204), gerichtliche Einstellungen (z.B. § 153 Abs. 2; § 153a Abs. 2; §§ 206a, 206b),[29] das verfahrensabschließende Urteil (§ 260). Die Mitteilung ist vorzunehmen, sobald die Entscheidung „unanfechtbar" geworden ist; dies folgt daraus, dass „der Ausgang" mitzuteilen 12

23 HK/*Pollähne* 4.
24 Vgl. BVerfG NJW **2002** 2772; **a.A.** SK/*Velten*/*Greco*/*Werkmeister* 4; Meyer-Goßner/*Schmitt* 1; MüKo/*Grau* 4.
25 BTDrucks. **18** 4621 S. 28.
26 BTDrucks. **18** 4621 S. 28.
27 Vgl. auch HK/*Pollähne* 6; *ders.* StV **2014** 671, 676.
28 HK-GS/*Ferber* 6.
29 SK/*Velten*/*Greco*/*Werkmeister* 4.

ist.[30] Weitergehende Mitteilungen (z.B. über einen sonstigen Verfahrensstand) sind aus strafprozessualer Sicht grundsätzlich nicht verboten. Jedoch können sie im Einzelfall, insbesondere soweit die Eingrenzung des Absatzes 1 („soweit") überschritten und auch der Ausgang des Verfahrens wegen einer Tat mitgeteilt wird, die den Verletzten nicht betrifft, unter persönlichkeitsrechtlichen Gesichtspunkten zumindest untunlich oder aber unnötiger Ansatzpunkt für ein verfahrensverzögerndes Ablehnungsgesuch sein. Überdies dürfte eine solche – überschießende – Mitteilung nicht selten zu Verwirrungen auf Seiten des Verletzten und zu die Justiz fernerhin belastenden weiteren Nachfragen führen.

2. Unterrichtung über freiheitsentziehende Maßnahmen (Absatz 2)

13 **a) Allgemeines.** Absatz 2 regelt die **antragsgebundene Pflicht** (s. Rn. 2) zur Mitteilung bestimmter Verfahrensereignisse bzw. Maßnahmen, die für den Verletzten von Interesse[31] sein könnten.[32] Die Regelungen dienen dem Schutz des Verletzten, sollen zu seinem Sicherheitsgefühl beitragen und ihm die Möglichkeit geben, Weisungsverstöße anzuzeigen. Der **Antrag** ist an **keine Form** gebunden (s. Rn. 2) und kann daher – auch in der Hauptverhandlung – durch den Verletzten mündlich[33] und vor Anordnung bzw. Beginn der genannten Maßnahmen rein **vorsorglich** gestellt werden, da der Verletzte in der Regel nicht vorher erfahren wird, dass solche geplant sind. Der Verletzte hat überdies für Mitteilungen nach Absatz 2 Satz 1 Nummer 2 und 4 sein **berechtigtes Interesse** an der Auskunftserteilung regelmäßig (vgl. Rn. 19) **darzulegen.**

14 **b) Zuständigkeit.** Die Neufassung von Absatz 2 Satz 2 klärt die bislang durch das Gesetz nicht ausdrücklich geregelte und zuvor im Einzelnen ungeklärte[34] Zuständigkeitsfrage.[35] Nunmehr wird klargestellt, dass Adressat der jeweiligen Mitteilungspflichten nach **Absatz 2 Satz 1 Nr. 1, 2 und 4** grundsätzlich diejenige Stelle ist, welche die konkret in Rede stehende Entscheidung gegenüber dem Beschuldigten oder Verurteilten getroffen hat. Diese Zuständigkeitsregelung überträgt – nach dem ausdrücklichen gesetzgeberischen Willen[36] – nunmehr auch **Justizvollzugsanstalten**, etwa für Fälle des **Hafturlaubs,** Mitteilungspflichten,[37] obgleich diese grundsätzlich dem Regelungsregime der StPO nicht unterliegen.[38] In den Fällen der **Flucht** des Beschuldigten oder Verurteilten nach Absatz 2 Satz 1 **Nr. 3** soll die Information durch die zuständige Staatsanwaltschaft erfolgen.[39]

15 **c) Verfahren.** Die Mitteilung hat **unverzüglich** im Nachgang zur getroffenen Entscheidung zu erfolgen; für eine frühere Information[40] ist nach dem Gesetzeswortlaut kein Raum. Eine **vorherige Anhörung** des Beschuldigten ist für Mitteilungen nach

---

30 BTDrucks. **10** 5305, S. 17; SK/*Velten*/*Greco*/*Werkmeister* 3, 5; HK/*Pollähne* 5; HK-GS/*Ferber* 5; KMR/*Nepomuck* 2; SSW/*Werner* 3; h.M.; **a.A.** *Weigend* NJW **1987**, 1170 1173; de lege ferenda MüKo/*Grau* 4.
31 Vermeidung von Gefährdungslagen; Sicherheitsbedürfnis des Verletzten.
32 Vgl. *Ferber* NJW **2004** 2563.
33 *Gelber*/*Walter* NStZ **2013** 75, 78.
34 Vgl. LR/*Wenske* Nachtr.[26] 4.
35 BTDrucks **18** 4621 S. 29.
36 BTDrucks a.a.O.
37 HK/*Pollähne* 11; HK-GS/*Ferber* 11.
38 Vgl. bereits LR/*Wenske* Nachtr.[26] 4 m.w.N.
39 BTDrucks a.a.O.; Meyer-Goßner/*Schmitt* 7.
40 In diesem Sinne wohl KMR/*Nepomuck* 7.

Nrn. 1 und 3 nicht veranlasst (s. Rn. 6). Für Nr. 3 folgt dies namentlich überdies aus dem Umstand der Flucht. Dies gilt hingegen nicht für Mitteilungen nach den **Nrn. 2 und 4**. Hier ist die Mitteilung an ein vom Verletzten darzulegendes rechtliche Interesse gebunden (s. Rn 19 f.), welches die zuständige Stelle abzwägen hat mit einem rechtlich schutzwürdigen Interesse des Betroffenen. So stellt jede durch § 406d legitimierte Auskunft, etwa über dessen Vollzugsgestaltung, einen Eingriff in dessen allgemeines Persönlichkeitsrecht[41] dar.[42] Hierzu oder zu etwaigen anderen schutzwürdigen Interessen ist er zu hören und es ist ihm dabei Gelegenheit zu geben, das vorgebrachte berechtigte Interesse zu entkräften. Die **Art der Unterrichtung** nach Absatz 2 regelt das Gesetz nicht (s. im Einzelnen Rn. 7).

d) Mitteilungspflichten. Zu den einzelnen **Mitteilungspflichten** gilt Folgendes: 16

aa) Kontaktverbot (Nr. 1). Der Tatbestand umfasst Weisungen eines Kontaktverbo- 17
tes jeder Art zwischen dem **Verurteilten** und dem Verletzten.[43] Die Regelung dient nämlich dem Schutz des Verletzten, soll zu seinem Sicherheitsgefühl beitragen und ihm die Möglichkeit geben, Verstöße gegen solche Weisungen anzuzeigen. Eine Interessenabwägung findet nicht statt. Die Regelung ist auf Fälle eines Kontaktverbotes zwischen dem **Beschuldigten** und dem Verletzten (vgl. § 116, 19 ff.) nicht entsprechend anwendbar.[44] Zwar liegt die Interessenlage des Verletzten insoweit gleich. Der Wortlaut der Norm ist allerdings eindeutig und lässt namentlich im regelungssystematischen Zusammenspiel mit Absatz 3 Satz 2 keinen Raum für die Annahme einer Regelungslücke; hiernach sieht der Gesetzgeber die Fälle der Untersuchungshaft erkennbar abschließend von Absatz 2 Satz 1 Nr. 2 und 3 erfasst (s. Rn. 18).

bb) Freiheitsentziehende Maßnahmen (Nr. 2). Der Tatbestand erfasst im Hinblick 18
auf den Zweck von Absatz 2 (Rn. 13)[45] alle freiheitsentziehenden Maßnahmen, also auch Untersuchungshaft und einstweilige Unterbringung, Unterbringung nach § 81, Ordnungshaft (§ 177 GVG), Straf- und Maßregelvollzug sowie **erstmalige Vollzugslockerungen** und „Urlaub" jeder Art, auch kurzzeitige Unterbrechungen der Untersuchungshaft und Ausführungen sowie Aufenthalte in Vollzugskrankenhäusern, da auch sie eine faktische Lockerung des regulären Vollzugs bedeuten.[46] Nicht unter Nr. 2 fallen Maßnahmen, die nicht nach StGB, StPO, GVG und StVollzG angeordnet werden, wie etwa eine Unterbringung nach Landesgesetzen.

Dem Antrag wird in den Fällen der Nr. 2 nur stattgegeben, wenn eine **Abwägung** 19
der wechselseitigen Interessen ergibt, dass das eventuelle und schutzwürdige Interesse des Betroffenen[47] am Ausschluss der Mitteilung nicht ein berechtigtes Interesse des Verletzten an der Information[48] überwiegt und die Mitteilung zur Wahrung der berechtigten und überwiegenden Interessen des Verletzten erforderlich ist.[49] Das berechtigte Interes-

---

41 Hierzu BVerfG NJW **2007**, 1052.
42 Ebenso *Radtke/Hohmann* 7.
43 SK/*Velten/Werkmeister/Greco* 8 (z.B. bei Strafaussetzung nach § 56 Abs. 2 Nr. 3 StGB, Führungsaufsicht nach § 68 Abs. 1 Satz 1 StGB und im Vollstreckungsverfahren nach § 57 Abs. 3, § 57c Abs. 2 StGB).
44 **A.A.** zur früheren Gesetzesfassung noch LR/*Hilger*[26] 4 und LR/*Wenske* Nachtr.[26] 5.
45 S. auch Art. 4 Abs. 3 Rahmenbeschluss der EU v. 15.3.2001 (ABlEG Nr. L 82 v. 22.3.2001).
46 Vgl. § 112, 124; § 119, 100 ff.
47 Resozialisierung, „Datenschutz".
48 Abgeleitet aus berechtigter Befürchtung von Gefährdungen – Sicherheitsbedürfnis.
49 Ähnlich SK/*Velten/Greco/Werkmeister* 9; Meyer-Goßner/*Schmitt* 6.

se des Verletzten kann sich aus der Gefahr von Übergriffen des Beschuldigten oder Verurteilten gegenüber dem Verletzten ergeben, das schutzwürdige Interesse des Betroffenen aus der Gefahr von Racheakten des Verletzten.[50] Grundlage der Abwägung, an die im Hinblick auf die Bedeutung der (eventuellen) wechselseitigen Interessen hohe Anforderungen zu stellen sind, müssen konkrete Umstände (Tatsachen, Hinweise, Indizien) sein; aus ihnen muss eine konkrete Interessenlage (Gefährdung), nicht nur eine Vermutung derselben, abzuleiten sein.[51] Zur Anhörungspflicht s. Rn. 15.

20 In den **Absatz 2 Nr. 2 Halbsatz 2** genannten Fällen einer **Nebenklagebefugnis** muss der Verletzte sein berechtigtes Interesse **nicht darlegen**; es wird unterstellt. Diese gesetzliche Vermutung soll nach dem Willen des Gesetzgebers ab dem Zeitpunkt der Zulassungsentscheidung nach § 396 Abs. 2 Satz 2 auch für den nach § 395 Abs. 3 zur Nebenklage Berechtigten gelten. Diese sind demzufolge nach Absatz 2 Nr. 2 Halbsatz 2 des Darlegungserfordernisses betreffend ein berechtigtes Interesse enthoben. Notwendig ist allerdings auch hier eine **einzelfallbezogene Abwägung** mit möglicherweise bestehenden schutzwürdigen und überwiegenden Interessen des Betroffenen.[52] Die Gegenauffassung[53] stützt sich ersichtlich auf die insoweit nicht eindeutig gefasste Gesetzesbegründung. Hiernach geht in den durch Bezug auf § 395 genannten Fällen „das berechtigte Interesse des Verletzten am Erhalt der Informationen stets dem Interesse des Beschuldigten oder Verurteilten vor".[54] Diese Formulierung erzwingt ein entsprechendes Normverständnis indes nicht. Dies gilt gleichermaßen für den Gesetzeswortlaut; dieser regelt ausdrücklich nur den **Wegfall des Darlegungserfordernisses**. Eine kontextgebundene Lektüre der Gesetzesbegründung erhellt, dass der Reformgesetzgeber als Folge der bei Gewaltdelikten (§ 395 Abs. 1) oder aber wegen anerkannter besonderer Gründe (§ 395 Abs. 3), insbesondere einer naheliegenden prozessualen Schutzbedürftigkeit des Verletzten (s. § 395, 54 ff.), die Durchsetzung von Informationsmöglichkeiten lediglich in **formeller Hinsicht** erleichtern, nicht aber die materiellen Anforderungen an den Auskunftsanspruch reduzieren wollte.[55] Diese Interessenabwägung ist zwar nicht einfach gelagert, wenn das berechtigte Interesse des Verletzten nicht näher bekannt ist, sondern nur gesetzlich unterstellt wird. Diese Schwierigkeit scheint aber überwindbar, weil das Interesse des Verurteilten oder Beschuldigten, schutzwürdig zu sein, zu **überwiegen** hat.

21 **cc) Flucht (Nr. 3).** Nach **Nr. 3** können sich Verletzte – unverzüglich[56] – in Kenntnis setzen lassen von der Flucht des Beschuldigten oder Verurteilten aus einer wegen zu ihrem Nachteil begangener Straftaten angeordneten freiheitsentziehenden Maßnahme. Auf seinen Antrag hin soll der Verletzte dabei ferner über die gegebenenfalls zu seinem Schutz getroffenen Maßnahmen informiert werden. Eine Interessenabwägung findet nicht statt.

22 **dd) Vollzugslockerungen (Nr. 4).** Hiernach erhält der Verletzte über die von Nr. 2 allein erfasste erstmalige Vollzugslockerung hinaus auch Auskunft über im **Straf- und**

50 Meyer-Goßner/*Schmitt* 5; h.M.
51 Ähnlich AnwK/*Krekeler* 4.
52 Ebenso SK/*Velten*/*Greco*/*Werkmeister* 9; HK-GS/*Ferber* 8.
53 BeckOK/*Weiner* 12; Meyer-Goßner/*Schmitt* 6.
54 BTDrucks. **16** 12098 S. 34.
55 SK/*Velten*/*Greco*/*Werkmeister* 9; von einer unveränderten materiellen Rechtslage gehen auch aus *Gelber*/*Walter* NStZ **2013** 75, 76.
56 BTDrucks. **18** 4621 S. 28.

Maßregelvollzug erneute Vollzugslockerungen oder gewährten Hafturlaub, sofern dafür ein **berechtigtes Interesse** dargelegt wird oder ersichtlich ist und kein überwiegendes schutzwürdiges Interesse des Verurteilten vorliegt. Zwar muss der Verletzte grundsätzlich damit rechnen, dass auf die erstmalig gewährte Vollzugslockerung weitere entsprechende Maßnahmen folgen, sodass „in den meisten Fällen" die Mitteilung nach Nr. 2 ausreichend ist.[57] Ein berechtigtes Interesse an einer Auskunft auch über den weiteren Vollzugsablauf kann ausnahmsweise aber dann bestehen, wenn der Verurteilte aus der Haft heraus versucht hat, Kontakt zum Verletzten aufzunehmen.[58]

3. Belehrungspflichten (Absatz 3). Absatz 3 regelt den Zeitpunkt und damit die Zuständigkeit der – bereits durch die allgemeinen Maßgaben des § 406i Abs. 1 Satz 1 bestehenden[59] – Belehrungspflicht über die Informationsrechte aus Absatz 2 Satz 1. Die Belehrungen haben – in entsprechender Anwendung der Maßgaben des § 406k Abs. 2 – immer dann zu unterbleiben, wenn die Voraussetzungen einer Befugnis im Einzelfall erkennbar nicht vorliegen.[60] Ob die zuständigen Behörden diesen Pflichten in jedem Einzelfall werden entsprechen können, erscheint zweifelhaft. Denn das gegenwärtig bestehende gesetzliche Hinweis-, Unterrichtungs- und „Belehrungsdickicht" (vgl §§ 406d, 406i, 406j) – ergänzt um überbordende Hinweise für dieselben Personen als Zeugen (vgl. § 48 Abs. 2)[61] – kann naheliegend nur durch den Einsatz von Formularen bewältigt werden,[62] die wiederum auch hier (s. § 48, 10) grundlose Befürchtungen und unerfüllbare Erwartungen wecken könnten.[63] 23

Für die **Zuständigkeitsfrage** ist in Absatz 3 nach dem Stand des Verfahrens zu differenzieren. Soweit die Anordnung von **Untersuchungshaft** gegen den Beschuldigten zu erwarten ist, soll die entsprechende Belehrung über die Informationsrechte nach **Absatz 2 Satz 1 Nr. 1, 2 und 3** bei Anzeigeerstattung erfolgen (**Absatz 3 Satz 2**); **zuständig** hierfür ist die mit der Anzeigenaufnahme oder mit einer Zeugenvernehmung befasste Stelle (§ 158).[64] Die Belehrungspflichten hinsichtlich der weiteren antragsgebundenen Mitteilungspflichten obliegen nach Urteilsverkündung (§ 268 Abs. 2 Satz 1) oder der Verfahrenseinstellung (§ 260 Abs. 3, § 206a) dem **Tatgericht**. 24

4. Entfallen der Unterrichtungspflicht (Absatz 4). Zweck des Absatzes 4 ist im Wesentlichen, die Mehrbelastung der Strafjustiz in vertretbaren Grenzen zu halten.[65] Nach Satz 1 entfällt die Mitteilungspflicht (Ermessensregelung: „können unterbleiben"), wenn der Verletzte nicht unter einer von ihm im Verfahren angegebenen Anschrift erreichbar ist (s. aber Rn. 26). Dahinter steht der Gedanke, dass von demjenigen, der als Verletzter ein Interesse am Verfahrensausgang geltend gemacht hat, grundsätzlich verlangt werden kann, von sich aus sicherzustellen, dass ihn Informationen erreichen. Das Gericht ist also nicht verpflichtet, die Anschrift des Verletzten zu ermitteln. Ob die Voraussetzungen des Absatzes 4 Satz 1 vorliegen, kann sich z.B. durch einen erfolglosen Mitteilungsversuch ergeben oder aus den Akten, etwa wenn bereits früher Zuschriften 25

57 BTDrucks. **17** 6261 S. 13.
58 BTDrucks. **17** 6261 S. 13.
59 HK-GS/*Ferber* 14.
60 HK-GS/*Ferber* 14; BeckOK/*Weiner* 18.
61 Zur problematischen Doppelstellung des Opferzeugen eingehend *Endler* 169 ff.
62 Ebenso SK/*Velten*/*Greco*/*Werkmeister* 12.
63 HK-GS/*Ferber* 14; vgl. auch Meyer-Goßner/*Schmitt* § 48, 3a.
64 BTDrucks. **18** 4621 S. 29.
65 BTDrucks. **10** 5305 S. 17.

an den Verletzten misslungen sind. Da Absatz 4 nicht – wie der durch das StVÄG 1987 in die StPO eingefügte § 40 Abs. 3 – von der „zuletzt angegebenen" Anschrift spricht, sondern von „einer" Anschrift, die der Verletzte angegeben hat, muss das Gericht, wenn sich in den Akten mehrere Anschriften befinden, ggf. die Mitteilung auch an frühere Anschriften richten, wenn sie an die zuletzt angegebene Anschrift misslingt; dies gilt jedoch nicht, wenn offensichtlich ist, dass die früheren Anschriften überholt sind, eine erfolgreiche Mitteilung an diese Anschriften also nicht zu erwarten ist.

26 Durch Satz 2 i.V.m. § 145a wird für den **Rechtsanwalt**, der die Interessen des Verletzten vertritt (§§ 397a, 404, 406f, 406h), eine **Mitteilungsvollmacht** fingiert – er gilt als bevollmächtigt, die Mitteilung nach Absatz 1 entgegenzunehmen (§ 145a Abs. 1). Dies bedeutet, dass die Mitteilung nach Absatz 1 insbesondere dann an den Rechtsanwalt zu richten ist, wenn sie nicht an eine Anschrift des Verletzten (Absatz 4 Satz 1) erfolgen kann.[66] Zweifelhaft ist, ob der Gesetzgeber über den Satz 2 eine Pflicht des Gerichts begründen wollte, nach § 145a Abs. 3 Satz 2 den Rechtsanwalt davon zu unterrichten, dass die Mitteilung dem Verletzten zugeleitet worden ist. Außerdem ist es nicht möglich, den Verletzten nach § 145a Abs. 3 Satz 1 von der Übersendung der Mitteilung über den Verfahrensausgang an den Rechtsanwalt zu unterrichten, wenn diese erfolgt ist, weil eine Mitteilung an den Verletzten selbst nicht erfolgen kann (Absatz 4 Satz 1).

27 **5. Jugendstrafverfahren.** Die Mitteilungspflichten des § 406d Abs. 1 und 2 finden auch in Verfahren gegen Jugendliche Anwendung.[67]

28 **6. Fehlerfolgen.** Verstöße gegen die Mitteilungspflichten, also trotz Antrags unzureichend oder verspätet sowie gänzlich unterbliebene Mitteilungen, bleiben strafverfahrensrechtlich ohne Folgen (s. im Einzelnen § 406i, 26).

§ 406e
Akteneinsicht

(1) [1]Für den Verletzten kann ein Rechtsanwalt die Akten, die dem Gericht vorliegen oder diesem im Falle der Erhebung der öffentlichen Klage vorzulegen wären, einsehen sowie amtlich verwahrte Beweisstücke besichtigen, soweit er hierfür ein berechtigtes Interesse darlegt. [2]In den in § 395 genannten Fällen bedarf es der Darlegung eines berechtigten Interesses nicht.

(2) [1]Die Einsicht in die Akten ist zu versagen, soweit überwiegende schutzwürdige Interessen des Beschuldigten oder anderer Personen entgegenstehen. [2]Sie kann versagt werden, soweit der Untersuchungszweck, auch in einem anderen Strafverfahren, gefährdet erscheint. [3]Sie kann auch versagt werden, wenn durch sie das Verfahren erheblich verzögert würde, es sei denn, dass die Staatsanwaltschaft in den in § 395 genannten Fällen den Abschluss der Ermittlungen in den Akten vermerkt hat.

(3) [1]Der Verletzte, der nicht durch einen Rechtsanwalt vertreten wird, ist in entsprechender Anwendung der Absätze 1 und 2 befugt, die Akten einzusehen und amtlich verwahrte Beweisstücke unter Aufsicht zu besichtigen. [2]Werden die Akten nicht elektronisch geführt, können ihm an Stelle der Einsichtnahme in die Akten

---

66 Vgl. *Rieß/Hilger* NStZ **1987** 158.

67 *Zapf* 61 ff.; HK/*Pollähne* 16.

https://doi.org/10.1515/9783110275001-047

Kopien aus den Akten übermittelt werden. [3]§ 480 Absatz 1 Satz 3 und 4 gilt entsprechend.

(4) Die Absätze 1 bis 3 gelten auch für die in § 403 Satz 2 Genannten.

(5) [1]Über die Gewährung der Akteneinsicht entscheidet im vorbereitenden Verfahren und nach rechtskräftigem Abschluß des Verfahrens die Staatsanwaltschaft, im übrigen der Vorsitzende des mit der Sache befaßten Gerichts. [2]Gegen die Entscheidung der Staatsanwaltschaft nach Satz 1 kann gerichtliche Entscheidung durch das nach § 162 zuständige Gericht beantragt werden. [3]Die §§ 297 bis 300, 302, 306 bis 309, 311a und 473a gelten entsprechend. [4]Die Entscheidung des Gerichts ist unanfechtbar, solange die Ermittlungen noch nicht abgeschlossen sind. [5]Diese Entscheidungen werden nicht mit Gründen versehen, soweit durch deren Offenlegung der Untersuchungszweck gefährdet werden könnte.

Schrifttum

Asholt Die Akteneinsicht gem. § 406e StPO zwecks Vorbereitung einer Zivilklage gegen eine juristische Person (§ 406e StPO), ZStW 126 (**2014**) 925; *Bader* Legitime Verletzteninteressen im Strafverfahren (2019); *Barton/Kölbel* Opferanwälte im Strafverfahren (2010); *Baumhöfener*Informationsrechte der Nebenklage – Gefährdung des Grundsatzes der Wahrheitsermittlung, StraFo **2012** 2; *Baumhöfener/Daber/Wenske* Die Aktenkenntnis des Verletzten in der Konstellation Aussage-gegen-Aussage, NStZ **2017** 562; *Endler* Die Doppelstellung des Opferzeugen (2019); *Herrmann* Die Entwicklung des Opferschutzes im deutschen Strafrecht und Strafprozessrecht – Eine unendliche Geschichte, ZIS **2010** 226; *Hohoff* Aktuelle Fragen der aussagepsychologischen Begutachtung von Opferzeugen in Strafverfahren, NStZ **2020** 387; *Kümmel* Das Akteneinsichtsrecht des Verletzten nach § 406e StPO und das Steuergeheimnis nach § 30 AO – ein in Korruptionsverfahren unauflösliches Spannungsverhältnis? wistra **2014** 124; *Lauterwein* Akteneinsicht und -auskünfte für den Verletzten, Privatpersonen und sonstige Stellen §§ 406e und 475 StPO (2011); *ders.* Akteneinsicht für den Verletzten – Theorie, Praxis und Reform, in 7. Symposium Junger Strafrechtlerinnen und Strafrechtlicher – Verletzte im Strafverfahren (2020) S. 167; *Meister* Die Versagung der Akteneinsicht des Verletzten, § 406e Abs. 2 StPO (2011); *Rennicke* Beweisnot als berechtigtes Interesse im Sinne von § 406e StPO, StV **2021** 134; *Riemann-Uwer* Das Akteneinsichtsrecht des Nebenklägers unter Berücksichtigung von § 19 Abs. 2 S. 2 BORA, StraFo **2021** 414; *Safferling* Die Rolle des Opfers im Strafverfahren – Paradigmenwechsel im nationalen und internationalen Recht? ZStW 122 (**2010**) 87; *Schöch* Das Akteneinsichtsrecht des Verletzten bei Sexualdelikten, FS Streng (2017) 743.

Entstehungsgeschichte

Die Vorschrift wurde durch Art. 1 Nr. 15 **OpferschutzG** in die StPO eingefügt, um den Verletzten, namentlich den Opfern schwerer Straftaten, erheblich verbesserte Beteiligungsbefugnisse im Strafverfahren zu gewähren.[1] Durch Art. 1 Nr. 12a des **StVÄG 1999** wurde in Absatz 3 der Satz 2 eingefügt, durch Nr. 12b in Absatz 4 der Satz 2 durch die Sätze 2 bis 4 ersetzt, durch Nr. 12c in Absatz 5 zweiter Halbsatz die Angabe: „Satz 1“ durch die Wörter: „sowie § 478 Abs. 1 Satz 3 und 4“ ersetzt, und durch Nr. 12d der Absatz 6 angefügt. Diese Änderungen sind in erster Linie Folgeänderungen zu § 147 Abs. 5, § 477 Abs. 5 und § 478 Abs. 3.[2]

Die Vorschrift wurde zur besseren Verständlichkeit und zur Beseitigung von Auslegungsschwierigkeiten, die wegen der Aufsplittung des Akteneinsichtsrechts für Verletzte und Nebenklagebefugte nach § 406e a.F. einerseits und des Akteneinsichtsrechts für den

1 BTDrucks. **10** 6124 S. 12.
2 BTDrucks. **14** 1484 S. 25.

Nebenkläger über die Verweisung § 397 Abs. 1 Satz 2 a.F. auf § 385 Abs. 3 andererseits entstanden waren,[3] durch Art. 1 Nr. 29 des Gesetzes zur Stärkung der Rechte von Verletzen und Zeugen im Strafverfahren vom 29.7.2009 (2. Opferrechtsreformgesetz – **2. OpferRRG**)[4] geändert.Die hiermit erfolgte sprachliche Neufassung der Vorschrift und ihre geringfügige inhaltliche Änderung standen im regelungssystematischen Zusammenhang mit den sonstigen Änderungen der StPO durch das 2. OpferRRG und einer hierdurch erstrebten Neuordnung des Rechts der Nebenklage.[5] Zu nennen sind hier etwa die erleichterte Möglichkeit für besonders schutzwürdige Nebenkläger, einen „Opferanwalt" zu bestellen (§§ 397, 397a), sowie die erweiterten Informationsrechte der möglichen Verletzten einer rechtwidrigen Tat (§§ 406d, 406e, 406i). Durch die Neufassung des § 406e und die damit entfallende Verweisung auf das Privatklagerecht wurde das **Akteneinsichtsrecht** von Nebenkläger, Nebenklagebefugten und Verletzten erstmals **einheitlich in dieser Vorschrift geregelt. Absatz 1** blieb hierdurch unverändert und erfasste seither durch das Tatbestandsmerkmal des Verletzten Nebenkläger, Nebenklagebefugte und Verletzte.[6] Auch die **Absätze 3, 5 und 6** wurden hierdurch nicht geändert. Soweit diese seitdem ebenfalls auf den Nebenkläger anwendbar sind, entsprechen die Regelungen ohne „wesentliche Änderungen" inhaltlich der diesem zuvor über die Verweisung § 397 Abs. 1 Satz 2 a.F. auf § 385 Abs. 3 – wobei jener in seinem Satz 2 wiederum die Regelungen des § 147 Abs. 4 und 5 in Bezug nimmt – vermittelten Rechtspositionen.[7] In **Absatz 2 Satz 2** wurden die Wörter „oder durch sie das Verfahren erheblich verzögert würde" gestrichen und der neue **Satz 3** angefügt.[8]

Durch das **Gesetz zur Änderung des Untersuchungshaftrechts** vom 29.7.2009[9] wurde **Satz 2** überdies um den Nebensatz „auch in einem anderen Strafverfahren" ergänzt. In **Absatz 4 Satz 2** wurden die Wörter „nach Maßgabe des § 161a Abs. 3 Satz 2 bis 4" gestrichen und durch die Wörter „durch das nach § 162 zuständige Gericht" ersetzt sowie **Satz 3** durch folgende Sätze ersetzt: „Die §§ 297 bis 300, 302, 306 bis 309, 311a und 473a gelten entsprechend. Die Entscheidung des Gerichts ist unanfechtbar, solange die Ermittlungen noch nicht abgeschlossen sind." Im Übrigen blieb auch dieser Absatz unverändert.[10]

Die Vorschrift erhielt durch Art 1 Ziff. 13 (Anlage 1) des Gesetzes zur Stärkung des Rechts des Angeklagten auf Vertretung in der Berufungsverhandlung und über die Anerkennung von Abwesenheitsentscheidungen in der Rechtshilfe vom 17.7.2015[11] eine **Überschrift.** Diese wurde durch Art. 1 Nummer 37 des Gesetzes zur Einführung der elektronischen Akte in der Justiz sowie zur weiteren Förderung des elektronischen Rechtsverkehrs vom 5.7.2017 neugefasst.[12] Zugleich wurde **Absatz 3** neugefasst und dem Verletzten hierdurch **erstmals ein eigenes** und nicht lediglich durch einen Rechtsanwalt vermitteltes **Akteneinsichtsrecht** eingeräumt; bis dahin konnten ihm unmittelbar nur Auskünfte oder Abschriften aus den Akten erteilt werden (vgl. § 406e Abs. 5 a.F.). Diese frühere Einschränkung diente sowohl der Aktensicherung als auch datenschutzrechtlichen Belangen;[13] der

---

3 Vgl. LR/*Hilger*[26] 2, 3.
4 BGBl. I S. 2280.
5 BTDrucks. **16** 12098 S. 29.
6 BTDrucks. **16** 12098 S. 35.
7 BTDrucks. **16** 12098 S. 35.
8 BTDrucks. **16** 13671 S. 14, 22.
9 BGBl. I S. 2274.
10 Zur Entstehungsgeschichte bis hierher vgl. im Einzelnen *Lauterwein* S. 6 ff.
11 BGBl. I S. 1332.
12 BGBl. I S. 2208.
13 Vgl. LR/*Hilger*[26] 4; *Rieß/Hilger* NStZ **1987** 155; *Weigend* NJW **1987** 1174.

Anwalt sollte die den Akten entnommenen Erkenntnisse unter Berücksichtigung persönlichkeitsrechtlicher Interessen Dritter, über die sich Erkenntnisse in den Akten befinden, „filtern" und nur diejenigen Erkenntnisse an den Verletzten weitergeben, die dieser zur Wahrnehmung seiner berechtigten Interessen benötigt. Überdies wurden die **Absätze 5 und 6** gestrichen, weil die Gewährung von Auskünften nicht mehr vorgesehen ist.[14] Durch Art. 1 Nr. 17 des Gesetzes zur Umsetzung der Richtlinie (EU) 2016/680 im Strafverfahren sowie zur Anpassung datenschutzrechtlicher Bestimmungen an die Verordnung (EU) 2016/679 vom 20.11.2019[15] wurde **Absatz 3 Satz 3** neugefasst.

Durch Art. 1 Nr. 52 des Gesetzes zur Fortentwicklung der Strafprozessordnung und zur Änderung anderer Vorschriften vom 25.6.2021[16] wurde Absatz 4 eingefügt; der bisherige Absatz 4 wurde Absatz 5. Damit wurde den Folgen aus der Neufassung von § 403 Rechnung getragen.[17] Denn durch die Erweiterung des Kreises der Antragsbefugten im Adhäsionsverfahren über den Verletzten hinaus war zu bestimmen, welche Verletztenbefugnisse diesen in § 403 Satz 2 „Genannten" zustehen sollten. Der Reformgesetzgeber entschied sich allein für das Akteneinsichtsrecht.

Übersicht

14 BTDrucks. **18** 9416 S. 65.
15 BGBl. I S. 1724.
16 BGBl. I S. 2099, 2105.
17 BTDrucks. **19** 27654 S. 106 f.

Alphabetische Übersicht

I. Bedeutung und Reichweite der Vorschrift

1 **1. Bedeutung.** Die für sämtliche Verletzte, also auch Nebenkläger und Nebenklagebefugte, geltende Vorschrift begründet ein gesetzliches Akteneinsichtsrecht[18] (s. Erl. zu § 373b) und regelt Voraussetzungen sowie Grenzen ihrer Einsicht. Sie erweist sich im regelungssystematischen Gesamtgefüge der den Informationsrechten des Verletzten dienenden Normen (vgl. §§ 406d, 406i, 406j, 406k, 406l) als **Zentralbestimmung**. Sie ergänzt § 406d, weil eine Akteneinsicht geboten sein kann, soweit die Mitteilung nach § 406d im Hinblick auf berechtigte Interessen des Verletzten nicht ausreicht (s. Rn. 11; auch § 406d, 1; § 406i, 1). Gerade der Zugang zu den Verfahrensakten versetzt den Verletzten in die Lage, die ihm – je nach Art seiner Beteiligung (§§ 406d ff.; § 406h; §§ 395 ff.) – zustehenden Beteiligungsrechte effektiv zu nutzen.[19] Zugleich gewährleistet die Regelung den auch von Verfassungs wegen gebotenen **Grundrechtsschutz der Betroffenen** (vgl. Absatz 2 Satz 1, s. Rn. 21 ff.)[20] und den notwendigen Schutz der Funktionstüchtigkeit der Strafrechtspflege (vgl. etwa Absatz 2 Satz 3) und die Wahrheitsfindung (vgl. etwa Absatz 2 Satz 2; s. Rn. 25 ff.).

2 Im Gegensatz hierzu ist das Akteneinsichtsrecht für Privatpersonen oder sonstige Stellen nach **§ 475** bereits dann zu versagen, wenn dem Begehren gleichgewichtige

18 *Rieß/Hilger* NStZ **1987** 115; *Böttcher* JR **1987** 134.

19 Vgl. BTDrucks. **10** 5305 S. 17, 18; s. auch BVerfGE **65** 1 ff.; BVerfG (Kammerentscheidung) NJW **1988** 405; *Lüderssen* NStZ **1987** 249; *Schmanns* S. 104 ff. (Vorschlag eines bes. Einsichtsrechts für das Adhäsionsverfahren).

20 Vgl. dazu auch BGH JR **2006** 297 mit Anm. *Cirener/Sander* und *Erb* JR **2006** 526; AK/*Schöch* 1; KMR/*Stöckel* 1; *Otto* GA **1989** 296; *Lüderssen* NStZ **1987** 250; *Grandel* 49; *Sieber* in FS Spendel 774.

schutzwürdige Interessen gegenüberstehen.[21] Die vormals durch Verweisung von § 406e Abs. 6 a.F. auf § 477 Abs. 5 a.F. geregelte **datenschutzrechtliche Zweckbindung** ist durch das Gesetz zur Einführung der elektronischen Akte vor die Klammer gezogen und nunmehr in § 32f Abs. 5 geregeltworden.[22] Die Vorschrift erweist sich ferner als eine **Spezialnorm** im Verhältnis zu Regelungen der **Datenschutzgesetze** sowie zum Auskunftsanspruch nach den Informationsgesetzen (vgl. etwa § 1 Abs. 3 IFG, soweit Auskünfte gegen Strafverfolgungsbehörden darin nicht ohnehin ausgeschlossen sind).[23]

Die Regelung entspricht sämtlichen **europarechtlichen Anforderungen.**[24] 3

2. Reichweite. Die Vorschrift gilt schon im **Ermittlungsverfahren.** Dies kann ohne 4
Weiteres aus dem Gesetzeswortlaut geschlossen werden.[25] Sie gilt weiter auch **nach rechtskräftigem Abschluss** des Verfahrens und entsprechend ihrem Zweck (Rn. 1) und da sie der Wahrnehmung „vielschichtiger" Interessen dienen kann, für alle Verletzten einer Straftat (§ 373b); erforderlich ist, dass nach dem jeweiligen Stand der Ermittlungen derjenige, für den Akteneinsicht begehrt wird, Verletzter bzgl. eines ihn betreffenden strafrechtlich geschützten Rechtsgutes sein kann (§ 152; s. § 373b, 50 ff.).[26] Die heute nicht mehr vertretene (engere) Auffassung,[27] die „Verletzteneigenschaft" müsse aus einem „hinreichenden Tatverdacht" (§ 203) abgeleitet werden (können), entsprach nicht dem Willen des Gesetzgebers, ein Akteneinsichtsrecht grundsätzlich schon im Ermittlungsverfahren zuzulassen; einer „Ausforschungsgefahr" soll in anderer Weise (Rn. 14 ff.) begegnet werden. Erfasst werden auch die Verletzten[28] im Sinne der §§ 172, 403[29] einschließlich der Erben des Verletzten, denen ein Adhäsionsanspruch (§ 403) zustehen kann (s. Rn. 47; § 403, 2); auch ein Insolvenzverwalter (s. § 403, 4) muss daher nicht mehr über den Verletzten Akteneinsicht und Auskünfte erhalten.[30] Die Geltung der Vorschrift auch für den **Nebenklagebefugten** ergibt sich aus Absatz 1 Satz 2. Die Akteneinsicht des **Nebenklägers** richtet sich nach § 397 Abs. 1 Satz 2.

§ 406e ist im **Privatklageverfahren** grundsätzlich nicht anwendbar (vgl. § 385 5
Abs. 3); denn insbesondere die Einsichtsbeschränkungen nach Absatz 2 sind mit der Rolle des Privatklägers und seinen Rechten nicht vereinbar. Sie könnten den Privatkläger außerstande setzen, das Verfahren zu betreiben. Zur Geltung im Verfahren nach dem **JGG** vgl. Vor § 406d, 9.

3. Kritik; Stellungnahme. Die Vorschrift war und ist erheblicher Kritik ausgesetzt. 6
Diese lautet weniger, § 406e sei im Hinblick auf die Interessen des Verletzten unzurei-

---

21 Vgl. nur *Lauterwein* S. 79 ff; *ders.* Symposium S. 173.
22 Vgl. SK/*Velten/Greco/Werkmeister* 33; *Lauterwein* Symposium S. 175.
23 Vgl. nur § 5 Nr. 1 Hamburgisches TransparenzG.
24 Eingehend dazu *Endler* 122 ff.; *Kuhn* ZRP **2005** 127; Bericht des BMJV zur Umsetzung der Opferschutzrichtlinie aus dem Jahre 2016.
25 Ebenso Meyer-Goßner/*Schmitt* 2.
26 Vgl. OLG Stuttgart BeckRS **2013** 13426; LG Hildesheim NJW **2008** 531; Meyer-Goßner/*Schmitt* 2 f.; *Lauterwein* Symposium S. 169; SK/*Velten/Greco/Werkmeister* 5; Vor § 406d, 8.
27 LG Stade StV **2001** 159; LG Köln StraFo **2005** 78; *Riedel/Wallau* NStZ **2003** 397; s. auch LG Stralsund StraFo **2006** 76; *Wallau* FS Dahs 516; *Koch* FS Hamm 289.
28 Nicht der Zeugenbeistand – § 68b – OLG Düsseldorf StraFo **2002** 292.
29 Vgl *Böttcher* JR **1987** 134; *Grandel* 49 ff., 56; Vor § 406d, 8.
30 Ebenso der Zwangsverwalter und der Testamentsvollstrecker, s. § 403, 4; *Lauterwein* Symposium S. 171 m.w.N.; s. auch LG Hildesheim NJW **2008** 531 (Akteneinsicht gemäß § 475); LG Frankfurt StV **2003** 495; LG Mühlhausen wistra **2006** 76 mit Anm. *Frye;* (krit.) *Koch* FS Hamm 289.

chend,[31] sondern im Wesentlichen:[32] die Vorschrift sei unter „datenschutzrechtlichen“ Gesichtspunkten problematisch, könne die Wahrheitsfindung gefährden,[33] die Verteidigungsmöglichkeiten des Beschuldigten erheblich beeinträchtigen und selbst für den Verletzten nachteilige Auswirkungen haben. Unverkennbar ist, dass der Gesetzgeber im schwierigen Spannungsverhältnis zwischen Datenschutz, Unschuldsvermutung, Verteidigungsinteressen, Wahrheitsfindung, Funktionsinteressen der Strafrechtspflege und dem legitimen – allerdings nicht verfassungsrechtlich abzuleitenden[34] – Informationsanspruch des Verletzten einen vertretbaren Ausgleich gesucht hat.[35] Er hat, weil das Akteneinsichtsrecht für den Verletzten zwar ein wichtiges Informationsmittel ist, aber nicht von der gleichen zentralen Bedeutung wie für den Beschuldigten, namentlich für dessen Verteidigungsmöglichkeiten, § 406e in der Terminologie § 147 angeglichen, jedoch den Inhalt der Regelung selbständig, teilweise in Anlehnung an frühere Regelungen der RiStBV ausgestaltet und mit teils zwingenden, teils fakultativen Versagungsgründen deutlichen Restriktionen unterworfen.[36]

II. Voraussetzungen der Akteneinsicht (Absatz 1)

7 Dem Verletzten (§ 373b) steht das Akteneinsichtsrecht nach Maßgabe von Absatz 3 selbst zu (s. Rn. 8, 45 ff.); für diesen kann es auch ein Rechtsanwalt ausüben (s. Rn. 8). Erforderlich hierfür ist regelmäßig ein mit dem Antrag auf Akteneinsicht darzulegendes berechtigtes Interesse (s. Rn. 11 ff.). Der Umfang der Akteneinsicht ist begrenzt auf die Akten, die dem Gericht vorliegen oder diesem im Falle der Anklageerhebung vorzulegen wären (s. Rn. 10). Ob ein solches Akteneinsichtsrecht beschränkt werden kann, ist nach den Maßgaben von Absatz 2 zu beurteilen (s. Rn. 25).

8 **1. Berechtigte.** Dem Verletzten steht das Akteneinsichtsrecht nunmehr selbst zu. Er kann es allerdings in eigener Person nur nach den Maßgaben von Absatz 3 ausüben (s. Rn. 45 ff.). Für diesen kann es ein Rechtsanwalt[37] ausüben. DieBefugnis des Rechtsanwalts, die Erkenntnisse (auch Kopien aus den Akten) an den Verletzten **weiterzugeben**, ergibt sich aus seiner verfahrensrechtlichen Funktion als „Vertreter“ des Verletzten.[38] Die Vorschrift gilt daher auch dann, wenn der **Verletzte selbst Rechtsanwalt** ist.[39] Neben Rechtsanwälten können als Beistand nach den Maßgaben des § 138 Abs. 3 auch

31 Vgl. hierzu *Weigend* NJW **1987** 1174.

32 Vgl. zu Einzelheiten u.a.: *Endler* 193 ff., 269; *Blum* S. 195 ff.; *Grandel* 56 ff., 256 ff.; *Iffert-Schmücker* 67 ff.; *Kempf* StV **1987** 217; *Kiethe* wistra **2006** 50; *Lüderssen* NStZ **1987** 249 ff.; *Müller* DRiZ **1987** 472; *Otto* GA **1989** 289 ff.; *Riedel/Wallau* NStZ **2003** 393; *Schlothauer* StV **1987** 356; *ders.* **2001** 193; *Schünemann* NStZ **1986** 199; *Steffens* StraFo **2006** 60; *Thomas* StV **1985** 433; *Wallau* FS Dahs 509 ff.; *Weider* StV **1987** 319; *Weigend* NJW **1987** 1174 m.w.N.; *M. Kaiser* 62 ff.; *Zätzsch* ZRP **1992** 167.

33 So bereits BTDrucks. **10** 5305 S. 18; BVerfG NJW **2017** 1164, 1166; BGH StV **2017** 7 8; *Eisenberg* JR **2016** 391, 393; ausführlich hierzu *Endler* 194 ff.

34 BVerfG (Kammerentscheidung) NJW **1988** 405; **a.A.** *Lüderssen* NStZ **1987** 249.

35 Vgl. BGHSt **39** 115.

36 BTDrucks. **10** 5305 S. 18; *Rieß* Jura **1987** 288.

37 Vgl. BVerfG NJW **2003** 883 (verfassungsrechtlich nicht zu beanstanden); Rechtsbeistände sind grundsätzlich gleich zu behandeln; s. auch Nr. 187 Abs. 2 RiStBV. BVerfG NJW **2002** 2307 (Ablehnung des Antrags eines Rechtsbeistands, der nicht Kammermitglied ist, verstößt nicht gegen Art. 12 GG). Zum Einsatz von Hilfskräften vgl. OLG Brandenburg JR **1996** 169 mit Anm. *Krack*.

38 Vgl. dagegen *Schäfer* wistra **1988** 218.

39 *Hilger* NStZ **1988** 441. Vgl. auch LG Oldenburg MDR **1996** 518 (Telekom).

Rechtslehrer an Hochschulen vom Verletzten gewählt werden (s. § 406h, 13), die ihrerseits befugt sind, das Akteneinsichtsrecht nach Maßgabe von Absatz 1 auszuüben. Zur Akteneinsicht des **Adhäsionsklägers** s. § 373b, 29; § 403, 2.

Der **gemeinschaftliche Nebenklage- oder Nebenklagebefugtenvertreter** (s. 9
Rn. 19, 42; auch § 406h, 13; § 397b) übt das Akteneinsichtsrecht für die von ihm vertretenen Verletzten – auch zur Vermeidung erheblicher Verfahrensverzögerung – aus.

2. Umfang. Begriff und Umfang der Akten und Beweisstücke, auf die sich das Ein- 10
sichtsrecht bezieht, entsprechen der Regelung in § 147 Abs. 1. Aus der Formulierung: „vorzulegen wären" und Absatz 4 Satz 1 ergibt sich, dass die Einsicht schon im Ermittlungsverfahren möglich ist und sich dann auf die Akten erstreckt, die im Falle der Erhebung der öffentlichen Klage nach § 199 Abs. 2 Satz 2 dem Gericht vorgelegt werden müssen.

3. Berechtigtes Interesse. Das Akteneinsichtsrecht des Verletzten besteht grund- 11
sätzlich (zur Ausnahme s. Rn. 17) nur, soweit er hierfür ein berechtigtes Interesse darlegt (zur Darlegungslast s. Rn. 16). Den Begriff des „berechtigten Interesses" hat der Gesetzgeber Nr. 185 RiStBV entnommen, ohne ihn – oder auch sein Verhältnis zu einer allgemeinen Interessenwahrnehmung (vgl. § 395 Abs. 3) – näher zu erläutern.[40] Ein berechtigtes Interesse folgt **nicht automatisch** aus der (angeblichen) Schädigung des „Tatopfers" bzw. der Stellung des Verletzten im Strafverfahren,[41] sondern setzt voraus, dass die Akteneinsicht zur Verfolgung eines rechtmäßigen[42] Zwecks **im Zeitpunkt der Antragstellung** im begehrten Umfang geeignet und **erforderlich ist**[43] oder nach – den grundsätzlich notwendigen Darlegungen (s. Rn. 16) – wenigstens geeignet und erforderlich erscheint.[44]

Ein berechtigtes Interesse besteht nicht, wenn (soweit) die begehrte Einsicht **keinen** 12
Bezug zu der den Verletzten betreffenden **Tat** hat (ggf. ist dann etwa bei mehreren Taten nur partiell Einsicht zu gewähren)[45] oder wenn hierdurch erst die Prüfung der Verletztenstellung vorgenommen werden soll.[46] Dies gilt gleichermaßen, wenn die Akteneinsicht allein zu dem Zweck begehrt wird, sich anhand dessen auf eine anstehende Zeugenvernehmung vorzubereiten; hier schlägt dies gesetzliche Wertung aus § 58 durch.[47] Die Akteneinsicht ist grundsätzlich ebenfalls **nicht erforderlich**, wenn diese Ausdruck des Interesses des Verletzten ist, zukünftig keine erneuten Übergriffe des Beschuldigten befürchten zu müssen;[48] insoweit sind die Informationsrechte aus § 406d zureichend.[49]

---

40 BTDrucks. **10** 5305 S. 17.

41 So auch SK/*Velten*/*Greco*/*Werkmeister* 6; *Lauterwein* 63; **a.A.** wohl HK/*Pollähne* 9; *Grandel* 57; *Kempf* StV **1987** 217; s. auch *Thomas* StV **1985** 433.

42 Nicht zu den – praktisch nicht bedeutsamen – Zwecken einer Zeugenbeeinflussung, einer Nötigung oder einer Straftat nach § 353d StGB, vgl. im Einzelnen *Lauterwein* 60.

43 Vgl. auch SK/*Velten*/*Greco*/*Werkmeister* 6; *Hilger* NStZ **1984** 541; *Schlothauer* StV **1987** 357, 360; *Schäfer* NStZ **1985** 198; LG Regensburg NStZ **1985** 233; differenzierend hingegen *Lauterwein*60 ff.

44 Ebenso HK/*Pollähne* 9; KMR/*Nepomuck* 11.

45 Vgl. OLG Koblenz StV **1988** 332 mit Anm. *Schlothauer*; KG NJW **1988** 1738; LG Hildesheim NJW **2008** 531; LG Frankfurt StV **2003** 495; SK/*Velten*/*Greco*/*Werkmeister* 11; KMR/*Nepomuck* 5; *Meister* 45.

46 Ebenso *Lauterwein* 65.

47 HK/*Pollähne* 9; KMR/*Nepomuck* 10; zw. hingegenOLG Saarbrücken ZWH **2013** 204.

48 Ähnlich HK/*Pollähne* 9.

49 *Endler* 51.

13 In Betracht kommen hingegen das Interesse an der Einleitung und **Durchführung des Verfahrens,**[50] am Schutz vor ungerechtfertigen **Verantwortungszuschreibungen** durch den Beschuldigten (s. § 395 Rn. 59),[51] am Schutz vor **sekundärer Viktimisierung**[52] sowie das Interesse an **Wiedergutmachtung,** etwa auch im Wege des **Adhäsionsverfahrens** (s. Rn. 8, 47; § 373b, 29; § 403, 2).[53]

14 **Einzelfälle.** Ein berechtigtes Interesse kann bestehen, wenn die Akteneinsicht zur Wahrung **schutzwürdiger** privatrechtlicher oder öffentlich-rechtlicher **Interessen,** etwa persönlichkeitsrechtlicher oder vermögensrechtlicher Belange, insbesondere zur gerichtlichen Durchsetzung oder Abwehr von „Ansprüchen"[54] – im Adhäsions-[55] wie im Zivilverfahren[56] – einschließlich der Wahrnehmung von „Anfechtungsmöglichkeiten" (z.B. § 129 InsO), begehrt wird.[57] Für die Vorbereitung oder Durchführung eines Zivilverfahrens wegen spezifischer Straftatfolgen[58] kann die Akteneinsicht gerade auch erforderlich sein, um **Prozessrisiken** und und **Werthaltigkeit geltend gemachter Ansprüche** – etwa durch Einsicht in die Verfahrensakten zu Maßnahmen der **Vermögensabschöpfung** – beurteilen zu können.[59] Dies gilt gleichermaßen zur Vorbereitung eines Klageerzwingungsverfahrens.[60]

15 **Streitig** sind insbesondere die **Begrenzungen,** die bei einem Einsichtsbegehren zur Wahrnehmung „zivilrechtlicher" Ansprüche zu beachten sind, also ggf. eine „Berechtigung" ausschließen. Nach der hier vertretenen Auffassung können sich solche Begrenzungen daraus ergeben, dass die Akteneinsicht namentlich zur Verhinderung der privatrechtlichen Risikoverteilung allein auf einen Anfangsverdacht[61] hin nicht auf eine **„Ausforschung"** hinauslaufen und z.B. nicht dazu dienen darf, einer bisher unschlüssigen Zivilklage zur Schlüssigkeit zu verhelfen.[62] Soweit sich die **Gegenauffassung**[63] auf einen Willen des Gesetzgebers zur Erweiterung des Verletztenbefugnisse auch bei der Verfolgung zivilrechtlicher Schadensersatzansprüche beruft, bleibt sie einen eindeuti-

50 Etwa die Prüfung ob ein Klageererzwingungsverfahren betrieben werden soll und (noch) kann, s. auch Meyer-Goßner/*Schmitt* 4; SK/*Velten*/*Greco*/*Werkmeister* 9; HK/*Pollähne* 9; *Lauterwein* 64; *Riedel*/*Wallau* NStZ **2003** 393 395; abl. hingegen zum Klagerzwingungsverfahren *H. Schäfer* wistra **1988** 216, 217 f.

51 Hierzu etwa OLG Saarbrücken ZWH**2013** 204.

52 SK/*Velten*/*Greco*/*Werkmeister* 8.

53 Vgl. nur BVerfG BeckRS **2009** 18693; *Endler* 48 ff.; *Lauterwein* 64; SK/*Velten*/*Greco*/*Werkmeister* 7 ff.

54 BVerfG NJW **2007** 1052.

55 BTDrucks. **16** 12098 S. 36.

56 BVerfG NJW **2003** 501 (§ 88 BörsG; § 15 WpHG); BVerfG NJW **2007** 1053; BVerfG BeckRS **2009** 18693 (§ 826 BGB wegen Kursmanipulation durch Scalping); OLG Hamburg NStZ-RR **2012** 320; OLG Hamm BeckRS **2017**, 142301; s. auch OLG Stuttgart BeckRS **2013** 13426 (§ 20a WpHG); Meyer-Goßner/*Schmitt* 4.

57 LG Hildesheim NJW **2008** 531; LG Mühlhausen wistra **2006** 76 mit Anm. *Frye*; LG Dresden StV **2006** 11; LG Stralsund StraFo **2006** 76; LG Frankfurt StV **2003** 495; s. auch OLG Hamm NJW **1985** 2040; OLG Braunschweig NdsRpfl. **1992** 269; OLG Koblenz StV **1988** 332 mit Anm. *Schlothauer*; Meyer-Goßner/*Schmitt* 4; HK/*Pollähne* 9; SK/*Velten*/*Greco*/*Werkmeister* 11; SSW/*Werner* 5; *Hilger* NStZ **1984** 541; *Krause* FS Widmaier 639; einschränkend *Wallau* FS Dahs 516.

58 SK/*Velten*/*Greco*/*Werkmeister* 11; ähnlich *Asholt* ZStW 126 (**2014**) 930 zu einer auf Seiten des Beschuldigten agierenden juristichen Person.

59 OLG Hamm BeckRS **2017** 142301; OLG Hamburg BeckRS **2012** 15124.

60 Meyer-Goßner/*Schmitt* 4; HK-GS/*Ferber* 4.

61 Kritisch hierzu *Lauterwein* 70.

62 Vgl. SSW/*Werner* 7; HK/*Pollähne* 10; Meyer-Goßner/*Schmitt* 4; KK/*Zabeck* 4; *Otto* GA **1989** 301 ff.; *Riedel*/*Wallau* NStZ **2003** 395; *Wallau* FS Dahs 516; *Asholt* ZStW 126 (**2014**) 930; *Koch* FS Hamm 289; *Kuhn*ZRP **2005** 127; *Schlothauer* StV **1988** 334; *Hilger* NStZ **1984** 542; *v. Briel* wistra **2002** 216.

63 Vgl. *Kiethe* wistra **2006** 52; MK/*Grau* 5; *Sieber* in FS Spendel 757 ff.; *Lauterwein* 70, der hier zivilprozessrechtlichen Auskunftsansprüchen keine begrenzende Wirkung beimessen will; OLG Koblenz NStZ gen Nachweis hierfür schuldig; in Rede stehen insoweit ausdrücklich nur Bestrebungen zur Erleichterung des Adhäsionsverfahrens.[64] Des Weiteren darf die Akteneinsicht nicht einer nach dem Zivilrecht **unzulässigen Beweisgewinnung** dienen (Umgehungsgedanke), ist für solche Fallkonstellationen (z.B. „Suche" nach Unterlagen, beweisrelevanten Informationen) also nur zulässig, wenn der Verletzte einen entsprechenden zivilrechtlichen Anspruch wenigstens schlüssig darlegt.[65] Ein „berechtigtes Interesse" ist demzufolge regelmäßig abzulehnen, wenn die strafprozessuale Akteneinsicht dazu „missbraucht" werden soll, Einsicht in **beschlagnahmte Unterlagen** zu erhalten, auf die der Verletzte mangels eines erforderlichen zivilrechtlichen Titels nicht zurückgreifen könnte, wenn die Unterlagen (noch) nicht in den Händen der Strafverfolgungsbehörden wären.[66]

4. Darlegungslast. Der Verletzte hat das gesetzlich geforderte notwendige berechtigte Interesse an der Akteneinsicht in seinem Antrag grundsätzlich (zur Ausnahme s. Rn. 17) darzulegen. Hierzu genügt ein **schlüssiger Vortrag**[67] zur Geeignetheit und Erforderlichkeit (s. Rn. 11) der **Akteneinsicht zum maßgeblichen Zeitpunkt der Antragstellung**, sofern sich diese Aspekte im Einzelfall nicht von selbst verstehen; der Glaubhaftmachung bedarf es nicht.[68] Da dem Verletzten eine konkretisierende Darstellung regelmäßig ohne die Kenntnisse aus den Akten nicht möglich ist, sind an den Vortrag grundsätzlich keine zu strengen Anforderungen zu stellen.[69] Allerdings reicht der pauschale Hinweis darauf nicht aus, dass nicht näher beschriebene Schadensersatzforderungen aus einer verschleppten Insolvenz geltend gemacht werden sollen.[70] Der Darlegungspflicht des Verletzten kommt nach alledem eine begrenzende Bedeutung zu.[71] 16

Ausnahme (Satz 2). Nebenkläger (§§ 395, 396) und Nebenklagebefugte (§ 406h) sind von der Darlegungslast befreit. Diese gesetzliche Privilegierung suspendiert allerdings nicht die Pflicht, zur Erforderlichkeit der **Akteneinsicht zum konkreten Antragszeitpunkt** – namentlich vor einer absehbaren Zeugenvernehmung (s. Rn. 11, 25 ff.) oder bei einer allein erstrebten bürgerlich-rechtlichen Wiedergutmachung[72] – vorzutragen und, mit Ausnahme etwaiger Evidenzfälle, ebenfalls zu erläutern, warum mit Blick auf 17

1990 604; StV **1988** 332; OLG Braunschweig NdsRpfl. **1992** 270; OLG Stuttgart BeckRS **2013** 13426; LG Bielefeld wistra **1995** 120; LG Mühlhausen wistra **2006** 76 mit Anm. *Frye*; differenzierend – Akteneinsicht erst nach Rechtskraft – hingegen SK/*Velten*/*Greco*/*Werkmeister*14; ähnlichKMR/*Nepomuck* 10, 19, der den Tatverdacht in die vorzunehmende Abwägung einstellen will.

64 So zutreffend *Lauterwein* 67 f. der ferner auf die Befugnisse aus § 475 verweist.

65 Vgl. LG Hildesheim NJW **2008** 531; LG Regensburg NJW **2004** 530; LG Düsseldorf wistra **2003** 239; LG Frankfurt StV **2003** 495; Meyer-Goßner/*Schmitt* 3; *Otto* GA **1989** 300 ff.; s. auch LG Mühlhausen wistra **2006** 76 mit Anm. *Frye*; HK/*Pollähne*10;*Sieber* in FS Spendel 757 ff.

66 Vgl. *Hilger* NStZ **1984** 542; SSW/*Werner* 7; *Iffert-Schmücker* 73; *Grandel* 261; aus grundrechtlicher Sicht wohl **a.A.** *Lüderssen* NStZ **1987** 249; zur Problematik s. auch SK/*Velten*/*Greco*/*Werkmeister* 13; *Sieber* in FS Spendel 757 ff.; *Thomas* StV **1985** 433; *Koch* FS Hamm 289; OLG Braunschweig NdsRpfl. **1992** 270; zur Rspr. vor dem OpferschutzG s. BVerfG (Kammerentscheidung) NJW **1988** 405; OLG Koblenz AnwBl. **1985** 314; **1985** 315; NStZ **1987** 289; differenzierend hingegen *Rennicke* StV **2021** 134 136.

67 HK/*Pollähne* 9; *Lauterwein* 74; KMR/*Nepomuck* 11; HK-GS/*Ferber* 5; OLG Hamburg BeckRS **2012** 15124; OLG Koblenz StV **1988** 332 333; LG Frankfurt StV **2003** 495; **h.M.**; **a.A.** SK/*Velten*/*Greco*/*Werkmeister* 5, die grundsätzlich das Maß des hinreichenden Tatverdachts anlegen wollen.

68 OLG Hamburg BeckRS **2012** 15124; Meyer-Goßner/*Schmitt* 3; HK/*Pollähne* 9 ff.; SSW/*Werner* 4; HK-GS/*Ferber* 5; KK/*Zabeck* 4; *Kuhn* ZRP **2005** 127; *Lauterwein* 73 f.; h.M.; **a.A.** *Riedel*/*Wallau* NStZ **2003** 395 (mit Hinweis auf § 16 BDSG).

69 OLG Köln NZI **2014** 1059.

70 LG Hamburg NZI **2019**, 137.

71 **A.A.***Grandel* 58; s. auch *Lüderssen* NStZ **1987** 254; *Meister* 34.

72 S. auch SK/*Velten*/*Greco*/*Werkmeister*13: keine Akteneinsicht insoweit vor Eintritt der Rechtskraft.

das konkrete Interesse auch eine spätere oder nur parteille Akteneinsicht (s. Rn. 19) zur Interessenwahrnehmung nicht gleichgeeignet ist.[73] Steht eine gerichtliche Zulassungsentscheidung nach § 396 Abs. 2 Satz 2 etwa in den Fällen des § 395 Abs. 3 oder aber wegen noch nicht erhobener öffentlicher Klage (s. § 406h) noch aus, so ist für die Befreiung von der Darlegungslast weitergehend auch die vom Verletzten geltend gemachte **Anschlussbefugnis** zu begründen und die nach § 395 Abs. 3 erforderliche prozessuale Schutzbedürftigkeit schlüssig darzulegen (s. § 395, 54 f.).[74] Dies gibt der Gesetzeswortlaut vor, der ein Akteneinsichtsrecht nur einräumt, „soweit" es den Interessen förderlich ist. Das konkrete Maß der Schutzbedürftigkeit ist überdies in die durch den Antrag erwirkte gerichtliche Abwägung mit entgegenstehenden Interesen einzustellen.[75]

III. Begrenzungen (Absatz 2)

18 **1. Allgemeines.** Die Vorschrift begrenzt das Akteneinsichtsrecht des Verletzten unabhängig davon, ob dieser prozessual die Stellung eines Nebenklägers, Nebenklagebefugten oder Verletzten inne hat.[76] Rechtspolitische Bestrebungen, dem Nebenkläger – gleichlaufend mit den Rechten des Angeschuldigten – nach Abschluss der Ermittlungen (§ 169a) ein unbeschränkbares Akteneinsichtsrecht zu gewährleisten,[77] konnten sich im Gesetzgebungsverfahren mit Recht nicht durchsetzen.[78]

19 Die Prüfung, ob die Voraussetzungen des Absatzes 2 erfüllt sind, und die Entscheidung, ob und inwieweit deshalb die Akteneinsicht zu versagen ist, erfolgt **von Amts wegen**. Die Verwendung des Begriffes „soweit" macht deutlich, dass ein Versagungsgrund die Gewährung der Akteneinsicht nur in dem Ausmaß hindern kann, in dem er ihr entgegensteht.[79] Daher ist stets zu prüfen, ob eine nur **teilweise Akteneinsicht** gewährt werden kann[80] oder ob, z.B. bei mehreren Verletzten, dem Versagungsgrund drohender Verfahrensverzögerung dadurch begegnet werden kann, dass diese einen gemeinsamen, zur Akteneinsicht bevollmächtigten Rechtsanwalt benennen (s. Rn. 9; vgl. § 397b).[81] Die Akten sind tunlichst so zu führen, dass eine partielle Akteneinsicht möglich ist; dies bedeutet z.B., dass persönlichkeitsrechtlich sensible Unterlagen, etwa Berichte der Gerichtshilfe, medizinische Gutachten oder Registerauskünfte (s. Nrn. 187, 186 Abs. 2 Satz 3, 16 Abs. 2 Satz 2 RiStBV), gesondert geheftet werden oder den Akten leicht entnommen werden können.[82]

20 Nach der Neufassung enthalten die Sätze des Absatzes 2 nunmehr **drei jeweils eigene Versagungsgründe**. Nach **Satz 1** ist die Akteneinsicht – im Sinne eines **Abwägungsverbots – zwingend zu versagen,** wenn **schutzwürdige Belange des Beschul-**

---

73 Ähnlich differenzierend wohl auch SK/*Velten*/*Greco*/*Werkmeister* 13.

74 S. auch *Lauterwein* 74 f.

75 Vgl. auch *Lauterwein* 75.

76 S. auch OLG Naumburg NStZ **2011** 118; zur fehlenden Verletzteneigenschaft mutmaßlich durch Marktmanipulationen Geschädigter vgl. OLG Stuttgart BeckRs **2013** 13426.

77 BTDrucks **16** 12098 S. 35.

78 BTDrucks **16** 13671 S. 22 und **16** 12812 S. 15.

79 LR/*Hilger*[26] 4; vgl. auch LG Schwerin NJ **1994** 277.

80 Ebeso SK/*Velten*/*Greco*/*Werkmeister* 14; SSW/*Werner* 8; *Lauterwein* 93 f.; hierzu auch BVerfG NJW **2007** 1052, 1053; OLG Hamm BeckRS **2017** 142301.

81 BTDrucks **10** 5305 S. 18.

82 Vgl. auch LG Stralsund StraFo **2006** 76; *Groß*/*Fünfsinn* NStZ **1992** 105 ff.; zum Steuerstrafverfahren vgl. *Kümmel* wistra **2014** 124.

digten oder anderer Personen entgegenstehen (s. Rn. 21 ff.).[83] Der Versagungsgrund aus **Satz 2** wurde – korrespondierend mit § 147 Abs. 2 Satz 1, Absatz 4 Satz 1[84] – um den Einschub erweitert, dass Akteneinsicht für den Fall versagt werden kann, dass der **Untersuchungszweck** eines anderen Strafverfahrens gefährdet erscheint (s. Rn. 25 ff.). Hiermit soll etwa Konstellationen Rechnung getragen werden, in denen der Verletzte durch die Akteneinsicht Rückschlüsse auf Ermittlungsansätze oder Beweiswürdigungsfragen in anderen Strafverfahren ziehen kann, in denen sich die Ermittlungen namentlich noch in einem frühen Stadium befinden.[85] Vor dem Zeitpunkt des § 169a kann die Akteneinsicht auch aus dem Grund einer anderenfalls eintretenden erheblichen Verzögerung des Verfahrens versagt werden (Satz 3, s. Rn. 42 ff.). Eine zeitliche Beschränkung des Anwendungsbereichs der beiden anderen Versagungsgründe sieht das Gesetz – anders als teilweise in Satz 3 (drohende Verfahrensverzögerung, s. Rn. 44) – nicht vor.[86]

2. Überwiegende schutzwürdige Interessen (Satz 1). Die Akteneinsicht ist **zwingend zu versagen**, soweit die einer Einsicht **entgegenstehenden Interessen**, die nicht nur vermutlich bestehen dürfen, sondern festgestellt sein müssen, **überwiegen**. Eine pauschalierende Betrachtung „der Verfahrensakte" verbietet sich; vielmehr ist die gebotene Abwägung für **jede einzelne in den Verfahrensakten enthaltene Information** vorzunehmen.[87] Zu Konflikten mit dem Gebot der Zügigkeit s. Rn. 42. Bleiben Zweifel, ob die einer Akteneinsicht entgegenstehenden Interessen überwiegen, so wirkt sich das zugunsten des Verletzten aus (anders hingegen § 475).[88] Dem Verletzten kann die Akteneinsicht nicht mit der Begründung verweigert werden, sie solle allen Verletzten gleichzeitig gewährt werden.[89] 21

a) Abwägungstopoi. Überwiegende schutzwürdige Beschuldigteninteressen liegen vor, wenn das Interesse des Beschuldigten oder anderer – natürlicher wie juristischer – Personen (andere Verletzte, sonstige Zeugen)[90] an der Geheimhaltung bestimmter in den Akten enthaltener und sie betreffender Erkenntnisse gewichtiger ist, als das berechtigte Interesse des Verletzten, den Akteninhalt insoweit einsehen zu können. Den durch Absatz 2 geschützten Interessen des Beschuldigten kommt grundsätzlich hohes Gewicht zu; denn hierzu zählt gerade auch sein verfassungsrechtlich verbürgtes Interesse an der Geheimhaltung persönlicher Daten.[91] Die Gewährung von Einsicht in die Strafakten – durch die personenbezogene Daten Dritten zugänglich gemacht werden – stellt daher stets einen Eingriff in das durch Art. 2 Absatz 1 i.V.m. Art. 1 Absatz 1 GG verfassungsrechtlich geschützte Recht des Beschuldigten auf **informationelle Selbstbestimmung** dar. Die Auslegung und Anwendung des § 406e Abs. 2 hat sich daher an dieser verfassungsrechtlichen Bestimmung zu orientieren. Da § 406e aber gerade die Rechtsgrundla- 22

---

83 Hierzu zählen auch Soldaten der Bundeswehr im Auslandseinsatz, vgl. BGH StV **2012** 327, der im Übrigen offen gelassen hat, ob (andere) Belange der Bundesrepublik Deutschland hiervon erfasst werden können.

84 Vgl. hierzu Meyer-Goßner/*Schmitt* § 147, 25.

85 BTDrucks. **16** 11644 S. 34.

86 S. auch OLG Naumburg NStZ **2011** 118.

87 Hierauf weist mit Recht hin *Lauterwein* Symposium S. 172.

88 KK/*Zabeck* 6; enger *Grandel* 61; *Schlothauer* StV **1987** 356; *Otto* GA **1989** 304 ff.; *Kempf* NStZ **1987** 217.

89 LG Düsseldorf wistra **2003** 239.

90 OLG Hamm BeckRS **2017** 14230 (Patientendaten weiterer durch einen Beschuldigten Geschädigter); BVerfG BeckRS **2016** 1084 (Steuerberater in Verfahren gegen dessen Mandanten); BGH [ER]BeckRS **2011**, 26971 (am ISAF-Einsatz beteiligte Soldaten, deren Mitarbeiter und Informanten).

91 Vgl. BTDrucks **10** 5305 S. 18; BVerfG NJW **2007** 1052; OLG Hamburg BeckRS **2012** 15124.

ge für Eingriffe in Grundrechte des Beschuldigten darstellt, kann die Grundrechtsbetroffenheit allein noch nicht das Überwiegen der Schutzwürdigkeit begründen.[92]

23 In Betracht kommen in erster Linie **persönlichkeitsrechtliche Interessen** im weitesten Sinne[93] (etwa Erkenntnisse zu Gesundheit und Psyche; interne familiäre Verhältnisse; Intimbereich; jugendgerichtliche Belange (zum JGG s. Vor § 406d, 7); Vertraulichkeitszusagen; vgl. § 30 AO;[94] § 35 SGB I i.V.m. §§ 67a ff. SGB X;[95] §§ 41 ff., 61 BZRG),[96] aber auch schutzwürdige **wirtschaftliche** bzw. **vermögensrechtliche Interessen**, z.B. zum Schutz von Betriebs- und Geschäftsgeheimnissen.[97] In Betracht kommen als schützenswerte Interessen auch die Wahrung des **Steuergeheimnisses**[98] und das **Fernmeldegeheimnis.**[99] Zu diesen Interessen würden auch die in Rn. 14 f. angesprochenen Interessen des Beschuldigten an der **Abwehr einer „Ausforschung"** bzw. einer Einsicht in beschlagnahmte Unterlagen zählen, wenn – mit der hier vertretetenen Auffassung – nicht schon ein berechtigtes Einsichtsinteresse des Verletzten abgelehnt wird. Hat der Verletzte allerdings einen zivilrechtlichen Schadensersatzanspruch oder den Adhäsionsantrag schlüssig (§ 404, 1) begründet und beantragt er nun Einsicht allein deshalb, um die Begründung zu ergänzen oder ggf. zu berichtigen, wird häufig kein überwiegendes (Rn. 22) schutzwürdiges Gegeninteresse des Beschuldigten an einer Verweigerung der hierzu erforderlichen, ggf. auch hierauf zu beschränkenden Einsicht bestehen (s. aber auch Rn. 24).[100]

24 **b) Entscheidung.** Die **Entscheidung** nach Absatz 2 Satz 1 erfordert namentlich eine **sorgfältige Abwägung**[101] aller feststehenden gegenläufigen Belange; sie hat namentlich zu erkennen zu geben, dass ihr auch eine Abwägung zum **Umfang** zu gewährender Akteneinsicht zugrunde liegt.[102] In diese ist die **Unschuldsvermutung** (Art. 6 Abs. 2 EMRK), das Gewicht des bestehenden **Tatverdachts**[103] und des verwirklichten Tatunrechts einzustellen. Es darf also nicht zum Nachteil des Beschuldigten gewertet werden, dass ein gewisser Verdacht dahin besteht, der Beschuldigte könne der für die Verletzung Verantwortliche sein.[104] Ferner sind in der Abwägung zu berücksichtigen die **Art der personenbezogenen Daten,**[105] die **wirtschaftliche Bedeutung** etwa in Rede stehender Betriebs- und Geschäfts-

---

92 s. auch *Lauterwein* 94.

93 Vgl. BTDrucks. **10** 5305 S. 18; BVerfG NJW **2007** 1052; BVerfG BeckRS **2009** 18693.

94 Eingehend dazu *v. Briel* wistra **2002** 213.; *Blesinger* wistra **1991** 297; ferner OLG Karlsruhe JR **1995** 79 mit Anm. *Otto*; LG Kleve wistra **1991** 160 (weitergehende Fälle); LG Bochum wistra **1991** 198.

95 S. auch OLG Karlsruhe NStZ **2008** 108 (Begrenzung des Sozialdatenschutzes Dritter).

96 S. auch OLG Braunschweig NdsRpfl. **1992** 270; LG Frankfurt NJW **1988** 84 (SGB); KG StV **2019** 181 (beigezogene Akten früherer Strafverfahren); *Schlothauer* StV**1987** 357; *Otto* GA **1989** 301.

97 OLG Koblenz StV **1988** 332; OLG Braunschweig NdsRpfl. **1992** 270; LG Köln StraFo **2005** 78; LG München wistra **2006** 240 (Steuer- und Bankgeheimnis); BVerfG wistra **2002** 335.

98 OLG Hamm BeckRS **2015**09558; *Kümmel* wistra **2014** 124; *Lauterwein* 110.

99 BVerfG NJW **2007** 1052; BTDrucks. **10** 5305 S. 18.

100 Vgl. BVerfG BeckRS **2009** 18693; s. auch BVerfG NJW **1988** 405; OLG Hamm NStZ-RR **1996** 13; ähnlich *Grandel* 260; krit. *Kempf* StV **1987** 217; *Müller* DRiZ **1987** 473; *Krause* FS Widmaier 639 (Akteneinsicht für geschädigte Kapitalanleger beim Vorwurf von Kapitalmarktdelikten).

101 BVerfG NJW **2003** 501; BVerfG NJW **2007** 1052 1053;BVerfG BeckRS **2009** 18693; BerlVerfGH NJW **2019** 2014 2015; LG Krefeld NStZ **2009** 112.

102 BVerfG BeckRS **2009** 18693.

103 BVerfG BeckRS **2009** 18693; KG NStZ **2019** 110; OLG Hamburg BeckRS **2012** 15124; *Lauterwein* 110 f.; *ders.* Symposium S. 172.

104 Insoweit bedenklich *Lüderssen* NStZ **1987** 260.

105 BerlVerfGH NJW **2019** 2015 (kein Kernbereich); OLG Hamburg BeckRS **2012** 15124 (kein privater Lebensbereich); OLG BeckRS **2017**, 142301 (Patientendaten Dritter; Sonderband „Durchsuchung"); KG NStZ geheimnisse,[106] die Höhe und Substanz[107] eines geltend gemachten Schadensersatzes[108] sowie etwa die Dauer einer dem Verletzten bereits verwehrten Akteneinsicht.[109] Auch kann die Stärke der Verfahrensstellung und damit das vom Gesetzgeber zugeschriebene Maß an Schutzbedürftigkeit bedacht sowie ein Unterschied zwischen einem Verletzten (§§ 406d ff.) und einem Nebenklagebefugten gemacht werden. Dem früher als gewichtig angesehenen Umstand, dass die Akteneinsicht durch einen **Rechtsanwalt** erfolgt und dieser als ein Organ der Rechtspflege dem Mandanten nur diejenigen Auskünfte überlassen darf, die zur Verfolgung zivilrechtlicher Ansprüche gegen den Beschuldigten dringend erforderlich sind,[110] kommt heute schon mit Blick auf das nach Absatz 3 bestehende eigenständige Akteneinsichtsrecht des Verletzten keine Bedeutung mehr zu (s. Rn. 8, 45). In die Abwägung ist ferner einzustellen, dass die Akteneinsicht eine Zweckbindung für die erlangten Informationen auslöst (§ 32f Abs. 5).[111] Als **mildere, aber gleichgeeignete Anordnung** statt einer Versagung ist eine zeitlich begrenzte **partielle** und späterhin **sukzessiv** zu erweiternde **Akteneinsicht** zu erwägen (s. auch Rn. 19, 35). In Betracht kommen insoweit auch die Erteilung einzelner Abschriften, die Vornahme von Anonymisierungen oder die Beschränkung der Akteneinsicht auf Räumlichkeiten des Gerichts oder solcher der Strafverfolgungsbehörden, ggf. unter Aufsicht.[112]

3. Gefährdung des Untersuchungszwecks (Satz 2). Nach pflichtgemäßem Ermessen **kann** die Einsicht verweigert werden, soweit der Untersuchungszweck – für den Fall, dass sie bewilligt würde – gefährdet erscheint. 25

a) Gefahr für Sachaufklärung. Mit der „Gefährdung des Untersuchungszwecks" ist die Gefahr der **Beeinträchtigung der Sachaufklärung** (§ 244 Abs. 2) gemeint. Denn der „Zweck der Untersuchung" ist nichts anderes als das Ziel des Strafprozesses selbst, die Herbeiführung einer materiell gerechten Entscheidung über die Strafsache auf der Grundlage eines zutreffend ermittelten Sachverhalts.[113] Wichtigster Fall ist die Gefahr, dass die Kenntnis des Verletzten vom Akteninhalt die Unbefangenheit, die Zuverlässigkeit oder den Wahrheitsgehalt einer von ihm noch zu erwartenden Zeugenaussage beeinträchtigen könnte;[114] dies gilt auch für Nebenklagebefugte.[115] Der Begriff „erscheint" (nicht: „ist" oder „würde") macht deutlich, dass die Voraussetzung der Gefährdung nicht feststehen muss. Danach kann es bereits genügen, dass nur (schwache) Anhaltspunkte für eine mögliche – abstrakte – Gefährdung vorliegen.[116] Der Gesetzgeber hat der für die Entscheidung zuständigen Stelle einen **weiten Beurteilungsspielraum**[117] eröffnet, der sachgerechte 26

2016 438 (Registerauszüge und medizinischpsychologischen Gutachten); KG NStZ **2019** 110; LG Essen BeckRS **2015** 20897 (Gesundheitszustand); AG Heinsberg BeckRS **2017** 122036 (therapeutische „Tagebücher").

106 OLG Koblenz StV **1988** 333.

107 *Lauterwein* Symposium S. 172.

108 BVerfG BeckRS **2009** 18693;OLG Hamburg BeckRS **2012** 15124.

109 BVerfG NJW **2007** 1053.

110 BVerfG NJW **2007** 1053; BerlVerfGH NJW **2019** 2015; vgl. allerdings *Barton/Kölbel* 163.

111 HK/*Pollähne* 15.

112 In diesem Sinne auch BeckOK/*Weiner* 6.

113 *Radtke* NStZ **2015** 109; hierzu *Radtke* GA **2012** 187188 f.

114 Vgl. BTDrucks. **10** 5305 S. 18; OLG Hamburg NStZ **2015** 106; s. ferner *Schwenn* StV **2010** 705 708; BeckOK/*Eschelbach* § 261 55.3; krit. auch *Herrmann* ZIS **2010** 238.

115 BTDrucks. **16** 13671 S. 14, 22, *Lauterwein* 121 ff., *Meister* 22 f., 46 ff.; *Baumhöfener* StraFo **2012** 4.

116 *Rieß/Hilger* NStZ **1987** 155; *Schlothauer* StV **1987** 357; SSW/*Werner* 11; AG Saalfeld NStZ **2005** 656.

117 *Radtke* NStZ **2015** 109; BGH NJW **2005** 1519.

Differenzierungen ermöglicht. Anders als in § 147 Abs. 2 ist die Versagung bei Gefährdung des Untersuchungszwecks auch nach Abschluss der Ermittlungen (§ 169a), nach Erhebung der öffentlichen Klage[118] und zum Schutze des Untersuchungszwecks in anderen Verfahren möglich.

27 **b) Beurteilungsspielraum.** Die zuständige Stelle – Gericht oder Staatsanwaltschaft – hat regelmäßig (s. aber Rn. 29) ihren Beurteilungsspielraum unter **Berücksichtigung der Umstände des Einzelfalls** zu betätigen, wobei die Bedeutung der Aussage des Verletzten im Beweisgebäude besonders zu berücksichtigen ist.[119] Mit dem Fortgang der Hauptverhandlung und einem teilweise erledigten Beweisprogramm kann eine ursprünglich bestehende Gefährung des Untersuchungszwecks **sukzessiv** entfallen.[120] Auch hier (s. Rn. 24) kommen als möglicherweise **mildere, aber gleichgeeignete Anordnungen** grundsätzlich eine (vorerst) **partielle Akteneinsicht**, die Erteilung einzelner Abschriften, die Vornahme von Anonymisierungen und Schwärzungen oder aber die Akteneinsicht in Räumlichkeiten des Gerichts oder solchen der Strafverfolgungsbehörden in Betracht. Im Übrigen mag zu würdigen sein, ob die Möglichkeit einer Falschmotivation[121] oder einer Präparierung des Zeugen im Raum steht;[122] in diesen Fällen kann sich der Beurteilungsspielraum des Tatgerichts ausnahmsweise auf Null reduzieren (s. Rn. 29 ff.),[123] wobei es konkreter Anhaltspunkte hierfür mit Blick auf die auszuschließende abstrakte Gefahr nicht bedarf.[124]

28 Um den rechtspraktisch ausdifferenzierten Verfahrenskonstelalltionen gerecht zu werden, eignen sich grundsätzlich (s. aber Rn. 29) **keine pauschalierende Ansätze**. So erscheint etwa die Auffassung[125] als zu wenig differenziert, nach der eine Gefährdung immer dann vorliege, wenn der **Verletzte Zeuge** ist; in diesem Fall bestehe grundsätzlich die Möglichkeit der „Präparierung" der Aussage. Diese Ansicht enthält allerdings den **zutreffenden Kerngedanken**, dass in diesem Fall eine Gefährdung sehr naheliegen kann, daher besonders sorgfältig die Verfahrens- und Interessenlage zu prüfen ist und Akteneinsicht häufig nur dann wird bewilligt werden können, wenn die Aussage des Verletzten von untergeordneter Bedeutung ist oder aber die Wahrheitsfindung aus anderen Gründen durch die Aktenkenntnis nicht wesentlich beeinflusst werden kann.[126] Zu pauschal ist auch die Auffassung,[127] dem Verletzten müsse – u.a. im Hinblick auf die „Waffengleichheit" – dann die Einsicht verweigert werden, wenn sie auch dem Beschul-

---

118 Vgl. auch OLG Naumburg NStZ **2011** 118; BTDrucks. **16** 12812 S. 15; MüKo/*Grau* 16.

119 Vgl. BGH BeckRS **2016** 6515; KG NStZ **2016** 438 439; so bereits LR/*Hilger*[26] 12 f.

120 OLG Hamburg NStZ **2015** 105; KG NStZ **2016** 440.

121 Krit. allerdings hierzu *Eisenberg* JR **2016** 392.

122 BGH NStZ **2016** 367; OLG Düsseldorf StV **1991** 202.

123 S. auch *Lauterwein* 124.

124 Vgl. BTDrucks. **10** 5305 S. 18; **a.A.** *Lauterwein* 124, der konkrete Anhaltspunkt hierfür fordert.

125 Vgl. HK/*Pollähne* 18; *Schlothauer* StV **1987** 357; ähnlich *Schünemann* NStZ **1986** 199 (keine Akteneinsicht vor richterlicher Vernehmung des Verletzten); *Eisenberg* JR **2016** 390 393; s. auch *Riedel/Wallau* NStZ **2003** 397; *Wallau* FS Dahs 518; *Steffens* StraFo **2006** 63; *Kempf* StV **1987** 217; *Müller* DRiZ **1987** 473; *Neuhaus* StraFo **1996** 27; *Grandel* 62, 258; *Lauterwein* 123; AG Saalfeld NStZ **2005** 656; s. dagegen OLG Düsseldorf StV **1991** 202; KG NStZ **2019** 110; LG Bielefeld wistra **1995** 120 (Anhaltspunkte erforderlich); LG Stralsund StraFo **2006** 76; *Kiethe* wistra **2006** 50.

126 Ähnlich *Schlothauer* StV **1987** 358 unter Hinweis auf Art. 6 Abs. 1 EMRK; SK/*Velten* 13; s. auch OLG Koblenz StV **1988** 332 mit Anm. *Schlothauer*; enger OLG Düsseldorf StV **1991** 202; LG Bielefeld wistra **1995** 120.

127 Vgl. LG München wistra **2006** 240; *Thomas* StV **1985** 433; HK/*Pollähne* 17.

digten nach § 147 Abs. 2 verwehrt werde.[128] Jedoch kann die Gefährdung des Untersuchungszwecks nach § 147 Abs. 2 – je nach Lage des Einzelfalles – ein gewichtiges Indiz für die Möglichkeit sein, dass der Verletzte seinerseits die Untersuchung gefährden könnte, z.B. dass er bemüht sein könnte, einer befürchteten „Verdunkelung" des Sachverhalts durch den Beschuldigten durch eine vorsorgliche „Präparierung" seiner Aussage oder anderer Belastungszeugen und -aussagen entgegenzuwirken.

c) Beweiskonstellation Aussage-gegen-Aussage. Nach überwiegender Ansicht in der Rechtsprechung[129] ist in der besonderen Beweiskonstellation von Aussage-gegen-Aussage ausnahmsweise der Beurteilungsspielraum der zuständigen Stelle grundsätzlich zunächst **auf Null reduziert**. Eine Einsicht des einzigen Tatzeugen namentlich in Niederschriften über seine früheren Vernehmungen, in ihn betreffende Sachverständigengutachten oder Protokolle über Einlassungen des Beschuldigten ist hier wegen einer – strukturell – stets gegebenen konkreten Gefährdung des Untersuchungszwecks **bis zur Vernehmung des Verletzten im gerichtlichen Erkenntnisverfahren als Zeugen zu versagen.** Da sich an der Grundstruktur der Beweiskonstellation auch im **Berufungsrechtszug** nichts ändert, gilt dieser reduzierte Beurteilungsspielraum auch hier.[130] Diese – im Einklang mit verfassungsgerichtlichen Maßgaben stehende[131] – Rechtsprechungspraxis[132] hat – mit Recht – im Schrifttum nachhaltige und gewichtige Zustimmung erfahren (zur Gegenansicht s. Rn. 36 ff.).[133] 29

aa) Grundlagen. Dieser Reduktion des Beurteilungsspielraums liegen maßgeblich folgende – namentlich **verfassungsrechtliche**[134] – **Erwägungen** zugrunde: 30

Die Beweiskonstellation erfährt ihr Gepräge durch eine Abweichung der Tatschilderung des Zeugen von der eines Angeklagten, ohne dass ergänzend auf weitere **unmittelbar tatbezogene Beweismittel**, etwa belastende Indizien – zum Kerngeschehen der 31

128 Abl. auch MüKo/*Grau* 15.

129 OLG Hamburg [1. Senat] NStZ **2015** 105; StraFo **2015** 328;BeckRS **2016** 07544; BeckRS **2018** 28084; OLG Hamburg [2. Senat], Beschl. v. 13.6.2017 – 2 Ws 87/17 u. vom 30.9.2015 – 2 Ws 226/15; OLG Düsseldorf BeckRS **2016** 01698; OLG Schleswig StraFo **2016**, 157; KG [4. Senat] NStZ **2016** 438; OLG Celle BeckRS **2019** 26457; **a.A.**OLG Braunschweig BeckRS **2015** 20532; OLG Brandenburg BeckRS **2020** 17128 mit abl. Anm. *Klefenz* jurisPR-StrafR 17/**2020**; offengelassen von OLG Hamm BeckRS **2021** 25945.

130 Ebenso LG Düsseldorf StV **2017** 175; **a.A.** OLG Hamburg v. 27.2.2018 – 2 Ws 32/18; KG (4. Senat) NStZ **2016** 440, das erkennbar auf die im amtsgerichtlichen Rechtsdurchgang dokumentierten Aussageinhalte abhebt, welche eine Konstanzprüfung freilich nur dann erleichtern, wenn sie – gerade zum Kerngeschehen – präzise und vollständig sind und der Zeuge auch diese Inhalte vor seiner neuerlichen gerichtlichen Vernehmung nicht zur Kenntnis nehmen kann, s. ferner KG (3. Senat) BeckRS **2018** 30436.

131 Vgl. BVerfG NJW **2017** 1164, 1165.

132 LG Berlin BeckRS **2021** 39046; LG Kiel BeckRS **2021** 28699; LG Köln BeckRS **2021** 3086; LG Düsseldorf StV **2017** 175; LG Frankfurt StV **2017** 187; LG Hamburg NStZ-RR **2018** 322; AG Aachen BeckRS **2019** 26468; AG Cloppenburg BeckRS **2018** 15882; AG Bocholt BeckRS **2016** 5602; AG Krefeld BeckRS **2017** 122040.

133 Meyer-Goßner/*Schmitt* 12; HK/*Pollähne* 19; MüKo/*Grau* 14; MüKo/*Miebach* § 261 Rn. 223; BeckOK/*Eschelbach* § 261 Rn. 59.5; ausf. *Endler* 213; *Hohoff* NStZ **2020** 389 ff.; *Baumhöfener/Daber* StraFo **2016** 77; *Bertheau* FD-StrafR **2018** 407775; *Deckers* StraFo **2015** 265, 268; *Deiters* StV **2017** 146; *Ferber* NJW **2016** 279; *Eisenberg* JR **2016** 390 393; *ders.* Beweisrecht 1299a m.w.N.; *Freyschmidt/Krumm* Rn. 1192; *Gerst/Ufer* Kap. 8 Rn. 48 f.; *Gubitz* NStZ **2016** 367 ff.; *Hilgert* NJW **2016** 985; *Meyer-Lohkamp* jurisPRStrafR 2/**2016** Anm. 5; *Püschel* StraFo **2015** 269 275; *Radtke* NStZ **2015** 108; *Rinklin* jurisPR-StrafR 18/**2015** Anm. 1; *Stephan* StRR **2015** 104 106; *Klefenz* jurisPR-StrafR 17/**2020**; ebenso bereits *Barton* StRR **2009** 404, 406.

134 Vgl. OLG Hamburg NStZ **2015** 105.

Tat,[135] wie Zeugenaussagen[136] über Geräusche oder aber Verletzungsbilder – zurückgegriffen werden kann.[137] Dieselbe Verfahrenskonstellation ist gegeben, wenn der Angeklagte selbst keine eigenen Angaben zum Tatvorwurf macht, sondern sich durch Schweigen verteidigt.[138]

32 Die miteinander verschränkten Maßgaben der § 244 Abs. 2, § 261 verpflichten das Gericht nicht nur, die unmittelbaren Beweise zu erheben, sondern auch die zu ihrer Würdigung erforderlichen Umstände, etwa zur Glaubwürdigkeit der Zeugen und zur Glaubhaftigkeit ihrer Angaben, im Rahmen der Beweisaufnahme aufzuklären und zum Gegenstand der nachfolgenden Würdigung zu machen.[139] Wenngleich die Beweiswürdigung von Gesetzes wegen „frei", das heißt keinen Beweisregeln unterworfen ist, hat die höchstrichterliche Rechtsprechung insbesondere für die Beweiskonstellation Aussage-gegen-Aussage mit ihren aus aussagepsychologischen Erkenntnissen entwickelten Grundsätzen für die Beweiswürdigung den Maßstab konkretisiert, der sich aus der **freiheitssichernden Funktion der Art. 2 Abs. 2 Satz 2, Art. 20 Abs. 3 und Art. 104 Abs. 1 GG** für das faire rechtsstaatliche Verfahren ergibt.[140] Das Tatgericht muss sich – gerade auch mit Blick auf die **eingeschränkten Verteidigungsmöglichkeiten** eines Angeklagten in dieser Beweiskonstellation[141] – bewusst sein, dass die Aussagen des einzigen Belastungszeugen einer besonderen Glaubhaftigkeitsprüfung zu unterziehen sind und eine lückenlose Gesamtwürdigung der Indizien von besonderer Bedeutung ist. Hierbei kommt – außer bei sehr einfach strukturierten Lebenssachverhalten – der **inhaltlichen Konstanz** aufeinander folgender Vernehmungen desselben Zeugen als eines von zahlreichen Realitätskriterien wesentliche Bedeutung zu.[142]

33 Diese besonderen Maßgaben für die gerichtliche Überzeugungsbildung finden nach st.Rspr. gerade auch Berücksichtigung in den schriftlichen Urteilsgründen (§ 267). Diese müssen – also gerade auch zum Schutze des Angeklagten in dieser schwierigen Beweiskonstellation – ein Bewusstsein des Tatgerichts für die Schwierigkeit der Beweiskonstellation Aussage-gegen-Aussage und der Bedeutung von Aussageentstehung und Aussageentwicklung[143] in intersubjektiv-vermittelbarer Weise erkennen lassen.[144]

34 Einer diesen strengen Anforderungen verpflichteten Beweiswürdigung unter Berücksichtigung der Aussagekonstanz (§ 261) und deren rechtfertigender Darlegung in den Urteilsgründen (§ 267) kann aber nicht mehr entsprochen werden, wenn dem Verletzten als Auskunftsperson vor seiner Vernehmung im Erkenntnisverfahren umfassende Akteneinsicht gewährt worden ist. Denn durch die Aktenkenntnis des Opferzeugen wird aus **ein-**

135 Weiter allerdings BGH NStZ-RR **2003** 268.

136 Vgl. aber zu Tatzeugen aus demselben „Lager" KG NStZ **2016** 438, 439; OLG Karlsruhe StraFo **2005**, 250; OLG Frankfurt StV **2011** 12.

137 *Sander* StV **2000** 45, 46; *ders.* § 261 83d; *Schmandt* StraFo **2010** 448.

138 Ebenso LG Düsseldorf StV **2017** 175; **a.A.** OLG Hamburg v. 27.2.2018 – 2 Ws 32/18; KG (4. Senat) NStZ **2016** 438, 440, das erkennbar auf die im amtsgerichtlichen Rechtsdurchgang dokumentierten Aussageinhalte abhebt, welche eine Konstanzprüfung freilich nur dann erleichtern, wenn der Zeuge auch diese Inhalte nicht vor seiner Vernehmung im Berufungsrechtszugs zur Kenntnis nehmen kann; s. ferner KG (3. Senat) BeckRS **2018** 30436.

139 BVerfG NJW **2003** 2444.

140 BVerfG NJW **2003** 2444.

141 Vgl. nur BGH NStZ-RR **2005** 259; *Miebach* FS Joecks 137.

142 BGHSt **45** 164 172; BGH BeckRS **2014**, 13948; BGH NStZ **2013** 180, 181.

143 BGH NStZ **2000** 496 497; NStZ-RR **2018**, 188; s. auch BVerfG NJW **2017** 1164, 1166.

144 Vgl. nur BGHSt **44** 153, 158 ff.; BGH StV **2017** 8; *Hohoff* NStZ **2020** 389; KK/*Ott* § 261, 121; BeckOK/*Eschelbach* § 261 59.1.

helliger aussagepsychologischer Sicht[145] die Überprüfbarkeit und Belegbarkeit – **unabhängig von Falschbelastungsmotiven**[146] – einer Erlebnisgrundlage erschwert oder gar vereitelt; das Realitätskriterium der Aussagekonstanz wird bis zur Aussagelosigkeit entwertet.[147] Nur wenn keine Aktenkenntnis bis zur gerichtlichen Vernehmung gewährt worden ist, kann die Hypothese einer Verwässerung und/oder Kontamination der Gedächtnisinhalte – **eines unbewussten Verfälschungs- oder Verzerrungsprozesses**[148] – durch zwischenzeitlich aufgenommene Informationen zurückgewiesen, die Schilderung als tatsächlich erlebtes und nicht nur angelesenes oder in der Einnerung mit der Lektüre vermischtes – scheinbar erlebtes – Geschehen, mithin als originäre Gedächtnisleistung lege artis beurteilt werden.

bb) Folgen. Die damit für die Wahrheitsfindung durch die Akteneinsicht in diesen 35
Ausnahmekonstellationen stets bestehende und durch menschliche Erkenntnismöglichkeiten nicht anders zu begegnenden Gefahr rechtfertigt hier stets die zeitweilige Versagung der Akteneinsicht. Damit steht **keine ausnahmslose** und **dauerhafte Versagung** der Aktenkenntnis inmitten. Im Anschluss an eine gerichtliche Vernehmung ist die Gefährdung des Untersuchungszwecks regelmäßig (zum Berufungsrechtszug s. Rn. 29) entfallen und Akteneinsicht (möglicherweise auch **sukzessiv**) zu gewähren.[149] Der Verletzte kann **ohne jede Rechtsbeeinträchtigung** auch dann noch seinen **Adhäsionsantrag** vollinformiert anbringen.[150] Überdies mag bereits zuvor **partiell** Akteneinsicht gewährt werden in solche Aktenbestandteile, die eine Konstanzprüfung ausschließbar nicht gefährden. Diese Rechtspraxis findet schließlich ihre Stütze in der jüngeren Gesetzgebung zum Strafprozessrecht. In Kenntnis dieser Rechtspraxis – und der gerade von Opferschutzverbänden formulierten Einwände (s. Rn. 18) – hat der Gesetzgeber den Regelungsgehalt von § 406e Abs. 2 in den jüngsten Reformen des Strafprozessrechts unverändert gelassen; er hat vielmehr dem Umstand einer unbeeinflussten Zeugenaussage im Zusammenhang mit der Ausübung von Verletztenrechten erkennbar und mit Recht an anderer Stelle jüngst selbst besondere Bedeutung beigemessen (vgl. etwa § 2 Abs. 2 PsychPbG; s. § 406g, 32 ff.).[151]

cc) Gegenansicht. Die Argumente der – soweit ersichtlich – nicht maßgeblich von 36
Tatrichterinnen und Tatrichtern vertretetenen Gegenauffassung[152] überzeugen nicht. Staatsanwaltschaften und Richter haben insbesondere in dieser Beweissituation selbst ein ureigenes Interesse daran, einen Zeugen in der Hauptverhandlung zu erleben, dessen Aussage – soweit als möglich – frei ist von (insbesondere auch unwillkürlichen) Einflüssen und Suggestionen. Die gerade in den begrenzten menschlichen Erkenntnis-

---

145 *Steller/Köhnken* in Raskin Psychological methods 217, 228 f.; *Daber* in Deckers/Köhnken Erhebung und Bewertung von Zeugenaussagen im Strafprozess 169, 178; *Endler* 202 mwN; *Baumöfener/Daber/Wenske* NStZ **2017** 564.

146 Bedeutsam sind gerade unwillkürliche Beeinflussungen durch die Aktenkenntnis und nicht das bewusste Präparieren von Zeugen.

147 **A.A.** allerdings ohne Begründung BGH NStZ **2016** 367.

148 Hierzu *Hohoff* NStZ **2020** 389.

149 OLG Hamburg VRS **127** 297.

150 **A.A.** ohne Begründung BeckOK/*Weinert* 8b.

151 Vgl. hierzu auch OLG Hamburg BeckRS **2018** 28084.

152 *Schöch* NStZ **2016** 631; *ders.* in FS Streng 743 ff.; SSW/*Werner* 12a; *Breu* StraFo **2015** 248 ff.; BeckOK/*Weiner* 8a; *Miebach* FS Joecks 144; *Bader* S. 87 ff, 91, die ihre Darstellung allerdings zu wenig an den besonderen (rechtlichen wie rechtspraktischen) Schwierigkeiten der Konstellation Aussage-gegen-Aussage misst und damit zu theoretisch und unvollständig bleibt.

möglichkeiten gründende, notwendige **richterliche Demut** ist unvereinbar mit der vermessen erscheinenden Behauptung, bei der Aussagewürdigung jederzeit zwischen der Schilderung real erlebten Geschehens und solchen Bekundungen unterscheiden zu können, die ein Zeuge aufgrund zuvor erfolgter Aktenlektüre abgibt.[153] Vor dem Hintergrund dieser Rechtsprechung ist auch ein Tätigwerden des Gesetzgebers nicht veranlasst.[154] Im Einzelnen:

37 Als rechtlich nicht tragfähig erweist sich zunächst der Einwand, dass die vorstehend dargestellten Maßgaben eine freie Entscheidung des Verletzten, Akteneinsicht zu beantragen, beeinträchtige und er hierdurch der Schutzfunktionen der §§ 406d ff. verlustigt gehe.[155] Diese Ansicht ist zunächst nicht ohne Weiteres vereinbar mit der in Absatz 2 Satz 2 vom Gesetz vorgesehenen Ausnahmeregelung, nach der zum Schutze übergeordneter Verfahrenszwecke das Akteneinsichtsrecht des Opferzeugen – anders als beim Angeschuldigten – gerade nicht ausnahmslos gewährt wird. Vielmehr war die Normentstehung ausdrücklich auch geprägt von der gesetzgeberischen Besorgnis um die Belange der Wahrheitsfindung.[156] Inmitten steht hier überdies allein eine **zeitweise Versagung** der vollständigen Akteneinsicht. Nach Einvernahme in der Tatsacheninstanz ist sie unfassend zu gewähren (zum Berufungsrechtszug s. Rn. 29). Auch bestehen währenddessen alle weiteren schützenden Maßgaben der §§ 406d ff. fort, namentlich das Anwesenheitsrecht eines Beistands (§ 406h Abs. 1), einer Vertrauensperson (§ 406h Abs. 2) oder aber eines psychosozialen Prozessbegleiters (§ 406g).

38 Der Einwand, den Tatgerichten bleibe die Beurteilung ohnehin nicht erspart, „ob eine festgestellte Konstanz oder Inkonstanz ein Indiz eher für oder eher gegen die Glaubhaftigkeit der Angaben ist“,[157] ist ohne Gehalt. Da mit menschlichen Erkenntnismöglichkeiten nach erfolgter Aktenlektüre eben nicht mehr sicher unterscheidbar ist, welche Schilderungen erlebnisbasiert oder aber der Aktenlektüre geschuldet sind, ist auch die Feststellung der Konstanz erschwert oder gar vereitelt.

39 Auch der **Fairnessgrundsatz**[158] steht dieser Rechtsprechung nicht entgegen. Zwar ist zu konstatieren, dass dem Verteidiger die Akte bekannt und diesem damit bei der Vernehmung des Verletzten als Zeugen in der Hauptverhandlung stets ein Vorhalt daraus möglich ist; auch kann der Verletztenbeistand mangels Aktenkenntnis nicht auf die Zurückweisung etwaiger unzutreffender Vorhalte bei Gericht antragen.[159] Dem können die Gerichte im Wege ihrer Sachleitungskompetenz und in Ausübung ihrer **Fürsorgepflichten** zureichend Rechnung tragen. Da dem Verletzten zu einem späteren Zeitpunkt im Anschluss an seine Vernehmung Akteneinsicht zu gewähren ist (s. Rn. 27), kann durch die **zeitweise Versagung** von Akteneinsicht die Gesamtheit des Verfahrens nicht als unfair bewertet werden. Zum Zwecke der Wahrheitserforschung als maßgebliches Verfahrensziel haben Opferinteressen daher in dieser beweisrechtlichen Ausnahmesituation und allein bis zu dem benannten Verfahrenszeitpunkt ausnahmsweise zurückzutreten; eine „Waffengleichheit“ zwischen Beschuldigtem und Verletzten zu jedem Verfahrenszeitpunkt ist dem deutschen Strafprozessrecht ohnehin auch im Übrigen nicht zu entnehmen.[160]

---

153 Vgl. bereits *Baumhöfener/Daber/Wenske* NStZ **2017** 567.
154 **A.A.** *Dießner* FD-StrafR **2022** 445391.
155 BGH NStZ **2016** 367; KG NStZ **2016** 438; SSW/*Werner* 12a.
156 Vgl. BTDrucks. **10** 5305 S. 18.
157 OLG Braunschweig BeckRS **2015** 20532.
158 Zu einer entsprechenden Verfahrensrüge BGH StV **2019** 808.
159 *Schöch* FS Streng 743, 744 f., 753.
160 Vgl. BGH BeckRS **2011** 26971; *Endler* 63.

Soweit schließlich vorgebracht wird, dass sich eine Aktenkenntnis des Verletzten mit Blick auf den **Zweifelsgrundsatz** zugunsten des Angeklagten auswirken könne,[161] wird übersehen, dass Grund eines damit insinuierten Freispruchs eine – mit dem Willen des Gesetzesgebers (vgl. Absatz 2 Satz 2) nicht zu vereinbarende – fehlerhafte gerichtliche Sachbehandlung wäre.[162] 40

Die Hoffnung, die Gefährdung des Untersuchungszwecks durch Aktenkenntnis des Opferzeugen könne durch die **Zusicherung des anwaltlichen Verletztenbeistands**, „er werde seiner Mandantin keine Akteninhalte zur Kenntnis geben",[163] entgegen gewirkt werden, ist ohne notwendige Substanz und muss hier daher enttäuschen. Die Weitergabe oder sonstige Kenntnisvermittlung lässt sich für die Gerichte mit der für die Wahrheitsermittlung notwendigen Sicherheit nicht ausschließen oder gar kontrollieren.[164] Dies gilt gleichermaßen für die vereinzelt erwogene Anordnung nach § 19 Abs. 2 Satz 2 BORA.[165] Auch kann von den betroffenen Rechtsanwälten solches nach Maßgabe des Berufsrechts nicht verlangt werden. Dies gilt erst Recht mit Blick auf das dem Verletzten selbst zustehende Akteneinsichtsrecht (Absatz 3, s. Rn. 45 ff.). 41

4. Erhebliche Verfahrensverzögerung (Satz 3). Schließlich kann dem Verletzten die Einsicht verweigert werden, soweit durch sie das Verfahren erheblich verzögert werden würde. Es ist also z.B. zu prüfen, inwieweit durch eine Einsicht wichtige Bearbeitungstermine verschoben und die Gesamtdauer des Verfahrens wesentlich verlängert werden würde und ob eine erhebliche Verzögerung durch eine Begrenzung der Einsicht, eine sukzessive Einsichtsgewährung oder eine andere Maßnahme (s. Rn. 24, 27) vermieden werden kann. Namentlich in Haftsachen erscheint es durchgreifend zweifelhaft, ob aus dem Gesetzeswortlaut („kann") zu folgern ist, dass eine Akteneinsicht auch bei hiermit verbundener erheblicher Verzögerung erteilt werden kann.[166] Zur ressourcenschonenden und zugleich bestmöglichen Information einer Vielzahl an Verletzten mag die Bestellung eines gemeinschaftlichen Vertreters erwogen werden (s. Rn. 19; § 397b). 42

Praktische Bedeutung kommt dieser Versagungsmöglichkeit insbesondere bei **Großverfahren** zu; dies gilt zunächst für das **Ermittlungsverfahren**. Hier kann die gesetzlich gebotene Prüfung, welche Aktenteile („Blatt für Blatt"; s. Rn. 24, 27) für die vom Verletzten geltend gemachten Zwecke – in Umsetzung der gesetzlichen und verfassungsrechtlich gebotenen Abwägung – geeignet und erforderlich sind (s. Rn. 11) regelmäßig mit den begrenzten justizielle Ressourcen nicht oder nicht ohne eine erhebliche Verfahrensverzögerung geleistet werden. So waren in dem vom OLG Hamburg zu beurteilenden prominenten Verfahren gegen ehemalige Vorstände der HSH Nordbank etwa 13.000 Blatt – nicht digitalisierter – Verfahrensakten durch den Berichterstatter durchzusehen und in der Senatsberatung vorzustellen.[167] Dies gilt erst recht mit Blick auf die in **Wirtschaftsstrafverfahren** regelmäßig sichergestellten enormen Daten- und Informationsmengen sowie auch für umfangreiche – „normale" – Betrugsverfahren mit hunderten Geschädigten. In solchen Großverfahren kann der mit dem zeitlichen und organisatorischen Aufwand verbundene 43

161 OLG Braunschweig BeckRS **2015** 20532; *Schöch* FS Streng 743, 753.

162 Pointiert und zutreffend LG Kiel BeckRS **2021** 28699.

163 OLG Braunschweig BeckRS **2015** 20532; KG NStZ **2019** 110 112; OLG Karlsruhe BeckRS **2021** 4626; SSW/*Werner* 12b; differenzierend *Endler* 207.

164 *Endler* 208 ff., 213; *Baumhöfener/Daber/Wenske* NStZ **2017** 563, 565; s. beispielsweise nur BGH NJW **2005** 1519.

165 **A.A.** *Riemann-Uwer* StraFo **2021** 414.

166 **A.A.** HK-GS/*Ferber* 7; LR/*Hilger*[26] 14.

167 OLG Hamburg BeckRS **2012** 15124.

zeitweilige Verfahrensstillstand ein Versagen der Informationsrechte mit Blick auf die „vorrangigeren Ziele des Strafverfahrens"[168] erzwingen.[169] Eine dauerhafte Versagung trägt Satz 3 nach diesem Verständnis regelmäßig nicht, wohl aber eine zeitweise; so etwa wenn zu einem späteren Zeitpunkt, zu dem mit vorrangigen Zielen des Verfahrens vereinbar Akteneinsicht gewährt werden kann, etwa während einer laufenden Urteilsabsetzungsfrist (§ 275). Dass in solchem Verfahren oftmals Aktendoppel oder elektronische Hilfsakten vorliegen, erleichtert die Umsetzung einer bewilligten Akteneinsicht, nicht indes die Durchsicht auf widerstreitende rechtliche Interessen des Beschuldigten (s. Rn. 21).[170] Dem kann auch nicht mit Erfolg entgegen gehalten werden, dass Absatz 2 Satz 3 lediglich an die Akteneinsicht, nicht aber an die Prüfung ihrer Voraussetzungen anknüpfe.[171] Es ist hier – wie bei den übrigen Versagungsgründen – davon auszugehen, dass der Gesetzgeber auch die zeitlich stets zwingend vorangehende Prüfung vom Anwendungsbereich der Vorschrift erfasst wissen wollte.[172]

44 Nach Abschluss der Ermittlungen (§ 169a) – also auch nach Verfahrenseinstellung oder aber im Zwischen- und Hauptverfahren – soll dieser Versagungsgrund in „den in § 395 genannten Fällen" keine Anwendung mehr finden. Die Norm ist insbesondere im regelungssystematischen Zusammenspiel mit den tatbestandlichen Voraussetzungen des § 395 Abs. 3 zu lesen und verdeutlicht die Notwendigkeit der Prüfung einer für die Nebenklage wegen einer „anderen rechtswidrigen Tat" notwendigen prozessualen Schutzbedürftigkeit (s. § 395, 54 ff.). Nur in diesen Fällen berechtigt die gesteigerte Schutzbedürftigkeit auch eine Privilegierung im Übrigen, namentlich bei der hier inmitten stehenden Ausübung des Akteneinsichtsrechts.

IV. Akteneinsicht durch den Verletzten (Absatz 3)

45 Die Vorschrift entspricht grundsätzlich § 147 Abs. 4. Dem nicht durch einen Rechtsanwalt vertretenen Verletzten steht seit der Neufasssung durch das Gesetz über die Einführung der elektronischen Akte[173] ebenso wie dem unverteidigten Beschuldigten nicht mehr nur ein in das Ermessen[174] der Strafverfolgungsbehörden gestelltes Auskunfts- und Abschriftsrecht, sondern ein echter Anspruch auf Akteneinsicht zu.[175] Die Verweisung in **Satz 3** auf § 480 Abs. 1 Satz 3 und 4 stellt klar, dass auch die ermittelnden Polizeibehörden **mit Ermächtigung der Staatsanwaltschaft** – namentlich aus verfahrensökonomischen Gründen – Einsicht gewähren dürfen.[176]

46 Der Verletzte ist nach **Satz 1** in entsprechender Anwendung der Maßgaben aus Absatz 1 und 2 befugt, die Akten selbst einzusehen und amtlich verwahrte Beweisstücke unter Aufsicht zu besichtigen. Auch hierfür ist ein **Antrag** erforderlich (s. Rn. 48), wobei er ggf. der ihm obliegenden **Darlegungslast** zu entsprechen hat (s. Rn. 16). Zur Wahrung der Integrität der Verfahrensakten können dem Verletzten bei einer nicht elektronisch gestützten Aktenführung nach **Satz 2** – wie auch beim Akteneinsichtsrecht des Beschul-

---

168 BGH wistra **2010** 272.
169 Ebenso KMR/*Nepomuck* 5; s. ferner *Wenske* StV **2012** 572.
170 **A.A.** *Lauterwein* Symposium S. 173.
171 **A.A.** *Lauterwein* Symposium S. 174 Fn. 34.
172 Ebenso KMR/*Nepomuck* 26.
173 Vgl. BTDrucks. **18** 9416 S. 65.
174 Vgl. zur früheren Gesetzesfassung LR/*Hilger*[26] 19 ff.
175 Meyer-Goßner/*Schmitt* 16; SK/*Velten*/*Greco*/*Werkmeister* 32; OK/*Weiner*11.
176 SK/*Velten*/*Grecor*/*Werkmeister* 32.

digten und des Privatklägers – Abschriften von allen Aktenteilen erstellt werden, die auch durch Einsichtnahme selbst zugänglich wären.[177] Wegen der Bedeutung der Verfahrensakte sollte dies bis zur praktischen Umsetzung der elektronischen Aktenführung der Regelfall sein. Beweisstücke können nur in den Diensträumen der Staatsanwaltschaft oder des Gerichts besichtigt werden.

V. Erweiterte Anwendung im Adhäsionsverfahren (Absatz 4)

Über Absatz 4 können fortan sämtliche im Adhäsionsverfahren Antragsberechtigte, 47
also der unmittelbare Verletzte (s. § 373b, 24 ff.) und der mittelbare Verletzte (s. § 373b, 33 ff.) sowie weitere mittelbar Geschädigte (§ 403 Satz 2) Akteneinsicht nach den vorstehend beschriebenen Maßgaben beantragen. Die Regelung weist zudem aus, dass den Adhäsionsklägern im Übrigen keine weiteren Befugnisse aus § 406d ff. zustehen.[178]

VI. Entscheidung; Anfechtbarkeit (Absatz 5)

1. Verfahren und Entscheidung (Satz 1). Der über seine Rechte aus § 406e nach 48
den Maßgaben des § 406i unterrichtete Verletzte hat Akteneinsicht zu beantragen; sie wird weder von Amts wegen gewährt noch angeboten.[179]

a) Zuständig für die Entscheidung ist von der Erhebung der öffentlichen Klage an 49
bis zum rechtskräftigen Abschluss des Verfahrens der Vorsitzende des jeweils mit der Sache befassten Gerichts, ansonsten die Staatsanwaltschaft (**Satz 1**);[180] die Unzuständigkeit der Polizei selbst im Ermittlungsverfahren ist eine Konsequenz der Sachleitungsbefugnis der Staatsanwaltschaft. Entsprechend liegt die Kompetenz wieder beim Vorsitzenden, wenn ein Wiederaufnahmeverfahren betrieben wird (§§ 359 ff.), und bei der Gnadenstelle im Falle eines Gnadenverfahrens.[181] Zur **Begründung** der Entscheidung s. Rn. 52; die **Bekanntmachung** erfolgt nach § 35 (s. Rn. 52; bei nichtrichterlichen Entscheidungen in entsprechender Anwendung).

b) Rechtliches Gehör. Dem Beschuldigten ist **rechtliches Gehör** zu gewähren,[182] 50
wenn durch die Entscheidung in dessen grundrechtlich geschützte Positionen (Art. 2, 12, 14 GG) eingegriffen werden könnte. Ein solcher Eingriff jedenfalls in das Recht auf informationelle Selbstbestimmung liegt mit einer erteilten Einsicht in Strafakten und die dadurch zugänglich gemachten personenbezogenen Daten für den Beschuldigten stets vor.[183] Die Anhörungspflicht folgt betreffend möglicherweise bestehender Versagungs-

---

177 BTDrucks. **18** 9416 S. 65; KMR/*Nepomuck* 29; Meyer-Goßner/*Schmitt* 17.

178 BT Drucks. **19** 27654 S. 106 f.

179 *Lauterwein* 158.

180 OLG Stuttgart MDR **1993** 265 (nicht die Polizei). Zur Amtspflicht (konkreten Schutzpflicht) der StA gegenüber dem Verletzten vgl. BGH NJW **1996** 2373; *Vogel* NJW **1996** 3401; *Vogel* wistra **1996** 219; s. auch BGH JR **2006** 297.

181 *Rieß/Hilger* NStZ **1987** 155.

182 Vgl. BVerfG NJW **2021** 3654; NStZ-RR **2005** 242; LG Stralsund StraFo **2006** 76; *Lauterwein* 102, 158; Meyer-Goßner/*Schmitt* 18; SSW/*Werner* 16; KMR/*Nepomuck* 31; HK/*Pollähne* 21; *Schlothauer* StV **1987** 356; s. auch *Otto* GA **1989** 306; *Neuhaus* StraFo **1996** 27; **a.A.** AK/*Schöch* 22; zu Anhörungspflichten in Verfahren wegen strafbarer Verletzung gewerblicher Schutzrechte vgl. *Geißler/Jüngel/Linden* MMR **2010** 70, 71.

183 *Lauterwein* 102.

gründe und der nach Absatz 2 erforderlichen Interessenabwägung aus der Fürsorgepflicht.[184] Die unterlassene Anhörung stellt einen schwerwiegenden Verfahrensfehler dar, der weder durch die Durchführung des Verfahrens auf gerichtliche Entscheidung noch durch das Beschwerdeverfahren geheilt werden kann.[185]

51 Nichts anderes gilt grundsätzlich, wenn bei der Gewährung von Akteneinsicht die Gefahr der Beeinträchtigung **grundrechtlich geschützter Positionen beteiligter Dritter**, etwa die Bekanntgabe personenbezogener Informationen über Zeugen, besteht und nicht durch Begrenzungen (z.B. partielle Auskünfte) vermieden werden kann, hinsichtlich deren vorheriger **Anhörung.**[186] Dies gilt dem Grunde nach auch für Dritte, bei denen durch die Akteneinsicht eine Gefahr für Leib oder Leben zu besorgen ist.[187] Erhebliche ressourcenbindende und dem Zügigkeitsgebot zuwiderlaufende Auswirkungen der so verstandenen verfassungsrechtlich abgesicherten Gehörsrechte auf die Durchsetzung des staatlichen Strafanspruchs sind nicht zu besorgen. Bei einer unübersehbaren Vielzahl an beteiligten Dritten und einer hierdurch begründeten Unmöglichkeit einer partiellen Auskunftsgewährung kann im Einzelfall von einer Anhörung der beteiligten Dritten nach den Maßgaben des § 33 Abs. 4 abgesehen werden. Darin findet einfach-gesetzlich der Grundsatz praktischer Konkordanz zwischen den Gehörsrechten beteiligter Dritter – freilich nicht Verfahrensbeteiligter – und der ebenfalls verfassungsrechtlichen Pflicht des Staates zum Erhalt einer funktionsfähigen Strafrechtspflege[188] Ausdruck.

52 **c) Form.** Die Entscheidung ergeht außerhalb der Hauptverhandlung im Beschlusswege. Ihre **Begründung** richtet sich grundsätzlich nach § 34. Auch die Akteneinsicht gewährende Entscheidung ist also grundsätzlich mit einer wenigstens kurzen Begründung zu versehen;[189] denn der ggf. Anfechtungsberechtigte muss in die Lage versetzt werden, eine sachgerechte Entscheidung über sein weiteres prozessuales Vorgehen zu treffen. Die Pflicht zur Begründung einer Entscheidung entfällt gemäß **Satz 5** ganz oder teilweise, soweit durch die Offenlegung der für die Entscheidung maßgeblichen Gründe der **Untersuchungszweck** gefährdet werden könnte. Die bloße Möglichkeit einer Gefährdung genügt also („könnte"); es müssen jedoch vernünftige Anhaltspunkte insoweit bestehen. Zur Gefährdung des Untersuchungszwecks s. Rn. 25 f.; diese Erl. gelten, bezogen auf die Auswirkungen einer Begründung, hier sinngemäß. Die **Bekanntmachung** erfolgt nach § 35 (bei nichtrichterlichen Entscheidungen analog).

53 **2. Anfechtung (Sätze 2, 3 und 4).** Während Entscheidungen über die Form der Akteneinsichtsgewährung nach § 32f Abs. 3 der Anfechtung entzogen sind, ist bei der Anfechtung der Bewilligungs- bzw. Ablehnungsentscheidung zwischen dem Ermittlungsverfahren und späteren Verfahrensabschnitten zu differenzieren:

54 **a) Anfechtung im Ermittlungsverfahren.** Gegen die stattgebende oder ablehnende **Entscheidung der Staatsanwaltschaft** kann nach Absatz 5 Satz 2 bis 4 eine **gerichtli-**

---

184 *Lauterwein* 102; LG Krefeld NStZ **2009** 112.
185 BVerfG BeckRS **2016** 55370.
186 *Lauterwein* 102; *Wallau* FS Dahs 512; *Otto* GA **1989** 305; *Schlothauer* StV **1987** 358; s. auch LG Krefeld NStZ **2009** 112; **a.A.** *Schäfer* wistra **1988** 219; s. auch OLG Karlsruhe JR **1995** 79 mit Anm. *Otto*; VerfGH Brandenburg v. 15.4.2010 – 37/09.
187 Vgl. zu den am ISAF-Einsatz beteiligten Soldaten der Bundeswehr BGH StV **2012** 327.
188 S. *Landau* NStZ **2007** 121 ff.
189 Meyer-Goßner/*Schmitt* 20.

che Entscheidung des nach § 162 zuständigen Gerichts herbeigeführt werden.[190] Der Beschuldigte, der bei seiner Anhörung (Rn. 50) einer Gewährung von Akteneinsicht durch die Staatsanwaltschaft widersprochen hat, sollte rechtzeitig vor der Einsichtsgewährung informiert werden,[191] damit er ggf. vorher eine gerichtliche Entscheidung beantragen kann und auf Zurückstellung der Umsetzung der Akteneinsicht antragen kann (s. Rn. 59). Statthaft ist als Konsequenz der Eingriffstiefe und der Garantie effektiven Rechtsschutzes (Art. 19 Abs. 4 GG) auch ein nachträglicher **Antrag auf Feststellung der Rechtswidrigkeit** einer erfolgten Akteneinsicht.[192]

Zuständig für die gerichtliche Entscheidung gegen die Anordnung der Anklage- 55
behörde – oder eine bereits vollzogene Akteneinsicht (s. Rn. 54) – ist nach Absatz 5 Satz 2 i.V.m. § 162 Abs. 1 der Ermittlungsrichter des Amtsgerichts bzw. in Staatsschutzsachen nach § 169 Abs. 1 der Ermittlungsrichter des OLG bzw. des BGH.[193] Die Vorschriften des **Beschwerdeverfahrens** nach §§ 297 bis 300, 302, 306 bis 309, 311a sowie der § 473a gelten nach Absatz 5 Satz 3 entsprechend. Das Gericht ist bei seiner Entscheidung nach Absatz 5 schon aus grundsätzlichen Erwägungen, aber auch im Hinblick auf die Notwendigkeit der Feststellung eines **berechtigten** Interesses (Absatz 1) sowie mit Blick auf die Vornahme einer **Abwägung** der Interessenlage (Absatz 2) nicht an Bewertungen (auch der Verdachtsfrage) durch die Staatsanwaltschaft gebunden.[194] Die gerichtliche Entscheidung ist **unanfechtbar**, solange die Ermittlungen noch nicht abgeschlossen sind (Absatz 5 Satz 4).

b) Anfechtung in späteren Verfahrensabschnitten. Gegen eine nach Anklageer- 56
hebung ergangene stattgebende der ablehnende Entscheidung des Vorsitzenden des erkennenden Gerichts ist die einfache **Beschwerde** statthaft (Absatz 5 Satz 3 i.V.m. §§ 304 ff.).[195] Wird der Antrag auf Akteneinsicht in der Hauptverhandlung gestellt, ist hierüber naheliegend außerhalb der Hauptverhandlung zu befinden. Selbst bei einer Entscheidung in der Hauptverhandlung unterliegt diese nicht dem Beanstandungsrecht des § 238 Abs. 2, weil es sich insoweit nicht um eine sachleitende Anordnung (§ 238 Abs. 1) handelt. § 305 findet mangels Verweisung keine Anwendung. Auch Absatz 5 Satz 4 ist strukturell auf diese Konstellation nicht anwendbar, weil der Vorsitzende erst zur Entscheidung berufen ist, wenn die öffentliche Klage anhängig gemacht worden ist.[196] Das gilt auch für einen mit der Beschwerde verfolgten **Antrag auf Feststellung der Rechtswidrigkeit** bereits vollzogener Akteneinsicht. In diesem Fall besteht regelmäßig ein Fortsetzungsfeststellungsinteresse.[197] Die Beschwerde gegen erstinstanzliche **Entscheidungen des Oberlandesgerichts** über das Akteneinsichtsrecht des Verletzten ist nicht statthaft.[198]

---

190 Vgl. zum Bußgeldverfahren § 49b Nr. 5 OWiG.
191 *Schlothauer* StV **1987** 359; *Wallau* FS Dahs 514.
192 *Lauterwein* 159; *Wallau* FS Dahs 516; *Barton* StRR **2009** 405, 407; LG Stralsund StraFo **2006** 76.
193 Vgl. BGH BeckRS **2009** 86260 Tz. 3 sowie BGH StV **2012** 327.
194 BGH BeckRS **2011** 26971; *Lauterwein* 160; *ders.* Symposium S. 177; *Otto* GA **1989** 307; *Wallau* FS Dahs 515; **a.A.** OLG Koblenz StV **1988** 333 mit abl. Anm. *Schlothauer*; s. auch LG Stralsund StraFo **2006** 76; vgl. aber zur Annahme einer bindenden Zuerkennung der Verletztenstellung durch die Staatsanwaltschaft BGH StV **2012** 327.
195 S. auch OLG Naumburg NStZ **2011** 118, hiernach stehen Nachermittlungen des Gerichts im Zwischenverfahren der Anfechtbarkeit nicht entgegen; ebenso SK/*Velten*/*Greco*/*Werkmeister* 29.
196 *Lauterwein* 161.
197 BVerfG NJW **2017** 1165; KG Berlin NStZ **2016** 438; SK/*Velten*/*Greco*/*Werkmeister* 29.
198 BGH NJW **2014** 1194.

57 **aa) Beschwerdebefugnis. Beschwerdebefugt** ist zunächst der **Angeschuldigte** bzw. Angeklagte. Dieser kann im Zuge einer Anfechtung einer stattgebenden Akteneinsichtsentscheidung nicht nur überwiegende eigene rechtlich geschützte Interessen geltend machen (Absatz 2 Satz 1), sondern auch eine Beeinträchtigung der Wahrheitsfindung (Absatz 5 Satz 2 und 3).[199] Rechtsmittelbefugt ist überdies – bei einer (auch teilweise) ablehnenden Entscheidung – der **Verletzte** selbst; sein **Beistand** kann die Versagung begehrter Akteneinsicht allerdings nicht in eigenem Namen anfechten.[200] Die Beschwerdebefugnis besteht für den Verletzten, wenn hinreichender Tatverdacht angenommen worden ist (s. § 377b, 50 ff.) und das Verfahren weiter betrieben wird. Nach dem Willen des Gesetzgebers soll sie darüber hinaus auch nach Einstellung des Ermittlungsverfahrens oder nach rechtskräftigem Verfahrensabschluss statthaft sein.[201] Dies wird begründet mit der erheblichen Bedeutung, die dem Akteneinsichtsrecht des Verletzten etwa mit Blick auf von ihm verfolgte Schadensersatz- oder Schmerzensgeldansprüche zukomme.[202] Dies muss mit Blick auf die Tiefe des Eingriffs in das grundrechtsgleiche Recht aus Art. 101 GG gleichermaßen für den Beschuldigten gelten, wenn dem Verletzten Akteneinsicht gewährt worden war, ohne dass der Beschuldigte hierzu zuvor rechtliches Gehör erhalten hatte.[203] Die **Staatsanwaltschaft** ist stets beschwerdebefugt.[204]

58 **bb) Eigene Sachentscheidung.** Das Beschwerdegericht trifft eine **eigene Sachentscheidung** (§ 309)[205] und hat ggf. selbst eine detaillierte Durchsicht der Verfahrensakten vorzunehmen und – im Rahmen von Absatz 5 Satz 2[206] – die Versagung der Akteneinsicht auf die für die Glaubwürdigkeitsbeurteilung bedeutsamen Aktenteile zu beschränken. Eine schlichte Ermessensüberprüfung findet weder bei Absatz 2 Satz 1 noch im Rahmen von Absatz 2 Satz 2 statt.[207]

59 **cc) Zuwarten.** Um dem Ausgang des Beschwerdeverfahrens nicht vorzugreifen, ist es regelmäßig angezeigt, mit der **Umsetzung eines zuerkannten Akteneinsichtsrechts** bis zum Abschluss des Beschwerdeverfahrens **zuzuwarten;**[208] anderenfalls dürfte es für den Beschwerdeführer naheliegen, ausnahmsweise die aufschiebende Wirkung seiner Beschwerde mittels eines Antrags nach § 406e Abs. 5 Satz 3 i.V.m. § 307 Abs. 2 herbeizuführen.

VII. Fehlerfolgen

60 Rechtsfehlerhafte Entscheidungen im Zusammenhang mit Fragen der Akteneinsicht des Verletzten können in mehrfacher Hinsicht für das Strafverfahren selbst aber auch darüber hinaus rechtliche Konsequenzen haben:

---

199 Vgl. nur *Radtke* NStZ **2015** 109; SK/*Velten*/*Greco*/*Werkmeister* 30; OLG Hamburg NStZ **2015** 105; h.M.
200 OLG Hamburg v. 30.9.2015 – 2 Ws 226/15.
201 BTDrucks. **16** 12098 S. 36; BeckOK/*Weiner* 6; *Lauterwein* 51, 136 f.
202 BTDrucks. **16** 12098 S. 36.
203 **A.A.** OLG Saarbrücken BeckRS **2021** 378.
204 OLG Köln BeckRS **2020** 7539; KMR/*Nepomuck* 33.
205 KG NStZ **2019** 110; OLG Hamm BeckRS **2017** 142301; OLG Braunschweig NStZ **2016** 629.
206 S. hierz *Radtke* NStZ **2015** 109.
207 **AA** wohl OLG Frankfurt BeckRS **2016** 2465; OLG Hamburg v. 27.2.2018 – 2 Ws 32/18.
208 S. § 478 14; *Lauterwein* S. 158; im Ergebnis ebenso *Meyberg* FS Gauweiler 467, 470 f.

1. Schadensersatzanspruch. Wird Akteneinsicht fehlerhaft und schuldhaft verweigert oder gewährt und ist dadurch ein Schaden entstanden, so kann ein **Schadensersatzanspruch** gemäß § 839 BGB in Betracht kommen.[209] 61

2. Revision. Eine rechtsfehlerhafte Behandlung des Akteneinsichtsrechts kann – anders als nach früherer Rechtslage[210] – grundsätzlich mit der Revision beanstandet werden. Zur Frage, welchen Einfluss eine unanfechtbare gerichtliche Entscheidung über eine staatsanwaltschaftliche Sachbehandlung im Vorverfahren (vgl. § 406e Abs. 5 Satz 4; s. Rn. 55) auf die Statthaftigkeit einer hieran anknüpfenden Rüge hat, s. LR/*Franke*[26] § 336, 16. 62

a) Nebenkläger. Der **Nebenkläger** kann die ihm vorenthaltene (umfassende) Akteneinsicht beanstanden. Allerdings ist im Rahmen des Revisionsvortrags (§ 344 Abs. 2 Satz 2) besonderer Wert auf eine umfassende und sorgfältige Darstellung der rügebegründenden Tatsachen zu legen (§ 344 Abs. 2 Satz 2).[211] 63

b) Angeklagter. Für den **Angeklagten** kommen sowohl die Verfahrens- als auch die Sachrüge in Betracht. Die Erfolgsaussichten sind allerdings jeweils beschränkt. 64

aa) Verfahrensrüge. Dies gilt zunächst für die **Verfahrensrüge**. Ein **Beweisverwertungsverbot** als Angriffsziel einer **Inbegriffsrüge** (§ 261) scheidet aus. Dieses wird als Folge fehlerhaft gewährter Akteneinsicht für den Verletzten für das Strafverfahren[212] von der h.M. mit Recht verneint.[213] 65

Eine **Aufklärungsrüge** kommt in der Beweiskonstellation **Aussage-gegen-Aussage** (s. Rn. 29, 31) mit der Stoßrichtung in Betracht, festzustellen, ob und in welchem Umfang der Verletzte vor seiner Zeugenvernehmung in der Hauptverhandlung – oder vor seiner ermittlungsrichterlichen Einvernahme (§§ 58a, 255a Abs. 2) – Kenntnis vom Akteninhalt, namentlich von Niederschriften über seine früheren Vernehmungen, genommen hat (§ 244 Abs. 2).[214] Die hierzu drängenden Umstände sind bereits in dem – gerichtsbekannten – Umstand etwa vollumfänglicher Akteneinsicht des Verletztenbeistands begründet; auf besondere Umstände, etwa eine erkennbare konkrete Falschaussagemotivation des Zeugen, kommt es – schon mit Blick auf die hier regelmäßig allein inmitten stehende unwillkürliche, irrtümliche Wahrnehmungsverzerrung (s. Rn. 34) – nicht an.[215] Im Rahmen der rügebegründeten Tatsachen wird indes vorzutragen sein (§ 344 Abs. 2 Satz 2), ob und inwieweit diese Frage möglicherweise auch Gegenstand der Beweisaufnahme im Übrigen gewesen ist, etwa im Zuge der Vernehmung des Verletzten oder seines – von der Verschwiegenheit entbundenen – Beistands.[216] 66

In Betracht kommt schließlich noch eine – im Erkenntnisverfahren umsichtig vorzubereitende – **verlängerte Darstellungsrüge**.[217] 67

---

209 *Wallau* FS Dahs 509, 521; SSW/*Werner* 19.
210 S. zur früheren Rechtslage BGH NJW **2005** 1519, 1520 sowie LR/*Hilger*[26] 17.
211 Vgl. BGH BeckRS **2019** 5258.
212 Zu möglichen Auswirkungen auf andere Verfahren vgl. *Wallau* FS Dahs 509, 521 m.w.N.
213 BGH NJW **2005** 1519, 1520; Meyer-Goßner/*Schmitt* 21; SSW/*Werner* 19; HK/*Pollähne* 17; KMR/*Nepomuck* 34; s. dazu auch *Wallau* FS Dahs 519.
214 Vgl. *Hohoff* NStZ **2020** 387 390; *Baumhöfener/Daber/Wenske* NStZ **2017** 565 f.
215 **A.A.** BGH StV **2017** 146 mit abl. Anm *Deiters*.
216 S. ferner *Baumhöfener/Daber/Wenske* NStZ **2017** 566.
217 S. hierzu im Einzelnen *Baumhöfener/Daber/Wenske* NStZ **2017** 566.

68 Im Ausnahmefall mag ferner eine Verletzung der Grundsätze des **fairen Verfahrens** (Art. 6 Abs. 1 MRK) erwogen werden.[218] Dies gilt zum einen, soweit in der gewährten Akteneinsicht – auch nach gebotener Gesamtwürdigung des Verfahrensablaufs – eine Ursache für eine konventionswidrige Verfahrensverzögerung gesehen wird.[219] Zum anderen mag diese als Angriffsrichtung einen Verstoß gegen die Waffengleichheit zum Gegenstand haben. Im letztgenannten Fall ist zum Zwecke vollständigen Vortrags der rügebegründenden Tatsachen namentlich mitzuteilen (§ 344 Abs. 2 Satz 2), ob und in welcher Weise der Revident um Rechtsschutz im Erkenntnisverfahren, etwa durch das Beschwerdegericht, ersucht hat,[220] welche konkrete Art der Beeinträchtigung gerügt wird und bei welchem konkreten Verfahrensstand die Akteneinsicht gewährt worden[221] und in welcher Weise hierdurch die Wahrnehmung der Verfahrensinteressen des Revisionsführers beeinträchtigt worden ist.[222] Ungeachtet dieser Schwierigkeiten erscheint die Rüge auch in der Sache allerdings nur wenig aussichtsreich, weil kaum ein Fairnessverstoß zum Nachteil des Angeklagten im Zusammenhang mit gewährter Akteneinsicht für den Verletzten denkbar sein dürfte, auf dem das Urteil beruht (§ 337).

69 **bb) Sachrüge.** Der Revisionsangriff mit der **Sachrüge** ist – vorsichtig bewertet – etwas erfolgversprechender. Zwar ist es in aller Regel für den Tatrichter nicht geboten, eine dem Verletzten gewährte Akteneinsicht in den schriftlichen Urteilsgründen zu erörtern. Anderes gilt aber in besonders sensiblen Beweiskonstellationen, etwa bei **Aussage-gegen-Aussage** (s. hierzu Rn. 29, 31). In diesen Fällen kommt der Glaubhaftigkeitsprüfung der Zeugenaussage gerade unter Berücksichtigung aussagepsychologischer Erkenntnisse besonderes Gewicht zu. Dies gilt namentlich für die gebotene Konstanzanalyse,[223] welche ohne Berücksichtigung einer vor der Zeugenaussage gewährten Aktenkenntnis nur unzureichend gewürdigt werden kann.[224] Wird die tatgerichtliche Überzeugung auf eine hohe Aussagekonstanz gestützt (und lassen die Urteilsgründe erkennen, dass der Zeuge Aktenteile im Verfahren zur Kenntnis nehmen konnte), folgt hieraus eine **Erörterungspflicht** für das Tatgericht.[225] Eine erfolgte Akteneinsicht steht dabei freilich der Überzeugung von einer glaubhaften Aussage allein noch nicht entgegen, sondern ist lediglich als ein Aspekt ausdrücklich zu würdigen.[226] Die dem entgegen stehende Ansicht des 5. Strafsenats[227] trägt den dargestellten Besonderheiten, namentlich dem bestehenden erheblichen strukturellen Verteidigungsdefizit in diesen Konstellationen, nicht hinreichend Rechnung (s. im Einzelnen Rn. 30 ff.).

---

218 BGH NStZ **2005** 222.

219 Vgl. BGH JR **2006** 297, 298 f. mit Anm. *Cirener/Sander*; *Lauterwein* 168.

220 BGH NStZ **2005** 222 mit krit. Anm. *Ventzke* NStZ **2005** 396 f.

221 Vgl BGH NJW **2005** 1519, 1520.

222 BGH NStZ **2005** 222 mit krit. Anm. *Ventzke* NStZ **2005** 396 f.

223 BGH NJW **1999** 2746, 2748.

224 BGH BeckRS **2016** 11403 = NStZ-RR **2016** 250 (Ls) = StV **2017** 7; ebenso *Hohoff* NStZ **2020** 387, 390.

225 Vgl. den 2. *Strafsenat* des BGH BeckRS **2016** 11403 = NStZ-RR **2016** 250 (Ls) = StV **2017** 7; KK/*Ott* § 261 121; OK/*Eschelbach* § 261, 59.1; *Baumhöfener/Daber/Wenske* NStZ **2017** 565 f.; SSW/*Werner* 12c; ebenso bereits *Pfordte* FS Müller 551, 563 ff.; *Barton* StRR **2009** 405, 407.

226 **A.A.** wohl *Meister* 68, die das tatgerichtliche Gebot einer umfassenden Würdigung des Zeugen verkennt, soweit sie in diesen Fällen stets das Vorliegen von Hilfstatsachen ausserhalb der Zeugenaussage für eine tragfähige gerichtliche Überzeugungsbildung fordert.

227 BGH JR **2016** 390 f.; BGH JR **2016** 391 mit abl. Anm. *Eisenberg*; abl. mit Recht ferner *Deiters* StV **2017** 146, *Hohoff* NStZ **2020** 387, 390 und SSW/*Werner* 12c; dem 5. Strafsenat stimmt hingegen zu *Miebach* in FS Joecks 144.

3. Verfassungsbeschwerde. Die Verfassungsbeschwerde ist nach Ausschöpfung des für die Entscheidung über die Akteneinsicht des Verletzten vorgesehenen Rechtszugs zulässig.[228] Ein verfassungsgerichtliches Eilverfahren (vgl. § 32 BVerfGG) gegen eine nach Absatz 4 Satz 4 – zumindest vorläufig – unanfechtbare Entscheidung des Ermittlungsrichters während eines noch laufenden Ermittlungsverfahrens ist zulässig.[229] 70

§ 406f
Verletztenbeistand

(1) [1]Verletzte können sich des Beistands eines Rechtsanwalts bedienen oder sich durch einen solchen vertreten lassen. [2]Einem zur Vernehmung des Verletzten erschienenen anwaltlichen Beistand ist die Anwesenheit gestattet.

(2) [1]Bei einer Vernehmung von Verletzten ist auf deren Antrag einer zur Vernehmung erschienenen Person ihres Vertrauens die Anwesenheit zu gestatten, es sei denn, dass dies den Untersuchungszweck gefährden könnte. [2]Die Entscheidung trifft die die Vernehmung leitende Person; die Entscheidung ist nicht anfechtbar. [3]Die Gründe einer Ablehnung sind aktenkundig zu machen.

Schrifttum

Endler Die Doppelstellung des Opferzeugen (2019); *Weigend* Das Opferschutzgesetz – kleine Schritte zu welchem Ziel, NJW **1987** 1170; *Pollähne* Zu viel geopfert!? StV **2016** 671.

Entstehungsgeschichte

Die Vorschrift wurde durch Art. 1 Nr. 15 **OpferschutzG** eingefügt. Durch Art. 1 Nr. 20 **OpferRRG** wurde Absatz 3 neugefasst; er wurde von einer „Kann“- zu einer „Ist“-Regelung geändert, in Satz 1 der letzte Halbsatz („es sei denn …“) angefügt und zudem Satz 3. Durch Art. 1 Nr. 30 des Gesetzes zur Stärkung der Rechte von Verletzten und Zeugen im Strafverfahren (2. Opferrechtsreformgesetz vom 29.7.2009 – **2. OpferRRG**)[1] wurde die Vorschrift – auch zur vereinfachten Lesbarkeit[2] – abermals neu gefasst. **Absatz 1 Satz 1** entspricht seither inhaltlich der früheren Fassung des § 406f Abs. 1; es wurde lediglich das Wort „Strafverfahren“ gestrichen und die Vorschrift geschlechtergerecht neutralisiert.[3] **Satz 2** entspricht nunmehr der bisherigen Regelung des § 406f Abs. 2 Satz 1 a.F., erweitert dessen Anwendungsbereich aber über gerichtliche und staatsanwaltschaftliche Vernehmungen hinaus auf polizeiliche Vernehmungen des Verletzten. **Absatz 2** entspricht der früheren Regelung des § 406f Abs. 3 mit lediglich redaktionellen Änderungen, die eine geschlechterneutrale Fassung und den begrifflichen Gleichklang mit vergleichbaren Bestimmungen verfolgen.[4] Die Vorschrift hat durch das Gesetz zur Stärkung

---

228 S. BVerfG NJW **2018** 1077; NJW **2017** 1164; BeckRS **2016** 55370; WM **2016** 155; WM **2016** 96; BeckRS **2009** 18693; NJW **2007** 1052; NStZ-RR **2005** 242; BerlVerfGH NJW **2019** 2014; VerfGHNRW BeckRS **2020** 19724; *Lauterwein* 161 f.

229 Vgl. BVerfG NJW **2021** 3654.

1 BGBl. I S. 2280.

2 BTDrucks. **16** 12098 S. 10, 36.

3 BTDrucks. **16** 12098 S. 36.

4 BTDrucks. **16** 12098 S. 37.

https://doi.org/10.1515/9783110275001-048

des Rechts des Angeklagten auf Vertretung in der Berufungsverhandlung und über die Anerkennung von Abwesenheitsentscheidungen in der Rechtshilfe vom 17.7.2015[5] eine **Überschrift** erhalten.

Übersicht

1 **1. Allgemeines.** Die Vorschrift regelt grundlegende Befugnisse des Verletzten (s. Erl. zu § 373b), die auch dem Nebenklageberechtigten zustehen, und durch § 406h ergänzt werden. **Zweck der Vorschrift** ist es, die Rechte des Verletzten, die dieser zur Wahrnehmung seiner Interessen, insbesondere zu seinem **Schutz** mindestens benötigt, klarstellend zusammenzufassen und gesetzlich abzusichern.[6] Namentlich die hierdurch ermöglichte Betreuung des Verletzten während seiner Zeugenaussage durch eine Vertrauensperson soll auch die **Wahrheitsfindung** fördern.[7] Erfasst hiervon sind das Recht auf den **Beistand eines Rechtsanwalts** oder die Vertretung durch diesen nebst dessen Befugnissen sowie die Möglichkeit der Hinzuziehung einer **Vertrauensperson** bei der Vernehmung des Verletzten.[8]

2 **a) Systematik.** Die Norm steht im **regelungssystematischen Zusammenhang** mit den Vorschriften über die Inanspruchnahme eines anwaltlichen Beistands durch Zeugen (§ 68b), durch Nebenklagebefugte (§ 406h Abs. 1) und Nebenkläger (§ 397);[9] dieses schon frühzeitig zu Beginn einer verstärkten Berücksichtigung der Interessen des Verletzten im Strafverfahren etablierte, gerade auch **juristische Unterstützungsangebot** wird durch die mit dem 3. OpferRRG eingeführte psychosoziale Prozessbegleitung abgerundet (§ 406g).[10] Der Anwendungsbereich der Vorschrift kann sich mit dem des § 68b überschneiden (s. Rn. 8).[11] Die Ziele der Regelungen sind jedoch auch nach der jeweiligen Neufassung unterschiedlich. § 68b betrifft auch Zeugen, die nicht Verletzte sind, und dient speziell dem Beistand bei der Vernehmung,[12] während die §§ 406f, 406h – begrenzt auf durch die rechtswidrige Tat möglicherweise Verletzte – der Wahrnehmung

5 BGBl. I S. 1332.

6 Vgl. BTDrucks. **10** 5305 S. 18, 19, 30, 33 mit Hinweisen auf die bisherige Rechtslage; s. auch BVerfGE **38** 105 ff.; *Böttcher* JR **1987** 134; *Jung* JuS **1987** 158; *Rieß* Jura **1987** 288; krit. z.B.: KMR/*Nepomuck* 2; SK/*Velten*/Greco/Werkmeister 3; HK-GS/*Ferber* 3; *Walther* GA **2007** 615; *Kempf* StV **1987** 217; *Pagenkopf* Das Deutsche Bundesrecht II B 75 19; *Schünemann* NStZ **1986** 199; *Weider* StV **1987** 319 (Ausgleich durch Bestellung eines Pflichtverteidigers); *Weigend* NJW **1987** 1173; s. auch *Weigend* (Deliktsopfer) 544 ff.; *Iffert-Schmücker* 78 ff.; *M. Kaiser* 64 ff. und zur praktischen Bedeutung 224 ff.

7 BTDrucks **10** 5305 S. 19.

8 S. auch Nr. 19a RiStBV.

9 BTDrucks. **16** 12098 S. 1, 36.

10 Krit. hierzu pointiert *Pollähne* StV **2016** 671, 677.

11 Ebenso MüKo/*Grau* 2.

12 Vgl. die Erl. zu § 68b.

weitergehender berechtigter Interessen dieser Personengruppe dienen sollen.[13] Im Einzelnen ist § 406f weiter im Kontext mit den ausgedehnten Informationsrechten des Verletzten (§§ 406e, 406i bis § 406l) sowie mit den für besonders schutzwürdige Nebenkläger erleichterten Möglichkeiten, einen Opferanwalt zu bestellen (§§ 397a, § 406h Abs. 3), zu lesen. Gerade die Rechtsposition des anwaltlichen Verletztenbeistands wird durch die in Absatz 1 Satz 2 auch bei **polizeilichen Vernehmungen** (s. Rn. 8) des Verletzten bestehende Anwesenheitsbefugnis gestärkt.

b) Jugendstrafrecht. In Verfahren gegen **Jugendliche** und **Heranwachsende** findet die Regelung Anwendung (s. Vor § 406d, 7). 3

c) Kritik. Der Gesetzgeber erfüllt die Maßgaben der von ihm für die Ausgestaltung 4 des Verletztenbeistands in Bezug genommenen Rechtsprechung des Bundesverfassungsgerichts zum Zeugenbeistand in § 406f in überschießender Weise.[14] Verfassungsgerichtlich war gerade keine entsprechende generelle Zeugenbefugnis etabliert, sondern diese an besondere Verfahrenslagen geknüpft worden, etwa an ein möglicherweise bestehendes Auskunftsverweigerungsrecht (§ 55) oder an eine besondere individuelle Disposition der Aussageperson.[15] Für derartige individuelle Entscheidungen ist – anders als dem Grunde nach bei § 406h – nach der Neufassung kein Raum mehr. Einem potentiellen **prozessualen Ungleichgewicht**[16] zwischen einem unverteidigten Beschuldigten bzw. Angeklagten einerseits und einem Verletzten, der sich jenseits von § 406h Abs. 3 und 4 eines anwaltlichen Beistands versichert, haben nach geltender Rechtslage die Gerichte in Ausübung ihrer **prozessualen Fürsorgepflicht** entgegen zu wirken. Zwar ist hierzu – wie sich § 140 Abs. 1 Nr. 9 entnehmen lässt – in diesen Fällen des § 406f keine schematische Beiordnung eines Verteidigers erforderlich. Notwendig und geboten ist hingegen eine Prüfung der Umstände des **Einzelfalls**. In diese sind namentlich einzustellen die rechtlichen Befugnisse des Verletzten (etwa § 406e), ihr tatsächlicher, auch absehbarer Gebrauch und das Verteidigungsverhalten sowie die Komplexität von Anklagevorwurf und Beweislage.[17] Vor diesem Hintergrund besteht weder ein rechtliches noch ein rechtspraktisches Bedürfnis, auch § 406f in die Katalogtatbestände aus § 140 Abs. 1 Nr. 9 aufzunehmen.[18]

Den in der Hinzuziehung einer Vertrauensperson im Einzelfall möglicherweise ange- 5 legten Gefahren für die Wahrheitsermittlung, etwa durch einen **Konformitätsdruck** bei der Zeugenaussage,[19] kann – als milderes Mittel zum Ausschluss der Vertrauensperson nach Absatz 2 (s. Rn. 18) – durch eine besonders sorgsame Sachaufklärung begegnet und etwa auch die Vertrauensperson anschließend als Zeuge einvernommen werden.

2. Absatz 1. Verletzte können sich nach **Satz 1** des **Beistands eines Rechtsanwalts** 6 bedienen oder sich durch einen solchen vertreten lassen; dessen **Anwesenheitsrecht**

13 Vgl. Vor § 406d, 6.

14 BTDrucks. **16** 12098 S. 15.

15 BVerfGE **38** 105; s. hierzu auch SK/*Velten/Greco/Werkmeister* 4.

16 *Weigend* NJW **1987** 1770, 1773; SK/*Velten/Greco/Werkmeister* 3, auch mit Hinweisen zu nunmehr überholter, weitergehender früherer obergerichtlicher Rspr.; KMR/*Nepomuck* 2.

17 Vgl. OLG Hamburg StV **2017** 149 mit abl. Anm. *Beulke/Sander*.

18 **A.A.** KMR/*Nepomuck* 2.

19 Hierzu *Endler* 251 ff.; *Neuhaus* StV **2014** 620, 622; HK/*Pollähne* 7; KMR/*Nepomuck* 12.

bei Vernehmungen des Verletzten sichert **Satz 2** ab. Diese Rechte bestehen zeitlich schon **ab Beginn des Ermittlungsverfahrens.**[20]

7 **a) Beistandsrecht.** Aus § 406h Abs. 1 Satz 1 könnte zwar rückgeschlossen werden, dass das Beistandsrecht im Ermittlungsverfahren von der Nebenklageberechtigung abhängig sei. Gerade im Lichte der durch das 2. OpferRRG auf polizeiliche Vernehmungen erweiterten Anwesenheitsbefugnis des anwaltlichen Verletztenbeistands (§ 406f Abs. 1 Satz 2) erscheint es aber nicht mehr naheliegend anzunehmen, dass der Gesetzgeber dem Verletzten versagen wollte, sich im Ermittlungsverfahren durch einen Rechtsanwalt beraten und von diesem „Schutzschriften“ oder sonstige schriftliche Erklärungen fertigen zu lassen. Neben Rechtsanwälten können als Beistand oder Vertreter nach den Maßgaben von § 138 Abs. 3 etwa auch **Rechtslehrer** an Hochschulen oder – mit gerichtlicher Genehmigung – andere Personen gewählt werden.[21]

8 **b) Anwesenheitsrecht.** Auch der **Anwendungsbereich** von **Satz 2** geht über richterliche Vernehmungen innerhalb wie außerhalb der Hauptverhandlung (§§ 162, 165, 223, 202, 243 ff.)[22] und staatsanwaltschaftliche Vernehmungen (§ 161a) hinaus und erfasst auch polizeiliche Vernehmungen (§ 163 Abs. 3 Satz 1). Diese erweiterte Anwesenheitsbefugnis des anwaltlichen Verletztenbeistands erweist sich für den Reformgesetzgeber als Konsequenz der neugeregelten allgemeinen Zeugenbefugnisse nach § 68b Abs. 1. Zu dieser wird ein Gleichklang auch deshalb erstrebt, weil den tragenden Erwägungen beim Verletzten der rechtswidrigen Tat wegen dessen „besonderer Schutzbedürftigkeit“ „noch stärkere Geltung“ zukomme.[23]

9 Das Anwesenheitsrecht des anwaltlichen Beistands ist beschränkt auf die **Dauer der Vernehmung** des Verletzten, dessen Interessen der Rechtsanwalt vertritt.[24] Der Verletzte ist nicht berechtigt, sein Erscheinen[25] und die Zeugenaussage mit der Begründung zu verweigern, er wolle zunächst einen Rechtsanwalt nach § 406f beauftragen oder dieser sei verhindert, am Vernehmungstermin teilzunehmen.[26] Eine **Ladung** oder **Terminsnachricht** an den Rechtsanwalt ist nicht vorgeschrieben; § 168c Abs. 5 Satz 1 gilt nicht entsprechend (Umkehrschluss aus § 406h Abs. 2 Satz 2). Der Rechtsanwalt hat sich selbst zu informieren.[27] Die **Auslagen**, die dem Verletzten hierdurch entstehen, sind von ihm zu tragen, soweit nicht ein Fall des § 406h vorliegt und damit die Auslagen von der Staatskasse getragen bzw. dem Angeklagten überbürdet werden.[28] Die Beiordnung eines Rechtsanwalts ist nur in den Fällen des § 406h Abs. 3 und 4 möglich. In Betracht kommt im Einzelfall auch eine Beiordnung nach den subsidiär anwendbaren Maßgaben des § 68b (s. Rn. 2).[29]

---

20 S. bereits LR/*Hilger*[26] 2; SK/*Velten*/*Greco*/*Werkmeister* 5 mit Recht auch unter Hinweis auf ein gebotenes richtlinienkonformes Normverständnis; Meyer-Goßner/*Schmitt* 1; MüKo/*Grau* 1; h.M.

21 Meyer-Goßner/*Schmitt* 1.

22 Vgl. BTDrucks. **10** 5305 S. 19.

23 BTDrucks. **16** 12098 S. 36.

24 HK/*Pollähne* 3; allg. M.

25 Vgl. auch BGH NStZ **1989** 484 mit krit. Anm. *Krehl* NStZ **1990** 192.

26 BGH NStZ **1989** 484; Meyer-Goßner/*Schmitt* 3; MüKo/*Grau* 2; SK/*Velten*/*Greco*/*Werkmeister* 6; HK-GS/*Ferber* 5; h.M.; **a.A.** LG Hildesheim StV **1985** 229.

27 Meyer-Goßner/*Schmitt* 3; MüKo/*Grau* 2; SK/*Velten*/*Greco*/*Werkmeister* 6; h.M.

28 § 406h, 37, 49; SSW/*Werner* 12 f.; h.M. (keine PKH; keine Auslagenüberbürdung auf den Verurteilten); vgl. auch die Erl. zu § 472.

29 Hierzu Meyer-Goßner/*Schmitt* § 68b, 11; SSW/*Werner* 13.

c) Weitere Befugnisse. Da die Befugnisse des anwaltlichen Verletztenbeistands in der Hauptverhandlung denen eines Zeugenbeistandes entsprechen,[30] steht diesem ein Recht auf Anwesenheit in der Hauptverhandlung auch dann zu, wenn die **Öffentlichkeit ausgeschlossen** ist.[31] Aus dieser Rechtsstellung folgt weiter, dass der Verletztenbeistand nach den insoweit ergänzend anwendbaren Maßgaben des § 68b Abs. 1 von der Vernehmung ausgeschlossen werden kann.[32] Gegen den seine Befugnisse missbrauchenden Rechtsanwalt können **Ordnungsmaßnahmen** nach § 164 StPO, §§ 177, 178 GVG ergriffen werden.[33] Ebenso wie bei der näheren Ausgestaltung der rechtlichen Befugnisse des Zeugenbeistands (§ 68b) hat der Gesetzgeber des 2. OpferRRG die Rechtsstellung des Verletztenbeistands allerdings nicht umfassend bestimmt. Wird der Rechtsanwalt zu Unrecht von der staatsanwaltschaftlichen Vernehmung ausgeschlossen, so kann er analog § 161a Abs. 3 eine gerichtliche Entscheidung beantragen.[34] 10

Der anwaltliche Verletztenbeistand kann von **sämtlichen rechtlichen Befugnissen Gebrauch** machen, die dem Verletzten während einer zeugenschaftlichen Vernehmung gesetzlich zustehen.[35] Seine Rechtsstellung wird – anders als bei dem auch eigene Rechte wahrnehmenden Verteidiger[36] – gleichsam begrenzt durch die dem Verletzten selbst verliehenen gesetzlichen Befugnisse.[37] Nicht unter Hinweis auf § 406f „vertreten" kann er den Verletzten bei der Erfüllung der in seiner Zeugenstellung begründeten Erscheinens- oder Aussagepflicht, also nicht über die Wahrnehmungen des Verletzten an dessen Stelle berichten.[38] 11

Die **einzelnen Verletztenbefugnisse während seiner Vernehmung** werden nicht ausdrücklich gesetzlich genannt. Mit dem 2. OpferRRG ist der § 406f Abs. 2 Satz 2 a.F. entfallen, der eine Aufzählung einzelner prozessualer Befugnisse des Verletzten enthielt. Hierdurch wird nunmehr der durch die frühere Gesetzesfassung vermittelte unzutreffende Anschein vermieden, die Verletztenbefugnisse während einer Vernehmung seien auf die ausdrücklich benannten § 238 Abs. 2, § 242 und den Antrag auf Ausschluss der Öffentlichkeit (§ 171b GVG) beschränkt. Nach Ansicht des Gesetzgebers sei es weder möglich noch erforderlich, sämtliche Befugnisse abschließend aufzuzählen.[39] Da auch die frühere Gesetzesfassung nicht als abschließend bewertet wurde, haben sich die Verletztenbefugnisse durch das 2. OpferRRG inhaltlich nicht verändert. 12

Der Rechtsanwalt hat nicht nur das **Recht**, den Verletzten während seiner Vernehmung **zu beraten**. Er kann auch, soweit der Verletzte nicht ausdrücklich widerspricht, dessen Recht zur **Beanstandung von Fragen** (§ 238 Abs. 2, § 242)[40] ausüben und **den Ausschluss der Öffentlichkeit** nach § 171b GVG oder Entscheidungen nach §§ 58a, 168e, 247a, 255a **anregen** (vgl. auch Vor 406d, 7).[41] Das Beanstandungsrecht ist insbesondere im Hinblick auf § 68a von besonderer Bedeutung.[42] Es steht dem Verletzten im 13

---

30 Meyer-Goßner/*Schmitt* 3.
31 BTDrucks. **16** 12098 S. 37.
32 Meyer-Goßner/*Schmitt* 3; SK/*Velten/Greco/Werkmeister* 6.
33 Meyer-Goßner/*Schmitt* Vor § 48, 11; SSW/*Werner* 6; **a.A.** HK/*Pollähne* 5.
34 SSW/*Werner* 7.
35 BTDrucks. **16** 12098 S. 36.
36 Vgl. Vor § 137, 116 ff.
37 BTDrucks. **16** 12098 S. 36; SSW/*Werner* 6.
38 BTDrucks. **16** 12098 S. 36; SK/*Velten/Greco/Werkmeister* 7; Meyer-Goßner/*Schmitt* 3.
39 BTDrucks. **16** 12098 S. 36.
40 Vgl. auch SSW/*Werner* 5.
41 Meyer-Goßner/*Schmitt* 3; MüKo/*Grau* 2.
42 Vgl. auch *Rieß/Hilger* NStZ **1987** 150; *Böttcher* JR **1987** 134, 139 – auch zu revisionsrechtlichen Fragen; s. hierzu § 406h, 50 und die Erl. zu den §§ 336, 337.

Ermittlungsverfahren zu,[43] soweit es dort dem Beschuldigten zugebilligt wird; abgesehen davon ist bei einer staatsanwaltschaftlichen Vernehmung eine Beanstandung von Fragen nach **§ 68a** auch deshalb zulässig, weil ansonsten der Schutz des § 68a erheblich geschmälert wäre. Schließlich kann der Rechtsanwalt den Verletzten vertreten, wenn diesem die Anwesenheit in einer nichtöffentlichen Verhandlung nach § 175 Abs. 2 Satz 2 GVG gestattet wird.[44] Dem Verletzten steht nach den Maßgaben des § 406e ein Akteneinsichtsrecht zu.

14 Wird eine Frage beanstandet oder ein Antrag nach § 171b GVG gestellt, so richten sich die **Entscheidungskompetenz** und das Verfahren nach den allgemeinen Bestimmungen.[45]

15 **3. Absatz 2.** Wird der Verletzte – auch polizeilich – als Zeuge vernommen, hat der jeweils die Vernehmung Leitende auf Antrag des Verletzten durch **unanfechtbare**[46] Entscheidung (s. Rn. 20) die Teilnahme einer **Person des Vertrauens** des Verletzten zu gestatten. Die **Zulassungspflicht** wird nur nach Maßgabe des letzten Halbsatzes eingeschränkt; es handelt sich also um **keine Ermessensentscheidung.**[47]

16 **a) Bedeutung und Anwendungsfälle.** Die Zulassung der Vertrauensperson wird sich insbesondere bei Opfern von Aggressions-, Gewalt- oder Sexualdelikten sowie bei jugendlichen Zeugen[48] empfehlen. Sie kann nicht nur aus psychologischen Gründen wichtig sein (psychologische Betreuung, insbesondere Abbau von Angst, Befangenheit), sondern auch die Wahrheitsfindung[49] erleichtern. Ist der Vertrauensperson die Anwesenheit zu gestatten, so erstreckt sich dieses Anwesenheitsrecht grundsätzlich auch auf **nicht-öffentliche** Verhandlungen.[50]

17 Als **Vertrauensperson** kommen insbesondere Ehegatten, Lebenspartner, nahe Verwandte oder sonstige Personen (Bekannte) in Betracht, die erkennbar das besondere Vertrauen des Verletzten genießen.

18 **b) Gefährdung des Untersuchungszwecks.** Die Anwesenheit ist nach **Satz 1 letzter Halbsatz hingegen** zu versagen, wenn durch diese der Untersuchungszweck gefährdet werden könnte.[51] Diese Voraussetzung muss bei der Ausübung des insoweit bestehenden **Beurteilungsspielraumes** nicht feststehen, wie sich aus der Formulierung („könnte") ergibt; eine entsprechende Befürchtung genügt.[52] Sie kann z.B. gegeben sein bei Gefahr des **Beweismittelverlustes** infolge **zeitlicher Verzögerung**[53] oder Gefährdung der Wahrheitsfindung infolge der Zulassung, etwa wenn auf Grund von Hinweisen, Indizien[54] oder wegen einer besonderen Beziehung zwischen Verletztem und gewählter

---

43 Meyer-Goßner/*Schmitt* 3; KMR/*Nepomuck* 8.
44 *Rieß/Hilger* NStZ **1987** 208.
45 Vgl. die Erl. zu den §§ 161a, 168c, 223, 238, 241, 242 StPO sowie zu den §§ 171b, 174 GVG; desw. § 406h, 50.
46 Ebenso Meyer-Goßner/*Schmitt* 6; SSW/*Werner* 10; **a.A.** *Neuhaus* StV **2004** 622 (für Fälle der Willkür).
47 S. auch *Neuhaus* StV **2004** 622 (nur Beurteilungsspielraum).
48 Vgl. auch *Meier* JZ **1991** 644; GA **1995** 162; *Ostendorf* SchlHA **1995** 31.
49 Hierzu *Endler* 251 ff.
50 Meyer-Goßner/*Schmitt* 5.
51 S. auch Nr. 19a Abs. 1 Satz 2 RiStBV.
52 Ähnlich *Neuhaus* StV **2004** 622.
53 *Meyer-Goßner* 5; *Neuhaus* StV **2004** 622.
54 Z.B. agressiv formulierte, eine Teilnahme oder Vernehmung des Verletzten scharf ablehnende schriftliche Eingaben der Vertrauensperson; Hinweise für eine „Befangenheit".

Vertrauensperson[55] zu befürchten ist, dass infolge einer zu erwartenden Beratung durch die Vertrauensperson oder aus sonstigen Gründen das Verhalten oder der Inhalt einer Bekundung des Verletzten beeinträchtigt werden könnte. Dies gilt namentlich, wenn sich durch das Aussageverhalten des Verletzten in seiner Zeugenvernehmung ergibt, dass dieser unter erkennbarem **Konformitätsdruck** – begründet durch die anwesende Vertrauensperson – steht und etwa ersichtlich nach deren Zustimmung zu seinen Aussagen heischt.[56] Ferner ist der Versagungsgrund auch dann gegeben, wenn eine der in § 68b Abs. 1 beispielhaft aufgeführten Verfahrenskonstellationen gegeben ist.[57]

Wird nachträglich eine Gefährdung des Untersuchungszwecks durch die Anwesenheit der Vertrauensperson offenbar, kann die **zuvor erteilte Gestattung** von Amts wegen aufgehoben werden. Diese Anordnung erweist sich – gerade mit Blick auf die Verantwortung der vernehmenden Stelle für eine gesetzmäßige Aufklärung von Straftaten – als rechtlich gebotener actus contrarius.[58] Eine Aufhebung der Gestattung kommt auch in Betracht, wenn eine der in § 68b Abs. 1 beispielhaft aufgeführten Verfahrenskonstellationen gegeben ist; sie ist gleichfalls nicht anfechtbar. 19

c) Dokumentation. Gemäß **Satz 3** sind die Gründe einer Ablehnung der Vertrauensperson aktenkundig zu machen. Hierfür reichen bloße Stichworte nicht aus; die Gründe müssen so formuliert werden, dass sie leicht verständlich, schlüssig und auch für einen Nichtjuristen (die gewählte Vertrauensperson) nachvollziehbar sind. Erforderlich ist gemäß Satz 3 ein schriftlicher Vermerk des die Verhandlung Leitenden in den Verfahrensakten oder die Aufnahme der Gründe in ein Verhandlungsprotokoll. Fehlt der Vermerk, ist er unvollständig oder überzeugt er nicht, so ändert das nichts an der Wirksam- und Unanfechtbarkeit der getroffenen ablehnenden Entscheidung.[59] Satz 3 ist entsprechend anwendbar auf den Widerruf der Zulassung (Rn. 19). Neben Satz 3 bleibt **§ 35** anwendbar. 20

d) Sitzungsleitende Maßnahmen. Stört die Vertrauensperson die Verhandlung, so können – zunächst als milderes Mittel, aber auch begleitend zur Aufhebung der Gestattung (s. Rn. 19) – **Ordnungsmaßnahmen** nach § 164 StPO, §§ 177, 178 GVG ergriffen werden.[60] Verfahren und Anfechtbarkeit richten sich dann nach diesen Vorschriften. Kein Fall des § 406f liegt vor, wenn das Gericht eine **Hilfsperson** hinzuzieht, weil der zu Vernehmende erheblich behindert ist und dadurch bedingte Vernehmungsschwierigkeiten mit Hilfe dieser Person überwunden werden sollen, eine psychologische Betreuung des zu Vernehmenden jedoch nicht erforderlich ist.[61] 21

4. Revision. Die Entscheidung über die Anwesenheitsgestattung einer Vertrauensperson oder deren Ablehnung ist nicht anfechtbar und damit nicht revisibel (§ 336 22

---

55 Z.B. Vertrauensperson war im Ermittlungsverfahren selbst (Mit-)Beschuldigter, ist ein an den Ermittlungen beteiligter Betreuer des Verletzten oder die Mutter des verletzten Kindes in besonderen emotional geprägten Situationen, eingehend dazu *Neuhaus* StV **2004** 622.

56 In diesem Sinne auch HK/*Pollähne* 7; KMR/*Nepomuck* 14.

57 SK/*Velten*/*Greco*/*Werkmeister* 11.

58 In diesem Sinne auch LR/*Hilger*[26] 6, der Absatz 2 entsprechend anwenden will.

59 S. auch *Neuhaus* StV **2004** 622.

60 Meyer-Goßner/*Schmitt* 5; SSW/*Werner* 11; SK/*Velten*/*Greco*/*Werkmeister* 11; h.M.; **a.A.** KMR/*Nepomuck* 15.

61 BGHSt **43** 62.

Satz 2). Zu einer hieran anknüpfenden Aufklärungsrüge (§ 244 Abs. 2) s. die insoweit vergleichbaren Erl. zu § 406g, 85.

§ 406g
Psychosoziale Prozessbegleitung

(1) [1]Verletzte können sich des Beistands eines psychosozialen Prozessbegleiters bedienen. [2]Dem psychosozialen Prozessbegleiter ist es gestattet, bei Vernehmungen des Verletzten und während der Hauptverhandlung gemeinsam mit dem Verletzten anwesend zu sein.

(2) Die Grundsätze der psychosozialen Prozessbegleitung sowie die Anforderungen an die Qualifikation und die Vergütung des psychosozialen Prozessbegleiters richten sich nach dem Gesetz über die psychosoziale Prozessbegleitung im Strafverfahren vom 21. Dezember 2015 (BGBl. I S. 2525, 2529) in der jeweils geltenden Fassung.

(3) [1]Unter den in § 397a Absatz 1 Nummer 4 und 5 bezeichneten Voraussetzungen ist dem Verletzten auf seinen Antrag ein psychosozialer Prozessbegleiter beizuordnen. [2]Unter den in § 397a Absatz 1 Nummer 1 bis 3 bezeichneten Voraussetzungen kann dem Verletzten auf seinen Antrag ein psychosozialer Prozessbegleiter beigeordnet werden, wenn die besondere Schutzbedürftigkeit des Verletzten dies erfordert. [3]Die Beiordnung ist für den Verletzten kostenfrei. [4]Für die Beiordnung gilt § 142 Absatz 5 Satz 1 und 3 entsprechend. [5]Im Vorverfahren entscheidet das nach § 162 zuständige Gericht.

(4) [1]Einem nicht beigeordneten psychosozialen Prozessbegleiter kann die Anwesenheit bei einer Vernehmung des Verletzten untersagt werden, wenn dies den Untersuchungszweck gefährden könnte. [2]Die Entscheidung trifft die die Vernehmung leitende Person; die Entscheidung ist nicht anfechtbar. [3]Die Gründe einer Ablehnung sind aktenkundig zu machen.

Schrifttum

Bock Einige europarechtlich inspirierte Regelungen zur psychosozialen Prozessbegleitung, FS Eisenberg (2019) 363; *Eisenberg* Noch mehr im Jugendstrafverfahren (nicht auf Seiten des Beschuldigten) anwesende Erwachsene – Die neue Regelung der Psychosozialen Prozessbegleitung, ZJJ **2016** 33; *Ferber* Stärkung der Opferrechte im Strafverfahren – Das 3. Opferrechtsreformgesetz, NJW **2016** 279; *Fastie* Opferschutz im Strafverfahren **2017**; *Felix* Beiordnung und Vergütung des psychosozialen Prozessbegleiters Teil 1 JurBüro **2018** 283; *ders.* Beiordnung und Vergütung des psychosozialen Prozessbegleiters Teil 2 JurBüro **2018** 340; *Kilching* Opferschutz innerhalb und außerhalb des Strafrechts (2018); *Kett-Straub* Wieviel Opferschutz verträgt das Strafverfahren, ZIS **2017** 341; *Lindemann/Menke/Frenser* Herausforderung von Strafverfahren mit psychisch kranken Opfern – die psychosoziale Prozessbegleitung als möglicher Bewältigungsansatz? Ein Dialog mit Expertinnen und Experten MschKrim **105** (2021) 50; *Lyndian* Opferbelange und psychosoziale Prozessbegleitung StraFo **2018** 6; *Neuhaus* Die Psychosoziale Prozessbegleitung nach dem 3. ORRG: Ein verhängnisvoller Irrweg, StV **2017** 55; *Riekenbrauk* Psychosoziale Prozessbegleitung – ein neuer Sozialer Dienst der Justiz, ZJJ **2016** 25; *ders./Temme* Psychosoziale Prozessbegleitung – eine Gefährdung der Beschuldigtenrechte? HRRS **2022** 74; *Stahlmann-Liebelt/Gropp* Psychosoziale Prozessbegleitung – vom Pionier in Schleswig-Holstein zum Bundesgesetz, SchlHA **2016** 439; *Volpert* Die Vergütung der psychosozialen Prozessbegleitung, RVGReport **2017** 202; *Wannek* Das 3. Opferrechtsreformgesetz – Umsetzung der Opferschutzlinie 2012/29/EU und gesetzliche Verankerung der psychosozialen Prozessbegleitung, jurisPR-StrafR 5/**2016**; *Wenske* Der Psychosoziale Prozessbegleiter (§ 406g StPO) – ein Prozessgehilfe sui generis, JR **2017** 457.

https://doi.org/10.1515/9783110275001-049

Entstehungsgeschichte

Die Vorschrift wurde durch Art. 1 Nr. 12 des Gesetzes zur Stärkung der Opferrechte im Strafverfahren vom 21.12.2015 eingefügt (3. Opferrechtsreformgesetz – **3. OpferRRG**).[1] Mit Blick auf den mit der erstmaligen Einführung dieses neuen Verfahrensbeteiligten in das deutsche Strafprozessrecht verbundenen erheblichen legislativen und organisatorischen Aufwand trat die Vorschrift – verstanden als „Kernstück“[2] dieses Reformgesetzes – erst ein Jahr nach den übrigen Regelungen am 1.1.2017 in Kraft.[3] Durch Art. 1 Nr. 13 des Gesetzes zur Neuregelung des Rechts der notwendigen Verteidigung vom 10.12.2019 wurde in Absatz 3 der Verweis auf § 142 Abs. 1 durch die Wörter „§ 142 Absatz 5 Satz 1 und 3“ aus redaktionellen Gründen ersetzt.[4] Die Regelung wird durch das Gesetz über die psychosoziale Prozessbegleitung im Strafverfahren (**PsychPbG**) vom 21.12.2015[5] näher ausgestaltet, das ebenfalls am 1.1.2017 in Kraft trat. Bundesgesetzlich ist – entgegen sachverständiger Empfehlung[6] – bedauerlicherweise keine Evaluation der praktischen Auswirkungen der Einführung dieses Verfahrensbeteiligten vorgesehen und diese damit allein wissenschaftlicher Rechtstatsachenforschung überantwortet.[7]

Übersicht

---

1 BGBl. I 2525; vgl. hierzu *Ferber* NJW **2016** 279.
2 Vgl. etwa auch *Wannek* jurisPR-Strafrecht 5/**2016**.
3 BGBl. I S. 2530.
4 BGBl. I S. 2128, 2131.
5 BGBl. I S. 2525.
6 BTDrucks. **18** 6906 S. 21.
7 Zu statistischen Werten vgl. SSW/*Werner* 1.

Alphabetische Übersicht

I. Allgemeines

1 **1. Bedeutung.** Die Norm verankert die psychosoziale Prozessbegleitung[8] im deutschen Strafverfahrensrecht. Zuvor war sie begrifflich allein in der früheren Fassung des § 406h Abs. 1 Nr. 5 erwähnt,[9] nicht aber näher gesetzlich konturiert worden.[10] Dies wurde als nicht angemessen erachtet, so dass durch den Reformgesetzgeber – die Maßgaben der Opferschutzrichtlinie der EU[11] ausdrücklich überschießend[12] – ein Opferunterstützungsdienst (Art. 8 RL) zur emotionalen und psychischen Unterstützung von Verletzten (vgl. Art. 9 Abs. 1 RL) etabliert worden ist.[13] Gleichsam soll hierdurch die rechtspraktisch bereits als etabliert erkannte Übung einer „qualifizierten", indes „nicht rechtlichen Prozessbegleitung" (vgl. § 2 Abs. 1 PsychPbG) in die Strafprozessordnung integriert werden.[14]

2 Der neugefasste § 406g zielt darauf ab, für besonders schutzbedürftige Verletzte (s. Erl. zu § 373b)[15] die mit der Durchführung eines Strafverfahrens verbundenen **Belas-**

---

8 Vgl. zur rechtstatsächlichen Entwicklung *Fastie* 261 ff.; ferner *Bock* FS Eisenberg 363, 365.

9 Vgl. hierzu LR/*Wenske*[26] Nachtr. § 406h 12 ff.

10 Vgl. hierzu BTDrucks. **16** 12098 S. 39 sowie LR/*Wenske*[26] Nachtr. § 406h, 12 ff.

11 Richtlinie 2012/29/EU des Europäischen Parlaments und des Rates vom 25.10.2012 über Mindeststandards für die Rechte, die Unterstützung und den Schutz von Opfern von Straftaten sowie zur Ersetzung des Rahmenbeschlusses 2001/220/JI, AblEU vom 14.11.2012 – 315/57.

12 Vgl. BTDrucks. **18** 4621 S. 2, 19, 29.

13 Vgl. BTDrucks. **18** 4621 S. 19, 29.

14 BTDrucks. **18** 4621 S. 29 f.

15 Durch die eingefügte Begriffsbestimmung in § 373b Abs. 2 wurde auch die Rechtsfrage durch den Gesetzgeber entschieden, ob Angehörigen eines Getöteten die Schutzbefugnisse aus § 406g zustehen; vgl. hierzu nach früherer Rechtslage OLG Celle BeckRS **2021** 3279.

tungen zu verringern und eine **Sekundärviktimisierung** zu vermeiden (vgl. § 2 Abs. 1 Satz 2 PsychPbG). Die psychosoziale Prozessbegleitung ist nach § 2 Abs. 2 PsychPbG geprägt von ihrer „Neutralität gegenüber dem Strafverfahren und der Trennung von Beratung und Begleitung";[16] sie darf nicht zu einer Beeinflussung des Zeugen oder zu einer Beeinträchtigung der Zeugenaussage führen (s. Rn. 7, 34 ff.). Ersichtlich zur Vermeidung von Zielkonflikten und Unklarheiten wurde im Gesetzgebungsverfahren das weitere ursprünglich in § 406g Abs. 1 StPO-E enthaltene Ziel der psychosozialen Prozessbegleitung, eine Verbesserung der „Aussagetüchtigkeit", gestrichen.[17] Dies ändert allerdings nichts daran, dass der mit § 406g erstrebte Abbau von Belastungen und Ängsten sowie die intendierte Stabilisierung des Zeugen weiterhin einen „hohen Nutzen" verfolgt und – zumindest als Nebeneffekt[18] – die **Aussagetüchtigkeit** des Verletzten als mögliche Auskunftsperson im Strafverfahren stärkt[19] und andere Verfahrensbeteiligte, etwa das Gericht bei der Ausübung seiner Fürsorgepflichten (vgl. Rn. 9), entlastet.[20]

2. Systematik. Die **Vorschrift ergänzt regelungssystematisch** die bestehenden **3** Möglichkeiten einer juristischen Beratung und Vertretung des Verletzten durch einen **Verletztenbeistand** (§ 406f Abs. 1) und die emotional-persönliche Unterstützung durch eine **Vertrauensperson** (§ 406f Abs. 2) um die fachliche Betreuung durch eine qualifiziert ausgebildete Begleitperson.[21] Die Vorschrift bestimmt im Einzelnen **Art** und **Umfang des Rechtsanspruchs**, die **Befugnisse** des Prozessbegleiters (**Absatz 1 und 4**, s. Rn. 15, 25) sowie die Voraussetzungen für dessen gerichtliche Bestellung (**Absatz 3**).

Der Strafprozessordnung selbst lassen sich allerdings weder eine Definition der psy- **4** chosozialen Prozessbegleitung noch nähere Anhaltshaltspunkte für den rechtlichen Rahmen ihrer Tätigkeit entnehmen. Näheres hierzu wird – um das Strafverfahrensrecht nicht zu überfrachten[22] – durch das von **Absatz 2** in Bezug genommene Gesetz über die psychosoziale Prozessbegleitung (**PsychPbG**; hierzu Rn. 27 ff.) bestimmt, das als Art. 4 des 3. Opferrechtsreformgesetzes ebenfalls am 1.1.2017 in Kraft getreten ist.[23]

Die Vorschrift steht schließlich weiter in einem engen **regelungssystematischen** **5** **Zusammenhang** mit den Regelungen über die **Kosten und Auslagen** im Strafverfahren. Zwar hat im Falle einer Verurteilung der Angeklagte grundsätzlich auch die Kosten einer psychosozialen Prozessbegleitung zu tragen (§ 465 Abs. 1). Hiervon kann aber nach dem durch Art. 1 Nr. 16 des 3. Opferrechtsreformgesetzes neueingefügen § 465 Abs. 2 Satz 4 für den Fall der Unbilligkeit eine Ausnahme gemacht werden.[24] Hiermit korrespondiert ein neueingefügter Abschnitt im Gerichtskostengesetz, nach dem sich für den Fall der Beiordnung eines psychosozialen Prozessbegleiters die Gerichtsgebühren grundsätzlich entsprechend erhöhen und dieserart an den Angeklagten weitergegeben werden. Die **Gebührentatbestände** sind geregelt in 3150 ff. KV GKG. Für den Fall einer nicht erfolg-

---

16 Zu den gegenläufigen Positionen im Gesetzgebungsverfahren vgl. *Herrmann* in Elz (Hrsg.), Psychosoziale Prozessbegleitung, S. 52, 59 f.

17 BTDrucks. **18** 6906 S. 20; *Wenske* JR **2017** 458; **a.A.** SK/*Velten*/*Greco*/*Werkmeister* 2; HK/*Pollähne* 2.

18 BTDrucks. **18** 6906 20; *Wenske* JR **2017** 458; **a.A.** SK/*Velten*/*Greco*/*Werkmeister* 2; HK/*Pollähne* 2.

19 Ebenso SSW/*Werner* 2; vgl. namentlich zu psychisch kranken Tatopfern Lindemann/Menke/Frenser MschKrim 105 (**2021**) 50 56 ff.

20 Vgl. BTDrucks. **18** 6906 S. 25; h.M. KK/*Zabeck* 1; Meyer-Goßner/*Schmitt* 1; KMR/*Nepomuck* 17; *Lyndian* StraFo **2018** 7; krit. („nicht angemessen") hingegen SK/*Velten*/*Greco*/*Werkmeister* 2.

21 BTDrucks. **18** 4621 S. 30; BTDrucks. **18** 6906 S. 24; *Kilching* S. 44; krit. hierzu HK/*Pollähne* 6 („Opfer-Entourage").

22 BTDrucks. **18** 6906 S. 24.

23 BGBl. I 2525, 2529.

24 Hierzu auch *Wannek* jurisPK-StrafR 5/**2016**.

ten Beiordnung des psychosozialen Prozessbegleiters eines Nebenklägers (§ 395) richtet sich die Vergütung – gedeckelt durch die Höhe der durch eine Beiordnung veranlassten Vergütung (vgl. § 472 Abs. 1 Satz 1) – nach den Maßgaben des § 472 über die Auslagen des Nebenklägers.[25] Der nebenklagebefugte Verletzte (§ 406f) und der Verletzte (§ 406d) haben die Auslagen für die psychosoziale Prozessbegleitung im Falle unterbliebener Beiordnung selbst zu tragen. Wird die psychosoziale Prozessbegleitung hingegen durch eine hierfür vorgesehene behördliche Stelle durchgeführt (etwa Dienststellen gerichtlicher Zeugenbetreuung), sind die Vergütungsregelungen nicht anwendbar; hier handelt es sich um Sowieso-Kosten.

6 **3. Rechtsnatur.** Die psychosoziale Prozessbegleitung erweist sich als ein **Prozessgehilfe sui generis.**[26]

7 Der Begleiter hat allein **in tatsächlicher Hinsicht** sozialpädagogische oder aber psychologische Unterstützung und Betreuung zu leisten (vgl. § 2 Abs. 2 Satz 1 PsychPbG, s. Rn. 30). Ihm stehen **keine eigenen rechtlichen Befugnisse** zu (vgl. Rn. 8); er leitet seine Verfahrensstellung allein aus den Rechten des Verletzten selbst ab und ist von dessen Entscheidung abhängig, sich ihrer zu bedienen.[27] Infolgedessen steht dem Begleiter auch **kein Äußerungs-, Erklärungs- oder Antragsrecht** im Zuge von Vernehmungen oder gar in der Hauptverhandlung zu. Die tatsächliche Unterstützung erfolgt rechtspraktisch etwa durch eine Begleitung zu Hauptverhandlungsterminen oder durch eine Erläuterung justizieller Abläufe und – auch bei größter Anstrengung des Gerichts – im Einzelfall unvermeidbarer Belastungen der Zeugenstellung, um etwa vorhandene oder erkannte Stressgefühle und Ängste aufzulösen oder zu reduzieren (s. Rn. 9, 36).[28] Der Begleiter darf nicht über die Tat sprechen und sich gar die Aussage vorab schildern lassen; erst recht darf er die Aussage nicht in anderer Weise beeinflussen (s. im Einzelnen Rn. 34 ff.).

8 Die psychosoziale Prozessbegleitung ist **kein Verfahrenssubjekt.**[29] Sie verfügt weder über die Rechtsmacht, gestaltend auf den Prozessgegenstand final einzuwirken, noch ist ihr Vorhandensein für den Strafprozess konstitutiv.[30] Neben ihrem – vom Wunsch des Verletzten abhängigen (s. Rn. 18 f.) – Anwesenheitsrecht stehen ihr keine weiteren rechtlichen Befugnisse, wie etwa ein Fragerecht, zu (s. Rn. 7).[31] Sie ist vielmehr – anders als etwa die Jugendgerichtshilfe – **unselbständig** und weist auch sonst keine Identität etwa mit den Instituten der Gerichts-, Jugendgerichts- und Bewährungshilfe oder mit den Rechtspflichten von Sachverständigen oder Dolmetschern auf.[32]

9 Die Prozessbegleitung steht auch nicht allein im Dienste des Verletzten, sondern wird – ersichtlich als **Ausdruck staatlicher Schutzpflichten** (s. Vor § 373b, 51 ff.) – auch in einem **hoheitlichen Pflichtenkreis** tätig.[33] Denn die Gerichte sind – schon von Verfassungs wegen – zu einem schonenden Umgang mit der Beweisperson verpflichtet. Soweit allerdings eine tatsächliche emotionale Unterstützung des Zeugen zur Erleichterung der Aussagesituation aus Gründen dieser rechtlich gebotenen Fürsorge im Raum steht,

---

25 BTDrucks. **18** 4621 S. 35; vgl. auch *Wannek* jurisPK-StrafR 5/**2016**.
26 Hierzu bereits *Wenske* JR **2017** 457 ff.
27 Ebenso SK/*Velten*/*Greco*/*Werkmeister* 6; HK/*Pollähne* 7.
28 Vgl. Meyer-Goßner/*Schmitt* 5a; SK/*Velten*/*Greco*/*Werkmeister* 5; *Fastie* 295 ff.
29 Ebenso SK/*Velten*/*Greco*/*Werkmeister* 6.
30 Vgl. Einl. J Rn. 2.
31 Meyer-Goßner/*Schmitt* 2.
32 Vgl. näher *Wenske* JR **2017** 458.
33 Vgl. im Einzelnen *Wenske* JR **2017** 458 ff.; krit. hierzu HK/*Pollähne* 2.

sind die Möglichkeiten eines Gerichts mit Blick auf seine Pflicht, jeden Anschein einer Parteilichkeit zu vermeiden, limitiert. Denn das **Gebot der Äquidistanz**, verbunden mit den Anforderungen an die bestmögliche Wahrheitsermittlung, hindert das Gericht daran, auf einen durch die angeklagte Tat Verletzten in einer empathischen, auf vulnerable Gemütsverfassungen in jeder Hinsicht Rücksicht nehmenden Weise – insbesondere auch schon im Vorfeld einer Hauptverhandlung – einzugehen. Hingegen kann der Begleiter gerade im Vorfeld zur Hauptverhandlung eine fürsorgerische Vorbereitung hierauf leisten. Die psychosoziale Prozessbegleitung wirkt diesem **strukturellen Defizit** bei der Umsetzung hoheitlicher **gerichtlicher Fürsorge** entgegen, verringert unvermeidliche Sekundärtraumatisierungen bei tatsächlich Verletzten und stärkt gerade hierdurch deren Aussagetüchtigkeit.

Dem entspricht die vom Gesetzgeber vorgesehene Beiordnungsmöglichkeit (Absatz 3, s. Rn. 59 ff.). Nach allgemeiner Ansicht bewirkt eine gerichtliche Beiordnung im Strafprozess nämlich die **besondere Indienstnahme Privater zur Erfüllung hoheitlicher Aufgaben.**[34] Die durch § 406g im Strafverfahrensrecht **institutionalisierte Zusammenarbeit** zwischen – entsprechend hoheitlicher Ausbildungs- und Prüfungstandards qualifizierten (s. Rn. 38 f.) – psychosozialen Prozessbegleitern und Gericht garantiert die gebotene Fürsorge für den Verletzten und trägt zugleich zur bestmöglichen Sachaufklärung bei. Dass der Begleiter zur Neutralität verpflichtet ist, ändert an dieser Einordnung als Prozessgehilfe sui generis nichts. Das Neutralitätsgebot bezieht sich ersichtlich allein auf den Verfahrensinhalt und das Verfahrensziel (s. im Einzelnen Rn. 31 ff.). 10

4. Kritik; Stellungnahme. Die psychosoziale Prozessbegleitung ist auch weiterhin erheblicher Kritik ausgesetzt. So wird etwa vorgebracht, dass die tatbestandlich vorausgesetzte Zuerkennung einer prozessualen Schutzbedürftigkeit zu einer (weiteren) **Vorfestlegung der Opferrolle**[35] führe. Auch wird besorgt, dass sich das **Kräfteverhältnis** zwischen einem anwaltlich vertretenen, durch eine Vertrauensperson begleiteten (vgl. § 406f Abs. 1 und 2) und nun auch noch durch einen psychosozialen Prozessbegleiter betreuten Verletzten zum Nachteil des Angeklagten verschieben[36] oder eine neutralitätspflichtwidrige Betätigung des Begleiters **Gefahren für die Wahrheitsfindung** begründen könnte.[37] Sämtliche kritischen Erwägungen sind beachtlich.[38] Die Besorgnisse sind vor dem Hintergrund der Opferschutzgesetzgebung der vergangenen Jahrzehnte und mit Blick auf die Parteirolle des Verletzten de lege lata verständlich und im Grundsatz nicht von der Hand zu weisen. Allein die psychosoziale Prozessbegleitung – zutreffend eingeordnet als Prozessgehilfe sui generis ohne eigene prozessuale Gestaltungsrechte (s. Rn. 6 ff.) – ist für sich nicht dazu geeignet, diese Besorgnisse zu verstärken. Gerade durch die weitgehend vereinheitlichten **Ausbildungs- und Prüfungsordnungen** sowie mit Blick auf die Betätigung zumindest auch in einem gerichtlichen Pflichtenkreis und die damit bestehende **Weisungsabhängigkeit** (vgl. Rn. 74) wird die zuvor für die Strafjustiz uneinsehbare **„Black-Box"**, die Betreuung von Verletzten durch Mitarbeitende unbekannter Qualifikation und Motivation von Opferhilfeorganisationen, normativ wie tatsächlich ausgeleuchtet: Einer – zuvor in der tatrichterlichen Praxis nicht selten zu beobachtenden – „ideologiekritischen Haltung" gegenüber Ermittlungsbehörden und Strafjustiz[39] wird durch einheitliche Ausbildungsstan- 11

34 Vgl. BVerfGE **39** 238, 244; NStZ **1998** 46; NJW **1985** 727, 728.
35 *Bock* Eisenberg FS 363, 372 ff.; *Eisenberg* ZJJ **2016** 34; *Neuhaus* StV **2017** 57.
36 *Pollähne* StV **2016** 671; *Neuhaus* StV **2017** 60; *Kett-Straub* ZIS **2017** 343.
37 *Eisenberg/Kölbel* JGG § 33b, 51f; HK/*Pollähne* 2; SK/*Velten/Greco/Werkmeister* 3 m.w.N.
38 Vgl. im Einzelnen *Riekenbrauk/Temme* HRRS **2022** 78 ff.
39 Vgl. *Pollähne* StV **2016** 676 f.; *Eisenberg/Kölbel* JGG § 33b, Rn 51c.

dards, die Tätigkeit im hoheitlichen Pflichtenkreis (s. Rn. 9) mit korrespondierender Weisungsgebundenheit (s. Rn. 74) und durch die ersichtlich unabdingbare Einbindung von Richterinnen und Richtern, aber auch Strafverteidigerinnen und Strafverteidigern, in die Qualifizierungsmaßnahmen (s. Rn. 39) vorgebeugt.[40] Ob im Einzelfall tatsächlich ein Verstoß gegen die Neutralitätspflicht des Begleiters zu besorgen ist, kann ohne Weiteres – auch mangels Zeugenisverweigerungsrechts – anhand der notwendigen Dokumentation (s. Rn. 37) aufgeklärt werden.

12 Zu **kritisieren** ist hingegen Umsetzung der Ausbildungs- und Qualifikationsstandards (s. Rn. 39). Indem dies den Ländern übertragen wurde, fehlt es an einem einheitlichen Niveau und einer Vergleichbarkeit.[41] Es droht durch diese Zersplitterung des Rechts eine Erschwerung des Blicks in die Black-Box (s. Rn. 11). Es ist daher besonders bedauerlich, dass die Länder den ihnen überantwortenden Auftrag nicht mit Blick auf die gemeinsame Verantwortung für ein bundeseinheitlich gleichmäßiges Strafverfahren einheitlich gelöst haben. Leider finden sich auch keine einheitlichen Maßgaben zu den Anforderungen an die **Dozentinnen und Dozenten** (s. im Einzelnen Rn. 39); es bleibt zu hoffen, dass die Länder aus eigener Verantwortung dafür Sorge tragen werden (s. Rn. 41 ff.), dass neben Strafrichterinnen und Strafrichtern auch Verteidigerinnen und Verteidiger hier eingesetzt werden,

13 Bedauerlich ist weiter, dass der Gesetzgeber mit dem 3. Opferrechtsreformgesetz die bisher durchgehaltene strikte Trennung zwischen den verschiedenen Verfahrensrollen des durch die Straftat möglicherweise Verletzten aufgegeben hat. War er in seiner **Rechtsstellung als Verletzter** betroffen, so bestimmten sich seine Rechte bisher allein aus den Regelungen der §§ 395, 406d ff.; war er als **Auskunftsperson**, als Zeuge am Verfahren beteiligt, waren die Regelungen der §§ 48 ff. einschlägig. Der neueingeführte § 48 Abs. 3 schlägt nunmehr nicht nur eine systemwidrige Brücke zwischen beiden Regelungsbereichen; er vermengt auch das, was eigentlich strukturell für eine einfachere Rechtsanwendung weiterhin besser zu trennen gewesen wäre.

14 Der – freilich gut praktikable – Verweis auf § 397a erfasst schließlich leider nicht die rechtspraktisch besonders schutzwürdige Gruppe von Verletzten **häuslicher Gewalt** (§ 223 StGB; s. Erl. Vor § 373b, 31) und ist auch insoweit dringend reformbedürftig.[42]

II. Rechtsanspruch (Absatz 1)

15 **1. Reichweite.** Berechtigt, einen Prozessbegleiter auf **eigene Kosten** hinzuziehen, ist in **personaler Hinsicht** jeder Verletzte (§ 373b; zur Beiordnung s. Rn. 59 ff.).

16 **a) Zeitlicher Anwendungsbereich.** In **zeitlicher Hinsicht** stehen die Befugnisse nach § 406g dem Verletzten „vor, während und nach der Hauptverhandlung" zu (vgl. § 406g Abs. 2, § 2 PsychPbG). Diese gesetzliche Anknüpfung macht deutlich, dass der Anspruch **frühestens** entsteht mit der Einleitung eines – auch gegen Unbekannt – geführten **Ermittlungsverfahrens** (vgl. §§ 6 ff. PsychPbG).[43] Da in diesem Verfahrensabschnitt die Belastungen durch Vernehmungen mangels Öffentlichkeit und zumeist auch mangels Konfrontation mit dem Beschuldigten indes nicht mit den Belastungen einer Hauptver-

---

40 Krit. hingegen HK/*Pollähne* 2.

41 Vgl. HK/*Pollähne* 1; *Kett-Straub* ZIS **2017** 342.

42 Vgl. hierzu auch die Pressemitteilung des BMJV vom 18.2.2021 und BTDrucks. **19** 30517 S. 18.

43 Vgl. *Wenske* JR **2017** 460.

handlung vergleichbar sind, dürfte die Hinzuziehung eines Begleiters bei Vernehmungen hier regelmäßig noch nicht naheliegen. Der Verletzte kann auf die Bedingungen und Notwendigkeiten einer polizeilichen oder staatsanwaltschaftlichen Vernehmung auch ohne Mitwirkung eines Begleiters effektiv – etwa in deren Vorfeld – vorbereitet werden. Anderes mag gelten bei beweissichernden Vernehmungen durch einen Ermittlungsrichter (§§ 162, 169). Schließlich wird durch diese restriktive Normanwendung weiter verhindert, dass der Begleiter vom Aussageinhalt Kenntnis nehmen muss. Dadurch kann einerseits die Wahrscheinlichkeit seiner späteren Zeugenstellung reduziert und andererseits im Einzelfall nicht ausschließbaren Wünschen des Verletzten, über die Sache mit ihm zu sprechen, vorgebeugt werden.[44] Der Rechtsanspruch **erlischt** mit dem **rechtskräftigen Verfahrensabschluss.**[45] In erster Linie zu nennen sind hier das für sämtliche Verfahrensbeteiligte nicht mehr anfechtbare **Strafurteil** oder ein – vergleichbare Rechtswirkungen entfaltender – **unanfechtbarer Nichteröffnungsbeschluss** (vgl. §§ 207, 211). Dies gilt gleichermaßen für **jede sonstige Beendigung** durch Verfahrenseinstellungen (§ 170 Abs. 2, §§ 153 ff., § 154, § 206a, § 206b). Dass durch den Verletzten ein Klageerzwingungsverfahren angestrebt und geführt wird (§ 172), ändert hieran nichts. Bis zu einer anderslautenden Anordnung des Oberlandesgerichts gilt das Verfahren weiter als abgeschlossen. Hingegen erzeugt eine im Wege einer Rechtsmittelbeschränkung eingetretene **Teilrechtskraft** diese Rechtswirkungen nicht ohne Weiteres. Hier kommt es darauf an, ob horizontale oder vertikale Teilrechtskraft eingetreten ist und ob der Verletzte in der nächsten Tatsacheninstanz als Auskunftsperson – etwa zu den Folgen der Tat – noch in Betracht kommt.[46]

b) Unterstützungsleistungen. Der Rechtsanspruch ist **sachlich** auf ein **Anwesenheitsrecht** (Absatz 1 Satz 2) bei Vernehmungen des Verletzten oder solche Teile der Hauptverhandlung beschränkt, an denen der Verletzte aus eigenem Recht teilnimmt (s. Rn. 7 ff.).[47] Die begleitende Person kann neben dem Verletzten – auch in der Sichtachse zum Angeklagten – Platz nehmen. Wird dies beanstandet, untersteht die **Platzwahl** der Sachleitungsbefugnis des Vorsitzenden (§ 238 Abs. 1). Dieser wird eine Anwesenheit in der Sichtachse zum Angeklagten aus Gründen bestmöglicher Sachaufklärung – insbesondere bei beengten räumlichen Begebenheiten – regelmäßig gestatten. Es liegt eingedenk der nunmehr gesetzgeberisch festgeschriebenen Leitbildes fern, darin ohne weiteres einen der Unschuldsvermutung widerstreitenden „Schutzwall" vor dem Angeklagten zu erblicken. Im Übrigen besteht kein Anspruch auf Anwesenheit des Begleiters, etwa bei persönlichen Verhandlungen etwa über einen Täter-Opfer-Ausgleich (§ 155a StPO; § 46a StGB). 17

2. Voraussetzungen. Der Verletzte muss von seinem Recht (zu den weitergehenden Anforderungen an einen Beiordnungsantrag s. Rn. 59 ff.) ausdrücklich Gebrauch machen und erklären (vgl. Absatz 1 Satz 1 und Absatz 3), sich eines Begleiters bei einer konkreten Vernehmung bedienen oder von diesem während der Hauptverhandlung begleitet werden zu wollen.[48] 18

44 SK/*Velten*/*Greco*/*Werkmeister* 6.
45 Ebenso SK/*Velten*/*Greco*/*Werkmeister* 4.
46 *Wenske* JR **2017** 460.
47 SK/*Velten*/*Greco*/*Werkmeister* 6.
48 Ebenso HK/*Pollähne* 7.

19 **a) Antrag.** Dieser **Antrag** gegenüber der die Vernehmung leitenden Person unterliegt **keinen Formvorschriften.**[49] Der Verletzte hat – sofern kein Fall der Beiordnung (Absatz 3) oder eines sistierten Begleiters vorliegt[50] – den Wunsch auf Begleitung unter Angabe des Namens und der Erreichbarkeit des Begleiters mitzuteilen.

20 **b) Qualifikationsnachweis.** Der Begleiter hat die nach § 4 PsychPbG in Verbindung mit den jeweiligen für seinen Wohn- bzw. regelmäßigen Betätigungsort bestehenden landesrechtlichen **Qualifikationen** (§ 3 PsychPbG) zu erfüllen und dies auf Verlangen **nachzuweisen.**

21 **c) Gruppenvertretung.** Grundsätzlich können sich mehrere Verletzte im nämlichen Verfahren desselben Begleiters bedienen.[51] Da dieser sich inhaltlich nicht mit dem Verfahrensgegenstand befassen darf, liegen hierin keine Gefahren für die Sachaufklärung begründet. Anderes mag – vergleichbar mit der Gruppenvertretung von Nebenklägern (§ 397b) – ausnahmsweise dann gelten, wenn durch die Verletzten eine vertrauensvolle Zusammenarbeit mit dem in Rede stehenden gemeinschaftlichen Begleiter im Einzelfall substantiiert in Zweifel gezogen wird (s. Erl. zu § 397b).[52]

22 **3. Grenzen des Rechtsanspruchs.** Der Anspruch ist nicht schrankenlos gewährleistet.

23 **a) Verhinderung des Begleiters.** Die **Verhinderung des Begleiters** erzwingt grundsätzlich keine Verschiebung des Vernehmungstermins.[53] Dies folgt aus einer entsprechenden Anwendung der Maßgaben des § 398. Wenn schon die besonders starke Prozessstellung eines Nebenklägers den Fortgang des Verfahrens bei dessen Anschluss bzw. Abwesenheit nicht aufhalten kann, dann muss dies mit Blick auf die vergleichsweise geringen Schutzwirkungen der Rechte aus § 406g – der ersichtlich planwidrig keine entsprechende Regelung enthält – erst recht gelten. Anderes folgt auch nicht aus §§ 44, 45, wenn der Verletzte versehentlich auf sein Recht aus § 406g nicht hingewiesen wurde.[54]

24 Hingegen kann **ausnahmsweise eine Terminsverschiebung** mit Blick auf die Maßgaben des § 244 Abs. 2 geboten sein, wenn durch die Anwesenheit eines Begleiters die Aussagetüchtigkeit erst hergestellt werden kann. Hier ist indes mit Blick auf das Zügigkeitsgebot stets zu erwägen, ob dasselbe Ziel nicht auch durch die Anwesenheit eines anderen als durch den ursprünglich beigeordneten oder gewünschten Begleiter erreicht werden kann.[55]

---

49 Ebenso SK/*Velten*/*Greco*/*Werkmeister* 6; wurde der Begleiter beigeordnet, so liegt bereits in dem hierfür erforderlichen Antrag regelmäßig auch ein auf Vernehmungen im konkreten Verfahren bezogener Anwesenheitswunsch.

50 Gerade in diesen Fällen besteht indes die Gefahr, dass dem sistierten Prozessbegleiter etwa mangels (ad hoc nachprüfbarer) Qualifikation (Abs. 2) die Anwesenheit durch die die Vernehmung leitende Person untersagt wird (Abs. 4).

51 Ebenso HK/*Pollähne* 7.

52 Vgl. SK/*Velten*/*Greco*/*Werkmeister* 6; ferner bereits *Wenske* JR **2017** 461.

53 SK/*Velten*/*Greco*/*Werkmeister* 6.

54 Vgl. Meyer-Goßner/*Schmitt* § 406i 7; ferner, zu § 396, *Wenske* NStZ **2008** 454.

55 Vgl. *Wenske* JR **2017** 461.

b) Untersagung der Anwesenheit (Absatz 4). Liegt keine Beiordnung vor,[56] kann die **Anwesenheit des Begleiters** in der Hauptverhandlung bei einer ansonsten bestehenden Gefahr für den Untersuchungszweck **untersagt werden** (Absatz 4 Satz 1). Solches ist namentlich dann zu erwägen (vgl. § 406e Abs. 2 Satz 2), wenn der vernehmenden Stelle eine **Pflichtverletzung** des psychosozialen Prozessbegleiters bekannt wird und damit nicht mehr die Gewähr für eine bestmögliche Sachaufklärung besteht;[57] ausreichend sind auch hier schon Anhaltspunkte für eine abstrakte Gefährdung.[58] Zuständig für den – auf Antrag oder von Amts wegen (§ 244 Abs. 2) anzuordnenden – Ausschluss ist die die Vernehmung leitende Person (Absatz 4 Satz 2 Hs. 1), im gerichtlichen Verfahren der Vorsitzende (s. Rn. 60). Die Entscheidung ergeht nach **Anhörung** des Verletzten (§ 33); die Gründe hierfür sind **aktenkundig** zu machen (Absatz 4 Satz 3). Die Entscheidung ist **unanfechtbar.** Dies gilt ausweislich des eindeutigen Gesetzeswortlauts auch dann, wenn die Entscheidung in der Hauptverhandlung in Form einer sachleitenden Anordnung des Vorsitzenden ergeht (§ 238 Abs. 1). 25

c) Benachrichtigung. Der gegenüber dem Gericht angezeigte Prozessbegleiter wird nicht selbst vom Vernehmungstermin **benachrichtigt**; dies obliegt dem Verletzten (s. aber zum Fall der Beiordnung Rn. 73).[59] 26

III. Grundätze und Qualifikation (Absatz 2)

1. Rechtsstellung und Grundsätze. Der Rechtsanspruch des Verletzten auf psychosoziale Prozessbegleitung, die Fälle einer Beiordnung und die prozessuale Stellung des Begleiters werden durch § 406g Abs. 1, 3 und 4 bestimmt. Ergänzt werden diese Maßgaben durch allgemeine Regeln, etwa die fehlende Aufnahme des Begleiters in den gesetzlichen Katalog von § 53a und das damit **nicht bestehende Zeugnisverweigerungsrecht** (zur **Informationspflicht** s. Rn. 35). Aus seiner Prozessgehilfenstellung folgt für den beigeordneten Prozessbegleiter ferner die Pflicht, gerichtlichen Aufforderungen, Aktenvermerke über den Ablauf der Prozessbegleitung herauszugeben (s. Rn. 9, 74). 27

Diese Maßgaben werden durch den Verweis in Absatz 2 ergänzt. Die Regelungen über die **Grundsätze** psychosozialer Prozessbegleitung, der hierfür notwendige beruflichen **Qualifikation** und die **Vergütung** werden durch das hierdurch anwendbare Gesetz über die Psychosoziale Prozessbegleitung im Strafverfahren (PsychPbG) vom 21.12.2015[60] (vgl. § 1 PsychPbG) getroffen. Überdies ermächtigt § 4 PsychPbG die Bundesländer zu bestimmen, **welchen Personen und Stellen** für die psychosoziale Prozessbegleitung anerkannt werden können und welche – den bundesgesetzlichen Rahmen des § 3 PsychPbG ergänzenden – weiteren Anforderungen hierfür an die **Berufsausbildung, praktische Berufserfahrung**, spezialisierte Weiterbildung sowie regelmäßige Fortbildungen zu stellen sind. 28

---

56 Bei in der Sachbehandlung durch den konkret bestellten Begleiter begründeten Besorgnissen kommt eine Entpflichtung und Beiordnung eines anderen Prozessbegleiters oder aber der Appell, den Saal zu verlassen, in Betracht; krit. hierzu indes *Pollähne* StV **2016** 677.

57 Ferner in Konstellationen, in denen der Begleiter zeitnah nicht verfügbar ist, vgl. *Blumenstein*, S. 35, 43, oder im Jugendgerichtsverfahren, vgl. *Ferber* NJW **2016** 281.

58 SK/*Velten*/*Greco*/*Werkmeister* 7.

59 SK/*Velten*/*Greco*/*Werkmeister* 6.

60 BGBl. I S. 2525 S. 3.

29 **2. Übersicht über das PsychPbG.** Das Gesetz trifft Bestimmungen für das gerichtliche Verfahren und unterliegt daher als Teil der konkurrierenden Gesetzgebung der Gesetzgebungskompetenz des Bundes (Art. 74 Nr. 1 GG). Mit Recht wurde deshalb – auf Empfehlung des Rechtsausschusses[61] – im Gesetzgebungsverfahren davon Abstand genommen, den Ländern mit Blick auf die „Besonderheiten der jeweiligen Landesjustiz"[62] einen mit § 305 Abs. 1 InsO vergleichbaren – noch größeren Regelungsspielraum zu überantworten; dies hätte zu einer noch größeren föderalen Zersplitterung der Anforderungen und Qualifikationsnotwendigkeiten und mithin zu noch erheblicheren Rechtsunsicherheiten geführt (s. Rn. 12 ff.). Der Bundesgesetzgeber hat daher mit dem PsychPbG zumindest in Teilen Qualifikationsstandards selbst aufgestellt (§ 3 PsychPbG). Der weitergehenden Empfehlung des Rechtsausschusses die **Trennung** zwischen rechtlicher Beratung und psychosozialer Betreuung und die **Qualifikationsstandards** in § 406g selbst aufzunehmen[63] und damit prominent als Verfahrensgrundsatz für diesen besonderen Verfahrensbeteiligten zu verankern, ist der Gesetzgeber hingegen bedauerlicher Weise nicht gefolgt, sondern hat diese Maßgaben ebenfalls nur nebengesetzlich in § 2 PsychPbG verortet. Eine noch weitere Überfrachtung der Strafprozessordnung wäre neben den im Justizalltag kaum mehr übersehbaren Hinweis- und Informationspflichten (§§ 406d, 406i, 406j, 406k, 406kl, 48) nicht zu besorgen gewesen.

30 An dieser Stelle kann keine Kommentierung der Bestimmungen des PsychPbG vorgenommen, sondern dessen Maßgaben können ergänzend nur insoweit dargestellt und erläutert werden, wie sie zur Auslegung und Anwendung des § 406g rechtspraktisch von besonderer Bedeutung sind.

a) Grundsätze der psychosozialen Prozessbegleitung (§ 2 PsychPbG).

31 *§ 2 Grundsätze*

(1) [1]Psychosoziale Prozessbegleitung ist eine besondere Form der nicht rechtlichen Begleitung im Strafverfahren für besonders schutzbedürftige Verletzte vor, während und nach der Hauptverhandlung. [2]Sie umfasst die Informationsvermittlung sowie die qualifizierte Betreuung und Unterstützung im gesamten Strafverfahren mit dem Ziel, die individuelle Belastung der Verletzten zu reduzieren und ihre Sekundärviktimisierung zu vermeiden.

(2) [1]Psychosoziale Prozessbegleitung ist geprägt von Neutralität gegenüber dem Strafverfahren und der Trennung von Beratung und Begleitung. [2]Sie umfasst weder die rechtliche Beratung noch die Aufklärung des Sachverhalts und darf nicht zu einer Beeinflussung des Zeugen oder einer Beeinträchtigung der Zeugenaussage führen. [3]Der Verletzte ist darüber sowie über das fehlende Zeugnisverweigerungsrecht des psychosozialen Prozessbegleiters von diesem zu Beginn der Prozessbegleitung zu informieren.

32 **Absatz 1.** An den Anfang des Nebengesetzes hat der Gesetzgeber – orientiert an den zwischen Bund und Ländern zur psychosozialen Prozessbegleitung erarbeiteten gemeinsamen Maßgaben[64] – neben einer abstrakten **Ziel- und Aufgabenbestimmung** die für die psychosoziale Prozessbegleitung bestimmende Abgrenzung zur rechtlichen Beratung gestellt (**Satz 1**). Das hier angelegte **Trennungsgebot** ist in der Zusammenschau mit den Maßgaben aus Absatz 2 Satz 1 und 2 zu lesen (s. 34). Vor diesem Hintergrund umfasst

---

61 BTDrucks. **18** 6906 S. 21.

62 BRDrucks. 56/**15** S. 30; BTDrucks. **18** 4621 S. 31.

63 BTDrucks. **18** 6906 S. 21.

64 Vgl. BRDrucks. 56/**15** S. 30; BTDrucks. **18** 6906 S. 25; Bericht der Bund-Länder-Arbeitsgruppe zur 83. JuMiKo am 13./14.6.2012, S. 22, abrufbar https://www.justiz-bw.de/site/pbs-bw-rebrush-jum/get/documents_E-2111214050/jum1/JuM/Justizministerium%20NEU/Opferschutz/Bericht_der_AG_Psychosoziale_Prozessbegleitung.pdf.

die in **Satz 2** vorgenommene nähere Tätigkeitsbeschreibung mit dem Begriff **Informationsvermittlung** keine rechtlichen Bestimmungen (etwa §§ 406i ff.). Gemeint sind vielmehr die Vermittlung von Verfahrensabläufen,[65] namentlich, wer im Saal auf welchem Platz sitzen wird, wer Fragen stellen wird, wem welche Aufgabe zukommt. Hierdurch können verfahrensbezogene Ängste abgebaut und um Verständnis für die mit der gerichtlichen Wahrheitsfindung oftmals unvermeidlichen – von Opferzeugen nachvollziehbar als besonders belastend empfundenen – Zwänge sowie um Vertrauen geworben werden. Der Begleiter kann auf Wunsch des Verletzten ferner über diese strafverfahrensrechtlichen Bezüge hinaus Unterstützung beim Zugang zu Ansprechpartnern der Sozialbehörden, von Frauenhäusern, zuständigen Gerichten (Gewaltschutzanordnungen) oder von Opferschutzverbänden leisten (s. Rn. 35).[66] Auch dies kann zur Stabilisierung des Verletzten und zu seiner Aussagetüchtigkeit beitragen (s. Rn. 2). Diese Unterstützung steht dem Verletzten während des gesamten Verfahrens und nicht nur vor oder unmittelbar nach seiner Vernehmung zu.

Nicht gelungen ist an dieser Stelle die vom Wortlaut des maßgebenden § 406g abwei- **33**
chende Bezeichnung des „besonders schutzbedürftigen Verletzten“,[67] denn nach § 406g Abs. 1 steht jedem Verletzten der dort verbürgte Anspruch zu (s. Rn. 2) und nur unter den besonderen Voraussetzungen von § 406g Abs. 3 Satz 2 und bei besonderer Schutzbedürftigkeit kann einem Verletzten ein Begleiter beigeordnet werden (s. Rn. 59 ff.).

Absatz 2. Das Trennungsgebot aus Absatz 1 Satz 1 (s. Rn. 32) wird hier näher be- **34**
stimmt und mit der Maßgabe verknüpft, dass der Begleiter zur **Neutralität** hinsichtlich des Verfahrensausgangs verpflichtet ist (**Satz 1**). Entgegen dem nicht vollständig gelungenen Gesetzeswortlaut ist hiermit nicht gemeint eine „neutrale“ Einstellung gegenüber dem Strafverfahren an sich. Dies wäre unvereinbar mit der Funktion des Prozessbegleiters als Prozessgehilfe sui generis (s. Rn. 6 ff.). Die psychosoziale Prozessbegleitung ist **Teil des rechtsstaatlichen Strafverfahrens** und hat sich gerade auch im Sinne einer effektiven Aufgabenerfüllung zu diesem und seinen Verfahrensgrundsätzen **zu bekennen.**[68]

Eingedenk dessen darf es zu keiner Beeinflussung des Verletzten oder gar zur Ver- **35**
minderung des Werts seiner Zeugenaussage kommen. Gespräche über den Verfahrensgegenstand sind deshalb gesetzlich untersagt. Hierüber ist der Verletzte **im Erstgespräch zu informieren.**[69] Ferner sind hier aktuelle Gefährdungslagen abzuklären, Hinweise auf soziale (außerstrafrechtliche) Unterstützungsmöglichkeiten, wie etwa Frauenhäuser und Gewaltschutzanordnungen, oder auch Therapieeinrichtungen zu geben.[70] Möglich sind auch eine der Verhandlung vorausgehende gemeinsame Besichtigung des Verhandlungssaals oder ein Besuch einer anderen Gerichtsverhandlung.[71] Eine weitere **Informationspflicht** ist durch Hinweis auf das nicht bestehende Zeugnisverweigerungsrechts (**Satz 3**) zu erfüllen.

Neben den bereits dargestellten Tätigkeiten (s. Rn. 32, 35) kommt dem Begleiter zur **36**
Bewältigung von Stress- und Angstgefühlen besondere Bedeutung **bei Vernehmungen** selbst zu. Er gewährleistet hier auf Wunsch des Verletzten seine Anwesenheit und bespricht mit dem Verletzten etwa ferner dessen An- und Abreise und Versorgung am Ver-

---

65 Vgl. *Riekenbrauk* ZJJ **2016** 28.
66 Vgl. *Riekenbrauk* ZJJ **2016** 28.
67 Krit. aber HK/*Pollähne* 3.
68 S. hierzu auch den Bericht der Bund-Länder-Arbeitsgruppe zur 83. JuMiKo am 13./14.6.2012, S. 22.
69 Meyer-Goßner/*Schmitt* 2.
70 Vgl. *Riekenbrauk* ZJJ **2016** 28.
71 Meyer-Goßner/*Schmitt* 5a.

nehmungstag;[72] ggf. kann die Unterbringung während Wartezeiten in den Räumlichkeiten der gerichtlichen Zeugenbetreuung organisiert werden. In Unterbrechungen sind Aufmunterungen nicht nur statthaft, sondern sogar geboten, solange nicht an den Inhalt der Aussage angeknüpft wird.[73] Ein wichtiger Teil der Betätigung liegt im Bereich der **Nachbesprechung** eine Vernehmung.[74] Auch hier können Eindrücke des Verletzten besprochen, mit Blick auf verfahrensrechtliche Notwendigkeiten erklärt und etwaige Verärgerungen ausgeräumt und damit das Vertrauen in die Strafjustiz gestärkt werden.

37 Lässt sich ein Verletzter, etwa im Zustand emotionaler Erregung unmittelbar im Anschluss an eine – auch unterbrochene – Vernehmung, nicht abhalten und spricht über seine **Wahrnehmungen zum Aussagegegenstand**, darf hierauf durch den Prozessbegleiter inhaltlich nicht reagiert werden. Dieser hat hierüber – wie auch über sämtliche weitere Zusammentreffen mit dem Verletzten[75] – vielmehr einen **Vermerk** anzufertigen, um bei seiner jederzeit möglichen Einvernahme als Zeuge vorbereitet zu sein.[76] Das Gericht wird den beigeordneten Begleiter im Zeitpunkt der Bestellung hierzu anhalten. Festzuhalten ist in diesen Fällen inhaltlich insbesondere, wer was aus welchem Anlass gesagt hat. Der Vermerk ist dem Gericht unaufgefordert zur Kenntnis zu bringen, um diesem insoweit eine § 244 Abs. 2 verpflichtete Prüfung der möglicherweise veranlassten Schritte zu eröffnen. Unterbleibt diese **transparente Prozessmitwirkung**, ist dies geeignet, eine sachgemäße Aufgabenerfüllung des Prozessbegleiters anzuzweifeln (s. Rn. 25). Eine Schweigepflicht gegenüber dem Gericht besteht ebenso wenig (zu einem Ausnahmefall s. Rn. 78) wie ein Zeugnisverweigerungsrecht (s. Rn. 27).

38 **b) Qualifikation der psychosozialen Prozessbegleitung (§ 3 PsychPbG).** Der Bundesgesetzgeber hat die aus seiner Sicht zwingend erforderlichen fachlichen Qualitätsstandards als Rahmen festgelegt, innerhalb dessen sich die Länder bei der ihnen nach § 4 PsychPbG obliegenden näheren Ausgestaltung zu bewegen haben. Auch diese Anforderungen hat der Gesetzgeber aufgestellt vor dem Hintergrund der in der Bund-Länder-Arbeitsgruppe ermittelten Voraussetzungen.[77]

§ 3 Anforderungen an die Qualifikation

(1) Psychosoziale Prozessbegleiter müssen fachlich, persönlich und interdisziplinär qualifiziert sein.

(2) [1]Für die fachliche Qualifikation ist erforderlich:

1. *ein Hochschulabschluss im Bereich Sozialpädagogik, Soziale Arbeit, Pädagogik, Psychologie oder eine abgeschlossene Berufsausbildung in einem dieser Bereiche sowie*
2. *der Abschluss einer von einem Land anerkannten Aus- oder Weiterbildung zum psychosozialen Prozessbegleiter.*

[2]Der psychosoziale Prozessbegleiter muss praktische Berufserfahrung in einem der unter Satz 1 Nummer 1 genannten Bereiche haben.

(3) [1]Der psychosoziale Prozessbegleiter stellt in eigener Verantwortung sicher, dass er über die notwendige persönliche Qualifikation verfügt. [2]Dazu gehören insbesondere Beratungskompetenz, Kommunikations- und Kooperationsfähigkeit, Konfliktfähigkeit, Belastbarkeit sowie organisatorische Kompetenz.

(4) [1]Für die interdisziplinäre Qualifikation ist insbesondere ein zielgruppenbezogenes Grundwissen in Medizin, Psychologie, Viktimologie, Kriminologie und Recht erforderlich. [2]Der psychosoziale Prozessbe-

---

72 Vgl. *Riekenbrauk* ZJJ **2016** 29.

73 Krit. hierzu (allerdings generalisierend „Zeugencoaching") *Eisenberg/Kölbel* 1327b.

74 Vgl. *Riekenbrauk* ZJJ **2016** 29; *Stahlmann-Liebelt/Gropp* SchlHA **2016** 439 ff.

75 Vgl. auch *Lyndian* StraFo **2018** 11.

76 BTDrucks. **18** 4621 S 30; SK/*Velten/Greco/Werkmeister* 5.

77 Vgl. BRDrucks 56/15 S. 30; BTDrucks. **18** 6906 S. 25; Bericht der Bund-Länder-Arbeitsgruppe zur 83. JuMiKo am 13./14.6.2012, S. 31.

gleiter stellt in eigener Verantwortung sicher, dass er Kenntnis vom Hilfeangebot vor Ort für Verletzte hat.

(5) Der psychosoziale Prozessbegleiter stellt in eigener Verantwortung seine regelmäßige Fortbildung sicher.

Die in den Verordnungen der Bundesländer im Einzelnen getroffenen Maßgaben zu den Inhalten von **Aus- und Weiterbildung** von Prozessbegleitern sind mit Recht detailliert gefasst und beziehen zutreffend Grundlagen des Strafprozessrechts mit ein.[78] Leider sind die Verordnungsgeber hier auf halbem Weg stehengeblieben. Ob die Vermittlung dieser ambitionierten Inhalte gelingt und damit der neugeschaffene Prozessgehilfe generell als verlässlich angesehen werden kann, hängt daneben maßgeblich von den Lehrkräften und dem Format der Aus- und Weiterbildung ab. Als Dozentinnen und Dozenten für die rechtlichen Inhalte sind zwingend Praktiker der betroffenen Professionen, Richterinnen, Staatsanwälte und Verteidigerinnen, einzusetzen, wobei sich „Crash-Kurse" angesichts der Komplexität des Curriculums und der Verantwortung des Prozessgehilfen auch für die Belange der Wahrheitsfindung erkennbar als ungeeignet erweisen werden.[79] 39

3. Ermächtigungsgrundlage (§ 4 PsychPbG). Hiermit werden die Bundesländer ermächtigt, zur Umsetzung der Rahmenbestimmungen aus §§ 2, 4 PsychPbG die erforderlichen weiteren gesetzgeberischen Maßgaben für eine Anerkennung als psychosozialer Prozessbegleiter und für die notwendige berufliche Qualifikation zu bestimmen. 40

§ 4 Anerkennung und weitere Anforderungen

Die Länder bestimmen, welche Personen und Stellen für die psychosoziale Prozessbegleitung anerkannt werden, welche weiteren Anforderungen hierfür an Berufsausbildung, praktische Berufserfahrung, spezialisierte Weiterbildung und regelmäßige Fortbildungen zu stellen sind.

Ausführungsgesetze der Länder. Die Bundesländer haben zur Ausführung des Gesetzes über die psychosoziale Prozessbegleitung jeweils Ausführungsgesetze erlassen. Diese – zwischen den Bundesländern zumindest grob abgestimmten – Landesgesetze **sehen Regelungen zum Verfahren** über die **Anerkennung** von psychosozialen Prozessbegleitern sowie deren **Aus- und Weiterbildung** vor. Überdies werden dort die materiellen Voraussetzungen in Form von näher bestimmten **persönlichen und fachlichen Qualifikationen** bestimmt.[80] Sie orientieren sich jeweils maßgeblich an den bundeseinheitlichen „Mindeststandards für die psychosoziale Prozessbegleitung", welche die interdisziplinär besetzte Bund-Länder-Arbeitsgruppe im Auftrag der Konferenz der Justizministerien erarbeitet hat und durch Beschluss der Konferenz vom 25./26.6.2014 bestätigt worden sind.[81] 41

Die **Regelungen in den einzelnen Ländern:** 42

Baden-Württemberg. Gesetz zur Ausführung des Gesetzes über die psychosoziale Prozessbegleitung im Strafverfahren vom 15.11.2016.[82] 43

78 Vgl. nur § 1 DVO AGPsychPbGHmbg; § 5 AVO AGPsychPbGNRW.

79 Hierzu im Einzelnen *Fastie/Stahlke* in *Fastie* 338 ff.

80 Vgl. im Einzelnen *Riekenbrauk/Temme* HRRS **2022** 82 ff.

81 Vgl. BRDrucks. 56/**15** S. 30.

82 GBl., S. 597.

44 **Bayern.** Art. 3 des Bayerischen Gesetzes zur Ausführung und Ergänzung strafrechtlicher Vorschriften (Bayerisches Strafrechtsausführungsgesetz – BayStrAG) vom 13.12.2016.[83]

45 **Berlin.** Gesetz zur Ausführung des Gesetzes über die psychosoziale Prozessbegleitung im Strafverfahren (AGPsychPbG) vom 23.12.2017.[84]

46 **Brandenburg.** Gesetz zur Ausführung des Gesetzes über die psychosoziale Prozessbegleitung im Strafverfahren (AGPsychPbG) vom 20.12.2016.[85]

47 **Bremen.** Bremisches Gesetz zur Ausführung des Gesetzes über die psychosoziale Prozessbegleitung im Strafverfahren (BremAGPsychPbG) vom 30.8.2016.[86]

48 **Hamburg.** Gesetz zur Ausführung des Gesetzes über die psychosoziale Prozessbegleitung im Strafverfahren (AGPsychPbG) vom 8.12.2016.[87]

49 **Hessen.** Hessisches Ausführungsgesetz zum Gesetz über die psychosoziale Prozessbegleitung im Strafverfahren (PsychPbGHAG) vom 15.9.2016.[88]

50 **Mecklenburg-Vorpommern.** Gesetz zur Ausführung des Gesetzes über die psychosoziale Prozessbegleitung im Strafverfahren (Prozessbegleitungsausführungsgesetz – AGPsychPbG M-V) vom 7.6.2017).[89]

51 **Niedersachsen.** Niedersächsisches Gesetz zur Ausführung des Gesetzes über die psychosoziale Prozessbegleitung im Strafverfahren (Nds. AG PsychPbG) vom 15.12.2016.[90]

52 **Nordrhein-Westfalen.** Gesetz zur Ausführung des Gesetzes über die psychosoziale Prozessbegleitung im Strafverfahren (AGPsychPbG) vom 25.10.2016.[91]

53 **Rheinland-Pfalz.** Landesgesetz zur Ausführung des Gesetzes über die psychosoziale Prozessbegleitung im Strafverfahren (AGPsychPbG) vom 21.10.2016.[92]

54 **Saarland.** Gesetz zur Ausführung des Gesetzes über die psychosoziale Prozessbegleitung im Strafverfahren vom 18.1.2017.[93]

55 **Sachsen.** Sächsisches Gesetz zur Ausführung des Gesetzes über die psychosoziale Prozessbegleitung im Strafverfahren (SächsPsychPbGAG) vom 13.12.2016.[94]

56 **Sachsen-Anhalt.** Ausführungsgesetz des Landes Sachsen-Anhalt zum Gesetz über die psychosoziale Prozessbegleitung im Strafverfahren (AGPsychPbG LSA) vom 7.7.2017.[95]

57 **Schleswig-Holstein.** Gesetz zur Ausführung des Gesetzes über die psychosoziale Prozessbegleitung im Strafverfahren (AGPsychPbG) vom 2.12.2016.[96]

58 **Thüringen.** Thüringer Gesetz zur Ausführung des Gesetzes über die psychosoziale Prozessbegleitung im Strafverfahren (ThürPsychPbAG) vom 14.12.2016.[97]

---

83 GVBl., S. 345.
84 GVBl., S. 222.
85 GVBl., I Nr. 29.
86 Brem.GBl., S. 499.
87 HmbGVBl., S. 501.
88 GVBl., S. 160.
89 GVOBl,. S. 109.
90 GVBl., S. 282.
91 GV., S. 865.
92 GVBl., S. 549.
93 Amtsbl., I S. 114.
94 SächsGVBl., S. 660.
95 GVBl. LSA, S. 117.
96 GVOBl. Schl.-H., S. 859.
97 GVBl., S. 559.

IV. Gerichtliche Bestellung (Absatz 3)

Die Vorschrift begründet – neben dem für alle Verletzten geltenden Recht auf Hinzuziehung eines Begleiters auf eigene Kosten (Absatz 1) – in Absatz 3 einen **Rechtsanspruch** des besonders schutzwürdigen Verletzten auf **kostenlose Prozessbegleitung.**[98] Auch den in § 373b Abs. 2 benannten Personen, etwa nahen Angehörigen des durch eine rechtswidrige Tat Getöteten (vgl. § 373b Abs. 2 Nr. 1 und 3), kann eine psychosoziale Begleitperson bestellt werden. 59

1. Formelle Voraussetzungen. Im Zwischen-, Haupt- oder Berufungsverfahren ist der Vorsitzende des Gerichts zur Entscheidung **sachlich zuständig** § 142 Abs. 3 Nr. 3, § 162 Abs. 3, § 397a Abs. 3 Satz 2).[99] Im Vorverfahren entscheidet der **Ermittlungsrichter** (vgl. Absatz 3 Satz 5, § 162). Im Übrigen gelten für die Anforderungen an den gerichtlichen Bestellungsakt dieselben rechtlichen Maßgaben wie bei der – ausdrücklich in Bezug genommenen – Beiordnung eines Verteidigers (§ 142 Abs. 1). 60

Der die gerichtliche Beiordnungsentscheidung stets erwirkende notwendige **Antrag** ist an **keine bestimmte Form** gebunden[100] und braucht einen Begleiter nicht namentlich zu benennen; bei einem volljährigen Verletzten muss indes erkennbar werden, aus welchem Grund dieser seine Interessen nicht selbst ausreichend wahrnehmen kann oder worin konkret die besondere prozessuale Schutzbedürftigkeit besteht.[101] Notwendig, aber auch hinreichend ist, dass die Beiordnung erkennbar begehrt wird. 61

Als Ausprägung von Fürsorge- und Sachaufklärungspflichten (s. Rn. 9) ist es statthaft, dass die vernehmende Person – über die schlichte Erteilung rechtlicher Hinweise nach § 406i hinaus (s. § 406i, 12) – im Einzelfall auf einen entsprechenden Antrag des Verletzten **hinwirkt.** Aus diesen Gründen ist auch eine etwa vom Ermittlungsrichter vor Antragsstellung initiierte **Fühlungsaufnahme** zwischen einem vom ihm vorsorglich hinzugezogenen Begleiter und dem zu vernehmenden Verletzten statthaft;[102] lehnt der Verletzte indes die ihm dieserart angebotene Begleitung ab, kommt eine Beiordnung nicht in Betracht. Ein Grund für ein Ablehnungsgesuch liegt in diesem Hinwirken nicht (§§ 24, 26a). 62

Der Verletzte kann innerhalb einer gerichtlich zu bestimmenden **Frist** einen bestimmten Begleiter **benennen** (vgl. Absatz 3 Satz 4 iVm § 142 Abs. 5 Satz 1); eine Rechtspflicht besteht insoweit nicht (s. ferner Rn. 69).[103] Wird kein bestimmter Begleiter gewünscht, kann das Gericht jeden nach den Maßgaben landesgesetzlicher Regelungen anerkannten Begleiter bestellen (Absatz 2 iVm. § 4 PsychPbG, s. Rn. 69) und sich an den durch die Justizministerien der Länder geführten **Listen** orientieren.[104] Hierbei hat es eigene Erfahrungen oder auch vorgebrachte Einwände (s. zur Anhörungspflicht Rn. 64) von Verfahrensbeteiligten gerade auch nach Maßgabe der Sachaufklärungspflicht zu berücksichtigen. Insbesondere liegt es regelmäßig nahe, auf vorhandene Ressourcen **gerichtlicher Zeugenbetreuung** zurückzugreifen. In keinem Fall aber gibt es für zugelas- 63

---

98 BTDrucks 56/**15**, S. 30; Meyer-Goßner/*Schmitt*4; SK/*Velten*/*Greco*/*Werkmeister* 8.

99 SSW/*Werner* 7; SK/*Velten*/*Greco*/*Werkmeister* 10.

100 SSW/*Werner* 4; SK/*Velten*/*Greco*/*Werkmeister* 10; *Wenske* JR **2017** 460 f.

101 Ebenso *Neuhaus* StV **2017** 58.

102 Vgl. zum Verständnis des Ermittlungsrichters auch als Verantwortlicher für eine funktionsfähige Strafrechtspflege *Rabe v. Kühlewein* NStZ **2015** 618, 623 in seiner Ausdeutung von BVerfGE **139** 245 ff.; hierzu auch *Moldenhauer*/*Wenske* JA **2017** 210.

103 SK/*Velten*/*Greco*/*Werkmeister* 10.

104 SK/*Velten*/*Greco*/*Werkmeister* 10.

sene Prozessbegleiter – etwa im Sinne einer Ermessensreduktion – einen durchsetzbaren Rechtsanspruch auf Beiordnung im Einzelfall.

64 Vor der Bestellung sind die übrigen Verfahrensbeteiligten, namentlich der Beschuldigte, aber auch der zu bestellende Begleiter mit Blick auf die Rechtswirkungen der Beiordnung **anzuhören** (§ 33 Abs. 2 und 3).[105] Der Antrag und die Identität des – vom Verletzten benannten oder vom Gericht für die Bestellung erwogenen – Begleiters sind den Verfahrensbeteiligten bekannt zu machen.

65 Eine ablehnende oder nicht antragsgemäße Entscheidung ergeht durch zu begründenden **Beschluss** (§ 34).[106] Mit Blick auf dessen mögliche Anfechtbarkeit (s. Rn. 83) sind namentlich Ausführungen zur Schutzbedürftigkeit erforderlich (s. Rn. 68). Bei den von **Absatz 3 Satz 1** in Bezug genommenen Fällen (s. Rn. 67) hingegen **bewirkt** schon der Antrag die Beiordnung, sodass es keiner weiteren Begründung bedarf.

66 **2. Materielle Voraussetzungen.** Bei den materiellen Voraussetzungen ist zwischen den Sätzen 1 und 2 zu differenzieren.

67 **a) Satz 1. Minderjährige Verletzte** schwerer Sexual- und Gewalttaten haben einen **obligatorischen Anspruch** auf Beiordnung (Absatz 3 Satz 1 iVm. § 397a Abs. 1 Nr. 4 und 5).[107] Ob eine Katalogtat Verfahrensgegenstand ist, ist nach Lage des jeweiligen Einzelfalles zum Zeitpunkt der Vernehmung zu beurteilen. Erforderlich ist im Ermittlungsverfahren der **Anfangsverdacht** (§ 152 Abs. 2), wobei unerheblich ist, ob sich das Verfahren gegen Unbekannt richtet. Hat allerdings im Vorverfahren der Ermittlungsrichter zu entscheiden, darf er die Beiordnung nicht wegen des Fehlens des Tatverdachts verneinen, wenn die Staatsanwaltschaft das Verfahren ausdrücklich wegen des Verdachts eines Katalogdelikts zum Nachteil des Antragstellers betreibt. Auf die **Aussagebereitschaft** des Verletzten kommt es schon mit Blick auf über eine bloße Vernehmung hinausgehende Anwesenheitsrechte (§ 406h) nicht an.[108] Überdies kann der erklärende und stressreduzierende Kontakt zu einem Prozessbegleiter auch mit Blick auf eine noch zu weckende Aussagebereitschaft im Wege der Beiordnung ermöglicht werden (s. Rn. 7, 9, 24, 36).

68 **b) Satz 2.** Hingegen besteht bei Verletzten nach Absatz 3 Satz 2 iVm. § 397a Abs. 1 Nr. 1 bis 3 lediglich ein **fakultativer Anspruch**. Neben dem Vorliegen einer Katalogtat hat das Gericht als weitere materielle Voraussetzung die besondere (prozessuale[109]) **Schutzbedürftigkeit** des Verletzten zu prüfen (vgl. auch § 397a, 8). Diese kann – entsprechend den gesetzlichen Maßgaben aus § 48 Abs. 3 Satz 2 – begründet werden durch besondere Merkmale in der Person des Verletzten oder aber durch konkrete Umstände der Tat.[110] Weiter kann in die gebotene Würdigung eingestellt werden, welche Unterstützungsmöglichkeiten der Antragssteller bereits hat, etwa eine anwesende Vertauensperson (§ 406f) oder einen anwaltlichen Beistand.[111] Auch Angehörigen eines durch die

---

105 Ebenso *Neuhaus* StV **2017** 55, 58; SK/*Velten*/*Greco*/*Werkmeister* 10; **a.A.** BeckOK/*Weiner* 20.

106 **A.A.** SK/*Velten*/*Greco*/*Werkmeister* 10.

107 Bei zur Tatzeit Erwachsenen ist zusätzlich erforderlich, dass diese ihre verfahrensrechtlichen Interessen nicht selbst ausreichend wahrnehmen können, vgl. § 397a, 16 m.w.N.

108 KMR/*Nepomuck* 9.

109 § 395, 54 ff.

110 Als Beispiele für besonders schutzbedürftige Verletzte nennt der Gesetzgeber etwa Menschen mit einer Behinderung oder psychischen Beeinträchtigung, Betroffene von Sexualstraftaten und Gewalttaten, vgl. im Einzelnen BTDrucks 56/**15** S. 30; Meyer-Goßner/*Schmitt* 5.

111 SSW/*Werner* 6.

rechtswidrige Tat Getöteten kann unter diesen Voraussetzungen ein Begleiter bestellt werden.[112]

c) Auswahlentscheidung. Ein vom Verletzten benannter Begleiter kann nur aus besonderem Grund abgelehnt werden (Absatz 3 Satz 4 i.V.m. § 142 Abs. 5 Satz 3; s. ferner Rn. 37), sofern dieser die nach § 4 PsychPbG und nach dem jeweils maßgeblichen Landesrecht vorausgesetzten **Qualifikationen** (§ 3 PsychPbG) erfüllt und dies auf Verlangen nachweisen kann.Die Anerkennung eines Prozessbegleiters in einem anderen Bundesland gilt nach den insoweit einheitlichen Ausführungsgesetzen der Länder grundsätzlich **länderübergreifend** (vgl. etwa § 2 PsychPbGHAG; § 7 HbgAGPsychPbG i.V.m. § 2 DVO zum HmbgAGPsychPbG). Eine solche **Zulassung** vermittelt – vorbehaltlich näherer gerichtsbekannter Umstände – den **Beweis des Anscheins** für eine bestehende Zuverlässigkeit. Wird vom Antragsteller ein Begleiter nicht namentlich bezeichnet, wählt die zuständige Stelle selbst einen Begleiter aus dem Verzeichnis der jeweils nach Landesrecht zuständigen Behörde aus (vgl. etwa § 6 Abs. 1 AGPsychPbGHmbg) und orientiert sich hierbei naheliegend an den von Justizministerien der Länder geführten Listen über anerkannte psychosoziale Prozessbegleiter. Insbesondere liegt es auch hier (s. Rn. 63) regelmäßig nahe, auf vorhandene Ressourcen entsprechend qualifizierter **gerichtlicher Zeugenbetreuung** zurückzugreifen. Ob diese Regelungssystematik es im Übrigen – wie vom Gesetzgeber erkennbar beabsichtigt[113] – erlaubt, von der Beiordnung „aus wichtigem Grund abzusehen", erscheint allerdings zweifelhaft.[114] 69

3. Rechtswirkungen der Beiordnung. Die Beiordnung entfaltet in **zeitlicher Hinsicht** Rechtswirkungen erst mit dem Bestellungsakt. Eine rückwirkende Beiordnung ist nicht möglich.[115] Der Gesetzgeber erstrebte nämlich erkennbar einen Gleichlauf mit dem Recht der notwendigen Verteidigung und mit den Regelungen über die Beiordnung eines Nebenklagevertreters.[116] Dies gilt gleichermaßen für das Berufungs- wie – rechtspraktisch indes nicht bedeutsam – für das Revisionsverfahren. 70

a) Anwesenheitspflicht. Die Beiordnungsentscheidung begründet als **staatliche Inpflichtnahme** (s. Rn. 10) für den Begleiter materielle **Mitwirkungspflichten** (s. Rn. 74).[117] Da sich sein Tätigkeitsbereich in erster Linie auf die Vernehmung des Verletzten bezieht, besteht kraft des Bestellungsaktes bei entsprechendem Wunsch des Verletzten eine Anwesenheitspflicht, bis das Gericht ihn hiervon ausdrücklich – etwa auf Antrag des Verletzten hin – entbindet (s. Rn. 72).[118] 71

Zur **Durchsetzung** dieser Anwesenheitspflicht sind § 51 Abs. 1, § 77, 145 Abs. 4, 467 Abs. 2 StPO oder § 56 GVG entsprechend anzuwenden, soweit sie eine **Kostentragungspflicht** begründen. Die hierfür erforderliche **Regelungslücke** besteht. Der Gesetzgeber hat über die in § 2 PsychPbG normierten materiellen Anforderungen an den Berufszugang und die berufliche Qualifikation keine weiteren Rechtspflichten ausdrücklich nor- 72

---

112 Meyer-Goßner/*Schmitt* 5; SK/*Velten*/*Greco*/*Werkmeister* 9.
113 BTDrucks. **18** 6909 S. 24.
114 AA *Ferber* NJW **2016** 281.
115 Anderes mag allenfalls dann gelten, wenn ein ordnungsgemäßer Antrag nicht rechtzeitig verbeschieden worden ist.
116 BTDrucks. 56/**15** S. 30.
117 Vgl. zur JGH nur OLG Köln NStZ **1986** 569, 570; OLG Brandenburg DVJJ-J **2002** 351; *Schaffstein* NStZ **1992** 253.
118 Vgl. *Wenske* JR **2017** 462.

miert. Schon die Stellung der psychosozialen Prozessbegleitung als Sachwalterin gerichtlicher Fürsorge (Rn. 9) rechtfertigt die Annahme, der Gesetzgeber habe die Folgen eines **unentschuldigten Ausbleibens** des beigeordneten psychosozialen Prozessbegleiters versehentlich nicht geregelt. Denn das Gericht hat – will es den Maßgaben des § 406g umfassend Rechnung tragen – zumindest in den Fällen des § 406g Abs. 3 StPO die Anwesenheit des Prozessgleiters im Zeitpunkt der Vernehmung auch mit Blick auf § 244 Abs. 2 sicherzustellen. Hierzu aber bedarf es der Absicherung durch die anerkannten strafprozessualen Ausbleibefolgen. Auch die hierfür erforderliche Voraussetzung einer **vergleichbaren Interessenlage** liegt vor. Denn sämtlichen vorgenannten Regelungen ist die gesetzgeberische Wertentscheidung zugunsten einer am Zügigkeitsgebot und an einer bestmöglichen Sachaufklärung orientierten Verfahrensförderung zu eigen. Sie belegen daher einen das Strafverfahrensrecht durchziehenden Grundsatz[119] der Kostenpflicht für denjenigen, der durch sein pflichtwidriges Nichterscheinen zu einer Verlängerung der Verhandlung beigetragen hat.[120] Diese zur Anwesenheitspflicht der Jugendgerichtshilfe vertretene Rechtsansicht kann auf die verletzte Anwesenheitspflicht der psychosozialen Prozessbegleitung übertragen werden.

73 **b) Terminsbenachrichtigung.** Dem beigeordneten psychosozialen Prozessbegleiter ist mit Blick auf dessen Sachwaltertätigkeit im Bereich staatlicher Fürsorgepflichten (Rn. 9 f.) auch der Vernehmungstermin bekannt zu geben.[121] Er ist hierin auf seine mögliche Kostentragungspflicht im Falle unentschuldigten Ausbleibens und deshalb ausnahmsweise notwendiger Terminsaufhebung hinzuweisen (vgl. Rn. 72). Um Terminkollisionen zu vermeiden, liegt es hier – anders als bei einem allein auf Betreiben des Verletzten beteiligten Begleiters (s. Rn. 15 ff.) – nahe, den Termin auch mit diesem frühzeitig abzustimmen.

74 **c) Weisungsgebundenheit.** Die gerichtliche Bestellung begründet über den durch §§ 3, 4 PsychPbG begründeten Pflichtenkreis hinaus Mitwirkungspflichten für den Prozessbegleiter. Namentlich hat er gerichtlichen Aufforderungen, **Auskunft** zu erteilen, Folge zu leisten und über Anzahl und Dauer durchgeführter Gespräche, geleisteter Unterstützungsleistungen sowie, zusammenfassend, über die Gesprächsinhalte zu berichten; dies geschieht namentlich anhand der von ihm anzufertigenden Vermerke (s. Rn. 37) Eine Notwendigkeit hierfür mag das Gericht begründet sehen in der **Bedeutung**, der besonderen **Vulnerabilität** oder aber der **Gefährdung** eines Zeugen. Auch kommt in Betracht, die Arbeit eines bislang nicht bekannten Prozessbegleiters – jenseits abgelegter Prüfungsleistungen – kennenzulernen. Schließlich können hieraus auch Schlüsse gezogen werden auf eine ausnahmsweise von Amts wegen erforderliche Zeugenvernehmung in der Hauptverhandlung (s. hierzu im Einzelnen Rn. 76 ff.). Soweit damit eine Beeinträchtigung der Vertrauensbeziehung zwischen Begleiter und Verletztem besorgt werden könnte, ist dies mit Blick auf die nachvollziebare und zutreffende gesetzgeberische Entscheidung, ein Zeugnisverweigerungsrecht nicht zu etablieren, hinzunehmen. Mit Blick auf die Informationspflichten des Begleiters (s. Rn. 35) wird diese mögliche Offenbarung des Verletzten nicht überraschen können.

---

119 **A.A.** aber OLG Karlsruhe NStZ **1992** 251 mit abl. Anm. *Schaffstein.*

120 Vgl. OLG Köln NStZ **1986** 569, 570; OLG Brandenburg DVJJ-J **2002** 351; *Schaffstein* NStZ **1992** 252, 253.

121 **A.A.** SK/*Velten*/*Greco*/*Werkmeister* 6.

4. Entpflichtung. Die vernehmende Person kann die Beiordnungsentscheidung – als **actus contrarius** – wieder aufheben, wenn die Voraussetzungen hierfür nicht mehr fortbestehen. Eine Entpflichtung kommt ferner in Betracht, wenn Gründe in der Person des bestellten Begleiters liegen, etwa sofern er sich im Zuge des Verfahrens als **fachlich ungeeignet** erwiesen hat.[122] Ein anderer Ausschluss des beigeordneten Begleiters von der Vernehmung kommt eingedenk des Gesetzeswortlauts (vgl. Absatz 4) nicht in Betracht.[123] Ein rechtlich schutzwürdiges **Vertrauensverhältnis** des Verletzten an einer Begleitung durch die von ihm benannte Person – etwa vergleichbar mit dem zwischen Verteidiger und Angeklagten – besteht nicht. Die Bestellung eines anderen anstelle des ursprünglich beigeordneten Begleiters ist möglich. Allerdings sollte die Beschlussformel mit Blick auf das Kosteninteresse des Angeklagten im Verurteilungsfall ausweisen, dass diesem hierdurch keine weiteren Kosten entstehen. Eine Entpflichtung kann auch mit Rücksicht auf das **Kosteninteresse des Angeklagten** etwa dann geboten sein, wenn das (erste) Tatgericht den Angeklagten nicht wegen einer von Absatz 3 in Bezug genommenen Katalogtat verurteilt hat und hiergegen allein der Angeklagte Rechtsmittel führt. 75

V. Prozessbegleitung und Strengbeweis

1. Aufklärungspflicht und Beweisantragsrecht. Ohne nähere Anhaltspunkte für eine sachwidrige Prozessbegleitung, gar eine Beeinflussung der Zeugenaussage, besteht grundsätzlich keine Pflicht, die Begleitperson **von Amts** wegen als Zeuge zu Art, Umfang und Inhalt der Prozessbegleitung zu vernehmen (§ 244 Abs. 2). Dies folgt schon aus den nunmehr gesetzlich vorgeschriebenen weitgehend einheitlichen Qualitätsstandards (s. Rn. 30 ff.); aus der staatlichen Anerkennung eines Prozessbegleiters kann – ähnlich wie fortan bei Dolmetschern – **prima facie** auf dessen Zuverlässigkeit geschlossen werden (s. Rn. 69). Anderes gilt freilich, wenn das Gericht Anhaltspunkte dafür hat, dass der Verletzte sachwidrig, etwa unter Verstoß gegen das Neutralitäts- oder Trennungsgebot, begleitet wurde.[124] Ein hierauf abzielendes **Beweisbegehren** eines Verfahrensbeteiligten hat konkrete Anhaltspunkte darzulegen (§ 244 Abs. 3), aus denen sich der substantiierte Verdacht einer Einflussnahme auf den Verletzten ergibt.[125] 76

2. Einführung der Wahrnehmungen des psychosozialen Prozessbegleiters (§ 261). Gebietet es die Aufklärungspflicht in den vorstehend beschriebenen Ausnahmekonstellationen (vgl. Rn. 76) oder erzwingt ein formgerechtes Beweisbegehren, Art und Inhalt der Kontakte zwischen dem Verletzten und der psychosozialen Prozessbegleitung in die Hauptverhandlung einzuführen, kann dies nur nach den Regeln des **Strengbeweises** geschehen. 77

a) Zeuge. Der psychosoziale Prozessbegleiter ist als **Zeuge** zu hören, wenn nicht die Vernehmung des Verletzten selbst hierzu hinreichend Aufschluss über dieses Beweisthe- 78

---

122 Ebenso KMR/*Nepomuck* 13; in der Sache auch SSW/*Werner* 8; HK-GS/*Ferber* 5; **a.A.** wohl HK/*Pollähne* 8.

123 **A.A.** SK/*Velten*/*Greco*/*Werkmeister* 7; KMR/*Nepomuck* 13 erwägt ferner eine entsprechende Anwendung von § 68b Abs. 1 Satz 3, 4.

124 BTDrucks. **18** 4621 S. 30; SK/*Velten*/*Greco*/*Werkmeister* 5; *Wenske* JR **2017** 464.

125 Meyer-Goßner/*Schmitt* 2; *Wenske* JR **2017** 464; **a.A.** SK/*Velten*/*Greco*/*Werkmeister* 5, die die Anforderungen aus Gründen der Waffengleichheit in nicht näher beschriebener Weise nicht überspannt sehen wollen.

ma erbringt; ein Zeugnisverweigerungsrecht steht dem psychosozialen Prozessbegleiter nicht zu (vgl. Rn. 27, 37). In Einzelfällen, etwa bei Prozessbegleitern einer gerichtlichen Zeugenbetreuungsstelle, kann es erforderlich sein, eine **Aussagegenehmigung** des Dienstherrn einzuholen (§ 54).

79 **b) Verlesung.** Eine **Verlesung** seiner hierüber – etwa entsprechend gerichtlicher Weisung (Rn. 27, 74) – erstellten Vermerke nach § 256 Abs. 1 Nr. 1 lit. a) und Nr. 5 kommt im Wege einer Durchbrechung des § 250 hingegen nicht in Betracht. Diese scheitert daran, dass der entsprechende Vermerk ein solcher des psychosozialen Prozessbegleiters selbst, nicht aber eine Erklärung einer öffentlichen Behörde ist.[126] Die Verlesung nach § 256 Abs. 1 Nr. 5 scheitert daran, dass die psychosoziale Prozessbegleitung jedenfalls im Zeitpunkt der Hauptverhandlung nicht zu den Strafverfolgungsbehörden zählt und auch nicht in deren Rechts- und Pflichtenkreis tätig wird. Soweit sie – nach hiesiger Auffassung (Rn. 9 f.) – zumindest auch als Sachwalterin gerichtlicher Aufgaben tätig wird, ändert dies nichts. Gerichtliche Erklärungen werden von § 256 Abs. 1 Nr. 5 nicht erfasst.[127] Allerdings ist es den Verfahrensbeteiligten unbenommen, eine Vernehmung des psychosozialen Prozessbegleiters durch eine Zustimmung nach § 251 Abs. 1 Nr. 1 lit. a) zur Verlesung entbehrlich zu machen.

VI. Anfechtung

80 **1. Beschwerde.** Hinsichtlich der unterschiedlichen Verfahrensbeteiligten und ihrer Rechtsmittelbefugnisse ist wie folgt zu differenzieren:

81 **a) Verletzter.** Dem **Verletzten** steht gegen die im **Vorfeld der Hauptverhandlung** erfolgte Ablehnung einer beantragten Beiordnung oder gegen eine hier erfolgte Entpflichtung grundsätzlich das Rechtsmittel der **Beschwerde** zu (§ 304). Dies ist bereits aus der gesetzlich nicht angeordneten Unanfechtbarkeit und aus der ihm durch die Vorschrift eingeräumten Rechtsposition zu schließen.[128] Nach Anklageerhebung ist es für die Beschwerdebefugnis nicht erforderlich, dass sich der Verletzte dem Verfahren als Nebenkläger angeschlossen hat.[129] Unanfechtbar ist hingegen die Entscheidung des erkennenden Gerichts (**§ 305 Satz 2**).[130] Soweit im Recht der notwendigen Verteidigung zugunsten eines Angeklagten anderes vertreten wird,[131] kann dies schon im Hinblick darauf, dass der Angeklagte – im Gegensatz zum Verletzten – ohne Verteidiger in dem gegen ihn geführten Verfahren strukturell unterlegen ist, hier nicht übertragen werden. Überdies drohen dem Verletzten durch das Strafverfahren unmittelbar keine Rechtsfolgen. Ebenfalls mit der Beschwerde kann der Verletzte eine **versagte Anwesenheit** seines bestellten Begleiters anfechten; anders liegt es kraft des Anfechtungsausschlusses allerdings bei einer Entscheidung nach Satz 4 (s. Rn. 25).

---

126 Vgl. etwa zur Gerichtshilfe KK/*Griesbaum* § 160 37; Meyer-Goßner/*Schmitt* § 160, 26; LR/*Erb* § 160 101; LR/*Mosbacher* § 256, 57; *Senge* jurisPR-StafR 1/**2008** Anm. 3.
127 LR/*Mosbacher* § 256, 57.
128 Ebenso SK/Velten/*Greco*/*Werkmeister* 11; SSW/*Werner* 11; *Neuhaus* StV **2017** 62.
129 KMR/*Nepomuck* 18; **a.A.** SSW/*Schöch* 11; *Neuhaus*, StV **2017** 62.
130 SSW/*Werner* 11; *Wenske* JR **2017** 463; **a.A.** *Neuhaus*, StV **2017** 62; KMR/*Nepomuck* 18.
131 Vgl. MüKo/*Thomas*/*Kämpfer* § 141, 33 m.w.N.

b) Begleitende Person. Hingegen steht dem **Prozessbegleiter** wegen seiner rein akzessorischen Rechtsstellung (s. Rn. 7) gegen eine versagte Beiordnung kein eigenes Beschwerderecht zu; es fehlt ihm an der hierfür notwendigen Beschwerdebefugnis.[132] Anderes gilt hinsichtlich der Vergütung eines beigeordneten Prozessbegleiters (vgl. § 5 PsychPbG).[133] 82

c) Beschuldigter. Dem Beschuldigten steht die Beschwerde gegen die Beiordnung zu. Dies folgt zum einen mit Blick auf die in Rede stehende Auswahlentscheidung; mit Blick auf die besondere Bedeutung der Zuverlässigkeit des Begleiters für die gerichtliche Sachaufklärung muss es dem Beschuldigten möglich sein, seine substantiierten Besorgnisse auch im Rechtsmittel vorzutragen. Überdies ergibt sich seine Beschwerdebefugnis aus der ihn im Verurteilungsfall treffenden Kostenlast;[134] ob die hier geltende kostenrechtliche Ausnahmevorschrift im gerichtlichen Alltag große Beachtung finden wird, erscheint zweifelhaft, sodass der Angekagte an dieser Stelle nicht auf seine im Verurteilungsfall bestehende Anfechtungsmöglichkeit hinsichtlich des Kostenausspruchs verwiesen werden sollte. Sogar eine unterbliebene Beiordnung kann für ihn im Ausnahmefall mit Blick auf sein rechtlich geschütztes Interesse an bestmöglicher Sachaufklärung einen Rechtseingriff darstellen und damit die Beschwerdebefugnis begründen (s. auch Rn. 85). 83

d) Anklagebehörde. Die Staatsanwaltschaft ist sowohl im Falle einer Beiordnung ebenso wie bei der Ablehnung beschwerdebefugt. 84

2. Revision. Die Mitwirkung oder die unterbliebene Mitwirkung eines Prozessbegleiters dürfte sich in der Praxis der Revisionsgerichte kaum auswirken. Allenfalls denkbar erscheint als **Verfahrensbeanstandung** eine Aufklärungsrüge[135] – namentlich durch den Angeklagten, aber auch durch den nebenklagenden Verletzten[136] – mit der Stoßrichtung einer unterbliebenen Beiordnung zur Herstellung einer optimalen Vernehmungssituation und einer bestmöglichen Aussagetüchtigkeit.[137] Hierzu bedarf es indes eines substantiierten Vortrags zur Aussagetüchtigkeit des Verletzten als Auskunftsperson, welche die Notwendigkeit einer Hinzuziehung bzw. Beiordnung eines Begleiters dem Tatgericht aufdrängt (§ 344 Abs. 2 Satz 2). Vor dem Hintergrund der besonderen Professionalierung und der neutralen Verfahrensstellung des Prozessbegleitung als Gerichtsgehilfe (anders als bei gewährter Akteneinsicht, § 406e, 29 ff, 41, 69) besteht regelmäßig kein Anlass, an ihre Mitwirkung besondere **sachlich-rechtliche Erörterungspflichten** zu knüpfen. Liegen allerdings Auffälligkeiten vor (s. Rn. 37, 75), so wird das Tatgericht diese ausdrücklich und für das Revisionsgericht nachprüfbar darzulegen haben.[138] 85

---

132 OLG Rostock BeckRS **2018** 4562; ebenso SK/*Velten/Greco/Werkmeister* 11; SSW/*Werner* 11; *Wenske* JR **2017** 457, 463.

133 Vgl. im Einzelen *Felix* JurBüro **2018** 340; vgl. ferner etwa LG Stuttgart BeckRS **2019** 33108.

134 Ebenso SK/*Velten/Greco/Werkmeister* 11; *Neuhaus* StV **2017**, 55, 63; **a.A.** BeckOK/*Weiner* 25; SSW/*Werner* 11 (fehlende Rechtskreisbeeinträchtigung).

135 SK/*Velten/Greco/Werkmeister* 11.

136 SSW/*Werner* 11.

137 Dies gilt gleichermaßen für eine unterbliebene Terminverschiebung im Verhinderungsfalle oder für einen rechtsfehlerhaft erfolgten Ausschluss des Prozessbegleiters.

138 Vgl. auch Hohoff NStZ **2020** 387, 390; SSW/*Werner* 1.

VII. Jugendstrafverfahren

86 Die Vorschrift findet auch Anwendung auf Strafverfahren gegen Jugendliche (§ 2 Abs. 2 JGG). Tatbestandlich knüpft sie an die Verletztenstellung allein und nicht an die Stellung eines zur Nebenklage berechtigten Verletzten an.[139]

§ 406h
Beistand des nebenklagebrechtigten Verletzten

(1) [1]Nach § 395 zum Anschluss mit der Nebenklage Befugte können sich auch vor Erhebung der öffentlichen Klage und ohne Erklärung eines Anschlusses eines Rechtsanwalts als Beistand bedienen oder sich durch einen solchen vertreten lassen. [2]Sie sind zur Anwesenheit in der Hauptverhandlung berechtigt, auch wenn sie als Zeugen vernommen werden sollen. [3]Ist zweifelhaft, ob eine Person nebenklagebefugt ist, entscheidet über das Anwesenheitsrecht das Gericht nach Anhörung der Person und der Staatsanwaltschaft; die Entscheidung ist unanfechtbar.

(2) [1]Der Rechtsanwalt des Nebenklagebefugten ist zur Anwesenheit in der Hauptverhandlung berechtigt; Absatz 1 Satz 3 gilt entsprechend. [2]Er ist vom Termin der Hauptverhandlung zu benachrichtigen, wenn seine Wahl dem Gericht angezeigt oder er als Beistand bestellt wurde. [3]Die Sätze 1 und 2 gelten bei richterlichen Vernehmungen und der Einnahme richterlichen Augenscheins entsprechend, es sei denn, dass die Anwesenheit oder die Benachrichtigung des Rechtsanwalts den Untersuchungszweck gefährden könnte. [4]Nach richterlichen Vernehmungen ist dem Rechtsanwalt Gelegenheit zu geben, sich dazu zu erklären oder Fragen an die vernommene Person zu stellen. [5]Ungeeignete oder nicht zur Sache gehörende Fragen oder Erklärungen können zurückgewiesen werden. [6]§ 241a gilt entsprechend.

(3) [1]§ 397a gilt entsprechend für
1. **die Bestellung eines Rechtsanwalts und**
2. **die Bewilligung von Prozesskostenhilfe für die Hinzuziehung eines Rechtsanwalts.**

[2]Im vorbereitenden Verfahren entscheidet das nach § 162 zuständige Gericht.

(4) [1]Auf Antrag dessen, der zum Anschluß als Nebenkläger berechtigt ist, kann in den Fällen des § 397a Abs. 2 einstweilen ein Rechtsanwalt als Beistand bestellt werden, wenn
1. **dies aus besonderen Gründen geboten ist,**
2. **die Mitwirkung eines Beistands eilbedürftig ist und**
3. **die Bewilligung von Prozeßkostenhilfe möglich erscheint, eine rechtzeitige Entscheidung hierüber aber nicht zu erwarten ist.**

[2]Für die Bestellung gelten § 142 Abs. 5 Satz 1 und 3 und § 162 entsprechend. [3]Die Bestellung endet, wenn nicht innerhalb einer vom Richter zu bestimmenden Frist ein Antrag auf Bewilligung von Prozeßkostenhilfe gestellt oder wenn die Bewilligung von Prozeßkostenhilfe abgelehnt wird.

139 *Ferber* NJW **2016** 279, 281; ablehnend hingegen, weil hierdurch eine „erzieherisch abträgliche Bloßstellung" des Angeklagten und zu einer Asymmetrie im Verfahren führe und sich als schädliche Elemente für eine Legalbewährung erweisen, *Eisenberg* ZJJ **2016** 33.

https://doi.org/10.1515/9783110275001-050

Entstehungsgeschichte

Die Vorschrift wurde durch Art. 1 Nr. 15 OpferschutzG als § 406g eingefügt. Absatz 3 und 4 wurden durch Art. 1 Nr. 8 ZSchG neu gefasst. Durch Art. 1 Nr. 21 OpferRRG[1] wurde Absatz 1 neu gefasst; es wurden die Sätze 1 und 3 eingefügt; vgl. ergänzend die Entstehungsgeschichte zu § 397a.

Die Absätze 1 und 2 der Bestimmung wurden durch Art. 1 Nr. 31 des Gesetzes zur Stärkung der Rechte von Verletzten und Zeugen im Strafverfahren vom 29.7.2009 (**2. Opferrechtsreformgesetz** – 2. OpferRRG)[2] zur besseren Verständlichkeit inhaltlich neu strukturiert.[3] Aus demselben Grund wurden die bislang in § 214 oder noch nicht gesetzlich geregelten Benachrichtigungspflichten betreffend den Nebenklagebefugten und dessen Rechtsanwalt in der Norm verankert.[4]

Absatz 1 bestimmt seither die Rechte, die dem Nebenklagebefugten selbst zustehen. **Satz 1** entspricht inhaltlich dem früheren § 406g Abs. 1 Satz 2 und wurde an den Anfang der Vorschrift gestellt, um diese in Aufbau und Struktur den entsprechenden Regelungen §§ 68b, 406f anzugleichen und um in den folgenden Sätzen aufeinanderfolgend die Bestimmungen zu fassen, die sich auf die Teilnahme des Nebenklagebefugten in der Hauptverhandlung beziehen.[5] **Satz 2** entspricht inhaltlich dem früheren § 406g Abs. 1 Satz 1 und wurde um den Regelungsgegenstand der § 58 Abs. 1 Satz 2 a.F. und § 243 Abs. 2 Satz 2 bei gleichzeitigem Wegfall dieser Bestimmungen[6] erweitert, wodurch das Anwesenheitsrecht des Nebenklagebefugten trotz seiner Zeugenstellung in § 406g Abs. 1 abschließend geregelt ist. **Satz 3** entspricht inhaltlich § 406g Abs. 1 Satz 3 a.F.; hier wurde lediglich das Wort „nebenklagebefugt“ aufgenommen und auf einen Verweis auf den voranstehenden Satz verzichtet. **Satz 4** wurde neu eingefügt. Er enthält nunmehr die durch Art. 1 Nr. 22 des 2. OpferRRG entfallenden Regelungen über die Benachrichtigung des Nebenklägers und Nebenklagebefugten aus § 214 Abs. 1 Satz 2 bis 4 a.F. Beide sind nunmehr vom Termin der Hauptverhandlung zu benachrichtigen.

Absatz 2 bestimmt nunmehr die Befugnisse des Rechtsanwalts, der von der nebenklagebefugten Person hinzugezogen oder von ihr mit ihrer Vertretung beauftragt wurde. **Satz 1 Halbs. 1** entspricht inhaltlich § 406g Abs. 2 Satz 1 a.F. Die Neufassung verzichtet indes auf die Zusätze, dass diese Anwesenheitsbefugnis über die Anwesenheitsbefugnis des Verletztenbeistands (§ 406f) hinausgeht und auch im Falle nicht öffentlicher Verhandlung gilt. **Satz 1 Halbs. 2** erklärt Abs. 1 Satz 3 für entsprechend anwendbar und erfasst Fälle, in denen der Verletzte nicht selbst zum Termin erscheint und seine Nebenklagebefugnis, etwa nach § 395 Abs. 3, zweifelhaft ist.[7] Der neu gefasste **Satz 2** enthält seitdem eine gesetzliche Pflicht, den Rechtsanwalt des Nebenklagebefugten vom Hauptverhandlungstermin zu benachrichtigen. Satz 3 übernimmt den Inhalt des § 406g Abs. 2 Satz 2 und 3 a.F., verzichtet lediglich aus Gründen der Verständlichkeit auf die Verweisungen auf § 168c Abs. 5 und § 224 Abs. 1.[8]

Absatz 3 Satz 1 blieb unverändert. Mit dem neu gefassten **Satz 2** wurde die Zuständigkeit bei Entscheidungen im vorbereitenden Verfahren – im Gleichklang mit § 68b

1 Vgl. BRDrucks. 378/**04** Nr. 12 (Vermittlungsausschuss).
2 BGBl. I S. 2280.
3 BTDrucks. **16** 12098 S. 37.
4 BTDrucks. **16** 12098 S. 37.
5 BTDrucks. **16** 12098 S. 37.
6 Art. 1 Nr. 3 und 24 des 2. OpferRRG.
7 BTDrucks. **16** 12098 S. 38.
8 BTDrucks. **16** 12098 S. 38.

Abs. 2 Satz 2 – auf den Ermittlungsrichter übertragen (§ 162).[9] **Absatz 4** blieb hier unverändert.

Diese Neufassung der Norm stand im regelungssystematischen Zusammenhang mit den sonstigen Änderungen der StPO durch das 2. OpferRRG und einer hierdurch erstrebten Stärkung der Rechte von Opfern und Zeugen im Strafverfahren.[10] Zu nennen sind hier etwa die durch eine Neufassung des § 395 erweiterte Anschlussmöglichkeit als Nebenkläger und die für besonders schutzwürdige Nebenkläger erleichterte Möglichkeit, einen Opferanwalt zu bestellen (§§ 397, 397a). Dessen Rechtsposition wird durch die in Absatz 2 Satz 2 nunmehr zwingend ausgestaltete gesetzliche Pflicht gestärkt, ihn von Terminen zu unterrichten. Überdies erstrebt der Reformgesetzgeber mit Absatz 2 einen systematischen Gleichklang mit den Vorschriften über die Inanspruchnahme eines anwaltlichen Beistands durch Zeugen, Verletzte und Nebenkläger.[11]

Die Überschrift erhielt die Norm durch Art. 1 Nr. 13 des Gesetzes zur Stärkung des Rechts des Angeklagten auf Vertretung in der Berufungsverhandlung und über die Anerkennung von Abwesenheitsentscheidungen in der Rechtshilfe vom 17.7.2015.[12] Durch Art. 1 Nr. 1 und 13 des Gesetzes zur Stärkung der Opferrechte im Strafverfahren (**3. Opferrechtsreformgesetz**) vom 21.12.2015[13] wurde – mit Blick auf seitdem in § 406d Abs. 1 verortete Benachrichtigungspflicht – Satz 4 in Absatz 1 aufgehoben und die Vorschrift umbenannt in § 406h.

Durch Art. 1 Nr. 7 des Zweiten Gesetzes zur Stärkung der Verfahrensrechte von Beschuldigten im Strafverfahren und zur Änderung des Schöffenrechts vom 27.8.2017[14] wurden – als Folge der Änderung von § 168c Abs. 1 und 2[15] – Absatz 2 die Sätze 4 bis 6 eingefügt. Durch Art. 1 Nr. 14 des Gesetzes zur Neuregelung der notwendigen Verteidigung wurde in **Absatz 4** als Folgeänderung der Verweis auf § 142 Abs. 5 Satz 1 und 3 angepasst.[16]

Übersicht

9 BTDrucks. **16** 12098 S. 38.
10 BTDrucks. **16** 12098 S. 1, 29.
11 BTDrucks. **16** 12098 S. 1, 31, 37.
12 BGBl. I S. 1332.
13 BGBl. I S. 2525.
14 BGBl. I S. 3295.
15 Vgl. BTDrucks. **18** 9534 S. 24.
16 BGBl. I S. 2138.

I. Bedeutung und Reichweite der Vorschrift

1. Bedeutung. Die Vorschrift ist im regelungssystematischen Zusammenhang mit weiteren Rechtsansprüchen des Verletzten auf Rechtsbeistand zu verorten (§§ 406f Abs. 1, § 397 Abs. 2). § 406h regelt speziell die besonderen Befugnisse derjenigen Verletzten, die nach § 395 berechtigt sind, sich dem Verfahren als Nebenkläger anzuschließen; auf die Begriffsbestimmung in § 373b kommt es deshalb hier nicht an (vgl. § 373b, 4). Es sind Befugnisse, die auf die spezielle Interessenlage dieser Gruppe von Verletzten abgestimmt sind, ihrem – eingedenk einer hier oftmals bestehenden Gefahr sekundärer Traumatisierung – **besonderen Schutzbedürfnis** Rechnung tragen[17] und über die Befugnisse eines allgemeinen Verletztenbeistands nach § 406f Abs. 1 hinausgehen. Die Norm verleiht den Befugnissen dieser privilegierten Verletzten schon im Vorverfahren Wirkmacht (s. Rn. 2).[18] Sie stehen den **Nebenklageberechtigten** – unabhängig davon, ob sie sich später dem Verfahren als Nebenkläger anschließen (s. Rn. 2) – neben ihren sonstigen Befugnissen nach den §§ 406d ff. zu (Vor § 406d, 1; § 406f, 1). Wird allerdings der Anschluss als **Nebenkläger** erklärt, bestimmt sich die Rechtsstellung fortan nach den spezielleren Maßgaben der §§ 397 ff. (s. aber Rn. 42 zu Absatz 4). Nach § 406h Abs. 3 Satz 1 Nr. 1 kann Nebenklagebefugten ein Rechtsanwalt als Verletztenbeistand bestellt werden oder – wenn die entsprechend anwendbaren Maßgaben des § 397a Abs. 1 nicht erfüllt sind – für die Hinzuziehung eines Rechtsanwalts Prozesskostenhilfe bewilligt werden (§ 406h Abs. 3 Satz 1 Nr. 2, § 397a Abs. 2). Der spezifische Verletztenbeistand nach § 406h übernimmt zugleich die **Schutzfunktionen eines Zeugenbeistandes** (§ 68b); die Bestellung eines Zeugenbeistands kommt daneben deshalb nicht in Betracht.[19] 1

2. Reichweite. Die Befugnisse nach § 406h bestehen mit Beginn des Vorverfahrens; 2
sie erstrecken sich auch auf das Betreiben eines **Klageerzwingungsverfahrens** (§§ 172 ff.; s. Rn. 11).[20] Die Vorschrift zielt nach Klageerhebung auf den nebenklageberechtigten Verletzten, der seine Beteiligungsbefugnis nicht aktivieren oder zunächst prüfen möchte, ob er sich dem Verfahren anschließen kann und ob dies im Hinblick auf seine Interessen sinnvoll ist; durch die Regelung kann somit verhindert werden, dass

17 Vgl. BTDrucks. **10** 5305 S. 19, 20; *Böttcher* JR **1987** 136; *Jung* JuS **1987** 157; *Rieß/Hilger* NStZ **1987** 155; SK/*Velten/Greco/Werkmeister* 2.
18 Vgl. *Rieß* NJW **1998** 3240; SK/*Velten/Greco/Werkmeister* 2.
19 Vgl. Meyer-Goßner/*Schmitt* 11; ferner *Endler* 217.
20 OLG Hamm NStZ-RR **2000** 244.

eine Nebenklage allein aus dem Grund erhoben wird, dem Nebenklagebefugten eine effektive Beteiligung am Verfahren zu ermöglichen.[21] Die Befugnisse aus § 406h stehen solchen Verletzten nicht zu, die nicht nebenklageberechtigt sind; eine analoge Anwendung des § 406h ist unzulässig.[22] Die **Gehörsrechte** Nebenklageberechtigter werden durch die Vorschrift nicht erweitert, sodass auch diese zu einer Verfahrenseinstellung außerhalb der Hauptverhandlung (etwa § 153 Abs. 1) nicht zu hören sind.[23] Zur Frage, wann ein Verletzter zum Anschluss als Nebenkläger befugt ist (Absatz 1), s. Rn. 11.

3 **3. Kritik; Stellungnahme.** Die Vorschrift ist schon vor ihrer Neufassung durch das ZSchG mit Recht kritisiert worden. Im Wesentlichen ist geltend gemacht worden, sie bewirke ein Ungleichgewicht zwischen den Rechten des Verletzten und des Beschuldigten; schon die Anwesenheit des **Rechtsanwalts eines Nebenklagebefugten** bei Vernehmungen von Zeugen oder des Beschuldigten könne sich nachteilig auf das Verfahren auswirken und gebe dem Verletztenbeistand – erst recht in der Zusammenschau mit seinem Akteneinsichtsrecht (§ 406e) – jedenfalls einen „Informationsvorsprung", der durch legitime Schutzinteressen des Verletzten nicht zu rechtfertigen sei.[24] Diese Bedenken hat der Gesetzgeber mit dem Gesetz zur Stärkung der Rechte von Opfern sexuellen Missbrauchs vom 26.6.2013 (StORMG)[25] jedenfalls teilweise aufgegriffen und aus Gründen prozessualer Waffengleichheit einen vertypten Fall notwendiger Verteidigung in § 140 Abs. 1 Nr. 9 aufgenommen. Dieser ist bei der Auslegung von § 140 Abs. 2 zu entsprechen, wenn der Verletztenbeistand nicht beigeordnet, sondern vom Verletzten mandatiert worden ist.[26]

4 Die Einwände gegen das uneinschränkbare **Anwesenheitsrecht des Nebenklagebefugten** (s. Rn. 7) in der Hauptverhandlung haben hingegen weiterhin erhebliches Gewicht.[27] Dieses kann besonders in schwierigen Beweiskonstellationen, etwa **Aussage-gegen-Aussage**, in Widerstreit zu den Bedürfnissen bestmöglicher Sachaufklärung und damit zur Durchsetzung des staatlichen Strafanspruchs treten (vgl. § 406e, 29). Hier vermag auch eine sachgerechte Anwendung der allein für Vernehmungen außerhalb der Hauptverhandlung geltenden Ausschlussklausel aus Absatz 2 Satz 3 nicht weiterzuhelfen. Warum nicht bis zum Abschluss der Zeugenvernehmung des Nebenklagebefugten die Anwesenheit des anwaltlichen Beistands für die sachgerechte Interessenwahrnehmung des Nebenklagebefugten – gerade in besonderen Beweiskonstellationen – ausreichen soll, lässt sich den Gesetzesmaterialien nicht entnehmen. Hier wäre eine noch größere Sensibilität für die prozessualen Unabdingbarkeiten gerichtlicher Überzeugungsbildung (§ 261) wünschenswert gewesen. Überdies sind weitere verfahrensrechtliche Konsequenzen des sehr weitgehenden Anwesenheitsrechts von Bedeutung. So steht etwa bei der richterlichen Vernehmung eines von mehreren Beschuldigten im selben Verfahren (§ 168c) den Mitbeschuldigten kein Anwesenheitsrecht zu (vgl. § 168c Abs. 2 und 5).[28] Anderes gilt al-

---

21 Vgl. dazu *Jung* JuS **1987** 158; *Weinberger* DNP **1987** 69.

22 Ebenso SSW/*Werner* 1.

23 Vgl. BVerfG BeckRS **1992** 08096; HK/*Pollähne* 4.

24 Vgl. zu Einzelheiten: *Endler* 240 ff.; *Kempf* StV **1987** 218; *Müller* DRiZ **1987** 473; *Schünemann* NStZ **1986** 193 ff., 443; *Thomas* StV **1985** 431; *Weider* StV **1987** 318; vgl. auch KMR/*Nepomuck* 2; *Iffert-Schmücker* 103, 121 ff.; *M. Kaiser* 66 und zur Rechtswirklichkeit 234; *Weigend* (Deliktsopfer) 546 ff.

25 BGBl. I 1805.

26 Vgl. BTDrucks. **10** 6124 S. 13; *Rieß/Hilger* NStZ **1987** 146, 147; LR/*Hilger*[26] 3; *Weider* StV **1987** 318; enger insoweit *Böttcher* JR **1987** 138; s. auch OLG Köln StV **1988** 100; NStZ **1989** 542.

27 Krit. bereits LR/*Hilger*[26] 4.

28 BGHSt **42** 391; BGH NStZ **2010** 159.

lerdings nach § 406h für den Nebenklagebefugten. Warum aber sollte das **Konfrontationsrecht der Mitbeschuldigten** hinter dem eines Nebenklagebefugten zurückstehen? Hier scheint die Wertung, dass die Mitwirkungs- und Gestaltungsbefugnisse des Beschuldigten nicht hinter denen des Verletzten zurückbleiben dürfen, nicht durchgehend eingehalten und ist zu überarbeiten.

Insbesondere vor dem Hintergrund des vorstehend dargestellten Spannungsverhältnisses sollten die Voraussetzungen für die **Bewilligung von Prozesskostenhilfe** (Absatz 3 Satz 1 Nr. 2) und für die Beiordnung eines **einstweiligen Beistandes** (Absatz 4) jeweils sorgfältig geprüft werden, und die Bewilligung bzw. Beiordnung sollte nicht unangemessen großzügig erfolgen. Hinzu kommt die „Benachteiligung" des (unschuldigen) Beschuldigten, der im Falle der Einstellung des Ermittlungsverfahrens seinen Wahlverteidiger selbst bezahlen muss, während dem Verletzten ein Rechtsanwalt – oder mehreren Verletzten gar eine Vielzahl an Beiständen (vgl. hierzu § 397b) – ggf. auf „Staatskosten" beigeordnet worden war. 5

II. Absatz 1

1. Beistandsbefugnis (Absatz 1). Auch ohne den erklärten Anschluss als Nebenkläger steht dem hierzu befugten Verletzten nach **Absatz 1 Satz 1** bereits im Ermittlungsverfahren das Recht zu, sich der Hilfe eines Rechtsanwalts zu bedienen, dem die (im Vergleich zu § 406f Abs. 1) weitergehenden Rechte nach Absatz 2 zustehen. Das Recht des Nebenklagebefugten, sich durch einen Rechtsanwalt vertreten zu lassen, lässt seine Pflicht, einer Zeugenladung Folge zu leisten (s. §§ 48, 51) oder auszusagen sowie seine Aussage ggf. zu beeiden, unberührt. Der Verletzte ist befugt, als Zeuge die Auskunft über den Inhalt der Beratungsgespräche mit seinem Beistand zu verweigern;[29] für den Beistand gilt § 53 Abs. 1 Nr. 3.[30] Einem minderjährigen Verletzten ist im Falle eines Interessenwiderstreits seiner Eltern (Personensorgeberechtigten) für die Entscheidung über die Bestellung eines Beistands bzw. Rechtsanwalts nach dieser Vorschrift ein Ergänzungspfleger zu bestellen (vgl. auch § 395, 18 ff.).[31] 6

2. Anwesenheitsrecht. Beim Anwesenheitsrecht des Nebenklagebefugten ist zu differenzieren: 7

a) In der Hauptverhandlung. Gemäß **Absatz 1 Satz 2** ist der Nebenklagebefugte zur Anwesenheit **in der Hauptverhandlung** berechtigt. Das gilt ausnahmslos, also z.B. auch, wenn er als Zeuge[32] in Betracht kommt oder die Hauptverhandlung nichtöffentlich ist (s. Rn. 4).[33] Dies gilt gleichermaßen, wenn er nicht beabsichtigt, seinen Anschluss als Nebenkläger zu erklären.[34] Das Anwesenheitsrecht bei nichtöffentlicher Verhandlung[35] und bei Gefährdung des Untersuchungszwecks hätte, wenn anderes gewollt gewesen wäre, ausdrücklich eingeschränkt werden müssen. Der Nebenklagebefugte sollte auch in der Hauptverhandlung keine schlechtere Stellung haben als sein Beistand (s. 8

29 Ebenso Meyer-Goßner/*Schmitt* 4a.
30 OLG Düsseldorf NStZ **1991** 503; Meyer-Goßner/*Schmitt* 4a; KMR/*Nepomuck* 7.
31 OLG Düsseldorf NStZ-RR **2001** 303.
32 BTDrucks. **16** 12098 S. 37.
33 S. auch § 175 Abs. 2 Satz 2 GVG; KMR/*Nepomuck* 6; KK/*Zabeck* 6.
34 BTDrucks. **16** 12098 S. 37.
35 Meyer-Goßner/*Schmitt* 1.

Absatz 2 Satz 1). Hieraus können insbesondere in Verfahren mit sogenannter **Aussage-gegen-Aussage-Konstellation** Beweiswürdigungsprobleme entstehen.[36] Regelmäßig wird nämlich einer Aussage, die ohne Kenntnis der Einlassung des Angeklagten erfolgt ist, ein höherer Beweiswert zukommen (s. im Einzelen § 406e, 29).[37] Im Einzelfall kann es daher aus Gründen bestmöglicher Wahrheitsermittlung (§ 244 Abs. 2) und in Umsetzung des Willens des historischen Gesetzgebers (§ 58 Abs. 1)[38] geboten sein, den Nebenklagebefugten unter Hinweis auf die Besonderheiten der Beweislage zu bitten, den Saal bis zur eigenen Vernehmung zu verlassen. Entsprechend wird der gut beratene nebenklagebefugte Verletzte im Regelfall über sein Anwesenheitsrecht disponieren.

9 Das Gericht hat einen **Dolmetscher** in der Hauptverhandlung hinzuzuziehen, wenn Nebenklagebefugte der deutschen Sprache nicht mächtig sind (§ 187 Abs. 4 GVG).[39]

10 **b) Außerhalb der Hauptverhandlung.** Zur Anwesenheit bei richterlichen Vernehmungen und Augenscheinseinnahmen **außerhalb der Hauptverhandlung** ist der Nebenklagebefugte dagegen mangels ausdrücklicher gesetzlicher Zulassung nicht berechtigt (vgl. zu den Befugnissen seines Beistands allerdings Rn. 19), wohl aber, wenn sie besonderer Teil der Hauptverhandlung (z.B. gemäß §§ 223, 225) sind (s. Rn. 8; § 397, 5). Die weitergehenden Befugnisse des Nebenklägers aus § 397 stehen ihm ebenfalls nicht zu. Zum Akteneinsichtsrecht vgl. § 406e.

11 **3. Anschlussbefugnis (Absatz 1 Satz 3).** Ob ein Verletzter zum Anschluss **als Nebenkläger** befugt ist (Absatz 1), ist nach Lage des jeweiligen Einzelfalles, insbesondere des jeweiligen Verfahrensstandes zu beurteilen. Entscheidend ist, ob nach dem Stand der Ermittlungen im Zeitpunkt der Entscheidung eine Anschlussberechtigung in Betracht kommen kann. Hierfür erforderlich ist im **Ermittlungsverfahren** der **Anfangsverdacht** (§ 152 Abs. 2; Vor § 395, 28; § 397a, 4) hinsichtlich einer wenigstens ideal- oder gesetzeskonkurrierenden Begehung einer Katalogtat nach § 395 Abs. 1 oder nach § 395 Abs. 3 hinsichtlich jedes anderen Deliktes (s. § 395, 50 ff.). Im letztgenannten Fall sind bereits hier die materiellen Voraussetzungen des § 395 Abs. 3 zu prüfen und vom Verletzten im Einzelnen substantiiert darzulegen (vgl. § 395, 59; § 396, 29).[40] Unerheblich ist, ob sich das Verfahren gegen Unbekannt richtet. Hat allerdings der Ermittlungsrichter zu entscheiden, dann darf er die Nebenklagebefugnis nicht wegen des Fehlens des Tatverdachts verneinen, wenn die StA das Verfahren gerade wegen des Verdachts eines Nebenklagedelikts zum Nachteil des Verletzten betreibt. Bei Antragsdelikten ist außerdem erforderlich, dass eine Beteiligung des Verletzten am Verfahren als Nebenkläger nicht am Fehlen eines erforderlichen Strafantrags scheitern würde (vgl. § 395, 13, 69).[41] **Nach Anklageerhebung** sind die für eine Anschlussberechtigung geltenden Grundsätze aus §§ 395 ff. maßgebend (s. Vor § 395, 21 ff., 29), wobei hierdurch keine Bindungswirkung für einen später begehrten Anschluss als Nebenkläger bewirkt wird.[42] Im **Klageerzwin-**

36 Im Einzelnen hierzu instruktiv *Endler* 217 f.

37 Hierzu näher *Endler* 217 f.

38 Vgl. BGHSt **3** 386, 388; s. aber auch BGH [D] MDR **1952** 532.

39 S. LR/*Krauß* § 187 GVG, 4.

40 BTDrucks. **16** 12098 S. 37; vgl. ferner BTDrucks. **10** 5305 S. 20; OLG Hamm NStZ-RR **2000** 244; LG Baden-Baden NStZ-RR **2000** 52; Meyer-Goßner/*Schmitt* 3; SSW/*Werner* 3; h.M.; § 395, 8, 17 und § 396, 8; **a.A.** (enger) HansOLG Hamburg NStZ-RR **2007** 280 (LS).

41 Vgl. auch *Rieß* NStZ **1989** 105 ff.; KMR/*Nepomuck* 5.

42 Meyer-Goßner/*Schmitt* 3; HK/*Pollähne* 5.

gungsverfahren ist anhand der Antragsbegründung oder nach Durchführung ergänzender Ermittlungen eine Schlüssigkeitsprüfung vorzunehmen.[43]

4. Benachrichtigung. Der Nebenklagebefugte ist nach § 406d Abs. 1 Satz 1 Nr. 2 **auf seinen Antrag hin** vom Termin der Hauptverhandlung zu benachrichtigen (vgl. § 406i Abs. 1; vgl. ferner § 214 Abs. 1 Satz 2). Eine förmliche **Ladung** ist nicht geboten. 12

III. Absatz 2

1. Anwaltlicher Beistand. Der Nebenklagebefugte kann sich des Beistands eines Rechtsanwalts bedienen; auf eine Anschlusserklärung nach § 396 kommt es selbst nach Anklagerhebung nicht an. Ist die Nebenklagebefugnis zweifelhaft, hat das Gericht nach Anhörung der Verfahrensbeteiligten zu entscheiden (s. Rn. 24).[44] Neben Rechtsanwälten können als Beistand nach den Maßgaben des § 138 Abs. 3 auch **Rechtslehrer an Hochschulen** und – mit gerichtlicher Genehmigung – andere Personen gewählt werden. § 406f Abs. 2 bleibt unberührt, sodass bei der Vernehmung des Nebenklägers als Zeuge einer Person seines Vertrauens die Anwesenheit zu gestatten ist. Ebenso wie eine größere Anzahl von Nebenklägern können mehrere Nebenklagebefugte in entsprechender Anwendung der Maßgaben des § 397b im Beistand **eines gemeinschaftlichen Rechtsanwalts** erscheinen oder sich durch diesen vertreten lassen. Dies folgt aus dem Verweis in Absatz 3 auf die entsprechend anwendbaren Maßgaben des § 397a. Allein an diese knüpft § 397b an[45] und erweitert – bei Vorliegen der tatbestandlichen Voraussetzungen des § 397a – auf Rechtsfolgenseite lediglich die gerichtlichen Entscheidungsmöglichkeiten bei der Frage, ob im Einzelfall die Bestellung eines **gemeinschaftlichen Nebenklagebefugtenvertreters** geboten und wer ggf. zu bestellen ist. Allerdings liegt es schon mit Blick auf die unterschiedlichen Befugnisse von Nebenkläger und Nebenklagebefugten nicht nahe, beiden denselben Rechtsanwalt zu bestellen. 13

a) Anwesenheit in der Hauptverhandlung (Satz 1). Der Beistand hat ein uneingeschränktes Anwesenheitsrecht in der Hauptverhandlung, selbst wenn diese nicht öffentlich ist (s. auch § 175 Abs. 2 Satz 2 GVG) und auch, wenn der Verletzte nicht vernommen wird oder nicht anwesend ist (Satz 1 Hs. 1).[46] 14

b) Anwesenheit bei sonstigen richterlichen Untersuchungen (Satz 3). Absatz 2 Satz 3 betrifft richterliche (nicht staatsanwaltschaftliche oder polizeiliche) Vernehmungen des Beschuldigten, anderer Zeugen oder von Sachverständigen sowie richterliche Augenscheinseinnahmen, soweit diese außerhalb der Hauptverhandlung – namentlich im Ermittlungsverfahren, im Zwischenverfahren (§ 202) oder im Wiederaufnahmeverfahren (§ 369) – stattfinden. 15

aa) Gerichtliche Untersuchungshandlungen. Die Vorschrift bezieht sich auf Vernehmungen, verstanden als **gerichtliche Untersuchungshandlungen** (§ 162 Abs. 1 Satz 1 und 3); nicht etabliert wird hierdurch daher ein Anwesenheitsrecht bei der **haft-** 16

---

43 Vgl. OLG Hamm NStZ-RR **2000** 244; HK/*Pollähne* 5.

44 BTDrucks. **16** 12098 S. 38.

45 Vgl. BTDrucks **19** 14747 S. 39.

46 BTDrucks. **16** 12098 S. 37.

richterlichen Vorführung oder bei einer **mündlichen Haftprüfung.**[47] Dies erhellt schon der insoweit übereinstimmende Gesetzeswortlaut von § 406h Abs. 2 Satz 3 und § 162 Abs. 1 Satz 3, der in beiden Fällen an gerichtliche Vernehmungen und Augenscheinseinnahmen anknüpft; damit wird ersichtlich kein Bezug auf § 162 Abs. 1 Satz 2 und mithin auf solche Termine genommen, die in Verbindung mit dem Erlass eines Haft- oder Unterbringungsbefehls stehen. Die Entstehungsgeschichte von § 406h Abs. 2 Satz 3 bietet weiteren Anhalt für dieses Normverständnis: Die gesetzliche Neufassung durch das 2. OpferRRG verzichtete nämlich aus Gründen der Normenklarheit auf die zuvor enthaltenen Verweisungen auf § 168c Abs. 5 und § 224 Abs. 1,[48] was allerdings nichts an ihrer ursprünglichen regelungssystematischen Anlehnung an die §§ 168c, 168d ändert. Auch der – namentlich aus Absatz 3 Satz 4 bis 6 erkennbare – Gesetzeszweck belegt, dass es sich um richterliche Beweiserhebungen handeln soll. Diese stehen aber bei den vorgenannten haftrichterlichen Anhörungen nicht inmitten. Schließlich bestimmen die Maßgaben über die Anordnung oder Fortdauer von Untersuchungshaft den Kreis der zur Anwesenheit Berechtigten und ihre rechtlichen Befugnisse spezialgesetzlich – erkennbar im Lichte des hier im Mittelpunkt stehenden rechtlichen Gehörs des Beschuldigten[49] – vorrangig selbst (vgl. § 118a Abs. 1 und 3, § 115 § 128 Abs. 1 Satz 2).[50]

17 **bb) Vernehmungen des Verletzten.** Nicht erfasst vom gesetzlichen Regelungsbereich wird das Anwesenheitsrecht des Beistands bei **Vernehmungen des Verletzten,** das sich allein nach § 406f Abs. 2 Satz 1 richtet.

18 **cc) Voraussetzung.** Das Anwesenheitsrecht ist jedoch – anders als in der Hauptverhandlung und als beim Verteidiger (vgl. § 168c) – an die **Voraussetzung** gebunden, dass durch die Teilnahme des Beistands **der Untersuchungszweck, insbesondere die Wahrheitsfindung nicht beeinträchtigt oder gefährdet wird.** Dies muss feststehen; in Zweifelsfällen ist also die Anwesenheit nicht zulässig, namentlich wenn nicht ausgeschlossen werden kann, dass der zu Vernehmende in Gegenwart des Beistandes nicht die Wahrheit sagen wird. Dies gilt gleichermaßen, wenn der **Beweiswert** der gerichtlichen Untersuchungshandlung im Übrigen, etwa auch durch den Wegfall einer vereinfachten Verlesungsmöglichkeit nach § 251 Abs. 2,[51] § 255a durch die Anwesenheit des Beistandes nach § 406h Abs. 2 Satz 3 nicht ausschließbar beeinträchtigt wird. Dies kommt ferner in Betracht, wenn die Möglichkeit besteht, dass der Verletzte als für die gerichtliche Überzeugungsbildung absehbar maßgebliches Beweismittel über seinen Beistand Informationen erhalten könnte, die eine – gerade bei Aussage-gegen-Aussage Konstellationen – gebotene sorgfältige Glaubhaftigkeitsprüfung ersichtlich erschweren könnten (s. im Einzelen § 406e, 29).[52] Gleichermaßen kann dies anzunehmen sein, wenn der Beschuldigte für den Fall der Anwesenheit des Verletztenbeistands mit der Verweigerung einer eigentlich angekündigten Einlassung droht. Erst recht drängt sich eine Gefährdung des Untersuchungszwecks auf, wenn durch die Anwesenheit zu besorgen steht, dass die richterliche Vernehmung einem **Beweisverwertungsverbot** untersteht (s. Rn. 4).

---

47 Ebenso HK-GS/*Ferber* 4, KMR/*Nepomuck* 12; KK/*Zabeck* 3; vgl. ferner zum Nebenklägervertreter Meyer-Goßner/*Schmitt* § 118a 1; **a.A.** – allerdings ohne nähere Begründung – BeckOK/*Weiner* 5.

48 BTDrucks. **16** 12098 S. 38.

49 Vgl. BVerfG NStZ **1994** 551.

50 S. hierzu auch BGHSt **42** 391.

51 Vgl. hierzu nur Meyer-Goßner/*Schmitt* § 168c 6.

52 Ebenso HK/*Pollähne* 8.

c) Weitere Befugnisse. Die **weiteren Befugnisse des Beistandes** des Nebenklagebefugten umfassen zunächst solche des Verletzten **nach § 406f** (s. hierzu § 406f, 7 f.). Er kann sich auf deren Wahrnehmung beschränken (s. Vor § 406d, 8). Das **Recht zur Beanstandung von Fragen** betrifft hier allerdings nicht nur, wie im Falle des § 406f (s. § 406f, 13), Fragen an den Verletzten, sondern auch solche an Beschuldigte, sonstige Zeugen und Sachverständige.[53] Überdies steht ihm im Anschluss an die richterliche Befragung – sowohl innerhalb wie außerhalb der Hauptverhandlung – aus **Satz 4** ein **Erklärungsrecht** (vgl. § 257) und **Fragerecht** zu (s. im Einzelnen die Erl. zu § 168c und § 240). Ungeeignete oder nicht zur Sache gehörende Fragen können vom Vorsitzenden nach **Satz 5** zurückgewiesen und durch den Verweis auf § 241a in **Satz 6** kann der Schutz Minderjähriger bei der Vernehmung gewährleistet werden, indem sichergestellt wird, dass diese auch bei richterlichen Vernehmungen außerhalb der Hauptverhandlung grundsätzlich allein durch den vernehmenden Richter befragt werden.[54] Auch nach der gesetzlichen Neufassung ist aber zweifelhaft, ob gegen den Beistand **Ordnungsmaßnahmen** nach § 164 StPO, §§ 177, 178 GVG ergriffen werden können[55] (s. § 406f, 10). Dem anwaltlichen Beistand des Nebenklagebefugten stehen die weitergehende Rechte aus § 397 nicht zu. 19

2. Benachrichtigungspflicht (Satz 2). Um eine Rechtsausübung zu gewährleisten,[56] ist der anwaltliche Beistand grundsätzlich vom **Termin der Hauptverhandlung** zu benachrichtigen, wenn er gerichtlich bestellt oder seine Wahl dem Gericht gegenüber unter Vorlage einer Vollmacht angezeigt worden ist.[57] Seine förmliche Ladung ist neben einer Ladung des Nebenklägers nicht geboten. Von der Benachrichtigung ist abzusehen bei einer **Gefährdung des Untersuchungszwecks** nach Absatz 2 Satz 3. Einen Anspruch auf Terminsabstimmung und **Terminsverlegung** hat der Verletztenbeistand nicht (s. § 168c Abs. 5 Satz 3, § 398).[58] Ein hieran anknüpfendes **Ablehnungsgesuch** (§ 24) wird – weil hierin für sich kein Ablehnungsgrund liegen kann – nach § 26a Abs. 1 Nr. 2 als unzulässig zu verwerfen sein. 20

Eine Benachrichtigung von einer richterlichen Untersuchungshandlung (§ 162) nach Absatz 2 Satz 3 (s. Rn. 16 ff.) unterbleibt, wenn schon die Benachrichtigung selbst oder die Teilnahme[59] an diesem Termin den Untersuchungserfolg gefährden würde. Zweifelhaft ist, ob eine Benachrichtigung auch dann unterbleibt, wenn eine Gefährdung des Untersuchungserfolges nur nicht ausgeschlossen werden kann (Rn. 18). Da eine Gefährdung des Untersuchungserfolges durch zeitliche Verzögerung nur selten zu befürchten sein wird, kommt vordringlich in Betracht, dass eine Einwirkung des – benachrichtigten – Beistandes **vor** oder in dem Termin auf Beschuldigte, Zeugen oder Sachverständige nicht ausgeschlossen werden kann. Dies und die uneingeschränkte Verweisung des Satzes 3 sprechen gegen eine Benachrichtigung, falls eine **vorterminliche** materielle Gefährdung des Untersuchungserfolges nicht ausgeschlossen werden kann. Kann dagegen eine solche Gefährdung ausgeschlossen werden und nur nicht verneint werden, dass 21

---

53 Ebenso SSW/*Werner* 4.

54 BTDrucks. **18** 9534 S. 24.

55 Vgl. (verneinend) Meyer-Goßner/*Schmitt* 4; HK/*Pollähne* 7; SK/*Velten*/*Greco*/*Werkmeister* 5; s. auch die Erl. zu den genannten Vorschriften.

56 BTDrucks. **16** 12098 S. 38.

57 BTDrucks. **10** 5305 S. 20; KMR/*Nepomuck* 11; KK/*Zabeck* 3; HK/*Pollähne* 7; SK/*Velten*/*Greco*/*Werkmeister* 5; h.M.; zweifelnd BGH NStZ **1997** 49 (falls kein Interesse des Verletzten erkennbar).

58 Ebenso SSW/*Werner* 6.

59 Insoweit **a.A.** SK/*Velten*/*Greco*/*Werkmeister* 5.

der Beistand **im** Termin den Untersuchungserfolg gefährden könnte, so ist der Beistand vom Termin zu benachrichtigen, damit er Gelegenheit zur Stellungnahme erhält;[60] je nach dem Ergebnis dieser Stellungnahme kann dann ein Ausschluss nach § 406h Abs. 2 Satz 3 in Verbindung mit Absatz 1 Satz 3 angeordnet werden.

22 **3. Entscheidung.** Eine Entscheidung, ob der Verletzte zur Nebenklage befugt ist (s. Rn. 11) und daher ein Anwesenheitsrecht nach Absatz 1 Satz 1 hat bzw. seinem Beistand neben den Befugnissen nach § 406f auch die besonderen Befugnisse des § 406h Abs. 2 zustehen, ist nur veranlasst, wenn Zweifel hinsichtlich der Nebenklagebefugnis bestehen und die Befugnisse aus § 406h in Anspruch genommen werden sollen (vgl. **Absatz 1 Satz 3; Absatz 2 Satz 1 Hs. 2**).[61]

23 **a) Zuständigkeit. Zuständig** ist jeweils der Verhandlungsführer, in der Hauptverhandlung – soweit dort eine Entscheidung erforderlich wird – der Vorsitzende (§ 238 Abs. 1);[62] das Gericht entscheidet im letztgenannten Fall erst gemäß § 238 Abs. 2. Außerdem entscheidet das Gericht – ausdrücklich – über die Befugnis des Nebenklageberechtigten und seines Beistands zur Anwesenheit in einer nichtöffentlichen Hauptverhandlung (§ 406h Abs. 1 Satz 1, Abs. 2 Satz 1, § 175 Abs. 2 GVG analog) und etwa über einen Antrag nach § 171b GVG (§ 406f Abs. 2 Satz 2, § 174 GVG).[63]

24 **b) Verfahren.** Nebenklageprätendent und Staatsanwaltsschaft ist **rechtliches Gehör** zu gewähren (Absatz 1 Satz 3 Hs. 1). Die Anhörung des Beschuldigten richtet sich nach § 33.[64]

25 **c) Form.** Die Entscheidung ergeht bei Vernehmungen außerhalb der Hauptverhandlung im Beschlusswege; in der Hauptverhandlung als sachleitende Anordnung des Vorsitzenden (§ 238 Abs. 1) oder als ein – durch einen Verfahrensbeteiligten – erwirkten Beschluss nach § 238 Abs. 2.

26 **d) Wirkung.** Eine **Entscheidung** der jeweils zuständigen Stelle (Rn. 23) **über die Nebenklagebefugnis** des Verletzten (Rn. 11) hat weder Bindungswirkung für die spätere Zulassung als Nebenkläger noch für sonstige spätere Entscheidungen, die mit dieser Frage zusammenhängen;[65] dem Beistand kann also trotz einer ihn (zunächst) zurückweisenden Entscheidung später die Ausübung der Befugnisse nach den §§ 406f, 406g gestattet werden, wenn z.B. neue Erkenntnisse vorliegen, aus denen sich nun ergibt, dass der von ihm Vertretene durch die Straftat verletzt wurde und nebenklagebefugt ist. Die Entscheidung über den Antrag nach § 406f Abs. 2 Satz 2, § 171b GVG ist unanfechtbar (§ 171b Abs. 3 GVG).

---

60 S. aber (weniger eng) KMR/*Nepomuck* 13.

61 BTDrucks. **10** 5305 S. 20; HK/*Pollähne* 10.

62 SK/*Velten*/*Greco*/*Werkmeister* 7; HK-GS/*Ferber* 3; MüKo/*Grau* 4; **a.A.** wohl Meyer-Goßner/*Schmitt* 3 (das Gericht); S. auch § 406f, 15.

63 *Rieß*/*Hilger* NStZ **1987** 156.

64 **A.A.** wohl Meyer-Goßner/*Schmitt* 1; MüKo/*Grau* 2; KK/*Zabeck* 2; HK-GS/*Ferber* 2; KMR/*Nepomuck* 8; ebenso wohl auch HK/*Pollähne* 3.

65 Vgl. BTDrucks. **10** 5305 S. 20; LG Baden-Baden NStZ-RR **2000** 53; *Rieß*/*Hilger* NStZ **1987** 156; ebenso wohl Meyer-Goßner/*Schmitt* 3; KMR/*Nepomuck* 9.

Auslagen, die dem Nebenklagebefugten durch die Wahrnehmung seiner Befugnisse nach § 406h entstanden sind, sind grundsätzlich dem Verurteilten aufzuerlegen (vgl. die Erl. zu § 472, auch zum Fall der Ermessenseinstellung). 27

4. Anfechtung. Die Entscheidung ist unanfechtbar und daher – § 336 Satz 2 – nicht revisibel. Die Unanfechtbarkeitsregelung in **§ 406h Abs. 2 Satz 3** betrifft nur die Nichtzulassung zu Vernehmungen nach Absatz 2 Satz 2 (Rn. 18) wegen möglicher Gefährdung des Untersuchungszwecks. 28

IV. Absatz 3

1. Beiordnung (Absatz 3 Satz 1 Nr. 1). Nach dieser Vorschrift i.V.m. § 397a Abs. 1 ist Verletzten einer der dort genannten Katalogtaten auf dessen Antrag hin schon im **Ermittlungsverfahren**, aber auch im Zwischen- und im Hauptverfahren, soweit ein Anschluss als Nebenkläger hier nicht erklärt wird, ein **Rechtsanwalt** als **Beistand** zu bestellen. Ob z.B. die Sach- oder Rechtslage schwierig oder der Verletzte selbst in der Lage ist, diesen Rechtsanwalt zu bezahlen, ist bedeutungslos. Erforderlich für die Bestellung **im Ermittlungsverfahren** ist indes – abweichend von den Maßgaben aus Absatz 1 und 2 – zunächst ein **qualifizierter Anfangsverdacht** (s. Rn. 11; Vor § 395, 28; § 397a, 4) hinsichtlich einer Katalogtat aus § 397a Abs. 1, der zum maßgeblichen Zeitpunkt der Antragsstellung jedenfalls eine Weiterführung der Ermittlungen gestattet und aufgrund dessen jedenfalls die Möglichkeit besteht, dass der für eine spätere Anklageerhebung notwendige hinreichende Tatverdacht noch begründet werden kann (§ 170 Abs. 1).[66] Durch dieses restriktive Normverständnis werden unnötige, auch kostenrechtliche Belastungen bei Anträgen im Nachgang zu haltlosen Strafanzeigen vermieden. Des Weiteren sind die in den Katalogtaten teilweise weitergehenden gesetzlichen Voraussetzungen zu prüfen. So erfordert § 397a Abs. 1 Nr. 3 **schwere Folgen** aus den dort abschließend benannten Katalogtaten, Nr. 4 setzt voraus, dass der Verletzte zur Tatzeit **Jugendlicher** war oder im Zeitpunkt des Antrags **nicht in der Lage ist, seine Interessen selbst wahrzunehmen.** Dies gilt nach Nr. 5 gleichermaßen bei im Zeitpunkt der Antragsstellung Jugendlichen (s. § 397a, 14). Die Bestellung wirkt für das **gesamte weitere Verfahren.**[67] 29

Zur **Einstellung** bzw. Beschränkung der Strafverfolgung vgl. grundsätzlich § 397a, 33. Wenn die Staatsanwaltschaft im Ermittlungsverfahren das Verfahren wegen des Nebenklagedeliktes gemäß **§§ 153 ff. bis 154** einstellt bzw. beschränkt, kommt eine Beiordnung mangels Schutzbedürfnisses nicht in Betracht. Im Falle der Beschränkung nach **§ 154a** ist dagegen im Hinblick auf § 397 Abs. 2 eine Beiordnung zulässig, damit der Nebenklageberechtigte ggf. schon im Ermittlungsverfahren mit Hilfe eines Beistandes seine Rechte wahrnehmen kann; die Beiordnung ist jedoch mangels **Schutzbedürfnisses** aufzuheben bzw. abzulehnen, wenn der Verletzte nicht als Nebenkläger im Verfahren zugelassen wird (§ 395 Abs. 5), die Beschränkung also nicht entfällt. Zu Verfahrensfragen vgl. Rn. 33 ff. 30

---

66 Vgl. OLG Hamburg BeckRS **2005** 07419; OLG Oldenburg BeckRS **2009** 6959; NStZ **2011** 117; offengelassen OLG Köln BeckRS **2009** 15739; ebenso die **h.M.** Meyer-Goßner/*Schmitt* 6; HK/*Pollähne* 12; SK/*Velten/Greco/Werkmeister* 10; KK/*Zabeck* 7; KMR/*Nepomuck* 18; unentschieden HK-GS/*Ferber* 2; **a.A.** BeckOK/*Weiner*; LR/*Hilger*[26] 16.

67 BGH NJW **2009** 308.

31 **2. Prozesskostenhilfe (Absatz 3 Satz 1 Nr. 2).** Dem Nebenklagebefugten (Rn. 11) kann subsidiär, wenn kein Fall von Nr. 1 vorliegt, entsprechend § 397a Abs. 2 nicht nur im gerichtlichen Verfahren, sondern auch schon im Ermittlungsverfahren[68] **auf Antrag** für die Hinzuziehung eines Rechtsanwalts Prozesskostenhilfe bewilligt werden. Erforderlich ist, dass entweder die Sach- oder Rechtslage – aus der Sicht des Nebenklagebefugten – schwierig ist oder der Nebenklagebefugte allein (selbst) seine Interessen nicht ausreichend wahrnehmen kann[69] oder ihm dies nicht zuzumuten ist. Die beiden letztgenannten Voraussetzungen erfassen alle wichtigen Gründe, aus denen – unabhängig von Sach- oder Rechtslage – Prozesskostenhilfe in Betracht kommen kann; dies sind insbesondere persönliche Hilflosigkeit des Verletzten oder z.B. psychologisch bedingte Hemmnisse und Belastungen. Auf die Erfolgsaussichten oder die „Mutwilligkeit" einer Nebenklage oder der Beteiligung des Nebenklagebefugten kommt es nicht an (§ 397a Abs. 2 Satz 2). Auch die Tatsache, dass der Beschuldigte einen Verteidiger hat, rechtfertigt nicht zwingend die Bewilligung von Prozesskostenhilfe (§ 397a Abs. 2 Satz 2), jedoch kann infolge dieses Umstandes eine der beiden letztgenannten Voraussetzungen erfüllt sein.

32 **Weitere Voraussetzung** ist, dass der Nebenklagebefugte nach seinen persönlichen und wirtschaftlichen Verhältnissen **nicht in der Lage ist, die Kosten** eines Rechtsanwalts[70] **aufzubringen** (§ 397a Abs. 2 Satz 1; §§ 114, 115 ZPO). Mittellosigkeit im Sinne der §§ 114, 115 ZPO ist anzunehmen, wenn der Nebenklagebefugte im Zeitpunkt der Entscheidung über den Antrag persönlich, wenn auch vielleicht nur teilweise oder vorübergehend, unvermögend ist, diese Kosten zu zahlen; es genügen also eine wenigstens wahrscheinliche Unfähigkeit und der finanzielle Engpass, die Kosten nur zum Teil oder nur in Raten aufbringen zu können. Die Entscheidung **wirkt nur für die Instanz**, für die Prozesskostenhilfe bewiligt wurde.

33 **3. Verfahren zu Absatz 3.** Für die Entscheidung über den Antrag auf Bestellung eines Rechtsanwalts als Beistand (Nr. 1) bzw. auf Bewilligung der Prozesskostenhilfe (Nr. 2) **zuständig** ist das mit dem Verfahren befasste Gericht (§ 397a Abs. 3 Satz 2). Im Ermittlungsverfahren ist der Antrag bei dem nach § 162 zuständigen Gericht zu stellen (**Absatz 3 Satz 2**), Diesem hat die Staatsanwaltschaft unverzüglich einen bei ihr eingegangenen Antrag vorzulegen (Nr. 174b RiStBV).

34 Zur **Auswahl** des nach Absatz 3 Satz 1 Nr. 1 zu bestellenden Beistands s. § 397a, 28. Das **Verfahren** zu Absatz 3 Satz 1 Nr. 2 richtet sich über die Verweisung auf § 397a Abs. 2 im Wesentlichen nach den Bestimmungen der §§ 117 ff. ZPO. Dem Antrag sind – unter **Verwendung amtlicher Vordrucke** – eine Erklärung über die persönlichen und wirtschaftlichen Verhältnisse sowie die notwendigen Belege beizufügen (§ 117 Abs. 2 ZPO). Ergibt sich die Nebenklagebefugnis nicht eindeutig aus den Akten, so muss der Antragsteller darlegen, dass die in Rn. 11 genannten Voraussetzungen erfüllt sind (§ 117 Abs. 1 Satz 2 ZPO; s. § 396, 15 f.); gleiches muss für die Bestellung gemäß Nr. 1 gelten. Das Gericht kann die Glaubhaftmachung der Angaben verlangen und Erhebungen anstellen (§ 118 Abs. 2 ZPO). Macht der Antragsteller innerhalb einer von dem Gericht gesetzten Frist Angaben über seine persönlichen und wirtschaftlichen Verhältnisse nicht glaubhaft oder beantwortet er bestimmte Fragen nicht oder ungenügend, so lehnt das Gericht die Bewilligung der Prozesskostenhilfe insoweit ab (§ 118 Abs. 2 Satz 4 ZPO). Zu weiteren Antragsvorbringen hinsichtlich der **Nebenklagebefugnis** s. § 397a, 23 ff.

---

68 Vgl. auch AG Delmenhorst STREIT **1993** 156.
69 Vgl. auch die Erl. zu § 140.
70 Vgl. § 397a, 15 ff.

Dem Beschuldigten ist vor der Entscheidung über das Prozesskostenhilfegesuch **Gelegenheit zur Stellungnahme** zu geben (§ 118 Abs. 1 Satz 1 ZPO);[71] gleiches gilt vor der Bestellung gemäß Nr. 1.[72] Auch die Staatsanwaltschaft ist zu hören (§ 33 Abs. 2; s. ferner § 397a, 27). 35

Mit der **Bewilligung der Prozesskostenhilfe** entscheidet das Gericht auch über die Frage, ob und welche „Ausgleichszahlungen" der Nebenklagebefugte an die Landeskasse zu leisten hat (§ 120 ZPO), und ordnet ihm einen Rechtsanwalt bei. § 121 Abs. 1 bis 3 ZPO ist nicht anwendbar. Die **Beiordnung** gemäß Nr. 1 und 2 richtet sich nach der spezifisch strafverfahrensrechtlichen Bestimmung des **§ 142 Abs. 1.** Dies bedeutet, dass das Gericht den zu bestellenden Rechtsanwalt möglichst aus der Zahl der bei einem Gericht des Gerichtsbezirks zugelassenen Rechtsanwälte auswählt und der Nebenklagebefugte Gelegenheit erhalten soll, innerhalb einer zu bestimmenden Frist einen Rechtsanwalt zu bezeichnen. Dieser Rechtsanwalt wird bestellt, wenn nicht wichtige Gründe entgegenstehen (s. § 397a, 28, 36).[73] 36

Die Prozesskostenhilfe wird nur für die Beiordnung eines Rechtsanwalts gewährt, nicht für sonstige Kosten des Nebenklagebefugten. Die Gewährung hat zur Folge, dass der beigeordnete Rechtsanwalt seinen **Gebührenanspruch** gegen die Staatskasse geltend machen kann. Der Nebenklagebefugte hat diese Kosten ggf. – je nach Inhalt des Bewilligungsbeschlusses (§ 120 ZPO) – der Staatskasse zu erstatten. Ob sie von der Staatskasse oder (z.B. infolge einer Ratenzahlung) vom Nebenklagebefugten zu tragen sind, hängt vom Ausgang des Strafverfahrens und von der damit verbundenen Kosten- und Auslagenentscheidung ab. Im Falle der Bestellung nach Nr. 1 hat der Rechtsanwalt ebenfalls einen Gebührenanspruch gegen die Staatskasse. Im Falle der Verurteilung kann diese die gezahlten Gebühren gegen den Verurteilten geltend machen;[74] trifft den Beschuldigten keine Kostenpflicht, so verbleibt die Belastung dieser Gebührenauslagen bei der Staatskasse.[75] 37

4. Wirkung. Die Bestellung eines Rechtsanwalts als Beistand gemäß § 406h Abs. 3 Satz 1 i.V.m. § 397a Abs. 1 gilt für das **gesamte weitere Verfahren** (s. § 397a, 39), also auch für die Revisionsinstanz.[76] Die Bestellung gemäß Absatz 3 Nr. 2 wirkt dagegen nur für die jeweilige Instanz (vgl. § 397a, 32, 37). Die **rückwirkende Bestellung** ist möglich im Falle eines bislang übergangenen Antrags (s. § 397a, 38).[77] 38

5. Anfechtung. Die Entscheidung über die **Beiordnung** ist nach den allgemeinen Maßgaben des Beschwerderechts anfechtbar (§§ 304 ff.). Dies gilt auch für die Entscheidung des erkennenden Gerichts; § 305 greift nicht (s. § 397a, 46). Die Entscheidung des Ermittlungsrichters beim BGH ist nach § 304 Abs. 4, 5 nicht beschwerdefähig. Auch die Entscheidung über das **Prozesskostenhilfegesuch** ist grundsätzlich anfechtbar (s. § 397a, 48). Dies gilt auch für die Auswahl des Rechtsanwalts nach § 142 Abs. 1; sie ist mittelbar Teil der Gewährung der Prozesskostenhilfe. 39

---

71 Vgl. § 397a, 27.

72 Vgl. nur HK/*Pollähne* 17.

73 Vgl. *Böttcher* JR **1987** 137; *Rieß/Hilger* NStZ **1987** 154, 155.

74 S. auch BGH HRRS **2008** Nr. 921.

75 S. auch § 397a, 44.

76 BGH NJW **2009** 308.

77 Vgl. für die Konstellation einer Einstellung nach § 170 Abs. 2 nur OLG Köln BeckRS **2009** 15739; KG BeckRS **2005** 09378; ferner nur BeckOK/*Weiner* 8.

V. Absatz 4

40 **1. Zweck der Regelung.** Absatz 4 stellt mit verhältnismäßig weit gespannten Generalklauseln ein besonderes, unkompliziertes Verfahren zur einstweiligen Beiordnung eines Verletztenbeistandes in Fällen zur Verfügung, in denen diese Beiordnung zugunsten besonders schutzwürdiger Nebenklagebefugter **im Ermittlungsverfahren** eilbedürftig ist (zu späteren Verfahrensabschnitten s. Rn. 27). Dies ist (nur) in den Fällen des § 397a Abs. 2, im Ermittlungsverfahren i.V.m. § 406h Abs. 3 Satz 1 Nr. 2, notwendig, weil das Normalverfahren zur Beiordnung eines Beistandes über die Bewilligung von Prozesskostenhilfe (§§ 397a Abs. 2, 406h Abs. 3 Satz 1 Nr. 2; §§ 114 ff. ZPO) verhältnismäßig schwerfällig und daher nicht geeignet ist, Verletzten, die ein besonderes Bedürfnis auf unverzüglichen rechtlichen Beistand haben, kurzfristig zu helfen; dies gilt insbesondere dann, wenn es den Verletzten nicht zuzumuten ist, das Verfahren nach den §§ 397a Abs. 2, 406h Abs. 3 Satz 1 Nr. 2 abzuwarten. Solche Fälle sind z.B. denkbar, wenn zu Beginn eines Ermittlungsverfahrens aus Gründen der Beweissicherung Vernehmungen oder Augenscheinseinnahmen stattfinden, bei denen der Beistand eines Rechtsanwalts für den Verletzten sachdienlich erscheint, etwa wenn eine Gegenüberstellung erfolgt.

41 **2. Berechtigte** nach Absatz 4 sind grundsätzlich alle Nebenklagebefugten (Rn. 11), soweit sie nicht unter § 397a Abs. 1 fallen und ihnen schon nach dieser Vorschrift, ggf. i.V.m. § 406h Abs. 3 Satz 1 Nr. 1, ein Beistand zu bestellen ist.

42 **3. Voraussetzungen.** Erste Voraussetzung ist ein **Antrag** des Nebenklagebefugten. Außerdem muss die einstweilige Beiordnung eines Beistandes im Eilverfahren aus „besonderen Gründen" geboten sein. Diese „besonderen Gründe" werden sich in der Regel aus der – ggf. substantiiert darzulegenden – besonderen Schutz- und Beistandsbedürftigkeit des Verletzten ergeben (s. auch § 397a Rn. 23 ff.); diese kann z.B. aus den besonderen persönlichen Verhältnissen des Verletzten, der Art und Schwere der Straftat oder dem Verfahrensstand bzw. den geplanten, unmittelbar bevorstehenden Ermittlungsmaßnahmen abgeleitet werden und beinhaltet auch den Gesichtspunkt der „Zumutbarkeit".[78] Erforderlich ist des Weiteren, dass die Mitwirkung eines Beistandes **eilbedürftig** ist und die Bewilligung von Prozesskostenhilfe möglich erscheint, eine rechtzeitige Entscheidung hierüber aber nicht zu erwarten ist; dazu gehört, dass dem Nebenklagebefugten nach den gesamten Umständen des Einzelfalles nicht zugemutet werden kann, den Ausgang des Prozesskostenhilfeverfahrens abzuwarten, und die Bewilligung von Prozesskostenhilfe aufgrund der in § 397a Abs. 2 genannten Voraussetzungen jedenfalls nicht ausgeschlossen erscheint.[79] In erster Linie sind hier die persönlichen Voraussetzungen für Prozesskostenhilfe, nämlich die finanziellen und wirtschaftlichen Verhältnisse des Nebenklagebefugten von Bedeutung, denn die sachlichen Voraussetzungen (Schwierigkeit der Sach- oder Rechtslage, Unfähigkeit des Nebenklagebefugten, seine Interessen selbst wahrzunehmen, oder Unzumutbarkeit) sind bereits im Rahmen der Prüfung, ob die einstweilige Beiordnung aus besonderen Gründen geboten ist, zu berücksichtigen.[80] Nicht erforderlich ist, dass der Verletzte bereits einen Antrag auf Bewilligung von Prozesskostenhilfe gestellt hat; ein solcher kann sich auch erübrigen, wenn

---

78 Vgl. auch *Böttcher* JR **1987** 137.
79 BTDrucks. **10** 6124 S. 15; *Böttcher* JR **1987** 137.
80 Vgl. *Böttcher* JR **1987** 137; HK/*Pollähne* 17; z.T. **a.A.** KMR/*Nepomuck* 27.

schon die Mitwirkung des einstweilig bestellten Beistandes zur Wahrnehmung der Interessen des Verletzten ausgereicht hat.[81]

4. Verfahren. Das auf **Antrag** ausgelöste gerichtliche **Verfahren** ist nur unvollständig geregelt. Im Einzelnen gilt: 43

a) Zuständig für die Entscheidung ist der **Ermittlungsrichter** (§ 406h Abs. 4 Satz 2 iVm. § 162). Eine einstweilige Bestellung kommt auch nach geltender Rechtslage[82] im **Zwischen-, Haupt- und Rechtsmittelverfahren** in Betracht. Die Vorschrift ist – nach ihrer systematischen Stellung und vor dem Hintergrund ihrer Entstehungsgeschichte[83] – auf Nebenklagebefugte verfahrensabschnittsübergreifend anwendbar. Zwar enthält die Vorschrift keine eindeutige Zuständigkeitsbestimmung mehr für an das Vorverfahren anschließende Verfahrensabschnitte. Es fehlt auch an einer § 397a Abs. 3 Satz 2 vergleichbaren Regelung oder deren Bezugnahme in § 406h Abs. 4. Es ist aber nicht erkennbar, dass der Gesetzgeber seine frühere Bewertung – bei der lediglich redaktionellen Anpassung durch das Gesetz zur Neuregelung der notwendigen Verteidigung[84] – revidiert hat. Vor dem Hintergrund der damit weiterhin – aus Sicht des Gesetzgebers – vergleichbaren Interessenlage[85] und der sich aufdrängenden planwidrigen Regelungslücke findet § 397a Abs. 3 Satz 2 entsprechende Anwendung und begründet die **Zuständigkeit des Vorsitzenden des mit der Sache befassten Gerichts.**[86] 44

b) Rechtliches Gehör. Dem Beschuldigten[87] und der Staatsanwaltschaft (§ 33 Abs. 2) ist **rechtliches Gehör** zu gewähren; hiervon kann ausnahmsweise nur abgesehen werden, wenn sich ein damit verbundenes Zuwarten als mit den Maßgaben des Eilverfahrens als unvereinbar und für den Nebenklagebefugten als nachteilig erweist. 45

c) Pflichtgemäßes Ermessen. Die Entscheidung über die Beiordnung steht im **pflichtgemäßen Ermessen**;[88] dadurch hat der Richter die Möglichkeit, im Rahmen seiner Entscheidung (ausnahmsweise) auch sonstige wichtige Gesichtspunkte, namentlich die (ggf. aus den Akten ersichtliche) Interessenlage des Beschuldigten zu berücksichtigen, die gegen eine Eilentscheidung trotz Vorliegens der genannten Voraussetzungen sprechen. Ob die Voraussetzungen nach § 406h Abs. 4 erfüllt sind, ist anhand des Antrages und des Ermittlungsergebnisses zu prüfen. Die Vorlage von Unterlagen oder eine Glaubhaftmachung der Angaben ist nicht vorgeschrieben, kann jedoch von der für die Entscheidung zuständigen Stelle gefordert werden. Die **Auswahl des Beistandes** richtet sich nach § 142 Abs. 5 Satz 1 und 3. 46

---

81 BTDrucks. **10** 5305 S. 20.

82 Zur früheren Fassung der Verweisung auf das Recht der notwendigen Verteidigung noch LR/*Hilger*[26] 24; *Böttcher* JR **1987** 137 (das Gericht); *Rieß/Hilger* NStZ **1987** 156.

83 Vgl. zur Entstehung, die gerade auch – durch eine damals zutreffende Verweisung auf eine Zuständigkeitsregelung für das Gericht der Hauptsache – eine Anordnung für spätere Verfahrensabschnitte vorsah BTDrucks. **10** 6124 S. 7; **10** 5305 S. 5, 20.

84 Vgl. BT Drucks. **19** 13829 S. 51.

85 BTDrucks. **10** 6124 S. 7.

86 Ebenso KMR/*Nepomuck* 29; Meyer-Goßner/*Schmitt* 11; HK/*Pollähne* 17; KK/*Zabeck* 9; MüKo/*Grau* 9; BeckOK/*Weiner* 11; *Pagenkopf* DtBR II B 75 S. 20.

87 Ebenso – unter Hinweis auf § 118 ZPO – HK/*Pollähne* 17; KMR/*Nepomuck* 28; HK-GS/*Ferber* 9; **a.A.** SSW/*Werner* 15; LR/*Hilger*[26] 26.

88 HK/*Pollähne* 17; KMR/*Nepomuck* 29.

47 Hat der Nebenklagebefugte noch keinen **Prozesskostenhilfeantrag** gestellt, so kann ihm zusammen mit der Beiordnung des Beistandes eine **Frist zur Stellung dieses Antrags** gesetzt werden. Von dieser Fristsetzung kann abgesehen werden, wenn offensichtlich eine nur kurzfristige Bestellung des Beistandes den Interessen des Nebenklagebefugten genügt, etwa wenn die Beiordnung nur für eine Vernehmung erforderlich ist. Denn durch eine Fristsetzung sollen nicht überflüssige Verfahren zur Bewilligung von Prozesskostenhilfe veranlasst werden.[89] In diesem Fall ist die einstweilige Beiordnung von vornherein zu befristen. Ist dagegen nicht auszuschließen, dass der Nebenklagebefugte die Hilfe des Beistandes über einige Zeit benötigt, so ist die Frist nach **Absatz 4 Satz 3** zu setzen. Nach **fruchtlosem Ablauf dieser Frist** oder wenn die **beantragte Prozesskostenhilfe verweigert** wird, **endet die Beiordnung**. Falls die Beiordnung nicht von vornherein befristet war, ist ihre Beendigung nach Absatz 4 Satz 3 im Interesse der Rechtsklarheit ausdrücklich festzustellen.[90] Dies erfolgt entweder in dem den Prozesskostenhilfeantrag ablehnenden Beschluss durch das hierfür zuständige Gericht oder nach fruchtlosem Fristablauf durch das zu diesem Verfahrenszeitpunkt mit der Sache gerade befasste Gericht.[91]

48 **5. Anfechtbarkeit.** Die ablehnende Entscheidung ist – nach Aufhebung der durch das 2. OpferRRG in § 397a Abs. 3 Satz 3 überführten Regelung des § 397a Abs. 3 Satz 2 a.F. durch das StORMG im Jahre 2013[92] – für den Antragssteller nach Maßgabe des § 304 anfechtbar;[93] allerdings ist § 305 Satz 1 zu beachten.

49 **6. Sonstiges.** Ob die dem Beistand zu zahlenden Gebühren[94] letztlich von der Staatskasse, von dem Beschuldigten oder dem Nebenklagebefugten zu tragen sind, hängt u.a. vom Ausgang des Verfahrens (§§ 465, 472) und vom Inhalt der Prozesskostenhilfeentscheidung ab. Vgl. auch § 140 Abs. 2.

VI. Revision

50 Eine fehlerhafte Anwendung der § 406f Abs. 2, § 406h Abs. 2[95] kann im Einzelfall die Revision begründen: Dies gilt z.B. für die fehlerhafte Zurückweisung einer Frage in der Hauptverhandlung[96] (Aufklärungsrüge) oder den fehlerhaften Ausschluss des Beistandes aus einer öffentlichen Verhandlung (vgl. § 338 Nr. 6).[97] Eine fehlerhafte Entscheidung zu § 171b GVG kann die Revision nicht begründen (vgl. § 171b Abs. 3 GVG, § 336). Im übrigen wird auf § 397a, 55 ff. hingewiesen. Die **unterbliebene Benachrichtigung** des Nebenklagebefugten oder seines Beistandes kann die Revision nicht begründen (s. § 406i, 26).

---

89 *Böttcher* JR **1987** 138; s. auch BTDrucks. **10** 5305 S. 20.
90 MüKo/*Grau* 10.
91 KK/*Zabeck* 11; Meyer-Goßner/*Schmitt* 12; HK/*Pollähne* 18; **a.A.** MK/*Grau* 10 (Ermittlungsrichter).
92 BTDrucks. **17** 6261 S. 13 s. Entstehungsgeschichte § 397a.
93 Ebenso KMR/*Nepomuck* 30; **a.A.** Meyer-Goßner/*Schmitt* 11; SSW/*Werner* 16; KK/*Zabeck* 10; HK/*Pollähne* 17; zur früheren Rechtslage noch a.A. noch LR/*Hilger*[26] 26 und *Rieß/Hilger* NStZ **1987** 156.
94 §§ 45 ff. RVG.
95 Zu einem Verstoß i.Z.m. Absatz 1 Satz 3 s. § 336 Satz 2.
96 Vgl. auch *Böttcher* JR **1987** 139.
97 SSW/*Werner* 9.

§ 406i
Unterrichtung des Verletzten über seine Befugnisse im Strafverfahren

(1) [1]Verletzte sind möglichst frühzeitig, regelmäßig schriftlich und soweit möglich in einer für sie verständlichen Sprache auf ihre aus den §§ 406d bis 406g folgenden Befugnisse im Strafverfahren zu unterrichten und insbesondere auch auf Folgendes hinzuweisen:

1. sie können nach Maßgabe des § 158 eine Straftat zur Anzeige bringen oder einen Strafantrag stellen;
2. sie können sich unter den Voraussetzungen der §§ 395 und 396 oder des § 80 Absatz 3 des Jugendgerichtsgesetzes der erhobenen öffentlichen Klage mit der Nebenklage anschließen und dabei
   a) nach § 397a beantragen, dass ihnen ein anwaltlicher Beistand bestellt oder für dessen Hinzuziehung Prozesskostenhilfe bewilligt wird,
   b) nach Maßgabe des § 397 Absatz 3 und der §§ 185 und 187 des Gerichtsverfassungsgesetzes einen Anspruch auf Dolmetschung und Übersetzung im Strafverfahren geltend machen;
3. sie können einen aus der Straftat erwachsenen vermögensrechtlichen Anspruch nach Maßgabe der §§ 403 bis 406c und des § 81 des Jugendgerichtsgesetzes im Strafverfahren geltend machen;
4. sie können, soweit sie als Zeugen von der Staatsanwaltschaft oder dem Gericht vernommen werden, einen Anspruch auf Entschädigung nach Maßgabe des Justizvergütungs- und -entschädigungsgesetzes geltend machen;
5. sie können nach Maßgabe des § 155a eine Wiedergutmachung im Wege eines Täter-Opfer-Ausgleichs erreichen.

(2) Liegen Anhaltspunkte für eine besondere Schutzbedürftigkeit des Verletzten vor, soll der Verletzte im weiteren Verfahren an geeigneter Stelle auf die Vorschriften hingewiesen werden, die seinem Schutze dienen, insbesondere auf § 68a Absatz 1, die §§ 247 und 247a sowie die §§ 171b und 172 Nummer 1a des Gerichtsverfassungsgesetzes.

(3) Minderjährige Verletzte und ihre Vertreter sollten darüber hinaus im weiteren Verfahren an geeigneter Stelle auf die Vorschriften hingewiesen werden, die ihrem Schutze dienen, insbesondere auf die §§ 58a und 255a Absatz 2, wenn die Anwendung dieser Vorschriften in Betracht kommt, sowie auf § 241a.

Schrifttum

Böttcher Unterlassener Hinweis auf die Nebenklagebefugnis – folgenlos?, FS Widmaier (2008) S. 81; *Blum* Gerichtliche Zeugenbetreuung im Zeichen des Opferschutzes (2005); *Endler* Die Doppelstellung des Opferzeugen (2019); *Lorenzen* Legalitätsprinzip und Opportunitätsprinzip, FS 125-jähriges Bestehen der Staatsanwaltschaft Schleswig-Holstein (1992) S. 541; *Wenske* Weiterer Ausbau der Verletztenrechte? Über zweifelhafte verfassungsgerichtliche Begehrlichkeiten NStZ **2008**, 434.

Entstehungsgeschichte

Die Vorschrift wurde durch Art. 1 Ziff. 14 des Gesetzes zur Stärkung der Opferrechte im Strafverfahren vom 21.1.2015 (3. Opferrechtsreformgesetz – **3. OpferRRG**)[1] – in Umsetzung

1 BGBl. **2015** I 2525.

https://doi.org/10.1515/9783110275001-051

von Art. 4 und 5 der Richtlinie 2012/29/EU des Europäischen Parlaments und des Rates vom 25.10.2012 über Mindeststandards für Rechte, die Unterstützung und den Schutz von Opfern von Straftaten sowie zur Ersetzung des Rahmenbeschlusses 2001/220/JI (Opferschutzrichtlinie)[2] – eingefügt. Die nach früherem Recht bereits in § 406h a.F. etablierten Informationspflichten wurden durch das 3. OpferRRG neu strukturiert und inhaltlich klarer gefasst.[3] Die Hinweispflichten betreffen nunmehr **Verletztenbefugnisse im Strafverfahren.** Die Norm steht im regelungssystematischen Zusammenhang mit den Hinweispflichten betreffend die Befugnisse außerhalb des Strafverfahrens (§ 406j) und den für sämtliche Hinweispflichten geltenden allgemeinen Maßgaben aus §§ 406k, 406l.[4]

Zur Entstehungsgeschichte der Vorgängervorschrift § 406h a.F.,[5] die nicht zwischen Befugnissen innerhalb des Strafverfahrens und solchen außerhalb hiervon unterschied, ist festzuhalten, dass diese im RegE des **OpferschutzG** zunächst nicht enthalten war; der Bundesrat hatte in seiner Stellungnahme eine allgemein gehaltene Prüfungsempfehlung beschlossen.[6] Die Vorschrift wurde dann – eine Hinweispflicht beinhaltend – vom BTRAussch. in seiner letzten, die Beratungen abschließenden Sitzung beschlossen.[7] Durch Art. 2 Nr. 9 RpflEntlG wurde sie – unter Einbeziehung des Hinweises auf das Antragsrecht nach § 406d Abs. 1 – in eine Soll-Vorschrift umgestaltet und durch Art. 1 Nr. 9 **ZSchG** um den Hinweis auf das Antragsrecht nach § 397a ergänzt. Durch Art. 1 Nr. 22 **OpferRRG** wurde Absatz 1 in eine „Ist"-Regelung geändert und ihr die Absätze 2 bis 4 angefügt; Absatz 2 entsprach der früheren „Soll"-Regelung in § 403 Abs. 2.

Durch Art. 1 Nr. 32 des Gesetzes zur Stärkung der Rechte von Verletzten und Zeugen im Strafverfahren (2. Opferrechtsreformgesetz – **2. OpferRRG**)[8] wurden die Informationspflichten **erweitert** und zwingend ausgestaltet. Ferner wurde die Norm zum Zwecke besserer **Übersichtlichkeit** und **Verständlichkeit** neu gefasst und einzelne Hinweispflichten – nicht abschließend – durchnummeriert dargestellt. Inhaltlich waren die Informationspflichten des **Satz 1 Hs. 1** identisch mit der früheren Regelung des § 406h Abs. 1 Hs. 1 a.F. Er wurde als Folgeänderung zum 2. Justizmodernisierungsgesetz,[9] mit dem die Nebenklage gegenüber Jugendlichen in den Grenzen des § 80 Abs. 3 JGG zugelassen worden war,[10] um den Hinweis auf die in bestimmten Fällen mögliche Nebenklage in Verfahren gegen Jugendliche ergänzt. **Nr. 2** enthielt die bereits zuvor in § 406h Abs. 2 a.F. enthaltene Hinweispflicht auf das Adhäsionsverfahren, nunmehr unter Angabe der maßgeblichen Vorschriften des Dritten Abschnitts des Fünften Buches der StPO. **Nr. 3** enthielt neu aufgenommene Hinweispflichten auf etwaige Versorgungsansprüche des Verletzten nach dem Opferentschädigungsgesetz. Eingang in **Nr. 4** fand die Hinweispflicht auf das Gewaltschutzgesetz und die nach ihm bestehenden Möglichkeiten des Eilrechtsschutzes vor weiteren Beeinträchtigungen durch den Angeklagten. Die bereits in der früheren Fassung (§ 406h Abs. 3 a.F.) enthaltene Hinweispflicht auf die Möglichkeit, Hilfe durch Opferschutzverbände zu erhalten, wurde nunmehr Regelungsgegenstand der **Nr. 5**; diese wurde inhaltlich ergänzt durch eine beispielhafte Erwähnung einer „Beratung" oder einer „psychosozialen Prozessbegleitung".

---

2 ABl. EG L 315/57.
3 BTDrucks. **18** 4621 S. 33.
4 Vgl. BTDrucks. **18** 4621 S. 33.
5 Vgl. hierzu LR/*Hilger*[26] 1 ff. sowie LR/*Wenske*[26] Nachtr. 1 ff.
6 BTDrucks. **10** 5305 S. 27 Nr. 1.
7 BTDrucks. **10** 6124 S. 15 f.
8 BGBl. **2009** I S. 2280.
9 BGBl. **2006** I S. 3416.
10 Kritisch hierzu *Eisenberg/Kölbel* § 80, 16 ff. m.w.N.

In dem durch das 2. OpferRRG neugefassten **Satz 1 Hs. 2** wurden weitere dem möglichen Verletzten zustehende Befugnisse benannt, auf die dieser in jedem Fall hinzuweisen ist; die Verwendung des Wortes „insbesondere" sollte den nicht abschließenden Charakter der Aufzählung zum Ausdruck bringen.[11] Neu eingeführt wurde die Befugnis, von einer Hinweiserteilung entsprechend Satz 1 abzusehen, wenn die Voraussetzungen einer bestimmten Befugnis offensichtlich nicht vorliegen. **Satz 3** entsprach der früheren Fassung des § 406h Abs. 4; zur besseren Verständlichkeit wurde auf eine Verweisung verzichtet und der Regelungsgegenstand des von der früheren Fassung in Bezug genommenen § 406d Abs. 3 Satz 1 in den Wortlaut aufgenommen. Mit dem neu eingeführten **Satz 4** wurden die Hinweispflichten über den Adressatenkreis des Satz 1 hinaus auch auf Angehörige und Erben erstreckt. Diese Neufassung der gesetzlichen Hinweispflichten stand im regelungssystematischen Zusammenhang mit den sonstigen Änderungen der StPO durch das 2. OpferRRG und einer hierdurch erstrebten Stärkung der Rechte von Opfern und Zeugen im Strafverfahren.[12] Zu nennen sind hier etwa die Erweiterung von Informationsrechten des möglichen Verletzten einer Tat (§§ 406d, § 406e) und die durch eine Neufassung des § 395 erweiterte Anschlussmöglichkeit als Nebenkläger und die für besonders schutzwürdige Nebenkläger erleichterte Möglichkeit, einen Opferanwalt zu bestellen (§§ 397, 397a). Maßgeblich für die erweiterten Informationsbefugnisse eines Verletzten waren keine zwingenden Rechtsgründe; die Vorgaben des Rahmenbeschlusses des Europäischen Rats vom 15.3.2001 über die Stellung des Opfers im Strafverfahren[13] waren bereits mit der früheren Gesetzesfassung erschöpfend im nationalen Recht umgesetzt worden.[14] Als Hintergrund ist angesichts der eindeutigen Formulierung der Gesetzesbegründung die erfolgreiche Arbeit von Interessenverbänden anzusehen.[15]

Durch das **3. OpferRRG** wurde neu eingefügt die Hinweispflichten betreffend die Anzeige- und Strafantragsbefugnis (Nr. 1), die Hinweispflicht auf mögliche Zeugenentschädigungen (Nr. 4) sowie eine solche betreffend Wiedergutmachungsdienste nach dem Täter-Opfer-Ausgleich (Nr. 5). Die bisherige Nr. 1 wurde zu Nr. 2, die Nr. 2 zu Nr. 3.

Übersicht

11 BTDrucks. **16** 12098 S. 39.
12 BTDrucks. **16** 12098 S. 1, 29.
13 2001/220/JI, ABl EG L 82/1.
14 *Schünemann* ZStW 114 (**2002**) 1, 34; *Wehnert* NJW **2005** 3760, 3761; *Wenske* NStZ **2008** 434, 437.
15 BTDrucks **16** 12098 S. 38 ff.

1 **1. Zweck der Vorschrift.** Die Vorschrift soll eine angemessene Information der unmittelbaren und mittelbaren Verletzten (s. Erl. zu § 373b) über ihre Befugnisse **im Strafverfahren** gewährleisten, damit diese hiervon effektiv Gebrauch machen können und ein respektvoller Umgang mit ihnen gewährleistet ist.[16] Den Hinweispflichten haben die jeweils zuständige Stellen (s. Rn. 5) **zwingend** zu entsprechend. Nach früherer Rechtslage waren die – bereits damals beachtlichen rechtspraktischen Einwänden ausgesetzten[17] – Hinweise auf das Adhäsionsverfahren oder auf Unterstützungsmöglichkeiten durch Opferhilfeeinrichtungen noch fakultativ ausgestaltet.[18] Die Hinweisgegenstände umfassen heute nach dem jeweils nicht abschließenden Katalog der drei Absätze neben den Regelungsinhalten aus §§ 406d ff. insbesondere **drei Kategorien**: Verletzte sind auf ihre allgemeinen **Initiativbefugnisse** hinzuweisen, die sich etwa auf die Einleitung eines Strafverfahrens oder die Durchführung eines Täter-Opfer-Ausgleichs beziehen (Absatz 1 Nr. 1, § 158; Absatz 1 Nr. 5, § 155a); insoweit wird die Belehrungspflicht aus § 171 ergänzt. Weiter erstrecken sich die Hinweisgegenstände auf **rechtliche Befugnisse**, die einen Anschluss an ein bereits laufendes Strafverfahren als Verfahrensbeteiligter eigener Art ermöglichen, etwa als **Nebenkläger** (Absatz 1 Nr. 2, §§ 395 ff.) oder als **Adhäsionskläger** (Absatz 1 Nr. 3, §§ 403). Schließlich knüpft eine dritte Kategorie – mit Blick auf systematisch nicht stimmige Überschneidungen zwischen den Zeugenrechten und dem Fünften Buch wenig überzeugend (s. Rn. 2) – an die Stellung des Verletzten als **Auskunftsperson** und damit potentielles Beweismittel im Strafprozess an (Absatz 1 Nr. 4, Absatz 2 und 3). Zum **minderjährigen Verletzten** s. Rn. 20 und ferner § 406d, 1.

2 **2. Kritik; Stellungnahme.** Ob die – in der Zusammenschau mit § 406d sowie §§ 406j, 406k und § 406l – enorme Breite der Hinweispflichten noch zweckmäßig ist, ihre Ziele (s. Rn. 1) stets erreicht und im Alltag der Strafverfolgungsbehörden und der Gerichte überhaupt angemessen umgesetzt werden kann oder sogar – durch hervorgerufene Fehlvorstellungen von Gegenstand, Ziel und unvermeidbaren Belastungen für Verletzte im Zuge eines Strafverfahrens – kontraprodukiv sein kann, sei dahin gestellt. Der Reformgesetzgeber hatte die Maßgaben der Opferschutzrichtlinie, soweit noch nicht geschehen, in nationales Recht umzusetzen. Auch wenn die Regelungstechnik und die – gerade in §§ 406i, 406k aufscheinende – **Nähe zum Sozialrecht** mit Recht ein strafverfahrensrechtliches Störgefühl begründen können,[19] so scheint es hierzu jedoch keine rechtspraktisch gleichgeeignete Alternative zu geben. Es bleibt daher gegenwärtig nur zu hoffen, dass unionsrechtlich keine weiteren Anstrengungen zu einer noch stärkeren Ausweitung von Hinweisen, Unterrichtungen oder Informationen unternommen werden. Die geltende Rechtslage scheint insoweit jedenfalls keine Fragen mehr offen zu lassen.

3 Hingegen ist die Umsetzung im nationalen Recht nicht vollständig gelungen. Der Reformgesetzgeber hat durch die Aufnahme von Regelungen des **Zeugenschutzes** in § 406i (etwa Absatz 1 Nr. 4, s. Rn. 17, 20 und Absatz 2, s. Rn. 19 ff.) und durch die Aufnahme von Regelungen zum Schutze von Verletzten in den §§ 48 ff. die **systematisch sinnvolle Trennung** zwischen verschiedenen Regelungsbereichen des Gesetzes ohne erkennbare zwingende Gründe aufgehoben. Bis zum 3. OpferRRG konnten die in der Doppelstellung des Opferzeugen angelegten Befugnisse aus dem Recht des Verletzten

16 S: Erwägungsgrund 26 Opferschutzrichtlinie, ABl. EG 315/60.

17 *Lorenzen* FS 125-jähriges Bestehen der Staatsanwaltschaft Schleswig-Holstein S. 541, 550; *Groß* FS Hanack 9; *Rieß* FS Dahs 435; *Wenske* NStZ **2008** 434, 437; Stellungnahme des Deutschen Richterbundes zum Entwurf des 2. OpferRRG vom März 2009 (4/09) S. 4.

18 S. nur LR/*Hilger*[26] § 406h, 3 und 4.

19 Mit Recht krit. hierzu HK/*Pollähne* § 406k, 2.

nach §§ 406d ff. einerseits und seine Rechte und Pflichten aus den §§ 48 ff. andererseits auch systematisch klar unterschieden werden.[20] Die Rechtsanwendung wird durch die aufgegebene Trennung fortan jedenfalls nicht erleichtert werden.

Aus welchem Grund der Reformgesetzgeber die **staatlichen Handlungspflichten** 4
zur Umsetzung der „Information des Verletzten“[21] in den §§ 406i ff. jeweils **tatbestandlich unterschiedlich beschreibt**, ist nicht ersichtlich. Der Tatbestand des § 406i Abs. 1 gibt den zuständigen Stellen auf, den Verletzten auf bestimmte Aspeke **„hinzuweisen“**; die gesetzliche Überschrift hingegen enthält die Beschreibung **„Unterrichten“** und korrespondiert insoweit mit der Überschrift und dem – von § 406i Abs. 1 insoweit abweichenden – Tatbestand des § 406j. Nach § 406k handelt es sich bei den Hinweisgegenständen von §§ 406i, 406j um **„Informationen“**. Die Gesetzesbegründung hingegen spricht sogar von **„Belehrungen“**. Diese **terminologische Unschärfe** dürfte in der Rechtsanwendung allerdings keine Schwierigkeiten bereiten. Scheint doch mit Blick auf die zugrunde liegenden Maßgaben der Opferschutzrichtlinie und die jeweiligen Gesetzesüberschriften und die Gesetzesfassungen gesichert, dass es sich gerade **nicht um Belehrungen**, sondern um schlichte Hinweise handeln soll (s. Rn. 8). Dieses Ergebnis wird gestützt durch einen Blick in die Entstehungsgeschichte der Normen. Durch das Rechtspflegeentlastungsgesetz von 1993[22] war die zuvor in der Vorgängervorschrift § 406h a.F. enthaltene Belehrungspflicht gerade deshalb durch die schwächere[23] Hinweispflicht ersetzt worden, um im Einzelfall nicht auflösbaren praktischen Problemen für Gerichte und Staatsanwaltschaften vorzubeugen. Hätte der Gesetzgeber diesen mit Recht zuvor beschrittenen Weg korrigieren wollen, wäre ein ausdrücklicher Hinweis hierauf zu erwarten gewesen.

3. Hinweispflichten aus Absatz 1

a) Allgemeines. Die **Zuständigkeit** für die Erledigung der Informationspflichten 5
wird durch § 406i nicht näher bestimmt. Allerdings ist der Verletzte nach Absatz 1 **möglichst frühzeitig** über seine Befugnisse zu informieren,[24] sodass der Schluss darauf naheliegt, den Verletzten bereits beim Erstkontakt mit den Strafverfolgungsbehörden über die **Hinweisgegenstände aus Absatz 1** zu informieren (zu Absätzen 2 und 3 s. Rn. 19 ff., 22 ff.). Zweckmäßigerweise erfolgt dies durch die zu diesem Zeitpunkt mit dem Verfahren befasste **sachnächste Stelle** etwa schon, wenn der Verletzte **Strafanzeige** erstattet oder **erstmals vernommen** wird. Dies sind im Ermittlungsverfahren regelmäßig Polizei[25] oder Staatsanwaltschaft,[26] nach Erhebung der öffentlichen Klage das Gericht.[27] Das Hinweisgebot entsteht – auch mit Blick auf den Rechtsgedanken des § 406k Abs. 2 – also erst, sobald im Verlauf der Ermittlungen eine bestimmte Person als möglicher Verletzter bekannt wird und dadurch die Möglichkeit eines Hinweises besteht.[28] Demgemäß können nach § 406k Abs. 2 Satz 2 schriftliche Hinweise unterbleiben, wenn sie nicht an eine

20 S. im Einzelnen *Endler* S. 32.
21 Vgl. 2012/29/EU, ABl. EG L 315/66.
22 BGBl. I S. 50.
23 S. bereits LR/*Hilger*[25] § 406h, 2; *Wenske* NStZ **2008** 437.
24 SK/*Velten*/*Greco*/*Werkmeister* 3; Meyer-Goßner/*Schmitt* 3; *Böttcher* FS Widmaier S. 83; s. bereits LR/*Hilger*[26] § 406h Rn. 3, 8.
25 KMR/*Nepomuck* 4; MüKo/*Grau* 2; h.M.
26 S. Nr. 174a RiStBV.
27 Ebenso SK/*Velten*/*Greco*/*Werkmeister* 4; Meyer-Goßner/*Schmitt* 2.
28 Meyer-Goßner/*Schmitt* 6; SK/*Velten*/*Greco*/*Werkmeister* 3.

vom Verletzten angegebene Anschrift oder an dessen Anwalt möglich sind. Es besteht auch keine Pflicht, nach unbekannten oder nicht näher bestimmbaren Verletzten zu forschen (s. § 406k, 7), nur um ihnen gegenüber dem Hinweisgebot nachkommen zu können. Zum **Absehen von einer Unterrichtung** aus weiteren Gründen s. Rn. 24.

6 **b) Form.** Die Hinweise aus Absatz 1 sollen **regelmäßig schriftlich** erteilt werden, da zweifelhaft sei, ob Verletzte in der Lage sind, die ihnen im Rahmen einer Vorsprache bei den Strafverfolgungsbehörden erteilten mündlichen Rechtserläuterungen vollständig zu erfassen.[29] Die Strafverfolgungsbehörden entsprechen dieser gesetzlichen Vorgabe durch Aushändigung von **Merkblättern,** die in einer für Laien verständlichen Weise formuliert sind;[30] ob mit dieser Maßgabe den Bedürfnissen der Verletzten von Straftaten der Alltagskriminalität tatsächlich gedient ist, erscheint allerdings zweifelhaft. Eine weniger ausladende, mündliche Unterrichtung im Einzelfall – etwa betreffend die Möglichkeit eines anwaltlichen Beistands – ist auch weiterhin besser geeignet, dem mündigen Bürger Orientierung zu verschaffen.[31] Denn in einer Vielzahl von Fällen steht zu befürchten, dass durch umfassende Merkblätter und überschießende Hinweise unberechtigte Erwartungen geweckt und Enttäuschungen verursacht werden.[32] Individuell abgefasste oder in allen Fällen mündlich um individuelle weitere Interessen ergänzte Hinweise sind daher nicht erforderlich und häufig auch gar nicht möglich.[33] Nur in außergewöhnlich gelagerten Fällen mag eine ergänzende, speziell angepasste mündliche Unterrichtung darüber hinaus erforderlich sein (s. ferner Rn. 7, 9).

7 Wird die Unterrichtung, etwa mangels vorliegender Merkblätter oder wegen zureichender Kenntnisse eines hinreichend handlungsmächtigen Verletzten,[34] ausnahmsweise **mündlich** vorgenommen, so ist dies **aktenkundig** zu machen. Eine entsprechende Pflicht normiert das Gesetz nicht ausdrücklich; sie folgt aber aus dem ungeschriebenen Grundsatz der Aktenwahrheit- und klarheit. Die Verfahrensakten haben als wesentliche Grundlage des behördlichen Handelns vollständig zu sein;[35] sie dokumentieren auf diese Weise für sämtliche auch in späteren Verfahrensabschnitten befasste Behörden und Gerichte, dass den Hinweispflichten entsprochen wurde.[36]

8 Die Art der **Formulierung gebotener Hinweise** wird durch das Gesetz nicht geregelt. Hinsichtlich der im gesetzlichen Katalog formulierten Hinweisgegenstände ist es – mit Blick auf die insoweit eindeutigen Maßgaben von Art 4 der Opferschutzrichtlinie[37] – regelmäßig erforderlich, über die Nennung von Norm und gesetzlicher Überschrift hinaus auf die gesetzlichen Voraussetzungen und die jeweils zuständigen Stellen hierfür hinzuweisen. Für nicht vom Katalog erfasste Gegenstände wird es allerdings häufig ausreichen, wenn dem Verletzten lediglich die Norm und die gesetzliche Überschrift mitgeteilt werden,[38] denn § 406i spricht nicht von „Belehrung“, sondern weniger weitgehend

---

29 BTDrucks. **16** 12098 S. 38; zwingend ist dies auch nach den Maßgaben der Opferschutzrichtlinie nicht, 2012/29/EU, ABl. L 315/57.

30 Vgl. bereits BTDrucks. **16** 12098 S. 38; ferner Erwägungsgrund 21 zur Opferschutzrichtlinie 2012/29/EU, ABl. L 315/59; s. bereits LR/*Hilger*[26] § 406h Rn. 3.

31 *Rieß* FS Dahs 435.

32 *Rieß* FS Dahs 435.

33 Solches bevorzugen indes ungeachtet rechtspraktischer Realisierungsfragen *Gelber/Walter* NStZ **2013** 74, 80.

34 SK/*Velten/Greco/Werkmeister* 2.

35 BVerfG NJW **1983** 2135.

36 Hierzu Nr. 174a RiStBV.

37 2012/29/EU, ABl. L 315/66.

38 Vgl. BTDrucks. **10** 6124 S. 16; *Rieß/Hilger* NStZ **1987** 156.

von „Hinweis“ oder „Unterrichtung“ (s. Rn. 4). Der Inhalt des Hinweises muss daher nicht alle Einzelheiten der Befugnis aufzeigen, sondern den Verletzten in die Lage versetzen, selbst für den Einzelfall in Betracht kommende Möglichkeiten weiter für sich aufzuklären.[39]

Das Gesetz regelt nunmehr auch, dass Verletzte in einer für sie **verständlichen Sprache** zu informieren sind. Die rechtspraktische Umsetzung kann durch eine Übersetzung der Merkblätter (s. Rn. 6) in die im Zuständigkeitsbereich der jeweiligen Strafverfolgungsbehörde gängigen Sprachen erfolgen.[40] Allerdings wäre es – nicht zuletzt aus Gründen der Ressourcenschonung – wünschenswert, wenn dies bundesweit einheitlich und koordiniert erfolgen könnte. Liegt im Einzelfall kein übersetztes Formblatt vor, ist der anwesende nicht sprachkundige Verletzte mittels eines anwesenden Dolmetschers mündlich zu unterrichten und dies aktenkundig zu machen (s. Rn. 7). Bei einer schriftlich erstatteten Strafanzeige genügt es, wenn der Verletzte im Rahmen seiner ersten Vernehmung auf seine Befugnisse hingewiesen wird. Eine Übersetzung des Merkblatts und dessen postalische Zusendung sind nicht erforderlich. 9

c) Inhalte der Hinweispflichten. Die Hinweisinhalte werden **nicht abschließend** normiert. Damit besteht für die Strafverfolgungsbehörden und Gerichte Raum, gegebenenfalls unter Berücksichtigung der Umstände des **Einzelfalles** auf erkennbar besonders gelagerte und **strafverfahrensrechtlich abgesicherte sonstige Bedürfnisse** eines Verletzten einzugehen (s. Rn. 6). 10

aa) Allgemeine Verletztenrechte. Es ist nach Absatz 1 namentlich zu informieren über das Antragsrecht nach § 406d Abs. 1 und 2, das **Akteneinsichtsrecht** (§ 406e) und die Befugnis, sich eines **Beistandes** oder der Vertretung eines Rechtsanwalts zu bedienen (§ 406f Abs. 1) und im Falle einer Vernehmung als Zeuge eine Vertrauensperson (§ 406f Abs. 2) oder einen **psychosozialen Prozessbegleiter** (§ 406g; s. Rn. 12 f.) hinzuzuziehen. Ferner ist zu informieren über das von einer Nebenklagebefugnis abhängige **Anwesenheitsrecht** des Verletzten und das Recht, sich der Hilfe eines Rechtsanwalts schon im Vorverfahren bedienen zu können (§ 406h Abs. 1), die „kostenfreie“ Bestellung eines Rechtsanwalts oder für einen Rechtsanwalt als Beistand Prozesskostenhilfe zu erhalten oder seine einstweilige Beiordnung zu beantragen (§ 406h Abs. 3, 4). 11

Psychosoziale Prozessbegleitung. Der Gesetzeswortlaut gebietet in den Merkblättern **keine namentliche Nennung** konkret vor Ort tätiger Prozessbegleiter oder Opferhilfeeinrichtungen. Durch eine abstrakte Fassung oder durch einen Hinweis auf im Internet über die Homespages der Justizministerien zu recherchierenden anerkannten Prozessbegleiter kann dem ansonsten leicht geweckten Anschein einer „Marktmacht“ einzelner Vereine vorgebeugt werden. Auf diese Weise ist ferner sichergestellt, dass von Beginn an nur bereits **staatlich akkreditierte Personen** in diesem sensiblen, mit Gefahren für die Wahrheitsermittlung im Erkenntnisverfahren verbundenen[41] Bereich tätig werden (s. im Einzelnen § 406g, 9 f., 11).[42] Verfügt ein Verletzter allerdings erkennbar nicht über die notwendige Handlungsmacht, um sich mittels Telefonbuch, Auskunft 12

39 S. zur – verfahrensrechtlich ersichtlich bedeutsameren – **Informationsfunktion der Anklageschrift** und den hierdurch in den Stand eigener Unterrichtung gesetzten Angeschuldigten nur LR/*Stuckenberg* § 200 6.

40 BTDrucks. **16** 12098 S. 38 f.; KMR/*Nepomuck* 9.

41 *Dahs* NStZ **2011** 200 ff.; *Blum* S. 142 ff.

42 S. bereits BTDrucks. **16** 12098 S. 39.

oder Internet selbst sachkundig zu machen, kann der allgemein gehaltene Hinweis im Einzelfall mündlich – freilich unter Angabe von Alternativen – ergänzt werden.

13 Ist entsprechend vielfacher – guter – Gerichtspraxis[43] hingegen im Bereich des für das Erkenntnisverfahren örtlich zuständigen Gerichts eine organisatorisch in die **Justizverwaltung eingegliederte Zeugenbetreuungsstelle** eingerichtet und sind deren Mitarbeiter und Mitarbeiterinnen entsprechend geschult (vgl. § 406g, 5, 36, 63), liegt ein entsprechender Hinweis unter Angabe von Adresse und Erreichbarkeit dieser staatlichen Einrichtung besonders nahe. Hier können die mit der Strafverfolgung betrauten Organe durch Auswahl, Schulung und persönliche Kontakte Sachkunde aufbauen, die Notwendigkeit bestimmter Zwänge und Unannehmlichkeiten für den Zeugen durch diese vermitteln und sich der fortdauenden Sachkunde der Mitarbeiter durch die organisatorische Einbindung und den hierdurch erleichterten engen Austausch zwischen Richtern, Staatsanwälten und Zeugenbetreuungsdienststelle vergewissern.

14 **bb) Strafantrag und Strafanzeige (Nr. 1).** Der Verletzte ist auf die Möglichkeit eines **Strafantrags** hinzuweisen. Dem weiteren gesetzlichen Hinweisgegenstand der **Strafanzeige** (§ 158) kommt nur mit Blick auf die Befugnisse aus § 158 Abs. 1 Sätze 3, 4 und 5 sowie Absätze 3 und 4 Bedeutung zu. Denn die durch den Legalitätsgrundsatz (§ 152) ansonsten auf eine Strafanzeige hin ausgelöste staatliche Sachaufklärung wird zu dem für die Hinweispflicht maßgeblichen Zeitpunkt des Erstkontakts (s. Rn. 5) bereits betrieben und kann nicht mehr durch eine Strafanzeige ausgelöst werden.

15 **cc) Nebenklage (Nr. 2).** Es ist – auch im Jugendstrafverfahren (§ 81 JGG) – über eine bestehende **Nebenklagebefugnis** (§§ 395, 406h) sowie ein in Betracht kommendes Recht, als Nebenkläger **kostenfreien Beistand** eines Rechtsanwalts oder **Prozesskostenhilfe** für dessen Hinzuziehung zu beantragen (Absatz 1 Nr. 2 lit. a), § 397a Abs. 1, 2), zu informieren. Nach dem Zweck der Vorschrift gilt das Hinweisgebot bei allen Fallgestaltungen des § 395. Allerdings ist ein Hinweis auf die Nebenklagebefugnis und die damit verbundenen Rechte nach den §§ 397a, 406h nur dann erforderlich, wenn nach Lage des Einzelfalles eine Anschlussberechtigung in Betracht kommen kann,[44] also der Anfangsverdacht der wenigstens ideal- oder gesetzeskonkurrierenden Begehung einer Katalogtat nach § 395 gegeben ist oder im Falle einer sonstigen Straftat die Voraussetzungen des § 395 Abs. 3 erfüllt erscheinen (§ 406h, 11), namentlich die erforderliche **prozessuale Schutzbedürftigkeit** besteht (s. Rn. 20; § 395, 54 ff.). Gegenstand der Hinweispflicht ist nunmehr auch ein etwaiger Anspruch auf Hinzuziehung einer **Dolmetscherin** oder einer **Übersetzung** von Urkunden (Absatz 1 Nr. 2 lit. b), §§ 185, 187 GVG).

16 **dd) Ahäsionsverfahren (Nr. 3).** Auf das Adhäsionsverfahren ist – auch im Jugendstrafverfahren (§ 81 JGG) – hinzuweisen. Der Verletzte ist ferner dahin zu unterrichten, dass er „nach Maßgabe der §§ 403 bis 406c" entsprechende Ansprüche geltend machen kann. Der Hinweis hat zunächst zum Inhalt, dass ein Strafverfahren gegen den Beschuldigten anhängig ist und dass die Möglichkeit besteht, den Entschädigungsanspruch in diesem Verfahren geltend zu machen;[45] hierzu sind ferner Informationen darüber geboten, in welcher Weise, bei welcher **zuständigen Stelle** (vgl. § 406k Abs. 1 Nr. 1) und in welcher **Form** der Anspruch im laufenden Strafverfahren gegen den Beschuldigten gel-

43 *Blum* S. 9 ff.; *Kaczynski* NStZ **2000** 451.
44 BTDrucks. **10** 6124 S. 16.
45 Meyer-Goßner/*Schmitt* 11; OK/*Weiner* 5.

tend gemacht werden kann.[46] Letzteres ergibt sich nach Neufassung der Vorschrift zwar nicht mehr unmittelbar aus dem Gesetzeswortlaut. Aus diesem hatte *Hilger* mit Recht abgeleitet, dass nicht ein allgemeiner Hinweis auf §§ 403 ff. genügt, sondern dieser vielmehr einzelfallbezogene Details enthalten sollte.[47] Die dem zugrunde liegende frühere Gesetzesfassung ist allerdings weggefallen und einzig der Hinweis auf die Vorgaben des Vierten Abschnitts beibehalten worden. Aus Erwägungsgrund 21 der Opferschutzrichtlinie von 2012[48] ergibt sich aber eine Pflicht der Strafverfolgungsbehörden, die zur angemessenen Entschädigung im Strafverfahren erforderlichen Maßnahmen zu treffen und die Informationen hierüber so zu fassen, dass der Verletzte sie „verstehen kann".[49] Ob auch detaillierte – und naheliegend verwirrende – Informationen zur Möglichkeit eines Grundurteils oder zur vorläufigen Bewertung der Schadenshöhe[50] mit Blick auf eine richtlinienkonforme Auslegung veranlasst sind, erscheint hingegen zweifelhaft.

ee) Auslagenerstattung (Nr. 4). Es ist über die Möglichkeiten zu unterrichten, etwaige Auslagen, die Verletzten etwa im Zuge von Zeugenvernehmungen entstanden sind, nach den Maßgaben des JVEG erstattet zu erhalten. 17

ff) Täter-Opfer-Ausgleich (Nr. 5). Auf den Wiedergutmachungsdienst nach (§ 155a) ist ebenfalls hinzuweisen, damit Verletzte von der Möglichkeit Kenntnis haben, mit dem Beschuldigten einen Täter-Opfer-Ausgleich zu erreichen. 18

4. Hinweispflichten aus Absatz 2

a) Allgemeines. Die spezifischen Hinweispflichten nach den **Absatz 2** entstehen nur dann, wenn „im weiteren Verfahren" besondere Anhaltspunkte für eine „besondere Schutzbedürftigkeit" bestehen. Pauschale Unterrichtungen hierüber – gar in Formularen (s. Rn. 6) – im Zeitpunkt des Erstkontaktes (s. Rn. 5) sind mit Blick auf die hier jeweils gesetzlich geforderte **Einzelfallprüfung** nicht geboten,[51] sondern erst dann veranlasst, wenn ein Bedarf des Verletzten erkennbar wird.[52] Hier liegt eine **mündliche Unterrichtung** besonders nahe (s. Rn. 6, 7). Zur **Zuständigkeit** s. Rn. 5; zu Fragen der **Entbehrlichkeit** eines Hinweises s. Rn. 24. 19

b) Besondere Schutzbedürftigkeit. Ausgelöst wird die spezifische Hinweispflicht bei Anhaltspunkten für eine besondere Schutzbedürftigkeit des Verletzten. Der Gesetzgeber greift zur Begriffsbestimmung auf § 48 Abs. 3 und damit – wiederum unter systematisch zweifelhafter Vermengung verschiedener Regelungsbereiche der Strafprozessordnung (s. Rn. 2) – auf das Recht des Zeugen aus dem Ersten Buch zurück.[53] Allerdings konstituiert § 48 Abs. 3 allein die Pflicht der zuständigen Stelle, eine etwaige besondere Schutzbedürftigkeit festzustellen; nicht geklärt ist mit diesem Hinweis in den Gesetzesmaterialien hingegen, was genau hierunter zu verstehen ist. Unergiebig ist diese Bezugnahme namentlich mit Blick auf § 48 Abs. 3 Satz 2; sämtliche der genannten – von den 20

46 Vgl. Art. 4 Abs. 1 lit. c) Opferschutzrichtlinie, 2012/29/EU, ABl. L 315/66; vgl. auch Nr, 173 RiStBV.
47 LR/*Hilger*[26] § 406h Rn. 3.
48 2012/29/EU, ABl. L 315/59.
49 Im Ergebnis ebenso Meyer-Goßner/*Schmitt* 12.
50 In diesem Sinne aber LR/*Hilger*[26] § 406h Rn. 3.
51 Ebenso OK/*Weiner* 12.
52 BT Drucks. **18** 4621 S. 43; SK/*Velten*/*Greco*/*Werkmeister* 12; Meyer-Goßner/*Schmitt* 15.
53 Vgl. BTDrucks. **18** 4621 S. 34.

Strafverfolgungsbehörden ohnehin von Amts wegen stets zu beachtenden – Maßgaben gelten für Zeugen und nicht für privilegierte Verletzte als Zeugen.[54] Da es sich um eine – in das Recht der Zeugen ausgelagerte – Bestimmung der Verletztenrechte handelt, ist die besondere Schutzbedürftigkeit im Sinne dieses Regelungskontexts allein anhand absehbarer Belastungen **durch eine konkrete Vernehmungssituation** zu bestimmen. Eine **besondere prozessuale Schutzbedürftigkeit** nach § 406i hingegen kann unabhängig von Vernehmungen gegeben sein und ist sowohl mit Blick auf die **konkreten Merkmale in der Person** als auch eingedenk der **konkreten Umstände der Tat** zu bestimmen (s. § 395, 54 ff.).[55] Sie liegt daher regelmäßig nahe bei besonders vulnerablen Verletzten, etwa **Kindern**, **Minderjährigen** oder Opfern **häuslicher sowie erheblicher körperlicher Gewalt**. Im Übrigen verbleibt es bei der gebotenen Einzelfallprüfung.[56] Eine besondere prozessuale Schutzbedürftigkeit von **Angehörigen** oder **Erben** (§ 406l) im Sinne der Norm dürfte nur im Ausnahmefall anzunehmen sein.

21 **c) Inhalte der spezifischen Hinweispflicht.** Die Hinweisinhalte werden auch hier **nicht abschließend** normiert (vgl. Rn. 10). Benannt werden beispielhaft die Möglichkeiten für den Verletzten, auf eine Beschränkung des Fragerechts aus Gründen des Persönlichkeitsschutzes (§ 68a), auf eine Entfernung des Angeklagten bei seiner Zeugenaussage (§ 247), auf eine audiovisuelle Zeugenvernehmung (§ 247a), auf den Ausschluss der Öffentlichkeit zum Schutz seiner Privatsphäre (§ 171b GVG) bzw. zum Schutz von Leib, Leben oder Freiheit des Zeugen (172 Nr. 1 lit. a) **hinzuwirken**. Damit besteht für die Strafverfolgungsbehörden und Gerichte Raum, gegebenenfalls unter Berücksichtigung der Umstände des **Einzelfalles** auf erkennbar besonders gelagerte und **strafverfahrensrechtlich abgesicherte sonstige Bedürfnisse** eines Verletzten einzugehen.

5. Hinweispflichten aus Absatz 3

22 **a) Allgemeines.** Die von der Vorschrift in **Absatz 3** nicht abschließend benannten Hinweispflichten enstehen nur dann, wenn die Anwendung der in Absatz 3 in Bezug genommenen Regelungen „in Betracht" kommt. Pauschale Unterrichtungen hierüber – gar in Formularen (s. Rn. 6) – im Zeitpunkt des Erstkontaktes (s. Rn. 5) sind mit Blick auf die hier jeweils gesetzlich geforderte **Einzelfallprüfung** nicht geboten,[57] sondern erst dann veranlasst, wenn ein Bedarf des Verletzten erkennbar wird.[58] Die Hinweispflicht ist daher über die Minderjährigkeit des Verletzten hinaus geknüpft an eine **prozessuale Situation**, namentlich eine anstehende Vernehmung. Hier liegt eine **mündliche Unterrichtung** – auch des Vertreters – besonders nahe (s. Rn. 6, 7). Zur **Zuständigkeit** s. Rn. 5; zu Fragen der **Entbehrlichkeit** eines Hinweises s. Rn. 25.

23 **b) Inhalte der spezifischen Hinweispflicht.** Die Hinweisinhalte werden auch hier nicht abschließend normiert (vgl. Rn. 10, 21). Benannt werden beispielhaft die Möglichkeiten für den Verletzten, darauf **hinzuwirken**, dass die Vernehmung aufgenommen

54 Vgl. zutr. Meyer-Goßner/*Schmitt* § 48 12.
55 Vgl. BTDrucks. **18** 4621 S. 32.
56 **A.A.** OK/*Weinert* 16, der wohl unabhängig von einer Einzellfallbewertung von Tat und Verletztenpersönlichkeit eine besondere Schutzbedürftigkeit bei jeder psychischen Beeinträchtigung sowie bei Vorliegen strafschärfend zu berücksichtigender Tatmotive (§ 46 Abs. 2 StGB) anerkennen will.
57 Ebenso OK/*Weiner* 12.
58 SK/*Velten*/*Greco*/*Werkmeister* 12; Meyer-Goßner/*Schmitt* 15.

und vernehmungsersetzend in der Hauptverhandlung verwendet wird (§§ 58a, 255a) oder dass die Maßgaben des § 241a eingehalten werden.[59]

6. Absehen von der Unterrichtung. Liegen die Voraussetzungen einer Befugnis im Einzelfall offensichtlich nicht vor, kann von der Unterrichtung **abgesehen werden** (s. **§ 406k Abs. 2**). Ein Hinweis ist auch dann nicht erforderlich, wenn der Verletzte seine Befugnisse bereits ausgeübt hat oder sie kennt.[60] s. im Einzelnen Erl. § 406k, 7. 24

7. Angehörige und Erben. Der neueingefügte § 406l Satz 4 erweitert die Hinweispflichten über § 406i hinaus auch auf Angehörige und Erben des durch die rechtswidrige Tat Verletzten. Der Gesetzgeber anerkennt insoweit eine gleiche Schutzbedürftigkeit wie bei den Verletzten selbst. Von Bedeutung sind namentlich die Nebenklagebefugnis für Angehörige nach § 395 Abs. 2 Nr. 2 und die Durchführung eines Adhäsionsverfahrens nach §§ 403 ff. für die hiernach Antragsbefugten.[61] 25

8. Fehlerfolgen. Versäumt der Verletzte eine Frist oder einen Termin, weil ein Hinweis nach § 406i nicht oder verspätet erfolgt ist, so kann er nicht unter Hinweis darauf **Wiedereinsetzung** in den vorigen Stand (§ 44) beantragen. Dies kann aus den §§ 398, 399 abgeleitet werden, aus denen sich ergibt, dass das Verfahren grundsätzlich nicht durch den Verletzten aufgehalten werden soll.[62] Ein Verstoß gegen § 406i hat keinen Einfluss auf die Rechtmäßigkeit des weiteren Verfahrens[63] und ist **nicht revisibel.**[64] 26

§ 406j
Unterrichtung des Verletzten über seine Befugnisse außerhalb des Strafverfahrens

(1) Verletzte sind möglichst frühzeitig, regelmäßig schriftlich und soweit möglich in einer für sie verständlichen Sprache über folgende Befugnisse zu unterrichten, die sie außerhalb des Strafverfahrens haben:

1. **sie können einen aus der Straftat erwachsenen vermögensrechtlichen Anspruch, soweit er nicht nach Maßgabe der §§ 403 bis 406c und des § 81 des Jugendgerichtsgesetzes im Strafverfahren geltend gemacht wird, auf dem Zivilrechtsweg geltend machen und dabei beantragen, dass ihnen für die Hinzuziehung eines anwaltlichen Beistands Prozesskostenhilfe bewilligt wird;**
2. **sie können nach Maßgabe des Gewaltschutzgesetzes den Erlass von Anordnungen gegen den Beschuldigten beantragen;**
3. **sie können nach Maßgabe des Opferentschädigungsgesetzes einen Versorgungsanspruch geltend machen;**

---

59 BTDrucks. **18** 4621 S. 34; SSW/*Werner* 9.

60 BTDrucks. **10** 6124 S. 16; SK/*Velten*/*Greco*/*Werkmeister* 12; SSW/*Werner* 5; MüKo/*Grau* 1; HK-GS/*Ferber* 2; zweifelnd *Pagenkopf* DtBR II B 75 S. 20.

61 BTDrucks. **16** 12098 S. 40.

62 SK/*Velten*/*Greco*/*Werkmeister* 5; KMR/*Nepomuck* 5; SSW/*Werner* 6; *Wenske* NStZ **2008** 434; *Rieß*/*Hilger* NStZ **1987** 156; *Siegismund*/*Wickern* wistra **1993** 90; h.M.; **a.A.** *Pagenkopf* DtBR II B 75 S. 20; *Böttcher* FS Widmaier 81, 83; s. auch BVerfG, BeckRS **2007** 27152.

63 SK/*Velten*/*Greco*/*Werkmeister* 5.

64 Meyer-Goßner/*Schmitt* 8; SSW/*Werner* 6; *Neuhaus* StV **2004** 621; s. die Erl. zu §§ 336, 337.

https://doi.org/10.1515/9783110275001-052

4. **sie können nach Maßgabe von Verwaltungsvorschriften des Bundes oder der Länder gegebenenfalls Entschädigungsansprüche geltend machen;**
5. **sie können Unterstützung und Hilfe durch Opferhilfeeinrichtungen erhalten, etwa**
   a) **in Form einer Beratung,**
   b) **durch Bereitstellung oder Vermittlung einer Unterkunft in einer Schutzeinrichtung oder**
   c) **durch Vermittlung von therapeutischen Angeboten wie medizinischer oder psychologischer Hilfe oder weiteren verfügbaren Unterstützungsangeboten im psychosozialen Bereich.**

Entstehungsgeschichte

Die Vorschrift wurde durch Art. 1 Ziff. 14 des Gesetzes zur Stärkung der Opferrechte im Strafverfahren vom 21.12.2015 (3. Opferrechtsreformgesetz – **3. OpferRRG**)[1] – in Umsetzung von Art. 4 und 5 der Richtlinie 2012/29/EU des Europäischen Parlaments und des Rates vom 25.10.2012 über Mindeststandards für Rechte, die Unterstützung und den Schutz von Opfern von Straftaten sowie zur Ersetzung des Rahmenbeschlusses 2001/220/JI (Opferschutzrichtlinie)[2] – neu eingefügt. Die nach früherem Recht bereits in § 406h a.F. etablierten Informationspflichten wurden durch das 3. OpferRRG neu strukturiert und inhaltlich klarer gefasst.[3] Die Hinweispflichten betreffen **Verletztenbefugnisse außerhalb des Strafverfahrens**. Die Norm steht im regelungssystematischen Zusammenhang mit den Hinweispflichten betreffend die Befugnisse innerhalb des Strafverfahrens (§ 406j) und den für sämtliche Hinweispflichten geltenden allgemeinen Maßgaben aus §§ 406k, 406l.[4] Zur Entstehungsgeschichte der Vorgängervorschrift § 406h a.F., die nicht zwischen Befugnissen innerhalb des Strafverfahrens und solchen außerhalb hiervon unterschied, s. im Einzelnen § 406i.[5] Durch das **3. OpferRRG** wurden die bereits zuvor in § 406h enthaltenen Hinweise auf außerstrafverfahrensrechtliche Unterstützungsmöglichkeiten ergänzt um solche betreffend zivilprozessuale (Nr. 1) und sonstige Entschädigungsmöglichkeiten (Nr. 4). In Nr. 5 wurde der bereits in § 406h Satz 1 Nr. 5 a.F. enthaltene Hinweis auf Opferhilfeeinrichtungen präzisiert und ergänzt. Hiernach sind Verletzte nunmehr im Einzelnen zunächst über die Art der Unterstützung zu informieren, die sie erhalten können, einschließlich gegebenenfalls grundlegender Informationen über den Zugang zu medizinischer Unterstützung, zu spezialisierter Unterstützung, einschließlich psychologischer Betreuung und zu einer alternativen Unterbringung. Dementsprechend sollen Verletzte künftig auch auf Therapieangebote, namentlich medizinische und psychologische Hilfe, und auf Schutzeinrichtungen (z.B. Frauenhäuser, Schutzwohnungen und andere Schutzunterkünfte) sowie auf die hierfür zuständigen Stellen hingewiesen werden. Die Nrn. 2 und 3 entsprechen den bereits nach früherer Rechtslage in § 406h Satz 1 Nr. 3 und 4 enthaltenen Hinweisgegenständen.

1 BGBl. **2015** I 2525.
2 2012/29/EU, ABl. EG L 315/57.
3 BTDrucks. **18** 4621 S. 33.
4 Vgl. BTDrucks. **18** 4621 S. 33.
5 Vgl. hierzu ferner LR/*Hilger*[26] 1 ff. sowie LR/*Wenske*[26] Nachtr. 1 ff.

Übersicht

1. Zweck der Vorschrift. Die Hinweispflichten dienen einer angemessenen Information des unmittelbaren und mittelbaren Verletzten (s. Erl. zu § 373b) über ihre rechtlichen Befugnisse und tatsächlichen Unterstützungsmöglichkeiten **außerhalb des Strafverfahrens.**[6] Durch die Informationsvermittlung soll seine außerstrafprozessuale Handlungsmacht gestärkt und er in die Lage versetzt werden, mögliche rechtliche Befugnisse ebenso wie tatsächliche Unterstützungsmöglichkeiten in Anspruch zu nehmen. Diese **sozialstaatliche Abfederung** des erfolgten Normbruchs soll zu allererst dem Verletzten, seiner Rehabilitation und seinem Schutz dienen. Zugleich dienen eine umfassende Umsetzung der Hinweise und eine hieran anknüpfende nachhaltige sozialstaatliche Unterstützung des Verletzten seiner psychischen Stabilisierung und damit – oftmals zu Unrecht als bloßer Rechtsreflex eingeordnet – auch seiner Aussagetüchtigkeit im Strafprozess. Zur Kritik an der Gesetzesfassung s. § 406i, 2. 1

2. Allgemeines

a) Umfang. Den Hinweispflichten haben die jeweils zuständigen Stellen (s. Rn. 2) **zwingend** zu entsprechen. Der gesetzliche Katalog der Hinweisgegenstände ist nach dem eindeutigen Gesetzeswortlaut **abschließend**; mehr ist von den zuständigen Stellen nicht in die Merkblätter (s. Rn. 4) aufzunehmen.[7] Dass daneben je nach Maßgabe des Einzelfalls eine Vielzahl weiterer Hinweisgegenstände in Betracht kommt, ändert hieran nichts. Die denkbare Vielzahl ist weder einer abstrakt-generellen Regelung zugänglich noch praktisch umsetzbar.[8] Die einzusetzenden Merkblätter werden dem nicht fernliegenden Anschein einer abschließenden Darstellung der Rechtslage allerdings durch den Hinweis entgegenwirken, dass die vorgenommene Aufzählung nicht abschließend ist.[9] 2

b) Zuständigkeit. Die **Zuständigkeit** für die Erledigung der Informationspflichten wird durch § 406j nicht näher bestimmt. Allerdings ist der Verletzte nach Absatz 1 **möglichst frühzeitig** über seine Befugnisse zu informieren,[10] sodass der Schluss darauf naheliegt, ihn bereits beim **Erstkontakt** mit den Strafverfolgungsbehörden zu informieren. Zweckmäßigerweise erfolgt dies etwa schon, wenn der Verletzte **Strafanzeige** erstattet oder durch die zu diesem Zeitpunkt mit dem Verfahren befasste **sachnächste Stelle** 3

---

6 S. Erwägungsgrund 26 Opferschutzrichtlinie2012/29/EU, ABl. EG 315/60.
7 **A.A.** – allerdings jeweils ohne nähere Begründung – wohl HK-GS/*Ferber* 2; wie hier KMR/*Nepomuck* 1.
8 Krit. hierzu auch HK/*Pollähne* 1.
9 KMR/*Nepomuck* 1; OK/*Weiner* 3.
10 SK/*Velten*/*Greco*/*Werkmeister*2; Meyer-Goßner/*Schmitt*1.

erstmals vernommen wird. Dies sind im Ermittlungsverfahren regelmäßig Polizei oder Staatsanwaltschaft, nach Erhebung der öffentlichen Klage das Gericht. Das Hinweisgebot entsteht – auch mit Blick auf den Rechtsgedanken des § 406k Abs. 2 – also erst, sobald im Verlauf der Ermittlungen bestimmte Personen als Verletzte bekannt werden und dadurch die Möglichkeit eines Hinweises besteht, etwa weil auch ihre Anschrift bekannt ist.[11] Demgemäß können nach § 406k Abs. 2 Satz 2 schriftliche Hinweise auch dann unterbleiben, wenn sie nicht an eine vom Verletzten angegebene Anschrift oder an dessen Anwalt möglich sind. Es besteht auch keine Pflicht, nach unbekannten oder nicht näher bestimmbaren Verletzten zu forschen, nur um ihnen gegenüber dem Hinweisgebot nachkommen zu können. Zum **Absehen von einer Unterrichtung** aus weiteren Gründen s. § 406i Rn. 24.

4 **c) Form.** Die Hinweise aus Absatz 1 sind **regelmäßig schriftlich** zu erteilen, da zweifelhaft ist, ob Verletzte in der Lage sind, die ihnen im Rahmen einer Vorsprache bei den Strafverfolgungsbehörden erteilten mündlichen Rechtserläuterungen vollständig zu erfassen.[12] Die Strafverfolgungsbehörden entsprechen dieser gesetzlichen Vorgabe durch Aushändigung von **Merkblättern**, die in einer für Laien verständlichen Weise formuliert sind.[13] Ob mit dieser Maßgabe den Bedürfnissen der Verletzten von Straftaten der Alltagskriminalität tatsächlich gedient ist, erscheint allerdings zweifelhaft. Eine weniger ausladende, mündliche Unterrichtung im Einzelfall ist auch weiterhin besser geeignet, dem mündigen Bürger Orientierung zu verschaffen.[14] Denn in einer Vielzahl von Fällen steht zu befürchten, dass durch umfassende Merkblätter und überschießende Hinweise unberechtigte Erwartungen geweckt und Enttäuschungen verursacht werden.[15] Anders als bei § 406i ist mit Blick auf den abschließenden Wortlaut des § 406j kein Raum für im Ausnahmefall ergänzende weitergehende Hinweise.

5 Wird die Unterrichtung, etwa mangels vorliegender Merkblätter oder wegen zureichender Kenntnisse eines hinreichend handlungsmächtigen, etwa anwaltlich bereits beratenden Verletzten, ausnahmsweise **mündlich** vorgenommen, so ist dies **aktenkundig** zu machen. Eine entsprechende Pflicht normiert das Gesetz nicht ausdrücklich; sie folgt aber aus dem ungeschriebenen Grundsatz der Aktenwahrheit- und klarheit. Die Verfahrensakten haben als wesentliche Grundlage des behördlichen Handelns vollständig zu sein[16] und dokumentieren nachvollziehbar für sämtliche auch in späteren Verfahrensabschnitten befasste Behörden und Gerichte, dass den Hinweispflichten entsprochen wurde.[17]

6 Die Art der **Formulierung gebotener Hinweise** wird durch das Gesetz nicht geregelt. Hinsichtlich der im gesetzlichen Katalog formulierten Hinweisgegenstände ist es – mit Blick auf die insoweit eindeutigen Maßgaben von Art. 4 der Opferschutzrichtlinie[18] – regelmäßig erforderlich über die Nennung der Norm und der gesetzlichen Überschrift

---

11 Meyer-Goßner/*Schmitt* 6; SK/*Velten*/*Greco*/*Werkmeister* 3.

12 BTDrucks. **16** 12098 S. 38; zwingend ist dies auch nach den Maßgaben der Opferschutzrichtlinie nicht, 2012/29/EUABl. EG L 315/57.

13 Vgl. bereits BTDrucks. **16** 12098 S. 38; ferner Erwägungsgrund 21 zur Opferschutzrichtlinie 2012/29/EU, ABl. EG L 315/59; s. bereits LR/*Hilger*[26] § 406h Rn. 3.

14 *Rieß* FS Dahs 435.

15 *Rieß* FS Dahs 435.

16 BVerfG NJW **1983** 2135.

17 Hierzu Nr. 174a RiStBV.

18 2012/29/EU, ABl. EG L 315/66.

hinaus auf die gesetzlichen Voraussetzungen und die jeweils zuständigen Stellen hinzuweisen (s. Rn. 8 ff.).

Das Gesetz regelt nunmehr auch, dass Verletzte in einer für sie **verständlichen** 7
Sprache zu informieren sind.[19] Die rechtspraktische Umsetzung kann durch eine Übersetzung der Merkblätter in die im Zuständigkeitsbereich der jeweiligen Strafverfolgungsbehörde gängigen Sprachen erfolgen.[20] Liegt im Einzelfall kein übersetztes Formblatt vor, ist der anwesende nicht sprachkundige Verletzte mittels eines anwesenden Dolmetschers mündlich zu unterrichten; dies ist aktenkundig zu machen (s. Rn. 5). Bei einer schriftlich erstatteten Strafanzeige genügt es, wenn der Verletzte im Rahmen seiner ersten Vernehmung auf seine rechtlichen Befugnisse und tatsächlichen Unterstützungsmöglichkeiten hingewiesen wird. Eine Übersetzung des Merkblatts und dessen postalische Zusendung ist nicht erforderlich.

3. Inhalte der Hinweispflichten

a) Allgemeines. Die Hinweisinhalte sind **abschließend** normiert (s. Rn. 1). Damit 8
besteht für die Strafverfolgungsbehörden und Gerichte hier keine Pflicht, gegebenenfalls unter Berücksichtigung der Umstände des **Einzelfalles** auf erkennbar besonders gelagerte und **strafverfahrensrechtlich abgesicherte sonstige Bedürfnisse** eines Verletzten einzugehen (s. aber auch § 406i).

b) Zivilrechtliche Ansprüche (Nr. 1). Der Verletzte ist – ergänzend zu den von 9
§ 406i Abs. 1 Nr. 3 erfassten Entschädigungsmöglichkeiten innerhalb des Strafverfahrens (§§ 403 ff.) – darüber zu unterrichten, dass er einen ihm aus der Straftat erwachsenen **vermögensrechtlichen Anspruch** (auch) zivilrechtlich verfolgen und hierzu ggf. für die Hinzuziehung eines anwaltlichen Beistands auch Prozesskostenhilfe beantragen kann. Bei der Abfassung von Merkblättern (s. Rn. 3) kann an dieser Stelle – der vom Gesetz geforderten Verständlichkeit entsprechend (s. Rn. 7) – auf die Begriffe Schadensersatz oder Schmerzensgeld zurückgegriffen werden.

c) Gewaltschutzgesetz (Nr. 2). Verletzte sind ferner darauf hinzuweisen, dass sie 10
zum Schutz vor weiteren Beeinträchtigungen durch den Beschuldigten gegen diesen den Erlass einstweiliger Anordnungen nach dem Gewaltschutzgesetz[21] beantragen können. Mit Blick auf Art. 4 Abs. 1 lit. c) der Opferschutzrichtlinie[22] sollten die Hinweise in den Merkblättern (s. Rn. 3) die nach § 1 GewSchG möglichen Maßnahmen – Betretungs-, Näherungs, Aufenthalts- und Kontaktverbot sowie Abstandsgebot – benennen.[23] Weiter erscheint es sinnvoll, die sachliche **Zuständigkeit des Amtsgerichts** hervorzuheben, um den Verletzten in die Lage zu versetzen, sich selbständig um zivilgerichtlichen Schutz zu bemühen. Dies gilt gleichermaßen für die bei betroffenen **Minderjährigen** notwendigen Hinweise auf die Ansprechpartner der mitwirkenden und ebenfalls Unterstützung bietenden Jugendämter (vgl. § 2 Gewaltschutzgesetz; §§ 204, 205, 212, 213 FamFG).[24]

---

19 2001/220/JI, ABl EG L 82/1.
20 BTDrucks. **16** 12098 S. 38 f.
21 BGBl. **2001** I S. 3513.
22 2012/29/EU, ABl EG L 315/66.
23 Vgl. im Einzelen zu den Schutzanordnungen *Daimagüler* S. 11 ff.
24 Hierzu näher *Daimagüler* 17 ff., 22 ff.

11 **d) Opferentschädigungsgesetz (Nr. 3).** Der Verletzte ist auf mögliche **Entschädigungsansprüche gegen den Staat** nach dem OEG hinzuweisen.[25] Danach erhält wegen der gesundheitlichen und wirtschaftlichen Folgen auf Antrag Versorgung in entsprechender Anwendung der Vorschriften des Bundesversorgungsgesetzes (BVG), u.a. auch Beschädigtenrente nach § 31 Abs 1 BVG, wer im Geltungsbereich des OEG oder auf einem deutschen Schiff oder Luftfahrzeug infolge eines vorsätzlichen, rechtswidrigen tätlichen Angriffs gegen seine oder eine andere Person oder durch dessen rechtmäßige Abwehr eine gesundheitliche Schädigung erlitten hat (§ 1 Abs. 1 OEG). Nach § 1 Abs. 8 OEG steht auch den **Erben** ein solcher Anspruch grundsätzlich zu (s. § 406l).

12 Angesichts der besonders restriktiven Rechtsprechung des **Bundessozialgerichts** zu den Tatbestandsvoraussetzungen des Versorgungsanspruchs[26] und mit Blick auf die – namentlich bei ausländischen Verletzten – ausdifferenzierten Zuständigkeitsregelungen nach dem OEG (§ 6 OEG) sollten die Hinweise auf diese Entschädigungsmöglichkeit knapp unter Angabe der Normen und ggf. eines Ansprechpartners bei der zuständigen **Landessozialverwaltung** ausgestaltet werden. Anderenfalls könnten sowohl unberechtigte Erwartungen geweckt und enttäuscht werden, als auch die Vordrucke an Übersichtlichkeit und Informationsgehalt verlieren sowie die Strafverfolgungsbehörden mit einer Einzelfallprüfung überfordert werden. Eine andere Lesart erzwingen hier auch die Maßgaben aus Art. 4 Abs. 1 lit. e) der Opferschutzrichtlinie[27] nicht. Die hier vorgeschlagene reduzierte Hinweisfassung trägt schließlich auch Art. 11 des Europäischen Übereinkommens vom 24.11.1983 über die Entschädigung für Opfer von Gewalttaten zureichend Rechnung,[28] das dem Verletzten den eigenverantwortlichen Schritt zur Realisierung eines Versorgungsanspruchs gegen Sozialgemeinschaft nicht abnimmt.[29]

13 **e) „Untergesetzliche“[30] Entschädigungsmöglichkeiten (Nr. 4).** Der Verletzte ist – neben solchen nach dem OEG (s. Rn. 10 f.) – auf sonstige **staatliche Entschädigungsmöglichkeiten** nach Maßgabe hierzu bestehender **Verwaltungsvorschriften** hinzuweisen. Die Gesetzesbegründung nimmt etwa eine Entschädigung für mittellose Nebenkläger für die Auslagen für eine Reise zur Hauptverhandlung nach einer bundeseinheitlichen Verwaltungsvereinbarung von 2006 oder eine Entschädigung für Opfer extremistischer Straftaten aus einem **Härtefonds** aufgrund eines dahingehenden Beschlusses des Deutschen Bundestags nach Maßgabe einer Richtlinie des Bundesamtes für Justiz in den Blick.[31] Daneben können in den Ländern weitere Entschädigungsleistungen möglich sein, etwa von **Opferhilfestiftungen.**[32]

14 **f) Opferhilfeeinrichtungen (Nr. 5).** Der Verletzte ist hiernach auf die Möglichkeit hinzuweisen, Hilfe und Unterstützung durch Opferhilfeeinrichtungen zu erhalten. Die insoweit bereits nach § 406h Satz 1 Nr. 5 a.F. bestehenden Hinweispflichten umfassten bereits Opferschutzverbände, **Frauenhäuser** oder Gewaltschutzstellen. Ferner führte die

---

25 Instruktiv hierzu *Schweigler* STREIT **2017** 147.

26 Vgl. nur BSG BeckRS **2011** 73003 (*Stalking*).

27 2012/29/EU, ABl EG L 315/66.

28 ZustimmungsG v. 17.7.1996, BGBl. II 1120; Bekanntmachung vom 24.2.1997 über das Inkrafttreten des Übereinkommens in Deutschland am 1.3.1997, BGBl. II 740.

29 Hierzu näher *Daimagüler* 281 ff.

30 BTDrucks. **18** 4621 S. 35.

31 BTDrucks. **18** 4621 S. 35.

32 SSW/*Werner* 3; SK/*Velten*/*Greco*/*Werkmeister* 6; hierzu ferner *Daimagüler* 293 ff.

frühere Fassung namentlich die **psychosoziale Prozessbegleitung** auf.[33] Diese Hinweispflicht ist nach der Neustrukturierung der Hinweisgegenstände in §§ 406i, 406j nunmehr als innerstrafrechtliche Unterstützungsmöglichkeit in § 406i Abs. 1 verortet. Nach der Neufassung ist der Verletzte auf die **bestehenden Opferhilfeeinrichtungen** (s. Rn. 15) sowie auf die **Art der** von diesen im Einzelnen vorgehaltenen **Unterstützungsangebote** hinzuweisen (s. Rn. 14).[34] Welche Unterstützungsangebote hierbei zu erwähnen sind, bestimmt § 406j Nr. 5 nicht abschließend.[35]

aa) Hinweis auf Unterstützungsangebote. Verletzte sind darüber zu unterrichten, dass sie jedenfalls folgende Unterstützungsmöglichkeiten erhalten können: 15

Beratungsangebote (Buchst. a). Erfasst von den Hinweispflichten betreffend Opferhilfeeinrichtungen werden sowohl Beratungsangebote **staatlicher Stellen** als auch solche **freier Träger**. Durch deren gewährte Unterstützung werden Verletzte – bestenfalls gleich nach dem Erstkontakt zu den Strafverfolgungsbehörden (s. Rn. 3) – über die Vielzahl der für sie konkret in Betracht kommenden Unterstützungsmöglichkeiten informiert; gerade auch hinsichtlich solcher nach den Buchstaben b) und c) (s. Rn. 17 f.). 16

Frauenhäuser (Buchst. b). Von ganz besonderer Bedeutung für einen effektiven Schutz von Verletzten, gerade solchen von **häuslicher Gewalt** (s. Vor §§ 395 ff., 24 ff.), sind die gesetzlich vorgeschriebenen Hinweise auf Frauenhäuser, auf Schutzwohnungen oder auf andere Schutzunterkünfte. Die Kenntnis solcher Schutzorte versetzt den Verletzten in die Lage, hier Zuflucht zu suchen. Er kann damit eine sichere Grundlage für weitere sozialrechtliche wie medizinisch-psychotherapeutische Schritte (s. Rn. 18) schaffen und mit dieser Unterstützung aus der oftmals traumatischen Opferstellung herauszufinden. Gerade mit Blick auf die bundesweit uneinheitlichen und den Betroffenen zu wenig Klarheit und damit nicht das Gefühl von Rechtssicherheit vermittelnden Regelungen zur Finanzierung etwa von Frauenhäusern[36] sollte in die Merkblätter der Hinweis aufgenommen werden, dass die Unterbringung für den Verletzten – und ggf. dessen Kinder – für diesen **kostenlos** erfolgt (vgl. § 36a SGB II).[37] 17

Medizinische oder psychologische Hilfsangebote (Buchst. c). Verletzte sind weiter über mögliche therapeutische, psychologische und medizinische Hilfe – hier insbesondere psychiatrischer und rehabilitationsmedizinischer Art – zu unterrichten. Von besonderer Bedeutung sind in Fällen häuslicher und sexualisierter Gewalt – gerade bei betroffenen Kindern – Hinweise auf ärztliche Ansprechpartner für posttraumatische Belastungsstörungen.[38] Der Hinweis auf die psychosoziale Prozessbegleitung hat nach den Maßgaben aus § 406i Abs. 1 zu erfolgen (s. Rn. 14). 18

bb) Hinweis auf Einrichtungen. In den Merkblättern sind – möglichst vollständig – die vor Ort verfügbaren zuständigen Stellen staatlicher Einrichtungen oder freier Träger sowie ihre Anschriften und Erreichbarkeiten zu nennen (vgl. § 406k Abs. 1). 19

4. Fehlerfolgen,. s. Erl. § 406i, 26. 20

33 S. hierzu im Einzelnen LR/*Wenske*[26] Nachtr. § 406h, 12.
34 BTDrucks. **18** 4621 S. 35.
35 SK/*Velten*/*Greco*/*Werkmeister* 7; OK/*Weiner* 9.
36 *Schweigler* ZESAR **2018** 118; s.a. BTDrucks. **19** 15380 S. 3.
37 *Schweigler* ZESAR **2018** 118.
38 S. *Seifert*/*Püschel*/*Heinemann* FPR **2011** 185.

§ 406k
Weitere Informationen

(1) Die Informationen nach den §§ 406i und 406j sollen jeweils Angaben dazu enthalten,

1. an welche Stellen sich die Verletzten wenden können, um die beschriebenen Möglichkeiten wahrzunehmen, und

2. wer die beschriebenen Angebote gegebenenfalls erbringt.

(2) [1]Liegen die Voraussetzungen einer bestimmten Befugnis im Einzelfall offensichtlich nicht vor, kann die betreffende Unterrichtung unterbleiben. [2]Gegenüber Verletzten, die keine zustellungsfähige Anschrift angegeben haben, besteht keine schriftliche Hinweispflicht.

Entstehungsgeschichte

Die Vorschrift wurde durch Art. 1 Ziff. 14 des Gesetzes zur Stärkung der Opferrechte im Strafverfahren vom 21.12.2015 (3. Opferrechtsreformgesetz – **3. OpferRRG**)[1] – in Umsetzung von Art. 4 und 5 der Richtlinie 2012/29/EU des Europäischen Parlaments und des Rates vom 25.10.2012 über Mindeststandards für Rechte, die Unterstützung und den Schutz von Opfern von Straftaten sowie zur Ersetzung des Rahmenbeschlusses 2001/220/JI (Opferschutzrichtlinie)[2] – neu eingefügt. Zur Entstehungsgeschichte der Vorgängervorschrift § 406h a.F. im Einzelnen § 406i.[3] Die nach früherem Recht bereits in § 406h a.F. etablierten Informationspflichten wurden durch das 3. OpferRRG neu strukturiert, inhaltlich klarer gefasst[4] und in **§ 406k Abs. 1** um den Hinweis darauf ergänzt, von wem der Verletzte die in §§ 406i, 406j enthaltenen Unterstützungsmöglichkeiten erhalten kann.[5] Absatz 2 entspricht weitgehend § 406 Satz 1 und 2 a.F. Lediglich der im früheren § 406h Satz 2 vorgesehene vollständige Wegfall der Hinweispflicht bei Verletzten, die ihre Anschrift nicht angegeben haben, wurde dahingehend modifiziert, dass in diesen Fällen künftig nur noch der schriftliche Hinweis entbehrlich ist. Diese Einschränkung wurde als erforderlich angesehen, um den Anforderungen des Artikels 4 Abs. 1 der Opferschutzrichtlinie zu entsprechen.[6] Danach können die in Absatz 1 genannten Informationen unterschiedlich umfangreich und detailliert ausfallen. Der bislang vorgesehene generelle Wegfall der Informationspflicht kommt danach nicht in Betracht. Vielmehr ist in diesen Fällen regelmäßig jedenfalls ein mündlicher Hinweis erforderlich.[7]

Übersicht

1 BGBl. **2015** I 2525.
2 2012/29/EU, ABl. EG L 315/57.
3 Vgl. hierzu ferner LR/*Hilger*[26] 1 ff. sowie LR/*Wenske*[26] Nachtr. 1 ff.
4 BTDrucks. **18** 4621 S. 33.
5 BTDrucks. **18** 4621 S. 36.
6 2012/29/EU, ABl. EG L 315/66.
7 BTDrucks. **18** 4621 S. 36.

https://doi.org/10.1515/9783110275001-053

1. Zweck der Vorschrift ist – im regelungssystematischen Zusammenwirken mit §§ 406i, 406j – eine angemessene Information des unmittelbaren oder mittelbaren Verletzten (s. Erl. zu § 373b) über seine rechtlichen Befugnisse und tatsächlichen Unterstützungsmöglichkeiten.[8] In § 406k sind allgemeine Bestimmungen und Befugnisse für die Umsetzung der Maßgaben aus §§ 406i, 406j enthalten. Zum Zwecke der §§ 406i, 406j s. Erl. dort. 1

2. Hinweise auf zuständige Stellen (Absatz 1). In den einzusetzenden Merkblättern sind – möglichst vollständig – die vor Ort verfügbaren zuständigen Stellen staatlicher Einrichtungen oder freier Träger sowie ihre Anschriften und Erreichbarkeiten zu nennen.[9] 2

3. Absehen von Hinweisen (Absatz 2). Absatz 2 enthält zwei Ausnahmeregelungen für die in §§ 406i, 406j normierten Unterrichtungspflichten. 3

a) Evidenzfälle. Liegen die Voraussetzungen einer Befugnis im Einzelfall offensichtlich nicht vor, kann die Unterrichtung **unterbleiben** (Absatz 2 **Satz 1**). Ein Hinweis ist in entsprechender Anwendung der Norm auch dann nicht erforderlich, wenn der Verletzte seine Befugnisse bereits ausgeübt hat oder diese kennt.[10] Ob dieser Ausnahmeregelung rechtspraktisch Bedeutung zukommen wird, kann mit Blick auf die notwendigerweise einzusetzenden Merkblätter (s. § 406i, 6; § 406j, 4) mit Recht bezweifelt werden.[11] 4

Eine sachgerechte Anwendung dieser gesetzlichen Ausnahmeregelung liegt insbesondere bei **wirtschaftsstrafrechtlichen Massenverfahren** in der Weise nahe. Schon die frühere Gesetzesfassung (vgl. § 406h Sätze 2 und 3 a.F.) sah eine Beschränkung der Hinweispflichten vor, wobei der Gesetzgeber hierbei namentlich Massenverfahren, etwa mittels Internet begangene Betrugstaten, in den Blick genommen hatte.[12] Selbst wenn aber die Verletzten und ihre Anschriften in Verfahren dieser Art bekannt sind, kann sich ein Absehen von Hinweisen – auch schon im Ermittlungsverfahren[13] – aufdrängen.[14] Insbesondere die Hinweispflichten aus § 406i bestehen in diesen Fällen der **Wirtschaftskriminalität** praktisch ohnehin nur eingeschränkt;[15] namentlich scheidet eine Nebenklagebefugnis nach § 395 Abs. 3[16] in aller Regel ebenso aus (vgl. § 406i Abs. 1 Nr. 1; § 395, 60 ff.) wie die besonderen prozessualen Schutzmaßnahmen der Absätze 2 und 3. Soweit damit regelmäßig nur noch die gesetzliche Pflicht zum Hinweis auf die Durchsetzung von Entschädigungsansprüchen in Rede steht (Absatz 1 Nr. 3, 5), ist die Durchführung etwa des Adhäsionsverfahrens in aller Regel ungeeignet, wenn schon der mit einem Grundurteil zu erwartende zeitliche und organisatorische zur Sachaufklärung notwendige Aufwand, namentlich wegen der Anzahl zu vernehmender geschädigter 5

---

8 S. Erwägungsgrund 26 Opferschutzrichtlinie 2012/29/EU, ABl. EG 315/60.

9 Bei Frauenhäusern reicht der Hinweis auf den jeweiligen Träger freilich aus, um deren Anschrift vertraulich zu behandeln; BGH BeckRS **2022** 15168.

10 BTDrucks. **10** 6124 S. 16; SK/*Velten*/*Greco*/*Werkmeister* 12; HK-GS/*Ferber* 2; zweifelnd *Pagenkopf* DtBR II B 75 S. 20.

11 S. HK/*Pollähne* 3.

12 BTDrucks. **16** 12098 S. 39 f.; vgl. ferner BTDrucks. **15** 1976 S. 18; BRDrucks. 178/09 S. 64.

13 BGH wistra **2010** 272; in diesem Sinne auch Meyer-Goßner/*Schmitt* 3; KK/*Zabeck* 2; HK-GS/*Ferber* 3.

14 Ebenso SSW/*Werner* 4.

15 **AA** LR/*Hilger*[26] § 406h, 2; *Siegismund*/*Wickern* wistra **1993** 90.

16 S. § 395, 60 ff.

Zeugen, vorrangigeren Zielen des Strafverfahrens, insbesondere dem Gebot zügiger Verfahrensführung zuwiderläuft (§ 406 Abs. 3 Satz 4 und 5).[17]

6 Eine **entsprechende Anwendung** dieser Maßgaben ist in Fällen geboten, in denen die von §§ 406i ff. vorausgesetzten rechtlich schutzwürdigen Interessen und tatsächliche Unterstützungserfordnisse ersichtlich nicht bestehen, so etwa im Fall serieller querulatorischer Strafanzeigen.[18] Dies gilt gleichermaßen, wenn – etwa im Anschluss an die Urteilsverkündung – deutlich wird, dass der Verletzte keine durch die Maßgaben der §§ 406i, 406k geschützten Interessen verfolgt.[19]

7 **b) Absehen von schriftlicher Unterrichtung.** Fehlt es an einer bekannten Anschrift des Verletzten, bestehen **keine schriftlichen Unterrichtungspflichten** (Absatz 2 Satz 2); die Pflicht zur mündlichen Unterrichtung bleibt bei persönlichem Kontakt bestehen (s. hierzu § 406i, 7; § 406j, 5). Erst recht besteht keine Pflicht, nach unbekannten oder nicht näher bestimmbaren Verletzten zu forschen, nur um ihnen gegenüber dem Hinweisgebot nachkommen zu können.[20]

§ 406l
Befugnisse von Angehörigen und Erben von Verletzten

§ 406i Absatz 1 sowie die §§ 406j und 406k gelten auch für Angehörige und Erben von Verletzten, soweit ihnen die entsprechenden Befugnisse zustehen.

Entstehungsgeschichte

Die Vorschrift wurde durch Art. 1 Ziff. 14 des Gesetzes zur Stärkung der Opferrechte im Strafverfahren vom 21.12.2015 (3. Opferrechtsreformgesetz – **3. OpferRRG**)[1] – in Umsetzung von Art. 4 und 5 der Richtlinie 2012/29/EU des Europäischen Parlaments und des Rates vom 25.10.2012 über Mindeststandards für Rechte, die Unterstützung und den Schutz von Opfern von Straftaten sowie zur Ersetzung des Rahmenbeschlusses 2001/220/JI (Opferschutzrichtlinie)[2] – eingefügt. Zur Entstehungsgeschichte der Vorgängervorschrift § 406h a.F. im Einzelnen § 406i.[3] Die nach früherem Recht bereits in § 406h a.F. etablierten Informationspflichten wurden durch das 3. OpferRRG neu strukturiert und inhaltlich klarer gefasst.[4] Die nunmehr in § 406l eingefügten Unterrichtungspflichten für Erben und Angehörige entsprechen § 406h Satz 4 a.F.

Übersicht

17 Vgl. BTDrucks. **15** 1976 S. 18; BRDrucks. 178/**09** S. 64; BGH wistra **2010** 272; vgl. ferner die Konstellation in BGH JR **2009** 472.
18 Hierauf weist mit Recht hin OK/*Weinert* 3.
19 HK-GS/*Ferber* 3.
20 HK/*Pollähne* 4; bereits LR/*Hilger*[26] § 406h, 2.
1 BGBl. **2015** I 2525.
2 2012/29/EU, ABl. EG L 315/57.
3 Vgl. hierzu ferner LR/*Hilger*[26] 1 ff. sowie LR/*Wenske*[26] Nachtr. 1 ff.
4 BTDrucks. **18** 4621 S. 33.

https://doi.org/10.1515/9783110275001-054

1. Zweck der Vorschrift ist – im regelungssystematischen Zusammenwirken mit §§ 406i, 406j – eine angemessene Information der Angehörigen des Verletzten (s. Erl. zu § 373b, 30 ff.) über deren rechtliche Befugnisse und tatsächlichen Unterstützungsmöglichkeiten.[5] **Über den Katalog von § 373b Abs. 2 hinaus** sollen von den Informationspflichten auch **Erben** der unmittelbar oder mittelbar Verletzten erfasst werden. Diese werden ersichtlich als ebenso schutzwürdig angesehen wie der Verletzte selbst. Die Unterrichtungspflichten bestehen indes nur insoweit, wie den Angehörigen und Erben die in §§ 406i, 406j benannten Befugnisse und Unterstützungsmöglichkeiten selbst zustehen, so etwa die Antragsbefugnis im Adhäsionsverfahren.[6] Ob dieser Einschränkung rechtspraktisch mit Blick auf die zur Umsetzung der sehr weitgehenden Hinweispflichten Bedeutung zukommen wird, muss allerdings bezweifelt werden. 1

2. Hinweisgegenstände aus § 406i. Die Angehörigen sind namentlich in den Fällen des § 395 Abs. 2 Nr. 1 über ihre Befugnisse zum Anschluss als Nebenkläger oder über ihre rechtlichen Mitwirkungsmöglichkeiten aus § 406h zu unterrichten (§ 406i Abs. 1 Nr. 2). Dies gilt für Erben gleichermaßen für §§ 403 ff. hinsichtlich etwaiger Schadensersatzansprüche (§ 406i Abs. 1 Nr. 3).[7] 2

3. Hinweisgegenstände aus § 406j. In Betracht kommen hier Hinweise für die Erben auf Entschädigungsmöglichkeiten nach dem Opferentschädigungsgesetz (vgl. § 406j Nr. 1). 3

4. Rechtsmittel und Rechtsbehelfe. Ein Verstoß gegen die neugefassten Hinweispflichten stellt auch hier weder einen revisiblen Rechtsfehler noch einen Grund für die Wiedereinsetzung in den vorigen Stand dar.[8] 4

---

5 S. Erwägungsgrund 26 Opferschutzrichtlinie 2012/29/EU, ABl. EG 315/60.
6 Vgl. ferner SSW/*Werner* 2.
7 BTDrucks. **16** 12098 S. 40.
8 S. § 406i, 26.

Sachregister

https://doi.org/10.1515/9783110275001-055